Björn Flader, Karl Jung, Ralf Köper, Markus Lehmkuhl, Wolf-Dieter Rückwart, Matthias Schuh, Manfred Zindel

Industriefachklasse

Band 1
Lernfelder 1 bis 5

3. Auflage

Bestellnummer 6060

Druck: westermann druck GmbH, Braunschweig

service@winklers.de
www.winklers.de

Bildungshaus Schulbuchverlage Westermann Schroedel Diesterweg Schöningh Winklers GmbH, Postfach 33 20, 38023 Braunschweig

ISBN 978-3-8045-**6060**-4

Vorwort

Die Lehr- und Lernbuchreihe **Industriefachklasse** besteht aus insgesamt drei Bänden, in denen alle berufsbezogenen Lernfelder des Rahmenlehrplans für den Ausbildungsberuf Industriekaufmann/Industriekauffrau dargestellt sind. Der vorliegende Band umfasst die Inhalte des ersten Ausbildungsjahres, die Lernfelder 1 bis 5.

Didaktische Merkmale

Die Bücher dieser Reihe sind als **Lernbücher** gestaltet; sie zeichnen sich durch die folgenden didaktischen Merkmale aus:

Beispiel für die Konzeption:

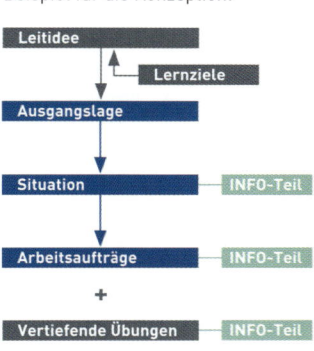

- Die Zielformulierungen und die Inhalte der Lernfelder erschließen sich über themengebundene, lernwirksame **Situationen**.
- In den Situationen werden betriebswirtschaftliche Abläufe und Zusammenhänge sowie unternehmerische **Entscheidungen** sichtbar und nachvollziehbar gemacht.
- Ein **Beispielunternehmen** unterstützt die praxisorientierte Sicht auf Abläufe und Zusammenhänge.
- Insbesondere im Rechnungswesen löst das betriebswirtschaftlich begründete **Werteflussmodell** die formalen Buchführungsstrukturen ab und hilft so, die Aufzeichnungsformen der Buchführung besser zu verstehen.
- Über die Situationen und Arbeitsaufträge sind die Lernenden aufgefordert, in kleinen Schritten „geistiges Neuland" über das bereits Bekannte hinaus **selbstständig** zu betreten. So können sie individuell lernen. Der Lehrer unterstützt das Lernen; er wird zum **Lernbegleiter** mit Freiheiten für eigene Variationen.

Handhabung

Jedes Buch der Reihe ist in einen Erarbeitungs- und einen Informationsteil (= INFO-Teil) gegliedert.

- Der **Erarbeitungsteil** eröffnet den Lernenden über problemhaltige **Situationen** und aktivierende **Arbeitsaufträge** – teils mit **Arbeitshilfen** – eigenständige Lösungswege und -ergebnisse. Dieses individuelle Lernen wird dann besonders intensiv, wenn unterschiedliche Lösungsansätze und -strategien zu fruchtbaren Auseinandersetzungen in der Lerngemeinschaft führen. Vertiefende und übergreifende **Übungen** dienen dazu, das Gelernte zu festigen und zu erweitern.

› LF 3, Kap. 3
(Beispiel-Verweis in den Erarbeitungsteil)

- Im **INFO-Teil** finden sich sachliche Ergänzungen und Zusammenfassungen, die fachsystematisch angeordnet sind. Diese Informationen sollen von den Lernenden zur Situationsbearbeitung und zur Lösungssuche, zur sachlichen Vertiefung und zum Aufbau einer gedanklichen Sachstruktur herangezogen werden.

› LF 3, Kap. 3
(Beispiel-Verweis in den INFO-Teil)

- Die Inhalte auf der **CD-ROM**, die diesem Band beigefügt ist, sollen die Lernarbeit unterstützen und erleichtern. Die CD-ROM enthält Gesetzestexte u. a. aus dem HGB, Formelsammlungen sowie **Methoden**hinweise.

› **Brainstorming**
(Beispiel-Verweis zur CD-ROM)

- Das **Arbeitsheft**, Best.-Nr. 978-3-8045-6063-5, steht zusätzlich als Arbeitshilfe zur Verfügung. Es enthält Arbeitsaufträge, Tabellen, Kontenblätter und Übungsaufgaben. Im Buch ist gekennzeichnet, für welche Arbeitsaufträge und Übungen das Arbeitsheft entsprechende Vorgaben bereithält.

Die geschilderte Lernstruktur legt es nahe, dieses Buch als **Lern-** und **Arbeitsbuch** zu nutzen. Es kann auch zum **Lerntagebuch** mit persönlichen Notizen erweitert werden, wenn es dem Lernenden gehört und nicht aus dem Fundus der Schulbuchausleihe stammt.

Die Verfasser

Lernfeld 3

Werteströme und Werte erfassen und dokumentieren — Erarbeitungs- INFO-Teil

Lernfeld 4

Wertschöpfungsprozesse analysieren und beurteilen

Lernfeld 5

Leistungserstellungsprozesse planen, steuern und kontrollieren

Einleitung

Das Lernen an einem Beispielunternehmen

Dieses Buch dient vorrangig dem selbstständigen Lernen der Schülerinnen und Schüler unter der Anleitung und Begleitung durch die Lehrenden.

Lernen findet dann besonders intensiv statt, wenn sich die Lernenden mit Situationen auseinandersetzen können, die an die Praxis angelehnt und problemhaltig sind. „Problemhaltig" ist eine Situation im vorliegenden Fall dann,

- wenn sie zu Fragestellungen aus der Betriebswirtschaft und aus dem Unternehmensalltag führt und
- wenn sie den Fragenden zu einer Entscheidung auffordert.

Den Hintergrund für ein solches Lernen bietet das im Buch verwendete Beispielunternehmen Heidtkötter KG. Als solches soll die Heidtkötter KG den angehenden Industriekaufleuten Hilfestellungen bei der Erfassung und Lösung praxisrelevanter Fragen/Entscheidungen geben, mit denen sie in ihrem Beruf gegenwärtig und zukünftig in Berührung kommen. Das geschieht u. a. dadurch, dass Realgüter-, Informations- und Werteflüsse in ihrem Zusammenwirken anschaulich dargestellt werden. Es ist nicht beabsichtigt, die Heidtkötter KG als Abbild einer komplexen Realität und eines umfassenden, schlüssigen „Datenkranzes" zu konzipieren.

Die Heidtkötter KG

Unternehmenshistorie

Im Jahr 1929 gründeten die Brüder Anton und Joachim Heidtkötter das Familienunternehmen im ostwestfälischen Bielefeld, mit dem Ziel hochwertige Bürotische und -stühle aus ausgewählten Materialien anzubieten, die den Arbeitskomfort eines jeden Kunden deutlich steigern sollen. Der natürliche Werkstoff Holz eignet sich hierzu ganz besonders. Auch heute noch werden weitere Werkstoffe wie Leder, Glas und Edelmetalle in der Produktion verwendet.

Das familiär geführte Unternehmen steht für Produkte von höchster Qualität und Beständigkeit. Seit der Gründung stehen Aspekte wie Markt- und Kundennähe, Verlässlichkeit und soziale Verantwortung – nicht nur gegenüber den Mitarbeitern – bei der Heidtkötter KG im Vordergrund.

Seit Januar des Jahres 1975 wird das Unternehmen durch Klaus M. Heidtkötter geleitet, der es von seinem Vater Anton und dessen Bruder Joachim übernommen hat. Seitdem expandiert Heidtkötter und eröffnete als erstes deutsches Möbelunternehmen Produktionsstätten in Italien (1979) und Polen (1993).

Eckdaten

Firma	Heidtkötter Kommanditgesellschaft (KG)
Hauptsitz	Gütersloher Str. 111, 33647 Bielefeld

Gesellschafter und Anteile am Gesellschafts-vermögen	voll haftender Gesellschafter:
	    Klaus M. Heidtkötter (6.600.000,00 € im 1. Geschäftsjahr)
	Teilhafterin:
	    Anke Heidtkötter (3.800.000,00 € im 1. Geschäftsjahr)

Geschäftsführung	Klaus M. Heidtkötter
Mitarbeiterzahl	129 Mitarbeiter (120 Angestellte und Arbeiter, 9 Auszubildende)
Hauptlieferanten	Ligea-Fetras GmbH-Holzverarbeitung, Hamm Weberei Dentzer GmbH, Gütersloh Stahlhandel Pirmasens GmbH, Pirmasens Wooley Steel Company Ltd., London, England Interior Bruning B. V., Rotterdam, Niederlande
Hauptkunden	Büromöbel Steil KG, Köln Reiser GmbH-Bürosysteme, Leipzig Form Design, Paris, Frankreich Julio Mobiliario S.L., Barcelona, Spanien
Umsatz u. Gewinn für das Jahr 01	Umsatz: 25,9 Mio. €; Gewinn: 2,1 Mio. €
Produkt- und Absatzprogramm (Auszug)	hochwertige Tische und Stühle, flexibel einsetzbare System- oder Sonderlösungen:

Produktgruppen		
1 **BS**	**Bürostühle** z. B. die Serie *siri*	
2 **BT**	**Bürotische** z. B. die Serie *elegance*	

Eckdaten (Fortsetzung)

Produkt- und Absatzprogramm			
	3 **KS**	**Konferenzsysteme** Bestandteile sind z. B. die Stühle *feli* und *marlene* sowie der Tisch *ralf*	
	4 **SL**	**Sonderlösungen** z. B. der Präsentationsmonitor *beam* oder der Tisch *communicTable*	
	5 **HW**	**Handelswaren** – Bodenbeläge – Leuchten	

Fremdbauteile und Vorprodukte	mediale Bestandteile für den Kommunikationstisch (Monitor, Kabel, Stecker, Lautsprecher), ergänzende Handelswaren wie beispielsweise Fußbodenbeläge aus Holz, Beleuchtungssysteme sowie zum Teil Kunststoff-, Glas- oder Edelstahlbestandteile der Produkte
Fertigung	Werkstattfertigung für Systeme und Sonderlösungen sowie Fließfertigung für Stühle und Tische
Kontaktdaten	Tel.: 0521 222–0 Internet: www.heidtkoetter-wvd.de E-Mail: mail@heidtkoetter-wvd.de
Bankverbindung	Kontonummer: 201103 04 Bankleitzahl: 480 501 61 Kreditinstitut: Sparkasse Bielefeld IBAN: DE22 4805 0161 0020 1103 04 Swift-BIC: SPBI DE 3B XXX
Umsatzsteuer ID Finanzamt Bielefeld	DE 222 856 039

Eckdaten (Fortsetzung)

Handelsregister	Amtsgericht Bielefeld: Abteilung A, Nr. 1103

Wiedergabe eines Blattes aus dem Handelsregister

Amtsgericht Bielefeld					**Blatt**
					HRA 3
Nummer der Eintragung	a) Firma b) Ort der Niederlassung (Sitz der Gesellschaft) c) Gegenstand des Unternehmens	Geschäftsinhaber persönlich haft. Ges. Abwickler	Prokura	Rechtsverhältnisse	a) Tag der Eintragung und Unterschrift b) Bemerkungen
1	2	3	4	5	6
1	a) Anton Heidtkötter b) Bielefeld c) Produktion und Vertrieb von Büromöbeln	Kaufmann Anton Heidtkötter, Bielefeld	Herrn Joachim Heidtkötter, Bielefeld, ist Einzelprokura erteilt.	Einzelkaufmann	a) 14. August 1929 *Seidel* (Justizinspektor)
2	a) Heidtkötter KG b) Bielefeld c) Produktion und Vertrieb von Büromöbeln	Klaus Maria Heidtkötter, Kaufmann, Bielefeld	Herrn Dr. jur. Martin Wildner, Bielefeld, ist Einzelprokura erteilt.	Geschäftsübergang auf Kaufmann Klaus Maria Heidtkötter. Firmenfortführung	a) 15. Januar 1975 *Weitmann* (Justizinspektor)

Organisation der Gesellschaft

Die Heidtkötter KG ist aktuell nach dem Modell der Stablinienorganisation strukturiert.[1] Es gibt einen Geschäftsführer, der seinerseits von mehreren beratenden Fachkräften Unterstützung erhält. Gleichsam ist der weitere Aufbau der Heidtkötter KG, wie bei vielen produzierenden Unternehmen, in eine technische und eine kaufmännische Abteilung unterteilt. Innerhalb dieser sind die Abteilungsleiter und -leiterinnen für den reibungslosen Ablauf aller Prozesse verantwortlich.

Personal

Von den 129 Mitarbeiterinnen und Mitarbeitern sind 55 im kaufmännischen und 65 im technischen Bereich des Unternehmens eingesetzt. Hinzu kommen die neun Auszubildenden, von denen vier eine technische und fünf eine kaufmännische Ausbildung, eben die zur Industriekauffrau bzw. zum Industriekaufmann, durchlaufen.

Der Anteil der weiblichen Beschäftigten liegt zurzeit bei 63 %. Das Durchschnittsalter der Beschäftigten liegt mit 33 Jahren im Branchenvergleich an der unteren Grenze.

Auch in der Heidtkötter KG kommt es zu der branchenüblichen Fluktuation. Die Schwankungen der Beschäftigtenzahlen resultieren vornehmlich aus Änderungen im Produktionsablauf und der wechselnden Anzahl von Auszubildenden, die nach bestandener Abschlussprüfung im Unternehmen verbleiben.

Ansonsten ist die Heidtkötter KG ein permanent wachsendes Unternehmen, die Geschäftsführung rechnet mittelfristig mit einem Anstieg der Mitarbeiterzahl.

Branchenhintergrund

Die Büromöbelbranche ist traditionell mittelständisch geprägt. In Deutschland, das als Kernland der Büromöbelentwicklung gilt, sind ca. 200 Unternehmen tätig, an denen sich die internationalen Märkte und Mitbewerber orientieren. Auch in der Möbelbranche sorgt die Globalisierung für rasante Veränderungen der Wettbewerbssituation. Immer mehr internationale Wettbewerber drängen auf den einheimischen Markt. Unter den Marktteilnehmern kommt es, wie in vielen anderen Branchen, zu zahlreichen Unternehmenszusammenschlüssen.

Markenbewusstsein und Markenbekanntheit bei Möbelkäufern sind, selbst im Bereich des Möbelgroßhandels, mit ca. 25 % eher unterdurchschnittlich. Die Heidtkötter KG liegt nach einer aktuellen Befragung mit knapp 30 % an der Spitze der Wettbewerber in ihrem Marktsegment *Büromöbel und Technische Ausstattung*.

---

1 Organisation der Heidtkötter KG siehe Seite 13

Produkt- und Absatzprogramm

Das Produkt- und Absatzprogramm der Heidtkötter KG ist über die Jahre auf fünf Kernbereiche ausgeschärft worden. Die Produktgruppen Bürostühle (BS) und Bürotische (BT) weisen konstant hohe Marktanteile auf. Zu den am Markt etablierten Klassikern zählen u. a. der Bürostuhl *ongis* und der Bürotisch *elegance*. Aus der Produktion im Segment Büro nutzt die Heidtkötter KG gezielt Synergieeffekte für die Entwicklung und die Produktion der Konferenzsysteme (KS). Auch diese Produktgruppe hat sich am Markt durchgesetzt. Zugpferde sind die Konferenzstühle *feli* und *marlene* sowie der Konferenztisch *björn*. Heidtkötter liefert im Segment KS vielseitig einsetzbare Konzepte.

Um sich am Markt als offen und innovativ zu präsentieren, strebt das Unternehmen mit dem Bereich Sonderlösungen (SL) seit Langem das „Ungewöhnliche" an. Hierzu zählt zum Beispiel der *communicTable*, ein Tisch, in dem sich ein Touchscreen befindet. Außerdem bietet die Heidtkötter KG verstärkt Dienstleistungen wie z. B. die Gestaltung und Konzeption von Tagungsräumen und Konferenzsälen, z. T. mithilfe von Innenarchitekten, an.

Ergänzt wird das Absatzprogramm durch Handelswaren wie beispielsweise Holz- und Edelholzböden, Parkett, Decken-, Wand- und Bodenbeleuchtungssysteme.

Beschaffung/ Einkauf

Neben den in der betriebseigenen Fertigung erzeugten Vorprodukten werden benötigte Fremdbauteile, wie beispielsweise die Bildschirme mit Soft- und Hardwarebestandteilen sowie Glasscheiben, auf Beschaffungsmärkten eingekauft.
Anders ist die Situation im Bereich der Werkzeuge. Sie werden überwiegend in eigenen Werkstätten entwickelt und auch selbst hergestellt.

Produktionsverfahren

Zurzeit setzt die Heidtkötter KG unterschiedliche Fertigungsverfahren zur Herstellung ihres Produktprogramms ein. So werden die System- und Sonderlösungen, wie beispielsweise der *communicTable*, in Form der Werkstattfertigung oder Einzelfertigung produziert. Andere Bereiche, wie die Stuhlserien, werden üblicherweise in Fließfertigung produziert.

Absatzmärkte

Die Kundenstruktur des Absatzes ist ebenso international wie die des Einkaufs. Ihre Produkte und Dienstleistungen vertreibt die Heidtkötter KG seit Jahren nicht mehr nur national. Mittlerweile zählen zur Kundschaft zahlreiche Unternehmen aus insgesamt 23 Ländern.
Der von der Heidtkötter KG neu entdeckte asiatische Möbelmarkt mit seinen enormen Wachstumzahlen wird zunehmend interessanter. Der Geschäftsführer und seine Berater planen für diesen Markt nicht das Einrichten eigener Niederlassungen, es soll dort vielmehr mit freien Handelsmaklern zusammengearbeitet werden.

Umweltbewusstsein

Um die betrieblichen Umweltauswirkungen kontrollieren zu können und eine kontinuierliche Verbesserung des Umweltschutzes innerhalb der Heidtkötter KG erreichen zu können, wurde ein eigenes Umweltmanagementsystem installiert.

Der Umweltbeauftragte koordiniert hierzu alle erforderlichen Aufgabenbereiche und berichtet dem Geschäftsführer Klaus M. Heidtkötter darüber. Durch regelmäßige Umweltbetriebsprüfungen wird sichergestellt, dass alle gesetzlichen Vorschriften eingehalten und umweltrelevante Daten erfasst und bewertet werden.

Für die Weiterentwicklung und Kontrolle dieses Vorgehens wurde ein betriebsinterner Ökologie-Ausschuss eingerichtet, der unter anderem auch für die Erhebung der Umweltdaten verantwortlich ist. Beispielsweise werden die Entwicklung des Rohstoffverbrauchs – hierzu zählt auch der Papierverbrauch innerhalb der kaufmännischen Abteilung – sowie die Schwankungen des Energieverbrauchs überwacht.

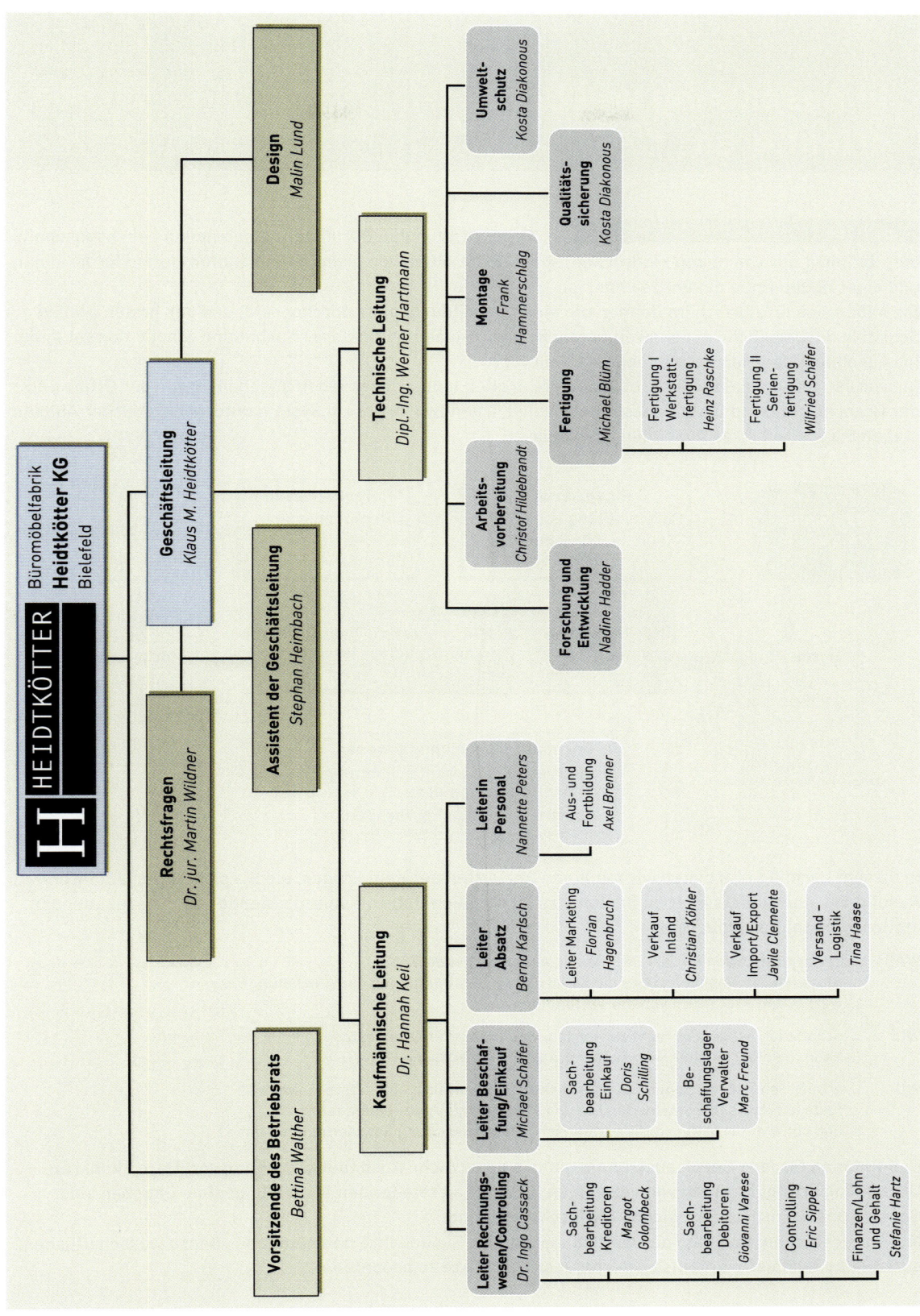

1

In Ausbildung und Beruf orientieren

Leitidee Der Eintritt in den Beruf stellt einen neuen Lebensabschnitt dar, der nicht nur von neuen Eindrücken, sondern vor allem von bisher unbekannten Herausforderungen und einer neuen Rolle gekennzeichnet ist.
Sie haben sich erfolgreich im Rennen um einen Ausbildungsplatz durchgesetzt und den ersten großen Schritt in die berufliche Arbeitswelt getan. Kennen Sie den Ablauf Ihrer Ausbildung schon? Kommt Ihnen Ihr Ausbildungsbetrieb noch unübersichtlich vor?
Sie werden lernen, dass viele Arbeitsabläufe in allen Industriebetrieben unabhängig von der Größe und der Branche gleich oder zumindest ähnlich sind. Irgendwo in diesem System unternehmerischer Abläufe stehen Sie als Teil Ihres Ausbildungsbetriebes.

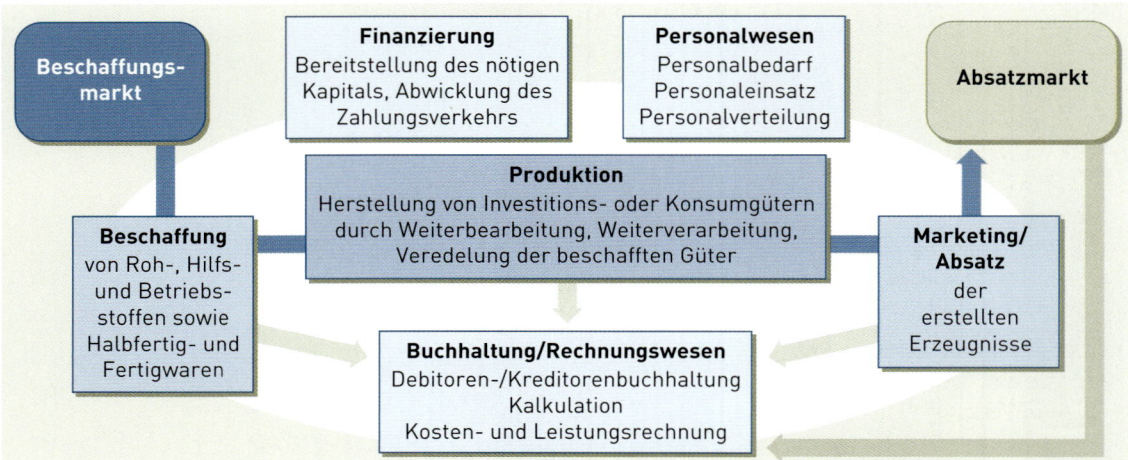

In diesem Lernfeld erarbeiten wir mit Ihnen Antworten auf viele Fragen, die Sie sich im Verlauf Ihrer Ausbildung – besonders aber zu Beginn – zu Ihrer neuen Rolle als Auszubildende oder Auszubildender stellen können. Beispiele sind:

WAS ... erwartet man von mir als Teil meines Ausbildungsbetriebes?
... muss ich von Beginn an über die gesetzlichen Bestimmungen der Ausbildung wissen?
... wird in den Prüfungen von mir verlangt?

WIE ... schaffe ich es, dem gerecht zu werden, was man von mir erwartet?
... kann mein beruflicher Weg nach der Ausbildung aussehen?

WO ... erhalte ich Informationen über die rechtliche Struktur meines Unternehmens?
... finde ich etwas über meine Rechte und Pflichten als Auszubildende/r?
... und von wem erhalte ich Hilfe, wenn ich in der Ausbildung Schwierigkeiten habe?

Den Rahmen für jede Berufsausbildung gibt die gesetzliche Ausbildungsordnung vor. Deren konkrete Umsetzung erfolgt in einem vom jeweiligen Betrieb zu erstellenden Ausbildungsplan. Daneben sind Gesetze und Verordnungen wichtig für Ihre Ausbildung.
Neben rechtlichen Aspekten der Ausbildung sind für Sie und Ihre neue Aufgabe ebenso wirtschaftliche, soziale und technisch-organisatorische Gesichtspunkte zu beachten.

1
Industriekaufleute und ihre Tätigkeitsfelder

Ausgangslage

Die Zahl der Aufträge, die Industriebetriebe in Deutschland annehmen, ist nach wie vor ein wichtiger Indikator für die gesamte Wirtschaftsleistung. Aus der industriellen Erzeugung stammen rund 30 % der gesamten Wirtschaftsleistung, die deutsche Industrie gilt als eine der innovativsten weltweit, Erzeugnisse aus Deutschland haben im In- und Ausland meist einen sehr guten Ruf.

Die Anforderungen an die Produkte ändern sich laufend. Auch der Druck auf die Unternehmen durch den internationalen Wettbewerb wächst. Diesen Herausforderungen müssen sich die Betriebe stellen, Produkte weiter entwickeln und dabei ge-

Lernziele

Wenn Sie sich die Inhalte dieses Kapitels erarbeitet haben, ...

- wissen Sie, wie sich Ihr Ausbildungsbetrieb in das gesamtwirtschaftliche Geschehen einordnen lässt,
- sind Sie in der Lage, die Beziehungen Ihres Ausbildungsbetriebes zu Lieferanten und Kunden zu erkennen und einzuordnen,
- können Sie einschätzen, welche Anforderungen während der Ausbildung an Sie gestellt werden,
- kennen Sie die Möglichkeiten, sich während und nach der Ausbildung durch geeignete Fort- und Weiterbildungsmaßnahmen stetig weiter zu qualifizieren,
- haben Sie erkannt, dass sich die berufliche Handlungskompetenz aus verschiedenen Teilqualifikationen zusammensetzt,
- können Sie erklären, was Schlüsselqualifikationen sind und welche Bedeutung sie für die erfolgreiche Lebensführung und Berufsausübung haben.

gebenenfalls Produktions- und Vertriebsabläufe anpassen. Viele Unternehmen lagern Bereiche wie z. B. die Logistik oder das Rechnungswesen an Dienstleistungsunternehmen aus, um Kosten zu sparen und sich noch intensiver auf den Kern ihrer Arbeit konzentrieren zu können: Industrieunternehmen beschaffen Rohstoffe und Werkstoffe, verarbeiten und veredeln diese und verkaufen ihre Zwischen- und Endprodukte an andere Unternehmen oder den Handel weiter, um einen Gewinn zu erzielen.

Industriekaufleute nehmen in den meisten produzierenden Unternehmen eine zentrale Rolle ein. Sie kennen die Produkte, die ihr Unternehmen erzeugt, kaufen Rohstoffe und Werkstoffe ein, planen und strukturieren Abläufe mit den Kollegen aus Produktion und Vertrieb, arbeiten in der Personalabteilung oder im Rechnungswesen des Unternehmens. Die Tätigkeitsfelder sind je nach Größe des Unternehmens und der Branche, in der das Unternehmen tätig ist, vielfältig und verändern sich.

Wo Sie nach Ihrer Ausbildung tätig sein werden, hängt auch von Ihnen ab. Sie werden im Laufe der Ausbildung viel Neues lernen, sich immer besser in Ihrem Ausbildungsbetrieb zurechtfinden und verschiedene Aufgaben übernehmen, die Sie mit Erfolg bewältigen.

Zu Beginn Ihrer Ausbildung sollen Sie die Grundstrukturen Ihres Ausbildungsbetriebs kennenlernen. Nach und nach werden Sie in die Abläufe im Unternehmen eingebunden werden und Teil eines Teams sein, das immer auf neue betriebswirtschaftliche Herausforderungen reagieren muss.

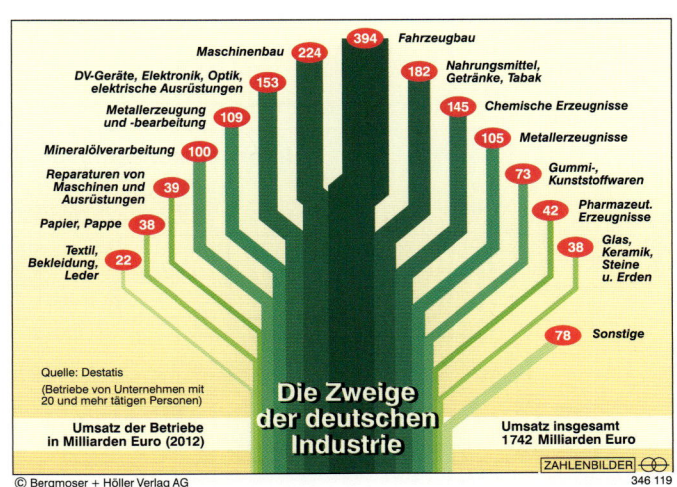

1.1
Industriebetriebe als wichtigen Teil der Wirtschaft erfassen

Situation In diesem Jahr beginnen drei Auszubildende eine Ausbildung zur Industriekauffrau oder zum Industriekaufmann bei der Heidtkötter KG. Beim ersten Treffen in großer Runde mit Ausbildungsleiter Axel Brenner legt dieser ihnen eine Grafik vor.

Die Auszubildenden sollen überlegen, wo die Heidtkötter KG im gesamtwirtschaftlichen Geschehen steht. Außerdem möchte Axel Brenner damit den Auszubildenden einen Überblick über die innerbetrieblichen Abläufe und die Kontakte, die das Unternehmen auch nach außen hat, geben.

Arbeitsaufträge

› **Arbeitshilfen**
1. Sie sind nun schon seit einigen Wochen in einem Industriebetrieb tätig. Versuchen Sie in einem Satz zu beschreiben, welche Funktion ein Industriebetrieb im gesamtwirtschaftlichen Geschehen hat.
2. Die von Axel Brenner vorgelegte Grafik besteht mit dem Unternehmen und der betrieblichen Umwelt bzw. den Geschäftspartnern aus zwei Bereichen. Füllen Sie die freien Felder in Ihrem Arbeitsheft mit Begriffen aus, die Ihnen als Teilbereiche bzw. Teilaufgaben, die in den jeweiligen Bereichen zu lösen sind, einfallen und wichtig erscheinen.
3. Versuchen Sie auf der Grundlage Ihrer Darstellungen eine Entscheidung hinsichtlich der Wichtigkeit der einzelnen Teilaufgaben zu treffen und begründen Sie, warum dies nicht immer ganz einfach und manchmal sogar unmöglich ist.

› **Arbeitshilfe 2**
4. Bevor ein Produkt an den Endkunden ausgeliefert werden kann, müssen zahlreiche Vorgänge im Unternehmen koordiniert werden. Arbeitshilfe 2 stellt den innerbetrieblichen Ablauf bei der Herstellung eines Produktes schematisch dar.

› **Gruppenarbeit**
   a) Versuchen Sie in Gruppenarbeit, die Grafik auszufüllen. Woran kann es liegen, dass Sie wahrscheinlich nicht alle zu den gleichen Ergebnissen kommen?
   b) Kombinieren Sie Ergebnisse der verschiedenen Gruppen und einigen Sie sich auf einen Ihrer Meinung nach optimalen innerbetrieblichen Ablauf. Überlegen Sie, ob es *den* optimalen Ablauf überhaupt gibt.

Arbeitshilfe 1

Arbeitshilfe 2

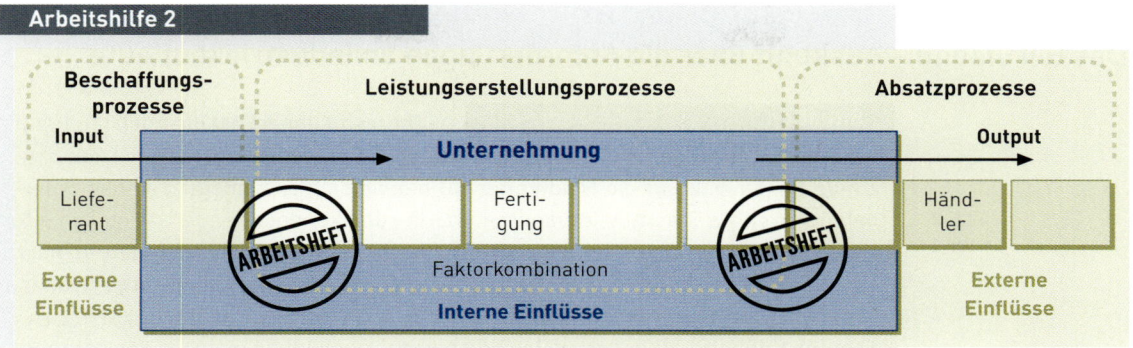

Arbeitsaufträge (Fortsetzung)

5. Axel Brenner will seinen Auszubildenden auch die Stellung der Heidtkötter KG im gesamtwirtschaftlichen Geschehen näher bringen. Dazu legt er Ihnen Arbeitshilfe 3 vor.
   a) Füllen Sie die Grafik aus.
   b) Erarbeiten Sie sich mithilfe des INFO-Teils, wodurch sich der primäre, der sekundäre und der tertiäre Sektor unterscheiden.
   c) Erklären Sie mit wenigen Sätzen, was Ihr Ausbildungsbetrieb produziert. Ordnen Sie auch Ihren Ausbildungsbetrieb einem der Sektoren zu und erläutern Sie, anhand welcher Kriterien Sie das getan haben.
   d) Wo gibt es in Ihrem Ausbildungsbetrieb vor, während und nach der Produktion Berührungspunkte zu Unternehmen des eigenen und der anderen Sektoren?
   e) Unterscheiden Sie bei den von Ihnen genannten Unternehmen zwischen be- und verarbeitenden Betrieben. Begründen Sie Ihre Einschätzung.
   f) Erstellen Sie nun eine Wertschöpfungskette für ein Erzeugnis Ihres Ausbildungsbetriebes. Stellen Sie das Ergebnis Ihren Mitschülern vor. › **Präsentation**
   g) Mitunter werden zu der Theorie der drei Sektoren weitere Sektoren hinzugefügt. Recherchieren Sie, wie diese Sektoren genannt werden und welche Branchen zu ihnen gezählt werden.

Arbeitshilfe 3

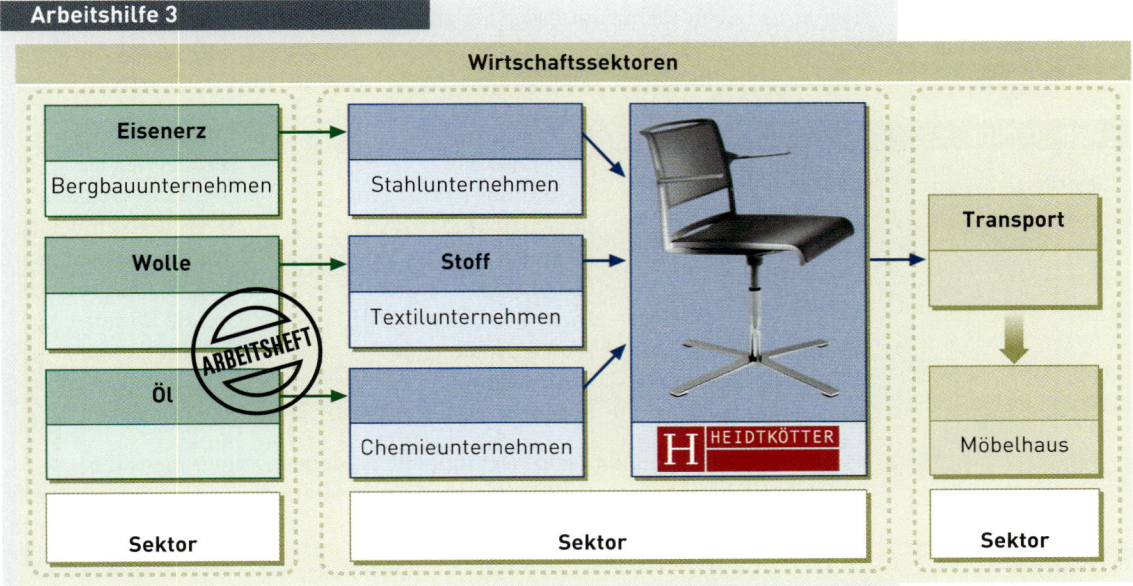

1.2
Das Berufsbild – Auskunft über die Anforderungen an Industriekaufleute

> **Situation**

Theresa Kuhnert hat die Ausbildung zur Industriekauffrau gewählt, weil sie gerne „etwas mit Marketing und mit Kunden" zu tun haben will. Für die Heidtkötter KG hat sie sich entschieden, da das Unternehmen sich als innovativ, dynamisch, markt- und kundenorientiert zeigt. Um alle Unternehmensbereiche kennenzulernen, durchlaufen die Azubis den Betrieb nach einem festen Ausbildungsplan. Es handelt sich dabei um ein rollierendes System, in dem sie von einer Abteilung in die andere „weitergereicht" werden.

› LF 2
Leitbild

Theresa Kuhnert hilft in den ersten Wochen der Ausbildung gleich in der Auftragsannahme aus, weil hier eine Mitarbeiterin ausgefallen ist. Oft ist der ganze Tag für sie ein einziger Stress. „Was man sich alles merken soll und alles gefragt wird, das kann man gar nicht alles wissen und behalten. Und trotzdem muss man immer freundlich bleiben, denn der Kunde ist ja ‚König', die Mitarbeiter sind Kollegen und ich bin nur eine Auszubildende", fasst Theresa ihre ersten Eindrücke zusammen. „Und wenn die Kollegen meinen, dass ich doch bitte mal einen Kaffee kochen könnte, dann mache ich das auch …"

> **Arbeitsaufträge**

1. Sie erinnern sich an das, was Sie zu Kapitel 1.1 bearbeitet haben. Es ging u. a. um die Einordnung der Heidtkötter KG in den gesamtwirtschaftlichen Prozess.

› Gruppenarbeit

Stellen Sie nun fest, welche Aufgaben in den Unternehmensbereichen für Industriekaufleute anfallen und was dabei im Einzelnen von ihnen erwartet wird.

Hinweis: Bilden Sie zur Beantwortung Gruppen,
– deren gemeinsame Aufgabe es ist, auf Stichpunktzetteln drei typische allgemeine Aufgaben von Industriekaufleuten aufzuschreiben, und
– die arbeitsteilig an die Frage herangehen, welche Aufgaben Industriekaufleute in den Bereichen Beschaffung, Produktion, Absatz, Personalwesen, Buchhaltung usw. haben.

2. Ihnen werden immer wieder die Begriffe „Schlüsselqualifikation" und „Schlüsselkompetenz" begegnen, wenn es darum geht, was man von Ihnen bei der Berufsausübung neben Fachkenntnissen verlangt. Was drücken diese Begriffe aus?

› INFO-Teil
Kap. 1.2

3. Nachfolgend finden Sie eine Auflistung von 20 Begriffen, die alle etwas mit diesen Schlüsselqualifikationen oder -kompetenzen zu tun haben.

Begriff	Erklärung	S	M	P
Allgemeinwissen				
Belastbarkeit				
...				
...				

– Allgemeinwissen
– Belastbarkeit
– Einfühlungsvermögen
– Entscheidungsfähigkeit
– Flexibilität
– Frustrationstoleranz
– Innovationsbereitschaft
– Kontaktfreudigkeit
– Kreativität
– Konfliktfähigkeit

– Kritikfähigkeit
– Lernbereitschaft
– Logisches Denken
– Methodenkompetenz
– Organisationstalent
– Selbstständigkeit
– Soziale Kompetenz
– Stressresistenz
– Teamfähigkeit
– Zuverlässigkeit

a) Finden Sie kurze und präzise Definitionen zu den einzelnen Begriffen.
b) Ordnen Sie die einzelnen Begriffe den Sozial-, Methoden- oder Persönlichkeitskompetenzen zu. (Sozialkompetenz = S, Methodenkompetenz = M, Persönlichkeitskompetenz = P)

606018

1.3
Möglichkeiten der individuellen Weiterentwicklung und Profilbildung

Situation

Theresa Kuhnert steht am Beginn ihrer Ausbildung. Serkut Kahya befindet sich schon kurz vor der Abschlussprüfung. Er weiß noch nicht, wie es danach beruflich weitergehen soll. Als er vor zwei Jahren mit der Lehre begann, war er froh eine Stelle zu haben. Alles andere wird sich später schon ergeben, dachte er sich.

Theresa denkt anders. Sie weiß, dass es aufgrund der guten Firmenentwicklung, aber auch, weil einige Kollegen in den Ruhestand gehen, in der Heidtkötter KG freie Stellen und die Möglichkeit zur Übernahme nach der Ausbildung geben kann. Deshalb spricht sie mit ihrem Ausbilder Axel Brenner. Der gibt ihr den Rat, schon jetzt zu überlegen, wo ihre persönlichen Stärken liegen, die sie nutzen kann, um später im Beruf weiterzukommen. „Es ist nie zu früh, über die Zukunft und die berufliche Karriere nachzudenken. Industriekaufleute gibt es viele, aber besonders gute Chancen haben diejenigen, die mehr können als die anderen", meint er.

Arbeitsaufträge

1. Was versteht man allgemein unter einer beruflichen Fort- und Weiterbildung und welche Bedeutung hat sie?

2. Die Industrie- und Handelskammern haben für Kaufleute ein System von Aufstiegsfortbildungen entwickelt, die sogar bis zu einem Hochschulstudium führen können. Finden Sie heraus,

   › **INFO-Teil**
   › **Internetrecherche**

   a) welche Fortbildungsmaßnahmen es generell gibt,

   b) worin sich diese grundsätzlich unterscheiden und

   c) welche persönlichen Voraussetzungen jeweils gegeben sein müssen.

3. Axel Brenner meint, es sei nie zu früh, sich über Perspektiven im Beruf Gedanken zu machen. Was verstehen Sie unter Profilbildung? Diskutieren Sie, wann der richtige Zeitpunkt gekommen ist, sich darüber Gedanken zu machen, was nach der Ausbildung auf beruflicher Ebene sein könnte.

Vertiefende Übungen

1. Stellen Sie in Ihrem Ausbildungsbetrieb fest, welche Aufgaben die kaufmännischen Mitarbeiter/-innen haben. Wahrscheinlich sind die Ergebnisse sehr vielfältig. Damit sie vergleichbar werden, sollten Sie sich an drei Leitfragen orientieren:

   ■ **Was** wird erledigt? ■ **Warum** wird es erledigt? ■ **Wie** und **womit** wird es erledigt?

   Es geht darum, die Aufgaben der einzelnen Abteilungen und ihren jeweiligen Beitrag im Rahmen des Wertschöpfungsprozesses zu skizzieren.

   Verwenden Sie das folgende Muster des Arbeitsblattes für jeden der vier genannten Bereiche getrennt:

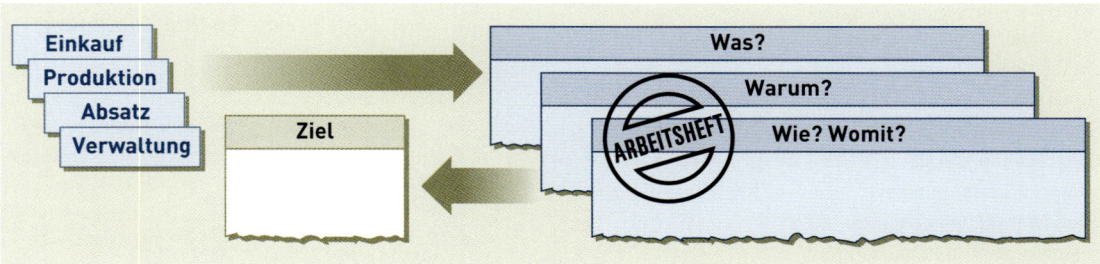

→

Vertiefende Übungen (Fortsetzung)

2. Die Heidtkötter KG sucht zum nächsten Einstellungstermin drei neue auszubilden- de Industriekaufleute. Dazu wird in der Regionalzeitung „Bielefelder Nachrichten" eine Anzeige veröffentlicht. Lesen Sie diese genau durch und bearbeiten Sie danach die Aufgaben.

WIR suchen

junge Menschen, die bei uns ihre berufliche **Ausbildung als Industriekauffrau/-mann** beginnen wollen.

WIR erwarten

- gute **Noten** in einem Schulabschluss, der mindestens der „mittleren Reife" entspricht,
- gute Bewertungen im **Arbeits- und Sozialverhalten,**
- Interesse für den Beruf und **Zielstrebigkeit** in der Ausbildung.

WIR bieten

- eine umfassende und solide **Ausbildung** mit zahlreichen internen Lehrgängen,
- **Perspektiven** für Ihre berufliche Zukunft.

Haben wir Ihr Interesse geweckt? Dann bewerben Sie sich:

Heidtkötter KG | Herrn Brenner | Gütersloher Straße 111 | 33647 Bielefeld   

a) Was finden Sie bezüglich Inhalt und Formulierung gelungen? Führen Sie auf, was Sie weniger gut finden und was Ihnen vielleicht in der Anzeige fehlt.

b) Überlegen Sie, welche Kriterien Sie anlegen würden, um das zu beschreiben, was Sie von den Auszubildenden als Voraussetzungen erwarten (Anforderungsprofil). Dabei unterscheiden Sie bitte zwischen unverzichtbar („muss gegeben sein"), wichtig („es wäre gut") und wünschenswert, interessant („es wäre schön").

Detailliertes Anforderungsprofil	trifft nicht zu	.....			trifft voll zu	
Mündliche Kommunikationsfähigkeit	0	1	2	3	4	5
Schriftliche Kommunikationsfähigkeit						
Englischkenntnisse						
Rechenfertigkeit						
Kreativität						
Logisches Denken						
Technisches Verständnis						
PC-Kenntnisse						
Konfliktfähigkeit						
Teamfähigkeit						
Flexibilität						
Leistungsbereitschaft						
Durchhaltevermögen						
Freundlichkeit						
Zuverlässigkeit						
Genauigkeit						
Verantwortungsbewusstsein						
Selbstbewusstsein						
Initiative						
Problemlösefähigkeit						
Überzeugungskraft						
Kompromissbereitschaft						
Handwerkliches Geschick						
Feinmotorische Fähigkeiten						

3. Die nebenstehende Tabelle enthält eine Reihe von Anforderungen, die angehende Industriekaufleute erfüllen sollten.

a) Bewerten Sie aus Ihrer persönlichen Sicht die einzelnen Anforderungen. Wenn Sie meinen, dass noch Merkmale fehlen, dann können Sie die Tabelle ergänzen.

b) Welche drei Merkmale sind für Sie die wichtigsten?

c) Versuchen Sie Merkmalsgruppen zu bilden, denen sich jeweils mehrere der Einzelmerkmale zuordnen lassen. Begründen Sie Ihre Zuordnung.

2
Rechtsgrundlagen der dualen Ausbildung

Ausgangslage

Die Berufsausbildung findet im dualen System an zwei Orten statt. In der Schule sorgen die Lehrer, im Betrieb die Ausbilder dafür, dass Ihre Ausbildung ordnungsgemäß abläuft. Ordnungsgemäß heißt, dass eine Reihe von Vorgaben einzuhalten sind, die die Ausbildung regeln. Die Grundlage dafür sind Berufsbildungsgesetz, Ausbildungsordnung und Rahmenlehrplan. Neben dem Ablauf der Ausbildung werden hierin auch die Rechte und Pflichten der Auszubildenden und Ausbilder geregelt.

Lernziele

Wenn Sie dieses Kapitel durchgearbeitet haben, …

- wissen Sie, welche Rolle Berufsbildungsgesetz, Ausbildungsordnung und Rahmenlehrplan für Ihre Ausbildung spielen und welche Informationen Sie dort finden,
- wissen Sie, was den Ausbildenden vom Ausbilder unterscheidet,
- können Sie die Rechte und Pflichten nennen, die sich mit dem Ausbildungsverhältnis ergeben,
- wissen Sie, wann und warum ein Ausbildungsverhältnis aufgelöst werden kann.

2.1
Berufsbildungsgesetz: Rechte und Pflichten von Ausbildenden, Ausbildern und Auszubildenden

Situation

Während Theresa Kuhnert in der Auftragsannahme arbeitet und dabei ständig neue Zusammenhänge kennenlernt, ist Peter Becker, der mit ihr zusammen die Ausbildung begann, seit fast einem Vierteljahr damit beschäftigt, die Ein- und Ausgangspost zu bearbeiten. Immer weniger kann er sich gegen das Gefühl wehren, als „Poststellensachbearbeiter" angelernt zu werden.

Aber was kann er tun? Seinen Ausbilder kennt er kaum, und noch bevor er den Ausbildungsvertrag unterschrieben hatte, ist ihm gesagt worden, er müsse damit rechnen, auch einmal Routinearbeiten zu übernehmen. Denn das gehöre auch zur Ausbildung dazu.

Arbeitsaufträge

1. „Routinearbeiten gehören auch zur Ausbildung dazu." Was meinen Sie? Kann man diese Aussage so hinnehmen oder nicht?

› INFO-Teil
Kap. 2.1

2. Was würden Sie tun, wenn Sie anstelle des Auszubildenden Peter Becker in einer solchen Situation wären?

3. Ausbildung ist ein Stück Zukunftssicherung für die gesamte Wirtschaft und auch für den einzelnen Betrieb. Daher werden an die Ausbildung im Betrieb auch besondere Anforderungen gestellt. Nicht jeder, der es gerne möchte, darf ausbilden: Ausbilden darf nur, wer auch die Qualifikation dazu hat.
   a) Grenzen Sie die Begriffe „Ausbilder" und „Ausbildende/r" voneinander ab.
   b) Welche Rolle kommt beiden in der Ausbildung und bezogen auf die Verantwortung eines ordnungsgemäßen Verlaufes der Ausbildung zu?
   c) Was sind die Voraussetzungen für eine „ordentliche" Ausbildung? Wie bewerten Sie in diesem Zusammenhang die dargestellte Situation?   →

Arbeitsaufträge (Fortsetzung)

› **INFO-Teil**

› **Internetrecherche**

4. Welche Aufgabe hat das Berufsbildungsgesetz (BBiG)? Was ist dort für den Ablauf der Ausbildung und die allgemeingültigen Pflichten von Auszubildenden und Ausbildern festgelegt?

Hinweis: Nutzen Sie nicht nur den INFO-Teil, sondern auch das Internet (z. B. www.bibb.de). Hier können Sie das gesamte BBiG einsehen oder auch herunterladen.

Arbeitshilfe 1

Aus einem Ausbildungsvertrag gehen sowohl für den Auszubildenden, aber auch für die Ausbildenden Rechte und Pflichten hervor, über die man Bescheid wissen sollte. Ein Auszug aus dem BBiG:

§§

§ 13 BBiG Verhalten während der Berufsausbildung

Auszubildende haben sich zu bemühen, die berufliche Handlungsfähigkeit zu erwerben, die zum Erreichen des Ausbildungsziels erforderlich ist. Sie sind insbesondere verpflichtet,

1. die ihnen im Rahmen ihrer Berufsausbildung aufgetragenen Aufgaben sorgfältig auszuführen,
2. an Ausbildungsmaßnahmen teilzunehmen, für die sie nach § 15 freigestellt werden,
3. den Weisungen zu folgen, die ihnen im Rahmen der Berufsausbildung von Ausbildenden, von Ausbildern oder Ausbilderinnen oder von anderen weisungsberechtigten Personen erteilt werden,
4. die für die Ausbildungsstätte geltende Ordnung zu beachten,
5. Werkzeug, Maschinen und sonstige Einrichtungen pfleglich zu behandeln,
6. über Betriebs- und Geschäftsgeheimnisse Stillschweigen zu wahren.

Arbeitshilfe 2

§§

§ 14 Berufsausbildung

(1) Ausbildende haben

1. dafür zu sorgen, dass den Auszubildenden die berufliche Handlungsfähigkeit vermittelt wird, die zum Erreichen des Ausbildungsziels erforderlich ist, und die Berufsausbildung in einer durch ihren Zweck gebotenen Form planmäßig, zeitlich und sachlich gegliedert so durchzuführen, dass das Ausbildungsziel in der vorgesehenen Ausbildungszeit erreicht werden kann.
2. selbst auszubilden oder einen Ausbilder oder eine Ausbilderin ausdrücklich damit zu beauftragen,
3. Auszubildenden kostenlos die Ausbildungsmittel, insbesondere Werkzeuge und Werkstoffe zur Verfü-

gung zu stellen, die zur Berufsausbildung und zum Ablegen von Zwischen- und Abschlussprüfungen, auch soweit solche nach Beendigung des Berufsausbildungsverhältnisses stattfinden, erforderlich sind,
4. Auszubildende zum Besuch der Berufsschule sowie zum Führen von schriftlichen Ausbildungsnachweisen anzuhalten, soweit solche im Rahmen der Berufsausbildung verlangt werden, und diese durchzusehen,
5. dafür zu sorgen, dass Auszubildende charakterlich gefördert sowie sittlich und körperlich nicht gefährdet werden.

(2) Auszubildenden dürfen nur Aufgaben übertragen werden, die dem Ausbildungszweck dienen und ihren körperlichen Kräften angemessen sind.

Vertiefende Übung

In welchen Fällen können Sie Ihr Ausbildungsverhältnis auch nach der Probezeit noch beenden und mit welchen Folgen müssen Sie rechnen?

2.2
Einzelvorschriften für den Ausbildungsverlauf in Betrieb und Berufsschule

Ausgangslage

In Deutschland haben wir das System der dualen Berufsausbildung. Das bedeutet, dass die Ausbildung in den Betrieben an drei bis vier Tagen pro Woche stattfindet und die Auszubildenden an ein bis zwei Tagen pro Woche die Berufsschule besuchen.

Was in der Schule vermittelt wird, unterliegt den Schulaufsichtsbehörden der Bundesländer und den jeweils geltenden Lehrplänen. Diese bauen wiederum auf dem bundeseinheitlichen Rahmenlehrplan auf. Die Ausbildung im Betrieb wird durch das Berufsbildungsgesetz und die daraus abgeleitete Verordnung über die Ausbildungsordnung zum Industriekaufmann geregelt.

Lernziele

Wenn Sie dieses Kapitel durchgearbeitet haben, ...
- kennen Sie die wesentlichen Inhalte der Ausbildungsordnung und wissen, was in welchen Zeitabschnitten in den Betrieben an Kenntnissen vermittelt werden muss,
- wissen Sie, welche Inhalte die zwölf Lernfelder der Ausbildung in der Berufsschule haben und wie sie mit dem, was in der Ausbildungsordnung vorgegeben ist, verzahnt werden sollten,
- können Sie einschätzen, was von Ihnen in der Zwischenprüfung verlangt wird,
- wissen Sie, in welche Bereiche die Abschlussprüfung gegliedert ist und welche Voraussetzungen gegeben sein müssen, damit man sie besteht,
- kennen Sie die Bedingungen für eine Verkürzung der Ausbildung bzw. für eine vorgezogene Abschlussprüfung.

2.2.1
Alles geregelt – Ausbildungsordnung und schulische Rahmenpläne

Situation

In der Heidtkötter KG ist Theresa Kuhnert mittlerweile bei der Lohnabrechnung tätig. In der Schule hat sie dazu bisher noch nichts gehört. Die anderen, die mit ihr begonnen haben, sind an anderen Stellen im Betrieb eingesetzt. In der Berufsschule sind sie aber alle in einer Klasse und befassen sich mit den gleichen Lernfeldern.
Theresa vermisst die inhaltliche Abstimmung von Schule und Betrieb. Was sie zurzeit in der Lohnabrechnung erledigen muss, kommt nach Aussage ihres Lehrers in der Schule erst im zweiten Jahr dran. Sie macht ihrem Ärger Luft: „Was man nicht in der Schule durchgenommen hat, kann man im Betrieb nicht richtig verstehen. Hier heißt es oft nur ‚mach mal‘, und das noch möglichst schnell. Berufsschule und Betrieb sollten enger miteinander verzahnt sein."

Arbeitsaufträge

1. Was versteht man unter dem dualen System der Berufsausbildung in der Bundesrepublik Deutschland und welche Grundidee steht dahinter?   › **Arbeitshilfe 1**
2. Finden Sie heraus, was die Ausbildungsordnung und die Rahmenlehrpläne der Schule für das erste Ausbildungsjahr vorsehen, und vergleichen Sie, inwieweit Übereinstimmungen vorhanden sind oder wie weit die Pläne voneinander abweichen.
3. Axel Brenner gibt jedem Auszubildenden drei Zettel, auf denen sie sich Notizen machen können. Hier ein paar Ergebnisse:

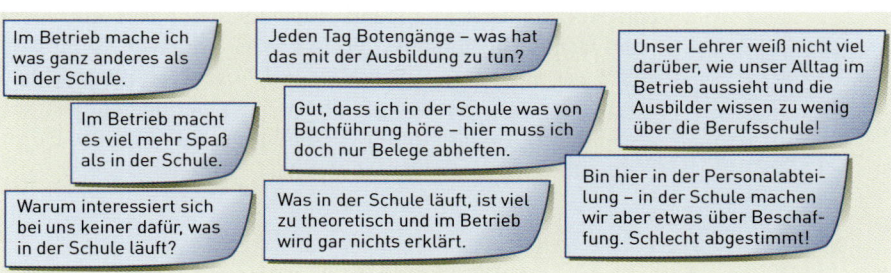

Arbeitsauftrag 3 (Fortsetzung)

Notieren Sie Gesichtspunkte, die Ihnen aufgrund Ihrer ersten Erfahrungen in der dualen Ausbildung spontan zum Thema „Ausbildung in Schule und Beruf" einfallen.

a) „Funktioniert" die Doppelgleisigkeit der Ausbildung so, wie Sie es sich vorgestellt haben, oder funktioniert es eher weniger oder gar nicht?

b) Was sollte Ihrer Meinung nach getan werden, um die Zusammenarbeit von Schule und Betrieben in der Ausbildung zu verbessern?

Arbeitshilfe 1

Zur Rolle von Betrieb und Berufsschule im dualen System

Die Qualität einer Ausbildung bestimmt die Möglichkeiten junger Leute, in der Arbeitswelt zu bestehen. Das im Berufsbildungsgesetz verankerte duale System kombiniert die Vorteile einer im Betrieb stattfindenden und zusätzlichen schulischen Ausbildung.

Ausbildungsbetriebe und Berufsschulen sollen danach im Rahmen der Ausbildung eng zusammenarbeiten. Die Betriebe bieten eine praxisorientierte Ausbildung. Hier erhalten die Auszubildenden einen Einblick in die Strukturen und Teilbereiche der Arbeitswelt. Außerdem sollen sie soziale, fachliche und berufliche Kompetenzen entwickeln, die für den späteren beruflichen Erfolg wichtig sind.

Die Berufsschulen bieten parallel eine allgemeine Bildung und eine Vertiefung der berufstheoretischen und -praktischen Kenntnisse. Damit erhalten die Auszubildenden die Möglichkeit, auch in anderen Unternehmen und Betrieben das erworbene Wissen fachgerecht einzubringen.

Arbeitshilfe 2

So sieht die Praxis aus: Eine Studie des DGB

Der DGB hat in einer Studie insgesamt 2 400 Auszubildende befragt. Dabei ging es um ganz unterschiedliche Themen. Im Vordergrund stand die Qualität der Ausbildung und die Zufriedenheit der Auszubildenden. Danach leiden viele Auszubildende unter der Nichteinhaltung ihrer Ausbildungspläne. Dies betrifft sowohl die Ausbildungsrahmenlehrpläne als auch die betrieblichen Ausbildungspläne.

Einhaltung des Ausbildungsplans

Nur etwas mehr als ein Viertel aller befragten Auszubildenden gab an, nie für ausbildungsfremde Tätigkeiten zur Verfügung stehen zu müssen. [...] Mehr als 15 % der befragten Auszubildenden geben an, „immer" bzw. „häufig" mit ausbildungsfremden Tätigkeiten befasst zu sein.

Fachliche Anleitung

Im Berufsbildungsgesetz (BBiG) ist die Rolle der fachlichen Anleitung genau definiert. In § 28 Abs. 1 steht: „Auszubildende darf nur ausbilden, wer persönlich und fachlich geeignet ist." In Abs. 2 wird ergänzt: „Wer fachlich nicht geeignet ist oder wer nicht selbst ausbildet, darf Auszubildende nur dann einstellen, wenn er persönlich und fachlich geeignete Ausbilder oder Ausbilderinnen bestellt, die die Ausbildungsinhalte in der Ausbildungsstätte unmittelbar, verantwortlich und in wesentlichem Umfang vermitteln."

Arbeitshilfe 2 (Fortsetzung)

Ist der Ausbilder nicht ansprechbar, so bedeutet das in der Praxis häufig „learning by doing" ohne fachliche Anleitung. Die Jugendlichen bekommen dann eigenverantwortliche Projekte, dürfen jedoch nur wenige Fehler machen. Eine andere Auswirkung fehlenden Ausbildungspersonals am Arbeitsplatz sind Routinearbeiten. Die Auszubildenden müssen sich ständig wiederholende Tätigkeiten ausüben, ohne dass sie dabei etwas Neues lernen.

Betreuung durch den Ausbilder

Zwei Drittel der Befragten, die einen Ausbilder haben, erhalten „immer" oder „häufig" eine gute Betreuung bzw. Anleitung. 15,8 Prozent bekommen dagegen eher „selten" bzw. „nie" etwas beigebracht. Intensives Erklären und „sich Zeit nehmen" für Nachfragen sind jedoch unerlässliche Kriterien für eine nachhaltige und qualitativ hochwertige Berufsausbildung. Die hohe Unzufriedenheit vieler Jugendlicher an ihrem Ausbildungsplatz spiegelt sich in der hohen Zahl an Ausbildungsabbrüchen wider. Jeder fünfte Auszubildende bricht seine Ausbildung vor Beendigung ab.

Die fachliche Qualität im Betrieb

Unter den meistgenannten positiven Aspekten waren Begriffe wie Abwechslungsreichtum und Arbeitsvielfalt, ein gutes Arbeitsklima sowie Teamwork. Negativ fielen vor allem die langen und überlangen Arbeitszeiten auf. Ihnen folgten schlechtes Arbeitsklima, Stress, Mobbing am Arbeitsplatz und fehlende Ausbilder.

2.2.2
Ausbildungsziele und Prüfungsanforderungen

2.2.2.1
Umfang und Inhalt der Zwischenprüfung

Situation
Nachdem die Auszubildenden, die in einem halben Jahr Zwischenprüfung haben, in der Schule Prüfungen aus dem Vorjahr gesehen haben, sind sie beunruhigt. Darin tauchen Aufgaben auf, die bisher noch nicht behandelt wurden und die nach Aussage ihres Lehrers „nicht bis zur Zwischenprüfung geschafft werden können". Der Lehrer habe gesagt, dass es „ja schließlich auch noch die Betriebe gibt, die an der Ausbildung beteiligt seien". Axel Brenner ist erbost. Dazu schicke man die Auszubildenden ja schließlich zweimal pro Woche in die Berufsschule.

Arbeitsaufträge

1. Warum wird eine Zwischenprüfung durchgeführt, auf welche Themen- und Sachgebiete bezieht sie sich, wann findet sie statt und wie läuft sie ab?
2. Welche Bedeutung hat die Zwischenprüfung für den Ausbildungsverlauf und den Ausbildungserfolg?

> Arbeitshilfe
> INFO-Teil

Arbeitshilfe

Die Zwischenprüfung umfasst ca. 40 Aufgaben. Dabei handelt es sich um Mehrfachwahl-, Zuordnungs-, Reihenfolge- oder Rechenaufgaben. Maximal können 100 Punkte erreicht werden. Jede richtige Lösung wird mit der gleichen Punktzahl bewertet. Es werden gegebenenfalls auch Teilpunkte vergeben.

→

Arbeitshilfe (Fortsetzung)

TEILNAHMEBESCHEINIGUNG
Prüfungstermin Herbst 2011
Ausbildungsberuf Industriekauffrau/-mann

Lucia Marx   Heidtkötter KG
Badener Straße 85   Gütersloher Straße 111
33659 Bielefeld-Neuhausen   33647 Bielefeld

Die Auszubildende hat in der Zwischenprüfung nach § 42 BBiG folgende Ergebnisse erzielt:

Funktionen laut Ausbildungsordnung	Zahl der Aufgaben	davon richtig	Punkte (Prozente)	IHK-Durch-schnitt
Beschaffung und Bevorratung				
0101 Bedarfsermittlung und Disposition	4	3	(75,0)	
0102 Bestelldurchführung	10	8	(80,0)	
0103 Vorratshaltung und Beständeverwaltung	6	6	(100,0)	
Produkte und Dienstleistungen				
0201 Produkte und Dienstleistungen	12	11	(91,$\bar{6}$)	
Kosten- und Leistungsrechnung				
0301 Kosten- und Leistungsrechnung (in Verbindung mit Leistungserstellung, hier: 0201 Produkte und Dienstleistungen)	8	7	(87,5)	
Gesamt	40	35	35 (87,5)	81,0 %

Beurteilung	100 – 67 Punkte (%)	Die Kenntnisse genügen den Anforderungen.
	unter 67 – 50 Punkte (%)	Die Kenntnisse weisen Mängel auf – die Leistungen sind verbesserungsbedürftig.
	unter 50 – 00 Punkte (%)	Die Kenntnisse genügen den Anforderungen nicht.

Die Teilnahmebescheinigung dokumentiert nicht nur den Ausbildungsstand, sondern auch die Bereiche, in denen möglicherweise ein Nachholbedarf besteht.

2.2.2.2
Endspurt zur Abschlussprüfung

Situation   Die Auszubildenden der Heidtkötter KG haben die Chance auf Übernahme in ein Angestelltenverhältnis am Ende der Ausbildung, wenn sie gute Leistungen in der Schule und in der Abschlussprüfung erbringen und obendrein positive Beurteilungen der einzelnen Ausbildungsabteilungen vorweisen können.

Darum bittet Axel Brenner alle neuen Auszubildenden schon am Ende des ersten Monats zu einem Meeting, um mit ihnen über den Ausbildungsverlauf und die Anforderungen zu sprechen, die in der Zwischen- und Abschlussprüfung auf sie warten.

Arbeitsaufträge

› INFO-Teil

1. Worin unterscheidet sich die Abschlussprüfung von der Zwischenprüfung in inhaltlicher, organisatorischer und rechtlicher Sicht?
2. Welche Anforderungen beinhalten die einzelnen Teile der Abschlussprüfung?
3. Wann kann die Abschlussprüfung frühestens abgelegt werden und was ist zu tun, wenn man die Abschlussprüfung nicht bestehen sollte?
4. Welche Bedeutung haben die schulischen Leistungsbewertungen für den erfolgreichen Abschluss der Berufsausbildung?

3
Schutzbestimmungen für Arbeitnehmer und Auszubildende

Ausgangslage

Mitarbeiter eines Unternehmens stellen aus betriebswirtschaftlicher Sicht einen Produktionsfaktor dar. Über diesen Gesichtspunkt – das Streben nach hoher Produktivität, Umsatz und Gewinn – hinaus gilt es jedoch unbedingt, gegenüber dem Arbeitnehmer Verpflichtungen einzuhalten. Der Gesetzgeber hat dazu Vorgaben erlassen.

Lernziele

Wenn Sie dieses Kapitel durchgearbeitet haben, ...

- wissen Sie, welche Regelungen das Jugendarbeitsschutzgesetz vorsieht,
- haben Sie einen Überblick über die wichtigsten sozialen Schutzbestimmungen, die im Rahmen eines Beschäftigungsverhältnisses zu beachten sind,
- kennen Sie die wichtigsten, für Sie relevanten technischen Arbeitsschutzbestimmungen,
- wissen Sie, was Informations- und Datenschutz im Betrieb bedeuten und
- kennen Sie die wichtigsten Organe der betrieblichen Mitbestimmung und wissen, welche Rechte diese haben.

3.1
Das Jugendarbeitsschutzgesetz – Arbeitsbedingungen für alle minderjährigen Auszubildenden und Arbeitnehmer

Situation

Für die anstehende Inventur bei der Heidtkötter KG sind drei Mitarbeiter ausgefallen. Der Ausbilder würde gern drei Auszubildende einsetzen, von denen nur einer volljährig ist. „Einerseits schlagen sich die Jugendlichen in ihrer Freizeit die ganze Nacht in den Discos um die Ohren, obwohl sie es gemäß Jugendschutzgesetz nicht dürften. Andererseits soll ich sie nicht darum bitten dürfen, bei einer Inventur mitzuwirken, wenn diese um 18:00 Uhr startet und gegen 02:00 Uhr nachts beendet ist? Die Inventurarbeit würde sogar zusätzlich bezahlt und die Auszubildenden müssten am Inventurtag erst um 17:00 Uhr mit der Arbeit beginnen. Am nächsten Tag hätten sie frei. Können sie nicht wenigstens nach dem Berufsschulunterricht zur Vorbereitung der Inventur für zwei bis drei Stunden? Der endet doch um 14:30 Uhr!"

Arbeitsaufträge

1. Worum geht es bei dem dargestellten Konflikt und wie ist die rechtliche Situation? Stellen Sie das Ergebnis Ihrer Überlegungen in einem Kurzvortrag von drei Minuten dar.
2. Wie wirkt sich die Freistellung für den Berufsschulunterricht für die Anrechnung auf die Arbeitszeit bei jugendlichen und erwachsenen Auszubildenden aus? › **Arbeitshilfen**
3. Nennen Sie drei Gründe, die aus Ihrer Sicht dafür sprechen, dass es das Jugendarbeitsschutzgesetz gibt.
4. Welche Beschäftigungsverbote sieht das Jugendarbeitsschutzgesetz konkret vor? › **INFO-Teil**

Arbeitshilfe 1

Geld für Überstunden

Azubis müssen laut einer DGB-Umfrage häufig unentgeltlich Überstunden machen. Dabei gaben rund 42 Prozent an, regelmäßig länger als vertraglich vereinbart zu arbeiten. Rund jeder Fünfte erhält dafür nach eigenen Angaben keinen Ausgleich.

„Bei Überstunden steht Azubis aber eine Extra-Vergütung oder Urlaub zu", sagt DGB-Bundesjugendsekretär René Rudolf. Minderjährige dürfen zudem nicht mehr als 8,5 Stunden am Tag und 40 Stunden pro Woche arbeiten. Gesetzliche Vorschrift ist auch, dass sie nur ausnahmsweise zwischen 20 und 6 Uhr eingesetzt werden. [...]

aus: Tagesspiegel vom 20.04.2008, o. A.

Arbeitshilfe 2

§§

§ 17 BBiG, Vergütungsanspruch

(1) Ausbildende haben Auszubildenden eine angemessene Vergütung zu gewähren. Sie ist nach dem Lebensalter der Auszubildenden so zu bemessen, dass sie mit fortschreitender Berufsausbildung, mindestens jährlich, ansteigt.

(2) Sachleistungen können in Höhe der nach § 17 Abs. 1 Satz 1 Nr. 4 des Vierten Buches Sozialgesetzbuch festgesetzten Sachbezugswerte angerechnet werden, jedoch nicht über 75 Prozent der Bruttovergütung hinaus.
(3) Eine über die vereinbarte regelmäßige tägliche Ausbildungszeit hinausgehende Beschäftigung ist besonders zu vergüten oder durch entsprechende Freizeit auszugleichen.

Arbeitshilfe 3

Der Ausbildende hat den Auszubildenden für den Besuch der Berufsschule freizustellen (§ 15 BBiG). Für die Zeit der Freistellung ist dem Auszubildenden die Vergütung fortzuzahlen. Mit Beschluss vom 26. März 2001 (AZ: 5 AZR 413/99) hat das Bundesarbeitsgericht entschieden, dass die Verpflichtung zur Freistellung auch die Pausen in der Berufsschule und die Wegezeiten zwischen Betrieben und Schule beinhaltet.

Beispiel

		anrechenbare Zeit	Restarbeitszeit
Unterricht:	08:00 – 14:00 Uhr einschl. 45 Minuten Pause	6,00 Std.	
Fahrt von der Schule zur Arbeit:	14:00 – 14:30 Uhr	0,50 Std.	1,50 Std.

Auszubildende, die nicht unter das Jugendarbeitsschutzgesetz fallen – also Volljährige –, können an jedem Tag nach der Berufsschule im Betrieb ausgebildet werden. Allerdings beträgt die zulässige Arbeitszeit nach § 3 Arbeitszeitgesetz im Regelfall 8 Stunden täglich, kann aber auf maximal 10 Stunden ausgedehnt werden. Dabei dürfen wiederum 48 Wochenstunden nicht überschritten werden. Hinzu kommt, dass nach diesen Vorschriften innerhalb eines Zeitraumes von 24 Wochen im Durchschnitt werktäglich 8 Stunden Arbeitszeit einzuhalten sind.

Vertiefende Übungen

1. Für wen gilt das Jugendarbeitsschutzgesetz und welche Aufgabe hat es?
2. Bis zu welchem Alter dürfen Kinder nicht beschäftigt werden? Erläutern Sie, was das Wort „Arbeit" in diesem Zusammenhang bedeutet.

3. Ein zwölfjähriger Junge trägt sonntags regelmäßig ca. zwei Stunden frühmorgens eine bekannte Boulevardzeitung aus, um sich ein Taschengeld zu verdienen. Ein Nachbar droht dem Zeitungsgroßhändler, in dessen Auftrag der Junge tätig ist, mit einer Anzeige wegen „Kinderarbeit". Wie beurteilen Sie die Rechtslage?

4. Ein 16-jähriger Auszubildender erhält einen Einsatzplan für die kommenden vier Wochen. Prüfen Sie diesen Einsatzplan unter dem Gesichtspunkt, ob er den Bestimmungen des Jugendarbeitsschutzgesetztes entspricht. Wo liegen Verstöße vor?

Zeit	Montag	Dienstag	Mittwoch	Donnerstag	Freitag	Zeit
07:00					Zentrale	07:00
07:30					Zentrale	07:30
08:00	Material-wirtschaft	Material-wirtschaft	7 U-Std. Berufs-schule			08:00
08:30	Material-wirtschaft	Material-wirtschaft	7 U-Std. Berufs-schule		4 U-Std. Berufs-schule	08:30
09:00	Material-wirtschaft	Material-wirtschaft	7 U-Std. Berufs-schule		4 U-Std. Berufs-schule	09:00
09:30	Material-wirtschaft	Material-wirtschaft	7 U-Std. Berufs-schule		4 U-Std. Berufs-schule	09:30
10:00	Material-wirtschaft	Material-wirtschaft	7 U-Std. Berufs-schule	Buch-haltung	4 U-Std. Berufs-schule	10:00
10:30	Material-wirtschaft	Material-wirtschaft	7 U-Std. Berufs-schule	Buch-haltung	4 U-Std. Berufs-schule	10:30
11:00	Material-wirtschaft	Material-wirtschaft	7 U-Std. Berufs-schule	Buch-haltung	4 U-Std. Berufs-schule	11:00
11:30	Material-wirtschaft	Material-wirtschaft	7 U-Std. Berufs-schule	Buch-haltung		11:30
12:00	Material-wirtschaft	Material-wirtschaft	7 U-Std. Berufs-schule	Buch-haltung		12:00
12:30	Material-wirtschaft	Material-wirtschaft	7 U-Std. Berufs-schule	Buch-haltung		12:30
13:00	Material-wirtschaft	Material-wirtschaft	7 U-Std. Berufs-schule	Buch-haltung		13:00
13:30	Material-wirtschaft	Poststelle	7 U-Std. Berufs-schule	Buch-haltung	Buch-haltung	13:30
14:00	Material-wirtschaft	Poststelle	7 U-Std. Berufs-schule	Buch-haltung	Buch-haltung	14:00
14:30		Poststelle	7 U-Std. Berufs-schule		Buch-haltung	14:30
15:00		Poststelle	7 U-Std. Berufs-schule			15:00
15:30	Poststelle	Poststelle	7 U-Std. Berufs-schule	Poststelle	Poststelle	15:30
16:00	Poststelle	Poststelle	7 U-Std. Berufs-schule	Poststelle	Poststelle	16:00
16:30	Poststelle	Poststelle	7 U-Std. Berufs-schule	Poststelle		16:30
17:00				Außen-lager/ Direkt-versand		17:00
17:30				Außen-lager/ Direkt-versand		17:30
18:00				Außen-lager/ Direkt-versand		18:00
18:30				Außen-lager/ Direkt-versand		18:30
19:00				Außen-lager/ Direkt-versand		19:00
19:30				Außen-lager/ Direkt-versand		19:30
20:00				Außen-lager/ Direkt-versand		20:00
20:30						20:30

5. Der Inhaber eines Einzelhandelsbetriebes möchte seinen 13-jährigen Sohn mit Reinigungsarbeiten im Geschäft sowie einfachen Bürotätigkeiten regelmäßig beschäftigen. Er soll dafür auch zusätzliches Taschengeld erhalten. Wie ist die Rechtslage?

6. In der Heidtkötter KG sind Arbeitskräfte wegen Krankheit ausgefallen. Einige Abteilungsleiter fragen bei Axel Brenner nach, ob in dieser Ausnahmesituation nicht „der eine oder andere" Auszubildende gegen Bezahlung Mehrarbeit leisten könne. Wie sehen Sie die Rechtslage?
Nutzen Sie das Jugendarbeitsschutzgesetz und das Berufsbildungsgesetz.

7. Diskutieren Sie in der Klasse: Ist das Jugendarbeitsschutzgesetz noch zeitgemäß?

3.2
Rücksicht auf besondere persönliche Situationen: sozialer Arbeitsschutz

Situation　Die Auszubildende Theresa Kuhnert lernt in der Auftragserfassung der Heidtkötter KG Bettina Meier kennen. Frau Meier erzählt ihr, dass sie als Ersatz für eine Kollegin, die sich im Mutterschutz befindet, nur einen befristeten Vertrag hat und das Unternehmen wahrscheinlich bald wieder verlassen muss. Theresa wundert sich, da sie bisher dachte, dass die Heidkötter KG als sozial orientiertes Familienunternehmen nur unbefristete Arbeitsverträge abschließt. Theresa ist erstaunt, dass die Heidkötter KG eine nun eingearbeitete Mitarbeiterin gegen jemanden austauschen will, der drei Jahre lang nicht im Unternehmen tätig war.

Arbeitsaufträge

› INFO-Teil

1. Klären Sie, für wen das Mutterschutzgesetz gilt und wie die konkreten Regelungen zur Freistellung von der Arbeit aussehen.
2. Das Mutterschutzgesetz definiert auch „verbotene Tätigkeiten" als Arbeiten, die werdende Mütter nicht verrichten dürfen. Nennen Sie mindestens fünf dieser Aufgaben.
3. Kündigungsfristen bei Arbeitsverträgen sind in den §§ 622 und 626 BGB geregelt. Welche Fristen gibt es und warum unterscheiden Sie sich?

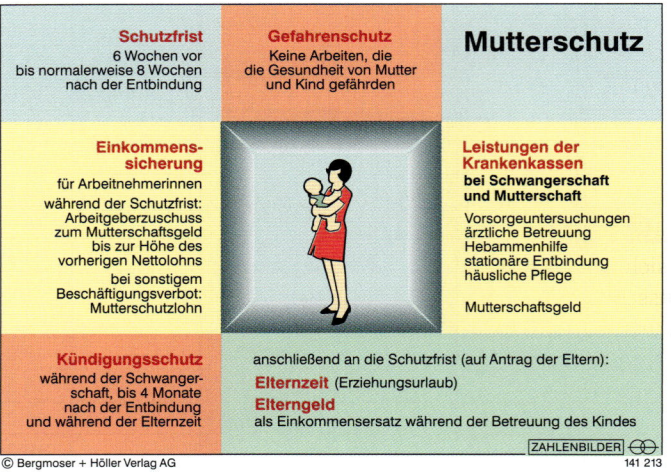

© Bergmoser + Höller Verlag AG　141 213

Nähere Erläuterungen zu diesem Schaubild siehe Infoteil S. 376.

4. Mutterschutz gehört ohne Zweifel zu den Grundelementen einer sozialen Marktwirtschaft. Dies gilt umso mehr als die Gesellschaft auch zunehmend unter dem demografischen Wandel leidet. Gleichwohl bestehen zwischen den allgemeinen gesellschaftlichen Positionen und den betrieblichen Zielsetzungen auch in diesem Bereich durchaus Spannungsfelder. Machen Sie deutlich, wo diese liegen können. Dabei können Sie gerne auch Beispiele aus Ihrem eigenen Erfahrungsbereich heranziehen.

3.3
Rücksicht auf Leben und Gesundheit: technischer Arbeitsschutz

Ausgangslage   In Deutschland hat der Arbeits- und Gesundheitsschutz für die Arbeitnehmer eine große Bedeutung. Seit dem 19. Jahrhundert wurde ein immer dichteres Netz von Bestimmungen zum Schutz der Arbeitnehmer aufgebaut.

Situation

Die Berücksichtigung sozialer Interessen der Arbeitnehmer wird in der Heidtkötter KG großgeschrieben. Dass sich die Mitarbeiter wohlfühlen, drückt sich unter anderem darin aus, dass es kaum Fluktuation aufgrund von Kündigungen gibt. Aber auch in einer Branche, in der die Unfallhäufigkeit überdurchschnittlich hoch liegt, kann sich das Unternehmen mit seinen Zahlen sehen lassen. Alle neuen Mitarbeiter nehmen an einem Halbtagsseminar zum Arbeits- und Gesundheitsschutz teil. Neben Axel Brenner sind auch je ein Vertreter der

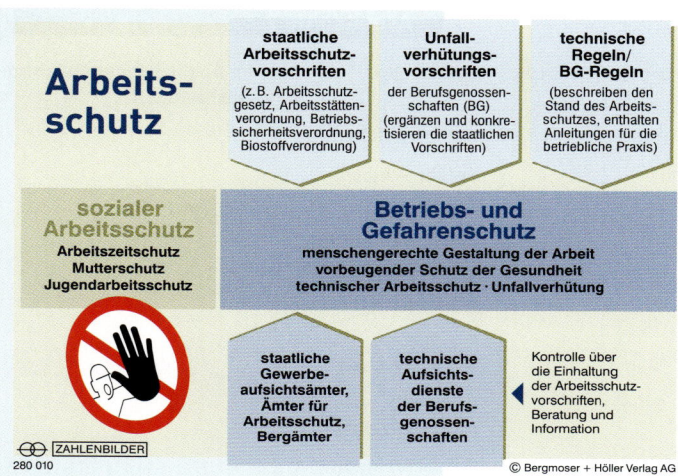

Personalabteilung und des Betriebsrates dabei. Nach einem kurzen Einstieg steht eine Betriebsführung an. Hier sollen die neuen Auszubildenden alles notieren, was ihnen zum Arbeits- und Gesundheitsschutz auffällt.

Arbeitsaufträge

1. Erarbeiten Sie sich Definitionen für die Begriffe „technischer Arbeitsschutz" und „sozialer Arbeitsschutz". Wo genau liegen die Unterschiede, was muss eventuell bei der Umsetzung ineinandergreifen?
2. Welche Bestimmungen zum technischen Arbeitsschutz kennen Sie aus Ihrem Ausbildungsbetrieb? Fassen Sie alles zusammen, was Sie und Ihre Mitschüler recherchieren. Erstellen Sie eine Übersicht.
3. Was muss der Arbeitgeber im Hinblick auf den Arbeitsschutz gemäß Gesetz auf jeden Fall leisten?

› **Arbeitshilfe 1**
› **INFO-Teil**

Arbeitshilfe 1

§§

§ 81 BetrVG
Unterrichts- und Erörterungspflicht des Arbeitgebers
(1) Der Arbeitgeber hat den Arbeitnehmer über dessen Aufgabe und Verantwortung sowie über die Art seiner Tätigkeit und ihre Einordnung in den Arbeitsablauf des Betriebs zu unterrichten. Er hat den Arbeitnehmer vor Beginn der Beschäftigung über die Unfall- und Gesundheitsgefahren, denen dieser bei der Beschäftigung ausgesetzt ist, sowie über die Maßnahmen und Einrich-

tungen zur Abwendung dieser Gefahren und die nach § 10 Abs. 2 des Arbeitsschutzgesetzes getroffenen Maßnahmen zu belehren.
(2) Über Veränderungen in seinem Arbeitsbereich ist der Arbeitnehmer rechtzeitig zu unterrichten. Absatz 1 gilt entsprechend.
(3) In Betrieben, in denen kein Betriebsrat besteht, hat der Arbeitgeber die Arbeitnehmer zu allen Maßnahmen zu hören, die Auswirkungen auf Sicherheit und Gesundheit der Arbeitnehmer haben können. [...]

Arbeitsaufträge (Fortsetzung)

4. Zum technischen Arbeitsschutz gehört auch die Kennzeichnung möglicher Gefahrenquellen rund um den Arbeitsplatz. Auch in Ihrem Ausbildungsbetrieb finden Sie unterschiedliche Hinweisschilder, die der Sicherheits- oder Gesundheitsvorsorge dienen sollen. Erfassen Sie möglichst alle verwendeten Kennzeichnungen und ordnen Sie sie in die folgenden Kategorien ein.

Arbeitshilfe 2

Sicherheitsfarbe	Bedeutung	Im Ausbildungsbetrieb vorhandene Kennzeichnungen
Rot	Verbotszeichen	
	Gefahr – Alarm	
	Material und Einrichtungen zur Brandbekämpfung	
Gelb oder Gelb-Orange	Warnzeichen	
Blau	Gebotszeichen	
Grün	Erste Hilfe, Rettungszeichen	
	Gefahrlosigkeit	

3.4 Informations- und Datenschutz im Ausbildungs- und Arbeitsverhältnis

Situation

In der Heidtkötter KG ist man stolz darauf, eine „große Familie" zu sein. Es gehört zur Philosophie des Hauses, dass die Türen offen stehen und außer einigen Bereichen der Buchhaltung niemand eine besondere Geheimhaltungspflicht gegenüber den Kollegen hat.

Selbst über Produktentwicklungen spricht man im kleinen Kreis, die Mitarbeiter werden nach ihrer Meinung gefragt. Immer wenn es um neue Modelle für jüngere Kunden geht, ist die Meinung der Auszubildenden von besonderem Interesse. Schon in einem sehr frühen Entwicklungsstadium werden ihnen Aspekte der Entwicklung eines Produktes vorgestellt, die erst auf dem Reißbrett oder als Idee im Computer existieren.

Auch Theresa Kuhnert bekommt von ihrem Ausbilder ein neues Produkt gezeigt. Abends berichtet sie ihrem Freund über das, was sie gesehen hat.

Arbeitsaufträge

1. Wie bewerten Sie die Tatsache, dass die Auszubildende ihrem Freund etwas von der geplanten Neuentwicklung erzählt?
2. Was sind Betriebs- und Geschäftsgeheimnisse? Worum geht es beim betrieblichen Informationsschutz?
3. Welche Schäden können entstehen, wenn der Informationsschutz nicht eingehalten wird? Machen Sie dies auch an obigem Beispiel deutlich.
4. Was versteht man unter personenbezogenen Daten? Warum ist in Bezug auf diese der Datenschutz besonders wichtig?

Arbeitshilfe 1

Geschäfts- oder Betriebsgeheimnis

Der Schutz des § 17 Gesetz gegen unlauteren Wettbewerb (UWG) und der Folge-vorschriften erfasst **Geschäfts- oder Betriebsgeheimnisse** eines Unternehmens. Eine feste Definition gibt es zwar nicht, dennoch kann man sagen, dass sich Ge-schäftsgeheimnisse auf den kaufmännischen Geschäftsverkehr und Betriebsge-heimnisse auf den technischen Betriebsablauf beziehen. Wichtig ist, dass es sich in beiden Fällen um eine **geheim zu haltende Tatsache** handeln muss, die nur einem eng begrenzten Personenkreis bekannt sein darf.

> **Gesetz gegen unlauteren Wettbewerb (UWG)**

Wie groß dieser Personenkreis sein kann, wird vom Einzelfall abhängen; jeden-falls kann das Geheimnis nur so lange ein solches sein, wie es nicht offenkun-dig ist. Was als geheimhaltungspflichtig gilt, hängt letztlich davon ab, was der Unternehmer bzw. der Inhaber oder Geschäftsführer als solches einstuft. Maß-gebend ist also dessen Geheimhaltungswille und das damit verbundene Geheim-haltungsinteresse.

Das UWG stellt die Grundlage des betrieblichen Informationsschutzes dar und regelt auch den Grundsatz der Bestrafung:

§ 17 Verrat von Geschäfts- und Betriebsgeheimnissen

(1) *Wer als eine bei einem Unternehmen beschäftigte Person ein Geschäfts- oder Betriebsgeheimnis, das ihr im Rahmen des Dienstverhältnisses anvertraut wor-den oder zugänglich geworden ist, während der Geltungsdauer des Dienstver-hältnisses unbefugt an jemand zu Zwecken des Wettbewerbs, aus Eigennutz, zugunsten eines Dritten oder in der Absicht, dem Inhaber des Unternehmens Schaden zuzufügen, mitteilt, wird mit Freiheitsstrafe bis zu drei Jahren oder mit Geldstrafe bestraft.*

(2) *Ebenso wird bestraft, wer zu Zwecken des Wettbewerbs, aus Eigennutz, zuguns-ten eines Dritten oder in der Absicht, dem Inhaber des Unternehmens Schaden zuzufügen,*

   – *sich ein Geschäfts- oder Betriebsgeheimnis durch a) Anwendung technischer Mittel, b) Herstellung einer verkörperten Wiedergabe des Geheimnisses oder c) Wegnahme einer Sache, in der das Geheimnis verkörpert ist, unbefugt ver-schafft oder sichert oder*

   – *ein Geschäfts- oder Betriebsgeheimnis, das er durch eine der in Absatz 1 be-zeichneten Mitteilungen oder durch eine eigene oder fremde Handlung nach vorangehenden Maßnahmen erlangt oder sich sonst unbefugt verschafft oder gesichert hat, unbefugt verwertet oder jemandem mitteilt.*

(3) *Der Versuch ist strafbar.*

[...]

§ 18 Verwertung von Vorlagen

(1) *Wer die ihm im geschäftlichen Verkehr anvertrauten Vorlagen oder Vorschriften technischer Art, insbesondere Zeichnungen, Modelle, Schablonen, Schnitte, Re-zepte, zu Zwecken des Wettbewerbs oder aus Eigennutz unbefugt verwertet oder jemandem mitteilt, wird mit Freiheitsstrafe bis zu zwei Jahren oder mit Geldstra-fe bestraft.*

(2) *Der Versuch ist strafbar.*

[...]

Arbeitshilfe 2

Klatsch kann den Job kosten

Im Wort „Betriebsgeheimnis" steckt nicht von ungefähr das „Geheimnis". Wer ausplaudert, was der Arbeitgeber geheim halten möchte, kommt selten ungeschoren davon.

Das gilt insbesondere dann, wenn es um Betriebsgeheimnisse geht. Dazu ist nicht einmal eine Verschwiegenheitsklausel im Arbeitsvertrag erforderlich, [...]. „Auch ohne Klausel sind Mitarbeiter zur Verschwiegenheit verpflichtet", sagt die Rechtsanwältin und Arbeitsrechtsexpertin Sonja Riedemann. Und diese Verpflichtung bleibe auch nach einem Jobwechsel bestehen.

Unter Betriebsgeheimnisse fallen alle Informationen, die nur ein kleiner Personenkreis kennt und an deren Geheimhaltung der Arbeitgeber ein berechtigtes Interesse hat. Dazu zählen beispielsweise Auftragslage, Personalentscheidungen, technisches Know-how oder Bilanzen. Die Verbreitung von Gerüchten, etwa zu einer drohenden Pleite, kann sogar Grund für eine Abmahnung oder Kündigung sein.

Nette Geschichtchen nur ohne Namen

Beim Privatgespräch mit Partner oder Freunden empfiehlt sich ebenfalls Zurückhaltung. „Auch wenn man nur eine amüsante Geschichte über den Job erzählen will, ist es besser, Namen und Details wegzulassen", rät Rechtsanwältin Riedemann. Bei Bewerbungen sei es ratsam, Details wie gewonnene Kunden oder Auftragsvolumina nicht zu erwähnen. Durch Diskretion zeige man auch, dass man loyal sei und Interna für sich behalten könne, so die Expertin.

aus: www.focus.de/jobs/diverses/karriere_aid_112413.html,
Zugriff am 20.10.2008

Vertiefende Übungen

1. Ein Freund macht seine Ausbildung in einer Bank. Er erzählt Ihnen, dass
   a) er jetzt in der Kreditabteilung arbeitet. Einer seiner Kollegen sei der Sohn des Bürgermeisters.
   b) ihm eine Arbeitskollegin in der Pause etwas von einer privaten Affäre des Geschäftsführers erzählt habe.
   c) er wisse, dass die finanzielle Situation Ihres Ausbildungsbetriebes sehr angespannt sei und mit einem Insolvenzantrag der Bank gerechnet werden müsse.
   Sie erzählen ihm, dass
   d) Ihr Kollege zum dritten Mal Vater geworden ist.
   e) ein Mitarbeiter des Versands wegen Diebstahls fristlos entlassen worden sei.
   f) wegen des hohen Auftragsbestandes und der langen Lieferzeiten eine Spätschicht eingerichtet werden soll.
   Wie beurteilen Sie diese Aussagen unter dem Gesichtspunkt der betrieblichen Schweigepflicht?

2. Ein Klassenlehrer teilt einem Ausbildungsbetrieb mit, dass der Auszubildende regelmäßig zu spät zum Unterricht komme und darüber hinaus oft einen sehr müden Eindruck mache. Der betroffene Auszubildende glaubt, dass darüber keine Auskunft erteilt werden darf, und sieht sich in seinem Persönlichkeitsrecht verletzt. Wie schätzen Sie diesen Fall ein?

4
Alles, was Recht ist – Rechtliche Rahmenbedingungen unseres Handelns

Ausgangslage

Gesetze, Verordnungen, Vorschriften, Satzungen, Verträge, Verbote, Gebote, Sanktionen. Das rechtliche System wirkt auf den ersten Blick wie ein Irrgarten. Es scheint unendlich viele Verzweigungen und scheinbar ebenso viele Sackgassen zu geben. Der Rechtssuchende wird vor immer neue Herausforderungen gestellt und braucht deshalb eine gewisse Führung. Auch wenn die Beantwortung von

Lernziele

Wenn Sie dieses Kapitel durchgearbeitet haben, dann …

- kennen Sie die wichtigsten Rechtsquellen und wissen, woran sich die Rechtsprechung orientiert,
- können Sie Rechts- und Geschäftsfähigkeit voneinander unterscheiden,
- wissen Sie, was man unter einer Willenserklärung versteht und welche Formen es gibt,
- kennen Sie den Unterschied zwischen anfechtbaren und nichtigen Rechtsgeschäften.

rechtlichen Detailfragen den Fachleuten vorbehalten bleibt, so sollte doch jeder in etwa wissen, was er vor dem Hintergrund unseres Rechtssystems tun darf und was nicht.

War das Unterzeichnen des Ausbildungsvertrages für Sie nur eine formelle Angelegenheit gewesen? Die Freude, eine Lehrstelle bekommen zu haben, hat möglicherweise alle anderen Fragen überstrahlt. Bestimmt sind Sie auch davon ausgegangen, dass Ihr Ausbildungsvertrag das beinhaltet, was durch Regelungen vorgegeben ist. Er ist jedoch ein individueller Vertrag.

4.1
Grundbegriffe des Rechts

Situation

„Du weißt doch genau, dass er mir gehört! Ich habe ihn in der Kantine oft benutzt." Theresa Kuhnert und Peter Becker sitzen beim Ausbildungsleiter. Peter hat in der vergangenen Woche einen mp3-Player vor der Kantine gefunden. Er glaubt nun, er könne ihn behalten. Theresa ist sauer und sucht Rat bei einem Schlichter.

Arbeitsaufträge

1. Eine der Kernfragen, die im bürgerlichen Recht behandelt werden, ist die Rechtmäßigkeit von Besitz und Eigentum. Peter Becker hat das Gerät an sich genommen. Gehört das Gerät nun ihm? Erläutern Sie den Unterschied zwischen Besitz und Eigentum.
2. Was verstehen Sie allgemein unter dem Begriff „Recht"?

4.1.1
Rechtsquellen und Rechtsgebiete

Zu diesem Kapitel finden Sie grundlegende Inhalte im INFO-Teil.   > INFO-Teil

Arbeitsaufträge

1. Das in der Ausgangslage als Irrgarten bezeichnete Rechtssystem ist in Wirklichkeit systematisch aufgebaut und in verschiedene Bereiche unterteilt. Nennen Sie Rechtsgrundlagen und Rechtsquellen, die Sie kennen bzw. die Ihnen spontan einfallen. Versuchen Sie in einem zweiten Schritt Kriterien zu finden, nach denen man die Rechtsgrundlagen „bündeln" kann.

                                                                                    →

2. Neben den rechtlichen Grundlagen für Eigentum und Besitz gibt es noch weitere Rechtsgrundlagen und Rechtsquellen. Welche Grundlagen des öffentlichen bzw. privaten Rechts muss die Firma Heidtkötter KG bei ihrer Geschäftätigkeit beachten?
3. Beurteilen Sie die folgenden rechtlichen Vorgänge danach, ob es sich jeweils um eine Sache handelt, die im öffentlichen oder im privaten Recht anzusiedeln ist:
   a) Auf der Zufahrtsstraße zur Heidtkötter KG besteht absolutes Halteverbot.
   b) Zwischen dem Betriebsrat und der Geschäftsleitung wird ein Urlaubsplan vereinbart.
   c) Die Heidtkötter KG erhält von der Stadtverwaltung einen Auftrag über die Lieferung von zwanzig Bürotischen und -stühlen.
   d) Die Geschäftsführung ordnet für das gesamte Betriebsgelände der Heidtkötter KG ein Rauch- und Alkoholverbot an.
   e) Für die Kantine der Heidtkötter KG wird ein neuer Pachtvertrag abgeschlossen.

Arbeitshilfe 1

Gesetze im Internet
Das Bundesministerium der Justiz stellt **nahezu das gesamte aktuelle Bundesrecht kostenlos im Internet** bereit. Die Gesetze und Rechtsverordnungen können in ihrer geltenden Fassung abgerufen werden. Sie werden durch die Dokumentationsstelle im Bundesamt für Justiz fortlaufend aktualisiert.

Quelle: www.gesetze-im-internet.de

Beispiel

IndKfmAusbV 2002: Verordnung über die Berufsausbildung zum Industriekaufmann/zur Industriekauffrau

Arbeitshilfe 2

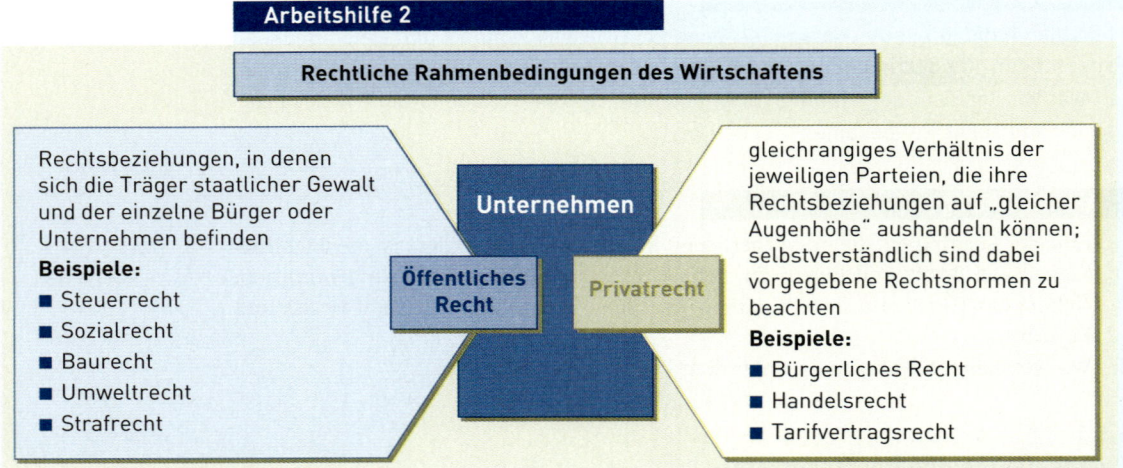

4.1.2
Gegenstände des Rechtsverkehrs, Besitz und Eigentum

Wie schon beschrieben, sind die rechtlichen Regelungen vielfältig und nicht immer ganz einfach zu verstehen. Wichtig ist es, bestimmte Grundbegriffe zu kennen, die gerade bei Kaufleuten das tägliche Arbeitsleben maßgeblich bestimmen. Dies gilt auch für die nachfolgend geschilderte Situation aus dem Arbeitsleben der Auszubildenden Theresa Kuhnert.

Situation

Auf einer Eingangsrechnung, die Theresa zu bearbeiten hatte, steht am unteren Ende: „Die gelieferten Rohstoffe bleiben bis zur vollständigen Bezahlung Eigentum des Lieferers." Als Zahlungsziel sind 30 Tage angegeben. Die Rohstoffe sollen aber schon nach einer Woche verarbeitet werden. „Geht das überhaupt oder kann der Lieferant dies unter Umständen verhindern? Wem „gehören" eigentlich die Rohstoffe und was bedeutet das?"

Arbeitsaufträge

1. Viele kaufmännische Tätigkeiten werden von Verträgen bestimmt. Nicht immer geht es dabei um Gegenstände im engeren Sinne, sondern vielfach werden in Verträgen auch „nur" Rechte und Pflichten festgeschrieben. Ein Beispiel dafür ist Ihr Ausbildungsvertrag, aber auch ein Mietvertrag oder ein Kaufvertrag.
   a) Welche Gegenstände des Rechtsverkehrs lassen sich unterscheiden?
   b) Bei Kaufverträgen geht es sowohl um konkrete Gegenstände als auch um rechtliche Sachverhalte. Stellen Sie die Unterschiede konkret heraus.
   c) In der Situation geht es um den Begriff „Eigentum". Damit wird – wenn auch nicht definitiv genannt – die Frage angesprochen, wer in dieser Situation der Besitzer der gelieferten Rohstoffe ist. Wie würden Sie dies beantworten?
   d) Überlegen Sie, ob die gelieferten Rohstoffe vor dem Ausgleich der Rechnung ohne Zustimmung des Lieferanten von der Heidtkötter KG verarbeitet werden dürfen oder nicht.
2. Theresas Freund wurde von einem weitläufigen Bekannten ein Navigationssystem zu einem „supergünstigen" Preis angeboten. Der Neupreis des Geräts liegt bei 400,00 €. Kaufen konnte er das noch original verpackte Gerät für glatte 50,00 €. Ein tolles Geburtstagsschnäppchen, dachte er sich.
   Als wenige Tage später die Polizei die Herausgabe des Geräts verlangt, weil es sich um Diebesgut handelt, weigert er sich. Er habe es „ordnungsgemäß" gekauft, bezahlt und sei nun auch der rechtmäßige Eigentümer. Wie ist die rechtliche Lage?

Arbeitshilfe 1

Arbeitshilfe 2

Die allgemeinen Grundlagen des rechtlichen Handels werden z. B. im Bürgerlichen Gesetzbuch (BGB) mit über 2 000 Paragrafen abgehandelt. Das BGB stellt das Gerüst für das Bürgerliche Recht dar. Es ist als systematische zentrale Regelung des deutschen Privatrechts in fünf Bücher aufgeteilt:

→

Arbeitshilfe 2 (Fortsetzung)

Das erste Buch mit dem *Allgemeinen Teil* enthält in den §§ 1–240 generelle Vorschriften für die nachfolgenden Bücher. Das zweite Buch *Recht der Schuldverhältnisse* regelt in den §§ 241–853 Vertragsverhältnisse wie Kaufverträge (§§ 433–480), Mietverträge (§§ 535–597) oder Dienstverträge/Arbeitsrecht (§§ 611–630). Das dritte Buch *Sachenrecht* beschäftigt sich in den §§ 854–1296 mit Eigentum und Besitz an körperlichen Gegenständen. Die Rechtsverhältnisse in Ehe, Lebenspartnerschaft, Familie und Verwandtschaft sowie deren Ersatzfunktionen wie Betreuung, Vormundschaft und Pflegschaft werden im vierten Buch *Familienrecht* in den §§ 1297–1921 geregelt. Im fünften und letzten Buch des BGB *Erbrecht* finden sich die in den §§ 1922–2385 Rechtsnormen zu Erbfolge, Testament oder Erbschein.

Situation

Als die Auszubildenden in der Berufsschule ihre Ausbildungsverträge miteinander vergleichen, stellt sich heraus, dass sie zwar im Prinzip alle gleich, aber bezüglich der Höhe der Ausbildungsvergütung unterschiedlich sind:

		Ausbildungsvergütung					
		Ausbildungsvertrag			Tarifvertrag		
Auszubildende/r		1. Jahr	2. Jahr	3. Jahr	1. Jahr	2. Jahr	3. Jahr
Theresa Kuhnert	Heidtkötter KG	620,00 €	720,00 €	780,00 €	650,00 €	715,61 €	787,17 €
Ronald Ewerts	Paul Hassfurth OHG	700,00 €	730,00 €	800,00 €	680,00 €	734,40 €	793,15 €

Arbeitsauftrag

Theresa ist der Meinung, es könne nicht sein, dass die Ausbildungsvergütungen in ein und demselben Beruf unterschiedlich sind.

a) Wie stehen Sie zu der Meinung, dass alle Auszubildenden im Sinne der Gleichbehandlung (Rechtsgleichheit) auch das Recht auf gleiche Ausbildungsvergütungen haben?

b) Welche der o. a. Vergütungen sind nicht zu beanstanden und welche sind so nicht in Ordnung?

c) Machen Sie an dem Beispiel fest, was die Begriffe
   - Inhaltsfreiheit
   - Rangfolge- bzw. Günstigkeitsprinzip
   bei vertragsrechtlichen Gestaltungen bedeuten.

4.2
Willenserklärungen als Voraussetzung für das ordnungsgemäße Zustandekommen von Rechtsgeschäften

4.2.1
Rechts- und Geschäftsfähigkeit

Situation

Mit Beginn ihrer Ausbildung erhält Theresa Kuhnert eine Vergütung in Höhe von 620,00 €. Bisher hat sie vor größeren Anschaffungen immer erst ihre Eltern nach deren Einverständnis gefragt, wenn sie z. B. zum Geburtstag von ihren Großeltern einen größeren Geldbetrag bekommen hat. Sie ist erst 17 Jahre alt. Jetzt verdient Theresa ja ihr erstes „eigenes" Geld! Also hat sie sich einen Laptop gekauft. Den braucht sie während der Ausbildung. Damit waren ihre Eltern auch einverstanden. Als sie im Reisebüro einen Winterurlaub buchen will, fragt die Mitarbeiterin nach der Zustimmung der Eltern. „Wieso meine Eltern fragen? Ich bin zwar erst 17, aber ich bezahle den Urlaub von meinem eigenen Geld! Damit kann ich doch machen, was ich will!"

Arbeitsauftrag

Ist Theresa Ihrer Meinung nach zu Recht empört, als sie im Reisebüro ohne die Zustimmung ihrer Eltern nicht buchen kann? Untersuchen Sie die dargestellte Situation anhand folgender Fragestellungen:

a) Was versteht man aus vertragsrechtlicher Sicht unter dem Begriff „Willenserklärung"? Welche verschiedenen Formen unterscheidet man?

b) Wovon hängt es ab, ob eine Willenserklärung Rechtswirkung entfalten kann oder nicht?

c) Was ist der Unterschied zwischen einer ein- und zweiseitigen Willenserklärung und wo sind Verträge einzuordnen?

4.2.2
Formvorschriften für bestimmte Vertragsarten

Zu diesem Kapitel finden Sie grundlegende Inhalte im INFO-Teil.   › INFO-Teil

4.2.3
Nichtigkeit und Anfechtbarkeit von Willenserklärungen und Verträgen

Situation
Theresa hatte von ihrem Chef den Auftrag erhalten, bei einem Zulieferer – wie üblich – per E-Mail zehn Pakete Schrauben der Größe M 8 zu bestellen. Nach wenigen Stunden kommt die Auftragsbestätigung über die Bestellung von 100 Paketen. Die Lieferung ist für übermorgen angekündigt.

Als Theresa mit der Antwort zu ihrem Chef geht, bittet dieser, dass sie doch prüfen soll, ob sie richtig bestellt hat. Und tatsächlich waren es keine zehn Pakete, Theresa hat 100 Pakete bestellt – ein Schreibfehler in der allgemeinen Hektik des Büroalltags. Und nun?

Arbeitsauftrag

Der Lieferant beruft sich darauf, dass die Bestellung ordnungsgemäß eingegangen ist und er keinen Anlass gehabt habe, daran zu zweifeln, dass man ausnahmsweise einen Mehrbedarf habe und daher eine größere Menge bestelle. Theresa sagt, sie habe sich geirrt, es handele sich um einen Tippfehler. Sie meint, der Lieferant habe das erkennen müssen. Ihre Bestellung sei deshalb nichtig.

a) Glauben Sie, dass der Vertrag über die Lieferung der Schrauben zustande gekommen ist? Begründen Sie Ihre Meinung.

b) Es gibt nicht nur anfechtbare, sondern auch nichtige Willenserklärungen. Erläutern Sie den Unterschied.   › Arbeitshilfe
› INFO-Teil

c) Von anfechtbaren oder nichtigen Willenserklärungen gehen unterschiedliche Rechtsfolgen aus. Stellen Sie diesen Unterschied exakt dar.

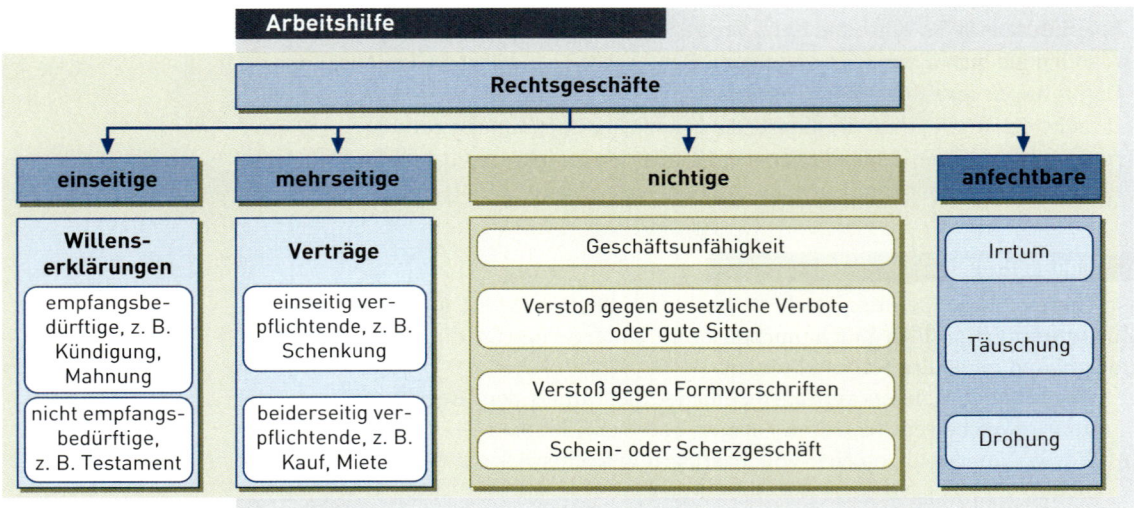

4.3
Auf den Punkt gebracht: Die Bedeutung dieser Vorschriften bezogen auf den Ausbildungsvertrag

Situation
In der Personalabteilung der Heidtkötter KG schüttelt man den Kopf. Ein Bewerber hat vor Monaten zusammen mit seinen Eltern einen Vertrag zur Ausbildung als Industriekaufmann unterschrieben, drei Tage vor Beginn der Ausbildung teilt er telefonisch mit, dass er die Stelle nicht antritt. Seine Eltern hätten ihn dazu gedrängt, den Ausbildungsplatz anzunehmen. Zwischenzeitlich ist er aber volljährig geworden und hat sich entschieden, nun doch etwas anderes zu machen.
Auch Ausbilder Axel Brenner ist sauer. „Offenbar spielt es keine Rolle mehr, dass wir auch planen müssen! Klar hat es keinen Zweck, jemanden zu halten, der nicht arbeiten will. Trotzdem ist der Platz weg, denn den anderen Bewerbern haben wir schon abgesagt. Aber so einfach kommt der Junge aus dem Vertrag nicht raus. Unterschrieben ist unterschrieben. Wenn er am ersten Tag der Probezeit geht, dann können wir es nicht ändern. Aber anfangen muss er."

Arbeitsaufträge

1. Zeigen Sie am Beispiel des Ausbildungsvertrages, was eine zweiseitige übereinstimmende Willenserklärung ist und zu welchem Ergebnis sie führt.
2. Welche Rolle spielt die Geschäftsfähigkeit eines Auszubildenden bei der Unterzeichnung eines (Ausbildungs-)Vertrages? Wie sieht dies bei einer von einem minderjährigen Auszubildenden beabsichtigten Kündigung aus?
3. Wie beurteilen Sie die Frage, ob ein Arbeits- oder Ausbildungsplatz trotz eines unterzeichneten Vertrages gar nicht angetreten werden muss, ohne dass Schadensersatzansprüche drohen?
4. Die konkrete Festlegung zu den Inhalten eines Ausbildungsvertrages kann in vielen Punkten (weitgehend) frei vereinbart werden. Sicher haben Sie die Inhalte Ihres Vertrages nicht im Kopf. Genau das macht aber die Aufgabe spannend: Welche Vereinbarungen fallen Ihnen spontan ein?

Arbeitsaufträge (Fortsetzung)

5. Bei den allermeisten Verträgen gibt es bezüglich der Form keine besonderen Vorschriften. Was bedeutet das und wie sieht die Situation beim Ausbildungsvertrag aus?

6. Ein Auszubildender will die Ausbildung innerhalb der Probezeit abbrechen, weil er sich entschlossen hat, doch zu studieren. Um welchen rechtlichen Vorgang handelt es sich bei der Kündigung des Ausbildungsverhältnisses?

7. Sehen Sie sich die Situation erneut an. Wie sieht die Rechtslage im beschriebenen Fall aus?

Arbeitshilfe 1

Nach einer Information der IHK steigt mit der verbesserten Ausbildungssituation auch der Anteil derjenigen, die schon kurz nach Beginn der Ausbildung wieder aussteigen. Die Gründe sind immer wieder die gleichen: Es gibt Probleme im Betrieb, Stress mit dem Ausbilder oder es fällt ganz einfach nur schwer, sich an die betrieblichen Abläufe und Gepflogenheiten zu gewöhnen.

Zwischen den Auszubildenden und dem Betrieb (Ausbildender) wird ein Vertrag geschlossen, der die Inhalte der Ausbildung festlegt. Gesetzliche Grundlagen sind das Berufsbildungsgesetz und die Ausbildungsordnung, d.h., die allgemein geltende Vertragsfreiheit ist hier eingeschränkt.

Der Abschluss eines Berufsausbildungsvertrages ist an folgende Bedingungen gebunden:

- Die Betriebe müssen eine entsprechende Eignung aufweisen, um ausbilden zu können.
- Der Ausbildungsberuf muss anerkannt sein.
- Die wesentlichen Inhalte müssen schriftlich niedergelegt werden.
- Der Vertrag muss eine Reihe unveränderbar festgelegter Inhalte aufweisen.
- Die Unterschrift des Ausbildenden und des Auszubildenden ist ebenso erforderlich wie
- die Unterschrift der Erziehungsberechtigten bei Minderjährigen.
- Es muss eine Eintragung in das Ausbildungsplatzregister bei der jeweiligen Kammer erfolgen.

Es gilt der Grundsatz, dass nichts vereinbart werden darf, was eine übergeordnete Vorgabe verletzen würde. Dies bezeichnet man als Rangfolgeprinzip. Hingegen ist es überhaupt kein Problem, wenn vertragliche Regelungen vereinbart werden, die über die gesetzlichen oder tarifvertraglichen Vorgaben hinausgehen. Hier greift das Günstigkeitsprinzip, d.h., diese Festlegungen sind gültig.

Die Rechtsgültigkeit einer abgegebenen Willenserklärung hängt u. a. von der Geschäftsfähigkeit eines Menschen ab. Dies wiederum ist mit der Frage verknüpft, wann ein Mensch in der Lage ist, eine eigene Entscheidung zu treffen, an die er gebunden ist und aus der ihm auch Pflichten erwachsen.

Für den Ausbildungsvertrag heißt das, dass er von einem volljährigen Auszubildenden allein unterzeichnet werden kann. Ist ein/e Auszubildende/r beim Abschluss des Vertrages hingegen noch nicht volljährig, so müssen die Erziehungsberechtigten den Vertrag mit unterzeichnen. Tun sie dies nicht, weil sie z. B. mit der Berufswahl nicht einverstanden sind, kommt der Vertrag nicht zustande. Dies gilt auch für die evtl. Auflösung eines Ausbildungsvertrages.

Arbeitshilfe 2

Auszug aus dem Berufsbildungsgesetz[1]	Begründung des Ausbildungsverhältnisses
§ 10 Vertrag (1) Wer andere Personen zur Berufsausbildung einstellt (Ausbildende), hat mit den Auszubildenden einen Berufsausbildungsvertrag zu schließen. (2) Auf den Berufsausbildungsvertrag sind, soweit sich aus seinem Wesen und Zweck und aus diesem Gesetz nichts anderes ergibt, die für den Arbeitsvertrag geltenden Rechtsvorschriften und Rechtsgrundsätze anzuwenden. **§ 11 Vertragsniederschrift** (1) Ausbildende haben unverzüglich nach Abschluss des Berufsausbildungsvertrages, spätestens vor Beginn der Berufsausbildung, den wesentlichen Inhalt des Vertrages gemäß Satz 2 schriftlich niederzulegen: die elektronische Form ist ausgeschlossen. In die Niederschrift sind mindestens aufzunehmen: 1. Art, sachliche und zeitliche Gliederung sowie Ziel der Berufsausbildung, insbesondere die Berufstätigkeit, für die ausgebildet werden soll,	2. Beginn und Dauer der Berufsausbildung, 3. Ausbildungsmaßnahmen außerhalb der Ausbildungsstätte, 4. Dauer der regelmäßigen täglichen Ausbildungszeit, 5. Dauer der Probezeit, 6. Zahlung und Höhe der Vergütung, 7. Dauer des Urlaubs, 8. Voraussetzungen, unter denen der Berufsausbildungsvertrag gekündigt werden kann, 9. ein in allgemeiner Form gehaltener Hinweis auf die Tarifverträge, Betriebs- oder Dienstvereinbarungen, die auf das Berufsausbildungsverhältnis anzuwenden sind. (2) Die Niederschrift ist von den Ausbildenden, den Auszubildenden und deren gesetzlichen Vertretern und Vertreterinnen zu unterzeichnen. (3) Ausbildende haben den Auszubildenden und deren gesetzlichen Vertretern und Vertreterinnen eine Ausfertigung der unterzeichneten Niederschrift unverzüglich auszuhändigen.

Vertiefende Übungen

1. Testen Sie Ihr Wissen: Richtig oder falsch?
   a) Ein Ausbildungsvertrag ist eine zweiseitige übereinstimmende Willenserklärung.
   b) Ein Ausbildungsvertrag kann mündlich oder schriftlich abgeschlossen werden.
   c) Ausbildungsverträge müssen spätestens drei Monate vor Beginn der Ausbildung abgeschlossen sein.
   d) Der Ausbildungsvertrag wird von dem Ausbilder, dem Auszubildenden und ggf. den Erziehungsberechtigten unterschrieben.
   e) Die Unterschrift eines minderjährigen Auszubildenden kann durch die Willenserklärung der Erziehungsberechtigten ersetzt werden, wenn der Jugendliche den Ausbildungsplatz nicht annehmen will.
   f) Ein minderjähriger Auszubildender möchte gerne Koch werden und hat einen Ausbildungsvertrag unterschrieben. Seine Eltern sind damit nicht einverstanden, weil sie wollen, dass er Industriekaufmann wird. Die Ausbildung als Koch kommt daher nicht zustande.
   g) Ein Ausbildungsvertrag zum Industriekaufmann ist erst dann rechtskräftig zustande gekommen, wenn er in das Verzeichnis über die Berufsausbildung der IHK eingetragen wurde.
   h) In einem Vertrag können zwar bessere, aber keine schlechteren Bedingungen vereinbart werden, als dies in höheren Rechtsquellen vorgesehen ist.
   i) Alle Auszubildenden erhalten die gleiche Ausbildungsvergütung.

---

1   Siehe dazu auch Kapitel 2.1 mit ausführlichen Informationen zum Thema Rechte und Pflichten im Rahmen der dualen Berufsausbildung und Inhalte des Berufsbildungsgesetzes.

j) Die vorzeitige Auflösung (Kündigung) eines Ausbildungsvertrages ist in der Probezeit ohne besondere Begründung möglich.

k) Wenn ein Vertrag Fehler bzw. nichtige Bestandteile enthält, bleiben die übrigen Teile trotzdem gültig.

l) Wenn Auszubildende im Rahmen der Ausbildung an überbetrieblichen Maßnahmen teilnehmen, hat dies keine Auswirkungen auf die Höhe der zu zahlenden Ausbildungsvergütung.

2. Ein gewerblicher Auszubildender, dessen Probezeit gerade vorbei ist, will kündigen, weil er das Gefühl hat, dass der Beruf doch nicht der richtige für ihn ist. Er hat seinem Ausbilder schon angedeutet, dass er mit der Arbeit nicht klarkomme. Ihm wurde gesagt, dass dafür die Probezeit da gewesen sei. Wenn er nun kündige, könne man keinen anderen Auszubildenden mehr einstellen. Außerdem müsse er damit rechnen, dass er das, was man in ihn investiert habe, zurückzahlen müsse. Da er schon an einem dreitägigen Lehrgang teilgenommen habe, müsse er schon „mit ein paar Tausend Euro Schadensersatz" rechnen.

a) Der Auszubildende kommt zu Ihnen, weil er glaubt, dass Sie ihm „als Industriekaufmann" helfen könnten. Was sagen und raten Sie ihm?

b) Nach einer Bedenkzeit von drei Tagen will der Auszubildende kündigen. Da die Kündigung schriftlich mit einer Begründung zu erfolgen hat, kommt er wieder zu Ihnen. Sie helfen ihm natürlich, den Brief zu formulieren.

c) Die Kündigung des Auszubildenden ist eine empfangsbedürftige Willenserklärung. Er schreibt sie am Freitag, 29. September und wirft sie am Samstag, 30. September in den Briefkasten der Post. Die Kündigungsfrist beträgt für die Auflösung des Ausbildungsverhältnisses vier Wochen. Wann ist der letzte Arbeitstag des Auszubildenden?

3. Ein Freund von Ihnen erhält nach der auf einen Monat verkürzten Probezeit seiner Ausbildung als Einzelhandelskaufmann ein aus seiner Sicht besseres Stellenangebot. Er unterschreibt einen zweiten Vertrag als Industriekaufmann und glaubt, schon am nächsten Tag dort anfangen zu können.

a) Wie ist die Rechtslage?

b) Was könnte man in diesem Falle unter einem „gegenseitigen Einvernehmen" im Rahmen der Auflösung des noch gelten Ausbildungsvertrages verstehen und was könnte den bisherigen Ausbilder dazu veranlassen, nicht auf der Vertragserfüllung zu bestehen?

4. Als ein Auszubildender der Heidtkötter KG – wie er später zugibt im Zorn – das Zimmer des Ausbilders mit den Worten verlässt: „Wenn mir hier niemand etwas richtig erklären kann, dann kündige ich am besten und gehe!", nimmt dies der Ausbilder ernst und informiert die Personalabteilung, dass der Auszubildende gekündigt habe und man seine Papiere fertig machen solle. Der Auszubildende sagt aber, dass er es so nicht gemeint habe und seine Äußerung nicht ernst zu nehmen sei. Er habe sich zwar im Ton vergriffen, aber dass er kündigen wolle, sei ein Missverständnis. Wie beurteilen Sie die Situation?

5
Das Handelsrecht als Wegweiser für die Unternehmertätigkeit und die Wahl der Rechtsform

Als Auszubildender sollte man in Grundzügen die wichtigsten Kenntnisse zu den unterschiedlichen Rechtsformen von Unternehmen haben. Dabei geht es nicht nur um die Frage, wie das Unternehmen aufgebaut ist und wer im Unternehmen welche Rolle spielt, sondern auch um rechtliche Sachverhalte und deren Auswirkungen auf das Unternehmen, seine Abteilungen und den einzelnen Arbeitnehmer. Haftung, Geschäftsführung und Kapitalaufbringung hängen ganz eng zusammen und können auch bei täglichen Geschäftskontakten eine Rolle spielen.

Lernziele

Wenn Sie dieses Kapitel durchgearbeitet haben, ...

- wissen Sie, was ein Kaufmann im Sinne des Handelsgesetzbuches ist,
- kennen Sie die Bedeutung des Handelsregisters und wissen, welche Auskünfte man daraus erhalten kann,
- können Sie den Unterschied zwischen einer Einzelunternehmung und einer Gesellschaftsunternehmung erklären,
- können Sie erläutern, was eine Personengesellschaft ist und welche Gründe für die Wahl einer solchen Rechtsform ausschlaggebend sein können,
- kennen Sie die Wesensmerkmale einer Aktiengesellschaft und einer Gesellschaft mit beschränkter Haftung,
- können Sie die wichtigsten Regelungen zur Frage der Geschäftsführung sowie zur Gewinnverteilung bzw. zur Haftung bei Personen- und Kapitalgesellschaften erläutern.

Neben allen gesetzlichen Vorschriften sollte man sich darüber im Klaren sein, was die Existenzgrundlagen eines Unternehmens sind und welche Ziele diejenigen verfolgen, die für das Unternehmen und deren Mitarbeiter verantwortlich sind. Dazu gehört auch, dass man abwägen kann, welche Kriterien für die Wahl der einzelnen Rechtsformen maßgebend sein können.

5.1
Handelsgewerbe und Kaufmannseigenschaften

Situation

Die Arbeit „bei Heidtkötters" hat Spaß gemacht und die Arbeitsplätze sind auch recht sicher. Und trotzdem ... selbstständig zu sein, frei entscheiden zu können und keinen Chef über sich zu haben, wäre nicht schlecht. Der Auszubildende Serkut Kayha hat schon eine Idee für eine Existenzgründung. Als PC-Spezialist schwebt ihm vor, ein Unternehmen zu gründen, um damit den vielen PC-Anwendern rund um die Uhr seine Hilfe anzubieten. „Computer Doktor" könnte die Firma heißen.

Arbeitsaufträge

› Arbeitshilfe

1. Bei Selbstständigen stößt man immer wieder auf den Begriff „Kaufmann".
   a) Was versteht man darunter im Sinne des Handelsrechts?
   b) Welche Kaufmannsarten unterscheidet man und zu welcher Gruppe würde die geplante Unternehmung wahrscheinlich zählen?
2. Das Handelsregister hat eine wichtige Funktion im Wirtschaftsleben.
   a) Warum gibt es das Handelsregister und wo wird es geführt?
   b) Welche Angaben sind im Handelsregister enthalten?
   c) Welche Wirkungen gehen von den Eintragungen im Handelsregister aus?
   d) Was unterscheidet rechtsbegründende und rechtsbekennende Eintragungen?
3. Was versteht man im Sinne des Handelsgesetzbuches unter dem Begriff „Firma" und welche Funktion hat ein Firmenname?

Arbeitshilfe

Kaufmann ist jeder, der ein Handelsgewerbe betreibt. Ein Handelsgewerbe wiederum ist jeder Gewerbebetrieb, der nach Art und Umfang die Einrichtung eines kaufmännischen Geschäftsbetriebs bedarf.

Unter einem handelsrechtlichen Gewerbe ist eine

- selbstständige,
- entgeltliche,
- auf eine Vielzahl von Geschäften gerichtete,
- nach außen in Erscheinung tretende legale Tätigkeit
- auf wirtschaftlichem Gebiet (kein freier Beruf) zu verstehen.

Was bedeutet „selbstständige Tätigkeit"?

Ein Gewerbebetrieb setzt eine rechtlich selbstständige Tätigkeit voraus. Rechtliche Selbstständigkeit umfasst eine grundsätzliche Weisungsunabhängigkeit hinsichtlich der Ausgestaltung einer Tätigkeit. Den Gegensatz zur selbstständigen Tätigkeit bildet die Berufsausübung abhängig beschäftigter Arbeitnehmer und Beamter. Die Abgrenzung ist manchmal schwierig, so z. B. bei den sogenannten „Scheinselbstständigen", die arbeits- und sozialrechtlich als abhängig beschäftigte Arbeitnehmer gelten.

Was bedeutet „entgeltliche Tätigkeit"?

Diese Voraussetzung erfüllt jedes Unternehmen, das eine Leistung am Markt gegen ein Entgelt anbietet. Weitgehend stimmt das mit dem Begriff der Gewinnerzielungsabsicht überein, wobei es nicht unbedingt maßgebend ist, dass auch tatsächlich ein Gewinn erzielt wird. Wichtig ist, dass ein selbstständiger Kaufmann bestrebt sein muss, dauerhaft höhere Einnahmen zu erzielen, als Aufwendungen vorhanden sind.

Was meint eine „Ausrichtung auf eine Vielzahl von geschäftlichen Tätigkeiten"?

Die Tätigkeit muss auf eine unbestimmte Vielzahl von (Einzel-)Geschäften ausgerichtet sein (vielfach spricht man auch von „planmäßiger" oder „berufsmäßiger" Tätigkeit). Entscheidend für die Bewertung ist die Frage, ob bei einem objektiv urteilenden Dritten der Eindruck erweckt wird, es handele sich um eine einmalige (außergewöhnliche) oder um eine auf Dauer berechnete (gewöhnliche) geschäftliche Betätigung.

Dementsprechend würde ein Kleingärtner wohl kein Gewerbe betreiben; der Landwirt, der regelmäßig zum Wochenmarkt fährt, aber schon. Jemand, der nur ab und zu auf einen Flohmarkt geht, um dort etwas anzubieten, ist im Unterschied zu einem gewerblichen Antiquitätenhändler kein Kaufmann.

Was bedeutet „Außenbezug"?

Erforderlich ist ein nach außen in Erscheinung tretendes Tätigwerden „am Markt". Tätigkeiten auf einem „inneren" Markt fallen nicht unter den Gewerbebegriff, wie z. B. Selbstversorgungseinrichtungen, die ausschließlich an Mitglieder verkaufen, sofern es sich nicht um eine eingetragene Genossenschaft handelt, denn die hat wiederum die Kaufmannseigenschaft.

Was bedeutet „Tätigkeit auf wirtschaftlichem Gebiet"?

Die Tätigkeit muss auf wirtschaftlichem Gebiet liegen. Den Gegensatz bilden die meisten freiberuflichen Tätigkeiten, wie z. B. Ärzte, Anwälte, Architekten, Privatlehrer. Sie gehören nicht zu den Bereichen, die das HGB erfasst. Beim klassischen gewerblichen Unternehmen ist dies anders. Hier steht nicht die Person des „Leistenden" im Vordergrund, sondern das rechtlich selbstständige Unternehmen.

5.2
Unternehmungsformen

5.2.1
Einzelunternehmung – allein die Unternehmensgeschicke leiten

Situation   Die Entscheidung ist gefallen. Nach sorgfältiger Abwägung will Serkut Kayha den Schritt in die Selbstständigkeit wagen und mit einem Existenzgründungsdarlehen in Höhe von 5.000,00 € und dem, was er an eigenen Mitteln hat, die Firma „Computer-Doktor, e. Kfm. Serkut Kahya" gründen. Der Berater der IHK meint zwar, dass er sich überlegen soll, ob er nicht doch lieber einen Partner mit ins Boot nimmt, aber Serkut will allein sein unternehmerisches Glück versuchen.

Arbeitsaufträge

1. Wann spricht man von einer Einzelunternehmung und durch welche rechtlichen Sachverhalte wird diese Unternehmensform bestimmt?
2. Welche Gründe können dafür maßgebend sein, ob ein Unternehmen allein oder mit einem oder mehreren Partnern geführt wird?
3. Arbeiten Sie am Beispiel der vorliegenden Situation heraus, welche Vorteile mit einem Einzelunternehmen verbunden sind. Gehen Sie dabei insbesondere auf die Fragen der Geschäftsführung und des Gewinnes ein.
4. Von insgesamt über 3 Mio. Unternehmen, die es in der Bundesrepublik gibt, sind etwa zwei Drittel Einzelunternehmen. Worauf führen Sie diesen hohen Anteil zurück?

5.2.2
Gesellschaftsunternehmen – mit Partnern zusammenarbeiten

Situation   Die Heidtkötter KG hat als Einzelunternehmung begonnen. Mit dem Wachstum wurden aber die Grenzen deutlich. So erfolgte Mitte der 1970er-Jahre die Umwandlung in eine KG. Oberstes Ziel war immer, dass trotz des Wechsels der Führungsgeneration der familiäre Einfluss erhalten blieb. „Heidtkötters werden nicht verkauft!" – dieser Grundsatz hat die über 80-jährige Geschichte des Unternehmens geprägt.
Jetzt steht die Heidtkötter KG vor einer großen Herausforderung. Das stürmische Umsatzwachstum erfordert hohe Investitionen, um die Wettbewerbsfähigkeit dauerhaft zu sichern. Klaus M. Heidtkötter überlegt, wie er das benötigte Kapital aufbringen kann. Er erwägt auch daher einen Rechtsformwechsel. Heidtkötter ist jedoch unsicher, ob eine Änderung Auswirkung auf seine Nachfolge hat.

Arbeitsaufträge

1. Bringen Sie auf den Punkt, welche Probleme sich aus der Schilderung der Situation ableiten lassen. Welche Gründe lassen sich in diesem Zusammenhang dafür nennen, dass es auch bei einem gesunden Familienunternehmen nicht ganz einfach sein kann, Nachfolger zu finden?
2. Was unterscheidet eine Gesellschafts- von einer Einzelunternehmung?
3. Arbeiten Sie heraus, welche Vorteile die Aufnahme eines Gesellschafters und die Umwandlung in eine Gesellschaftsunternehmung haben kann und von welchen Gesichtspunkten es grundsätzlich abhängt, ob man einen solchen Schritt tätigt.

4. Was ist das Besondere an einer Kapitalgesellschaft im Unterschied zu einer Personengesellschaft?

5. Warum ist gerade die GmbH als Familienunternehmen geeignet und inwieweit könnte die Umwandlung in eine GmbH auch das Problem der Nachfolge der Familie Heidtkötter lösen?

6. Bei Kapitalgesellschaften spricht man von „juristischen Personen". Erläutern Sie umfassend, was das bedeutet.

7. In der folgenden Tabelle finden Sie eine Reihe von Einzelfragen zu den alternativen Unternehmensformen. Beantworten Sie die Fragen auch unter Zuhilfenahme des HGB, des GmbH- und des Aktiengesetzes.

	Einzelunternehmung	OHG	KG	GmbH	AG
1. Wie viele Gründer oder Teilhaber werden benötigt?					
2. Welche Bedingung ist bei der Namensgebung zu beachten?					
3. Wer trifft die Entscheidungen innerhalb der Unternehmung (Geschäftsführung)?					
4. Wer darf mit Dritten Verträge abschließen (Vertretung)?					
5. Wer haftet für die Verbindlichkeiten der Unternehmung?					
6. Wer erhält den Gewinn?					
7. Wer trägt den Verlust?					

Vertiefende Übungen

1. Was unterscheidet den Gewerbetreibenden von einem Kaufmann?

2. Zu welcher Kategorie von Kaufleuten gehört die Heidtkötter KG?

3. Warum ist das Handelsregister ein öffentliches Verzeichnis, auf das jeder, der Interesse daran hat, zurückgreifen kann?

4. Welche Kernbestandteile enthält eine Handelsregistereintragung? Machen Sie dies am Beispiel der Heidtkötter KG (siehe Seite 11) deutlich.

5. Sie haben eine Geschäftsidee! Nachdem Sie an einem Wochenendseminar zum Thema „Cocktailzubereitung" teilgenommen haben, gründen Sie mit einem Freund zusammen die „Mobile Cocktailbar". Man kann Sie für private Feiern engagieren. Sie kommen mit Ihrem Fahrzeug und der nötigen Ausstattung und mixen die Drinks. Abgerechnet wird nach Zeit- und Materialaufwand. Konkret heißt das, dass Sie für jede Stunde 30,00 € bekommen und außerdem jedes Mixgetränk mit 1,50 € in Rechnung gestellt wird.
Die Idee scheint gut anzukommen. Dass Sie ein Gewerbetreibender sind, ist klar. Wie sieht es aber mit der Kaufmannseigenschaft und der Eintragung in das Handelsregister aus?

6. Die Firmensenioren Anton und Joachim Heidtkötter hatten immer den Spruch „Viele Köche verderben den Brei" auf den Lippen. Was könnten sie damit in Bezug auf die Frage der „richtigen" Rechtsform eines Unternehmens gemeint haben?

7. Die Firma Heidtkötter wird als Kommanditgesellschaft geführt. Bringen Sie auf den Punkt,
   a) was man unter dem Begriff „Personengesellschaft" versteht,
   b) wo die Gemeinsamkeiten zwischen einer OHG und einer KG liegen,
   c) wodurch sich die Rechtsform der KG neben allen anderen Merkmalen hauptsächlich von der einer OHG unterscheidet,
   d) welche Regeln für die Firmierung einer OHG und einer KG gelten.

→

8. Erläutern Sie den Unterschied in der Rechtsstellung eines Komplementärs und eines Kommanditisten.

9. Was unterscheidet die Haftung des Komplementärs Klaus M. Heidtkötter von der Haftung der Kommanditisten und in welchem Zusammenhang steht dies z. B. mit der Frage der Gewinnverteilung?

10. In der nachfolgenden Grafik wird der Haftungsfall in einer KG an einem Beispiel dargestellt.
    a) Erläutern Sie die hier geschilderten Zugriffsmöglichkeiten des Gläubigers, der eine Forderung von 30.000,00 € geltend macht.
    b) Wie sieht die Situation aus, wenn der Teilhaber B auch ein Komplementär ist und sich die Forderung des Gläubigers auf die Summe von 60.000,00 € beläuft?

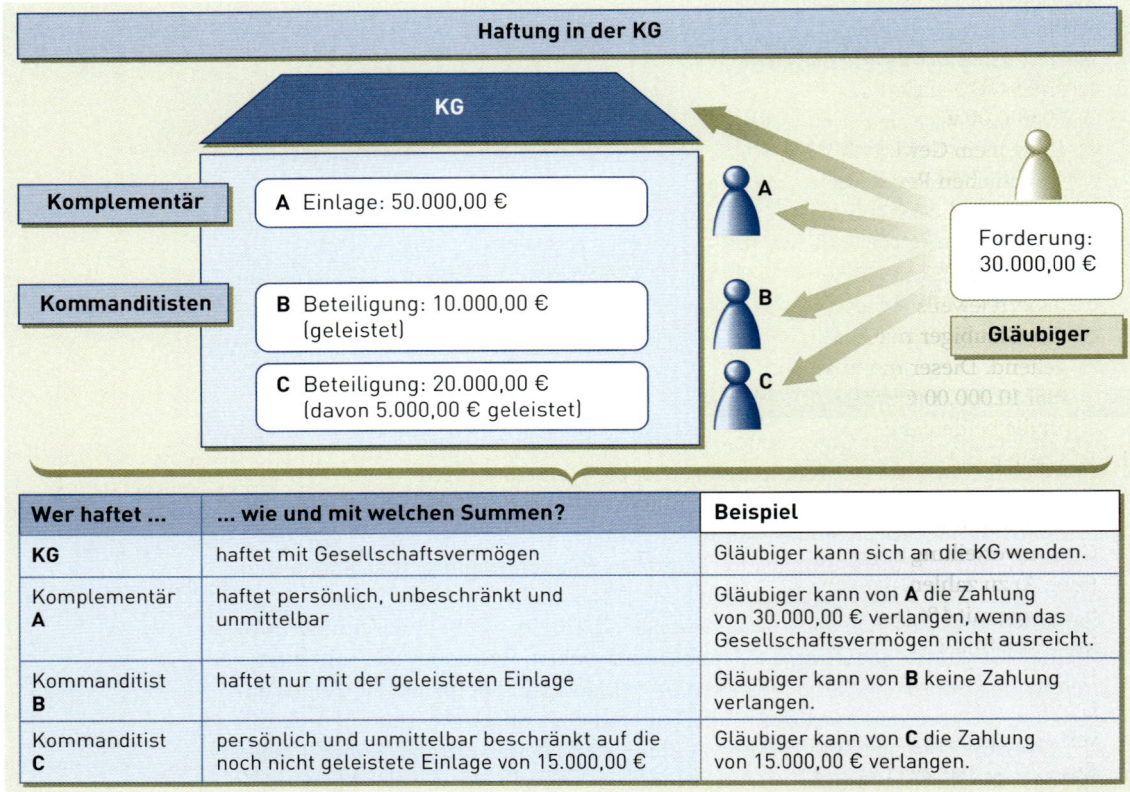

Wer haftet ...	... wie und mit welchen Summen?	Beispiel
KG	haftet mit Gesellschaftsvermögen	Gläubiger kann sich an die KG wenden.
Komplementär A	haftet persönlich, unbeschränkt und unmittelbar	Gläubiger kann von **A** die Zahlung von 30.000,00 € verlangen, wenn das Gesellschaftsvermögen nicht ausreicht.
Kommanditist B	haftet nur mit der geleisteten Einlage	Gläubiger kann von **B** keine Zahlung verlangen.
Kommanditist C	persönlich und unmittelbar beschränkt auf die noch nicht geleistete Einlage von 15.000,00 €	Gläubiger kann von **C** die Zahlung von 15.000,00 € verlangen.

11. Wie ist die Frage der Geschäftsführung und Vertretung in den beiden Rechtsformen OHG und KG geregelt?

12. Die Nachfolger der Familie Heidtkötter überlegen, ob sie die bisherige KG in eine GmbH oder besser in eine AG umwandeln sollen. Ihre Aufgabe besteht darin,
    a) die zwei Alternativen miteinander zu vergleichen und herauszustellen, worin die Gemeinsamkeit(en) sowie die Unterschiede bestehen,
    b) zu erläutern, worin die Vorteile der Umwandlung der Personengesellschaft in eine Kapitalgesellschaft bestehen,
    c) zu erklären, welche Nachteile eine Kapitalgesellschaft gegenüber einer Personengesellschaft hat,
    d) zu beschreiben, wie die bisherigen Gesellschafter der KG ihren Einfluss auf die zu gründende Kapitalgesellschaft sichern können.

13. Eine andere Idee ist die Umwandlung in eine GmbH & Co KG. Was könnte für diese Rechtsform sprechen?

14. Warum wird bei der Gewinnverteilung zunächst eine prozentuale Verzinsung des Kapitals vorgenommen und nicht der gesamte Gewinn nach der Höhe der Einlagen oder aber nur nach Köpfen verteilt? Gehen Sie dabei sowohl auf die Gemeinsamkeiten als auch auf die Unterschiede zwischen OHG und KG ein.

15. Warum ist die Festlegung der Gewinnverteilung im Gesellschaftsvertrag einer KG noch wichtiger als bei einer OHG?

16. Gerade in einer Personengesellschaft ist die Haftung ein wichtiger Punkt.
    a) Erläutern Sie detailliert, was man unter den Begriffen „direkt/unmittelbar", „voll/unbeschränkt" und „gesamtschuldnerisch/solidarisch" versteht.
    b) Was unterscheidet die Haftung von der Verlustbeteiligung?

17. Wie hoch müssen das Stammkapital einer GmbH und das Grundkapital einer AG jeweils mindestens sein?

18. Was sind die typischen Merkmale einer Aktiengesellschaft?

19. Bei der Gründung einer Kapitalgesellschaft geht es oft in erster Linie um die Begrenzung der Haftung. Wie sieht dies ggf. aus der Sicht der Gläubiger aus?

20. In einer OHG haben die Teilhaber A, B und C folgende Einlagen:
    A: 60.000,00 €   B: 30.000,00 €   C: 10.000,00 €
    a) Es wird ein Gewinn in Höhe von 10.000,00 € erwirtschaftet. Wie wird er nach den gesetzlichen Regelungen verteilt?
    b) Wie sieht die Verteilung aus, wenn im Gesellschaftsvertrag vereinbart ist, dass die Verzinsung der Kapitalanteile nicht 4 %, sondern 6 % betragen soll?
    c) Berechnen Sie, mit wie viel Prozent sich die Kapitaleinlage bei den drei Teilhabern jeweils insgesamt verzinst hat.
    d) Ein Gläubiger macht bei Teilhaber C eine Forderung in Höhe von 20.000,00 € geltend. Dieser meint, dass er eigentlich nur seinen Anteil von 10 % und maximal 10.000,00 € zahlen müsse. Für die Zahlung der Restsumme müsse er sich an die beiden anderen wenden. Zu Recht?

21. Wie sehen die Situation aus Aufgabe 20 und die einzelnen Ergebnisse aus, wenn es sich nicht um eine OHG, sondern um eine KG handelt, in der A der Komplementär und B und C Kommanditisten sind? Laut Vertrag sind vor der allgemeinen Gewinnverteilung zunächst 20 % des Gewinnes als Erfolgsprämie an den Vollhafter (hier: A) zu zahlen, danach erfolgt die übrige Verteilung so, dass zunächst die Kapitaleinlage mit 4 % (gesetzlich) bzw. mit 6 % (vertraglich) verzinst wird. Der Rest geht im Verhältnis 2 : 1 : 1 an die Teilhaber A, B und C.

22. In eine OHG tritt ein neuer Gesellschafter ein. Nach zwei Monaten meldet sich ein Gläubiger mit einer Forderung, die schon lange vor seinem Eintritt bestand, und verlangt den Ausgleich. Wie ist die rechtliche Situation?

23. Eine OHG hat zwei Teilhaber. Einer von ihnen stirbt. Keiner der Erben möchte in die OHG eintreten, da sie alle beruflich anderweitig engagiert sind und ihnen außerdem das nötige Fachwissen fehlt. Machen Sie Vorschläge, wie die OHG weitergeführt oder in welche andere Rechtsform sie umgewandelt werden kann.

24. Welche Punkte wären für Sie maßgebend, wenn Sie zu entscheiden hätten, ob Sie sich an einer GmbH beteiligen oder nicht, und welche Informationsquellen würden Sie dazu heranziehen?

25. Vom Notar wurde der Gesellschaftsvertrag aufgesetzt und von den beiden Partnern unterzeichnet. Welches sind Ihrer Ansicht nach die fünf wichtigsten Punkte, die ein Gesellschaftsvertrag enthalten muss?

26. Seit dem 1. November 2008 kann man eine Unternehmergesellschaft haftungsbeschränkt gründen. Grenzen Sie diese von der GmbH ab. Nennen Sie Vorteile, die die UG haftungsbeschränkt gegenüber einer Limited (Ltd.) hat.

27. Was sind Genossenschaften? Was ist ihr Unternehmenszweck?

28. Welche Vorteile bietet eine Europa-AG?

2

Marktorientierte Geschäftsprozesse eines Industriebetriebes erfassen

Leitidee Märkte verändern sich in rasantem Tempo. Rabattschlachten zeigen, dass der Kampf der Unternehmen um Kunden und Marktanteile immer schärfer wird. Der Abbau von Arbeitsplätzen in vielen Betrieben stärkt vielfach die Wettbewerbsfähigkeit, flößt Arbeitnehmern jedoch zunehmend Angst um ihre Arbeitsplätze ein. Das sich wandelnde Klima schafft für diejenigen Unternehmen einen Wettbewerbsvorteil, die umweltverträgliche Produkte anbieten. Die niedrigen Löhne in vielen Ländern Osteuropas oder vor allem Asiens schüren einerseits die Diskussion um Lohnverzicht der Arbeitnehmer, andererseits um die soziale Verantwortung der Unternehmen.

Diese Auflistung, die sich sicherlich noch verlängern ließe, zeigt, dass es für die Unternehmen mehr als nur der Senkung der Preise bedarf, um auf den sich verändernden Märkten bestehen zu können. Gefordert ist eine ständige Anpassung der Unternehmensziele und Strategien an die sich ändernden Marktgegebenheiten, um der Konkurrenz stets einen Schritt voraus zu sein. Die veränderten Marktgegebenheiten bewirken eventuell auch Veränderungen innerhalb der Organisation eines Unternehmens.

Lernziele

Nachdem Sie dieses Kapitel durchgearbeitet haben, können Sie ...

- die Notwendigkeit der Marktorientierung der unternehmerischen Tätigkeit beurteilen,
- Unternehmensleitbilder, -ziele und -strategien erläutern, voneinander unterscheiden und hierarchisch einordnen,
- Zielbeziehungen erkennen und beschreiben.

So kann es sein, dass z. B. Abläufe transparenter und Informationen schneller verarbeitet werden müssen. Damit einhergehend ändern sich möglicherweise auch die Stellung einzelner Mitarbeiter im Gesamtgefüge des Unternehmens und deren Aufgaben.

Zudem benötigen Unternehmen aufgrund der zunehmenden Komplexität bei Entscheidungen eine breitere Datenbasis, auf die sie ihre Entscheidungen zur Sicherung der Marktposition stützen können. Ein Unternehmen lässt sich heute nicht mehr „aus dem Bauch heraus" führen. Es sind Instrumente nötig, um Märkte zu beobachten und zu analysieren, Schlüsse für die Strategie des eigenen Unternehmens daraus abzuleiten und das Unternehmen an den Gegebenheiten des Marktes orientiert zu steuern.

1
Marktorientierung als Grundlage für den Unternehmenserfolg erkennen

Ausgangslage Jede Handlung basiert auf Zielen. So fußt beispielsweise Ihre Entscheidung, eine Ausbildung zum Industriekaufmann oder zur Industriekauffrau zu absolvieren, auf einer Vielzahl von Absichten. Neben dem Interesse an kaufmännischen Tätigkeiten wollen Sie bestimmte Kenntnisse und Fähigkeiten erwerben, Ihre finanzielle Zukunft absichern, beruflich erfolgreich sein usw. Jeder wird diesen Katalog für sich persönlich anpassen können.

Auch alle unternehmerischen Entscheidungen basieren auf den Zielen, die sich das Unternehmen gesetzt hat. Ohne eine systematische und konsequent am Markt ausgerichtete Zielformulierung würde jedes Unternehmen innerhalb kürzester Zeit Schiffbruch erleiden. Klar, oder? Wenn Sie ein handwerklich besonders interessierter Mensch wären, könnten Sie mit einer kaufmännischen Ausbildung einen großen Teil Ihrer beruflichen Ziele nicht erreichen und würden unzufrieden werden. Die Konsequenzen für Unternehmen sind vielfach noch schwerwiegender und häufig später nicht mehr korrigierbar. Wenn die Kunden die Produkte nicht mehr kaufen, weil ihre Bedürfnisse durch diese Produkte nicht befriedigt werden, droht dem produzierenden Unternehmen im schlimmsten Fall Zahlungsunfähigkeit.

Neben den persönlichen Zielen sind auch externe Faktoren in Ihre Berufswahl eingeflossen: die Nähe von Industrieunternehmen zu Ihrem Wohnort, die Perspektive im Unternehmen, die Entwicklung des Berufsbildes ... – Für Unternehmen wird es jedoch zunehmend schwieriger, die für sie relevanten externen Faktoren richtig einzuschätzen, die Märkte verändern sich in rasantem Tempo. Eine ständige Überprüfung und Ausrichtung von Zielen, Strategien und Maßnahmen an diese Marktbedingungen wird so zum entscheidenden Erfolgsfaktor, auch für Industrieunternehmen.

1.1
Märkte im Wandel

Situation   Herr Heidtkötter, der Leiter der Heidtkötter KG, beauftragt den Auszubildenden Martin Selstedt, einen günstigeren Telefonanbieter oder -tarif für die Heidtkötter KG ausfindig zu machen. Die hohen Gebühren sind ihm schon lange ein Dorn im Auge und außerdem: „Jetzt müssen wir doch auch endlich vom Fall des Monopols profitieren!"

Arbeitsaufträge

1. Die Machtverhältnisse haben sich auf dem Telekommunikationsmarkt weitgehend verschoben. Erläutern Sie in diesem Zusammenhang die beiden Begriffe Verkäufermarkt und Käufermarkt. Nutzen Sie dazu auch die Arbeitshilfe.
2. Welche Konsequenzen ergeben sich aus der Veränderung der Marktverhältnisse für die Anbieter und die Nachfrager?
3. Nennen Sie weitere Beispiele für auch heute noch geltende
   a) Verkäufermärkte und
   b) Käufermärkte.

› INFO-Teil
LF 2, Kap. 1.1

Arbeitshilfe

Mit dem Monopol der Deutschen Telekom fielen auch die Preise fürs Telefonieren
Bis Ende 1997 war der Telefonmarkt in Deutschland monopolisiert. Nur die Deutsche Telekom versorgte den gesamten Markt. Das war zwar für die Kunden bequem, dafür aber vor allem bei Ferngesprächen sehr teuer.
So kostete ein Ferngespräch ab 100 km zur Hauptzeit von 8 bis 18 Uhr umgerechnet (von damals DM in €) etwa 0,47 €/Min., für eine Einheit von umgerechnet ca. 0,12 € konnte man gerade 15 Sekunden telefonieren. Längere Gespräche musste man in die Abendstunden verlegen, um beim Anblick der Telefonrechnung nicht in Tränen auszubrechen.
Seit die Deutsche Telekom zum 1. Januar 1998 ihr Monopol verloren hat, sind die Preise für Ferngespräche tagsüber fast ins Bodenlose gefallen. Die Deutsche Telekom senkte ihre Preise zunächst auf umgerechnet 0,27 €/Min., musste bald

→

jedoch mit weiteren Preissenkungen auf die deutlich günstigeren Konkurrenzpreise reagieren. So boten Wettbewerber Ferngespräche bereits zu einem Drittel des Telekom-Preises an.

Heute telefoniert man innerhalb Deutschlands zumeist mit einer günstigen Flatrate, und selbst ein Auslandsgespräch in die USA kostet nur wenig mehr als 1 Cent/Min. Damit telefoniert man quer über den Atlantik fast genauso günstig wie innerhalb des eigenen Ortes.

Vertiefende Übung

› **Internetrecherche**
› **INFO-Teil**
LF 2, Kap. 1.1

Im INFO-Teil wird die Globalisierung als ein wichtiger Grund für eine verstärkte Marktorientierung genannt. Erläutern Sie den Begriff „Globalisierung", finden Sie Beispiele für Firmen, die „global" vertreten sind, durch eine Recherche im Internet und nennen Sie wirtschaftliche Chancen und Risiken für z. B. Unternehmen, Regionen, Volkswirtschaften und Sie selbst.

1.2
Unternehmensleitbild – Die Verfassung des Unternehmens

Situation

In einem Testbericht der aktuellen Ausgabe der Fachzeitschrift „Büro aktuell" wurde der Chefsessel *procuro* beinahe zum Testsieger gekürt. Neben der sehr guten Ergonomie, dem guten Handling und dem durchdachten Design lobten die Tester vor allem die hervorragende, als „unverwüstlich" eingeschätzte Qualität der Mechanik.

Dass der Sessel nicht das Qualitätsurteil „überragend" erhielt und damit den Testsieg verpasste, begründeten die Tester mit der chemischen Belastung des Leders. Bei der Suche nach einer Alternative zum aktuellen Lieferanten des Leders stößt die Beschaffungsabteilung der Heidtkötter KG auf einen Anbieter aus Italien, der mit hohen ökologischen Standards wirbt. Ein Außendienstmitarbeiter des Lieferanten wird zu einem Gespräch eingeladen. Er berichtet von den Produktionsbedingungen in Ledergerbereien in Indien, die nicht nur verheerende Auswirkungen auf die Qualität der Lederwaren, nein, weitaus schlimmere auf die Umwelt und die Gesundheit der Arbeiter haben. Das von seinem Unternehmen angebotene Leder stamme dagegen ausnahmslos aus Gerbereien in Europa und übertreffe alle Qualitätsstandards deutlich. Allerdings sei das Leder auch „ein wenig" teurer als das der Konkurrenz. Herr Heidtkötter hat sich bisher kaum Gedanken über die Herkunft des verwendeten Leders gemacht. Er beginnt zu recherchieren und stößt dabei auf einen Artikel,

› **Arbeitshilfe 2**

der die Aussagen des Außendienstlers unterstreicht (siehe Arbeitshilfe 2). Ihm wird klar, dass ein Leder, wie es im Artikel beschrieben wird, weder zum Qualitätsanspruch noch zur Unternehmensphilosophie seines Unternehmens passt.

Arbeitsaufträge

› **Internetrecherche**
› **Arbeitshilfe 1**

1. Was bedeutet der Begriff „Philosophie" im unternehmerischen Zusammenhang?
2. Welche Unternehmensphilosophie steckt hinter dem Leitbild der Heidtkötter KG? Analysieren Sie dazu das Leitbild, das die Unternehmensphilosophie nach außen vermittelt. Welche der Aussagen
   a) geben den Mitarbeitern Orientierung?
   b) sind aus Kundensicht besonders relevant?
   c) spiegeln Werte wider, die sich an den Bedürfnissen der Gesellschaft orientieren?
   d) richten sich in erster Linie nach den Forderungen der Unternehmer?

3. a) Ergänzen Sie das Leitbild um Inhalte, die aus Ihrer Sicht notwendig sind. Orientieren Sie sich dabei vor allem an den Informationen über die Lederherstellung in Indien. Sie können aber auch eigene Ideen aufgreifen.

› **Arbeitshilfe 2**

   b) Welche Konsequenzen ergeben sich aus der Ergänzung des Unternehmensleitbildes für die Mitarbeiter, die Kunden und die Gesellschafter der Heidtkötter KG?

Arbeitshilfe 1

Leitbild der Heidtkötter KG

H HEIDTKÖTTER

Wer sind wir?

- Wir sind ein modernes mittelständisches Unternehmen mit Sitz in Bielefeld.
- Wir produzieren hochwertige Möbel durch die intelligente Verbindung von traditioneller Handwerkskunst und industrieller Fertigung.

Wie arbeiten wir?

- Modernste Maschinen unterstützen unsere hoch qualifizierten Mitarbeiter bei der Produktion unserer Produktgruppen.
- Qualität und Umweltbewusstsein stehen dabei zu jeder Zeit im Vordergrund.
- Forschung und Entwicklung haben deshalb einen ebenso hohen Stellenwert wie Service und Flexibilität.

Wo sind wir tätig?

- Aufgrund unserer wegweisenden und erstklassigen Produkte sind wir weltweit überaus erfolgreich.
- Unser Erfolgskonzept ist neben unserer herausragenden Produktqualität eine ausgeprägte Unternehmenskultur. Kundenzufriedenheit ist oberstes Unternehmensziel.

Was wollen wir tun?

- Wir sind ein unabhängiges Unternehmen und wollen dies auch bleiben.
- Wir erwirtschaften einen vernünftigen Gewinn, um unsere Ziele zu erreichen.

Wem nutzen wir?

- Neben den Ansprüchen der eher „klassisch ausgerichteten" Zielgruppe sind es vermehrt die jüngeren Kunden, die unsere hochwertigen und modernen Konferenz- und Büromöbel bevorzugen.
- Zudem sichern wir rund 120 Arbeitsplätze.

Was liegt uns am Herzen?

- Wer Möbel gestaltet, beeinflusst seine Umwelt und die Beziehung der Menschen miteinander. Deshalb pflegen wir seit Jahren einen partnerschaftlichen, verantwortungsvollen Umgang mit der Natur, unseren Mitarbeitern, unseren Kunden und der Technik, die wir einsetzen.
- Deshalb legen wir großen Wert auf Schulung, Weiterentwicklung und Gesundheit unserer Mitarbeiter. Wir lassen sie am Unternehmenserfolg teilhaben.

Arbeitshilfe 2

Ledergerbereien in Ambur

Der indische Distrikt Ambur beheimatet über 700 Ledergerbereien auf einer Fläche von etwa 50 Quadratkilometern. Dies ist wohl die höchste Konzentration von Gerbereien weltweit. Die Wälder dort sind weitestgehend abgeholzt, denn früher wurden pflanzliche Gerbstoffe benötigt. Inzwischen werden über 150 Chemikalien als Gerbstoffe eingesetzt, wodurch die Gerbdauer von bis zu zwei Jahren auf wenige Tage verkürzt wird. Allerdings sind die wenigen Kläranlagen, die es überhaupt gibt, der Abwasserflut nicht gewachsen. Ein großer Teil des hochgiftigen Gerbschlamms

→

wird in die Flüsse geleitet. In Deutschland müsste er als Sondermüll teuer entsorgt werden.

„Die Brunnen im Dorf sind alle verseucht. Wir müssen stundenlang laufen, um sauberes Wasser zu holen", klagen die Bewohner. So grassieren viele Krankheiten: Magen-Darm-Beschwerden, Allergien, schlimme Hautverätzungen, Augenkrankheiten oder Tuberkulose und es kommt vermehrt zu Fehlgeburten. In Ambur arbeiten Zehntausende Kinder. Vielfach sind sie den aggressiven Chemikalien für die Lederbehandlung schutzlos ausgesetzt. Nicht einmal Handschuhe oder Mundschutz gegen die giftigen Dämpfe bekommen sie von ihren Arbeitgebern. Auch auf feste Arbeitsverträge, Gewerkschaftsfreiheit und Mindestlöhne müssen die Kinder fast immer verzichten. Der Tageslohn eines Erwachsenen reicht zumeist jedoch nur für ein halbes Brot und einen Liter Milch. Die Kinder müssen mitarbeiten, um die Existenz der Familie zu sichern.

Fast das gesamte produzierte Leder geht in den Export, vor allem in die USA und nach Deutschland. Vielfach finden Prüfinstitute im indischen Leder das verbotene PCP, Quecksilber- und Arsenverbindungen, Formaldehyd und Lindan sowie das extrem gefährliche, krebserregende Chrom VI.

Vertiefende Übungen

1. Erläutern Sie, warum das Unternehmensleitbild häufig auch als „Verfassung des Unternehmens" bezeichnet wird.

2. Welche Nachteile könnten sich aus der Existenz eines Leitbildes für das Unternehmen ergeben? Begründen Sie Ihre Antworten.

3. Im INFO-Teil finden Sie (auf Seite 410) das Leitbild der Fissler GmbH als Beispiel. Welches Bild erhält ein Kunde nach dem Lesen dieses Leitbildes vom Unternehmen?

1.3
Corporate Identity – Das Leitbild wird nach außen dargestellt

Situation   Lange hat es gedauert, ein Leitbild für
die Heidtkötter KG zu entwickeln und zu formulieren. Groß war die Hoffung, damit
nicht nur den Mitarbeitern, sondern insbesondere der Öffentlichkeit die Unternehmensphilosophie zu erläutern.

Nun das: Ein beauftragtes Marktforschungsinstitut hat kürzlich festgestellt, dass
die Heidtkötter KG in der Branche teilweise noch immer als kleine Möbeltischlerei,
die einfache Tische und Stühle herstellt, wahrgenommen wird. Zudem verwechseln
viele Kunden das Unternehmen mit einem der stärksten Wettbewerber, der Detmolder Möbelbau AG. Und noch schlimmer: Zwar ist das Unternehmen in Fachkreisen bekannt, doch 70 % der Endkunden kennen die Heidtkötter KG überhaupt
nicht, obwohl doch erst kürzlich eine Werbeagentur das Firmenlogo modernisiert
und mit hohem finanziellen Aufwand in Möbelzeitschriften platziert hat.

Es besteht Handlungsbedarf, dessen ist sich Heidtkötter bewusst. Er beschließt,
eine Projektgruppe einzusetzen, die sich mit der Erarbeitung einer Corporate
Identity für die Heidtkötter KG befassen soll.

Arbeitsaufträge

Hinweis: Die Arbeitsaufträge 1 bis 3 bauen aufeinander auf.

1. Zunächst soll ein Schüler zum Projektleiter ernannt werden, der die Projektaufgaben koordiniert. Dazu gehört die Vorbereitung und Leitung der Projektsitzung, aber auch die Motivation und Kontrolle der Gruppenmitglieder und die Hilfe bei unerwarteten Schwierigkeiten. **› INFO-Teil LF 2, Kap. 1.3**
   Der Projektleiter entwirft das Vorwort für das Leitbild.

2. Bilden Sie nun drei Arbeitsgruppen, die sich arbeitsteilig mit den drei Instrumenten des CI beschäftigen. **› Gruppenarbeit**
   a) Wählen Sie innerhalb Ihrer Gruppe einen Gruppensprecher, der die Ergebnisse in der abschließenden Sitzung in der Klasse erläutert.
   b) Formulieren Sie eine kurze, prägnante Definition des von Ihrer Gruppe betrachteten Instrumentes und benennen Sie Ziele, bei deren Erreichen „Ihr" Instrument helfen soll.
   c) Erarbeiten Sie Vorschläge zur Gestaltung des von Ihrer Gruppe betrachteten CI-Instrumentes für die Heidtkötter KG. Beachten Sie dabei das Unternehmensleitbild und die Angaben in der Unternehmensbeschreibung zu Beginn des Buches. **› LF 2, Kap. 1.2 › Einleitung › Plakat und Präsentation**
   d) Erstellen Sie ein Plakat, auf dem in übersichtlicher Form Ihre Gruppenergebnisse zusammengefasst werden.

3. In der anschließenden Projektsitzung, die vom Projektleiter geleitet wird, sollen die Gruppenergebnisse vorgestellt und zu einem schlüssigen Gesamtkonzept zusammengeführt werden. Diskutieren Sie dabei auch mögliche Konflikte zwischen den Vorschlägen. **› Gruppenarbeit › Rollenspiel**

Vertiefende Übungen

1. Welche Unternehmen kennen Sie, deren Corporate Identity über besonders einprägsame Elemente verfügen? Nennen Sie drei Unternehmen und erläutern Sie die identitätsstiftenden Mittel.

2. Verfügt Ihr Ausbildungsbetrieb über eine Corporate Identity? Beschreiben Sie die Merkmale.

1.4
Unternehmensziele – Nur wer ein Ziel hat, kann es auch erreichen

Situation   „Eine Unternehmenszielsetzung? Was soll das denn?" Herr Heidtkötter sitzt verärgert bei der Kreditsachbearbeiterin der Sparkasse Bielefeld, Frau Weber. Da die hohe Nachfrage nach Konferenztischen mit dem bestehenden Maschinenpark nicht mehr bewältigt werden kann, will die Heidtkötter KG ihre Kapazitäten erweitern und benötigt dafür einen Kredit in Höhe von 147.000,00 €. Damit soll eine neue Fräsmaschine gekauft werden. „Wir sind ein Möbelhersteller und produzieren Büromöbel! Das ist unser Ziel!", äußert Herr Heidtkötter und blickt Frau Weber verständnislos an.

Frau Weber ist mit der Beantwortung ihrer Frage nach den Unternehmenszielen nicht zufrieden. Die Antwort von Unternehmer Heidtkötter ruft bei ihr nur ein verlegenes Schmunzeln hervor.

Arbeitsaufträge

1. Erläutern Sie, welche Argumente Frau Weber aus Sicht der Bank für die Notwendigkeit der Formulierung von Unternehmenszielen anführen könnte.

2. Warum ist auch aus Unternehmenssicht eine Zielformulierung notwendig?

› **INFO-Teil**
LF 2, Kap. 1.4
3. Welche Ziele könnte die Heidtkötter KG im Zusammenhang mit der beschriebenen Kapazitätserweiterung formulieren? Unterscheiden Sie bei Ihrer Antwort zwischen strategischen und operativen sowie zwischen formalen und Sachzielen.

1.5
Zielbeziehungen – Nicht alle Ziele passen zueinander

Situation Die Betriebsrats-
vorsitzende der Heidtkötter KG, Frau Walther, sitzt Herrn
Heidtkötter erbost gegenüber. Im Zuge der Modernisierung
des Maschinenparks soll eine vollautomatische Fräsmaschine den bisherigen Halbautomaten ersetzen. „Programmier-
bare Steuerung, automatischer Werkzeugwechsel, schneller
Arbeitsvorschub. Damit sind wir mindestens gleichauf mit
der Konkurrenz und können unseren Gewinn steigern!",
schwärmt Herr Heidtkötter. Frau Walther jedoch entgegnet:
„Heißt das, dass wir unseren Azubi Stefan Bergmann nicht
übernehmen werden? Den brauchen wir doch dann nicht mehr,
oder? – Typisch! Dabei ist doch die Arbeitsplatzsicherung sogar ein wesentliches Element unseres Leitbildes!"

Arbeitsaufträge

1. Herr Heidtkötter und Frau Walther verfolgen scheinbar unterschiedliche Ziele.
   Erläutern Sie in diesem Zusammenhang die beiden Konzepte des Shareholder-
   Value und des Stakeholder-Value. Nutzen Sie dazu die beiden Arbeitshilfen.   › **Arbeitshilfen**

2. Womit wird die Forderung nach einer Orientierung
   a) am Shareholder-Value,
   b) am Stakeholder-Value begründet?

3. Wo finden Sie im Leitbild der Heidtkötter KG Ansätze des Stakeholder-Value-   › **LF 2, Kap. 1.2**
   Konzeptes?

4. Entwickeln Sie Ideen dazu, mit welchen Zielen und daraus abzuleitenden Maßnahmen die Heidtkötter KG die Interessen der Stakeholder erfüllen könnte.

5. Knüpfen Sie Beziehungen zwischen den von Ihnen entwickelten Zielen und den   › **INFO-Teil**
   Maßnahmen. Wo ergeben sich Zielkonflikte, wo besteht Zielharmonie und wo   **LF 2, Kap. 1.5**
   Zielneutralität?

6. Überprüfen Sie, welche Zielkonflikte im Leitbild enthalten sind und diskutieren
   Sie, ob die Einführung der vollautomatischen Fräsmaschine tatsächlich zwangsläufig Arbeitsplätze vernichtet.

Arbeitshilfe 1

Shareholder sind Anteilseigner. Ihnen „gehört" ein Teil eines Unternehmens. Das
Shareholder-Value-Prinzip ist auf das Erfüllen der Bedürfnisse und Erwartungen
dieser Anteilseigner ausgerichtet, orientiert sich also bspw. an den Bedürfnissen
der Aktionäre einer Aktiengesellschaft.
Im Gegensatz zum Shareholder-Value-Prinzip schließt das Stakeholder-Prinzip
diejenigen mit ein, die von der Organisation (dem Unternehmen) beeinflusst werden bzw. die einen Anspruch an das Unternehmen haben. Stakeholder sind neben
den Anteilseignern (meist die Eigentümer) auch die Mitarbeiter des Unternehmens, die durch die Beschäftigung im Unternehmen neben Lohn bzw. Gehalt
auch Sicherheit einfordern, die Kunden, die erwarten, dass die Produkte qualitativ
hochwertig, sicher und auch zum gewünschten Zeitpunkt lieferbar sind, die Lieferanten, die das Begleichen von Rechnungen gemäß Vereinbarung erwarten, aber

→

auch die Banken als z. B. Kreditgeber und der Staat, der bspw. einen Anspruch auf Steuergelder geltend macht, bzw. die Allgemeinheit, die z. B. davon ausgeht, dass das Unternehmen im Rahmen seiner Tätigkeit die Umwelt intakt hält.

Dabei versucht das Stakeholder-Prinzip die Ansprüche und Bedürfnisse all dieser meist recht unterschiedlichen Anspruchsgruppen in Einklang zu bringen.

Arbeitshilfe 2

Weg vom Shareholder-Value hin zum Stakeholder-Value

Professionelles Stakeholder-Management wird für Unternehmen in Europa zum Erfolgsfaktor. Das ist das Ergebnis einer qualitativen Delphi-Studie[1] im Auftrag von Firstline Europe unter Entscheidern in den Branchen Pharma, Lebensmittel, Finanzen, Automobil, Hightech, Handel und Dienstleistungen. Befragt wurden Unternehmen aus sieben europäischen Ländern.

Der Ausblick der Entscheider ist eher pessimistisch: Einseitige Profitmaximierung, intransparente Unternehmensführung, Mangel an Corporate Social Responsibility[2] und unzureichende Kundenorientierung verstärken das Misstrauen vieler Anspruchsgruppen (Stakeholder) gegenüber den Unternehmen. Dieses Misstrauen führt zu noch mehr nationalen und europaweiten Regulierungen, die wiederum die Flexibilität und Innovationsbereitschaft der Unternehmen einschränken.

Um diesen Teufelskreis zu durchbrechen, fordern die Befragten ein Umdenken: weg vom Shareholder-Value hin zum Stakeholder-Value. Andernfalls, warnen sie, ersticken immer neue Eingriffe der Politik die nötige Risikobereitschaft der Unternehmen. „Nur Transparenz und der Aufbau nachhaltiger Beziehungen zu allen Stakeholdern können diesen Teufelskreis durchbrechen und so den Würgegriff der Regulatoren lockern", erklärt Volker Klenk, Managing-Partner bei Klenk & Hoursch, der Repräsentant von Firstline Europe in Deutschland.

Derzeit sehen die Befragten beim Stakeholder-Management allerdings noch große Defizite bei europäischen Firmen. Ihre Möglichkeiten, das Marktumfeld aktiv zu gestalten und dem Misstrauen entgegenzuwirken, seien oftmals limitiert. Es fehlten die nötige Transparenz und der aktive Zugang zu Bezugsgruppen wie Mitarbeitern, Politik, NGOs[3], Kunden, Inhabern oder Aktionären und Medien.

Die Befragten machen deutlich, dass „Feigenblatt-Aktivitäten" im Bereich Corporate Social Responsibility in den nächsten Jahren ihre Bedeutung verlieren werden. Ziel müsse sein, Transparenz und Corporate Social Responsibility in der Unternehmenskultur und -strategie zu verankern, um Wettbewerbsvorteile zu erzielen. Viele der Befragten sehen hierin eine Chance für die Wirtschaftsregion Europa im globalen Wettbewerb. [...]

aus: http://www.absatzwirtschaft.de/content/marketingstrategie/news/
weg-vom-shareholder-value-hin-zum-stakeholder-value;42633, Zugriff am 03.11.14

Vertiefende Übungen

1. Die Heidtkötter KG hat als Ziel für das kommende Jahr die Steigerung des Absatzes und der Produktion des Konferenzstuhls *feli* um 12 % festgelegt.

› INFO-Teil
LF 2, Kap. 1.4
› INFO-Teil
LF 2, Kap. 1.5

   a) Erläutern Sie, ob es sich dabei um ein Ober- oder Unterziel, ein Sach- oder Formalziel und um ein ökonomisches, ökologisches oder soziales Ziel handelt.

   b) Nennen Sie zu dem gesetzten Ziel je zwei komplementäre, konkurrierende und indifferente Ziele.

---

1 Experten werden systematisch und mehrstufig befragt. (der Verf.)
2 beschreibt verantwortliches unternehmerisches Handeln als Beitrag zu einer nachhaltigen Entwicklung (der Verf.)
3 Non-Governmental Organizations, Nichtregierungsorganisationen (der Verf.)

2. Für Herrn Heidtkötter nimmt das soziale Ziel der Mitarbeiterzufriedenheit einen hohen Stellenwert ein.

   a) Warum ist für Herrn Heidtkötter dieses Ziel so wichtig? Führen Sie Gründe an.

   b) Mit welchen Maßnahmen könnte die Heidtkötter KG die Zufriedenheit der Mitarbeiter erhöhen? Welche anderen Ziele könnten dadurch negativ beeinflusst werden?

1.6
Unternehmensstrategien – Die Ziele werden umgesetzt

Situation   Herr Heidtkötter ist verunsichert. Die langfristigen Weichen für die Zukunft des Unternehmens hatte seinerzeit sein Vater gestellt und das Unternehmen war damit bisher immer gut gefahren. Andererseits ist ihm bewusst, dass sich der Markt, in dem sein Unternehmen tätig ist, bereits fundamental geändert hat und auch weiterhin einem ständigen Wandel unterliegen wird. Eine Anpassung der strategischen Ausrichtung des Unternehmens scheint deshalb notwendig.

Die wichtigsten Ziele sind mittlerweile gesetzt: Gewinn und Umsatz sollen gesteigert und die Kundenzufriedenheit soll erhöht werden. Und einen Grundsatz seines Vaters möchte Herr Heidtkötter weiterhin verfolgen: Auch in den kommenden Jahren soll die Verantwortung für die große Betriebsfamilie ernst genommen werden.

› INFO-Teil
LF 2, Kap. 1.4

Eine Arbeitsgruppe soll die Geschäftsleitung bei ihrer Entscheidung, auf welchem Weg diese Ziele zu erreichen sind, unterstützen. Deshalb soll sie eine begründete Empfehlung für ein Strategienbündel entwickeln.

Der Arbeitsgruppe gibt Herr Heidtkötter einen Fahrplan auf den Weg.

› INFO-Teil
LF 2, Kap. 1.6

Arbeitsaufträge

Helfen Sie bei der Entscheidung für eine langfristige Unternehmensstrategie.

1. Erläutern Sie zunächst allgemein, was man unter einer Strategie versteht.

2. Beantworten Sie dann mithilfe der folgenden Arbeitshilfen möglichst viele der Fragen des Fahrplans (siehe Situation). Welche der im INFO-Teil beschriebenen Strategien könnten sich für die Heidtkötter KG anbieten? Legen Sie dabei den Fokus neben den Unternehmens- vor allem auf die Wettbewerbsstrategien (siehe Situation und Arbeitshilfe 2).

› Arbeitshilfen
› INFO-Teil
LF 2, Kap. 1.6

Arbeitshilfe 1

	Berichtsjahr	Vorjahr	Erläuterung
Wirtschaftswachstum (%)	+ 3,8	+ 1	die relative Änderung der Wirtschaftskraft einer Volkswirtschaft von einer Periode zur nächsten; Messung über das Wachstum des Bruttoinlandsprodukts (BIP)
IFO-Geschäftsklimaindex	110,2	105	ein vom Institut für Wirtschaftsforschung erstellter Frühindikator für die konjunkturelle Entwicklung in Deutschland; ein Index-Wert von 100 entspricht dabei den Erhebungsdaten für den 1. Januar 2000

Arbeitshilfe 2

Fahrplan für die Entwicklung von Strategien

A. Analyse des Zustandes unseres Unternehmens

1. Analysieren Sie zunächst das Umfeld, in dem unser Unternehmen tätig ist.
   a) Wie entwickelt sich die Volkswirtschaft?
   b) Wie ist die Konkurrenz einzuschätzen?

2. Analysieren Sie die Leistungsfähigkeit unseres Unternehmens.
   a) Welche Kernkompetenzen haben wir heute und zukünftig?
   b) Wie werden gegenwärtige und zukünftige Entwicklungen wie z. B. die Globalisierung unser Geschäft beeinflussen?
   c) Welche Stärken und Schwächen haben wir?
   d) Mit welchen Leistungen wollen wir auf welchen Märkten aktiv sein?
      Wer sind heute und zukünftig unsere Kunden?
      Was erwarten diese Kunden heute und zukünftig von uns?

B. Prognose zukünftiger Entwicklungen

1. Welche Veränderungen der Kunden, des Marktes und der Technologien kommen in den nächsten Jahren auf uns zu?
2. Welche Chancen liegen in diesen Veränderungen?
3. Welche Bedrohungen ergeben sich aus diesen Veränderungen?

C. Entwicklung von Strategien

Welche Strategien helfen uns, um das gewünschte langfristige Ziel zu erreichen?

Arbeitshilfe 3

Aktuelle Möbeltrends: Individualität statt Konformität

Der Wunsch nach Individualität bestimmt zunehmend die Gestaltung von Büros, der Stil des Unternehmens soll sich dort widerspiegeln. Erfolgreiche Möbelhersteller haben ihre Angebotspalette und ihre Fertigungsorganisation deshalb in den letzten Jahren deutlich angepasst und können verstärkt auf die Geschmacksvorstellungen der Kunden eingehen.

Für individuelle Büromöbel geben die Käufer auch mehr Geld aus. So ist der Preis für Bürostühle in den letzten zwei Jahren im Branchendurchschnitt um 14 % gestiegen. Das liegt allerdings auch an dem zunehmenden Gesundheitsbewusstsein der Konsumenten, was sich auf den Wunsch nach verbesserter Ergonomie und im Sinne der Gesundheit unbedenklichen Materialien auswirkt.

Insgesamt bestimmen runde, weiche Formen das Design im aktuellen Möbeljahr. Chemisch unbelastete Baumwolle und hochwertiges Leder werden als Bezugsstoffe eingesetzt, der Wunsch nach Holz aus zertifiziertem Plantagenanbau steigt weiterhin.

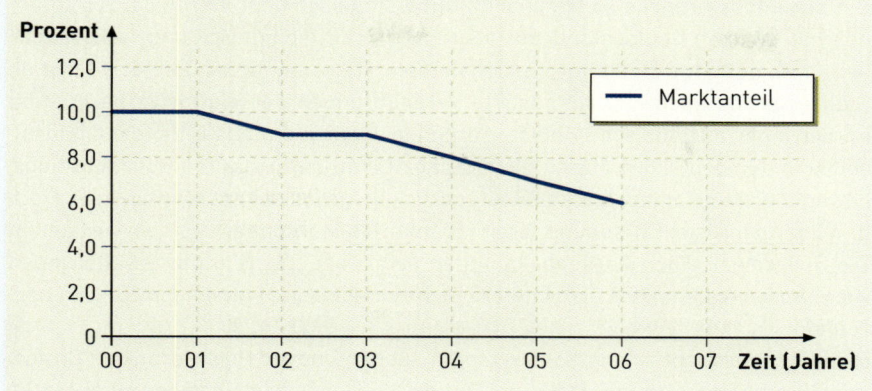

Arbeitshilfe 4

Marktanteil der Produktgruppe *Konferenztische* der Heidtkötter KG

Arbeitshilfe 5

Auszug aus dem Vorwort der Mitarbeiterzeitschrift Heidtkötter aktuell:

Liebe Mitarbeiterinnen und Mitarbeiter,

wirtschaftlich gesehen hatten wir im letzten Jahr endlich wieder ein richtig gutes Jahr mit einem Wachstum, das mit 14 % deutlich über dem Branchenschnitt liegt. So freuen wir uns, dass es Ende letzten Jahres möglich war, 37 % eines Monatsgehalts als Weihnachtsgeld auszuzahlen. Heidtkötter hat wieder Vollbeschäftigung, die Auftragsbücher sind gefüllt und in den letzten Wochen hat sich die positive Entwicklung vom Vorjahr fortgesetzt. Also alles vorbei, alles wieder normal, so wie früher? Das zu glauben wäre nicht nur töricht, sondern gefährlich. Jeder weiß, wie stark und schnell die Märkte heute schwanken können. Und bei aller Erleichterung über das Erreichte läuft bei uns noch längst nicht alles rund: Auch wenn es nur vereinzelt zu Lieferverzögerungen, Qualitätsmängeln und nicht eingehaltenen Zusagen gekommen ist, so kostet das dennoch Vertrauen der Kunden. Gerade von uns wird mehr erwartet als von anderen, weil wir unsere Produkte mit dem höchsten Qualitätsversprechen der Branche verkaufen. Hier geht zu viel schief – Reklamationen kosten nicht nur viel Geld, sondern wir verlieren auch unseren Kunden für zukünftige Aufträge. Die Kundenbindung aber brauchen wir, um auch in schwierigen Zeiten besser als die Konkurrenz dazustehen.

Ein zweiter Punkt, an dem wir arbeiten müssen, ist die Durchschlagskraft in Deutschland. Das Wachstum erzielen wir vor allem international, während die Entwicklung im Inland eher verhalten ist. Um es deutlich zu machen: Nicht nur das Umsatzwachstum, sondern auch der Gewinn wird weitgehend in unseren internationalen Tochtergesellschaften und auf den Exportmärkten erwirtschaftet. Wir haben jetzt die große Chance, alle Veränderungen vorzunehmen, um die Geschäfte auch in Deutschland zu stärken und gleichzeitig die Kosten besser in den Griff zu bekommen. [...]

In diesem Sinne wünsche ich uns allen weitere erfolgreiche Monate!

Klaus M. Heidtkötter

Arbeitshilfe 6

Branchenhintergrund und Marktstellung der Heidtkötter KG

Die Büromöbelbranche ist traditionell mittelständisch geprägt mit ca. 200 Unternehmen allein in Deutschland, das als Kernland für die Entwicklung von Büromöbeln gilt, an dem sich die internationalen Märkte orientieren. Dennoch sorgt die Globalisierung auch hier für rasante Veränderungen der Wettbewerbssituation: Immer mehr ausländische Anbieter drängen – vor allem aus Billiglohnländern – selbst in den deutschen Markt, gleichzeitig kommt es zu starken Konzentrationsbewegungen und einem starken Kostendruck aufgrund der stark steigenden Holz- und Energiepreise. Es ist kaum breit verankertes Markenbewusstsein vorhanden. Die Spitzenwerte der Markenbekanntheit selbst bei engeren Interessengruppen, wie etwa bei Architekten, erreichen 25 %. Heidtkötter liegt mit knapp 20 % im Spitzenfeld.

Heidtkötter erreicht mit der konsequenten Ausrichtung auf Hochwertigkeit, Designorientierung im Sinne des „Industrial Design" und Innovation im Inland einen Marktanteil von 8 %. Durch die frühzeitig begonnene, kontinuierliche Internationalisierung werden heute über 50 % der Umsätze in ausländischen Märkten erzielt. Mit weit überdurchschnittlichen Wachstumsraten und einem Gesamtumsatz von 25 Mio. € gehört Heidtkötter zu den sehr erfolgreichen und größeren Unternehmen der Branche. Heidtkötter hat seine Kernkompetenzen weiterentwickelt. Der Anspruch, kundenorientierte, innovative Lösungen zu entwickeln, führte zu komplexen Einrichtungskonzeptionen, die vor allem unter dem Gesichtspunkt der Kommunikationsförderung entwickelt werden. Dazu gehören umfangreiche und differenzierte Programme zum großen Themenfeld Büromöbel. Weil die Grenzen zwischen Arbeiten und Wohnen immer fließender werden, finden einige Heidtkötter-Programme immer mehr Liebhaber auch im privaten Arbeits-, Wohn- und Essbereich.

Vertiefende Übungen

› **INFO-Teil**
LF 2, Kap. 1.6
› **Internetrecherche**

1. Erläutern Sie die im INFO-Teil in Kapitel 1.6 genannten Unternehmensstrategien. Nutzen Sie dazu auch das Internet oder suchen Sie in der Bibliothek nach geeigneten Büchern.

2. Nennen Sie Beispiele von Unternehmen, die
   a) die Strategie der Kostenführerschaft,
   b) die Strategie der Differenzierung,
   c) die Nischenstrategie
   verfolgen.

2
Den Industriebetrieb definieren

Ausgangslage   In der Heidtkötter KG müssen die Auszubildenden, wie Sie zu Beginn Ihrer Ausbildung auch, sich schnell mit den aktuellen Gegebenheiten auskennen. Grundlegende Kenntnisse zum Unternehmen und seinen Strukturen müssen rasch erarbeitet werden. Zu diesen Grundlagen gehört auch, Fachbegriffe der Betriebswirtschaft zu kennen und sicher verwenden zu können.

Lernziele

Nachdem Sie dieses Kapitel durchgearbeitet haben, …

- verfügen Sie über erste Kenntnisse industriespezifischer Fachbegriffe,
- wissen Sie, welche Merkmale einen Industriebetrieb erkennen lassen,
- können Sie einen Industriebetrieb von anderen Unternehmen unterscheiden.

Situation   Auch in diesem Jahr hat die Ausbildung für angehende Industriekaufleute am 1. August bei der Heidtkötter KG begonnen. Die vielen Eindrücke lassen einige der „Neuen" etwas unsicher werden, aber keiner lässt sich dies anmerken. Um nicht negativ aufzufallen, stellt sich falsche Scheu ein. Viele trauen sich nicht, die neuen Kolleginnen und Kollegen mit ihren Fragen zu „belasten". Ihr Ausbilder hat Urlaub. In der ersten Woche steht dann auch noch der erste Berufschultag an. Der Unterricht startet mit einer Vorstellungsrunde, in der alle Schülerinnen und Schüler zunächst sich und dann ihren Ausbildungsbetrieb vorstellen sollen. Schnell wird vielen in der Klasse klar, dass sie eigentlich noch nicht genug über ihren Ausbildungsbetrieb wissen, um eine Präsentation für die Klasse gut und verständlich gestalten zu können.

Arbeitsaufträge

1. Erklären Sie mit eigenen Worten, wodurch ein Industriebetrieb überhaupt erst zu einem Industriebetrieb wird. Überprüfen Sie Ihre Erklärung am eigenen Ausbildungsbetrieb.

2. Nutzen Sie die kurze Einleitung dieses Buches. Informieren Sie sich über die Heidtkötter KG und vergleichen Sie das Unternehmen anhand der gefundenen Kriterien mit den Erkenntnissen zu Ihrem Ausbildungsbetrieb (aus Arbeitsauftrag 1).

› Einleitung
› INFO-Teil
LF 1

Vertiefende Übungen

1. Grenzen Sie die folgenden Betriebsbegriffe inhaltlich voneinander ab und nennen Sie jeweils drei Beispielbetriebe.
   - Industriebetrieb
   - Handelsbetrieb
   - Bankbetrieb
   - Verkehrsbetrieb
   - Versicherungsbetrieb

2. Erläutern Sie die Begriffe „Mechanisierung" und „Automation", die für Industriebetriebe kennzeichnend sind.

3
Industriebetriebe organisieren interne Prozesse

Ausgangslage

Will man das Unternehmensleitbild und die Ziele und Strategien umsetzen, so bedarf es dazu einer geeigneten Organisationsstruktur, die es den Mitarbeitern erst ermöglicht, ihren Aufgaben nachzugehen. Für jeden Industriebetrieb, wie auch für alle anderen Unternehmen, ist die Errichtung einer Organisationsstruktur zwingend notwendig, da die Beziehungen – in unserem Fall unter den Mitarbeitern, ihren jeweiligen Arbeitsgruppen und Abteilungen auf unterschiedlichen hierarchischen Ebenen – für alle Unternehmensangehörige und auch alle Externen definiert werden. Dies hilft, um in kurzer Zeit den geeigneten Ansprechpartner für das jeweilige Anliegen zu finden und Kommunikations- und Anordnungswege so effizient wie möglich zu gestalten. So findet sich heute auf vielen Internet- und Intranetseiten von Unternehmen der Aufbau des eigenen Betriebes als Schaubild mit den jeweiligen Kontaktdaten.

Lernziele

Nachdem Sie dieses Kapitel durchgearbeitet haben, ...
- können Sie die Organisationsstruktur eines Betriebes lesen, unterscheiden und selbst erstellen,
- ist es Ihnen möglich, Fachbegriffe im Zusammenhang mit der betrieblichen Organisation zu erläutern,
- wissen Sie, welche Voraussetzungen die Grundlage für eine funktionierende, betriebliche Organisation sind,
- können Sie Geschäftsprozesse beschreiben, analysieren und von hierarchischen Organisationsformen abgrenzen,
- können Sie Geschäftsprozesse übersichtlich gestalten.

3.1
Aufbauorganisation – so funktionieren Beziehungen in Betrieben

3.1.1
Grundlagen der Aufbauorganisation

Situation

Finn Petersen hat die ersten Berufsschultage gemeistert. Nun beginnt die Erkundung des Betriebes mit einer Besprechung beim zuständigen Mitarbeiter für die Aus- und Fortbildung. Herr Brenner möchte ihm zunächst einen Überblick über die Gegebenheiten des Unternehmens vermitteln. Er beginnt mit einem Vortrag über die einzelnen Stellen und Abteilungen der Heidtkötter KG. Von Frau Keil, der Leiterin der Abteilung Einkauf, Herrn Wildner, dem Rechtsanwalt, und vielen anderen Kolleginnen und Kollegen ist die Rede. Zusätzlich werden die Namen mit allerlei Informationen versehen. „Herr Hartmann ist zuständig für die Produktion, außerdem muss er sich um die Mitarbeiter in seiner Abteilung kümmern. Er beauftragt Herrn Blüm mit der Fertigung. Zusätzlich muss er Herrn Hildebrandt von der Arbeitsvorbereitung beaufsichtigen. Dazu kommen die ständigen Gesprächstermine mit Frau Schilling und Herrn Schäfer vom Einkauf." – Und so geht es eine ganze Zeit lang weiter. Finn raucht der Kopf.

Arbeitsaufträge

1. Kein Auszubildender kann zu Beginn seiner Ausbildung in nur wenigen Tagen einen vollständigen Überblick über das Unternehmen, in dem er ausgebildet wird, erlangen. Eine genaue und detaillierte Übersicht über die Gegebenheiten im eigenen Unternehmen ist jedoch besonders wichtig.

Beschaffen Sie sich zunächst geeignetes Informationsmaterial (z. B. im Intranet, im Internet, in einer geeigneten Abteilung) über „Ihr" Unternehmen. Stellen Sie dann die Organisationsstruktur des Unternehmens, vergleichbar der Struktur der Heidtkötter KG, grafisch dar.

› **Einleitung,**
Abbildung unten

2. Im INFO-Teil finden Sie in Kapitel 3.1.1 grundlegende Elemente einer Aufbauorganisation. Erläutern Sie diese bitte kurz. Ordnen Sie die Elemente den einzelnen Bereichen in Ihrer Grafik aus Arbeitsauftrag 1 zu.

› **INFO-Teil**
LF 2, Kap. 3.1.1

3. Erarbeiten Sie, welche Voraussetzungen die Grundlage für eine funktionierende Aufbauorganisation bilden.

› **INFO-Teil**
LF 2, Kap. 3.1

4. Beschreiben Sie, wie in Ihrem Ausbildungsbetrieb Informationen zwischen den beteiligten Mitarbeitern ausgetauscht werden. Suchen Sie dann nach weiteren alternativen Kommunikationsmöglichkeiten für Ihre Kolleginnen und Kollegen. Beschreiben Sie die Vorteile der einzelnen Alternativen.

3.1.2
Organisationsformen

Situation   Finn hat die Struktur der Heidtkötter KG nun etwas besser verinnerlicht. Er hat eine Grafik (siehe Arbeitshilfe) entwickelt, über die er sich mit Frau Dr. Keil, Leiterin der kaufmännischen Abteilung, unterhält. Frau Keil lädt Finn ein, bei Planungsgesprächen zum Thema „Neue Organisation des Einkaufsbereichs, neues Marktsegment" (in der Abbildung rot markiert) dabei zu sein.

Arbeitshilfe

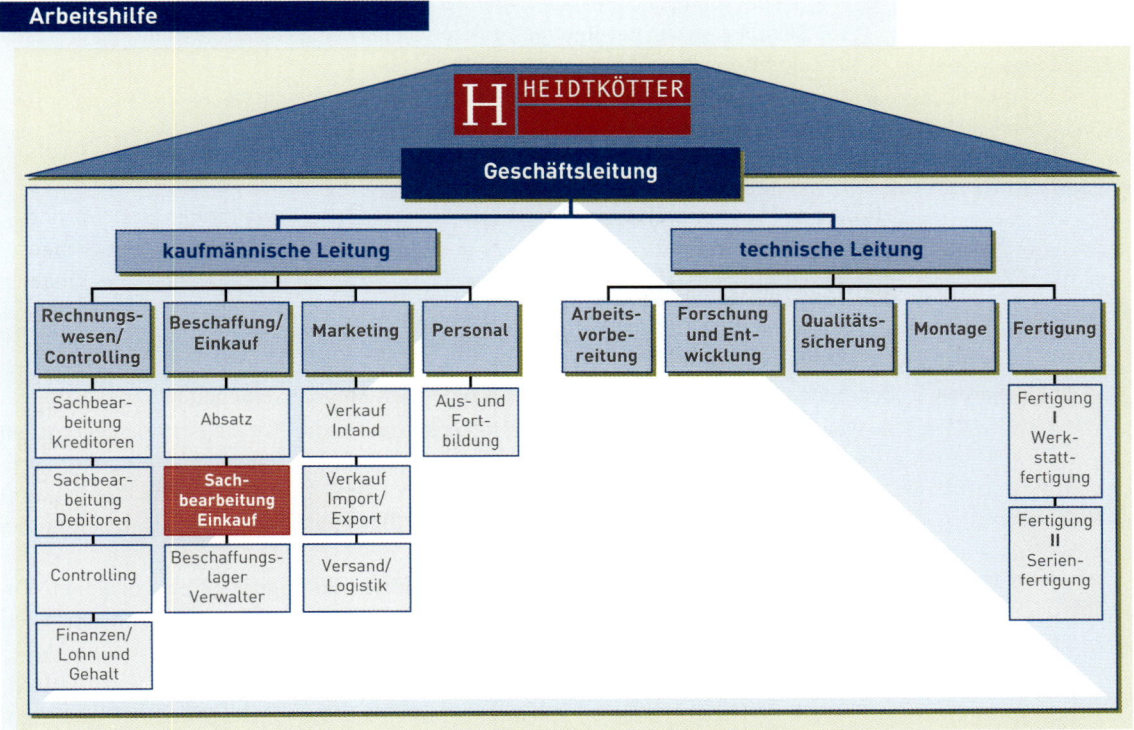

Arbeitsaufträge

1. Was hat Finn in seiner Übersicht (siehe Arbeitshilfe) dargestellt? Beurteilen Sie die Übersicht bitte kritisch. Bitte begründen Sie Ihre Meinung.

> **INFO-Teil**
> **LF 2, Kap. 3.1.2**

2. In welcher Organisationsform ist die Heidtkötter KG zurzeit organisiert? Nutzen Sie die Informationen in der Einleitung und im INFO-Teil. Begründen Sie Ihre Einschätzung bitte kurz.
3. Erarbeiten Sie jeweils die Vorteile und die Nachteile, die sich aus dieser Form der Organisationsgestaltung (siehe Arbeitsauftrag 2) ergeben können.
4. Versuchen Sie, die von Ihnen gefundenen Nachteile für die Heidtkötter KG zu beseitigen. Stellen Sie hierzu Ihre Lösungsvorschläge stichpunktartig zusammen.

Erweiterung der Situation

> **Arbeitshilfe**

Frau Dr. Keil trifft ihre Kolleginnen und Kollegen des Einkaufs in der ersten Planungsrunde. Zu Beginn verteilt Sie an alle Mitglieder des Teams Ausdrucke einer E-Mail, die Sie am Morgen von Herrn Heidtkötter bekommen hat. Die Wünsche der Geschäftsleitung ändern die Überlegungen vieler, die zu dieser ersten Runde zusammengekommen sind.

Arbeitshilfe

Liebe Frau Keil,

anlässlich des ersten Planungsgesprächs zur Erneuerung des Einkaufsbereichs unseres Unternehmens habe ich folgende Wünsche der Geschäftsleitung, die Sie bitte zum geeigneten Zeitpunkt an die beteiligten Kolleginnen und Kollegen der Gesprächsrunde weitergeben sollen.

■ Zu Koordinationszwecken beteiligen Sie bitte Herrn Cassack (Abt. Rechnungswesen) und Herrn Hildebrandt (Arbeitsvorbereitung/Produktion) an der Gesprächsrunde.

■ Um Sie persönlich zu entlasten, stelle ich Ihnen Herrn Heimbach als Assistenten zur Seite. Er wird in beratender Funktion an den Gesprächen teilnehmen und Sie in Zukunft bei Ihrer Arbeit unterstützen.

■ Die grundlegenden Entscheidungen wird nach wie vor die Geschäftsleitung unter Beachtung der Ergebnisse Ihrer Bemühungen treffen.

Mit kollegialem Gruß

Klaus M. Heidtkötter

Arbeitsaufträge

Die Wünsche des Chefs treffen das Team völlig überraschend. Man vertagt sich, denn die Runde muss nun erweitert werden.

> **Gruppenarbeit**

Bearbeiten Sie die folgenden Arbeitsaufträge nach Möglichkeit ebenfalls in Gruppen.

1. Wer ist auf Wunsch von Herrn Heidtkötter neu in die Planungsrunde gekommen und wird nun in die Arbeit der Abteilung Einkauf in welcher Weise eingebunden?
2. Ermitteln Sie im Team für jeden der drei Wünsche, die Herr Heidtkötter genannt hat, die Auswirkungen. Was genau hat die Planungsrunde nun zusätzlich zu berücksichtigen?
3. Schlagen Sie nun auf Grundlage der veränderten Bedingungen eine geeignete Organisationsform für die Heidtkötter KG vor. Begründen Sie Ihre Wahl. Bereiten

> **Präsentation**

Sie hierzu auch eine Präsentation unter Nutzung geeigneter Hilfsmittel vor.
4. Vergleichen Sie die vorgeschlagenen Alternativen hinsichtlich ihrer Durchführbarkeit. Erstellen Sie danach aus allen eingebrachten Vorschlägen einen Ihrer Meinung nach geeigneten Organisationsentwurf für die Heidtkötter KG.

Situation (Fortsetzung) Der Entwurf der Planungsrunde ist auf dem Schreibtisch von Herrn Heidtkötter gelandet. Das Team hat eine Spartenorganisation gewählt, wobei die Abteilung Einkauf durch Stabstellen unterstützt werden soll. Herr Heidtkötter ist an einer stärkeren Verbindung der einzelnen Bereiche seines Unternehmens interessiert. Er möchte Teams bilden, in denen sich jeweils drei bis vier Mitarbeiter aus den Sparten und den Stammabteilungen über ihren Arbeitsbereich austauschen sollen. Eine solche Form der Zusammenarbeit soll nach Überlegung von Herrn Heidtkötter dazu führen, dass neue Mitarbeiter direkt über bestehende Vorgehensweisen der anderen Sparten informiert werden und die Einarbeitung dadurch reibungslos funktionieren kann.

Arbeitsaufträge

Sie erleben gerade, wie schwierig eine Neugliederung einzelner Bereiche im Unternehmen sein kann. Aufgrund der abermaligen Änderungswünsche von Herrn Heidtkötter ist eine erneute Überarbeitung erforderlich.

1. Erarbeiten Sie einen neuen Vorschlag, der eine Spartenorganisation (siehe Arbeitshilfe unten) mit den neuen Wünschen von Herrn Heidtkötter in Einklang bringen könnte. Denken Sie bei Ihren Überlegungen daran, dass es anscheinend möglich bleiben muss, bei der Organisationsform auf zukünftige Veränderungswünsche schnell und unkompliziert reagieren zu können.

2. Stellen Sie den neuen Vorschlag grafisch dar. Denken Sie auch hierbei an die optionale Veränderbarkeit, die laut Situationsbeschreibung gewünscht wird.

3. Sammeln Sie mögliche Vor- und Nachteile, die sich aus einer Vermischung der Organisationsformen für den Betrieb ergeben können, und beurteilen Sie diese.

› **INFO-Teil**
LF 2, Kap. 3.1
› **Arbeitshilfe**

Arbeitshilfe

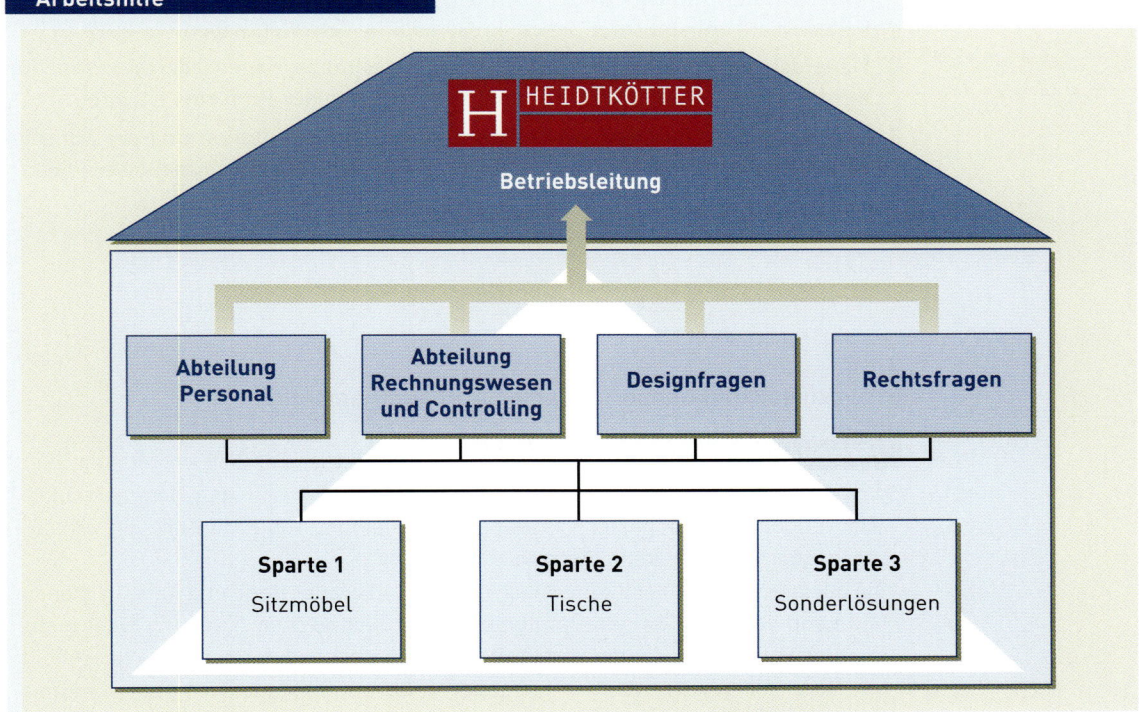

3.1.3
Informationsmanagement zur Steuerung und Abwicklung des betrieblichen Leistungsprozesses

Situation   Die Arbeitsabläufe der Heidtkötter KG sind ins Stocken geraten. Das Konferenztischsystem *perlmutt* kann nicht wie vorgesehen in der 35. Kalenderwoche an den Großkunden Meyer in Köln-Deutz aus-

geliefert werden. Gerade in dem Moment, als das Verladen der Ware beginnen soll, fällt der einzig geeignete Gabelstapler aufgrund eines Motorschadens aus.

Der zuständige Lagerist, Herr Freund, informiert sofort seine Vorgesetzte, Frau Keil, über das defekte Gerät. Gleichzeitig hat jedoch Herr Baumann, der Fahrer des Staplers, seinen Vorgesetzten, Herrn Hammerschlag, Leiter der Montage, informiert. Da beide Vorgesetzte engagierte Mitarbeiter sind, kümmern sie sich direkt um die Beschaffung eines geeigneten Reparaturservices für den defekten Stapler.

Gegen 12:00 Uhr treffen die Monteure der Stapelfix OHG ein, die von Frau Keil bestellt wurden. Nur fünf Minuten nach dem ersten Team erscheinen die Techniker der Staplertechnik Köln GmbH, durch Herrn Hammerschlag beauftragt, im Lager der Heidtkötter KG, um ebenfalls den defekten Stapler zu reparieren.

Arbeitsaufträge

1. Die Situation scheint kompliziert. Zwei Teams haben einen Auftrag zur Reparatur des defekten Staplers erhalten. Entscheiden und begründen Sie, welches der zwei Unternehmen Ihrer Meinung nach den Auftrag durchführen soll. Geben Sie die Kriterien an, anhand derer Sie die Entscheidung getroffen haben.

2. Hätte das entstandene Problem der zwei Reparaturaufträge vielleicht vermieden werden können? Gehen Sie auf mögliche Ursachen des Problems näher ein.

3. Welche Zusammenhänge sehen Sie zwischen der Organisation und der Kommunikation innerhalb der Heidtkötter KG? Stellen Sie diese zusammenfassend dar.

3.1.4
Grenzen der funktionsorientierten Aufbauorganisation

Erweiterung der Situation 3.1.3   Frau Keil ist ziemlich ungehalten über das, ihrer Meinung nach, eigenmächtige Verhalten des Kollegen Hammerschlag. „Der ist doch nur Techniker!" Er habe, nach Meinung von Frau Keil, von Organisatorischem ohnehin keine Ahnung.

Sie muss nun Herrn Heidtkötter nach dem Vorfall wieder Rede und Antwort stehen und kann daher die ewigen Probleme mit der technischen Abteilung nicht mehr tatenlos hinnehmen. In der Vorbereitung des anstehenden Gesprächs beschließt sie, Herrn Heidtkötter von den unhaltbaren Abstimmungsproblemen in Kenntnis zu setzen und ihm vorzuschlagen, die Abteilung Technik in ihre kaufmännische Abteilung einzugliedern.

Arbeitsaufträge (Fortsetzung)

4. Bereiten Sie sich anstelle von Frau Keil auf das bevorstehende Gespräch vor. Alternativ können Herr Dr. Hartmann – er ist der Vorgesetzte von Herrn Hammerschlag – als zusätzlicher Gesprächsteilnehmer und Herr Heidtkötter als Leiter der Gesprächsrunde für ein Rollenspiel ergänzt werden. Berücksichtigen Sie bei Ihrer Vorbereitung die folgenden Aspekte:

   › **Rollenspiel**

   - Ursachen für den aktuellen Vorfall,
   - generelle Abstimmungsprobleme zwischen dem kaufmännischen und dem technischen Betriebsteil innerhalb der Heidtkötter KG,
   - betriebsinterne Lösungsansätze für Herrn Heidtkötter,
   - mögliche Hilfen vonseiten Dritter.

   Variation der Aufgabe: Einer oder zwei der drei Gesprächsteilnehmer haben sich bereits vor dem Gespräch durch informelle Kommunikation im Unternehmen zusätzliche Informationen beschafft. Diese verändern den Gesprächsverlauf erheblich. Die Informationen werden durch den **Rollenspielleiter** vorgegeben.

Vertiefende Übungen

› **INFO-Teil**

Der INFO-Teil hilft Ihnen bei diesen Übungen. Sie sollten mit diesen Übungen das bisher erarbeitete Wissen nochmals für sich selbst prüfen.

1. Erklären Sie den Begriff „Aufbauorganisation".

2. Benennen und erläutern Sie anhand von Beispielen die Unterschiede zwischen Stellen, Gruppen und Instanzen im betrieblichen Organisationsgefüge.

3. Beschreiben Sie die wesentlichen Eigenschaften eines Einliniensystems.

4. Wie unterscheidet sich das Einlinien- vom Mehrliniensystem?

5. Nennen und erläutern Sie die Vor- bzw. Nachteile des Ein- und Mehrliniensystems in Form einer tabellarischen Übersicht.

6. Erläutern Sie den Sinn von Stäben in der betrieblichen Struktur eines Stabliniensystems. Geben Sie hierzu Beispiele für unterschiedliche betriebliche Stabsstellen an.

7. *Der Wechsel von der Verrichtungs- zu einer objektbezogenen Betrachtung ist oberstes Entscheidungskriterium für die Wahl der Spartenorganisation.*
   Beurteilen Sie diese Einschätzung.

8. Beschreiben und erläutern Sie das Weisungs- und Entscheidungssystem der Matrixorganisation.

9. Erarbeiten Sie die Unterschiede zwischen den Linienorganisationsformen und der Teamvermaschung.

10. Beschreiben Sie drei Kriterien, die bei der Wahl der geeigneten Aufbauorganisation berücksichtigt werden müssen.

11. Erläutern Sie den Begriff „betriebliche Schnittstelle".

12. Beschreiben Sie mögliche Gründe für die Funktionalitätsgrenzen von Aufbauorganisationen.

3.2
Orientierung der Ablauforganisation am Wertschöpfungs- oder Geschäftsprozess

3.2.1
Betriebliche Produktionsfaktoren

Situation   Herr Heidtkötter ist als Produzent hochwertiger Möbel sehr an betriebswirtschaftlichen Neuheiten und Entwicklungen interessiert. Bereits seit einigen Monaten tauchen Begriffe aus dem Bereich betriebswirtschaftlicher Produktionsfaktoren regelmäßig in Fachzeitschriften und Wirtschaftsmagazinen auf. Die Begriffe im Zusammenhang mit dem Geschäftsprozess kommen ihm zwar bekannt vor, doch detaillierter hat er sich bislang noch nicht damit beschäftigt.

Speziell interessieren ihn als Betriebsinhaber die Kosten für diese Produktionsfaktoren, von denen immer gesprochen wird. Wenn sich Einsparungen ergäben, wäre das sicherlich auch für die Heidtkötter KG von Vorteil.

Arbeitsaufträge

Unterstützen Sie Herrn Heidtkötter bei seinen Bemühungen um die korrekten Begriffsdefinitionen im Zusammenhang mit Produktionsfaktoren.

1. Lesen Sie den Artikel aus der Fachzeitschrift „möbel aktuell", der sich im Anschluss an diese Aufträge befindet. Sammeln Sie zunächst in Einzelarbeit mindestens fünf Stichpunkte, die sich mit dem Thema Faktoren zur betrieblichen Produktion befassen. Halten Sie diese auf getrennten Karten schriftlich fest.

› **Kartenabfrage**

2. Sammeln Sie alle Vorschläge auf einer gemeinsam verwendeten Pinnwand.
3. Schauen Sie sich nun mit Ihrer Klasse gemeinsam alle genannten Begriffe an. Sollte es Verständnisfragen zu einzelnen Begriffen geben, werden sie durch den Urheber des Begriffes erklärt.
4. Bilden Sie nun inhaltliche Cluster[1] für die gesammelten Begriffe und finden Sie Überschriften für die ermittelten Cluster.
5. Wenn die Sortierung abgeschlossen ist, vergleichen Sie Ihre gemeinsamen Ergebnisse mit den Informationen anderer Quellen, z. B. aus dem Internet.

Arbeitshilfe   *Möbel aktuell*

Geringe Lohnkosten und Nähe zu Osteuropa locken
Detmolder Möbelbau AG fertigt ihre Möbel künftig auch in Bratislava (Slowakei)

Detmold. Angetrieben vom starken Exportgeschäft erwartet Deutschlands größter Möbelhersteller, die Detmolder Möbelbau AG, im kommenden Geschäftsjahr ein Umsatzplus von 10 % auf 225 Mio. €. Vor allem in Südeuropa entwickele sich die Konjunktur derzeit sehr gut, sagte der Vorstandsvorsitzende auf der Internationalen Möbelmesse in Köln. Bei den Produktgruppen verkauften sich Polstermöbel mit einem Umsatzanteil von 90 Mio. € mit einem Zuwachs von 12 % zurzeit besonders gut.

Allerdings bewirkten eine deutliche Erhöhung der Materialpreise und die zeitlich verzögerte Erhöhungen der Verkaufspreise nur einen verhältnismäßig niedrigen Gewinn, erklärte er, ohne genaue Zahlen zu nennen. Die Möbelbau AG sei wie viele Möbelhersteller von dem zwischenzeitlichen Höhenflug der Betriebskosten und Werkstoffpreise betroffen, der Produktionsbestandteile wie beispielsweise Leim verteuert habe.

---

1   Cluster (engl.): Bündel, Traube, Haufen

Der Vorstandsvorsitzende plant auch im bevorstehenden Geschäftsjahr mit wachsenden Absatzzahlen im Auslandsgeschäft und hat dabei vermehrt den südeuropäischen Markt im Visier. Um die Produktionsstätten für Tische und Stühle in Spanien und Italien mit günstig hergestellten Produktionskomponenten zu versorgen, will die Möbelbau AG einen Anteil von 3,0 Mio. € ihres Investitionsvolumens in den Bau von Produktionsstätten in Osteuropa stecken.

Dort lockten niedrige Lohnkosten im Produktionsbereich, die noch deutlich unter denen in Südeuropa lägen. Für den Ausbau des Geschäfts im Ausland hat der Möbelbauvorsitzende auch den Börsengang von Tochtergesellschaften in Rumänien und Bulgarien ins Auge gefasst. Der derzeitige Exportanteil am Umsatz von 28 % soll binnen vier Jahren auf 50 % ausgeweitet werden. Börsengänge im Ausland haben sich ebenfalls als Möglichkeit dargestellt, da Möbelplanung und -herstellung dort häufig ein höheres Ansehen genieße und dies zu einer höheren Akzeptanz bei möglichen Investoren führe.

Er habe im vergangenen Jahr den Umbau der Konzernstruktur vorangetrieben, so der Vorsitzende. Eine neu gegründete Unternehmensholding könne schlanker sein und nur noch strategische und kontrollierende Aufgaben haben. Das operative Geschäft werde noch stärker selbstständig von den fünf Sparten Schlaf-, Wohn- und Speisezimmer, Polstermöbel und Ausland geführt.

Mit der Schaffung einer Management-Holding soll auch die Unternehmensnachfolge geregelt werden. Der Vorstand wird nur noch bis Ende des Jahres an der Spitze von Deutschlands zurzeit größtem Möbelkonzern stehen.

3.2.2
Material-, Informations-, Geld- und Wertefluss

Situation

In dieser Woche konnte die Heidtkötter KG einen neuen Großkunden gewinnen. Der Textileinzelhändler Pakko aus dem Münsterland hat sich entschlossen, für seine Filialen eine neue Ausstellungsmöbelserie zu bestellen. Zu diesem neu aufgelegten Programm zählen neben Regal- und Schrankelementen auch neue Multifunktionstische, die sowohl zu Schreibtischen umgebaut als auch als Kassentische genutzt werden können.

Arbeitsaufträge

Da es sich bei dieser neuen Serie um ein bislang nicht bedientes Marktsegment handelt, müssen sämtliche Prozesse hierfür neu gestaltet werden.

1. Ermitteln und beschreiben Sie die Hauptbestandteile, aus denen sich aus Ihrer Sicht die Planung und Herstellung dieses neuen Multifunktionstisches, wie er in der Explosionszeichnung (folgende Seite) dargestellt ist, zusammensetzt.

› INFO-Teil
LF 2, Kap. 3.2.2
→

Arbeitsaufträge (Fortsetzung)

2. Stellen Sie den Ablauf des Prozesses „Multifunktionstisch herstellen" grafisch dar.

3. Beschreiben Sie die Informationen, die während der Herstellung innerhalb des Betriebes ausgetauscht werden müssen. Gehen Sie auch darauf ein, welche benötigten Informationen nicht aus betriebsinterner Quelle stammen.

Arbeitshilfe

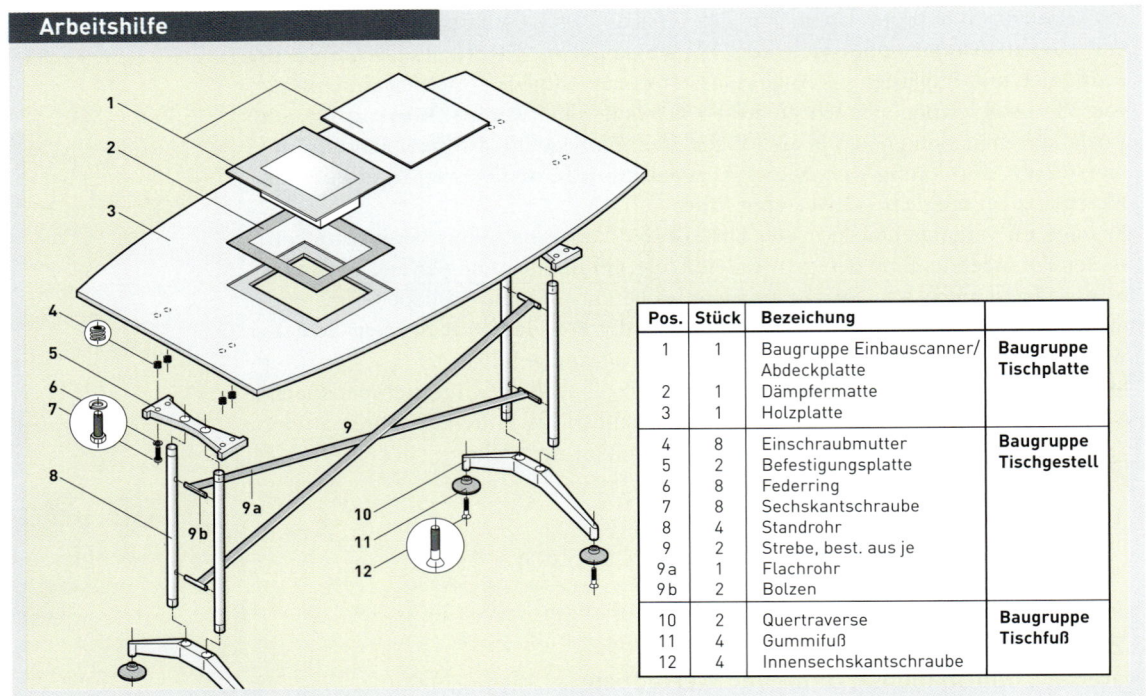

Pos.	Stück	Bezeichnung	
1	1	Baugruppe Einbauscanner/ Abdeckplatte	**Baugruppe Tischplatte**
2	1	Dämpfermatte	
3	1	Holzplatte	
4	8	Einschraubmutter	**Baugruppe Tischgestell**
5	2	Befestigungsplatte	
6	8	Federring	
7	8	Sechskantschraube	
8	4	Standrohr	
9	2	Strebe, best. aus je	
9a	1	Flachrohr	
9b	2	Bolzen	
10	2	Quertraverse	**Baugruppe Tischfuß**
11	4	Gummifuß	
12	4	Innensechskantschraube	

3.2.3
Arten und Dimensionen von Geschäftsprozessen

Fortsetzung der Situation 3.2.1
Die neuen Multifunktionstische für die Pakko GmbH, die sowohl zur Warenauslage als auch als Kassentische genutzt werden können, sollen nun als nächstes Großprojekt im Betrieb entstehen. Hierzu ist vorab eine genaue Planung erforderlich. Zunächst soll der vollständige Durchlauf des neuen Produktes durch das Unternehmen vorbereitet werden. Es sind einige Arbeitsschritte erforderlich.

Arbeitsaufträge

Da Sie sich mittlerweile mit dem Ablauf der Herstellung von Produkten im Unternehmen auskennen, können Sie bei der Planung behilflich sein.

1. Entwickeln und beschreiben Sie möglichst Prozesse, die von der Beschaffung über die Herstellung bis zum Verkauf des Multifunktionstisches erforderlich werden. Nutzen Sie hierzu auch die Konstruktionszeichnung aus der vorherigen Situation.

2. Bereiten Sie eine Präsentation Ihrer Ergebnisse für Ihren Vorgesetzten vor.

3. Erstellen Sie eine Übersicht der an den einzelnen Prozessabschnitten beteiligten Stellen.

1. Erläutern Sie den Unterschied zwischen den sogenannten elementaren und den dispositiven Produktionsfaktoren.

   › INFO-Teil
   LF 2, Kap. 3.2.1

2. Erklären Sie anhand eines Beispiels das Zusammenwirken von Material- und Informationsfluss im Unternehmen.

3. Der Fachbegriff „Prozess" spielt in der heutigen Betriebswirtschaft eine wichtige Rolle. Erläutern Sie den Begriff. Gehen Sie hierzu auch auf die Teilung in Kern- und Unterstützungs- bzw. Teilprozesse näher ein.

   › INFO-Teil
   LF 2, Kap. 3.2.3

4. Was wird unter einer Dimension von Geschäftsprozessen verstanden? Finden Sie für drei unterschiedliche Dimensionen jeweils zwei Beispiele.

5. Beschreiben Sie mindestens drei betriebliche Teilprozessketten im Produktionsprozess.

3.3
Geschäftsprozesse und Organisationsformen – beide müssen miteinander verschränkt werden

3.3.1
Orientierung an Geschäftsprozessen

Situation   Die Prozessdarstellung des Multifunktionstisches ist nun vollständig. Die kaufmännische und die technische Abteilung interagieren in dieser Planung an vielen Berührungspunkten miteinander. Die Kommunikation zwischen den Abteilungen ist jedoch nach wie vor angespannt. Frau Keil möchte den Plan der Abteilungszusammenlegung (siehe Situation in 3.1.4) aber noch nicht aufgeben; vielleicht gibt es ja doch noch eine Möglichkeit, Herrn Heidtkötter umzustimmen. Wenn er doch erst einmal von den Vorzügen ihrer Planungen überzeugt wäre ...

Arbeitsaufträge

1. Kennzeichnen Sie in einer tabellarischen Übersicht die Verknüpfung der Prozessdarstellung mit den bisherigen Abteilungen der Heidtkötter KG.

2. Beurteilen Sie die Funktionalität der jeweiligen Berührungspunkte. Stellen Sie denkbare Probleme und deren Gründe in einer Tabelle dar.

3. Versuchen Sie, einen Lösungsansatz für die in Arbeitsauftrag 2 ermittelten Probleme zu entwickeln.

3.3.2
Schnittstellen

Erweiterung der Situation 3.2.3   Sie erinnern sich: Finn Petersen wollte sich zu Beginn des Kapitels Informationen über die Strukturen innerhalb der Heidtkötter KG beschaffen. Er wollte die Schnittstellen kennen lernen und hat dazu auch die Abteilung Rechnungswesen aufgesucht. Finn hat Herrn Cassack, den Leiter des Rechnungswesens, um Informationen über seiner Abteilung gebeten. Dieser hat mit den Worten „Was wollen Sie von mir?" und „Für solchen Kinderkram haben wir im Rechnungswesen doch keine Zeit!" das Gespräch schnell beendet.

Arbeitsaufträge

1. Beschreiben Sie, was eine Schnittstelle im einem Unternehmen grundsätzlich kennzeichnet.

2. Warum sind Schnittstellen in Unternehmen im Rahmen der Geschäftsprozess-orientierung von so hoher Bedeutung? Wie kann man Schnittstellen „managen"? Warum kann so etwas sehr wichtig sein?

3. Es gibt „interne Schnittstellen". Hat ein Unternehmen auch „externe Schnittstellen"? Nennen Sie drei Beispiele für externe Schnittstellen und mögliche Probleme, die an diesen Schnittstellen auftreten können.

4. Welche Schnittstellen stehen Finn eventuell zur Verfügung, um die gewünschten Informationen doch noch zu erhalten?

Vertiefende Übungen

1. Finden Sie mindestens drei Beispiele dafür, dass Geschäftsprozesse während der Leistungserstellung zwischen unterschiedlichen Abteilungen eines Industriebetriebes weitergegeben werden.

2. Verzögerungen innerhalb der Geschäftsprozesskette können zu erheblichen Problemen im Betrieb führen. Beschreiben und erläutern Sie drei Verzögerungssituationen und deren Auswirkungen auf den Produktionsprozess.

3. Erläutern Sie Möglichkeiten, wie ein Informationsaustausch an Schnittstellen im Betrieb organisiert werden muss, um Probleme zu minimieren oder zu vermeiden.

3.4
Die Ereignisgesteuerte Prozesskette – Geschäftsprozesse können übersichtlich dargestellt werden

Situation

Eine der ersten Aufgaben, die Herr Freund, Leiter der Lagerverwaltung, dem Auszubildenden Martin Selstedt überträgt, ist es, den Bestand des Bezugsstoffs K167 (67 % Baumwolle, 18 % Wolle, 15 % Nylon) in Dunkelblau aufzunehmen. Kein Problem, denkt er sich, findet im Lager sieben Ballen des Stoffs und meldet dies an Herrn Freund.

Arbeitsaufträge

1. Stellen Sie mithilfe einer Ereignisgesteuerten Prozesskette (EPK) die von Martin durchgeführte Bestandsaufnahme im Lager dar. Gehen Sie dazu folgendermaßen vor:
   a) Mit welchem **Ereignis** wurde die Suche angestoßen?
   b) Welche Tätigkeit (**Funktion**) hat Martin daraufhin durchgeführt?
   c) Mit welchem Ereignis wurde der Prozess beendet?
   d) Stellen Sie nun mithilfe der Angaben im INFO-Teil zu **Basiselementen** und **Regeln** eine EPK auf.

> INFO-Teil
LF 2, Kap. 3.4

2. Welche Regeln haben Sie bei der Erstellung beachtet?

3. Welche Funktion kann die EPK erfüllen?

Situation (Fortsetzung)

„Das ging ja schnell!", stellt Herr Freund erstaunt fest und vergleicht den von Martin festgestellten Bestand mit dem Soll-Bestand im EDV-System. „Eigentlich müssten wir noch zehneinhalb Ballen haben. Haben Sie vielleicht welche übersehen?"

Martin geht zurück in das Lager und durchkämmt es von vorne bis hinten, doch von den Ballen keine Spur. Nach etwa einer Stunde Suche kommt er zurück zu Herrn Freund, um mit ihm das Problem zu besprechen. Gemeinsam finden sie schnell den Grund für die große Abweichung. Neben den Beständen im Lager müssen auch die in der Produktion gezählt werden. Hier sind nämlich viele Handlager eingerichtet, um die Fertigung zu beschleunigen und unnötige Wege ins Lager zu vermeiden.

Also forscht Martin in der Produktion nach und findet schnell die fehlenden dreieinhalb Ballen. Die liegen hier für einen Produktionsauftrag bereit, der morgen früh starten soll. In der Addition der beiden Bestände ergibt sich nun tatsächlich der aktuelle Bestand.

Vielleicht, so überlegt Martin, wären präzise Arbeitsanweisungen sinnvoll, um in Zukunft ihm und anderen Auszubildenden diese zeitraubenden Fehler zu ersparen.

Arbeitsaufträge (Fortsetzung)

4. Erstellen Sie eine EPK, die eine Arbeitsanweisung zur Bestandsaufnahme darstellen könnte. Gehen Sie dazu folgendermaßen vor:

   a) Listen Sie die Tätigkeiten (Funktionen) auf, die für die oben beschriebene Bestandsaufnahme notwendig sind.

   b) Prüfen Sie nach jeder Tätigkeit, ob das gewünschte Ereignis eingetreten ist.

   c) Arbeiten Sie die Angaben im INFO-Teil zu den **Verknüpfungen** durch und flechten Sie den hier notwendigen Operator in die EPK ein.   › **INFO-Teil** **LF 2, Kap. 3.4.1**

5. Welche Regeln haben Sie, zusätzlich zu den in Arbeitsauftrag 2 genannten, besonders beachtet?

Situation (Fortsetzung)

Bei der nächsten Inventur klärt Herr Freund Martin Selstedt über das weitere Vorgehen bei der Inventur auf. Er erläutert das Vorgehen folgendermaßen:

„Nachdem der Istbestand aufgenommen wurde, wird er mit dem Sollbestand verglichen. Tritt keine Abweichung auf, so kann der Istbestand in das Inventar eingetragen werden. Weicht jedoch der Istbestand vom Sollbestand ab, so ist nach dem Grund zu suchen. Findet man den Grund für die Abweichung nicht – dies könnte z. B. daran liegen, dass Lagergüter gestohlen wurden –, so muss der Fehlbestand ausgebucht werden und der Istbestand wird in das Inventar eingetragen. Zumeist finden wir jedoch den Fehler. Haben wir uns verzählt – ist also der Istbestand fehlerhaft –, so wird dieser korrigiert und in das Inventar eingetragen. Ist dagegen der Sollbestand fehlerhaft – wenn wir z. B. einen Lagerzugang falsch gebucht haben –, so wird dieser korrigiert und wir können den ermittelten Istbestand in das Inventar eintragen. Manchmal kommt es sogar vor, dass Ist- und Sollbestand falsch sind!"

Arbeitsaufträge (Fortsetzung)

6. Wie könnte eine EPK für das in der Situation geschilderte Vorgehen aussehen? Erstellen Sie diese und beachten Sie dabei die folgenden Hinweise:

   a) Der Prozess schließt sich an den Prozess der Ermittlung des Istbestandes (siehe vorherige Situation) an. Nutzen Sie deshalb eine **Prozess-Schnittstelle**. Arbeiten Sie dazu den INFO-Teil zu Prozess-Schnittstellen und Regeln durch.   › **INFO-Teil** **LF 2, Kap. 3.4**

   b) Da außerdem in dieser EPK alle **Verknüpfungen** vorkommen, sind als Unterstützung alle Angaben zu Verknüpfungen und Regeln hilfreich.

Martin ist begeistert. Die Arbeitsanweisungen in Form einer EPK sind übersichtlich und helfen ihm, Fehler zu vermeiden. So erstellt er bei der nächsten Aufgabe, die er zu erledigen hat, zunächst eine EPK. Bei der Durchführung erkennt Martin jedoch, dass noch wichtige Informationen fehlen. Frau Golombeck, Mitarbeiterin im Rechnungswesen, hilft ihm, sodass Martin seine EPK ergänzen kann.

› **Arbeitshilfe**

Arbeitsaufträge (Fortsetzung)

7. Beschreiben Sie zunächst den Prozess, den Martin in der folgenden EPK dargestellt hat (siehe Arbeitshilfe).

› **INFO-Teil**
LF 2, Kap. 3.4

8. Ergänzen Sie nun die notwendigen Angaben zu Organisationseinheiten und Informationsobjekten. Im INFO-Teil finden Sie die erforderlichen Hinweise.

Arbeitshilfe

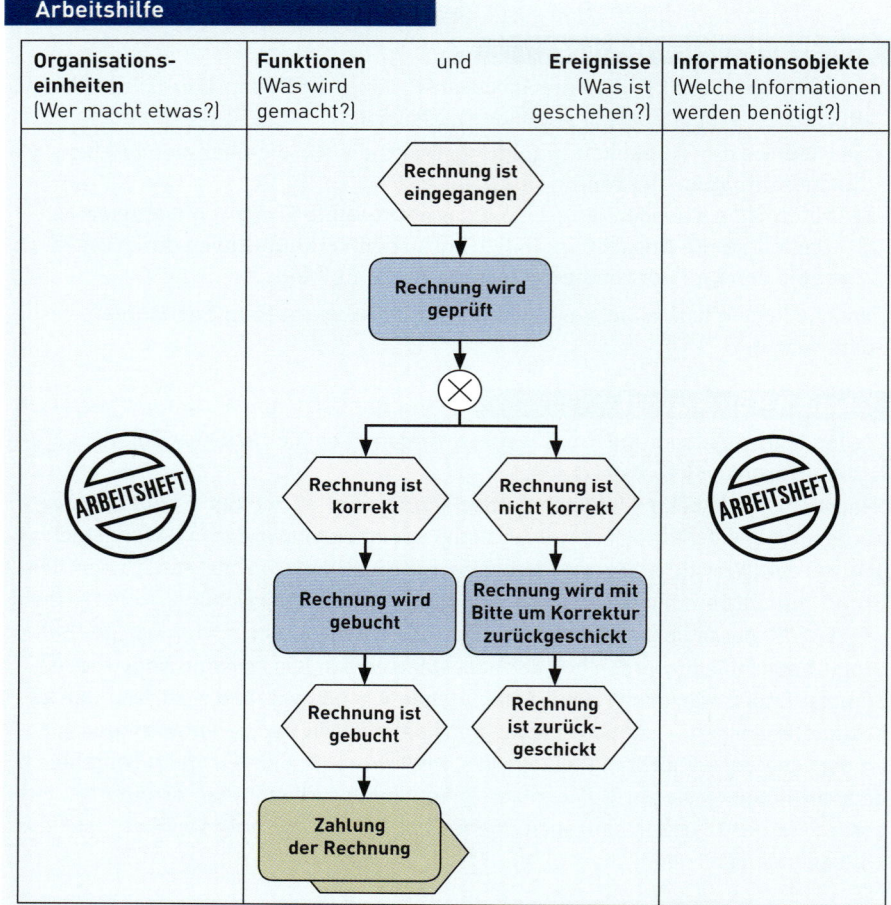

Vertiefende Übungen

1. Erstellen Sie eine EPK zum Ablauf des Postausgangs in der Heidtkötter KG: Nachdem die Ausgangspost aus den einzelnen Abteilungen in der Poststelle eingegangen ist, werden die Briefe von den Paketen getrennt. Die Briefe werden gewogen und entsprechend ihrem Gewicht frankiert. Die Pakete werden mit einem Aufkleber des Paketdienstes versehen und vom Paketdienst abgeholt. Die Briefe dagegen werden um 17:00 Uhr zur Post gebracht.

2. Suchen Sie in den folgenden EPKs die Fehler und korrigieren Sie diese.

a)

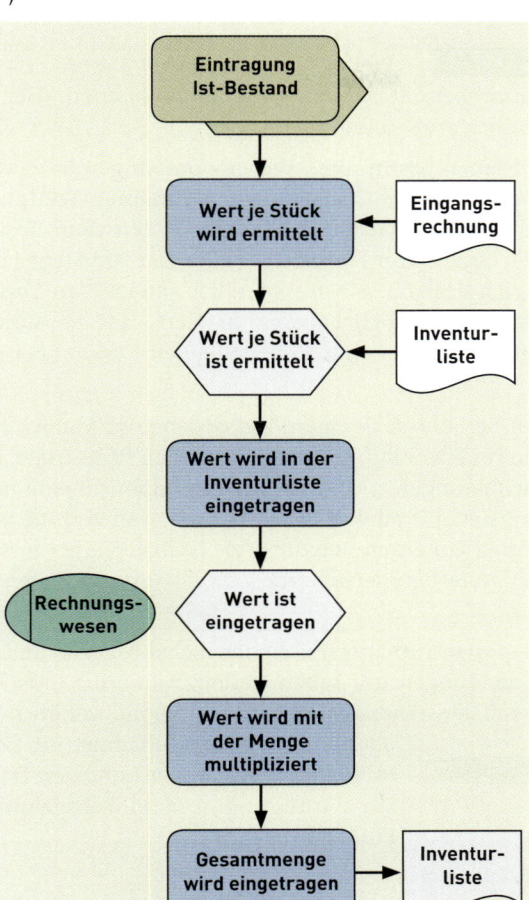

b)

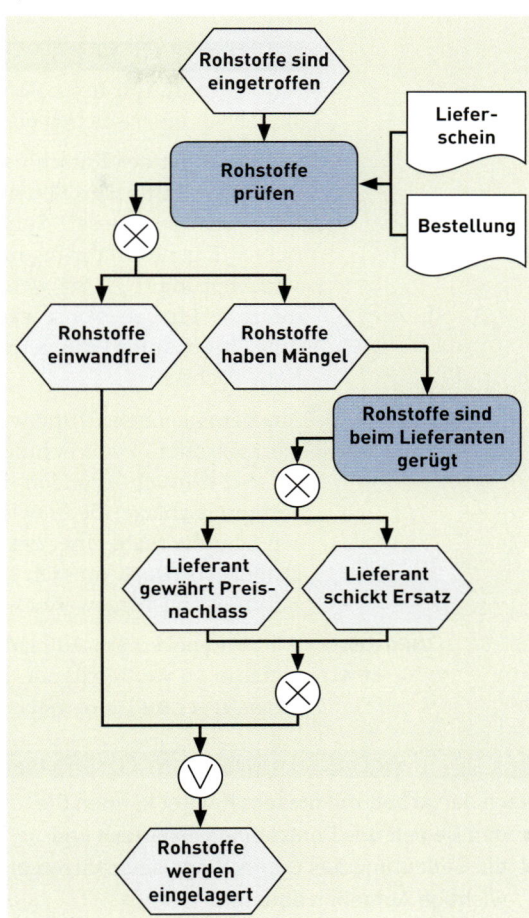

c)

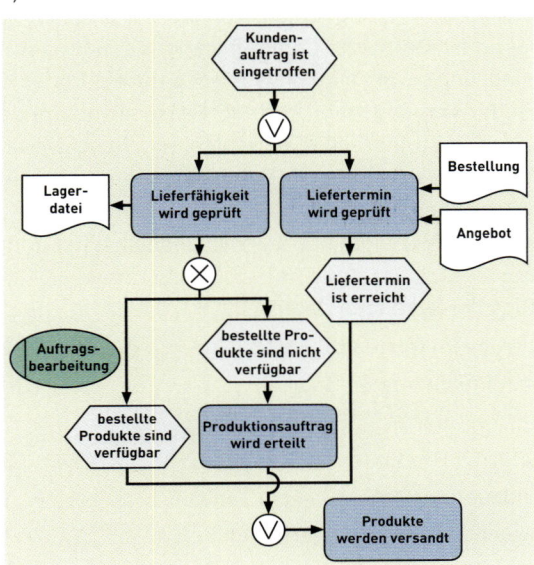

3. Erläutern Sie mit selbst gewählten Beispielen den Unterschied zwischen dem logischen „oder" und dem logischen „entweder ... oder".

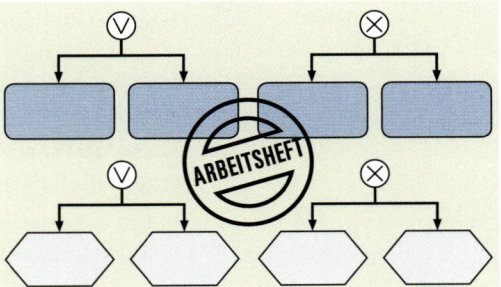

4
Das Controlling unterstützt bei allen unternehmerischen Entscheidungen

Ausgangslage Vielleicht haben Sie vor kurzer Zeit ein Auto gekauft, um Ihren Ausbildungsbetrieb bequem erreichen zu können, oder Sie stehen vor einer solchen oder ähnlich großen Entscheidung?

Sicherlich ist der Entschluss für einen bestimmten Wagen von einigen besonders wichtigen Einflussgrößen abhängig: Wie viel Geld steht zur Verfügung? Kaufpreis? Benziner oder Diesel? Spritverbrauch? Höchstgeschwindigkeit? Leistung? Testberichte? Eigene Erfahrungen oder Urteile von Freunden? Höhe von Kfz-Steuer und Versicherung? ... – Sie werden sich deshalb selbstverständlich intensiv im Vorfeld informiert haben. Sonst wäre es nämlich möglicherweise passiert, dass die Ausstattung Ihren Anforderungen nicht genügt oder Ihnen die laufenden Kosten über den Kopf wachsen.

Aus dem gleichen Grund werden Beschlüsse in einem Industriebetrieb ähnlich fundiert getroffen. Unternehmer, die vor allem intuitiv handeln, werden früher oder später „Schiffbruch" erleiden. Entscheidungen, z. B. über die Investition in eine neue Fertigungsanlage, die Entwicklung neuer Produkte, die Festsetzung von Verkaufspreisen oder die Wahl einer bestimmten Unternehmensstrategie bedürfen einer breiten Datenbasis. Dazu müssen sowohl unternehmensinterne als auch -externe Daten gesammelt und ausgewertet werden.

> **INFO-Teil**
> **LF 4**

Während bei einem Autokauf die Daten verhältnismäßig überschaubar sind und Sie ohnehin so weitreichende Entscheidungen nur selten treffen, wären die Entscheidungsträger im Industriebetrieb mit der ständigen Datenerhebung und -verarbeitung überfordert. Deshalb hilft ihnen das Controlling. Es stellt die notwendigen Daten zur Verfügung und gibt begründete Empfehlungen.

Lernziele

Nach der Arbeit mit diesem Kapitel können Sie ...
- den Begriff des Controllings erläutern und
- die Bedeutung des Controllings einschätzen und daraus wichtige Aufgaben ableiten.

Situation Herr Heidtkötter grübelt. Obwohl die Kundenzufriedenheit in seinem Unternehmen eigentlich besonders groß geschrieben wird, sogar im Leitbild verankert ist, Corporate Communications und Corporate Behaviour darauf abgestimmt sind, und sie auch im Zielsystem der Heidtkötter KG immer wieder auftaucht, sind in der Vergangenheit vermehrt Klagen von Kunden aufgetreten. Vor allem die Außendienstmitarbeiter berichten von Beschwerden über nicht eingehaltene Liefertermine, zunehmende Beanstandungen an neuen Produkten und zu lange Reparaturzeiten.

> **Kap. 1.2**
> **INFO-Teil**
> **LF 2, Kap. 1.3**
> **INFO-Teil**
> **LF 2, Kap. 1.4**

Die Berichte rufen Besorgnis bei Klaus M. Heidtkötter hervor. Deshalb bittet er um Überprüfung des Sachverhaltes.
Zunächst ermittelt das Controlling die folgenden Daten:
- Anzahl der ausgelieferten Aufträge im letzten Quartal 320
- Anzahl der ausgelieferten Produkte im letzten Quartal...................... 1 200
- Anzahl der Reparaturen im letzten Quartal.................................... 72
- Beanstandungen von ausgelieferten Produkten 36
- Reparaturen mit einer Verweildauer von mehr als acht Tagen 16
- Überschreitungen von zugesagten Auslieferungsterminen 19

Arbeitsaufträge

1. Nach der Erhebung der Daten sollen diese ausgewertet werden. Unterstützen Sie das Controlling, indem Sie geeignete Kennzahlen bilden.
2. Bewerten Sie den Aussagewert dieser Kennzahlen. Welche weiteren Daten könnten herangezogen werden, um die Aussagekraft zu erhöhen?

Situation (Fortsetzung)

Der Geschäftsführer sieht Handlungsbedarf und setzt als Ziel eine höhere Kundenorientierung fest. So sollen alle drei Kennzahlen im kommenden Jahr um mindestens 20 % sinken. Die Kosten sollen jedoch nicht deutlich erhöht werden.
Als erster Verbesserungsvorschlag wird die Einstellung eines weiteren Mitarbeiters in der Reparaturabteilung diskutiert. Der Krankenstand ist hier mit 14 Arbeitstagen je Mitarbeiter pro Jahr relativ hoch. Der Branchendurchschnitt lag im letzten Jahr bei 7,2. Die Kollegen sind deshalb überlastet.

Arbeitsaufträge (Fortsetzung)

3. Welche Aufgaben müssten die Mitarbeiter des Controlling und der Fachabteilungen vor der Erarbeitung von Verbesserungsvorschlägen ausführen?
4. Bewerten Sie den ersten Verbesserungsvorschlag. Was spricht für die Einstellung, was dagegen?
5. Erarbeiten Sie weitere Vorschläge, wie die Kundenzufriedenheit in den bemängelten Bereichen unter der vom Geschäftsführer geforderten Prämisse erhöht werden könnte.

Vertiefende Übungen

1. In Kapitel 1.5 wurde bereits der Plan von Herrn Heidtkötter angesprochen, eine neue vollautomatische Fräsmaschine anzuschaffen.
   Welche Informationen könnte das Controlling bereitstellen, um ihm die Entscheidung zu erleichtern?
2. Wie ist die Controllingabteilung zumeist in die Unternehmung eingegliedert? Nennen Sie die typische Organisationsform und begründen Sie Ihre Entscheidung. › INFO-Teil LF 2, Kap. 3.1.2
3. Ordnen Sie zu, ob in den folgenden Fällen das strategische oder das operative Controlling bei der Entscheidungsfindung unterstützen. › INFO-Teil LF 2, Kap. 4.3
   a) Die Corporate Identity soll überarbeitet werden.
   b) Der Preis für den Konferenzstuhl *feli* soll um 15,00 € angehoben werden.
   c) Es sollen für zwei Monate drei Mitarbeiter in der Verpackungsabteilung eingestellt werden.
   d) Argentinien soll als Absatzmarkt erschlossen werden.
   e) Es soll ein Bankkredit aufgenommen werden, um die Liquiditätslage zu verbessern.

1
Mithilfe eines Modells verstehen, dass die Leistungserstellung im Unternehmen durch Werte- und Geldströme dokumentiert wird

Leitidee Für den ökonomisch nicht geschulten Blick zeigen sich die Prozesse in einem Unternehmen so verwirrend wie American Football für den regelunkundigen Zuschauer. Er wendet sich ab, weil ihm die Regeln und Zielsetzungen unbekannt sind, nach denen die Spieler agieren und die Schieds-richter eingreifen. Erst mit Kenntnis des Regelwerks kann er sich für das Spiel begeistern.

Ähnliches gilt für die Prozesse und deren Erfassung in einem Unternehmen: Das blanke Chaos für den Außenstehenden, dem das Regelwerk verschlossen ist, nach dem die vielfältigen geschäftlichen Vorgänge und Prozesse erfasst, übersichtlich geordnet und gesteuert werden! Erst wenn er das Regelwerk der Buchführung ver-standen hat, kann er sich für das darin enthaltene sinnstiftende System „erwärmen".

Eine erste ordnungsgebende Struktur zeigt das nachstehende Schaubild (siehe Situation). Es ist als vereinfachtes Abbild der Wirklichkeit im Sinne eines **Unternehmens-modells** aufgebaut und zeigt die **innere Struktur** eines Industrieunternehmens. Es konzentriert sich auf bedeutsame **Funktionen** eines Unternehmens und lässt weniger bedeutsame außer Acht. In den nachfolgenden Darstellungen erweitern wir es schritt-weise um **Geschäftsprozesse**. Aus dieser Verbindung von innerer Struktur und den von außen einwirkenden Geschäftsprozessen gewinnen Sie leichter das Verständnis dafür, wie die Geschäftsprozesse in der Buchführung dokumentiert und letztlich deren Erfolg beurteilt werden.

Das Unternehmensmodell wird Sie in Ihrem Lernprozess begleiten. Es soll Ihnen das Verstehen von betriebswirtschaftlichen Zusammenhängen erleichtern.

Situation In jedem Unternehmen gelingt die Leis-tungserstellung nur dann erfolgreich, wenn bedeutsame Funktionsbereiche gut „zusammenspielen". In der Heidtkötter KG sind die folgenden innerbetrieblichen **Funktionsbereiche** einander zugeordnet und arbeiten zur Erfüllung der Unter-nehmensziele zusammen:

- der **Leistungsbereich**, der als Kern der Leistungserstellung die Teilbereiche Beschaffung, Produktion und Absatz umfasst,
- der **Investitionsbereich**, in dem das Vermögen verwaltet wird, das notwendig ist, um die Produktion aufrecht zu erhalten und die laufenden Einzahlungen und Auszahlungen zu tätigen,
- der **Finanzierungsbereich**, der die für Investitionen notwendigen Finanzmittel bereitstellen muss.
- das **Management**, das mit Blick auf die Leistungserstellung das Zusammenspiel von Kernbereich und unterstützende Bereichen organisiert und überwacht.

Der Investitions- und der Finanzierungsbereich gelten in dieser Sichtweise als unterstützende Bereiche für den Kernbereich, den Leistungsbereich.

Die innere **Struktur** der Heidtkötter KG allein reicht nicht aus, um die Unternehmensziele zu verfolgen. Sie muss durch effektive interne **Abläufe** mit Leben gefüllt werden und um eine gut funktionierende **äußere Leistungserstellungskette (= Supply Chain)** ergänzt werden. An der äußeren Leistungserstellungskette sind u. a. Dienstleister, Lieferer, Kunden, öffentlichrechtliche Institutionen sowie Geld- und Kreditinstitute beteiligt.

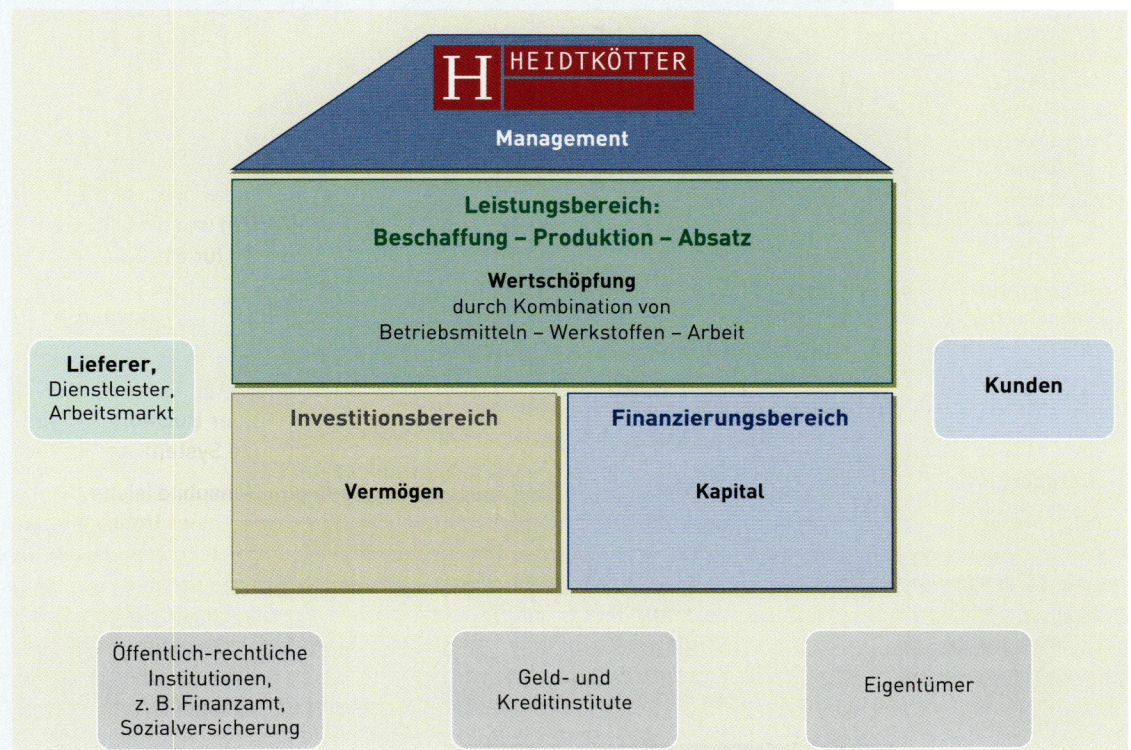

Arbeitsaufträge

1. Klären Sie anhand des oben gezeigten Schaubildes, was mit „innere Struktur" und „äußere Leistungserstellungskette" im Beispielunternehmen Heidtkötter KG gemeint ist.

2. Klären Sie, was der Begriff „Wertschöpfung" bedeutet (Informationen hierzu finden Sie im INFO-Teil, Seiten 441 ff.)

3. Beschreiben Sie an einem Produkt der Heidtkötter KG in Umrissen die wertschöpfenden innerbetrieblichen Abläufe. Beispiele für Produkte finden Sie in der Einleitung dieses Buches.

4. Prüfen Sie, ob sich die Struktur dieses Unternehmensmodells in Ihrem Ausbildungsbetrieb wiederfindet.

5. Lassen Sie sich die Aufgabenstellungen in den einzelnen Bereichen erklären, um so tiefere Einblicke in die Strukturen und Prozesse Ihres Ausbildungsbetriebes zu erhalten.

6. Ermitteln Sie die Leistungserstellungskette, in die Ihr Unternehmen mit Lieferanten und Kunden eingebunden ist.

1.1
Werte- und Geldflüsse auf der Beschaffungsseite

Situation   In der Heidtkötter KG wird die Leistungs-
erstellungskette, in die sie mit ihren Beziehungen zu Arbeitnehmern, Lieferern,
Kunden, Serviceunternehmen und Behörden eingebettet ist, modellhaft für den
Einkauf von Werkstoffen wie folgt dargestellt:

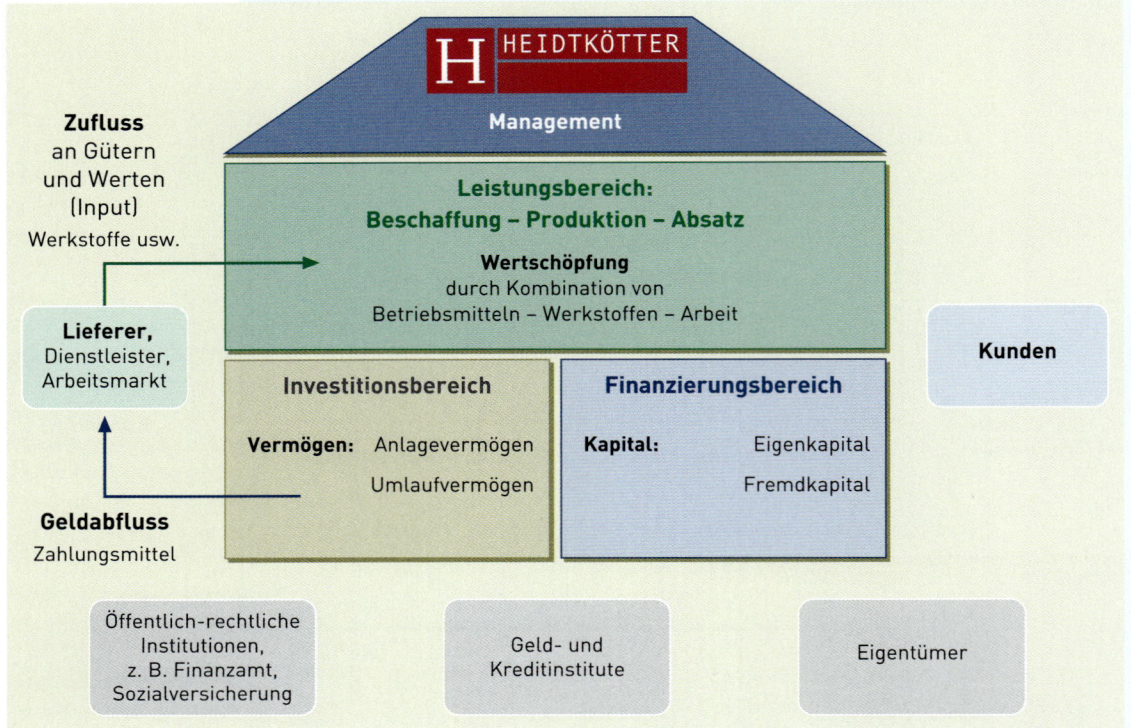

Arbeitsaufträge

› INFO-Teil
LF 3, Kap. 1

Nutzen Sie zur Beantwortung der nachstehenden Arbeitsaufträge die Aussagen im
INFO-Teil.

1. Klären Sie, was mit „Werkstoffen" und „Betriebsmitteln" allgemein und speziell
für die Heidtkötter KG gemeint ist.
2. Im Unternehmen ist es zweckmäßig, zwischen Anlagevermögen und Umlaufvermögen zu unterscheiden. Erklären Sie den Unterschied.
3. Begründen Sie, warum bei der Beschaffung von Werkstoffen ein „Wertezufluss"
in den Leistungsprozess – in der Regel in Höhe des Wertes des jeweiligen Werk-
stoffes – stattfindet. Denken Sie in diesem Zusammenhang daran, dass der Werkstoffeinkauf als sogenannter „INPUT" in die Leistungserstellung gilt.
4. Warum müsste im Modell die Beschaffung einer maschinellen Anlage für das
Biegen von Stahlrohren mit einem Pfeil in den Investitionsbereich dargestellt
werden?
5. Begründen Sie, warum in der Heidtkötter KG von „Geldabfluss" gesprochen wird,
wenn es um die Bezahlung der eingekauften Werkstoffe geht.
6. Stellen Sie im Modell den Vorgang der Nutzung der Arbeitskraft von Angestellten
und Arbeitern gegen Entgelt dar.

1.2
Werte- und Geldflüsse auf der Absatzseite

In der Heidtkötter KG wird die **Leistungs-erstellungskette,** in die sie mit ihren Beziehungen zu Arbeitnehmern, Lieferern, Kunden, Serviceunternehmen und Behörden eingebettet ist, modellhaft für den **Absatz von fertigen Erzeugnissen** wie folgt dargestellt:

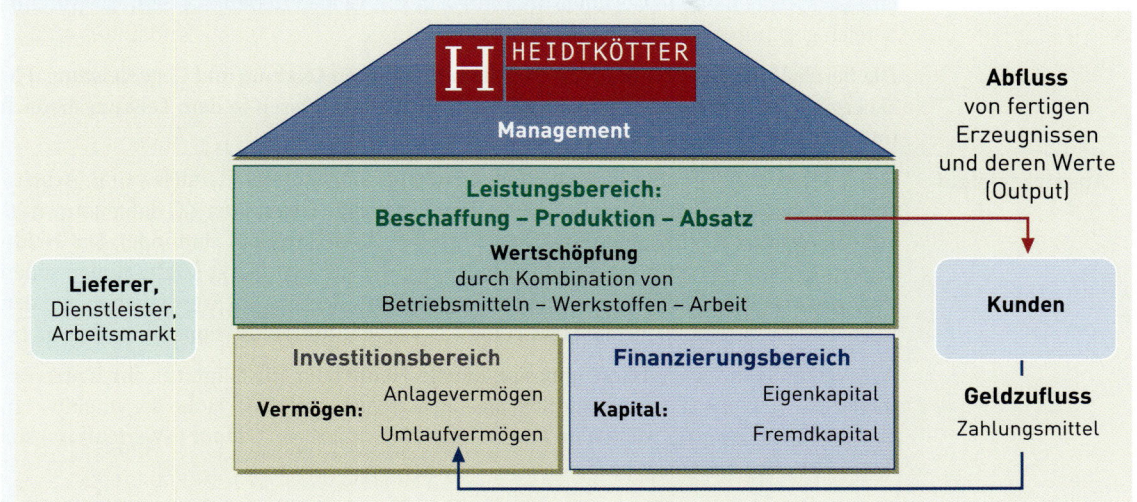

1. Klären Sie, was mit dem Begriff „Fertige Erzeugnisse" im Allgemeinen und speziell für die Heidtkötter KG gemeint ist.
2. Begründen Sie, warum beim Absatz von fertigen Erzeugnissen die Werte der verkauften Erzeugnisse als „Werteabfluss" aus dem Unternehmen verstanden werden. Denken Sie in diesem Zusammenhang daran, dass der Absatz von Erzeugnissen als sogenannter „OUTPUT" aus der Leistungserstellung gilt.
3. Begründen Sie, warum in der Heidtkötter KG von „Geldzufluss" gesprochen wird, wenn Kunden die von ihnen bezogenen Erzeugnisse bezahlen.

1.3
Der Kreislauf aus Werte- und Geldflüssen

Die Heidtkötter KG bezieht Werkstoffe u. a. vom Lieferer Stahlwerke Pirmasens, beispielsweise den Rohstoff Stahlrohr zur Herstellung von Stuhlgestellen. Diese Stahlrohre repräsentieren einen Wert, der sich aus den Kosten, die der Vorlieferant Stahlwerke Pirmasens aufwenden musste, um Stahlrohre herzustellen, und dem Gewinn, der aus dem Verkauf der Rohre entsteht, zusammensetzt.

Beschaffungs-kreislauf

Die Werte aller Einkäufe an Werkstoffen, Betriebsmitteln, Arbeitskräften und Dienstleistungen, die die Heidtkötter KG tätigt, um ihre Unternehmensziele zu verfolgen, stellen den wertmäßigen **Input** (= Wertezuflüsse) in den Leistungsprozess dar. Es kann sein, dass die Werkstoffe nicht unmittelbar oder in voller Höhe ihres Wertes in den Leistungsprozess einmünden, sondern vorübergehend im Beschaffungslager verweilen und „auf Abruf" in die Produktion gelangen; dies kann z. B. bei Rohstoffen der Fall sein. Bei Anlagegegenständen (= Betriebsmitteln) ist es so, dass sie bei der Beschaffung mit ihrem Wert (= Anschaffungskosten) zunächst im Investitionsbereich erfasst werden. Nach und nach fließen dann durch die Nutzung Teile ihres Wertes in die Produktion (vgl. hierzu das Kapitel „1.1 Werte- und Geldflüsse auf der Beschaffungsseite" im INFO-Teil sowie die Darstellungen im Kapitel 3.1.3 über Abschreibungen).

Für den Erwerb bzw. die Nutzung von Betriebsmitteln, Werkstoffen, Handelswaren, Arbeitskräften, gewerblichen Dienstleistungen usw. hat die Heidtkötter KG als Gegenleistung Kaufpreise zu entrichten. Jedem wertmäßigen Input in den Leistungsbereich steht also eine entsprechend hohe **Gegenleistung** in Form von **Geldabflüssen** aus dem Investitionsbereich gegenüber.

Die Beschaffungsseite funktioniert nach dem Prinzip von Leistung und Gegenleistung. Für sie ergibt sich somit ein ständiger Kreislauf von Wertezuflüssen in dem Leistungsbereich und Geldabflüssen aus dem Investitionsbereich.

Absatzkreislauf

Die Beschaffung von notwendigen Betriebsmitteln, Werkstoffen, Handelswaren, Arbeitskräften usw. gegen Geld kann nur funktionieren, wenn die Heidtkötter KG dafür sorgt, dass auf der Absatzseite ein mindestens ebenso starker **Absatzkreislauf** stattfindet. Die Heidtkötter KG stellt z. B. Stühle mit Stahlgestellen her, die auf dem Markt Käufer finden sollen und müssen. Diese Stühle repräsentieren einen Wert, der sich im Wesentlichen aus den Kosten zusammensetzt, die die Heidtkötter KG bei der Stuhlproduktion aufwenden muss.

Alle Verkäufe an fertigen Erzeugnissen, die die Heidtkötter KG tätigt, um ihr Unternehmensziel – z. B. die Gewinnmaximierung – zu verfolgen, stellen in Höhe der vereinbarten Verkaufspreise einen gewollten und notwendigen wertmäßigen **Output** (=Wertabfluss) aus dem Leistungsbereich dar.

Für die Abgabe fertiger Erzeugnisse an die Kunden und Händler erhält die Heidtkötter KG als **Gegenleistung** die vereinbarten Verkaufspreise als **Geldzuflüsse**. Jedem wertmäßigen Output aus dem Leistungsbereich steht also ein entsprechend hoher **Geldzufluss** in den Investitionsbereich gegenüber.

Die Absatzseite funktioniert nach dem Prinzip von Leistung und Gegenleistung. Für sie ergibt sich somit ein ständiger Kreislauf von Werteabflüssen aus dem Leistungsbereich und Geldzuflüssen in den Investitionsbereich.

Situation   In der Heidtkötter KG werden die Beschaffungs- und Absatzprozesse modellhaft wie folgt dargestellt:

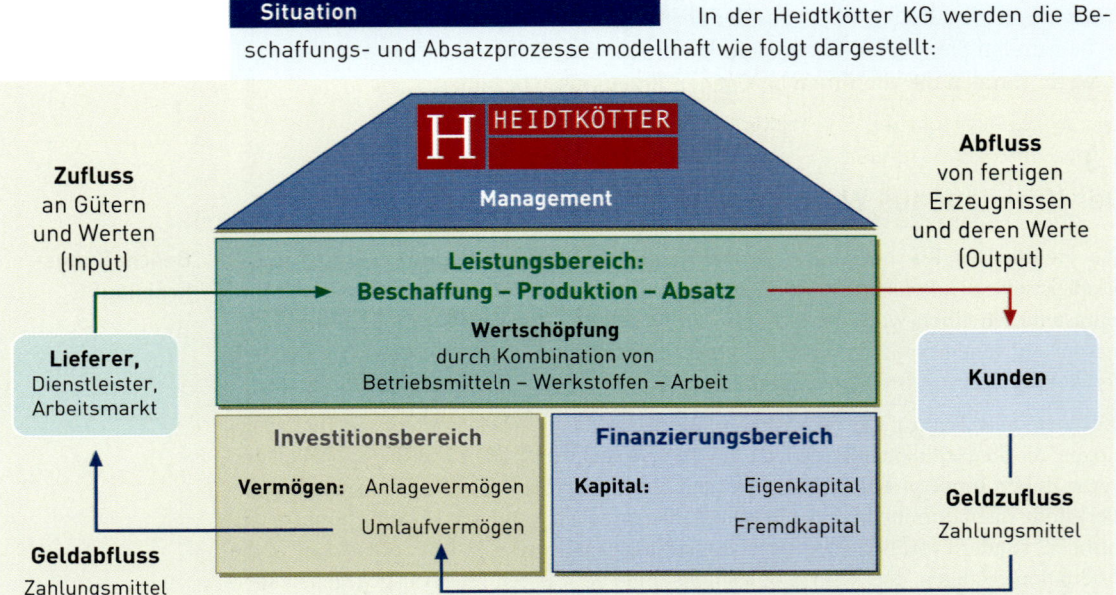

Arbeitsaufträge

Beachten Sie bei der Bearbeitung der nachfolgenden Aufträge auch die Ausführungen im INFO-Teil ab Seite 440.

› INFO-Teil
LF 3, Kap. 1

1. Zeigen Sie an selbst gewählten Beispielen, wie die verschiedenen Bereiche im oben gezeigten Unternehmensmodell zusammenarbeiten.

2. Inwieweit ist die Aussage richtig, dass an der Leistungserstellung im Unternehmen alle Bereiche beteiligt sind?

3. Ordnen sie die nachfolgend beschriebenen Vorgänge
   a) der Dokumentation von Werteflüssen oder
   b) der Dokumentation von Geldflüssen zu:
      - In einer Rechnung bestätigen die Stahlwerke Pirmasens der Heidtkötter KG, Stahlrohre im Werte von 30.000,00 € geliefert zu haben.
      - In einer Gehaltsliste vom Monat Oktober 01 ist aufgeführt, dass insgesamt 84.500,00 € an die Angestellten der Heidtkötter KG zu zahlen sind.
      - Aus einem Kontoauszug geht hervor, dass die Heidtkötter KG für die von den Stahlwerken Pirmasens gelieferten Stahlrohre 30.000,00 € gezahlt hat.
      - Die Heidtkötter KG erstellt eine Rechnung an die Reisig Design GmbH über 42.450,00 € für gelieferte Bürosysteme.
      - Der Heidtkötter KG liegt ein Kontoauszug vor, aus dem hervorgeht, dass Gehaltszahlungen von insgesamt 84.500,00 € an die Angestellten erfolgt sind.
      - Ein Barzahlungsbeleg der METRO AG besagt, dass die Heidtkötter KG Büromaterial für insgesamt 1.250,00 € gekauft hat.

4. Ziehen Sie aus der gleichzeitigen Betrachtung des wertmäßigen Inputs in den Leistungsbereich (= Aufwendungen) und des wertmäßigen Outputs aus dem Leistungsbereich (= Erträge) Rückschlüsse auf den Erfolg. Wir geben Ihnen folgende Lückentexte als Arbeitshilfe[1]:

   Sind innerhalb einer begrenzten Abrechnungsperiode (z. B. monatlich) die Erträge **höher** als die Aufwendungen, erzielt das Unternehmen _____ .

   Sind innerhalb einer begrenzten Abrechnungsperiode (z. B. monatlich) die Erträge **niedriger** als die Aufwendungen, erzielt das Unternehmen _____ .

Situation

Herr Cassack, Abteilungsleiter in der Geschäftsbuchführung der Heidtkötter KG, behauptet, dass er sowohl aus der Betrachtung der Wertzuflüsse und der Wertabflüsse innerhalb des Leistungsbereichs einerseits als auch der Geldzuflüsse und Geldabflüsse innerhalb des Investitionsbereichs andererseits Rückschlüsse auf den Erfolg ziehen kann, den das Unternehmen in einer bestimmten Zeitperiode (z. B. in einem Monat) erzielt hat. Er präzisiert seine Aussage mit dem Satz:

„Wenn die Summe der Werteabflüsse in einem bestimmten Zeitraum größer ist als die Summe der Wertezuflüsse, dann erzielt das Unternehmen in Höhe der Differenz einen Gewinn, und umgekehrt; also:
Werteabflüsse > Wertezuflüsse = Gewinn
Werteabflüsse < Wertezuflüsse = Verlust.
Wie ist das aber bei der Betrachtung der Geldzuflüsse und der Geldabflüsse?"

Die skeptischen Zuhörer will er mit folgendem Beispiel überzeugen.

→

---

1   Bitte schreiben Sie nicht ins Lernbuch, wenn es nicht Ihr Eigentum ist.

„Denken Sie sich ein Unternehmen, dass seine Tätigkeit mit 100 Geldeinheiten (GE) und einem angemieteten Raum beginnt. Für den Raum ist für eine bestimmte Zeit eine Miete von 5 GE zu zahlen. Der Unternehmer kauft eine Produktionsmaschine für 40 GE und Rohstoffe für 15 GE. Er beschäftigt Arbeitskräfte, die er für den Zeitraum mit 10 GE entlohnen muss. Im gleichen Zeitraum werden fertige Erzeugnisse produziert und für 55 GE an Kunden verkauft.

Am Ende der Periode hat die Maschine noch einen Wert von 30 GE, und Rohstoffe im Wert von 2 GE wurden nicht in die Produktion dieser Periode eingebracht.

Hat der Unternehmer am Ende der Periode nun einen Gewinn erzielt oder hat er Verlust gemacht?"

Arbeitsaufträge

1. Verschaffen Sie sich Klarheit darüber, was in dem Beispiel wertmäßiger Input der Periode in den Leistungsbereich ist, indem Sie untersuchen, wie hoch die Beiträge der einzelnen „Komponenten" Raum, Maschine, Rohstoffe sowie Arbeitnehmer zur Herstellung von fertigen Erzeugnissen im Verkaufswert von 55 GE sind.

2. Begründen Sie, was letztlich „richtig" ist: 15 GE Verlust oder 17 GE Gewinn?

3. Die Grafik verdeutlicht, dass der Erfolg nicht nur über den Vergleich von Werteabflüssen und Wertezuflüssen im Leistungsbereich ermittelt werden kann, sondern auch aus der Differenz von Geldzuflüssen und Geldabflüssen im Investitionsbereich unter Berücksichtigung der Vermögensveränderungen. Formulieren Sie einen Satz, mit dem Sie möglichst präzise die Erfolgsermittlung auf der Vermögensebene beschreiben.

Arbeitshilfe

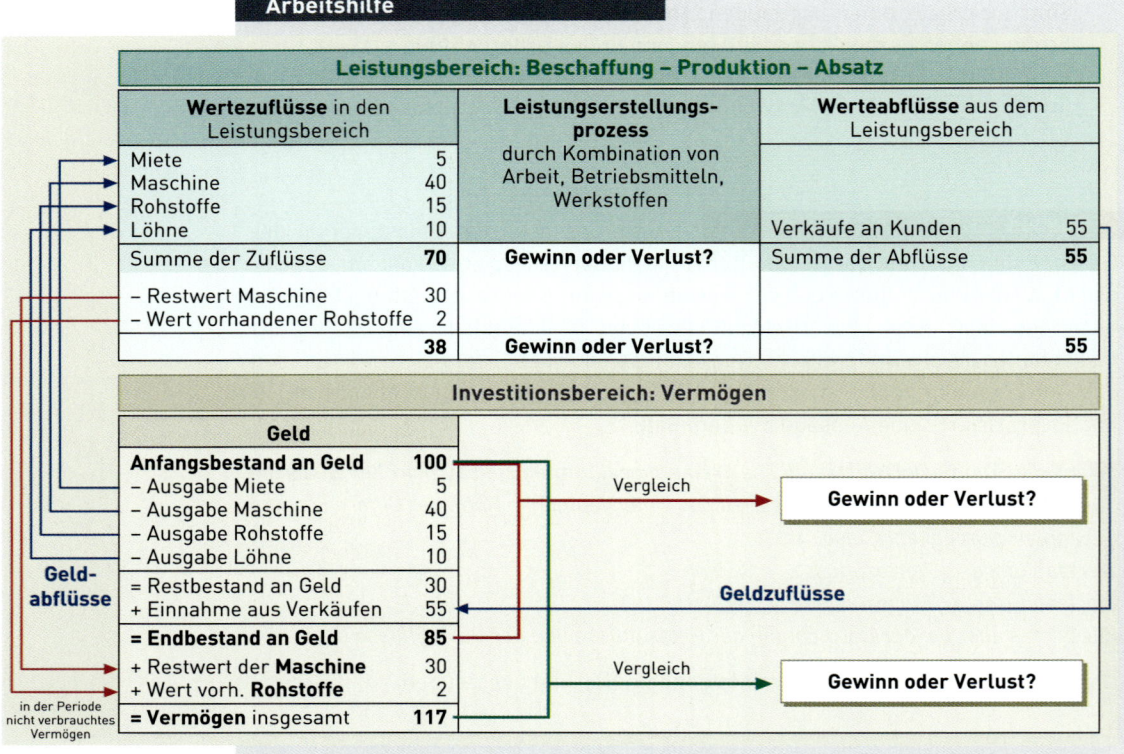

2
Vermögen, Fremdkapital und Eigenkapital sind die materiellen Grundlagen des Leistungserstellungsprozesses im Unternehmen

Ausgangslage

Ein Leistungserstellungsprozess, bei dem aus wertmäßigem Input und wertemäßigem Output Gewinn erwirtschaftet werden soll, setzt voraus, dass im Unternehmen ein gewisser Bestand an Vermögen und Schulden vorhanden ist. Auch wenn ein Unternehmen neu gegründet wird, genügt es nicht, nur gute Ideen und hohe Motivation zu haben; es sind selbstverständlich finanzielle Mittel erforderlich, um den Wertschöpfungsprozess anzustoßen, indem z. B. Betriebsmittel, Werkstoffe, Arbeitskräfte „eingekauft" und eingesetzt werden.

Im Folgenden halten wir – bildlich gesprochen – die Werte- und Geldflüsse in der seit vielen Jahren bestehenden Heidtkötter KG zum 1. Januar des Geschäftsjahres 01[1] für einen Moment an und betrachten den Vermögens- und Schuldenstand, von dem aus die Leistungserstellungsprozesse ab diesem Tag weiterlaufen sollen.

Lernziele

Nach der Erarbeitung dieses Kapitels ...
- verfügen Sie über die Begriffe „Vermögen", „Schulden" (Fremdkapital) und „Eigenkapital",
- verstehen Sie, dass Vermögen, Schulden und Eigenkapital auf der Grundlage des Vorsichtsprinzips gestaltbare und beeinflussbare Größen sind,
- wissen Sie, dass der Gestaltung von Vermögen, Schulden und Eigenkapital durch gesetzliche Vorschriften, durch Finanzierungsmöglichkeiten und durch Unternehmensziele Grenzen gesetzt sind,
- können Sie den Ablauf der Jahresabschlussarbeiten über Inventur, Inventar und Bilanz nachvollziehen,
- kennen Sie die formalen Aufbaukriterien und die inneren Gliederungsprinzipien, die bei der Erstellung von Inventaren und Bilanzen zu beachten sind,
- können Sie eine einfache Auswertung der Bilanz – auch durch Vergleich aktueller Bilanzkennzahlen mit Branchenkennzahlen – vornehmen und daraus vorsichtige Rückschlüsse auf die wirtschaftliche Lage eines Unternehmens ziehen.

2.1
Das Inventar informiert ausführlich über Vermögen und Schulden

Situation

Eric Sippel hat seine Tätigkeit als Controller bei der Heidtkötter KG erst vor kurzer Zeit aufgenommen. Er arbeitet sich zurzeit in sein Tätigkeitsfeld ein. Unter anderem will er sich ein informatives und umfassendes Bild vom Vermögens- und Schuldenstand der Heidtkötter KG machen. Dazu sucht er sich aus der Ablage die Inventare zu Beginn der letzten beiden Geschäftsjahre 00 und 01 heraus.

---

1 In diesem Lehrbuch bedeuten die Ziffern „00" = Vorjahr, „01" = 1. Jahr, „02" = 2. Jahr usw.

Inventare der Heidtkötter KG, Bielefeld	für den 31. Dezember 01		für den 31. Dezember 00	
Vermögen	(€)	(€)	(€)	(€)
A. Anlagevermögen		**9.560.000,00**		**9.477.000,00**
I. Immaterielles Anlagevermögen: Software, Lizenzen		32.300,00		36.400,00
II. Sachanlagen				
1. Grundstücke u. Gebäude lt. Anlagenverzeichnis 1:		3.462.700,00		3.565.600,00
Unbebaute Grundstücke Gütersloher Str. 111	365.000,00		365.000,00	
Bebaute Grundstücke Gütersloher Str. 111	476.000,00		476.000,00	
Fertigungshallen Gütersloher Str. 111	1.133.200,00		1.168.400,00	
Lagergebäude Gütersloher Str. 111	574.300,00		596.700,00	
Verwaltungsgebäude Gütersloher Str. 111	914.200,00		959.500,00	
2. Technische Anlagen lt. Anlagenverzeichnis 2:		4.475.000,00		4.145.000,00
Fertigungsanlagen (Techn. Anlagen, Maschinen)	3.700.500,00		3.222.400,00	
Transporteinrichtungen	774.500,00		922.600,00	
3. Fuhrpark lt. Anlagenverzeichnis 3		780.000,00		720.000,00
4. Geschäftsausstattung lt. Anlagenverzeichnis 4:		810.000,00		1.010.000,00
Sonst. Betriebsausstattung	276.000,00		344.600,00	
Geschäftsausstattung	534.000,00		665.400,00	
B. Umlaufvermögen		**11.165.000,00**		**9.943.000,00**
1. Rohstoffe lt. Verzeichnis 5 (Holz, Stahl, Stoff)	1.360.000,00		1.255.000,00	
darunter: 15 000 m Stahlrohre oval, 40 x 25 mm	18.750,00		—	
2. Vorprodukte/Fremdbauteile lt. Verzeichnis 6	1.180.000,00		1.045.000,00	
3. Hilfsstoffe lt. Verzeichnis 7	375.000,00		262.000,00	
4. Betriebsstoffe	120.000,00		120.000,00	
5. Unfertige Erzeugnisse lt. Verzeichnis 8	410.000,00		460.000,00	
6. Fertige Erzeugnisse lt. Verzeichnis 9	630.000,00		620.000,00	
7. Handelswaren lt. Verzeichnis 10	455.000,00		416.000,00	
8. Forderungen aus Lieferungen und Leistungen lt. Offene-Posten-Liste Kunden	3.410.000,00		2.920.000,00	
9. Wertpapiere lt. Depotliste	1.325.000,00		1.105.000,00	
10. Kassenbestand	243.000,00		186.000,00	
11. Bankguthaben lt. Kontoauszügen	1.657.000,00		1.554.000,00	
Summe des Vermögens		**20.725.000,00**		**19.420.000,00**
Schulden				
A. Langfristiges Fremdkapital		**6.305.000,00**		**6.510.000,00**
1. Langfristige Verbindlichkeiten bei Kreditinstituten lt. Kontoauszügen	5.900.000,00		6.200.000,00	
2. Langfristige Rückstellungen	405.000,00		310.000,00	
B. Kurzfristiges Fremdkapital		**2.005.000,00**		**2.205.000,00**
1. Verbindlichkeiten aus Lieferungen u. Leistungen lt. Offene-Posten-Liste Lieferer darunter umsatzsteuerfreie Lieferungen	1.750.000,00 786.100,00		1.690.000,00 736.700,00	
2. Sonstige kurzfristige Verbindlichkeiten (u. a. Umsatzsteuer)	255.000,00		515.000,00	
Summe der Schulden		**8.310.000,00**		**8.715.000,00**

Anmerkungen: Die vorliegenden Inventare sind didaktisch stark verkürzt. In der betrieblichen Praxis umfassen sie viele Seiten, auf denen Vermögensteile und Schulden einzeln nach Mengen und Werten aufgelistet sind. In die Inventare werden i. d. R. Rechnungsabgrenzungsposten, latente Steuern und nachträgliche Wertkorrekturen nicht aufgenommen.

Arbeitsaufträge

1. Verschaffen Sie sich zunächst einen Überblick über die Positionen sowie die Vermögens- und Schuldenwerte in den beiden Inventaren.
2. Klären Sie unbekannte Begriffe im Gespräch mit Ihren Mitschülerinnen/Mitschülern und mit Ihrem Lehrer.

Situation (Fortsetzung)

Nachdem Herr Sippel die Inventarlisten vor sich liegen hat, schaut er zunächst darauf, ob sie ordnungsgemäß nach den gesetzlichen Vorschriften geführt sind. Hierzu legt er sich die entsprechende Vorschrift des Handelsgesetzbuches bereit.

§§

§ 240 HGB Inventar

(1) Jeder Kaufmann hat zu Beginn seines Handelsgewerbes seine Grundstücke, seine Forderungen und Schulden, den Betrag seines baren Geldes sowie seine sonstigen Vermögensgegenstände genau zu verzeichnen und dabei den Wert der einzelnen Vermögensgegenstände und Schulden anzugeben.

(2) Er hat demnächst für den Schluss eines jeden Geschäftsjahres ein solches Inventar aufzustellen. Die Dauer des Geschäftsjahres darf zwölf Monate nicht überschreiten.

(3) Vermögensgegenstände des Sachanlagevermögens sowie Roh-, Hilfs- und Betriebsstoffe können, wenn sie regelmäßig ersetzt werden und ihr Gesamtwert für das Unternehmen von nachrangiger Bedeutung ist, mit einer gleichbleibenden Menge und einem gleichbleibenden Wert angesetzt werden, sofern ihr Bestand in seiner Größe, seinem Wert und seiner Zusammensetzung nur geringen Veränderungen unterliegt. Jedoch ist in der Regel alle drei Jahre eine körperliche Bestandsaufnahme durchzuführen.

(4) Gleichartige Vermögensgegenstände des Vorratsvermögens sowie andere gleichartige oder annähernd gleichwertige bewegliche Vermögensgegenstände können jeweils zu einer Gruppe zusammengefasst und mit dem gewogenen Durchschnittswert angesetzt werden.

Arbeitsaufträge (Fortsetzung)

3. Prüfen Sie vor dem Hintergrund der gesetzlichen Vorschrift, ob die Inventare ordnungsgemäß geführt worden sind. Bei einigen Vorschriften werden Sie eindeutige Aussagen machen können, bei anderen sollten Sie Ihre Vermutungen äußern.
4. Erstellen Sie dazu eine „Checkliste" mit den wesentlichen Prüfkriterien, die Sie dem obigen Gesetzestext entnehmen können.

Situation (Fortsetzung)

Danach schaut sich Herr Sippel die **Inhalte der Inventare** an. Er möchte sich einen Überblick über das Vermögen, die Schulden und das Reinvermögen zu den beiden Inventurstichtagen machen und auch die Entwicklung während des Geschäftsjahres beurteilen.

Eine sorgfältige Gliederung der Inventare sieht die folgenden beiden Bereiche vor:

Inhalt von Inventaren

A.   Vermögen
    Anlagevermögen
+ Umlaufvermögen
    Summe des Vermögens

Die Unterteilung in Anlagevermögen (= AV) und Umlaufvermögen (= UV) hat den Sinn, deutlich zu machen, welche Vermögensgegenstände „angelegt" sind, um den Betrieb langfristig arbeitsfähig zu halten (= AV), und welche Vermögensgegenstände der ständigen Erneuerung oder des ständigen Umsetzens dienen (= UV). Die erste Gruppe bildet das Anlagevermögen, die zweite Gruppe das Umlaufvermögen.

sowie

B.　Schulden
　　langfristige Schulden
　+ kurzfristige Schulden
　　Summe der Schulden

Die Unterteilung in langfristige und kurzfristige Schulden hat den Sinn, deutlich zu machen, inwieweit ein Unternehmen durch langfristige Schulden „sicher" finanziert ist (dann aber Zins- und Tilgungszahlungen aufbringen muss) bzw. inwieweit kurzfristige Schulden die Liquidität des Unternehmens belasten.

Reinvermögen

Unterhalb des Inventars kann die Differenz aus Vermögen minus Schulden ausgewiesen werden. Diese Differenz gibt an, um wie viel Euro der Wert des Vermögens den Wert der Schulden übersteigt. Wir bezeichnen diese Differenz als **Reinvermögen**.

Berechnung des Reinvermögens	Geschäftsjahr 01	Geschäftsjahr 00
Summe des Vermögens	20.725.000,00	19.420.000,00
– Summe der Schulden	8.310.000,00	8.715.000,00
= **Reinvermögen**	**12.415.000,00**	**10.705.000,00**

C.　Summe des Vermögens
　– Summe der Schulden
　　Reinvermögen

Das Reinvermögen ist zunächst eine rechnerische Größe: Wenn man vom Inventarvermögen den Wert abzieht, der von Fremden, z. B. von Banken und Lieferanten, finanziert wurden, dann bleibt der Wert übrig, den der oder die Eigentümer selbst zur Finanzierung der Vermögensgegenstände beigesteuert haben.

Darüber hinaus ist das Reinvermögen eine gestaltbare Größe:
Der oder die Eigentümer von Einzelunternehmen und Personengesellschaften können Vermögenswerte aus dem privaten Bereich in das Unternehmen einbringen und damit das Reinvermögen erhöhen; sie können dem Unternehmen auch Vermögenswerte, z. B. Bankguthaben, entziehen und verringern dadurch das Reinvermögen. Der Vorstand/Aufsichtsrat einer AG kann z. B. über die Ausgabe zusätzlicher Aktien das Grundkapital – und damit das Reinvermögen – erhöhen.

Arbeitsaufträge (Fortsetzung)

In den obigen Inventaren finden Sie zusätzlich zu den Vermögenswerten und Schulden für das gerade abgelaufene Geschäftsjahr 01 auch die entsprechenden Werte für das vorangegangene Geschäftsjahr 00, sodass bestimmte Vermögens- oder Schuldenposten in ihren Veränderungen betrachtet werden können. Aus dem Vergleich lassen sich vorsichtige Rückschlüsse darauf ziehen, worauf die Veränderungen zurückzuführen sind: Ob es sich z. B. um Abschreibungen, um die Durchsetzung unternehmerischer Entscheidungen (z. B. Investitionen), um das Nachhinken der Absatzsituation gegenüber der Beschaffungssituation oder um Auswirkungen der allgemeinen wirtschaftlichen Entwicklung auf die Vermögenswerte handeln kann.

Nutzen Sie zur Bearbeitung der folgenden Aufträge neben den obigen Inventaren auch die nachfolgenden Gesetzestexte.

5. Vergleichen Sie die Werte einzelner Vermögens- und Schuldenposten, stellen Sie auffallende Unterschiede heraus und beurteilen Sie vorsichtig, worauf diese Veränderungen zurückgeführt werden können.

6. Betrachten Sie insbesondere die Position „Betriebsstoffe" unter der Voraussetzung, dass sich deren Wert oder Menge zum jeweiligen Jahresabschluss nicht oder nur unwesentlich verändert hat.

7. Denken Sie darüber nach, wie es die Heidtkötter KG geschafft hat, ihr Reinvermögen in einem Jahr von 10.705.000,00 € auf 12.500.000,00 € zu erhöhen.

§§

§ 240 HGB

(siehe Seite 89)

§ 253 HGB

(3) Bei Vermögensgegenständen des Anlagevermögens, deren Nutzung zeitlich begrenzt ist, sind die Anschaffungs- oder die Herstellungskosten um planmäßige Abschreibungen zu vermindern. Der Plan muss die Anschaffungs- oder Herstellungskosten auf die Geschäftsjahre verteilen, in denen der Vermögensgegenstand voraussichtlich genutzt werden kann. Ohne Rücksicht darauf, ob ihre Nutzung zeitlich begrenzt ist, sind bei Vermögensgegenständen des Anlagevermögens bei voraussichtlich dauernder Wertminderung außerplanmäßige Abschreibungen vorzunehmen, um diese mit dem niedrigeren Wert anzusetzen, der ihnen am Abschlussstichtag beizulegen ist. (...)

(4) Bei Vermögensgegenständen des Umlaufvermögens sind Abschreibungen vorzunehmen, um diese mit einem niedrigeren Wert anzusetzen, der sich aus einem Börsen- oder Marktpreis am Abschlussstichtag ergibt. Ist ein Börsen- oder Marktpreis nicht feststellbar und übersteigen die Anschaffungs- oder Herstellungskosten den Wert, der den Vermögensgegenständen am Abschlussstichtag beizulegen ist, so ist auf diesen Wert abzuschreiben.

Vertiefende Übungen

Hinweis: Zur Lösung der nachfolgenden Aufgaben nutzen Sie bitte auch die Ausführungen im INFO-Teil.

› **INFO-Teil**
LF 3, Kap. 2.1

1. Die Inventur in der Textilfabrik Werner Gruppe KG, Essen, ergab zum 31. Dezember 00 und zum 31. Dezember 01 folgende Werte:

	31. Dez. 00	31. Dez. 01
Grundstücke und Bauten lt. Anlagenliste 1:	(€)	(€)
Bebaute Grundstücke	100.000,00	100.000,00
Gebäude: Betriebsgebäude	420.000,00	411.600,00
Verwaltungsgebäude	135.000,00	132.300,00
Bankguthaben bei der Commerzbank Essen	126.700,00	131.000,00
Sparkasse Essen	18.900,00	29.400,00
Roh-, Hilfs- und Betriebsstoffe lt. Liste	355.100,00	397.000,00
Kassenbestand	2.800,00	2.600,00
Technische Anlagen und Maschinen lt. Anlagenliste 2	170.000,00	236.400,00
Unfertige Erzeugnisse lt. Liste	42.000,00	51.600,00
Fertige Erzeugnisse lt. Liste	86.200,00	92.800,00
Forderungen a. LL lt. Kundenkartei		
Busch GmbH, Bochum	52.800,00	72.800,00
Jutta Kolberg e. Kffr., Duisburg	33.500,00	61.500,00
Darlehensschulden bei der Sparkasse Essen	290.000,00	260.000,00
Darlehensschulden bei der Commerzbank Essen	281.000,00	210.750,00
Verbindlichkeiten a. LL lt. Liefererkartei	89.500,00	146.800,00
Betriebs- und Geschäftsausstattung lt. Anlagenliste 3:		
Lagereinrichtung	44.500,00	48.700,00
Fuhrpark	45.000,00	38.000,00
Geschäftsausstattung	47.100,00	28.200,00

  a) Erstellen Sie die Inventare der beiden aufeinander folgenden Geschäftsjahre.

  b) Vergleichen Sie die beiden Inventare und erklären Sie die Veränderungen im Anlage- und Umlaufvermögen, in den Schulden und im Reinvermögen.

2. a) Ordnen Sie die Vermögensposten 1 bis 17 im Bereich des Anlagevermögens (I) und des Umlaufvermögens (II) nach steigender Flüssigkeit:

    1) Bankguthaben   5) Gebäude

    2) Technische Anlagen (TA) und   6) Fertige Erzeugnisse

      Maschinen   7) Fuhrpark

    3) Rohstoffe   8) Forderungen aus Lieferungen

    4) Kassenbestand   und Leistungen (a. LL)   →

Vertiefende Übungen (Fortsetzung)

9) Hilfsstoffe
10) Vorprodukte/Fremdbauteile
11) Postbankguthaben
12) Betriebs-/Geschäftsausstattung
13) Grundstücke

14) Unfertige Erzeugnisse
15) Maschinelle Anlagen (Fließband)
16) Betriebsstoffe
17) Wertpapiere als Kapitalanlage

b) Ordnen Sie die folgenden Verbindlichkeiten nach ihrer Laufzeit (Fälligkeit):

1) Verbindlichkeiten aus Lieferungen und Leistungen (a. LL)
2) Verbindlichkeiten gegenüber Finanzbehörden
3) Darlehensschulden

3. Nennen Sie Beispiele für

a) Rohstoffe,
b) Fremdbauteile (Fertigteile),
c) Hilfsstoffe und
d) Betriebsstoffe

in einer Büromöbelfabrik.

4. Die Textilwerke U. Brandt KG, Köln, stellten folgende Inventurwerte fest:
1. zum 31. Dezember 01, 2. zum 31. Dezember 02

	1.	2.
Grundstücke und Bauten:	(€)	(€)
Bebaute Grundstücke, Grünstraße 8–22	500.000,00	400.000,00
Gebäude: Betriebsgebäude	3.300.000,00	3.324.000,00
Verwaltungsgebäude	1.200.000,00	1.176.000,00
Technische Anlagen/Maschinen lt. Anlagenverzeichnis 1	2.654.000,00	3.264.000,00
Werkzeuge lt. Anlagenverzeichnis 2	336.000,00	178.400,00
3 Pkw	127.000,00	101.600,00
Betriebs- und Geschäftsausstattung lt. Inventurliste 3	480.000,00	384.000,00
Rohstoffe lt. Inventurliste 4	2.052.000,00	2.486.000,00
Hilfsstoffe lt. Inventurliste 5	188.000,00	194.000,00
Betriebsstoffe lt. Inventurliste 6	43.000,00	48.000,00
Unfertige Erzeugnisse lt. Inventurliste 7	469.000,00	324.000,00
Fertige Erzeugnisse lt. Inventurliste 8	2.081.000,00	2.362.000,00
Forderungen a. LL:		
F. Schmelz e. K., Tübingen	528.000,00	728.000,00
R. Tauber OHG, Frankfurt	335.000,00	615.000,00
Kasse (Barbestand)	28.000,00	26.000,00
Postbankguthaben	189.000,00	294.000,00
Bankguthaben bei der Commerzbank Wuppertal	1.267.000,00	1.310.000,00
Hypothekenschulden: Stadtsparkasse Wuppertal	2.805.000,00	2.524.500,00
Darlehensschulden: Stadtsparkasse Wuppertal	1.603.000,00	1.202.250,00
Handelsbank Düsseldorf	1.207.000,00	905.250,00
Verbindlichkeiten a. LL lt. Verzeichnis 9	785.000,00	1.368.000,00

a) Erstellen Sie die Inventare der beiden aufeinander folgenden Geschäftsjahre.

b) Vergleichen Sie die beiden Inventare und erklären Sie die Veränderungen im Anlage- und Umlaufvermögen, in den Schulden und im Reinvermögen.

5. Die Maschinenfabrik W. Pätzold KG, Düsseldorf, hat folgende Inventurwerte festgestellt:
   1. zum 31. Dezember 01, 2. zum 31. Dezember 02

	1.	2.
Grundstücke und Bauten:	(€)	(€)
Bebaute Grundstücke, Steinstraße 18–32	350.000,00	300.000,00
Verwaltungsgebäude	3.150.000,00	3.125.000,00
Betriebsgebäude	4.900.000,00	4.802.000,00
Rohstoffe lt. Inventurliste 5	734.000,00	562.000,00
Hilfs- und Betriebsstoffe lt. Inventurliste 6	416.000,00	424.000,00
Fertige Erzeugnisse lt. Inventurliste 8	486.000,00	786.000,00
Technische Anlagen/Maschinen lt. Anlagenverzeichnis 1	2.615.000,00	3.562.000,00
Werkzeuge lt. Anlagenverzeichnis 2	537.000,00	494.000,00
Kundenforderungen a. LL lt. Inventurliste 9	350.000,00	567.000,00
Kassenbestand	48.000,00	39.000,00
Fuhrpark lt. Anlagenverzeichnis 3	375.000,00	314.000,00
Betriebs- und Geschäftsausstattung lt. Anlagenverzeichnis 4	366.000,00	445.000,00
Unfertige Erzeugnisse lt. Inventurliste 7	233.000,00	315.000,00
Bankguthaben bei der Deutschen Bank, Köln	731.000,00	842.000,00
Bankguthaben bei der Stadtsparkasse, Köln	514.000,00	423.000,00
Verbindlichkeiten a. LL lt. Verzeichnis 10	486.000,00	671.000,00
Darlehensschulden Deutsche Bank, Köln	4.140.000,00	3.900.000,00
Darlehensschulden Sparkasse KölnBonn	1.574.000,00	1.676.000,00

a) Gliedern Sie die Vermögensteile nach der Liquidität und die Schulden nach der Fälligkeit.

b) Erstellen Sie die Inventare der beiden aufeinanderfolgenden Geschäftsjahre.

c) Vergleichen Sie die beiden Inventare und erklären Sie die Veränderungen im Anlage- und Umlaufvermögen, in den Schulden und im Reinvermögen.

6. Ermitteln Sie im Rahmen der zeitlich verlegten Inventur durch Wertfortschreibung bzw. Wertrückrechnung jeweils den Vorratsbestand an Profileisen U 642 zum Abschlussstichtag (31. Dezember):

a) Bestand am Tag der Inventur (1. Oktober): 32.800,00 €; Wert der Zugänge vom 1. Oktober bis 31. Dezember: 58.300,00 €, Wert der Abgänge in die Fertigung (Verbrauch) vom 1. Oktober bis 31. Dezember: 76.300,00 €.

b) Bestand am Aufnahmetag (20. Februar): 43.600,00 €; Wert der Abgänge vom 1. Januar bis 20. Februar: 22.800,00 €; Wert der Zugänge vom 1. Januar bis 20. Februar: 15.200,00 €.

7. a) Nach welchen Gesetzen ist der Unternehmer zur Buchführung und zu regelmäßigen Jahresabschlüssen verpflichtet?

b) Unterscheiden Sie zwischen Inventur und Inventar.

c) Worin unterscheiden sich Anlage- und Umlaufvermögen?

d) Die körperliche Inventur erfolgt durch Zählen, Messen, Wiegen und gegebenenfalls Schätzen. Nennen Sie jeweils ein Beispiel.

e) Welche Bestände können nur aufgrund von Belegen oder Aufzeichnungen, also durch eine „Buchinventur", festgestellt werden?

f) Wie lange sind 1) Inventare und 2) Belege aufzubewahren?

g) Worin sehen Sie die Nachteile der Stichtagsinventur?

h) Welche Vorteile hat die permanente Inventur?

i) Unterscheiden Sie zwischen vorverlegter und nachverlegter Inventur.

8. Informieren Sie sich im INFO-Teil über den Ablauf der Inventur.

2.2
Die Bilanz ist ein Spiegelbild der Lage, in der sich das Unternehmen befindet

Situation Eric Sippel hat sich über die Inventare einen ersten Überblick über die Höhe des Vermögens, der Schulden und des Reinvermögens der Heidtkötter KG verschafft. In einem zweiten Schritt will er seine Einblicke vertiefen und zugleich prüfen, ob die Jahresabschlüsse der Heidtkötter KG den gesetzlichen Anforderungen entsprechen. Hierzu sucht sich Eric Sippel die Jahresabschlüsse für die beiden Geschäftsjahre 00 und 01 heraus.

> **INFO-Teil**
> **LF 3, Kap. 2.2**

Weitergehende Informationen zur **Bilanz** und zu den **Grundsätzen ordnungsmäßiger Buchführung** finden Sie im INFO-Teil. Nutzen Sie dieses Material, wenn Sie vertiefende Erklärungen benötigen.

Arbeitshilfe

Bilanzen der Heidtkötter KG, Bielefeld, nach der Gewinnverteilung[1]					
Aktiva	**31.12.01**	**31.12.00**	**Passiva**	**31.12.01**	**31.12.00**
A. Anlagevermögen	(€)	(€)	**A. Eigenkapital**	(€)	(€)
I. Immaterielles AV			Vollhafter Klaus M. Heidtkötter	6.600.000,00	5.855.000,00
Software, Lizenzen	32.300,00	36.400,00	+ Anteil am Jahresüberschuss	1.460.000,00	820.000,00
II. Sachanlagen			− Privatentnahmen	85.000,00	75.000,00
1. Grundstücke und Gebäude	3.462.700,00	3.565.600,00	Eigenkapital Klaus M. Heidtkötter	7.975.000,00	6.600.000,00
2. Technische Anlagen	4.475.000,00	4.145.000,00	Teilhafter Anke Heidtkötter	3.800.000,00	3.800.000,00
3. Fuhrpark	780.000,00	720.000,00		**11.775.000,00**	**10.400.000,00**
4. Betriebs- u. Geschäftsausstattung	810.000,00	1.010.000,00	**B. Langfristiges Fremdkapital**		
	9.527.700,00	**9.440.600,00**	1. Langfristige Verbindlichkeiten gegenüber Kreditinstituten	5.900.000,00	6.200.000,00
	9.560.000,00	**9.477.000,00**	2. Langfristige Rückstellungen	405.000,00	310.000,00
B. Umlaufvermögen:				**6.305.000,00**	**6.510.000,00**
I. Vorräte			**C. Kurzfristiges Fremdkapital**		
1. Roh-, Hilfs-, Betriebsstoffe, Vorprodukte/ Fremdbauteile	3.035.000,00	2.682.000,00	1. Verbindlichkeiten aus Lieferungen und Leistungen	1.750.000,00	1.690.000,00
• Rohstoffe	1.360.000,00	1.140.000,00	2. Sonstige kurzfristige Verbindlichkeiten	795.000,00	730.000,00
2. Unfertige Erzeugnisse	410.000,00	460.000,00	darunter Verbindlichkeiten gegenüber Teilhafter	540.000,00	215.000,00
3. Fertige Erzeugnisse und Handelswaren	1.085.000,00	1.036.000,00	3. Kurzfristige Rückstellungen	45.000,00	47.000,00
	4.530.000,00	**4.178.000,00**	darunter Latente Steuern	15.000,00	10.000,00
II. Forderungen aus Lieferungen und Leistungen	3.410.000,00	2.920.000,00	**D. Rechnungsabgrenzungsposten**	55.000,00	43.000,00
III. Wertpapiere	1.325.000,00	1.105.000,00		**2.645.000,00**	**2.510.000,00**
IV. Kassenbestand, Guthaben bei Kreditinstituten:					
1. Kassenbestand	243.000,00	186.000,00			
2. Bankguthaben	1.657.000,00	1.554.000,00			
	1.900.000,00	**1.740.000,00**			
	11.165.000,00	**9.943.000,00**			
	20.725.000,00	**19.420.000,00**		**20.725.000,00**	**19.420.000,00**

Bielefeld, 4. März 02   *Klaus M. Heidtkötter*

---
1 Vgl. Seite 98

Arbeitsaufträge

1. Klären Sie mithilfe der Texte im INFO-Teil die Begriffe, die Ihnen in der obigen Bilanz begegnen und die Ihnen bisher unbekannt sind.

   › **INFO-Teil**
   LF 3, Kap. 2.2

2. Prüfen Sie mithilfe der nachfolgenden Gesetzestexte sowie der Texte im INFO-Teil,

   › **Arbeitshilfe**

   ■ ob die Heidtkötter KG gesetzlich verpflichtet ist, eine Bilanz aufzustellen, und wenn ja,

   ■ ob die obigen Bilanzen den rechtlichen Vorschriften des HGB entsprechen, insbesondere den Grundätzen ordnungsmäßiger Buchführung. Verwenden Sie dazu auch die auf dem Faltblatt am Ende des Buches abgedruckte Gliederung der Bilanz nach § 266, Abs. 2 und 3 HGB.

---

§§

HGB § 241 a Befreiung von der Pflicht zur Buchführung und Erstellung eines Inventars

Einzelkaufleuten, die an den Abschlussstichtagen von zwei aufeinander folgenden Geschäftsjahren nicht mehr als 500 000 Euro Umsatzerlöse und 50 000 Euro Jahresüberschuss aufeisen, brauchen die §§ 238 bis 241 nicht anzuwenden. [...]

HGB § 242 Pflicht zur Aufstellung der Eröffnungsbilanz und des Jahresabschlusses

(1) Der Kaufmann hat zu Beginn seines Handelsgewerbes und für den Schluss eines jeden Geschäftsjahres einen das Verhältnis seines Vermögens und seiner Schulden darstellenden Abschluss (Eröffnungsbilanz, Bilanz) aufzustellen. (...)

(2) Er hat für den Schluss eines jeden Geschäftsjahres eine Gegenüberstellung der Aufwendungen und Erträge des Geschäftsjahres (Gewinn- und Verlustrechnung) aufzustellen.

(3) Die Bilanz und die Gewinn- und Verlustrechnung bilden den Jahresabschluss.

(4) Die Absätze (1) bis (3) sind auf Einzelkaufleute im Sinne des § 241 a nicht anzuwenden [...]

HGB § 243 Aufstellungsgrundsatz

Der Jahresabschluss ist nach den Grundsätzen ordnungsmäßiger Buchführung aufzustellen. Er muss klar und übersichtlich sein und ist innerhalb der einem ordnungsmäßigen Geschäftsgang entsprechenden Zeit aufzustellen.

HGB § 245 Unterzeichnung

Der Jahresabschluss ist vom Kaufmann unter Angabe des Datums zu unterzeichnen. Sind mehrere persönlich haftende Gesellschafter vorhanden, so haben sie alle zu unterzeichnen.

HGB § 247 Inhalt der Bilanz

(1) In der Bilanz sind das Anlage- und das Umlaufvermögen, das Eigenkapital, die Schulden sowie die Rechnungsabgrenzungsposten gesondert auszuweisen und aufzugliedern.

(2) Beim Anlagevermögen sind nur die Gegenstände auszuweisen, die bestimmt sind, dauernd dem Geschäftsbetrieb zu dienen

---

Ergänzende Vorschrift für Kapitalgesellschaften:

§§

HGB § 266 Gliederung der Bilanz

(1) Die Bilanz ist in Kontoform aufzustellen. [...] Kleine Kapitalgesellschaften (§ 267, Abs. 1) brauchen nur eine verkürzte Bilanz aufzustellen, in die nur die in den Absätzen 2 und 3 mit Buchstaben und römischen Zahlen bezeichneten Posten in der vorgeschriebenen Reihenfolge aufgenommen werden.

(2) Gliederung der Aktivseite [und]

(3) Gliederung der Passivseite

→ siehe Faltblatt am Ende des Buches

Situation (Fortsetzung)   Herr Sippel ist sich bewusst, dass die Inventare nicht den vollständigen Jahresabschluss widerspiegeln. Das liegt daran, dass sie auf dasjenige Vermögen und diejenigen Schulden begrenzt bleiben, deren Werte zum Ende des Geschäftsjahres (in der Regel 31.12.) vorhanden sind. In ihnen schlagen sich nicht die Risiken nieder, die im Zeitraum zwischen dem Ende des Geschäftsjahres (= Inventur) und der Aufstellung der Bilanz auftreten, und die der Kaufmann in seiner Bilanz berücksichtigen muss, weil er nach § 252 Abs. 4 HGB zur vorsichtigen Bewertung angehalten ist. Auch enthalten die Inventare nicht die Abgrenzung der Aufwendungen und Erträge zum Jahresende sowie die latenten Steuern.

Arbeitsaufträge (Fortsetzung)

3. Machen Sie sich den Unterschied zwischen dem Reinvermögen, so wie es in den Inventaren (vgl. S. 88) ausgewiesen ist, und dem Eigenkapital, so wie es in den oben gezeigten Bilanzen aufgeführt ist, deutlich, indem Sie nicht nur die Zahlen gegenüberstellen, sondern auch die Zusammensetzung der beiden Größen betrachten.

4. Begründen Sie, warum in der Bilanz die Summe der Vermögenswerte auf der Aktivseite immer gleich der Summe der Kapitalwerte auf der Passivseite sein muss.

Situation (Fortsetzung)   Herr Sippel verfolgt nach wie vor das Ziel, sich einen Überblick über die wirtschaftliche und finanzielle Situation der Heidtkötter KG zu verschaffen. Seinen weiteren Analysen legt er die Bilanzen der Heidtkötter KG zugrunde, da diese zur Beantwortung seiner Fragen nach der **Eigenkapitalquote**, der **Finanzierung** und der **Liquidität** besser geeignet sind als die umfangreichen Inventare.

Eric Sippel reduziert die Bilanzen auf eine ganz knappe Form, in der nur die Positionen „Anlagevermögen", „langfristig gebundenes Umlaufvermögen" (z. B. Mindestreserven im Vorratslager, „eiserne" Bestände) und „kurzfristiges Umlaufvermögen" auf der Aktivseite sowie „Eigenkapital", „langfristig gebundenes Fremdkapital" und „kurzfristiges Fremdkapital" auf der Passivseite vorkommen.

Aktiva	Verkürzte Bilanz zum 31. Dezember 00 der Heidtkötter KG, Bielefeld					Passiva
	(€)	%			(€)	%
Anlagevermögen	9.477.000,00		**Eigenkapital**		10.400.000,00	
Umlaufvermögen:			**Fremdkapital:**			
langfristig gebunden	1.530.000,00		langfristig		6.510.000,00	
kurzfristig gebunden	8.413.000,00		kurzfristig		2.510.000,00	
Gesamtvermögen	**19.420.000,00**	**100**	**Gesamtkapital**		**19.420.000,00**	**100**

Aktiva	Verkürzte Bilanz zum 31. Dezember 01 der Heidtkötter KG, Bielefeld					Passiva
	(€)	%			(€)	%
Anlagevermögen	9.560.000,00		**Eigenkapital**		11.775.000,00	
Umlaufvermögen:			**Fremdkapital:**			
langfristig gebunden	1.880.000,00		langfristig		6.305.000,00	
kurzfristig gebunden	9.285.000,00		kurzfristig		2.645.000,00	
Gesamtvermögen	**20.725.000,00**	**100**	**Gesamtkapital**		**20.725.000,00**	**100**

Arbeitsaufträge (Fortsetzung)

5. Berechnen Sie für beide Abschlussstichtage die Prozentanteile der Vermögensposten am Gesamtvermögen und der Kapitalposten am Gesamtkapital. In diesem Zusammenhang interessiert vor allem die Eigenkapitalquote, also der Prozentanteil des Eigenkapitals am Gesamtkapital.

6. Bewerten Sie die Entwicklung der Heidtkötter KG anhand der in Auftrag 5 errechneten Prozentzahlen.

7. Beurteilen Sie die Finanzierung des Unternehmens vor dem Hintergrund, dass die Eigenkapitalquote im verarbeitenden Gewerbe zurzeit durchschnittlich 30,5 % beträgt.

8. Denken Sie darüber nach, wie es die Heidtkötter KG geschafft hat, ihr Eigenkapital in einem Jahr von 10.400.00,00 € auf 11.775.000,00 € zu erhöhen. Nehmen Sie dafür die Zahlen der Bilanzen von Seite 94 zur Hand.

Situation

Herr Sippel hat es aufgrund der obigen Zahlen vermutet: Die Eigenkapitalquoten sind – gemessen am Durchschnittswert – ungewöhnlich hoch; die Rechnung bestätigt ihn:

> Eigenkapitalquote am 31.12.00 = 53,55 %
> Eigenkapitalquote am 31.12.01 = 56,82 %

Die Eigenkapitalquote entwickelt sich positiv; sie hat sich in einem Jahr um fast 3,3 Prozentpunkte verbessert und liegt deutlich über dem Durchschnitt – wobei dieser Durchschnitt im Vergleich mit ausländischen Unternehmen schon niedrig ist. Aus der hohen Eigenkapitalquote ergibt sich für die Heidtkötter KG zwangsläufig eine niedrige Fremdkapitalquote:

	Eigenkapitalquote	Fremdkapitalquote
Bilanz zum 31.12.00	53,55 %	46,45 %
Bilanz zum 31.12.01	56,82 %	43,18 %

Arbeitsaufträge

1. Prüfen Sie die obigen Eigen- und Fremdkapitalquoten auf rechnerische Richtigkeit.

2. Stehen im Unternehmen Heidtkötter KG zu den Bilanzstichtagen Eigenkapital und Fremdkapital in einem angemessenen Verhältnis zueinander?

3. Welche betrieblichen Entscheidungen haben vermutlich zu dem guten Ergebnis geführt? Wie prognostizieren Sie die zukünftige Entwicklung, die darauf ausgerichtet sein muss, die Eigenkapitalquote zu halten oder zu erhöhen?

Arbeitshilfe

Sie können die Fragen aus dem obigen Arbeitsauftrag dadurch beantworten, dass Sie die INFO-Texte benutzen und sich die Inventare von Seite 88 unter folgenden Gesichtspunkten ansehen:

- Gab es Investitionen in das Anlagevermögen?
- Wie wurden diese Investitionen finanziert?
- Wie stark oder schwach ist die Geschäftstätigkeit ausgeprägt (Beschaffungs-, Produktions- und Absatzprozesse)?
- Lassen sich durch weitere Zahlen – z. B. aus der **Gewinn und Verlustrechnung** – genauere Aussagen darüber gewinnen, wie sich die Beschaffungs-, Produktions- und Absatztätigkeiten auf den Gewinn und damit auf das Eigenkapital jetzt schon auswirken und in der Zukunft noch auswirken werden?

→

Arbeitshilfe (Fortsetzung)

Nehmen Sie zur Beantwortung der Fragen die Zahlen aus den nachfolgenden Gewinn- und Verlustrechnungen zu Hilfe, in der die Aufwendungen (= wertmäßiger Input) und die Erträge (= wertmäßiger Output) für die beiden Geschäftsjahre 00 und 01 zusammengestellt sind:

Gewinn- und Verlustrechnungen der Heidtkötter KG, Bielefeld		31.12.01	31.12.00
		(€)	(€)
1	Umsatzerlöse	25.895.000,00	23.675.000,00
2	Erhöhung oder Verminderung des Bestandes an Erzeugnissen	38.300,00	36.550,00
3	Andere aktivierte Eigenleistungen	46.700,00	31.450,00
	Gesamtleistung	**25.980.000,00**	**23.743.000,00**
4	Sonstige betriebliche Erträge	365.000,00	122.000,00
5	Materialaufwand: a) Aufwendungen für Roh-, Hilfs-, Betriebsstoffe, Vorprodukte/Fremdbauteile, Waren	11.950.000,00	10.510.000,00
	b) Aufwendungen für bezogene Leistungen	655.000,00	485.000,00
		12.605.000,00	**10.995.000,00**
	Rohergebnis	**13.740.000,00**	**12.870.000,00**
6	Personalaufwand: a) Löhne und Gehälter	5.840.000,00	5.490.000,00
	b) Soziale Abgaben	1.660.000,00	1.555.000,00
	Summe Personalaufwand	**7.500.000,00**	**7.045.000,00**
7	Abschreibungen auf Sachanlagen	1.100.000,00	1.050.000,00
8	Sonstige betriebliche Aufwendungen	2.640.000,00	2.597.000,00
11	Zins-/Dividendenerträge	45.000,00	112.000,00
13	Zinsaufwendungen	410.000,00	435.000,00
14	**Ergebnis der gewöhnlichen Geschäftstätigkeit**	**2.135.000,00**	**1.855.000,00**
18	Steuern vom Ertrag	135.000,00	107.000,00
20	**Jahresüberschuss/Jahresfehlbetrag**	**2.000.000,00**	**1.748.000,00***

* Der Gewinn aus dem Jahr 00 ist zum Teil in Neuinvestitionen geflossen.

Gewinnverteilung im Geschäftsjahr 01 (alle Werte in €)
In der Bilanz (siehe Seite 94) sind die Gewinnanteile berücksichtigt.

Gesell-schafter	Kapital zum 01.01.01	Arbeits-entgelt	Kapital-zins 5 %	Restgewinn 3 : 1	Gesamt-gewinn	Privat-entnahmen	Kapital zum 31.12.01
Klaus M. Heidtkötter*	6.600.000,00	80.000,00	330.000,00	1.050.000,00	1.460.000,00	85.000,00	7.975.000,00
Anke Heidtkötter*	3.800.000,00	–	190.000,00	350.000,00	540.000,00	–	3.800.000,00
	10.400.000,00	80.000,00	520.000,00	1.400.000,00	2.000.000,00	85.000,00	11.775.000,00

* In der Heidtkötter KG gibt es neben dem **Vollhafter** Klaus M. Heidtkötter auch die **Teilhafterin** Anke Heidtkötter. Bei der Gewinnverwendung wird der Gewinnanteil des Vollhafters seinem Eigenkapital zugerechnet. Die Kapitaleinlage des Teilhafters ist dagegen fix, d. h., sie darf durch Gewinnzuschreibungen nicht verändert werden. Der dem Teilhafter zustehende Gewinn wird bis zur Auszahlung als „Verbindlichkeit gegenüber Gesellschaftern" geführt. Im Gesellschaftsvertrag ist geregelt, wie der Gewinn zu verteilen ist.

Arbeitsaufträge (Fortsetzung)

4. Belegen Sie aus den Zahlen der obigen Gewinn- und Verlustrechnung, dass die Beschaffungs-, Produktions- und Absatzprozesse in der Heidtkötter KG im Geschäftsjahr 01 erfolgreicher verlaufen sind als im Geschäftsjahr 00.

5. Kontrollieren Sie auch, ob der errechnete Jahresüberschuss eine hinreichend hohe Verzinsung (= Eigenkapitalrentabilität) des Eigenkapitals vom 31.12.01 erbringt. Die Verzinsung soll als hinreichend hoch angesehen werden, wenn sie 10 % übersteigt. Hinweise zur Eigenkapitalrentabilität finden Sie im INFO-Teil.

6. a) Lässt sich die Eigenkapitalquote dadurch verbessern, dass die Heidtkötter KG   **› Arbeitshilfe**
Einnahmen aus Verkäufen zur Tilgung von Schulden verwendet?
   b) Begründen Sie, wie es zu den unterschiedlichen Eigenkapitalquoten kommt.

Arbeitshilfe

Machen Sie sich den Vorgang, dass durch Abbau der Schulden die Eigenkapitalquote erhöht werden kann, an einem Rechenbeispiel selbst deutlich. Unterstellen wir, das Unternehmen Heidtkötter KG hätte am 31.12.00 die folgenden Zahlen ausgewiesen:

Vermögen	14.000.000,00 €
Schulden	9.000.000,00 €
Eigenkapital	5.000.000,00 €

Unterstellen wir weiterhin, die Heidtkötter KG will im Jahr 01 ihre Schulden um 1.000.000,00 € abbauen; dies kann sie – so soll unterstellt werden – aufgrund der guten Geschäftstätigkeit durch Sondertilgungen bei den langfristigen Verbindlichkeiten erreichen. Es sind also genügend „flüssige Mittel" in Form von Bankguthaben zur Tilgung vorhanden. Dieser Vorgang hätte zur Folge, dass sowohl das Vermögen als auch die Schulden um 1.000.000,00 € abnehmen. Bei sonst unveränderten Zahlen ergibt sich am 31.12.01 folgender Stand:

	Vermögen	13.000.000,00 €
–	Schulden	8.000.000,00 €
=	Eigenkapital	5.000.000,00 €

Situation (Fortsetzung)

Über die nachfolgende Frage verschafft sich Eric Sippel Einblicke in bedeutsame betriebswirtschaftliche Zusammenhänge:

War die Heidtkötter KG zu den Bilanzstichtagen sicher finanziert?

Eric Sippel weiß, dass in der Praxis die Lage eines Unternehmens u. a. nach der **goldenen Bilanzregel** bzw. nach der **goldenen Finanzierungsregel** beurteilt wird.

Goldene Finanzierungsregel

Die Tilgungsdauer des vom Unternehmen aufgenommenen Fremdkapitals muss mindestens so lang sein wie die Nutzungsdauer der damit finanzierten Gegenstände des Anlagevermögens. Bei dieser Regel wird stillschweigend unterstellt, dass das Fremdkapital mindestens so lange überlassen wird, wie es im Anlagevermögen gebunden ist.

Goldene Bilanzregel

Die „goldene Bilanzregel" drückt präziser aus, was die „goldene Finanzierungsregel" meint: Eigenkapital und langfristiges Fremdkapital müssen mindestens so hoch sein wie Anlagevermögen und langfristig gebundenes Umlaufvermögen.

Solche Regeln entspringen dem Streben der Fremdkapitalgeber (Kreditinstitute, Lieferanten) nach möglichst großer Sicherheit für die dem Unternehmen zur Verfügung gestellten Finanzmittel. Für den Unternehmer zeigt die Einhaltung der Regeln, dass sein Unternehmen sicher finanziert ist. Über bestimmte **Kennzahlen** prüft der Unternehmer, ob die Regeln eingehalten werden. Kennziffern werden in Prozentsätzen und nicht in Euro-Beträgen ausgedrückt. Das verbessert die Vergleichsmöglichkeit.

Finanzierung

Arbeitsaufträge (Fortsetzung)

7. Prüfen Sie, ob die obigen verkürzten Bilanzen die goldene Bilanzregel erfüllen. Vergleichen Sie hierzu die entsprechenden Euro-Beträge. Drücken Sie auch aus, um wie viel Prozent eine Überdeckung oder Unterdeckung vorhanden ist, und beurteilen Sie die Situation der Heidtkötter KG.

8. Erweitern Sie Ihre Aussage auf das kurzfristig gebundene Umlaufvermögen und das kurzfristige Fremdkapital. Welche dieser beiden Positionen muss größer sein als die andere, damit die Zahlungsfähigkeit zum Bilanzzeitpunkt gewährleistet ist? Formulieren Sie eine auf diese Positionen passende erweiterte „goldene Bilanzregel".

Situation (Fortsetzung)

Das größte Augenmerk legt Eric Sippel darauf, dass „sein" Unternehmen den laufenden Zahlungsverpflichtungen aus fälligen Verbindlichkeiten nachkommen kann.

War das Unternehmen Heidtkötter KG zu den Bilanzstichtagen zahlungsfähig (liquide)?

Eric Sippel weiß, dass die Betrachtung der Bilanz hierfür nur eine begrenzte Aussagefähigkeit besitzt, da Liquiditätsaussagen lediglich über die Situation an einem bestimmten Tag (31.12.), also zeitpunktbezogen, getroffen werden. Die Bilanz kann also nicht die schnelle Veränderung der Liquidität für den Zeitraum nach ihrer Aufstellung berücksichtigen. Aus den Bilanzpositionen wird auch nicht ersichtlich, an welchen Tagen konkret Forderungen und Verbindlichkeiten fällig sind. Ebenso bleibt unklar, über welche nicht genutzten Kreditzusagen (= Kreditlinien) die Heidtkötter KG verfügen kann und welche Gegenstände des Vorratsvermögens „zur Not" schnell und unkompliziert veräußert werden können und welche nicht. Bei aller Unschärfe legt Sippel dennoch die in der Praxis genutzten „Faustregeln" für die Beurteilung der Zahlungs-

Liquidität fähigkeit (= Liquidität) zugrunde.

Kurzfristige Zahlungsfähigkeit: (Liquidität 1. Grades)	Mittelfristige Zahlungsfähigkeit: (Liquidität 2. Grades)
Ein Unternehmen gilt als kurzfristig zahlungsfähig, wenn Kassenbestand, Bankguthaben und Kreditlinie (Kontokorrentkredit) zusammen mindesten zur Hälfte (= 50 %) die kurzfristigen Verbindlichkeiten abdecken.	Ein Unternehmen gilt als mittelfristig zahlungsfähig, wenn die verfügbaren Zahlungsmittel (siehe Liquidität 1. Grades) und die Forderungen a. LL zusammen mindestens voll (= 100 %) die kurzfristigen Verbindlichkeiten abdecken.

Liquidität 1. Grades =

$$\frac{\text{Verfügbare Zahlungsmittel} \cdot 100\,\%}{\text{Kurzfristige Verbindlichkeiten}} \geq 50\,\%$$

Liquidität 2. Grades =

$$\frac{(\text{Zahlungsmittel} + \text{Forderungen}) \cdot 100\,\%}{\text{Kurzfristige Verbindlichkeiten}} \geq 100\,\%$$

Arbeitsaufträge (Fortsetzung)

9. Überprüfen Sie anhand der beiden vollständigen Bilanzen von Seite 94 die Zahlungsfähigkeit der Heidtkötter KG zu den beiden Bilanzstichtagen und geben Sie eine vorsichtige Beurteilung ab. Das Unternehmen Heidtkötter KG verfügt zu den beiden Bilanzstichtagen über eine nicht genutzte Kreditlinie von 125.000,00 €.

10. Geben Sie abschließend eine kurze Zusammenfassung zur Lage des Unternehmens Heidtkötter KG am 31.12.00 und am 31.12.01.

2.3
Zwei aufeinander folgende Bilanzen zeigen den Jahreserfolg

Situation (Fortsetzung)

Herr Sippel kann den Unternehmenserfolg für das Geschäftsjahr 01 dem Gewinn- und Verlustkonto entnehmen (vgl. Seite 98). Den gleichen Erfolg zeigt ihm aber auch die Veränderung, die das Eigenkapital vom 31.12.00 bis zum 31.12.01 genommen hat. Um das zu prüfen, nimmt sich Herr Sippel die Bilanzen für beide Geschäftsjahre sowie die Gewinn- und Verlustrechnung für das Geschäftsjahr 01 (einschließlich der Gewinnverteilung) vor.

Arbeitsaufträge

1. Welche Rechnung muss Herr Sippel aufstellen, um aufgrund der Bilanzzahlen den gleichen Erfolg von 2.000.000,00 € zu erhalten, wie ihn die Gewinn- und Verlustrechnung ausweist?
2. Begründen Sie, warum aus dem Eigenkapitalvergleich der beiden Bilanzen der gleiche Erfolg hervorgeht wie aus der Gewinn- und Verlustrechnung.

Vertiefende Übungen

Hinweis: Beachten Sie die Gliederung der Bilanz auf Seite 94 sowie die Ausführungen im INFO-Teil. **› Kap. 2.2**

1. a) Das Vermögen eines Unternehmens beträgt 600.000,00 €. Das Eigenkapital beläuft sich auf 450.000,00 €. Wie hoch ist das im Unternehmen arbeitende Fremdkapital?
   b) Ein Unternehmen hat ein Eigenkapital von 700.000,00 € und Schulden in Höhe von 500.000,00 €. Wie hoch ist das Vermögen des Unternehmens?
   c) Das Anlagevermögen eines Unternehmens beträgt 300.000,00 € und das Vermögen 900.000,00 €. Wie hoch ist das Umlaufvermögen?
   d) Das Vermögen eines Unternehmens beträgt 1.500.000,00 € und das Fremdkapital 700.000,00 €. Wie hoch ist das Eigenkapital?
   e) Ergänzen Sie :
      a) Vermögen   = _____ + _____
      b) Fremdkapital   = _____ – _____
      c) Eigenkapital   = _____ – _____
      d) Anlagevermögen = _____ – _____

2. Stellen Sie nach folgenden Angaben die Bilanz für die Elektromotorenfabrik Rolf Röhrig KG, Frankfurt (Oder), auf. Der Teilhafter B. Kern hat einen Kapitalanteil von 500.000,00 €.

   1. zum 31. Dezember 01   2. zum 31. Dezember 02

	1.	2.
	(€)	(€)
Technische Anlagen und Maschinen	1.300.000,00	1.150.000,00
Betriebs- und Geschäftsausstattung	380.000,00	350.000,00
Rohstoffe	450.000,00	550.000,00
Fertige Erzeugnisse	100.000,00	250.000,00
Forderungen a. LL	220.000,00	350.000,00
Kassenbestand	50.000,00	30.000,00
Bankguthaben	300.000,00	320.000,00
Darlehensschulden	500.000,00	800.000,00
Verbindlichkeiten a. LL	200.000,00	400.000,00

→

Vertiefende Übungen (Fortsetzung)

    a) Mit welchem Gesamt-, Eigen- und Fremdkapital arbeitet das Unternehmen?

    b) Wie beurteilen Sie das Verhältnis der eigenen zu den fremden Mitteln?

    c) Reichen die eigenen Mittel zur Finanzierung des Anlagevermögens aus?

3. Stellen Sie nach folgenden Angaben die Bilanz für die Metallwarenfabrik Gerd Badicke KG, Leverkusen, auf. Ordnen Sie die Vermögens- und Kapitelposten.

    1. zum 31. Dezember 01   2. zum 31. Dezember 02

    Ordnen Sie die Vermögens- und Kapitalposten.

	1.	2.
	(€)	(€)
Rohstoffe	850.000,00	1.200.000,00
Verbindlichkeiten a. LL	500.000,00	900.000,00
Kassenbestand	50.000,00	40.000,00
Forderungen a. LL	400.000,00	700.000,00
Grundstücke und Bauten	3.200.000,00	3.000.000,00
Darlehensschulden Sparkasse	700.000,00	1.500.000,00
Technische Anlagen und Maschinen	1.100.000,00	900.000,00
Darlehensschulden Deutsche Bank	1.600.000,00	2.100.000,00
Fuhrpark	220.000,00	250.000,00
Betriebs- und Geschäftsausstattung	280.000,00	350.000,00
Hilfsstoffe	450.000,00	650.000,00
Betriebsstoffe	100.000,00	200.000,00
Bankguthaben	800.000,00	960.000,00
Fertige Erzeugnisse	450.000,00	750.000,00

    Beantworten Sie bitte die gleichen Fragen wie zu Aufgabe 2 (siehe oben).

4. a) Stellen Sie für die Bilanzen der Übungen 2 und 3 jeweils die Bilanzstruktur dar, indem Sie den Prozentanteil des Eigen- und Fremdkapitals sowie des Anlage- und Umlaufvermögens an der Bilanzsumme (= 100 %) ermitteln.

    b) Beurteilen Sie vor allem das Verhältnis der eigenen zu den fremden Mitteln.

    c) Wie viel Eigenkapital verbleibt nach Deckung (= Finanzierung) des Anlagevermögens noch für die Deckung des Umlaufvermögens?

5. Untersuchen Sie, ob folgende Aussagen falsch oder richtig sind. Verbessern Sie die Aussagen gegebenenfalls:

    a) Bilanz und Inventar unterscheiden sich nur in der Form.

    b) Inventar und Bilanz sind vom Inhaber des Unternehmens persönlich zu unterschreiben.

    c) Anlagevermögen + Umlaufvermögen = Eigenkapital – Fremdkapital

    d) Die Bilanz ist eine Gegenüberstellung von Vermögen und Kapital.

    e) Die Passivseite der Bilanz zeigt die Mittelverwendung, die Aktivseite die Mittelherkunft.

    f) Je höher das Eigenkapital im Verhältnis zum Fremdkapital ist, umso abhängiger ist das Unternehmen gegenüber seinen Gläubigern.

    g) Fremdkapital = Vermögen – Eigenkapital

    h) Die Vermögensteile des Umlaufvermögens sind langfristig angelegt.

    i) Es ist für die Sicherheit des Unternehmens wichtig, wenn das Eigenkapital nicht nur das Anlagevermögen, sondern auch einen Teil des Umlaufvermögens (z. B. Teile des Vorratsvermögens) deckt.

    j) Inventar und Bilanz haben nichts gemeinsam.

    k) Inventar und Bilanz unterscheiden sich dadurch, dass in der Bilanz das Vermögen nach der Investitionsdauer gegliedert ist, während es im Inventar nach dem Grad der „Flüssigkeit" aufgelistet wird.

l) Unter Eigenkapital versteht man das im Unternehmen für betriebliche Zwecke eingesetzte Vermögen.

m) In einer Kommanditgesellschaft müssen die Bilanzen von allen Gesellschaftern, also den Vollhaftern und den Teilhaftern, unterschrieben werden.

6. Beurteilen Sie die Aussichten eines Unternehmens, das kommende Geschäftsjahr zu „überleben", falls folgende Bilanz vorliegt:

Aktiva	Verkürzte Bilanz zum 31. Dezember 00					Passiva	
	(€)	%				(€)	%
Anlagevermögen	4.200.000,00		Eigenkapital			2.650.000,00	
Umlaufvermögen:			Fremdkapital:				
langfristig gebunden	320.000,00		langfristig			1.160.000,00	
kurzfristig gebunden	1.040.000,00		kurzfristig			1.750.000,00	
Gesamtvermögen	5.560.000,00	100	Gesamtkapital			5.560.000,00	100

7. Das Unternehmen Tim Kurz e. K. weist in der Bilanz zum 31. Dezember des 2. Jahres ein Eigenkapital von 580.000,00 € aus. Am 31. Dezember des 1. Jahres betrug das Eigenkapital 530.000,00 €. Im 2. Geschäftsjahr hatte Tim Kurz vom Bankkonto des Unternehmens 72.000,00 € für private Zwecke abgehoben.

   a) Wie hoch ist der Gewinn des Unternehmens zum 31. Dezember des 2. Jahres?

   b) Mit wie viel Prozent hat sich das Eigenkapital verzinst?

8. Die Bilanz der Möbelwerke Lutz Weise KG weist zum 31.12.01 ein Eigenkapital von 14.000.000,00 € aus. Am Ende des darauf folgenden Geschäftsjahres ergibt sich aus der Bilanz ein Eigenkapital von 14.850.000,00 €. Für Privatzwecke hatte Lutz Weise dem Geschäftsbankkonto 180.000,00 € entnommen.

   a) Wie hoch ist der Gewinn des Geschäftsjahres? Ermitteln Sie die Verzinsung.

   b) Wie hoch ist der Verlust, wenn das Eigenkapital statt 14.850.000,00 € lediglich 13.500.000,00 € beträgt?

9. Die Maschinenfabrik Klaus Hartel KG, Leverkusen, hat am Anfang des Geschäftsjahres ein Eigenkapital von 590.000,00 €. Am Ende des Geschäftsjahres betragen laut Bilanz die Vermögensteile 870.000,00 € und die Schulden 210.000,00 €. Während des Geschäftsjahres sind als Privatentnahmen 48.000,00 € und als Einlagen 25.000,00 € gebucht worden.

   a) Ermitteln Sie den Erfolg des Unternehmens durch Eigenkapitalvergleich.

   b) Berechnen Sie die Rentabilität des Eigenkapitals, die Eigenkapitalquote.

10. Erstellen Sie aus den Inventaren der Textilwerke U. Brandt KG, Köln, (vgl. Seite 92) geordnete Bilanzen.

   Beachten Sie,

   – dass der Kapitalanteil des Teilhafters H. Brandt 2.500.000,00 € beträgt,

   – dass U. Brandt während des Jahres 90.000,00 € für private Zwecke entnommen hat, und

   – dass in der Bilanz für das Jahr 02 noch kurzfristige Rückstellungen von 35.000,00 € zu berücksichtigen sind.

3
Werteflüsse und Geldflüsse – die zwei Seiten einer Medaille

In den folgenden Unterkapiteln stellen wir an Beispielen des Einkaufs von Werkstoffen und Betriebsmitteln, der Lohnzahlung an Arbeitnehmer sowie des Verkaufs fertiger Erzeugnisse nicht nur die betriebswirtschaftlichen Zusammenhänge auf der Grundlage von **Belegen** dar, sondern auch die Erfassung der Werte- und Geldbewegungen auf **Konten**. Wertbewegungen (Aufwendungen und Erträge) werden auf Konten des Leistungsbereiches dargestellt, Geldbewegungen auf Konten des Investitionsbereichs. Es ist für die Lösung der Arbeitsaufträge erforderlich,

- dass Sie sich zuvor im INFO-Teil, Seite 463, mit der Struktur der **Konten** sowie mit den Regeln der **Kontenführung** vertraut machen,

- dass Sie sich Kenntnisse zum **Buchungssatz** aneignen. Sie finden hierzu Aussagen im Erarbeitungsteil ab Seite 112 und im INFO-Teil ab Seite 465 ff.

3.1
Beschaffungs- und Produktionsprozesse werden in der Buchführung über den wertmäßigen Input abgebildet

Ausgangslage Im vorhergehenden Kapitel haben Sie viel über den derzeitigen Zustand der Heidtkötter KG erfahren, so z. B. über die Ausstattung des Unternehmens mit Vermögen, über die Höhe der Schulden, über die Finanzierung mit Eigen- und Fremdkapital, über den Gewinn und auch darüber, wie diese Zahlen einzuschätzen sind. Die gemachten Aussagen belegen, von welchem „finanziellen Niveau" aus in der Heidtkötter KG ab dem 1. Januar des Geschäftsjahres 01 die Beschaffungs-, Produktions- und Absatzprozesse ablaufen werden.

Diese Prozesse sind Gegenstand der folgenden Betrachtungen. Sie dienen dem eigentlichen Ziel des unternehmerischen Handelns, nämlich der kundenorientierten Erstellung von Produkten unter kostengünstigen Bedingungen.

Zunächst stellen wir Ihnen diejenigen Prozesse vor, die auf der **Beschaffungsseite** ablaufen. Die **Absatzprozesse** sind dann Thema des nachfolgenden Kapitels.

Zum besseren Verständnis gehen wir von dem Ihnen bereits bekannten Strukturbild aus (vgl. Seite 84):

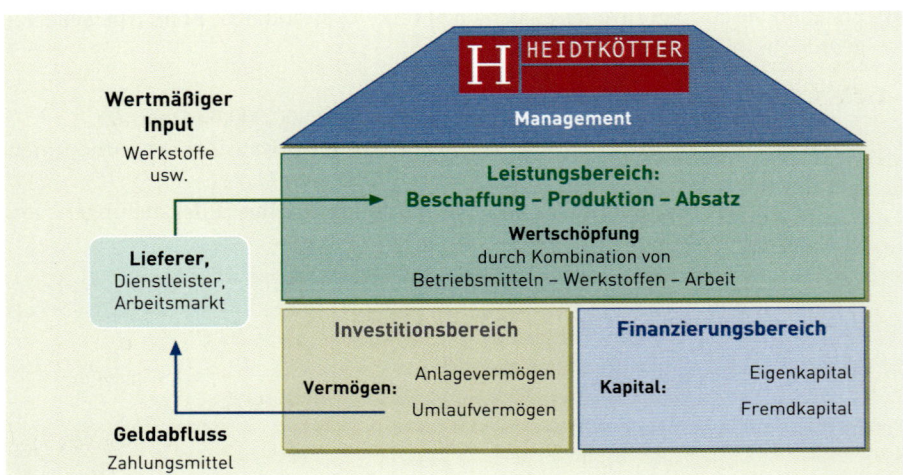

Leistungsprozesse werden in Gang gesetzt und in Gang gehalten, indem betriebswirtschaftliche Produktionsfaktoren (Arbeitskräfte, Betriebsmittel und Werkstoffe) vom Arbeitsmarkt bzw. vom Gütermarkt beschafft und so miteinander kombiniert werden, dass konkurrenzfähige und von den Kunden gewünschte Erzeugnisse hergestellt und verkauft werden können. Diese Kombination stellt die **technische Seite des Leistungsprozesses** dar (im obigen Bild **Leistungsbereich** genannt).

Für die nachfolgenden Betrachtungen ist die **wertmäßige Seite der Beschaffungsprozesse** bedeutsam. Sie stellt die Werte in den Vordergrund, zu denen die in den Leistungsprozess fließenden Stoffe und Dienste eingekauft werden. Diese Werte erfasst die Buchführung in dem Moment als **Aufwendungen**, in dem die Stoffe und Dienste im Leistungsprozess eingesetzt (verbraucht) werden. Als Gegenleistung hat die Heidtkötter KG Zahlungen an Lieferer und Arbeitnehmer zu leisten (= **Geldabflüsse**).

Jeder Beschaffungsvorgang ist mit wertmäßigem Input und mit Geldabflüssen verbunden.

Wertmäßigen Input in den Leistungsprozess verzeichnet die Heidtkötter KG aufgrund folgender Vorgänge:

- Mit der Beschaffung von Betriebsmitteln fließen Werte in das Anlagevermögen, also jenes Vermögen, das langfristig dem Unternehmenszweck dient (= Grundstücke, Gebäude, Technische Anlagen, Maschinen, Betriebs- und Geschäftsausstattung). Durch die Nutzung des Anlagevermögens im Leistungsprozess tritt im Vermögen (= Investitionsbereich) eine Wertminderung ein. Diese Wertminderung im Anlagevermögen stellt buchungstechnisch zugleich eine Wertabgabe an den Leistungsprozess dar. Im Leistungsbereich findet also ein wertmäßiger Input statt.

- Werkstoffe fließen in Form von Rohstoffen, Hilfsstoffen, Betriebsstoffen, Handelswaren, Vorprodukten und Fremdbauteilen in den Leistungsprozess. Deren Werte stellen einen Iput in den Leistungsprozess dar.

- Die Heidtkötter KG nutzt Arbeitskräfte aufgrund von Arbeitsverträgen sowie die Dienste anderer Unternehmen oder Institutionen (z. B. Erwerb von Nutzungsrechten aufgrund von Miet- oder Pachtverträgen, Nutzung von Transport-, Informations-, Versicherungsleistungen usw.). Auch die Werte dieser Arbeits- und Dienstleistungen gelten als Input in den Leistungsprozess.

Zu den **Geldabflüssen (Gegenleistungen)** gehören nach dem zuvor Gesagten

- die Zahlungen an die Lieferanten für gekaufte Betriebsmittel, Werkstoffe und Handelswaren,
- die Lohn- und Gehaltszahlungen an Arbeitnehmer,
- die Miet- und Pachtzahlungen an Vermieter/Verpächter,
- die Zahlungen an Handwerksbetriebe und Dienstleistungsunternehmen,
- die Zahlungen an staatliche Einrichtungen und Körperschaften (z. B. Finanzamt, Sozialversicherungen).

Lernziele

Nach der Erarbeitung dieses Kapitels ...

- wissen Sie, wie Geschäftsvorfälle im Beschaffungsbereich immer zweifach als Leistung und Gegenleistung gedacht werden,
- wissen Sie, dass in der Buchführung diejenigen geschäftlichen Vorgänge aufgeschrieben (= gebucht) werden, die das Vermögen und/ oder die Schulden verändern,
- wissen Sie, wie diese Vorgänge als Aufwendungen den Leistungsprozess eines Unternehmens vorantreiben,
- verstehen Sie, dass diese Vorgänge systematisch nach dem „Prinzip der Doppik" gebucht werden,
- wissen Sie, dass Vorgänge nur gebucht werden dürfen, wenn dafür Belege (Rechnungen, Kontoauszüge usw.) vorliegen,
- können Sie die Inhalte der Belege in die „Sprache" der Buchführung (= Kontenzuordnung) und der Betriebswirtschaft übersetzen,
- beherrschen Sie die Technik des Buchens von Geschäftsvorfällen im Beschaffungsbereich.

3.1.1
Den Einkauf und den Verbrauch von Werkstoffen buchhalterisch darstellen

3.1.1.1
Den Werkstoffeinkauf direkt als Aufwand buchen
(Aufwandsorientierte Buchung)

Situation

Eric Sippel hat zuvor die Lage des Unternehmens Heidtkötter KG zum Jahresende 01 analysiert, dabei ließ er die geschäftlichen Vorgänge außer Acht, die während des Jahres abgelaufen sind und die zu den Ergebnissen in der Bilanz und in der Gewinn- und Verlustrechnung zum 31.12.01 geführt haben.

Um Zwischenstände zu erheben und um sich über laufende Vorgänge zu informieren, muss er die **Belege** und **Aufzeichnungen der Buchführung** zur Hand nehmen. Um die Funktionsweise der Buchführung zu erläutern, schaut er sich nach und nach mehrere **typische Belege** an, wie sie bei **Beschaffungsvorgängen** in der Buchführungspraxis häufig vorkommen.

Als Erstes nimmt er sich den nebenstehenden Beleg vor.

Anmerkung: Für diejenigen unter Ihnen, die schon Vorkenntnisse zu diesem Vorgang haben und sich wundern, dass auf dieser Rechnung keine Umsatzsteuer ausgewiesen ist, sei gesagt, dass wir darauf in einem späteren Kapitel eingehen werden.

Arbeitsaufträge

Lesen Sie den obigen Beleg sorgfältig und beantworten Sie danach dazu die folgenden Fragen:

1. Wer hat hier mit wem in welcher Weise geschäftlich zu tun?
2. Worin bestehen aus Sicht der Heidtkötter KG die empfangene Leistung und die zu erbringende Gegenleistung?
3. Wie lässt sich dieser Geschäftsvorfall aus Sicht der Heidtkötter KG mit den Begriffen „Wertezufluss"(Input) und „Geldabfluss" beschreiben?
4. Was ist über die Lieferung und über die Zahlung vereinbart worden?
5. Inwiefern lässt sich eine Vereinbarung als Geldabfluss verstehen, aufgrund der die Zahlung erst in 30 Tagen erfolgt?
6. Begründet die vorliegende Rechnung den Kaufvertrag oder ist sie Ausdruck dafür, dass ein schon bestehender Kaufvertrag erfüllt wird? Nutzen Sie zur Beantwortung die nachfolgende Arbeitshilfe.

› **Arbeitshilfe**

7. In der Rechnung steht u. a. der Hinweis, dass die Heidtkötter KG telefonisch bestellt hat. Gilt eine solche telefonische Vereinbarung als rechtlich bindender Kaufvertrag?

Die folgende Skizze soll Sie in Ihrem Nachdenken über den Kaufvertrag unterstützen.

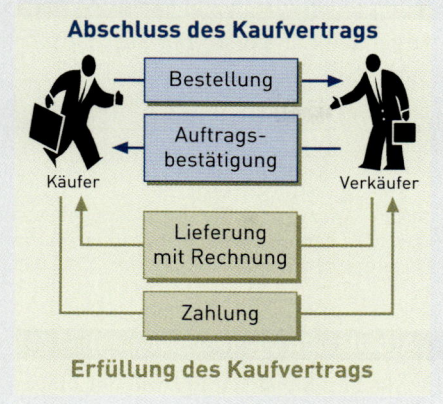

Abschluss des Kaufvertrags

Bestellung

Auftrags-bestätigung

Käufer   Verkäufer

Lieferung mit Rechnung

Zahlung

Erfüllung des Kaufvertrags

Situation (Fortsetzung)   Für Eric Sippel ist der obige Beleg eine typische **Eingangsrechnung** (abgekürzt ER), in der dokumentiert ist, dass die Heidtkötter KG Stahlrohre (= Rohstoffe) im Wert von 13.000,00 € für die auftragsbezogene Fertigung eingekauft hat. Herr Sippel deutet diesen Vorgang als einen **wertmäßigen Input** in den Leistungsprozess, der in der Buchführung aufgeschrieben werden muss. Ebenso muss in der Buchführung vermerkt sein, dass als Gegenleistung ein **Geldabfluss** stattfinden wird.

Um zu prüfen, ob korrekt gebucht worden ist, sucht er im **Hauptbuch** nach den entsprechenden Konten. Das Hauptbuch – so weiß er – ist das Verzeichnis aller Konten, die die Heidtkötter KG für das ordnungsgemäße Aufschreiben der Geschäftsvorfälle benötigt.

Arbeitsaufträge (Fortsetzung)

8. Verschaffen Sie sich zunächst einen Überblick über die Gliederung der Konten im Kontenrahmen, der diesem Buch hinten beigefügt ist (vgl. auch die Ausführungen im INFO-Teil, Seite 463, sowie in Kapitel 9).

9. In welchen Kontenklassen finden Sie den Leistungsprozess abgebildet? Wo genau wird der wertmäßige Input (Wertezufluss) in den Leistungsprozess (= Aufwendungen) erfasst?

10. Identifizieren Sie das Konto, das dafür zuständig ist, Zugänge an Rohstoffen wertmäßig zu erfassen.

11. In welchen Kontenklassen sind die zugehörigen Geldabflüsse zu erfassen? Bedenken Sie, dass eine Zahlung sofort über ein Geldkonto im Umlaufvermögen (= Investitionsbereich) erfolgen kann. Dies wäre z. B. bei einer Barzahlung der Fall. Es kann aber auch sein, dass zunächst auf ein Schuldenkonto (= Finanzbereich) zu buchen ist, und zwar dann, wenn eine Rechnung mit Zahlungsziel vorliegt. Die Rechnung drückt die sofort zu buchende **Zahlungsverpflichtung** aus. Die Zahlung erfolgt verzögert zu einem späteren Zeitpunkt.

    Machen Sie sich diesen Vorgang im Werte-/Geldflussmodell deutlich.

12. Identifizieren Sie das Konto, das dafür zuständig ist, die Zahlungsverpflichtung aus dem obigen Beleg auszuweisen.

Situation (Fortsetzung)   Herr Sippel findet im Hauptbuch die
folgenden Konten für den Geschäftsvorfall „Einkauf von Stahlrohren gegen Rechnung" (vgl. Seite 106):

Soll	6000 Aufwendungen für Rohstoffe		Haben
4400 Verb.	13.000,00		

Soll	4400 Verbindlichkeiten a.LL		Haben
		AB*	1.750.000,00
		6000 R.-Aufw.	13.000,00

* AB = Anfangsbestand. Der Anfangsbestand ist dem Inventar vom 31.12.01 entnommen worden (vgl. Seite 94). Er besagt, dass die Heidtkötter KG zu Beginn des Geschäftsjahres Liefererrechnungen in Höhe von 1.750.000,00 € noch nicht bezahlt hatte.

Arbeitsaufträge (Fortsetzung)

13. Machen Sie sich aufgrund der obigen Darstellung sowie der Hinweise im INFO-Teil mit dem Aufbau und dem Führen von Konten vertraut.

14. Vollziehen Sie die Eintragungen in den Konten – soweit sie diesen Geschäftsvorfall betreffen – nach, indem Sie folgende Fragen beantworten:
    a) Wo genau (Konto und Kontoseite) wurde der wertmäßige Input in den Leistungsprozess eingetragen?
    b) Wo genau (Konto und Kontoseite) wurde der (zukünftige) Geldabgang eingetragen? Bedenken Sie, dass seitens der Heidtkötter KG eine Zahlungsverpflichtung (= Schuld) besteht, die zu einem späteren – jetzt noch nicht vollzogenen – Geldabfluss führt.
    c) Wodurch wird bei einer **Zahleneintragung** auf einem Konto erkennbar, auf welchem anderen Konto die notwendige Gegeneintragung erfolgt ist?

Situation   Als Nächstes prüft Herr Sippel, ob im
zugehörigen Beleg „Eingangsrechnung" ordnungsgemäß auf die Konteneintragung hingewiesen wird. Hierzu schaut er sich nochmals den Beleg an:

Arbeitsaufträge

Nutzen Sie zur Bearbeitung der nachfolgenden Aufträge die Ausführungen im INFO-Teil dieses Kapitels.

1. Klären Sie die Bedeutung und die Funktion des vom Buchhalter rechts oben im Beleg eingetragenen Hinweises „ER 008, Eingang: 13.01.02".

Auf dem Beleg finden Sie den Kontierungsstempel, in den der Buchhalter im oberen Teil die Konten (mit den Beträgen) einträgt, auf die gebucht werden soll. Im unteren Teil finden Sie den Hinweis auf die Eintragung im sogenannten „Journal".

2. Prüfen Sie, ob die Eintragungen im Buchungsstempel mit den Angaben im Kontenrahmen übereinstimmen.

3. Klären Sie, was die Eintragungen in der letzten Zeile („gebucht: 13.01.02, Journal Jan 02/Seite 2, Heidler") bedeuten.

4. Begründen Sie, warum mit den Eintragungen auf dem Beleg sowohl Journal als auch Hauptbuch leicht kontrolliert werden können.

Vertiefende Übung

Im Folgenden ist dargestellt, wie ein Geschäftsvorfall vom Beleg bis zur Konteneintragung erfasst wird. Beschreiben Sie den Geschäftsvorfall mit Ihren eignen Worten, verfolgen Sie schrittweise den Ablauf und kontrollieren Sie die Eintragungen.

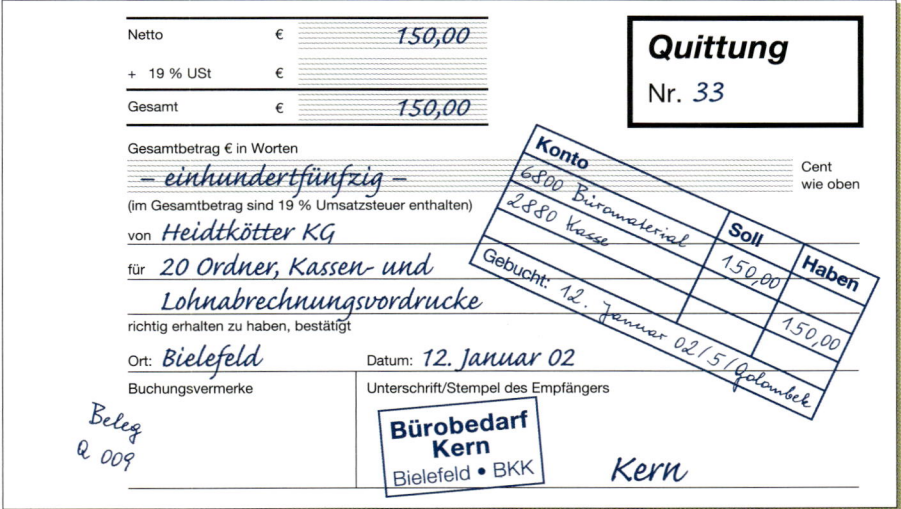

Grundbuch (Journal)			Monat April 02		Blatt 5	
Datum	Beleg	Buchungstext	Soll-Buchung		Haben-Buchung	
12.01.	Quittung 009	Barkauf von Büromaterial	6800	150,00 €		
					2880	150,00 €

Vertiefende Übung (Fortsetzung)

Hauptbuch (Auszug)   **Geschäftsjahr 02**

Soll	**2000 Rohstoffe**	Haben

Soll	**2400 Ford. a. LL**	Haben

Soll	**2800 Bank**	Haben

Soll	**2600 Vorsteuer**	Haben

Soll	**2880 Kasse**		Haben
AB	243.000,00	6800	150,00

Soll	**6800 Büromaterial**	Haben
2880	150,00	

Soll	**3000 Eigenkapital**	Haben

Soll	**4400 Verbindl. a. LL**	Haben

Soll	**5000 Umsatzerlöse**	Haben

Situation (Fortsetzung)

In der Heidtkötter KG wird die Menge der vorhandenen, der angelieferten und der in die Produktion gehenden Stahlrohre fortlaufend in der Lagerkartei aufgeschrieben, sodass am Ende des Monats der Restbestand abgelesen werden kann. Aus diesen Aufschreibungen weiß Herr Sippel, dass Ende Januar 02 ein Restbestand von 5 000 m Rohren vorhanden ist. Aus dieser Zahl sowie den zusätzlich verfügbaren Zahlen aus dem Inventar vom 31.12.01 (vgl. Seite 88) und der Eingangsrechnung (siehe Seite 106) will er berechnen, wie hoch der gesamte wertmäßige Aufwand an Stahlrohren für den Monat Januar gewesen ist. Er geht davon aus, dass zunächst die auf Lager vorrätigen Rohre verarbeitet wurden, danach die im Januar dazu gekauften. Außerdem interessiert ihn, wie hoch der Wert der noch vorrätigen Stahlrohre zum 31.01.02 ist.

Arbeitsaufträge

1. Stellen Sie zunächst fest, wie groß der Wert der zum Jahresbeginn 02 vorrätigen Stahlrohre ist.

2. Berechnen Sie auf Ihrem Notizzettel, wie hoch der gesamte Aufwand an Stahlrohren im Januar 02 gewesen ist, und welchen Wert die noch vorrätigen Stahlrohre haben.

Situation (Fortsetzung)

Herr Sippel schaut sich die Konten im Hauptbuch an. Er findet folgende Konteneintragungen:

Soll	**2000 Rohstoffe** **Stahlrohre, oval, 40 x 25 mm**		Haben
AB	18.750,00	Restbestand	6.500,00
		6000 Aufw. für	
		Rohstoffe	12.250,00
	18.750,00		18.750,00

Soll	**6000 Aufwendungen** **für Rohstoffe**		Haben
4400 Verbindl.	13.000,00	ges. Aufwand	25.250,00
2000 Rohstoffe	12.250,00		
	25.250,00		25.250,00

Arbeitsaufträge (Fortsetzung)

3. Kontrollieren Sie, ob die gebuchten Beträge mit den zuvor von Ihnen erstellten Berechnungen übereinstimmen und ob auf den richtigen Konten gebucht wurde.

4. Erläutern Sie, was es für den Leistungsprozess bedeutet, dass im obigen Rohstoffkonto der Restbestand niedriger ist als der Anfangsbestand, dass also in Höhe der Differenz von 12.250,00 € ein sogenannter **Minderbestand** vorliegt.

5. Begründen Sie, dass dieser Minderbestand dem Rohstoffaufwand im Konto „6000 Aufwendungen für Rohstoffe – Stahlrohre" zugerechnet werden muss, um den gesamten Aufwand an Stahlrohren für den Monat Januar 02 zu erhalten.

6. Beschreiben Sie mit Ihren eigenen Worten, dass die Buchung des Minderbestands einen Werteabfluss im Vermögen (= Investitionsbereich) und zugleich einen wertmäßigen Input (Wertezufluss) im Leistungsbereich beschreibt.

7. Bestätigen Sie, dass für diese Buchung der allgemeine Grundsatz gilt: Ein Wertezufluss ist immer im Soll eines Kontos, ein Werteabfluss im Haben eines anderen Kontos zu buchen.

Situation (Fortsetzung)
Es soll unterstellt werden, dass sich am Ende des Monats Januar 02 ein Bestand an Stahlrohren von 18 000 m auf Lager befindet. Die übrigen Daten aus der vorhergehenden Situation bleiben unverändert. Sie sind in den folgenden Konten dargestellt:

Soll	2000 Rohstoffe Stahlrohre, oval, 40 x 25 mm		Haben		Soll	6000 Aufwendungen für Rohstoffe		Haben
AB	18.750,00	Restbest.			4400 Verbindl.	13.000,00		

Arbeitsaufträge (Fortsetzung)

8. Berechnen Sie den Wert des Restbestandes, wenn nur Rohre aus dem Anfangsbestand verarbeitet wurden. Tragen Sie diesen Wert in das Konto „2000 Rohstoffe – Stahlrohre" ein.

9. Deuten Sie die betriebswirtschaftliche Situation der Heidtkötter KG, die sich aus der Differenz im Konto „2000 Rohstoffe" ergibt.

10. Übertragen Sie diesen sogenannten **Mehrbestand** (= Wertezufluss im Rohstoffvermögen) auf das Konto „6000 Aufwendungen für Rohstoffe" und ermitteln Sie den tatsächlichen Rohstoffaufwand für den Monat Januar 02.

11. Erklären Sie, warum die Eintragung des Mehrbestandes im Soll des Kontos „2000 Rohstoffe" als Wertezufluss und im Haben des Kontos „6000 Aufwendungen für Rohstoffe" als Werteabfluss zu verstehen ist.

Vertiefende Übungen

1. Entscheiden Sie, ob jeweils ein Pluszeichen oder ein Minuszeichen zusetzen ist[1].

   a) Rohstoff-   =   Rohstoffeinkäufe ☐ Minderbestand an Rohstoffen
      aufwendungen

   b) Betriebsstoff-   =   Betriebsstoffeinkäufe ☐ Mehrbestand an Betriebsstoffen
      aufwendungen

2. Welche betriebswirtschaftlichen Vorteile hat die fertigungssynchrone Anlieferung der Werkstoffe (Just-in-time-Verfahren)?

3. Worin sehen Sie buchhalterisch die Vor- und die Nachteile, wenn Werkstoffeinkäufe direkt als Aufwand auf die entsprechenden Aufwandskonten gebucht werden? →

---

1 Bitte schreiben Sie nicht ins Lehrbuch, wenn es nicht Ihr Eigentum ist.

4. Kontieren Sie den nachfolgenden Beleg für die Heidtkötter KG nach dem aufwandsorientierten Verfahren.

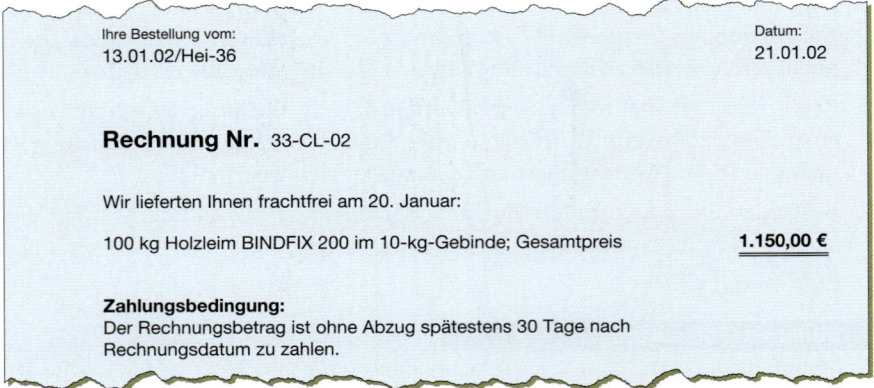

Ihre Bestellung vom:
13.01.02/Hei-36

Datum:
21.01.02

Rechnung Nr. 33-CL-02

Wir lieferten Ihnen frachtfrei am 20. Januar:

100 kg Holzleim BINDFIX 200 im 10-kg-Gebinde; Gesamtpreis   **1.150,00 €**

Zahlungsbedingung:
Der Rechnungsbetrag ist ohne Abzug spätestens 30 Tage nach
Rechnungsdatum zu zahlen.

3.1.1.2
Buchungssatz

› **INFO-Teil**
Seite 465 ff.   Ausführliche Informationen hierzu finden Sie im INFO-Teil ab Seite 465.

Situation   In der Buchführung hat es sich als
zweckmäßig erwiesen, jeden Geschäftsvorfall unter Angabe der angesprochenen
Konten, der Kontenseiten und der Beträge kurz und präzise als sogenannten
„Buchungssatz" aufzuschreiben. Dies geschieht bei Verwendung eines FiBu-
Programms in der Datenerfassungsmaske, in der manuell geführten Buchhaltung
im Journal. Herr Sippel nimmt das Journal der Heidtkötter KG zur Hand und findet
unter dem Datum 12.01.02 folgende Eintragung:

Grundbuch (Journal)			Heidtkötter KG		Monat: Januar 02		Blatt: 1
Datum	Beleg	Buchungstext	Konto Soll	Betrag Soll	Konto Haben	Betrag Haben	
12.01.	Q 009	Barkauf HSS-Bohrersatz, Werkzeugbedarf Held	6030 Aufwendungen für Verbrauchs-werkzeuge	120,00	2880 Kasse	120,00	

Arbeitsaufträge

1. Erläutern Sie den Geschäftsvorfall, der sich hinter der Eintragung vom 12.01.02
verbirgt.

2. Tragen Sie in die nächste freie Zeile des Grundbuchs unter dem Datum 13.01.02
den Buchungssatz ein, der sich aus dem Geschäftvorfall „Kauf von Stahlrohren im
Wert von 13.000,00 € auf Rechnung" ergibt (vgl. Beleg auf Seite 106).

3. Die kürzeste Form des Buchungssatzes finden Sie in den Kontierungsstempeln
auf den Belegen. Schauen Sie sich unter dem Aspekt der Kürze nochmals die
Eintragungen im Kontierungsstempel auf der Eingangsrechnung, Seite 108, an.
Beschreiben Sie, welche Reihenfolge bei der Eintragung eingehalten wird und
welche Angaben unbedingt notwendig sind.

Vertiefende Übungen

1. In der Maschinenbau Gellert GmbH wird der Werkstoffeinkauf direkt auf den entsprechenden Aufwandskonten erfasst. Während des Geschäftsjahres wurden für insgesamt 450.000,00 € Rohstoffe und für 50.000,00 € Hilfsstoffe auf Rechnung gekauft. Zu Beginn des Geschäftsjahres betrug der Bestand an Rohstoffen 70.000,00 € und an Hilfsstoffen 30.000,00 €. Zum Schluss des Geschäftsjahres ergab die Inventur einen Rohstoffbestand von 120.000,00 € und einen Hilfsstoffbestand von 10.000,00 €.

   a) Richten Sie folgende Konten ein:
      2000 Rohstoffe, 2020 Hilfsstoffe, 6000 Aufwendungen für Rohstoffe, 6020 Aufwendungen für Hilfsstoffe, 4400 Verbindlichkeiten a. LL, 8000 Eröffnungsbilanzkonto, 8010 Schlussbilanzkonto, 8020 Gewinn- und Verlustkonto.

   b) Nennen Sie jeweils den Buchungssatz und buchen Sie auf den entsprechenden Konten
      1) die Anfangsbestände an Roh- und Hilfsstoffen,
      2) die Einkäufe an Roh- und Hilfsstoffen direkt als Aufwand,
      3) die Schlussbestände an Roh- und Hilfsstoffen lt. Inventur,
      4) die jeweilige Bestandsveränderung bei Rohstoffen und Hilfsstoffen,
      5) den Abschluss der Konten „6000 Aufwendungen für Rohstoffe" und „6020 Aufwendungen für Hilfsstoffe".

2. Im Kassenkonto finden Sie für den Monat Januar 02 folgende Eintragungen mit den jeweiligen Euro-Beträgen und den Gegenkonten. Nennen Sie zu jeder Eintragung den Geschäftsvorfall und den Buchungssatz:

Soll		2800 Kasse	Haben	
Anfangsbestand	52.625,00	2800 Bank		7.500,00
2800 Bank	12.000,00	6030 Werkzeuge		3.820,00
5400 Mieterträge Lagergebäude	3.450,00	6800 Büromaterial		1.235,00

3. Nennen Sie zu folgenden Buchungssätzen die zugrunde liegenden Geschäftsvorfälle.

		Soll	Haben
	6000 Aufwendungen für Rohstoffe	22.000,00	
an	4400 Verbindlichkeiten a. LL		22.000,00
	6830 Aufwendungen der Telekommunikation	550,00	
an	2800 Bank		550,00
	6700 Aufwendungen für Mieten	2.250,00	
an	2800 Kasse		2.250,00
	0840 Fuhrpark	32.400,00	
an	4400 Verbindlichkeiten a. LL		32.400,00

4. Kontieren Sie den nachfolgenden Beleg für die Heidtkötter KG.

Ihre Bestellung vom:
20.01.02/Hei-36

Datum:
26.01.02

Rechnung Nr. 8-16/FB

Wir lieferten Ihnen frachtfrei am 25. Januar:

100 m Umleimer, weiß, 22 mm; Gesamtpreis   **315,00 €**

Zahlungsbedingung:
Der Rechnungsbetrag ist ohne Abzug spätestens 30 Tage nach Rechnungsdatum zu zahlen.

→

Vertiefende Übungen (Fortsetzung)

5. Im nachfolgenden Beleg ist ein Geschäftsvorfall dargestellt, der auf mehr als zwei Konten zu buchen ist:

a) Erläutern Sie den betriebswirtschaftlichen Zusammenhang, der sich aus dem Beleg ergibt.
b) Benennen Sie die Konten, auf denen der Wertezufluss bzw. der Geldabfluss zu buchen ist.
c) Geben Sie den Buchungssatz zum 22. Januar 02 an.

3.1.1.3
Den Werkstoffeinkauf und den Werkstoffverbrauch bestandsorientiert buchen

Situation

In der Heidtkötter KG besteht die Regelung, dass alle Werkstoffeinkäufe für die auftragsbezogene Fertigung auch auftragsbezogen – also direkt als Aufwand – gebucht werden. Für den Teil der Produkte, der in bestimmten Serien in zeitlichen Abständen für den Massenmarkt gefertigt wird, werden die Werkstoffe **bestandsorientiert** eingekauft und gebucht.

An folgendem Bild macht Herr Sippel den Unterschied zwischen beiden Verfahren am Beispiel des Werkstoffs „Rohstoffe" deutlich:

Beschaffung	Rohstofflager	Produktionsstätten	Fertigwarenlager	Absatz
Aufwandsorientiertes Verfahren				
Güterfluss ───────────────────────────────►				
Anlieferung der Rohstoffe „just in time"		Annahme der Rohstoffe und Herstellung von Büromöbeln nach Kundenaufträgen		Auslieferung der fertigen Möbel an Kunden
Aufzeichnung der Werte in der Buchführung				
Eingangsrechnung als Beleg für die Buchung		Erfassung der Rohstoffwerte aller eingekauften Rohstoffe als „**Aufwendungen** für Rohstoffe"		**Ausgangsrechnung**: Erfassung der Werte aller verkauften Erzeugnisse als **Umsatzerlöse**
Bestandsorientiertes Verfahren				
Güterfluss ───────────────────────────────►				
Anlieferung der Rohstoffe aufgrund bedarfsabhängiger Bestellungen	Einlagerung der Rohstoffe im Beschaffungslager	Entnahme der Rohstoffe aus dem Lager und Herstellung von Büromöbeln als Massenware	Einlagerung der fertigen Möbel im Fertigwarenlager	Auslieferung der fertigen Möbel an Kunden nach Bestellung
Aufzeichnung der Werte in der Buchführung				
Eingangsrechnung als Beleg für die Buchung	Erfassung der Rohstoffzugänge wertmäßig auf dem **Bestandskonto** „Rohstoffe"	Wertmäßige Erfassung der für die Fertigung entnommenen Rohstoffe als „**Aufwendungen** für Rohstoffe"	Erfassung der Lagerzugänge wertmäßig auf dem Konto „**Fertige Erzeugnisse**"	**Ausgangsrechnung**: Erfassung der Werte aller verkauften Erzeugnisse als **Umsatzerlöse**

Arbeitsaufträge

1. Beschreiben Sie den Güterfluss und die damit verbundenen Aufschreibungen in der Buchführung beim bestandsorientierten Verfahren von der Beschaffung bis zum Absatz. Heben Sie die Unterschiede zum aufwandsorientierten Verfahren besonders hervor.

2. Machen Sie sich als Vorbereitung zum bestandsorientierten Buchen die Werte- und Geldflüsse an folgendem Modell deutlich. Benennen Sie dazu die mit den Ziffern [1] und [2] im zeitlichen Ablauf gekennzeichneten Vorgänge.

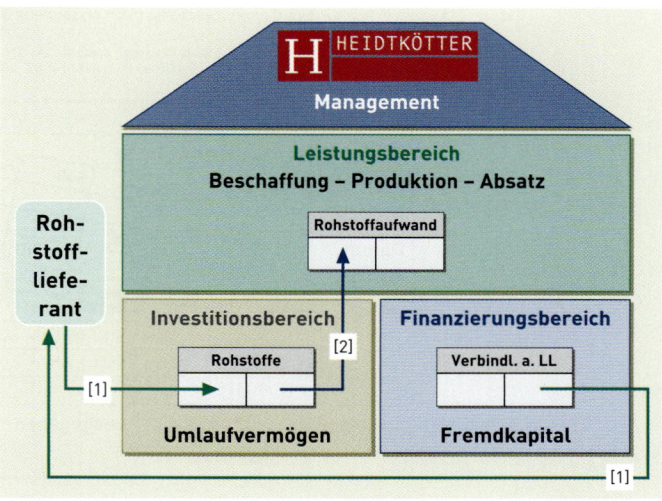

Situation Die Heidtkötter KG plant, im Januar 02 eine Serie von 5 750 Stapelstühlen „iris" mit Stahlrohrgestellen aufzulegen. Für jeden Stuhl werden 4,0 m Stahlrohr oval, 40 x 25 mm, benötigt. Von diesem Rohstoff sind nach den Angaben im Inventar zum 31.12.01 noch 15 000 m zu Anschaffungskosten von 1,25 €/m vorrätig. Die fehlende Menge wurde bestellt. Die nachfolgende Rechnung liegt vor, sie ist aber noch nicht gebucht worden.

Am 14.01.02 beginnt die Serienfertigung. Das dafür benötigte Material wird dem Rohstofflager entnommen. Als Entnahmebeleg dient der unten abgebildete Materialentnahmeschein. Für die Berechnungen und Buchungen soll gelten, dass zunächst das zum 01.01.02 vorrätige Material verwendet und danach das im Januar bestellte Material eingesetzt wurde.

Stahlhandel GmbH

ER 008
Eingang: 13.01.02

Stahlhandel GmbH · Saarstraße 83–87 · 66953 Pirmasens

Stahlhandel GmbH
Saarstraße 83–87
66953 Pirmasens
Telefon   06331 72214-0
Telefax   06331 72214-39
www.stahlhandel-wvd.de
Steuernummer 065 272 1234 0
USt-IdNr. DE 456 987 321

Heidtkötter KG
Gütersloher Straße 111
33647 Bielefeld

Unser Angebot vom	Ihre Bestellung vom
–	02-01-02, tel.

Konto | Soll | Haben | Datum 02-01-08
Gebucht:

Rechnung 41/516/RS

Wir lieferten frei Haus:

Pos.	Menge	Artikel	Einzelpreis	Gesamtpreis
1	10 000 m	Stahlrohr oval, 40 x 25 mm	1,30 €/m	13.000,00 €

Zahlungsbedingung:
Der Gesamtbetrag ist nach spätestens 30 Tagen ohne Abzug zu begleichen.

Konto: Deutsche Bank Pirmasens, Konto-Nr. 234 977 54, BLZ 542 700 96
IBAN DE11 5427 0096 0023 4977 54, BIC DBPIDE21221

Materialentnahmeschein

H HEIDTKÖTTER
Heidtkötter KG, Bielefeld

Abt.: Rohstofflager
Nr.: 024

Konto | Soll | Haben
Gebucht:

Datum: 14.01.02
Auftrag: A 345 S/01

Entnehmende Kostenstelle: Gestellfertigung
Serie: Standard

Art.-Nr.	Menge	Einheit	Bezeichnung	€/Einheit	Summe
345 S	15 000	m	Stahlrohre, oval, 40 x 25 mm	1,25 €	18.750,00 €
345 S	8 000	m	Stahlrohre, oval, 40 x 25 mm	1,30 €	10.400,00 €
	23 000				29.150,00 €

ausgestellt: *Schäfer*
(Betriebsleiter)

ausgegeben: *Freund*
(Lager)

Arbeitsaufträge

1. Richten Sie die erforderlichen Konten ein und eröffnen Sie das Rohstoffkonto mit dem Anfangsbestand.

2. Buchen Sie die obige Eingangsrechnung nach dem bestandsorientierten Verfahren (Kontierungsstempel und Konteneintragung).

3. Prüfen und ergänzen Sie die Eintragungen auf dem Materialentnahmeschein. Kontieren Sie die Materialentnahme auf dem Beleg und buchen Sie auf den Konten.

4. Ermitteln Sie den Wert der noch auf Lager befindlichen Stahlrohre.

Vertiefende Übungen

1. In der Heidtkötter KG wird der Einkauf von Spanplatten bestandsorientiert geführt. Der Verbrauch wird anhand von Materialentnahmescheinen dokumentiert und gebucht. Am Ende des Geschäftsjahres zeigen die Konten „2000 Rohstoffe – Spanplatten" und „6000 Aufwendungen für Rohstoffe" das folgende Zahlenbild:

Soll	2000 Rohstoffe – Spanplatten		Haben	Soll	6000 Aufwendungen für Rohstoffe	Haben
AB	53.500,00	6000	22.600,00	2000	22.600,00	
4400	12.400,00	6000	13.500,00	2000	13.500,00	
4400	23.100,00	6000	18.200,00	2000	18.200,00	
4400	16.300,00	6000	31.700,00	2000	31.700,00	

a) Erläutern Sie die auf den Konten dargestellten Vorgänge.

b) Berechnen Sie den wertmäßigen Verbrauch an Spanplatten im Januar sowie den Bestand zum 31.01.

2. Die zum Ende des Geschäftsjahres durchgeführte Inventur ergab einen Endbestand an Spanplatten von 18.700,00 €.

a) Erklären Sie die Differenz zwischen Inventurwert und Buchwert.

b) Bestimmen Sie den tatsächlichen Verbrauch.

3. Bei der bestandsorientierten Buchung der Werkstoffe wird der Verbrauch in der Regel direkt durch Materialentnahmescheine erfasst. Es ist auch möglich, den Verbrauch indirekt aus den jeweiligen Werkstoffkonten über die Inventurbestände und die Zugänge zu berechnen.

Berechnen Sie den Rohstoffverbrauch aufgrund der Angaben im folgenden Rohstoffkonto:

Soll	2000 Rohstoffe – Spanplatten		Haben
AB	53.500,00	Inventurbestand	23.600,00
4400	12.400,00		
4400	23.100,00		
4400	16.300,00		

3.1.2
Die Bezahlung einer Eingangsrechnung bei Bankguthaben buchhalterisch darstellen

Situation   Kurz vor Ablauf der Zahlungsfrist überweist die Heidtkötter KG den in der Eingangsrechnung (vgl. Seite 116) ausgewiesenen Betrag an die Stahlhandel GmbH. Über diesen Zahlungsvorgang liegt folgender Kontoauszug als Beleg vor.

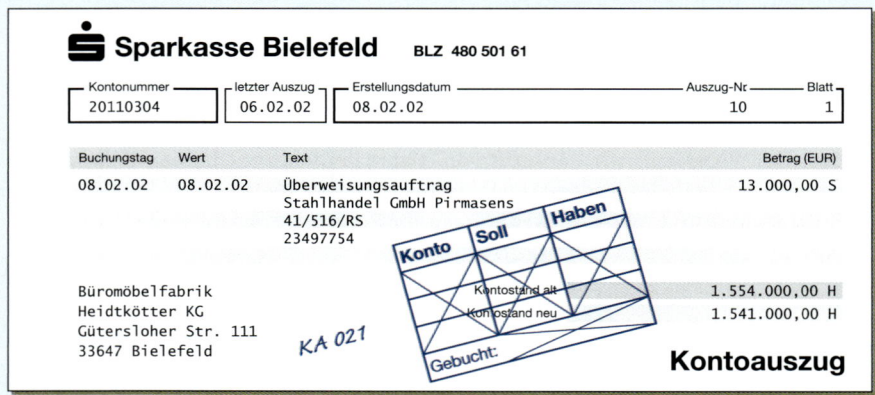

Arbeitsaufträge

1. Beschreiben Sie die betriebswirtschaftlichen und buchungstechnischen Vorgänge, die diesem Beleg zugrunde liegen.

2. Klären Sie, was der interne Eintrag „KA 021" auf dem Beleg bedeutet.

3. Erläutern Sie die Veränderungen im Vermögen und/oder im Fremdkapital, die dieser Beleg hervorruft.

4. Versuchen Sie, diesen Beleg vorzukontieren. Folgende Fragen können Ihnen bei der Bearbeitung helfen:

Nr.	Frage	Erstes Konto	Zweites Konto
1	Welche Konten werden durch diesen Beleg (Vorgang) berührt?		
2	Ist dies ein Aktiv- oder Passivkonto?		
3	Handelt es sich auf dem jeweiligen Konto um einen Wertezugang (+) oder um einen Werteabgang (−)?		
4	Auf welcher Kontenseite ist im jeweiligen Konto also zu buchen?		
5	Wie lautet der Buchungssatz?		

5. Stellen Sie den Geschäftsvorfall auf Konten dar. Achten Sie darauf, dass der Zusammenhang mit dem zugrunde liegenden Einkauf der Rohstoffe gewahrt bleibt.

3.1.3
Den Kauf und die Nutzung von Betriebsmitteln buchhalterisch darstellen

Situation   Im Januar des Geschäftsjahres 02 schafft die Heidtkötter KG einen Pkw an, der ausschließlich betrieblich genutzt wird. Über den Kauf liegt folgende Rechnung vor:

Autohaus Biester
Bielefeld

ER 026

Autohaus Biester · Industriestraße 14 · 33689 Bielefeld

Unser Angebot: –
Ihre Bestellung: 4. Januar 02
Datum: 12. Januar 02

Heidtkötter KG
Gütersloher Straße 111
33647 Bielefeld

Konto   Soll   Haben

Gebucht:

Rechnung 18/02

Wir lieferten heute – Abholung durch Sie:

1 Pkw Meriva, 5-türig, 2,0 l – Dieselmotor, 94 kW	22.710,00 €
Zulassung	65,50 €
Schilder	24,50 €
	22.800,00 €

Zahlungsbedingung:
Der Rechnungsbetrag ist ohne Abzug innerhalb von 10 Tagen auf das unten angegebene Konto zu überweisen.

Arbeitsaufträge

1. Verdeutlichen Sie sich aufgrund der Rechnung und der nachfolgenden Arbeitshilfe (Unternehmensmodell), welchen Wertezufluss und welchen Geldabfluss dieser Geschäftsvorfall in Gang setzt (vgl. [1] im Modell auf der folgenden Seite).

2. Kontieren Sie die Eingangsrechnung. Den buchungsmäßigen Zusammenhang dieses Vorgangs erläutert Ihnen das nachfolgende Unternehmensmodell.

3. Berechnen Sie die Minderung des Fahrzeugwertes, die bei diesem Pkw bis zum Ende des Geschäftsjahres 02 eintritt. Legen Sie eine Nutzungsdauer von sechs Jahren und das lineare Abschreibungsverfahren zugrunde. Lesen Sie hierzu die Ausführungen im INFO-Teil.

Fahrzeug	Neuwert Januar 02	Nutzungsjahre	Berechnung der Abschreibung	Abschreibungs-betrag pro Jahr	Restwerte Ende 02
Pkw Opel Meriva	22.800,00 €	6 Jahre			

→

4. Für die Buchung der Abschreibung zum 31.12.02 wird in der Heidtkötter KG der nachfolgende Eigenbeleg verwendet. Geben Sie in diesem Beleg die Abschreibungsbuchung an. Das entsprechende Aufwandskonto finden Sie im Kontenrahmen. Der buchungsmäßige Zusammenhang für diesen Vorgang ist im Unternehmensmodell verdeutlicht (vgl. Arbeitshilfe unten, [2]).

Buchungsbeleg:	**Abschreibungen auf Fuhrpark** lt. Anlagenkartei	**H** HEIDTKÖTTER
Datum:	31.12.02	Heidtkötter KG, Bielefeld
Belegnummer:	530	

Abschreibung auf Pkw lt. Abschreibungsplan jährlich _____ €

Konto	Soll	Haben
Gebucht:		

5. Informieren Sie sich im INFO-Teil, Kapitel 3.1.3, Seite 473, über das nach HGB grundsätzlich auch mögliche degressive Abschreibungsverfahren. Stellen Sie die Vor- und Nachteile der beiden Verfahren heraus.

Das nachfolgende Unternehmensmodell gibt Ihnen Anregungen, mit denen Sie den Wertezufluss und den Geldabfluss beim Fahrzeugkauf sowie die interne Abschreibungsbuchung zum Ende des Geschäftsjahres nachvollziehen können.

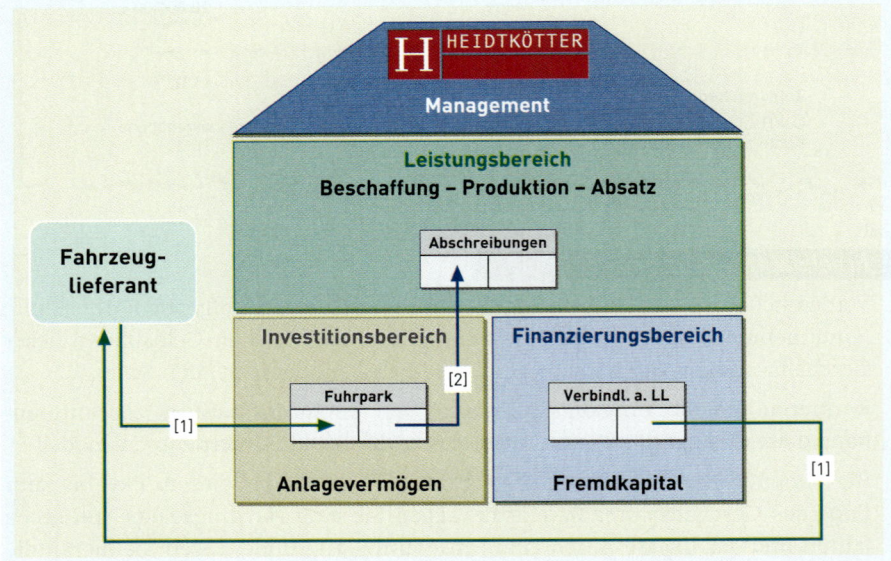

1. Für ein gemietetes Lagergebäude zahlt die Heidtkötter KG an den Vermieter monatlich eine Miete in Höhe von 2.400,00 €. Die Miete für den Januar 02 wird am 03.01.02 durch Banküberweisung beglichen.

a) Erläutern Sie, worin der Wertezufluss besteht, den die Heidtkötter KG aus der Anmietung des Gebäudes erzielt.

b) Geben Sie den Buchungssatz an, der wegen dieses Geschäftsvorfalls zu bilden ist. Das entsprechende Aufwandskonto entnehmen Sie bitte dem Kontenrahmen.

2. Die Heidtkötter KG bewirbt die Einführung einer neuen Stuhlserie u. a. durch eine halbseitige Anzeige in einer Fachzeitschrift. Hierfür berechnet die Anzeigenverwaltung der Zeitschrift 24.400,00 €. Die Rechnung geht am 02.03.02 bei der Heidtkötter KG ein. Die Bezahlung durch Banküberweisung erfolgt am 10.03.02.

a) Erläutern Sie den Vorgang unter dem Aspekt von Wertezuflüssen und Geldabflüssen.

b) Buchen Sie die Vorgänge am 02.03.02 und am 10.03.02.

3. Für das betriebsinterne Controlling bezieht die Heidtkötter KG über ein Abonnement die Fachinformation „Der Controller". Vierteljährlich werden Aktualisierungen vom Verlag geliefert. Der Einzug des jeweiligen Betrages erfolgt durch Abbuchung. Zeitgleich liegen die Abonnementrechnung für das erste Quartal 02 in Höhe von 124,50 € sowie der Kontenauszug der Sparkasse Bielefeld mit der betragsgleichen Abbuchung vor. Buchen Sie den Geschäftsvorfall.

4. Für einen Kundenauftrag beschafft die Heidtkötter KG Hammerschlaglack von der Lackfabrik Wernik GmbH, Bielefeld. Die folgende Rechnung liegt vor. Sie soll aufwandsbezogen gebucht werden.

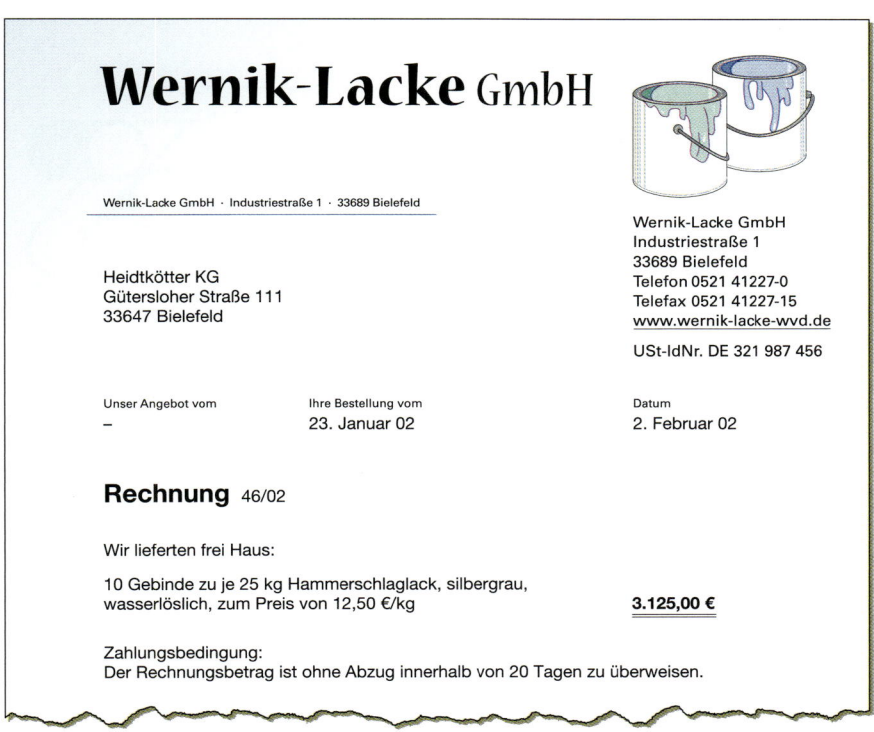

a) Buchen Sie die Eingangsrechnung zum 4. Februar 02.

b) Buchen Sie die Bezahlung der Rechnung durch Banküberweisung am 20. Februar 02.

c) Von diesem Lack bleibt nach der Ausführung des Auftrags eine Restmenge von 30 kg übrig. Stellen Sie den Vorgang auf Konten so dar, dass der tatsächliche Verbrauch wertmäßig deutlich wird.

5. Für das Biegen von Stuhlgestellen schafft die Heidtkötter KG eine neue Biegemaschine an. Die Lieferung erfolgt am 15.03.02. Laut Rechnung kostet die Maschine in der Anschaffung 60.000,00 €. Die Rechnung ist bis zum 15.04.02 zu begleichen.

   Für die Aufstellung, den Probelauf und die Abnahme der Maschine sind insgesamt 4.000,00 € aufzuwenden. Dieser Betrag wird am 02.04.02 bar an das Bauunternehmen und das Ingenieurbüro bezahlt. Die Maschine wird am 05.04.02 in Betrieb genommen. Die betriebsgewöhnliche Nutzungsdauer beläuft sich auf acht Jahre.

   a) Buchen Sie die Anschaffung der Maschine zum 15.03.02 sowie die Ausgaben für die Inbetriebnahme zum 02.04.02.

   b) Bestimmen Sie die Anschaffungskosten der Maschine.

   c) Buchen Sie die Bezahlung der Rechnung zum 15.04.02 durch Banküberweisung.

   d) Berechnen Sie die Abschreibung pro Jahr sowie die Abschreibung für neun Monate des laufenden Jahres 02.

   e) Buchen Sie die Abschreibung zum 31.12.02.

   f) Bestimmen Sie den Restwert der Maschine zum 31.12.02.

6. In der Heidtkötter KG wird geplant, im Februar 02 eine Serie von 25 000 Besucherstühlen für den Massenmarkt in einfacher Ausführung zu produzieren. Den dafür notwendigen Bezugsstoff für Sitz und Rückenlehne liefert das Textilwerk Kreitzel AG und erstellt die nachfolgende Rechnung:

Die Rechnung ist nach dem bestandsorientierten Verfahren zu buchen.

Aus der Stückliste für diesen Artikel geht hervor, dass je Stuhl 0,5 m² Stoff verbraucht werden. Das Beschaffungslager meldet einen vorhandenen Bestand dieses Stoffes von 3 500 m. Dieser Bestand ist auf dem Konto „2000 Rohstoffe – Bezugsstoff, schwarz" mit einem Wert von 10.640,00 € erfasst. Für die Bewertung des anstehenden Verbrauchs soll gelten, dass zuerst der auf Lager liegende Bestand verarbeitet wird, erst danach der mit obiger Rechnung bestellte Stoff.

a) Richten Sie das Konto „2000 Rohstoffe – Bezugsstoff, schwarz" ein und übernehmen Sie den Wert des Bestandes.

b) Buchen Sie die obige Eingangsrechnung.

c) Am 07.02. wird die für die Serie benötigte Gesamtmenge mit Materialentnahmeschein dem Lager entnommen und in die Fertigung gegeben.

   Berechnen Sie den Wert der Entnahme und buchen Sie die Entnahme.

d) Ermitteln Sie den Wert des Restbestandes.

3.1.4
Die Lohnzahlung buchhalterisch darstellen

Der nachfolgend abgebildete Beleg zeigt eine stark vereinfachte Lohnabrechnung, auf der die Steuer- und Sozialabzüge aus didaktischen Gründen nicht eingetragen wurden. An dieser Stelle kommt es lediglich darauf an, diesen Vorgang unter dem Aspekt des wertmäßigen Inputs in dem Leistungsprozess und des Geldabflusses zu betrachten.

genauere Ausführungen zur Buchung von Lohn und Gehalt › Band 2, LF 7

Lohnabrechnung		Datum: 31.01.02		Beleg Nr. 21
für 18 Mitarbeiter, Abteilung Stuhlfertigung				
Buchungstext		**Konto**	**Soll**	**Haben**
Bruttolöhne insgesamt	45.000,00 €			
Auszahlung durch Banküberweisung	45.000,00 €			
Gebucht:				

Arbeitsaufträge

1. Deuten Sie diesen Beleg unter dem Aspekt des wertmäßigen Inputs und des Geldabflusses. Machen Sie sich den Vorgang am Unternehmensmodell klar.

2. Geben Sie die Buchung für diesen Vorgang an. Suchen Sie im Kontenrahmen im Anhang dieses Lernbuches das entsprechende Aufwandskonto heraus.

3.2
Absatzprozesse werden in der Buchführung über den wertmäßigen Output abgebildet

Situation   Anfang Januar 02 erhält die Heidtkötter KG einen Auftrag zur Lieferung von 4 000 Besucherstühlen. Den Auftrag führt sie am 18. Januar aus und übersendet dem Kunden mit gleichem Datum die nachfolgende Rechnung.

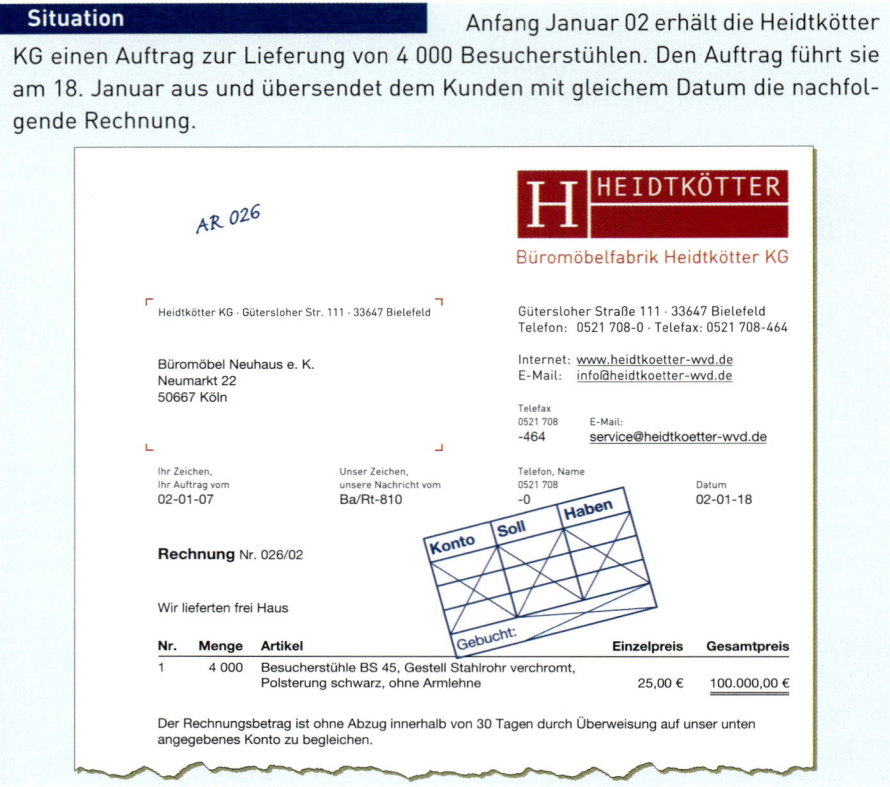

Arbeitsaufträge

1. Beschreiben Sie die vertraglichen Vereinbarungen, die der obigen Rechnung zugrunde liegen.
2. Machen Sie sich an dem nachfolgenden Unternehmensmodell deutlich, welche Werte- und Geldflüsse dieser Geschäftsvorfall bei der Heidtkötter KG auslöst.

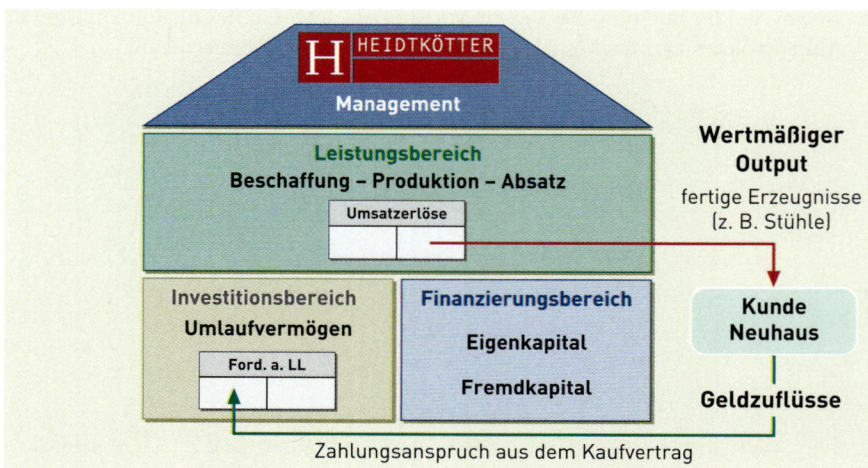

3. Kontieren Sie nun in der Ausgangsrechnung (vgl. Seite 124) den Verkaufsvorgang für die Heidtkötter KG.

4. Buchen Sie die Ausgangsrechnung auf den entsprechenden Konten. Wählen Sie als Anfangsbestand im Konto „2400 Forderungen a. LL" den Forderungsbestand aus dem Inventar vom 31.12.01, Seite 88.

Konten der Buchführung:

Soll	2400 Forderungen a. LL	Haben		Soll	5000 Umsatzerlöse	Haben
AB				AB		

Situation (Fortsetzung)   Der Kunde Neuhaus e. K. bezahlt die obige Rechnung termingerecht. Über den Zahlungseingang erhält die Heidtkötter KG den folgenden Kontoauszug der Sparkasse.

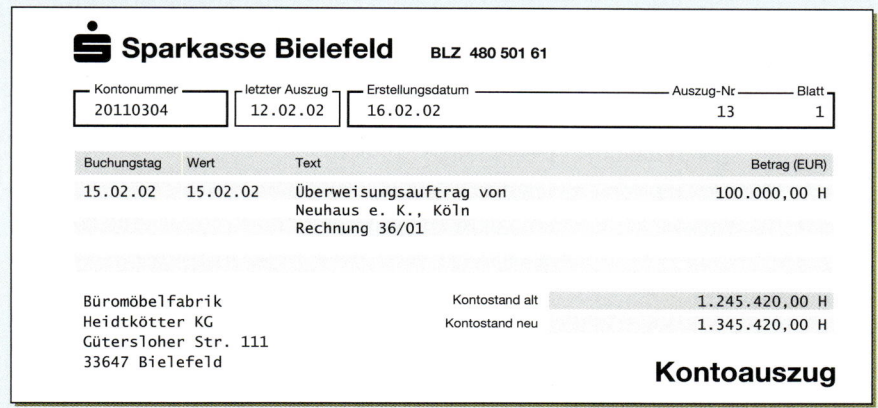

Arbeitsaufträge (Fortsetzung)

5. Erklären Sie, welche Wirkung dieser Geschäftsvorfall im Werte-/Geldflussmodell hat.

6. Kontieren Sie auf dem nachfolgenden Kontierungsstempel den Zahlungseingang für die Heidtkötter KG.

7. Buchen Sie den Zahlungseingang auf den entsprechenden Konten der Buchführung:

Konto	Soll	Haben
Gebucht:		

Soll	....	Haben		Soll	....	Haben

3.3
Im Gewinn- und Verlustkonto zeigt sich der Erfolg – Abschluss der Erfolgskonten

Situation   Bisher hat Herr Sippel den wertmäßigen Input in den Leistungsbereich sowie den Wertmäßigen Output aus dem Leistungsbereich der Heidtkötter KG an typischen Geschäftsvorfällen betrachtet und dabei deutlich gemacht, dass jeder Wertefluss auf dafür vorgesehenen Aufwands- bzw. Ertragskonten zu buchen ist.

Um nun zu einer Gesamtbetrachtung aller Aufwendungen und Erträge innerhalb einer Abrechnungsperiode zu gelangen und dabei auch eine Aussage über den Erfolg dieser Periode zu erhalten, führt Herr Sippel die Salden aller bisherigen Aufwands- und Ertragskonten auf dem Sammelkonto **8020 Gewinn- und Verlustkonto** zusammen.

Folgende Geschäftsvorfälle haben im Januar 02 auf den Leistungsprozess eingewirkt; sie sind in den zugehörigen Aufwands- und Ertragskonten wertmäßig dargestellt (beachten Sie hierzu auch die Darstellungen im nachfolgenden Kapitel 3.4):

- Seite 116: Rohstoffentnahme aufgrund Materialentnahmeschein   29.150,00 €
- Seite 120: Abschreibung des Fahrzeugs   3.800,00 €
- Seite 123: Zahlung von Löhnen durch Banküberweisung   45.000,00 €
- Seite 124: Verkauf von Stühlen auf Rechnung   100.000,00 €

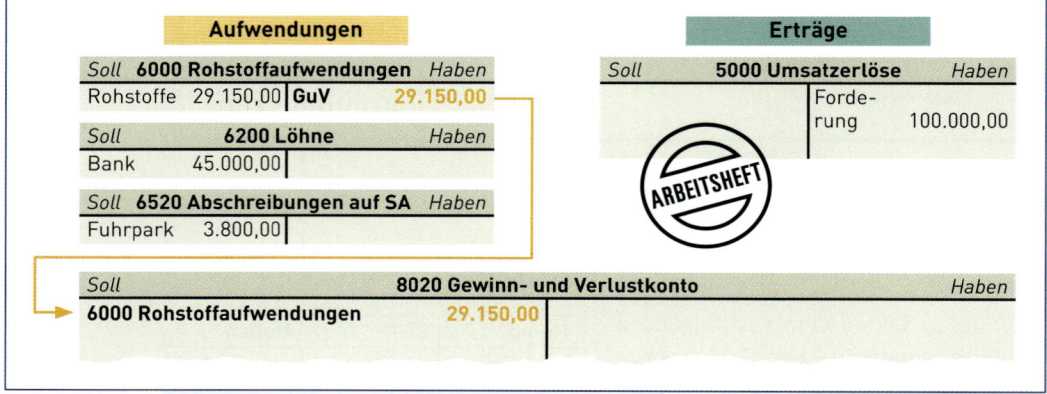

Arbeitsaufträge

Um Ihnen zu zeigen, wie der Abschluss der Erfolgskonten auf das GuV-Konto vorzunehmen ist, haben wir das Konto „6000 Rohstoffaufwendungen" bereits abgeschlossen.

1. Schließen Sie die übrigen Aufwands- und Ertragskonten ab und geben Sie die jeweiligen Buchungssätze an.

2. Ermitteln Sie im Konto „8020 Gewinn- und Verlust" den Erfolg, der sich aus dieser Zusammenschau weniger Aufwands- und Ertragskonten ergibt.

3. Klären Sie – u. a. anhand der Ausführungen im INFO-Teil – wie in den verschiedenen Unternehmungsformen (z. B. Einzelunternehmung, Personengesellschaft, Kapitalgesellschaft) mit einem im Gewinn- und Verlustkonto ausgewiesenen Gewinn buchungstechnisch zu verfahren ist.

3.4
Das Schlussbilanzkonto zeigt am Monats-/Jahresende den Vermögens- und Schuldenstand

3.4.1
Abschluss der Bestandskonten

Situation   Die zuvor dargestellten Aufwands- und Ertragskonten (= Erfolgskonten) „erzählen" Ihnen ihre „Geschichte" über die entstandenen Aufwendungen und die erzielten Erträge innerhalb einer Abrechnungsperiode und sie geben über den Erfolg (= Gewinn oder Verlust) Auskunft.

Die gleiche „Geschichte" erzählen die an diesen Beschaffungs- und Absatzprozessen immer beteiligten Vermögens- und/oder Schuldenkonten (= Bestandskonten), nur eben auf eine andere Weise: Ihren „Geschichten" liegen als **Gegenleistungen** aus den Geschäftsvorfällen Geldabflüsse bzw. Geldzuflüsse zugrunde.

Die unten aufgeführten Vermögens- und Schuldenkonten sind an den bisher behandelten Geschäftsvorfällen beteiligt gewesen. Auf ihnen sind die Anfangsbestände (s. Inventur Seite 88) sowie die durch diese Geschäftsvorfälle eingetretenen Veränderungen gebucht. Folgende Geschäftsvorfälle haben die Veränderungen des Vermögens und/oder der Schulden bewirkt; sie sind in den zugehörigen Bestandskonten wertmäßig dargestellt (vgl. hierzu die in Kapitel 3.3 genannten Geschäftsvorfälle):

- Seite 116: Rohstoffeinkauf auf Rechnung — 13.000,00 €
- Seite 118: Rohstoffentnahme aufgrund Materialentnahmeschein — 29.150,00 €
- Seite 119: Bezahlung der Eingangsrechnung durch Bank — 13.000,00 €
- Seite 116: Kauf eines Fahrzeugs auf Rechnung — 22.800,00 €
- Seite 120: Abschreibung des Fahrzeugs — 3.800,00 €
- Seite 123: Zahlung von Löhnen durch Banküberweisung — 45.000,00 €
- Seite 124: Verkauf von Stühlen auf Rechnung — 100.000,00 €
- Seite 125: Zahlungseingang des Kunden — 100.000,00 €

Das Konto „2000 Rohstoffe – Stahlrohre" erzählt z. B. folgende „Geschichte":

Auf mir ist ein Anfangsbestand von 18.750,00 € vermerkt. Im Laufe des Monats ist eine Rohstofflieferung von 13.000,00 € gegen Rechnung eingegangen. An die Produktion wurden in diesem Monat Rohstoffe im Wert von 29.150,00 € abgegeben. Am Ende des Monats verfüge ich noch über einen Rohstoffbestand von 2.600,00 €.

Diesen Vermögensbestand stelle ich mit der nebenstehenden Buchung in das Schlussbilanzkonto ein:

	Soll	Haben
8010 Schlussbilanzkonto an 2000 Rohstoffe	- 2.600,00 €	- 2.600,00 €

Arbeitsaufträge

1. Erzählen Sie sich die „Geschichten" der übrigen Konten.
2. Schließen Sie die Konten mit ihren Salden auf das Schlussbilanzkonto (8010) ab. Bilden Sie dazu die entsprechenden Buchungssätze[1].

Soll	8010 Schlussbilanzkonto	Haben

---

1   Bitte schreiben Sie nicht ins Lehrbuch, wenn es nicht Ihr Eigentum ist.

3.4.2
Aus den Veränderungen im Vermögen und in den Schulden ergibt sich der Erfolg

Situation

Herr Sippel behauptet, er benötige die Erfolgskonten gar nicht, um den Erfolg zu ermitteln. Den Erfolg könne er auch aus den **Veränderungen** im Vermögen und in den Schulden des Unternehmens bestimmen.

> INFO-Teil
LF 3, Kap. 3.4.2

Arbeitsaufträge

1. Schauen Sie sich die Vermögens- und Schuldenkonten im vorhergehenden Unterkapitel daraufhin an, wie sich die Endbestände gegenüber den Anfangsbeständen verändert haben:

Hat das Vermögen zu- oder abgenommen?

Sind die Schulden niedriger oder höher geworden?

Was stellen Sie fest, wenn Sie die Veränderungen insgesamt betrachten?

Als **Arbeitshilfe** bieten wir Ihnen ein kleines Arbeitsschema an.

Konto		Veränderungen (€)				
		Zunahme im Vermögen (+)	Abnahme im Vermögen (–)	Abnahme der Schulden (+)	Zunahme der Schulden (–)	Veränderung insgesamt
0840 Fuhrpark 2000 Rohstoffe 2400 Forderungen a. LL 2800 Bank 4400 Verbindlichkeiten a. LL						
insgesamt						

Bei richtiger Rechnung haben Sie eine Gesamtveränderung von **(-) 22.050,00 €** erhalten. Das Vermögen hat also stärker zugenommen als die Schulden. Dies wirkt sich in der Bilanz so aus, dass das Eigenkapital um diesen Betrag größer wird. Sie kennen aus dem Kapitel 2 (s. Kap. 2.2) noch die Gleichung **Vermögen – Schulden = Eigenkapital**.

2. Vergleichen Sie die von Ihnen errechnete Gesamtveränderung mit dem auf Seite 126 errechneten Gewinn. Begründen Sie, warum es kein Zufall ist, dass beide Zahlen übereinstimmen.

3.4.3
In der doppelten Buchführung wird der Erfolg auf zweifache Weise ermittelt

Situation   Herr Sippel behauptet: „Das Modell der **Werteflüsse** arbeitet mit **Erfolgskonten**. Das Modell der **Geldflüsse** arbeitet mit **Bestandskonten** und deren **Veränderungen**. Beide Modelle weisen unabhängig voneinander jeweils den gleichen Periodenerfolg aus." Zur Erläuterung seiner Behauptung verweist er auf die beiden folgenden „Kontenkreise":

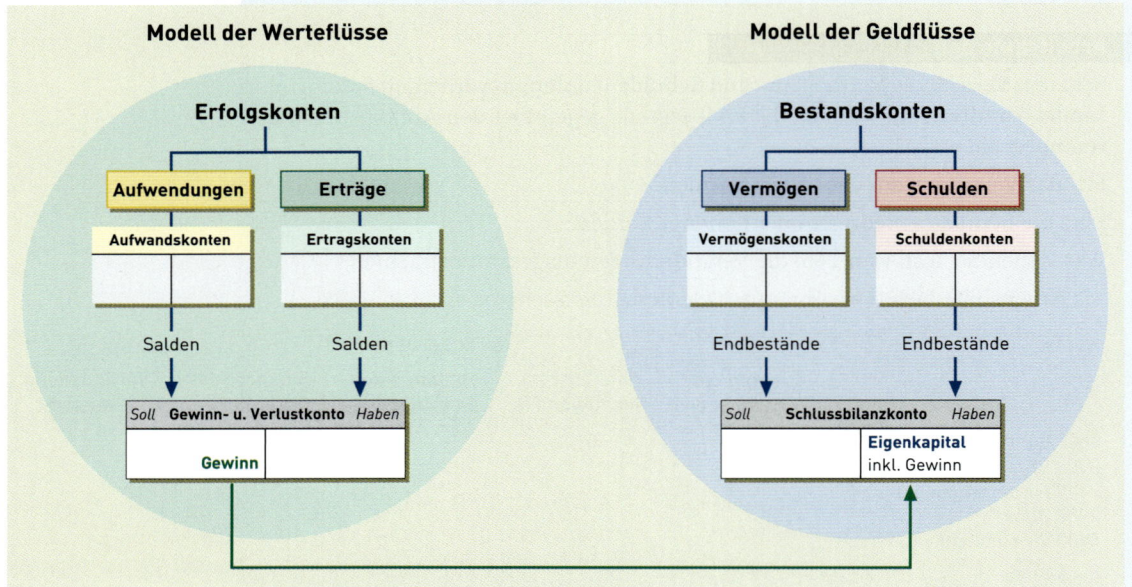

Arbeitsaufträge

1. Bestätigen oder widerlegen Sie die obige Aussage von Herrn Sippel.

2. Legen Sie dar, worin die Vor- oder Nachteile der beiden Kontenkreise bestehen.

3. Zeigen Sie, wie im obigen Schaubild ein Verlust dargestellt werden muss.

4. Im Modell der Geldflüsse zeigt sich der Periodenerfolg nicht unmittelbar. Überlegen Sie bitte, welche zusätzliche Rechnung notwendig ist, um den Gewinn in diesem Modell zu ermitteln.

Vertiefende Übungen

1. Abschließend zu diesem Unterkapitel stellen wir Ihnen die Aufgabe, für die Heidtkötter KG mithilfe des Geldflussmodells nachzuweisen, wie hoch der Jahresüberschuss im Geschäftsjahr 01 ist.

   Als Arbeitsunterlage stehen Ihnen die Passivseiten der Bilanzen zur Verfügung.

Bilanzen der Heidtkötter KG, Bielefeld		
Passiva	**31.12.01**	**31.12.00**
A. Eigenkapital		
Vollhafter Klaus M. Heidtkötter	6.515.000,00	6.600.000,00
+ Anteil am Jahresüberschuss	1.460.000,00	
Teilhafter Anke Heidtkötter	3.800.000,00	3.800.000,00
	11.775.000,00	**10.400.000,00**
B. Langfristiges Fremdkapital		
1. Langfristige Verbindlichkeiten gegenüber Kreditinstituten	5.900.000,00	6.200.000,00
2. Langfristige Rückstellungen	405.000,00	310.000,00
	6.305.000,00	**6.510.000,00**
C. Kurzfristiges Fremdkapital		
1. Verbindlichkeiten aus Lieferungen und Leistungen	1.750.000,00	1.690.000,00
2. Sonstige kurzfristige Verbindlichkeiten	895.000,00	820.000,00
darunter Verbindlichkeiten gegenüber Teilhafter	540.000,00	215.000,00
	2.645.000,00	**2.510.000,00**
	20.725.000,00	**19.420.000,00**

2. Kontieren Sie für die Heidtkötter KG die beiden folgenden Belege (Quittung und Rechnung).

   Die entsprechenden Konten entnehmen Sie bitte dem Kontenrahmen im Anhang.

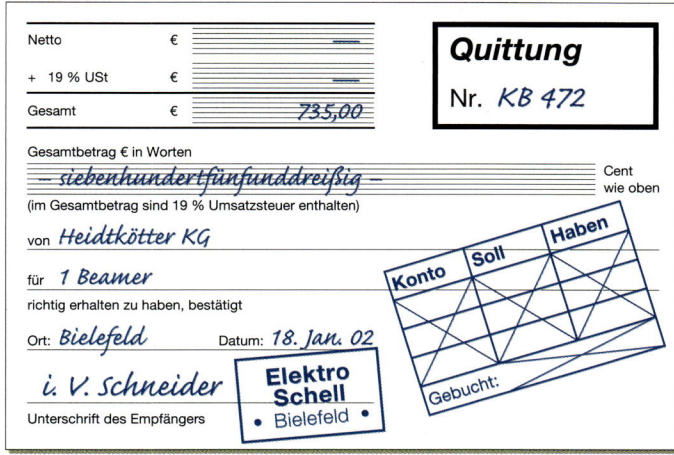

Vertiefende Übungen (Fortsetzung)

3. Kontieren Sie für die Heidtkötter KG die folgenden beiden Belege:

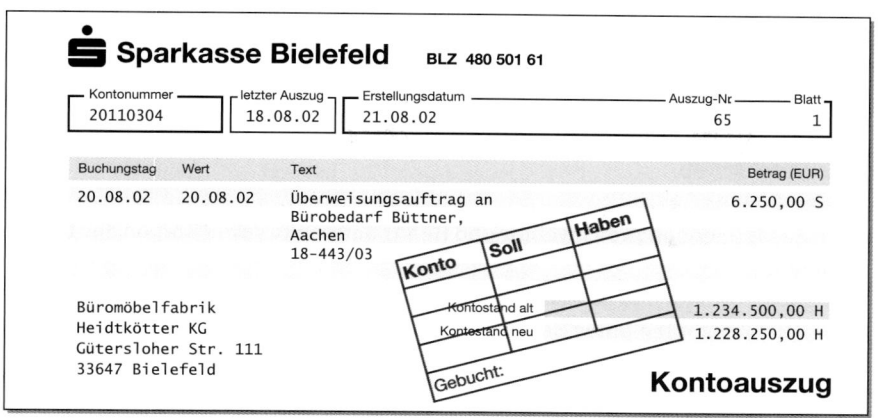

4. Bilden Sie für die Heidtkötter KG zu folgenden Geschäftsvorfällen die Buchungssätze:

a) Eingangsrechnung 445: Kauf von Rohstoffen auf Ziel   126.600,00 €

b) Kontoauszug 11: Kunde Schwarz begleicht eine fällige Rechnung
   durch Banküberweisung   48.450,00 €

c) Kontoauszug 18: Heidtkötter KG begleicht die fällige Rechnung
   des Lieferers Metallwerke Pirmasens durch Überweisung   94.320,00 €

d) Kontoauszug 24: Barabhebung vom Sparkassenkonto   10.000,00 €

e) Quittung 43: Barverkauf eines gebrauchten Computers   1.450,00 €

f) Quittung 51: Barkauf von Schweißdraht   600,00 €

g) Einzahlungsbeleg: Bareinzahlung auf das Sparkassenkonto   12.000,00 €

5. Führen Sie das Konto „4400 Verbindlichkeiten a. LL" vom 1. bis 6. Februar (ohne die jeweiligen Gegenkonten). Stellen Sie fest, wie hoch die Verbindlichkeiten am 5. Februar sind.

1. Febr.	Anfangsbestand (Saldovortrag)	1.344.600,00 €
2. Febr.	Eingangsrechnung 39: Kauf von Rohstoffen auf Ziel	88.100,00 €
3. Febr.	Kontoauszug 4: Die Heidtkötter KG begleicht eine Liefererrechnung durch Banküberweisung	64.250,00 €
4. Febr.	Eingangsrechnung 42: Kauf von Vorprodukten (Tischgestelle) auf Ziel	36.240,00 €
5. Febr.	Kontoauszug 6: Die Heidtkötter KG hat eine gebuchte Liefererrechnung durch Banküberweisung beglichen	52.380,00 €

4
Im System der doppelten Buchführung werden Bestands- und Erfolgskonten geführt

Nach der Bearbeitung dieses Kapitels ...

■ haben Sie Einblick in den Zusammenhang von Inventar und Bilanz einerseits sowie Konten der Buchführung andererseits gewonnen,

■ können Sie das Eröffnungsbilanzkonto und das Schlussbilanzkonto führen,

■ können Sie Bestands- und Erfolgskonten unter Berücksichtigung von Inventurdifferenzen abschließen,

■ können Sie den Unternehmenserfolg als Jahresüberschuss (= Gewinn) oder Jahresfehlbetrag (= Verlust) im System der Buchführung zweifach ermitteln und verfügen über den Begriff Doppelte Buchführung.

Situation Das folgende Schaubild zeigt die Zusammenhänge zwischen dem Jahresabschluss und der Buchführung.

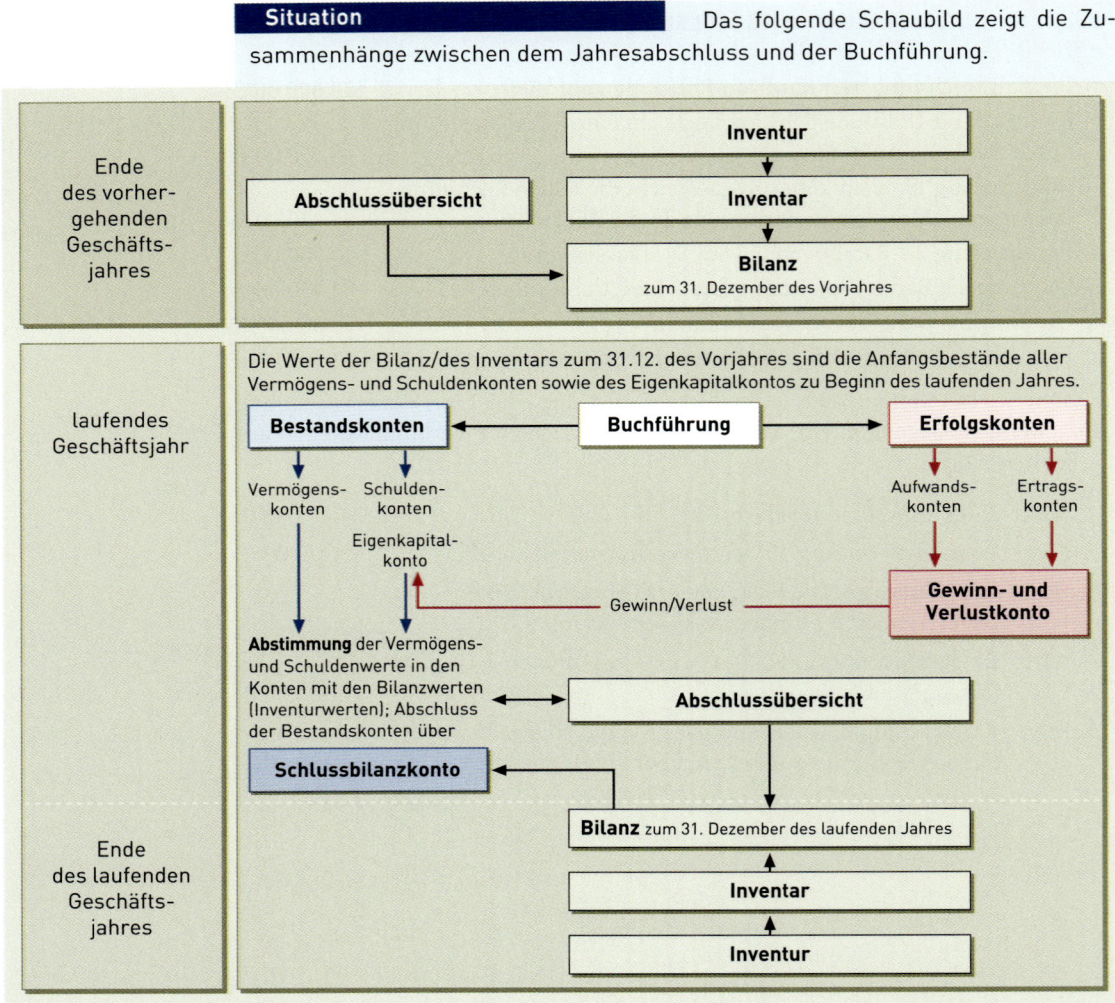

Arbeitsauftrag

› INFO-Teil

LF 3, Kap. 4

Machen Sie sich, auch im Gespräch mit Ihren Mitschülerinnen und Mitschülern, die Zusammenhänge klar, die das oben gezeigte Schaubild verdeutlicht. Nutzen Sie dazu auch die Aussagen im INFO-Teil.

Diese Zusammenhänge rufen folgende inhaltliche Fragen hervor, die wir mit Ihnen im Folgenden klären werden:

■ **Wie kommen die Zahlen der Vorjahresbilanz (Inventurwerte) auf die Konten des laufenden Jahres?**

„Offiziell" beginnt das folgende Geschäftsjahr in der Buchhaltung damit, dass die Werte aus dem Inventar und der Bilanz zum 31. Dezember des Vorjahres als Anfangs-bestände in die neuen und noch leeren Bestandskonten (Vermögenskonten, Schul-denkonten, Eigenkapitalkonto) der Buchführung für das folgende Jahr übernommen werden. In der Praxis geschieht dies erst zu Beginn des neuen Jahres, nachdem die Bilanz erstellt worden ist. Hier wollen wir Ihnen zeigen, wie der Übergang der Vermögens- und Kapitalwerte aus der Bilanz in die Buchführung mithilfe des soge-nannten Eröffnungsbilanzkontos buchungstechnisch vollzogen wird. Auf diese Weise wird das Prinzip der Doppik in der Buchführung konsequent durchgehalten.

■ **Was muss getan werden, wenn die Aufschreibungen in der Buchführung nicht mit den Inventurwerten übereinstimmen?**

Wir werden mit Ihnen klären, wie es gelingt, die Werte, die auf den Konten der Buchführung gebucht wurden, mit den Inventurwerten zum Ende des laufenden Jahres abzustimmen. Am Ende des laufenden Jahres sind ja wieder Inventar und Bilanz als handelsrechtliche Bestandteile des Jahresabschlusses eines Unternehmens aufzustellen, und die darin ermittelten Werte sind für die Buchführung verbindlich. Es kommt durchaus vor, dass die auf den Bestandskonten gebuchten Werte nicht mit den Inventurwerten übereinstimmen. Solche Inventurdifferenzen sind vor dem Abschluss der Konten in der Buchführung auszuräumen.

4.1
Bestands- und Erfolgskonten werden zu Beginn des Geschäftsjahres eröffnet

Wie kommen die Zahlen der Vorjahresbilanz (Inventurwerte) auf die Konten des laufen-den Jahres? Zur Klärung dieser Frage ziehen wir ein **überschaubares Beispiel** mit einer relativ geringen Anzahl von Konten heran. Auch die Zahlen halten wir bewusst klein.

Beispiel

Bilanz zum 31. Dezember 00			
Aktiva Heidtkötter KG			_Passiva_
A. Anlagevermögen:		**A. Eigenkapital**	126.850,00
II. Sachanlagen		**B. Rückstellungen**	0,00
1. Grundstücke und Gebäude	445.000,00	**C. Verbindlichkeiten:**	
2. Technische Anlagen	160.000,00	1. langfristige Bankdarlehen	280.000,00
3. Fuhrpark	80.000,00	2. mittelfristige Bankdarlehen	415.000,00
4. Betriebs- u. Geschäftsausstattung	93.000,00	3. Verbindlichkeiten a. LL	127.000,00
B. Umlaufvermögen:			
I. Vorräte			
1. Rohstoffe	33.500,00		
2. Vorprodukte/Fremdbauteile	28.000,00		
3. Betriebsstoffe	1.500,00		
4. Fertige Erzeugnisse	12.000,00		
5. Handelswaren	18.800,00		
II. Forderungen a. LL	26.300,00		
IV. Kassenbestand, Guthaben bei Kreditinstitute:			
1. Kassenbestand	5.000,00		
2. Bankguthaben	45.750,00		
Gesamtvermögen	**948.850,00**	**Gesamtkapital**	**948.850,00**

Bielefeld, 21. Februar 01   Klaus M. Heidtkötter

Bestandskonten
› INFO-Teil
LF 3, Kap. 2.1 und
3.4.1

Nach den Seiten der Bilanz unterscheidet man **Aktiv- und Passivkonten**. Diese weisen im Einzelnen die Bestände an Vermögen und Kapital des Unternehmens aus. Sie erfassen **Veränderungen der Bestände** aufgrund von Geschäftsvorfällen (Abschluss von Bestandskonten siehe Kapitel 4.2).

Arbeitsaufträge

1. Äußern Sie Ihre Vermutung zur Frage, wie die Inventurwerte auf die Konten der Buchführung für das Folgejahr gelangen.

Arbeitshilfe

Folgen Sie dem Prinzip der Doppik: Jede Eintragung auf einem Konto zieht (mindestens) eine zweite Eintragung auf der Gegenseite eines anderen Kontos nach sich. Mit dieser Vorgehensweise haben Sie auch die Kontrolle über die eröffneten (und noch zu eröffnenden) Bestandskonten. Das für die Gegenbuchung einzurichtende Konto heißt „**8000 Eröffnungsbilanzkonto**".

Beispiel

Es soll als Erstes das Konto „0510 Bebaute Grundstücke" eröffnet werden. „Bebaute Grundstücke" sind in der Bilanz mit einem Wert von 445.000,00 € verzeichnet.

Soll	8000 Eröffnungsbilanzkonto		Haben
		0510 Bebaute Grundstücke	445.000,00

Soll	0510 Bebaute Grundstücke		Haben
8000 Eröffnungsbilanzkonto	445.000,00		

2. Das Prinzip, nach dem die Kontoeröffnung vorgenommen wird, sollte Ihnen deutlich geworden sein. Kontrollieren Sie Ihr Wissen, indem Sie den zugehörigen Buchungssatz bilden.

3. Eröffnen Sie alle anderen Vermögenskonten.

4. Für die **Schuldenkonten** gilt das Prinzip entsprechend. Bilden Sie den Buchungssatz zur Eröffnung des Kontos „Verbindlichkeiten a. LL".

5. Eröffnen Sie nun alle Bestandskonten selbstständig.

6. Wenn Sie diese Arbeit beendet haben, kontrollieren Sie Ihr Ergebnis: Das Konto „8000 Eröffnungsbilanzkonto" muss das **Spiegelbild** der Bilanz sein. Es stellt die Verbindung zwischen der Bilanz des vorhergehenden Jahres und der Buchführung des darauffolgenden Jahres her.

Soll	8000 Eröffnungsbilanzkonto	Haben

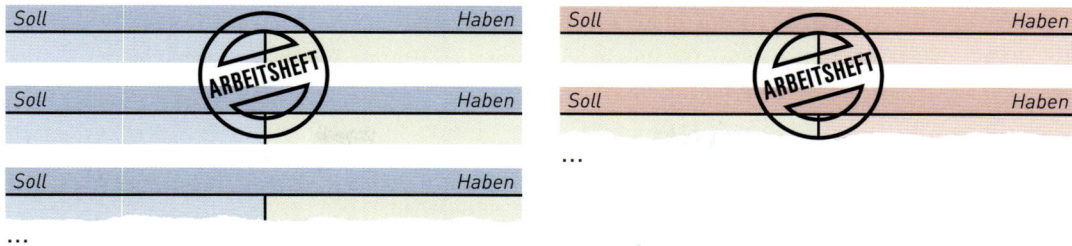

Erfolgskonten

Situation (Fortsetzung)

Zusätzlich zu den Bestandskonten richtet der Buchhalter zu Beginn des Jahres auch die **Erfolgskonten** neu ein. Auf ihnen gibt es hier noch **keine Anfangsbestände,** denn die Erfolgskonten werden zum Jahresende auf das GuV-Konto abgeschlossen und haben dann einen Saldo von Null. Sie nehmen die im Laufe des Jahres anfallenden Aufwendungen und Erträge auf und geben so ein Bild des wirtschaftlichen Handelns während des Geschäftsjahres wieder.

Wir unterstellen nun, dass in der Heidtkötter KG die folgenden Aufwands- und Ertragskonten geführt werden. Nachdem diese eingerichtet worden sind, haben sie folgendes Aussehen:

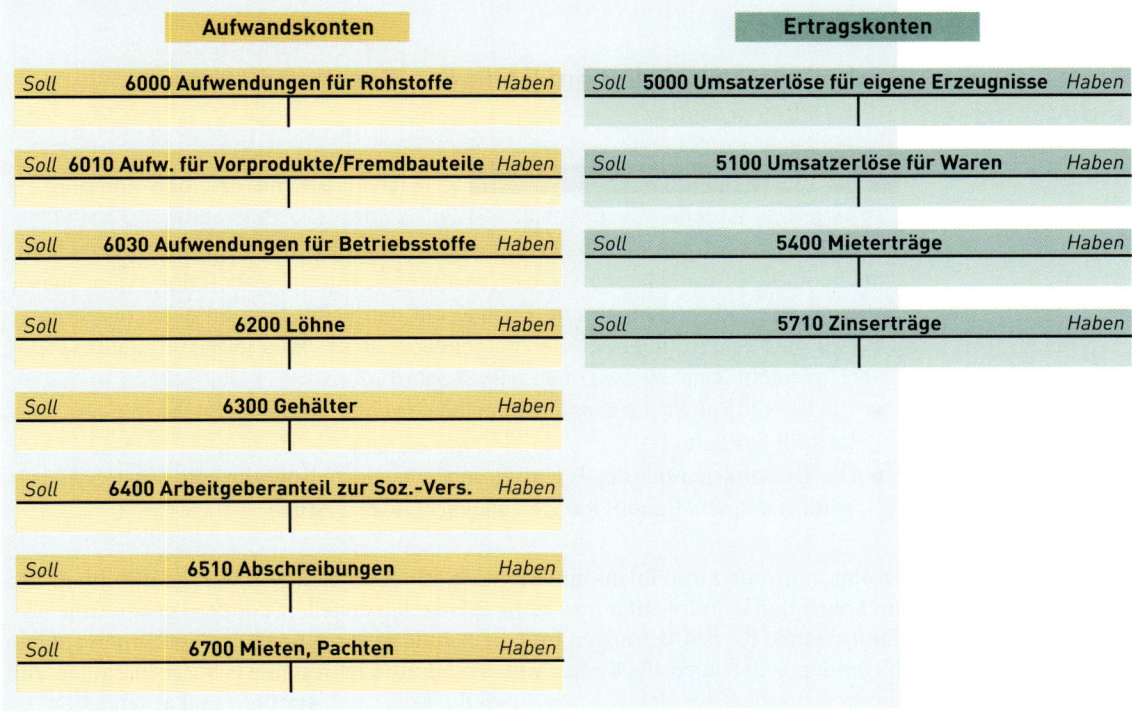

Arbeitsaufträge (Fortsetzung)

7. Testen Sie Ihr Wissen zur Konteneröffnung. Welche Aussagen halten Sie für wahr, welche für falsch?

Aussagen
1) Jeder Kaufmann ist durch gesetzliche Vorschrift verpflichtet, am Ende eines jeden Geschäftsjahres eine Bilanz aufzustellen.
2) Die Verpflichtung zur Bilanzaufstellung hat zur Folge, dass der Kaufmann die Bestandskonten der Buchführung jährlich abschließen muss.
3) Zusätzlich zu den Bestandskonten benutzt der Kaufmann Erfolgskonten, die nach Aufwands- und Ertragsarten getrennt geführt werden.
4) Die Aufwands- und Ertragskonten werden zu Beginn eines jeden Geschäftsjahres mit den Endbeständen, die im Gewinn- und Verlustkonto des Vorjahres stehen, eröffnet.
5) Die Bestandskonten zu Beginn eines Geschäftsjahres eröffnen heißt, sie mit den Kontennummern und Kontenbezeichnungen der Vermögens- und Schuldenposten zu benennen und in ihnen die jeweiligen Bilanzwerte einzutragen.
6) Zur Eröffnung der Bestandskonten wird als Gegenkonto das Eröffnungsbilanzkonto benutzt.
7) Die Eröffnungsbuchung für Vermögenskonten lautet: Eröffnungsbilanzkonto an Vermögenskonto.
8) Bevor die Konten am Jahresende abgeschlossen werden können, müssen die Inventurwerte auf die Buchbestände in den Konten korrigiert werden.

Anmerkung: Einen Hinweis zur Lösung finden Sie im entsprechenden Kapitel des INFO-Teiles.

4.2
Bestands- und Erfolgskonten werden am Ende des Geschäftsjahres abgeschlossen

Situation   Machen Sie mit uns nun einen Zeitsprung: Das laufende Geschäftsjahr 01 ist zu Ende. Die Heidtkötter KG hat während des Jahres alle Geschäftsvorgänge auf den Bestands- und Erfolgskonten gebucht. Die Bestandskonten zeigen inzwischen zahlreiche Veränderungen; ebenso sind alle Aufwendungen und Erträge auf den Erfolgskonten gebucht worden. Genau dies zeigen Ihnen die nachfolgenden Konten. Was jetzt zum Jahresende noch aussteht, sind zwei wichtige Arbeitsschritte:
- Die Inventur muss durchgeführt und das Inventar sowie die Bilanz müssen aufgestellt werden.
- Die Bestandskonten der Buchführung müssen mit den Inventurwerten abgestimmt und alle Konten müssen abgeschlossen werden.

Inventur, Inventar und Bilanz sind Ihnen ja schon vertraut. Wir werden mit Ihnen also im Folgenden kein Inventar und keine Bilanz neu erstellen, sondern geben Ihnen die Endbestände für das Vermögen und die Schulden vor. Und wir zeigen Ihnen auf den folgenden Seiten auch alle Konten mit den bis zum Jahresende gebuchten Zahlen. Auf dieser Grundlage werden wir mit Ihnen die Konten abstimmen und abschließen.

Bestandskonten im „Kontenbuch" (= **Hauptbuch**) der Heidtkötter KG zum 31.12.01:

Soll	8000 Eröffnungsbilanzkonto		Haben
3000 Eigenkapital	126.850,00	0510 Bebaute Grundstücke	445.000,00
4230 Darlehen	415.000,00	0700 Technische Anlagen	160.000,00
4250 Hypothekenschulden	280.000,00	0840 Fuhrpark	80.000,00
4400 Verbindlichkeiten a. LL	127.000,00	0870 Betriebs- und Geschäftsausstattung	93.000,00
		2000 Rohstoffe	33.500,00
		2010 Vorprodukte/Fremdbauteile	28.000,00
		2030 Betriebsstoffe	1.500,00
		2200 Fertige Erzeugnisse	12.000,00
		2280 Handelswaren	18.800,00
		2400 Forderungen a. LL	26.300,00
		2800 Bank	45.750,00
		2880 Kasse	5.000,00
	948.850,00		**948.850,00**

Soll	0510 Bebaute Grundstücke		Haben
8000	445.000,00		

Soll	0700 Technische Anlagen		Haben
8000	160.000,00		
4400	24.000,00		

Soll	0840 Fuhrpark		Haben
8000	80.000,00		

Soll	0870 Betriebs- u. Geschäftsausstattung		Haben
8000	93.000,00		

Soll	2000 Rohstoffe		Haben
8000	33.500,00		

Soll	2010 Vorprodukte/Fremdbauteile		Haben
8000	28.000,00		

Soll	2030 Betriebsstoffe		Haben
8000	1.500,00		

Soll	2200 Fertige Erzeugnisse		Haben
8000	12.000,00		

Soll	2280 Handelswaren		Haben
8000	18.800,00		

Soll	3000 Eigenkapital		Haben
		8000	126.850,00

Soll	4230 Darlehen		Haben
2800	15.000,00	8000	415.000,00

Soll	4250 Hypothekenschulden		Haben
2800	25.000,00	8000	280.000,00

Soll	4400 Verbindlichkeiten a. LL		Haben
2800	69.250,00	8000	127.000,00
2800	60.000,00	6000	45.000,00
2800	231.500,00	6000	50.000,00
2800	24.000,00	6000	30.000,00
2800	15.000,00	6000	7.500,00
		6030	15.000,00
		6010	151.000,00
		6080	90.500,00
		0700	24.000,00

→

Soll	2400 Forderungen a. LL		Haben
8000	26.300,00	2800	365.000,00
5000	240.000,00	2800	320.000,00
5000	200.000,00	2800	197.000,00
5000	310.000,00		
5100	85.000,00		
5100	70.700,00		

Soll	2800 Bank		Haben
8000	45.750,00	4230	15.000,00
2400	365.000,00	4250	25.000,00
2400	320.000,00	4400	69.250,00
2400	197.000,00	4400	60.000,00
5400	54.000,00	4400	231.500,00
5710	22.000,00	6000	65.000,00
		2880	10.000,00
		6200	226.000,00
		6300	130.700,00
		6400	98.250,00
		4400	24.000,00
		4400	15.000,00

Soll	2880 Kasse		Haben
8000	5.000,00	6300	2.300,00
2800	10.000,00	6700	9.000,00

Soll	8010 Schlussbilanzkonto	Haben
0510 Bebaute Grundstücke 0700 Technische Anlagen 0840 Fuhrpark 0870 Betriebs- und Geschäftsausstattung 2000 Rohstoffe 2010 Vorprodukte/Fremdbauteile 2030 Betriebsstoffe 2200 Fertige Erzeugnisse 2280 Handelswaren 2400 Forderungen a. LL 2800 Bank 2880 Kasse		3000 Eigenkapital 4230 Darlehen 4250 Hypothekenschulden 4400 Verbindlichkeiten a. LL

Erfolgskonten im „Kontenbuch" **(= Hauptbuch)** der Heidtkötter KG zum 31.12.01:

Soll	6000 Aufwendungen für Rohstoffe		Haben
4400	45.000,00		
4400	50.000,00		
4400	30.000,00		
2800	65.000,00		
4400	7.500,00		

Soll	5000 Umsatzerlöse für eigene Erzeugnisse		Haben
		2400	240.000,00
		2400	200.000,00
		2400	310.000,00

Soll	6010 Aufwendg. f. Vorprod./Fremdbauteile		Haben
4400	151.000,00		

Soll	5100 Umsatzerlöse für Waren		Haben
		2400	85.000,00
		2400	70.700,00

Soll	6030 Aufwendungen für Betriebsstoffe		Haben
4400	15.000,00		

Soll	5400 Mieterträge		Haben
		2800	54.000,00

Soll	6080 Aufwendungen für Waren		Haben
4400	90.500,00		

Soll	5710 Zinserträge		Haben
		2800	22.000,00

Soll	6200 Löhne		Haben
2800	226.000,00		

Soll	6300 Gehälter		Haben
2800	130.700,00		
2800	2.300,00		

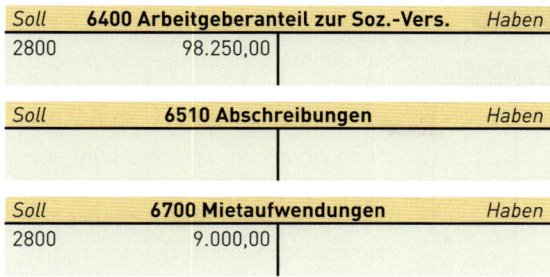

Soll	6400 Arbeitgeberanteil zur Soz.-Vers.	Haben
2800	98.250,00	

Soll	6510 Abschreibungen	Haben

Soll	6700 Mietaufwendungen	Haben
2800	9.000,00	

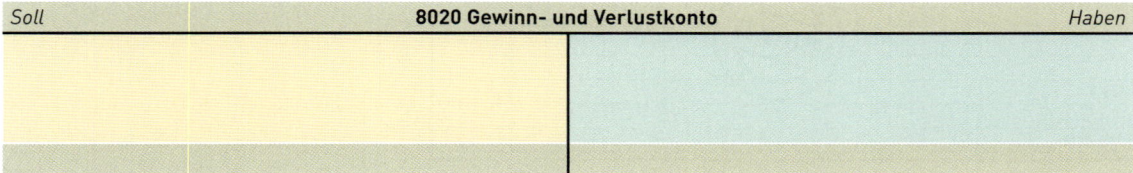

Soll	8020 Gewinn- und Verlustkonto	Haben

In diesem Kontenbild zeigen einige Konten keine Veränderungen bzw. Eintragungen:

- Bei den Bestandskonten weisen diejenigen Konten, auf denen das Anlagevermögen, die Werkstoffe, Handelswaren und der Bestand an fertigen Erzeugnissen verzeichnet ist, außer den Anfangsbeständen keine Eintragungen auf.
- Bei den Erfolgskonten ist das Konto „6510 Abschreibungen" noch leer.
- Und selbstverständlich sind die Abschlusskonten „8020 Gewinn- und Verlustkonto" sowie „8010 Schlussbilanzkonto" ebenfalls noch leer.

Offensichtlich muss vor dem Kontenabschluss geprüft werden, ob die Eintragungen auf den Konten **vollständig** erfolgt sind.

Außerdem hat noch kein **Abgleich** der Kontensalden mit den Inventurwerten (Bilanzwerten) stattgefunden. Für diesen Abgleich geben wir Ihnen im Folgenden die Bilanz zum 31. Dezember des laufenden Geschäftsjahres vor:

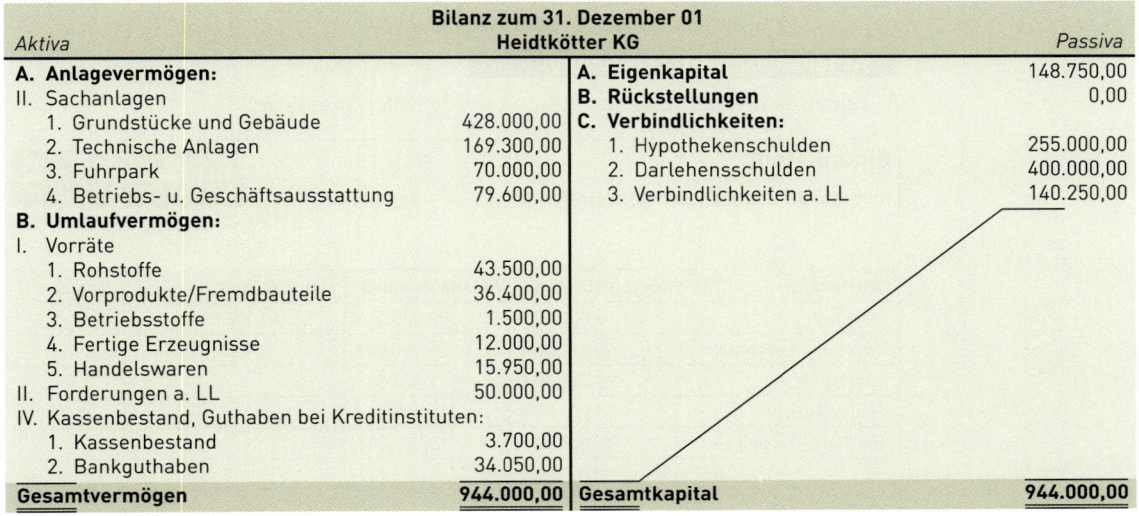

Bilanz zum 31. Dezember 01
Heidtkötter KG

Aktiva		Passiva	
A. Anlagevermögen:		**A. Eigenkapital**	148.750,00
II. Sachanlagen		**B. Rückstellungen**	0,00
1. Grundstücke und Gebäude	428.000,00	**C. Verbindlichkeiten:**	
2. Technische Anlagen	169.300,00	1. Hypothekenschulden	255.000,00
3. Fuhrpark	70.000,00	2. Darlehensschulden	400.000,00
4. Betriebs- u. Geschäftsausstattung	79.600,00	3. Verbindlichkeiten a. LL	140.250,00
B. Umlaufvermögen:			
I. Vorräte			
1. Rohstoffe	43.500,00		
2. Vorprodukte/Fremdbauteile	36.400,00		
3. Betriebsstoffe	1.500,00		
4. Fertige Erzeugnisse	12.000,00		
5. Handelswaren	15.950,00		
II. Forderungen a. LL	50.000,00		
IV. Kassenbestand, Guthaben bei Kreditinstituten:			
1. Kassenbestand	3.700,00		
2. Bankguthaben	34.050,00		
Gesamtvermögen	**944.000,00**	**Gesamtkapital**	**944.000,00**

Bielefeld, 27. Februar 02   *Klaus M. Heidtkötter*

Arbeitsaufträge

1. Vergleichen Sie die Salden der einzelnen Bestandskonten mit den jeweiligen Bilanzwerten und versuchen Sie, sich die Abweichungen zu erklären.

Situation (Fortsetzung)

Buchungsbeleg: Abschreibungen auf das abnutzbare
Sachanlagevermögen
lt. Anlagenkartei

HEIDTKÖTTER
Heidtkötter KG, Bielefeld

Datum: 31.12.01
Belegnummer: 530

Abschreibungen auf Gebäude	17.000,00 €
Abschreibungen auf Technische Anlagen	14.700,00 €
Abschreibungen auf Fuhrpark	10.000,00 €
Abschreibungen auf Geschäftsausstattung	13.400,00 €
Abschreibungen insgesamt	55.100,00 €

Konto	Soll	Haben
	ARBEITSHEFT	

Gebucht:

Für die Abschreibungen auf das abnutzbare Anlagevermögen erstellt die Heidtkötter KG am Jahresende einen internen Abschreibungsbeleg, der folgende Abschreibungen für das laufende Jahr ausweist (vgl. hierzu auch Kapitel 5):

Arbeitsaufträge (Fortsetzung)

2. Stellen Sie den Buchungssatz für die Buchung der Abschreibungen auf und tragen Sie ihn in den Beleg ein.[1]

> **› INFO-Teil**
> **LF 3, Kap. 2.1**

Situation (Fortsetzung)

Für die Korrektur von **Inventurdifferenzen** auf Werkstoffkonten, deren Buchbestände (= Anfangsbestände) von den Inventurbeständen abweichen, erstellt die Heidtkötter KG einen **Eigenbeleg.** Diese Inventurdifferenzen kommen bei den Werkstoffkonten zwangsläufig dann zustande, wenn während der Abrechnungsperiode mehr (= Minderbestände) oder weniger (= Mehrbestände) Werkstoffe verarbeitet als eingekauft werden. Es kann auch sein, dass Werkstoffe im Verarbeitungsprozess zerstört werden oder dass sie veralten und damit abzuwerten sind. Mehrbestände verringern den Werkstoffaufwand, Minderbestände erhöhen ihn.

Arbeitsaufträge (Fortsetzung)

3. Bilden Sie zu den Inventurdifferenzen die Buchungssätze.

Eigenbeleg:

Inventurdifferenzen bei Werkstoffen

HEIDTKÖTTER
Heidtkötter KG, Bielefeld

Werkstoffe	Inventurbestand	Anfangsbestand	Mehrbestand	Minderbestand
Rohstoffe	43.500,00 €	33.500,00 €	10.000,00 €	—
Vorprodukte/Fremdb.	36.400,00 €	28.000,00 €	8.400,00 €	—
Betriebsstoffe	1.500,00 €	1.500,00 €	—	—
Handelswaren	15.950,00 €	18.800,00 €	—	2.850,00 €
Fertige Erzeugnisse	12.000,00 €	12.000,00 €		

festgestellt:

31.12.01   *Hartwig*

---

1   Bitte schreiben Sie nicht ins Lehrbuch, wenn es nicht Ihr Eigentum ist.

Situation (Fortsetzung) Wir unterstellen, dass außer den beiden obigen Belegen keine weiteren Belege für den Jahresabschluss zu berücksichtigen sind, d. h., alle Aufwendungen und Erträge, sofern sie das Geschäftsjahr 01 betreffen, sind erfasst und alle Unstimmigkeiten zwischen Inventur-(Bilanz)Werten und Buchwerten sind ausgeräumt. Die Belege sind kontiert, aber noch nicht auf den Konten gebucht. Wir buchen sie auch zunächst nicht auf Konten, sondern führen jetzt außerhalb der Buchführung einen **Probeabschluss** in Tabellenform durch, der zeigen soll, dass die Buchführung „stimmt", bevor auf den Konten möglicherweise „falsch" gebucht wird und nachträglich korrigiert werden muss. Für diesen Probeabschluss sind unterschiedliche Namen gebräuchlich: **Abschlussübersicht, Hauptabschlussübersicht** oder **Betriebsübersicht.** Die Abschlussübersicht dient dem Buchhalter dazu, die Abstimmung der Buchwerte auf den Konten mit den Inventurwerten vorzunehmen.

Probeabschluss in der Hauptabschlussübersicht

Arbeitshilfe

Konto-Nr.	Saldenbilanz 1		Umbuchungen		Saldenbilanz 2		Inventurbilanz		Gewinn u. Verlust	
	Soll	Haben	Soll	Haben	Soll	Haben	Soll	Haben	Soll	Haben
0510	445.000						428.000			
0700	184.000						169.300			
0840	80.000						70.000			
0870	93.000						79.600			
2000	33.500						43.500			
2010	28.000						36.400			
2030	1.500						1.500			
2200	12.000						12.000			
2280	18.800						15.950			
2400	50.000						50.000			
2800	34.050						34.050			
2880	3.700						3.700			
3000		126.850						126.850		
4230		400.000						400.000		
4250		255.000						255.000		
4400		140.250						140.250		
5000		750.000								
5100		155.700								
5400		54.000								
5710		22.000								
6000	197.500									
6010	151.500									
6030	15.000									
6080	90.500									
6200	226.000									
6300	133.000									
6400	98.250									
6510										
6700	9.000									
	1.903.800	1.903.800								

Abschlussübersicht der Heidtkötter KG zum 31.12.01

Sie finden oben eine 6-spaltige Abschlussübersicht. Diese Tabelle wird schrittweise wie folgt entwickelt:

- Als Erstes sind in der Vorspalte „Konto-Nr." Zeile für Zeile alle Konten der Buchführung nach ihren Kontennummern geordnet aufzuführen.
- Danach werden in die zweite Spalte, in die sogenannte Saldenbilanz 1, die Salden aller Konten aus der Buchführung eingetragen. Hat ein Konto die größere Summe auf der Sollseite, dann steht der Saldo in der Saldenbilanz 1 auch auf der Sollseite.
  - Beispiel 1: Das Konto „0510 Bebaute Grundstücke" hat den größeren Zahlenwert von 445.000,00 € auf der Sollseite; also steht dieser Wert (= Saldo) auf der Sollseite in der Saldenbilanz 1.
  - Beispiel 2: Das Konto „2400 Forderungen a. LL" hat auf der Habenseite die Summe von 882.000,00 € auf der Sollseite die Summe von 932.000,00 €. Damit weist die Sollseite die größere Summe aus, und der Saldo von 50.000,00 € erscheint auf der Sollseite der Saldenbilanz 1.
- Umgekehrt gilt für alle Konten, deren Summen im Haben größer sind als im Soll, dass deren Salden im Haben der Saldenbilanz 1 stehen.
  - Regel: Die Salden der Vermögens- und Aufwandskonten stehen im Soll der Saldenbilanz 1, die Salden der Kapital- und Ertragskonten im Haben. Nach dieser Regel sind alle Salden in die obige Saldenbilanz 1 eingetragen worden.
  - In der Summe stimmen Soll- und Habenseite der Saldenbilanz 1 überein. Dies ist ein Zeichen dafür, dass zumindest in der Buchführung formal richtig nach dem Prinzip der Doppik gebucht worden ist.
- Als Drittes trägt der Buchhalter in die Spalte Inventurbilanz die Inventurwerte für die einzelnen Bestandskonten ein. Im obigen Beispiel haben wir dafür die Bilanzwerte aus der Bilanz zum 31. Dezember 01 von Seite 141 verwendet. Das Eigenkapital vom 1. Januar des Jahres wird dabei unverändert aus der Saldenbilanz 1 übernommen (126.850,00 €); erst im Saldo der Spalte Inventurbilanz zeigt sich, ob ein Gewinn oder ein Verlust eingetreten ist, der dann das Eigenkapital verändert.
- Aus der Gegenüberstellung von Saldenbilanz 1 und Inventurbilanz wird sehr deutlich, bei welchen Bestandskonten Abweichungen vorliegen, die noch korrigiert werden müssen.

Die Abschlussübersicht der Heidtkötter KG zeigt die Situation, nachdem in die Saldenbilanz 1 alle Kontensalden aus der Buchführung und in die Inventurbilanz alle Inventurwerte für die Bestandskonten aus der Bilanz von Seite 141 eingetragen wurden.

Arbeitsaufträge (Fortsetzung)

› Arbeitsheft

4. Kontrollieren Sie die Eintragungen in der Abschlussübersicht auf Seite 143.
5. Kennzeichnen Sie die Positionen, bei denen Abweichungen vorliegen. Diese machen darauf aufmerksam, dass zum Jahresabschluss noch Veränderungen (= vorbereitende Abschlussbuchungen) in Form von Abschreibungen, Inventurdifferenzen, u. a. vorzunehmen sind.
6. Diese Veränderungen sind in der dritten Spalte der Abschlussübersicht, den sogenannten **Umbuchungen**, zu buchen. Buchen Sie aufgrund der beiden Belege (vgl. Seite 142) die Abschreibungen und die Inventurdifferenzen in der Spalte Umbuchungen der Abschlussübersicht.
7. Erstellen Sie danach die **Saldenbilanz 2** nach den Regeln, die auch für die Saldenbilanz 1 gelten. Die Bestandskonten müssen danach in der Saldenbilanz 2 mit den Werten der Inventurbilanz übereinstimmen; ausgenommen davon ist das Eigenkapital, das auch in der Saldenbilanz 2 mit dem Anfangsbestand weitergeführt wird.

8. Übertragen Sie danach alle Aufwands- und Ertragsposten aus der Saldenbilanz 2 in die Spalte für Gewinn und Verlust.

9. Bei richtiger Rechnung und Übertragung zeigen sich in der Inventurbilanz und in der Spalte Gewinn und Verlust die gleichen Salden als Gewinn oder Verlust. Berechnen Sie diesen Saldo und benennen Sie ihn als Gewinn oder Verlust. Damit zeigt die Abschlussübersicht sehr deutlich, dass in ihr der Jahreserfolg auf zweierlei Weise berechnet wird.

10. Buchen Sie die Umbuchungen aus der Abschlussübersicht auf die entsprechenden Konten der Buchführung und schließen Sie alle Konten wie folgt ab:
   ■ Zuerst werden die Aufwands- und Ertragskonten über das Konto „8020 Gewinn und Verlust" abgeschlossen.
   ■ Das Konto „8020 Gewinn und Verlust" gibt seinen Saldo an das Konto „3000 Eigenkapital" ab.
   ■ Danach schließen Sie alle Bestandskonten über das Konto „8010 Schlussbilanzkonto" ab.

Vertiefende Übungen

1. Die Behälterbau GmbH, Siegen, führt in ihrer Buchführung folgende Bestands- und Erfolgskonten, auf denen bis zum 31.12.01 folgende Summen gebucht wurden:

Nr.	Konto	Soll	Haben
0500	Grundstücke und Gebäude	1.040.000,00	40.000,00
0700	Technische Anlagen und Maschinen	365.000,00	35.000,00
0800	Betriebs- und Geschäftsausstattung	125.000,00	12.000,00
2000	Rohstoffe	185.000,00	
2020	Hilfsstoffe	110.000,00	
2400	Forderungen a. LL	636.000,00	522.000,00
2800	Bank	824.000,00	623.000,00
3000	Eigenkapital		1.210.000,00
4400	Verbindlichkeiten a. LL	452.000,00	614.000,00
5000	Umsatzerlöse für eigene Erzeugnisse		2.177.000,00
5400	Mieterträge		45.000,00
5710	Zinserträge		5.000,00
6000	Aufwendungen für Rohstoffe	670.000,00	
6020	Aufwendungen für Hilfsstoffe	115.000,00	
6200	Löhne	440.000,00	
6300	Gehälter	185.000,00	
6400	Arbeitgeberanteil zur Sozialversicherung	82.000,00	
6800	Büromaterial	12.000,00	
6830	Kosten der Telekommunikation	18.000,00	
6850	Reisekosten	24.000,00	
		5.283.000,00	5.283.000,00
	Inventurbestand an Rohstoffen	160.000,00	
	Inventurbestand an Hilfsstoffen	125.000,00	

a) Richten Sie die Konten mit den Soll- und Habensummen ein.

b) Buchen Sie die Mehr-/Minderbestände an Roh- und Hilfsstoffen.

c) Schließen Sie zunächst die Erfolgskonten über das GuV-Konto ab und übertragen Sie den ermittelten Gewinn oder Verlust auf das Eigenkapitalkonto.

d) Schließen Sie die Bestandskonten zum Schlussbilanzkonto (SBK) ab.

e) Ermitteln Sie die Verzinsung des Eigenkapitals (= Eigenkapitalrentabilität), indem Sie ausrechnen, wie viel Prozent der Erfolg im Verhältnis zum durchschnittlichen Eigenkapital ausmacht. Das durchschnittliche Eigenkapital wird bestimmt, indem die Summe aus Anfangskapital und Endkapital durch 2 dividiert wird.

→

Vertiefende Übungen (Fortsetzung)

2. Die DECO-GmbH, Leipzig, verarbeitet Dekorationsstoffe für gewerbliche Zwecke. Sie bezieht den Stoff u. a. von der Weberei Kleinschmidt, Cottbus. Die von diesem Lieferanten gelieferte Ware wird auf einer Lagerkarte mengenmäßig festgehalten, ebenso die Bestände zu Beginn und zum Ende eines jeden Monats. Für den Monat Januar 01 weist die Lagerkarte folgende Bestände und Zugänge auf:

Lagerkarte: Dekorationsstoffe		Lieferant: Kleinschmidt, Cottbus	
Artikel-Nr.: 0568		**Mindestbestand:** 1 200 m	
Artikel-Bez.: Deko, Trevira		**Höchstbestand:** 3 000 m	
Datum	**Beleg**	**Bestand in m**	**Zugang in m**
1. Januar 01	Inventur (AB)	2 100	
7. Januar 01	Lieferschein D 33		4 500
12. Januar 01	Lieferschein D 65		3 800
18. Januar 01	Lieferschein D 88		5 200
23. Januar 01	Lieferschein D 114		3 400
28. Januar 01	Lieferschein D 147		6 300
31. Januar 01	Inventurliste (SB)	1 800	

a) Ermitteln Sie den mengenmäßigen Verbrauch für den Monat Januar 01.

b) Berechnen Sie den Wert der verarbeiteten Stoffe (= Rohstoffaufwand), wenn der durchschnittliche Bezugspreis im Januar 25,00 € je Meter betrug.

c) Bilden Sie die Buchungssätze:
   1) für die aufwandsorientierten Buchungen der Zugänge,
   2) für den Minderbestand an Dekorationsstoffen.

3. Die Kleinmöbelfabrik Schnell KG erstellt Computertische für den Massenmarkt. An Rohstoffen werden beschichtete Spanplatten und Stahlrohre verarbeitet, an Hilfsstoffen Schrauben, Holzdübel und Leim.
   Zum 27.12.01 steht folgender **Auszug** aus der Kontensummenliste zur Verfügung:

Nr.	Konto	Soll	Haben
2000	Rohstoffe	175.000,00	
2020	Hilfsstoffe	35.000,00	
2030	Betriebsstoffe	12.000,00	
2400	Forderungen a. LL	1.652.000,00	1.320.000,00
2800	Bank	1.820.000,00	1.455.000,00
3000	Eigenkapital		1.750.000,00
4400	Verbindlichkeiten a. LL	1.265.000,00	1.610.000,00
5000	Umsatzerlöse für eigene Erzeugnisse		2.850.000,00
5710	Zinserträge		8.000,00
6000	Aufwendungen für Rohstoffe	940.000,00	
6020	Aufwendungen für Hilfsstoffe	175.000,00	
6030	Aufwendungen für Betriebsstoffe	85.000,00	
6200	Löhne	570.000,00	
6300	Gehälter	285.000,00	
6400	Arbeitgeberanteil zur Sozialversicherung	110.000,00	
6700	Mieten, Pachten	132.000,00	
6830	Kosten der Telekommunikation	35.000,00	
		—	—

a) Richten Sie die vorgenannten Konten mit den Soll- und Habensummen ein.

b) Buchen Sie die nachfolgenden Geschäftsvorfälle, die noch bis zum 31.12.01 zu berücksichtigen sind:
   1) Eingangsrechnung ER 553 für Spanplatten   45.000,00 €
   2) Eingangsrechnung ER 554 für Leim   2.000,00 €
   3) Ausgangsrechnung AR 662 für PC-Tische   32.000,00 €

    4) Kontoauszug der Bank KA 361:

Zahlungseingang Kunde Drost	13.500,00 €
Lohnzahlung Dezember 01	52.000,00 €
Gehaltszahlung Dezember 01	26.000,00 €
Mietzahlung	11.000,00 €

c) Die Endbestände zum 31.12.01 betragen:

1) Rohstoffe	155.000,00 €
2) Hilfsstoffe	42.000,00 €
3) Betriebsstoffe	15.000,00 €

d) Buchen Sie die Mehr-/Minderbestände an Roh-, Hilfs- und Betriebsstoffen.

e) Schließen Sie zunächst die Erfolgskonten über das GuV-Konto ab und übertragen Sie den ermittelten Gewinn oder Verlust auf das Eigenkapitalkonto.

f) Schließen Sie die Bestandskonten zum SBK ab.

g) Ermitteln Sie die Verzinsung des Eigenkapitals (= Eigenkapitalrentabilität), indem Sie ausrechnen, wie viel Prozent der Erfolg im Verhältnis zum durchschnittlichen Eigenkapital ausmacht. Das durchschnittliche Eigenkapital wird bestimmt, indem die Summe aus Anfangskapital und Endkapital durch 2 dividiert wird. Haben sich Produktion und Absatz der PC-Tische gelohnt?

Beachten Sie für die folgenden Übungen die Reihenfolge der Buchungsarbeiten:

1. Richten Sie die Bestands- und Erfolgskonten ein.
2. Eröffnen Sie die Bestandskonten über das Eröffnungsbilanzkonto (EBK).
3. Bilden Sie zu den Geschäftsvorfällen die Buchungssätze.
4. Übertragen Sie die Buchungen auf die Bestands- und Erfolgskonten.
5. Machen Sie den Probeabschluss mit den Umbuchungen (= vorbereitende Abschlussbuchungen) in der Abschlussübersicht.
6. Übernehmen Sie die Umbuchungen auf die Konten.
7. Schließen Sie die Erfolgskonten über das GuV-Konto ab und übertragen Sie den Erfolg auf das Eigenkapitalkonto.
8. Schließen Sie die Bestandskonten über das Schlussbilanzkonto ab.
9. Prüfen Sie, ob die Werte im Schlussbilanzkonto mit den Inventurwerten in der Abschlussübersicht übereinstimmen.
10. Werten Sie die Ergebnisse mithilfe der in den Aufgaben angegebenen Auswertungsfragen aus.

4. Das Unternehmen Kreutzer KG, Emden, führt folgende Konten im Kontenplan. Auf den Konten wurde während des Geschäftsjahres bereits gebucht. Die Konten weisen bis zum 15. Dezember des Geschäftsjahres die angegebenen Soll- und Habensummen auf: →

Vertiefende Übungen (Fortsetzung)

Konto-Nr.	Konto	Kontensummen in €	
		Soll	Haben
	Bestandskonten		
0510	Bebaute Grundstücke	1.200.000,00	
0700	Technische Anlagen und Maschinen	900.000,00	
0800	Betriebs- und Geschäftsausstattung	400.000,00	
2000	Rohstoffe	220.000,00	
2020	Hilfsstoffe	80.000,00	
2030	Betriebsstoffe	35.000,00	
2400	Forderungen a. LL	2.640.000,00	2.230.000,00
2800	Bank	1.840.000,00	1.560.000,00
2880	Kasse	208.000,00	182.000,00
3000	Eigenkapital: Vollhafter Karl Kreutzer		1.320.000,00
3010	Eigenkapital: Teilhafter Karin Kreutzer		505.000,00
4230	Darlehen		950.000,00
4400	Verbindlichkeiten a. LL	2.140.000,00	2.485.000,00
4870	Verbindlichkeiten gegenüber Gesellschaftern	—	—
	Erfolgskonten		
5000	Umsatzerlöse für eigene Erzeugnisse		3.597.000,00
5400	Mieterträge		52.000,00
5710	Zinserträge		9.000,00
6000	Aufwendungen für Rohstoffe	1.080.000,00	
6020	Aufwendungen für Hilfsstoffe	214.000,00	
6030	Aufwendungen für Betriebsstoffe	89.000,00	
6160	Fremdinstandhaltung	43.000,00	
6200	Löhne	980.000,00	
6300	Gehälter	420.000,00	
6400	Arbeitgeberanteil zur Sozialversicherung	182.000,00	
6520	Abschreibungen auf Sachanlagen		
6700	Mietaufwendungen	55.000,00	
6830	Kosten der Telekommunikation	28.000,00	
6870	Werbung	69.500,00	
7510	Zinsaufwendungen	66.500,00	
		12.890.000,00	12.890.000,00
	Abschlusskonten		
8010	Schlussbilanzkonto		
8020	Gewinn- und Verlustkonto		

Im Dezember 01 sind noch folgende Geschäftsvorfälle zu buchen:

1.	ER 854 für Rohstoffe	63.000,00
2.	KA 423: Lohnzahlung	72.000,00
	Gehaltszahlung	29.000,00
	Gutschrift der Mieterträge	4.000,00
	Gutschrift für Zinsen	500,00
	Abbuchung der Telefonkosten	2.100,00
3.	AR 765: Verkauf fertiger Erzeugnisse an Großkunden	224.000,00
4.	KA 424: Überweisung von Kunde, AR 736	46.000,00
5.	ER 855: Reparatur einer Produktionsmaschine	6.500,00
6.	KA 425: Überweisung der Miete für gemietetes Lagergebäude	5.000,00
7.	ER 856: Rechnung der Werbeagentur Zielinski KG	2.400,00
8.	AR 766: Verkauf fertiger Erzeugnisse	83.000,00
9.	**Abschlussangaben:** Abschreibungen auf Bebaute Grundstücke	40.000,00
	Abschreibungen auf Technische Anlagen und Maschinen	90.000,00
	Abschreibungen auf Betriebs- und Geschäftsausstattung	35.000,00
	Inventurbestand an Rohstoffen	240.000,00
	Inventurbestand an Hilfsstoffen	65.000,00
	Inventurbestand an Betriebsstoffen	40.000,00

Alle hergestellten Erzeugnisse wurden in der Abrechnungsperiode verkauft.

a) Richten Sie die obigen Konten mit den Soll- und Habensummen ein.

b) Buchen Sie die Geschäftsvorfälle, die noch bis zum 31.12.01 zu berücksichtigen sind.

c) Machen Sie den Probeabschluss mit den erforderlichen Umbuchungen und übertragen Sie die Umbuchungen auf die betreffenden Konten.

d) Schließen Sie die Erfolgskonten über das GuV-Konto ab.

e) Der ermittelte Gewinn ist wie folgt zu verteilen:

   Zunächst erhalten die Gesellschafter 5 % ihrer Kapitaleinlagen als Verzinsung.

   Der Restgewinn ist im Verhältnis 4 : 1 auf Voll- und Teilhafter umzulegen.

   Erstellen Sie die Gewinnverteilung (ohne Buchungen).

f) Schließen Sie die Bestandskonten zum SBK ab.

g) Prüfen Sie die Übereinstimmung der Werte im Schlussbilanzkonto mit den Werten der Inventurbilanz in der Abschlussübersicht.

h) Ermitteln Sie die Eigenkapitalquote sowie die Verzinsung des Eigenkapitals (= Eigenkapitalrentabilität) und bewerten Sie die Zahlen.

5. Das Unternehmen Eugen Bremer e. K., Rostock, führt folgende Konten im Kontenplan. Auf den Konten wurde während des Geschäftsjahres bereits gebucht. Die Konten weisen bis zum 20. Dezember des Geschäftsjahres 01 die angegebenen Soll- und Habensummen auf:

Konto-Nr.	Konto	Kontensummen in €	
		Soll	Haben
	Bestandskonten		
0510	Bebaute Grundstücke	650.000,00	
0700	Technische Anlagen und Maschinen	420.000,00	
0800	Betriebs- und Geschäftsausstattung	360.000,00	
2000	Rohstoffe	90.000,00	
2020	Hilfsstoffe	57.000,00	
2030	Betriebsstoffe	10.000,00	
2400	Forderungen a. LL	565.000,00	520.000,00
2800	Bank	636.000,00	511.000,00
2880	Kasse	65.000,00	56.000,00
3000	Eigenkapital		585.000,00
4230	Darlehen		1.050.000,00
4400	Verbindlichkeiten a. LL	437.000,00	521.000,00
	Erfolgskonten		
5000	Umsatzerlöse für eigene Erzeugnisse		1.833.000,00
5400	Mieterträge		0,00
5710	Zinserträge		4.000,00
6000	Aufwendungen für Rohstoffe	680.000,00	
6020	Aufwendungen für Hilfsstoffe	112.000,00	
6030	Aufwendungen für Betriebsstoffe	32.000,00	
6160	Fremdinstandhaltung	11.000,00	
6200	Löhne	455.000,00	
6300	Gehälter	245.000,00	
6400	Arbeitgeberanteil zur Sozialversicherung	91.000,00	
6520	Abschreibungen auf Sachanlagen		
6700	Mietaufwendungen	36.000,00	
6830	Kosten der Telekommunikation	12.000,00	
6870	Werbung	74.000,00	
7510	Zinsaufwendungen	42.000,00	
		5.080.000,00	5.080.000,00
	Abschlusskonten		
8010	Schlussbilanzkonto		
8020	Gewinn- und Verlustkonto		

→

Vertiefende Übungen (Fortsetzung)

Im Dezember 01 sind noch folgende Geschäftsvorfälle zu buchen:

1.	ER 854 für Rohstoffe	63.000,00
2.	KA 423: Lohnzahlung	36.000,00
	Gehaltszahlung	21.000,00
	Gutschrift der Mieterträge	3.000,00
	Gutschrift für Zinsen	400,00
	Abbuchung der Telefonkosten	1.600,00
3.	AR 772: Verkauf fertiger Erzeugnisse	83.000,00
4.	KA 523: Überweisung von Kunde, AR 698	46.000,00
5.	ER 698: Abdichtung des Daches der Fabrikationshalle	27.000,00
6.	KA 524: Darlehenszinsen (2. Halbjahr 01)	42.000,00
	Darlehenstilgung	70.000,00
7.	KA 525: Überweisung der Miete für gemietetes Bürogebäude	8.000,00
8.	ER 699: Rechnung über Werbeanzeige	1.700,00
9.	AR 773: Verkauf fertiger Erzeugnisse	58.000,00
10.	**Abschlussangaben:** Abschreibungen auf Bebaute Grundstücke	32.000,00
	Abschreibungen auf Technische Anlagen und Maschinen	42.000,00
	Abschreibungen auf Betriebs- und Geschäftsausstattung	28.000,00
	Inventurbestand an Rohstoffen	76.000,00
	Inventurbestand an Hilfsstoffen	18.000,00
	Inventurbestand an Betriebsstoffen	14.000,00
	Alle hergestellten Erzeugnisse wurden in der Abrechnungsperiode verkauft.	

a) Richten Sie die obigen Konten mit den Soll- und Habensummen ein.

b) Buchen Sie die Geschäftsvorfälle, die noch bis zum 31.12.01 zu berücksichtigen sind.

c) Machen Sie den Probeabschluss mit den erforderlichen Umbuchungen und übertragen Sie die Umbuchungen auf die betreffenden Konten.

d) Schließen Sie die Erfolgskonten über das GuV-Konto ab und weisen Sie den Erfolg dem Eigenkapitalkonto zu.

e) Schließen Sie die Bestandskonten zum SBK ab.

f) Prüfen Sie die Übereinstimmung der Werte im Schlussbilanzkonto mit den Werten der Inventurbilanz in der Abschlussübersicht.

g) Ermitteln Sie die Eigenkapitalquote sowie die Verzinsung des Eigenkapitals (= Eigenkapitalrentabilität) und bewerten Sie die Zahlen.

5
Sachanlagen planmäßig abschreiben

Ausgangslage   Wir haben Sie bereits im Kapitel 3.1.3 mit einigen Grundlagen der Abschreibung vertraut gemacht. In diesem Kapitel erhalten Sie nun eine erweiterte Einführung in die Abschreibungen auf Sachanlagen, die Sie befähigt, unternehmerische Entscheidungen im Zusammenhang mit der Abschreibung nachzuvollziehen.

Wir verweisen auf die Darstellung der Anschaffung und der Abschreibung von Betriebsmitteln im Unternehmensmodell auf Seite 444 im INFO-Teil und bitten Sie, sich in Erinnerung zu rufen, dass die Nutzung von Betriebsmitteln eine **planmäßige Abschreibung** (= wertmäßiger Input in den Leistungsprozess) nach sich zieht. Lesen Sie auch die Darstellungen im INFO-Teil ab Seite 473, in denen wir auf die Änderungen im Abschreibungsrecht ab 2008 eingehen.

> **INFO-Teil**

Situation

Am Ende des Geschäftsjahres 02 steht Eric Sippel vor folgender Entscheidung: Ihm liegen die Anlagenkarteikarten für zwei Fahrzeuge vor und er kennt die einschlägigen rechtlichen Vorschriften aus HGB und EStG zur Abschreibung:

Arbeitshilfe

Heidtkötter KG Inventar-Nr. 322	Bezeichnung der Anlage: Mini-Van Opel Meriva 2.0		Baujahr: 01		
Anlagenkonto: 0840	**Kostenstelle** (Abteilung): Vertrieb		**Anschaffung:** 12.11.01 (Es gilt die Gesetzeslage bis Ende 2010.)		
Lieferant: Opel-Schneider GmbH, Bielefeld			**Garantie:** 2 Jahre		
Voraussichtl. Nutzungsdauer: 6 Jahre			**Voraussichtl. Schrottwert:** ....€		
Anschaffungskosten: 22.800,00 €			**Versicherung:** Vollkasko Allianz		
Jahr	Abschreibung: degressiv mit 25 %			Reparaturen	
	Prozentsatz	Betrag	Buchwert	Tag	Art	€
31.12.01	25 %	950,00	21.850,00			
31.12.02						

Heidtkötter KG Inventar-Nr. 323	Bezeichnung der Anlage: Kleintransporter Mercedes Sprinter		Baujahr: 01		
Anlagenkonto: 0840	**Kostenstelle** (Abteilung): Vertrieb		**Anschaffung:** 15.01.02		
Lieferant: Mercedes-Benz Niederlassung, Bielefeld			**Garantie:** 2 Jahre		
Voraussichtl. Nutzungsdauer: 9 Jahre			**Voraussichtl. Schrottwert:** ....€		
Anschaffungskosten: 60.000,00 €			**Versicherung:** Vollkasko Allianz		
Jahr	Abschreibung: linear			Reparaturen	
	Prozentsatz	Betrag	Buchwert	Tag	Art	€
31.12.02						

Situation (Fortsetzung)   Eric Sippel weiß, dass er **planmäßig** abschreiben **muss.** Aus den Vorschriften der Paragrafen 6 und 7 EStG ersieht er, welche Abschreibungspläne er nach Steuerrecht aufzustellen hat.

Arbeitsaufträge

1. Prüfen Sie, ob der Pkw in der angegebenen Weise abgeschrieben werden darf, und führen Sie die Abschreibung für das Geschäftsjahr 02 sowie für die folgenden Geschäftsjahre ordnungsgemäß fort. Nutzen Sie dazu die Gesetzestexte.

2. Stellen Sie den Abschreibungsplan für den Kleinlastwagen auf.
   Nutzen Sie für Ihre Arbeit die Angaben in den Anlagenkarteikarten, die Aussagen in den Gesetzestexten (§ 253 HGB, §§ 6, 7 EStG) und die nachfolgende Rechentabelle:

Abschreibungsplan für _____ :	
Anschaffungskosten	
– 1. Abschreibung 31.12.02	
= Buchwert 31.12.02	
– 2. Abschreibung 31.12.03	
usw.	

3. Sammeln Sie möglichst viele Argumente dafür, was den Gesetzgeber bewogen hat, für das Kalenderjahr 2011 die degressive Abschreibung im Steuerrecht abzuschaffen und nur noch die lineare Abschreibung zuzulassen, davor aber für die Jahre 2009 und 2010 die degressive Abschreibung zuzulassen. Entwickeln Sie Ihre Argumente aus den Gesetzestexten und unter Heranziehung der INFO-Texte ab Seite 473.

4. Buchen Sie aufgrund der obigen Anlagenkarteikarten die Anschaffung des Kleinlastwagens im Januar 02 (gegen Banküberweisung).

5. Buchen Sie aufgrund der so erstellten Abschreibungspläne die Abschreibung zum 31.12.02 für beide Fahrzeuge.

Vertiefende Übungen

1. Das Metallwerk Bernhard Boge e. K. hat am 15.03. einen Lastkraftwagen zum Kaufpreis von 125.000,00 € netto angeschafft. Der Lkw wurde mit einer Werbeaufschrift für das Unternehmen versehen, die 8.070,00 € netto ausmachte. Die beiden Rechnungen sind noch nicht beglichen. Die Zulassungsgebühren werden mit 80,00 € und die Nummernschilder mit 50,00 € bar bezahlt.

   a) Ermitteln Sie die Anschaffungskosten des Lkw.

   b) Warum zählen die Zulassungskosten zu den Anschaffungsnebenkosten, nicht aber die Kraftfahrzeugsteuer und die Kraftfahrzeugversicherung?

   c) Wie hoch wären die Anschaffungskosten, wenn uns der Lieferer auf den Kaufpreis 2 % Skonto gewährt hätte?

   d) Die betriebsgewöhnliche Nutzungsdauer des Lkw beträgt neun Jahre; er soll linear abgeschrieben werden.

      1) Ermitteln Sie den jährlichen Abschreibungsbetrag und den Abschreibungsbetrag für das erste Jahr.

      2) Wie hoch ist der Buchwert des Lkw am Ende des ersten Nutzungsjahres?

      3) Nennen Sie den Buchungssatz für die Abschreibung.

      4) Wie lauten die Abschlussbuchungssätze?

      5) Buchen Sie auf den Konten Fuhrpark, Abschreibungen auf SA, GuV, SBK.

2. Im Metallwerk Bernhard Boge e. K. ist im Januar eine Hebebühne angeschafft worden. Die Rechnung lautet über 160.000,00 € netto. Die Transportkosten werden vom Spediteur mit 5.000,00 € netto in Rechnung gestellt. Für Installationsarbeiten werden 25.000,00 € netto berechnet. Die TÜV-Gebühr wird mit Bankscheck beglichen: 500,00 € netto.

   a) Ermitteln Sie die Anschaffungskosten der Hebebühne.

   b) Die Hebebühne hat eine Nutzungsdauer von 20 Jahren.

   1) Berechnen Sie die jährliche AfA bei degressiver Abschreibung. Es soll die gesetzliche Regelung für das Kalenderjahr 2010 gelten.

   2) Nennen Sie den Buchungssatz für die Abschreibung am Ende des ersten Nutzungsjahres.

   3) Buchen Sie die Abschreibung auf Konten und schließen Sie diese ab.

   4) Wie hoch ist der Buchwert der Hebebühne nach fünf Nutzungsjahren?

3. Die Anschaffungskosten einer Verpackungsanlage betragen 400.000,00 €. Laut AfA-Tabelle hat die Anlage eine betriebsgewöhnliche Nutzungsdauer von 8 Jahren.

   a) Ermitteln Sie bei linearer Abschreibung jeweils den Abschreibungsbetrag und Abschreibungssatz.

   b) Erstellen Sie die Abschreibungstabelle.

   c) Buchen Sie für das erste Jahr die Abschreibung, wenn die Anschaffung im Mai erfolgte. Richten Sie dazu folgende Konten ein: Technische Anlagen und Maschinen, Abschreibungen auf Sachanlagen, Schlussbilanzkonto, GuV-Konto.

4. Wie müssen/können aufgrund der gesetzlichen Regelung im Jahr 2010 die folgenden Anlagegüter bei der Abschreibung behandelt werden?

   a) Anschaffung eines Büroschrankes im Wert von netto 670,00 €.

   b) Anschaffung eines Bürocomputers mit Drucker:
   Anschaffungskosten des Computers   2.350,00 € netto,
   Anschaffungskosten des Druckers   850,00 € netto.

   c) Anschaffung einer Werkzeugmaschine, Anschaffungskosten 43.500,00 € netto, Nutzungsdauer 7 Jahre.

   d) Anschaffung eines Tischrechners, Anschaffungskosten 140,00 € netto.

5. Prüfen Sie, ob die folgende Aussage richtig ist:
Abschreibungen werden einerseits als Aufwand gebucht; dadurch wirken sie im Gewinn- und Verlustkonto gewinnmindernd, was sich letztlich auch in einer geringeren Steuerlast bei den gewinnabhängigen Steuern (z. B. Einkommensteuer) bemerkbar macht. Andererseits setzt der Unternehmer die Abschreibungen als Kostenbestandteil in die Preisberechnung mit ein, sodass sie in den Umsatzerlösen gewinnerhöhend an das Unternehmen zurückfließen. Damit hebt er den Effekt einer Steuersenkung durch Abschreibungen wieder auf.

6. In einem Industriebetrieb waren zu Beginn des Geschäftsjahres auf dem Konto „0792 Sammelposten Geringwertige Wirtschaftsgüter aus technischen Anlagen- und Maschinen" (2. Jahr) Vermögensgegenstände im Wert von 12.200,00 € erfasst. Am 15.06.01 erwarb das Unternehmen fünf elektronische Messschieber im Wert von 650,00 € netto je Stück, die dem Sammelposten 0791 (1. Jahr) zugeführt werden sollen. Am 23.10.01 wurde dem Sammelposten 0792 ein Vermögensgegenstand im Wert von netto 700,00 € entnommen und gegen Rechnung verkauft.
Stellen Sie den Sachverhalt durch Buchungssätze und auf Konten dar. Beachten Sie, dass die geringwertigen Wirtschaftsgüter eines Jahres als jeweils eigene Sammelposten zu führen sind.

6
Inventurbestände bei fertigen und unfertigen Erzeugnissen beeinflussen den Erfolg – Bestandsveränderungen

Lernziele

Nach der Durcharbeitung dieses Kapitels
- ist Ihnen verständlich, dass bei der Berechnung des betrieblichen Erfolgs immer die Gesamtkosten einer Abrechnungsperiode der Gesamtleistung dieser Periode gegenübergestellt werden müssen,
- wissen Sie, wie sich Bestandsveränderungen bei fertigen und unfertigen Erzeugnissen auf den Erfolg auswirken,
- können Sie Bestandsveränderungen erfolgswirksam buchen.

Situation

In der Heidtkötter KG steht für das Geschäftsjahr 02 das Projekt *communicTable* an. Designerin Malin Lund hat vorgeschlagen, einen „digitalen Arbeitstisch" für das kreative Arbeiten in Kleingruppen zu entwickeln. Innovatives Merkmal dieses Tisches ist ein mittig eingelassener Bildschirm, über den Ideen präsentiert und verändert werden können, die zuvor am PC entwickelt wurden. Marketingleiter Florian Hagenbruch verspricht sich gute Absatzchancen für eine solche Systemlösung.

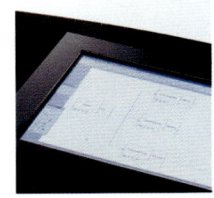

Komponenten des Tisches sind:

> Flachbildschirm, 50 Zoll, als Vorprodukt/Fremdbauteil bezogen,
> Alu-Rahmen, matt, Tischplatte 160 x 80 cm, abgerundete Ecken,
> Spanstäbchenplatte, Buche, Schichtholz-Umleimer, Alu-Druckgussgestell auf Gleitern

Controller Eric Sippel hat zusammen mit der Entwicklungsabteilung folgende **Plandaten** für das Projekt zusammengestellt:

```
Materialaufwand je Tisch: Platte mit Umleimer              220,00 €
                          Alu-Druckgussgestell             120,00 €
                          Alu-Rahmen                        25,00 €
                          Flachbildschirm (Fremdbauteil)  1.550,00 €

Fertigungslöhne je Tisch:                                  425,00 €

sonstige betriebliche Aufwendungen (je Tisch pauschal):     60,00 €

Angestrebter Verkaufspreis je Tisch:                     2.880,00 €

Angestrebte Produktion:   im Geschäftsjahr 02            120 Tische
                          im Geschäftsjahr 03            200 Tische

Geschätzter Lagerbestand an fertigen Tischen: 31.12.01     0 Tische
                                              31.12.02     45 Tische
                                              31.12.03     30 Tische
```

Aufgrund dieser Daten ermittelt Eric Sippel den geplanten **Erfolg** für dieses Projekt.

Arbeitsauftrag

Ihre Aufgabe ist es, die Erfolgsrechnung für das Geschäftsjahr 02 aufzustellen. Gehen Sie zunächst von den geplanten jährlichen Aufwendungen und den geplanten Umsatzerlösen aus. Machen Sie sich danach darüber Gedanken, welche Rolle in dieser Erfolgsrechnung der Lagerbestand an fertigen Erzeugnissen spielt. Das folgende Gewinn- und Verlustkonto soll Sie in Ihrer Arbeit unterstützen.

Aufwendungen		**Gewinn- und Verlustkonto 31.12.02**		*Erträge*
Materialaufwand für	... Tische	Umsatzerlöse für	... Tische	
Löhne für	... Tische			
Sonst. Aufwendg. für	... Tische			

Die zu klärende Frage ist: Wie sind die zwar hergestellten, aber noch nicht verkauften **45 Tische** in der Erfolgsrechnung zu behandeln? Wir geben Ihnen mehrere Alternativen zum Nachdenken:

a) Die 45 auf Lager genommenen fertigen Tische bleiben in der Erfolgsrechnung 02 unberücksichtigt. Die Heidtkötter KG muss aus dieser Produktion im ersten Jahr einen Verlust von 72.000,00 € hinnehmen. Erst im nächsten Jahr werden diese Tische verkauft; die Umsatzerlöse erscheinen dann erst in der Gewinn- und Verlustrechnung als Ertrag.

b) Die 45 Tische sind hergestellt worden; sie stellen also eine Leistung der Heidtkötter KG in 02 dar, die zwar noch nicht auf dem Markt verwertet werden konnte, die aber jetzt schon in der Erfolgsrechnung berücksichtigt werden muss.

c) Die Erfolgsrechnung kann so nicht stimmen, denn den Aufwendungen für 120 hergestellte Tische stehen auf der Ertragsseite nur die Umsatzerlöse für 75 verkaufte Tische gegenüber.

d) In der Gewinn- und Verlustrechnung werden nur die tatsächlich getätigten Aufwendungen und nur die tatsächlich realisierten Erfolge berücksichtigt.

e) In den hergestellten, aber noch nicht verkauften 45 Tischen „schlummert" ein Wert, der als Ertrag in der Gewinn- und Verlustrechnung berücksichtigt werden muss.

f) Die Gewinn- und Verlustrechnung ist eine immer auf ein Geschäftsjahr bezogene Erfolgsrechnung und nimmt alle in dieser Zeitspanne vom Unternehmen getätigten Aufwendungen und alle erbrachten Leistungen auf.

Setzen Sie sich mit diesen Aussagen kritisch auseinander. Beachten Sie dabei folgenden Grundsatz aus § 275 HGB:

[...] Sofern die Gewinn- und Verlustrechnung nach dem Gesamtkostenverfahren[1] aufgestellt wird, sind zusätzlich zu den Umsatzerlösen auch eine Erhöhung oder Verminderung des Bestandes an fertigen und unfertigen Erzeugnissen auszuweisen. [...]

Situation (Fortsetzung)　　　Wenn Sie zu dem Ergebnis kommen, dass auf der Ertragsseite des Gewinn- und Verlustkontos die hier noch „fehlenden" 45 Tische erscheinen müssen, dann ist noch die Frage zu klären, zu welchem **Wert** diese Tische in der Erfolgsrechnung angesetzt werden müssen.
Mögliche **Wertansätze** für diese Tische sind:

a) Wertansatz sind die sogenannten **Herstellungskosten,** d. h., alle inzwischen für die Herstellung der Tische aufgewendeten Kosten bilden den Wertansatz.

b) Wertansatz ist der **Verkaufspreis** für einen Tisch.

Die Entscheidung richtet sich hier nach dem **Grundsatz:**

Nicht realisierte Gewinne dürfen nicht ausgewiesen werden!

1　**Gesamtkostenverfahren** meint, dass den gesamten Aufwendungen einer Abrechnungsperiode die gesamten Leistungen (Absatz-, Lager-, Eigenleistungen) gegenübergestellt werden.

Arbeitsaufträge

1. Entscheiden Sie, zu welchem Wert die noch nicht verkauften Tische zu berücksichtigen sind.

2. Erstellen Sie nun mithilfe der bisher gegebenen Hinweise das Gewinn- und Verlustkonto. Weisen Sie nach, wie viel Euro Gewinn oder Verlust die Heidtkötter KG aus dem Projekt *communicTable* für das Geschäftjahr 02 ausweisen muss.

Buchung des Mehrbestandes

Situation (Fortsetzung)

Das Buchen der Vorgänge setzt voraus, dass die Heidtkötter KG ein Konto „2200 Fertige Erzeugnisse" führt, das – ähnlich wie die Werkstoffkonten – den Jahresanfangs- und den Jahresschlussbestand aufnimmt.

Das Konto „2200 Fertige Erzeugnisse – *communicTable*" hat zum Jahresanfang 02 den Anfangsbestand 0,00 €; die Tische werden im Jahr **02** zum ersten Mal produziert.

Arbeitsaufträge (Fortsetzung)

3. Buchen Sie den Mehrbestand auf dem Konto „2200 Fertige Erzeugnisse".
   Schließen Sie das Konto ab (mit Buchungssätzen).

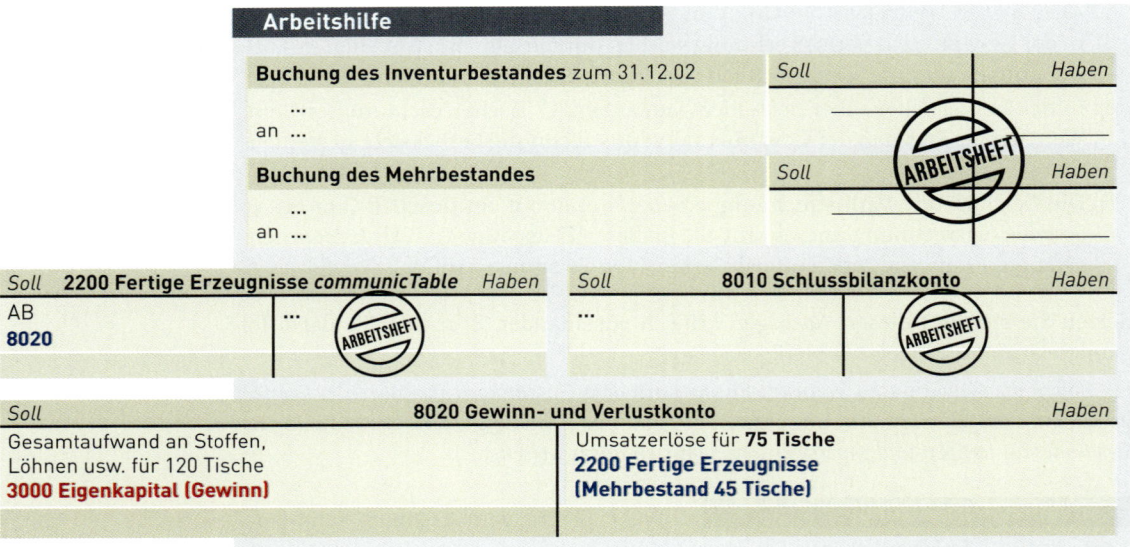

Mit diesen Buchungen weist das Konto „8020 Gewinn und Verlust" nunmehr die **Gesamtleistung** aus, die das Projekt *communicTable* im Geschäftsjahr 02 erbracht hat, also:

- die **Umsatzleistung** aus dem Verkauf von 75 Tischen mit 216.000,00 € und
- die sogenannte **Lagerleistung** aus der vorübergehenden Einlagerung der hergestellten, aber noch nicht verkauften 45 Tische mit 108.000,00 €.

Arbeitsaufträge (Fortsetzung)

4. „Spielen" Sie nunmehr die Situation für das Jahr 03 mit den auf Seite 154 gegebenen Zahlen durch, indem Sie das Konto „2200 Fertige Erzeugnisse – *communicTable*" eröffnen, ein Gewinn- und Verlustkonto führen, den Jahresgewinn unter Beachtung des Endbestandes an fertigen Tischen ermitteln und die entsprechenden Buchungen vornehmen. Lesen Sie hierzu die im INFO-Teil unter Kapitel 6 gemachten Aussagen zum **Minderbestand** bei fertigen und unfertigen Erzeugnissen.

› INFO-Teil

**Konto Bestands-
veränderungen**

Situation

Im vorhergehenden Abschnitt wurden die Buchungen so angeboten, als gäbe es in der Heidtkötter KG im Konto „Fertige Erzeugnisse" nur eine Position, den *communicTable*. Das ist in aller Regel nicht der Fall. Vielmehr stellen die Unternehmen eine Vielzahl von Erzeugnissen her, deren Anfangs- und Schlussbestände nicht übereinstimmen. Auch ist es wegen des willkürlichen Inventureinschnitts regelmäßig so, dass sich Erzeugnisse zum Inventurstichtag in noch unfertigem Zustand in der Produktion befinden. Die Bestände dieser sogenannten **unfertigen Erzeugnisse** müssen ebenfalls erfasst und mit den Aufwendungen bewertet werden, die sie inzwischen verursacht haben. Die Vielzahl dieser Mehr- und Minderbestände bei fertigen und unfertigen Erzeugnissen wird nun nicht jedes Mal einzeln über das Gewinn- und Verlustkonto gebucht – wie oben gezeigt –, sondern über **Sammelkonten** mit den Bezeichnungen
5201 Bestandsveränderungen an unfertigen Erzeugnissen und
5202 Bestandsveränderungen an fertigen Erzeugnissen.

Zur Aufnahme der Anfangs- und Schlussbestände an fertigen und unfertigen Erzeugnissen führt die Heidtkötter KG im Kontenplan also die beiden **Bestandskonten:**

2100 Unfertige Erzeugnisse	2200 Fertige Erzeugnisse
für alle unfertigen Erzeugnisse	für alle fertigen Erzeugnisse

Denen zugeordnet sind die beiden **Erfolgskonten** zur Aufnahme der Mehr- oder Minderbestände bei unfertigen und fertigen Erzeugnissen:

5201 Bestandsveränderungen an unfertigen Erzeugnissen	5202 Bestandsveränderungen an fertigen Erzeugnissen
für alle unfertigen Erzeugnisse	für alle fertigen Erzeugnisse

Arbeitshilfe

Für das Jahr 02 fügt sich das Konto „5202 Bestandsveränderungen an fertigen Erzeugnissen" wie folgt in die Kontensystematik ein:

Buchung des **Inventurbestandes** zum 31.12.02	Soll	Haben
8010 Schlussbilanzkonto	108.000,00 €	
an 2200 Fertige Erzeugnisse		108.000,00 €

Buchung des **Mehrbestandes**	Soll	Haben
2200 Fertige Erzeugnisse	108.000,00 €	
an 5202 Bestandsveränderungen FE		108.000,00 €

Das Konto „5202 Bestandsveränderungen FE" würde alle weiteren Mehr- oder Minderbestände fertiger Erzeugnisse sammeln und danach die Gesamtsumme/ -saldo an das Konto „8020 Gewinn- und Verlustkonto" abgeben.

Buchung des **Saldos** im Konto „Bestandsveränderungen FE"	Soll	Haben
5202 Bestandsveränderungen FE	108.000,00 €	
an 8020 Gewinn- und Verlustkonto		108.000,00 €

Soll	2200 Fertige Erzeugnisse *communicTable*		Haben		Soll	8010 Schlussbilanzkonto	Haben
AB	0,00	8010	108.000,00		2200	108.000,00	
5202	108.000,00						
	108.000,00		108.000,00				

→

Arbeitshilfe (Fortsetzung)

Soll	5202 Bestandsveränderungen an fertigen Erzeugnissen		Haben
8020	108.000,00	2200	108.000,00

Soll	8020 Gewinn- und Verlustkonto			Haben
Gesamtaufwand an Stoffen, Löhnen usw. für 120 Tische	288.000,00	Umsatzerlöse für **75 Tische**		216.000,00
3000 Eigenkapital (Gewinn)	36.000,00	**5202 Bestandsveränderungen an fertigen Erzeugnissen (45 Tische)**		**108.000,00**
	324.000,00			324.000,00

Arbeitsaufträge (Fortsetzung)

5. Führen Sie mit den Zahlen für das Jahr 03 das Konto „5202 Bestandsveränderungen an fertigen Erzeugnissen". Beachten Sie, dass zu Beginn des Jahres das Konto „2200 Fertige Erzeugnisse" einen Anfangsbestand von 108.000,00 € aufweist.

Vertiefende Übungen[1]

1. Notieren Sie die Buchstaben der richtigen Antworten:

   Die Konten „2100 Unfertige Erzeugnisse" und „2200 Fertige Erzeugnisse" sind sogenannte unbewegte Bestandskonten. Auf ihnen werden lediglich die Anfangsbestände zu Beginn des Geschäftsjahres und die Endbestände beim Jahresabschluss eingetragen. In der Regel stimmen Anfangs- und Endbestände nicht überein.

   Ein Mehrbestand liegt vor, wenn
   a) der Anfangsbestand größer ist als der Endbestand,
   b) der Anfangsbestand kleiner ist als der Endbestand.

   Ein Minderbestand liegt vor, wenn
   c) der Anfangsbestand größer ist als der Endbestand,
   d) der Anfangsbestand kleiner ist als der Endbestand.

2. Notieren Sie die Buchstaben der richtigen Antworten:
   a) Ein Mehrbestand an fertigen und unfertigen Erzeugnissen erhöht die betrieblichen Aufwendungen der Abrechnungsperiode.
   b) Ein Mehrbestand an fertigen und unfertigen Erzeugnissen vermindert die betrieblichen Aufwendungen der Abrechnungsperiode.
   c) Ein Mehrbestand an fertigen und unfertigen Erzeugnissen erhöht die Erträge der Abrechnungsperiode.
   d) Ein Mehrbestand an fertigen und unfertigen Erzeugnissen vermindert die Erträge der Abrechnungsperiode.
   e) Ein Minderbestand an fertigen und unfertigen Erzeugnissen erhöht die betrieblichen Aufwendungen der Abrechnungsperiode.
   f) Ein Minderbestand an fertigen und unfertigen Erzeugnissen verringert die betrieblichen Aufwendungen der Abrechnungsperiode.
   g) Ein Minderbestand an fertigen und unfertigen Erzeugnissen erhöht die betrieblichen Erträge der Abrechnungsperiode.
   h) Ein Minderbestand an fertigen und unfertigen Erzeugnissen verringert die betrieblichen Erträge der Abrechnungsperiode.

3. Untersuchen Sie die folgenden Aussagen daraufhin, ob sie den jeweiligen Zusammenhang zutreffend wiedergeben oder nicht:
   a) Bestandsveränderungen an fertigen und unfertigen Erzeugnissen müssen erfasst und gebucht werden, um den Erfolg (= Gewinn oder Verlust) periodengerecht ausweisen zu können.

---

1 Beachten Sie auch die Übungsaufgabe im Arbeitsheft.

b) Werden Minderbestände an Erzeugnissen nicht erfasst und gebucht, dann weist das Unternehmen im Gewinn- und Verlustkonto einen zu niedrigen Gewinn aus.

c) Werden Mehrbestände an Erzeugnissen nicht erfasst und gebucht, dann weist das Unternehmen im Gewinn- und Verlustkonto einen zu hohen Verlust aus.

4. Auf dem Konto „5201 Bestandsveränderungen an unfertigen Erzeugnissen" sind zum Jahresende folgende Beträge gebucht:

Soll		5201 Bestandsveränderungen an unfertigen Erzeugnissen		Haben
2101 Unfertige Erzeugnisse Stühle	84.500,00	2103 Unfertige Erzeugnisse Systeme		110.000,00
2102 Unfertige Erzeugnisse Tische	73.500,00	2104 Unfertige Erzeugnisse Sonderlösungen		93.500,00
8020 GuV-Konto	45.500,00			
	203.500,00			203.500,00

a) Deuten Sie die jeweilige Produktions- und Absatzsituation der vier Erzeugnisgruppen.

b) Geben Sie an, ob insgesamt ein Mehr- oder Minderbestand vorliegt und wie sich dieser Bestand im Jahreserfolg bemerkbar macht.

5. Folgender Kontenauszug liegt vor:

Nr.	Konto	Soll	Haben
2100	Unfertige Erzeugnisse, Anfangsbestand	120.000,00	
2200	Fertige Erzeugnisse, Anfangsbestand	180.000,00	
5201	Bestandsveränderungen an unfertigen Erzeugnissen	—	—
5202	Bestandsveränderungen an fertigen Erzeugnissen	—	—
8020	GuV-Konto, Summe aller Aufwendungen	850.000,00	
8020	GuV-Konto, Summe aller Umsatzerlöse		1.200.000,00
Die Inventur ergibt folgende Endbestände:			
2100	Unfertige Erzeugnisse, Endbestand		160.000,00
2200	Fertige Erzeugnisse, Endbestand		150.000,00

a) Richten Sie die Konten ein und buchen Sie die Endbestände an unfertigen und fertigen Erzeugnissen.

b) Buchen und erläutern Sie jeweils die Bestandsveränderungen an unfertigen und fertigen Erzeugnissen.

c) Ermitteln Sie im GuV-Konto den Erfolg des Unternehmens.

d) Wie wirken sich die Bestandsveränderungen auf den Erfolg aus?

6. Folgender Kontenauszug liegt vor:

Nr.	Konto	Soll	Haben
2100	Unfertige Erzeugnisse, Anfangsbestand	200.000,00	
2200	Fertige Erzeugnisse, Anfangsbestand	380.000,00	
5201	Bestandsveränderungen an unfertigen Erzeugnissen	—	—
5202	Bestandsveränderungen an fertigen Erzeugnissen	—	—
8020	GuV-Konto, Summe aller Aufwendungen	2.400.000,00	
8020	GuV-Konto, Summe aller Umsatzerlöse		2.900.000,00
Die Inventur ergibt folgende Endbestände:			
2100	Unfertige Erzeugnisse, Endbestand		140.000,00
2200	Fertige Erzeugnisse, Endbestand		450.000,00

Schließen Sie die Konten unter Angabe der Buchungssätze ab und ermitteln Sie den Erfolg.

7. a) Begründen Sie, warum die Mehrbestände an Erzeugnissen auf der Habenseite (= Ertragsseite) des Gewinn- und Verlustkontos, die Minderbestände dagegen auf der Sollseite (= Aufwandsseite) auszuweisen sind.

b) Ergänzen Sie: Umsatzerlöse + _____?_____ > Aufwendungen → ____?____

Umsatzerlöse < Aufwendungen + _____?_____ → ____?____ →

Vertiefende Übungen (Fortsetzung)

8. Bis zum 25. Dezember 01 sind auf den Konten der Gebauer KG folgende Salden entstanden:

Nr.	Konto	Soll	Haben
0510	Bebaute Grundstücke	1.340.000,00	
0700	Technische Anlagen und Maschinen	980.000,00	
0800	Betriebs- und Geschäftsausstattung	450.000,00	
2000	Rohstoffe	135.000,00	
2020	Hilfsstoffe	74.000,00	
2100	Unfertige Erzeugnisse	66.000,00	
2200	Fertige Erzeugnisse	82.000,00	
2400	Forderungen a. LL	120.000,00	
2800	Bankguthaben	145.000,00	
2880	Kasse	38.000,00	
3000	Eigenkapital: Komplementär Karl Gebauer		989.000,00
3010	Eigenkapital: Kommanditist Ernst Gebauer		650.000,00
4230	Darlehen		1.350.000,00
4400	Verbindlichkeiten a. LL		134.000,00
4870	Verbindlichkeiten gegenüber Gesellschaftern		0,00
5000	Umsatzerlöse für eigene Erzeugnisse		4.010.000,00
5201	Bestandsveränderungen UE	—	—
5202	Bestandsveränderungen FE	—	—
5710	Zinserträge		2.000,00
6000	Aufwendungen für Rohstoffe	1.368.000,00	
6020	Aufwendungen für Hilfsstoffe	430.000,00	
6200	Löhne	910.000,00	
6300	Gehälter	345.000,00	
6400	Arbeitgeberanteil zur Sozialversicherung	180.000,00	
6520	Abschreibungen auf Sachanlagen	0,00	
6700	Mietaufwendungen	120.000,00	
6800	Büromaterial	22.000,00	
6830	Kosten der Telekommunikation	26.000,00	
6870	Werbung	220.000,00	
7000	Betriebliche Steuern	16.000,00	
7510	Zinsaufwendungen	68.000,00	
		7.135.000,00	7.135.000,00

Bis zum 31. Dezember sind noch folgende Geschäftsvorfälle zu buchen:

1.	ER 697 für Rohstoffe	63.000,00
2.	KA 522: Lohnzahlung	82.000,00
	Gehaltszahlung	31.000,00
	Gutschrift für Zinsen auf Bankkonto	700,00
	Abbuchung der Telefonkosten	2.600,00
3.	AR 772: Verkauf fertiger Erzeugnisse	123.000,00
4.	KA 523: Überweisung von Kunde, AR 724	56.000,00
5.	KA 524: Darlehenszinsen (2. Halbjahr 01)	37.000,00
	Darlehenstilgung	33.000,00
6.	KA 525: Überweisung der Miete für gemietetes Bürogebäude	8.000,00
7.	ER 698: Rechnung über Werbeanzeige	3.000,00
8.	AR 773: Verkauf fertiger Erzeugnisse	72.000,00
9.	**Abschlussangaben:**	
	Abschreibungen auf Bebaute Grundstücke	53.000,00
	Abschreibungen auf Technische Anlagen und Maschinen	82.000,00
	Abschreibungen auf Betriebs- und Geschäftsausstattung	36.000,00
	Inventurbestand an Rohstoffen	132.000,00
	Inventurbestand an Hilfsstoffen	62.000,00
	Inventurbestand an unfertigen Erzeugnissen	70.000,00
	Inventurbestand an fertigen Erzeugnissen	63.000,00

a) Richten Sie die obigen Konten mit den Soll- und Habensummen ein.

b) Buchen Sie die Geschäftsvorfälle, die noch bis zum 31.12.01 zu berücksichtigen sind.

c) Machen Sie den Probeabschluss mit den erforderlichen Umbuchungen und übertragen Sie die Umbuchungen auf die betreffenden Konten.

d) Schließen Sie die Erfolgskonten über das GuV-Konto ab und weisen Sie den Erfolg dem Eigenkapitalkonto zu.

e) Schließen Sie die Bestandskonten zum SBK ab.

f) Prüfen Sie die Übereinstimmung der Werte im Schlussbilanzkonto mit den Werten der Inventurbilanz in der Abschlussübersicht.

g) Ermitteln Sie die Eigenkapitalquote sowie die Verzinsung des Eigenkapitals (= Eigenkapitalrentabilität) und bewerten Sie die Zahlen.

h) Für die Aufteilung des Gewinns soll gelten, dass zunächst die Kapitalanteile der Gesellschafter mit 4 % verzinst werden. Ein verbleibender Rest ist im Verhältnis 4:1 aufzuteilen.

7
Die Umsatzsteuer beim Ein- und Verkauf buchen

Leitidee

Vielen Bürgern erscheint die Umsatzsteuer als eine ungerechte und preistreibende Steuer, die die erworbenen Güter und Dienstleistungen um 19 % verteuert. Wenn man Steuern nicht grundsätzlich als ein Übel ansieht, lässt sich dieser Sichtweise entgegenhalten, dass der Staat mit der Umsatzsteuer an der Wirtschaftskraft der Konsumenten zu partizipieren sucht. Er belastet die Bürger nicht alle gleich, sondern nach deren Konsumkraft. Insofern zahlt nur der mehr Steuern, der mehr konsumiert. Darüber hinaus wurde eine soziale Komponente berücksichtigt, indem der Gesetzgeber für Nahrungs- mittel, Druck-Erzeugnisse und weitere Waren einen ermäßigten Satz von 7 % bestimmt hat und damit Grundbedürfnisse geringer besteuert.

Ein knapper Blick in die Historie zeigt, warum neben dem Begriff Umsatzsteuer häu- fig auch heute noch der Begriff Mehrwertsteuer umgangssprachlich verwandt wird:

Bis zum 31.12.1967 galt in der Bundesrepublik Deutschland das Brutto-Umsatzsteuer- System. Es sah vor, dass auf den Umsatz jeweils 4 % an Umsatzsteuer abzuführen waren. Die folgenden Gesetze ab 1968 legten den Begriff Mehrwertsteuer nahe, weil von da an nur noch der auf jeder Produktionsstufe erwirtschaftete Mehrwert besteuert wurde. Dies hat sich im Prinzip auch bis heute erhalten. Um zu gewährleisten, dass die Steuer tatsächlich nur vom Endverbraucher getragen wird, darf nämlich der Unternehmer die auf die Umsätze berechnete und eingenommene Umsatzsteuer mit der zuvor beim Einkauf der Vorprodukte verausgabten Umsatzsteuer verrechnen (Vorsteuerabzug).

Lernziele

Nach Bearbeitung dieses Kapitels werden Sie …

- das Umsatzsteuergesetz als eine Basis der Außenbeziehung der Unternehmen zum Staat einordnen können,
- die Begriffe Vorsteuer und Umsatzsteuer verstehen und deren Beziehung zueinander über die Begriffe Forderungen und Verbindlichkeiten bestimmen können,
- wissen, dass der Endverbraucher die Umsatzsteuer trägt und dass folglich für Gewerbetreibende diese Steuer ein „durchlaufender Posten" ist,
- die aktuellen Steuersätze typischen Konsumgütern zuordnen können,
- die Umsatzsteuer-Zahllast über den Vorsteuerabzug ermitteln können,
- den Sachverhalt erläutern können, dass nur der auf jeder Warenstufe erzeugte Mehrwert besteuert und dies über den Vorsteuerabzug gewährleistet wird,
- die beim Ein- und Verkauf nötigen Buchungen unter Berücksichtigung der Umsatzsteuer vornehmen können,
- sowohl den Vorsteuer-Überhang als auch die Umsatzsteuer-Zahllast bilanzieren können.

7.1
Die Umsatzsteuer in einer Alltagssituation analysieren

Situation (Fortsetzung)   Um das Verständnis für das Wesen der Umsatzsteuer zu erleichtern, führen wir Sie zunächst in eine Ihnen vertraute Einkaufs- bzw. Verkaufssituation. Später greifen wir die Situation eines Wiederverkäufers auf, um schließlich zurückzukehren zur Heidtkötter KG und deren Bezug zur Umsatzsteuer.

Wir beschreiten also mit Ihnen gedanklich den Weg vom Konsumenten zum Hersteller.

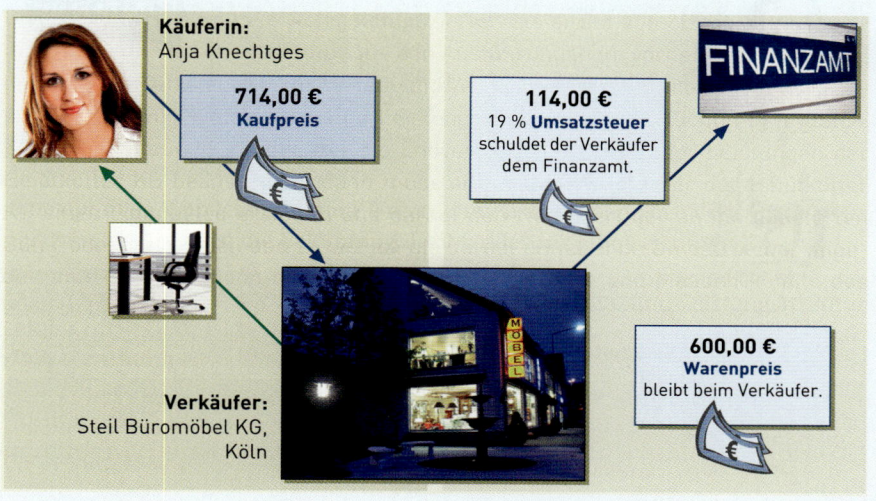

Arbeitsauftrag

Erklären Sie, welche Beziehungen Sie dem Bild entnehmen können.

Arbeitshilfe

Anja Knechtges **kauft** bei Steil Büromöbel KG, Köln, ein mit 714,00 € ausgezeichnetes Ensemble aus Arbeitstisch und Bürostuhl (= Kaufpreis). Mit dem Betrag von 714,00 € zahlt sie nicht nur den Warenpreis, sondern zusätzlich auch 19 % Umsatzsteuer. Der Warenpreis beläuft sich auf 600,00 €, die Umsatzsteuer beträgt 114,00 €.

Käuferin

Für den Verkäufer, Herrn Steil, stellt sich diese Situation hinsichtlich der Umsatzsteuer ein wenig anders dar. Er **verkauft** in seinem Geschäft ein mit 714,00 € ausgezeichnetes Ensemble an Anja Knechtges. Zusätzlich zum Warenpreis von 600,00 € nimmt Herr Steil auch noch 19 % Umsatzsteuer ein, das sind die bereits benannten 114,00 €. Den Warenpreis behält Herr Blum, die Umsatzsteuer schuldet er dem Finanzamt.

Verkäufer

Absicht des Staates ist es, Steuereinnahmen aus dem privaten Konsum zu erzielen, indem er jeden Konsumenten (= Endverbraucher) beim Kauf einer Ware oder Dienstleistung zusätzlich zum Kaufpreis 19 % und in bestimmten Ausnahmefällen 7 % Umsatzsteuer (z. B. bei Lebensmitteln, Büchern usw.) zahlen lässt. Der Verkäufer nimmt diese Steuer mit dem Kaufpreis ein und schuldet sie – wie bereits beschrieben – dem Finanzamt.

Staat

7.2
Die Umsatzsteuer beim Einkauf des Wiederverkäufers betrachten

Situation   Im vorigen Unterkapitel haben wir als Ausgangspunkt für unsere Betrachtung die Konsumentin Anja Knechtges und die Verkaufssituation der Steil Büromöbel KG gewählt. Jetzt nehmen wir die Einkaufssituation der Steil Büromöbel KG, Köln, unter dem Aspekt der Umsatzsteuer in den Blick.

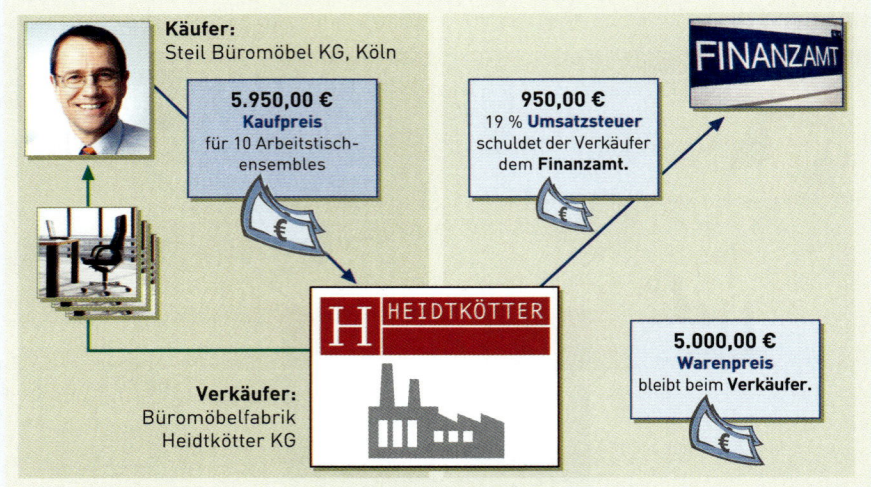

Arbeitsauftrag

Erklären Sie die Beziehungen, die das Schaubild zeigt.

Arbeitshilfe

Verkäufer   Die Heidtkötter KG **verkauft** zehn Arbeitstische mit Stühlen an die Steil Büromöbel KG, Köln, zum Warenpreis von 5.000,00 €. Die folgende Rechnung leitet die Heidtkötter KG an die Steil KG weiter:

Für die Lieferung erhält die Heidtkötter KG von der Steil KG nicht nur den Warenpreis von 5.000,00 €, sondern auch die Umsatzsteuer in Höhe von 950,00 €, das sind 19 % vom Warenpreis. Die Heidtkötter KG schuldet die erhaltene Umsatzsteuer dem Finanzamt.

Verkäufer

Käufer

Staat

Steil Büromöbel KG, Köln, **kauft** zehn Arbeitstische mit Stühlen bei der Heidtkötter KG zum Warenpreis von 5.000,00 €. Mit den Arbeitstischen erhält die Steil KG auch die obige Rechnung. Sie zahlt mit dem Betrag von 5.950,00 € nicht nur den Warenpreis von 5.000,00 €, sondern auch die Umsatzsteuer von 950,00 €, das sind 19 %, an die Heidtkötter KG.

Wie Sie bereits wissen, ist es Absicht des Staates, Steuereinnahmen aus dem **privaten** Konsum der Endverbraucher zu erzielen und nicht aus dem unternehmerischen Kauf eines Wiederverkäufers. Der Verkäufer (hier: die Heidtkötter KG) nimmt diese Steuer mit dem Warenpreis ein und schuldet sie dem Finanzamt. Der Käufer (hier: die Steil KG) zahlt die Steuer an die Heidtkötter KG, ist aber nicht Konsument, sondern Wiederverkäufer und kann deshalb die an die Heidtkötter KG gezahlte Steuer vom Finanzamt zurückfordern. Anders ausgedrückt: In Höhe der an die Heidtkötter KG gezahlten Umsatzsteuer von 950,00 € entsteht eine Forderung der Steil KG gegen das Finanzamt auf Rückerstattung dieser Steuer. Ziel des Umsatzsteuergesetzes ist es also, nur den privaten Konsum eines Endverbrauchers mit Umsatzsteuer zu belegen.

7.3
Die Zahllast ermitteln

Situation

Die Steil Büromöbel KG, Köln, hat – wie gesehen – eingekauft und verkauft.

Einkauf

Von der Heidtkötter KG hat die Steil KG die folgende Rechnung erhalten:

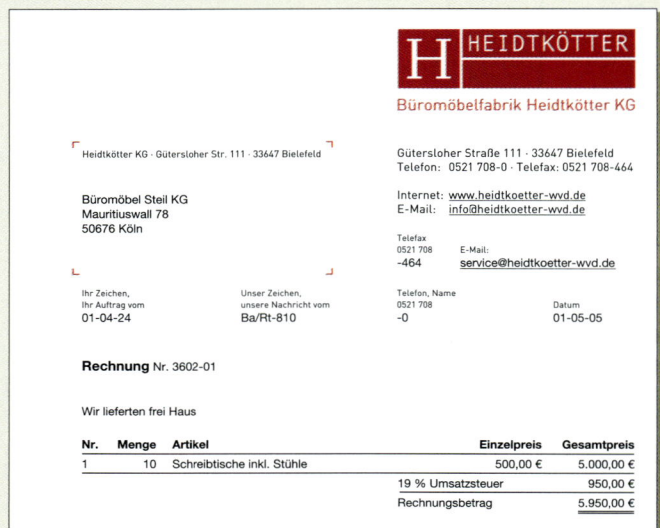

Verkauf

Die Büromöbel Steil KG hat die zehn Arbeitstische im Monat **Mai** an zehn Kunden verkauft. Darunter auch an Anja Knechtges. Der Stückpreis – einschließlich 19 % Umsatzsteuer – betrug 714,00 €. Insgesamt hat die Steil KG also eingenommen:

10 Arbeitstische komplett	7.140,00 €
darin enthalten 19 % USt	**1.140,00 €**
Umsatzerlöse	6.000,00 €

Anmerkung:
Die Umsatzsteuer wird von den Umsatzerlösen (= Warenpreis) berechnet; die Umsatzerlöse sind also 100 %; 19 % von 6.000,00 € = 1.140,00 €.

Die Steil KG hat also beim Kauf der Arbeitstische 950,00 € Umsatzsteuer an die Heidtkötter KG gezahlt und kann diesen Betrag vom Finanzamt wieder zurückfordern.

Anschließend hat die Steil KG 1.140,00 € Umsatzsteuer von den zehn Kunden (= Endverbrauchern) aus dem Verkauf eingenommen und schuldet diesen Betrag nun dem Finanzamt.

Arbeitsauftrag

Vervollständigen Sie den Auszug aus der Umsatzsteuervoranmeldung der Steil KG an das Finanzamt.

Umsatzsteuervoranmeldung		
Mai 01	**Umsätze**	**Steuerbetrag**
Lieferungen oder sonstige Leistungen: Steuerpflichtige Umsätze zum Steuersatz von 19 %	_____ €	_____ €
Abziehbare Vorsteuerbeträge: Vorsteuerbeträge aus Rechnungen von anderen Unternehmen		_____ €
Verbleibende Umsatzsteuer-Vorauszahlung (Zahllast): An das Finanzamt zu zahlen		_____ €

In der Praxis rechnet der Unternehmer die Forderungen gegenüber dem Finanzamt aus der gezahlten Umsatzsteuer an den Vorlieferanten und die dem Finanzamt geschuldete Umsatzsteuer aus dem Verkauf an Kunden gegeneinander auf. Er ermittelt also die Restschuld (Zahllast) und überweist diese an das Finanzamt. Je nach Höhe der Umsatzsteuer ist diese Rechnung monatlich oder vierteljährlich zu machen (Umsatzsteuervoranmeldung). Die Umsatzsteuervoranmeldung ist vom Unternehmer unaufgefordert „online" dem Finanzamt über das Programm ELSTER zu übermitteln.

Die gezahlten Beträge werden übrigens als **Vorauszahlungen** betrachtet. Daher muss bis zum 31. Mai für das jeweils abgelaufene Geschäftsjahr noch eine **Umsatzsteuer-Jahreserklärung** erstellt werden.

Bei dem so verwendeten Begriff **Umsatzsteuer** handelt es sich dann um eine **Verbindlichkeit** gegenüber dem Finanzamt, bei dem Begriff **Vorsteuer** dagegen um eine **Forderung** gegen das Finanzamt.

Vertiefende Übung

Zur Vorbereitung auf das erfahrungsgemäß umsatzstarke Frühjahrsgeschäft hat die Heidtkötter KG im Januar 02 hohe Werkstoffeinkäufe getätigt, während sich die Januarumsätze an eigenen Erzeugnissen und Handelswaren im üblichen Rahmen bewegten. In der Buchhaltung wurden bis zum 31. Januar folgende Einkäufe und Verkäufe aufgezeichnet:

Salden der Aufwands- und Ertragskonten	Nettobeträge in € (ohne Umsatzsteuer)
5000 Umsatzerlöse für eigene Erzeugnisse	3.100.000,00
5100 Umsatzerlöse für Handelswaren	630.000,00
6000 Aufwendungen für Rohstoffe	2.400.000,00
6010 Aufwendungen für Vorprodukte/Fremdbauteile	1.740.000,00
6020 Aufwendungen für Hilfsstoffe	310.000,00
6030 Aufwendungen für Betriebsstoffe	150.000,00
6080 Aufwendungen für Handelswaren	920.000,00

Erstellen Sie die Umsatzsteuervoranmeldung für Januar 02. Deuten Sie das Ergebnis und zeigen Sie die Konsequenz aus diesem Ergebnis auf.

7.4
Die Umsatzsteuer während des Warenweges verfolgen

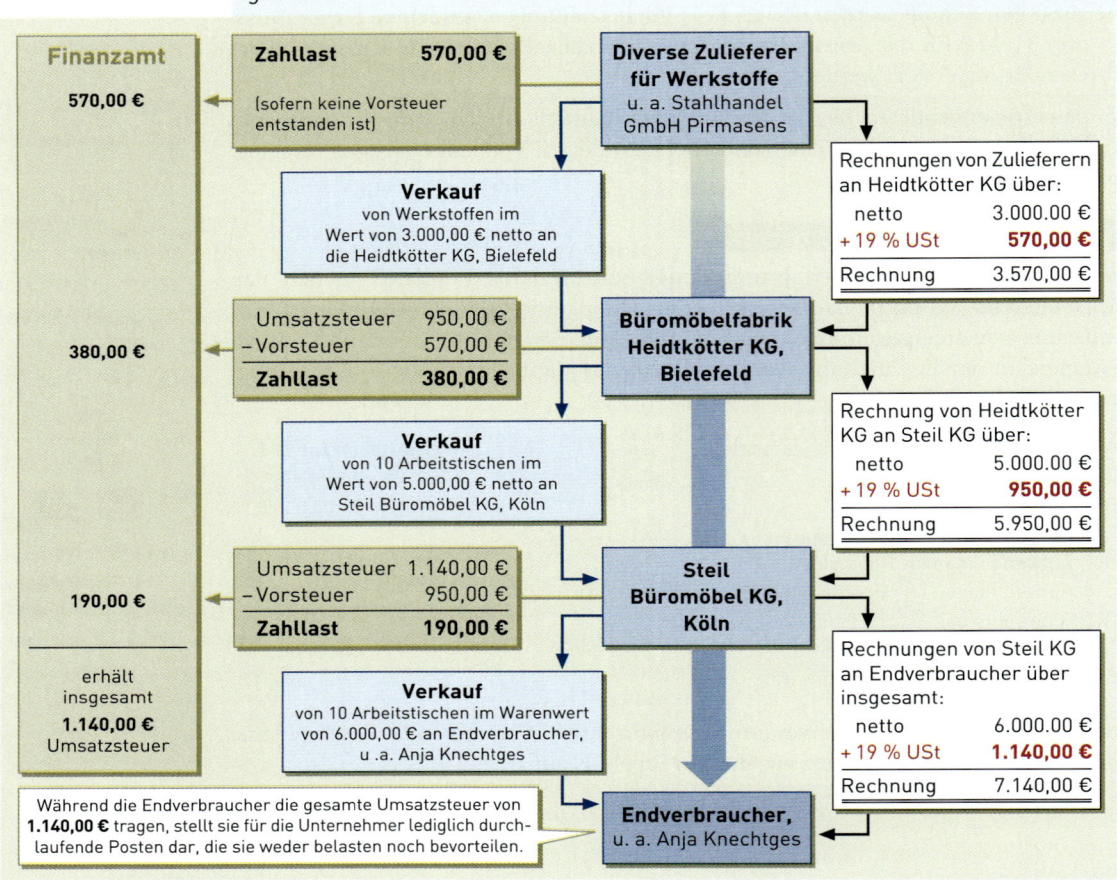

Situation   Die Ergebnisse der bisherigen Erläuterungen sind im nachstehenden Schaubild zusammengetragen worden. Dabei steht diesmal die Entstehung einer Ware über mehrere Produktionsstufen im Vordergrund.

Arbeitsaufträge

1. Klären Sie die umsatzsteuerlichen Verflechtungen, in denen die Marktteilnehmer und das Finanzamt verwoben sind.
2. Unterscheiden Sie zwischen Steuerschuldner und Steuerträger.
3. Inwiefern ist es richtig, sowohl von „Mehrwertsteuer" als auch von „Umsatzsteuer" zu sprechen?

7.5
Die Umsatzsteuer als durchlaufenden Posten buchen

Wenn Sie sich die zu Beginn des Kapitels 7 genannten Ziele nochmals vor Augen führen, dann dürfen Sie beruhigt feststellen, dass Sie nur noch das Buchen der Umsatzsteuer angehen müssen. Die Voraussetzungen hierfür haben Sie sich geschaffen. Sie können sich sicher denken, dass Sie auf irgendeine Weise die Forderungen gegen das Finanzamt (Konto **2600 Vorsteuer**) und die Verbindlichkeiten gegenüber dem

Finanzamt (Konto „**4800 Umsatzsteuer**") auf Konten erfassen müssen, um daraus am Monatsende (oder am Ende eines jeden Vierteljahres) die **Zahllast** zu ermitteln.

Soll	2600 Vorsteuer	Haben

Soll	4800 Umsatzsteuer	Haben

Ferner leuchtet es Ihnen gewiss ein, dass die Buchungen der Vorsteuer und der Umsatzsteuer sofort beim **Einkauf** und beim **Verkauf** vorzunehmen sind, weil dann die Rechnungen vorliegen und aufgrund dieser Belege **zeitnah** gebucht werden muss. Wenn wir uns der Heidtkötter KG wieder zuwenden, dann erinnern Sie sich bestimmt daran, von wem das Unternehmen beliefert worden ist und an wen es verkauft hat.

Gekauft hat die Heidtkötter KG u. a. bei der Stahlhandel GmbH, Pirmasens, und **ver**kauft an die Steil Büromöbel KG, Köln.

7.5.1
Die Umsatzsteuer als Vorsteuer beim Einkauf buchen

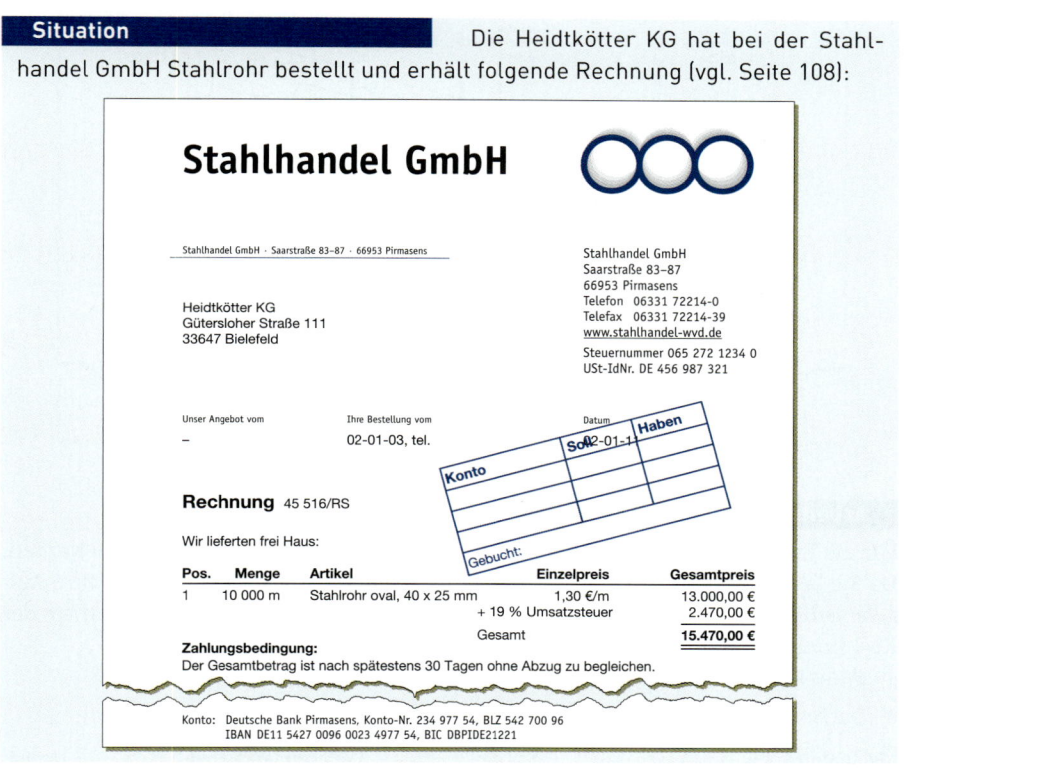

Situation Die Heidtkötter KG hat bei der Stahlhandel GmbH Stahlrohr bestellt und erhält folgende Rechnung (vgl. Seite 108):

Arbeitsauftrag

Da Sie bereits den Einkauf von Rohstoffen buchen können, besteht Ihre Aufgabe lediglich darin, das Konto „2600 Vorsteuer" zu nutzen und die Beträge der Rechnung den Konten richtig zuzuordnen. Kontieren Sie den obigen Beleg (Buchungssatz).

Buchen Sie auf den nachstehenden Konten.

Soll	6000 Aufwendungen für Rohstoffe	Haben

Soll	4400 Verbindlichkeiten a. LL	Haben

Soll	2600 Vorsteuer	Haben

7.5.2
Die Umsatzsteuer beim Verkauf buchen

Situation   Die Heidtkötter KG erstellt für den Verkauf von Konferenztischen an die Steil Büromöbel KG folgende Rechnung:

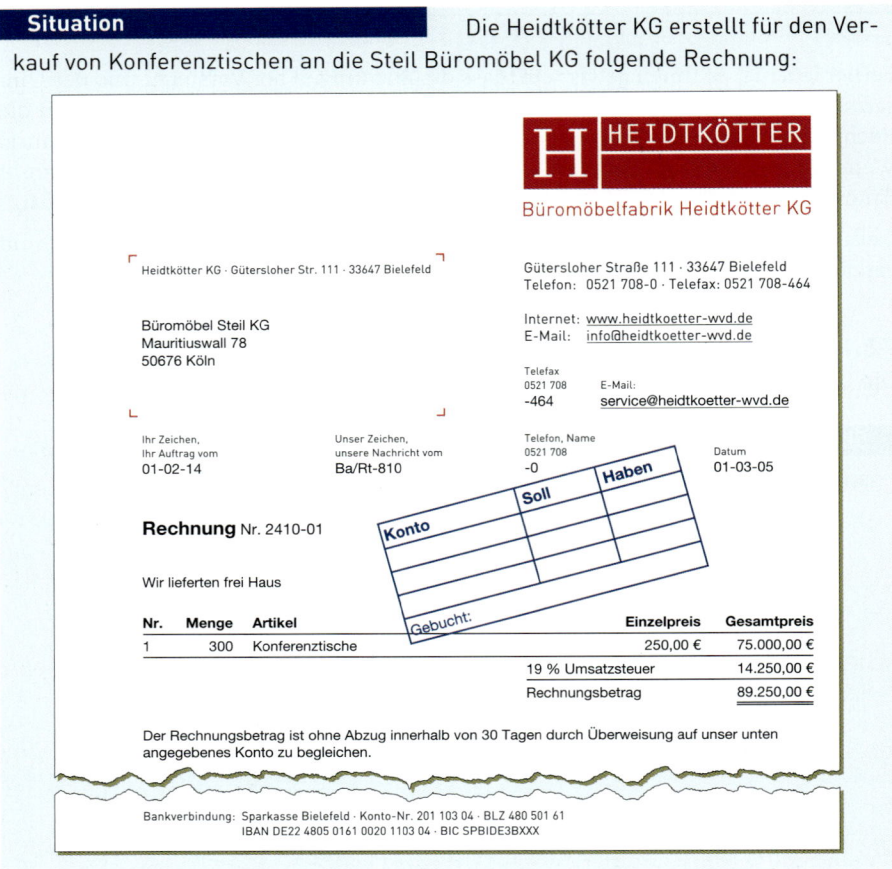

Arbeitsauftrag

Für die Buchung dieser Ausgangsrechnung benötigt die Heidtkötter KG drei Konten. Da Sie bereits den Verkauf von Fertigerzeugnissen buchen können, besteht Ihre Aufgabe lediglich darin, das Konto „4800 Umsatzsteuer" zu nutzen und die Beträge der Rechnung den Konten richtig zuzuordnen.

a) Kontieren Sie den oben gezeigten Beleg (Buchungssatz).

b) Buchen Sie auf den nachstehenden Konten.

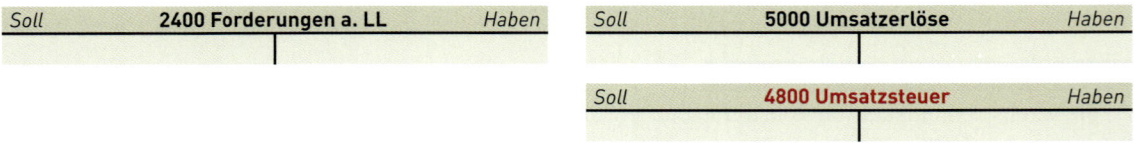

7.5.3
Die Umsatzsteuer-Zahllast buchhalterisch ermitteln

Die Umsatzsteuer-Zahllast ist, wie Sie bereits wissen, die **Differenz** aus den **Umsatzsteuer-Schulden** aufgrund der Ausgangsrechnungen und den **Vorsteuer-Forderungen** aufgrund der Eingangsrechnungen.

Situation   Unterstellen wir der Einfachheit halber, dass im Monat Mai lediglich der **Einkauf** bei der Stahlhandel GmbH, Pirmasens und der **Verkauf** an Steil Büromöbel KG, Köln, vorliegen und gebucht wurden. Auf den Steuerkonten sind folgende Beträge vermerkt:

Soll	2600 Vorsteuer	Haben		Soll	4800 Umsatzsteuer	Haben
	2.470,00					14.250,00

Arbeitsauftrag

Setzen Sie die einfache Errechnung der Zahllast

Umsatzsteuer	14.250,00 €
– Vorsteuer	2.470,00 €
Zahllast	**11.780,00 €**

in die Sprache der Finanzbuchhaltung um und buchen Sie auf den beiden Konten.

Soll	2600 Vorsteuer	Haben		Soll	4800 Umsatzsteuer	Haben
	2.470,00					14.250,00

Sie haben den Sachverhalt richtig erfasst, wenn Sie zur **Ermittlung der Zahllast** die Vorsteuer auf das Konto „Umsatzsteuer" umgebucht haben. Bilden Sie den entsprechenden Buchungssatz.

7.5.4
Die Umsatzsteuer-Zahllast an das Finanzamt überweisen

Während des Geschäftsjahres ist die monatlich zu ermittelnde Zahllast spätestens bis zum 10. des folgenden Monats an das Finanzamt zu überweisen.

Arbeitsauftrag

Soll	4800 Umsatzsteuer (USt)	Haben		Soll	2800 Bank	Haben
VSt	2.470,00 Ford. a. LL	14.250,00		AB	1.554.000,00	
Zahllast						

Bilden Sie für die Überweisung der Zahllast den Buchungssatz und buchen Sie auf den Konten.

7.5.5
Die Zahllast und den Vorsteuerüberhang bilanzieren

Da zum Ende des Geschäftsjahres am 31.12. die ermittelte Zahllast für den Monat Dezember (oder das letzte Vierteljahr) noch nicht an das Finanzamt überwiesen ist (dies geschieht innerhalb der ersten zehn Tage des nächsten Monats, also bis zum 10. Januar), muss der geschuldete Betrag in der Bilanz ausgewiesen werden. Gleiches gilt, wenn statt der Zahllast eine Forderung gegen das Finanzamt entstanden ist, also die **Vorsteuer betragsmäßig größer ist als die Umsatzsteuer (Vorsteuerüberhang)**.

> **INFO-Teil**
LF 3, Kap. 7.5

Beispiel 1

Unterstellen wir auf den Konten „Vorsteuer" und „Umsatzsteuer" zum 31. Dezember folgendes Kontenbild für die **Passivierung der Umsatzsteuer**:
(Zur Passivierung finden Sie Erläuterungen im INFO-Teil auf Seite 502 f.)

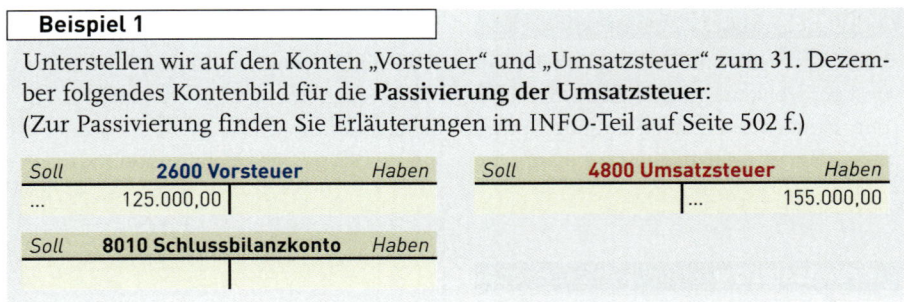

Soll	2600 Vorsteuer	Haben		Soll	4800 Umsatzsteuer	Haben
...	125.000,00				...	155.000,00

Soll	8010 Schlussbilanzkonto	Haben

Arbeitsauftrag

Welche Buchungen sind am 31.12. erforderlich, um die Zahllast zu ermitteln und um sie anschließend zu passivieren? Vervollständigen Sie die obigen beiden Konten und bilden Sie die Buchungssätze.

> **INFO-Teil**
LF 3, Kap. 7.5

Beispiel 2

Unterstellen wir auf den Konten „Vorsteuer" und „Umsatzsteuer" zum 31. Dezember folgendes Kontenbild für die **Aktivierung des Vorsteuer-Überhangs**:
(Zur Aktivierung des Vorsteuerüberhangs finden Sie Erläuterungen im INFO-Teil auf Seite 503)

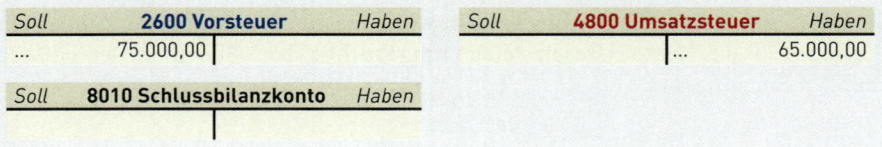

Soll	2600 Vorsteuer	Haben		Soll	4800 Umsatzsteuer	Haben
...	75.000,00				...	65.000,00

Soll	8010 Schlussbilanzkonto	Haben

Arbeitsauftrag

Welche Buchungen sind am 31.12. erforderlich, um den Vorsteuer-Überhang zu ermitteln und um ihn anschließend zu aktivieren? Vervollständigen Sie die beiden Konten und bilden Sie die Buchungssätze.

Vertiefende Übungen

1. Ein Unternehmen der Rohstoffgewinnung verkauft an einen Industriebetrieb Rohstoffe im Wert von 20.000,00 € netto. Der Industriebetrieb stellt aus den Rohstoffen fertige Erzeugnisse her und verkauft diese für 60.000,00 € an den Großhandel. Der Großhandel veräußert die Erzeugnisse an den Einzelhandel für 76.000,00 €. Der Einzelhandel setzt die Erzeugnisse an verschiedene Konsumenten für insgesamt 110.000,00 € ab. Die Preise sind Nettopreise; es gilt der allgemeine Steuersatz.
   a) Zeichnen Sie ein Stufenschema, das die Rechnungsbeträge, die Umsatzsteuer beim Verkauf, die Vorsteuer beim Einkauf und die Zahllast ausweist.
   b) Buchen Sie die Geschäftsvorfälle auf jeder Stufe.

2. Ein Industrieunternehmen hat im Monat Oktober fertige Erzeugnisse auf Rechnung von insgesamt 540.000,00 € netto verkauft. Im gleichen Zeitraum wurden Einkäufe auf Rechnung von netto 320.000,00 € getätigt. Es gilt der allgemeine Steuersatz.
   a) Buchen Sie die Umsatzerlöse und die Rohstoffeinkäufe.
   b) Ermitteln Sie die Zahllast für den Monat Oktober.

3. Buchen Sie den folgenden Beleg
   a) als Ausgangsrechnung im Sägewerk Hölzer KG,

b) als Eingangsrechnung bei der Hans Lang KG, Fußbodenbeläge.

4. In der Buchhaltung der Hans Lang KG liegen die folgenden Belege vor:

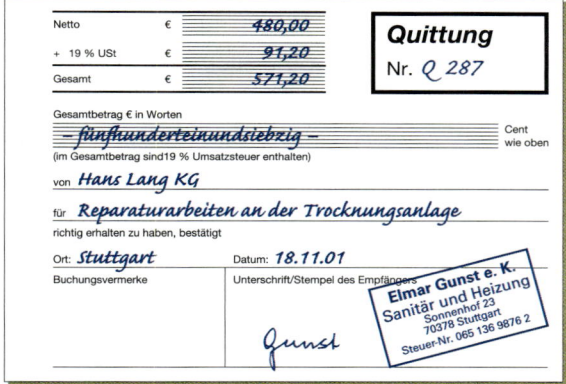
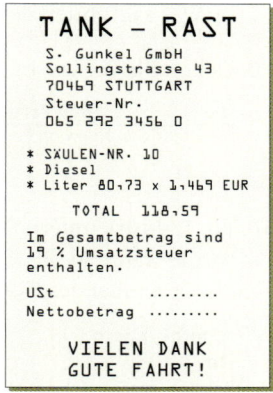

Geben Sie zu den Belegen den jeweiligen Buchungssatz an.

5. a) Die folgenden Geschäftsvorfälle sind im Möbelwerk Albert GmbH auf den Konten 2400 Forderungen a. LL, 2600 Vorsteuer, 2800 Bankguthaben (AB 240.000,00 €), 4400 Verbindlichkeiten a. LL, 4800 Umsatzsteuer, 5000 Umsatzerlöse für eigene Erzeugnisse, 6000 Aufwendungen für Rohstoffe zu buchen:

ER 3341:	Sperrholzplatten 1 200 x 2 200 x 8 mm	43.500,00 €
	+ 19 % Umsatzsteuer	8.265,00 €
	Rechnungsbetrag	51.765,00 €
AR 2874:	1 500 Besucherstühle mit Holzschalensitz	67.500,00 €
	+ 19 % Umsatzsteuer	12.825,00 €
	Rechnungsbetrag	80.325,00 €

b) Ermitteln Sie die Zahllast und buchen Sie.

c) Zu Beginn des folgenden Monats wird die Zahllast überwiesen. Nennen Sie den Buchungssatz und buchen Sie.

→

Vertiefende Übungen (Fortsetzung)

6. Hans Lang hat für sein Unternehmen, die Hans Lang KG, in der Buchhandlung Warnecke e. K. das Fachbuch „Die Umsatzsteuer im innergemeinschaftlichen Warenverkehr" für brutto 53,50 € bar gekauft. Auf der Quittung steht der Vermerk: „Im Betrag sind 7 % Umsatzsteuer enthalten."

   a) Ermitteln Sie den Warenpreis und die Umsatzsteuer.

   b) Buchen Sie den Vorgang.

7. Im Dezember 01 hatte die Hans Lang KG folgende Umsätze und Rohstoffeinkäufe:
   Verkäufe von eigenen Erzeugnissen auf Rechnung, netto   650.000,00 €,
   Einkäufe von Rohstoffen auf Rechnung, netto   720.000,00 €.

   a) Richten Sie die erforderlichen Konten ein und buchen Sie die Vorgänge summarisch.

   b) Ermitteln Sie den Vorsteuerüberhang.

8. Im Unternehmen Hans Lang KG weisen die Konten „2600 Vorsteuer" und „4800 Umsatzsteuer" um 31.12.01 folgende Beträge aus:

Soll	2600 Vorsteuer	Haben		Soll	4800 Umsatzsteuer	Haben
...	274.000,00	... 246.000,00		...	453.000,00	... 496.000,00

   a) Schließen Sie die Konten zum 31.12.01 ab.

   b) Was sagt Ihnen der Saldo zum 31.12.01?

9. Gehen Sie vor wie in Aufgabe 8. Was sagt Ihnen der Saldo zum 31.12.01?

Soll	2600 Vorsteuer	Haben		Soll	4800 Umsatzsteuer	Haben
...	282.000,00	... 231.000,00		...	446.000,00	... 475.000,00

10. Ein Industrieunternehmen führt folgende Konten im Kontenplan. Auf den Konten wurde während des Geschäftsjahres bereits gebucht. Die Konten weisen bis zum 20. Dezember des Geschäftsjahres die angegebenen Soll- und Habensummen auf:

Konto-Nr.	Konto	Kontensummen in €	
		Soll	Haben
	Bestandskonten		
0510	Bebaute Grundstücke	600.000,00	
0700	Technische Anlagen und Maschinen	450.000,00	
0800	Betriebs- und Geschäftsausstattung	200.000,00	
2000	Rohstoffe	120.000,00	
2020	Hilfsstoffe	35.000,00	
2030	Betriebsstoffe	15.000,00	
2400	Forderungen a. LL	1.480.000,00	1.295.000,00
2600	Vorsteuer	152.000,00	128.000,00
2800	Bank	992.000,00	868.000,00
2880	Kasse	208.000,00	182.000,00
3000	Eigenkapital		853.000,00
4230	Darlehen		413.000,00
4400	Verbindlichkeiten a. LL	1.064.000,00	1.116.000,00
4800	Umsatzsteuer	324.000,00	385.000,00
	Erfolgskonten		
5000	Umsatzerlöse für eigene Erzeugnisse		2.028.000,00
5400	Mieterträge		44.000,00
5710	Zinserträge		7.000,00

6000	Aufwendungen für Rohstoffe	640.000,00	
6020	Aufwendungen für Hilfsstoffe	124.000,00	
6030	Aufwendungen für Betriebsstoffe	68.000,00	
6160	Fremdinstandhaltung	22.000,00	
6200	Löhne	510.000,00	
6300	Gehälter	205.000,00	
6400	Arbeitgeberanteil zur Sozialversicherung	94.000,00	
6520	Abschreibungen auf Sachanlagen		
6830	Kosten der Telekommunikation	16.000,00	
		7.319.000,00	7.319.000,00
	Abschlusskonten		
8010	Schlussbilanzkonto		
8020	Gewinn- und Verlustkonto		

Im Dezember 01 sind noch folgende Geschäftsvorfälle zu buchen:

1.	ER 773	für Rohstoffe	34.000,00
		+ 19 % Umsatzsteuer	6.460,00
		Rechnungsbetrag	40.460,00
2.	KA 332:	Lohnzahlung	43.000,00
		Gehaltszahlung	18.000,00
		Gutschrift der Mieterträge	4.000,00
		Gutschrift für Zinsen	500,00
3.	AR 442:	Verkauf fertiger Erzeugnisse an Großkunden	160.000,00
		+ 19 % Umsatzsteuer	30.400,00
		Rechnungsbetrag	190.400,00
4.	KA 333:	Überweisung von Kunde Arndt, AR 396	35.700,00
5.	ER 774:	Reparatur einer Produktionsmaschine	3.000,00
		+ 19 % Umsatzsteuer	570,00
		Rechnungsbetrag	3.570,00
6.	AR 443:	Verkauf fertiger Erzeugnisse	48.000,00
		+ 19 % Umsatzsteuer	9.120,00
		Rechnungsbetrag	57.120,00
7.	KA 334:	Darlehenstilgung	25.000,00
8.	**Abschlussangaben:**	Abschreibungen auf Bebaute Grundstücke	20.000,00
		Abschreibungen auf Technische Anlagen und Maschinen	40.000,00
		Abschreibungen auf Betriebs- und Geschäftsausstattung	25.000,00
		Inventurbestand an Rohstoffen	105.000,00
		Inventurbestand an Hilfsstoffen	28.000,00
		Inventurbestand an Betriebsstoffen	12.000,00

Alle hergestellten Erzeugnisse wurden in der Abrechnungsperiode verkauft.

a) Richten Sie die Konten mit den Soll- und Habensummen ein.

b) Buchen Sie die Geschäftsvorfälle, die noch bis zum 31.12.01 zu berücksichtigen sind.

c) Machen Sie den Probeabschluss mit den erforderlichen Umbuchungen und übertragen Sie die Umbuchungen auf die betreffenden Konten.

d) Schließen Sie zunächst die Erfolgskonten über das GuV-Konto ab und übertragen Sie den ermittelten Gewinn oder Verlust auf das Eigenkapitalkonto.

e) Schließen Sie die Bestandskonten zum SBK ab.

f) Prüfen Sie die Übereinstimmung der Werte im Schlussbilanzkonto mit den Werten der Inventurbilanz in der Abschlussübersicht.

g) Ermitteln Sie die Eigenkapitalquote sowie die Verzinsung des Eigenkapitals (= Eigenkapitalrentabilität) und bewerten Sie die Zahlen.

8
Privatentnahmen und Privateinlagen dürfen nicht mit betrieblichen Vorgängen vermischt werden

Lernziele

Nach Bearbeitung dieses Kapitels …

- verfügen Sie über die Begriffe Privatentnahmen und Privateinlagen,
- verstehen Sie, dass private Entnahmen das Eigenkapital schmälern,
- verstehen Sie, dass private Einlagen das Eigenkapital erhöhen,
- verstehen Sie, dass die unentgeltliche Entnahme von Gegenständen oder Leistungen wie ein Verkauf des Unternehmens an den Unternehmer zu betrachten ist,
- wissen Sie, dass private Entnahmen von Gegenständen oder Leistungen umsatzsteuerpflichtig sind,
- verstehen Sie, dass die privaten Entnahmen bzw. Einlagen betriebswirtschaftliche Folgen im Bereich der Finanzierung des Unternehmens haben,
- erkennen Sie, dass mit der unkontrollierten privaten Entnahme die Existenz eines Unternehmens gefährdet werden kann,
- beherrschen Sie die erforderlichen Buchungen zur Dokumentation privater Entnahmen und Einlagen.

8.1
Das Problem privater Einlagen und privater Entnahmen

Situation

Im Unternehmen Heidtkötter KG gibt es neben dem Vollhafter und Geschäftsführer Klaus M. Heidtkötter auch die Teilhafterin Anke Heidtkötter. Als Vollhafter darf Klaus M. Heidtkötter dem Unternehmen Geld- und Sachmittel für private Zwecke entnehmen. Anke Heidtkötter ist dazu rechtlich nicht befugt.

Klaus M. Heidtkötter hat ein Haus in günstiger Innenstadtlage geerbt. Der Wert dieses Hauses wird von Fachleuten in saniertem Zustand auf 1,3 Mio. € geschätzt. Aufgrund der Sanierungsbedürftigkeit des Gebäudes sah sich Klaus M. Heidtkötter gezwungen, in den vergangenen sechs Monaten zur Begleichung der Handwerkerrechnungen nicht unerhebliche Summen über das betriebliche Bankkonto abzuwickeln. Bei einigen Sanierungsarbeiten zeigten sich weitere Mängel, deren Behebung unerlässlich war, um die Substanz des Hauses zu sichern. Da Heidtkötter entschlossen ist, die Wohnungen im Haus zu vermieten, kommt er um eine angemessene Sanierung nicht herum. Daher plant er für die zweite Jahreshälfte weitere bauliche Maßnahmen im Umfang von ca. 50.000,00 €.

Um zu wissen, wie hoch er sein Unternehmen bereits belastet hat, beauftragt er Eric Sippel damit, die Gesamtsumme seiner bisherigen Geldentnahmen zusammenzustellen. Sippel macht sich an die Arbeit. Auf das Bankkonto zurückzugreifen, um die für private Zwecke entnommenen Beträge unter all den Kontobewegungen zu suchen, erscheint ihm zu mühselig.

Arbeitsauftrag

In welchem Konto wird Eric Sippel schnell und übersichtlich die gewünschten Daten finden?

Sollten Sie das Konto „6160 Fremdinstandhaltung" gewählt haben, ist dies leider nicht zutreffend. Gewählt werden müsste das Konto „3001 Privatkonto Klaus M. Heidtkötter". Aber warum ist das so? Das Konto Fremdinstandhaltung ist ein betriebliches Aufwandskonto, in das nur Aufwendungen für betrieblich veranlasste Instandhaltungen (z. B. Dachreparatur an der Fabrikationshalle durch einen Bauunternehmer) gebucht werden dürfen. Im vorliegenden Beispiel handelt es sich um eine private Sanierungsmaßnahme des Klaus M. Heidtkötter, die nichts mit der Heidtkötter KG zu tun hat. Dieser private Vorgang ist streng von betrieblichen Vorgängen zu trennen. Damit wird verhindert, dass private Vorgänge gewinnmindernd als betriebliche Aufwendungen ins Gewinn- und Verlustkonto einfließen.

Situation (Fortsetzung)

Eric Sippel nimmt sich das „Privatkonto Klaus M. Heidtkötter" vor, um die Einträge von Januar bis Juni zu kontrollieren, und findet dort folgende Positionen:

Soll	3001 Privatkonto Klaus M. Heidtkötter	Haben
2800 Bank	3.800,00	
2800 Bank	3.800,00	
2800 Bank	25.400,00	
2800 Bank	3.800,00	
2800 Bank	3.800,00	
2800 Bank	19.750,00	
2800 Bank	54.250,00	
2800 Bank	3.800,00	
2800 Bank	3.800,00	

Sippel vermutet, dass die drei Beträge 25.400,00 €, 19.750,00 € und 54.250,00 € auf die Begleichung der Bauhandwerkerrechnungen zurückzuführen sind. Um sich zu vergewissern, holt er sich den Ordner **Privat,** der alle Belege der privaten Entnahmen geordnet enthält. Bei der Überprüfung stellt er fest, dass es sich bei den wiederkehrenden Beträgen (3.800,00 €) um die monatlichen Abhebungen vom Bankkonto zur privaten Lebensführung handelt und die übrigen Beträge den Bauhandwerkerrechnungen zuzuordnen sind.

Die bisher entnommenen Beträge des 1. Halbjahres stellt Sippel zusammen. Er fügt darüber hinaus die noch zu erwartenden Entnahmen bis zum Jahresende hinzu.

Entnahmen zur privaten Lebensführung	12 · 3.800,00 €	45.600,00 €
Bauhandwerkerrechnungen 1. Halbjahr	99.400,00 €	
Veranschlagt für das 2. Halbjahr	50.000,00 €	149.400,00 €

Selbstverständlich ist Klaus M. Heidtkötter als vollhaftender Betriebsinhaber berechtigt, diese Summen zu entnehmen, sofern er dadurch nicht die Existenz des Unternehmens gefährdet. Das heißt, langfristig muss der von der Heidtkötter KG erwirtschaftete Gewinn solche privaten Entnahmen decken und darüber hinaus auch die erforderlichen betrieblichen Investitionen ermöglichen. Eric Sippel betrachtet seine Zusammenstellung und macht sich Sorgen. Er sieht die Gefahr, dass sich mit der Entnahme von ca. 200.000,00 € die Liquidität merklich verschlechtert, die Eigenkapitalquote sinkt und darunter die Kreditwürdigkeit der Heidtkötter KG leidet. Um einem möglichen Liquiditätsengpass entgegenzuwirken, unterbreitet Eric Sippel Herrn Heidtkötter zwei Vorschläge zur Entspannung der Situation:

■ Er schlägt vor, die zu erwartenden Mieteinnahmen für die vier im Privathaus befindlichen Wohnungen zunächst dem Unternehmen zufließen zu lassen. Seiner Schätzung nach sind etwa 4.800,00 € monatlich zu erwarten, sodass im Verlauf von etwas mehr als 30 Monaten der entnommene Betrag zurückgeführt wäre.

- Eric Sippel erklärt Herrn Heidtkötter, dass sein erster Vorschlag noch etwas günstiger ausfallen könnte, wenn er zwei der Lagerarbeiter – Herrn Bratke und Herrn Maaßen – zeitweise aus dem Betrieb nehmen würde, um sie auf der privaten Baustelle zu beschäftigen. Eric Sippel weiß nämlich, dass Herr Maaßen das Maler- und Lackiererhandwerk erlernt hat und Herr Bratke ursprünglich Schreiner war. Die veranschlagten 50.000,00 € ließen sich dann doch noch einmal drücken.

Arbeitsauftrag

Prüfen Sie die Vorschläge unter den Fragestellungen:
- Sind sie rechtlich zulässig?
- Sind sie geeignet, das Problem zu lösen?

8.2
Die privaten Entnahmen und die privaten Einlagen in der Finanzbuchhaltung dokumentieren

Situation　　　　　　　　　　　Klaus M. Heidtkötter ist von der Unterredung beeindruckt. Insbesondere die Sorgen von Eric Sippel beschäftigen ihn. Keinesfalls will er sein Unternehmen in Bedrängnis bringen. Daher hat er auch zuvor nie größere Geldbeträge entnommen. Er ist daher im Grunde bereits entschlossen, den Vorschlägen zu folgen.

Wenn er dies tut, ist alles mithilfe der Buchführung zu dokumentieren. Genauso wie seine bisherigen Entnahmen für die Begleichung der Handwerkerrechnungen müssen dann auch seine künftigen Entnahmen aber auch die Einlagen (Mieten) bei ihrer Entstehung buchhalterisch erfasst werden. Interessant wird dies bei den unentgeltlich erbrachten sonstigen Leistungen durch die Mitarbeiter Maaßen und Bratke. Sie werden vom Privatmann Heidtkötter in Anspruch genommen und von der Heidtkötter KG zur Verfügung gestellt. Im Grunde ist es so, als beauftrage Klaus M. Heidtkötter ein Unternehmen, bestimmte Arbeiten an seinem Haus auszuführen, für die er am Ende eine Rechnung erhält.

Arbeitsaufträge

Als Erstes stellt sich die Frage:
- Wie sind die **privaten Entnahmen** und die **privaten Einlagen** des Klaus M. Heidtkötter in der Finanzbuchhaltung der Heidtkötter KG zu dokumentieren?

Die zweite Frage lautet:
- Wie ist die Inanspruchnahme der **unentgeltlichen Leistung** der Mitarbeiter der Heidtkötter KG durch den Privatmann Heidtkötter in der Finanzbuchhaltung der Heidtkötter KG zu dokumentieren?

Geben Sie die Buchungen an, die bei privaten Entnahmen und privaten Einlagen von Finanzmitteln die Konten „Kasse", „Bank" und/oder „Privat" berühren.

Aus den bisherigen Kapiteln wissen Sie im Grunde bereits, wie die erste Frage zu beantworten ist. Benutzt werden die beiden Konten „Privat" und „Bank". Das Privatkonto ist ein Unterkonto des Eigenkapitalkontos und wird aus Gründen der Übersichtlichkeit sozusagen vor das Konto „Eigenkapital" geschoben, wenn ein Einzelunternehmer oder ein Vollhafter einer KG dem Unternehmen Geld für private Zwecke entnimmt bzw. aus privatem Vermögen einbringt.

8.3
Die unentgeltliche Entnahme von Gegenständen und sonstigen Leistungen durch den Betriebsinhaber in der Finanzbuchhaltung dokumentieren

Situation   Die zweite, noch offene Frage aus dem vorherigen Kapitel betrifft die Inanspruchnahme von Leistungen der Heidtkötter KG durch Klaus M. Heidtkötter, ohne diese zu bezahlen. Dies liegt – wie beschrieben – dann vor, wenn die von der Heidtkötter KG bezahlten Mitarbeiter Maaßen und Bratke vorübergehend aus der Heidtkötter KG abgezogen werden, um auf Klaus M. Heidtkötters Baustelle zu arbeiten.

Dieser Sachverhalt ist ein wenig komplizierter, als er auf den ersten Blick scheinen mag. Wie Sie sich bestimmt aus den Ausführungen im vorhergehenden Kapitel 7 „Die Umsatzsteuer beim Einkauf und Verkauf buchen" erinnern, sind die Endverbraucher von Lieferungen und Leistungen umsatzsteuerpflichtig (§ 1 UStG). Wenn also Klaus M. Heidtkötter als Endverbraucher Güter oder Leistungen der Heidtkötter KG beansprucht, dann muss er als Geschäftsführer der Heidtkötter KG einen Eigenbeleg erstellen und darauf den Nettowert der an ihn gelieferten Güter oder Leistungen und zusätzlich die darauf entfallende Umsatzsteuer angeben. Für die Leistungen der beiden Mitarbeiter Bratke und Maaßen könnte das etwa so aussehen:

Privatentnahme
Inanspruchnahme von Mitarbeitern in der Zeit vom 06.06. bis 30.07.01.

HEIDTKÖTTER
Heidtkötter KG, Bielefeld

Bratke, K.	35 Std. · 12,50 €	437,50 €
Maaßen, J.	45 Std. · 12,50 €	562,50 €
Nettoleistung		1.000,00 €
+ 19 % Umsatzsteuer		190,00 €
Entnahme, brutto		**1.190,00 €**

Ort, Datum: *Bielefeld, 31.07.01*   Unterschrift: *Klaus M. Heidtkötter*

Arbeitsaufträge

1. Wie muss der oben gezeigte Eigenbeleg gebucht werden, wenn die Buchung einerseits die private Entnahme einer Leistung dokumentieren und andererseits die Umsatzsteuerpflicht der Unternehmung Heidtkötter KG für diese Umsatzleistung berücksichtigen soll? Geben Sie den Buchungssatz an und begründen Sie Ihren Buchungsvorschlag schriftlich.

Aus der Sicht der Heidtkötter KG ist dieser Vorgang so zu betrachten als würde eine Leistung an einen Kunden (= Endverbraucher) verkauft, allerdings ohne dass Geld in die Kasse fließt oder eine Forderung entsteht.

Zum Buchen benötigt die Heidtkötter KG also neben dem *Privatkonto* noch das Umsatzsteuerkonto und das Ertragskonto „**5420 Entnahme von Gegenständen und sonstigen Leistungen**" (kurz: „5420 Entnahme v. G. u. s. L.").

Klaus M. Heidtkötter wird im Grunde so behandelt, als sei er Kunde des eigenen Unternehmens. Insofern „verkauft" die Heidtkötter KG an Klaus M. Heidtkötter eine Leistung und erzielt darüber Umsatzerlöse, die umsatzsteuerpflichtig sind. Würde dies so nicht betrachtet, könnte der Unternehmer Heidtkötter sich von der Bezahlung der Umsatzsteuer selber befreien. Dies sieht das UStG aber nicht vor.   →

2. Versuchen Sie, Ihr frisch erworbenes Wissen doch einmal auf die **unentgeltliche Entnahme von Gegenständen** anzuwenden, und buchen Sie den folgenden Vorgang (Buchungssatz und Konten).

Situation   Klaus M. Heidtkötter hat sich ein Ferienhaus an der See gekauft, in dem er auch ein Büro einrichten will. Das Büro stattet er mit Möbeln aus dem eigenen Unternehmen aus. Die entnommenen Möbel haben einen Gesamtwert von netto 8.000,00 €. Über die Entnahme stellt Klaus M. Heidtkötter folgenden Beleg aus

Privatentnahme durch Klaus M. Heidtkötter		**HEIDTKÖTTER** Heidtkötter KG, Bielefeld
1 Systemeinrichtung Büro „Elegance"	8.000,00 €	
+ 19 % Umsatzsteuer	1.520,00 €	
Entnahme, brutto	**9.520,00 €**	

Ort, Datum: *Bielefeld, 04.05.01*   Unterschrift: *Klaus M. Heidtkötter*

8.4
Das Privatkonto und das Konto Entnahme von Gegenständen und sonstigen Leistungen abschließen

Die folgende Darstellung zeigt Ihnen, wie die beiden Konten „3001 Privat" und „5420 Entnahme von Gegenständen und sonstigen Leistungen (Entnahme v. G. u. s. L.)", abzuschließen sind.

1. Versuchen Sie mithilfe des folgenden Schemas den Abschluss buchungstechnisch vorzunehmen.

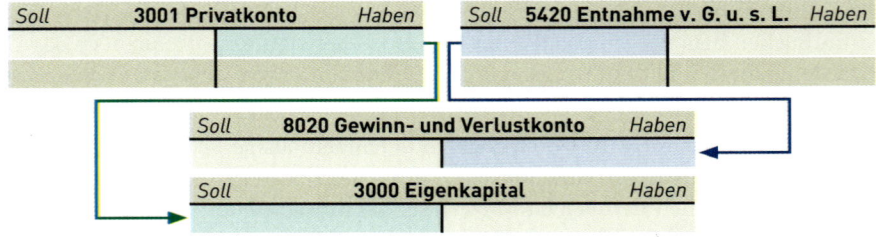

2. Formulieren Sie für die beiden Vorgänge die erforderlichen Buchungssätze.

Vertiefende Übungen

1. a) Richten Sie für die Walter Kerner e. K. die folgenden Konten ein:
   - 0500 Unbebaute Grundstücke
   - 2800 Bank (AB 220.000,00 €)
   - 2880 Kasse (AB 16.700,00 €)
   - 3000 Eigenkapital (AB 340.000,00 €)
   - 3001 Privat
   - 4800 Umsatzsteuer
   - 5420 Entnahme von Gegenständen und sonstigen Leistungen

   b) Buchen Sie die folgenden Geschäftsvorfälle auf den genannten Konten.

1) Walter Kerner zahlt aus seinem Privatvermögen auf das betriebliche Bankkonto ein:	20.000,00 €
2) Kerner überweist für eine Urlaubsreise vom Geschäftsbankkonto:	3.400,00 €
3) Der Geschäftskasse entnimmt Herr Kerner:	1.200,00 €
4) Für private Zwecke entnimmt Herr Kerner Erzeugnisse im Wert von	2.500,00 €
+ 19 % Umsatzsteuer	475,00 €
Brutto	2.975,00 €
5) Kerner begleicht eine Arztrechnung über das Geschäftsbankkonto:	535,00 €
6) Ein geerbtes Grundstück bringt Herr Kerner in das Geschäftsvermögen ein; Einheitswert des Grundstücks:	85.000,00 €
7) Kerner überweist die Einkommensteuer-Vorauszahlung für das kommende Quartal über das Geschäftsbankkonto:	6.375,00 €

   c) Schließen Sie das Konto „3001 Privat" ab.

2. a) Richten Sie die Konten „3000 Eigenkapital", „3001 Privat" sowie „8020 Gewinn- und Verlust" ein. Übertragen Sie die folgenden Beträge auf die Konten:

Anfangsbestand im Konto Eigenkapital	450.000,00 €
Gesamtaufwendungen	620.000,00 €
Gesamterträge	745.000,00 €
Privatentnahmen	55.000,00 €
Privateinlagen	25.000,00 €

   b) Schließen Sie die Konten „3001 Privat" sowie „8020 Gewinn und Verlust" ab.

   c) Erläutern Sie die Auswirkungen der privaten Vorgänge auf den Erfolg und das Eigenkapital.

3. Wie sind die folgenden Belege zu buchen?

Entnahme für private Zwecke
Hans Lang KG
Fußbodenbeläge

25 m² Parkett, 16 mm Buche	1.100,00 €
+ 19 % Umsatzsteuer	209,00 €
	1.309,00 €

Ort, Datum: *Stuttgart, 11.09.01*

Unterschrift: *Hans Lang*

Beleg/Quittung
für den Auftraggeber

Konto-Nr. des Auftraggebers:
723 455 32

Empfänger:
Hermann-Gmeiner-Fonds
Deutschland e.V.
Menzinger Str. 23, 80638 München

Konto-Nr. des Empfängers:
1 111 111 Deutsche Bank, München

Spende zur Förderung
der SOS-Kinderdörfer   **450,00 €**
in aller Welt

Auftraggeber/Einzahler:
Hans Lang KG
Industriestr. 34
70565 Stuttgart

9
Die Buchführung organisieren

Nach der Bearbeitung dieses Kapitels können Sie ...

- den Industrie-Kontenrahmen beim Vorkontieren der Belege und beim Buchen auf Konten nutzen,
- das System, nach dem die Konten im Industrie-Kontenrahmen geordnet sind, erläutern,
- die Bücher der Buchführung benennen, deren Aufbau und Funktion beschreiben und deren Zusammenwirken im System der Buchführung erklären,
- Belege ordnungsgemäß sortieren und kontieren,
- Grundsätze ordnungsmäßiger Buchführung angeben.

Ziehen Sie zur Bearbeitung der folgenden Arbeitsaufträge auch die Ausführungen im INFO-Teil heran (vgl. Seiten 507 ff.).

Situation　In der Buchhaltung der Heidtkötter KG ist Hektik ausgebrochen: Die Betriebsprüfer des Finanzamtes haben sich für den nächsten Monat zur Buchprüfung angesagt. Da ist es verständlich, wenn Klaus M. Heidtkötter, der nicht mit den laufenden Buchführungsarbeiten betraut ist, als verantwortlicher Eigentümer unruhig ist und den Leiter des Rechnungswesens, Herrn Dr. Cassack, fragt: *„Ist denn alles in Ordnung?"*

Herr Cassack ist sich als Fachmann seiner Sache sicher: *„Unsere bisher manuell geführte Finanzbuchhaltung entspricht den ‚Grundsätzen ordnungsmäßiger Buchführung' und das, was § 238 HGB darüber hinaus von uns verlangt, erfüllen wir auch."*

Da Klaus M. Heidtkötter noch etwas skeptisch wirkt, ergänzt Herr Cassack:

„Die Damen und Herren vom Finanzamt werden sicherlich uns beide befragen, da ist es gut, wenn Sie im Groben über unser Buchführungssystem Bescheid wissen. Ich schlage Ihnen vor, Sie nehmen sich eine Stunde Zeit und wir gehen einmal am Beispiel eines Geschäftsvorgangs schrittweise durch, wie wir hier bei uns buchen. Sie werden das System dann durchschauen und danach so sicher sein wie ich, dass unsere Buchführung den gesetzlichen Vorschriften entspricht.

Bevor wir uns mit Einzelheiten befassen, skizziere ich hier einmal im Umriss, wie unser Buchführungssystem aufgebaut ist."

§§

§ 238 Abs. 1 HGB

Jeder Kaufmann ist verpflichtet, Bücher zu führen und in diesen seine Handelsgeschäfte und die Lage seines Vermögens nach den Grundsätzen ordnungsmäßiger Buchführung ersichtlich zu machen. Die Buchführung muss so beschaffen sein, dass sie einem sachverständigen Dritten innerhalb angemessener Zeit einen Überblick über die Geschäftsvorfälle und über die Lage des Unternehmens vermitteln kann. Die Geschäftsvorfälle müssen sich in ihrer Entstehung und Abwicklung verfolgen lassen.

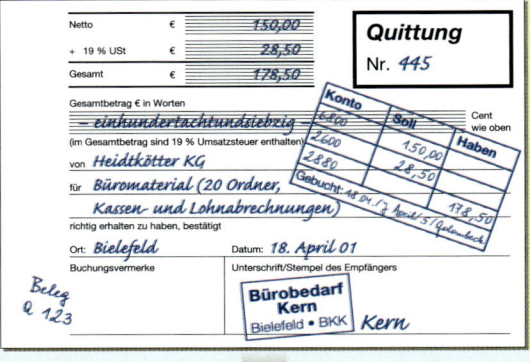

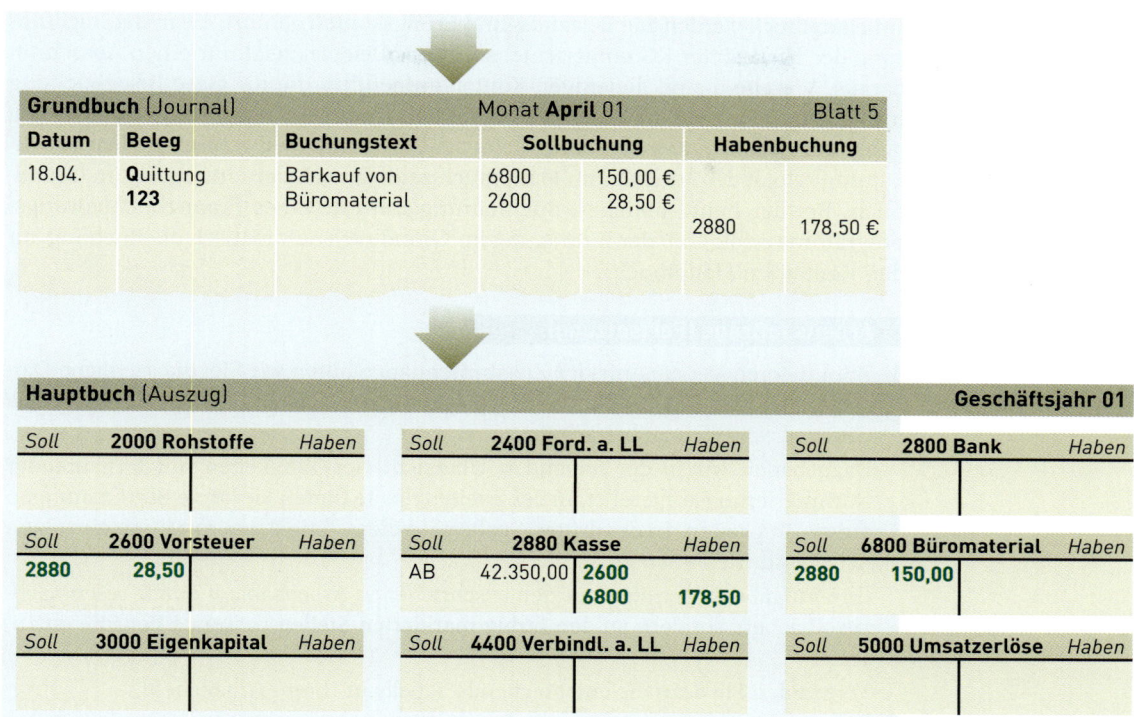

Grundbuch (Journal)   Monat **April** 01   Blatt 5

Datum	Beleg	Buchungstext	Sollbuchung		Habenbuchung	
18.04.	Quittung **123**	Barkauf von Büromaterial	6800 2600	150,00 € 28,50 €		
					2880	178,50 €

Hauptbuch (Auszug)   **Geschäftsjahr 01**

Soll	2000 Rohstoffe	Haben		Soll	2400 Ford. a. LL	Haben		Soll	2800 Bank	Haben

Soll	2600 Vorsteuer	Haben		Soll	2880 Kasse	Haben		Soll	6800 Büromaterial	Haben
2880	28,50			AB 42.350,00	2600 / 6800	178,50		2880	150,00	

Soll	3000 Eigenkapital	Haben		Soll	4400 Verbindl. a. LL	Haben		Soll	5000 Umsatzerlöse	Haben

---

Arbeitsaufträge

1. Erklären Sie aus der obigen Darstellung den Aufbau des Buchführungssystems in der Heidtkötter KG.
2. Prüfen Sie, ob die nachfolgenden Erläuterungen mit der grafischen Darstellung übereinstimmen.

Was wir zuvor abgebildet haben, ist eine sehr knappe und schematisierte Darstellung der Beziehung zwischen Beleg, Grundbuch und Hauptbuch, den drei „Säulen", die das System einer ordnungsmäßigen Buchführung ausmachen.

Der **Beleg** ist Auslöser für die Buchung. Ohne Beleg darf keine Eintragung in den Büchern der Buchführung vorgenommen werden, die das Vermögen, die Schulden oder das Eigenkapital verändert. Im Beispiel handelt es sich um die vorsteuerpflichtige Beschaffung von Büromaterial, das bar bezahlt wurde. Auf dem Beleg erkennen Sie zwei für die Buchführung bedeutsame Eintragungen: **Beleg**

- die fortlaufende Belegnummer; hier handelt es sich um eine **Quittung** mit der fortlaufenden Nummer **123**, betriebsintern hat diese Belegart die Abkürzung **Q** (für Quittung),
- die Ihnen schon bekannte Vorkontierung im Kontierungsstempel, die hier ergänzt ist um die Angaben, **wann** (18.04.), **wo** *(Journal April, Seite 5)* und **von wem** *(Golombeck)* die Eintragungen im Grundbuch und im Hauptbuch vorgenommen worden sind. Die Vorkontierung auf dem Beleg gibt an, wie zu buchen ist.

Das **Grundbuch** oder **Journal** gibt den Geschäftsvorgang in Kurzform wieder. Die Eintragung erfolgt hier in **zeitlicher Folge**; das Datum steht also als erste Angabe. Danach folgen Belegangabe, Buchungstext sowie Soll- und Habenbuchung. Vor und nach dieser beispielhaften Eintragung erfolgen diejenigen Eintragungen, die zeitlich vor bzw. nach dem 18.04. liegen. **Grundbuch**

Hauptbuch

Im **Hauptbuch** werden **alle Bestands- und Erfolgskonten** geführt, die in der Buchführung der Heidtkötter KG eingerichtet sind. Das Beispiel zeigt nur einen Ausschnitt daraus. Vor allem sind diejenigen Konten aufgeführt, die für diese Belegbuchung infrage kommen. Auf den Konten sind die Beträge unter Angabe der jeweiligen Gegenkonten (nur Kontennummern!) gebucht. Bei der **manuell** geführten Finanzbuchhaltung erfolgt die Buchung im Hauptbuch zeitlich nach der Eintragung im Grundbuch. Bei der heute üblichen Buchhaltung mithilfe eines **Finanzbuchhaltungsprogramms** erfolgt mit der Eintragung im Grundbuch automatisch die Buchung auf den Konten im Hauptbuch.

Arbeitsaufträge (Fortsetzung)

3. Zum tieferen Verständnis der Zusammenhänge bitten wir Sie, die sachliche Darstellungen jetzt aus der Sicht des **typischen Arbeitsablaufs** bei der Buchung von Geschäftsvorfällen zu betrachten.

   Dazu haben wir in der folgenden Übersicht vier Tätigkeiten mit fortlaufender Nummerierung aufgeführt. In der zweiten Spalte finden Sie kurze Bezeichnungen dieser Tätigkeiten. In der dritten Spalte sind diese Tätigkeiten mit ihren einzelnen Arbeitsschritten erläutert.

   Ihre Aufgabe ist es, nicht nur den beschriebenen Arbeitsablauf durch Lesen nachzuvollziehen, sondern an den **farbig markierten Stellen** passende Begriffe einzusetzen.

   Verwenden Sie dazu die entsprechende Tabelle in Ihrem Arbeitsheft[1].

1	**Belege sortieren**	Täglich fallen zahlreiche Belege in der Heidtkötter KG an. Sie werden zunächst gesammelt und „zeitnah" zu ihrer Entstehung gebucht; d. h., innerhalb weniger Tage, nachdem sie eingegangen oder in der Heidtkötter KG erstellt worden sind, muss gebucht werden. Zum rationellen Arbeiten in der Buchhaltung gehören: ■ das Sortieren der Belege nach Art und Datum. Alle **Eingangsrechnungen (ER)** werden zu einem Stapel zusammengefasst, ebenso alle **Ausgangsrechnungen (AR), Kontoauszüge (KA), Quittungen (Q)** usw., ■ das Durchnummerieren aller Belege jeder Belegart mit internen fortlaufenden Belegnummern und ■ das Errechnen von Kontrollsummen für jeden „Stapel".
2	______	Bevor die Belege im Grundbuch eingegeben werden können (z. B. mithilfe eines Finanzbuchhaltungsprogramms), muss eine versierte Buchhalterin/ein versierter Buchhalter auf dem Beleg angeben, auf welchen Konten zu buchen ist. Diesen Vorgang nennt man ______. Konten werden hierbei nur mit ihren ______ angegeben. Abschließend wird auf dem Beleg der Grundbucheintrag vermerkt.
3	**Erfassung der Buchungen im Grundbuch**	Jeder Belegstapel wird im Grundbuch zeitlich geordnet gebucht (Datum, Beleg, Buchungstext, Sollbuchung, Habenbuchung). In einem FiBu-Programm geschieht dies über die sogenannte **Erfassungsmaske.** Zur Sicherheit wird die Summe der im Grundbuch gebuchten Belege mit der zuvor errechneten Kontrollsumme verglichen, um Fehler rechtzeitig korrigieren zu können.
4	**Übernahme der Buchungen auf** ______	Anschließend erfolgt das Buchen auf den Sach-, Erfolgs- und Personenkonten. Im vorhergehenden Beispiel wurden die beiden ______ „2880 Kasse" und „2600 Vorsteuer" sowie das ______ „6800 Büromaterial" angesprochen. In einem FiBu-Programm werden die Grundbucheintragungen automatisch auf Konten „ausgebucht". Die Konten geben damit jederzeit einen Überblick über die Lage des Unternehmens.

1 Bitte schreiben Sie nicht ins Lernbuch, wenn es nicht Ihr Eigentum ist.

Vertiefende Übungen

Prüfen Sie Ihr bisheriges Wissen zur Buchführungsorganisation, indem Sie darüber nachdenken, welche der folgenden Aussagen wahr und welche falsch sind.

1. Der Grundsatz „Keine Buchung ohne Beleg" gilt uneingeschränkt. Für den Fall, dass ein externer Beleg verloren gegangen ist, muss ein sogenannter Ersatzbeleg angefertigt oder eine Kopie beschafft werden.

2. Beim Abschluss der Erfolgskonten auf das Gewinn- und Verlustkonto bzw. der Bestandskonten auf das Schlussbilanzkonto bedarf es keiner Belege.

3. Auch für die sogenannten vorbereitenden Abschlussbuchungen (z. B. Abschreibungen, Inventurdifferenzen) kann man auf Belege verzichten.

4. Im Grundbuch, auch Journal genannt, werden alle Geschäftsvorgänge in sachlicher Ordnung, d. h. nach Vermögens-, Schuldenposten sowie nach Aufwendungen und Erträgen getrennt, aufgeschrieben.

5. Hauptbuch ist der Name für das Verzeichnis aller Bestands- und Erfolgskonten in einem Unternehmen. Im Hauptbuch sind die Konten sachlich nach Kontennummern geordnet.

6. Durch Abstimmung der Belegsummen mit den im Grundbuch gebuchten Summen können Fehler erkannt und vor der Buchung auf Konten berichtigt werden.

Arbeitsaufträge

Beantworten Sie bitte die folgenden drei Fragen, indem Sie sich dazu kurze Notizen machen.

a) *Warum kann ein Hauptbuch allein keinen „Überblick über die Geschäftsvorfälle" geben?*

(Mit Überblick über die Geschäftsvorfälle ist gemeint, dass die Buchführung eine Liste aller Geschäftsvorfälle enthalten muss.)

b) *Warum kann nur das Hauptbuch eine Aussage „über die Lage des Unternehmens" geben?*

(Mit „Lage des Unternehmens" ist gemeint, dass die Buchführung Aussagen über den Vermögens- und Schuldenstand sowie über die Aufwendungen und Erträge machen muss.)

c) *Wodurch ist sichergestellt, dass sich die Geschäftsvorfälle „in ihrer Entstehung und Abwicklung verfolgen lassen"?*

Wir weisen Sie auf eine weitere Vorschrift hin, die in § 238 HGB enthalten ist und die bereits erwähnt worden ist, ohne sie besonders zu betonen. Im Handelsgesetzbuch (HGB) steht sinngemäß, dass die Bücher „nach den Grundsätzen ordnungsmäßiger Buchführung" (kurz: **GoB**) zu führen sind. Lesen Sie hierzu die Erläuterungen im INFO-Teil (ab Seite 456).

GoB

Die Buchführung, so wie wir sie bis jetzt in ihrem systematischen Aufbau besprochen haben, ist „ordnungsgemäß" im Sinn des HGB. Worauf das HGB hinweisen will, ist, dass die Buchführung **allgemein anerkannten, sachgerechten Normen** entsprechen muss: Es kann nicht jeder seine Bücher führen, wie er will. Das würde den Vergleich und die Prüfung zu sehr erschweren. Also gibt es im HGB und in der **Abgabenordnung (AO) allgemeine Grundsätze**, an die sich jeder Kaufmann halten muss. Tut er das nicht, macht er sich u. U. strafbar (z. B. im Insolvenzfall oder bei bewusster Verschleierung der wahren Vermögens- und Schuldenverhältnisse) und die Finanzbehörde schätzt seine Besteuerungsgrundlagen. Zusätzlich gibt es freiwillige, von Verbänden empfohlene Richtlinien, z. B. den **Kontenrahmen**.

Situation

Schauen Sie sich noch einmal den Kontierungsstempel aus dem Beispiel von Seite 182 an. Die Kontenbezeichnungen sind hier auf **Kontennummern** reduziert, die dem Nicht-Eingeweihten keinen Einblick in den Geschäftsvorgang vermitteln können. Es muss gute Gründe dafür geben, dass die Konten in der Buchführung mit solchen Ziffern belegt werden, und es muss sich ein System dahinter verbergen.

Konto	Soll	Haben
6800	150,00	
2600	28,50	
2880		178,50

Gebucht: 18.04. / J. April / 5 / Golombeck

Lassen Sie uns diesem „Geheimnis" im Folgenden nachspüren: Dass Ziffern als **Symbole** und **Zeichen** verwendet werden, die auf eine Bedeutung verweisen, ist Ihnen allen aus dem Alltag geläufig:

- Wer vor einer Tür mit der Aufschrift „00" steht, wird dahinter nicht den Zugang zu einer Diskothek vermuten.
- Wer die Zahl „30" auf weißem Grund mit rotem Rand sieht, weiß das ganz genau als Geschwindigkeitsbegrenzung einzuordnen.
- Und jeder wird mit H_2O das chemische Zeichen für Wasser verbinden.

Insbesondere in den Naturwissenschaften und in der Mathematik werden Systeme von künstlichen Zeichen verwendet, weil sie gegenüber den Wörtern und Sätzen der natürlichen Sprache eindeutiger, übersichtlicher und kürzer sind.

Und genau das hat die Betriebswirtschaftler bewogen, das unübersichtliche Gewirr von Kontenbezeichnungen, das die Kaufleute ursprünglich verwendet haben, in ein übersichtliches und eindeutiges künstliches Zahlensystem zu übersetzen.

Spüren Sie nun dem System nach, das sich hinter den Kontennummern verbirgt. Dazu geben wir Ihnen den folgenden kleinen Arbeitsauftrag:

Arbeitsauftrag

Kontenrahmen

Notieren Sie zu den im Schlussbilanzkonto aufgeführten Vermögens- und Schuldenposten bzw. zu den im Gewinn- und Verlustkonto aufgeführten Aufwendungen und Erträgen die jeweiligen Kontennummern aus dem Kontenverzeichnis. Sie finden die nachfolgende Tabelle auch in Ihrem Arbeitsheft.

Welche „Ordnung", welches „System" fällt Ihnen auf?

Kontennummern	Auszug aus den Abschlusskonten	Kontennummern

Soll	8010 Schlussbilanzkonto	Haben
Anlagevermögen:	**Eigenkapital:**	
Bebaute Grundstücke	**Fremdkapital:**	
Anlagen und Maschinen	Darlehen	
Umlaufvermögen:	Verbindlichkeiten a. LL	
Rohstoffe	Umsatzsteuer	
Forderungen a. LL		
Bank		

Soll	8020 Gewinn- und Verlustkonto	Haben
Aufwendungen für Rohstoffe		
Aufwendungen für Vorprodukte	Umsatzerlöse für Waren	
Aufwendungen für Hilfsstoffe	Bestandsveränderungen an	
Aufwendungen für Waren	fertigen Erzeugnissen	
Löhne	Mieterträge	
Zinsaufwendungen	Zinserträge	
Gewerbesteuer		

Die Anordnung der Konten fällt ins Auge, wenn Sie sich auf die **erste Ziffer** konzentrieren:

■ Alle Konten, deren erste Ziffern mit **0, 1, 2, 3** und **4** beginnen, sind dem **Schlussbilanzkonto** zugeordnet; und zwar beginnen
  – alle Konten des **Anlagevermögens** mit der Ziffer 0 oder 1,
  – alle Konten des **Umlaufvermögens** mit der Ziffer 2,
  – **Eigenkapitalkonten** und deren Unterkonten mit der Ziffer 3,
  – alle **Schuldenkonten** mit der Ziffer 4.
■ Alle Konten, deren erste Ziffer mit **5, 6** oder **7** beginnen, sind dem **Gewinn- und Verlustkonto** zugeordnet; und zwar beginnen
  – alle **Ertragskonten** mit der Ziffer 5,
  – alle **Aufwandskonten** mit den Ziffern 6 oder 7.
■ Alle Konten, die mit der Ziffer **8** beginnen, sind **Eröffnungs-** oder **Abschlusskonten**, z. B.
  – 8000 **Eröffnungsbilanzkonto,**
  – 8010 **Schlussbilanzkonto,**
  – 8020 **Gewinn- und Verlustkonto.**

Kontenrahmen

Beim Aufbau dieses sogenannten **Industriekontenrahmens** hat man sich davon leiten lassen, wie die Konten **abgeschlossen** werden, und danach die Zuordnung der Konten vorgenommen (= **Abschlussgliederungsprinzip** des Kontenrahmens). Damit haben Sie eine Erklärung für die erste Ziffer eines Kontos.

Konten-identifikation

Sie haben bisher immer Konten mit **vierstelligen** Ziffern kennengelernt, z. B. führt das Unternehmen Heidtkötter KG das Konto

„2800 Guthaben bei Kreditinstituten (Sparkasse Bielefeld)".

Die weiteren Stellen im vierstelligen „Code" dienen dazu, jedes Konto eindeutig zu identifizieren. Wir werden das am obigen Beispiel verdeutlichen:

1. Ziffer benennt die **Kontenklasse:**	2	Umlaufvermögen	**Kontenrahmen**
2. Ziffer benennt die **Kontengruppe:**	28	flüssige Mittel	
3. Ziffer benennt die **Kontenart:**	280	Guthaben bei Kreditinstituten	**Kontenplan**
4. Ziffer benennt die **Kontenunterart:**	2800	Guthaben bei Sparkasse Bielefeld	

Würde die Heidtkötter KG ein zweites Bankkonto unterhalten, z. B. bei der Deutschen Bank AG, so könnte dieses Konto die Ziffer bekommen:

„2801 Guthaben bei Kreditinstituten (Deutsche Bank AG Bielefeld)".

Kontenplan

Der Industriekontenrahmen ist vom Bundesverband der Deutschen Industrie für den Einsatz in **Industriebetrieben** empfohlen; er legt nur die **ersten beiden Ziffern** verbindlich fest. Jedes Industrieunternehmen ist aufgefordert, daraus einen auf die eigenen Bedürfnisse zugeschnittenen **Kontenplan** zu entwickeln, in dem alle Konten enthalten sind, die in dem jeweiligen Unternehmen geführt werden, und in dem der Unternehmer die 3. und 4. Kontenziffer frei gestalten kann.

So wie es für Industriebetriebe empfohlene Kontenrahmen gibt, so gibt es die auch für andere Wirtschaftsbereiche, z. B. für den Groß- und Außenhandel, für den Einzelhandel, für den Reiseverkehr, für Banken, Versicherungen usw. Für den Bereich von Schule und Ausbildung sind aus den vorgenannten Kontenrahmen die sogenannten **Schulkontenrahmen** entwickelt worden.

Vertiefende Übungen[1]

Schauen Sie sich anhand der bisherigen Informationen den diesem Buch beigefügten Kontenrahmen aufmerksam an. Lösen Sie die nachfolgenden Übungen.

1. Die Kontierungen auf zwei Belegen lauten:

a)

Konto	Soll	Haben
6000	12.000,00	
2600	2.280,00	
4400		14.280,00
Gebucht: 23.05.01/M Mai/12/Golombeck		

b)

Konto	Soll	Haben
2400	19.635,00	
5000		16.500,00
4800		3.135,00
Gebucht: 06.06.01/J Juni/3/Varese		

Geben Sie die Kontenbezeichnungen, die zugrunde liegenden Belege und die Geschäftsvorfälle an. Erläutern sie die Informationen in der letzten Zeile des Kontierungsstempels.

2. Kontieren Sie den nebenstehenden Beleg:

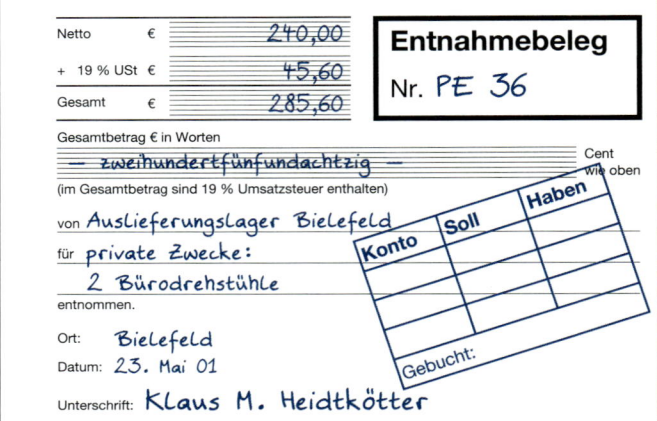

3. Der nebenstehende Beleg gibt den Einkauf von Fachliteratur wieder.

a) Berechnen Sie den Umsatzsteueranteil.

b) Kontieren Sie den Beleg.

c) Begründen Sie, warum die Umsatzsteuer auf diesem Beleg nicht ausgewiesen werden muss.

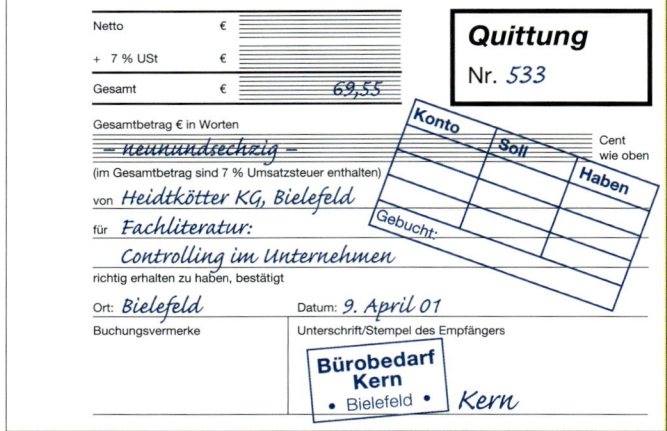

4. a) Was veranlasst die Wirtschaftsverbände, z. B. den BDI, Kontenrahmen für ihre jeweiligen Wirtschaftszweige herauszugeben und zur Anwendung in den Unternehmen zu empfehlen?

---

1   Beachten Sie auch die Übungsaufgabe im Arbeitsheft.

b) Was bedeutet die Aussage, dass der Industriekontenrahmen nach dem Abschlussgliederungsprinzip aufgebaut ist?

c) Innerhalb einer jeden Kontenklasse sind die Konten nach dem dekadischen System gegliedert. Was bedeutet das?

d) Verdeutlichen Sie an einem selbstgewählten Beispiel, wie es durch vierstellige Kontennummern gelingt, jedes Konto eindeutig zu identifizieren.

e) Erläutern Sie die Aussage, dass im Industriekontenrahmen das Zweikreissystem verankert ist. Welche Kontenklassen gehören dem Rechnungskreis I an und welche dem Rechnungskreis II?

5. Nennen Sie jeweils den Geschäftsvorfall für folgende Eintragungen auf dem Bankkonto:

Soll			2800 Bank		Haben
1.	8000	125.400,00	5.	4230	25.000,00
2.	2880	4.500,00	6.	2880	3.000,00
3.	2400	42.600,00	7.	4400	26.800,00
4.	3001	1.200,00	8.	4800	21.300,00
			9.	6300	34.700,00

Zur Lösung der folgenden Aufgaben ziehen Sie die Ausführungen im INFO-Teil ab Seite 514 heran.

6. In der Finanzbuchhaltung der Möbelwerke Kurz GmbH, Gütersloh, weisen die beiden Kundenkonten Möbelgroßhandel Heinrich KG, Hannover, und Möbelcenter MC, Leipzig, folgende offene Posten – also noch nicht bezahlte Rechnungen – aus:

Soll	10001 Möbelgroßhandel Heinrich GmbH	Haben
AR 336	47.600,00	
AR 377	41.650,00	

Soll	10002 Möbelcenter MC, Leipzig	Haben
AR 352	59.500,00	
AR 386	29.750,00	

a) Richten Sie außer den Kundenkonten noch folgende Konten ein:

2400 Forderungen a. LL	Saldo:	178.500,00 €
2800 Bankguthaben	Saldo:	86.450,00 €
4800 Umsatzsteuer	Saldo:	28.500,00 €
5000 Umsatzerlöse für eigene Erzeugnisse	Saldo:	485.000,00 €

b) Buchen Sie die folgenden Geschäftsvorfälle auf den Sachkonten und nehmen Sie zugleich die entsprechenden Eintragungen auf den Kundenkonten vor:

1.	KA 229:	Möbelgroßhandel Heinrich GmbH begleicht AR 336	47.600,00
2.	AR 402:	Verkauf von 20 Eichenschränken Sirius 100 an das Möbelcenter MC, netto	30.000,00
		+ 19 % Umsatzsteuer	5.700,00
		Rechnungsbetrag	35.700,00
3.	KA 230:	Möbelcenter MC begleicht AR 352	59.500,00
4.	AR 411:	Verkauf von 40 Schreibtischen Elegant 400 an Möbelgroßhandel Heinrich GmbH, netto	16.000,00
		+ 19 % Umsatzsteuer	3.040,00
		Rechnungsbetrag	19.040,00
5.	KA 414:	Möbelgroßhandel Heinrich GmbH begleicht AR 377	41.650,00

c) Ermitteln Sie die Salden der Kundenkonten und stellen Sie diese in einer Saldenliste Debitoren zusammen.

d) Errechnen Sie den Saldo im Sachkonto 2400 und stimmen Sie diesen mit der Summe der Debitoren-Saldenliste ab.

Vertiefende Übungen (Fortsetzung)

7. In der Finanzbuchhaltung der Möbelwerke Kurz GmbH, Gütersloh, weisen die drei Liefererkonten Holzwerke Sauerland GmbH, Menden, Furnierwerke Schneider KG, Halberstadt, und Sägewerk Brettschneider KG, Goslar, folgende offene Posten – also noch nicht bezahlte Rechnungen – aus:

Soll	60001 Holzwerke Sauerland GmbH		Haben
	ER 331		14.280,00
	ER 371		21.420,00

Soll	60002 Furnierwerke Schneider KG		Haben
	ER 355		4.760,00
	ER 378		7.140,00
	ER 381		3.570,00

Soll	60003 Sägewerk Brettschneider KG		Haben
	ER 367		9.520,00
	ER 394		15.470,00

a) Richten Sie außer den Liefererkonten noch folgende Sachkonten ein:

2600 Vorsteuer	Saldo:	12.160,00 €
2800 Bankguthaben	Saldo:	98.560,00 €
4400 Verbindlichkeiten a. LL	Saldo:	76.160,00 €
6000 Aufwendungen für Rohstoffe	Saldo:	266.000,00 €

b) Buchen Sie die folgenden Geschäftsvorfälle auf den Sachkonten und nehmen Sie zugleich die entsprechenden Eintragungen auf den Liefererkonten vor:

1.	KA 165:	ER 331 wird bei Fälligkeit beglichen	14.280,00 €
2.	ER 411:	Einkauf von Eichenfurnier EF 200 von Furnierwerke Schneider KG, netto	4.500,00
		+ 19 % Umsatzsteuer	855,00
		Rechnungsbetrag	5.355,00
3.	KA 171:	ER 355 wird beglichen	4.760,00 €
4.	ER 416:	Einkauf von Spanplatten von Holzwerke Sauerland GmbH, netto	12.500,00
		+ 19 % Umsatzsteuer	2.375,00
		Rechnungsbetrag	14.875,00
5.	KA 183:	Überweisung an Brettschneider KG, ER 367	9.520,00
		Überweisung an Schneider KG, ER 378	7.140,00
			16.660,00
6.	ER 433:	Kauf von gehobelten Brettern für die Regalfertigung von Sägewerk Brettschneider KG, netto	9.000,00
		+ 19 % Umsatzsteuer	1.710,00
		Rechnungsbetrag	10.710,00

c) Ermitteln Sie die Salden der Liefererkonten und stellen Sie diese in einer Saldenliste Kreditoren zusammen.

d) Errechnen Sie den Saldo im Sachkonto 4400. Stimmen Sie diesen mit der Summe der Kreditoren-Saldenliste ab.

8. Die Buchführung der Electronic Meyer KG, Nürnberg, weist bis zum 18. Dezember 01 folgende Zahlen aus:

Kundenkonten	Soll	Haben
10000 Kern GmbH, Steuerungen, München	535.500,00	428.400,00
10001 Walther KG, Anlagenbau, Dresden	499.800,00	327.250,00
10002 Ferner GmbH, Messwerkzeuge, Halle	357.000,00	130.900,00
Summe	1.392.300,00	886.550,00

Liefererkonten	Soll	Haben
60000 Gerhards GmbH, Platinenbau, Erfurt	71.400,00	95.200,00
60001 Kahls GmbH – Metallbau, Mannheim	136.850,00	178.500,00
60002 Prieß KG, Schaltanlagen, Düsseldorf	124.950,00	166.600,00
60003 Teichmann KG, Osnabrück	59.500,00	83.300,00
Summe	392.700,00	523.600,00

Sachkonten		Soll	Haben
0510	Bebaute Grundstücke	520.000,00	—
0700	Technische Anlagen und Maschinen	263.000,00	12.400,00
0800	Betriebs- und Geschäftsausstattung	294.500,00	22.300,00
2000	Rohstoffe	124.000,00	—
2010	Vorprodukte/Fremdbauteile	63.400,00	—
2100	Unfertige Erzeugnisse	45.000,00	
2200	Fertige Erzeugnisse	55.000,00	
2400	Forderungen a. LL	1.392.300,00	886.550,00
2600	Vorsteuer	82.700,00	63.600,00
2800	Bank	945.560,00	433.400,00
2880	Kasse	36.440,00	27.320,00
3000	Eigenkapital	—	845.000,00
4230	Darlehen	50.000,00	1.200.000,00
4400	Verbindlichkeiten a. LL	392.700,00	523.600,00
4800	Umsatzsteuer	121.550,00	242.300,00
5000	Umsatzerlöse für eigene Erzeugnisse		1.270.000,00
5201	Bestandsveränderungen an unfertigen Erzeugnissen	—	—
5202	Bestandsveränderungen an fertigen Erzeugnissen	—	—
5710	Zinserträge		13.800,00
6000	Aufwendungen für Rohstoffe	400.000,00	
6010	Aufwendungen für Vorprodukte/Fremdbauteile	100.000,00	
6200	Löhne	320.000,00	
6300	Gehälter	85.000,00	
6400	Arbeitgeberanteil zur Sozialversicherung	76.000,00	
6520	Abschreibungen auf Sachanlagen	—	—
6700	Mietaufwendungen	69.620,00	—
6830	Aufwendungen für Kommunikation	24.100,00	
6900	Versicherungsbeiträge	2.400,00	
7000	Betriebliche Steuern	54.500,00	
7510	Zinsaufwendungen	22.500,00	
8010	Schlussbilanzkonto	—	—
8020	Gewinn- und Verlustkonto	—	—
Summen zum 18. Dezember 01		5.540.270,00	5.540.270,00

Bis zum Ende des Geschäftsjahres 01 sind noch folgende Geschäftsvorfälle zu buchen:

1.	ER 834	für Rohstoffeinkauf bei Gerhards GmbH, netto	25.000,00
		+ 19 % Umsatzsteuer	4.750,00
		Rechnungsbetrag	29.750,00
2.	KA 754:	Lohnzahlung	21.000,00
		Gehaltszahlung	7.000,00
		Überweisung der Miete für gemietetes Lagergebäude	6.200,00
		Gutschrift für Zinsen	400,00
		Abbuchung der Telefonkosten, ER wurde vorher bereits gebucht	1.400,00
3.	AR 943:	Verkauf fertiger Erzeugnisse an Ferner GmbH, netto	73.000,00
		+ 19 % Umsatzsteuer	13.870,00
		Rechnungsbetrag	86.870,00
4.	KA 755:	Überweisung von Kunde Walther KG, AR 1145	47.600,00
5.	ER 835:	Einkauf von Vorprodukten/Fremdbauteilen bei Teichmann KG, netto	12.000,00
		+ 19 % Umsatzsteuer	2.280,00
		Rechnungsbetrag	14.280,00
6.	KA 756:	Darlehenszinsen (2. Halbjahr 01)	22.500,00
		Darlehenstilgung	50.000,00
			72.500,00
7.	AR 944:	Verkauf fertiger Erzeugnisse an Kern GmbH, netto	85.000,00
		+ 19 % Umsatzsteuer	16.150,00
		Rechnungsbetrag	101.150,00
8.	KA 757:	Überweisung an Prieß KG für ER 812	20.825,00

→

Vertiefende Übungen (Fortsetzung)

9. Abschlussangaben:

Abschreibungen auf Bebaute Grundstücke	21.000,00
Abschreibungen auf Technische Anlagen und Maschinen	26.000,00
Abschreibungen auf Betriebs- und Geschäftsausstattung	30.000,00
Inventurbestand an Rohstoffen	164.000,00
Inventurbestand an Vorprodukten/Fremdbauteilen	39.200,00
Endbestand an unfertigen Erzeugnissen	56.000,00
Endbestand an fertigen Erzeugnissen	72.000,00

a) Richten Sie die obigen Konten mit den Soll- und Habensummen ein.

b) Buchen Sie die Geschäftsvorfälle, die noch bis zum 31.12.01 zu berücksichtigen sind.

c) Machen Sie den Probeabschluss mit den erforderlichen Umbuchungen und übertragen Sie die Umbuchungen auf die betreffenden Konten.

d) Schließen Sie die Erfolgskonten über das GuV-Konto ab und weisen Sie den Erfolg dem Eigenkapitalkonto zu.

e) Schließen Sie die Bestandskonten zum SBK ab.

f) Prüfen Sie die Übereinstimmung der Werte im Schlussbilanzkonto mit den Werten der Inventurbilanz in der Abschlussübersicht.

g) Ermitteln Sie die Eigenkapitalquote sowie die Verzinsung des Eigenkapitals (= Eigenkapitalrentabilität). Bewerten Sie die Zahlen.

9. Das Unternehmen Klingen GmbH, Dresden, führt folgende Konten im Kontenplan. Auf den Konten wurde während des Geschäftsjahres bereits gebucht. Die Konten weisen bis zum 21. Dezember des Geschäftsjahres 01 die angegebenen Soll- und Habensummen auf:

Konto-Nr.	Konto	Kontensummen in €	
		Soll	Haben
	Bestandskonten		
0510	Bebaute Grundstücke	1.600.000,00	
0700	Technische Anlagen und Maschinen	860.000,00	
0800	Betriebs- und Geschäftsausstattung	710.000,00	
2000	Rohstoffe	290.000,00	
2020	Hilfsstoffe	105.000,00	
2030	Betriebsstoffe	33.000,00	
2100	Unfertige Erzeugnisse	183.000,00	
2200	Fertige Erzeugnisse	272.000,00	
2400	Forderungen a. LL	894.000,00	520.000,00
2600	Vorsteuer	304.000,00	
2800	Bank	795.000,00	511.000,00
2880	Kasse	56.000,00	27.000,00
3000	Gezeichnetes Kapital		820.000,00
3320	Verlustvortrag aus Vorjahr	66.000,00	
3400	Jahresüberschuss/Jahresfehlbetrag	—	—
4230	Darlehen		2.166.000,00
4400	Verbindlichkeiten a. LL	437.000,00	721.000,00
4800	Umsatzsteuer		684.000,00
	Erfolgskonten		
5000	Umsatzerlöse für eigene Erzeugnisse		3.720.000,00
5201	Bestandsveränderungen an unfert. Erzeugnissen	—	—
5202	Bestandsveränderungen an fert. Erzeugnissen	—	—
5420	Entnahme von Gegenständen mit Umsatzsteuer		24.500,00
5710	Zinserträge		6.500,00
6000	Aufwendungen für Rohstoffe	1.180.000,00	
6020	Aufwendungen für Hilfsstoffe	236.000,00	
6030	Aufwendungen für Betriebsstoffe	64.000,00	
6160	Fremdinstandhaltung	21.000,00	

6200	Löhne	545.000,00	
6300	Gehälter	245.000,00	
6400	Arbeitgeberanteil zur Sozialversicherung	136.000,00	
6520	Abschreibungen auf Sachanlagen	—	—
6700	Mietaufwendungen	36.000,00	
6830	Kosten der Telekommunikation	8.000,00	
6870	Werbung	69.000,00	
7510	Zinsaufwendungen	55.000,00	
		9.200.000,00	9.200.000,00
	Abschlusskonten		
8010	Schlussbilanzkonto		
8020	Gewinn- und Verlustkonto		

Bis Ende Dezember 01 sind noch folgende Geschäftsvorfälle zu buchen:

1.	ER 897	für Rohstoffe, netto	40.000,00
		+ 19 % Umsatzsteuer	7.600,00
		Rechnungsbetrag	47.600,00
2.	AR 972:	Verkauf fertiger Erzeugnisse, netto	85.000,00
		+ 19 % Umsatzsteuer	16.150,00
		Rechnungsbetrag	101.150,00
3.	KA 423:	Überweisung von Kunde, AR 698	35.700,00
4.	ER 899:	Abdichtung des Daches der Fabrikationshalle, netto	25.000,00
		+ 19 % Umsatzsteuer	4.750,00
		Rechnungsbetrag	29.750,00
5.	KA 425:	Überweisung der Miete für gemietetes Bürogebäude	8.000,00
6.	ER 900:	Rechnung über Werbeanzeige	3.700,00
7.	AR 973:	Verkauf fertiger Erzeugnisse, netto	60.000,00
		+ 19 % Umsatzsteuer	11.400,00
		Rechnungsbetrag	71.400,00
8.	**Abschlussangaben:**	Abschreibungen auf Bebaute Grundstücke	64.000,00
		Abschreibungen auf Technische Anlagen und Maschinen	72.000,00
		Abschreibungen auf Betriebs- und Geschäftsausstattung	58.000,00
		Inventurbestand an Rohstoffen	330.000,00
		Inventurbestand an Hilfsstoffen	125.000,00
		Inventurbestand an Betriebsstoffen	14.000,00
		Inventurbestand an unfertigen Erzeugnissen	151.000,00
		Inventurbestand an fertigen Erzeugnissen	194.000,00

a) Richten Sie die Konten mit den Soll- und Habensummen ein.

b) Buchen Sie die Geschäftsvorfälle, die noch bis zum 31.12.01 zu berücksichtigen sind.

c) Machen Sie den Probeabschluss mit den erforderlichen Umbuchungen und übertragen Sie die Umbuchungen auf die betreffenden Konten.

d) Schließen Sie die Erfolgskonten über das GuV-Konto ab und weisen Sie den Jahresüberschuss/Jahresfehlbetrag aus.

e) Schließen Sie die Bestandskonten zum SBK ab.

f) Prüfen Sie die Übereinstimmung der Werte im Schlussbilanzkonto mit den Werten der Inventurbilanz in der Abschlussübersicht.

g) Stellen Sie die Bilanz (vor Gewinnverwendung) auf. Zu der Bilanz sind unter dem gezeichneten Kapital die Posten „Verlustvortrag" und „Jahresüberschuss/Jahresfehlbetrag" aufzuführen.

h) Ermitteln Sie die Eigenkapitalquote sowie die Verzinsung des Eigenkapitals (= Eigenkapitalrentabilität) und bewerten Sie die Zahlen.

4

Wertschöpfungsprozesse analysieren und beurteilen

Mithilfe der Kosten- und Leistungsrechnung den Erfolg dokumentieren, kontrollieren und steuern

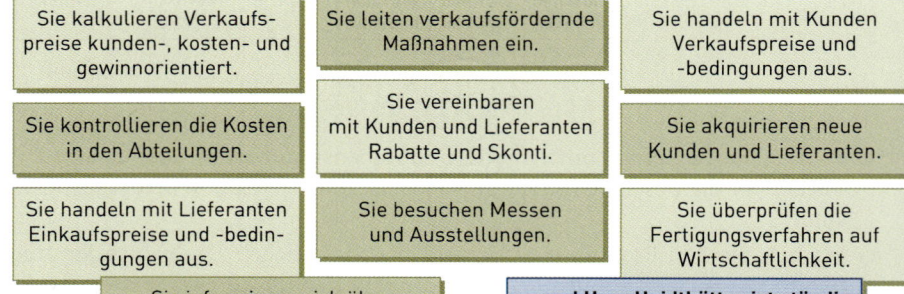

Leitidee Klaus M. Heidtkötter verfügt über ein Konzept, mit dem er sein Unternehmen bisher erfolgreich geführt hat:

Behalte die Unternehmensziele im Auge!

Orientiere dich an den Wünschen der Kunden!

Fördere die Motivation und die Produktivität der Mitarbeiter!

Führe so viel wie nötig; kontrolliere so wenig wie möglich!

Lebe deine Unternehmensphilosophie!

Unternehmens-erfolg

In diesem Konzept spielt für Klaus M. Heidtkötter das folgende Merkmal eine besonders wichtige Rolle:

Handle, wenn du etwas für richtig befunden hast: **Sei innovativ!**

So ist es für ihn und seine Mitarbeiter(innen) selbstverständlich, dass sie bei der Beschaffung von Werkstoffen, bei der Herstellung fertiger Erzeugnisse und beim Absatz der Erzeugnisse ständig Entscheidungen treffen:

Sie kalkulieren Verkaufspreise kunden-, kosten- und gewinnorientiert.	Sie leiten verkaufsfördernde Maßnahmen ein.	Sie handeln mit Kunden Verkaufspreise und -bedingungen aus.
Sie kontrollieren die Kosten in den Abteilungen.	Sie vereinbaren mit Kunden und Lieferanten Rabatte und Skonti.	Sie akquirieren neue Kunden und Lieferanten.
Sie handeln mit Lieferanten Einkaufspreise und -bedingungen aus.	Sie besuchen Messen und Ausstellungen.	Sie überprüfen die Fertigungsverfahren auf Wirtschaftlichkeit.
Sie informieren sich über Innovationen in Fachzeitschriften.	**... und Herr Heidtkötter ist ständig auf der Suche nach Neuem.**	

Inwieweit diese Entscheidungen und das unternehmerische Handeln erfolgreich sein werden, kann Heidtkötter nur unzureichend abschätzen. So weiß er nicht,

■ ob seine Kunden seine Preise akzeptieren,

■ wie seine Konkurrenten auf seine Preisgestaltung reagieren,

■ ob seine Preise zu entsprechend hohen Umsätzen führen, sodass seine Gewinnerwartungen erfüllt werden,

■ wie der Absatzmarkt sich entwickeln wird,

■ welche Innovationen zu Veränderungen im Produktionsprogramm zwingen werden und wie Innovationen vom Markt angenommen werden.

Aufgrund dieser Unsicherheiten sind ihm alle inner- und außerbetrieblich verfügbaren Informationen sehr willkommen, die den Erfolg der Entscheidungen wahrscheinlicher machen. Für die **innerbetriebliche Datenbeschaffung** kann er selbst sorgen, wenn er u. a. folgende Fragen beantwortet:

- Wie hoch sind die Kosten für die Werkstoffe sowie für die Herstellung und den Absatz der Erzeugnisse?
- Welche Kosten fallen dabei im Einzelnen an?
- Welche Kosten sind in welchem Ausmaß beeinflussbar?
- Wie hoch sind die Leistungen, die sich aus der Preisgestaltung und den daraus erwachsenden Umsatzerlösen ergeben?
- Stehen Leistungen und Kosten in einem angemessenen Verhältnis zueinander (Wirtschaftlichkeit)?
- Wird ein dem Unternehmensziel entsprechender Gewinn erreicht?

Mit der Beantwortung dieser Fragen klärt Klaus M. Heidtkötter ein zentrales Ziel seiner unternehmerischen Tätigkeit:

> **Eine optimale Wertschöpfung im Unternehmen anstreben** nach dem Grundsatz:
> **Gewinn ist die Belohnung des Marktes für gute Leistungen!**

Er erreicht dieses Ziel, wenn er die **Instrumente der Kosten- und Leistungsrechnung (KLR)** richtig nutzt. Diesen Instrumenten werden wir uns im Folgenden zuwenden und dabei ständig die betriebswirtschaftlichen Hintergründe und unternehmerischen Entscheidungen im Auge behalten. Bei unserem Vorgehen orientieren wir uns an dem Ihnen aus dem vorhergehenden Lernfeld 3 (Werteströme und Werte erfassen und dokumentieren) bereits bekannten **Werte- und Geldflussmodell**, das wir hier in den Dienst der Kosten- und Leistungsrechnung stellen: › **LF 3**

KStR = Kostenstellenrechnung   VKR = Vollkostenrechnung   PKR = Prozesskostenrechnung
KTR = Kostenträgerrechnung   DBR = Deckungsbeitragsrechnung

› **Arbeitshilfen**

Arbeitsauftrag

Nehmen Sie das Schaubild zum Anlass, über die Bedeutung der Kosten- und Leistungsrechnung für ein Unternehmen nachzudenken. Die nachfolgenden Informationen können dabei eine Hilfe sein. Sprechen Sie anschließend mit Ihren Mitschülerinnen und Mitschülern darüber.

Arbeitshilfe 1

- Der Leistungsbereich wird von **wertmäßigem Input** gespeist, der in der Kosten- und Leistungsrechung als betriebliche Aufwendungen (= **Kosten**) erfasst wird. Unter Kosten verstehen wir den wertmäßigen Input, durch die die Produktion organisiert, verwaltet, durchgeführt und aufrechterhalten wird, mit dem Ziel, marktfähige und von Kunden begehrte, also nachgefragte „fertige Erzeugnisse" herzustellen.
- Den Leistungsbereich verlassen geplante **fertige Erzeugnisse**, deren Wert in der Kosten- und Leistungsrechnung als **Leistungen** erfasst werden. Unter Leistungen verstehen wir den wertmäßigen Output an fertigen Erzeugnissen und Handelswaren an den Markt, mit dem Ziel, so hohe Erlöse zu erwirtschaften, dass der Unternehmenszweck (Gewinnmaximierung, hohe Auslastung der Betriebsmittel, schadstoffarme Produktion usw.) erreicht wird.
- Je rationeller die Produktionsmittel (Arbeit, Betriebsmittel, Werkstoffe) im Leistungsbereich kombiniert werden und je erfolgreicher die fertigen Erzeugnisse auf den Märkten abgesetzt werden können, umso höher fällt die **Wertschöpfung** aus, die das Unternehmen erbringt.

Arbeitshilfe 2

Leistungs-bereich **Beschaffung**	Leistungsbereich **Kosten** **Produktion** **Leistungen** Wertschöpfung durch Kombination von Arbeit, Betriebsmitteln und Werkstoffen	Leistungs-bereich **Absatz**

Wertschöpfung

Klaus M. Heidtkötter betreibt mit seinem Unternehmen **„Wertschöpfung";** das heißt, er ist Produzent und übernimmt im Markt die Aufgabe, fertige Erzeugnisse und Serviceleistungen für seine Abnehmer (= Industriebetriebe, Großhändler, Einzelhändler) bereitzuhalten. Dabei verfolgt er das betriebswirtschaftlich berechtigte Ziel, Gewinn zu erwirtschaften. Dies gelingt ihm dadurch, dass er

- eine entsprechende Organisation aufbaut (Gebäude, Arbeitsplätze, Prozessabläufe usw.),
- Mitarbeiterinnen und Mitarbeiter einstellt und entlohnt, und seine Mitarbeiter gute Leistungen erbringen,
- Werkstoffe, Betriebsmittel und Handelswaren zu bestimmten Preisen einkauft (= Vorleistungen) und fertige Erzeugnisse, Handelswaren sowie Serviceleistungen gegen Entgelt für seine Abnehmer bereitstellt,
- fertige Erzeugnisse zu Preisen verkauft, die nicht nur den Einsatz (= Kosten) decken, sondern darüber hinaus Gewinn erbringen,
- Kunden gewinnt, betreut und berät,
- seine Produkte laufend verbessert,
- ständig nach Innovationen sucht,
- gute Kontakte zu den Lieferern hält,
- den Markt und dessen Veränderungen beobachtet,

- sein Unternehmen kostensparend in die Wertschöpfungskette (Supply Chain) eingliedert usw.

Die durch diese Prozesse ausgelöste Wertsteigerung der Werkstoffe zu fertigen Erzeugnissen heißt **Wertschöpfung.** Ein solcher Wertschöpfungsprozess wird durch **Kosten** und **Leistungen** zahlenmäßig erfasst.

Kosten und Leistungen sind im Hinblick auf das Formalziel der **Gewinnerzielung** ständig zu kontrollieren und zu steuern.

1
Eine in der Buchführung dokumentierte Erfolgssituation analysieren und steuern

Damit Sie sich mit dem kosten- und leistungsorientierten Denken sowie mit den Instrumenten der KLR vertraut machen können, führen wir Sie nachfolgend in mehrere

betriebswirtschaftlich herausfordernde Situationen, deren Bearbeitung Ihnen den Zugang zu grundlegenden Verfahren der Vollkosten- und Teilkostenrechnung eröffnet.

Wir gehen davon aus, dass das Zahlenmaterial, das die Kosten- und Leistungsrechnung benötigt, in den Erfolgskonten der Buchführung aufgezeichnet und im Gewinn- und Verlustkonto gesammelt ist. Wir betonen aber ausdrücklich, dass dieses Zahlenmaterial seinen Ursprung in den Leistungsbereichen hat und dass auch dort zusätzliche – nicht im Gewinn- und Verlustkonto enthaltene – Kosten entstehen. Umgekehrt enthält das Gewinn- und Verlustkonto Positionen, die nicht aus den Leistungsprozessen herrühren und somit auch nicht in die KLR übernommen werden dürfen.

Lernziele

Nach der Erarbeitung dieses Kapitels können Sie ...

- den Unternehmungserfolg und seine Veränderung aus zwei aufeinanderfolgenden Gewinn- und Verlustkonten herauslesen, die Positionen im Gewinn- und Verlustkonto benennen, die für den Erfolg ursächlich sind, und deren Wertveränderungen im Zeitablauf auf Marktgegebenheiten zurückzuführen,
- auf der Basis von Leistungen und Kosten Aussagen zur Wirtschaftlichkeit und Rentabilität treffen,
- den Kostenbegriff um die Vorstellung von kalkulatorischen Kosten erweitern,
- die Notwendigkeit begründen, kalkulatorische Kosten in die Preisberechnung einzubeziehen,
- das methodische Intrument der Ergebnistabelle zur Abgrenzung der neutralen Aufwendungen und Erträge von den Kosten und Leistungen nutzen,
- aus den Gewinn- und Verlustkonten die Leistungen und Kosten herausfiltern und für die Berechnung des Betriebserfolgs nutzen.

1.1
Das Gewinn- und Verlustkonto im Hinblick auf den Unternehmungserfolg analysieren

Situation   Am 30. Januar 02[1] lässt sich Klaus M. Heidtkötter das **Gewinn- und Verlustkonto** der Heidtkötter KG für das gerade abgelaufene Geschäftsjahr 01[1] vorlegen, um die Erfolgssituation einmal selbst analysieren und einschätzen zu können. Für seine Analyse benötigt er zusätzlich die **Bilanz.** Weil der Jahresabschluss am 30.01.02 noch nicht ganz erstellt ist, begnügt er sich mit einer vorläufigen Bilanz in Kurzform.

---

1   In diesem Lehrbuch bedeuten die Ziffern „00" = Vorjahr, „01" = 1. Jahr, „02" = 2. Jahr usw.

Soll	8020 Gewinn- und Verlustkonto für das Geschäftsjahr 01		Haben
6000 Aufwendungen für Rohstoffe	5.280.000,00	5000 Umsatzerlöse	23.175.000,00
6010 Aufwendungen für Vorprodukte	2.850.000,00	davon Bürostühle	6.270.500,00
6020 Aufwendungen für Hilfsstoffe	1.190.000,00	davon Konferenzsysteme	6.024.200,00
6030 Aufwendungen für Betriebsstoffe	380.000,00	davon Bürotische	6.176.900,00
6050 Energie, Treibstoffe	320.000,00	davon Sonderlösungen	4.703.400,00
6080 Aufwendungen für Waren	1.930.000,00	5100 Umsatzerlöse für Waren	2.720.000,00
6140 Frachten und Fremdlager	215.000,00	5202 Bestandsveränderungen FE	38.300,00
6150 Vertriebsprovisionen	184.000,00	5300 Aktivierte Eigenleistungen	46.700,00
6180 Fremdinstandhaltung	256.000,00	5400 Mieterträge	112.000,00
6200 Löhne	3.790.000,00	5410 Erlöse aus Anlagenabgängen	222.000,00
6300 Gehälter	2.050.000,00	5420 Entnahme v. G. u. s. L.	31.000,00
6400 Arbeitgeberanteil zur Soz.-Vers.	1.660.000,00	5710 Zinserträge	45.000,00
6520 Abschreibungen auf Sachanlagen	1.100.000,00		
6600 Sonstige Personalaufwendungen	520.000,00		
6700 Mietaufwendungen	380.000,00		
6800 Büromaterial	65.000,00		
6830 Kosten der Telekommunikation	155.000,00		
6850 Reisekosten	310.000,00		
6870 Werbung	860.000,00		
6900 Versicherungsbeiträge	90.000,00		
6979 Anlagenabgänge	165.000,00		
7000 Betriebliche Steuern	95.000,00		
7510 Zinsaufwendungen	410.000,00		
7700 Gewerbesteuer[1] (geschätzt)	135.000,00		
Jahresüberschuss (Gewinn)	2.000.000,00		
	26.390.000,00		**26.390.000,00**

	Vorläufige Gewinnverteilung im Geschäftsjahr 01						
Gesell-schafter	**Eigenkapital zum 01.01.01**	**Arbeits-anteil**	**Kapital-zins**	**Restgewinn 3 : 1**	**Gesamt-gewinn**	**Privat-entnahmen**	**Eigenkapital zum 31.12.01**
Klaus M. Heidtkötter	6.600.000,00	80.000,00	330.000,00	1.050.000,00	1.460.000,00	85.000,00	7.975.000,00
Anke Heidtkötter	3.800.000,00	—	190.000,00	350.000,00	540.000,00	—	3.800.000,00
	10.400.000,00	80.000,00	520.000,00	1.400.000,00	2.000.000,00	—	11.775.000,00

Aktiva	Vorläufige Bilanz der Heidtkötter KG für das Geschäftsjahr 01		Passiva
Anlagevermögen	9.560.000,00	Eigenkapital Klaus M. Heidtkötter	7.975.000,00
Umlaufvermögen	11.165.000,00	Eigenkapital Anke Heidtkötter	3.800.000,00
davon langfristig gebunden	1.880.000,00	Langfristiges Fremdkapital	6.305.000,00
davon kurzfristig gebunden	9.285.000,00	Kurzfristiges Fremdkapital	2.645.000,00
		darunter Gewinn Anke Heidtkötter	565.000,00
	20.725.000,00		**20.725.000,00**

In seiner Analyse stellt sich Heidtkötter zunächst die wohl wichtigste Frage:

Hat sich die Geschäftstätigkeit für das ganze Jahr 01 gelohnt?

Arbeitsaufträge

1. Entnehmen Sie hierzu dem Gewinn- und Verlustkonto, wie hoch der Erfolg im ganzen Geschäftsjahr gewesen ist.
2. Bestimmen Sie die Positionen im Gewinn- und Verlustkonto, die wesentlich den Erfolg bestimmt haben.

---

1 Ab 2008 darf die Gewerbesteuer für die **steuerliche** Gewinnermittlung nicht mehr als Betriebsausgabe abgesetzt werden.

Ob sich die Geschäftstätigkeit „gelohnt" hat, kann Klaus M. Heidtkötter aus seinem „Empfinden" für die obigen Zahlen nicht zutreffend beantworten. Er beherzigt den Spruch:

„Wer ein Unternehmen erfolgreich führen will, darf sich nicht auf sein ‚Bauch-gefühl' verlassen, sondern benötigt eindeutig belegbare Zahlen, die über aussage-fähige Beziehungen gewonnen werden."

Entscheidungs- und Kontrollprozesse lassen sich z. B. über **Kennzahlen** absichern. Kennzahlen gewinnt Klaus M. Heidtkötter dadurch, dass er verfügbare Unterneh-mensdaten in Beziehung zueinander setzt und sie mit standardisierten Branchen-kennzahlen vergleicht.

Kennzahlen
› INFO-Teil

Beispiel

Eine vergleichbare Frage stellt sich auch der Sparer, der aus einer Festgeldanlage beispielsweise jährlich 480,00 € Zinsen erhält. Ob 480,00 € bezogen auf den ange-legten Geldbetrag viel oder wenig sind, bemisst der Sparer an der Höhe des an-gelegten Geldbetrags und an der in Prozent ausgedrückten Zinshöhe. Ein aussage-kräftiges Ergebnis erreicht er allerdings erst, wenn er die Prozentsätze anderer Geldanlagen in einen Vergleich einbezieht.

Arbeitsaufträge (Fortsetzung)

3. Denken Sie zunächst darüber nach, welche Zahlen aus der obigen Jahreserfolgs-rechnung und aus der obigen Bilanz auszuwählen und zueinander in Beziehung zu setzen sind, um zu klären, ob es sich für Klaus M. Heidtkötter gelohnt hat, eige-nes Vermögen in Höhe des errechneten Eigenkapital einzusetzen (= **Eigenkapital-rentabilität**).
4. Ermitteln Sie nun die Prozentzahl. Legen Sie hierfür das während des Geschäfts-jahres durchschnittlich eingesetzte Eigenkapital der beiden Gesellschafter zugrun-de. Sie errechnen das durchschnittlich eingesetzte Eigenkapital, indem Sie den Mittelwert aus Anfangs- und Endkapital bilden.
5. Schätzen Sie Ihr Ergebnis im Hinblick auf die Verzinsung ein, die eine langfristige Kapitalanlage erbringt. Informationen zur langfristigen Kapitalanlage hält Ihr Geldinstitut zur Verfügung. Sie können diese Informationen auch über eine Inter-netrecherche in Erfahrung bringen.

› Internetrecherche

Aus unternehmerischer Sicht ist es für Klaus M. Heidtkötter aussagefähiger, wenn er die ermittelte Eigenkapitalrentabilität mit der branchenüblichen vergleichen kann. Hierzu nutzt er das „Standardisierte Rating" der e-ratingservice AG, Düsseldorf, das er der folgenden Internetadresse entnimmt: www.e-ratingservice.de (Navigieren Sie auf der Startseite über „Rating" zu „Kennzahlen").

Noch ertragreicher für Heidtkötter ist jedoch die Ermittlung der **Gesamtkapitalren-tabilität**. Sie liefert ihm eine Aussage darüber, ob es für ihn „lohnend" ist, geplante Investitionen über Fremdkapital zu finanzieren. Lohnend ist eine Fremdkapitalfinan-zierung dann, wenn die Gesamtkapitalrentabilität größer ist als der verlangte Zinssatz für das Fremdkapital. Die Gesamtkapitalrentabilität wird mithilfe der folgenden Formel berechnet:

$$\text{Gesamtkapitalrentabilität} = \frac{(\text{Jahresgewinn} + \text{Zinsaufwendungen}) \cdot 100\,\%}{\text{durchschnittlich gebundenes Gesamtkapital}}$$

Arbeitsaufträge (Fortsetzung)

6. Ermitteln Sie nun die Prozentzahl. Zu Beginn des Jahres betrug das Gesamtkapital 19.420.000,00 €.

   Die errechnete Gesamtkapitalrentabilität (12,01 %) kann bei Klaus M. Heidtkötter die unternehmerische Entscheidung beeinflussen, weiteres Fremdkapital für geplante Investitionen aufzunehmen. Je größer die Differenz zwischen der Gesamtkapitalrentabilität und dem Zinssatz für das Fremdkapital ist, umso eher fällt die Entscheidung zugunsten des Fremdkapitals aus. Begründung: Das zusätzliche Fremdkapital verbessert in diesem Fall die Eigenkapitalrentabilität.

   Ein Beispiel hierzu finden Sie in den nachfolgenden Übungsaufgaben.

› INFO-Teil
LF 4, Kap. 1

7. Wenn Sie diesen Gedankengang nicht als gegeben hinnehmen wollen, dann führen Sie folgende Überlegungen und Berechnungen fort:

   Die Eigenkapitalrentabilität beträgt 18,04 %. Die Gesamtkapitalrentabilität beläuft sich auf 12,01 %. Das langfristige Fremdkapital wird durchschnittlich verzinst mit

$$\frac{410.000,00 \ € \cdot 100 \ \%}{6.305.000,00 \ €} = 6,5 \ \%.$$

   Wie ändert sich die Eigenkapitalrentabilität,

   - wenn Klaus M. Heidtkötter für eine geplante Investition zusätzlich 350.000,00 € Fremdkapital zu 8 % Jahreszins aufnimmt und
   - wenn er unterstellt, dass die Gesamtkapitalrentabilität gleich bleibt?

Situation (Fortsetzung)

In einem weiteren Analyseschritt untersucht Klaus M. Heidtkötter, ob der im Gewinn- und Verlustkonto ausgewiesene Unternehmungsgewinn in vollem Umfang aus der betrieblichen Wertschöpfung hervorgegangen ist. Dazu durchsucht er das Gewinn- und Verlustkonto nach denjenigen Aufwendungen und Erträgen, die **nicht** auf betriebliche Tätigkeiten zurückzuführen sind. Er will prüfen, welchen Einfluss diese Aufwendungen und Erträge auf den Erfolg haben. Es handelt sich um die sog. **neutralen** Aufwendungen und Erträge. Bei einigen Aufwendungen und Erträgen ist die „Neutralität" (= nicht betriebliche Verursachung) eindeutig, für die **Zinsaufwendungen** zieht Klaus M. Heidtkötter das Merkmal der „Neutralität" in Zweifel: Er hält die Zinsaufwendungen, also die für das aufgenommene Fremdkapital gezahlten Zinsen für betrieblich veranlasst.

Arbeitsaufträge

1. Welche Gründe sprechen dafür, dass z. B. Anlageabgänge, Erlöse aus Anlagenabgängen, Mieterträge und Zinserträge nicht betrieblich bedingt – also neutral – sind? Klären Sie, ob Klaus M. Heidtkötter mit seiner Aussage zu den Zinsaufwendungen recht hat.

2. Ermitteln Sie aus dem Gewinn- und Verlustkonto für das Geschäftsjahr 01, wie hoch der neutrale Erfolg gewesen ist und wie viel Prozent des Jahresüberschusses er ausmacht. Sehen Sie diesen Anteil als angemessen hoch an? Bedenken Sie, dass die neutralen Aufwendungen und Erträge nicht der eigentlichen betrieblichen Tätigkeit entspringen.

3. Verringert Klaus M. Heidtkötter den Unternehmensgewinn (Jahresüberschuss) um den neutralen Gewinn, so erhält er das eigentliche **Betriebsergebnis**. Mit welcher Eigenkapitalrentabilität für das Geschäftsjahr 01 kann er rechnen, wenn er dieses zugrunde legt? Bewerten Sie Ihr Ergebnis im Hinblick auf die Verzinsung einer langfristigen Geldanlage.

Situation (Fortsetzung) Seine ersten Analysen der Gewinn- und Verlustrechnung beendet Heidtkötter mit einer Untersuchung der **Material-** und **Personalkostenquote.** Er hat gelesen, dass insbesondere die Personalkostenquote leicht zu Konfrontationen zwischen Mitarbeitern und Geschäftsleitung führt. Er weiß auch, dass sie im verarbeitenden Gewerbe durchschnittlich bei 22,5 % liegt. Ihm ist ebenso bekannt, dass es keinen Sinn macht, die Personalkostenquote isoliert zu betrachten. Vielmehr ist sie immer im Vergleich mit vorhergehenden Abrechnungsperioden oder mit dem Branchendurchschnitt zu sehen. Und schließlich sieht er die Personalkostenquote eng mit der Materialkostenquote verzahnt: Geringe Materialkostenquote (ca. 30 % bis 40 %) und hohe Personalkostenquote (deutlich über dem Durchschnitt) deuten auf eine große Fertigungstiefe hin; hohe Materialkostenquote (ca. 70 %) und niedrige Personalkostenquote gelten als Anzeichen für eine geringe Fertigungstiefe.

Arbeitsauftrag

Schätzen Sie auf der Grundlage der Zahlen aus dem Gewinn- und Verlustkonto für das Geschäftsjahr 01 die Situation der Heidtkötter KG hinsichtlich Personal- und Materialkostenquote sowie Fertigungstiefe ein.

Arbeitshilfe

$$\text{Personalkostenquote} = \frac{\text{Personalaufwendungen der Abrechnungsperiode} \cdot 100\,\%}{\text{Gesamtleistung der Abrechnungsperiode}}$$

$$\text{Materialkostenquote} = \frac{\text{Materialaufwendungen der Abrechnungsperiode} \cdot 100\,\%}{\text{Gesamtleistung der Abrechnungsperiode}}$$

- Zu den Personalaufwendungen gehören auch die „Sonstigen Personalaufwendungen".
- Die Gesamtleistung umfasst alle Positionen im GuV-Konto, aus denen ein Beitrag zur betrieblichen Wertschöpfung erwachsen ist.
- Die Materialaufwendungen berechnen sich aus den Aufwendungen der Kontengruppe 60 ohne die Aufwendungen für Energie.
- Ausführungen zur Fertigungstiefe finden Sie im INFO-Teil.

› INFO-Teil
LF 4, Kap. 1

Vertiefende Übungen

1. Das Schlussbilanzkonto einer Unternehmung weist in Kurzform folgende Bestände aus:

Soll	8010 Schlussbilanzkonto für das Geschäftsjahr 01 (verkürzt)		Haben
Anlagevermögen	1.453.000,00	Stammkapital	1.208.000,00
Umlaufvermögen	2.471.700,00	Jahresüberschuss	184.700,00
		Eigenkapital	1.392.700,00
		Langfristiges Fremdkapital	1.650.000,00
		Kurzfristiges Fremdkapital	882.000,00
	3.924.700,00		**3.924.700,00**

a) Ermitteln Sie aus den Zahlen die Eigenkapitalrentabilität und die Gesamtkapitalrentabilität. Als Eigenkapital verwenden Sie die Summe aus Stammkapital plus Gewinnvortrag. Schätzen Sie Ihr Ergebnis im Hinblick auf die Verzinsung für eine langfristige Kapitalanlage ein.

b) Inwieweit kann es für den Unternehmer lohnend sein, zusätzliches Fremdkapital zu 8,35 % Verzinsung im Jahr aufzunehmen?

→

Vertiefende Übungen (Fortsetzung)

2. Aufwendungen und Erträge sind entweder betrieblicher oder neutraler Art. Ordnen Sie die folgenden Aufwands- und Ertragsarten nach „betrieblich" oder „neutral":

Aufwendungen	Erträge
a) Außerordentliche Aufwendungen	o) Umsatzerlöse für eigene Erzeugnisse
b) Löhne	p) Zinserträge
c) Versicherungsbeiträge	q) Erträge aus Wertpapieren
d) Verluste aus dem Abgang von AV	r) Betriebsfremde Erträge
e) Frachten und Fremdlager	s) Entnahme von Gegenständen und
f) Arbeitgeberanteil zur Sozialversicherung	sonstigen Leistungen
g) Büromaterial	t) Umsatzerlöse für Waren
h) Verpackungsmaterial	u) Erträge aus dem Abgang von AV
i) Spenden	v) Mieterträge
j) Kosten der Telekommunikation	
k) Werbekosten	
l) Abschreibungen auf Sachanlagen	
m) Rohstoffaufwendungen	
n) Mietaufwendungen	

3. Entscheiden Sie, ob folgende Aussagen richtig oder falsch sind:
   a) Mieterträge stellen Leistungen des Betriebes dar.
   b) Ein Brandschaden im Rohstofflager gehört zu den betrieblichen Aufwendungen.
   c) Die Versicherung reguliert den Schaden; die eingehende Versicherungssumme wird den neutralen Erträgen zugerechnet.
   d) Rohstoffaufwendungen sind betriebliche Aufwendungen.
   e) Zinsaufwendungen zählen nicht zu den Kosten.

4. In der Buchführung des Fahrradherstellers Fortuna GmbH schließen die Erfolgskonten im Monat April 01 mit folgenden Salden ab:

Erfolgskonten			
5000 Umsatzerlöse f. eigene Erzeugnisse	3.675.000,00	6200 Löhne	485.800,00
5100 Umsatzerlöse für Waren	593.000,00	6300 Gehälter	202.400,00
5400 Mieterträge	20.100,00	6400 Arbeitgeberanteil zur Soz.-Vers.	144.400,00
5410 Erlöse aus Anlagenabgängen	23.500,00	6520 Abschreibungen	60.900,00
5710 Zinserträge	9.600,00	6700 Mietaufwendungen	32.600,00
6000 Aufwendungen für Rohstoffe	1.776.500,00	6800 Büromaterial	24.650,00
6010 Aufwendungen für Vorprodukte	272.800,00	6830 Kosten der Telekommunikation	34.800,00
6020 Aufwendungen für Hilfsstoffe	148.450,00	6850 Reisekosten	25.400,00
6030 Aufwendungen für Betriebsstoffe	94.500,00	6870 Werbung	38.300,00
6050 Energie, Treibstoffe	28.900,00	6900 Versicherungsbeiträge	14.650,00
6080 Aufwendungen für Waren	421.600,00	6979 Anlagenabgänge	17.450,00
6140 Frachten, Fremdlager	37.200,00	7510 Zinsaufwendungen	172.250,00
6160 Fremdinstandhaltung	20.500,00	7700 Gewerbesteuer	25.650,00

a) Errechnen Sie den Unternehmungserfolg sowie den Erfolg aus der betrieblichen Tätigkeit.

b) Das Unternehmen verfügt zum Jahresanfang über ein Eigenkapital von 2.415.000,00 €. Berechnen Sie die Eigenkapitalrentabilität und werten Sie diese im Hinblick auf den Ertrag einer langfristigen Geldanlage.

c) In der Schlussbilanz ist langfristig gebundenes Fremdkapital mit 2.650.000,00 € ausgewiesen. Berechnen Sie die Gesamtkapitalrentabilität und vergleichen Sie diese mit dem Zinssatz für das Fremdkapital.

d) Weisen Sie nach, ob es für das Unternehmen „lohnt", zusätzlich 400.000,00 € Fremdkapital zu 7 % Jahreszins aufzunehmen. Voraussetzung: gleichbleibende Gesamtkapitalrentabilität.

e) Ermitteln Sie die Materialkosten- und Personalkostenquote und gewichten Sie diese hinsichtlich der Aussagen auf Seite 201.

5. In der ELKO GmbH, Köln, ist die Buchführung für das Geschäftsjahr 01 abgeschlossen worden. Für eine Erfolgsanalyse stehen das Gewinn- und Verlustkonto sowie das Schlussbilanzkonto in Kurzform zur Verfügung.

Soll	8020 Gewinn- und Verlustkonto für das Geschäftsjahr 01		Haben
6000 Aufwendungen für Rohstoffe	2.495.000,00	5000 Umsatzerlöse f. eigene Erzeugnisse	5.253.500,00
6010 Aufwendungen für Vorprodukte	534.600,00	5100 Umsatzerlöse für Waren	846.700,00
6020 Aufwendungen für Hilfsstoffe	134.600,00	5400 Mieterträge	28.800,00
6030 Aufwendungen für Betriebsstoffe	213.500,00	5410 Erlöse aus Anlagenabgängen	15.200,00
6050 Energie, Treibstoffe	41.300,00	5710 Zinserträge	8.300,00
6080 Aufwendungen für Waren	602.400,00		
6140 Frachten, Fremdlager	53.250,00		
6160 Fremdinstandsetzung	29.350,00		
6200 Löhne	606.200,00		
6300 Gehälter	221.600,00		
6400 Arbeitgeberanteil zur Soz.-Vers.	207.100,00		
6520 Abschreibungen auf Sachanlagen	137.500,00		
6700 Mietaufwendungen	38.400,00		
6800 Büromaterial	28.450,00		
6830 Kosten der Telekommunikation	45.550,00		
6850 Reisekosten	36.400,00		
6870 Werbung	54.600,00		
6900 Versicherungsbeiträge	21.450,00		
6979 Anlagenabgänge	10.700,00		
7510 Zinsaufwendungen	117.300,00		
7700 Gewerbesteuer	68.300,00		
7800 Sonstige neutrale Aufwendungen	15.800,00		
8010 Schlussbilanzkonto	439.150,00		
6.152.500,00			**6.152.500,00**

Soll	8010 Schlussbilanzkonto für das Geschäftsjahr 01 (verkürzt)		Haben
Anlagevermögen	2.442.400,00	Stammkapital	1.440.000,00
Umlaufvermögen	1.656.400,00	Gewinnvortrag aus Vorjahr	83.450,00
		Jahresüberschuss	560.350,00
		Eigenkapital	2.083.800,00
		Langfristiges Fremdkapital	1.380.000,00
		Kurzfristiges Fremdkapital	635.000,00
	4.098.800,00		**4.098.800,00**

a) Ermitteln Sie aus den Jahreswerten die Eigenkapitalrentabilität und die Gesamtkapitalrentabilität. Als Eigenkapital verwenden Sie den Mittelwert aus Stammkapital plus Gewinnvortrag zum Jahresende. Schätzen Sie Ihr Ergebnis im Hinblick auf die Verzinsung für eine langfristige Kapitalanlage ein.

b) Prüfen Sie, inwieweit der folgende Satz richtig ist: Die zusätzliche Aufnahme von Fremdkapital steigert die Eigenkapitalrentabilität, solange die (unveränderte) Gesamtkapitalrentabilität höher ist als der Zinssatz für das Fremdkapital.

c) Schreiben Sie die neutralen Aufwendungen und Erträge aus dem Gewinn- und Verlustkonto für das Geschäftsjahr 01 heraus und ermitteln Sie den neutralen Erfolg. Wie behandeln Sie in diesem Zusammenhang die Zinsaufwendungen? In welcher Weise beeinflusst der neutrale Erfolg das Gesamtergebnis?

d) Entscheiden Sie: Aufgrund der Zahlen des Gewinn- und Verlustkontos für das Geschäftsjahr 01
   – ist der Betriebsgewinn größer als der Unternehmensgewinn,
   – ist der Betriebsgewinn kleiner als der Unternehmensgewinn.

e) Ermitteln Sie die Materialkosten- und Personalkostenquote und gewichten Sie diese hinsichtlich der Aussagen auf Seite 201.

1.2
Das Gewinn- und Verlustkonto im Hinblick auf Kosten und Leistungen analysieren

Situation

Heidtkötter greift die zuvor schon angesprochene Frage nach den betrieblichen und nicht betrieblichen Aufwendungen und Erträgen erneut auf:

Im Gewinn- und Verlustkonto findet er alle Aufwendungen und Erträge der Abrechnungsperiode nach Aufwands- und Ertragsarten sortiert vor; also neben den betrieblich veranlassten auch diejenigen, die nicht dem geplanten Wertschöpfungsprozess zugeordnet werden können, die sog. neutralen Aufwendungen bzw. neutralen Erträge. Klaus M. Heidtkötter interessieren vorrangig die betrieblichen Prozesse, deren Ergebnisse sich in der Wertschöpfung aus Beschaffung, Produktion und Absatz sowie aus Serviceleistungen niederschlagen und aus denen der betriebliche Erfolg erwirtschaftet wird.

Um den Betriebserfolg (= Betriebsergebnis) zu bestimmen, betrachtet er nur diejenigen Wertezuflüsse, die in den betrieblichen Wertschöpfungsprozess eingegangen sind (= Kosten). Er stellt ihnen diejenigen Werteabflüsse gegenüber, durch die die Wertschöpfung realisiert wurde (= Leistungen). Die nicht als Kosten oder Leistungen einzuordnenden Aufwendungen und Erträge sondert er aus.

Soll	8020 Gewinn- und Verlustkonto für das Geschäftsjahr 01			Haben
6000 Aufwendungen für Rohstoffe	5.280.000,00	5000 Umsatzerlöse		23.175.000,00
6010 Aufwendungen für Vorprodukte	2.850.000,00	5100 Umsatzerlöse für Waren		2.720.000,00
6020 Aufwendungen für Hilfsstoffe	1.190.000,00	5202 Bestandsveränderungen an		
6030 Aufwendungen für Betriebsstoffe	380.000,00	fertigen Erzeugnissen		38.300,00
6050 Energie, Treibstoffe	320.000,00	5300 Aktivierte Eigenleistungen		46.700,00
6080 Aufwendungen für Waren	1.930.000,00	5400 Mieterträge		112.000,00
6140 Frachten und Fremdlager	215.000,00	5410 Erlöse aus Anlagenabgängen		222.000,00
6150 Vertriebsprovisionen	184.000,00	5420 Entnahme v. G. u. s. L.		31.000,00
6160 Fremdinstandhaltung	256.000,00	5710 Zinserträge		45.000,00
6200 Löhne	3.790.000,00			
6300 Gehälter	2.050.000,00			
6400 Arbeitgeberanteil zur Soz.-Vers.	1.660.000,00			
6520 Abschreibungen auf Sachanlagen	1.100.000,00			
6600 Sonstige Personalaufwendungen	520.000,00			
6700 Mietaufwendungen	380.000,00			
6800 Büromaterial	65.000,00			
6830 Kosten d. Telekommunikation	155.000,00			
6850 Reisekosten	310.000,00			
6870 Werbung	860.000,00			
6900 Versicherungsbeiträge	90.000,00			
6979 Anlagenabgänge	165.000,00			
7000 Betriebliche Steuern	95.000,00			
7510 Zinsaufwendungen	410.000,00			
7700 Gewerbesteuer (geschätzt)	135.000,00			
Jahresüberschuss	2.000.000,00			
	26.390.000,00			**26.390.000,00**

Arbeitsaufträge

1. Erklären Sie anhand des Schaubildes von Seite 195 und des GuV-Kontos auf dieser Seite, dass es sinnvoll ist, den Input in die Leistungsbereiche als „Kosten" und den Output aus den Leistungsbereichen als „Leistungen" zu bezeichnen.

2. Klären Sie mit Ihren eigenen Worten den Unterschied zwischen Aufwendungen und Kosten einerseits sowie zwischen Erträgen und Leistungen andererseits. Die Ausführungen im INFO-Teil (vgl. Seiten 520 f.) helfen Ihnen dabei.

> **INFO-Teil**
> **LF 4, Kap. 1.2**

Situation   Das Controlling der Heidtkötter KG nutzt zur Berechnung des Betriebserfolgs die in der Praxis gebräuchliche **Ergebnistabelle**. Um diese aufzustellen, untersucht man jede Position des GuV-Kontos daraufhin, ob sie dem Betriebszweck dient und somit als Leistung oder als Kosten in die Betriebsergebnisrechnung gehört oder ob sie „neutral" ist und somit als neutraler Ertrag oder neutraler Aufwand der Abgrenzungsrechnung zugeordnet werden muss. Bei der Zuordnung sind folgende Vorgänge zu beachten:

Mieterträge erzielt Heidtkötter dafür, dass er eine von der Heidtkötter KG zurzeit nicht genutzte Fabrikations- und Lagerhalle mit Büroräumen an ein anderes Unternehmen vermietet hat. Für diese Halle errechnet er die Jahresabschreibung mit 46.600,00 €. Dieser Betrag ist im Gesamtbetrag der Abschreibungen (Konto 6520) enthalten, darf aber nicht zu den Kosten gezählt werden.

Die Ergebnistabelle hat folgenden Aufbau:

› INFO-Teil
LF 4, Kap. 1.2

Ergebnistabelle						
Finanzbuchhaltung			Kosten- und Leistungsrechnung			
Ermittlung des Unternehmungsergebnisses			Abgrenzungsrechnung		Betriebsergebnisrechnung	
Konten	Aufwendungen	Erträge	neutrale Aufwendungen	neutrale Erträge	Kosten	Leistungen
Aufwands- und Ertragskonten nach Kontennummern	Kontensalden aller **Aufwandskonten**	Kontensalden aller **Ertragskonten**	Kontensalden der **neutralen Aufwandskonten**	Kontensalden der **neutralen Ertragskonten**	Kontensalden der **Kostenkonten**	Kontensalden der **Leistungskonten**
	Summe aller Aufwendungen	Summe aller Erträge	Summe aller neutralen Aufwendungen	Summe aller neutralen Erträge	Summe aller Kosten	Summe aller Leistungen
	Unternehmungsergebnis		**neutrales Ergebnis**		**Betriebsergebnis**	
	Erträge > Aufwendungen = Unternehmungsgewinn; Erträge < Aufwendungen = Unternehmungsverlust		als neutraler Gewinn oder als neutraler Verlust		Leistungen > Kosten = Betriebsgewinn; Leistungen < Kosten = Betriebsverlust	
Abstimmung d. Ergebnisse	**Unternehmungsergebnis**		**=** neutrales Ergebnis		**+** Betriebsergebnis	

Arbeitsauftrag

Erstellen Sie auf der Grundlage des Gewinn- und Verlustkontos für das Geschäftsjahr 01 die Ergebnistabelle nach gezeigtem Schema. Gehen Sie dabei in folgenden Schritten vor:

a) Übernehmen Sie alle Aufwands- und Ertragskonten der Kontennummern mit ihren Salden aus dem GuV-Konto in die Spalten „Aufwendungen" und „Erträge" des Bereichs „Finanzbuchhaltung" der Ergebnistabelle und berechnen Sie das Unternehmungsergebnis.

b) Übertragen Sie danach die Salden derjenigen Aufwandskonten in die Spalte „Kosten" und die Salden derjenigen Ertragskonten in die Spalte „Leistungen" der Betriebsergebnisrechnung, die betrieblich veranlasst sind (= Werteflüsse in den Wertschöpfungsprozess).
Berechnen Sie den Betriebserfolg (= Betriebsergebnis).

c) In den Bereich „Abgrenzungsrechnung" gehen alle Salden derjenigen Aufwands- und Ertragskonten, die nicht betrieblich veranlasst sind; sie werden somit von der eigentlichen Kosten- und Leistungsrechnung ferngehalten.
Berechnen Sie hier den neutralen Erfolg.

Das nachfolgende Beispiel verdeutlich, wie die Salden in die Ergebnistabelle einzutragen sind.

Beispiel

Ergebnistabelle						
Finanzbuchhaltung			**Kosten- und Leistungsrechnung**			
Ermittlung des Unternehmungsergebnisses			**Abgrenzungs-rechnung**		**Betriebsergebnis-rechnung**	
Konten	Aufwen-dungen	Erträge	neutrale Aufwend.	neutrale Erträge	Kosten	Leistungen
5000 Umsatz-erlöse ...		23.175.000				23.175.000
5400 Mieterträge ...		112.000		112.000		
6000 Rohstoff-aufwendungen ...	5.280.000				5.280.000	
6979 Anlagen-abgänge ...	165.000		165.000			
	...	...	...	...	...	...
Abstimmung der Ergebnisse	**Unternehmungs-ergebnis**		**neutrales Ergebnis**		**Betriebs-ergebnis**	

$$\text{Unternehmungsergebnis} = \text{neutrales Ergebnis} + \text{Betriebsergebnis}$$

Situation Klaus M. Heidtkötter gewinnt aus der Ergebnistabelle wichtige Erkenntnisse:

■ Er sieht, inwieweit die neutralen Aufwendungen und Erträge, die mit der planvollen betrieblichen Tätigkeit nichts zu tun haben, das Unternehmungsergebnis beeinflusst haben.

■ Er weiß nun, wie hoch die Wertezuflüsse (= Kosten) in den Wertschöpfungsprozess und die Werteabflüsse (= Leistungen) im Einzelnen und insgesamt für das betrachtete Geschäftsjahr gewesen sind, und er kann ablesen, wie hoch der Betriebsgewinn ausgefallen ist.

Wirtschaft-lichkeit

■ Er kann mit diesen Zahlen grob einschätzen, ob in seinem Unternehmen wirtschaftlich gearbeitet wurde; anders ausgedrückt: ob in seinem Unternehmen die Betriebsmittel, Werkstoffe, Handelswaren, Arbeitskräfte insgesamt effizient eingesetzt wurden. Hierzu dividiert er die Summe der Leistungen durch die Summe der Kosten und erhält eine Kennzahl, die er mit entsprechenden Kennzahlen der Vergangenheit oder mit Branchenkennzahlen vergleicht, um seine Einschätzung abzusichern.

$$\text{Wirtschaftlichkeit} = \frac{\text{Leistungen}}{\text{Kosten}}$$

Arbeitsaufträge

1. Schätzen Sie ein, inwieweit die neutralen Vorgänge im Unternehmen oder die betrieblichen Prozesse das Unternehmungsergebnis maßgeblich hervorgebracht haben.

2. Für Heidtkötter ist die Kennzahl „Wirtschaftlichkeit" wichtig, um betriebliche Prozesse zu kontrollieren und zu steuern. Aus den drei vorhergehenden Geschäftsjahren kennt er die Wirtschaftlichkeitszahlen seines Unternehmens:

   1,072   –   1,066   –   1,075

   Von der zuständigen Industrie- und Handelskammer erfährt er die (durchschnittliche) Branchenkennzahl: 1,07

   Ordnen Sie die aktuelle Wirtschaftlichkeitskennzahl des Geschäftsjahres 01 in den Ablauf der vergangenen Jahre ein und beschreiben Sie die Entwicklung. Vergleichen Sie die aktuelle Kennzahl mit der Branchenkennzahl und überlegen Sie, was Heidtkötter grundsätzlich veranlassen müsste, um die Wirtschaftlichkeit zu steigern.

Vertiefende Übungen

1. Im Rechnungswesen unterscheidet man zwischen Aufwendungen und Kosten. Geben Sie je zwei Beispiele für
   a) Aufwendungen, die zugleich Kosten sind,
   b) Aufwendungen, die keine Kosten sind.

2. Im Rechnungswesen unterscheidet man zwischen Erträgen und Leistungen. Geben Sie je zwei Beispiele für
   a) Erträge, die zugleich Leistungen sind,
   b) Erträge, die keine Leistungen darstellen.

3. Die Fahrradfabrik Fortuna GmbH führt eine Erzeugnisgruppe *Handelswaren,* in der u. a. Fahrradbekleidungen enthalten sind. Im vergangenen Monat betrugen die unmittelbar auf dem Konto 6080 Aufwendungen für Waren gebuchten Wareneinkäufe 43.250,00 €. Das Warenbestandskonto wies einen Monatsanfangsbestand von 12.300,00 € auf. Am Monatsende wurden die noch auf Lager befindlichen Waren mit 10.240,00 € bewertet.
   a) Berechnen Sie die für diesen Monat im GuV-Konto auszuweisenden Warenaufwendungen.
   b) Wie hoch wären die Warenaufwendungen, wenn der Monatsendbestand an Waren 15.800,00 € betragen hätte?

4. a) Erstellen Sie aus dem GuV-Konto von Aufgabe 5, Seite 203, eine Ergebnistabelle, in der Sie das Unternehmungsergebnis, das neutrale Ergebnis und das Betriebsergebnis ausweisen.
   b) Errechnen und bewerten Sie den Wirtschaftlichkeitskoeffizienten. Ein Wert über 1,1 gilt in der Branche als „sehr gut".
   c) Welchen Prozentanteil am Unternehmungsergebnis hat das neutrale Ergebnis? Ist es richtig, wenn wir behaupten, dass das neutrale Ergebnis Schwankungen unterworfen ist, die mit den betrieblichen Vorgängen nichts zu tun haben? Denken Sie in diesem Zusammenhang an Auswirkungen, die von ungewöhnlichen Vorkommnissen im Betrieb, von umfangreiche Ersatzinvestitionen, von (Teil)-Betriebsstilllegungen u. a. ausgehen.   →

Vertiefende Übungen (Fortsetzung)

5. Für die Fortuna GmbH liegen die folgenden Aufwendungen und Erträge für den Monat Juni 01 vor:

Erfolgskonten			
5000 Umsatzerlöse für eigene Erzeugnisse	3.432.000,00	6300 Gehälter	183.400,00
5100 Umsatzerlöse für Waren	551.000,00	6400 Arbeitgeberanteil zur Sozialversicherung	115.900,00
5400 Mieterträge	20.100,00	6520 Abschreibungen	53.150,00
5410 Erlöse aus Anlagenabgängen	11.800,00	6700 Mietaufwendungen	32.600,00
5710 Zinserträge	8.700,00	6800 Büromaterial	19.450,00
6000 Aufwendungen für Rohstoffe	1.583.500,00	6830 Kosten der Telekommunikation	31.360,00
6010 Aufwendungen für Vorprodukte	258.100,00	6850 Reisekosten	18.400,00
6020 Aufwendungen für Hilfsstoffe	133.150,00	6870 Werbung	22.300,00
6030 Aufwendungen für Betriebsstoffe	72.300,00	6900 Versicherungsbeiträge	14.650,00
6050 Energie, Treibstoffe	24.740,00	6930 Verluste aus Schadensfällen	14.740,00
6080 Aufwendungen für Waren	404.200,00	6979 Anlagenabgänge	8.450,00
6140 Frachten, Fremdlager	25.600,00	7510 Zinsaufwendungen	172.250,00
6160 Fremdinstandhaltung	10.300,00	7700 Gewerbesteuer	25.650,00
6200 Löhne	438.250,00		

a) Erstellen Sie die Ergebnistabelle für den Monat und weisen Sie das Unternehmungsergebnis, das neutrale Ergebnis und das Betriebsergebnis aus.

b) Errechnen und bewerten Sie den Wirtschaftlichkeitskoeffizienten. Ein Wert über 1,08 gilt in der Branche als „insgesamt gut".

c) Welchen Prozentanteil am Unternehmungsergebnis hat das neutrale Ergebnis?

6. Folgender Auszug aus der Kontensaldenliste eines Industrieunternehmens liegt Ihnen vor:

Konto-Nr.	Konto	€-Betrag
...	...	...
6000	Aufwendungen für Rohstoffe	1.345.600,00
6020	Aufwendungen für Hilfsstoffe	237.500,00
6200	Löhne	984.320,00
6300	Gehälter	446.700,00
6400	Arbeitgeberanteil zur Sozialversicherung	296.800,00
6520	Abschreibungen auf Sachanlagen	185.600,00
...	...	...
...	...	...

Bevor der Unternehmer die Kosten ermittelt, hat er die nachstehenden Vorgänge zu beachten:

Ein zum Betriebsvermögen gehörendes und zurzeit nicht genutztes Gebäude hat das Unternehmen an den „Verein für Gesundheitssport" vermietet. Das Gebäude wird mit 5.200,00 € abgeschrieben. Dieser Abschreibungsbetrag ist in den auf dem Konto 6520 gebuchten Abschreibungen enthalten. Vor der Vermietung hat der Unternehmer das Gebäude durch betriebseigene Arbeitnehmer renovieren lassen; dabei sind Aufwendungen angefallen: Entnahmen aus dem Rohstofflager 15.300,00 €; Farbe, Werkzeuge u. a. insgesamt 4.200,00 €, Löhne 21.600,00 €, Arbeitgeberanteil zur Sozialversicherung 4.550,00 €. Auch diese Beträge wurden auf den entsprechenden Konten gebucht.

Stellen Sie die Ergebnistabelle auf und geben Sie an, wie hoch die Kosten sind.

7. Die Ergebnistabelle eines Unternehmens für das Jahr 01 zeigt folgende Summen:

Abstimmung der Ergebnisse	Unternehmungs- ergebnis			neutrales Ergebnis		Betriebs- ergebnis	
	1.622.300	1.854.350		210.740	371.450	1.411.560	1.482.900
	232.050			160.710		71.340	
	1.854.350	1.854.350	=	371.450	371.450 +	1.482.900	1.482.900

a) Beurteilen Sie die oben dargestellte Erfolgssituation.

b) „Spekulieren" Sie über mögliche Ursachen, die für ein solches Ergebnis verantwortlich sein können.

c) Der Unternehmer behauptet, dass er bei einem Eigenkapital von 2.900.000,00 € eine gute Eigenkapitalrentabilität von 8 %/Jahr erzielt hat. Nehmen Sie zu dieser Aussage kritisch Stellung.

1.3
Die Betriebsergebnisrechnung um kalkulatorische Kostenansätze erweitern

Situation   Klaus M. Heidtkötter hat bisher den Wertschöpfungsprozess in seinem Unternehmen über die betrieblichen Aufwendungen (= Kosten) und die betrieblichen Erträge (= Leistungen) aus dem Gewinn- und Verlustkonto der Finanzbuchhaltung erfasst und als Ergebnis den Betriebsgewinn ermittelt. Ihm ist bewusst, dass der alleinige Zugriff auf die Daten der Finanzbuchhaltung nicht ausreicht, um ein betriebwirtschaftlich begründetes, vollständiges „Kostenbild" zu erhalten. Erst dies kann die Grundlage für Kostenkontrollen und Preiskalkulationen sein. Heidtkötter macht sich das „Problem" an der Position „Zinsaufwendungen" in der Ergebnistabelle klar:

Kalkulatorische Kosten

Ergebnistabelle							
Finanzbuchhaltung			**Kosten- und Leistungsrechnung**				
Ermittlung des Unternehmungsergebnisses			Abgrenzungs- rechnung		Betriebsergebnis- rechnung		
Konten	Aufwen- dungen	Erträge	neutrale Aufwend.	neutrale Erträge	Kosten	Leistungen	
... 7510 Zinsaufwen- dungen ...	410.000,00				410.000,00		

Die Zinsen, die sein Unternehmen für das aufgenommene Fremdkapital zahlen muss, hat er in der Betriebsergebnisrechnung den Kosten zugerechnet. Unternehmerisches Denken sieht diesen Kostenansatz als unvollständig an, denn das eingesetzte Eigenkapital bleibt unberücksichtigt und daher unverzinst!

Heidtkötter will aber erreichen, dass in „seine" Preise Zinsen für das gesamte – im Vermögen gebundene – betriebsnotwendige Kapital eingerechnet werden. Dies geht nur, wenn diese Zinsen vorher als Kosten angesetzt werden. In die Betriebsergebnisrechnung setzt er also nach seiner Entscheidung anstelle der tatsächlich gezahlten Fremdkapitalzinsen (410.000,00 €) sog. **kalkulatorische Zinsen** an, die er hier mit 5 % aus dem betriebsnotwendigen Kapital berechnet. Zum betriebsnotwendigen Kapital rechnet er nicht das gesamte Vermögen aus der nachfolgenden Bilanz, sondern lässt 1.165.000,00 € aus dem Anlagevermögen für eine vermietete Halle unberück-

› INFO-Teil
LF 4, Kap. 1.3

→

sichtigt. Außerdem zieht er 1.750.000,00 € aus dem kurzfristigen Fremdkapital für zinslos gewährte Lieferantenkredite ab. Die gezahlten Fremdkapitalzinsen werden als „neutral" eingestuft, mit dem Ziel, sie aus der Kostenrechnung fernzuhalten.

Aktiva	**Vorläufige Bilanz der Heidtkötter KG** für das Geschäftsjahr 01		*Passiva*
Anlagevermögen	9.560.000,00	Eigenkapital Klaus M. Heidtkötter	7.975.000,00
Umlaufvermögen	11.165.000,00	Eigenkapital Anke Heidtkötter	3.800.000,00
davon langfristig gebunden	1.880.000,00	Langfristiges Fremdkapital	6.305.000,00
davon kurzfristig gebunden	9.285.000,00	Kurzfristiges Fremdkapital	2.645.000,00
		darunter Gewinn Anke Heidtkötter	565.000,00
	20.725.000,00		**20.725.000,00**

Arbeitsaufträge

1. Berechnen Sie die kalkulatorischen Zinsen aus dem betriebsnotwendigen Kapital für das Geschäftsjahr 01.
2. Setzen Sie diese Zinsen als Kostenbetrag in die Betriebsergebnisrechnung ein. Bedenken Sie dabei, dass die Abstimmung der Ergebnisse

   Unternehmungsergebnis = Neutrales Ergebnis + Betriebsergebnis

   dadurch nicht verfälscht werden darf.

Arbeitshilfe

> **INFO-Teil**
> **LF 4, Kap. 1.3**

Das Schema der nachfolgenden Ergebnistabelle und die Erläuterungen im INFO-Teil können Sie als Arbeitshilfe nutzen.

Ergebnistabelle								
Finanzbuchhaltung			**Kosten- und Leistungsrechnung**					
Ermittlung des Unternehmungsergebnisses			Abgrenzungsrechnung				Betriebsergebnis-rechnung	
			neutrales Ergebnis		kostenrechnerische Korrekturen			
Konten	Aufwen-dungen	Erträge	neutrale Aufwend.	neutrale Erträge	betriebl. Aufwend.	verrechn. Kosten	Kosten	Leis-tungen
... Zinsaufwen-dungen ... kalkulat. Zinsen ...	410.000			⊘ ARBEITSHEFT				

Arbeitsaufträge (Fortsetzung)

3. Denken Sie darüber nach, wie die kalkulatorischen Zinsen in den nachfolgend geschilderten Fällen das Betriebsergebnis und das Unternehmensergebnis beeinflussen.

   a) Die kalkulatorischen Zinsen werden anstelle der gezahlten Fremdkapitalzinsen als Kosten in die Betriebsergebnisrechnung eingesetzt. In die Preisberechnung (Kalkulation) wurden zuvor aber nur die Fremdkapitalzinsen einbezogen. Über die Umsatzerlöse wurden also auch nur diese Zinsen „vom Markt erstattet".

   b) Die kalkulatorischen Zinsen werden anstelle der gezahlten Fremdkapitalzinsen als Kosten in die Betriebsergebnisrechnung eingesetzt. Sie gingen auch in die Preisberechnung ein und wurden in voller Höhe in den Umsatzerlösen „vom Markt erstattet".

Situation

Vor ein ähnliches Problem wie bei den Zinsen sieht sich Herr Heidtkötter bei den Abschreibungen gestellt. In der Finanzbuchhaltung hat er Abschreibungsbeträge auf das abnutzbare Anlagevermögen so ansetzen müssen, dass sie den handelsrechtlichen Vorschriften genügen. In der Kostenrechnung kann er betriebswirtschaftlich nach tatsächlichen Wertminderungen abschreiben und dabei auch die zukünftigen – gegenüber den Anschaffungskosten höheren – Wiederbeschaffungskosten zugrunde legen.

> INFO-Teil
LF 4, Kap. 1.3

Kalkulatorische Abschreibung

Anlage-gegenstände	Restwert zum 31.12.01	bilanzmäßige Abschreibung nach EStG und HGB	Wieder-beschaffungs-kosten 31.12.01	kalkulatorische lineare Ab-schreibung nach Nutzungsjahren	kalkulatorische Abschreibungs-beträge
	in €	in €	in €		in €
immaterielles AV	32.300,00	6.400,00	—	—	
Grundstücke/Gebäude	3.462.700,00	—	—	—	
– vermietetes Gebäude	1.165.000,00	(–46.600,00)			
genutzte Gebäude	2.297.700,00	144.000,00	4.000.000,00	25 Jahre	
Technische Anlagen	4.475.000,00	586.000,00	5.400.000,00	8 Jahre	
Fahrzeuge	780.000,00	132.000,00	1.170.000,00	9 Jahre	
Betriebsausstattung	810.000,00	185.000,00	1.645.000,00	7 Jahre	
	9.560.000,00	1.053.400,00			

Arbeitsaufträge

Berechnen Sie die kalkulatorischen Abschreibungsbeträge.

1. Setzen Sie die kalkulatorische Abschreibung anstelle der bilanzmäßigen Abschreibung in die Betriebsergebnisrechnung ein. Achten Sie wiederum auf die Übereinstimmung der Ergebnisse in der Finanzbuchhaltung und in der Kosten- und Leistungsrechnung.

2. Verdeutlichen Sie sich die Auswirkungen auf das Betriebsergebnis und das Unternehmungsergebnis. Nutzen Sie für Ihre Überlegungen die folgende Arbeitshilfe:

Arbeitshilfe

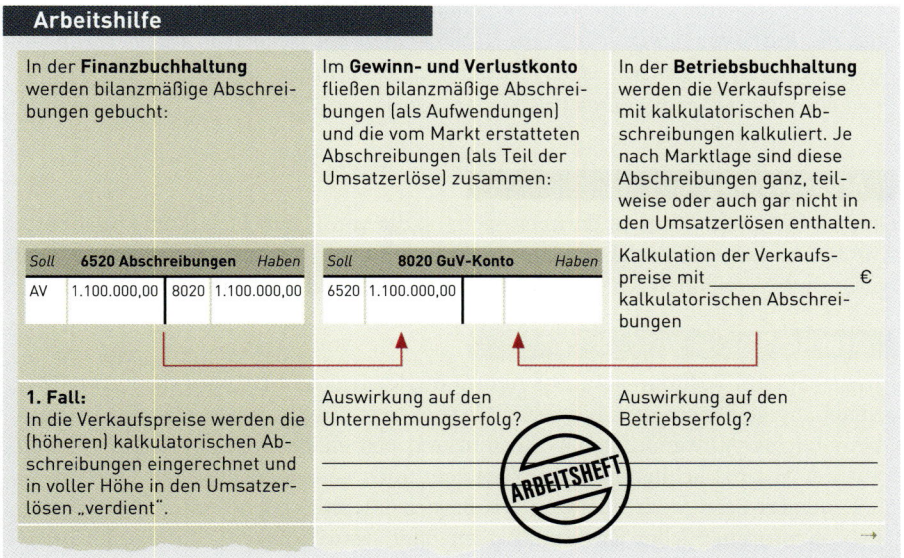

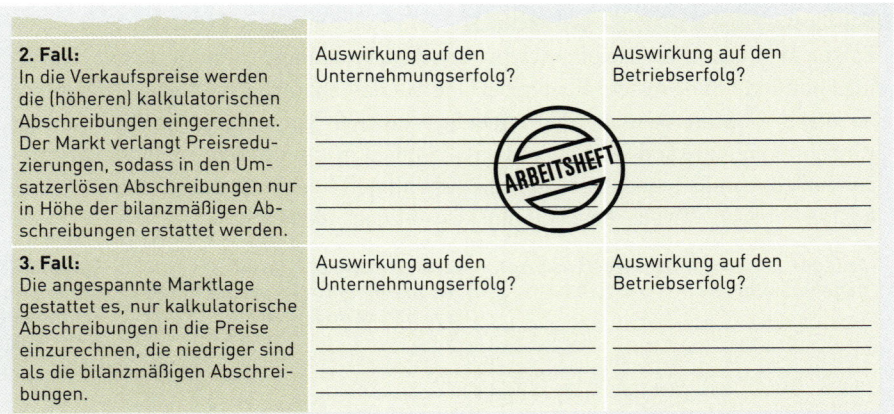

2. Fall: In die Verkaufspreise werden die (höheren) kalkulatorischen Abschreibungen eingerechnet. Der Markt verlangt Preisreduzierungen, sodass in den Umsatzerlösen Abschreibungen nur in Höhe der bilanzmäßigen Abschreibungen erstattet werden.	Auswirkung auf den Unternehmungserfolg?	Auswirkung auf den Betriebserfolg?
3. Fall: Die angespannte Marktlage gestattet es, nur kalkulatorische Abschreibungen in die Preise einzurechnen, die niedriger sind als die bilanzmäßigen Abschreibungen.	Auswirkung auf den Unternehmungserfolg?	Auswirkung auf den Betriebserfolg?

> **› INFO-Teil**
> **LF 4, Kap. 1.3**

Situation (Fortsetzung)

Ein weiteres Problem bezüglich der kalkulatorischen Kosten verdeutlicht sich dem Chef der Heidtkötter KG anhand des Eigenkapitalkontos (vgl. hierzu die Gewinnverteilung, Seite 198):

Soll		3000 Eigenkapital Klaus M. Heidtkötter (Geschäftsjahr 01)		Haben
Privatentnahme	85.000,00	Anfangsbestand		6.600.000,00
Schlussbestand	7.975.000,00	Gewinnanteil		1.460.000,00
	8.060.000,00			**8.060.000,00**

Heidtkötter hat dem Unternehmen im Laufe des Geschäftsjahres 01 insgesamt 85.000,00 € an Erzeugnissen, Bargeld und Leistungen für private Zwecke, vor allem für seinen Lebensunterhalt, entnommen. Der Schlussbestand an Eigenkapital zeigt auch, dass diese Privatentnahmen den Anfangsbestand verringert haben.

Kalkulatorischer Unternehmerlohn

„Wieso", argumentiert Heidtkötter, „tauchen diese 85.000,00 € nicht als Kosten in der Betriebsergebnisrechnung auf? Schließlich arbeite ich hier und kann eine Entlohnung beanspruchen. Zwar bin ich Unternehmer und Miteigentümer der Heidtkötter KG und habe keinen Arbeitsvertrag wie etwa der angestellte Geschäftsführer einer GmbH. Dessen Gehalt wird in der GmbH selbstverständlich zu den Kosten gerechnet, während das Steuerrecht mich zwingt, meine Entnahmen über das Privatkonto zu buchen. Aber um die Kostenrechnung in meinem Unternehmen mit derjenigen in einer Kapitalgesellschaft zu vergleichen, ist es doch notwendig, für meine unternehmerische Tätigkeit ein entsprechendes Entgelt als Kosten anzusetzen."

Arbeitsauftrag

Denken Sie einen Moment darüber nach, ob die von Herrn Heidtkötter geäußerten Argumente für einen solchen „**Unternehmerlohn**" als Bestandteil der Kosten stichhaltig sind. Verwenden Sie den nachfolgenden Text und die Grafik als **Arbeitshilfe**.

Arbeitshilfe

Innerhalb des Rechnungswesens nimmt die Kosten- und Leistungsrechnung eine unabhängige Stellung ein. Sie bezieht ihre Daten zum überwiegenden Teil in Form betrieblicher Aufwendungen (= Kosten) und betrieblicher Erträge (= Leistungen) aus der Finanzbuchhaltung, zum Teil aber auch aus eigenständigen Quellen, so z. B. aus der Betriebsbuchhaltung. Die Betriebsbuchhaltung berechnet Kosten nach betriebswirtschaftlicher Zweckmäßigkeit oder Notwendigkeit. Sie arbeitet unab-

hängig von handels- oder steuerrechtlichen Vorschriften; vielmehr richtet sie sich nach den Erfordernissen des **Betriebes**, des **Marktes** und/oder der **Kunden**.
Je nach ihrer Zielsetzung liegt ihr Arbeitsfeld auf einer oder mehreren der genannten Ausrichtungen.

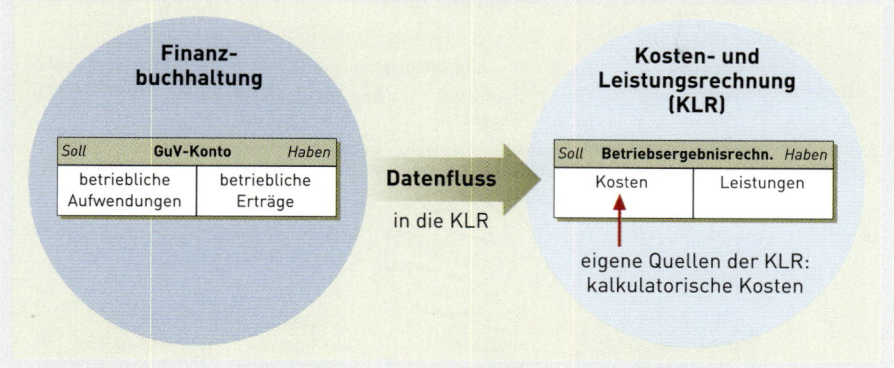

Situation (Fortsetzung)   Wenn sich Klaus M. Heidtkötter aus handels- und steuerrechtlichen Gründen kein Gehalt zahlen darf, so will er wenigstens in die Betriebsergebnisrechnung seinen Unternehmerlohn als Kostenbestandteil aufzunehmen. Ein kleines Problem bereitet es ihm, die Höhe dieses „Lohnes" festzulegen. Er weiß, dass zur Berechnung des kalkulatorischen Unternehmerlohns bei öffentlichen Aufträgen gerne die sog. „Seifenformel"[1] angewendet wird. Bei zwei Eigentümern in einem Unternehmen lautet sie:

$$\text{kalkulatorischer Unternehmerlohn} = 1{,}5 \cdot 18 \cdot \sqrt{\text{Umsatz}}$$

Ihm ist auch bekannt, dass Einzelunternehmer und Gesellschafter von Personengesellschaften den Unternehmerlohn am durchschnittlichen Gehalt eines leitenden Angestellten in vergleichbarer Position ausrichten. Das Jahresgehalt eines solchen Angestellten ist mit ca. 120.000,00 € anzusetzen.
Unter den beiden Alternativen entscheidet sich Heidtkötter für diejenige, die den höheren Unternehmerlohn ergibt. Warum wohl?

Arbeitsaufträge

1. Berechnen Sie den kalkulatorischen Unternehmerlohn, den Klaus M. Heidtkötter als Kostenbetrag in die Betriebsergebnisrechnung einsetzt. Runden Sie den Betrag auf volle 100,00 € auf.
2. Verdeutlichen Sie sich, welche Auswirkungen diese Kosten auf das Betriebsergebnis und das Unternehmungsergebnis haben, wenn Heidtkötter den Unternehmerlohn als Kosten in die Preisberechnung einbezogen hat und dieser Betrag über die Umsatze „erlöst" wurde.
3. Legen Sie nun eine Ergebnistabelle nach folgendem Muster an, in die Sie alle Aufwendungen, Erträge und die kalkulatorischen Kosten eintragen. Ermitteln Sie das Unternehmungsergebnis, das neutrale Ergebnis, das Ergebnis aus kostenrechnerischen Korrekturen sowie das Betriebsergebnis und deuten Sie das Betriebsergebnis im Vergleich mit dem auf Seite 205 berechneten.

---

1   Von der Waschmittelindustrie in der Vergangenheit verwendete Formel zur Berechnung des kalkulatorischen Unternehmerlohnes; siehe unter www.wirtschaftslexikon24.net.

Arbeitshilfe

Das Schema der nachfolgenden Ergebnistabelle und die Erläuterungen im INFO-Teil (Seiten 521 ff.) können Sie als Arbeitshilfe nutzen.

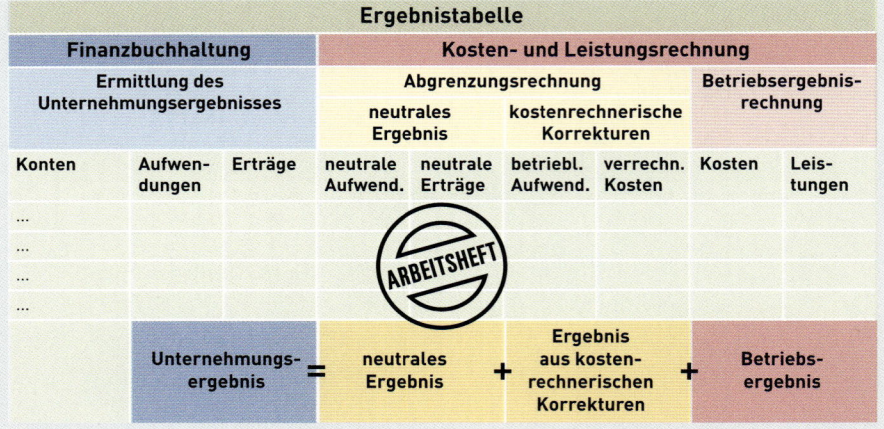

Ergebnistabelle							
Finanzbuchhaltung			**Kosten- und Leistungsrechnung**				
Ermittlung des Unternehmungsergebnisses			**Abgrenzungsrechnung**				**Betriebsergebnis-rechnung**
			neutrales Ergebnis		**kostenrechnerische Korrekturen**		
Konten	Aufwendungen	Erträge	neutrale Aufwend.	neutrale Erträge	betriebl. Aufwend.	verrechn. Kosten	Kosten	Leistungen
...								
...								
...								
...								
	Unternehmungsergebnis	=	neutrales Ergebnis	+	Ergebnis aus kostenrechnerischen Korrekturen	+	Betriebsergebnis

Arbeitsaufträge (Fortsetzung)

4. Berechnen Sie aufgrund der ermittelten Zahlen die Kennzahl für die Wirtschaftlichkeit. Gibt diese Anlass zum Eingreifen und Gegensteuern? An welchen Kostenpositionen sollte damit gegebenenfalls begonnen werden?

5. Bestimmen Sie die Eigenkapitalrentabilität auf der Grundlage des Unternehmungsgewinns aus der Ergebnistabelle sowie des durchschnittlich eingesetzten Eigenkapitals. Beachten Sie, dass zur Verzinsung des Eigenkapitals nur der Restgewinn nach Abzug des Unternehmerlohns herangezogen werden darf. Begründen Sie, warum so gerechnet wird.

6. Prüfen Sie aufgrund des nachfolgenden Textes, ob Herr Heidtkötter die Personalkosten einer besonderen Kontrolle unterziehen muss.

> **Personalkosten**
> Die schlechte Ertragslage des Mittelstandes ist ganz wesentlich auf die Entwicklung der Personalkosten zurückzuführen.
> Die Personalkostenquote, also das Verhältnis der Personalkosten zum Umsatz, ist gesamtwirtschaftlich gesunken. Bei mittelständischen Betrieben ist sie dagegen gestiegen.
> Mittelständische Unternehmen wenden durchschnittlich mehr als ein Viertel ihres Umsatzes für Personalkosten auf. [...]
>
> aus: www.mittelstand-niedersachsen.de/index.php?subverband=lv-niedersachsen&detailid=115
> Auszug entnommen am 9. Oktober 2006

Vertiefende Übungen

1. Machen Sie sich mit möglichst vielen Argumenten klar, was es für den Unternehmer bedeutet, kalkulatorische Kosten – anstelle der tatsächlich angefallenen betrieblichen Aufwendungen – in die Betriebsergebnisrechnung einzubeziehen. Die Texte im INFO-Teil (vgl. LF 4, Kap. 1.3) und die folgende Fragen unterstützten Sie dabei:

   ■ Inwieweit ist der Unternehmer beim Ansatz kalkulatorischer Kosten von handels- und steuerrechtlichen Vorschriften frei?

   ■ Inwieweit kann der Unternehmer kalkulatorische Kosten in der Höhe beliebig festsetzen? Wo liegen die Grenzen?

- Wofür steht der Betriebsgewinn (1.209.650,00 €) in der dargestellten Situation im Unternehmen zur Verfügung?
- Wie groß ist der Spielraum in der Preisgestaltung, den die kalkulatorischen Kosten einräumen?
- Wie viel Euro Umsatz sind zur „echten" Kostendeckung erforderlich?

2. Verdeutlichen Sie sich anhand des Abschreibungskreislaufs (vgl. INFO-Teil, Seite 525) sowie der nachfolgenden drei „Fälle", wie sich die bilanzmäßige Abschreibung und die kalkulatorische Abschreibung auf die Vermögenssubstanz des Unternehmens auswirken. In allen Fällen wird unterstellt, dass die kalkulatorische Abschreibung in die Preise eingerechnet ist und über die Umsatzerlöse in das Unternehmen zurückfließt.

   a) bilanzmäßige Abschreibung = kalkulatorische Abschreibung

   b) bilanzmäßige Abschreibung > kalkulatorische Abschreibung

   c) bilanzmäßige Abschreibung < kalkulatorische Abschreibung

3. Der Inhaber eines mittelständischen Industrieunternehmens hat versucht, einer angespannten Wirtschaftslage dadurch zu begegnen, dass er im vergangenen Geschäftsjahr die Verkaufspreise drastisch reduziert hat. Zum Ende des Jahres liegen ihm folgende Zahlen aus der Finanzbuchhaltung und der KLR vor:

Umsatzerlöse insgesamt lt. Fibu	2.236.500,00 €
Kosten (ohne Abschreibungen und Zinsen) lt. Kontenklassen 6 und 7	2.026.000,00 €
Kalkulatorische Abschreibungen lt. KLR	186.400,00 €
Kalkulatorische Zinsen lt. KLR	83.800,00 €
Gezahlte Fremdkapitalzinsen lt. Fibu	41.200,00 €
Bilanzmäßige Abschreibungen lt. Fibu	136.600,00 €

   a) Berechnen Sie den Betriebserfolg und den Unternehmungserfolg.

   b) Klären Sie den „Widerspruch" auf, dass trotz eines Betriebsverlustes ein Unternehmungsgewinn erwirtschaftet wurde.

   c) Halten Sie die Aussage des Unternehmers, sein Unternehmen befinde sich in einer „aussichtslosen Lage", für gerechtfertigt?

4. Ein Lastkraftfahrzeug mit Anschaffungskosten von 236.700,00 € wird handelsrechtlich linear mit jährlich $1/9$ der Anschaffungskosten bilanzmäßig abgeschrieben. Die kalkulatorische Abschreibung hat der Unternehmer auf 15 % der Wiederbeschaffungskosten von 253.000,00 € festgelegt.

   a) Welche Auswirkung auf das Betriebsergebnis hat der Ansatz der kalkulatorischen Abschreibung anstelle der bilanzmäßigen Abschreibung?

   b) Welche Auswirkung auf das Gesamtergebnis hat die kalkulatorische Abschreibung bei vollem Kostenersatz über die Umsatzerlöse?

5. Für das Geschäftsjahr 01 wurden in der Finanzbuchhaltung 256.350,00 € an tatsächlich gezahlten Fremdkapitalzinsen erfasst. Die kalkulatorischen Zinsen werden in der Kosten- und Leistungsrechnung auf der Grundlage des betriebsnotwendigen Vermögens mit insgesamt 294.600,00 € ermittelt.

   a) Um wie viel Euro übersteigen die Zusatzkosten, die durch den Ansatz der kalkulatorischen Zinsen als Kosten entstehen, die Fremdkapitalzinsen?

   b) In welchem Ausmaß beeinflussen die kalkulatorischen Zinsen das Gesamtergebnis, das neutrale Ergebnis und das Betriebsergebnis, wenn diese Zinsen in voller Höhe in die Preise eingerechnet werden?

→

Vertiefende Übungen (Fortsetzung)

6. Ein Unternehmer ermittelt das betriebsnotwendige Vermögen aufgrund folgender Werte:

Anlagevermögen:	Gebäude	1.125.000,00 €
	Betriebs- und Geschäftsausstattung	485.000,00 €
	Fuhrpark	390.000,00 €
Umlaufvermögen:	Werkstoffe	795.000,00 €
	Kundenforderungen	280.000,00 €
	Zahlungsmittel	176.000,00 €
Abzugskapital:	Zinslose Lieferantenkredite	124.000,00 €

Den kalkulatorischen Zinssatz legt der Unternehmer mit 9 %/Jahr fest.
Die im Geschäftsjahr zu zahlenden Fremdkapitalzinsen betragen 184.000,00 €.

a) Errechnen Sie das betriebsnotwendige Kapital sowie die jährlichen und monatlichen kalkulatorischen Zinsen.

b) Legen Sie dar, wie sich die kalkulatorischen Zinsen auf das Gesamtergebnis auswirken, wenn sie in voller Höhe über die Umsatzerlöse erwirtschaftet werden.

7. Der Unternehmer Werner Janssen berechnet für seine Arbeitsleistung einen kalkulatorischen Unternehmerlohn von 10.000,00 € monatlich.

a) Wie wird dieser Vorgang in der Ergebnistabelle erfasst?

b) Legen Sie dar, wie sich der kalkulatorische Unternehmerlohn auf die Kosten (und damit auf das Betriebsergebnis) sowie auf das Gesamtergebnis auswirkt, wenn voller Kostenersatz über die Umsatzerlöse möglich ist.

c) Weshalb bezeichnet man den kalkulatorischen Unternehmerlohn auch als Zusatzkosten?

8. In der Finanzbuchhaltung sind für das Geschäftsjahr 01 die gezahlten Fremdkapitalzinsen mit 96.000,00 € erfasst worden. In der Kosten- und Leistungsrechnung werden die kalkulatorischen Zinsen vom betriebsnotwendigen Vermögen mit 176.000,00 € angesetzt.

a) Welche Zinsen beeinflussen in welcher Höhe das Unternehmungsergebnis, wenn die kalkulatorischen Zinsen in die Verkaufspreise eingerechnet und über die Umsatzerlöse an das Unternehmen zurückfließen?

b) Um wie viel Euro würde das Unternehmungsergebnis geringer ausfallen, wenn statt der kalkulatorischen Zinsen die tatsächlich gezahlten Zinsen in die Preise eingerechnet werden?

c) Wie wirken sich die bilanzmäßigen (tatsächlich gezahlten) und die kalkulatorischen Zinsen auf das Ergebnis aus kostenrechnerischen Korrekturen aus?

d) Wie verändert sich der Betriebsgewinn, wenn statt der kalkulatorischen Zinsen die bilanzmäßigen Zinsen als Kosten angesetzt werden, während der Unternehmer in die Preise die kalkulatorischen Zinsen einrechnet? Welche Folgen hätte diese Änderung, falls der ausgewiesene Betriebsgewinn anschließend voll ausgeschüttet wird?

9. Die ELKO GmbH, Köln, schließt das Geschäftsjahr 01 mit folgendem Gewinn- und Verlustkonto ab:

Soll	**8020 Gewinn- und Verlustkonto** für das Geschäftsjahr 01		Haben
6000 Aufwendungen für Rohstoffe	2.495.000,00	5000 Umsatzerlöse für eig. Erzeugnisse	5.253.500,00
6010 Aufwendungen für Vorprodukte	534.600,00	5100 Umsatzerlöse für Waren	846.700,00
6020 Aufwendungen für Hilfsstoffe	134.600,00	5400 Mieterträge	28.800,00
6030 Aufwendungen für Betriebsstoffe	213.500,00	5410 Erlöse aus Anlagenabgängen	15.200,00
6050 Energie, Treibstoffe	41.300,00	5710 Zinserträge	8.300,00
6080 Aufwendungen für Waren	602.400,00		

6140 Frachten, Fremdlager	53.250,00		
6160 Fremdinstandhaltung	29.350,00		
6200 Löhne	606.200,00		
6300 Gehälter	221.600,00		
6400 Arbeitgeberanteil zur Soz.-Vers.	207.100,00		
6520 Abschreibungen	137.500,00		
6700 Mietaufwendungen	38.400,00		
6800 Büromaterial	28.450,00		
6830 Kosten der Telekommunik.	45.550,00		
6850 Reisekosten	36.400,00		
6870 Werbung	54.600,00		
6900 Versicherungsbeiträge	21.450,00		
6979 Anlagenabgänge	10.700,00		
7510 Zinsaufwendungen	117.300,00		
7700 Gewerbesteuer	68.300,00		
7800 Sonstige neutrale Aufwendg.	15.800,00		
9400 Schlussbilanzkonto	439.150,00		
	6.152.500,00		**6.152.500,00**

Die Abteilung Betriebsbuchhaltung steuert zur Berechnung der jährlichen Kosten und Leistungen folgende Zahlen und Unterlagen bei:

a) Unterlagen zur Berechnung der kalkulatorischen Abschreibung:

Anlage-gegenstand	Restwert zum 31.12.01	bilanzmäßige Abschreibung nach HGB	Wieder-beschaffungs-kosten	kalkulatorische lineare Abschreibung nach Nutzungsjahren
Grundstücke	425.000,00 €	—	—	—
Gebäude	1.240.000,00 €	44.300,00 €	1.800.000,00 €	25 Jahre
Technische Anlagen	464.000,00 €	53.500,00 €	504.000,00 €	9 Jahre
Fahrzeuge	210.000,00 €	23.300,00 €	327.600,00 €	9 Jahre
Betriebsausstattung	103.400,00 €	16.400,00 €	199.500,00 €	7 Jahre
	2.442.400,00 €	**137.500,00 €**		

b) Die kalkulatorischen Zinsen werden mit 6,5 %/Jahr aus dem betriebsnotwendigen Kapital berechnet. Dieses soll sich wie folgt zusammensetzen:
  1) Grundsätzlich gehört das gesamte Anlage- und Umlaufvermögen zum betriebsnotwendigen Kapital. Abzuziehen ist der Buchwert für ein vermietetes Lagergebäude mit 325.000,00 €.
  2) Abzugskapital: 533.800,00 € kurzfristiges Fremdkapital stehen dem Unternehmen zinslos zur Verfügung.

Soll	8010 Schlussbilanz für das Geschäftsjahr 01 (verkürzt)		Haben
Anlagevermögen	2.442.400,00	Stammkapital	1.440.000,00
Umlaufvermögen	1.656.400,00	Gewinnvortrag aus Vorjahr	83.450,00
		Jahresüberschuss	560.350,00
		Eigenkapital	2.083.800,00
		langfristiges Fremdkapital	1.380.000,00
		kurzfristiges Fremdkapital	635.000,00
	4.098.800,00		**4.098.800,00**

c) Die Berechnung des kalkulatorischen Unternehmerlohnes erfolgt nach der sogenannten „Seifenformel" (vgl. Seite 213). Der Unternehmerlohn ist auf volle 100,00 Euro aufzurunden.
  1) Erstellen Sie aus den obigen Unterlagen und Angaben die Ergebnistabelle.
  2) Werten Sie die Betriebsergebnisrechnung aus, indem Sie die Umsatzrentabilität (vgl. INFO-Teil, Seite 519) und die Wirtschaftlichkeitskennzahl berechnen und Ihre Ergebnisse mit dem Branchendurchschnitt vergleichen.
  Branchendurchschnitt: Umsatzrentabilität 7,25 %; Wirtschaftlichkeit 1,10   →

3) Bestimmen Sie die Eigen- und Gesamtkapitalrentabilität auf der Grundlage des Jahresüberschusses. Als Eigenkapital verwenden Sie die Summe aus Stamm-kapital und Gewinnvortrag.. Wie schätzen Sie die Höhe der Rentabilität ein?

4) Prüfen Sie, ob in der ELKO GmbH die Personalkosten einer besonderen Kontrolle unterzogen werden müssen (vgl. hierzu Seite 201).

10. Die SIMCA KG stellt in einem Zweigwerk Stühle für Arztpraxen und Ausstel-lungshallen her. Die Betriebsabrechnung für dieses Zweigwerk liefert zum Ende des Geschäftsjahres 01 folgende Aufwendungen und Erträge:

Für die Aufstellung der Ergebnistabelle sind folgende Angaben zu beachten:

Erfolgskonten			
5000 Umsatzerlöse f. eigene Erzeugnisse	2.248.000,00	6200 Löhne	612.250,00
5100 Umsatzerlöse f. Waren	216.400,00	6300 Gehälter	367.400,00
5202 Mehrbestand an fertigen Erzeugn.	35.300,00	6400 Arbeitgeberanteil zur Soz.-Vers.	205.900,00
5400 Mieterträge	40.300,00	6520 Abschreibungen	76.150,00
5410 Erlöse aus Anlagenabgängen	21.800,00	6700 Mietaufwendungen	32.600,00
5420 Entnahme von G. u. s. L.	73.600,00	6800 Büromaterial	19.450,00
5710 Zinserträge	8.700,00	6830 Kosten der Telekommunikation	31.360,00
6000 Aufwendungen für Rohstoffe	448.500,00	6850 Reisekosten	18.400,00
6020 Aufwendungen für Hilfsstoffe	53.150,00	6870 Werbung	22.300,00
6030 Aufwendungen für Betriebsstoffe	22.300,00	6900 Versicherungsbeiträge	8.650,00
6050 Energie, Treibstoffe	24.740,00	6930 Verluste aus Schadensfällen	14.740,00
6080 Aufwendungen für Waren	144.200,00	6979 Anlagenabgänge	12.450,00
6140 Frachten, Fremdlager	25.600,00	7510 Zinsaufwendungen	122.500,00
6160 Fremdinstandhaltung	23.300,00	7700 Gewerbesteuer	12.400,00

- Die Aufwendungen für Betriebsstoffe werden wegen der schwankenden Be-schaffungspreise in der Betriebsergebnisrechnung mit festen Verrechnungs-preisen angesetzt. Der so bewertete Betriebsstoffverbrauch beträgt 21.500,00 €.
- Unter der Position „Gebäude" in der Bilanz befindet sich ein vermietetes Lager-gebäude. Die Aufwendungen und Erträge hierfür wurden über die Finanz-buchhaltung abgewickelt. Im Einzelnen handelt es sich um
    - Abschreibungen   8.750,00 €
    - Malerarbeiten (vgl. Konto „Fremdinstandsetzung")   5.320,00 €
- Die kalkulatorischen Zinsen sind aufgrund folgender Angaben zu berechnen:
    - Anlagevermögen   2.100.000,00 €
    - Restwert des vermieteten Lagergebäudes   360.000,00 €
    - Umlaufvermögen   967.000,00 €
    - zinslose Kredite in Verbindlichkeiten a. LL   372.000,00 €.
    - Das betriebsnotwendige Kapital soll mit 7,0 % verzinst werden.
- Die kalkulatorischen Abschreibungen sind aus folgenden Angaben zu berechnen:
    - Nutzungsdauer   Gebäude   25 Jahre
                                         Übriges Anlagevermögen   10 Jahre
    - Wiederbeschaffungskosten: Gebäude   620.000,00 €
                                         Techn. Anlagen/Maschinen   430.000,00 €
                                         Andere Sachanlagen   145.000,00 €
- Der kalkulatorische Unternehmerlohn wird angesetzt mit: 84.000,00 €

a) Erstellen Sie die Ergebnistabelle.

b) Werten Sie die Ergebnistabelle im Hinblick auf Wirtschaftlichkeit und Renta-bilitäten aus. Legen Sie ein durchschnittlich gebundenes Eigenkapital von 1.625.000,00 € zugrunde.

2

Erfolgssituationen mit der Vollkostenrechnung planen und kontrollieren

Nach der Durcharbeit dieses Kapitels ...

- verfügen Sie über die Begriffe Einzelkosten, Gemeinkosten, Kostenstellen, Kostenträger, Kostenstellenrechnung (BAB),
- verstehen Sie das Verfahren, mit dem die Gemeinkosten den unterschiedlichen Kostenstellen verursachungsgerecht zugeordnet werden,
- verstehen Sie, wie die Kostenträger mit den anteiligen Gemeinkosten entsprechend der jeweiligen Beanspruchung der Kostenstellen belastet werden,
- können Sie den BAB erstellen, Zuschlagssätze ermitteln und Selbstkosten berechnen,
- wissen Sie, wie das Kalkulationsschema aufgebaut ist,
- können Sie eine Stückkalkulation erstellen,
- wissen Sie, dass Kostenkontrollen auf der Grundlage von Normalkosten durchgeführt werden,
- können Sie mithilfe von Vor- und Nachkalkulationen Kostenkontrollen durchführen.

Leitidee

Im Wertschöpfungsprozess (vgl. Schaubild in Kap. 1) werden Arbeitskräfte, Werkstoffe und Betriebsmittel eingesetzt. Wertmäßig drückt sich dieser Einsatz in **Kosten** aus. Ergebnis des Wertschöpfungsprozesses sind vom Markt gewünschte Erzeugnisse, die an unterschiedliche „Abnehmer" abgegeben werden. Der Wert der abgesetzten Erzeugnisse findet seinen zahlenmäßigen Ausdruck in **Leistungen.** Ziel der Kosten- und Leistungsrechnung ist es, **Kosten- und Leistungskontrollen** durchzuführen, um nach Abschluss des Wertschöpfungsprozesses zu wissen, wie viel Euro an Kosten jede Erzeugnisart oder Erzeugnisgruppe insgesamt verursacht hat (= **Selbstkosten**) und wie hoch der am Markt erzielte „Gegenwert" (= Leistung) ist. Die Erzeugnisart oder Erzeugnisgruppe wird hierbei als **Kostenträger** bezeichnet.

Beispiel

Vorkalkulation

(im voraus kalkulierter Preis aufgrund „genormter" Kostenvorgaben)

    Einzelkosten (Material, Zeitlöhne)
+ **Gemeinkosten** (anteilig)
_____
= **Selbstkosten** des Erzeugnisses
+ **Gewinn**
_____
= **Verkaufspreis**

Kostenkontrolle

Nachkalkulation

aufgrund tatsächlicher Kosten

Bei einigen Kostenarten ist es ohne Weiteres möglich, sie einer bestimmten Erzeugnisart eindeutig zuzuordnen. So lässt sich z. B. der Bezugspreis für einen Rohstoff unmittelbar dem Erzeugnis zurechnen, das die Rohstoffe „verbraucht" hat. Kosten mit dieser Eigenschaft heißen **Einzelkosten.** Darüber hinaus gibt es Kosten, die für sämtliche Erzeugnisarten gemeinsam entstehen. So kann z. B. das Gehalt des Leiters der Buchhaltung nicht so ohne Weiteres auf die einzelnen Erzeugnisgruppen verteilt werden, weil nicht ersichtlich ist, mit welchem Zeitaufwand er für bestimmte Erzeugnisse gearbeitet hat. Kosten mit dieser Eigenschaft heißen **Gemeinkosten.** Bei den Gemeinkostenarten ist also zu klären, welche Teilbeträge einer jeden Erzeugnisart zuzurechnen sind, um deren tatsächliche (verursachungsgerechte) Kosten im Wertschöpfungsprozess bestimmen zu können. Dieses Wissen ermöglicht Kostenkontrollen (Vergleich von Istkosten mit Normalkosten) und kostendeckende Preiskalkulationen.

Einzelkosten

Gemeinkosten

Da die direkte Zurechnung der Gemeinkosten auf die Erzeugnisse oder Erzeugnisgruppen nicht möglich ist, wird folgender „Umweg" gewählt:

1. Zunächst ist die Frage zu klären: Wo sind die Gemeinkosten entstanden?

   Diese Frage zielt auf **Betriebsabteilungen** ab, die in den Wertschöpfungsprozess eingebunden sind. Sie lässt sich aus den betriebsinternen Aufzeichnungen (Lohn-/ Gehaltslisten, Abschreibungspläne), aus den externen Belegen (Rechnungen) und aufgrund von Schätzungen zufriedenstellend beantworten. Die Ergebnisse werden im sogenannten **Betriebsabrechnungsbogen (BAB)** übersichtlich dargestellt.

   Ziel dieses ersten Schrittes ist es, die Gemeinkosten zu ermitteln, die jede **Kostenstelle** (z. B. Betriebsabteilung) verursacht hat. Dadurch ist die Kostenentwicklung in jeder Kostenstelle nachvollziehbar und kontrollierbar.

2. An die Aussage, wie viel Euro Gemeinkosten jede Kostenstelle trägt, schließt sich sinnvollerweise die Frage an, in welchem Ausmaß jede Erzeugnisgruppe (= **Kostenträger**) die Kostenstellen in Anspruch genommen hat.

   Die Heidtkötter KG führt **vier Erzeugnisgruppen: Bürostühle (BS)**, **Konferenzsysteme (KS)**, **Bürotische (BT)** und **Sonderlösungen (SL)**, wobei zu jeder Erzeugnisgruppe mehrere artähnliche Erzeugnisse gehören. Es wird unterstellt, dass die Erzeugnisgruppen die Kostenstellen unterschiedlich stark beanspruchen. Wenn es gelingt, in Euro auszudrücken, wie hoch die jeweilige Beanspruchung ist, dann kann jeder Erzeugnisgruppe ihr Gemeinkostenanteil zugemessen werden. Die Addition aus Einzelkosten (z. B. Material, Zeitlöhne) und anteiligen Gemeinkosten ergibt dann die **Selbstkosten** der Erzeugnisgruppe. Auch diese unterliegen einer ständigen Kontrolle.

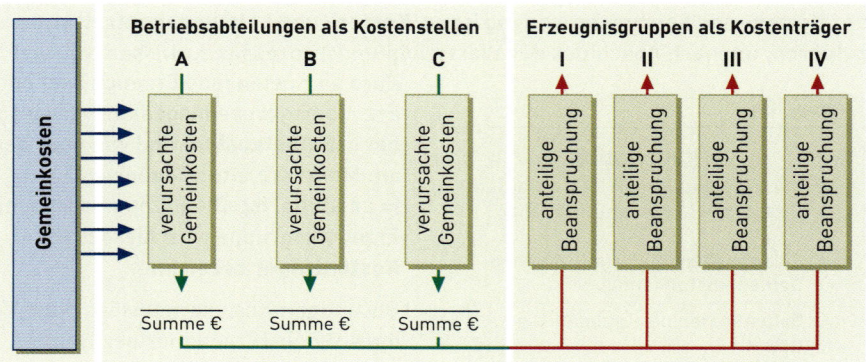

2.1
Die Gemeinkosten in den Kostenstellen erfassen und kontrollieren sowie eine Kostenträgerrechnung aufstellen

Situation   Um Kosten in ihrer Höhe und Entwicklung über einen längeren Zeitraum kontrollieren zu können, benötigt der Controller Eric Sippel mit Zahlen belegte Aussagen darüber, an welchen „Orten" im Betrieb (= **Kostenstellen**) die Kosten verursacht werden. Diese Zahlen gewinnt Sippel so:

1. Er weist die **Einzelkosten** (z.B Rohstoffe, auch **Fertigungsmaterial** genannt, sowie Zeitlöhne, auch **Fertigungslöhne** genannt) den einzelnen Erzeugnissen bzw. Erzeugnisgruppen direkt zu. Aus den Aufzeichnungen in der Buchführung kann er genau feststellen, welcher Rohstoff zu welchem Wert eingekauft und wofür er „verbraucht" wurde.

2. Er schlüsselt die **Gemeinkosten** auf die „Orte" (= **Kostenstellen**) um, in denen sie entstanden sind (= **Kostenstellenrechnung**). Hierzu entnimmt er die Gemeinkosten der Betriebsergebnisrechnung (BER), trägt sie in die linke Spalte (Gemeinkostenarten) der nachfolgenden Tabelle (= **Betriebsabrechnungsbogen**) ein und verteilt sie entweder aufgrund von **Belegen** oder mithilfe geeigneter **Schlüssel** auf die Kostenstellen. Für sein Unternehmen hat er **vier Kostenstellen** eingerichtet:

   - **Materialstelle**
   - **Fertigungsstelle**
   - **Verwaltungsstelle**
   - **Vertriebsstelle**

› INFO-Teil
LF 4, Kap. 2.1

3. Für jede Kostenstelle erhält Sippel auf diese Weise eine Kostensumme, die eine Aussage darüber zulässt, wie viel Euro Gemeinkosten die jeweilige Kostenstelle „verbraucht" hat.

4. Durch den Vergleich der Gemeinkosten über mehrere Abrechnungsperioden hinweg kann er den „Kostenverbrauch" kontrollieren. Hierbei muss er Beschäftigungs- und Preisänderungen ausschalten.

5. Im Betriebsabrechnungsbogen (BAB) sind folgende **Gemeinkosten** (in €) aufgeführt:

Betriebsabrechnungsbogen der Heidtkötter KG für das Geschäftsjahr 01						
Gemeinkostenarten	Zahlen der BER	Verteilungsgrundlagen	Hauptkostenstellen			
			Material	Fertigung	Verwaltung	Vertrieb
6020	1.190.000,00	Rechnungen				
6030	380.000,00	Schlüssel				
6050	320.000,00	Rechnungen				
6140	215.000,00	Rechnungen				
6150	184.000,00	Abrechnung				
6160	256.000,00	Rechnungen				
6300	2.050.000,00	Gehaltslisten				
6400	1.660.000,00	Lohn-/Gehaltslisten				
6600	520.000,00	Betriebsvereinb.				
6700	380.000,00	Mietverträge				
6800	65.000,00	Rechnungen				
6830	155.000,00	Rechnungen				
6850	310.000,00	Abrechnung				
6870	860.000,00	Schlüssel				
6900	90.000,00	Vers.-Police				
7000	95.000,00	Schlüssel				
7700	135.000,00	Schlüssel				
kalk. Zinsen	894.750,00	Betriebsnotw. Kapital				
kalk. Abschreibungen	1.200.000,00	AV				
kalk. Unternehmerlohn	91.600,00	Schlüssel				
Summe der Gemeinkosten	11.051.350,00					
abzüglich Gemeinkosten des Warengeschäfts						
Summe der Gemeinkosten je Kostenstelle						

6. Im obigen BAB sind einige Kostenarten nicht enthalten, die in der Betriebsergebnisrechnung vorkommen (vgl. Seite 209). Sie gehören zu den Einzelkosten, die den Erzeugnisgruppen direkt zugerechnet werden und somit nicht über den BAB laufen (z. B. Rohstoffaufwendungen, Löhne). Die vorliegenden Belege (Eingangsrechnungen, Materialentnahmescheine) ergeben folgende Zuordnung dieser Einzelkosten (in €) zu den vier Erzeugnisgruppen:

→

Kostenart	Einzelkosten aus der BER	Aufteilung der Einzelkosten auf die Erzeugnisgruppen nach den Aufschreibungen in der Buchführung			
		Bürostühle BS	Konf.-Systeme KS	Bürotische BT	Sonderlösungen SL
Fertigungsmaterial (Kto. 6000, 6010)	8.130.000,00	2.145.000,00	2.240.000,00	2.100.000,00	1.645.000,00
Fertigungslöhne (Kto. 6200)	3.790.000,00	1.006.500,00	960.000,00	1.033.900,00	789.600,00
Produktionsmenge	—	33 000	684	17 500	1 203
Absatzmenge	—	33 000	681	17 500	1 200

7. Im BAB sind auch die **Aufwendungen für Waren** (Einzelkosten aus Konto 6080) nicht aufgeführt. Sie werden – zusammen mit den zugeordneten Umsatzerlösen (Konto 5100) – getrennt erfasst und kalkuliert.

Aus einer internen Untersuchung ersieht Sippel, dass das Warengeschäft auch **Gemeinkosten** verursacht. Hiervon sind die Hauptkostenstellen „Material (Lager)", „Verwaltung" und „Vertrieb" betroffen, und zwar enthalten die dort ermittelten Kostenstellengemeinkosten nach einer Überschlagsrechnung folgende Warengemeinkosten:

- Kostenstelle „Material" 4 %
- Kostenstelle „Verwaltung" 10 %
- Kostenstelle „Vertrieb" 5 %

Diese Kostenstellen sind entsprechend zu entlasten, um dort nur die durch die Produktion verursachten Gemeinkosten auszuweisen.

Arbeitsaufträge

1. Verteilen Sie die Gemeinkosten mithilfe der nachfolgenden Verteilungsschlüssel auf die Kostenstellen. Sofern die Gemeinkosten aufgrund von Belegen (Rechnungen, Listen) bestimmten Kostenstellen direkt zurechenbar sind, ist die Verteilung bereits vorgenommen worden; bei anderen Handlungskostenarten sind Verteilungsschlüssel in *Kursivschrift* angegeben. Die kalkulatorischen Abschreibungen sind kaufmännisch auf ganze 100,00 € zu runden.

Betriebsabrechnungsbogen der Heidtkötter KG für das Geschäftsjahr 01						
Gemeinkostenarten	Zahlen der BER	Verteilungs- grundlagen	Hauptkostenstellen			
			Material	Fertigung	Verwaltung	Vertrieb
6020	1.190.000,00	Rechnungen	125.000,00	892.500,00	60.000,00	112.500,00
6030	380.000,00	Rechnungen	*2*	*12*	*0*	*2*
6050	320.000,00	Rechnungen	32.000,00	187.900,00	64.500,00	35.600,00
6140	215.000,00	Rechnungen	80.700,00	0,00	0,00	134.300,00
6150	184.000,00	Abrechnung	0,00	0,00	0,00	184.000,00
6160	256.000,00	Rechnungen	24.200,00	170.600,00	44.100,00	17.100,00
6300	2.050.000,00	Gehaltslisten	183.200,00	409.500,00	1.235.150,00	222.150,00
6400	1.660.000,00	Lohn-/Geh.-Listen	205.400,00	968.300,00	293.500,00	192.800,00
6600	520.000,00	Betriebsvereinb.	*1*	*4*	*4*	*1*
6700	380.000,00	Mietverträge	118.000,00	0,00	184.000,00	78.000,00
6800	65.000,00	Rechnungen	9.200,00	14.500,00	30.600,00	10.700,00
6830	155.000,00	Rechnungen	15.150,00	25.150,00	87.500,00	27.200,00
6850	310.000,00	Abrechnung	41.300,00	84.600,00	135.700,00	48.400,00
6870	860.000,00	Schlüssel	75.000,00	108.000,00	253.000,00	424.000,00
6900	90.000,00	Vers.-Police	10.900,00	38.500,00	31.700,00	8.900,00
7000	95.000,00	Schlüssel	*1*	*3*	*4*	*2*
7700	135.000,00	Schlüssel	*1*	*4*	*3*	*1*
kalk. Zinsen	894.750,00	Betr.-notw. Kapital	*1.870.000,00*	*8.390.000,00*	*5.460.000,00*	*2.175.000,00*
kalk. Abschreibungen	1.200.000,00	AV	*810.000,00*	*5.210.000,00*	*1.690.000,00*	*850.000,00*
kalk. Unternehmerlohn	91.600,00	Schlüssel	*2*	*4*	*6*	*4*

2. Entlasten Sie die Kostenstellen „Material", „Verwaltung" und „Vertrieb" um die auf das Warengeschäft entfallenden Gemeinkosten und ermitteln Sie die produktionsbedingten Gemeinkosten für jede Kostenstelle.

Situation   Die Zahlen aus dem BAB verwendet   **Kostenanalyse**

Sippel nun, um einige Kostenarten daraufhin zu untersuchen, wie sie sich vom Ende des vergangenen Geschäftsjahres 00 bis Ende des Geschäftjahres 01 entwickelt haben. Ihm stehen zur Beurteilung folgende Angaben zur Verfügung:

Auszug aus dem **Betriebsabrechnungsbogen** der Heidtkötter KG für das Geschäftsjahr 00						
Gemeinkostenarten	Zahlen der BER	Verteilungs-grundlagen	Hauptkostenstellen			
			Material	Fertigung	Verwaltung	Vertrieb
6020						
6030						
6050						
6140						
6300	1.976.200,00	Gehaltslisten	179.600,00	401.500,00	1.177.990,00	217.110,00
6400						
6700	332.000,00	Mietverträge	118.000,00	0,00	136.000,00	78.000,00
6800						
6830						
6900						
7000						
kalk. Zinsen	830.100,00	Betr.-notw. Kapital	86.750,00	389.000,00	253.250,00	101.100,00
kalk. Abschreibungen	1.136.000,00	Sachanlagen	113.500,00	687.600,00	223.500,00	111.400,00
kalk. Unternehmerlohn						
Summe der Gemeinkosten						

Angaben aus der Lohnbuchhaltung: Gehaltserhöhung im Geschäftsjahr 01: durchschnittlich 2 %, Einstellung einer zusätzlichen Fachkraft in der Abteilung Buchhaltung mit einem Monatsgehalt von brutto 2.800,00 € (ohne Sonderzahlungen).

Angaben aus der Gebäudeverwaltung: März 00: Anmietung einer leer stehenden Etage in einem benachbarten Bürogebäude für die Verwaltung.

Angaben aus der Anlagenverwaltung: Verkauf nicht mehr benötigter Fertigungsanlagen sowie einer technisch überholten Computeranlage; Zukauf neuer Anlagen. Daraus ergeben sich folgende Auswirkungen auf die kalkulatorische Abschreibung:

Anlagegegenstände (nur Sachanlagen, ohne vermietete Halle)	Restwert zum 31.12.00	bilanzmäßige Abschreibung nach HGB	Wiederbeschaffungskosten 31.12.00	kalkulatorische Abschreibung (linear)	kalkulatorische Abschreibungsbeträge
genutzte Gebäude	2.441.700,00 €	144.000,00 €	4.000.000,00 €	25 Jahre	160.000,00 €
Technische Anlagen	4.061.000,00 €	586.000,00 €	5.000.000,00 €	8 Jahre	625.000,00 €
Fahrzeuge	912.000,00 €	132.000,00 €	1.044.000,00 €	9 Jahre	116.000,00 €
Betriebsausstattung	995.000,00 €	185.000,00 €	1.645.000,00 €	7 Jahre	235.000,00 €
	8.409.700,00 €	**1.047.000,00 €**			**1.136.000,00 €**

Angaben aus der Finanz- und Betriebsbuchhaltung: Abschreibungen auf das Anlagevermögen und Tilgungsleistungen beim langfristigen Fremdkapital einerseits sowie erhöhte Werte im Umlaufvermögen führen dazu, dass sich das betriebsnotwendige Kapital von 16.602.000,00 € zum 31.12.00 auf 17.895.000,00 € zum 31.12.01 erhöht hat. In beiden Geschäftsjahren wird der kalkulatorische Zins auf das betriebsnotwendige Kapital mit 5 % angesetzt.

Arbeitsaufträge

1. Prüfen Sie, inwieweit die Veränderungen bei den vier Kostenarten zurückzuführen sind auf
   - offensichtlich unwirtschaftliche Verwendung personaler und materialer Ressourcen,
   - Preis-/Lohnänderungen, die von der Heidtkötter KG nicht beeinflussbar sind,
   - geplante Veränderungen in der Beschäftigung sowie in der Vermögens- und Schuldenausstattung.
2. Schätzen Sie grob ein, auf welchem wirtschaftlichem Weg sich die Heidtkötter KG befindet.

Situation

Das Ziel, das Herr Sippel mit der Aufstellung des BAB verfolgt, lautet:

„Ich will wissen, wie viel Euro Selbstkosten insgesamt und je Erzeugnisgruppe entstanden sind. Dazu muss ich es schaffen, die Kostenstellengemeinkosten auf jede Erzeugnisgruppe zu verteilen. Dann kann ich Kalkulationen für jede Erzeugnisgruppe aufstellen."

Auf dem Weg zu diesem Ziel ist die Aufstellung des BAB ein erster wichtiger Schritt. Den zweiten Schritt geht Sippel, indem er die Einzelkosten aus der Betriebsergebnisrechnung mit den Gemeinkosten aus dem Betriebsabrechnungsbogen in folgender Weise verbindet:

- Er setzt die Gemeinkosten, z. B. der Materialstelle (= **Materialgemeinkosten**), in ein prozentuales Verhältnis zum **Fertigungsmaterial**.
- Den so errechneten Zuschlagssatz (= **Materialgemeinkostenzuschlagssatz**) kann er auf das Fertigungsmaterial für ein einzelnes Stück anwenden und erhält die **anteiligen** Materialgemeinkosten für ein Erzeugnis.

Ihm ist bewusst, dass er mit diesem Vorgehen die Gemeinkosten proportional den Einzelkosten zurechnet, ohne zu berücksichtigen, dass die tatsächliche Belastung mit Gemeinkosten durchaus anders aussehen kann.

› INFO-Teil
LF 4, Kap. 2.1

Beispiel 1

Fertigungsmaterial (Konten 6000 und 6010; vgl. Ergebnistabelle)	8.130.000,00 €
Materialgemeinkosten lt. BAB	1.212.000,00 €

$$\text{Zuschlagssatz für Materialgemeinkosten} = \frac{1.212.000,00 \cdot 100\,\%}{8.130.000,00} = 14{,}91\,\%$$

Beispiel 2

Fertigungsmaterial für Bürostühle (der Buchführung entnommen; vgl. S. 222)	2.145.000,00 €
Produktionsmenge an Bürostühlen	33 000 Stück

$$\text{Fertigungsmaterial je Bürostuhl} = \frac{2.145.000,00\,€}{33\,000\ \text{Stück}} = 65{,}00\ €/\text{Stück}$$

anteilige Materialgemeinkosten in Höhe von **14,91 %** von **65,00 €**	= 9,69 €/Stück
Materialkosten je Bürostuhl	= 74,69 €/Stück

Arbeitsaufträge

1. Auf die entsprechende Weise wie die Materialgemeinkosten werden die Gemein-kosten der **Fertigungsstelle** (= Fertigungsgemeinkosten) in ein Prozentverhältnis zu den **Fertigungslöhnen** gesetzt.

   Berechnen Sie den Zuschlagssatz für Fertigungsgemeinkosten sowie die Ferti-gungsgemeinkosten und die Fertigungskosten für einen Bürostuhl. Kalkulieren Sie wie folgt:

   >   Fertigungslöhne je Bürostuhl (vgl. Seite 222)
   > + __ % Fertigungsgemeinkosten je Bürostuhl
   > ───
   > =   Fertigungskosten je Bürostuhl

2. Tragen Sie in den BAB (s. Arbeitshilfe) in Ihrem Arbeitsheft bzw. in Ihren eigenen Aufzeichnungen Ihre bisherigen Ergebnisse ein:

   › Arbeitshilfe

   - Fertigungsmaterial (= **FM**) und Fertigungslöhne (= **FL**) als **Zuschlagsgrundlagen**
   - **Zuschlagssätze** für Materialgemeinkosten (= **MGK**) und für Fertigungsgemein-kosten (= **FGK**)

Arbeitshilfe

Betriebsabrechnungsbogen der Heidtkötter KG für das Geschäftsjahr 01				Hauptkostenstellen			
Gemeinkostenarten	Zahlen der BER	Verteilungs-grundlagen		Material	Fertigung	Verwaltung	Vertrieb
6020	1.190.000,00	Rechnungen					
6030	380.000,00	Schlüssel					
6050	320.000,00	Rechnungen					
6140	215.000,00	Rechnungen					
6150	184.000,00	Abrechnung					
6160	256.000,00	Rechnungen					
6300	2.050.000,00	Gehaltslisten					
6400	1.660.000,00	Lohn-/Geh.-Listen					
6600	520.000,00	Betriebsvereinb.					
6700	380.000,00	Mietverträge					
6800	65.000,00	Rechnungen					
6830	155.000,00	Rechnungen					
6850	310.000,00	Abrechnung					
6870	860.000,00	Rechnungen					
6900	90.000,00	Vers.-Police					
7000	95.000,00	Schlüssel					
7700	135.000,00	Schlüssel					
kalk. Zinsen	894.750,00	betr.-notw. Kapital					
kalk. Abschreibungen	1.200.000,00	AV					
kalk. Unternehmerlohn	91.600,00	Schlüssel					
Summe der Gemeinkosten	11.051.350,00						
abzüglich Gemeinkosten des Warengeschäfts							
Summe der Gemeinkosten je Kostenstelle							
Zuschlagsgrundlagen				FM	FL		
Zuschlagssätze				Zuschlags-satz für MGK	Zuschlags-satz für FGK	Zuschlags-satz für VerwGK	Zuschlags-satz für VertrGK

3. Verfolgen Sie nun, was wir mit dem Pfeil im BAB andeuten wollen:
Es fehlt eine geeignete Zuschlagsgrundlage für die Verwaltungsgemeinkosten (= VerwGK) und die Vertriebsgemeinkosten (= VertrGK). Die Berechnung dieser Zuschlagsgrundlage folgt dem Aufbau des BAB, denn die Summe aus den Teilbeträgen FM + MGK + FL + FGK wird als Zuschlagsgrundlage verwendet. Sie heißt **Herstellkosten** (der Erzeugung) und wird wie folgt berechnet:

Herstellkosten der Erzeugung

Kalkulationsschema		
Fertigungsmaterial	(FM)	
+ Materialgemeinkosten	(MGK)	
= **Materialkosten**	(MK)	
Fertigungslöhne	(FL)	
+ Fertigungsgemeinkosten	(FGK)	
= **Fertigungskosten**	(FK)	
= **Herstellkosten der Erzeugung**	(HK d. E.)	

4. Die Herstellkosten der Erzeugung aufgrund der obigen Rechnung geben an, wie viel Kosten alle **produzierten** Erzeugnisse verursacht haben. Für die Verwaltungsgemeinkosten und vor allem für die Vertriebsgemeinkosten gelten aber nicht die Herstellkosten der produzierten Erzeugnisse, sondern die Herstellkosten der **abgesetzten** Erzeugnisse (= **Herstellkosten des Umsatzes**) als geeignete Zuschlagsgrundlage. Die obige Rechnung ist so zu ergänzen, dass sie die Herstellkosten des Umsatzes ausweist:

Herstellkosten des Umsatzes

Die Herstellkosten des Umsatzes (HK d. U.) unterscheiden sich durch die **Bestandsveränderungen** an fertigen und unfertigen Erzeugnissen von den Herstellkosten der Erzeugung (vgl. S. 532).

Im Gewinn- und Verlustkonto ist für das Geschäftjahr 01 ein Mehrbestand an fertigen Erzeugnissen von 38.300,00 € ausgewiesen (vgl. Seite 198).

Klären Sie, was ein **Mehrbestand** an Erzeugnissen bezogen auf die Produktion und den Absatz bedeutet. Überlegen Sie dann, wie dieser Mehrbestand die Herstellkosten der Erzeugung verändern muss, um die Herstellkosten des Umsatzes zu erhalten. Berechnen Sie die Herstellkosten des Umsatzes.

› INFO-Teil LF 4, Kap. 2.1

Kalkulationsschema		
Fertigungsmaterial	(FM)	
+ Materialgemeinkosten	(MGK)	
= **Materialkosten**	(MK)	
Fertigungslöhne	(FL)	
+ Fertigungsgemeinkosten	(FGK)	
= **Fertigungskosten**	(FK)	
= **Herstellkosten der Erzeugung**	(HK d. E.)	
– **Mehrbestand** an fertigen Erzeugnissen		
= **Herstellkosten des Umsatzes**		

5. Was bedeutet ein **Minderbestand** an Erzeugnissen hinsichtlich der Produktion und des Absatzes? Wie sind in diesem Fall die Herstellkosten des Umsatzes zu berechnen?

6. Üblicherweise werden die Herstellkosten des Umsatzes als Zuschlagsgrundlage sowohl für die Verwaltungs- als auch für die Vertriebsgemeinkosten verwendet. Berechnen Sie nun die Zuschlagssätze für VerwGk und VertrGK und setzen Sie beide Zuschläge in den BAB ein.

7. Berechnen Sie die **Selbstkosten** der Abrechnungsperiode, indem Sie das obige Kalkulationsschema um die Verwaltungs- und Vertriebsgemeinkosten erweitern:

Kalkulationsschema	
Fertigungsmaterial	(FM)
+ Materialgemeinkosten	(MGK)
= Materialkosten	(MK)
Fertigungslöhne	(FL)
+ Fertigungsgemeinkosten	(FGK)
= Fertigungskosten	(FK)
= Herstellkosten der Erzeugung	(HK d. E.)
– Mehrbestand an fertigen Erzeugnissen	
= Herstellkosten des Umsatzes	
+ Verwaltungsgemeinkosten	(VerwGK)
+ Vertriebsgemeinkosten	(VertrGK)
= Selbstkosten des Umsatzes	(SK)

8. Sie können nun mithilfe des Kalkulationsschemas die Ausgangsfrage beantworten, nämlich wie viel Euro Einzel- und Gemeinkosten (= Selbstkosten) auf jede Erzeugnisgruppe entfallen. Wir geben Ihnen mit der nachfolgenden Tabelle (= **Kostenträgerblatt**) eine Hilfe für Ihre Arbeit. In diese Tabelle haben wir die Mehrbestände für die einzelnen Erzeugnisgruppen bereits eingetragen. Runden Sie bei Ihren Rechnungen die Zahlen jeweils kaufmännisch auf ganze Euro. Nehmen Sie geringfügige Ungenauigkeiten aufgrund der gerundeten Zuschlagssätze in Kauf.

Kostenträgerblatt

Anmerkung:
Die Heidtkötter KG führt in ihrer Kostenträgerrechnung vier Erzeugnisgruppen:

BS = Bürostühle (Stuhlserien, die in Fließfertigung hergestellt werden)

KS = Konferenzsysteme (Komplettlösungen in Fließ- und Werkstattfertigung)

BT = Bürotische (Tischserien, die in Fließfertigung hergestellt werden)

SL = Sonderlösungen (individuelle Büroausstattungen in Werkstattfertigung

Kalkulationsschema	Kosten lt. BER und BAB	Kostenträger (= Erzeugnisgruppen)			
		Bürostühle BS	Konf.-Syst. KS	Bürotische BT	Sonderlösg. SL
Fertigungsmaterial					
+ __% MGK					
= Materialkosten					
Fertigungslöhne					
+ __% FGK					
= Fertigungskosten					
= Herstellkosten der Erzeugnisse					
– Mehrbestand an FE	38.300,00	0,00	26.850,00	0,00	11.450,00
= Herstellkosten des Umsatzes					
+ __% VerwGK					
+ __% VertrGK					
= Selbstkosten des Umsatzes für die Gesamtmenge					
= Selbstkosten des Umsatzes für jeweils eine abgesetzte Erzeugniseinheit					
Umsatzerlöse (inkl. Entnahmen und Eigenleistung, ohne Warenerlöse)					
Betriebsergebnis					
Gewinnzuschlag in Prozent					

Kostenträgerblatt zur Berechnung der Selbstkosten je Erzeugnisgruppe

→

9. Vervollständigen Sie die Tabelle zur **Ergebnisrechnung**, indem Sie die Umsatzerlöse (einschl. der Entnahmen und der Eigenleistungen = Gesamtleistung) insgesamt und für jede Erzeugnisgruppe eintragen und danach das Betriebsergebnis insgesamt sowie für alle Erzeugnisgruppen berechnen.

Nach den Aufzeichnungen in den Konten der Buchführung betragen die Umsatzerlöse für die einzelnen Erzeugnisgruppen:

	Erzeugnisgruppen				
	Bürostühle BS	**Konf.-Systeme KS**	**Bürotische BT**	**Sonderlösg. SL**	**insgesamt**
Umsatzerlöse (in €)	6.270.500,00	6.094.900,00	6.176.900,00	4.710.400,00	23.252.700,00

10. Begründen Sie, warum das im Kostenträgerblatt ausgewiesene Betriebsergebnis für den gesamten Möbelabsatz nicht mit dem in der Betriebsergebnisrechnung (vgl. Seite 214) übereinstimmt.
11. Weisen Sie aus, wie hoch die Gewinnzuschläge insgesamt und für jede Erzeugnisgruppe sind.
12. Klaus M. Heidtkötter ist überrascht, dass sein Unternehmen bei den geringen Gewinnzuschlägen dennoch eine sehr hohe Eigenkapitalrentabilität erzielt (vgl. Seite 199). Klären Sie den vermeintlichen Widerspruch auf.
13. Analysieren Sie die Ergebnisse des obigen Kostenträgerblattes hinsichtlich der Wirtschaftlichkeit der einzelnen Erzeugnisgruppen. Vergleichen Sie diese Ergebnisse mit der auf den Seiten 206 f. errechneten Kennzahl. Erklären Sie die Abweichungen.
14. Betrachten Sie die Kostenstellen- und Kostenträgerrechnung unter dem Aspekt, inwieweit sie die Gegebenheiten und Besonderheiten der Beschaffungs- und Absatzmärkte berücksichtigen.
15. Als eine erste Reaktion auf die Ergebnisse überlegt Klaus M. Heidtkötter, die Gewinnzuschläge für alle Erzeugnisgruppen einheitlich auf jeweils **5 %** festzulegen. Welche Barverkaufspreise müsste er dann für die einzelnen Erzeugnisgruppen verlangen? Welche Auswirkungen hätte die Maßnahme auf den Betriebsgewinn?

Vertiefende Übungen

1. In einem Unternehmen wird der Betriebsabrechnungsbogen mit fünf Kostenstellen zum Ende eines jeden Monats aufgestellt. Für die Monate März bis Juni des Geschäftsjahres 01 liegen nach der Verteilung der Gemeinkosten auf die Kostenstellen folgende Summen vor:

Monat	Kostenstellengemeinkosten				
	Fuhrpark	**Material**	**Fertigung**	**Verwaltung**	**Vertrieb**
März	24.560,00	31.220,00	93.600,00	32.300,00	25.650,00
April	24.050,00	20.570,00	81.140,00	31.900,00	22.900,00
Mai	25.400,00	21.210,00	92.610,00	32.200,00	24.600,00
Juni	26.150,00	23.420,00	93.650,00	32.800,00	27.700,00

Die Beschäftigung – gemessen an den Gesamtumsätzen der vier Monate – hat sich in dieser Zeit wie folgt entwickelt:

Monat	Umsatzentwicklung in Prozent gegenüber dem jeweiligen Vormonat
April	– 2,5 %
Mai	+ 3,2 %
Juni	+ 5,4 %

Prüfen Sie, ob sich die Kosten in den einzelnen Kostenstellen während des betrachteten Quartals in gleichem Maße entwickelt haben wie die Umsätze. Falls Sie erhebliche Abweichungen feststellen, geben Sie dafür plausible Erklärungen und machen Sie deutlich, ob gegebenenfalls Steuerungsmaßnahmen ergriffen werden müssen.

2. Ihnen liegt folgender Auszug aus dem Betriebsabrechnungsbogen eines Unternehmens vor:

Gemeinkostenarten	Zahlen der BER	Verteilungs-grundlagen	Hauptkostenstellen			
			Material	Fertigung	Verwaltung	Vertrieb
insgesamt	1.495.000,00	diverse	122.500,00	840.000,00	355.000,00	177.500,00

Betriebsabrechnungsbogen für das Geschäftsjahr 01

An **Einzelkosten** sind in der Buchführung aufgezeichnet worden:

Fertigungsmaterial (Rohstoffe)	1.531.250,00 €
Fertigungslöhne	1.050.000,00 €

Die **Bestandsveränderungen** an Erzeugnissen betrugen:

Mehrbestand an unfertigen Erzeugnissen	23.750,00 €
Minderbestand an fertigen Erzeugnissen	30.000,00 €

Umsatzerlöse, Einzelkosten und Bestandsveränderungen verteilen sich wie folgt auf die drei Erzeugnisgruppen des Unternehmens:

	EG I	EG II	EG III	gesamt
Fertigungsmaterial	765.650,00	459.350,00	306.250,00	1.531.250,00
Fertigungslöhne	545.000,00	325.000,00	180.000,00	1.050.000,00
Mehrbestände UE	11.150,00	7.100,00	5.500,00	23.750,00
Minderbestände FE	14.500,00	8.750,00	6.750,00	30.000,00
Umsatzerlöse	2.207.916,00	1.307.418,00	822.296,00	4.337.630,00
Produktionsmengen	6 000 Stück	4 744 Stück	4 350 Stück	

a) Berechnen Sie die Herstellkosten des Umsatzes.
b) Bestimmen Sie die Gemeinkosten-Zuschlagssätze für jede Kostenstelle.
c) Erstellen Sie die Kostenträgerrechnung für jede Erzeugnisgruppe.
d) Bestimmen Sie den Gewinn und den Gewinnzuschlagssatz für jede Erzeugnisgruppe.
e) Errechnen Sie den durchschnittlichen Verkaufspreis für jede Erzeugnisgruppe sowie die durchschnittlichen Selbstkosten je Erzeugnisgruppe.
f) Innerhalb der Erzeugnisgruppe I ist ein Erzeugnis neu entwickelt worden. Die Selbstkosten und der Barverkaufspreis sind auf der Grundlage der oben genannten Zuschlagssätze sowie folgender Einzelkosten zu kalkulieren:

Fertigungsmaterial je Stück	121,50 €
Fertigungslöhne je Stück	92,20 €

3. In der Betriebsergebnisrechnung des Fahrradherstellers Fortuna GmbH sind für den Monat April 01 folgende Leistungen und Kosten ausgewiesen:

Leistungs- und Kostenarten	Kosten	Leistungen
5000 Umsatzerlöse für eigene Erzeugnisse		3.675.000,00
5100 Umsatzerlöse für Waren		593.000,00
6000 Aufwendungen für Rohstoffe	1.776.500,00	
6010 Aufwendungen für Vorprodukte	272.800,00	
6020 Aufwendungen für Hilfsstoffe	148.450,00	
6030 Aufwendungen für Betriebsstoffe	94.500,00	
6050 Energie, Treibstoffe	28.900,00	
6080 Aufwendungen für Waren	421.600,00	
6100 Aufwendungen für bezogene Leistungen	47.200,00	
6200 Löhne	485.800,00	
6300 Gehälter	202.400,00	
6400 Arbeitgeberanteil zur Sozialversicherung	144.400,00	
6700 Mietaufwendungen	32.600,00	
6800 Aufwendungen für Kommunikation	63.650,00	
6900 Versicherungsbeiträge	14.650,00	
7700 Gewerbesteuer	12.500,00	

→

kalkulatorische Abschreibungen	9.000,00	
kalkulatorische Zinsen	17.500,00	
kalkulatorischer Unternehmerlohn	6.000,00	
	3.778.450,00	4.268.000,00
	489.550,00	
	4.268.000,00	4.268.000,00

Unter den aufgeführten Kosten gelten die Aufwendungen für Rohstoffe und für Vorprodukte als Einzelkosten „Fertigungsmaterial", die Löhne als Einzelkosten „Fertigungslöhne". Die restlichen Kosten sind Gemeinkosten, die mithilfe der nachfolgenden Verteilungsschlüssel auf die Kostenstellen zu verteilen sind. Sofern die Gemeinkosten aufgrund von Belegen (Rechnungen, Listen) bestimmten Kostenstellen direkt zurechenbar sind, ist die Verteilung bereits vorgenommen worden; bei anderen Kostenarten sind Verteilungsschlüssel in *Kursivschrift* angegeben. In die Betriebsabrechnung werden die Aufwendungen für Waren (Konto 6080 = Einzelkosten) nicht einbezogen. Die auf das Warengeschäft entfallenden Gemeinkosten sind nachträglich aus dem BAB herauszuziehen, und zwar belastet das Warengeschäft die Verwaltungsstelle mit 15 % und die Vertriebsstelle mit 10 %.

Betriebsabrechnungsbogen des Fahrradherstellers Fortuna GmbH für den Monat April 01					
Gemeinkostenarten	**Verteilungsgrundlagen**	**Hauptkostenstellen**			
		Material	**Fertigung**	**Verwaltung**	**Vertrieb**
6020	Rechnungen	—	148.450,00	—	—
6030	*Schlüssel*	*2*	*8*	*2*	*3*
6050	Rechnungen/Zähler	2.800,00	17.300,00	5.800,00	3.000,00
6100	Rechnungen	3.500,00	12.400,00	23.600,00	7.700,00
6300	Gehaltslisten	20.200,00	45.500,00	121.400,00	15.300,00
6400	Lohn-/Gehaltslisten	14.300,00	86.600,00	25.600,00	17.900,00
6700	Mietverträge	—	—	21.400,00	11.200,00
6800	Rechnungen	6.200,00	12.400,00	37.500,00	7.550,00
6900	Versicherungspolicen	1.800,00	5.800,00	5.800,00	1.250,00
7700	*Schlüssel*	*1*	*3*	*4*	*2*
kalk. Abschreibungen	*Abnutzbares AV*	*100.000,00*	*800.000,00*	*200.000,00*	*100.000,00*
kalk. Zinsen	*Betriebsnotwendiges Kapital*	*150.000,00*	*1.200.000,00*	*250.000,00*	*150.000,00*
kalk. Unternehmerlohn	*Schlüssel*	*2*	*4*	*4*	*2*

a) Erstellen Sie den Betriebsabrechnungsbogen einschließlich der Selbstkostenkalkulation. (Bestandsveränderungen liegen nicht vor!)
 Beachten Sie die Entlastung der Kostenstellen „Verwaltung" und „Vertrieb" um die auf das Warengeschäft entfallenden Gemeinkosten.

b) Berechnen Sie die Zuschlagssätze für die einzelnen Kostenstellen auf mindestens drei Nachkommastellen (damit die nachfolgende Aufteilung genau wird!).

c) Zur Ermittlung der Selbstkosten und des Gewinns für die einzelnen Erzeugnisgruppen ist das Kostenträgerblatt nach folgender Aufteilung der Einzelkosten und der Umsatzerlöse aufzustellen (Runden Sie die Zahlen auf ganze Euro!):

Kostenart	Einzelkosten aus der BER	Aufteilung der Einzelkosten auf die Erzeugnisgruppen nach den Aufschreibungen in der Buchführung			
		EG I	**EG II**	**EG III**	**EG IV**
Fertigungsmaterial (Kto. 6000, 6010)	2.049.300,00	819.700,00	614.800,00	409.800,00	205.000,00
Fertigungslöhne (Kto. 6200)	485.800,00	194.300,00	145.600,00	97.200,00	48.700,00
Umsatzerlöse	3.675.000,00	1.468.810,00	1.111.280,00	727.835,00	367.075,00

d) Berechnen Sie die Selbstkosten und den Gewinn für das Warengeschäft.

e) Erstellen Sie für alle Erzeugnisgruppen, für das Warengeschäft sowie für die Gesamtbeträge aus der Betriebsergebnisrechnung eine Übersicht, aus der die Wirtschaftlichkeitskennzahlen und die Umsatzrentabilitäten hervorgehen.

$$\text{Umsatzrentabilität} = \frac{\text{Gewinn} \cdot 100\,\%}{\text{Umsatz}}$$

f) Deuten Sie Ihre Ergebnisse vor dem Hintergrund, dass in der Branche eine Wirtschaftlichkeit von 1,11 und eine Umsatzrentabilität von 8 % als angemessen gelten.

4. Die ELKO KG, Köln, hat in ihrer Ergebnistabelle für das Geschäftsjahr 01 folgende Kosten und Leistungen ausgewiesen (vgl. Aufgabe 9, Seiten 216 f.):

Leistungs- und Kostenrechnung	Kosten	Leistungen
5000 Umsatzerlöse Bürotische		2.626.800,00
5010 Umsatzerlöse Computertische		1.050.700,00
5020 Umsatzerlöse Konferenztische		1.576.000,00
5100 Umsatzerlöse für Waren		846.700,00
6000 Aufwendungen für Rohstoffe	2.495.000,00	
6010 Aufwendungen für Vorprodukte	534.600,00	
6020 Aufwendungen für Hilfsstoffe	134.600,00	
6030 Aufwendungen für Betriebsstoffe	213.500,00	
6050 Energie, Treibstoffe	41.300,00	
6080 Aufwendungen für Waren	602.400,00	
6140 Frachten, Fremdlager	53.250,00	
6160 Fremdinstandhaltung	29.350,00	
6200 Löhne	606.200,00	
6300 Gehälter	221.600,00	
6400 Arbeitgeberanteil zur Sozialversicherung	207.100,00	
6700 Mietaufwendungen	38.400,00	
6800 Büromaterial	28.450,00	
6830 Kosten der Telekommunikation	45.550,00	
6850 Reisekosten	36.400,00	
6870 Werbung	54.600,00	
6900 Versicherungsbeiträge	21.450,00	
7700 Gewerbesteuer	68.300,00	
kalkulatorische Abschreibungen	192.900,00	
kalkulatorische Zinsen	210.600,00	
kalkulatorischer Unternehmerlohn	44.500,00	
	5.880.050,00	6.100.200,00
	220.150,00	
	6.100.200,00	6.100.200,00

Das Unternehmen führt drei Produktgruppen: Bürotische, Computertische, Konferenztische. Diese Einzelkosten verteilen sich wie folgt auf die Produktgruppen:

Kostenart	Einzelkosten aus der BER	Aufteilung der Einzelkosten auf die Erzeugnisgruppen nach den Aufschreibungen in der Buchführung		
		Bürotische	Computertische	Konferenztische
Fertigungsmaterial (Kto. 6000, 6010)	3.029.600,00	1.514.800,00	605.900,00	908.900,00
Fertigungslöhne (Kto. 6200)	606.200,00	310.200,00	121.200,00	174.800,00

Die übrigen Kosten gelten als Gemeinkosten. Sie sind nach folgenden Angaben auf die Kostenstellen aufzuteilen: Sofern die Gemeinkosten aufgrund von Belegen (Rechnungen, Listen) bestimmten Kostenstellen direkt zurechenbar sind, ist die Verteilung bereits vorgenommen worden; bei anderen Kostenarten sind Verteilungsschlüssel in *Kursivschrift* angegeben. In die Betriebsabrechnung sind die Aufwendungen für Waren (Konto 6080 = Einzelkosten) nicht einbezogen worden. Die auf das Warengeschäft entfallenden Gemeinkosten sind nachträglich aus den Stellengemeinkosten des Betriebsabrechnungsbogens herauszurechnen, und zwar belastet das Warengeschäft die Verwaltungsstelle mit 20 % und die Vertriebsstelle mit 8 % der jeweiligen Stellengemeinkosten.

→

Betriebsabrechnungsbogen der ELKO KG für das Geschäftsjahr 01					
Gemeinkostenarten	**Verteilungsgrundlagen**	**Hauptkostenstellen**			
		Material	**Fertigung**	**Verwaltung**	**Vertrieb**
6020	Rechnungen	—	134.600,00	—	—
6030	*Schlüssel*	*2*	*15*	*2*	*1*
6050	Rechnungen/Zähler	4.100,00	20.600,00	11.400,00	5.200,00
6140	Rechnungen	28.600,00	—	—	24.650,00
6160	Rechnungen	—	21.750,00	7.600,00	—
6300	Gehaltslisten	18.400,00	44.200,00	136.900,00	22.100,00
6400	Lohn-/Gehaltslisten	20.700,00	123.500,00	38.400,00	24.500,00
6700	Mietverträge	6.200,00	—	21.900,00	10.300,00
6800 – 6870	Rechnungen	12.500,00	44.400,00	87.600,00	20.500,00
6900	Versicherungspolicen	3.250,00	7.300,00	7.150,00	3.750,00
7700	*Schlüssel*	*1*	*3*	*4*	*2*
kalk. Abschreibungen	*Schlüssel*	*1*	*6*	*2*	*1*
kalk. Zinsen	*betriebsnotwendiges Kapital*	*300.000,00*	*2.400.000,00*	*600.000,00*	*300.000,00*
kalk. Unternehmerlohn	*Schlüssel*	*1*	*3*	*5*	*1*

a) Gehen Sie wie in Aufgabe 3. a) bis 3. c) vor.
b) Berechnen Sie die Selbstkosten und den Gewinn für das Warengeschäft. Wie beurteilen Sie die Gewinnsituation im Vergleich zu der in den Erzeugnisgruppen?
c) Erstellen Sie für alle Erzeugnisgruppen, für das Warengeschäft sowie für die Gesamtbeträge aus der Betriebsergebnisrechnung eine Übersicht, aus der die Wirtschaftlichkeitskennzahlen und die Umsatzrentabilitäten hervorgehen.
d) Deuten Sie Ihre Ergebnisse vor dem Hintergrund, dass in der Branche eine Wirtschaftlichkeit von 1,05 und eine Umsatzrentabilität von 5 % als angemessen gelten.
e) Wie würden sich die Ergebnisse ändern, wenn statt der kalkulatorischen Kosten die betrieblichen Aufwendungen angesetzt werden?

5. Die SIMCA KG stellt in einem Zweigwerk Stühle für Arztpraxen und Ausstellungshallen her. Die Betriebsabrechnung für dieses Zweigwerk liefert zum Ende des Geschäftsjahres 01 folgende Kosten und Leistungen (vgl. Aufgabe 10, Seite 218):

Ergebnistabelle SIMCA KG								
Finanzbuchhaltung			**Kosten- und Leistungsrechnung**					
Ermittlung des Unternehmungsergebnisses			**Abgrenzungsrechnung**				**Betriebsergebnisrechnung**	
			neutrales Ergebnis		**kostenrechnerische Korrekturen**			
Konten	**Aufwendungen**	**Erträge**	**neutrale Aufwend.**	**neutrale Erträge**	**betriebl. Aufwend.**	**verrechn. Kosten**	**Kosten**	**Leistungen**
5000								2.248.000,00
5100								216.400,00
5202								35.300,00
5420								73.600,00
6000							448.500,00	
6020							53.150,00	
6030							21.500,00	
6050							24.740,00	
6080							144.200,00	
6140							25.600,00	
6160							17.980,00	
6200							612.250,00	
6300							367.400,00	
6400							205.900,00	
6700							32.600,00	
6800							19.450,00	
6830							31.360,00	
6850							18.400,00	

6870	22.300,00	
6900	8.650,00	
7700	12.400,00	
kalk. Abschr.	82.300,00	
kalk. Zinsen	163.450,00	
kalk. Untern.-Lohn	84.000,00	
	2.396.130,00	2.573.300,00
	177.170,00	
	2.573.300,00	2.573.300,00

Das Unternehmen führt drei Produktgruppen: Praxisstühle *visitor*, Konferenzstühle *apart*, Konferenzstühle *comfort*.

Die Einzelkosten, die Umsatzerlöse, die Mehrbestände und die Produktionsmengen verteilen sich wie folgt auf diese Produktgruppen:

Kostenart	Einzelkosten aus der BER	Aufteilung der Einzelkosten auf die Erzeugnisgruppen nach den Aufschreibungen in der Buchführung		
		Praxisstühle *visitor*	Konferenzstühle *apart*	Konferenzstühle *comfort*
Fertigungsmaterial (Konto 6000)	448.500,00	143.500,00	216.200,00	88.800,00
Fertigungslöhne (Konto 6200)	612.250,00	186.600,00	302.150,00	123.500,00
Umsatzerlöse (ohne Mehrbestand und ohne Warenumsatz)	2.321.600,00	696.500,00	1.160.800,00	464.300,00
Mehrbestände	35.300,00	9.350,00	14.000,00	11.950,00
Produktionsmengen		15 228	42 300	12 690

Die übrigen Kosten gelten als Gemeinkosten. Sie sind nach folgenden Angaben auf die Kostenstellen aufzuteilen: Sofern die Gemeinkosten aufgrund von Belegen (Rechnungen, Listen) bestimmten Kostenstellen direkt zurechenbar sind, ist die Verteilung bereits vorgenommen worden; bei anderen Kostenarten sind Verteilungsschlüssel in *Kursivschrift* angegeben. In die Betriebsabrechnung sind die Aufwendungen für Waren (Konto 6080 = Einzelkosten) nicht einbezogen worden. Die auf das Warengeschäft entfallenden Gemeinkosten sind nachträglich aus den Stellengemeinkosten des Betriebsabrechnungsbogens herauszurechnen, und zwar belastet das Warengeschäft die Verwaltungsstelle und die Vertriebsstelle mit jeweils 10 % der Stellengemeinkosten.

Betriebsabrechnungsbogen des Konferenzstuhlproduzenten SIMCA KG für das Geschäftsjahr 01					
Gemeinkostenarten	Verteilungsgrundlagen	Hauptkostenstellen			
		Material	Fertigung	Verwaltung	Vertrieb
6020	Rechnungen	—	53.150,00	—	—
6030	*Schlüssel*	—	6	2	2
6050	Rechnungen/Zähler	2.100,00	14.640,00	5.500,00	2.500,00
6140	Rechnungen	10.250,00	—	—	15.350,00
6160	Rechnungen	—	12.100,00	5.880,00	—
6300	Gehaltslisten	36.750,00	110.210,00	183.700,00	36.740,00
6400	Lohn-/Gehaltslisten	20.700,00	123.500,00	38.400,00	23.300,00
6700	Mietverträge	6.200,00	—	16.100,00	10.300,00
6800 – 6870	Rechnungen	7.600,00	24.400,00	47.310,00	12.200,00
6900	Versicherungspolicen	1.250,00	3.300,00	3.100,00	1.000,00
7700	*Schlüssel*	1	3	4	2
kalk. Abschreibungen	*Schlüssel*	1	6	2	1
kalk. Zinsen	*betriebsnotwendiges Kapital*	200.000,00	1.300.000,00	635.000,00	200.000,00
kalk. Unternehmerlohn	*Schlüssel*	1	4	5	2

a) Gehen Sie wie in den Aufgaben 3 und 4 vor [Schritte a) bis c)].

b) Bestimmen Sie die Durchschnittspreise, die durchschnittlichen Selbstkosten und den durchschnittlich erzielten Gewinn für je ein Stück jeder Erzeugnisgruppe.

c) Berechnen Sie die Selbstkosten und den Gewinn für das Warengeschäft.

d) Erstellen Sie für alle Erzeugnisgruppen, für das Warengeschäft sowie für die Gesamtbeträge aus der Betriebsergebnisrechnung eine Übersicht, aus der die Wirtschaftlichkeitskennzahlen und die Umsatzrentabilitäten hervorgehen.

e) Deuten Sie Ihre Ergebnisse vor dem Hintergrund, dass in der Branche eine Wirtschaftlichkeit von 1,06 und eine Umsatzrentabilität von 8 % als angemessen gelten.

f) Wie würden sich die Ergebnisse ändern, wenn statt der kalkulatorischen Kosten die betrieblichen Aufwendungen angesetzt werden?

g) In der Produktgruppe „Konferenzstühle *comfort*" soll der Verkaufspreis für ein verändertes Modell kalkuliert werden:

Fertigungsmaterial 7,25 €,
Fertigungslöhne 9,95 €.

Wie hoch muss der Barverkaufspreis sein, um die derzeit anfallenden Kosten zu decken und Gewinn zu erzielen?

2.2
Die Istkostenrechnung mit der Normalkostenrechnung vergleichen

Situation   Eric Sippel hat im Betriebsabrechnungsbogen und im Kostenträgerblatt die **tatsächlich** angefallenen Kosten (= Istkosten) und Leistungen **nachträglich** – hier also nach Abschluss des Geschäftsjahres – so aufgeschlüsselt und zusammengestellt, dass er Aussagen über die Selbstkosten und den Gewinn für jede Erzeugnisgruppe machen konnte. Dieses nachträgliche Wissen ist aber nur dann sinnvoll, wenn er es für den Vergleich mit den **zuvor** – also bereits zu Beginn des Geschäftsjahres – berechneten Normalkosten und Normalleistungen nutzen kann.
Die Situation ist doch so: Die Heidtkötter KG verkauft ihre Erzeugnisse zu Preisen, die bereits zu Beginn des Jahres festliegen müssen. Schließlich werden den Kunden bei der Auftragserteilung – also vor der Auftragsabwicklung (Fertigung) – verhandelbare Verkaufspreise genannt, die auf der Grundlage sogenannter **Normalzuschlagssätze** kalkuliert werden. Die Verkaufspreise betragen:

Erzeugnisgruppe	Barverkaufspreis
Bürostühle BS	190,00 €
Konferenzsysteme KS	8.950,00 €
Bürotische BT	353,00 €
Sonderlösungen SL, *communicTable*	3.925,00 €

Aus den Preiskalkulationen, die zu den genannten Preisen führten, weiß Herr Sippel, wie viel **Einzelkosten** er eingeplant und mit welchen Zuschlagssätzen für die **Gemeinkosten** er gerechnet hat:

■ Das Fertigungsmaterial hat er aufgrund von Stücklisten und Stückpreisen ermittelt.

■ Die Fertigungslöhne hat er über Fertigungszeiten und Lohnfaktoren gewonnen.

■ Die Gemeinkosten hat er über Zuschlagssätze aus früheren Betriebsabrechnungsbögen berechnet, indem er aus den Zuschlagssätzen mehrerer zurückliegender **BAB Mittelwerte** als sogenannte Normalzuschläge ermittelt hat.

Die **Normalzuschlagssätze** betragen in der Heidtkötter KG zurzeit:

Kostenstellengemeinkosten	Normalzuschlagssätze für Gemeinkosten
Materialgemeinkosten	15,0 %
Fertigungsgemeinkosten	121,5 %
Verwaltungsgemeinkosten	16,0 %
Vertriebsgemeinkosten	10,0 %

Als Zuschlagssätze für den Gewinn legen Klaus M. Heidtkötter und Eric Sippel die folgenden Prozentsätze fest:

Erzeugnisgruppe	Gewinnzuschlagssätze
Bürostuhl BS	6,0 %
Konferenzsysteme ES	4,0 %
Bürotische BT	4,0 %
Sonderlösungen SL	3,0 %

Beispiel

Die Preiskalkulation für Bürostühle mit **Normalkosten** und dem „Normal-Gewinnzuschlagssatz" sieht folgendermaßen aus:

Stückkalkulation *Bürostuhl BS*		
Fertigungsmaterial lt. Stückliste	65,00 €	
+ **15 %** Materialgemeinkosten	9,75 €	
= **Materialkosten**		74,75 €
Fertigungslöhne lt. Zeitstudien/Arbeitsplänen	30,50 €	
+ **121,5 %** Fertigungsgemeinkosten	37,06 €	
= **Fertigungskosten**		67,56 €
= **Herstellungskosten der Erzeugung**		142,31 €
+ **16 %** Normal-Verwaltungsgemeinkosten		22,77 €
+ **10 %** Normal-Vertriebsgemeinkosten		14,23 €
= **Selbstkosten (SK) für einen Bürostuhl**		**179,31 €**
+ **6,0 %** Gewinn		**10,76 €**
= **Barverkaufspreis**		**190,07 €**
Klaus M. Heidtkötter legt den Verkaufspreis abgerundet fest auf:		**190,00 €**
Das hat zur Folge, dass der vorkalkulierte Gewinn nur 10,69 € oder 5,96 % beträgt.		

Arbeitsauftrag

Stellen Sie für die anderen drei Produktgruppen die entsprechenden Stückkalkulationen zur Berechnung des Nettoverkaufspreises auf Normalkostenbasis auf. Die Einzelkosten lassen sich aus den Angaben auf Seite 222 berechnen.

Situation   Wenn dann am Ende des Geschäftsjahres (oder am Ende eines jeden Monats) der Betriebsabrechnungsbogen aus dem tatsächlichen „Kostenverbrauch" aufgestellt wird, kann Eric Sippel aus dem Vergleich dieser **Istgemeinkosten** mit den **Normalgemeinkosten** feststellen, ob die Erzeugnisse im Rahmen der Normalkosten produziert werden konnten oder ob es deutliche Abweichungen gab, die gegebenenfalls dazu zwingen, die Normalzuschlagssätze zu verändern oder nach Möglichkeiten zur Kosteneinsparung zu suchen.

→

Betriebsabrechnungsbogen der Heidtkötter KG für das Geschäftsjahr 01						
Gemeinkostenarten	Zahlen der BER	Verteilungs-grundlagen	Hauptkostenstellen			
			Material	Fertigung	Verwaltung	Vertrieb
6020	1.190.000,00	Rechnungen	125.000,00	892.500,00	60.000,00	112.500,00
6030	380.000,00	Schlüssel	47.500,00	285.000,00	0,00	47.500,00
6050	320.000,00	Rechnungen	32.000,00	187.900,00	64.500,00	35.600,00
6140	215.000,00	Rechnungen	80.700,00	0,00	0,00	134.300,00
6150	184.000,00	Abrechnung	0,00	0,00	0,00	184.000,00
6160	256.000,00	Rechnungen	24.200,00	170.600,00	44.100,00	17.100,00
6300	2.050.000,00	Gehaltslisten	183.200,00	409.500,00	1.235.150,00	222.150,00
6400	1.660.000,00	Lohn-/Geh.-Listen	205.400,00	968.300,00	293.500,00	192.800,00
6600	520.000,00	Betriebsvereinb.	52.000,00	208.000,00	208.000,00	52.000,00
6700	380.000,00	Mietverträge	118.000,00	0,00	184.000,00	78.000,00
6800	65.000,00	Rechnungen	9.200,00	14.500,00	30.600,00	10.700,00
6830	155.000,00	Rechnungen	15.150,00	25.150,00	87.500,00	27.200,00
6850	310.000,00	Abrechnung	41.300,00	84.600,00	135.700,00	48.400,00
6870	860.000,00	Rechnungen	75.000,00	108.000,00	253.000,00	424.000,00
6900	90.000,00	Vers.-Police	10.900,00	38.500,00	31.700,00	8.900,00
7000	95.000,00	Schlüssel	9.500,00	28.500,00	38.000,00	19.000,00
7700	135.000,00	Schlüssel	15.000,00	60.000,00	45.000,00	15.000,00
kalk. Zinsen	894.750,00	betr.-notw. Kapital	93.500,00	419.500,00	273.000,00	108.750,00
kalk. Abschreibungen	1.200.000,00	AV	113.500,00	730.400,00	236.900,00	119.200,00
kalk. Unternehmerlohn	91.600,00	Schlüssel	11.450,00	22.900,00	34.350,00	22.900,00
Summe der Gemeinkosten	11.051.350,00		1.262.500,00	4.653.850,00	3.255.000,00	1.880.000,00
abzüglich Gemeinkosten des Warengeschäfts			4 % 50.500,00		10 % 325.500,00	5 % 94.000,00
Summe der Gemeinkosten je Kostenstelle			1.212.000,00	4.653.850,00	2.929.500,00	1.786.000,00
Zuschlagsgrundlagen			FM 8.130.000,00	FL 3.790.000,00	HK d. U. 17.747.550,00	
Zuschlagssätze (Ist)			Zuschlags-satz für MGK 14,91 %	Zuschlags-satz für FGK 122,79 %	Zuschlags-satz für VerwGK 16,51 %	Zuschlags-satz für VertrGK 10,06 %
Zuschlagssätze (Normal)			15 %	121,5 %	16 %	10 %
					Normal-HK d. Umsatzes:	
Normalgemeinkosten						
Kostenüberdeckung						
Kostenunterdeckung						

Arbeitsaufträge

1. Führen Sie im BAB (s. Arbeitsheft) den Vergleich zwischen Istgemeinkosten und Normalgemeinkosten durch:
   - Grundlage für die Berechnung der Normalgemeinkosten in den Kostenstellen „Material" und „Fertigung" sind die jeweiligen Einzelkosten im BAB.
   - Grundlage für die Berechnung der Normalgemeinkosten in den Kostenstellen „Verwaltung" und „Vertrieb" sind die auf Normalkostenbasis kalkulierten Herstellkosten des Umsatzes.
   - Falls in einer Kostenstelle die Normalgemeinkosten **höher** sind als die Istgemeinkosten, liegt eine **Kostenüberdeckung** vor, d. h., die tatsächlich angefallenen Istkosten werden von den kalkulierten Normalkosten mehr als gedeckt (= überdeckt).

■ Falls in einer Kostenstelle die Normalgemeinkosten **niedriger** sind als die Istgemeinkosten, liegt eine **Kostenunterdeckung** vor, d. h., die kalkulierten Normalkosten haben nicht ausgereicht, um die Istkosten zu decken.

2. Kalkulieren Sie in einer Nebenrechnung die Normal-Herstellkosten des Umsatzes. Verwenden Sie hierzu das Kalkulationsschema von Seite 226.

3. Denken Sie über folgende Fragen nach:
   a) Wie wirkt sich eine Kostenüberdeckung auf den Betriebsgewinn aus?
   b) Wie wirkt sich eine Kostenunterdeckung auf den Betriebsgewinn aus?
   c) Welche Situation ergibt sich hier für die Heidtkötter KG und wie wirkt diese sich auf den Betriebsgewinn aus?
   d) Gibt es Anlass für die Heidtkötter KG, die Normalzuschlagssätze aufgrund der Istzuschlagssätze im BAB zu verändern?
   e) Möglicherweise halten Sie die Gewinn-Zuschlagssätze für zu niedrig. Wenn Sie darüber nachdenken, ziehen Sie in Ihre Überlegungen auch die hohen kalkulatorischen Kosten ein: Wie sähe die Gewinnsituation aus, wenn die kalkulatorischen Kosten unberücksichtigt blieben und an ihrer Stelle die tatsächlichen Aufwendungen angesetzt würden?

Vertiefende Übungen

1. Der Fahrradhersteller Fortuna GmbH (vgl. Aufgabe 3, Seiten 229 f.) erstellt die Selbstkostenkalkulationen für seine vier Erzeugnisgruppen mit folgenden Normalzuschlagssätzen:

Kostenstellengemeinkosten	Normalzuschlagssätze für Gemeinkosten
Materialgemeinkosten	4,0 %
Fertigungsgemeinkosten	82,0 %
Verwaltungsgemeinkosten	8,0 %
Vertriebsgemeinkosten	3,0 %

   a) Weisen Sie im Betriebsabrechnungsbogen zur Aufgabe 3, Seiten 229 f. die Kostenüberdeckungen bzw. Kostenunterdeckungen für jede Kostenstelle aus und errechnen Sie die Kostenüber- bzw. -unterdeckung insgesamt.
   b) Äußern Sie sich dazu, wie sich die Kostenüber- bzw. -unterdeckung auf den Betriebserfolg auswirkt, wenn die Umsatzerlöse zu Preisen erzielt wurden, die auf Normalkostenbasis kalkuliert wurden.
   c) Gibt es nach Ihrer Einschätzung eine Kostenstelle, die einer besonderen Beobachtung unterzogen werden muss, weil z. B. die Normalgemeinkosten dieser Stelle nicht mehr oder nur unzureichend die Istgemeinkosten decken?

2. Im Unternehmen ELKO KG, Köln, (vgl. Aufgabe 4, Seiten 231 f.) werden den Angebotskalkulationen für die drei Erzeugnisgruppen folgende Normalzuschlagssätze zugrunde gelegt:

Kostenstellengemeinkosten	Normalzuschlagssätze für Gemeinkosten
Materialgemeinkosten	5,0 %
Fertigungsgemeinkosten	137,5 %
Verwaltungsgemeinkosten	7,5 %
Vertriebsgemeinkosten	4,0 %

   a) Gehen Sie bitte wie in Aufgabe 1 vor [Schritte a) bis c)].
   d) Untersuchen Sie die Kostenstellen daraufhin, ob gegebenenfalls eine Anpassung der Normalzuschlagssätze erforderlich ist.

→

Vertiefende Übungen (Fortsetzung)

3. Die SIMCA KG (vgl. Aufgabe 5, Seiten 232 ff.) kalkuliert die Kostenstellengemeinkosten mit folgenden Normalzuschlagssätzen:

Kostenstellengemeinkosten	Normalzuschlagssätze für Gemeinkosten
Materialgemeinkosten	25,0 %
Fertigungsgemeinkosten	86,0 %
Verwaltungsgemeinkosten	22,0 %
Vertriebsgemeinkosten	8,0 %

Bitte verfahren Sie analog zu den Aufgaben 1 und 2.

Situation (Fortsetzung) Schon während des Geschäftsjahres
(z. B. monatlich) wird die Heidtkötter KG unter Zuhilfenahme des Kostenträgerblattes auf Normalkostenbasis die Erfolgssituation überprüfen. Die dafür erforderlichen Daten liegen entweder aus der Betriebs- oder aus der Finanzbuchhaltung vor:
Einzelkosten, Produktionszahlen, Normalzuschlagssätze, Umsatzerlöse. Sobald der
sehr aufwendige Betriebsabrechnungsbogen mit den Istkosten zum Monatsende
oder zum Jahresende erstellt ist, kann dann Eric Sippel das Kostenträgerblatt dazu
nutzen, den „wahren" Betriebserfolg zu bestimmen, d. h. den Betriebserfolg, der sich
aus den vorkalkulierten Umsatzerlösen und den Istkosten ergibt.

Arbeitsaufträge

1. Berechnen Sie mithilfe des Kalkulationsschemas (s. Arbeitshilfe) den Betriebsgewinn des Geschäftsjahres 01.
2. Weisen Sie nach, dass der so berechnete Betriebsgewinn mit dem zuvor errechneten (vgl. Kostenträgerblatt Seite 227) übereinstimmt.
3. Begründen Sie, dass eine Kostenüberdeckung den Betriebserfolg auf Normalkostenbasis erhöht und dass entsprechend eine Kostenunterdeckung den Betriebserfolg auf Normalkostenbasis verringert.

Arbeitshilfe

Kostenträgerblatt auf Normalbasis		
Fertigungsmaterial	(FM)	
+ 15 % Materialgemeinkosten	(MGK)	
= **Materialkosten**	(MK)	
Fertigungslöhne	(FL)	
+ 121,5 % Fertigungsgemeinkosten	(FGK)	
= **Fertigungskosten**	(FK)	
= **Herstellkosten der Erzeugung**	(HK d. E.)	
– Mehrbestand		
= **Herstellkosten des Umsatzes**		
+ 16 % Verwaltungsgemeinkosten	(VerwGK)	
+ 10 % Vertriebsgemeinkosten	(VertrGK)	
= **Selbstkosten des Umsatzes**	(SK d. U.)	
Umsatzerlöse		
Betriebsgewinn auf Normalkostenbasis **Überdeckung der Kosten lt. BAB**		
Betriebsgewinn auf Istkostenbasis		

2.3
Vor- und Nachkalkulationen aufstellen

Situation   Aus den Zahlen des Betriebsabrechnungsbogens und der Kostenträgerrechnung weiß Eric Sippel nun, inwieweit Normalkosten und Istkosten insgesamt voneinander abweichen und welche Auswirkungen sich daraus auf den Betriebsgewinn ergeben. Ihm ist aber noch unklar,
inwieweit die **vorkalkulierten Stückkosten** für jede Erzeugnisgruppe von den **tatsächlich eingetretenen Stückkosten** abweichen. Diese Abweichungen findet er
heraus, wenn er der **Vorkalkulation** mit Normalkosten eine **Nachkalkulation** mit
Istkosten gegenüberstellt. Ihm hilft dieser Vergleich bei der Entscheidung darüber, ob Zuschlagssätze angepasst werden müssen oder nicht.
Ausgangspunkt seiner Überlegungen ist die nachfolgende Stückkalkulation auf
Normalkostenbasis für einen Bürostuhl mit Drehgestell (vgl. Seite 235):

Stückkalkulation *Bürostuhl BS*		
Fertigungsmaterial lt. Stückliste	65,00 €	
+ **15 %** Materialgemeinkosten	9,75 €	
= **Materialkosten**		74,75 €
Fertigungslöhne lt. Zeitstudien/Arbeitsplänen	30,50 €	
+ **121,5 %** Fertigungsgemeinkosten	37,06 €	
= **Fertigungskosten**		67,56 €
= **Herstellkosten der Erzeugung**		142,31 €
+ **16 %** Normal-Verwaltungsgemeinkosten		22,77 €
+ **10 %** Normal-Vertriebsgemeinkosten		14,23 €
= **Selbstkosten (SK) für einen Bürostuhl**		**179,31 €**
+ **6,0 %** Gewinn		**10,76 €**
= **Barverkaufspreis**		**190,07 €**
abgerundeter Verkaufspreis		**190,00 €**
Das hat zur Folge, dass der vorkalkulierte Gewinn nur 10,69 € oder 5,96 % beträgt.		

Diese Normalkostenkalkulation ergänzt Sippel um die Istkostenkalkulation mit den
Einzelkosten aus der Buchführung und den Istgemeinkostenzuschlägen aus dem
BAB. Die folgenden Zahlen bilden die Grundlage für die Istkostenkalkulation.

Die Isteinzelkosten für das Fertigungsmaterial und die Fertigungslöhne errechnet er
aus den vorgegebenen Gesamtbeträgen und den Produktionsmengen.

Kostenart	Einzelkosten aus der BER	Aufteilung der Einzelkosten auf die Erzeugnisgruppen nach den Aufschreibungen in der Buchführung			
		Bürostühle BS	Konf.-Syst. KS	Bürotische BT	Sonderlösg. SL
Fertigungsmaterial (Konto 6000)	8.130.000,00	2.145.000,00	2.240.000,00	2.100.000,00	1.645.000,00
Fertigungslöhne (Konto 6200)	3.790.000,00	1.006.500,00	960.000,00	1.033.900,00	789.600,00
Produktionszahlen in Stück	—	33 000	684	17 500	1 203

Arbeitsaufträge

1. Erstellen Sie die Nachkalkulation für einen Bürostuhl BS. Beachten Sie, dass der
   Gewinn jeweils als Differenz aus dem verbindlichen Verkaufspreis und den kalkulierten Selbstkosten errechnet wird.
2. Erläutern Sie die Kostenabweichungen und schätzen Sie ein, ob Normalzuschlagssätze verändert werden sollten.
3. Betrachten Sie im Hinblick auf die Kostenabweichungen die Gewinnsituation. →

Arbeitshilfe

Stückkalkulation für einen Bürostuhl BS			
Kalkulationsschema		Vorkalkulation	Nachkalkulation
Fertigungsmaterial		65,00 €	
+ Materialgemeinkosten	15 %	9,75 €	
= **Materialkosten**		74,75 €	
Fertigungslöhne		30,50 €	
+ Fertigungsgemeinkosten	121,5 %	37,06 €	
= **Fertigungskosten**		67,56 €	
= **Herstellkosten der Erzeugung**		142,31 €	
+ Verwaltungsgemeinkosten	16 %	22,77 €	
+ Vertriebsgemeinkosten	10 %	14,23 €	
= **Selbstkosten**		**179,31 €**	
+ Gewinn	5,96 %	10,69 €	
= **Barverkaufspreis**		**190,00 €**	

Situation

In der vorhergehenden Situation hat der Controller Eric Sippel die aus den Stücklisten errechneten Einzelkosten für das Stück-Fertigungsmaterial und die aus Zeitstudien gewonnen Stück-Fertigungslöhne sowohl der Normalkostenkalkulation als auch der Istkostenkalkulation zugrunde gelegt und lediglich die Abweichungen der Gemeinkosten betrachtet. In der Regel werden aber die bei der Fertigung tatsächlich angefallenen Stückkosten von den geplanten (normierten) Kosten abweichen.

Verantwortlich für Abweichungen dieser Art können sein:
- Umbesetzung in den Arbeitsplätzen mit der Folge, dass höhere (oder auch niedrigere) Lohnstückkosten anfallen;
- höherer Ausschuss wegen schadhafter Maschinenwerkzeuge;
  Folge: höherer Materialeinsatz, Zeitverluste durch Werkzeugwechsel;
- ungenaue Zeitstudien und ungenau kalkulierter Werkstoffeinsatz usw.

Aus Stücklisten und Zeitstudien werden für das Geschäftsjahr 01 folgende **Istkosten** für den **Bürostuhl BS** ermittelt:

Fertigungsmaterial	2.123.800,00 €
Fertigungslöhne	995.480,00 €
Produktionsmenge	32 800 Stück

Arbeitsaufträge

1. Vergleichen Sie die obige Vorkalkulation mit der Nachkalkulation auf Istkostenbasis.
2. Welche Auswirkungen auf den Gewinn hat die Situation?

Vertiefende Übungen

1. a) Erstellen Sie nach dem gleichen Verfahren die Vor- und Nachkalkulationen für die übrigen Erzeugnisgruppen der Heidtkötter KG. Die Vorkalkulationen haben Sie im Arbeitsauftrag auf Seite 235 bereits erstellt. Für die Nachkalkulationen stehen Ihnen folgende Angaben zu Verfügung:

Kostenart	Normaleinzelkosten der Erzeugnisgruppen		
	Konferenzsysteme KS	Bürotische BT	Sonderlösungen SL
Fertigungsmaterial lt. Stücklisten	3.275,00 €	118,90 €	1.350,50 €
Fertigungslöhne lt. Arbeitszeitplanung	1.398,50 €	58,15 €	658,00 €

b) Weisen Sie auf auffällige Kostenabweichungen hin (Kostenüberdeckungen oder Kostenunterdeckungen). Vermuten Sie, worauf diese Abweichungen zurückzuführen sind, und geben Sie Hinweise darauf, wie die Normalzuschlagssätze angepasst werden müssten oder welche anderen Maßnahmen getroffen werden können.

2. In der Fortuna GmbH (vgl. Übung 1, Seite 237) wurden im Geschäftsjahr 01 folgende Mengen für die einzelnen Erzeugnisgruppen abgesetzt:

	EG I	EG II	EG III	EG IV
Absatzmengen	11 200 Stück	9 800 Stück	7 500 Stück	4 600 Stück

Den Vorkalkulationen auf Normalkostenbasis lagen folgende Euro-Beträge für Fertigungsmaterial und Fertigungslöhne und die Normalzuschlagssätze zugrunde. Außerdem wurden die nachstehenden Gewinnzuschlagssätze angesetzt, um die verbindlichen Verkaufspreise zu berechnen.

Kostenart	Normaleinzelkosten der Erzeugnisgruppen			
	EG I	EG II	EG III	EG IV
Fertigungsmaterial lt. Stücklisten	73,15 €	62,75 €	54,60 €	44,40 €
Fertigungslöhne lt. Arbeitszeitplanung	17,40 €	14,85 €	13,00 €	10,60 €
Gewinnzuschläge	11,0 %	12,0 %	10,0 %	18,0 %

a) Erstellen Sie die Vor- und Nachkalkulationen für die einzelnen Erzeugnisgruppen nach dem obigen Kalkulationsschema.
b) Machen Sie auffällige Kostenabweichungen ausfindig und begründen Sie diese.
c) Weisen Sie auf mögliche Veränderungen der Normalzuschlagssätze hin.

3. Die ELKO KG, Köln, verzeichnete für das Geschäftsjahr 01 in den einzelnen Erzeugnisgruppen folgende Absatzzahlen (vgl. Übung 2, Seite 237).

	Bürotische	Computertische	Konferenztische
Absatzmengen	11 675 Stück	5 840 Stück	12 600 Stück

Den Vorkalkulationen auf Normalkostenbasis legte die ELKO KG folgende Euro-Beträge für Fertigungsmaterial und Fertigungslöhne und die Normalzuschlagssätze zugrunde. Außerdem setzte sie die nachstehenden Gewinnzuschlagssätze an, um die verbindlichen Verkaufspreise zu berechnen.

Kostenart	Normaleinzelkosten der Erzeugnisgruppen		
	Bürotische	Computertische	Konferenztische
Fertigungsmaterial lt. Stücklisten	130,00 €	103,75 €	72,15 €
Fertigungslöhne lt. Arbeitszeitplanung	26,50 €	20,70 €	13,90 €
Gewinnzuschläge	1,8 %	2,5 %	3,5 %

Gehen Sie hier bitte wie in Aufgabe 2 vor.

4. Das Unternehmen SIMCA KG legte den Vorkalkulationen auf Normalkostenbasis folgende Euro-Beträge für Fertigungsmaterial und Fertigungslöhne und die Normalzuschlagssätze zugrunde. Außerdem setzte sie die nachstehenden Gewinnzuschlagssätze an, um die verbindlichen Verkaufspreise zu berechnen (vgl. Übung 3, Seite 238).

Kostenart	Normaleinzelkosten der Erzeugnisgruppen		
	Praxisstühle *visitor*	Konferenzstühle *apart*	Konferenzstühle *comfort*
Fertigungsmaterial lt. Stücklisten	9,45 €	5,10 €	7,00 €
Fertigungslöhne lt. Arbeitszeitplanung	12,25 €	7,15 €	9,75 €
Gewinnzuschläge	13,5 %	19,5 %	18,5 %

Gehen Sie hier bitte wie in den Aufgaben 2 und 3 vor.

2.4
Angebotspreise mit der Zuschlagskalkulation kalkulieren

Angebots-kalkulation

Situation

In der Heidtkötter KG steht die Kalkulation der Angebotspreise für das kommende Geschäftsjahr 02 an. Klaus M. Heidtkötter schätzt die Marktsituation so ein, dass er die ins Auge gefasste Erhöhung der Gewinnzuschläge auch ohne Absatzeinbußen durchsetzen kann. Er plant, die Gewinnzuschläge für die einzelnen Erzeugnisgruppen wie folgt festzulegen:

Erzeugnisgruppe	Gewinnzuschläge	Erzeugnisgruppe	Gewinnzuschläge
Bürostühle	12,0 %	Bürotische	6,0 %
Konferenzsysteme	8,0 %	Sonderlösungen	15,0 %

Außerdem will er seinen Kunden als Kaufanreiz – sofern sie bestimmte Mengen ordern – einen Rabatt von 5 % einräumen und generell allen Kunden 2 % Skonto gewähren.

Auf der Grundlage dieser Veränderungen sowie der Normalzuschlagssätze für die Gemeinkosten kalkuliert er die Angebotspreise neu. Die dazu erforderlichen Einzelkosten entnimmt er den bisherigen Kalkulationen und berücksichtigt eine geringe Erhöhung der Rohstoffpreise und der Löhne (vgl. Seiten 221 und 235).

Erzeugnisgruppe	Fertigungsmaterial je Stück	Fertigungslöhne je Stück	Absatz-/Produktionsplanung für das Geschäftsjahr 02
Bürostühle	65,50 €	30,75 €	35 000 Stück
Konferenzsysteme	3.350,00 €	1.450,00 €	720 Stück
Bürotische	122,00 €	60,00 €	19 000 Stück
Sonderlösungen	1.400,00 €	675,00 €	1 250 Stück

Arbeitsaufträge

1. Kalkulieren Sie für jede Erzeugnisgruppe die neuen Angebotspreise. Runden Sie die Ergebnisse kaufmännisch auf ganze Euro und

2. Geben Sie jeweils an,
   - wie hoch der Preis ist, den die Heidtkötter KG einem Kunden in Rechnung stellt, der den Rabattabzug erhält,
   - wie hoch der Preis ist, den die Heidtkötter KG einem Kunden in Rechnung stellt, der den Rabattabzug aufgrund zu geringer Bestellmenge nicht erhält.

Vertiefende Übung

Erstellen Sie auf den Zahlen der Absatzplanung für das Geschäftsjahr 02, der Zuschlagssätze für die Normalkosten (vgl. Seite 235) sowie der kalkulierten Verkaufspreise aus den obigen Vorkalkulationen eine Kostenträgerrechnung, aus der abzulesen sind:
a) Selbstkosten insgesamt und für jede Erzeugnisgruppe
b) Umsatzerlöse insgesamt und für jede Erzeugnisgruppe
c) Geplanter Gewinn insgesamt und für jede Erzeugnisgruppe
d) Umsatzrentabilität der Erzeugnisgruppe

3

Den Betriebsabrechnungsbogen auf die Besonderheiten des Betriebes einrichten

Nach der Erarbeitung dieses Kapitels können Sie ...

- erläutern, worin die kostenrechnerischen Vorteile und die wirtschaftlichen Grenzen bei der Einrichtung eines erweiterten/mehrstufigen Betriebsabrechnungsbogens liegen,
- begründen, weshalb der Betriebsabrechnungsbogen der betrieblichen Struktur angepasst wird,
- einen Betriebsabrechnungsbogen mit allgemeinen Kostenstellen und Hilfskostenstellen führen,
- nachvollziehen, dass Fertigungsgemeinkosten verursachungsgerecht einem Maschinenplatz zugeordnet werden können,
- Maschinenstundensätze berechnen und mit Maschinenstundensätzen kalkulieren.

Der Betriebsabrechnungsbogen in der Grundstruktur mit den vier Hauptkostenstellen Material, Fertigung, Verwaltung und Vertrieb (= **einfacher BAB**) leitet sich aus den entsprechenden Grundfunktionen des Betriebes ab. Seine Aufgabe besteht darin, die Gemeinkosten nach geeigneten Schlüsseln auf die „Orte" (= Kostenbereiche, Kostenstellen) im Betrieb umzulegen, an denen sie entstanden sind. Darauf aufbauend lassen sich die Kosten in den Kostenstellen kontrollieren und Zuschlagssätze für die Kalkulation der Selbstkosten gewinnen. Ein wesentlicher Mangel dieses Betriebsabrechnungsbogens ist es, dass er über die vier Hauptkostenstellen nur unzureichend die betriebliche Realität eines bestimmten Unternehmens abbildet.

Er ist in dieser Form aus folgenden Gründen für effektive Kostenkontrollen und verursachungsgerechte Zuschlagssätze ungeeignet:

1. In jedem Unternehmen gibt es betriebliche Bereiche, die intern ihre Leistungen allen anderen Bereichen zur Verfügung stellen, z. B. Geschäftsführung, Sozialeinrichtungen, Fuhrpark, Werkschutz, Energieversorgung. Deren Kosten verschwinden mithilfe von Verrechnungsschlüsseln in den Hauptkostenstellen des einfachen BAB und entziehen sich damit jeder Kontrolle. Hierbei bleibt unklar, inwieweit diese Verrechnungsschlüssel die verursachungsgerechte Verteilung der Gemeinkosten bewirken. Als Lösung bietet sich an, diese internen Bereiche gesondert im BAB als **Allgemeine Kostenstellen** aufzuführen. Sie weisen die ihnen zuzurechnenden Gemeinkosten aus, ermöglichen so eine Kostenkontrolle und geben erst danach ihre Gemeinkosten mithilfe einer betriebsinternen Kostenverrechnung an die übrigen Kostenstellen ab.

2. Im einfachen BAB wird der gesamte Fertigungsbereich eines Betriebes in einer einzigen Kostenstelle *Fertigung* abgebildet. Das stellt eine grobe Vereinfachung und Verzerrung der betrieblichen Realitäten da. Genauere Ergebnisse liefert ein BAB, in dem der Fertigungsbereich auf die betriebliche Struktur hin angelegt ist. Das geschieht z. B. dadurch, dass mehrere **Fertigungshauptstellen** eingerichtet werden. Sie fassen typische Fertigungsprozesse zusammen. In der mechanischen Bearbeitung könnten z. B. die Bereiche „Stanzen/Pressen", „Drehen", „Bohren", „Schweißen", „Montieren" jeweils eigene Kostenstellen bilden. In der automatisierten Fertigung hat sich die Einrichtung von **Maschinenplätzen** als selbstständige Kostenstellen bewährt.

3. Noch aussagekräftiger lässt sich der Fertigungsbereich im BAB gestalten, wenn sogenannte **Fertigungshilfsstellen** eingerichtet werden. Das sind Kostenstellen, die an der Produktion nicht direkt beteiligt sind, sondern dazu beitragen, den Produktionsablauf reibungslos zu gestalten, z. B. technische Betriebsleitung, Kons-

truktions-/Entwicklungs-/Forschungsabteilung, Arbeitsvorbereitung, Reparaturabteilung, internes Transportwesen. Die Fertigungshilfsstellen geben die ihnen zugewiesenen Gemeinkosten an die Fertigungshauptstellen weiter. Grundlage für diese interne Verrechnung sind Verrechnungsschlüssel, in denen sich widerspiegelt, wie stark die Fertigungshauptstellen die Fertigungshilfsstellen in Anspruch genommen haben.

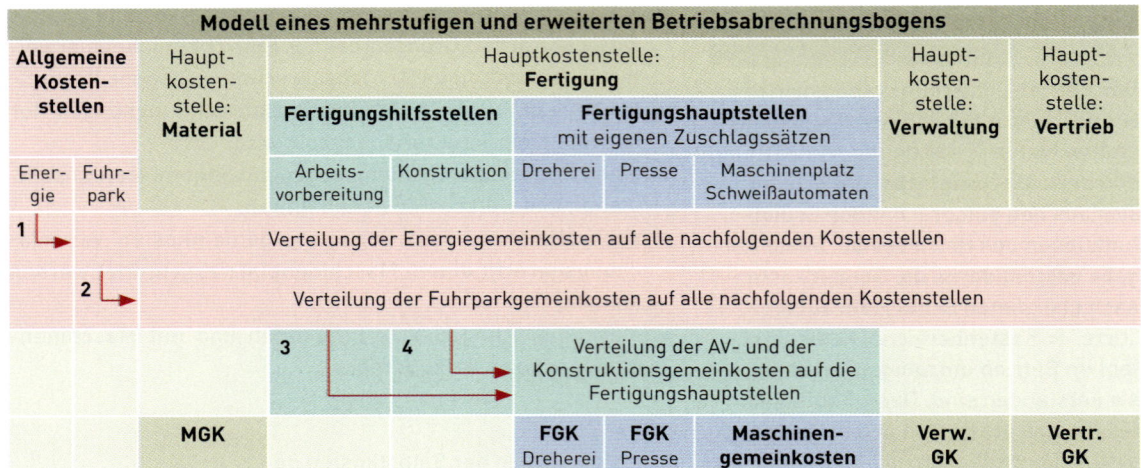

3.1
Die Kostenstellen der Struktur des Betriebes anpassen

Situation   Klaus M. Heidtkötter ist sich bewusst, dass der einfache Betriebsabrechnungsbogen nicht ausreicht, um die spezifischen Gegebenheiten seines Unternehmens so zu erfassen, dass er aussagefähige Zahlen für die Kostenkontrolle und die Vollkostenkalkulation gewinnen kann. Zudem ist nach der Aufnahme der neuen Produktlinie *Sonderlösungen* – vor allem mit dem innovativen *communicTable* – eine Umstrukturierung der Produktionsabläufe erforderlich geworden. Der Fertigungsbereich ist nunmehr wie folgt gegliedert:

■ **Fertigung I:**
Werkstattfertigung mit den Bereichen *Konferenzsysteme* und *Sonderlösungen*. Die Werkstatt liefert die hier erstellten Produkte fertig montiert an das Versandlager.

■ **Fertigung II:**
Fließfertigung mit den Bereichen *Bürostühle*, *Bürotische* und *Montage*. Kernstück der Fließfertigung ist eine automatische Schweißanlage mit fünf Schweißrobotern. In dieser Anlage werden Stahlgestelle für Stühle und Tische geschweißt.

Diese Fertigungsabläufe müssen in eine entsprechende Kostenstellengliederung des BAB einmünden.

In Anlehnung an das Organigramm der Heidtkötter KG und unter Beachtung der oben angesprochenen Fertigungsstruktur legt Controller Eric Sippel unter dem Aspekt der Wirtschaftlichkeit eine passende Kostenstellengliederung vor.

Erstellen Sie eine BAB-Gliederung, die den Anforderungen genügt. Bedenken Sie dabei den Aspekt der Wirtschaftlichkeit. Das Organigramm finden Sie auf Seite 13.

Je feiner die Gliederung im BAB vorgenommen wird, umso aufwendiger werden die verursachungsgerechte Kostenerfassung in den Kostenstellen und die betriebsinterne Kostenverteilung. Letztlich muss jede Betriebsabrechnung mit einem gehörigen Maß an Ungenauigkeit auskommen.

Wenn wir im Folgenden eine bestimmte BAB-Gliederung vorlegen und fortentwickeln, dann nicht, um Ihren Entwurf zu entwerten, sondern um anhand eines ausgearbeiteten Beispiels zu zeigen, wie ein erweiterter/mehrstufiger Betriebsabrechnungsbogen gehandhabt wird.

3.2
Die Gemeinkosten einem Maschinenplatz zuordnen und den Maschinenstundensatz berechnen

Situation Eric Sippel legt den nachfolgend abgebildeten Betriebsabrechnungsbogen vor. Er hat bereits alle Gemeinkosten mithilfe der ihm vorliegenden Belege auf die Kostenstellen verteilt und die Warengemeinkosten abgezogen (vgl. Seite 222).

Im Fertigungsbereich hat er die automatische Schweißanlage als Kostenstelle (= Maschinenplatz) eingerichtet. Die Gemeinkosten dieser Kostenstelle bezieht er auf die Laufzeit der fünf Anlagen (= Maschinenstunden) und gewinnt so einen durchschnittlichen Maschinenstundensatz für die Kalkulation. Mit diesem Verfahren kann er einen Kundenauftrag kostengerechter kalkulieren, als dies mit den bisher üblichen Gemeinkosten-Zuschlagssätzen möglich ist.

Die betriebsinterne Kostenverteilung der allgemeinen Kostenstelle auf die nachgeordneten Kostenstellen und der Hilfskostenstelle auf die Fertigungshauptstellen hat er noch nicht vorgenommen.

Arbeitsaufträge

1. Nehmen Sie im nachfolgenden Betriebsabrechnungsbogen die betriebsinterne Kostenverteilung für die Allgemeine Kostenstelle und die Hilfskostenstellen vor. Grundlage der Verteilung ist die jeweilige „Leistungsabgabe" an die empfangenden Kostenstellen. Als Verteilungsschlüssel sollen gelten:

- Die Allgemeine Kostenstelle verteilt „ihre" Gemeinkosten auf alle nachfolgenden Kostenstellen nach folgenden Prozentzahlen:

Mat.-St.	Arb.-.Vor.	Entw./For.	Werkst. I	Werkst. II	Schweiß.	Montage	Verw.-St.	Vert.-St.
10 %	5 %	10 %	10 %	10 %	15 %	5 %	25 %	10 %

- Die Fertigungshilfsstelle Arbeitsvorbereitung verteilt „ihre" Gemeinkosten nach folgenden Verhältniszahlen auf die Fertigungshauptstellen:

Werkstatt I	Werkstatt II	Maschinenplatz	Montage
20 %	20 %	40 %	20 %

- Die Fertigungshilfsstelle Entwicklung/Forschung verteilt „ihre" Gemeinkosten nach folgenden Verhältniszahlen auf die Fertigungshauptstellen:

Werkstatt I	Werkstatt II	Maschinenplatz	Montage
30 %	40 %	20 %	10 %

Arbeitsaufträge (Fortsetzung)

Erweiterter und mehrstufiger Betriebsabrechnungsbogen der Heidtkötter KG für das Geschäftsjahr 01

Gemein-kosten-arten	Zahlen der BER	Allgem. Kosten-stelle: Leitung	Mate-rial-stelle	Fertigungs-hilfsstellen		Fertigungs-hauptstellen				Verwal-tungs-stelle	Ver-triebs-stelle
				Arbeits-vorbe-reitung	Ent-wicklung/ For-schung	Werkst. I: Konfe-renz-systeme	Werkst. II: Sonder-lösung	Masch.-Platz: Schweiß-anlage	Montage Stühle, Tische		
6020	1.190.000	—	125.000	—	—	178.500	178.000	446.000	90.000	60.000	112.500
6030	380.000	—	47.500	—	—	53.000	60.000	144.000	28.000	—	47.500
6050	320.000	12.000	35.000	12.000	10.000	24.000	26.000	92.000	21.000	56.000	32.000
6140	215.000	—	80.700	—	—	—	—	—	—	—	134.300
6150	184.000	—	—	—	—	—	—	—	—	—	184.000
6160	256.000	13.000	24.200	—	21.600	38.900	31.400	47.200	31.500	33.100	15.100
6300	2.050.000	420.000	183.200	38.500	76.400	68.200	67.450	63.800	55.200	855.100	222.150
6400	1.660.000	80.800	205.400	9.400	19.200	241.000	236.000	178.300	284.400	212.700	192.800
6600	520.000	34.000	52.000	14.000	14.000	53.000	56.000	28.000	43.000	174.000	52.000
6700	380.000	62.000	118.000	—	—	—	—	—	—	122.000	78.000
6800	65.000	4.200	9.200	1.800	3.600	2.200	2.300	2.300	2.300	26.400	10.700
6830	155.000	16.400	15.150	3.600	4.400	5.800	6.450	5.400	5.600	65.000	27.200
6850	310.000	33.900	41.300	—	12.400	19.500	23.600	16.400	25.100	89.400	48.400
6870	860.000	66.200	75.000	—	64.800	16.400	12.500	—	14.300	186.800	424.000
6900	90.000	6.200	10.900	4.300	6.200	6.400	7.200	9.600	4.800	25.500	8.900
70/77	230.000	16.500	24.500	—	—	24.300	21.600	19.200	23.400	66.500	34.000
kalk. Zinsen	894.750	27.800	93.500	36.900	53.600	71.600	66.300	116.800	74.300	245.200	108.750
kalk. Abschr.	1.200.000	47.400	113.500	34.500	58.400	146.000	138.000	219.000	134.500	189.500	119.200
kalk. Untern.-Lohn	91.600	91.600	—	—	—	—	—	—	—	—	—
Summe	11.051.350	932.000	1.254.050	155.000	344.600	948.800	932.800	1.388.000	837.400	2.407.200	1.851.500
abzügl. GK: Waren	470.000	—	50.500	—	—	—	—	—	—	325.500	94.000
Summe	10.581.350	932.000	1.203.550	155.000	344.600	948.800	932.800	1.388.000	837.400	2.081.700	1.757.500
Verteilung der GK Allg. K.-Stelle Leitung											
Zwischensumme	—										
Verteilung der GK K.-Stelle Arbeitsvorbereitung	—	—		—						—	—
Verteilung der GK K.-Stelle Entwickl./Forschung	—	—	—							—	—
Summe	10.581.350	—			—						
Zuschl.-Grundl.	—	—		—	—						
Zuschl.-Sätze	—			—	—						

6060246

2. Ermitteln Sie die Gemeinkosten in den Hauptkostenstellen (HKSt.).

3. Tragen Sie die Zuschlagsgrundlagen zur Berechnung der Zuschlagssätze in den BAB ein. Als Zuschlagsgrundlage für die Verwaltungs- und Vertriebsgemeinkosten gelten die Herstellkosten des Umsatzes. Als Zuschlagsgrundlage für den Maschinenplatz gelten die jährlichen Maschinenstunden: In einer Arbeitswoche laufen die fünf Schweißroboter jeweils durchschnittlich 40 Stunden; die Anlagen werden jeweils 50 Wochen im Jahr genutzt. Die übrigen Fertigungshauptstellen haben folgende Fertigungslöhne als Zuschlagsgrundlagen:

Werkstatt I: Konferenzsysteme	Werkstatt II: Sonderlösungen	Montage
1.325.500,00 €	1.540.000,00 €	924.500,00 €

Arbeitshilfe

Kalkulation der Herstellkosten des Umsatzes		
Kalkulationsschema		
Fertigungsmaterial	(FM)	
+ Materialgemeinkosten	(MGK)	
= **Materialkosten**	(MK)	
Fertigungslöhne HKSt. Werkstatt I		
+ Fertigungsgemeinkosten HKSt. Werkstatt I		
= **Fertigungskosten** HKSt. Werkstatt I		
Fertigungslöhne HKSt. Werkstatt II		
+ Fertigungsgemeinkosten HKSt. Werkstatt II		
= **Fertigungskosten** HKSt. Werkstatt II		
Fertigungsgemeinkosten des Maschinenplatzes Schweißanlagen		
Fertigungslöhne HKSt. Montage		
+ Fertigungsgemeinkosten HKSt. Montage		
= **Fertigungskosten** HKSt. Montage		
= **Herstellkosten der Erzeugung**	(HK d. E.)	
– **Mehrbestand** an fertigen Erzeugnissen, s. Seite 198		
= **Herstellkosten** des Umsatzes		

Arbeitsaufträge (Fortsetzung)

4. Berechnen Sie die Zuschlagsprozentsätze und den Maschinenstundensatz.

5. Vergleichen Sie die Zuschlagssätze dieses Betriebsabrechnungsbogens mit denen des einfachen Betriebsabrechnungsbogens von Seite 222. Begründen Sie auffallende Veränderungen. Mit welchen gerundeten Normalzuschlagssätzen könnte aufgrund des erweiterten Betriebsabrechnungsbogens kalkuliert werden?

6. Begründen Sie die Aussage, die Kalkulation mit Maschinenstundensätzen sei kostengerechter als die Kalkulation mit Prozentzuschlagssätzen.

7. Nehmen Sie kritisch zu der Aussage Stellung: Auch der erweiterte Betriebsabrechnungsbogen schafft nicht die Voraussetzung für eine auftrags-/kundenorientierte Vollkostenkalkulation.

8. Für die Heidtkötter KG ergibt sich aus der veränderten Kostenabrechnung über den erweiterten Betriebsabrechnungsbogen die Notwendigkeit, die Angebotspreise für das kommende Geschäftsjahr 02 neu zu kalkulieren. Erstellen Sie diese Kalkulationen für die vier Erzeugnisgruppen aus den Angaben von Seite 242 und den unter (5.) ermittelten Normalzuschlagssätzen.

3.3
Mit dem Maschinenstundensatz kalkulieren

Situation

In der Heidtkötter KG wurde auf der Grundlage des einfachen Betriebsabrechnungsbogens der Barverkaufspreis für einen Stuhl der Erzeugnisgruppe *Bürostühle* mit 190,00 € ermittelt. Die Nachkalkulation ergab einen Gewinnzuschlag von 5,24 % (vgl. Seite 239). Mithilfe des erweiterten Betriebsabrechnungsbogens will Eric Sippel eine verfeinerte Nachkalkulation erstellen. Ihm liegen hierfür die folgenden Angaben vor:

Fertigungsmaterial je Stuhl	65,00 €
Fertigungslöhne Montage	17,12 €
Maschinenlaufzeit für einen Stuhl	11,111 Minuten

Arbeitsaufträge

1. Erstellen Sie die Nachkalkulation mit den Istzuschlagssätzen und dem Maschinenstundensatz aus dem erweiterten Betriebsabrechnungsbogen.

2. Vergleichen Sie das Ergebnis (= Gewinn) dieser Nachkalkulation mit der Nachkalkulation von Seite 239. Erklären Sie die Abweichungen. Gehen Sie auch der provokativen Frage nach: Welches ist denn nun die „richtige" Kalkulation?

Vertiefende Übungen

1. Das Metallwerk Freitag GmbH nimmt als zusätzlichen Produktionsbereich Drehteile für die Regelungstechnik in ihr Fertigungsprogramm auf. Für diesen Bereich richtet sie eine neue Fertigungshauptstelle Drehautomat ein. Die pro Jahr anfallenden Gemeinkosten für diese Kostenstelle ermittelt der Kostenrechner aus den folgenden Angaben:

   ■ Kalkulatorische Abschreibungen: Die Anschaffungskosten für den Drehautomaten betragen 436.000,00 €. Als betriebsgewöhnliche Nutzungszeit werden zwölf Jahre angesetzt. Die Wiederbeschaffungskosten einer entsprechend leistungsstarken Anlage veranschlagt der Kostenrechner mit 525.000,00 €.

   ■ Kalkulatorische Zinsen werden mit 8 % von den halben Anschaffungskosten angesetzt.

   ■ Für Instandhaltung und Wartung sind bei einer Laufzeit von durchschnittlich 150 Stunden/Monat im Jahr 13.500,00 € aufzuwenden.

   ■ Die Maschine belegt eine Standfläche von 80 m². Hierfür werden Raumkosten von 150,00 € je m² und Monat berechnet.

   ■ An Gehältern und Hilfslöhnen fallen monatlich 6.500,00 € an.

   ■ An Energiekosten verursacht die Anlage:

   25 kW Maschinenleistung zu 14,9 ct/kWh bei einer monatlichen Laufleistung von 150 Stunden. Der Jahresgrundpreis beträgt 124,00 €.

   ■ Die Werkzeugkosten belaufen sich auf monatlich 600,00 €.

   a) Errechnen Sie die anfallenden Gemeinkosten für einen Monat und für ein Jahr.

   b) Bestimmen Sie den Maschinenstundensatz.

   c) Wie würde sich der Maschinenstundensatz ändern, wenn die Anlage im Zweischichtbetrieb mit 280 Stunden im Monat betrieben wird?

   d) Erstellen Sie eine Angebotskalkulation über 20 000 Drehteile AKS 100 nach folgenden Angaben:

Einzelkosten:	Fertigungslöhne je 1 000 Drehteile	1.200,00 €
	Gussrohlinge je Stück	3,25 €
Gemeinkosten:	Zuschlag für Materialgemeinkosten	8,5 %
	Zuschlag für Fertigungsgemeinkosten	95,0 %
	Maschinenstunden je 1 000 Drehteile (einschließlich der Umrüst- und Einrichtzeiten)	3,025 Std.
	Zuschlag für Verwaltungsgemeinkosten	11,5 %
	Zuschlag für Vertriebsgemeinkosten	6,0 %

Als Gewinn wird ein Zuschlag von 12,0 % eingerechnet.

Bei Abnahme von 20 000 Drehteilen gewährt der Hersteller einen Verkaufsrabatt von 5 %.

2. In einem anlageintensiven Industriebetrieb wurden für das abgelaufene Geschäftsjahr folgende Kosten und Zuschlagsgrundlagen ermittelt:

Betriebsabrechnungsbogen mit Kostenstellengemeinkosten						
Materialstelle	Fertigungs-hilfsstelle	Fertigungshauptstellen			Verwaltungs-stelle	Vertriebs-stelle
		Stahlbau – Zuschneiden	Montage	Maschinenplatz – Schweißen		
245.000,00	124.000,00	433.500,00	513.500,00	204.000,00	520.000,00	195.000,00

Die Gemeinkosten der Fertigungshilfsstelle sind im Verhältnis von 3 : 3 : 2 auf die Fertigungshauptstellen zu verteilen.

Als Zuschlagsgrundlagen für die Hauptkostenstellen sind zu verwenden:

Fertigungsmaterial	3.500.000,00 €
Fertigungslöhne Kostenstelle Stahlbau	600.000,00 €
Fertigungslöhne Kostenstelle Montage	800.000,00 €
Maschinenstunden/Jahr	2 000 Std.

Herstellkosten des Umsatzes für die Verwaltungs- und die Vertriebsstelle.

Bei der Berechnung der Herstellkosten des Umsatzes ist ein Minderbestand von 80.000,00 € zu berücksichtigen.

a) Verteilen Sie die Gemeinkosten der Fertigungshilfsstelle auf die Fertigungshauptstellen.

b) Errechnen Sie die Prozentzuschlagssätze und den Maschinenstundensatz.

c) Kalkulieren Sie die Selbstkosten eines Kundenauftrags auf der Grundlage folgender Angaben:

Fertigungsmaterial	24.650,00 €
Fertigungslöhne Stahlbau	4.800,00 €
Fertigungslöhne Montage	6.250,00 €
Maschinenstunden	22 Std.

4
Mit Prozesskosten kundenorientiert kalkulieren

Lernziele

Nach der Arbeit mit diesem Kapitel ...

- verfügen Sie über die Begriffe Teilprozess, Hauptprozess, Prozesskosten, Prozesskostensatz,
- verstehen Sie das Verfahren, mit dem Gemeinkosten den Teilprozessen verursachungsgerecht zugeordnet werden,
- verstehen Sie, dass Kunden nur mit den durch ihren Auftrag verursachten Prozesskosten belastet werden,
- können Sie eine Prozesskostenkalkulation erstellen.

Ausgangslage

Im Unternehmen Heidtkötter KG finden monatlich Mitarbeiterbesprechungen mit den Leiterinnen und Leitern des Einkaufs, des Verkaufs, der Lagerhaltung und des Rechnungswesens zu unterschiedlichen Themen statt. Für diesen Monat hat Klaus M. Heidtkötter aus gutem Grund das Thema „Einführung der Prozesskostenrechnung" vorgeschlagen. Schließlich stört es ihn schon länger, dass er über die **Arbeitsabläufe (= Prozesse)** nicht gut informiert ist und dass er vor allem nichts darüber weiß, welche und wie hohe Kosten die einzelnen Arbeitsabläufe verursachen. Folglich kann er zurzeit auch die Arbeitsabläufe nicht kostensparend optimieren. Er hat Eric Sippel mit den Vorbereitungen beauftragt. Eric Sippel eröffnet die Besprechung mit einem „Statement" (vgl. Leitidee).

Leitidee

„Wir wissen, dass unsere Vollkostenrechnung zwar nach wie vor eine notwendige Kostenkontrollrechnung ist, dass sie aber den Anforderungen an eine kundenorientierte Kalkulation nicht gerecht wird, und zwar aus mehreren Gründen:

Die Vollkostenrechnung hat versagt ...

Sie ist zu stark auf den Produktionsbereich ausgerichtet. Sie berücksichtigt nicht die steigende Bedeutung der sog. „indirekten Bereiche", z. B. Forschung, Planung, Logistik, Qualitätssicherung.	Sie legt die Gemeinkosten über Kostenstellenzuschlagssätze **proportional** auf die Einzelkosten und die Erzeugnisgruppen um. Dieses Vorgehen entspricht nicht der tatsächlichen Kostenverursachung und lässt eine kundenorientierte Kalkulation nicht zu.	Sie beachtet mit ihrer Dominanz der Einzelkosten nicht die veränderte Kostenstruktur in den Betrieben. Inzwischen erreichen die Gemeinkosten einen Anteil von etwa 75 % an den Gesamtkosten.

Was wollen wir also erreichen?

Ziele

Die Preiskalkulation muss so umgestellt werden, dass ...

- die Gemeinkosten verursachungsgerechter den Produkten zugerechnet werden können,
- die Kunden nur mit denjenigen Gemeinkosten belastet werden, die sie durch ihre Aufträge verursacht haben,
- wir eine genauere Aussage darüber erhalten, welche Arbeitsabläufe (= Prozesse) welche Kosten verursachen und wie wir diese Prozesse zur Kostensenkung optimieren können.

Das Kostenrechnungssystem, das diese Aufgaben bewältigen hilft, ist die **Prozesskostenrechnung.**

Und wie können wir die Prozesskostenrechnung in unserem Unternehmen „installieren"?

Ich schlage vor, hier behutsam und schrittweise vorzugehen:

■ Wir sollten die bisherige Kostenstellenstruktur beibehalten. Insbesondere sollten wir den Material-, Fertigungs- und Verwaltungsbereich in der bestehenden Verrechnungsform über Zuschlagssätze zunächst nicht antasten.

■ Im Moment würde es ausreichen, wenn wir den **Vertriebsbereich** umbauen, d. h., ihn auf die Prozesse hin untersuchen, die in ihm ablaufen. Auf ihn wirken prozesshafte Bezugsgrößen ein, die den Blick auf die Kunden schärfen, z. B. Anzahl der Versandkommissionen, Anzahl der Lagerbewegungen, Anzahl der Lagereingänge, Anzahl der ausgehenden Lieferungen, Anzahl der Reklamationen.

Ich denke, über folgende **Schritte** gelingt es, die Prozesskostenrechnung in einem ersten betrieblichen Teilbereich zu verankern:

1	2	3	4
Wir legen die **Teilprozesse** fest, die als Verursacher von Gemeinkosten im Vertriebsbereich gelten.	Wir ermitteln die **Kosten,** die jeder **Teilprozess** verursacht, so genau wie möglich.	Wir verabreden die **Maßgrößen** (auch Kostentreiber genannt), die als mengenmäßiger Ausdruck für jeden Teilprozess gelten sollen.	Wir errechnen aus Prozesskosten und Maßgrößen verursachungsgerechte **Prozesskostensätze** für die Prozesskostenkalkulation.

Arbeitsauftrag

Überprüfen Sie anhand der Aussagen im vorhergehenden Kapitel „Erfolgssituationen mit der Vollkostenrechnung planen und kontrollieren", inwieweit Eric Sippel mit seiner Kritik an der Vollkostenrechnung recht hat.

4.1
Teilprozesse für eine Kostenstelle ermitteln

Situation
Eric Sippel erklärt seinen Kolleginnen und Kollegen aus den anderen Abteilungen, dass die Gemeinkosten letztlich durch die in den Kostenstellen ausgeübten Tätigkeiten verursacht werden. *„Als erstes wäre es also notwendig"*, so Eric Sippel, *„alle Tätigkeiten in der Vertriebsstelle aufzulisten."* Gemeinsam mit den Kolleginnen und Kollegen erstellt er folgende ungeordnete Liste:

Tätigkeiten in der Kostenstelle „Vertrieb"

- fertige Erzeugnisse einlagern (Stühle, Tische)
- Eingänge auf Lagerkarten vermerken
- fertige Erzeugnisse pflegen
- Kundenaufträge versandfertig machen
- Versandpapiere erstellen
- Spediteur benachrichtigen
- Auslieferung an Verkauf melden
- fertige Erzeugnisse auf Fehlerfreiheit kontrollieren

- auf Meldebestände achten und Verkaufsabteilung benachrichtigen
- mit vor- und nachgelagerten Abteilungen zusammenarbeiten
- Erzeugnisse im Lager einsortieren
- Abläufe disponieren
- Lagerbestände kontrollieren
- Belege verwalten
- Engpässe aufspüren
- Lagerhüter vermeiden

- Menge der Eingänge anhand der Begleitpapiere kontrollieren
- Eingänge an Verkauf melden
- Unterlagen verwalten
- Kundenaufträge kommissionieren
- auf Wirtschaftlichkeit und Rentabilität achten
- Ausgänge auf Lagerkarten vermerken

→

„Danach", fährt Eric Sippel fort, *„müssen wir versuchen, die Vielzahl an Einzeltätig-keiten so zu bündeln, dass Tätigkeiten, die ein gemeinsames Arbeitsergebnis haben, einen übergeordneten Prozess ergeben. Dieser übergeordnete Prozess wird Teilpro-zess genannt. Er erhält eine das Arbeitsergebnis beschreibende Bezeichnung. Diese Zusammenfassung zu Teilprozessen ist erforderlich, um nicht den Überblick zu ver-lieren. Ich schlage vor, nicht zu viele Teilprozesse zu bilden."*

Arbeitsaufträge

1. Bündeln Sie die Einzeltätigkeiten so, dass eine sinnvolle und überschaubare An-zahl Teilprozesse entsteht, die ein gemeinsames Arbeitsergebnis umfasst. Ein Teilprozess sollte z. B. alle Tätigkeiten aufnehmen, die unter die Leitung der Ab-teilung fallen.
2. Geben Sie den Teilprozessen kurze, prägnante Bezeichnungen, z. B. „Abteilung leiten".

4.2
Prozesskostensätze berechnen

Situation (Fortsetzung)   Zum Ende ihrer Besprechung haben sich die Abteilungsleiter darauf verständigt, alle Tätigkeiten in der Kostenstelle Vertrieb auf sieben Teilprozesse zu reduzieren:

- Stühle im Stuhllager annehmen, kontrollieren und einlagern
- Tische im Tischlager annehmen, kontrollieren und einlagern
- Kundenaufträge kommissionieren
- Stühle verpacken, stapeln und auf Paletten transportfertig machen
- Tische verpacken, auf Paletten stapeln und versandfertig machen
- Versand- und Begleitpapiere erstellen
- Vertriebsstelle leiten

Eric Sippel übernimmt es nun – zusammen mit dem Leiter der Vertriebsstelle –, die dort im abgelaufenen Geschäftsjahr 01 angefallenen Gemeinkosten (vgl. BAB, Seite 222) von 1.776.500,00 € möglichst genau auf die Teilprozesse zu verteilen. Er verwendet dazu die Belege der Finanzbuchführung, erhebt Zeitstudien vor Ort, lässt Tätigkeitsbögen von den Mitarbeitern ausfüllen oder greift auf Schätzungen zurück. Heraus kommt folgende Zuordnung der Vertriebsgemeinkosten auf die sieben Teil-prozesse. Außerdem hat er aus den Unterlagen (Lieferscheine, Lagerkartei) ermit-telt, wie oft im Jahr durchschnittlich Büromöbel im Fertiglager angenommen, dort eingelagert, kommissioniert und versandfertig gemacht werden (= Maßgrößen).

Teilprozesse	Teilprozess-gemeinkosten	Anzahl der Arbeitsabläufe im Jahr (= Teilprozessmengen)	
1. Stühle im Stuhllager annehmen, einlagern und pflegen	295.000,00 €	250 Vorgänge	zu je 500 Stühlen
2. Tische im Tischlager annehmen, einlagern und pflegen	309.600,00 €	240 Vorgänge	zu je 150 Tischen
3. Kundenaufträge kommissionieren	211.200,00 €	3 840 Vorgänge	
4. Stühle verpacken, stapeln und auf Paletten transportfertig machen	317.200,00 €	2 440 Vorgänge	zu je 50 Stühlen
5. Tische verpacken, stapeln und auf Paletten versandfertig machen	324.000,00 €	2 400 Vorgänge	zu je 15 Tischen
6. Versand- und Begleitpapiere erstellen	192.000,00 €	3 840 Kundenaufträge	
7. Abteilung leiten	127.500,00 €	?	
Vertriebsgemeinkosten insgesamt	1.776.500,00 €	—	

Arbeitsaufträge

1. Aus den vorliegenden Zahlen können Sie errechnen, wie viel Euro Gemeinkosten eine **Maßgröße** (= ein Arbeitsablauf) in jedem der ersten sechs Teilprozesse verursacht. Dieser Betrag heißt **Teilprozesskostensatz**.

   Ein wenig problematisch stellt sich die Verrechnung der Gemeinkosten des Teilprozesses „Abteilung leiten" dar: Hierfür gibt es keine Leistungsmenge (= Maßgröße), die als plausibler Maßstab für die Kostenverursachung gelten kann: Der Abteilungsleiter erfüllt übergreifende Anordnungs-, Führungs- und Steuerungsaufgaben, die sich der Mengenzuordnung entziehen. In der Praxis wählt man hier den Weg, die Gemeinkosten eines solchen „**leistungsmengenlosen**" Teilprozesses im Verhältnis zu den Gemeinkosten der „**leistungsmengenbezogenen**" Teilprozesse aufzuteilen.

2. Legen Sie die Gemeinkosten des Teilprozesses „Vertriebsstelle leiten" anteilig auf die Gemeinkosten der übrigen Teilprozesse um und ermitteln Sie anschließend die Kostensätze für jeden „leistungsmengenbezogenen" Teilprozess.

   Folgende Tabelle soll Sie bei Ihrer Arbeit unterstützen:

Teil-prozesse	Teilprozess-gemeinkosten	Umlage: Gemeinkosten „Abteilung leiten"	Teilprozessgemeinkosten einschl. Umlage	Teilprozessmengen (Vorgänge)	Teilprozess-kostensatz
1.	295.000,00 €				
2.	309.600,00 €				
3.	211.200,00 €				
4.	317.200,00 €				
5.	324.000,00 €				
6.	192.000,00 €				
7.	127.500,00 €			—	—	—
	1.776.500,00 €		1.776.500,00 €		

4.3
Eine Prozesskostenkalkulation durchführen

Situation Eric Sippel ist gespannt, wie sich die neuen Erkenntnisse auf die Kalkulation auswirken, die er probeweise für den Kunden Steil KG durchführt. Dieser Kunde hat um ein Angebot über 2 000 Bürostühle gebeten. In die Kalkulation fließen die Einzelkosten aus der Produktions- und Absatzplanung für das Geschäftsjahr 02 (vgl. Seite 242) sowie die Normalzuschlagssätze für Material-, Fertigungs- und Verwaltungsgemeinkosten ein (vgl. Seite 235). Dem Kunden sollen außerdem folgende Prozesskosten aus dem Vertriebsbereich angelastet werden:

Teilprozesse	Belastung des Kunden Steil KG
1. Stühle im Stuhllager annehmen, einlagern und pflegen	Prozesskosten dieses Teilprozesses werden nicht angerechnet, da die Ware unmittelbar aus der Produktion in den Versand geht.
2. Tische im Tischlager annehmen, einlagern und pflegen	entfällt, da nur Stühle angefragt sind
3. Kundenaufträge kommissionieren	Der Kunde hat den Prozesskostensatz für eine Kommission zu tragen. Jeder Kundenauftrag – unabhängig von der Menge – verursacht den gleichen Kostensatz.
4. Stühle verpacken, stapeln und auf Paletten transportfertig machen	Der Kunde wird mit dem Prozesskostensatz für 2 000 Stühle belastet.
5. Tische verpacken, stapeln und auf Paletten versandfertig machen	Dieser Prozess entfällt, da nur Stühle angefragt sind.
6. Versand- und Begleitpapiere erstellen	Der Kunde wird mit dem Prozesskostensatz belastet, der einmal unabhängig von der Menge anfällt.

› Arbeitshilfe

Arbeitsaufträge

1. Kalkulieren Sie den Auftrag auf der Grundlage von 2 000 Stühlen. Nutzen Sie dazu das Kalkulationsschema (s. Arbeitshilfe).
2. Stellen Sie fest, ob der Kunde durch dieses Kalkulationsverfahren mit höheren oder niedrigeren Vertriebsgemeinkosten belastet wird, als dies bei der Vollkostenkalkulation der Fall wäre (vgl. Seite 242). Wie hoch ist gegebenenfalls der Vorteil für den Kunden?
3. Wie ist das Ergebnis, wenn auch der Prozesskostensatz des ersten Teilprozesses eingerechnet wird?

Arbeitshilfe

Stückkalkulation für den Kunden Steil KG über 2 000 Bürostühle	
Fertigungsmaterial lt. Stückliste (65,50 €/Stück)	131.000,00 €
+ __ % Normal-Materialgemeinkosten	
= **Materialkosten**	
Fertigungslöhne lt. Arbeitsplänen (30,75 €/Stück)	61.500,00 €
+ __ % Norm-Fertigungsgemeinkosten	
= **Fertigungskosten**	
= **Herstellungskosten der Erzeugung**	
+ __ % Normal-Verwaltungsgemeinkosten	
+ Prozesskosten für Teilprozess 3, Vertrieb	
+ Prozesskosten für Teilprozess 4, Vertrieb	
+ Prozesskosten für Teilprozess 6, Vertrieb	
= **Selbstkosten (SK) für 2 000 Stühle**	
+ __ % Gewinn (vgl. Seite 235)	
= **Barverkaufspreis für 2 000 Stühle**	
Barverkaufspreis für einen Stuhl	

Vertiefende Übung

Im traditionell geführten Betriebsabrechnungsbogen der Bärwald Gerätebau KG weist die Kostenstelle Vertrieb Gemeinkosten von 660.000,00 € aus. Nachdem die Gemeinkosten auf die in dieser Kostenstelle anfallenden Teilprozesse umgegliedert wurden, ergeben sich folgende Teilprozesskosten und Maßgrößen:

Teilprozesse in der Kostenstelle „Vertrieb"	Teilprozesskosten	Maßgrößen
1. fertige Erzeugnisse aus der Produktion übernehmen und einlagern	164.400,00 €	600 Anlieferungen
2. Versandpapiere – Inland – erstellen	67.500,00 €	1 125 Vorgänge
3. Zollpapiere für Auslandsaufträge erstellen	39.750,00 €	375 Vorgänge
4. Erzeugnisse auf Paletten versandfertig machen	139.200,00 €	6 000 Paletten
5. eigene Transportfahrzeuge ordern	79.500,00 €	975 Vorgänge
6. Spediteure beauftragen	61.650,00 €	420 Vorgänge
7. Abteilung leiten	108.000,00 €	—
	660.000,00 €	

a) Errechnen Sie die Teilprozesskostensätze.
b) Kalkulieren Sie die Selbstkosten für einen Kundenauftrag über 1 000 Gehäuse aufgrund der folgenden zusätzlichen Angaben:

Fertigungsmaterial je Gehäuse 14,20 €; Fertigungslöhne je Gehäuse 20,50 €;
Zuschlagssätze: Materialgemeinkosten: 5 %   Verwaltungsgemeinkosten: 12 %
Fertigungsgemeinkosten: 95 %

Die Teilprozesse sind – mit Ausnahme des 1. und 4. – auftragsbezogen, d. h., sie fallen also unabhängig von der Menge nur einmal an. Der 1. Teilprozess bezieht sich auf je 500 Gehäuse. Für den Kundenauftrag werden 20 Paletten benötigt (siehe 4. Teilprozess).

5

Mit der Deckungsbeitragsrechnung die Kosten analysieren, Preise kalkulieren und Marktpositionen überwachen

Lernziele

Nach der Arbeit mit diesem Kapitel ...

- können Sie die Kosten in Abhängigkeit von der Beschäftigung in fixe und variable Kosten unterscheiden,
- verfügen Sie über die Begriffe Deckungsbeitrag und Stückdeckungsbeitrag,
- können Sie Deckungsbeiträge berechnen und als Basis für unternehmerische/preispolitische Entscheidungen auf anonymen Märkten nutzen (Preisdifferenzierung, Preisuntergrenze, Sortimentsbereinigung, Sortimentserweiterung, Stärkung der Marktposition),
- verstehen Sie die Deckungsbeitragsrechnung als Kostenrechnungssystem, das der Unternehmensphilosophie des „Denkens vom Markt her" entspricht.

Zur Bearbeitung der nachfolgenden Situationen und Fragestellungen empfehlen wir, die fachsystematischen Ausführungen im INFO-Teil intensiv zu nutzen.

› INFO-Teil LF 4, Kap. 5

5.1

Entscheidung für einen Zusatzauftrag treffen

Situation

Herr Heidtkötter erhält vom Großhändler Steil KG, Köln, Ende Dezember 01 die Anfrage, ob er bis Anfang Februar des nächsten Jahres **2 000 Bürostühle** mit Sitzpolster in gehobener Qualität zum Preis von **170,00 €** je Stuhl (ohne Umsatzsteuer) für das kommende Frühjahrsgeschäft liefern kann. Stühle dieser Qualitäts- und Ausstattungsstufe liefert die Heidtkötter KG gemäß ihrer Vollkostenkalkulation für das Geschäftsjahr 02 zu einem Preis von **202,50 €** je Stuhl an den Fachgroßhandel aus.

Einen Stuhl der nachgefragten Art kalkuliert Klaus M. Heidtkötter wie folgt:

Stückkalkulation „Konferenzstuhl"		
Fertigungsmaterial lt. Stückliste	65,50 €	
+ **15 %** Materialgemeinkosten	9,83 €	
= **Materialkosten**		75,33 €
Fertigungslöhne lt. Zeitstudien/Arbeitsplänen	30,75 €	
+ **121,5 %** Fertigungsgemeinkosten	37,36 €	
= **Fertigungskosten**		68,11 €
= **Herstellkosten der Erzeugung**		143,44 €
+ **16 %** Normal-Verwaltungsgemeinkosten		22,95 €
+ **10 %** Normal-Vertriebsgemeinkosten		14,34 €
= **Selbstkosten (SK) für einen Bürostuhl**		180,73 €
+ **12 %** Gewinn		21,69 €
= **Barverkaufspreis**		202,42 €
Klaus M. Heidtkötter legt den Verkaufspreis gerundet fest auf:		202,50 €

Er möchte seinem Unternehmen diesen Auftrag gerne sichern, zumal er davon überzeugt ist, dass er ihn im Rahmen der betrieblichen Kapazität termingerecht ausführen kann. Was ihm im Moment Kopfzerbrechen bereitet, ist die Frage, ob er sich einen Verlust von (180,73 € – 170,00 € =) 10,73 €/Stuhl – also insgesamt 21.460,00 € Verlust – leisten kann und will, oder ob es eine Lösung gibt, die ihn „verlustfrei" macht.

→

Auf das anstehende Verkaufsgespräch mit dem Einkäufer der Steil KG will sich Heidtkötter vorbereiten, indem er zusammen mit seinem Controller Eric Sippel die (preislichen) Verhandlungsspielräume anhand folgender Unterlagen (siehe Arbeitshilfe) aus dem zu Ende gehenden Geschäftsjahr 01 auslotet.

› **Arbeitshilfe**

Arbeitshilfe

Ergebnistabelle der Heidtkötter KG für das Geschäftsjahr 01

	Finanzbuchhaltung		Kosten- und Leistungsrechnung					
	Ermittlung des Unternehmungsergebnisses		Abgrenzungsrechnung				Betriebsergebnis-rechnung	
			neutrales Ergebnis		kostenrechnerische Korrekturen			
Konten	Aufwendungen	Erträge	neutrale Aufwend.	neutrale Erträge	betriebliche Aufwend.	verrechnete Kosten	Kosten	Leistungen
5000		23.175.000,00						23.175.000,00
5100		2.720.000,00						2.720.000,00
5202		38.300,00						38.300,00
5300		46.700,00						46.700,00
5400		112.000,00		112.000,00				
5410		222.000,00		222.000,00				
5420		31.000,00						31.000,00
5710		45.000,00		45.000,00				
6000	5.280.000,00						5.280.000,00	
6010	2.850.000,00						2.850.000,00	
6020	1.190.000,00						1.190.000,00	
6030	380.000,00						380.000,00	
6050	320.000,00						320.000,00	
6080	1.930.000,00						1.930.000,00	
6140	215.000,00						215.000,00	
6150	184.000,00						184.000,00	
6160	256.000,00						256.000,00	
6200	3.790.000,00						3.790.000,00	
6300	2.050.000,00						2.050.000,00	
6400	1.660.000,00						1.660.000,00	
6520	1.100.000,00		46.600,00		1.053.400,00		—	
6600	520.000,00						520.000,00	
6700	380.000,00						380.000,00	
6800	65.000,00						65.000,00	
6830	155.000,00						155.000,00	
6850	310.000,00						310.000,00	
6870	860.000,00						860.000,00	
6900	90.000,00						90.000,00	
6979	165.000,00		165.000,00					
7000	95.000,00						95.000,00	
7510	410.000,00				410.000,00		—	
7700	135.000,00						135.000,00	
kalk. Zinsen						894.750,00	894.750,00	
kalk. Abschreib.						1.200.000,00	1.200.000,00	
kalk. Unternehmerlohn						91.600,00	91.600,00	
	24.390.000,00	26.390.000,00	211.600,00	379.000,00	1.463.400,00	2.186.350,00	24.901.350,00	26.011.000,00
	2.000.000,00		**167.400,00**		**722.950,00**		**1.109.650,00**	
	26.390.000,00	26.390.000,00	379.000,00	379.000,00	2.186.350,00	2.186.350,00	26.011.000,00	26.011.000,00

| Unternehmungs-ergebnis | = | neutrales Ergebnis | + | Ergebnis aus kostenrechnerischen Korrekturen | + | Betriebs-ergebnis |

Absatzzahlen der Erzeugnisgruppen für das Geschäftsjahr 01:

33 000	Bürostühle zum Durchschnittspreis von	190,00 €	=	6.270.500,00 €
681	Konferenzsysteme zum Durchschnittspreis von	8.950,00 €	=	6.094.900,00 €
17 500	Bürotische zum Durchschnittspreis von	353,00 €	=	6.176.900,00 €
1 200	Sonderlösungen zum Durchschnittspreis von	3.925,00 €	=	4.710.400,00 €
Umsatzerlöse, Eigenleistungen und Entnahmen insgesamt				**23.252.700,00 €**

Damit Klaus M. Heidtkötter entscheiden kann, ob er den in der obigen Anfrage genannten Preis von 170,00 € akzeptieren kann, stellt er die folgenden kostenrechnerischen Überlegungen an: **Denkstruktur**

Überlegungen	Klaus M. Heidtkötters Handlungen	Erkenntnisse
Der vom Kunden Steil KG verlangte Preis liegt deutlich unter dem regulären Verkaufspreis auf Vollkostenbasis.	**Vergleich:** 202,50 € regulärer Verkaufspreis zu 170,00 € vom Kunden verlangter Preis	Vom Preis her gesehen ist der Auftrag abzulehnen.
Klaus M. Heidtkötter befürchtet, dass ein zu niedrig ausgehandelter Preis Verluste aus dem Auftrag bringt und somit das Betriebsergebnis verschlechtert.	Klaus M. Heidtkötter ermittelt aus den obigen Daten den Erfolg für diesen Auftrag: Verkaufspreis 170,00 € Selbstkosten 180,73 € Verlust je Stuhl 10,73 €, bei 2 000 Stühlen also 21.460,00 € Verlust.	Der Auftrag wird nur angenommen, wenn er das Betriebsergebnis nicht verschlechtert. Auf der Grundlage seiner Vollkostenkalkulation muss er den Auftrag ablehnen.
Klaus M. Heidtkötter prüft daraufhin im Sinne einer „Vorher-Nachher-Situation", welche Auswirkungen dieser Auftrag auf das Betriebsergebnis hat. Erzielt das Unternehmen Gewinn (siehe Betriebsergebnisrechnung), dann bedeutet das, dass **alle** Kosten, also auch die **fixen Kosten,** voll gedeckt sind. Fixe Kosten sind Kosten der Betriebsbereitschaft; sie fallen in jeder Abrechnungsperiode in fast unveränderter Höhe an, unabhängig davon, wie viele Erzeugnisse hergestellt werden.	1. Er entnimmt der Betriebsergebnisrechnung für das Geschäftsjahr 01 einen Betriebsgewinn von 1.109.650,00 €. 2. Für das Folgejahr prognostiziert Klaus M. Heidtkötter eine verbesserte Gewinnsituation. 3. Er untersucht, welche Kosten dieser Auftrag tatsächlich (**zusätzlich**) verursacht. Dazu muss er wissen, welche Kosten (Materialkosten, Personalkosten, sonstige betriebliche Kosten) als **variable Kosten** und welche Kosten als **fixe Kosten** anfallen. Nur die variablen Kosten fallen bei der Ausführung des Auftrags **zusätzlich** an, die fixen Kosten werden als Kosten der Betriebsbereitschaft durch die regulären Verkäufe abgedeckt. Die Untersuchung der Kosten darauf hin, ob sie für jede weitere Produktionseinheit zusätzlich anfallen oder nicht, führt zu folgendem Ergebnis: Die **Rohstoffkosten** (= 65,50 € Fertigungsmaterial) sind **variabel,** fallen also zusätzlich an. Von den **Personalkosten** sind die **Löhne** mit 30,75 €/Stuhl **variabel;** sie fallen auch zusätzlich an. Die **Gemeinkosten** aus der Kalkulation von Seite 255 sollen **zu 20 % variabel** sein. Alle anderen Kosten gelten hier zunächst als **fix.**	Über die Umsatzerlöse sind demnach alle im Unternehmen für diesen Monat angefallenen Kosten gedeckt, einschließlich der kalkulatorischen Kosten (2.186.350,00 €), und es wurde ein Betriebsgewinn von 1.109.650,00 € erwirtschaftet, der beim Herausrechnen der kalkulatorischen Kosten sogar noch höher ausfallen würde. Da sämtliche Kosten über die regulären Verkäufe gedeckt sind, kann der zusätzliche Auftrag zu Kosten abgerechnet werden, die nur durch ihn verursacht werden, das sind die sogenannten **variablen Kosten.** Liegt der **Verkaufspreis aus dem Zusatzauftrag über den variablen Kosten,** die jeder Stuhl verursacht, so erhöht sich der Betriebsgewinn um diese Differenz für jeden verkauften Stuhl.
Die zuvor angestellte Selbstkostenkalkulation auf Vollkostenbasis (vgl. Seite 255) muss „umgedacht" werden.	Ausgehend von dem auf dem Markt erzielbaren Preis kalkuliert Klaus M. Heidtkötter jetzt: **Verkaufspreis je Stuhl** **170,00 €** – **variable Kosten je Stuhl** **113,15 €** = **Deckungsbeitrag je Stuhl** **56,85 €**	In der Selbstkostenkalkulation (180,73 €/Stuhl, Seite 255) sind fixe Kosten enthalten. Sie bleiben in der nebenstehenden Kalkulation unberücksichtigt. Ein positiver Deckungsbeitrag ist der Überschuss, den jeder Stuhl bei schon vorhandener Fixkostendeckung zum Gewinn beisteuert.

Arbeitsaufträge

1. Berechnen Sie, um wie viel Euro der Betriebsgewinn steigen wird, wenn Klaus M. Heidtkötter den Auftrag zu dem vom Kunden gewünschten Preis von 170,00 € ausführt.

2. Nutzen Sie die Gedankengänge Heidtkötters, um „auszuloten", bis zu welcher untersten Preisgrenze je Stuhl er die 2 000 Konferenzstühle verkaufen könnte, ohne den Betriebsgewinn zu gefährden.

3. Angenommen, für diesen Auftrag entstehen zusätzlich zu den oben ausgewiesenen variablen Kosten Verpackungskosten in Höhe von 1,50 €/Stuhl, die sich unmittelbar diesem Auftrag zurechnen lassen. Um wie viel Euro würde sich der Gewinn dann insgesamt verändern?

4. Begründen Sie, inwiefern folgender Satz allgemeingültig ist:

   Immer dann, wenn ein zusätzlicher Auftrag einen positiven Deckungsbeitrag erbringt, lohnt sich die Annahme des Auftrags.

5. Nehmen Sie zu folgender Aussage kritisch Stellung:

   „Die Annahme und Abwicklung von sogenannten Zusatzaufträgen wirft ein nachdenkliches Licht auf die Kundenorientierung, der sich die Betriebe zunehmend verschreiben. Zusatzaufträge lassen sich ohne Imageschaden und Kundenverärgerung dauerhaft nur auf anonymen Märkten realisieren."

6. Suchen Sie nach einer Erklärung dafür, dass die fixen Kosten bei der Berechnung des Deckungsbeitrags unberücksichtigt bleiben.

Vertiefende Übungen

1. In der Deckungsbeitragsrechnung wird vom Markt her „gedacht". Diese Art der Kosten- und Leistungsrechnung folgt dem Motto: Die Marktdaten (z. B. Macht oder Ohnmacht der Nachfrager, Anzahl der Mitanbieter, Transparenz und Flexibilität des Marktes) bestimmen den Preis. Der Anbieter einer Ware wird also versuchen, diese Ware zu abweichenden Preisen (Konditionen) an unterschiedliche Abnehmer zu verkaufen, um so seine betriebliche Situation zu optimieren.

   a) Denken Sie darüber nach, wie der „Markt" für eine bestimmte Ware organisiert sein muss, damit unterschiedliche Preise durchgesetzt werden können.

   b) Welche Vorteile kann ein Unternehmer für seinen Betrieb daraus ziehen, dass er die gleiche Ware zu unterschiedlichen Preisen verkauft?

   c) Warum wehren sich insbesondere Markenhersteller z. B. mit Preisvorgaben für Endverbraucher dagegen, dass Händler die gleiche Ware zu unterschiedlichen Preisen verkaufen?

2. Die Preisgestaltung kann ein Hersteller nicht beliebig vornehmen. Eine Begrenzung nach unten ist dort gegeben, wo eine Ware unter den Herstell- oder Selbstkosten verkauft wird. Wir sprechen dann von Dumping.
   Informieren Sie sich im Internet über die Regelungen zum Dumping im Rahmen der WTO und der EU.

3. Ein Vorteil der Deckungsbeitragsrechnung liegt darin, dass sich der Unternehmer mit ihrer Hilfe auf dem Markt flexibel verhalten kann. Nehmen Sie an, die Heidtkötter KG hätte bis zum 25. des laufenden Monats 2 500 Konferenzstühle mit Sitzpolster zum regulären Stückpreis von 96,05 € verkauft. Diese Stühle stellt die Heidtkötter KG zum Selbstkostenpreis von 92,59 € her. In der Heidtkötter KG geht man davon aus, dass ca. 60 % der Selbstkosten variabel sind; der Rest gehört zu den fixen Kosten. Ein Kunde bestellt am 25. des Monats 300 Konferenzstühle, die er zum Stückpreis von 65,00 € erwerben will. Klaus M. Heidtkötter kann kurzfristig vom Lager liefern. Bei ihm würden für diesen Auftrag weitere variable

Kosten für die vom Kunden gewünschte Spezialverpackung von 1,50 € je Stuhl anfallen. Er will den Auftrag nur annehmen, wenn sich dadurch der Gewinn erhöht.

    a) Wie entscheidet sich Klaus M. Heidtkötter?

    b) Erstellen Sie eine Kalkulation als Grundlage für die Entscheidung.

4. In der Deckungsbeitragsrechnung werden die Kosten in variable Kosten und fixe Kosten unterteilt.

    a) Erläutern Sie, welches Merkmal dafür entscheidend ist, ob eine Kostenart als variabel oder als fix gilt.

    b) Ordnen Sie folgende Kostenarten den variablen und/oder den fixen Kosten zu: kalkulatorische Abschreibungen, Energiekosten, Kosten der Telekommunikation, Verpackungskosten, Reise- und Werbekosten, Mietkosten

    c) Begründen Sie, warum Lohnkosten in der Regel nicht eindeutig zu den variablen Kosten zu rechnen sind.

    d) Ein Betrieb mit einem hohen Anteil der variablen Kosten an den Selbstkosten kann sich einer veränderten Beschäftigung leicht anpassen. Begründen Sie diese Aussage.

    e) Warum wird ein Industriebetrieb mit einem hohen Anteil der fixen Kosten an den Gesamtkosten darauf achten, dass stets mit guter Auslastung der personalen und maschinellen Ressourcen gearbeitet wird?

5. Die Heidtkötter KG führt im Rahmen ihrer Bürosysteme eine Abteilung für hochwertige Schreibtischlampen. Die artgleichen Lampen kauft die Heidtkötter KG zum Nettopreis von 140,00 € je Stück ein und gibt sie zum Nettopreis von 224,00 € je Stück an die Kunden weiter. Im Monat fallen in der Abteilung fixe Kosten in Höhe von 55.200,00 € an.

    a) Welche Stückzahl muss in einem Monat abgesetzt werden, um aus dem Verkauf dieses Artikels keinen Verlust zu erleiden?

    b) Wie viel Stück sind im Monat zu verkaufen, wenn ein Gewinn von 14.150,00 € erzielt werden soll?

6. Heidtkötter hat seinen Mitarbeiterinnen und Mitarbeitern in der Betriebsbuchhaltung folgende Grundsätze seiner Unternehmensphilosophie eingeschärft:

    ■ **Unsere Kosten sind notwendige Voraussetzung für unsere Leistungen.**

    ■ **Der auf dem Markt erzielbare Preis ist Grundlage unserer Kalkulationen.**

Nehmen Sie zu diesen Grundsätzen mit Blick auf die folgenden aktuellen Kommentare Stellung:

„Die Kosten – insbesondere die Arbeitskosten und hier wiederum die Personalnebenkosten – sind allgemein zu hoch. Um wettbewerbsfähig zu bleiben und um eine im internationalen Vergleich angemessene Rendite des Eigentümerkapitals zu erreichen, sind drastische Kostensenkungen erforderlich.“

„Die Zeiten, dass der Betrieb bestimmt, was und zu welchen Preisen hergestellt wird, sind endgültig vorbei. Wer heute am Markt vorbeiproduziert, hat sich als Unternehmer überlebt.“

7. Die Automotiv GmbH ist auf die Fertigung von Autozubehörteilen spezialisiert. In einem Zweigwerk werden Autoinnenspiegel hergestellt. Die Kapazität ist auf 550 000 Stück je Monat ausgelegt. Im Monat September schloss die Kostenrechnung mit folgenden Zahlen ab:

Produktion	variable Gesamtkosten	fixe Gesamtkosten	Umsatzerlöse
420 000 Stück	6.300.000,00 €	2.875.000,00 €	9.870.000,00 €

→

Vertiefende Übungen (Fortsetzung)

Aufgrund der harten Preisverhandlungen mit den Automobilherstellern wird in der Automotiv GmbH davon ausgegangen, dass ab dem nächsten Monat die Spiegel nur noch zu einem Stückpreis von 22,55 € verkauft werden können. Der Geschäftsführer der Automotiv GmbH rechnet im Ausgleich dafür mit einer Absatzsteigerung um 15 % bei unveränderten fixen Kosten je Monat.

a) Weisen Sie nach, dass der erwartete höhere Absatz im Rahmen der Kapazität realisiert werden kann.

b) Errechnen Sie den erwarteten Deckungsbeitrag je Spiegel und insgesamt für den kommenden Monat.

c) Welche Auswirkung hätte die veränderte Absatz- und Preissituation auf den Betriebserfolg? Wie hoch wäre der durchschnittliche Gewinnzuschlag? Liegt er höher oder niedriger als derjenige im Vormonat?

d) Die Automotiv GmbH könnte im kommenden Monat noch einen zusätzlichen Auftrag von einem bisher nicht belieferten Hersteller über 40 000 Spiegel hereinholen, den sie dann allerdings zum Stückpreis von 19,30 € abrechnen müsste. Reicht die Kapazität dafür aus, diesen Auftrag auszuführen? Lohnt sich die Abwicklung dieses Auftrags zum herabgesetzten Preis?

5.2
Die Deckungsbeitragsrechnung auf der Grundlage der variablen und fixen Kosten erstellen

Situation

Klaus M. Heidtkötter empfindet die vorhergehende Berechnung der Deckungsbeiträge als zu ungenau. Insbesondere stört es ihn, dass ein sehr großer Teil der Kosten ohne weitere Untersuchungen als **fixe Kosten** behandelt wurde. Er will genauer wissen, ob die Kosten bei steigenden bzw. fallenden Umsätzen ebenfalls Schwankungen unterworfen sind. Dieses Wissen hilft ihm, über Preisanpassungen flexibler auf Marktveränderungen zu reagieren. Bisher hat eine Untersuchung der Kostenarten danach, ob sie variabel oder fix sind, nur sehr grob stattgefunden. Um sich über diese Frage ein genaueres Bild zu verschaffen, beauftragt er Controller Sippel, die einzelnen Kostenarten nach ihrer Abhängigkeit von der Beschäftigung zu untersuchen, und lässt sich von ihm eine differenziertere Deckungsbeitragsrechnung vorlegen.

Variable Kosten Bestimmte Kostenarten lassen sich in ihrer Kostenhöhe veränderten Absatzsituationen anpassen. So folgen i. d. R. die Einkäufe von Werkstoffen den Umsatzschwankungen, und zwar in dem Maße, wie die Produktion der Umsatzsituation angepasst wird: Rückläufige Produktionsmengen führen dann zu rückläufigen Einsätzen von Roh-, Hilfs- und Betriebsstoffen (und umgekehrt). Diese variable Anpassung an veränderte Beschaffungs- und Absatzsituationen trifft somit z. B. auf die Aufwendungen für Rohstoffe, Hilfsstoffe und Betriebstoffe zu (= **variable Kosten**), ebenso auf bestimmte Lohnformen (z. B. Akkordlöhne).

Fixe Kosten Sofern sich bestimmte Kosten der veränderten Umsatz- und Beschaffungssituation nicht anpassen lassen, zählen sie zu den **fixen Kosten**; das wären z. B. kalkulatorische Kosten, bestimmte Personalkosten (Zeitlöhne, Gehälter, gesetzliche soziale Aufwendungen), Aufwendungen für Miete, Versicherungen, Maschinenwartung.

Situation (Fortsetzung)

Eric Sippel macht sich an die Arbeit, indem er Belege studiert (Lohn-/Gehaltslisten, Verträge, Materialentnahmescheine, Steuerunterlagen usw.) sowie Mitarbeiter befragt. Aufgrund seiner Ergebnisse erstellt er für die einzelnen Kostenarten folgende prozentuale Aufteilung in variable und fixe Kostenanteile. Nach dieser Aufteilung analysiert er anschließend die Kosten aus der Betriebsergebnisrechnung für das Geschäftsjahr 01 (vgl. Seite 256).

Beachten Sie bitte beim Betrachten der Arbeitshilfe 1, dass Sippel hier die **Warenaufwendungen** als Einzelkosten nicht berücksichtigt (s. Konto 6080). Von den Gemeinkosten werden überschlagsmäßig 529.400,00 € dem Warengeschäft zugerechnet (vgl. hierzu BAB, Seite 225). Um die Rechnungen zu vereinfachen, nehmen wir an, dass diese Gemeinkosten fix sind. Sie werden von den insgesamt errechneten fixen Kosten subtrahiert. Zur Berechnung der Deckungsbeiträge erstellt Sippel ein erweitertes **Kalkulationsschema**.

› Arbeitshilfe 2

Arbeitshilfe 1

Kostenarten	variabler Kostenanteil in %	fixer Kostenanteil in %	Kosten lt. BER im Geschäftsjahr 01	variable Kosten Geschäftsjahr 01	fixe Kosten Geschäftsjahr 01
6000 Aufwendungen f. Rohstoffe	100 %	—	5.280.000,00		
6010 Aufwendungen f. Vorprodukte	100 %	—	2.850.000,00		
6020 Aufwendungen f. Hilfsstoffe	100 %	—	1.190.000,00		
6030 Aufwendungen f. Betriebsstoffe	80 %	20 %	380.000,00		
6050 Energie, Treibstoffe	80 %	20 %	320.000,00		
6140 Frachten, Fremdlager	100 %	—	215.000,00		
6150 Vertriebsprovisionen	75 %	25 %	184.000,00		
6160 Fremdinstandhaltung	25 %	75 %	256.000,00		
6200 Löhne	70 %	30 %	3.790.000,00		
6300 Gehälter	—	100 %	2.050.000,00		
6400 Arbeitgeberanteil zur Soz.-Vers.	40 %	60 %	1.660.000,00		
6600 Sonstige Personalaufwendung	30 %	70 %	520.000,00		
6700 Mietaufwendungen	—	100 %	380.000,00		
6800 Büromaterial	80 %	20 %	65.000,00		
6830 Kosten d. Telekommunikation	80 %	20 %	155.000,00		
6850 Reisekosten	40 %	60 %	310.000,00		
6870 Werbung	20 %	80 %	860.000,00		
6900 Versicherungsbeiträge	—	100 %	90.000,00		
7000 Betriebliche Steuern	100 %	—	95.000,00		
7700 Gewerbesteuer	60 %	40 %	135.000,00		
kalkulatorische Zinsen	—	100 %	894.750,00		
kalkulatorische Abschreibungen	—	100 %	1.200.000,00		
kalkulatorischer Unternehmerlohn	—	100 %	91.600,00		
			22.971.350,00		
Gemeinkosten des Warengeschäfts (= fixe Kosten)					470.000,00

Arbeitshilfe 2

Kalkulation	Summe
Umsätze (einschl. Entnahmen; Mehrbestand, Eigenleistungen)	
– variable Kosten	
= Deckungsbeitrag	
– fixe Kosten	
= Betriebserfolg insgesamt	

› Arbeitshilfe 2

Arbeitsaufträge

1. Errechnen Sie die Höhe der variablen Kosten und die Höhe der fixen Kosten für jede Kostenart und für das Geschäftsjahr 01 insgesamt.
2. Kalkulieren Sie den Betriebserfolg auf der Grundlage des Kalkulationsschemas (Arbeitshilfe 2, Seite 261).
3. Nehmen Sie aufgrund der Ergebnisse zu folgenden Aussagen begründet Stellung:
   a) Ein Unternehmen kann sich veränderten Marktsituationen umso flexibler anpassen, je höher der Anteil der variablen Kosten an den Gesamtkosten ist.
   b) Ein Unternehmen mit überwiegend variablen Kosten hat bei der kurzfristigen Preisgestaltung weniger Spielraum als ein Unternehmen mit hohen fixen Kosten.
   c) Ein Unternehmen kann langfristig nicht existieren, wenn die Deckungsbeiträge ständig gleich Null sind.

Situation

In einem zweiten Arbeitsschritt erstellt Eric Sippel aus den Unterlagen der Betriebs- und der Finanzbuchhaltung die folgende Übersicht, in der er für alle Erzeugnisgruppen die **Umsatzerlöse,** die **variablen Kosten** sowie die **Produktions-** und **Absatzzahlen** für das Geschäftsjahr 01 zusammenfasst. Diese Übersicht dient ihm für eine differenzierte Analyse der Leistungs- und Ertragskraft der einzelnen Erzeugnisgruppen.

Leistungsarten/Kostenarten/ Produktions- und Absatzzahlen	Leistungen und variable Kosten				
	Bürostühle	Konferenz-systeme	Bürotische	Sonder-lösungen	gesamt
Umsatzerlöse	6.270.500,00	6.094.900,00	6.176.900,00	4.710.400,00	23.252.700,00
Mehrbestände	—	26.850,00	—	11.450,00	38.300,00
Leistungen insgesamt	6.270.500,00	6.121.750,00	6.176.900,00	4.721.500,00	23.291.000,00
durchschn. Verkaufspreise je Erzeugnisgr.	190,00	8.950,00	353,00	3.925,00	—
6000 Aufwendungen für Rohstoffe	1.395.000,00	1.450.000,00	1.360.000,00	1.075.000,00	5.280.000,00
6010 Aufwendungen für Vorprodukte	750.000,00	790.000,00	740.000,00	570.000,00	2.850.000,00
6020 Aufwendungen für Hilfsstoffe	285.000,00	190.000,00	420.000,00	295.000,00	1.190.000,00
6030 Aufwendungen für Betriebsstoffe	50.500,00	40.500,00	121.500,00	91.500,00	304.000,00
6050 Energie, Treibstoffe	45.500,00	56.500,00	89.500,00	64.500,00	256.000,00
6140 Frachten, Fremdlager	40.000,00	65.000,00	68.000,00	42.000,00	215.000,00
6150 Vertriebsprovisionen	37.000,00	36.000,00	37.000,00	28.000,00	138.000,00
6160 Fremdinstandhaltung	16.000,00	31.000,00	8.000,00	9.000,00	64.000,00
6200 Löhne	703.000,00	670.000,00	725.000,00	555.000,00	2.653.000,00
6400 Arbeitgeberanteil zur Soz.-Vers.	176.000,00	168.000,00	180.000,00	140.000,00	664.000,00
6600 Sonstige Personalaufwendungen	41.000,00	43.000,00	42.000,00	30.000,00	156.000,00
6800 Büromaterial	10.000,00	15.000,00	16.000,00	11.000,00	52.000,00
6830 Kosten der Telekommunikation	33.000,00	27.000,00	36.000,00	28.000,00	124.000,00
6850 Reisekosten	20.000,00	23.000,00	47.000,00	34.000,00	124.000,00
6870 Werbung	52.000,00	34.000,00	55.000,00	31.000,00	172.000,00
7000 Betriebliche Steuern	35.500,00	20.500,00	25.000,00	14.000,00	95.000,00
7700 Gewerbesteuer	15.500,00	11.500,00	32.000,00	22.000,00	81.000,00
variable Kosten insgesamt	3.705.000,00	3.671.000,00	4.002.000,00	3.040.000,00	**14.418.000,00**
Produktionszahlen in Stück	33 000	684	17 500	1 203	—
Absatzzahlen in Stück	33 000	681	17 500	1 200	—

In der Übersicht sind die Umsatzerlöse für Handelswaren (2.720.000,00 €) und die Aufwendungen für Handelswaren (1.930.000,00 €) **nicht** enthalten. Sie werden getrennt erfasst und kalkuliert.

Der Mehrbestand an fertigen Erzeugnissen von 38.300,00 € ist entstanden durch die auf Lager produzierten (noch nicht verkauften) Erzeugnisse. Diese Erzeugnisse wurden zu den Einzelkosten bewertet und als Leistungen erfasst, und zwar:

3 Konferenzsysteme zu Einzelkosten von insgesamt	26.850,00 €
3 Sonderlösungen zu Einzelkosten von insgesamt	11.450,00 €

Der Mehrbestand ist in der obigen Aufstellung als Leistung enthalten, da in dieser Höhe entsprechende Kosten in den einzelnen Kostenarten angefallen sind. Das Entsprechende gilt für die privaten Entnahmen von Gegenständen und Leistungen sowie für die aktivierten Eigenleistungen.

Arbeitsaufträge

1. Erstellen Sie eine Deckungsbeitragsrechnung nach folgendem Muster:

Kalkulation	Erzeugnisgruppen				
	Bürostühle	Konf.-Systeme	Bürotische	Sonderlösg.	gesamt
Leistungen					
– variable Kosten					
= Deckungsbeiträge					
– fixe Kosten insgesamt					
= Betriebserfolg					

(ARBEITSHEFT)

2. Bewerten Sie die Ergebnisse für die einzelnen Erzeugnisgruppen zunächst nach den Deckungsbeiträgen.

   Aus Ihren Berechnungen werden Sie erkennen, dass die Deckungsbeiträge bei allen Erzeugnisgruppen positiv ausfallen. Dennoch gibt es gravierende Unterschiede, die unternehmerisches Denken auslösen:

   a) Klaus M. Heidtkötter könnte z. B. die schwächste Erzeugnisgruppe aus dem Sortiment streichen, weil er sie als „Armen Hund"[1] einschätzt. Welche Konsequenz auf den Betriebsgewinn hätte rein rechnerisch diese Maßnahme? Welche „flankierenden Maßnahmen" könnte Heidtkötter ergreifen, um Gewinneinbußen auszugleichen? › Band 2, LF 10

   b) Klaus M. Heidtkötter schätzt die zurzeit schwächste Erzeugnisgruppe als ein Produkt im Sortiment ein, das sich in der Entwicklungs- und in der Markteinführungsphase befindet. Welche Maßnahmen mit welchen denkbaren Konsequenzen müsste Heidtkötter in diesem Fall einleiten?

3. Eine aussagefähige Bewertung lässt sich dadurch erreichen, dass für jede Erzeugnisgruppe ausgerechnet wird, wie viel Prozent der jeweilige Deckungsbeitrag bezogen auf die zugehörigen Leistungen ausmacht (= **Deckungsbeitragsquote**).

   Berechnen Sie die Deckungsbeitragsquoten und werten Sie die **Ertragskraft** der Erzeugnisgruppen erneut.

4. Beunruhigt ist Heidtkötter darüber, dass in der Deckungsbeitragsrechnung die fixen Kosten so hoch sind. Sie drücken den Gewinn auf 789.650,00 €. Eric Sippel macht ihn darauf aufmerksam, dass die Umsätze sowie die variablen und die fixen Kosten aus dem Warengeschäft in der Aufstellung nicht enthalten sind.

   Bestimmen Sie unter dieser Voraussetzung den Deckungsbeitrag und den Gewinn aus dem Warengeschäft.

---

1 Problemprodukte am Ende eines Produktlebenszyklus

Vertiefende Übungen

1. Wie beurteilen Sie die Situation eines Unternehmens, dessen Deckungsbeitrags-rechnung folgende Ergebnisse liefert:
   a) Deckungsbeitrag > fixe Kosten,
   b) 0 < Deckungsbeitrag < fixe Kosten,
   c) Deckungsbeitrag < 0?

2. In einem Unternehmen, das u. a. Armaturen herstellt, schloss die Kostenrech-nung für diese Produktgruppe im Monat Oktober mit folgenden Zahlen ab:

Absatz	variable Gesamtkosten	fixe Gesamtkosten
134 000 Stück	1.943.000,00 €	924.000,00 €

   Der Unternehmer rechnet damit, dass er den Absatz in den nächsten Monaten auf durchschnittlich 150 000 Stück je Monat steigern kann, wenn er den Verkaufspreis auf 21,50 € je Armatur festsetzt.
   a) Errechnen Sie den Betriebserfolg bei der erwarteten Absatzlage.
   b) Welchen Preisspielraum hätte der Unternehmer, falls er Preiszugeständnisse machen müsste?

3. Ein Erzeugnis wird zu variablen Kosten von 54,00 € je Stück kalkuliert. An fixen Kosten fallen 114.000,00 € je Abrechnungsperiode an. Die monatliche Absatzmenge beträgt 4 000 Stück.
   Ein Kunde fragt an, ob der Unternehmer bereit sei, 400 Stück zum Preis von 81,00 € zu verkaufen.
   a) Wie sollte sich der Unternehmer entscheiden?
   b) Welche Auswirkungen auf den Erfolg hätte dieser Auftrag, wenn keine weiteren fixen Kosten anfallen?

4. Ein Unternehmer kauft eine Handelsware zum Preis von 340,00 € je Stück ein. Er kann diese Ware zum Preis von 550,00 € je Stück verkaufen. Im Monat rechnet er mit fixen Kosten von 65.100,00 €.
   a) Wie viel Stück muss er in einem Monat absetzen, um keinen Verlust zu erleiden?
   b) Wie viel Stück muss er im Monat absetzen, wenn er einen Gewinn von 24.150,00 € erzielen will?

5. Zur Untersuchung der Ertrags- und Kostensituation wählt ein Unternehmer aus drei Erzeugnisgruppen je ein Erzeugnis als repräsentativ aus und stellt für diese Erzeugnisse folgende Angaben zusammen:

	Erzeugnis der Gruppe A	Erzeugnis der Gruppe B	Erzeugnis der Gruppe C
Variable Kosten je Stück	63,60 €	81,25 €	43,40 €
Barverkaufspreis je Stück	75,60 €	90,00 €	50,40 €
Absatzmenge	15 600 Stück	13 400 Stück	18 000 Stück
Fixe Kosten insgesamt			192.500,00 €

   a) Berechnen Sie den Deckungsbeitrag für jede Ware und insgesamt sowie den Betriebserfolg.
   b) Werten Sie Ihre Ergebnisse im Hinblick auf die Umsatzrentabilität und die Wirtschaftlichkeit insgesamt sowie im Hinblick auf die Ertragskraft der einzel-nen Erzeugnisse aus. Die Ertragskraft misst sich daran, wie hoch der Prozent-anteil des Deckungsbeitrags an den Umsatzerlösen ist.
   c) Bei dem ertragsschwächsten Erzeugnis der Gruppe B sinkt der Absatz im Fol-gemonat auf 12 100 Stück ab. Das Erzeugnis C kann im Absatz auf 18 000 Stück gehalten werden. Wie viel Stück müssten vom Erzeugnis A verkauft werden, um den gleichen Gewinn wie im Vormonat zu erreichen?

6. In einem mittelständischen Unternehmen der Werkzeugherstellung werden vier Erzeugnisgruppen produziert. Den Betriebserfolg für den Monat Juli 01 ermittelt der Controller mithilfe der Deckungsbeitragsrechnung aufgrund folgender Angaben und Zahlen:

Erzeugnisgruppe	A	B	C	D
Verkaufspreis je Stück	94,25 €	67,50 €	98,20 €	51,60 €
Variable Kosten je Stück (Material/Löhne)	62,50 €	40,50 €	93,75 €	36,40 €
Absatz	4 640 Stück	5 520 Stück	4 120 Stück	1 980 Stück

Nach den Aufzeichnungen in der Betriebsergebnisrechnung betragen die übrigen Kosten im Monat Juli insgesamt 362.000,00 €. Sie gliedern sich wie folgt auf:

(Die variablen Kosten sind in der nachfolgenden Übersicht bereits auf die Erzeugnisgruppen verteilt worden.)

Kostenart	Betrag	Verhältnis variabel : fix	fixe Kosten	WG A	WG B	WG C	WG D
Aufwendungen für Betriebsstoffe	15.680,00	1 : 3		800,00	1.000,00	1.740,00	380,00
Energie, Treibstoffe	12.300,00	1 : 4		860,00	800,00	600,00	200,00
Frachten	21.620,00	variabel		6.290,00	4.700,00	8.510,00	2.120,00
Instandhaltung	18.200,00	2 : 3		2.000,00	1.480,00	3.100,00	700,00
Zeitlöhne	92.600,00	1 : 4		3.700,00	3.720,00	9.250,00	1.850,00
Gehälter	76.400,00	fix		—	—	—	—
Arbeitgeberanteil zur Sozialversicherung	43.600,00	1 : 7		1.100,00	1.100,00	2.700,00	550,00
Mietaufwendungen	5.800,00	fix		—	—	—	—
Aufwendungen für Kommunikation	31.500,00	3 : 2		3.700,00	4.600,00	8.700,00	1.900,00
Steuern, Beiträge	7.400,00	1 : 3		350,00	400,00	900,00	200,00
kalkulatorische Abschreibung	11.600,00	fix		—	—	—	—
kalkulatorische Zinsen	16.300,00	fix		—	—	—	—
kalkulatorischer Unternehmerlohn	9.000,00	fix		—	—	—	—
	362.000,00			18.800,00	17.800,00	35.500,00	7.900,00

a) Berechnen Sie die Deckungsbeiträge für jede Erzeugnisgruppe und insgesamt.
b) Berechnen Sie den Betriebserfolg. Was ergibt sich aus Ihrem Ergebnis hinsichtlich der Umsatzrentabilität?
c) Werten Sie Ihre Ergebnisse im Hinblick auf die Wirtschaftlichkeit aus.
   Ermitteln Sie die Ertragskraft der einzelnen Erzeugnisgruppen. Erläutern Sie die Erfolgssituation der Erzeugnisgruppe C.
d) Welche Maßnahmen muss der Unternehmer einleiten, um die Erfolgssituation zu verbessern?
e) Der Unternehmer könnte für die Erzeugnisgruppe C einen zusätzlichen Auftrag über 500 Stück erhalten, den er aber zum Stückpreis von 96,40 € abwickeln müsste. Zusätzliche fixe Kosten fallen nicht an. Lohnt es sich für ihn, den Auftrag unter diesen Bedingungen auszuführen? Welche Veränderung im Erfolg würde sich ergeben?

6060265

5.3
Betriebswirtschaftliche Entscheidungen auf der Grundlage des Stückdeckungsbeitrags treffen

5.3.1
Preisentscheidungen auf der Grundlage des Stückdeckungsbeitrags treffen

Situation   Klaus M. Heidtkötter erinnert sich an
den Kunden Steil KG, Köln, für den er einen Auftrag zu einem sehr niedrigen Preis
abgewickelt hat (vgl. Seite 255) und denkt ungern daran, wie schwierig es war,
geeignete und zuverlässige Zahlen für die damalige Entscheidung zu gewinnen. Er
will von Eric Sippel wissen, ob ihm die nun so aufwendig dargestellte Deckungsbeitragsrechnung schnell und verlässlich Aussagen liefert, bis zu welchem Mini-
malpreis er seine Erzeugnisse anbieten kann. Diese Information hilft ihm, sicherer
mit Kunden über Preise zu verhandeln.

Sippel bietet ihm drei grundsätzliche Entscheidungssituationen an:

1. Einen Zusatzauftrag zur Auslastung der Kapazität annehmen.
2. Den Betriebsgewinn und/oder die Kosten reduzieren, um Produkte generell
   preisgünstiger anbieten zu können.
3. Einer schwierigen Marktsituation durch Preissenkung begegnen.

Bezüglich der erstgenannten Entscheidungsmöglichkeit verweist Eric Sippel auf
die Aussagen, die er bezüglich eines Zusatzauftrags an anderer Stelle gegeben hat
(vgl. Seite 255) Die Möglichkeiten 2 und 3 betrachten wir im Anschluss an den folgenden Arbeitsauftrag.

Arbeitsauftrag

Zur Erinnerung lesen Sie nochmals auf den Seiten 255 ff. nach.

Welche der folgenden fünf Aussagen sind richtig? Begründen Sie bitte Ihre Wahl.

a) Sofern über die laufende Produktion bereits die gesamten fixen Kosten abgedeckt
   sind, lohnt es sich nur dann, einen Zusatzauftrag im Rahmen von freien Kapazitäten
   auszuführen, wenn der Deckungsbeitrag für diesen Auftrag größer als null ist.
b) Falls die laufende Produktion mit einem Betriebsverlust abschließt, lohnt es sich
   nur dann, einen Zusatzauftrag im Rahmen von freien Kapazitäten auszuführen,
   wenn der Deckungsbeitrag für diesen Auftrag größer als null ist.
c) Ein Zusatzauftrag wird immer ausgeführt, wenn der Deckungsbeitrag gleich null
   oder größer als null ist.
d) Ein Zusatzauftrag wird nur ausgeführt, wenn über die Umsatzerlöse dieses Auftrags außer den variablen Kosten auch ein Teil der fixen Kosten abgedeckt wird.
e) Schließt die (vorläufige) Deckungsbeitragskalkulation mit einem Betriebsgewinn
   ab, dann lohnt es sich immer dann einen Zusatzauftrag auszuführen, wenn dieser
   Auftrag mindestens die von ihm verursachten variablen Kosten deckt.

Situation (Fortsetzung)

zu 2. (siehe oben):

Mit dem Produkt *Bürostuhl* trifft die Heidtkötter KG auf einen transparenten und
durch Konkurrenz gekennzeichneten Markt. Heidtkötter spürt diese Situation an
rückläufigen Absatzzahlen und will rechtzeitig darauf reagieren, indem er den
Preis für Bürostühle senkt. Dadurch – so hofft er – kann er die Absatzmenge (= Beschäftigung) hoch halten. Für ihn stellt sich die Frage, um wie viel Euro er den

Preis für einen Bürostuhl senken kann, um gerade noch alle Kosten zu decken. Bisher verkauft er einen Bürostuhl für durchschnittlich 190,00 €. Für seine Entscheidung benutzt er die Zahlen der folgenden Tabelle.

Kalkulation	Erzeugnisgruppen				
	Bürostühle	Konferenz-systeme	Bürotische	Sonder-lösungen	gesamt
Leistungen insgesamt	6.270.500,00	6.121.750,00	6.176.900,00	4.721.850,00	23.291.000,00
− variable Kosten	3.705.000,00	3.671.000,00	4.002.000,00	3.040.000,00	14.418.000,00
= Deckungsbeiträge	2.565.500,00	2.450.750,00	2.174.900,00	1.681.850,00	8.873.000,00
− fixe Kosten insgesamt					8.083.350,00
= Betriebserfolg					789.650,00
Produktionszahlen in Stück	33 000	684	17 500	1 203	—
Absatzzahlen in Stück	33 000	681	17 500	1 200	—

Arbeitsauftrag

Berechnen Sie den Preis für einen Bürostuhl, zu dem bei der derzeitigen Absatzsituation gerade noch alle Kosten gedeckt werden, und bestimmen Sie damit die Preisspanne, innerhalb der Klaus M. Heidtkötter eine Preisentscheidung treffen kann.

Preisuntergrenze

Arbeitshilfe

Wenn also durch die Leistungen gerade noch alle Kosten gedeckt sein sollen, erwirtschaftet das Unternehmen keinen Gewinn mehr. Beim Produkt *Bürostuhl* soll also der Deckungsbeitrag so niedrig ausfallen, dass die Summe aller Deckungsbeiträge den fixen Kosten entspricht.

Die folgende Tabelle gibt diese Situation wieder.

Kalkulation	Erzeugnisgruppen				
	Bürostühle	Konferenz-systeme	Bürotische	Sonder-lösungen	gesamt
Leistungen insgesamt	?	6.121.750,00	6.176.900,00	4.721.500,00	?
− variable Kosten	3.705.000,00	3.671.000,00	4.002.000,00	3.040.000,00	14.418.000,00
= Deckungsbeiträge	?	2.450.750,00	2.174.900,00	1.681.500,00	?
− fixe Kosten insgesamt					8.083.350,00
= Betriebserfolg					0

Situation

Eine ganz andere Strategie verfolgt Klaus M. Heidtkötter, um die **Absatzzahlen** für das noch „junge" Produkt *communicTable* (= Sonderlösungen) zu steigern. Er verkauft die *communicTable* bisher „versuchsweise" aufgrund seiner Kenntnisse der Marktsituation zu einem durchschnittlichen Preis von 3.925,00 €. Mit den bisherigen Ergebnissen ist er nicht zufrieden; schließlich erbringt dieses Produkt die schlechteste Deckungsbeitragsquote (= $\frac{\text{Deckungsbeitrag}}{\text{Leistung}}$) von allen Produkten. Er will die Deckungsbeitragsquote auf mindestens 38 % anheben. Das hofft er zu erreichen, indem er den Preis auf 3.770,00 € je *communicTable* senkt und dadurch eine Absatzsteigerung um 7 % erwartet. Die Kostensituation soll sich durch diese Maßnahme nicht verändern.

Die nachfolgende Tabelle gibt die **Absatzsituation** vor der geplanten Preissenkung wieder. Beachten Sie, dass die **Mehrbestände** aus den Leistungen und aus den variablen Kosten herausgenommen sind.

→

Kalkulation	Erzeugnisgruppen				
	Bürostühle	Konferenz-systeme	Bürotische	Sonder-lösungen	gesamt
Leistungen (ohne Mehrbestände)	6.270.500,00	6.094.900,00	6.176.900,00	4.710.400,00	23.252.700,00
– **variable Kosten** (ohne Mehrbestände)	3.705.000,00	3.644.150,00	4.002.000,00	3.028.550,00	14.379.700,00
= **Deckungsbeiträge**	2.565.500,00	2.450.750,00	2.174.900,00	1.681.850,00	8.873.000,00
– **fixe Kosten** insgesamt					8.083.350,00
= **Betriebserfolg**					789.650,00
Absatzzahlen in Stück	33 000	681	17 500	1 200	—
Verkaufspreise je Stück	190,00	8.950,00	353,00	3.925,00	—

Arbeitsaufträge

1. Prüfen Sie, ob die geplante Preissenkung und die erwartete Absatzsteigerung zu einer Erhöhung des Deckungsbeitrags für das Produkt *communicTable* führt.

   Sie können die Prüfung auf unterschiedlichen Wegen durchführen:

   a) Sie erstellen eine Plankalkulation nach dem oben gezeigten Muster auf der Grundlage der veränderten Zahlen.

   b) Sie ermitteln den Stückdeckungsbeitrag, der nach der Preissenkung pro Stück erzielt wird, und prüfen, ob die höhere Absatzzahl einen höheren Deckungsbeitrag als zuvor erbringt:

Stückkalkulation	Gruppe „*communicTable*" (Sonderlösungen)
Nettoverkaufspreis (neu)	
– variable Kosten je Stück (kv)	
= Stückdeckungsbeitrag (db)	

2. Falls die Planung nicht zum gewünschten Ziel (höhere Deckungsbeitragsquote) führt, muss Heidtkötter nach sinnvollen Alternativen suchen:

   a) *Den Absatz so weit steigern, dass mindestens ein Deckungsbeitrag erreicht wird, der dem Ziel entspricht.*

   Zeigen Sie, ab wie viel Prozent und Stück dies der Fall wäre.

   b) *Den Preis so weit senken, dass bei der erwarteten Absatzzunahme ein Deckungsbeitrag erreicht wird, der dem Ziel entspricht.*

   Ermitteln Sie, ab welchem Preis dieses Ziel erreicht wird.

   c) *Wenn geplante Preissenkung und erwartete Absatzzunahme unverändert bleiben sollen, kann das Ziel dadurch erreicht werden, dass die variablen Kosten gesenkt werden.*

   Um wie viel Euro müssten dann die variablen Kosten insgesamt und je *communicTable* vermindert werden?

3. Bei der Produktions- und Absatzplanung für das kommende Geschäftsjahr ist für Klaus M. Heidtkötter folgende Überlegung zielführend: Er will die Deckungsbeitragsquote für die Produktgruppe *communicTable* auf **40 %** steigern und zugleich den bisherigen Deckungsbeitrag erhöhen. Er hofft dieses Ziel durch folgende kombinierte Maßnahmen zu erreichen:

   ■ Absenkung des bisherigen Verkaufspreises um 4 %

   ■ Verringerung der variablen Stückkosten um 200,00 € je *communicTable* durch rationellere Fertigungs- und Montageverfahren

   ■ Erhöhung des Absatzes um 8 %

   Zeigen Sie über einen von Ihnen gewählten Rechenweg, inwieweit durch die obigen Maßnahmen das Ziel teilweise oder ganz erreicht wird.

Situation (Fortsetzung)

zu 3. (siehe Situation auf Seite 266):

Befindet sich ein Unternehmen vorübergehend in einer bedrohlichen Lage (Kennzeichen: Betriebsverlust, schlechte Liquidität, unzureichende Rentabilität), so hilft die Deckungsbeitragsrechnung, Entscheidungen zu treffen, um die Krise zu überstehen. Das notwendige Entscheidungsinstrument stellt die Deckungsbeitragsrechnung dadurch zur Verfügung, dass sie zwischen variablen und fixen Kosten unterscheidet.

› INFO-Teil
LF 4, Kap. 5.3

Sie wissen aus den Texten im INFO-Teil, dass die fixen Kosten
- den Betrieb produktionsfähig halten,
- in jeder Abrechnungsperiode in annähernd gleicher Höhe anfallen,
- auch dann anfallen, wenn der Betrieb nicht produziert,
- i. d. R. kurzfristig nicht zu Geldausgaben führen.

Mithin ist ein Unternehmen kurzfristig überlebensfähig, wenn es seine Erzeugnisse zur Erhaltung des Absatzes zu Preisen verkauft, über die nur noch die variablen Kosten, aber nicht mehr die fixen Kosten gedeckt werden (= **absolute Preisuntergrenze**). Genauer: Diejenigen Kosten müssen über die Preise erwirtschaftet werden, die kurzfristig zu **Ausgaben** führen.

Arbeitsaufträge

1. Bestimmen Sie anhand der folgenden Tabelle die absoluten Preisuntergrenzen für jede Produktgruppe.

Kalkulation	Erzeugnisgruppen				
	Bürostühle	**Konferenz-systeme**	**Bürotische**	**Sonder-lösungen**	**gesamt**
Leistungen (ohne Mehrbestände)	6.270.500,00	6.094.900,00	6.176.900,00	4.710.400,00	23.252.700,00
– **variable Kosten** (ohne Mehrbestände)	3.705.000,00	3.644.150,00	4.002.000,00	3.028.550,00	14.379.700,00
= **Deckungsbeiträge**	2.565.500,00	2.450.750,00	2.174.900,00	1.681.850,00	8.873.000,00
– **fixe Kosten** insgesamt					8.083.350,00
= **Betriebserfolg**					789.650,00
Absatzzahlen in Stück	33 000	681	17 500	1 200	—

2. Weisen Sie an Beispielen nach,
   a) dass die variablen Kosten kurzfristige Ausgaben darstellen,
   b) dass es in der Kostenaufstellung auf Seite 269 kurzfristige Ausgaben gibt, die dort nicht als variable Kosten, sondern als fixe Kosten ausgewiesen sind.

Vertiefende Übungen

1. In einem Unternehmen der Papierindustrie wird der Stückdeckungsbeitrag für eine Palette Kopierpapier bisher wie folgt kalkuliert:

Barverkaufspreis	925,00 €
Aufwendungen für Rohstoffe	620,00 €
– sonstige variable Stückkosten	130,00 €
= Stückdeckungsbeitrag	175,00 €

Aufgrund gestiegener Rohstoffpreise verteuert sich für den Unternehmer der Einkaufspreis um 25,00 € je Palette. Der Unternehmer will nun den Barverkaufspreis um 4 % heraufsetzen. Durch diese Maßnahme rechnet er im schlimmsten Fall mit ⟶

Vertiefende Übungen (Fortsetzung)

einem Rückgang des Absatzes von bisher 2 800 Paletten/Monat auf 2 650 Paletten/Monat. Seine sonstigen Kosten verändern sich nicht.

Seine Entscheidung, den Verkaufspreis um 4 % anzuheben, macht der Unternehmer davon abhängig, wie sich die veränderte Absatzsituation auf den Erfolg auswirkt.

2. Ein Hersteller erzielt beim Verkauf von je 1 000 Rollen Packpapier Stückdeckungsbeiträge von je 800,00 €. Der Unternehmer will erreichen, dass dieses Erzeugnis einen Deckungsbeitrag von mindestens 340.000,00 € im Monat erbringt.

   a) Wie viele Kartons zu je 1 000 Rollen müsste er im Monat mindestens absetzen, um dieses Ziel zu erreichen?

   b) Würde sich seine Erfolgssituation verbessern, wenn er den Stückdeckungsbeitrag um 4 % absenkt und dadurch mit einer Absatzzunahme um 8 % rechnen kann?

3. Ein Industriebetrieb, der Fußbodenbeläge produziert, stellt in einem abgetrennten Produktionsbereich „Landhausdielen" aus Massivholz her, die er seinen Kunden zum Preis von 25,50 € je m^2 anbietet. Er bezieht die Rohdielen vom Sägewerk zum Preis von 16,50 € je m^2. Die variablen Handlungskosten kalkuliert der Unternehmer mit 3,00 € je m^2. An fixen Kosten fallen im Produktionsbereich monatlich 10.800,00 € an.

   a) Wie viele m^2 muss der Industriebetrieb im Monat absetzen, um gerade alle Kosten abzudecken? Gehen Sie bei Ihren Lösungsüberlegungen davon aus, dass der Stückdeckungsbeitrag multipliziert mit der gesuchten Menge genau den Betrag der fixen Kosten ergibt.

   b) Die Beziehung zwischen dem Stückdeckungsbeitrag, der Absatzmenge und den fixen Kosten lässt sich mathematisch in einer linearen Gewinnfunktion erfassen:

   $$G(x) = 6 \cdot x - 10.800,00 \ €$$

   Stellen Sie diese Gleichung im Koordinatensystem grafisch dar und kennzeichnen Sie den Punkt, an dem die Gewinnschwellenmenge (= Break-even-Point) liegt.

   c) Treffen Sie Aussagen über die Erfolgssituationen, die sich bei einer Absatzmenge von 3 200 m^2 bzw. bei einer Absatzmenge von 1 400 m^2 einstellen würden.

   d) Für die Zukunft rechnet der Unternehmer mit einer stabilen Absatzlage, die sich bei etwa 3 000 m^2 je Monat einpendeln wird. Welchen Preisspielraum hätte der Unternehmer in dieser Situation bis zum kostendeckenden Preis (= langfristige Preisuntergrenze)?

   e) Im fast abgelaufenen Monat Juli rechnet der Unternehmer mit einer Absatzmenge von 2 800 m^2. Überraschend erhält er von einem neuen Kunden den Auftrag zur Lieferung von 500 m^2 Dielen. Der Kunde verlangt, dass der Auftrag zum Preis von 21,50 € je m^2 ausgeführt wird. Sollte der Großhändler den Auftrag annehmen? Mit welcher Auswirkung auf den Erfolg kann er dann rechnen?

4. Nehmen Sie an, die Heidtkötter KG hätte bis zum 25. des laufenden Monats u. a. 5 000 Bürostühle zum Stückpreis von 190,00 € verkauft. Diese Stühle stellt die Heidtkötter KG zu Selbstkosten von 179,31 € her. Ein Kunde bestellt am 25. des Monats 1 500 Konferenzstühle, die er zum Stückpreis von 145,00 € erwerben will. Klaus M. Heidtkötter kann kurzfristig liefern. Er will den Auftrag aber nur annehmen, wenn sich dadurch der Gewinn erhöht.

   a) Wie entscheidet sich Klaus M. Heidtkötter?

   b) Erstellen Sie eine Kalkulation als Grundlage für diese Entscheidung.

5.3.2
Das Produktionsprogramm mithilfe der Deckungsbeitragsrechnung optimieren

Situation   Klaus M. Heidtkötter weiß, dass die Produktion des vergangenen Jahres im Rahmen vorhandener Kapazität bewältigt werden konnte und dass sein Unternehmen darüber hinaus über freie Kapazitäten verfügt. Er analysiert die Fertigungssituation in der **Fließfertigung,** in der die **Stuhlserien** *ongis* und *siri* sowie die **Tischserien** *signum* und *elegance* hergestellt werden. Aus der Arbeitsvorbereitung liegen ihm folgende Zahlen vor:

■ Im Durchschnitt des vergangenen Geschäftsjahres waren in der Herstellung und in der Montage von **Stühlen** und **Tischen** insgesamt 25 Arbeitnehmer eingesetzt. Die tarifliche Arbeitszeit betrug 48 Wochen zu je 38,5 Stunden. Daraus errechnet Klaus M. Heidtkötter eine maximale Gesamtarbeitszeit von **46 200 Stunden/Jahr.**

■ Die tatsächliche Produktion mit den durchschnittlichen Montagezeiten und den verbrauchten Arbeitsstunden entnimmt er der folgenden Aufstellung:

Kalkulation	Erzeugnisgruppen				
	Bürostuhl *ongis*	Bürostuhl *siri*	Bürotisch *signum*	Bürotisch *elegance*	gesamt
Fertigungs- und Montagezeit für 1 Erzeugnis (in Minuten)	42	30	90	48	
Produktionsmenge im Geschäftsjahr 01	8 000	25 000	7 500	10 000	
Arbeitszeit insgesamt in Stunden (Geschäftsjahr 01)	5 600	12 500	11 250	8 000	**37 350**

■ Nach dieser Rechnung ist die Maximalkapazität zu 80,1 % ausgelastet; das Unternehmen verfügt über freie Kapazitäten von **8 850 Stunden/Jahr.**

Heidtkötter will diese freie Kapazität zur Produktionsausweitung nutzen und zugleich die Serienfertigung so ausrichten, dass sie effektiver (gewinnbringender) abläuft. Er nutzt dazu den sogenannten **relativen Deckungsbeitrag,** der ihm eine Aussage darüber liefert, in welcher **Rangfolge** die einzelnen Erzeugnisgruppen zu fertigen sind, um den größtmöglichen Erfolg zu erzielen. Die Erzeugnisgruppen mit den höchsten relativen Deckungsbeiträgen werden im Rahmen des geplanten Absatzes vorrangig gefertigt.

$$\text{Relativer Deckungsbeitrag} = \frac{\text{Stückdeckungsbeitrag}}{\text{Montagezeit}}$$

In der nachfolgenden Tabelle hat er die entscheidungsrelevanten Leistungen und Kosten zusammengestellt:

Kalkulation	Erzeugnisgruppen				
	Bürostuhl *ongis*	Bürostuhl *siri*	Bürotisch *signum*	Bürotisch *elegance*	gesamt
Leistungen insgesamt	2.050.000,00	4.220.500,00	3.786.000,00	2.390.900,00	12.447.400,00
– variable Kosten	915.000,00	2.770.000,00	2.222.000,00	1.780.000,00	7.687.000,00
= Deckungsbeiträge	1.135.000,00	1.450.500,00	1.564.000,00	610.900,00	4.760.400,00
– fixe Kosten insgesamt	bezogen auf den Bereich der Fließfertigung				4.255.400,00
= Betriebserfolg					505.000,00
Produktionszahlen (Stück)	8 000	25 000	7 500	10 000	—
Absatzplanung für das Geschäftsjahr 02	9 000	27 000	8 500	11 000	

Arbeitsaufträge

1. Errechnen Sie die Stückdeckungsbeiträge, indem Sie die Deckungsbeiträge durch die Produktionszahlen dividieren.

2. Ermitteln Sie die relativen Deckungsbeiträge in **€/Min.** mit drei Nachkommastellen und stellen Sie sie nach ihrer Höhe geordnet in folgender Tabelle zusammen:

Produktgruppe	Stückdeckungs-beitrag (db)	Fertigungs- und Montage-zeit in Minuten	relativer Deckungsbeitrag (€/Min.)
ongis			
signum			
siri			
elegance			

3. Prüfen Sie anhand der folgenden Rechentabelle, ob die verfügbare Kapazität ausreicht, um die geplanten Absatzmengen auch produzieren zu können.
   Wie hoch wäre der Auslastungsgrad?

Rang	Erzeugnis-gruppe	Absatz (geplant)	Fertigungs- und Montagezeit je Stück	Fertigungs- und Montagezeit insgesamt in Minuten	Fertigungs- und Montagezeit in Stunden
I					
II					
III					
IV					

4. Untersuchen Sie die Auswirkung der Absatzplanung auf den Betriebserfolg. Um wie viel Prozent könnte der Betriebsgewinn gegenüber dem Vorjahr gesteigert werden? Mit wie viel Prozent Absatzsteigerung je Produktgruppe könnte dieses Ergebnis erzielt werden?

Rang	Erzeugnisgruppe	Absatz (geplant)	Stückdeckungsbeitrag (db)	Deckungsbeitrag insgesamt
I				
II				
III				
IV				
Summe der Deckungsbeiträge				
– fixe Kosten (unverändert)				
= Betriebserfolg				

5. Denken Sie darüber nach, inwieweit das Wissen um relative Deckungsbeiträge dem Unternehmer hilft, absatzpolitische Maßnahmen gezielter einzusetzen.

6. Die relativen Stückdeckungsbeiträge stellen auch dann eine Entscheidungshilfe für die Rangfolge in der Produktion dar, wenn z. B. die Gesamtarbeitszeit zum Engpass wird. Nehmen Sie folgende Situation an: Bei sonst gleichen Zahlen betragen die Fertigungs- und Montagezeiten je Produktionseinheit:

Kalkulation	Erzeugnisgruppen				
	Bürostuhl *ongis*	Bürostuhl *siri*	Bürotisch *signum*	Bürotisch *elegance*	gesamt
Fertigungs- und Montagezeit für 1 Erzeugnis (in Minuten)	48	30	114	54	—

In diesem Fall reicht die Gesamtarbeitszeit nicht mehr aus, um von allen Erzeugnissen die geplante Stückzahl herzustellen. Klaus M. Heidtkötter richtet die Produktion so aus, dass das ertragsschwächste Produkt nur noch mit einer so hohen Stückzahl hergestellt wird, wie es die verbleibende Arbeitszeit ermöglicht.

Bestimmen Sie, in welcher Rangfolge die Erzeugnisse herzustellen sind und wie viele Einheiten von jedem Erzeugnis im Rahmen der Gesamtarbeitszeit hergestellt werden können.

Geben Sie den bei dieser Produktionsausrichtung erzielbaren Betriebsgewinn an.

Vertiefende Übungen

1. Die Calculator GmbH fertigt vier in den Funktionen unterschiedliche Taschenrechner unter folgenden Bedingungen:

	Gerätetyp CA I	Gerätetyp CA II	Gerätetyp CA III	Gerätetyp CA IV
Nettoverkaufspreise	44,00 €	30,75 €	59,00 €	35,60 €
variable Stückkosten	22,10 €	18,50 €	28,60 €	22,20 €
Montagezeiten (Minuten)	5	3	6	4
absetzbare Mengen (Stück)	75 000	65 000	40 000	48 000

Es wird vorausgesetzt, dass alle absetzbaren Mengen auch im Rahmen der vorhandenen Kapazität hergestellt werden können. Einzige Ausnahme stellt die Montageabteilung dar, die mit monatlich 16 000 Arbeitsstunden den Produktionsengpass bildet. Das hat zur Folge, dass selbst bei maximaler Auslastung der Montageabteilung nicht alle absetzbaren Rechner hergestellt werden können. Der Controller beabsichtigt daher, die Produktion nach relativen Deckungsbeiträgen auszurichten. Es sollen vorrangig die Rechner hergestellt werden, die die höheren relativen Deckungsbeiträge erwirtschaften.

a) Ermitteln Sie die relativen Deckungsbeiträge und geben Sie die Rangfolge an, in der die Rechner produziert werden.

b) Bestimmen Sie die Produktionsmenge des rangschwächsten Gerätetyps.

c) Berechnen Sie den Betriebsgewinn, wenn die fixen Kosten mit 2.815.750,00 € veranschlagt werden.

d) Mit welchem durchschnittlichen Gewinnzuschlag – bezogen auf die Selbstkosten – kann das Unternehmen kalkulieren?

e) Um alle absetzbaren Mengen auch herstellen zu können, müssten die monatlichen Arbeitsstunden in der Montageabteilung erhöht werden. Das ist nur durch zusätzliche Investitionen möglich. Diese Investitionen verursachen je zusätzlicher Montagestunde 150,00 € fixe Kosten.

Berechnen Sie, wie hoch die zusätzlichen fixen Kosten wären, wenn alle absetzbaren Rechner produziert werden sollen. Weisen Sie rechnerisch nach, dass sich diese Investition durch einen höheren Betriebsgewinn lohnen würde.

2. In der Montageabteilung der Meyer Geräte GmbH soll ein neuer Gerätetyp G100 gefertigt werden, obwohl diese Abteilung bereits mit der bisherigen Produktion von drei anderen Gerätetypen an der Kapazitätsgrenze von 2 500 Stunden/Monat arbeitet. Eine Ausweitung der Kapazität ist kurzfristig nicht möglich, sodass der neue Gerätetyp G100 nur gefertigt werden kann, wenn ein anderer Gerätetyp ganz oder teilweise aus der Montage herausfällt. Die Entscheidung soll sich danach richten, welche Kombination den höchsten Deckungsbeitrag insgesamt und damit bei unveränderten fixen Kosten auch den höchsten Gewinn erbringt.

Folgende Daten liegen vor:

	Gerätetyp G20	Gerätetyp G40	Gerätetyp G80	Gerätetyp G100
Nettoverkaufspreise	46,60 €	62,50 €	72,00 €	81,00 €
variable Stückkosten	28,40 €	36.50 €	39,50 €	42,40 €
Montagezeiten (Minuten)	7,5	10	12	15
Produktions-(= Absatz-)Menge (Stück)	6 000	5 500	4 000	2 500

→

Vertiefende Übungen (Fortsetzung)

Der Controller bereitet die Entscheidung durch alternative Rechnungen vor:

■ Er stellt zunächst fest, wie hoch die Kapazitätsauslastung der bisherigen Produktion der Geräte G20, G40 und G80 ist und welcher Deckungsbeitrag dabei insgesamt erzielt wird.

■ Danach stellt er eine Rechnung auf, in der die Produktion nach den relativen Deckungsbeiträgen ausgerichtet wird. Das in der Rangfolge schwächste Gerät wird dann nur noch im Rahmen der verbleibenden Reststunden montiert.

■ Schließlich überlegt er, ob die Ertragssituation dadurch verbessert werden kann, dass das in der Rangfolge schwächste Gerät ganz aus der Montage herausgenommen wird. Die verbleibenden Montagestunden sollen dann auf die Herstellung desjenigen Gerätes gelegt werden, das den höchsten relativen Deckungsbeitrag erzielt.

Prüfen Sie die Alternativen und geben Sie eine Empfehlung.

3. Das mittelständische Unternehmen Fricke & Sohn KG stellt u. a. Badarmaturen her. Die Maximalkapazität von 80 000 Stück im Monat ist zurzeit zu 75 % ausgelastet. Für den Monat Oktober liegen folgende Zahlen vor:

Umsatzerlöse	variable Gesamtkosten	fixe Kosten
3.960.000,00 €	2.124.000,00 €	1.411.000,00 €

Für den kommenden Monat rechnet der Unternehmer mit einem saisonal bedingten Absatzrückgang um 10 %. Auf diese vermutete Entwicklung will sich Herr Fricke einstellen:

■ Eine Möglichkeit wäre, die verringerte Menge zu einem so hohen Preis abzusetzen, dass der bisherige Umsatz in etwa gehalten werden kann. Einen Umsatzrückgang um 4 % würde Herr Fricke hinnehmen. Die Marktsituation schätzt er so ein, dass eine Preiserhöhung um 7 % durchsetzbar sein kann.

■ Es ist durchaus wahrscheinlich, dass die Kunden keine Preiserhöhung akzeptieren – insbesondere nicht in Zeiten saisonaler Einbrüche. Für diesen Fall prüft Herr Fricke, welchen Gewinnrückgang er hinnehmen müsste, wenn er die verringerte Menge zum bisherigen Preis absetzt, bei unveränderten fixen Kosten.

■ Er hält die Situation für realistisch, dass er bei einer Preissenkung um 8 % den Absatzrückgang verhindern kann, weil er dann Abnehmer von anderen Herstellern auf sich lenkt.

    Welche Auswirkung auf den Gewinn hätte diese Maßnahme?

■ Schließlich „spielt" er die Situation durch, dass er einen Absatzrückgang um 10 % hinnehmen muss, wenn er den bisherigen Preis beibehält. Er kann diesen Absatzrückgang aber durch Zusatzaufträge kompensieren. Die Zusatzaufträge müsste er dann allerdings zum Stückpreis von 40,20 € abrechnen.

Prüfen Sie die Alternativen und geben Sie eine Empfehlung, in der neben der Preis- und Gewinnsituation auch die Auswirkungen auf die Beschäftigung beachtet werden.

5.3.3
Was ist für die Heidtkötter KG lohnender:
Eigenfertigung oder Fremdbezug?

Situation   Eric Sippel macht Klaus M. Heidtkötter darauf aufmerksam, dass es zu der zuvor erarbeiteten Überlegung, freie Kapazitäten in der Fertigung und in der Montage zur Ausweitung des Absatzes zu nutzen, auch eine Alternative gibt. Er fragt ihn, ob es für die Heidtkötter KG im nächsten Jahr nicht gewinnbringender wäre, die noch freien Maschinen- und Arbeitszeiten bspw. dafür einzusetzen, **Sitz- und Rückenschalen für Bürostühle** *siri* selbst herzustellen, die zurzeit von der Günther & Vitsmeier GmbH & Co. KG bezogen werden. Die entsprechenden Werkzeuge sind vorhanden, da ähnliche Schalen bereits für die Bürostühle *ongis* selbst hergestellt werden. Vorteile sieht er u. a. darin, dass die Beschäftigung im eigenen Unternehmen erhöht und zusätzlich Kosten eingespart werden könnten. Gemeinsam gehen sie den Fragen nach, die sie für eine solche Entscheidung beantworten müssen:

1. Wie hoch ist der Bezugspreis für diese Schalen zurzeit?

Zur Klärung dieser Frage liegen folgende Angaben vor:

- Listeneinkaufspreis für einen Satz Schalen   12,50 €
- Jahresbezugsmenge ca. 25 000 Sätze, darauf Mengenrabatt   10,0 %
- Zahlungsbedingungen: Einkaufsskonto   2,0 %
- Bezugskosten (vom Bareinkaufspreis)   0,5 %

2. Lassen sich 25 000 Sätze Schalen auf den vorhandenen Maschinen und mit den vorhandenen Werkzeugen innerhalb der freien Kapazität (vgl. Seite 271) herstellen?

Aus der Arbeitzeitmessung anlässlich einer Musterfertigung liegen folgende Zahlen vor:

- Einfüllen und Schmelzen des Granulats je 100 kg   10 Min.
- Einfüllen der Fließmasse in zwei parallel arbeitende Formen
  und Pressen von zwei Formteilen (= 1 Satz)   4 Min.
- Entgraten und Kantenschleifen je Satz   3 Min.
- Bohren der Montagelöcher je Satz   2 Min.

3. Wie hoch sind die variablen Herstellkosten einer solchen Produktion unter folgenden Bedingungen?

- Das Kunststoffgranulat kann zum Preis von 120,00 € je 100 kg eingekauft werden.
  Für einen Satz Schalen werden 3 kg Granulat benötigt.
- Die erforderlichen Maschinen zum Schmelzen, Gießen, Pressen, Entgraten und Bohren sind vorhanden. Die Abschreibungen auf diese Maschinen sind in den bereits kalkulierten fixen Kosten der laufenden Produktion enthalten und entfallen hier.
- Die Energiekosten betragen pro Maschinenstunde insgesamt ca. 10,00 €.
- Die erforderlichen Arbeitskräfte stehen zur Verfügung. Sie werden über Zeitlöhne bezahlt. Diese Löhne sind bereits in der bisherigen Produktion erfasst. Der Einsatz dieser Arbeitskräfte in dieser Fertigung verursacht also keine weiteren Lohnkosten.
- Variable Gemeinkosten werden mit 15 % auf die Einzelkosten pauschal eingerechnet.

→

Arbeitsaufträge

1. Prüfen Sie, ob die Eigenfertigung der (Sitz- und Rücken-)Schalen im Rahmen der freien Kapazität möglich ist.

2. Kalkulieren Sie den Bezugspreis beim Fremdbezug und stellen Sie dieser Kalkulation die Berechnung der Kosten bei Eigenfertigung gegenüber.

3. Welchen Kostenvorteil bringt die günstigere Variante je Schalensatz und insgesamt?

4. Um wie viel Prozent verbessert sich die Auslastung (= Beschäftigung)?

Vertiefende Übungen

1. Das Unternehmen Max Werner KG stellt Büromöbel her, u. a. Bürostühle mit Drehgestellen. Das Unternehmen bezieht die Drehgestelle bisher von der Metallwarenfabrik Schneider OHG zu folgenden Bedingungen:

   ■ Listeneinkaufspreis 49,15 € je Stück; bei Abnahme von 8 000 Stück mit 10 % Rabatt

   ■ 2 % Skonto bei Zahlung innerhalb der vereinbarten Zahlungsfrist

   Die Bezugskosten kalkuliert Herr Werner mit 1,5 % pauschal auf den Bareinkaufspreis. Das Unternehmen verfügt über freie Kapazitäten und Ressourcen, sodass die Drehgestelle im eigenen Unternehmen zu folgenden Bedingungen selbst hergestellt werden können:

Rohstoffaufwand je Drehgestell	12,40 €
Hilfsstoffaufwand je Drehgestell	4,60 €

   Die erforderlichen Maschinen zum Trennen, Biegen, Entgraten, Polieren und Lackieren sind vorhanden. Die Abschreibungen auf diese Maschinen sind in den bereits kalkulierten fixen Kosten der laufenden Produktion enthalten und entfallen hier.

   Für die Produktion von 8 000 Drehgestellen werden 1 600 Arbeits-/Maschinenstunden veranschlagt. Die Energiekosten betragen pro Maschinenstunde ca. 45,00 €.

   Die erforderlichen Arbeitskräfte stehen zur Verfügung. Sie werden über Zeitlöhne bezahlt. Diese Löhne sind bereits in der bisherigen Produktion erfasst. Ihr Einsatz in dieser Fertigung verursacht also keine weiteren Lohnkosten.

   Variable Gemeinkosten werden mit 15 % auf die Einzelkosten pauschal eingerechnet.

   a) Kalkulieren Sie den Bezugspreis beim Fremdbezug und stellen Sie dieser Kalkulation die Berechnung der variablen Herstellkosten bei Eigenfertigung gegenüber.

   b) Welchen Kostenvorteil bringt die günstigere Variante je Gestell und insgesamt?

2. Die Elektrogeräte Sielac GmbH stellt u. a. Luftentfeuchter her. Die Gehäuse für diese Geräte bezieht das Unternehmen bisher von der Metallwarenfabrik Kruse KG zu folgenden Bedingungen:

   ■ Listeneinkaufspreis: 16,20 €/Gehäuse

   ■ Mengenrabatt bei Abnahme von mindestens 5 000 Gehäusen: 8 %

   ■ Zahlungsbedingung: 10 Tage mit 1,5 % Skonto, 30 Tage ohne Abzug

   Die Bezugskosten kalkuliert die Sielac GmbH mit durchschnittlich 2,0 % auf den Bareinkaufspreis.

   Da die Sielac GmbH über freie Kapazitäten verfügt und die erforderlichen Ressourcen zur Herstellung der Gehäuse im eigenen Unternehmen besitzt, wird die Eigenfertigung zu folgenden Bedingungen geplant:

Rohstoffaufwand je Gehäuse	4,80 €
Hilfsstoffaufwand je Gehäuse	1,25 €

Die erforderlichen Maschinen sind vorhanden. Die Abschreibungen auf diese Maschinen sind in den bereits kalkulierten fixen Kosten der laufenden Produktion enthalten und entfallen hier.

Für die Produktion von 5 000 Gehäusen werden 600 Arbeits-/Maschinenstunden veranschlagt. Die Energiekosten betragen pro Maschinenstunde 55,00 €.

Die erforderlichen Arbeitskräfte stehen zur Verfügung. Sie werden über Zeitlöhne bezahlt. Diese Löhne sind bereits in der bisherigen Produktion erfasst. Ihr Einsatz in dieser Fertigung verursacht also keine weiteren Lohnkosten.

Variable Gemeinkosten werden mit 20 % auf die Einzelkosten pauschal eingerechnet.

a) Kalkulieren Sie den Bezugspreis beim Fremdbezug und stellen Sie dieser Kalkulation die Berechnung der variablen Herstellkosten bei Eigenfertigung gegenüber.

b) Welchen Kostenvorteil bringt die günstigere Variante je Gehäuse und insgesamt?

3. Die Siebert Überwachungstechnik GmbH, Goslar, bezieht eine elektronische Schaltung, die in eigene Erzeugnisse (elektronische Überwachungssysteme) eingebaut wird, bisher zu folgenden Bedingungen von der Electronic-Service GmbH, Leipzig:

Listeneinkaufspreis je Schaltung	27,50 €
Mengenrabatt bei Abnahme von:	
5 000 bis 10 000 Schaltungen	8,0 %
10 000 bis 15 000 Schaltungen	10,0 %
mehr als 15 000 Schaltungen	12,0 %
Zahlungsbedingung: Skontoabzug bei Zahlung innerhalb von 10 Tagen	2,0 %
Bezugskosten, pauschal vom Bareinkaufspreis	0,5 %

Das Unternehmen verfügt über freie Kapazitäten, die es ihm gestatten, ab dem nächsten Jahr bis zu 20 000 elektronische Schaltungen je Monat unter folgenden Bedingungen selbst zu fertigen:

Rohstoffaufwand je Schaltung (Platine, elektronische Bauteile)	6,40 €
Hilfsstoffaufwand je Schaltung (Lötdraht, Leitungsdraht, Schrauben u. Muttern)	1,10 €
Variable Materialgemeinkosten auf den Rohstoffaufwand	6,0 %
Variable Löhne je Schaltung	9,50 €
Variable Fertigungsgemeinkosten auf die Löhne	65,0 %

Der Absatz der elektronischen Überwachungssysteme, in die die Schaltung eingebaut ist, betrug im vergangenen Jahr durchschnittlich 12 000 Stück/Monat; er wird für die Zukunft mit monatlichen Wachstumsraten von 5 % prognostiziert.

Prüfen Sie, ob – bezogen auf das erste Halbjahr – die Eigenfertigung günstiger ist als der Fremdbezug. Legen Sie für den Vergleich die durchschnittliche Absatzmenge zugrunde. Runden Sie für Ihre Rechnung diese Menge auf glatte 100 Stück.

5

Leistungserstellungsprozesse planen, steuern und kontrollieren

Leitidee „Leistungserstellungsprozesse planen, steuern und kontrollieren" beschreibt einen wichtigen Kernprozess im Industriebetrieb. Letztlich bildet dieser die Grundlage für ein auf Dauer wettbewerbsfähiges Unternehmen.

Was verbinden Sie bislang mit dem Leistungserstellungsprozess in Ihrem Betrieb? – Vielleicht stimmen Sie einem oder mehreren der folgenden Aspekte zu:

- Sie sind beeindruckt von der Sauberkeit in den Produktionshallen und dem reibungslosen Ablauf des Produktionsprozesses.
- Sie haben sich schon gefragt, warum Ihr Ausbildungsbetrieb ausgerechnet das eine bestimmte Produkt herstellt, in einer bestimmten Ausprägung.
- Sie haben schon Erfahrungen darüber sammeln können, inwiefern Industriekaufleute am Leistungserstellungsprozess mitwirken bzw. welche Tätigkeiten die Leistungserstellung unterstützen, und fragen sich, an welcher Stelle die Leistungserstellung beginnt oder endet.
- Sie wundern sich, dass Ihr Arbeitgeber so viele Mitarbeiter in der Produktion einsetzt, obwohl in allen Bereichen rationalisiert wird.
- Sie ärgern sich auch über die Zusammenarbeit mit der Arbeitsvorbereitung und Produktion, weil sich Kunden über die Qualität der Produkte beschweren.

Die Leitidee für dieses Lernfeld ist, den Markt als Auslöser für alle Leistungserstellungsprozesse hervorzuheben. „Der Markt" wird dabei als leitendes Motiv aller Handlungen im Geschäftsprozess Leistungserstellung angesehen. Er ist Auslöser und Kontrollinstanz zugleich, sodass Zielsetzungen, Aufgaben und Maßnahmen der Leistungserstellung an ihm gemessen werden, ohne jedoch technische und wirtschaftliche Aspekte zu vernachlässigen.

1
Warum die Heidtkötter KG die angebotenen Erzeugnisse produziert

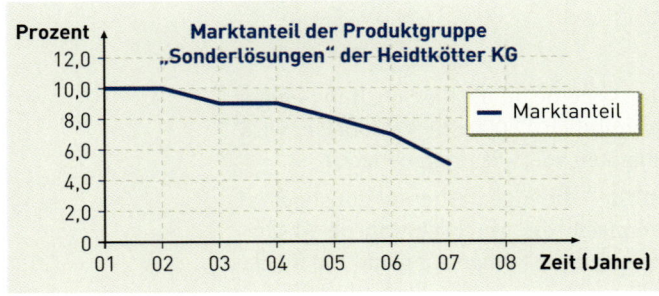

Ausgangslage

Jedes Unternehmen muss eine Vielzahl von Problemen lösen und Entscheidungen treffen, bis ein bestimmtes, sich im Zeitablauf änderndes Produktions- und Absatzprogramm angeboten wird. Dass es Unternehmen nicht immer gelingt, wettbewerbsfähige Absatzprogramme am Markt anzubieten, zeigt die Entwicklung der Produktgruppe Sonderlö-

sungen der Heidtkötter KG. Aufgrund der besorgniserregenden Entwicklung dieser Produktgruppe möchte die Geschäftsleitung mit Beginn des Geschäftsjahres 04 mit den Abteilungsleitern eine schonungslose Ursachenanalyse betreiben. Durch die Zusammenarbeit mit dem Unternehmensberater Tim Lange konnten bislang folgende allgemeine Ursachen festgestellt werden:

- falsch eingeschätzte Entwicklungen auf den Beschaffungs- und Absatzmärkten,
- die Wirtschafts- und Umweltpolitik des Staates,
- interne Probleme, insbesondere bei der Leistungserstellung, haben Kunden abgeschreckt.

Lernziele

Nachdem Sie dieses Kapitel durchgearbeitet haben, können Sie ...

- die Bedeutung der Leistungserstellung für den Wertschöpfungsprozess einordnen und erläutern,
- Aufgaben und Ziele der Produktion im Wertschöpfungsprozess beschreiben,
- die Notwendigkeit der Produktentwicklung und -entstehung für den Wertschöpfungserfolg begründen,
- die Funktion von Schutzrechten für Produktentwicklungen in Zeiten der Globalisierung angemessen einordnen,
- die Erfordernisse des Umweltschutzes für einen ökologischen Produktlebenszyklus im Zuge der Produktentwicklung erklären,
- wesentliche Entscheidungen im Rahmen der Produktionsprogrammplanung erläutern.

1.1
Stellung der Leistungserstellung im Wertschöpfungsprozess – Wodurch die Heidtkötter KG etwas produziert

Situation

Vor allem in der Abteilung Produktion soll nach Ursachen gesucht und es sollen Maßnahmen entwickelt werden, die zu einer Verbesserung der Marktstellung beitragen können. Herr Heidtkötter setzt den Unternehmensberater Tim Lange in der Abteilung ein.

In einer Abteilungssitzung stellt Lange klar, dass ein erfolgreicher Marktauftritt im Wesentlichen durch eine angemessene Leistungserstellung geprägt wird. „Kommt es hier zu Fehlern, ist der Wertschöpfungserfolg gefährdet!" Die Mitarbeiter stimmen ihm zu, dass die Leistungserstellung angesichts der Marktentwicklung nicht sehr erfolgreich gearbeitet hat. Nach einer längeren Diskussion fordern die Mitarbeiter, dass mögliche Ursachen für die Fehlentwicklungen notiert werden. Herr Lange empfiehlt, die Ursachen nach internen und externen Einflussgrößen zu sortieren.

Arbeitsaufträge

1. Erläutern Sie mithilfe der Arbeitshilfe 1 die Stellung der Leistungserstellung im Wertschöpfungsprozess. Ordnen Sie im Zuge dessen die Aussage von Herrn Lange ein.
2. Sammeln und erklären Sie vier interne und vier externe Einflussgrößen auf Leistungserstellungsprozesse in der Wertschöpfungskette der Heidtkötter KG. Bringen Sie die Einflussgrößen in eine Rangfolge und begründen Sie diese.
   Die Arbeitshilfen 1 und 2 bieten Hilfestellung.
3. Benennen Sie anhand der Einflussgrößen mögliche Ursachen, die zum Marktanteilsverlust der Heidtkötter KG geführt haben könnten.
4. Erläutern Sie drei Argumente, die bei der Heidtkötter KG zu dem derzeit herrschenden Marktauftritt (Spezialist für Büromöbel) geführt haben könnten und wodurch letztlich die sichtbare Leistungserstellung (Produktion) ausgelöst wird. › INFO-Teil
LF 5, Kap. 1.1
5. Nennen Sie drei konkrete Maßnahmen für die Leistungserstellung der Heidtkötter KG, die unter Umständen zu einer verbesserten Leistungserstellung beitragen könnten.

Arbeitshilfe 1

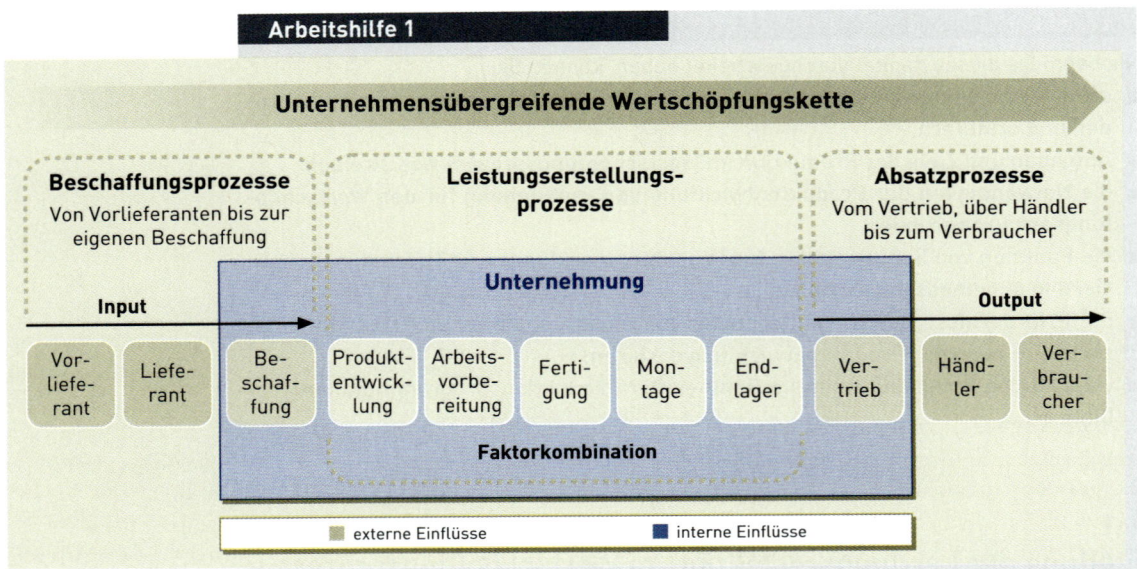

Arbeitshilfe 2

Subventionen überdenken?

NEUMARKT. Pfleiderer sorgt sich wegen des Booms bei Pellet-Heizungen um den Rohstoff Holz und erhält Beistand von der hohen Politik.

Kein Geringerer als der Vizepräsident des Europäischen Parlaments Dr. Ingo Friedrich war zu Gast in Neumarkt und stellte dabei einer Pressemeldung des Unternehmens zufolge sogar die Subventionierung nachwachsender Rohstoffe zur Energieerzeugung in Frage: Zu große Marktschwankungen könnten aus Sicht des Politikers zu einer „nicht gerechtfertigten Gefährdung der deutschen Möbelindustrie" führen. „Dies muss auch von der deutschen Subventionspolitik berücksichtigt werden", wird Friedrich in der Pressemitteilung zitiert.

aus: www.neumarktonline.de/art.php?newsid= 47307 vom 11.12.2006

1.2
Aufgaben und Ziele der Produktion – Mithilfe der Leistungserstellung Unternehmensziele erreichen

Situation

Nachdem Verbesserungsvorschläge in der Leistungserstellung allgemein benannt werden konnten, beschließt die Abteilung, die konkreten Ziele und Aufgaben abzuarbeiten. Die erste Folie einer Präsentation des Abteilungsleiters zum Thema enthält nur folgendes Zitat: „Wer den Hafen nicht kennt, für den steht kein Wind günstig!" Da der Abteilungsleiter bei seinen Kolleginnen und Kollegen Stirnrunzeln wahrnimmt, erläutert er, dass seiner Ansicht nach die Abteilung endlich wieder wissen müsse, wohin sie wolle und welche Aufgaben dazu zu erledigen seien. Ein Mitarbeiter kommentiert daraufhin süffisant: „Wir haben hier leider viele Häfen!"

Nach einer kontroversen Auseinandersetzung über die Ziele der Abteilung im Wertschöpfungsprozess einigen sich die Teilnehmer darauf, anhand des Management-Regelkreises die Aufgaben der Abteilung konkret zu formulieren und mögliche Probleme bei der Umsetzung zu benennen.

Arbeitsaufträge

1. Lesen Sie die Arbeitshilfe und erläutern Sie Sinn und Zweck des Management-Regel-kreises am Beispiel des Zieles: „Ich möchte fünf Kilo Körpergewicht abnehmen!" Beschreiben Sie anschließend konkrete Aufgaben der Leistungserstellung in den Phasen des Management-Regelkreislaufs. Notieren Sie vier Aufgaben je Phase auf Karten.

2. Vergegenwärtigen Sie sich die Unternehmensziele der Heidtkötter KG und leiten Sie die Hauptaufgabe der Leistungserstellung (Sachziel) sowie daraus abzuleiten-de Produktionsziele (Formalziele) her. Berücksichtigen Sie die Darstellung der Wertschöpfungskette aus Kapitel 1.1, Arbeitshilfe 1, sowie die Unternehmensphi-losophie der Heidtkötter KG. › LF 2, Kap. 1.2

3. Sammeln Sie drei bestehende Zielkonflikte in der Leistungserstellung und ma-chen Sie einen Vorschlag, wie diese beherrschbar gemacht werden können. Ord-nen Sie den Kommentar des Mitarbeiters ein, dass die Abteilung Produktion bei der Heidtkötter KG „viele Häfen" habe.

4. Die Aufgabenerfüllung ist bei der Heidtkötter KG aufgrund der Marktentwicklung erschwert. Geben Sie weitere externe Entwicklungen an, die die Ziele und Auf-gaben der Leistungserstellung beeinflussen.

Arbeitshilfe

Der **Management-Regelkreislauf** ist ein Hilfsmittel zur Festlegung und Über-prüfung von Zielen. Die Phasen des Regelkreislaufes sind immer gleich. Sie sind je nach Komplexität des Problems unterschiedlich umfangreich. Der Regelkreis-lauf lässt sich beinahe für jedes beliebige Ziel nutzen. Generell lassen sich drei Phasen unterscheiden, die durch eine vierte Phase zu einem nie endenden Regel-kreislauf werden.

Phase	Beschreibung
1. Planung	Es wird die Sollgröße für eine Zielsetzung festgelegt. **Beispiel:** In der Produktion soll eine Null-Fehler-Produktion erreicht werden.
2. Durchführung	Es werden Maßnahmen durchgeführt, die zur Erreichung einer in der Planungsphase festge-legten Zielsetzung (Sollgröße) beitragen sollen. **Beispiel:** Es werden Totalkontrollen nach jedem Arbeitsschritt durchgeführt.
3. Kontrolle	Es werden die Istzustände ermittelt, mit den Sollgrößen verglichen (Soll-Ist-Vergleich). Gegebenenfalls wird eine Abweichungsanalyse durchgeführt. **Beispiel:** Es wird die Fehlerquote ermittelt. Entspricht die Fehlerquote dem Sollwert (FQ = 0 %) ist alles in Ordnung; wird eine Abweichung erkannt, werden Ursachen festgestellt.
4. Feedback/ Rückkopplung	Es werden die Istzustände ermittelt, mit den Sollgrößen verglichen. Der Planungsphase wird eine Rückmeldung über den Soll-Ist-Vergleich gegeben und es werden bei Bedarf Anpassungsmaßnahmen vorgeschlagen. **Beispiel:** Es wurde eine Fehlerquote von 2 % festgestellt, die auf fehlerhaftes Material zurück-zuführen ist. Die Empfehlung lautet: Qualitativ hochwertigeres Material beziehen.

Management – Regelkreis

Planung → Durchführung → Kontrolle

Feedback

1.3
Produktentwicklung im Spannungsfeld der Umwelt – Durch Innovationen dem Markttrend begegnen

Ausgangslage Die Geschäftsentwicklung der Produktgruppe Sonderlösungen (SL, Marktanteil 5 %) zwingt die Heidtkötter KG zu einer Neuausrichtung des Absatzprogramms. Eine in Auftrag gegebene Marktstudie im Bereich SL brachte folgende Ursachen für die derzeitige Marktstellung hervor:

› INFO-Teil
LF 5, Kap. 1.4

- Erforderliche Innovationen der bestehenden Produktpalette wurden zu lange unterlassen, sodass die Konkurrenz durch verbesserte Produkte Kunden abgeworben hat.
- Die Konkurrenz hat mit neuartigen, „überlegenen" Produkten (insbesondere Tischsysteme mit Integration von Arbeitsfläche und Bildschirm) Marktanteile hinzugewinnen können.

Die Geschäftsführung setzt sich daher zum Ziel, durch die Aufnahme von interaktiven Tischsystemen in das Absatzprogramm den Marktanteil innerhalb von zwei Jahren auf 10 % auszuweiten. Es ist noch keine Entscheidung darüber gefallen, ob das Absatzprogramm durch neue Handelswaren oder über eine Eigenproduktion verändert werden soll.

Bevor eine Beschaffungsmarktforschung bezüglich möglicher Lieferanten betrieben werden soll, wird zunächst eine Projektgruppe gebildet, die Möglichkeiten zur Erstellung der Tischsysteme in den eigenen Produktionsstätten erörtern soll.

1.3.1
Forschung und Entwicklung – Der Markt zwingt uns zu neuen Produkten

Situation Die Marktstudie des Marktforschungsinstituts zur Geschäftsentwicklung der Produktgruppe Sonderlösungen wird durch die Zahlen aus dem Rechnungswesen bestätigt. Exemplarisch sollen die Zahlen für die Sonderlösung „Empfangstresen" untersucht werden:

Umsatzzahlen seit Markteinführung

Zeit	01	02	03	04	05	06	07	08	09	10p	11p
Umsatzerlöse in T€	50	100	200	330	430	460	471	430	320	210	150
Gesamtkosten in T€	140	190	240	280	290	300	330	340	290	230	190

Diese Entwicklung soll in der Abteilungssitzung dem Geschäftsleiter tabellarisch sowie grafisch vorgestellt und die Ursachen für die jeweilige Entwicklung diskutiert werden.

Arbeitsaufträge

1. Analysieren Sie die Umsatzentwicklung des Produktes „SL Empfangstresen" anhand folgender Teilaufgaben:
   a) Stellen Sie die Umsatzentwicklung im Zeitablauf grafisch dar.

› INFO-Teil
LF 5, Kap. 1.3

   b) Beschreiben Sie die Umsatzentwicklung und teilen Sie diese in sinnvolle Zeitabschnitte ein. Bezeichnen Sie anschließend diese Zeitabschnitte mit den entsprechenden Fachbegriffen. Nutzen Sie gegebenenfalls den INFO-Teil.
   c) Geben Sie Gründe für die Entwicklung an.
2. Ermitteln Sie die Gewinne im Zeitablauf und stellen Sie diese grafisch dar.
3. Nennen Sie Gründe für den Verlauf der Gewinnkurve in den einzelnen Phasen.

4. Welche Konsequenzen ergeben sich aus den Verläufen von Umsatz und Gewinn?
5. Erörtern Sie anhand von drei Maßnahmen, inwiefern eine Forschungs- und Entwicklungsabteilung die Kurvenverläufe positiv beeinflussen kann.

1.3.2

Produktentwicklung – Sind die Kundenanforderungen technisch umsetzbar?

Situation Die Auswertung der Zahlen hat der Geschäftsführung die Augen geöffnet: Herr Heidtkötter fordert eine Innovation, die das Unternehmen in eine zukunftsweisende Expansionsrichtung befördert. Er verfolgt die Idee, dass Tischsysteme entwickelt werden sollen, die mit einer bislang nicht vorhandenen, äußerst komfortablen technischen Lösung die Integration von interaktiven Computerbildschirmen in die Arbeitsfläche von Systemen ermöglichen. Eine Projektgruppe TS (Tischsysteme) soll sich mit der Produktentwicklung auseinandersetzen. Die Geschäftsidee von Herrn Heidtkötter wird durch folgende Daten eines Marktforschungsinstituts ergänzt:

Mängel von Projekttischen	Anforderungen an Projekttische
91 % geringe Arbeitsfläche durch Platzbedarf des Bildschirms	95 % technisch einfache Integration des Bildschirms in die Arbeitsfläche
82 % unbequeme Projektsitzungen (Bildschirm behindert Kommunikation der Projektgruppe)	87 % ästhetisches Design
80 % technische Mängel bei integrativen Lösungen von Bildschirm und Arbeitsfläche	81 % Bildschirm ist von allen Tischseiten gut einsehbar
70 % schlechte Sicht auf den Bildschirm	71 % ergonomische Sitzposition
65 % Kabelsalat und Staubanfälligkeit bei unzureichender Pflegemöglichkeit	64 % Arbeitsfläche trotz Bildschirm maximal nutzbar
7 % Sonstige	23 % unempfindliche Oberfläche der Arbeitsfläche
	9 % Sonstige

Arbeitsaufträge

1. Welche Funktionsbereiche der Unternehmung sollten Abteilungsmitarbeiter für die Projektgruppe TS entsenden? Beschreiben Sie deren Aufgaben innerhalb der Projektgruppe.
2. Sammeln Sie unter Anwendung des Brainwriting Ideen zur konkreten Umsetzung der vom Marktforschungsinstitut erhobenen Kundenanforderungen.

› **Brainwriting**

3. Beschreiben Sie, welche Schwierigkeiten bei der Ideenentwicklung und -verwirklichung betriebsintern auftreten können. Erstellen Sie zu drei von Ihnen genannten Problemen jeweils einen Lösungsvorschlag.
4. Planen Sie das Vorgehen für den Produktentwicklungsprozess, indem Sie möglichst konkret
   a) Aufgaben der Forschungs- und Entwicklungsabteilung sowie der Arbeitsvorbereitung beschreiben, damit ein marktfähiges Produkt entstehen kann;
   b) die von Ihnen beschriebenen Aufgaben in eine zeitliche Reihenfolge bringen. Greifen Sie auch auf Erfahrungen aus Ihrem Ausbildungsbetrieb zurück.

Phase	Aufgaben	Verantwortlichkeit (FuE, AV)
Produktforschung		
Produktplanung		
Produktkonstruktion		
Produkterprobung		
Produktherstellung		

ARBEITSHEFT

› **INFO-Teil**
LF 5, Kap 1.3

5. Erklären Sie, welche Probleme innerhalb der einzelnen Phasen des Produktentwicklungsprozesses aufgrund betriebsexterner Umwelteinflüsse entstehen können.
6. Formulieren Sie möglichst konkret für das Projekt Tischsystem betriebsexterne Einflüsse, die bei der Produktentwicklung berücksichtigt werden müssen.
7. Die Zusammenarbeit der Prozessbeteiligten (Zulieferer, Mitarbeiter, Handel, Verbraucher, Staat usw.) ist von entscheidender Bedeutung für die Berücksichtigung der internen und externen Anforderungen. Beschreiben Sie mögliche angemessene Verfahrensweisen der Zusammenarbeit.
8. Welche Phase des in Arbeitsauftrag 4 erstellten Ablaufplans ist die wichtigste Phase und warum?

1.3.3
Rechtliche Anforderungen im Zuge der Produktentwicklung

Situation In der aktuellen Arbeitssitzung der Projektgruppe soll überprüft werden, inwiefern das erste, vage Produktkonzept bereits alle definierten Produktions- und Kundenanforderungen erfüllt. Hierzu wurden Experten aus den Unternehmensbereichen Produktion, Lagerhaltung und Versand, Logistik sowie Vertrieb hinzugezogen. Ebenso verstärken der Sicherheitsbeauftragte und ein Vertreter des örtlichen Umweltamtes die Arbeitssitzung. Nach einer kurzen Präsentation des Produktkonzeptes werden nochmals die Anforderungen an das zu entwickelnde Produkt entlang des Produktlebenslaufs aus den Perspektiven der Kunden sowie der heute eingeladenen Unternehmensbereiche und Experten gebündelt.

Infolge der Fülle der Anforderungen, insbesondere auch in rechtlicher Hinsicht, äußert sich ein Projektbeteiligter der FuE-Abteilung in einer Kaffeepause sehr ernüchtert: „Das ist unglaublich! Diese ganzen rechtlichen Anforderungen hemmen meine Kreativität. Da lobe ich mir doch China. Ein Freund von mir arbeitet seit einem Jahr dort in einem outgesourcten Entwicklungsteam eines bekannten Elektronikunternehmens. Die müssen sich an gar nichts halten und haben dadurch viel geringere Entwicklungskosten!" Darauf entgegnet sein Kollege: „Na, du bist aber kurzsichtig! In China herrscht doch die pure Produktpiraterie!"

Arbeitsaufträge

› INFO-Teil
LF 5, Kap. 1.3.1

1. Untersuchen Sie, welche Produktanforderungen entlang des Produktlebenszyklus bereits bei der Produktentwicklung für das Produkt Tischsystem berücksichtigt werden müssen. Strukturieren Sie Ihre Ausführungen anhand der in der Situation angegebenen Interessengruppen nach folgendem Muster:

Unternehmensbereich	Produktplanung	Produktkonstruktion	Produkterprobung	Produktherstellung	Produktdistribution	Produktgebrauch	Produktabwicklung
Produktion							
Lagerhaltung							
Logistik							
Vertrieb							
Sicherheitsbeauftragte							
Vertreter Umweltamt							

2. Ein Projektbeteiligter beschwert sich über die zahlreichen rechtlichen Vorgaben, die auf den Produktentwicklungsprozess einwirken. Führen Sie eine Internetrecherche zu rechtlichen Vorgaben zum Schutz der Arbeitnehmer, der Verbraucher und der Umwelt durch und notieren Sie jeweils mindestens drei Gesetze. **› Internetrecherche**

3. Erörtern Sie, warum ein frühzeitiges Berücksichtigen der rechtlichen Anforderungen für die FuE-Abteilung sowie die Entwicklung des Produktlebenszyklus von großer Bedeutung ist. Arbeiten Sie negative Auswirkungen einer Nichtberücksichtigung für das Erreichen der Unternehmensziele heraus.

4. Nehmen Sie zu der oben genannten Aussage Stellung, unter welchen Bedingungen höhere Entwicklungskosten im heimischen Wirtschaftsraum aufgrund der herrschenden Produktpiraterie in China gerechtfertigt sein können.

5. Informieren Sie sich im INFO-Teil über die geltenden Schutzrechte in der Bundesrepublik Deutschland und erstellen Sie eine vergleichende Übersicht nach folgendem Muster: **› INFO-Teil LF 5, Kap 1.3.3**

Schutzrecht	Definition und Rechtsquelle	Beispiel
Patent		
Gebrauchsmuster	ARBEITSHEFT	
Geschmacksmuster		
Markenschutz		

6. Interpretieren Sie die Arbeitshilfe und erläutern Sie, inwiefern im Zuge der Globalisierung nationale Schutzrechte vor weltweiter Produktpiraterie geschützt werden können und welche Gegenmaßnahmen bei Verstößen eingeleitet werden sollten.

7. Die Projektgruppe hat folgende Neuentwicklung für das Tischsystem geleistet: spezielle Ausziehtechnik bei spezieller Lagerung sowie Aufhängung und Führung von Carbon-Rollen in Spezialschienen für den Bildschirm. Informieren Sie sich über den Vorgang, wie diese Innovationen nach deutschem Recht geschützt werden können.

Arbeitshilfe

Hemmungslos Abkupfern

Die Produkt- und Markenpiraterie bedroht die deutsche Wirtschaft in immer größerem Ausmaß. [...] Die Schäden durch den Diebstahl geistigen Eigentums gehen jedoch weit darüber hinaus. Der Aktionskreis gegen Produkt- und Markenpiraterie schätzt allein den Umsatzverlust für deutsche Hersteller auf 25 Milliarden Euro pro Jahr; 70 000 Arbeitsplätze seien bereits verloren gegangen. Wurden vor einigen Jahren nur leicht kopierbare Markenprodukte wie Textilien gefälscht, sind

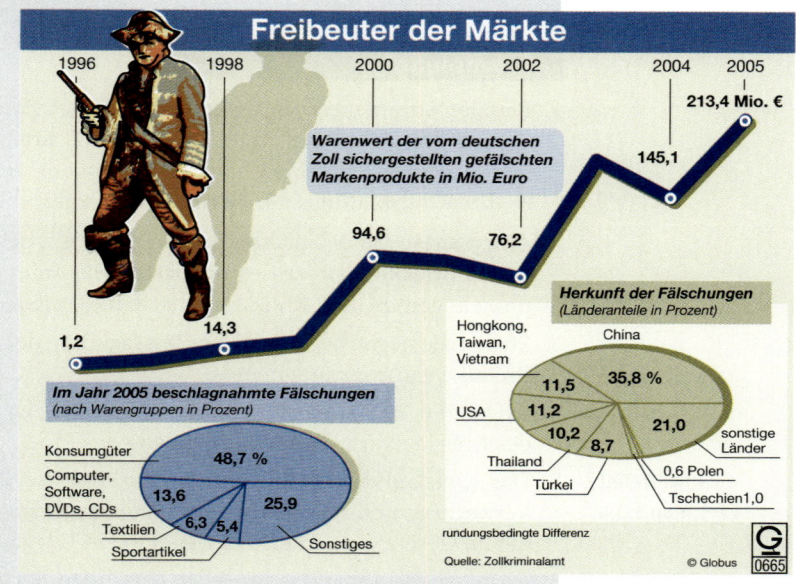

nach: Globus-Infografik, Hamburg (gekürzt)

mittlerweile selbst hochwertige technische Erzeugnisse nicht mehr sicher vor den Produktpiraten. So beklagen etwa zwei Drittel der deutschen Maschinenbauer den Know-how-Klau. Dieser beschränkt sich nicht nur auf den Nachbau von Komponenten und Ersatzteilen, sondern immer mehr auf die Fälschung kompletter Maschinen und Anlagen. [...]

1.3.4
Umweltorientierung im Zuge der Produktentwicklung

Situation

> LF 5, Kap. 1.3.3

Die Arbeitssitzung der Projektgruppe mit eingeladenen Experten droht aufgrund eines alten Streits zwischen dem Vertreter des Umweltamtes und dem Gruppenleiter Logistik zu eskalieren. Während der Vertreter des Umweltamtes die Einhaltung des Kreislaufwirtschaftsgesetzes fordert, wettert der Gruppenleiter: „Bei euch im Umweltamt wird doch irgendwann noch das Produkt als Abfall definiert! Da können wir den Laden hier langsam dichtmachen!"

Der Konflikt entzündet sich an der Verpackung. Aufgrund des großen Volumens eines Tischsystems und der beschränkten Transportmöglichkeiten soll eine hochwertige, ölhaltige Folie eingesetzt werden, die dem Umweltbeamten aber zu viele Abfälle gegenüber recyclingfähiger Pappe erzeugen würde. Darüber hinaus müsse das Fertigungsverfahren hinsichtlich der eingesetzten Materialien und der Emissionen überprüft werden, um die Umweltvorschriften zu erfüllen.

Arbeitsaufträge

1. Bereiten Sie ein meinungsbildendes Gespräch zwischen dem Gruppenleiter Logistik und dem Umweltbeamten vor (Pro und Kontra der genannten Verpackungsmaterialien bezüglich der Umweltwirkungen). Informieren Sie sich hierzu auch in Ihrem Ausbildungsbetrieb und im Internet.

2. Analysieren Sie Möglichkeiten zur Umweltorientierung im Rahmen des Produktentwicklungsprozesses, insbesondere unter Beachtung der Produktlebensphasen, gemäß dem Kreislaufwirtschaftsgesetz.

3. Stellen Sie negative Folgen einer Missachtung der gemäß § 22 KrWG formulierten Produktverantwortung heraus.

4. Skizzieren Sie für ein Produkt Ihres Ausbildungsbetriebes die Berücksichtigung des Kreislaufwirtschaftsgesetz entlang des Produktlebenslaufs.

> INFO-Teil
> LF 5, Kap 1.3.4

5. Das Kreislaufwirtschaftsgesetz nennt konkrete Prioritäten bei der Vermeidung, Verwertung und Beseitigung von Abfällen. Erläutern Sie mithilfe des INFO-Teils die im Gesetz genannten Prioritäten beim Umgang mit Abfällen.

6. Erläutern Sie anhand eines selbst gewählten Beispiels die in § 4 Abs. 3 KrWG genannten vier Recyclingformen für die stoffliche Verwertung.

Auszug aus dem Kreislaufwirtschaftsgesetz (KrWG)

§ 1 Zweck des Gesetzes

Zweck des Gesetzes ist es, die Kreislaufwirtschaft zur Schonung der natürlichen Ressourcen zu fördern und den Schutz von Mensch und Umwelt bei der Erzeugung und Bewirtschaftung von Abfällen sicherzustellen.

§ 2 Geltungsbereich

(1) Die Vorschriften dieses Gesetzes gelten für
1. die Vermeidung von Abfällen sowie
2. die Verwertung von Abfällen,
3. die Beseitigung von Abfällen und
4. die sonstigen Maßnahmen der Abfallbewirtschaftung.

§ 3 Begriffsbestimmungen

(1) Abfälle im Sinne dieses Gesetzes sind alle Stoffe oder Gegenstände, derer sich ihr Besitzer entledigt, entledigen will oder entledigen muss. Abfälle zur Verwertung sind Abfälle, die verwertet werden; Abfälle, die nicht verwertet werden, sind Abfälle zur Beseitigung. [...]

§ 6 Abfallhierarchie

(1) Maßnahmen der Vermeidung und der Abfallbewirtschaftung stehen in folgender Rangfolge:
1. Vermeidung,
2. Vorbereitung zur Wiederverwendung,
3. Recycling,
4. sonstige Verwertung, insbesondere energetische Verwertung und Verfüllung,
5. Beseitigung.

(2) Ausgehend von der Rangfolge nach Absatz 1 soll nach Maßgabe der §§ 7 und 8 diejenige Maßnahme Vorrang haben, die den Schutz von Mensch und Umwelt bei der Erzeugung und Bewirtschaftung von Abfällen unter Berücksichtigung des Vorsorge- und Nachhaltigkeitsprinzips am besten gewährleistet. Für die Betrachtung der Auswirkungen auf Mensch und Umwelt nach Satz 1 ist der gesamte Lebenszyklus des Abfalls zugrunde zu legen. Hierbei sind insbesondere zu berücksichtigen
1. die zu erwartenden Emissionen,
2. das Maß der Schonung der natürlichen Ressourcen,
3. die einzusetzende oder zu gewinnende Energie sowie
4. die Anreicherung von Schadstoffen in Erzeugnis-

sen, in Abfällen zur Verwertung oder in daraus gewonnenen Erzeugnissen.

Die technische Möglichkeit, die wirtschaftliche Zumutbarkeit und die sozialen Folgen der Maßnahme sind zu beachten.

§ 23 Produktverantwortung

(1) Wer Erzeugnisse entwickelt, herstellt, be- oder verarbeitet oder vertreibt, trägt zur Erfüllung der Ziele der Kreislaufwirtschaft die Produktverantwortung. Erzeugnisse sind möglichst so zu gestalten, dass bei ihrer Herstellung und ihrem Gebrauch das Entstehen von Abfällen vermindert wird und sichergestellt ist, dass die nach ihrem Gebrauch entstandenen Abfälle umweltverträglich verwertet oder beseitigt werden.

(2) Die Produktverantwortung umfasst insbesondere
1. die Entwicklung, die Herstellung und das Inverkehrbringen von Erzeugnissen, die mehrfach verwendbar, technisch langlebig und nach Gebrauch zur ordnungsgemäßen, schadlosen und hochwertigen Verwertung sowie zur umweltverträglichen Beseitigung geeignet sind,
2. den vorrangigen Einsatz von verwertbaren Abfällen oder sekundären Rohstoffen beider Herstellung von Erzeugnissen,
3. die Kennzeichnung von schadstoffhaltigen Erzeugnissen, um sicherzustellen, dass die nach Gebrauch verbleibenden Abfälle umweltverträglich verwertet oder beseitigt werden,
4. den Hinweis auf Rückgabe-, Wiederverwendungs- und Verwertungsmöglichkeiten oder -pflichten und Pfandregelungen durch Kennzeichnung der Erzeugnisse sowie
5. die Rücknahme der Erzeugnisse und der nach Gebrauch der Erzeugnisse verbleibenden Abfälle sowie deren nachfolgende umweltverträgliche Verwertung oder Beseitigung. [...]

1.4
Produktions- und Absatzprogramm – In Einklang mit den Marktanforderungen und den Unternehmenszielen wird das Produktions-/Absatzprogramm festgelegt

Situation

Auf der zweiten Abteilungsleitersitzung des neuen Geschäftsjahres sollen die Ergebnisse der seit der letzten Sitzung ergriffenen Maßnahmen anhand folgender Aspekte diskutiert werden:
1. Maßnahmen der Abteilung Produktion zur Verbesserung der Produkte
2. Ergebnisse der Projektgruppe TS und deren Auswirkungen auf das Produktions- und Absatzprogramm

Geschäftsführer Heidtkötter betont, dass eine beabsichtigte Veränderung der Spezialistenstrategie durch die Aufnahme der Tischsysteme in das Produktions- und Absatzprogramm weitreichende Konsequenzen nach sich ziehen würde. Zudem stünde eine Programmverbreiterung in Konflikt zur bestehenden Unternehmensphilosophie.

> **› INFO-Teil, LF 2 Spezialistenstrategie**
> **LF 2, Kap. 1.2**

Arbeitsaufträge

1. Fassen Sie kurz die Ergebnisse der Abteilung Produktion und der Projektgruppe TS zusammen. Führen Sie Ursachen an, warum eine Veränderung des Produktions- und Absatzprogramms überhaupt notwendig erscheint.
2. Erläutern Sie, welche Auswirkungen die Aufnahme der Produktgruppe Tischsysteme auf das Produktions- und Absatzprogramm der Heidtkötter KG hätte. Betrachten Sie zuvor Arbeitshilfe 1 und erläutern Sie die Unterschiede zwischen Produktions- und Absatzprogramm.
3. Erläutern Sie mithilfe der Arbeitshilfe 2 die Begriffe Programmbreite und Programmtiefe und beschreiben Sie die Spezialisten- und Universalistenstrategie.
4. Beschreiben Sie die von Herrn Heidtkötter angesprochenen Konsequenzen der Abkehr von einer Spezialistenstrategie aus den Perspektiven Absatz, Fertigung, Beschaffung und aus Sicht der Gesamtunternehmung. Stellen Sie hierbei die Spezialistenstrategie und Universalistenstrategie (gemäß Muster in Arbeitshilfe 3) vergleichend gegenüber.
5. Formulieren Sie eine begründete Entscheidung, ob die Heidtkötter KG unter Beachtung der Ergebnisse der Projektgruppe TS das Produktions- und Absatzprogramm durch Aufnahme der Tischsysteme verändern sollte.

> **› INFO-Teil, LF 2 Strategien**

Arbeitshilfe 1

Für die Beispielunternehmung Heidtkötter KG stellt sich die Unterscheidung zwischen Erzeugnis-, Produktions- und Absatzprogramm vor der Abteilungsleitersitzung wie folgt dar:

Werk-zeuge	Büro-tische	Büro-stühle	Konferenz-systeme	Sonder-lösungen			Produktions-programm
	Tische	Stühle	Systeme	Sonder-lösungen	Leuchten	Boden-beläge	Absatz-programm

Arbeitshilfe 2

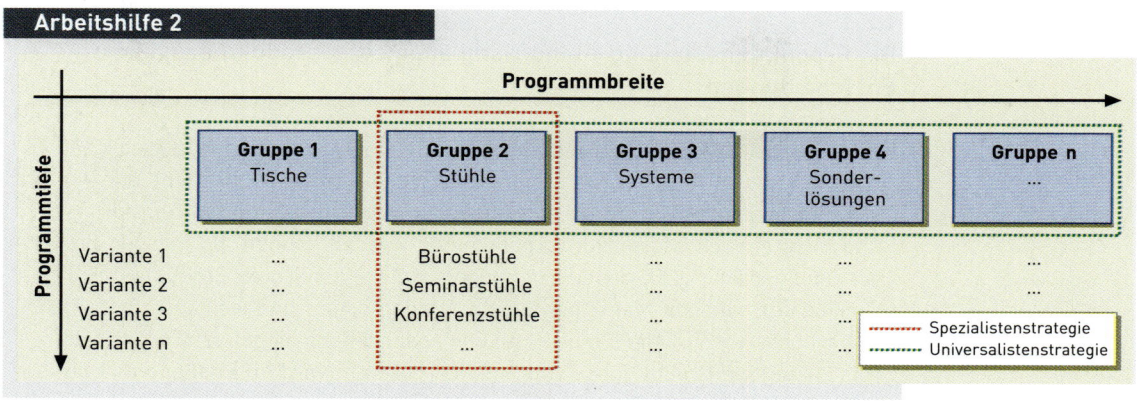

Arbeitshilfe 3

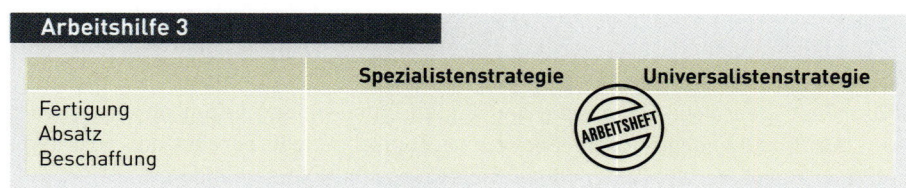

	Spezialistenstrategie	Universalistenstrategie
Fertigung		
Absatz		
Beschaffung		

1.5
Produktionsplanung, -steuerung und -kontrolle – notwendige Entscheidungen zur Umsetzung der Produktionsprozesse

Jeder von Ihnen kann sich sicherlich vorstellen, wie ein Stuhl oder auch ein einfacher Schreibtisch hergestellt wird. Im vorangegangenen Kapitel haben Sie sich bereits einen Einblick in das Produktionsprogramm der Heidtkötter KG verschafft. Denken Sie nun einmal darüber nach, welche Entscheidungen im Rahmen der Leistungserstellung in unserem Unternehmen anstehen. Die Ergebnisse Ihres Denkprozesses können vielleicht mithilfe der folgenden Fragestellung zusammengefasst werden:

Welche Produkte sollen mithilfe welcher Produktionsfaktoren und welcher Fertigungsverfahren in welchen Mengen, in welcher Reihenfolge, zu welchen Terminen zu minimalen Kosten und mit hoher Qualität hergestellt werden – und wie können wir diese Entscheidungen und Prozesse kontrollieren bzw. optimieren?

Diese komplexe Fragestellung verdeutlicht den Stellenwert der Planung, Steuerung und Kontrolle der Prozesse im Rahmen der Leistungserstellung. Die in diesem Zusammenhang anfallenden Aufgaben gehören in den Bereich der Produktionsplanung und -steuerung (PPS) sowie der Produktionskontrolle, die in der Praxis aufgrund der Komplexität und der großen Anzahl erforderlicher Daten mithilfe der elektronischen Datenverarbeitung durchgeführt werden.

Zum besseren Verständnis der einzelnen Aufgaben und deren Zuordnung wird im Folgenden zwischen der langfristig angelegten Produktionsplanung und der eher kurzfristig ausgerichteten Produktionssteuerung unterschieden.

1.5.1
Die Produktionsplanung – langfristig angelegte, produktbezogene Entscheidungen

Situation Schon vor Beginn der betrieblichen Tätigkeiten und speziell der bevorstehenden Produktionsprozesse steht eine Vielzahl von Entscheidungen an, deren Konsequenzen über einen längeren Zeitraum wirken und nicht einfach wieder zurückgenommen werden können. So müssen die Entscheidungsträger z. B. genauer festlegen, welche konkreten Produkte in welcher Qualität für welchen Markt hergestellt werden sollen und welche erforderlichen Baugruppen von Zulieferern bezogen und anschließend eingebaut werden sollen.

Das zukünftige Produktions- und Absatzprogramm wird im Einklang mit den bestehenden Anforderungen des Absatzmarktes sowie unter Berücksichtigung eigener Ideen und Vorstellungen festgelegt (s. Kap. 1.4). So einigt man sich auf die Produktion qualitativ hochwertiger Büromöbel im hochpreisigen Segment, um sich vom sogenannten „Stangenmarkt" entsprechend abzugrenzen.

Das Festlegen dieser langfristig angelegten Entscheidung bezüglich eines konkreten Produktionsprogramms hat einige Kopfschmerzen bereitet und erfordert eine intensive Vorbereitung, da die Konsequenzen nicht so einfach wieder rückgängig gemacht werden können.

Arbeitsaufträge

1. Erläutern Sie, warum eine Festlegung auf ein bestimmtes Produktionsprogramm nicht einfach wieder zurückgenommen werden kann.
2. Welche weiteren, ebenso langfristig angelegten Entscheidungen mussten in der Heitkötter KG im Vorfeld bzw. unmittelbar vor Beginn der betrieblichen Leistungserstellung getroffen werden?
3. Die im Arbeitsauftrag 2 beschriebenen Entscheidungen fallen im Rahmen der langfristig angelegten, einmaligen sowie produktbezogenen Produktionsplanung an. Erläutern Sie, warum diese Überlegungen/Entscheidungen im Rahmen der Produktionsplanung mit den Begriffen
   a) langfristig angelegt (strategisch),   b) einmalig und   c) produktbezogen
   beschrieben werden können.
4. Die soeben angestellten Überlegungen und Entscheidungen im Rahmen der strategischen Produktionsplanung standen im Zusammenhang mit dem Beginn der Leistungserstellung der Heidtkötter KG. Beschreiben Sie weitere Situationen, die ähnliche Entscheidungen bezüglich der Produktionsplanung erfordern.

1.5.2
Die Produktionssteuerung – kurzfristig angelegte, kundenauftragsbezogene Entscheidungen

Situation Nachdem die langfristig angelegten, produktbezogenen Entscheidungen der Produktionsplanung getroffen sind, die erforderlichen Betriebsmittel beschafft und die benötigten Mitarbeiter eingestellt wurden, kann der betriebliche Alltag und damit der Produktionsprozess mit seinen Arbeitsabläufen beginnen. Aufgrund intensiver und konzentrierter Marketingmaßnahmen gehen gleich zu Beginn viele Kundenaufträge bei der Heidtkötter KG ein. Die Kunden wollen unterschiedliche Büromöbelkomponenten in unterschiedlichen Mengen zu verschiedenen Terminen und – wie immer – ganz dringend haben.

Je nach Kundenauftrag müssen viele unterschiedliche Aspekte bei der Planung und Umsetzung der jeweiligen Fertigungsaufträge im Fertigungsprozess berücksichtigt werden. Die hier anstehenden kurzfristigen, auftragsbezogenen Entscheidungen werden der Produktionssteuerung zugeordnet.

Arbeitsaufträge

Bearbeiten Sie die Arbeitsaufträge unter Zuhilfenahme der entsprechenden Informationen im INFO-Teil.

> **› INFO-Teil**
> **LF 5, Kap. 1.5.2**

1. Beschreiben Sie Zielsetzungen der Leistungserstellung, die die anstehenden Überlegungen und Entscheidungen im Rahmen der Produktionssteuerung nachhaltig beeinflussen.

2. Erläutern Sie mithilfe Ihrer Vorstellungen über die Herstellung und Montage von Schreibtischstühlen die Planungsaufgaben, die für die Abwicklung eines bestimmten Kundenauftrags erforderlich sind. Berücksichtigen Sie dabei, dass eine Vielzahl an Aufträgen vorliegen kann und dass diese Planungsaufgaben die zuvor erstellten grundlegenden Ergebnisse der Produktionsplanung berücksichtigen.

3. Die von Ihnen in Arbeitsauftrag 2 beschriebenen Aktivitäten/Entscheidungen fallen im Rahmen der kurzfristig angelegten, auftragsbezogenen Produktionssteuerung an. Erläutern Sie, warum diese Überlegungen im Rahmen der Produktionssteuerung mit den Begriffen

   a) kurzfristig angelegt (operativ),   b) ständig anfallend und   c) auftragsbezogen

   beschrieben werden.

Vertiefende Übungen

1. Erkundigen Sie sich in Ihrem Ausbildungsbetrieb über die Entwicklung des Produktions- und Absatzprogramms. Zeichnen Sie die Entwicklung an wichtigen Eckdaten nach und führen Sie bedeutende Einflussgrößen und Ursachen für die Entwicklung an.

2. Formulieren Sie unter Zuhilfenahme eines geeigneten Beispiels den Unterschied zwischen einer Aufgabe und einem Ziel anhand des Management-Regelkreislaufs.

3. Erläutern Sie vier Ziele und Zielkonflikte der Leistungserstellung.

4. Stellen Sie mithilfe eines geeigneten Beispiels die Bedeutung des Ökonomischen Prinzips für die Zielerreichung in der Leistungserstellung dar.

5. Betrachten Sie die nachfolgende Abbildung und erläutern Sie folgende Aspekte:

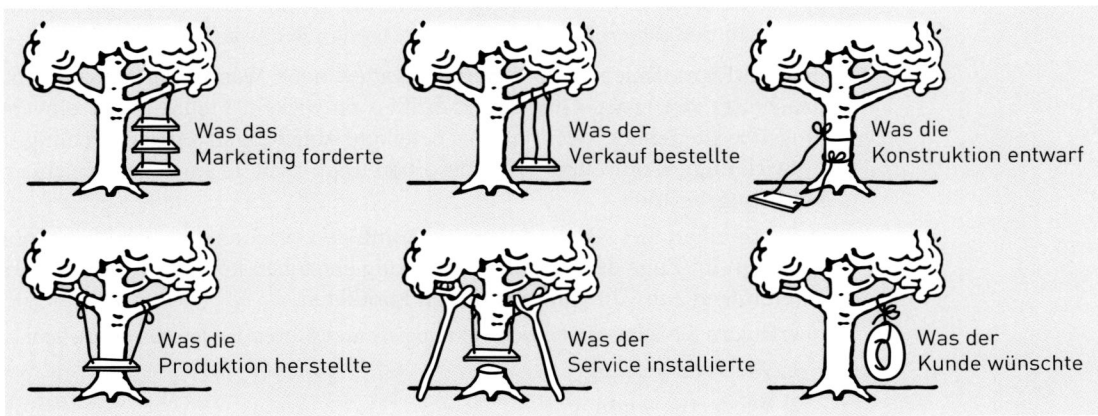

Was das Marketing forderte

Was der Verkauf bestellte

Was die Konstruktion entwarf

Was die Produktion herstellte

Was der Service installierte

Was der Kunde wünschte

→

Vertiefende Übungen (Fortsetzung)

a) Erläutern Sie aus der Sicht des Kunden die Hauptaussage des Kreislaufs.

b) Erarbeiten Sie die Funktion der Produktentwicklung für das Produktergebnis.

c) Führen Sie Maßnahmen an, wie die offensichtliche Fehlentwicklung hätte vermieden werden können.

6. Informieren Sie sich im Internet unter www.dell.com über die Entstehungsgeschichte von Dell-Computer und skizzieren Sie unter Verwendung der Fachbegriffe den Weg einer Invention zur Innovation. Erläutern Sie im Zuge dessen betriebswirtschaftliche Voraussetzungen zur Realisierung einer Erfindung.

7. Erläutern Sie Funktion und Unterschiede zwischen Lastenheft und Pflichtenheft im Rahmen des Produktentwicklungsprozesses.

8. Erläutern Sie den Unterschied zwischen Prototyp und Nullserie.

9. Entscheiden Sie, ob die angegebenen Schutzrechte für das jeweilige Beispiel infrage kommen, und begründen Sie Ihre Entscheidung.

   1) Patent

   2) Gebrauchsmuster

   3) Geschmacksmuster

   4) Marke

   Beispiele: Teebeutel, Kaffeefilter, Spiel von Parker „Scotland Yard", Bierflasche der Marke „Corona"

10. Beurteilen Sie Chancen und Risiken der Forschung und Entwicklung in Zeiten der Globalisierung.

11. Sammeln Sie aktuelle Zeitungsartikel zum Problem Produktpiraterie. Bringen Sie mindestens ein Beispiel mit und erläutern Sie, wie sich betroffene Unternehmen gegen die Nachahmung wehren.

12. Die Franz Kniep GmbH ist ein weltweit tätiger Hausgerätehersteller für private und gewerbliche Zwecke. Das Unternehmen will im III. Quartal 01 einen neuen Behältertyp aus recycelbarem Kunststoff auf den Markt bringen. Dieser Behältertyp zum Backen, Kochen und Bevorraten von Nahrungsmitteln ist neuartigerweise in der Nahrungsmittelindustrie einsetzbar, mit der bislang keine Geschäftsbeziehungen bestanden haben.

    a) Erläutern Sie, welche Möglichkeit die Franz Kniep GmbH hat, das neue Erzeugnis vor Nachahmungen in der Bundesrepublik Deutschland schützen zu lassen.

    b) Führen Sie zwei wirtschaftliche Vorteile an, die die Franz Kniep GmbH durch den für den neuen Behältertyp eingetragenen Rechtsschutz hat.

13. Bei der Franz Kniep GmbH werden derzeit neue Waschvollautomaten unter Beachtung strengster Umweltvorschriften entwickelt. Heute findet ein abteilungsübergreifendes Meeting statt. Beteiligte Abteilungen: FuE (Forschung und Entwicklung), Controlling, Arbeitsvorbereitung (mit technischen Zeichnern), Marketing/Vertrieb.

    a) Beschreiben Sie, welche Interessenkonflikte zwischen den beteiligten Abteilungen im Zuge der Produktentwicklung entstehen können. Geben Sie Empfehlungen zum Umgang mit diesen Konflikten.

    b) Erläutern Sie folgende Recyclingstrategien und führen Sie jeweils ein Beispiel an:

       1) Weiterverwertung

       2) Wiederverwendung

14. Die Franz Kniep GmbH produziert den Wäschetrockner „extra dry" im 5. Jahr seit der Markteinführung. Trotz Marktführerschaft haben sich die Umsatzzuwächse deutlich verringert. In der Forschungs- und Entwicklungsabteilung wird daher derzeit fieberhaft an einer neuen Wäschetrocknergeneration gearbeitet. Eine Projektgruppe wird beauftragt, den Entwicklungsprozess bis zur Fertigungsreife zu betreuen.

    a) Stellen Sie fest, in welcher Phase des Produktlebenszyklus sich der bisherige Wäschetrockner befindet.

    b) Erläutern Sie den Zusammenhang zwischen dem Produktlebenszyklus des bisherigen Wäschetrockners und der neu zu entwickelnden Generation an Wäschetrocknern.

    c) Führen Sie fünf Schritte des Planungsprozesses des Projektteams bis zur Fertigungsreife an.

15. Unterscheiden Sie anhand eines geeigneten Beispiels zwischen strategischer, taktischer und operativer Produktionsprogrammplanung.

16. Erläutern Sie anhand Ihres Ausbildungsbetriebes zwischen Programmbreite und -tiefe. Führen Sie mindestens drei Vor- und drei Nachteile an,

    a) die für eine Verbreiterung des Programms sprechen,

    b) die für eine Vertiefung des Programms sprechen.

17. Erläutern Sie, warum Produktions- und Absatzprogramm in der Praxis i. d. R. nicht übereinstimmen.

18. Nehmen Sie Stellung zu folgender Aussage:

    „In der Produktionsplanung wird der Wertezugang bezogen auf eine Einheit des herzustellenden Fertigerzeugnisses festgelegt."

19. Erläutern Sie die wesentlichen Unterschiede zwischen den Aufgaben der Produktionsplanung und den Aufgaben der Produktionssteuerung.

20. Ordnen Sie folgende Aussagen der (1) Produktionsplanung oder der (2) Produktionssteuerung zu:

    a) Erstellung auftragsbezogener Fertigungsdokumente

    b) Terminplanung in Abhängigkeit der eingehenden Kundenaufträge

    c) Erstellung des Basisarbeitsplanes

    d) Materialbedarfsermittlung mithilfe von Stücklisten

    e) Kontrolle des Fertigungsfortschritts

    f) Produktionsprogrammplanung

    g) Fertigungsprogrammplanung

21. Nennen Sie vier Ziele der Produktionssteuerung.

22. Die Fertigungsplanung der Leistungserstellung im Rahmen der Produktionssteuerung wird durch alltäglich auftretende Störungen erschwert. Diese Störungen treten als

    a) arbeitsbedingte Störungen,

    b) anlagenbedingte Störungen,

    c) materialbedingte Störungen,

    d) dispositionsbedingte Störungen

    auf.

    Nennen Sie jeweils zwei Beispiele für diese unterschiedlichen Störungsarten.

2
Bedürfnisse des anonymen Marktes haben Einfluss auf Teilbereiche der Produktionsplanung

Die Bedürfnisse des anonymen Marktes konkretisieren sich in unterschiedlichsten Kundenwünschen und können sich innerhalb kurzer Zeiträume sehr schnell ändern. Die bei Aufnahme der betrieblichen Leistungserstellung zu treffenden, langfristig angelegten Entscheidungen im Rahmen der Produktionsplanung können jedoch nicht innerhalb kurzer Zeit problemlos verändert werden. Damit spielen, z. B. bei der Festlegung der langfristig umzusetzenden Sachziele, insbesondere die Bedingungen der angestrebten Formalziele eine wichtige Rolle. Im privatwirtschaftlichen Sektor ist dies insbesondere das Ziel der Gewinnmaximierung. Dies bedeutet, dass alle Handlungen, Prozesse und Entscheidungen daran gemessen werden, ob mit deren Umsetzung tatsächlich auch ein Gewinn erzielt werden kann. Für die Leistungserstellung heißt es, die Herstellkosten möglichst zu minimieren.

In diesem Kapitel werden wir Ihnen einige betriebswirtschaftliche Überlegungen zur Produktionsplanung anhand des Ihnen bereits bekannten Produkts *communicTable* näher bringen.

Lernziele

Nachdem Sie dieses Kapitel durchgearbeitet haben, können Sie …

- die Gewinnschwelle rechnerisch ermitteln, grafisch darstellen und deren Bedeutung für langfristig zu treffende Entscheidungen im Rahmen der Produktionsplanung erklären,
- zwischen arbeitsintensiven und kapitalintensiven Fertigungsverfahren unterscheiden und deren betriebswirtschaftliche Konsequenzen aus unterschiedlichen Perspektiven beschreiben,
- Bestimmungsgründe für die Beschaffung erforderlicher betriebswirtschaftlicher Produktionsfaktoren nennen,
- verschiedene Arten der Fertigungstypen und der Fertigungsorganisation voneinander abgrenzen und hinsichtlich ihrer praktischen Relevanz bewerten,
- Anpassungsmöglichkeiten der Leistungserstellung an sich ändernde Marktanforderungen durch den Einsatz komplexer, computergestützter Fertigungskonzepte beschreiben und beurteilen,
- das rechnergestützte, funktionsübergreifende Gesamtsystem des computer integrated manufactoring (CIM) erläutern und kriterienorientiert bewerten,
- im Rahmen der langfristig angelegten Zeitplanung Durchlaufzeiten ermitteln und erforderliche Vorgabezeiten situationsbezogen festlegen,
- die Notwendigkeit der Erstellung von Zeichnungen, Stücklisten und Arbeitsplänen im Rahmen der Produktionsplanung als Grundlage für eine Steuerung der Fertigungsprozesse begründen.

2.1
Break-even-Point – Zumindest die Gewinnschwelle muss erreicht werden

> **INFO-Teil
> LF 2, Kap. 1.4.2
> Sach- und
> Formalziele**

Situation

Für den Produktbereich Sonderlösungen wurde auf Initiative des Geschäftsführers Klaus M. Heidkötter im Unternehmensbereich FuE an der Entwicklung eines den Gruppenarbeitsprozess unterstützenden „Kommunikationstisches" intensiv gearbeitet. Im Zusammenhang mit der Erstellung des Lastenheftes wurden folgende Kosten zur Herstellung und Vertrieb eines neuen *communicTable* angegeben:

Kosten für
- die Tischplatte sowie Unterkonstruktion   365,00 €
- Mitarbeiter in der Fertigung   425,00 €
- Bildschirm   1.550,00 €
- sonstige Materialien (Hilfsstoffe)   60,00 €

Situation (Fortsetzung)

Je Monat entstehen weiterhin folgende Kosten:

- Mitarbeiter (anteilige Gehälter) und sonstige Kosten in der Verwaltung 8.600,00 €
- die regelmäßig anfallende Wartung der Betriebsmittel 4.970,00 €
- Abschreibungen für Betriebsmittel (anteilig) 7.550,00 €

Natürlich verfolgt die Heidtkötter KG auch für das neue Produkt – insbesondere auf lange Sicht – die Zielsetzung einer möglichst hohen Gewinnerzielung. Nach Auflisten und Einschätzen der bisher entstandenen und weiterhin entstehenden Kosten bestehen bei Herrn Sippel, dem Controller der Heidtkötter KG, jedoch Zweifel.

› INFO-Teil
**LF 5, Kap. 1.3.2
Lastenheft**

Arbeitsaufträge

1. Nennen Sie weitere Kosten, die im Rahmen der Herstellung und des Vertriebs der *communicTable* anfallen werden.

2. Erklären Sie, wie sich die Höhe der in dieser Situation und in Arbeitsauftrag 1 genannten Kosten verändern wird, wenn sich die Produktions-/Absatzmenge erhöhen sollte.

3. Versuchen Sie die von Ihnen in Arbeitsauftrag 1 genannten Kosten sowie die in der Situationsschilderung aufgezählten Kosten in die Kategorien „variable Kosten" oder „fixe Kosten" zu systematisieren.

› INFO-Teil
**LF 5, Kap. 2.1 und 5.2
Variable und fixe
Kosten**

4. Nach sorgfältig durchgeführten Marktuntersuchungen und Gesprächen mit Herrn Hagenbruch, dem Leiter der Marketingabteilung, kann für den neuen Tisch ein Verkaufspreis von ca. 2.880,00 € erzielt werden.
   Je nach Auftragslage und Auslastung der vorhandenen Kapazitäten könnten unterschiedliche Ausbringungsmengen realisiert werden. Ermitteln Sie mithilfe der folgenden Tabelle für die dort eingetragenen Absatzmengen die entsprechenden Gewinne/Verluste pro Monat und bestimmen Sie die Absatzmenge, ab der unter gegebenen Bedingungen ein Gewinn erwirtschaftet werden kann (= **Gewinnschwelle** oder **Break-even-Point**).

Ausbringungs-menge je Monat (Stück)	Fixkosten je Monat (€)	variable Kosten je Monat (€)	Gesamtkosten je Monat (€)	Umsatz/Erlöse je Monat (€)	Verlust (–)/ Gewinn (+) je Monat (€)
20					
40					
50					
60					
80					
90					

5. Um die ermittelten Ergebnisse besser zu veranschaulichen, stellen Sie die von der Ausbringungsmenge abhängige Entwicklung der jeweiligen Kosten sowie der Erlöse grafisch dar. Interpretieren Sie den Kurvenverlauf. Ein Koordinatensystem zu 5. und 7. finden Sie im Arbeitsheft.

6. Bearbeiten Sie mithilfe der folgenden Tabelle die beschriebene Situation in der Stückbetrachtung.

Ausbringungsmenge je Monat (Stück)	Fixkosten pro Stück je Monat (€)	variable Kosten pro Stück je Monat (€)	Gesamtkosten pro Stück je Monat (€)	Umsatz/Erlöse pro Stück je Monat (€)	Verlust (–)/Gewinn (+) pro Stück je Monat (€)
20					
40					
50					
60					
80					
90					

7. Stellen Sie die in der Stückbetrachtung ermittelten einzelnen Stückkosten sowie Stückerlöse grafisch dar und erklären Sie den Verlauf der jeweiligen Kurven.

8. Ermitteln Sie die Gewinnschwelle in einer Tabelle und grafisch sowohl in der Gesamtkosten- als auch in der Stückkostenbetrachtung mithilfe eines Ihnen bekannten Tabellenkalkulationsprogramms. Verwenden Sie dabei die entsprechenden Hilfen, die Ihnen die Software für die Bearbeitung dieses Problems jeweils anbietet.

9. Tabellarische und grafische Ermittlung der Gewinnschwelle führen i. d. R. zu ungenauen Ergebnissen bzw. Schätzungen, da nicht für jedes Stück, sondern nur in bestimmten Stückintervallen gerechnet wird.

   Ermitteln Sie nun auf das Stück genau, welche Menge mindestens abgesetzt werden muss, um die Gewinnschwelle zu erreichen.

2.2
Langfristig angelegte Planung bezüglich der erforderlichen Produktionsfaktoren

Situation

Unmittelbar abhängig von der Festlegung auf ein bestimmtes Produktionsprogramm sind die Anforderungen an die zu beschaffenden betriebswirtschaftlichen Produktionsfaktoren Werkstoffe, Betriebsmittel sowie Mitarbeiter (Arbeit). Die Unternehmensführung der Heidtkötter KG hat zu entscheiden, mit welchen Materialien, welchen Betriebsmitteln und Mitarbeitern jeweils in welcher Qualität sie den Leistungserstellungsprozess gestalten will (= Wertezufluss). Nachdem Klaus M. Heidtkötter das Produktionsprogramm mit seiner kaufmännischen und technischen Leitung festgelegt hat, setzt er sich mit Herrn Hartmann, dem technischen Leiter, zusammen, um intensiv über den Prozess der Leistungserstellung nachzudenken. Hierzu müssen er und Hartmann u. a. Daten aus der Arbeitsvorbereitung berücksichtigen, die für jedes Endprodukt festlegen, welche Roh-, Hilfs- und Betriebsstoffe in welcher Menge und Qualität benötigt werden.

Arbeitsauftrag

Welche Fragen sollten dringend beantwortet werden, um den Prozess und das Ergebnis der Leistungserstellung für jedes einzelne Endprodukt zu optimieren?

Welche Materialien werden zur Fertigung eines bestimmten Erzeugnisses benötigt?

Die Aufgabe der Materialbedarfsplanung erwächst aus den Vorgaben der Produktionsprogrammplanung sowie der Produktentwicklung und -konstruktion: das Ermitteln des Bedarfs an Werkstoffen sowie eventuell fremdbezogenen Montageteilen/Komponenten in der jeweils erforderlichen Qualität für eine Fertigungseinheit des Endprodukts.

› **Band 2, LF 6 Materialbedarfsplanung**

Arbeitsaufträge

1. Beschreiben Sie, wie in der Heidtkötter KG der Materialbedarf für die Fertigung eines neu entwickelten Schreibtisches festgestellt wird.
2. Für die Endmontage der Schreibtische werden von der Heidtkötter KG einzelne Bauteile/Komponenten fremdbezogen. Welche Anforderungen stellen Sie an diese fremdbezogenen Komponenten?

Welche Betriebsmittel und Mitarbeiter werden zur Fertigung eines bestimmten Erzeugnisses benötigt?

Diese Fragestellung ist gleichzusetzen mit Überlegungen im Rahmen der Kapazitätsplanung. Die Kapazitätsplanung der Produktionsplanung ermittelt den quantitativen sowie qualitativen Bedarf an Betriebsmitteln und Mitarbeitern, der notwendig ist, um eine Fertigungseinheit (z. B. *communicTable*) herzustellen. Die Kapazität ist das Vermögen eines Betriebes (eines Funktionsbereiches, einer Maschine, eines Mitarbeiters), innerhalb einer festgelegten Zeiteinheit eine bestimmte Qualität oder eine bestimmte Menge an Leistungen (Output) zu erbringen. Für jedes Fertigerzeugnis des Produktionsprogramms muss im Rahmen der Produktionsplanung der Bedarf an Betriebsmitteln und an Mitarbeitern zur Herstellung einer Fertigungseinheit möglichst genau bestimmt werden. Diese Kenntnisse sind Grundlage für eine optimal ausgerichtete Fertigungssteuerung der einzelnen Fertigungsaufträge.

› **Band 3, LF 11 Betriebsmittelplanung**

› **Band 2, LF 7 Personalplanung**

Arbeitsaufträge

1. Unterscheiden Sie zwischen quantitativer und qualitativer Kapazität einer Maschine.
2. Wenn die zur Verfügung stehenden Kapazitäten nur für die Herstellung der neuen *communicTable* eingesetzt werden, liegt die monatliche Kapazitätsgrenze (maximal mögliche Fertigungsmenge) bei 120 Stück. Wie hoch wäre der mit der Gruppe *communicTable* max. zu erwirtschaftende Jahresgewinn? (k_v = 2.400,00 €, k_f = 21.120,00 € pro Monat; Verkaufspreis pro Stück = 2.880,00 €)
3. Aufgrund der aktuellen Auftragslage konnte die Heidtkötter KG im letzten Monat lediglich einen Beschäftigungsgrad von 75 % erreichen.
   a) Beschreiben Sie die Auswirkungen dieser Beschäftigungssituation und begründen Sie Ihre These(n) mithilfe konkreter Zahlen: Beschäftigungsgrad, Leerkosten/Nutzkosten.
   Erläutern und begründen Sie, wie sich die Heidtkötter KG in dieser Situation verhalten sollte.
   b) „Aufgrund der Auftragslage müssen wir unseren Verkaufspreis unbedingt erhöhen, damit wir höhere Gewinne erwirtschaften." Nehmen Sie schriftlich Stellung zu dieser Aussage.
   c) Wie wirkt sich diese Preiserhöhung bei sonst gleichbleibenden Bedingungen auf den Break-even-Point aus?
   d) Ein Mitarbeiter der Heidtkötter KG sagt voller Begeisterung: „Wenn wir schon nach drei Wochen den Break-even-Point erreicht haben, können wir für den Rest →

Arbeitsaufträge (Fortsetzung)

des Monats den Verkaufspreis absatzwirksam um 10 % senken und machen pro verkauftem Tisch einen Gewinn von 192,00 €." Nehmen Sie schriftlich Stellung zu dieser Aussage.

4. Beschreiben Sie Fähigkeiten und Fertigkeiten, über die ein Mitarbeiter verfügen sollte, um bei der Heidtkötter KG in der Leistungserstellung arbeiten zu können.

Situation

Die Neuentwicklung des *communicTable* hat für die Heidtkötter KG u. a. zur Folge, dass ein neues Produktionsverfahren eingeführt werden muss. Herr Blüm, Leiter der Fertigung, wurde beauftragt, über verschiedene Verfahrensarten zur Herstellung der Tischplatten für die *communicTable* nachzudenken. Am Ende seiner Recherchen bleiben folgende Möglichkeiten bestehen:

	arbeitsintensives Verfahren	kapitalintensives Verfahren
Kosten pro Stück – **Material** – **Fertigungslöhne**	25,00 € 250,00 €	22,00 € 160,00 €
monatliche Kosten für **Abschreibung, Zinsen und Wartung**	4.362,00 €	17.382,00 €
maximale Kapazität	150 Stück/Monat	170 Stück/Monat

Arbeitsaufträge

1. Wovon sollte Herr Blüm seine anstehende Entscheidung abhängig machen?
2. a) Ermitteln Sie anhand der folgenden Tabelle die Gesamtkosten sowie die Stückkosten beider Verfahren für die dort angegebenen Ausbringungsmengen.

monatliche Ausbringungs- menge (Stück)	arbeitsintensives Verfahren				kapitalintensives Verfahren			
	monatliche Fixkosten (€)	variable Kosten (€)	Gesamt- kosten (€)	Stück- kosten (€)	monatliche Fixkosten (€)	variable Kosten (€)	Gesamt- kosten (€)	Stück- kosten (€)
0								
120								
130								
140								
150								
160								
170								

ARBEITSHEFT

b) Um die Anschaulichkeit der Kostenverläufe zu erhöhen, stellen Sie die Entwicklung der Gesamtkosten und der Fixkosten beider Verfahren in einer Grafik dar. Tragen Sie die Kapazitätsgrenzen sowie die „kritische Menge" ein. Ein Koordinatensystem finden Sie in Ihrem Arbeitsheft.

c) Welches Verfahren würden Sie nun Herrn Blüm empfehlen? Begründen Sie.

3. Ermitteln Sie rechnerisch die Ausbringungsmenge, bei der die Kosten beider Verfahren gleich sind. Bitte nutzen Sie bei Bedarf den INFO-Teil.

4. Nennen Sie die Hauptkostenfaktoren des arbeitsintensiven sowie des kapitalintensiven Produktionsverfahrens und erläutern Sie die jeweiligen Auswirkungen auf die entsprechenden Kostenverläufe.

5. Beschreiben Sie einen wirtschaftlichen Vorteil kapitalintensiver Produktionsverfahren.

Situation (Fortsetzung) Herr Blüm hat sich zur Fertigung der Tischplatten für das arbeitsintensive Produktionsverfahren entschieden. Dies hat zur Folge, dass er den genauen Bedarf an Mitarbeiterstunden zur Herstellung einer Tischplatte benötigt, um eventuell einen neuen Mitarbeiter anzufordern.

Arbeitsaufträge

1. Entwickeln Sie Vorschläge, wie Herr Blüm in dieser Situation nun den konkreten Bedarf ermitteln könnte.
2. Welche Qualifikationen sollte der Mitarbeiter mitbringen, der diese Tätigkeiten zur Herstellung der Tischplatten übernehmen wird?
3. Fragen Sie nach, wie in Ihrem Ausbildungsbetrieb das Besetzen von neuen Aufgaben mit Aufgabenträgern[1] gelöst wird.

2.3
Entscheidungen im Rahmen der langfristig angelegten Planung des Fertigungsverfahrens

Nun schließen sich die Überlegungen an, mit welchen Betriebsmitteln und in welcher räumlichen Anordnung die qualitativ hochwertigen Komponenten hergestellt und anschließend mit fremdbezogenen Montageteilen zu verkaufsfähigen Enderzeugnissen und Bürosystemen montiert werden sollen. Die umgesetzten Fertigungsverfahren sollten kurze Wege beanspruchen, keine überflüssigen Zwischenlager und Liegezeiten verursachen sowie eine hohe Flexibilität an Marktveränderungen ermöglichen. Diese Entscheidungen bilden die Grundlage für die sich anschließenden Investitionen in die erforderlichen Betriebsmittel, Werkzeuge, Vorrichtungen, Mitarbeiter, Fertigungs- und Lagerhallen. Die grundlegenden Fertigungsverfahren können unterteilt werden in die Fertigungstypen der Leistungserstellung und die Fertigungsorganisation der Leistungserstellung.

2.3.1
Fertigungstypen der Leistungserstellung – Auf wie viele Erzeugnisse einer Art soll unser Fertigungsprozess ausgerichtet werden?

Situation Im Rahmen der Produktionsprogrammplanung hat Geschäftsführer Heidtkötter in Absprache mit seiner Designerin Lund den Schwerpunkt der Leistungserstellung auf die Produktbereiche Stühle und Tische in Holz-/Stahlkonstruktionen sowie Sonderlösungen festgelegt. Insbesondere innovative, mit computergestützten Techniken versehene Kommunikationseinrichtungen, die individuell auf Kundenwünsche flexibel verändert werden, sind neben den qualitativ hochwertigen Stühlen die Säulen des Unternehmens geworden. Vor allem auf die aktuelle Innovation, den *communicTable*, bei dem ein fremdbezogener, großformatiger, interaktiver Bildschirm in die Tischfläche eingelassen ist und als gemeinsame Arbeitsfläche für Projektgruppen dient, blicken alle Mitarbeiter mit gespannter Erwartung.

In diese Festlegungen zum Produktionsprogramm sind Entscheidungen für ein bestimmtes Fertigungsverfahren eingeflossen. So stehen z. B. im Rahmen unterschiedlicher Fertigungstypen je nach Anzahl der Wiederholungen des gleichen Fertigungsprozesses (Fertigung eines Erzeugnisses der gleichen Art) zur Wahl:

› INFO-Teil
LF 5, Kap. 2.3.1

■ Einzelfertigung ■ Massenfertigung ■ Serienfertigung

---

1 Aufgabenträger sind Mitarbeiter und Betriebsmittel, die bei der Stellenbildung bestimmten Aufgaben zugeordnet werden.

1. Erläutern Sie jeweils zu den oben genannten unterschiedlichen Fertigungstypen deren typische Merkmale sowie Vor- und Nachteile. Können Sie den jeweiligen Fertigungstyp der Heidtkötter KG zur Umsetzung empfehlen? Bitte begründen Sie.
2. Welche grundlegende Empfehlung bezüglich der Umsetzung von Fertigungstypen können Sie der Heidtkötter KG geben? Begründen Sie auch hier.

2.3.2
Fertigungsorganisation – Wie sollen wir die Betriebsmittel bezogen auf den Fertigungsprozess optimal anordnen?

Situation (Fortsetzung zu Kap. 2.3.1) Ebenso ist zu entscheiden gewesen, wie die im Produktionsprozess benötigten Betriebsmittel in der Produktionshalle räumlich angeordnet werden sollen. Diese Anordnung/Organisation der Betriebsmittel im Fertigungsprozess kann nach dem **Verrichtungsprinzip** oder nach dem **Fließprinzip** erfolgen. Michael Blüm, Leiter der Fertigung, schlägt vor, beide grundlegenden Organisationsformen der Fertigung im Unternehmen einzusetzen. Es soll auf jeden Fall eine Form der Fließfertigung umgesetzt werden, um die Stückkosten möglichst zu minimieren. Er befürwortet aber ebenso die Realisierung der Werkstattfertigung, um die Flexibilität des Unternehmens nicht zu gefährden. Bezüglich der Fertigungsorganisation besteht damit grundsätzlich die Wahl zwischen:

> **INFO-Teil**
> **LF 5, Kap. 2.3.2**

■ Werkstattfertigung   ■ einer Form der Fließfertigung   ■ Gruppenfertigung

Arbeitsaufträge

Bearbeiten Sie die Arbeitsaufträge mithilfe des INFO-Teils bzw. weiterer Quellen aus dem Internet.
1. a) Erläutern Sie zunächst die typischen Merkmale der Werkstattfertigung und geben Sie anschließend eine begründete Empfehlung ab, welche Produkte die Heidtkötter KG in dieser Fertigungsorganisation herstellen sollte.
   b) Beschreiben Sie Vorteile, die aus der Wahl dieser Fertigungsorganisation (Werkstattfertigung) für die Heidtkötter KG entstehen.
2. a) Beschreiben Sie die typischen Merkmale der Fließfertigung. Geben Sie auch hier eine begründete Empfehlung ab, welche Produkte der Betrieb in dieser Fertigungsorganisation herstellen sollte.
   b) Nennen Sie auch hier die Vorteile.
3. a) Erklären Sie nun die typischen Merkmale der Gruppenfertigung. Denken Sie darüber nach, ob auch diese Fertigungsorganisation im Rahmen des Produktionsprogramms der Heidtkötter KG zu realisieren wäre.
   b) Beschreiben Sie Vorteile, die grundsätzlich bei einer erfolgreichen Umsetzung der Gruppenfertigung für das Unternehmen entstehen.
4. Welche Fertigungsorganisation wird in Ihrem Ausbildungsbetrieb umgesetzt? Bitte begründen Sie.

2.3.3
Komplexe Fertigungskonzepte als Antwort auf sich ständig verändernde Anforderungen an die Fertigung

Die wachsende Konkurrenzsituation sowie die sich häufig und schnell verändernden Kundenanforderungen bezüglich Produktqualität, Garantieleistungen, Lieferzeit, Flexibilität sowie Verlässlichkeit und Pünktlichkeit sind teilweise nur noch dadurch zu erfüllen, dass neue technische Entwicklungen (computergesteuerte Betriebsmittel) und EDV-unterstützte Organisationsabläufe in die betrieblichen Fertigungsprozesse integriert werden. Ständige Kontrollen und Vergleiche von Kennzahlen wie Produktivität und Wirtschaftlichkeit helfen, die eigene Leistungserstellung den aktuellen technischen Entwicklungen, den Markterfordernissen sowie den Entwicklungen seitens der Konkurrenz anzupassen.

Situation

Aufgrund gestiegener Marktanteile und steigender Umsätze insbesondere in den Produktbereichen Tische und Stühle haben die kaufmännische Leiterin, Frau Dr. Keil, und der technische Leiter, Herr Hartmann, darüber nachgedacht, wie sie auf diese positive Entwicklung im Bereich der Leistungserstellung reagieren könnten:

Herr Hartmann: *„Wenn wir nun die erreichbaren Absatzzahlen weiterhin in der Fertigung realisieren wollen, sollten wir unsere Betriebsmittel genauer unter die Lupe nehmen und gegebenenfalls die bestehenden Kapazitäten erweitern."*

Frau Dr. Keil: *„Ist das denn wirklich erforderlich?"*

Herr Hartmann: *„Ja, sicher! Insbesondere in der Lackiererei arbeiten wir zurzeit an der Kapazitätsgrenze. Da ist kaum noch ein zusätzlicher Auftrag zu meistern."*

Frau Dr. Keil: *„Woran denken Sie, wenn Sie sagen: ‚Wir müssen unsere Betriebsmittel genauer unter die Lupe nehmen?'"*

Herr Hartmann: *„Um unser Image und unsere hervorragende Produktqualität auch bei steigenden Absatzzahlen weiterhin zu gewährleisten, sollten wir uns gemeinsam den aktuellen Maschinenpark dahingehend ansehen, ob Ersatzinvestitionen hilfreich oder sogar erforderlich wären."*

Frau Dr. Keil: *„Haben Sie denn schon eine Vorstellung darüber, wie wir unsere Kapazitäten in der Lackierwerkstatt erhöhen könnten?"*

Herr Hartmann: *„Ich bin für die Anschaffung eines Industrieroboters. Im Vergleich zum aktuellen Lackierautomaten werden durch den Einsatz eines Lackierroboters mit mehreren Freiheitsgraden die Arbeitsgeschwindigkeit, die Präzision, die Flexibilität sowie die Verwendung unterschiedlicher Farb- und Lacktypen erhöht.*
Die Kosten für eine umweltgerechte Entsorgung der minimalen Farb-/Lackrückstände, für den Materialverbrauch und die zu zahlenden Löhne werden gesenkt. Außerdem werden die Mitarbeiter nicht mehr den unangenehmen Farbausdünstungen ausgesetzt."

Frau Dr. Keil: *„Hört sich gut an. Lassen Sie uns Informationen zusammenstellen, die uns zu dieser Idee weiterhelfen. Ich werde mich um Finanzierungsmöglichkeiten einer eventuell anstehenden Investition kümmern."*

Herr Hartmann: *„Wir sollten den Betriebsrat über unsere Idee und die eventuell anstehenden Veränderungen im Fertigungsprozess informieren."*

Die folgenden Daten sind als Entscheidungsgrundlage zum Tisch *björn* gesammelt worden:

		Lackierautomat	Lackierroboter
Jahreskapazität (Stück)		9 000	10 200
aktuelle Absatzmenge (Ausbringungsmenge)		735 (pro Monat)	
Leistung[1] pro Tisch		86,00	86,00
Kosten (alle Werte in €)	Materialkosten pro Tisch	26,00	22,00
	Lohnkosten pro Tisch	44,00	33,00
	Fixkosten pro Monat	9.600,00	17.050,00
Arbeitstage im letzten Monat		21 Tage	
Maschinenstunden pro Arbeitstag		14 Stunden	

---

1   Der Lackierautomat sowie der Lackierroboter tragen in der Lackierwerkstatt nur einen Teil der gesamten geschaffenen Leistungen bei der Herstellung des Seminartisches bei. Daher sind diese Leistungen nur ein Bruchteil der später durch die Umsatzerlöse vergüteten Gesamtleistung. Sie sind jedoch diesen Betriebsmitteln (Lackierautomat oder Roboter) als erbrachte Leistung zuzurechnen.

Legen Sie die Daten der geschilderten Situation zugrunde.

1. a) Errechnen Sie die Auslastung (den Beschäftigungsgrad) des Lackierautomaten.
   b) Ermitteln Sie den Beschäftigungsgrad des Lackierroboters bei gleicher Ausbringungsmenge.
   c) Welche monatliche Absatzmenge müsste erreicht werden, damit der Roboter mit dem gleichen Beschäftigungsgrad ausgelastet wäre wie die Lackiermaschine im Vormonat?
2. Führen Sie eine Break-even-Analyse durch, indem Sie jeweils für den Lackierautomaten sowie für den Industrieroboter die Mengen ermitteln, bei denen die entstehenden Kosten durch die jeweils zurechenbaren Leistungen gedeckt sind.
3. Bei welchen Ausbringungsmengen ist der Lackierautomat und bei welchen Ausbringungsmengen ist der Industrieroboter kostengünstiger?
4. Sammeln Sie Argumente für und wider den Einsatz des Lackierroboters jeweils aus der Perspektive:
   a) der Geschäftsführung der Heidtkötter KG.
   b) des Betriebsrats der Heidtkötter KG.
5. Geben Sie bitte nun, nach Ermittlung der hilfreichen Daten in den Arbeitsaufträgen 1–4, eine begründete Empfehlung ab, ob die Heidtkötter KG den Lackierroboter anschaffen soll.
6. Informieren Sie sich und berichten Sie anschließend über einen evtl. Einsatz von Industrierobotern in Ihrem Ausbildungsbetrieb.

Herr Heidtkötter ist davon überzeugt, dass er weiterhin den Weg einer zunehmenden Automatisierung im Bereich der Fertigung gehen muss, um die Stellung seiner Unternehmung am Markt halten zu können. Eine Vernetzung der verschiedenen Funktionsbereiche zur Optimierung der betriebswirtschaftlichen, kommunikativen Anforderungen ist ebenso erforderlich wie die bereits eingeschlagene Automatisierung der Leistungserstellung von der Forschung und Entwicklung zu Produktinnovationen bis hin zur Kontrolle und Überwachung der Fertigungsprozesse. Neugierig und gespannt liest er folgenden Text, den er beim Stöbern im Internet gefunden hat.

„Fabrik der Zukunft" – Computer Integrated Manufacturing (CIM)

Die Fabrik der Zukunft wird zum großen Teil eine rechnergestützte Fabrik sein, darin besteht kein Zweifel. Die Frage ist, wie die gewachsenen Insellösungen Schritt für Schritt in ein Gesamtkonzept integriert werden können. Die deutschen Industrieunternehmen stehen heute mehr denn je in einer engen Wechselbeziehung zu einer vielschichtigen Umgebung. Dabei besteht ein komplexer werdendes Beziehungsgeflecht untereinander und zum Markt.

Durch die zunehmende Internationalisierung und den steigenden Konkurrenzdruck ergeben sich eine Vielzahl von Abhängigkeiten und Verbindungen. Der Markt erwartet von den Unternehmen ein flexibles Reagieren auf Kundenwünsche, die oft noch während der Auftragsabwicklung geändert werden. Klassische Unternehmensziele wie die Wirtschaftlichkeit oder die Produktivität werden durch neue wie die Flexibilität ergänzt. [...]

Weiter ist das technische Umfeld gekennzeichnet durch eine kurze Produktlebensdauer, was zwangsläufig zu einer Verkürzung der Entwicklungszeit führen muss. Die Zeit zwischen der Produktidee und der Produktlieferung ist zu minimieren.

Technische Informationssysteme

Hierbei handelt es sich in erster Linie um Systeme, die auf der Fertigungsebene im Einsatz sind, wie z. B. CAM-Systeme zur Steuerung und Überwachung der Fertigungs- und Handhabungs-, Transport- und Lagereinrichtungen sowie CAQ-Systeme mit den Aufgaben Prüfplanung, Prüfprogrammierung und Qualitätsanalyse.

Management- und Produktionsinformationssysteme

Zentrales Element der betriebswirtschaftlichen Informationssysteme stellt das Produktionsplanungs- und -steuerungssystem eines Unternehmens dar. Auf der Planungsebene werden von ihm Aufgaben der Primärbedarfsplanung, der Materialdisposition, der Termin- und Kapazitätsplanung und der Auftragsüberwachung wahrgenommen. Im Fertigungsbereich umfassen PPS-Systeme die Betriebsdatenerfassung und die Fertigungssteuerung einschließlich der Kontrolle von Mengen, Zeit und Kosten. Auf der administrativen[1] Ebene eines Betriebes sind die kaufmännischen Informationssysteme „Kostenrechnung", „Finanzbuchhaltung" und „Lohn und Gehalt" angesiedelt.

Integrationsansätze

Grundsätzlich ist CIM von der Unternehmensgröße und der Branche unabhängig. Es muss jedoch nach den jeweiligen Schwerpunkten der einzelnen Unternehmen differenziert werden, um eine individuelle Lösung zu entwickeln. Denn einem ganzheitlichen Ansatz für ein CIM-Konzept steht die gewachsene arbeitsteilige Organisation in den meisten Betrieben entgegen. In großen Firmen, die finanziell in der Lage wären, ein solches Konzept zu realisieren, sind die Hürden besonders hoch, es sei denn, dass es sich bei der Planung eines neuen Werkes von Anfang an mit integrieren lässt. Auf der anderen Seite dürfte es bei den meisten Mittelständlern, die als weitaus flexibler gelten, aus finanziellen Gründen schwerfallen, die hohen Investitionen für die Fabrik der Zukunft aufzubringen.

Die Forderung für jedes Unternehmen lautet deshalb, dass alle Investitionen für die Technologieplanung auf die kritischen Erfolgsfaktoren im zukünftigen Wettbewerb ausgerichtet werden müssen. Das bedeutet, dass in Abhängigkeit davon, ob es sich bei dem betrachteten Unternehmen um einen Einmalfertiger, einen Wiederholfertiger oder einem Mischfertiger handelt, völlig unterschiedliche Ratiopotenziale hinsichtlich der Einführung von CA-Technologien bestehen können.

So ist es z. B. für einen Leiterplattenfertiger wichtig, dass er eine direkte Kopplung der Auftragssteuerung mit der vollautomatisierten Leiterplattenfertigung realisiert, um die teuren Maschinen auch bei kurzfristiger Umdisposition oder dem Ausfall einzelner Bearbeitungsstationen gut auslasten zu können.

Ein weiterer wichtiger Integrationspfad ist die Kopplung von CAD und PPS. Die enge Verbindung zwischen CAD und PPS wird besonders deutlich, wenn man die Konstruktion als primäre Datenquelle für das Unternehmen ansieht und die Produktionsplanung und -steuerung als Datenhandlingsfunktion betrachtet.

Aber nicht nur im Produktionsbereich hat der Computer heute Einzug gehalten. Auch der Büro- und Verwaltungsbereich kommt ohne Computer nicht mehr aus. Durch die Verschmelzung von CIM mit OA (Office Automation) unter dem Begriff CIB (Computer Integrated Business) wird dabei über den Produktionsbereich hinaus auch der planende und verwaltende Bereich der Unternehmen mit einbezogen.

aus: www.contentmanagement.de/NT/CIM-PPS-VR/CIM/cim.html

Zugriff am 11.02.08

---

[1] verwaltenden

Bearbeiten Sie die folgenden Arbeitsaufträge mithilfe des abgedruckten Textes sowie des INFO-Teils und weiterer Quellen aus dem Internet.

> INFO-Teil
LF 5, Kap. 2.3.2

Arbeitsaufträge

1. Welche Gründe sprechen allgemein für eine Umsetzung von CIM?
2. Welche Aufgaben übernimmt das rechnergestützte Produktionsplanungs- und -steuerungssystem?
3. Welche Aufgaben übernehmen die rechnergestützten CA-Techniken?
4. Beschreiben Sie die Voraussetzungen für eine Erfolg versprechende Umsetzung von CIM.
5. Welche Vorteile bzw. Nachteile ergeben sich aus einer Umsetzung von CIM?
6. Würden Sie Herrn Heidtkötter die Umsetzung von CIM in seinem Unternehmen empfehlen? Bitte begründen Sie.

2.4
Langfristig angelegte, grundlegende Zeitplanung ermittelt den Zeitbedarf zur Herstellung eines bestimmten Erzeugnisses

Situation   Eine sorgfältige und zuverlässige Ermittlung des für die Fertigung eines Enderzeugnisses (Tisch, Stuhl, Sonderlösung) benötigten Zeitaufwands (= Durchlaufzeit) ist unerlässliche Voraussetzung für eine zuverlässige Terminplanung im Rahmen der Fertigungssteuerung. Die im Arbeitsalltag der Heidtkötter KG eingehenden Fertigungsaufträge können nur dann sinnvoll realisiert und aufeinander abgestimmt werden, wenn die zur Durchführung der Fertigung eines Erzeugnisses benötigten Zeitvorgaben vorliegen. Daher fordert Herr Hartmann die Mitarbeiter der Arbeitsvorbereitung auf, schon innerhalb der Produktentwicklung bei der Herstellung des Prototyps bzw. der Nullserien eine zuverlässige und möglichst genaue Zeitaufnahme auf der Grundlage von Arbeitsablaufstudien durchzuführen.

Arbeitsaufträge

> **INFO-Teil**
> **LF 5, Kap. 2.4**

Bearbeiten Sie folgende Arbeitsaufträge unter Zuhilfenahme des INFO-Teils sowie anhand Ihrer eigenen Vorstellung über den Fertigungsprozess des Konferenzstuhles *tina*.

1. Denken Sie darüber nach, wie der Zeitbedarf für die einzelnen Arbeitsvorgänge zur Herstellung eines Konferenzstuhles *tina* ermittelt werden kann.

2. Eine wesentliche Zielsetzung der Zeitplanung besteht darin, den Zeitbedarf von Beginn des ersten bis zum Abschluss des letzten Arbeitsvorgangs zur Herstellung eines bestimmten Erzeugnisses (Durchlaufzeit) zu ermitteln.

   a) Erklären Sie die Begriffe Rüst- und Bearbeitungszeit.

   b) Welche weiteren Zeitkomponenten sollten neben der Rüstzeit und der Bearbei tungszeit bei der Ermittlung der Durchlaufzeit berücksichtigt werden?

3. Um die ermittelten Durchlaufzeiten für die verschiedenen Erzeugnisse auch einhalten zu können, muss bei den Mitarbeitern und Betriebsmitteln von einer bestimmten Arbeitsgeschwindigkeit/Leistung für die anfallenden Tätigkeiten/Verrichtungen ausgegangen werden. Die Vorgabezeit ist die Zeit, die ein Arbeiter für die ordnungsgemäße Erledigung einer bestimmten Aufgabe/Tätigkeit bei „normaler" Leistung/Anstrengung unter durchschnittlichen Arbeitsbedingungen benötigt (= Zeitverbrauch bei Normalleistung).

   Begründen Sie bitte, warum diese Vorgabezeiten als **Sollzeiten** für die einzelnen Arbeitsvorgänge angesetzt werden müssen.

4. Das beobachtete Können und der beobachtete Arbeitseinsatz eines Mitarbeiters müssen als Leistungsgrad mithilfe von Zeitstudien geschätzt und bei der Festlegung der Vorgabezeiten (Sollzeiten) berücksichtigt werden. Die aus den gemessenen Istzeiten abgeleitete Vorgabezeit ermittelt sich wie folgt:

   Vorgabezeit = geschätzter Leistungsgrad (%) · tatsächlich gemessene Istzeit

   Erläutern Sie die Bedeutung des Leistungsgrades bei der Festlegung der Vorgabezeit und erklären Sie, warum der Leistungsgrad nicht gemessen werden kann, sondern geschätzt werden muss.

5. Wo sollten die im Rahmen der zeitorientierten Ablaufplanung ermittelten Vorgabezeiten festgehalten und dokumentiert werden?

Situation

Aufgrund einer Investition in neue Betriebsmittel haben sich die räumliche Anordnung der Maschinen sowie der Fertigungsprozess der Konferenzstühle verändert. Dies hat zur Folge, dass die vorhandene Zeitplanung überprüft bzw. neu bestimmt werden muss. Der Leiter der Fertigung stellt Ihnen folgende Daten zum Fertigungsablauf zur Verfügung:

Die Vorgabezeiten pro Unterkonstruktion des Konferenzstuhles *tina* betragen laut Basisarbeitsplan für die Rüstzeit (t_r) 20 Minuten und für die Bearbeitungszeit (t_a) 46 Minuten.

Zur Bereitstellung der Metallrohre an den Metallsägen 1 und 2 werden jeweils 2 Minuten benötigt. Der Transport zu den Bohrautomaten 1 und 2 dauert jeweils eine Minute. Der Wechsel zur benachbarten Biegemaschine 1 ist nach einer halben Minute und von dort zum Tauchbad 1 in 2 Minuten geschehen. Das Abholen der Spannleisten aus dem Rohstofflager zur Stanze 1 sowie der Transport der gestanzten Spannleisten zum Lackierautomaten dauern je eine Minute. Um die Metallrohre und Spannleisten zur Schweißkabine zu bringen, wo die Bohrmaschine 1 schon bereitliegt, werden je 2 Minuten benötigt. Das Bereitstellen der Abschlussstopfen aus dem Rohstofflager dauert insgesamt 2,5 Minuten. Abschließend werden schwarze Kunststoffleisten vom Rohstofflager zur Schneidemaschine 1 gebracht (2 Minuten) und mit den dort bereitliegenden Blechschrauben und der Bohrmaschine 5 an die herbeigeholten Metallrohre (2 Minuten) angeschraubt.

Liegezeiten sind zu vernachlässigen, gehen aber dennoch mit 0,5 % der Bearbeitungszeit (t_a) in die Rechnung ein.

Für die parallel zum Fertigungsprozess stattfindende Kontrolle sollen 10 % der Bearbeitungszeit berücksichtigt werden.

In den Vorgabezeiten für die Rüstzeit und die Bearbeitungszeit sind folgende Zuschläge (bezogen auf die jeweiligen Grundzeiten) enthalten:

Rüstverteilzeit:	3 %	Verteilzeit:	4 %
Rüsterholungszeit:	2 %	Erholungszeit:	3 %

Arbeitsaufträge

1. Ermitteln Sie die den Rüst- und Bearbeitungszeiten zugrunde liegenden Grundzeiten sowie die Erholungs- und Verteilzeiten.
2. Ermitteln Sie die Durchlaufzeit zur Fertigung einer Stuhlunterkonstruktion.
3. Nehmen Sie kritisch Stellung zu den bei der Heidtkötter KG ermittelten Zeitkomponenten.
4. Der Durchschnitt der geschätzten Leistungsgrade bezogen auf die beobachteten Leistungen der Mitarbeiter liegt bei 97,5 %. Errechnen Sie die Vorgabezeit/Sollzeit zur Herstellung einer Stuhlunterkonstruktion.
5. Interpretieren Sie das von Ihnen in Arbeitsauftrag 4 ermittelte Ergebnis.

› INFO-Teil LF 5, Kap. 2.4

2.5
Dokumente der langfristig angelegten Produktionsplanung – Grundlagen für die auftragsbezogene Produktionssteuerung

Die innerhalb der Produktionsplanung einmalig anfallenden, langfristig angelegten Überlegungen beziehen sich auf die Fertigung eines bestimmten Erzeugnisses, wie z. B. der Konferenzstühle *feli* oder *tina*. Die in diesem Zusammenhang ermittelten Daten müssen festgehalten und dokumentiert werden, damit im Falle eines Auftragseingangs in der Fertigungssteuerung auf diese Daten zurückgegriffen werden kann. Die Daten entstehen größtenteils schon im Rahmen der Forschung und Produktentwicklung. Informationen zu Materialqualität, Funktionsweisen, innovativen Techniken, Produktveränderungen und deren Zielsetzungen, Fertigungsabläufen, erforderlichen Betriebsmitteln usw. müssen gespeichert und schnell greifbar sein. Die wesentlichen Dokumente im Bereich der Leistungserstellung sind:

- die in der Konstruktionsabteilung durch die technischen Zeichner angefertigten Zeichnungen,
- die mithilfe der Zeichnungen erstellten Stücklisten sowie
- der von der Arbeitsvorbereitung erstellte, auftragsunabhängige und produktbezogene Basisarbeitsplan, der den Arbeitsablauf für die Fertigung eines bestimmten Erzeugnisses beinhaltet.

Der **Basisarbeitsplan** beschreibt den Fertigungsablauf auf einer bestimmten Fertigungsstufe für ein bestimmtes Einzelteil, ein bestimmtes Montageteil oder für das Enderzeugnis. Er enthält Informationen über:

- das zu fertigende Werkstück
- die zugrunde liegenden Zeichnungen/Skizzen
- das Ausgangsmaterial
- die ausführenden Betriebsmittel (Kostenstellen)
- die Sollzeiten/Vorgabezeiten (Rüstzeiten, Bearbeitungszeit)

Situation   Insbesondere die Mitarbeiter der Arbeitsvorbereitung (AV) sind aufgefordert, schon innerhalb der Produktentwicklung bei der Erstellung von Zeichnungen sowie der Herstellung des Prototyps bzw. der Nullserien zuverlässige und möglichst genaue Daten zum Fertigungsprozess der einzelnen Erzeugnisse aufzunehmen und zu dokumentieren. In der AV wird ein Basisarbeitsplan erstellt, der eine auftragsunabhängige, produktbezogene Dokumentation des Arbeitsablaufs für die Herstellung eines bestimmten Fertigerzeugnisses sowie aller seiner Einzelteile und Baugruppen/Komponenten enthält.
Während der Produktentwicklung sowie der Herstellung eines Prototyps des Konferenzstuhles *feli* ist folgender Bericht über die Montage und Bepolsterung des Konferenzstuhles verfasst worden.

Bericht der Arbeitsvorbereitung (Dauer der Bearbeitung in Minuten):

Die Baugruppen Gestell und Wiege werden am Montageplatz Konferenzstuhl zur Endmontage bereitgestellt und montiert. In einem ersten Schritt werden die Bolzen der Wiege in das Gestell eingepresst (0,375). Anschließend wird die Wiege mithilfe eines Akku-Schraubers und zwei Innensechskantschrauben an das Gestell festgeschraubt (1,475). Mithilfe einer Spezialpresse wird die Rückenlehne, bestehend aus zwei Hartkunststoff-Schalen, an der Unterkonstruktion zusammengesteckt und verklebt (2,25).

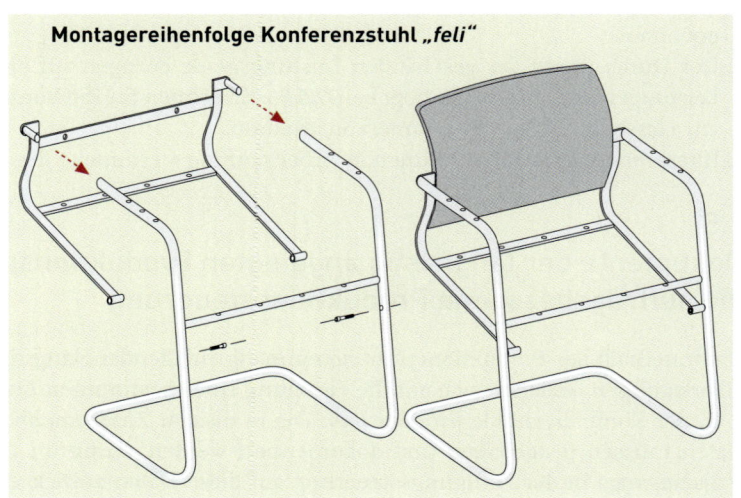

Montagereihenfolge Konferenzstuhl *„feli"*

In der Polsterei wird der Sitz vorgepolstert (4,229) und der Stoffbezug mit einer Stoff-Brückenstanze zugeschnitten (1,95). Dann wird der Sitzstoff mit einer Nähmaschine genäht (3,25) und der vorgepolsterte Sitz in der Polsterei mit dem Stoff bezogen (13,48). Das fertige Sitzpolster wird am Montageplatz Konferenzstuhl auf der Unterkonstruktion mithilfe von acht Schrauben und einem Akku-Schrauber verschraubt (4,164). Die vorbereiteten Holzarmlehnen werden am Montageplatz Konferenzstuhl mit jeweils drei Schrauben und einem Akku-Schraubers auf den Lehnen der Unterkonstruktion festgeschraubt (2,75),

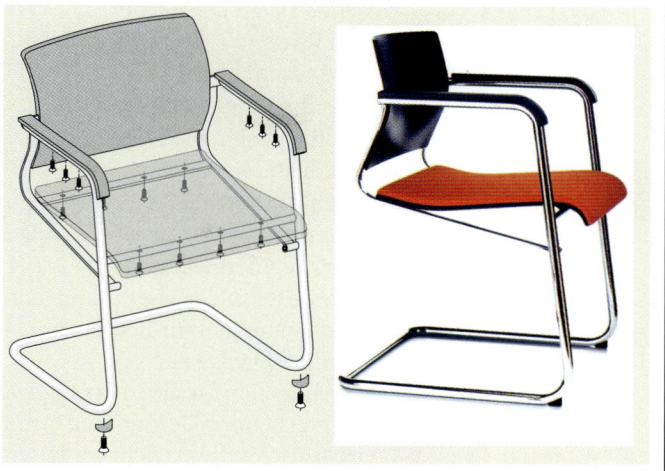

bevor die Stopper am Gestell montiert werden (1,5). Anschließend werden die Sitzpolster in der Polsterei gedämpft und gereinigt (1,68), bevor am Montageplatz abschließend eine Qualitätskontrolle erfolgt und die Stühle dort für den Vertrieb verpackt werden (2,25).

Arbeitsaufträge

1. Erstellen Sie mithilfe des Beispiels im INFO-Teil einen Basisarbeitsplan zur Montage des Konferenzstuhles *feli*. Übernehmen Sie die ermittelten Zeiten aus dem Bericht der Arbeitsvorbereitung.

› **INFO-Teil**
LF 5, Kap. 2.5

2. Beschreiben Sie Möglichkeiten, wie die Mitarbeiter der Arbeitsvorbereitung die angegebenen Zeiten ermittelt haben könnten.
3. Welche Zielsetzungen verfolgt die Heidtkötter KG mit der Erstellung dieser Basisarbeitspläne?
4. Welche Dokumente der produktbezogenen Produktionsplanung werden weiterhin zur Fertigung des Konferenzstuhles *feli* benötigt? Erklären Sie die wechselseitigen Abhängigkeiten dieser Dokumente untereinander.

Arbeitshilfe

Basisarbeitsplan					
Arbeitsplan-Nr.: 4711 – KS		Werkstück: Konferenzstuhl „feli"	Vorgang: Endmontage Unterkonstruktion, Rücken-/Armlehnen, Sitz	Datum: 29.11...	
		Material: Stahl, Holz, Stoffbezug			
Kostenstelle	Arbeitsfolge	Arbeitsvorgang/Beschreibung	Betriebsmittel/Arbeitsplatz	RZ	BZ

RZ = Rüstzeit in Minuten; BZ = Bearbeitungszeit in Minuten

Vertiefende Übungen

1. Auf dem Absatzmarkt für Schreibtische besteht ein harter Konkurrenzkampf insbesondere mit zwei weiteren etablierten Anbietern. Um die Preisstellung dieser Konkurrenten zu unterbieten, hat die Heidtkötter KG die bisherige Preisstellung ihres Schreibtischs *elegance* um 10 % reduziert. Der bisherige Verkaufspreis beträgt 580,00 €. Die Kapazitätsgrenze liegt bei 45 Schreibtischen pro Monat.
Herr Sippel, Controller des Unternehmens, ist skeptisch, ob der neue Verkaufspreis ausreicht, die angestrebten Gewinne zu realisieren. →

Folgende Daten liegen vor:
Kosten für

- den Metallrahmen   76,00 €
- die erforderlichen Glasplatten   60,00 €
- sonstige Materialien (Hilfsstoffe)   25,00 €
- Mitarbeiter in der Fertigung   225,00 €
- Mittel zur abschließenden Reinigung der Schreibtische   3,00 €

Pro Monat entstehen zusätzlich folgende Kosten:

- anteilige Energiekosten   87,00 €
- Mitarbeiter in der Verwaltung (anteilige Gehälter)   1.875,00 €
- Abschreibungen für Betriebsmittel (anteilig)   980,00 €
- anteilige Zinskosten   383,00 €

a) Errechnen Sie für die in der folgenden Tabelle angegebenen Absatzmengen den entsprechenden Gewinn und ermitteln Sie die Ausbringungsmenge, bei der die Gewinnschwelle erreicht wird.

Ausbringungsmenge je Monat (Stück)	Fixkosten je Monat (€)	variable Kosten je Monat (€)	Gesamtkosten je Monat (€)	Umsatz/Erlöse je Monat (€)	Verlust (–)/Gewinn (+) je Monat (€)
10					
15					
20					
25					
30					
35					
40					

b) Um die Kosten-/Erlösentwicklung anschaulich zu präsentieren, stellen Sie die Gesamtkosten, Fixkosten, variablen Kosten sowie die Erlöse pro Monat grafisch dar. Tragen Sie anschließend in dieser Grafik den Break-even-Point sowie die Verlust- (rot) und Gewinnzone (grün) farbig ein.

c) Welche Auswirkung hat die Preisminderung auf den Break-even-Point?

d) Ermitteln Sie rechnerisch die Gewinnschwelle vor der Verkaufspreisminderung.

e) Ermitteln Sie den maximal möglichen Gewinn pro Monat vor der Preisminderung sowie nach der Preisminderung.

f) Herr Sippel meint, dass der Verkaufspreis erhöht werden soll, damit die Kosten gedeckt und ein höherer Gewinn erzielt werden können. Nehmen Sie schriftlich Stellung zu dieser Meinung.

2. Folgende Grafik zeigt jeweils den typischen Verlauf der linearen Gesamtkostenkurve sowie der Gesamterlöskurve. Im Schnittpunkt beider Kurven befindet sich der Break-even-Point/die Gewinnschwelle.

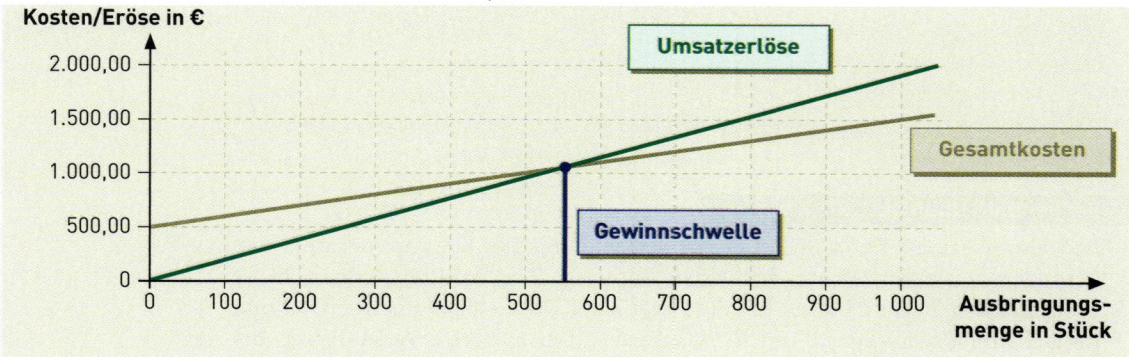

Beschreiben Sie in der folgenden Tabelle die Auswirkungen der jeweiligen Kosten-/Preisänderung auf den Verlauf der Gesamtkosten bzw. der Gesamterlöse und auf den Break-even-Point/die Gewinnschwelle. Die unveränderten Variablen bleiben jeweils konstant.

Kosten-/Preisänderung	Auswirkung auf den Verlauf der Gesamtkosten/-erlöse	Auswirkung auf den Break-even-Point/die Gewinnschwelle
Erhöhung der Fixkosten Erhöhung der variablen Kosten Erhöhung des Verkaufspreises Senkung der Fixkosten Senkung der variablen Kosten		

3. Unter quantitativen Gesichtspunkten kann zwischen verschiedenen Kapazitätsarten unterschieden werden. Erläutern Sie mithilfe des INFO-Teils diese verschiedenen Kapazitätsarten unter Verwendung jeweils eigener Beispiele.

› INFO-Teil
LF 5, Kap. 2.2

4. Die ROLL-O-BLADE GmbH, Köln, stellt Schräglagerrollen für Rollerblades her. Aufgrund einer technischen Neuentwicklung sowie zur Stabilisierung der eigenen Marktposition sollen in Zukunft u. a. Leuchtrollen hergestellt werden, die in Sets zu jeweils vier Rollen auf dem Markt verkauft werden.

   Ein Kölner Marktforschungsbüro hat anhand einer Marktanalyse die möglichen Verkaufszahlen ermittelt. Demnach ist bei einem Verkaufspreis von 52,00 € pro Set mit einem Jahresabsatz von ca. 15000 Sets zu rechnen. Da nun Investitionen in neue Fertigungsverfahren und insbesondere im Bereich der Herstellkosten Einsparungen anstehen, sollen Sie folgende Fertigungsverfahren vergleichen.

Verfahren	Fixkosten (€)	variable Kosten pro Set (€)	Beschreibung der Fertigungsverfahren
1	200.000,00	34,00	hoher Anteil menschlicher Arbeit; geringer Automatisierungsgrad; Kapazitätsgrenze: 20000 Sets
2	400.000,00	18,00	maschinell ausgerichtete Fertigung durch Universalmaschinen; Kapazitätsgrenze: 25000 Sets
3	600.000,00	9,00	hoher Automatisierungsgrad aufgrund von Spezialmaschinen; Kapazitätsgrenze: 30000 Sets

   a) Ermitteln Sie mithilfe folgender Tabelle das kostengünstigste Fertigungsverfahren bezogen auf den ermittelten Jahresabsatz.

Sets pro Jahr	Fertigungsverfahren 1		Fertigungsverfahren 2		Fertigungsverfahren 3	
	Gesamtkosten (€)	Setkosten (€)	Gesamtkosten (€)	Setkosten (€)	Gesamtkosten (€)	Setkosten (€)
5 000						
10 000						
15 000						
20.000						
25.000						
30.000						

   b) Zeichnen Sie die Verläufe der Gesamt- und der Stückkosten für jedes Verfahren jeweils in ein Gesamtkostenkoordinatensystem und in ein Stückkostenkoordinatensystem und interpretieren Sie die jeweiligen Verläufe.

   c) Ermitteln Sie für die Verfahren 1 bis 3 die Fertigungsmengen, für die diese Verfahren jeweils die geringsten Kosten verursachen. Bitte begründen Sie.

   d) Ermitteln Sie für jedes Fertigungsverfahren den maximal möglichen Jahresgewinn sowie die Gewinnschwelle.

5. Ein Industrieunternehmen arbeitet an 250 Tagen im Jahr in drei Schichten zu je acht Stunden. In einer Produktionsabteilung sind drei Spezialmaschinen aufgestellt worden, mit denen bei voller Belastung je 20 Schräglagerrollen je Stunde gefertigt werden können. Erfahrungsgemäß werden 10 % der verfügbaren Zeit für die Wartung einer Maschine angesetzt. Erfahrungen der Vergangenheit geben an, dass durchschnittlich an 36 Stunden im Jahr wegen Stromausfalls nicht gearbeitet werden kann.

→

Hausinterne Berechnungen ergaben, dass die optimale Kapazität bei einem Beschäftigungsgrad von 75 % liegt.

a) Ermitteln Sie die technische Kapazität einer Spezialmaschine pro Jahr.

b) Wie hoch ist die maximale Kapazität der Maschine pro Jahr?

c) Ermitteln Sie die optimale Kapazität einer Maschine.

d) Beurteilen Sie folgende Aussage: „Jegliches Abweichen von der optimalen Kapazität führt zu einer Erhöhung der Stückkosten."

e) Das Industrieunternehmen stellte im vergangenen Geschäftsjahr mit diesen drei Spezialmaschinen insgesamt 288 600 Schräglagerrollen her. Ermitteln Sie den Beschäftigungsgrad

6. Erläutern Sie jeweils mithilfe von zwei eigenen Beispielen die folgenden Kapazitätsbegriffe:

    a) qualitative Kapazität   b) Mindestkapazität

7. Das Ergebnis eines Produktionsprozesses als Kombination der betriebswirtschaftlichen Produktionsfaktoren in einem bestimmten Zeitabschnitt ist eine Menge von Gütern. Diese Menge wird als Ausbringungsmenge oder OUTPUT bezeichnet.

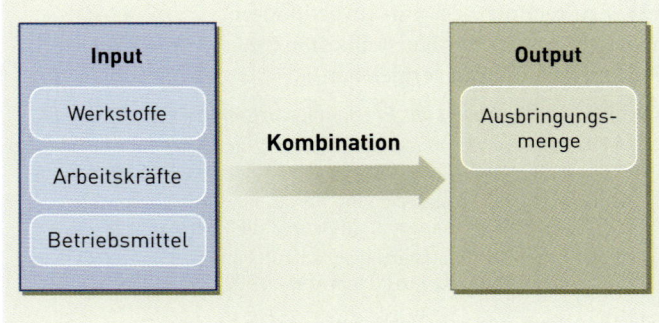

Wird die Menge der eingesetzten Produktionsfaktoren mit ihren Preisen bewertet, erhält man die Kosten der Produktion (Materialkosten, Personalkosten, Betriebsmittelkosten).

Bei der Planung und Umsetzung der Produktionsprozesse ist somit nach dem ökonomischen Prinzip vorzugehen, d. h., die Produktionsfaktoren sind so miteinander zu kombinieren, dass ein bestimmter Produktionsertrag mit den geringstmöglichen Kosten erreicht wird.

Gesucht wird also die Faktorkombination, die die geringsten Kosten verursacht [Minimalkostenkombination (MKK)]. Folgende Unterscheidung ist wichtig:

Produktionsfaktoren	
substitutionale Produktionsfaktoren	**limitationale Produktionsfaktoren**
Diese Produktionsfaktoren können sich gegenseitig ersetzen. Ein Mindereinsatz eines Faktors kann durch einen Mehreinsatz eines anderen ausgeglichen werden. Beispiel: Arbeit wird durch Betriebsmittel ersetzt.	Diese Produktionsfaktoren können sich nicht gegenseitig ersetzen. Ihr Einsatzverhältnis ist aufgrund des Einsatzes technisch vorgegeben. Beispiel: Fahrradkurier – ein Fahrrad benötigt einen Fahrer und umgekehrt.

a) Erklären Sie anhand eines selbst gewählten Beispieles, warum sich das Problem der Minimalkostenkombination bei limitationalen Produktionsfaktoren nicht stellt.

b1) In einem kleinen Industriebetrieb sollen pro Monat 50 000 Gläser Konfitüre hergestellt werden. Dazu benötigt der Betrieb mindestens ein größeres Betriebsmittel: den Kochkessel.

Alle anderen Tätigkeiten wie z. B. Etikettier-, Sortier-, Wasch-, Einfüll- oder Verpackungsarbeiten können von Hand erledigt werden. Für diese Arbeiten könnten aber auch weitere Betriebsmittel eingesetzt und dafür Arbeitskräfte eingespart werden.

Ermitteln Sie unter Zuhilfenahme der folgenden Tabelle die Minimalkostenkombination und entscheiden Sie sich begründet für eine bestimmte Faktorkombination.

Kombination	Anzahl der Mitarbeiter	Arbeitskosten (€)	Anzahl der Betriebsmittel	Betriebsmittel-kosten (€)	Gesamtkosten (€)
I	30		1		
II	16		2		
III	11		3		
IV	8		4		
V	6		5		
Kosten je Einheit im Monat		3.000,00 €		15.000,00 €	

b2) Im Laufe der Geschäftstätigkeit verändern sich immer wieder die Preise für die Produktionsfaktoren, sodass die Minimalkostenkombination überprüft und angepasst werden muss.

Ermitteln Sie mithilfe der folgenden Tabelle die Minimalkostenkombination, wenn sich der Preis je Arbeitskraft verdoppelt und sich die Betriebsmittelkosten ebenso um 1.000,00 € je eingesetzter Maschine erhöhen. Entscheiden Sie sich auch in diesem Fall begründet für eine bestimmte Faktorkombination.

Kombination	Anzahl der Mitarbeiter	Arbeitskosten (€)	Anzahl der Betriebsmittel	Betriebsmittel-kosten (€)	Gesamtkosten (€)
I	30		1		
II	16		2		
III	11		3		
IV	8		4		
V	6		5		
Kosten je Einheit im Monat		_____ €		_____ €	

c) Beschreiben Sie Probleme, die in der Praxis bei der Anpassung des Faktoreinsatzes an sich verändernde Faktorpreise auftreten können.

8. Nach der Entwicklung einer Produktinnovation hat ein externes Marktforschungsbüro herausgefunden, dass je Monat ca. 100 000 Stück verkauft werden können. Um diese Marktnachfrage zu erfüllen, muss das Unternehmen in eine neue, teilautomatisierte Spezialmaschine investieren. Leitende Ingenieure haben in Zusammenarbeit mit einem Mitarbeiter der Kostenrechnung folgende Alternativen mit entsprechend hilfreichen Daten bereitgestellt:

	Maschine Typ A	Maschine Typ B
Kapazität pro Monat (Stück)	200 000	110 000
Nutzungsdauer (Jahre)	5	5
Abschreibung	linear	linear
Anschaffungskosten (€)	1.000.000,00	480.000,00
Instandhaltungskosten pro Jahr (€)	36.000,00	24.000,00
Personalbedarf	2 Mitarbeiter	4 Mitarbeiter
monatliches Entgelt je Mitarbeiter (€)	3.980,00	3.260,00
Lohnzusatzkosten (%)	70	70

a) Ermitteln Sie, welche der beiden Spezialmaschinen kostengünstiger eingesetzt werden kann.

b) Welche zwei Gründe könnten dazu führen, dass die Unternehmensleitung sich nicht für die kostengünstigere Maschine entscheidet?

9. Viele Produkte, insbesondere aus dem Bereich der Unterhaltungselektronik (Fernsehgerät, CD-Player, CD), sind in den letzten Jahren entgegen einer allgemeinen Kosten- und Preissteigerung preiswerter geworden.

Versuchen Sie, die Preissenkung dieser Produkte, die überwiegend in Massenfertigung hergestellt werden, zu erklären.

→

10. Vergleichen Sie mithilfe folgender Tabelle die Werkstatt- mit der Fließfertigung (tendenzielle Aussagen!).

Kriterien	Werkstattfertigung	Fließfertigung
Organisationsprinzip		
Art der Betriebsmittel		
Anwendung beim Fertigungstyp		
Fertigungsplanung		
Struktur des Produktionsablaufs		
Kapazitätsauslastung		
Kosten		
Investitionskosten		
Lagerkosten		
Transportkosten		
Lohnkosten		
Zeiten		
Lagerzeiten		
Durchlaufzeiten		
Lieferzeiten		
Arbeitsvorbereitung		
Arbeitnehmer		
Grad der Zufriedenheit		
erforderliche Ausbildung		
Art der Tätigkeit		
Flexibilität bei		
Marktveränderungen		
Arbeiter-/Maschinenausfall		
Absatz		
Risiko		
Möglichkeit der Produktumstellung		
zeitliche Reihenfolge von Produktion und Auftrag		

11. Erstellen Sie nach folgendem Muster eine Übersicht zu den verschiedenen Organisationstypen der Fertigung.

Übersicht Organisationstypen der Fertigung				
Fertigungstyp	kurze Beschreibung	Hauptmerkmal	Vorteile (Auswahl)	Nachteile (Auswahl)
Werkstattfertigung				
Reihenfertigung				
Fließbandfertigung				
Transferstraßen				
Gruppenfertigung				
Baustellenfertigung				

12. Beschreiben Sie jeweils die Merkmale der Sorten-, Partie- sowie Chargenfertigung und nennen Sie jeweils zwei Beispiele.

13. Die Unternehmensführung des Automobilherstellers Bartels Automobil AG hat für das Werk in Köln einen betriebsinternen sowie einen externen Vergleich der realisierten Produktivität pro Arbeitstag in Auftrag gegeben.

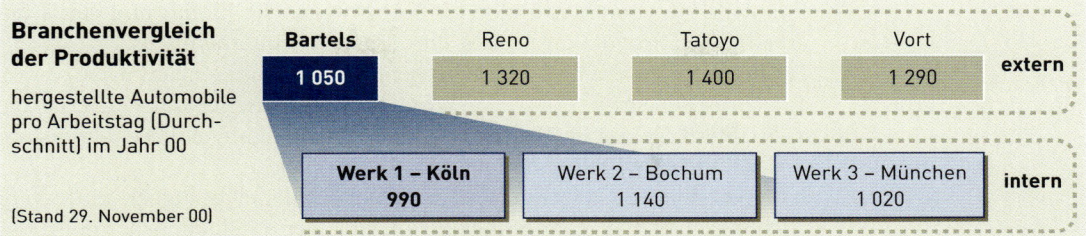

Branchenvergleich der Produktivität

hergestellte Automobile pro Arbeitstag (Durchschnitt) im Jahr 00

(Stand 29. November 00)

Bartels	Reno	Tatoyo	Vort	extern
1 050	1 320	1 400	1 290	

Werk 1 – Köln 990	Werk 2 – Bochum 1 140	Werk 3 – München 1 020	intern

Eine Gruppe von Ingenieuren hat sich mit dieser Problematik beschäftigt und die schlechten Produktivitätsergebnisse gegenüber den Konkurrenzunternehmen sowie in den Werken Bochum und München gegenüber Köln untersucht und Lösungssituationen, zunächst nur für die Lackiererei (Engpass) erstellt. Folgende Maßnahmen sind für das kommende Geschäftsjahr 01 denkbar:

Situation 1: Die Fertigung erfolgt zusätzlich an jedem Samstag im Monat. Die Personalkosten steigen pro Mitarbeiter um 10 %. Es tritt kein weiterer Personalbedarf auf und die Abschreibungen bleiben gleich. Die Ausbringungsmenge kann um 3 960 Fahrzeuge erhöht werden.

Situation 2: Vollständiger Einsatz von Industrierobotern (Lackierroboter zum Grundieren, Lackieren oder Polieren). Die Mitarbeiterzahl sinkt um 70 Arbeiter. Der monatliche Abschreibungsbetrag steigt um 50 % und es können 3 150 Autos mehr produziert werden.

Situation 3: Der Einsatz nur eines speziellen Lackierroboters bewirkt den Anstieg der Abschreibungen pro Monat um 20 %. Die Ausbringungsmenge steigt um 504 Stück bei einem gleichzeitigen Personalabbau von 20 Mitarbeitern.

a) Erläutern Sie die Begriffe „Produktivität" und „Wirtschaftlichkeit". Erklären Sie deren Nutzen für das Unternehmen.

b) Berechnen Sie mithilfe der folgenden Informationen die Arbeitsproduktivität, Leistungen, Kosten und Wirtschaftlichkeit für die drei möglichen Alternativen.

Bartels Automobil AG	Ist-Situation 29. Nov. 00	Situation 1 monatlich ab Januar 01	Situation 2 monatlich ab Januar 01	Situation 3 monatlich ab Januar 01
	IST	Plan	Plan	Plan
monatlich produzierte Autos	20 790			
Arbeitstage	21		21	21
Produktivität pro Tag	990			
Mitarbeiter in der Lackiererei	110			
monatliche Personalkosten (pro Mitarbeiter)	4.125,00 €		4.125,00 €	4.125,00 €
Leistungen (Lackiererei)				
Leistungen pro Fahrzeug	430,00 €	430,00 €	430,00 €	430,00 €
Gesamtleistung	8.939.700,00 €			
Kosten (Lackiererei)				
Personalkosten (gesamt)	453.750,00 €			
Werkstoffe	1.247.400,00 €	1.485.000,00 €	1.197.000,00 €	1.213.758,00 €
Abschreibung	170.000,00 €			
sonstige Kosten (z. B. Energie)	2.307.690,00 €	2.747.250,00 €	2.872.800,00 €	2.427.516,00 €
Summe der Fertigungskosten	4.178.840,00 €			
Wirtschaftlichkeit	2,14			

c) Entscheiden Sie sich für eine Alternative. Geben Sie eine kurze Begründung.

d) Erläutern Sie mögliche Konsequenzen des Einsatzes von Industrierobotern für die Bartels Automobil AG. →

14. Erläutern Sie Voraussetzungen für eine erfolgreiche Einführung der Gruppenarbeit in den Produktionsprozess eines Industrieunternehmens.

15. Erläutern Sie jeweils drei Zielsetzungen von CIM, differenziert nach
    a) technischen sowie   b) betriebswirtschaftlichen Aspekten.

16. a) Erläutern Sie das im Rahmen der Mehrfachfertigung auftretende Phänomen der Kuppelproduktion und nennen Sie Beispiele.
    b) Beschreiben Sie die dort auftretenden Probleme bezüglich einer verursachungsgerechten Zuordnung der entstehenden Produktionskosten.

17. Erläutern Sie die folgende Abbildung zur Integration der Informationsflüsse im Rahmen des CIM-Konzeptes.

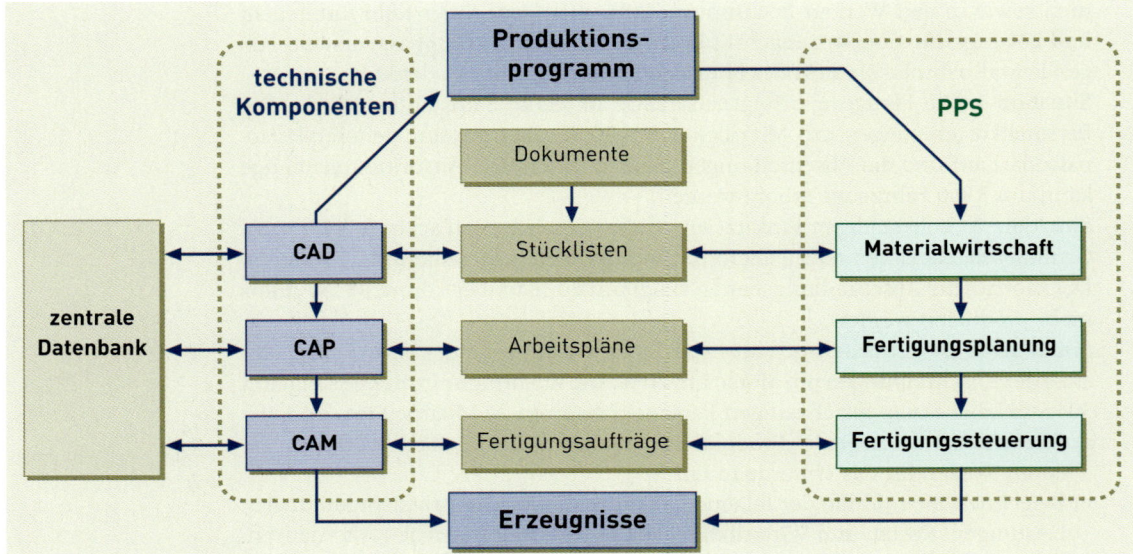

18. a) Unterscheiden Sie zwischen den Fertigungsverfahren Einzelfertigung und Massenfertigung und nennen Sie jeweils ein Beispiel.
    b) Beschreiben Sie Einzel- bzw. Massenfertigung mittels folgender Kriterien:

Kriterien	Einzelfertigung	Massenfertigung
Organisationsform der Fertigung		
Qualifikation der Mitarbeiter		
Stückkosten		
Auslöser der Fertigung		

19. Beschreiben Sie an einem selbst gewählten Beispiel, was Sie unter dem Begriff „Rüstzeit" verstehen.

20. Erläutern Sie die im Zusammenhang mit der Vorgabezeit auftretenden Begriffe
    a) Grundzeit.   b) Erholungszeit.   c) Verteilzeit.   d) Rüstgrundzeit.

21. Für die Durchlaufzeit eines Auftrags auf einer Maschine ergibt sich folgender Zeitbedarf: Rüstzeit: 150 Minuten   Bearbeitungszeit: 1200 Minuten
    Der Gesamtauftrag kann nur in drei gleichen Teilzeiten und Teilmengen zeitversetzt ausgeführt werden, da die Maschine zwischenzeitlich für die Fertigung anderer Produkte beansprucht wird. Berechnen Sie
    a) die Durchlaufzeit für eine Teilmenge in Minuten,
    b) die gesamten Lohnkosten des Auftrags bei zeitversetzter Produktion und einem Stundensatz von 56,00 €,
    c) die Mehrkosten im Vergleich zur ungeteilten Fertigung.

22. Berechnen Sie die Auftragszeit für einen Auftrag von 4000 Stück, wenn die Istzeit eines Arbeiters drei Minuten je Stück beträgt und der Leistungsgrad auf 110 % geschätzt wird. Die Wartezeit je Stück beträgt 0,2 Minuten, die Ausführungserholzeit 10 % der Grundzeit, die Rüstzeit 5 % der Ausführungszeit.

23. Für die Fertigung eines Fahrradrahmens wurden folgende Daten ermittelt:

Verrichtung	Rüstzeit (Min.)	Grundzeit pro Stück (Min.)	Verteilzeit-zuschlag (%)	Entgelt je Arbeitsstunde (€)
Schneiden der Rohre auf Länge und Gehrung	60	2	10	60,00
Schweißen des Rahmens	2	10	5	36,00
Lackierung und Kontrolle	5	12	5	36,00

Ermitteln Sie für eine Fertigungsmenge von 500 Fahrradrahmen
a) die Auftragszeit in Minuten,   b) die Kosten je Fahrradrahmen.

24. Nennen Sie fünf Möglichkeiten zur Reduzierung der Durchlaufzeit.

25. Erläutern Sie drei unterschiedliche Gründe für das Entstehen von Liegezeiten.

26. Für die Durchlaufzeit eines Kundenauftrags auf einer Spezialmaschine wurde folgender Zeitbedarf in Dezimalminuten (eine Std. = 100 Dezimalmin.) ermittelt:
Rüstzeit: 150 Dezimalminuten   Bearbeitungszeit: 1200 Dezimalminuten
Dieser Kundenauftrag kann nur in drei gleichen Teilzeiten und Teilmengen zeitversetzt gefertigt werden, da diese Spezialmaschine in der Zwischenzeit für andere Aufträge benötigt wird. Der Stundensatz beträgt 36,00 €. Berechnen Sie
a) die Durchlaufzeit für eine Teilmenge in Dezimalminuten,
b) die Lohnkosten bei einer zeitversetzten Fertigung in Teilmengen,
c) den Kostenunterschied zwischen geteilter und ungeteilter Fertigung des Auftrags.

27. Ein Endprodukt weist die folgende Erzeugnisstruktur auf (Buchstaben kennzeichnen Baugruppen/Montageteile; T/Zahlen kennzeichnen Einzelteile):

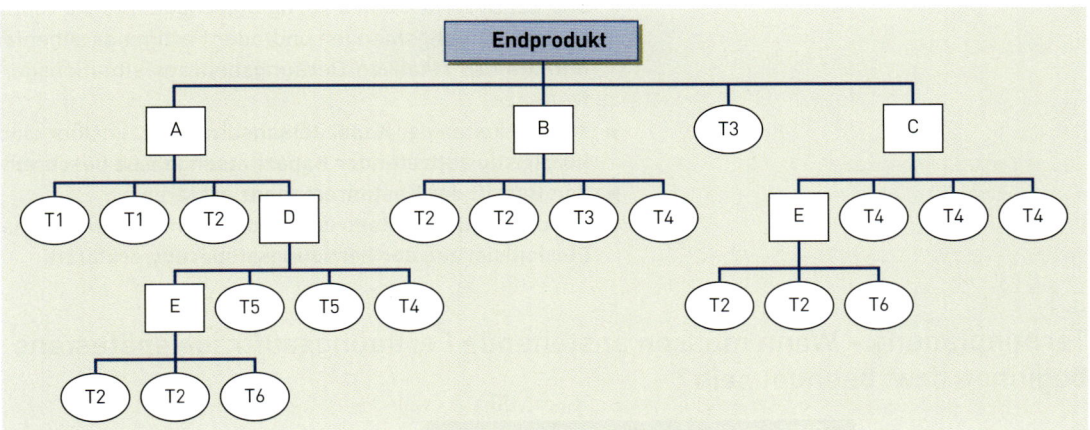

a) Erstellen Sie ausgehend von der oben abgebildeten Erzeugnisstruktur eine Mengenübersichtsstückliste sowie eine Baukastenstückliste für die Baugruppe E.
b) Beschreiben Sie den Inhalt einer Mengenübersichtsstückliste bzw. einer Baukastenstückliste und erläutern Sie den Nutzen für die Tätigkeiten im Rahmen der Bedarfsplanung.
c) Erstellen Sie die Strukturstückliste und beschreiben Sie deren Inhalte sowie deren Nutzen für die Produktionsplanung und -steuerung.

28. Ein zuverlässig erstellter Arbeitsplan ist eine wichtige Voraussetzung für eine möglichst reibungslose Leistungserstellung. Nennen Sie
a) drei Voraussetzungen für die Erstellung eines Arbeitsplans.
b) drei Fertigungsbelege, die mithilfe von Arbeitsplandaten angefertigt werden.

3
Fertigungsaufträge als Auslöser der kurzfristigen, auftragsbezogenen Produktionssteuerung

Im Anschluss an die Produktionsplanung übernimmt die Produktionssteuerung alle planerischen, steuernden und kontrollierenden Aufgaben im Rahmen der Bearbeitung eingehender Kundenaufträge sowie interner Lageraufträge. Nach der Verfügbarkeitsprüfung der erforderlichen Materialien und Kapazitäten unter Berücksichtigung der zeitlichen Restriktionen werden Fertigungsaufträge veranlasst und die auftragsbezogenen Fertigungsdokumente erstellt.

Insbesondere die zeitliche Koordination kurzfristig eingehender, produktbezogener Kundenaufträge unter Beachtung von Lieferzeitpunkten und Kapazitätsbelastungen gehören zu den Aufgaben der Mitarbeiter in der Arbeitsvorbereitung der Heidtkötter KG.

Lernziele

Nachdem Sie dieses Kapitel bearbeitet haben, können Sie ...
- Aufgabenbereiche der am Kundenauftrag orientierten Terminplanung beschreiben und Vorwärts- sowie Rückwärtsterminierungen unter Berücksichtigung relevanter Zeitkomponenten durchführen,
- ein Balkendiagramm sowie einen Netzplan als Planungs- und Kontrollinstrument der Terminplanung erstellen und kriterienorientiert bewerten,
- die optimale Losgröße berechnen sowie deren Bedeutung für die Fertigungsmengenplanung erläutern und zugrunde liegende Modellannahmen kritisch beschreiben,
- die Kapazitätsauslastung (Beschäftigungsgrad) ermitteln und Strategien für die Anpassung der Leistungserstellung an sich ändernde Absatzmengen beschreiben,
- einen Maschinenbelegungsplan erstellen und dessen Bedeutung für die zeitliche Steuerung des Einsatzes der Betriebsmittel im Fertigungsprozess erklären,
- den Prozess der Auftragsfreigabe beschreiben und Maßnahmen zur Behebung evtl. auftretender Engpasssituationen beschreiben,
- die Bedeutung des relativen Deckungsbeitrags erklären und bei Bestehen eines Fertigungsengpasses die realisierbaren Fertigungsmengen und/oder Fertigungsreihenfolgen mithilfe des relativen Deckungsbeitrags situationsgerecht festlegen,
- Möglichkeiten der Kapazitätsabstimmung zur Überwindung kurzfristig auftretender Kapazitätsengpässe beschreiben,
- den Begriff der Kostenremanenz erklären,
- Prinzipien und Zielsetzungen des Kanban-Verfahrens zur Flexibilisierung der Fertigungssteuerung erklären.

3.1
Terminplanung – Wann müssen anstehende Fertigungsaufträge spätestens beginnen bzw. beendet sein?

Situation Der Tisch *björn* besteht aus den beiden Bauteilen Tischunterkonstruktion (K1) und Tischplatte (K2) sowie vier schwarzen Gleitschutzkappen (FB1). Das Bauteil K1 besitzt die Einzelteile Tischbein [4 Stück] (T1), Auflagewinkel [4 Stück] (T2), Verbindungsleisten [2 Stück] (T3) sowie Spannleisten [2 Stück] (T4). Die Komponente K2 besteht aus den Teilen Gewindefassungen [4 Stück] (T5), Metallhülsen [4 Stück] (T6) und Holzplatte (T7). Die Fertigung dieser Einzelteile erfolgt parallel: T1: 10 Minuten; T2: 12 Minuten; T3: 4 Minuten; T4: 6 Minuten; T5: 4 Minuten; T6: 2 Minuten; T7: 6 Minuten.
Montage der Bauteile: 18 Min. (K1) bzw. 16 Min. (K2).
Zusammenlegen beider Bauteile mit Gleitschutzkappen in Verpackungseinheit zur Weiterverarbeitung: 4 Min.

Situation (Fortsetzung)

Am 23. Mai ist ein Auftrag der Büromöbel Steil KG in Köln über 15 Seminartische *björn* in der Heidtkötter KG eingegangen. Der Liefertermin wurde auf den 18. Juni festgelegt. Einen Tag zuvor hatte die Reiser GmbH, Leipzig, bereits eine Bestellung über 60 Seminartische *björn* mit Liefertermin 19. Juni eingereicht. Um die Rüstkosten zu reduzieren, hat Herr Blüm festgelegt, dass beide Kundenaufträge zu einem Fertigungsauftrag zusammengeschlossen werden (Losraffung).

An einem Arbeitstag können maximal 5 Stunden an diesem Fertigungsauftrag gearbeitet werden.

Arbeitsaufträge

1. Erläutern Sie, warum durch eine Losraffung Rüstkosten eingespart werden.
2. Stellen Sie mithilfe der Rückwärtsterminierung (retrograde Terminplanung) fest, wann spätestens mit der Fertigung des Seminartisches begonnen werden muss, um den zugesagten Liefertermin einhalten zu können. Tragen Sie die Zeitdauer der einzelnen Tätigkeiten in das folgende Zeitraster (finden Sie in Ihrem Arbeitsheft) in Form von Balken ein.

   Zunächst sollten Sie die Bearbeitungszeiten für den Fertigungsauftrag in Arbeitstage umwandeln. Weitere Hilfestellung finden Sie im INFO-Teil.

   › **INFO-Teil**
   LF 5, Kap. 3.1, 3.1.1

3. Zeichnen Sie je Einzel- sowie Bauteil eventuell vorliegende Zeitreserven mit einer anderen Farbe (gelb) in das Zeitraster ein. Welche Bedeutung haben diese Zeitreserven für den jeweiligen Vorgang?

   Rückwärtsterminierung zur Festlegung des spätesten Fertigungsbeginns:

	Zeitdauer in Arbeitstagen																	
	Mai					Juni												
	27.	28.	29.	30.	31.	3.	4.	5.	6.	7.	10.	11.	12.	13.	14.	17.	18.	19.
T1																		
T2																		
T3																		
T4																		
K1																		
T5																		
T6																		
T7																		
K2																		

4. Aufgrund vorhandener Kapazitäten könnte die Heidtkötter KG am 27. Mai mit der Fertigung beginnen. Stellen Sie mithilfe der Vorwärtsterminierung (progressive Terminplanung) fest, welchen frühesten Liefertermin Herr Blüm über das Rechnersystem dem Vertrieb melden könnte. Verwenden Sie die gleiche Tabelle wie in Arbeitsauftrag 2.

→

5. Zeichnen Sie auch hier die eventuell vorliegenden Zeitreserven in das Zeitraster ein und stellen Sie fest, um wie viele Zeiteinheiten sich die Montage der Tischplatte (K2) verzögern könnte. Erläutern Sie, wie die Pufferzeit für die Montage der Tischplatte zustande kommt.

3.1.1
Balkendiagramm – ein Hilfsmittel der Terminplanung

Situation Aufgrund fehlender räumlicher Kapazitäten hat die Heidtkötter KG entschieden, ein neues Bürogebäude zu erstellen. Das erforderliche Grundstück steht bereits zur Verfügung. Der Neubau muss nun unter zeitlichen Vorgaben geplant und durchgeführt werden. Die neuen Büromöbel, PCs und sonstigen Einrichtungsgegenstände sind bestellt und werden zum festgelegten Zeitpunkt von den jeweiligen Lieferanten angeliefert und installiert.

Mit der Planung und Erstellung des neuen Bürogebäudes hat die Heidtkötter KG das Architektenbüro Schlosser beauftragt. Die Heidtkötter KG war bisher mit dessen Leistungen immer sehr zufrieden. Nachdem Herr Heidtkötter sich heute die Fortschritte auf „seiner" Baustelle intensiver als sonst angeschaut hat, wird ihm etwas flau in der Magengegend. Er entschließt sich, Frau Schlosser, der leitenden Architektin, folgenden Brief zu schreiben.

HEIDTKÖTTER
Büromöbelfabrik Heidtkötter KG

Heidtkötter KG · Gütersloher Str. 111 · 33647 Bielefeld

Gütersloher Straße 111 · 33647 Bielefeld
Telefon: 0521 708-0 · Telefax: 0521 708-464

Architektenbüro Schlosser
Frau Tina Schlosser
Jägerstr. 4
50859 Köln

Internet: www.heidtkoetter-wvd.de
E-Mail: info@heidtkoetter-wvd.de

Telefax
0521 708
-464

E-Mail:
service@heidtkoetter-wvd.de

Ihr Zeichen, Ihre Nachricht vom	Unser Zeichen, unsere Nachricht vom	Telefon, Name 0521 708	Datum
AB - Schl	Gltg - KH	-22 Heidtkötter	02-01-18

Projekt „Bürogebäude Gütersloher Str. 111"

Sehr geehrte Frau Schlosser,

in unserem Gespräch vor einer Woche teilten Sie mir mit, dass der Neubau unseres Bürogebäudes entsprechend unserer vertraglichen Vereinbarung am 15. Februar dieses Jahres fertig gestellt sein wird. Heute war ich wieder auf der Baustelle; dabei sind mir jedoch erhebliche Bedenken hinsichtlich Ihrer Terminzusage gekommen.

Die Erdarbeiten sowie die Arbeiten für Fundament und Rohbau gingen ja zügig voran. Auch das Errichten des Daches, die Installationsarbeiten und der Einbau der Fenster und Türen sind beendet. Zu meiner Verwunderung bemerkte ich jedoch, dass der Innenputz mit Estrich (geplante Dauer: drei Wochen) sowie der Außenputz (geplante Dauer: zwei Wochen) noch nicht fertig sind. Der Garten ist auch noch nicht angelegt (geplante Dauer: eine Woche). Dabei stehen doch noch die Maler- und Einzugsarbeiten aus, für die jeweils eine Woche eingeplant ist.

Ich darf Sie nochmals darauf hinweisen, dass wir fest entschlossen sind, zum vereinbarten Termin unsere Arbeiten in dem neuen Bürogebäude aufzunehmen. Die Büromöbel, PCs und sonstigen Einrichtungsgegenstände werden bereits am 14. Februar geliefert.

Bitte teilen Sie mir mit, ob der vertraglich vereinbarte Termin eingehalten werden kann, und geben Sie mir bitte auch Ihre zeitliche Planung für den weiteren Arbeitsablauf bekannt.

Mit freundlichen Grüßen

Heidtkötter Kommanditgesellschaft

Klaus M. Heidtkötter

Klaus M. Heidtkötter

Arbeitsaufträge

1. Beschreiben Sie Ursachen, die für den Neubau des Bürogebäudes verantwortlich sind.
2. Stellen Sie begründete Vermutungen darüber an, ob das Projekt „Bürogebäude Gütersloher Str. 111" noch rechtzeitig zum 15. Februar fertiggestellt werden kann.

Situationserweiterung

Um Gewissheit in unsere Vermutungen zu bringen, sehen wir uns an, was Frau Schlosser im Rahmen ihrer planerischen Tätigkeiten bisher erledigt hat:

Zunächst musste sie im Rahmen der zeitorientierten Ablaufplanung festlegen, wie lange die einzelnen Arbeiten/Teilaufgaben dauern und in welcher Reihenfolge diese Arbeiten verrichtet werden können. Sie war sich sicher, dass einige Tätigkeiten auch parallel ablaufen können.

Das Errichten des Dachstuhls (1 Woche) soll sofort im Anschluss an die Fertigstellung des Rohbaus (8 Wochen) beginnen. Das Gleiche gilt für die Heizungsmontage (4 Wochen) und die Elektroinstallationen (3 Wochen). Nach Fertigstellung des Dachstuhls können die Dachdeckerarbeiten (2 Wochen) erfolgen. Mit dem Einsetzen von Fenster und Türen (1 Woche) soll erst begonnen werden, wenn das Dach gedeckt ist und sämtliche Installationsarbeiten (Heizung und Elektro) abgeschlossen sind.

Der Innenputz mit Estrich (3 Wochen) und der Außenputz (2 Wochen) können nach dem Einsetzen der Fenster und Türen gleichzeitig erfolgen. Mit Abschluss der Innenputzarbeiten können die Malerarbeiten (1 Woche) durchgeführt werden.

Die Gartenarbeiten (1 Woche) können erst nach dem Abbau des Gerüstes, das für die Außenputzarbeiten erforderlich ist, beginnen. Sie müssen wie die Malerarbeiten bis zur Übergabe des Bürogebäudes (1 Woche) abgeschlossen sein.

Zur Festlegung der Reihenfolge und des Zeitbedarfs für jeden Vorgang hält Frau Schlosser die Erstellung einer Vorgangsliste für sinnvoll, in der alle einzelnen Teilaufgaben aufgeführt sind und deren Dauer sowie die Reihenfolge der Verrichtungen eingetragen werden können.

Arbeitsaufträge

1. Ergänzen Sie zunächst in der unten stehenden Vorgangsliste für sämtliche Arbeitsschritte (= Vorgänge) die entsprechenden Zeitangaben (= Vorgangsdauer). Diese Vorgangsliste finden Sie auch in Ihrem Arbeitsheft.
2. Auf welche drei Möglichkeiten kann Frau Schlosser zur Bestimmung der Zeitdauer der einzelnen Arbeitsschritte zurückgreifen (Möglichkeiten der Zeiterfassung)?
3. Bestimmen Sie nun die Reihenfolge der Arbeitsschritte. Ermitteln Sie für jeden Vorgang, welcher Arbeitsschritt bzw. welche -schritte unmittelbar vorher beendet sein müssen (= Vorgänger), damit die Ausführung des betreffenden Vorgangs begonnen werden kann. Tragen Sie die Vorgänger ebenso in der Vorgangsliste ein.

Vorgangsliste		Starttermin:	12. Oktober 01
Projekt: Bürogebäude Gütersloher Str. 111		Endtermin:	15. Februar 02
Nr.	Vorgangsbezeichnung	Dauer in Wochen	Vorgänger
1	Erdarbeiten	1	—
2	Fundament und Rohbau	8	1
3	Dachstuhl errichten		
4	Heizungsmontage		
5	Elektroinstallationen		
6	Dachdeckerarbeiten		

7	Fenster und Türen einsetzen
8	Innenputz mit Estrich
9	Außenputz
10	Malerarbeiten
11	Garten anlegen
12	Übergabe

Sie sind sicher noch nicht in der Lage, mithilfe der Informationen aus der Vorgangsliste eine konkrete und begründete Aussage bezüglich der rechtzeitigen Fertigstellung des Bürogebäudes zu machen. Hier kann Ihnen ein Hilfsmittel der zeitorientierten Ablaufplanung weiterhelfen. Das **Balkendiagramm** beinhaltet die grafische Darstellung der Dauer der einzelnen Arbeitsschritte/Vorgänge in Form von Balken und ermöglicht u. a. die Ermittlung der Gesamtdauer eines Projekts.

			Oktober 01			November 01					Dezember 01				Januar 02				Februar 02		
			12.	19.	26.	2.	9.	16.	23.	30.	7.	14.	21.	28.	4.	11.	18.	25.	1.	8.	15.
Nr.	Vorgang	Wochen	1	2	3	4	5	6	7	8	9	10	11	12	13	14	15	16	17	18	19
1	Erdarbeiten																				
2	Fundament und Rohbau																				
3	Dachstuhl errichten																				
4	Heizungsmontage																				
5	Elektroinstallationen																				
6	Dachdeckerarbeiten																				
7	Fenster und Türen einsetzten																				
8	Innenputz mit Estrich																				
9	Außenputz																				
10	Malerarbeiten																				
11	Garten anlegen																				
12	Übergabe																				

4. Erstellen Sie mithilfe der Angaben der Vorgangsliste ein Balkendiagramm für das Projekt „Bürogebäude Gütersloher Str. 111", indem Sie die Dauer der einzelnen Vorgänge in Form von Balken entsprechend eintragen. Die Länge der Balken entspricht der Dauer des jeweiligen Vorgangs. **Tragen Sie zunächst nur den Rahmen der Balken ein.**
   Wird das Bürogebäude rechtzeitig fertig werden?

5. Schraffieren Sie nun die Balken jener Vorgänge, die laut Brief von Herrn Heidtkötter bis zum 18. Januar bereits vollständig ausgeführt wurden.

6. Welche Informationen kann Herr Heidtkötter nun diesem Balkendiagramm entnehmen?

7. Aufgrund von Witterungseinflüssen sowie behebbarer Schäden am Gerüst nehmen die Außenputzarbeiten drei Wochen in Anspruch. Tragen Sie diese Verzögerung und ihre Konsequenzen mit einem roten Stift in das Balkendiagramm ein. Beschreiben Sie die Auswirkungen dieser Verzögerung auf den zeitlichen Ablauf des Projekts.

8. Beschreiben Sie jeweils zwei Vorteile bzw. zwei Nachteile des Instruments Balkendiagramm.

9. Erklären Sie, warum sich das Balkendiagramm sowohl als Planungsinstrument als auch als Kontrollinstrument für die zeitliche Ablaufplanung eignet.

10. Nennen Sie zwei weitere Anwendungsgebiete für den Einsatz eines Balkendiagramms.

3.1.2
Netzplan – ein Hilfsmittel der Terminplanung

Bei der Erstellung eines Balkendiagramms werden die Informationen der Vorgangsliste durch die Länge und die spezifische Anordnung einzelner Balken in einem Zeit-Koordinatensystem dargestellt. Beim Anlegen eines **Netzplans**, auch Hilfsmittel der zeitorientierten Ablaufplanung, werden die Informationen der Vorgangsliste in einem sogenannten Vorgangsknoten eingetragen. Die Reihenfolge der Vorgänge ergibt sich aus der Anordnung und Verbindung der einzelnen Vorgangsknoten. Jeder einzelne Vorgang wird durch einen entsprechenden Vorgangsknoten abgebildet. Diese Knoten werden wiederum entsprechend ihrer Reihenfolge zu einem Netzplan angeordnet.

Netzplan

Aus der Vorgangsliste können die Vorgangsnummer, die Vorgangsbezeichnung sowie die Dauer der einzelnen Vorgänge entnommen und im jeweiligen Vorgangsknoten eingetragen werden.

Vorgangs-nummer	Vorgangs-bezeichnung	
Dauer		

Vorgangsknoten

Arbeitsaufträge

Erstellen Sie sukzessiv einen Netzplan zum Projekt „Bürogebäude Gütersloher Str. 111" und verwenden Sie die Vorgangsliste aus Kap. 3.1.1 (Balkendiagramm).

1. Beginnen Sie die Arbeit zum Netzplan[1], indem Sie für jeden Vorgang einen Vorgangsknoten zeichnen, diese Knoten dann entsprechend der Vorgaben der Vorgangsliste in der richtigen Reihenfolge mit Pfeilen verbinden und die Informationen bezüglich Vorgangsnummer, Vorgangsbezeichnung und Dauer des Vorgangs dort eintragen.

   Die beiden ersten Vorgangsknoten des Netzplans haben zunächst folgendes Aussehen:

1	Erdarbeiten		→	2	Fundament und Rohbau	
1				8		

   Ihr Ergebnis ist ein sogenannter **Strukturnetzplan** oder **funktionsorientierter Netzplan**, in dem man die Reihenfolge der einzelnen Vorgänge sowie deren jeweilige Dauer erkennt.

2. Für Herrn Heidtkötter aber ist wichtig, eine Aussage über die Gesamtdauer des Projekts zu erhalten. Zur Ermittlung der Gesamtdauer des Projekts sollen Sie nun die **Vorwärtsrechnung** durchführen. Beachten Sie dazu die Hinweise im INFO-Teil.

   › INFO-Teil
   LF 5, Kap. 3.1.2

   Die Ergebnisse Ihrer Vorwärtsrechnung tragen Sie bitte oberhalb des Vorgangsknotens als „früheste Anfangszeit" (FAZ) bzw. als „früheste Endzeit" (FEZ) in Ihren Strukturnetzplan ein. Sie haben nun im Rahmen der Vorwärtsrechnung die frühesten Zeitpunkte (**Wann** können die Vorgänge frühestens beginnen bzw. beendet sein?) sowie die Gesamtdauer des Projekts ermittelt. Da die einzelnen Zeitpunkte und die Gesamtdauer nicht nur eingehalten werden können, sondern insbesondere auch eingehalten werden **müssen**, ist es sinnvoll, auch die Zeitpunkte zu ermitteln, wann die einzelnen Vorgänge spätestens beginnen bzw. beendet sein müssen, ohne dass eine Verschiebung der Gesamtdauer stattfindet.

FAZ		FEZ
1	Erdarbeiten	
1		

   →

---

1 Wenn in den Vorgangslisten lediglich der/die Vorgänger eines jeden Vorgangs angegeben ist/sind, gestaltet sich die Erstellung des Netzplans einfacher, wenn Sie mit dem letzten Vorgangsknoten beginnen (von hinten nach vorne).

> INFO-Teil
LF 5, Kap. 3.1.2
Aufgaben 3–5

3. Zur Ermittlung der spätesten Zeitpunkte sollen Sie nun die **Rückwärtsrechnung** (von hinten nach vorne) durchführen.

Die Ergebnisse Ihrer Rückwärtsrechnung tragen Sie bitte unterhalb des Vorgangsknotens als „späteste Anfangszeit" (SAZ) bzw. als „späteste Endzeit" (SEZ) in Ihren Netzplan ein.

FAZ		FEZ
1	Erdarbeiten	
1		
SAZ		**SEZ**

Puffer
Zeitreserven

4. Im Rahmen der Rückwärtsrechnung haben Sie nun die spätesten Zeitpunkte (Wann müssen die Vorgänge spätestens beginnen bzw. beendet sein, ohne dass sich das Projekt zeitlich nach hinten verschiebt?) berechnet.

Weil die einzelnen Vorgänge teilweise parallel ablaufen können und auch unterschiedlich lange andauern, können **Zeitreserven** entstehen. Diese, auch Puffer genannt, können sich auf die Gesamtdauer des Projekts beziehen. Ein Vorgang könnte sich also durchaus verzögern, ohne dass der Endzeitpunkt des Projekts gefährdet wäre. Eine auf die Gesamtdauer des Projekts bezogene Zeitreserve wird **Gesamtpuffer** genannt.

Ermitteln Sie den Gesamtpuffer eines jeden Vorgangs und tragen Sie Ihre Ergebnisse in den jeweiligen Vorgangsknoten ein.

FAZ		FEZ
1	Erdarbeiten	
1	Gesamt-puffer	
SAZ		SEZ

5. Ebenso können Zeitreserven bezogen auf den unmittelbar nachfolgenden Vorgang entstehen. Dies hätte zur Folge, dass sich ein Vorgang verschieben könnte, ohne dass sich der nachfolgende Vorgang gleichzeitig verschiebt. Diese auf den nachfolgenden Vorgang bezogene Zeitreserve wird **freier Puffer** genannt.

Ermitteln Sie den freien Puffer eines jeden Vorgangs und tragen Sie Ihre Ergebnisse in den jeweiligen Vorgangsknoten ein.

FAZ		FEZ
1	Erdarbeiten	
1	Gesamt-puffer	**Freier Puffer**
SAZ		SEZ

6. Vorgänge, die keine Zeitreserven (Puffer) aufweisen, heißen „kritische Vorgänge". Die Kette aller kritischen Vorgänge bildet den „**kritischen Weg**". Er ist der zeitlich längste Weg durch das Projekt und bestimmt daher seine Gesamtdauer. Treten innerhalb des kritischen Weges Verzögerungen auf, kann der geplante Endtermin des Projekts nicht mehr realisiert werden.

Zeichnen Sie mit einem roten Stift den kritischen Weg in den Netzplan ein.

7. Vergleichen Sie nun Ihre Ergebnisse der Netzplanerstellung mit den Ergebnissen des Balkendiagramms.

3.2
Kurzfristig angelegte Kapazitätsplanung – Wie sind anstehende Fertigungsaufträge optimal zu erstellen?

In allen Mehrprodukt-Unternehmen gehen innerhalb kurzer Zeiträume verschiedene Kundenaufträge ein, die alle vorhandenen Produktbereiche gleichzeitig betreffen. Die Arbeitsvorbereitung erstellt für alle selbst herzustellenden Einzel- und Montageteile entsprechende Fertigungsaufträge. Weitere Fertigungsaufträge fallen aufgrund interner Lageraufträge an.

Bei der Erstellung der Fertigungsaufträge ist zu beachten, dass u. U. verschiedene Kunden das gleiche Produkt bestellen oder dass bestimmte Einzel-/Montageteile auch in anderen Erzeugnissen benötigt werden, für die ebenso bereits Kundenaufträge vorliegen oder eingehen. Werden diese Aspekte über einen längeren Zeitraum betrachtet, entsteht die Frage nach der Verteilung oder Zusammenfassung der einzelnen Fertigungsaufträge auf eine bestimmte Fertigungsmenge/Losgröße. Die kurzfristig eintreffenden Kundenaufträge lösen im Anschluss an die Verfügbarkeitskontrolle der erforderlichen Materialien den Fertigungsprozess für die im eigenen Betrieb herzustellenden Einzelteile und Komponenten aus. Es werden Fertigungsaufträge erstellt, zu denen die zur Verfügung stehenden Betriebsmittel und Mitarbeiter sowie die Zielsetzung der maximalen Kapazitätsauslastung unter Vermeidung von Kapazitätsengpässen beachtet werden müssen.

3.2.1
Optimale Losgröße – Die Ermittlung einer kostenoptimalen Fertigungsmenge

Situation   Auch die Heidtkötter KG hat bei der Erstellung der Fertigungsaufträge zu berücksichtigen, dass mehrere Kundenaufträge für das gleiche Fertigerzeugnis vorliegen können oder auch bestimmte Einzel- oder Bauteile (z. B. Stuhlunterkonstruktionen) an verschiedenen Fertigerzeugnissen montiert werden. In der Fertigungssteuerung entsteht somit ein Fertigungsmengenproblem, das sich unmittelbar auf die Höhe unterschiedlicher Kostenarten auswirkt.

Um freie Kapazitäten besser zu nutzen, führte die Heidtkötter KG vor zwei Jahren einen drehbaren Kunstledersessel mit hoher Rückenlehne mit großem Erfolg in ihr Produktions- und Absatzprogramm ein.

Florian Hagenbruch, Leiter der Abteilung Vertrieb/Marketing, ist stetig bemüht, aktuelle und zuverlässige Daten bezüglich der Entwicklung von Marktveränderungen, der Wettbewerbssituation sowie der eigenen Absatzzahlen und Marktanteile zu ermitteln und auszuwerten. Er weiß genau, dass von diesen Entwicklungen die Leistungserstellungsprozesse in der Heidtkötter KG bestimmt werden, und hat daher die Absatzzahlen des Kunstledersessels des letzten Jahres ermittelt und den Bedarf für das aktuelle Geschäftsjahr abgeleitet. Er geht davon aus, dass ca. 6 240 Stück verkauft werden können.

Herr Blüm, Leiter der Fertigung, stellt sich nun die Frage, wie er die Herstellung der erforderlichen Sessel über das Jahr verteilen soll, oder ob er die gesamte Menge der benötigten Kunstledersessel auf einmal herstellen soll.

Arbeitsaufträge

1. Welche Kosten entstünden insbesondere dann, wenn Herr Blüm die gesamte Absatzmenge für ein Jahr in einem Vorgang fertigen würde? Würde er den Jahresbedarf in vielen kleinen Teilmengen fertigen, müssten die Maschinen sehr häufig umgerüstet werden. Welche grundsätzliche Empfehlung geben Sie Herrn Blüm? Begründen Sie bitte.

2. Herr Blüm hat für Sie folgende Daten aus dem Systemrechner entnommen und Ihnen zur Verfügung gestellt:

Herstellkosten pro Kunstledersessel:	118,68 €
Rüstkosten je Umrüstung/Loswechsel:	270,00 €
Lagerhaltungskosten:	10,5 % vom Lagerwert

Ermitteln Sie mithilfe der folgenden Tabelle die kostenoptimale Fertigungsmenge/Losgröße.

→

Anzahl der Lose	Losgröße/ Fertigungs- (teil-)menge Stück	Ø Lager- bestand Stück	Lagerwert €	Lagerhaltungs- kosten €	Rüstkosten €	Gesamtkosten aus Lagerhaltungskosten + Rüstkosten €
1						
4						
6						
8						
12						
16						
20						

3. Stellen Sie die Entwicklung der Lagerhaltungskosten, der Rüstkosten sowie der Gesamtkosten in Abhängigkeit von der Losgröße grafisch dar.
4. Vergleichen Sie in Abhängigkeit von der Losgröße die Entwicklung der Werte in den Spalten Lagerhaltungskosten und Rüstkosten und vergleichen Sie diese Entwicklung mit dem Verlauf der entsprechenden Kostenkurven in Arbeitsauftrag 3.
5. Beenden Sie folgenden Satz:
„Die optimale Losgröße ist die Fertigungsmenge, bei der die ...“
6. Die optimale Losgröße kann ebenso mithilfe der folgenden Formel rechnerisch ermittelt werden.

$$\text{Optimale Losgröße} = \sqrt{\frac{200 \cdot \text{Jahresbedarf} \cdot \text{Rüstkosten pro Umrüstung}}{\text{Herstellungskosten pro Stück} \cdot \text{Lagerhaltungskostensatz}}}$$

(Lagerhaltungskostensatz = Lagerkostensatz + Lagerzinssatz)

› **Band 2, LF 6**   Der Lagerhaltungskostensatz, ist ein Prozentsatz, der in dieser Formel als reiner Zahlenwert eingesetzt wird; z. B. 10,5.
Alternativ kann die optimale Losgröße auch mithilfe folgender Formel errechnet werden:

$$\text{Optimale Losgröße} = \sqrt{\frac{2 \cdot \text{Jahresbedarf} \cdot \text{Rüstkosten pro Umrüstung}}{\text{Lagerkosten pro Stück}}}$$

Kontrollieren Sie mithilfe einer Losgrößenformel das Ergebnis Ihrer tabellarischen Ermittlung der optimalen Losgröße.

7. Aufgrund intensiver Kontrollen und Veränderungen in der Lagerhaltung konnte die Heidtkötter KG den Lagerhaltungskostensatz (10,5 %) um 10 % verringern. Ebenso konnten die Herstellkosten um 5 % gesenkt werden. Stellen Sie Vermutungen darüber an, wie sich diese Kostenersparnisse auf die optimale Losgröße auswirken.
8. Überprüfen Sie Ihre Vermutung, indem Sie die optimale Losgröße unter Berücksichtigung dieser neuen Bedingungen ermitteln.

Anzahl der Lose	Losgröße/ Fertigungs- (teil-)menge Stück	Ø Lager- bestand Stück	Lagerwert €	Lagerhaltungs- kosten €	Rüstkosten €	Gesamtkosten aus Lagerhaltungskosten + Rüstkosten €
1						
4						
6						
8						
12						
16						
20						

9. Beraten Sie Herrn Blüm dahingehend, ob die Heidtkötter KG den Jahresbedarf an Kunstledersesseln in der ermittelten optimalen Losgröße herstellen soll.

Die in der Produktionsplanung ermittelten Durchlaufzeiten können nur dann eingehalten werden, wenn nicht Stauzeiten und Störungen im Fertigungsprozess oder eine sehr umfangreiche Auftragslage zu Engpässen in der Fertigung führen. Die vorgegebenen, begrenzten Kapazitäten müssen unter Berücksichtigung der Kosten und weiterer Kriterien über eine Terminplanung maximal beschäftigt werden. Die zeitliche Steuerung und Optimierung des Einsatzes der erforderlichen Betriebsmittel erfolgt über die Erstellung von Maschinenbelegungsplänen.

3.2.2
Beschäftigungsgrad – Kapazitäten optimal auslasten

Situation Um die Aufgaben in der Fertigungssteuerung möglichst gering zu halten, wurde für die vor zwei Jahren eingeführten Kunstledersessel eine Ausbringungsmenge von 520 Stück pro Monat festgelegt. Die monatlichen Absatzzahlen zeigen auf das Jahr bezogen sehr große Schwankungen und wecken die Unzufriedenheit von Herrn Sippel, dem Controller der Heidtkötter KG.

Absatzzahlen des letzten Geschäftsjahres												
Monat	Jan.	Febr.	März	April	Mai	Juni	Juli	Aug.	Sept.	Okt.	Nov.	Dez.
Absatz (Stück)	360	310	420	560	740	810	840	750	520	410	250	270

Arbeitsaufträge

1. Stellen Sie mithilfe eines Koordinatensystems die Entwicklung der Absatzzahlen sowie der aktuellen Fertigungsmenge dar. Beschreiben Sie den Verlauf der zurzeit umgesetzten Fertigungsmenge im Vergleich zur Absatzmenge. Koordinatensysteme zu den Arbeitsaufträgen 1, 4 a) und 4 b) finden Sie im Arbeitsheft.
2. Stellen Sie nun Vermutungen darüber an, warum die Situation in der Leistungserstellung bei Herrn Sippel Unzufriedenheit ausgelöst hat.
3. Wie könnte die Heidtkötter KG die Situation in der Leistungserstellung verändern, um auf die unterschiedlichen Absatzzahlen im Jahresverlauf zu reagieren?
4. Herr Lufen, ein engagierter Mitarbeiter in der Fertigung, hat bereits zwei mögliche Strategien erarbeitet und schlägt die Realisierung folgender Fertigungsgungsmengen vor:

Fertigungsmengen für das Geschäftsjahr – Alternative 1												
Monat	Jan.	Febr.	März	April	Mai	Juni	Juli	Aug.	Sept.	Okt.	Nov.	Dez.
Stück	410	330	400	580	750	800	800	750	540	400	270	250
Fertigungsmengen für das Geschäftsjahr – Alternative 2												
Monat	Jan.	Febr.	März	April	Mai	Juni	Juli	Aug.	Sept.	Okt.	Nov.	Dez.
Stück	420	420	420	520	780	780	780	780	370	370	370	370

   a) Zeichnen Sie in das Koordinatensystem zu Aufgabe 1 den Fertigungsmengenverlauf der Alternative 1 und beschreiben Sie den Verlauf der Fertigungsmenge im Vergleich zur Absatzmenge.

   b) Zeichnen Sie ebenso in das Koordinatensystem den Fertigungsmengenverlauf der Alternative 2 und beschreiben Sie den Verlauf der Fertigungsmenge im Vergleich zur Absatzmenge.

5. Beschreiben Sie Vor- bzw. Nachteile der drei Fertigungsmengenalternativen und empfehlen Sie der Heidtkötter KG eine. Bitte begründen Sie.

3.2.3
Maschinenbelegungsplan – Die zeitliche Steuerung des Einsatzes unterschiedlicher Betriebsmittel

In der Produktionsplanung ermittelte Durchlaufzeiten können nur dann eingehalten werden, wenn nicht Stauzeiten und Störungen im Fertigungsablauf oder eine sehr umfangreiche Auftragslage zu Engpässen in der Fertigung führen. Vorgegebene, begrenzte Kapazitäten müssen unter Berücksichtigung der Kosten und weiterer Kriterien über eine Terminplanung maximal beschäftigt werden. Können aufgrund fehlerhafter Terminierung in der Fertigungssteuerung zugesagte Liefertermine oder Produktqualitäten nicht eingehalten werden, drohen empfindliche Strafen sowie Image- und Kundenverlust. Die zeitliche Steuerung und Optimierung des Einsatzes der erforderlichen Betriebsmittel erfolgt über die Erstellung von Maschinenbelegungsplänen.

Situation   Nach der internationalen Möbelmesse (imm) im Januar in Köln steigt die Nachfrage nach Büromöbeln sowie nach den dort vorgestellten Innovationen. Dies spürt die Heidtkötter KG insbesondere dadurch, dass die Nachfrage nach dem *communicTable* sowie unterschiedlichen Seminar- und Konferenztischen auf vollen Touren läuft. Noch im Monat März muss die Herstellung von Tischunterkonstruktionen für folgende Kundenaufträge zu Ende gebracht werden:

Aufträge	Erzeugnisse und Kunden	Termin der Fertigstellung
Auftrag 1	10 *communicTable* für die Reiser GmbH, Leipzig	6. März
Auftrag 2	20 Konferenztische *björn* für die Reiser GmbH, Leipzig	13. März
Auftrag 3	18 Konferenztische *ralf* für die Büromöbel Steil KG in Köln	bis Mitte März
Auftrag 4	20 Unterkonstruktionen grundiert, ohne Lackierung für Form Design, Paris	bis Ende März

Für die Fertigung dieser vier Aufträge sind noch folgende Tätigkeiten an drei unterschiedlichen Betriebsmitteln durchzuführen.

Auftrag	Tätigkeit	Betriebsmittel	Dauer in Tagen
1	Lackieren der Unterkonstruktion für den *communicTable* in Silbermetallic	Lackierautomat (M3)	3
2	Sägen der Tischbeine und Verbindungs- sowie Spannleisten für den Tisch *björn* auf Länge und Gehrung	Metallsäge (M1)	5
2	Schweißen der einzelnen Tischbeine und Verbindungs-/Spannleisten zur kompletten Unterkonstruktion für den Tisch *björn*	Schweißautomat (M2)	2
2	Lackieren der Unterkonstruktion für den Tisch *björn*	Lackierautomat (M3)	1
3	Schweißen der einzelnen Unterkonstruktionsbestandteile zum kompletten Bauteil für den Konferenztisch *ralf*	Schweißautomat (M2)	3
3	Lackieren der Unterkonstruktion für den Konferenztisch *ralf* in Schwarz	Lackierautomat (M3)	1
4	Sägen von Tischbeinen und Verbindungs- sowie Spannleisten auf Länge und Gehrung für den Lagerauftrag	Metallsäge (M1)	2
4	Schweißen der einzelnen Unterkonstruktionsbestandteile zum kompletten Bauteil	Schweißautomat (M2)	4

Arbeitsauftrag

Erstellen Sie mithilfe des folgenden Musters einen Maschinenbelegungsplan für die Tätigkeiten der vier noch offenen Fertigungsaufträge 1 bis 4. Kennzeichnen Sie die einzelne(n) Tage/Zeitdauer je nach Auftrag mit folgenden Farben und berücksichtigen Sie, dass die Tätigkeiten innerhalb eines Auftrags nacheinander (M1, dann M2, dann M3) erfolgen müssen.

› INFO-Teil
LF 5, Kap. 3.2.2

Auftrag 1: rot;   **Auftrag 2: gelb;**   **Auftrag 3: blau;**   **Auftrag 4: grün**

Begründen Sie die Wahl Ihrer Maschinenbelegung.

Arbeitstage im März																				
	3.	4.	5.	6.	7.	10.	11.	12.	13.	14.	17.	18.	19.	20.	21.	24.	25.	26.	27.	28.
Maschine 1																				
Maschine 2																				
Maschine 3																				

Situation (Fortsetzung)

Am 24. Februar erhält die Heidtkötter KG folgende E-Mail:

Von:	leinel.muenchen@wvd.de
Betreff:	Ihr Angebot vom ..-02-12 – Eilauftrag
Datum:	..-02-24
an:	service@heidtkoetter-wvd.de

Eilauftrag

Sehr geehrter Herr Blüm,

Mitte Januar haben wir Ihren Stand auf der imm in Köln besucht, und waren von Ihren innovativen Ideen sowie Ihren Qualitätsansprüchen hinsichtlich der Herstellung qualitativ hochwertiger Büromöbel beeindruckt. Insbesondere Ihre Systeme *InterWall* und *communicTable* haben uns aufgrund ihres Designs und ihrer Funktionalität überzeugt.

Bezugnehmend auf das Gespräch mit Ihnen während der Messe sowie auf Ihr schriftliches Angebot haben wir uns entschlossen, 15 Filialen probeweise mit ihrem *communicTable* auszustatten. Im Falle einer termingerechten und zufriedenstellenden Lieferung stellen wir Folgeaufträge in Aussicht, da wir noch weitere Filialen ausstatten wollen.

In Ihrem Angebot geben Sie als Lieferzeit „drei Wochen nach Bestelleingang" an. Bis zum 19. März – an diesem Tag werden in verschiedenen Häusern wichtige Workshops und Präsentationen stattfinden – benötigen wir daher dringend die von Ihnen angebotenen *communicTables*. Wir bestellen daher vorab:

15 Stück *communicTable*
Farbe: Schwarz-Anthrazit
Stückpreis: 2.880,00 €
Liefertermin: 18. März

Wir bitten Sie dringend, den Liefertermin einzuhalten. Ansonsten müssen wir kurzfristig Kommunikationsmedien ausleihen und Ihnen die anfallenden Kosten für die Ausleihe in Rechnung stellen.

Mit freundlichen Grüßen

Leinel Bürobedarf KG
i. A. Ruth Mäuser

Situation (Fortsetzung) Am 25. Februar kann sofort mit der Materialbedarfsplanung begonnen werden, sodass ab dem 3. März die Säge-, Schweiß- und Lackierarbeiten beginnen können. Für diesen neuen Auftrag (Auftrag 5) benötigen Sie folgende Maschinenbelegungszeiten. Die Arbeiten müssen in der unten stehenden Reihenfolge ausgeführt werden.

Auftrag	Tätigkeit	Betriebsmittel	Dauer in Tagen
5	Sägen der Tischbeine und Verbindungs- sowie Spannleisten für den *communicTable* auf Länge und Gehrung	Metallsäge (M1)	6
5	Schweißen der einzelnen Tischbeine und Verbindungs-/ Spannleisten zur kompletten Unterkonstruktion	Schweißautomat (M2)	3
5	Lackieren der Unterkonstruktion	Lackierautomat (M3)	2

Arbeitsaufträge

1. Erstellen Sie für den Monat März einen neuen Maschinenbelegungsplan, indem Sie den Eilauftrag (Auftrag 5: lila) in den bestehenden Plan mit einbeziehen und dabei die nun folgenden Informationen berücksichtigen.

   Probieren Sie zwei verschiedene Maschinenbelegungen aus und entscheiden Sie sich für eine dieser beiden Möglichkeiten. Bitte begründen Sie.

   Folgende Informationen stellt Ihnen Herr Blüm zur Verfügung:

   Werden Liefertermine nicht eingehalten, müssen folgende Vertragsstrafen gezahlt werden:

Auftrag 1:	110,00 € pro Arbeitstag	**Auftrag 2:**	100,00 € pro Arbeitstag
Auftrag 3:	85,00 € pro Arbeitstag	**Auftrag 4:**	60,00 € pro Arbeitstag

   Die Leihgebühr für ein Kommunikationsmedium beträgt 20,00 €.
   Die Kosten für die Stillstandzeiten der Maschinen (1, 2 und 3) betragen pro Arbeitstag 10,00 €.

   Der Deckungsbeitrag für ein Produkt ergibt sich aus dem Verkaufspreis des Produktes (Verkaufserlös) abzüglich der variablen Kosten, die bei der Leistungserstellung entstehen. Der Deckungsbeitrag trägt zur Deckung der fixen Kosten bei.

   Deckungsbeiträge:
   Auftrag 1   200,00 €/Stück
   Auftrag 2   150,00 €/Stück
   Auftrag 3   130,00 €/Stück
   Auftrag 4   110,00 €/Stück
   Auftrag 5   160,00 €/Stück

   Auslieferung der Erzeugnisse erfolgt am Tag **nach** der Lackierung

2. Wie könnte die Heidtkötter KG reagieren, wenn die terminlichen Anforderungen an den Maschinenbelegungsplan nicht erfüllt werden?
3. Nennen Sie Kriterien, nach denen die Maschinenbelegung seitens der Fertigungssteuerung vorgenommen werden kann.
4. Beschreiben Sie Zielsetzungen, die mithilfe einer optimalen Maschinenbelegung umgesetzt werden sollen.

3.2.4
Die Auftragsfreigabe – Der Abschluss der Planungsüberlegungen im Rahmen der Produktionssteuerung

Nachdem die Überlegungen zur Termin- und Kapazitätsplanung weitgehend abgeschlossen sind, steht die abschließende Auftragsfreigabe an. Sie stellt die Verbindung zwischen Planung und Fertigung dar, wählt die zeitlich anstehenden Fertigungsaufträge aus und bindet die erforderlichen Kapazitäten (Mitarbeiter, Betriebsmittel, Werkzeuge, Material) an anstehende Aufträge. Die Auftragsfreigabe erfolgt häufig über den Ausdruck der erforderlichen Auftragspapiere und deren Weitergabe an die entsprechenden Stellen der Leistungserstellung.

Es ist eine Vielzahl an Entscheidungen zu treffen, die den Erfolg der Fertigungsplanung maßgeblich beeinflussen. Um die entsprechenden Arbeitsabläufe zur Vorbereitung der Auftragsfreigabe zu optimieren, möchte Herr Blüm eine Ablaufbeschreibung erstellen lassen, um den Mitarbeitern der Fertigungssteuerung eine Hilfe an die Hand zu geben.

Arbeitsauftrag

Erstellen Sie für Herrn Blüm eine Ablaufbeschreibung, nach der die vorbereitenden Tätigkeiten der Auftragsfreigabe erfolgen sollen. Erläutern Sie die Zielsetzungen.

› INFO-Teil
LF 5, Kap. 3.2.4

3.3
Optimales Fertigungsprogramm – In welcher Reihenfolge sind die anstehenden Fertigungsaufträge zu erstellen?

Die Realisierung kostenoptimaler Fertigungsmengen sowie eine optimale Maschinenbelegung unter Berücksichtigung zeitlicher Terminvorgaben sollte alle vorhandenen Kapazitäten möglichst auslasten, um Stillstandszeiten und die daraus entstehenden Leerkosten zu minimieren. Ein Problem für die Fertigungssteuerung besteht jedoch immer dann, wenn im Fertigungsprozess ein Kapazitätsengpass entsteht. Dann müssen unter Umständen die Planungsentscheidungen in der Durchführung mithilfe sinnvoller, wirtschaftlicher Kriterien geändert werden.

Situation Der Heidtkötter KG liegen für das 1. Quartal unter anderem folgende Aufträge vor, die alle zur Herstellung der Unterkonstruktionen und/oder Rückenlehnen den Einsatz der Biegemaschine benötigen. Die Maximalkapazität dieser Maschine beträgt pro Monat 3 200 Minuten.

Auftrag	Kunde	Menge (Stück)	Erzeugnis
A	Büromöbel Steil KG, Köln	400	Bürostuhl *dorit*
B	Sparkasse KölnBonn, Köln	500	Konferenzstuhl *feli*
C	Reiser GmbH, Leipzig	500	Konferenztisch *björn*
D	Form Design, Paris	100	*communicTable*
E	Leinel Bürobedarf KG, München	4 000	Konferenzstuhl *marlene*

Herr Blüm freut sich über die gegenwärtig sehr gute Auftragslage, hat aber Bedenken, dass alle Aufträge mithilfe der zur Verfügung stehenden Kapazitäten rechtzeitig im 1. Quartal fertiggestellt werden können. Insbesondere die Kapazität der Biegemaschine bereitet ihm Kopfzerbrechen. An dieser Biegemaschine benötigen die einzelnen Erzeugnisse pro Stück folgende Fertigungszeiten:

Bürostuhl *dorit* 4 Minuten; *communicTable* 20 Minuten;
Konferenzstuhl *feli* 2 Minuten; Konferenzstuhl *marlene* 1 Minute
Konferenztisch *björn* 4 Minuten;

Arbeitsaufträge

Nur in dem Fall, dass Sie ohne Hilfe nicht weiterkommen, lesen Sie im INFO-Teil bzw. in LF 4, Kapitel 5.3.2.

1. Überprüfen Sie bitte, ob die Maximalkapazität der Biegemaschine ausreicht, um alle Kundenaufträge im 1. Quartal zu fertigen. →

2. Im Anschluss daran beauftragt Sie Herr Blüm, aufgrund des aufgetretenen Engpasses mithilfe des relativen Deckungsbeitrags eine optimale Produktionsreihenfolge festzulegen. Er stellt Ihnen folgende Daten aus der Kostenrechnung zur Verfügung:

Auftrag	Erzeugnis	Verkaufspreis/Stück	variable Stückkosten
A	Bürostuhl *dorit*	300,00 €	100,00 €
B	Konferenzstuhl *feli*	300,00 €	150,00 €
C	Seminartisch *björn*	600,00 €	200,00 €
D	*communicTable*	2.800,00 €	1.200,00 €
E	Seminarstuhl *marlene*	140,00 €	50,00 €

Ermitteln Sie zunächst die (absoluten) Stückdeckungsbeiträge und anschließend unter Berücksichtigung der jeweiligen Fertigungszeiten die relativen Deckungsbeiträge. Legen Sie abschließend die Fertigungsreihenfolge fest.

Auftrag	Erzeugnis	Fertigungszeit (Min.)	Verkaufspreis (€)	variable Stückkosten (€)	absoluter Deckungsbeitrag/ Stück (€)	relativer Deckungsbeitrag/ Min. (€)	Fertigungsreihenfolge
A	Bürostuhl *dorit*						
B	Konferenzstuhl *feli*						
C	Seminartisch *björn*						
D	*communicTable*						
E	Seminarstuhl *marlene*						

3. Welche weiteren Kriterien könnte Herr Blüm verwenden, um eine Fertigungsreihenfolge festzulegen?
4. Erläutern Sie, warum das Fertigungsprogramm bei der Festlegung der Fertigungsreihenfolge gemäß dem relativen Deckungsbeitrag als „optimal" bezeichnet wird.
5. Beschreiben Sie das Problem, das aufgrund des aufgetretenen Engpasses an der Biegemaschine für die Produktionssteuerung entstanden ist.
6. Beschreiben Sie drei Möglichkeiten, wie diese Problemsituation gelöst werden könnte.

3.4
Möglichkeiten der Kapazitätsabstimmung – Das Überwinden kurzfristiger Kapazitätsengpässe

Situation Der Heidtkötter KG liegt ein eiliger Auftrag eines neuen Kunden vor, den das Unternehmen für weitere Folgeaufträge gewinnen möchte. Diese Anfrage erscheint besonders lukrativ, da dieser Kunde an der Neuentwicklung, dem *communicTable,* interessiert ist. Der Zusatzauftrag lautet über 30 000 Stück bei einer Woche (5 Arbeitstage) Lieferzeit. Ein Problem liegt jedoch darin, dass der Lackierautomat aufgrund weiterer dringender Kundenaufträge bereits an der Kapazitätsgrenze arbeitet – 16 000 Stück sind bereits durch andere Aufträge belegt. Fertigungsleiter Michael Blüm legt für das Lackieren der Tischgestelle des *communicTables* folgende Kostenstruktur vor:

– Kosten der Betriebsbereitschaft (absolut fixe Kosten):	40,00 €
– sprungfixe Kosten bis zu einer Kapazität von 240 Stück je Arbeitstag (8 Stunden):	20,00 €
– variable Kosten je 100 Stück:	25,00 €
– aktueller Beschäftigungsgrad je Arbeitstag (8 Stunden):	160 Stück

Situation (Fortsetzung)

Um die bestehende Kapazitätsgrenze kurzfristig erweitern zu können, hat Herr Blüm folgende Alternativen zur Verfügung gestellt:

A: Die Leistung des vorhandenen Lackierautomaten wird um 37,5 % gesteigert; da der Automat nun fast mit Maximalkapazität arbeitet, erhöhen sich die variablen Kosten auf 30,00 € je 100 Stück.

B: Es sind täglich bis zu drei Überstunden möglich; aufgrund der Überstundenzuschläge steigen die variablen Kosten ab der neunten Arbeitsstunde auf 100,00 € je 200 Stück.

C: Eine zweite Arbeitsgruppe zum Lackieren wird eingerichtet, dies entspricht einer Verdoppelung der bisherigen Kapazität.

Arbeitsaufträge

Herr Blüm bittet Sie, ihm eine der drei Alternativen begründet zu empfehlen.

1. Berechnen Sie zunächst für jede Alternative die maximale Ausbringungsmenge (neue Kapazitätsgrenze) sowie die Gesamtkosten, die bei der jeweiligen Alternative pro Tag entstehen.

2. Veranschaulichen Sie die Kostenverläufe (fixe und variable Kosten, Gesamtkosten) der drei Alternativen.
   (Y-Achse: Kosten bis 20.000,00 €; X-Achse: Ausbringungsmenge bis 34 000 Stück)

3. Um welche Form der Anpassung an die kurzfristige Beschäftigungsschwankung handelt es sich bei diesen drei Alternativen? Beschreiben Sie jeweils Vor- und Nachteile. › INFO-Teil Kap. 3.4

4. Beschreiben Sie jeweils die Auswirkungen der drei Alternativen auf die Entwicklung der fixen sowie variablen Kosten.

5. Zu welcher Alternative raten Sie Herrn Blüm? Bitte begründen Sie.

3.5
Das Kanban-Verfahren – eine Möglichkeit der flexiblen Fertigungssteuerung

Situation

Eine am Kunden orientierte Flexibilisierung der Produktionssteuerung ist aktuelle Zielsetzung der Heidtkötter KG, um Kosten insbesondere im Rahmen der Leistungserstellung einzusparen. Klaus M. Heidtkötter hat von einem japanischen Steuerungsverfahren gehört, das dort und mittlerweile auch in Deutschland mit großem Erfolg realisiert wird. Daher denkt auch er intensiv darüber nach, ob er dieses sog. Kanban-Verfahren in seinem Betrieb als Möglichkeit einer flexiblen Fertigungssteuerung einsetzen soll.

Arbeitsaufträge

1. Herr Heidtkötter bittet Sie, ihm das Steuerungsverfahren zu erläutern und anschließend einen begründeten Vorschlag zu unterbreiten, ob das Kanban-Verfahren auch in der Heidtkötter KG eingesetzt werden kann. Informieren Sie sich mithilfe des INFO-Teils sowie weiterer Quellen aus dem Internet über das Kanban-Verfahren und stellen Sie die wichtigsten Informationen und Erläuterungen in übersichtlicher Weise schriftlich dar. › INFO-Teil LF 5, Kap. 3.5 › Internetrecherche

2. Entwickeln Sie Vorschläge, wie das Verfahren in der Heidtkötter KG umgesetzt werden kann. Erläutern Sie Ihre Ergebnisse anhand eines selbst gewählten Beispiels aus der Leistungserstellung der Heidtkötter KG.

3. Beschreiben Sie mögliche Vor- und Nachteile einer Umsetzung.

4. Geben Sie nun Ihre begründete Meinung darüber ab, ob die Heidtkötter KG dieses Kanban-Verfahren einführen soll.

Vertiefende Übungen

1. Folgende Vorgangsliste wurde Ihnen von der Arbeitsvorbereitung zur Verfügung gestellt:

Vorgangsliste		
Vorgangsnummer	**Dauer in Tagen**	**Vorgänge**
1	6	---
2	4	4, 5
3	1	2, 7, 9, 10
4	1	1
5	3	1
6	3	8
7	1	6
8	2	1
9	3	8
10	2	4, 5

a) Zeichnen Sie mithilfe der Vorgangsliste im Rahmen der zeitlichen Ablaufplanung ein Balkendiagramm und ermitteln Sie die Gesamtdauer des Projekts.

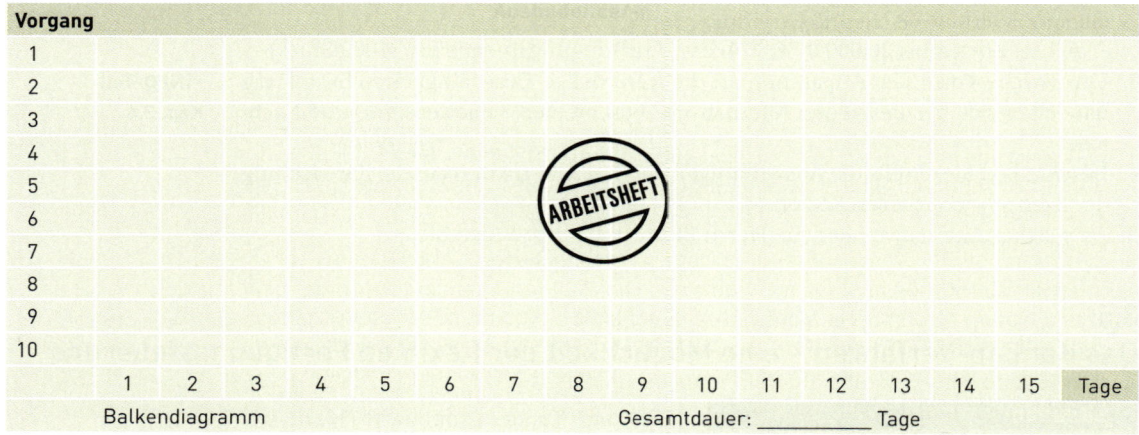

Balkendiagramm   Gesamtdauer: _____ Tage

b) Erstellen und berechnen Sie mithilfe der Vorgangsliste einen Netzplan und überprüfen Sie die anhand des Balkendiagramms ermittelte Gesamtdauer des Projekts. Bei der Angabe des Vorgängers in der Vorgangsliste ist es hilfreich, den Netzplan von hinten nach vorne zu erstellen, d. h., mit dem letzten Vorgang zu beginnen.

c) Zeichnen Sie den kritischen Weg in den Netzplan ein.

d) Welche Auswirkungen hat die Verlängerung der Vorgangsdauer von Vorgang 4 um 2 Tage?

2. Ein Produkt (P) weist folgende Erzeugnisstruktur auf:

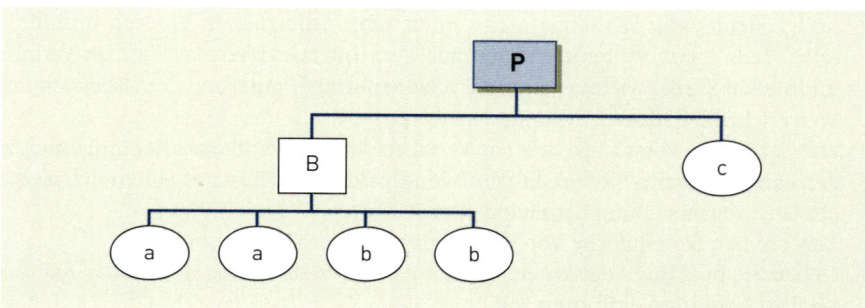

Die Fertigungszeiten für die Herstellung der einzelnen Teile auf den Maschinen 1 bis 5 sind der folgenden Tabelle zu entnehmen:

	M 1	M 2	M 3	M 4	M 5	Endmontage
a	0,5	—	1,25	0,5	0,75	
b	0,5	—	0,75	0,5	0,5	
c	—	1	—	0,5	0,5	
	Zeitangaben in Minuten					1

Die Fertigung der einzelnen Teile hat auftragsweise an den Maschinen (M1 bis M5) in der oben dargestellten Reihenfolge zu erfolgen. Die Endmontage kann erst beginnen, wenn alle Teile für das Produkt gefertigt wurden. Die Fertigung der einzelnen Teile kann unabhängig voneinander durchgeführt werden.

a) Am 20. Oktober geht eine Bestellung über 120 Produkte ein. Ermitteln Sie den Gesamtbedarf der einzelnen Teile für diesen Auftrag.

b) Ermitteln Sie mithilfe des Zeitrasters den frühestmöglichen Fertigstellungstermin. Am 21.10. kann mit der Fertigung frühestens begonnen werden. Pro Arbeitstag stehen vier Stunden für diesen Auftrag zur Verfügung. Verwenden Sie zur Kennzeichnung der Felder die folgenden Farben: a = gelb; b = rot; c = grün; P/Endmontage = blau.

	21.10.				22.10.				23.10.				24.10.				25.10.				26.10.			
	1	2	3	4	5	6	7	8	9	10	11	12	13	14	15	16	17	18	19	20	21	22	23	24	25
M1																									
M2																									
M3																									
M4																									
M5																									
EM																									

c) In seiner Bestellung wünscht der Kunde eine Lieferung am 27. Oktober. Wann muss mit der Fertigung spätestens begonnen werden, um diesen gewünschten Liefertermin zu bestätigen? Ermitteln Sie diesen Zeitpunkt mithilfe des Zeitrasters aus Arbeitsauftrag 2 b).

3. Der Jahresbedarf an zu fertigenden Hydraulikzylindern für einen Gabelstapler wurde mit insgesamt 60 000 Stück geplant. Die Lagerkosten pro Stück betragen 55,00 €. Pro Fertigungslos fallen Rüstkosten von 18.000,00 € an.

a) Berechnen Sie mithilfe der folgenden Tabelle die optimale Losgröße.

Anzahl der Lose	Losgröße (Stück)	Rüstkosten (€)	Ø Lagerbestand (Stück)	Lagerkosten (€)	Gesamtkosten (€)
5					
6					
8					
10					
12					
15					

b) Beschreiben Sie, wie sich mit steigender Stückzahl pro Los die Rüstkosten pro Stück und die Lagerkosten pro Stück verhalten.

c) Die Fertigung der Hydraulikzylinder findet nach dem Verrichtungsprinzip (Werkstattfertigung) statt. Beschreiben Sie kurz die Fertigungsorganisation der Werkstattfertigung.

→

4. Beschreiben Sie Situationen, in denen von der optimalen Losgröße abgewichen wird.

5. Der Leistungsgrad ist der Faktor zur Umwandlung von gemessenen Istzeiten in Sollzeiten. Erläutern Sie die Bedeutung des Leistungsgrades für die Berechnung der Vorgabezeiten.

6. Eine Druckerei fertigt u. a. Gebrauchs- und Umbauanweisungen. Die Produktion erfolgt überwiegend nach Kundenaufträgen auf vier Maschinen (Druckmaschine [M1], Falz- und Bindemaschine [M2], Schneidemaschine [M3], Verpackungsmaschine [M4]).

Für die 24. KW liegen folgende vier Aufträge vor. Die Produktionsreihenfolge ist einzuhalten und jeder Auftrag kann erst dann zur nächsten Maschine weitergeleitet werden, wenn er zuvor vollständig abgeschlossen wurde. Die tägliche Arbeitszeit beträgt acht Stunden, Überstunden sind nicht vorgesehen.

1. Auftrag (ROT)
4 Std. Druckmaschine (M1)
6 Std. Falz-/Bindemaschine (M2)
2 Std. Schneidemaschine (M3)
2 Std. Verpackungsmaschine (M4)

2. Auftrag (GELB)
8 Std. Schneidemaschine (M3)
4 Std. Verpackungsmaschine (M4)

3. Auftrag (BLAU)
2 Std. Druckmaschine (M1)
4 Std. Falz-/Bindemaschine (M2)
6 Std. Schneidemaschine (M3)
2 Std. Verpackungsmaschine (M4)

4. Auftrag (GRÜN)
6 Std. Falz-/Bindemaschine (M2)
6 Std. Schneidemaschine (M3)
2 Std. Verpackungsmaschine (M4)

a1) Erstellen Sie den Maschinenbelegungsplan nach der Auftragsreihenfolge. Nutzen Sie dazu folgende Vorlage, die Sie auch in Ihrem Arbeitsheft finden.

a1) Maschinenbelegungsplan nach der Auftragsreihenfolge																				
Wochentag (24. KW)	Montag				Dienstag				Mittwoch				Donnerstag				Freitag			
Dauer in Stunden	2	4	6	8	2	4	6	8	2	4	6	8	2	4	6	8	2	4	6	8
Maschine 1																				
Maschine 2																				
Maschine 3																				
Maschine 4																				
Summe der Stillstandszeiten: _____						Summe der Wartezeiten: _____														
Auftragsreihenfolge:																				

a2) Erläutern Sie die Nachteile, die diese Maschinenbelegung mit sich bringt. Ermitteln Sie dazu die entstehenden Stillstandszeiten der Maschinen sowie die Summe der entstehenden Wartezeiten der einzelnen Aufträge.

b) Zwei wesentliche Zielsetzungen der Leistungserstellung sind die maximale Kapazitätsauslastung sowie die Minimierung der Durchlaufzeiten.
Erstellen Sie zwei weitere Maschinenbelegungen für diese Aufträge, sodass
1. eine maximale Kapazitätsauslastung,
2. eine minimale Durchlaufzeit erreicht wird.

Die **maximale Kapazitätsauslastung** wird dann erreicht, wenn die Auftragsreihenfolge so geplant wird, dass die Maschinen möglichst selten stillstehen (max. Auslastung!). Die Zeit, in der eine Maschine nicht genutzt wird, wird als **Stillstandszeit** oder auch Leerzeit bezeichnet. Die Zeiten nach der Bearbeitung des letzten Auftrags an der jeweiligen Maschine werden nicht berücksichtigt.

Die **minimale Durchlaufzeit** wird erreicht, wenn die Auftragsreihenfolge so festgelegt wird, dass die einzelnen Aufträge möglichst selten vor einer Maschine zur weiteren Bearbeitung warten müssen. Die **Wartezeiten** der einzelnen Aufträge sind zu minimieren. Die Durchlaufzeit ist die Zeit, die zwischen Fertigungsbeginn und Fertigungsende eines Auftrags liegt, also:

Durchlaufzeit = Bearbeitungszeit + Wartezeit

   c) Erläutern Sie mithilfe der Ergebnisse der letzten beiden Maschinenbelegungspläne das „Dilemma der Ablaufplanung".

7. In einem Industriebetrieb werden auf drei Maschinen täglich (8-Stunden-Tag) vier verschiedene Aufträge ausgeführt:

Auftrag 1: 3 Std. M1; 2 Std. M3; 2 Std. M2   Auftrag 2: 3 Std. M1; 3 Std. M3

Auftrag 3: 2 Std. M2; 1 Std. M3   Auftrag 4: 2 Std. M3; 3 Std. M2; 1 Std. M1

   a) Zeichnen Sie für die Aufträge jeweils einen Terminplan; Auftrag 1 + 2: Vorwärtsterminierung; Auftrag 3 + 4: Rückwärtsterminierung. (Beginn Ende des 2. Arbeitstages)

Arbeitsstunden																
	1	2	3	4	5	6	7	8	9	10	11	12	13	14	15	16
Maschine 1																
Maschine 2																
Maschine 3																

Verwenden Sie zur Beantwortung der Fragen b), c) und d) die folgende Tabelle in Ihrem Arbeitsheft.

   b) Bestimmen Sie die jeweiligen Vorgangszeiten der einzelnen Aufträge.

   c) Bestimmen Sie jeweils die frühesten Zeitpunkte (FAZ und FEZ) sowie die spätesten Zeitpunkte (SAZ und SEZ) der einzelnen Aufträge.

   d) Ermitteln Sie die Pufferzeiten.

	Vorgangszeit	FAZ	FEZ	SAZ	SEZ	Puffer
Auftrag 1						
Auftrag 2						
Auftrag 3						
Auftrag 4						

   e) Beschreiben Sie allgemein die Vorgehensweise bei der Vorwärts- bzw. Rückwärtsterminierung. Erklären Sie die Vor- und Nachteile. Die folgenden Fragen beziehen sich auf die Beanspruchung der vorhandenen Kapazitäten durch die drei vorliegenden Aufträge:

   f) Erstellen Sie für die Maschinen eine Kapazitätsplanung auf Wochenbasis.

	Maschine 1	Maschine 2	Maschine 3	Summe
Stunden/Tag				
Arbeitstage				
Kapazitäten				

   g) Berechnen Sie pro Maschine und pro Auftrag die Arbeitszeiten/Belegungszeiten auf Wochenbasis.

	Maschine 1	Maschine 2	Maschine 3	Summe
Auftrag 1				
Auftrag 2				
Auftrag 3				
Auftrag 4				
Summe				

h) Ermitteln Sie die Belegungszeiten, die Gesamtkapazität (in Stunden) sowie die jeweiligen freien Kapazitäten (in Stunden) auf Wochenbasis.

	Maschine 1	Maschine 2	Maschine 3	Summe
Belegungszeiten				
Gesamtkapazität				
Freie Kapazität				

i) Im Rahmen der Auftragsfreigabe wird wegen der kurzfristigen Maschinenbelegungsplanung festgelegt, welche Aufträge endgültig auf welcher Maschine bearbeitet werden sollen. Auf Basis der Informationen aus Aufgabe a) wird folgender Maschinenbelegungsplan erstellt:

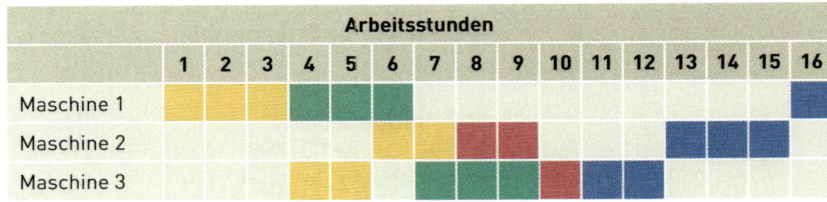

Ermitteln Sie ausgehend von dieser Maschinenbelegung die Stillstandszeiten für die Maschinen M1, M2 und M3. Erstellen Sie einen neuen Maschinenbelegungsplan, der die Stillstandszeiten der Maschinen minimiert.

8. Die mengenmäßige Anpassung der Fertigungsmenge an den Absatz kann bei der Produktionsplanung in unterschiedlicher Art und Weise erfolgen:
   (1) durch Synchronisierung,
   (2) durch Emanzipation,
   (3) durch das Stufenprinzip.
   Ordnen Sie diese Anpassungsmöglichkeiten folgenden Aussagen zu.
   a) Die Fertigungsmenge passt sich den Absatzschwankungen der Saison genau an.
   b) Durch einen treppenförmigen Auf- und Abbau der Produktionsmenge erfolgt die Fertigung nahezu gleichmäßig zum Absatz.
   c) Die Fertigungsmenge wird auf einem mittleren Niveau der Absatzmenge konstant gehalten.
   d) Aufgrund der Anpassung wird eine gleichmäßige Auslastung erreicht, indem der im Absatztief aufgebaute Lagerbestand im Spitzenbedarf wieder eingesetzt wird.
   e) Eine umfangreiche Lagerhaltung ist nicht notwendig, da die Kapazität des Betriebes nur an den Absatz angepasst werden muss.
   f) Die Fertigungsmenge kann kurzfristig entsprechend der Beschäftigungsschwankungen auf- und abgebaut werden und verläuft zeitweilig fast gleichmäßig zur Absatzmenge.
   g) Dienstleistungsunternehmen mit geringen Fixkosten können sich an Absatzschwankungen schnell anpassen.

9. Beschreiben Sie Möglichkeiten, wie die im Rahmen der Produktionsplanung ermittelte Durchlaufzeit so gekürzt werden kann, dass Kundenaufträge, deren Herstellung den garantierten Liefertermin überschreitet, doch noch rechtzeitig fertiggestellt werden.

10. Beschreiben Sie die Aufgaben, die im Rahmen der Produktionssteuerung
    a) dem Kapazitätsabgleich und
    b) der Auftragsfreigabe zuzuordnen sind.

11. Erläutern Sie drei unterschiedliche Kriterien, nach denen eine Auftragsfreigabe erfolgen kann.

12. Folgende Grafik zeigt die Entwicklung der Absatzzahlen sowie die Fertigungsmengen für ein bestimmtes Erzeugnis eines Industriebetriebes.

a) Nennen Sie ein Produkt, das diese Absatzentwicklung im Laufe eines Jahres zeigen könnte. Bitte begründen Sie.

b) Welcher Sachverhalt wird in dieser Grafik dargestellt?

c) Beschreiben Sie drei unterschiedliche Möglichkeiten, wie eine Unternehmung bezüglich ihrer Fertigungsmenge auf eine solche Absatzentwicklung reagieren könnte.

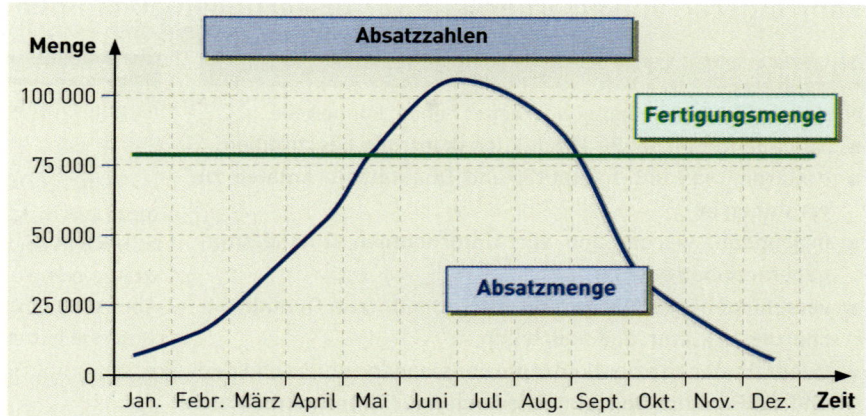

13. Die Maximalkapazität zur Herstellung eines Schreibtisches beträgt 2 500 Stück pro Monat. Für die Monate Mai bis Juli wurden folgende Beschäftigungsgrade ermittelt: Mai: 60 %, Juni: 80 %, Juli: 90 %.
Bei einer Kapazitätsauslastung von 60 % entstehen 18,00 € fixe Stückkosten. Bei einer Auslastung von 90 % wurden Gesamtkosten von 888.750,00 € ermittelt. Berechnen Sie
a) die Fixkosten pro Monat,
b) die variablen Stückkosten,
c) die Gesamtkosten für die Monate Juni und Juli.

14. In einem Industriebetrieb erfolgt die Entscheidung über die umzusetzende Fertigungsreihenfolge mehrerer Kundenaufträge im Rahmen der Produktionssteuerung mithilfe der relativen Deckungsbeiträge (Stückdeckungsbeitrag je Fertigungsminute). Folgende Daten werden zur Verfügung gestellt:

Auftrag	Stückzahl	Stückerlös	variable Stückkosten	Bearbeitungszeit m. Engpass pro Stück
50857	400	130,00 €	110,00 €	10 Min.
50858	300	150,00 €	90,00 €	40 Min.
50859	200	140,00 €	100,00 €	16 Min.

a) Ermitteln Sie die relativen Deckungsbeiträge.
b) Bestimmen Sie die optimale Fertigungsreihenfolge. Bitte begründen Sie.
c) Welche Argumente könnten dazu führen, von der in a) festgelegten Reihenfolge abzuweichen?
d) Ermitteln Sie den maximalen Betriebserfolg bei Fixkosten in Höhe von 16.425,00 € sowie einer Maximalkapazität im Engpass von 17 200 Fertigungsminuten.

4
Leistungserstellungsprozesse auf die Erreichung der Markterfordernisse kontrollieren und erforderliche Verbesserungsmaßnahmen einleiten

Lernziele

Nachdem Sie dieses Kapitel bearbeitet haben, können Sie ...
- Aufgabenbereiche der Produktionskontrolle beschreiben,
- erklären, was unter Qualität und Qualitätsmerkmalen zu verstehen ist,
- begründen, warum und wie Unternehmen Qualitätsmanagement betreiben,
- verschiedene Verfahren und Instrumente zur Qualitätssicherung erklären und beurteilen,
- Qualitätsmanagementkonzepte voneinander unterscheiden und die Funktion von Zertifizierungen für Unternehmen am Beispiel der DIN EN ISO 9000-Familie begründen,
- das Problem steigender Kosten durch Qualitätssicherungsmaßnahmen darlegen und einen Optimierungsvorschlag begründet vorstellen.

Ausgangslage

Es gilt: Durch Qualität kommt der Kunde zurück – und nicht das Produkt!

Heutzutage unternehmen fast alle Firmen große Anstrengungen, um qualitativ hochwertige Leistungen (wir sprechen weiter nur von Produkten) anzubieten. Aber was ist eigentlich Qualität und wie kann sie gemessen werden?

Greifen wir erneut die zu Beginn des Lernfeldes 5 geschilderte Ausgangslage auf: Die Heidtkötter KG leidet unter Marktanteilsverlusten und will mit Einsatz eines Unternehmensberaters Strategien entwickeln, um diesen Trend umzukehren. Im Zuge dessen werden gerade

im Bereich der Produktionskontrolle Anstrengungen unternommen, damit Kundenanforderungen besser erfüllt und Marktanteile zurückgewonnen werden können.

4.1
Was der Markt fordert, muss in der Produktionskontrolle messbar werden – Aufgaben und Probleme der Produktionskontrolle

Situation

Erinnern Sie sich noch? Die Heidtkötter KG hatte den Unternehmensberater Tim Lange in das Unternehmen geholt, um Ursachen für die schlechte Marktentwicklung zu finden. Gemeinsam mit den Abteilungsleitern wurden Probleme in der Leistungserstellung festgestellt. Als ein wesentliches Ergebnis der Arbeit mit Herrn Lange wurde ein neues Kontrollsystem installiert, mit dessen Hilfe die verschiedenen Produktionsziele in der Produktionskontrolle überprüft werden sollen. Bei der Feststellung der Zielerreichung orientieren sich die Mitarbeiter an den Vorgaben der Geschäftsleitung, die kürzlich in einer Marketing-Broschüre wie folgt abgedruckt wurden:

Markenwert Qualität
Wir machen Gutes immer besser. Damit lässt sich das Qualitätsverständnis von Heidtkötter am einfachsten erklären. Kein Produkt verlässt die Produktion, das nicht unseren hohen Qualitätsansprüchen genügt. Dazu gehört das Einhalten internationaler Normen und Standards genauso wie die makellose Verarbeitung und die Verwendung erstklassiger Materialen. Wir wollen die Perfektion in der Produktion aber nicht zum Selbstzweck erheben. Vielmehr geht es uns darum, eine Wertigkeit zu erreichen, die bis ins Detail sichtbar, fühlbar und erlebbar ist. Deshalb erfolgen bei Heidtkötter zahlreiche Produktionsschritte in Handarbeit. Dieses Vorgehen erfordert Zeit und Liebe zum Detail, aber wir wissen: Hinter jedem erstklassigen Produkt stehen die Menschen, die es herstellen und die ihm durch ihr hohes technisches und handwerkliches Können eine „Seele" verleihen. Unsere Kunden wissen diese Wertigkeit zu schätzen – und beweisen uns damit, dass wir mit unserem hohen Maßstab richtigliegen.

Arbeitsaufträge

1. Sammeln Sie Produktionsziele und leiten Sie entsprechende Aufgaben für die Produktionskontrolle ab.

2. Beschreiben Sie konkrete Beispiele für Zielverfehlungen der in Arbeitsauftrag 1 genannten Produktionsziele und leiten Sie daraus resultierende Risiken für das Unternehmen ab.

3. In der Marketing-Broschüre wird der Stellenwert der Qualität in besonderer Weise hervorgehoben. Beschreiben Sie, was bei der Heidtkötter KG Qualität ausmacht. Welche Probleme erwachsen daraus für die Produktionskontrolle?

4. Beschreiben Sie am Beispiel des Produktes Bürosessel *ongis* Ihr Verständnis von Qualität.

5. Sammeln Sie Eigenschaften bzw. Bestimmungsmerkmale von Qualität aus der Perspektive der Unternehmung und der Perspektive der Umwelt (Kunden, Gesetzgeber, Konkurrenten).

6. Unternehmen wie die Heidtkötter KG sehen sich immer wieder der Herausforderung gegenüber, die Produktqualität entsprechend den Anforderungen der Umwelt zu treffen. Da dieser Vorgang komplex ist, kann man sich auch über eine Umkehrung (Negation) der Lösung nähern. Probieren Sie es aus!

   a) Erörtern Sie unter Einsatz der Kopfstandmethode folgende Fragestellung: Was muss die Heidtkötter KG bei dem Bürosessel *ongis* für eine unzureichende Produktqualität tun? Notieren Sie Ihre Ergebnisse nach dem Muster in Arbeitshilfe 2 (linke Spalte).

   b) Formulieren Sie anschließend Gegenlösungen, die zur Produktqualität beitragen.

› INFO-Teil
LF 5, Kap. 1

› Arbeitshilfe 1

› INFO-Teil
LF 5, Kap. 4.1

› Kopfstandmethode

Arbeitshilfe 1

Beschreibung des Bürosessels *ongis*

Zeiten der Entspannung sind wichtig im modernen Büroalltag: um Kraft zu tanken und die Gedanken zu ordnen. Nicht zu vergessen informelle Gespräche, in denen neue Ideen entstehen und der Teamgeist wächst.

ongis kombiniert die Behaglichkeit eines Polstersessels mit der Beweglichkeit eines Besprechungsstuhls. Die elegant geschwungene Sitzschale aus Formholz, das filigrane Metallkufengestell und die drachenförmig aufgespannte Rückenlehne fügen sich zu einem Gesamtbild, das Komfort und beschwingte Leichtigkeit vermittelt. Für eine offene und dynamische Kommunikationskultur!

nach: www.wilkhahn.de

Arbeitshilfe 2

Was muss ich für eine ungenügende Produktqualität tun?	
Negativvorstellungen	Gegenlösung

4.2
Marktgerecht in der Fertigung und im Unternehmen Qualitätssicherung betreiben

4.2.1
Systematisches Qualitätsmanagement zur Messung von Qualität

Situation

Seit dem 2. Quartal dieses Geschäftsjahres wird das neue Kontrollsystem umgesetzt. Bis zur Einführung dieses Qualitätsmanagements waren Kontrollmaßnahmen zwar vorhanden, aber insgesamt zu unsystematisch angelegt. Die Abteilung QS war personell unterbesetzt und außerdem herrschte zu oft das Prinzip: „Es ist noch immer gut gegangen!"

Dank Unternehmensberater Lange hat die Heidtkötter KG die Zeichen der Zeit erkannt und ein auf dem gesamten betrieblichen Bereich erweitertes Qualitätsmanagement eingeführt. Es wurden eindeutige Messvorschriften, Messmethoden und Überprüfungsregeln vereinbart. Aufgrund der Marktanforderungen hat der Geschäftsleiter auch zugestimmt, zwei neue Mitarbeiterinnen für die QS-Abteilung einzustellen, die bei der Umsetzung und Ausgestaltung des neuen QM-Systems behilflich sein sollen.

Nach einer intensiven Einarbeitung entwickelt das QS-Team nun Schulungsmaterial für alle Mitarbeiter der Fertigung, damit diese den neuen Qualitätsgedanken verinnerlichen können. Um das Schulungsmaterial so anschaulich wie möglich zu machen, sollen sich die Ausführungen auf den Bürosessel *ongis* beziehen.

Arbeitsaufträge

1. Das Qualitätsmanagement der Heidtkötter KG folgt dem Management-Regelkreis, so wie in der Arbeitshilfe auf Seite 281 allgemein dargestellt. Erklären Sie ihrem Tischnachbarn die prinzipielle Struktur. Heben Sie dabei die Funktion des Soll-Ist-Vergleiches hervor.

2. Bestandteil des Schulungsmaterials soll ein Management-Regelkreis sein. Entwerfen Sie so konkret wie möglich einen solchen für den Bürosessel *ongis*. Er soll die Teilfunktionen des Qualitätsmanagement erfüllen.

3. Die Dokumentation der Endprüfung von Bürosesseln ist bereits so weit fortgeschritten, dass ein genauer Ablaufplan für alle verbindlich veröffentlicht wurde. Erläutern Sie, warum Unternehmen einen derartigen Aufwand betreiben und konkrete Vorschriften für Prüfungen machen.

4. Unterstellen Sie, dass die durchgeführte Qualitätskontrolle bei dem Bürosessel eine erhebliche Abweichung gegenüber dem Sollwert ergeben hat. Erläutern Sie die sich daraus ergebenden Konsequenzen für den Produktionsprozess, den Abnehmer (falls das Produkt ausgeliefert wird) und den Vertrieb.

› INFO-Teil
LF 5, Kap. 4.2.1

5. Die Nichterfüllung von Anforderungen wird im Qualitätsbereich als Fehler bezeichnet. Nicht jeder Fehler nimmt dabei unbedingt Einfluss auf die Funktionsfähigkeit des Produktes. Die Abbildung im INFO-Teil, Kap. 4.2.1, liefert eine Abgrenzung verschiedener Fehlerarten. Geben Sie Beispiele je Fehlerart für den Bürosessel *ongis* an.

Arbeitshilfe 1

Arbeitshilfe 2

Endprüfung Stühle, Tische und Systeme

Die einzelnen zu einem Auftrag gehörenden Stühle/Tische/Systeme werden auf Anlieferplätzen der Endmontagegruppen angeliefert. Zu jedem Auftrag gehört eine Steuerkarte, aus der sämtliche auftragsbezogenen Ausstattungsmerkmale erkennbar sind. Auf diese Ausstattungsmerkmale hin werden die Produkte des Auftrages geprüft. Im Falle von angelieferten Stoffen/Leder („Vom Kunden beigestellte Produkte") befindet sich zu Vergleichszwecken an der Steuerkarte angeklammert ein kleiner Musterabschnitt. Dieser dient der Prüfung auf „Verwendung des richtigen Stoffes/Leders" bei diesem Auftrag.

Diese Produkte werden am Produktionsort geprüft. Dabei werden folgende Haupttätigkeiten ausgeführt:

- Produkt/Auftrag identifizieren anhand der Steuerkarte
- Kommissions-Nrn.-Anhänger erzeugen entsprechend der Anzahl lt. Steuerkarte
- Stuhl mit der Auftragsnummer (= Kommissions-Nr.) auf der Unterseite etikettieren
- Stuhl prüfen, ggf. reinigen
- Stuhl verpacken (bei einigen Modellen werden mehrere Stühle gestapelt und gemeinsam verpackt = Verpackungseinheit)
- Jeder Stuhl bzw. jede Verpackungseinheit erhält einen Produkt-Informationsanhänger und einen Kommissions-Nrn.-Anhänger.
- Verpackte Stühle (Einheiten) werden auf bereitgestellte Versandwagen gestellt und auf vorgegebene Plätze im Versand abgestellt.
- Die Vollständigkeit des Auftrages wird am letzten Prüfplatz anhand der dort vorübergehend deponierten Steuerkarte überwacht.
- Fehlerhafte Stühle werden an der fehlerhaften Stelle gekennzeichnet und von der verursachenden Gruppe korrigiert. Bei systematischen Fehlern wird der CCL eingeschaltet.

Sämtliche von der Kundendienstwerkstatt ausgeführten Reparaturen werden vom jeweiligen Mitarbeiter in Eigenverantwortung geprüft.

Quelle: www.wilkhahn.de

4.2.2
Montageprobleme beim Bürosessel *ongis* lösen – Instrumente zur Qualitätssicherung und -steigerung

Situation

Im laufenden Quartal beklagen sich die Mitarbeiter aus der Montage darüber, dass die gelieferten Teile und Baugruppen nicht zum Endprodukt Bürosessel *ongis* zusammengebaut werden können. Das QS-Team hat sich dieses Problems angenommen und betreibt derzeit mithilfe des Ursache-Wirkungs-Diagramms eine Fehleranalyse. Bislang liegt folgendes Ergebnis vor:

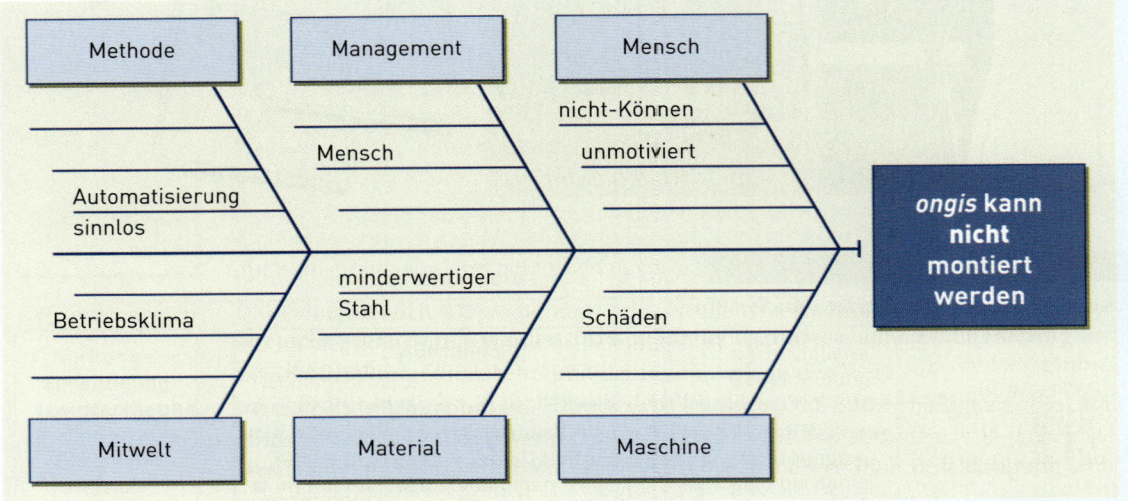

Arbeitsaufträge

> **INFO-Teil**
> **LF 5, Kap. 4.2.2**

1. Informieren Sie sich im INFO-Teil über das Ursache-Wirkungs-Diagramm als Verfahren zur Qualitätssicherung und verständigen Sie sich mit Ihrem Tischnachbarn über das Prinzip.

2. Vervollständigen Sie die begonnene Fehleranalyse im Ursache-Wirkungs-Diagramm, indem Sie weitere mögliche Ursachen für die Nicht-Montage des Bürosessels *ongis* benennen.

3. Beurteilen Sie das Instrument Ursache-Wirkungs-Diagramm zur Qualitätssicherung und führen Sie weitere Einsatzgebiete in der betrieblichen Realität an.

> **Arbeitshilfe**

4. Es wurde festgestellt, dass die Rohrzuschnitte für das Stahlgestell des Bürosessels nicht anforderungsgerecht erfolgt sind. Deshalb wurde ein Treffen mit dem Produktionsleiter vereinbart. Dieser hat zum Meeting die in der Arbeitshilfe abgebildete Qualitätsregelkarte mitgebracht. Erläutern Sie deren Aufbau und Aussage.

> **Kurzvortrag**

5. Bereiten Sie (wahlweise) einen Kurzvortrag zu den folgenden weiteren Verfahren zur Qualitätssicherung bzw. -steigerung vor:
   a) Quality Funktion Deployment (QFD)
   b) Fehlermöglichkeits- und Einflussanalyse (FMEA)
   c) Qualitätszirkel, Betriebliches Vorschlagswesen, Qualitätsprämie
   Ihr Kurzvortrag sollte folgende Aspekte enthalten:
   - Beschreibung und Einsatzgebiet
   - Beurteilung
   - Beispiel aus Ihrem Ausbildungsbetrieb (oder einem anderen Unternehmen)

Arbeitshilfe

Qualitätsregelkarte „Rohrzuschnitt"

Stichprobe		Qualitätskontrolle						Entscheidung
Nr.	Uhrzeit	Einzelmesswerte (mm)					MW	
1	11:00	10	12	11	10	11	10	10,67	
2	11:30	11	10	10	10	10	10	10,17	
3	12:00	11	10	10	10	10	10	10,17	
4	12:30	12	13	12	12	13	12	12,33	Warnung!
5	12:40	15	14	14	14	14	17	14,67	Eingriff!
6	12:50	10	10	10	10	10	10	10,00	

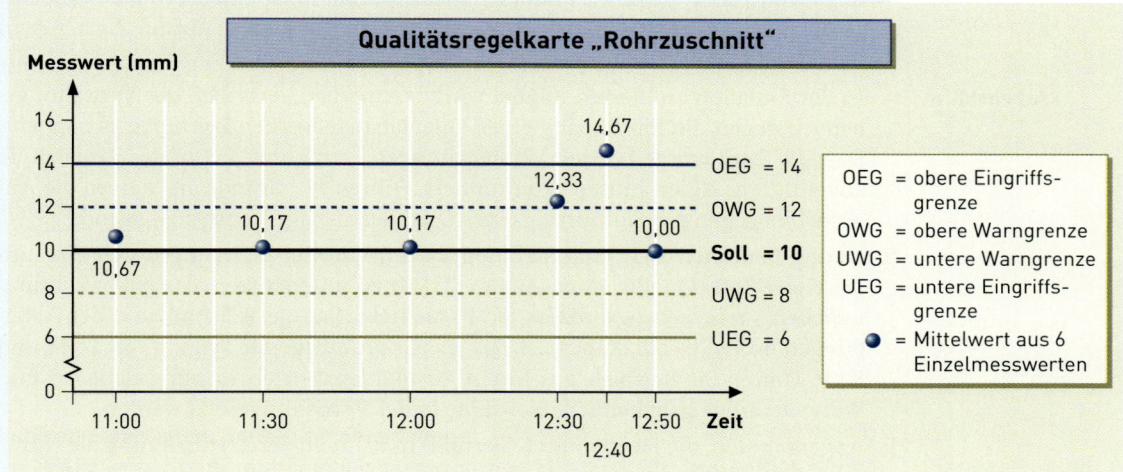

4.2.3
Zertifizierung soll das QM nach außen sichtbar machen – ganzheitliche QM-Konzepte

Situation   Bislang strebte die Heidtkötter KG danach, die Marktanteilsverluste durch die Entwicklung neuer Produkte umzukehren. Darüber hinaus wurde ebenso die bisherige Qualitätspolitik überdacht. Unter Mithilfe des Unternehmensberaters Tim Lange hat man ein systematisches Qualitätsmanagement installiert. Dies wird nun auch durch Werbung nach außen kommuniziert.

› **Band 3, LF 10**

Die Qualitätsoffensive soll nun bald einen neuen Höhepunkt erreichen: Wie die größten Mitbewerber möchte sich die Heidtkötter KG nach der DIN EN ISO 9000-Familie zertifizieren lassen. Externe Berater von Lange Consulting haben hierzu gemeinsam mit dem QS-Team die erforderlichen Schritte eingeleitet. Die Hauptaufgaben bestanden zuletzt darin, ein umfassendes QM-Handbuch anzufertigen sowie das bisherige QM-System ausgehend von der Produktion auf alle Unternehmensbereiche auszuweiten. Dabei stellten sich insbesondere im Verwaltungsbereich Schwierigkeiten bei der Umsetzung ein. Nichtsdestotrotz hat sich die Heidtkötter KG zur Zertifizierung beim TÜV angemeldet. Das Qualitätsaudit soll deshalb in der ersten Oktoberwoche stattfinden.

› **bei Bedarf**
INFO-Teil
LF 5, Kap. 4.2.3

Arbeitsaufträge

1. Erläutern Sie, warum die Heidtkötter KG das eingeführte Qualitätsmanagementsystem nach außen kommunizieren möchte.

2. Die Außendarstellung der Qualitätsbemühungen will die Heidtkötter KG mithilfe der Zertifizierung nach der DIN EN ISO 9000-Familie unterstützen.

    a) Erklären Sie den Begriff Zertifizierung.

    b) Führen Sie drei Gründe an, warum sich die Heidtkötter KG zertifizieren lassen möchte.

    c) Fassen Sie möglichst konkret zusammen, welche Voraussetzungen die Heidtkötter KG erfüllen muss, damit das Zertifikat ausgehändigt werden kann.

3. Die Heidtkötter KG muss sich einem Qualitätsaudit durch eine akkreditierte Zertifizierungsstelle (z. B. TÜV) unterziehen. Gestalten Sie einen Flyer, der alle wesentlichen Informationen über ein Qualitätsaudit (Verfahren, Ablauf, Ziele, Arten) enthält.

› **Arbeitshilfe**

4. In der Situation zu diesem Kapitel wird beschrieben, dass sich der Verwaltungsbereich gegen die Einführung eines Qualitätsmanagementkonzeptes ausspricht. Das QS-Team wurde bei den Veranstaltungen häufig mit den in der Arbeitshilfe angeführten „Killerphrasen" konfrontiert. Führen Sie Gründe an, warum die Angestellten gegen die Einführung eines Qualitätsmanagementsystems sind.

5. Häufig bemühen sich Unternehmen darum, die Zertifizierung durch ein umfassendes Total Quality Management (TQM) zu unterstützen, das einen kontinuierlichen Verbesserungsprozess (KVP) anstrebt. Erläutern Sie anhand der Abbildungen im INFO-Teil, Kap. 4.2.3, das jeweils grundlegende Prinzip von TQM und KVP. Führen Sie Beispiele aus Ihrem Ausbildungsbetrieb an, auf welche Art und Weise derartige ganzheitliche Konzepte in der Praxis umgesetzt werden.

6. Angenommen, die Heidtkötter KG erfüllt im Rahmen der Zertifizierung die vorgeschriebenen Kriterien nicht.

    a) Nennen Sie drei Ursachen, die zu diesem Umstand geführt haben können.

    b) Erläutern Sie zwei Auswirkungen für die Heidtkötter KG.

Arbeitshilfe

Killerphrasen

- Das war immer so.
- Das geht nicht.
- Das ist alles graue Theorie.
- Das ist bei uns ganz anders.
- Sie haben recht, aber ...
- Bei uns herrschen andere – Bedingungen.
- Schaffen wir nie.
- Hat das schon mal einer ausprobiert?
- Schon wieder Sie mit Ihren fixen Ideen.
- Das klingt ja ganz gut, aber ...
- Das ist sicher viel zu teuer!
- Dazu fehlt Ihnen der Überblick.
- Die Mitarbeiter werden da nicht mitspielen.
- Das haben wir alles schon versucht.
- Das haben wir schon seit 20 Jahren ...
- Das bringt am Ende doch nichts ein.

4.3
Mit dem Problem der steigenden Kosten durch Qualitätssicherungsmaßnahmen umgehen – Qualitätskosten

Situation

Bereits am Läuten des Telefons ist die Wut erkennbar. Nachdem der Assistent der Geschäftsleitung, Stephan Heimbach, noch beruhigt werden konnte, meldet sich Klaus M. Heidtkötter an diesem Morgen höchstpersönlich. Erst heute hat ihn die Tageszeitung in seinem Feriendomizil auf Ibiza erreicht. Dort hat er folgende Meldung gelesen:

Heidtkötter KG ruft 600 Bürosessel ongis zurück

fladi Berlin – Der Büromöbelhersteller Heidtkötter KG ruft 600 Bürosessel vom Typ ongis zurück. Grund sind Materialmängel der Stahlrohrkonstruktion. Es bestehe erhöhte Verletzungsgefahr durch Bruch der Rückenlehne. Betroffen seien nur Bürosessel des Produktionszeitraumes des 1. Quartals.

Unternehmensangaben zufolge sei dieses Problem erst durch mehrfache Kundenreklamationen aufgedeckt worden. Insgesamt produziert die Heidtkötter KG 10 000 Bürosessel des Modells ongis pro Jahr bei einer Fehlerquote von 6 %.

Heidtkötter tobt. „Herr Diakonous, sagen Sie mir mal, warum wir Anfang des Jahres für viel Geld den Unternehmensberater Lange im Unternehmen hatten. Das hat ja wohl gar nichts gebracht!" Herr Diakonous entgegnet darauf ganz ruhig: „Herr Heidtkötter, Sie wissen wie ich, dass wir total überlastet sind. Außerdem hatten Sie doch selbst festgestellt, dass Prüfungen und Maßnahmen zur Fehlervermeidung durch die Qualitätsabteilung mehr Kosten verursachen, als durch Fehler entstehen können."

Arbeitsaufträge

1. Beschreiben Sie mögliche Konsequenzen der Rückrufaktion für die Heidtkötter KG. › **INFO-Teil**
   LF 5, Kap. 4.3

2. Erklären Sie, was unter Qualitätskosten zu verstehen ist. Suchen Sie nach Beispielen für Fehlervermeidungs-, Prüf- und Fehlerkosten. Nutzen Sie dazu Arbeitshilfe 1.

3. Zeichnen Sie den Verlauf der Fehlervermeidungs- und Prüfkosten sowie der Fehlerkosten in Abhängigkeit von der Fehlerquote. Beschreiben Sie den Kurvenverlauf und führen Sie Gründe für diesen an. › **Arbeitshilfe 2**

4. Interpretieren Sie Ihre Ergebnisse aus den Aufträgen 1 bis 3 hinsichtlich der Aussage von Herrn Heidtkötter, dass Prüfungen und Maßnahmen zur Fehlervermeidung mehr Kosten verursachen, als durch Fehler entstehen können. Stimmen Sie Herrn Heidtkötter zu? Begründen Sie bitte Ihre Antwort.

5. Welchen Zusammenhang drückt die „optimale Fehlerquote" aus?

6. Erläutern Sie, ob Ihrer Ansicht nach unter den herrschenden Bedingungen (Wettbewerb, Globalisierung, Arbeitsteilung usw.) das Konzept der Qualitätskosten in der Praxis anwendbar ist. Sammeln Sie Pro- und Kontra-Argumente.

7. Sammeln Sie Maßnahmen und Möglichkeiten zur Qualitätssteigerung, die zu einer Senkung der Fehlerquote führen können.

Arbeitshilfe 1

Informationen zu Qualitätskosten

Qualitätskosten werden definiert als die Summe aller Fehlervermeidungskosten, Prüfkosten und Fehlerkosten.

Qualitätskosten		
Fehlervermeidungskosten	**Prüfkosten**	**Fehlerkosten**
Beispiele: Kosten für vorbeugende Qualitätssicherung im Sinne einer Fehlervermeidung. Sie entstehen für alle Maßnahmen zur Vermeidung von Produktmängeln.	Beispiele: Kosten für die routinemäßige Feststellung und Steuerung der Qualität der laufenden Fertigung. Sie entstehen für den eigentlichen Prüfvorgang am jeweiligen Teil oder Endprodukt.	Beispiele: Kosten, die dadurch entstehen, dass Erzeugnisse den in Zeichnungen und Spezifikationen festgelegten Qualitätsanforderungen nicht entsprechen. Sie entstehen also infolge einer mangelhaften Produktqualität.

Arbeitshilfe 2

Zahlen aus dem Controlling

Aufgeschlüsselt nach Fehlervermeidungs- und Prüfkosten sowie Fehlerkosten schätzte das Controlling der Heidtkötter KG die Qualitätskosten in Abhängigkeit von der Fehlerquote für den Bürosessel *ongis* für das Jahr 01:

Fehlerquote	0 %	1 %	2 %	3 %	4 %	5 %	6 %	7 %	8 %	9 %
Fehlervermeidungs- und Prüfkosten (in T€)	70	35	25	17,5	11	7,5	5,5	4	3	2,5
Fehlerkosten (in T€)	1	4	8	12	15	20	24	28	32	36

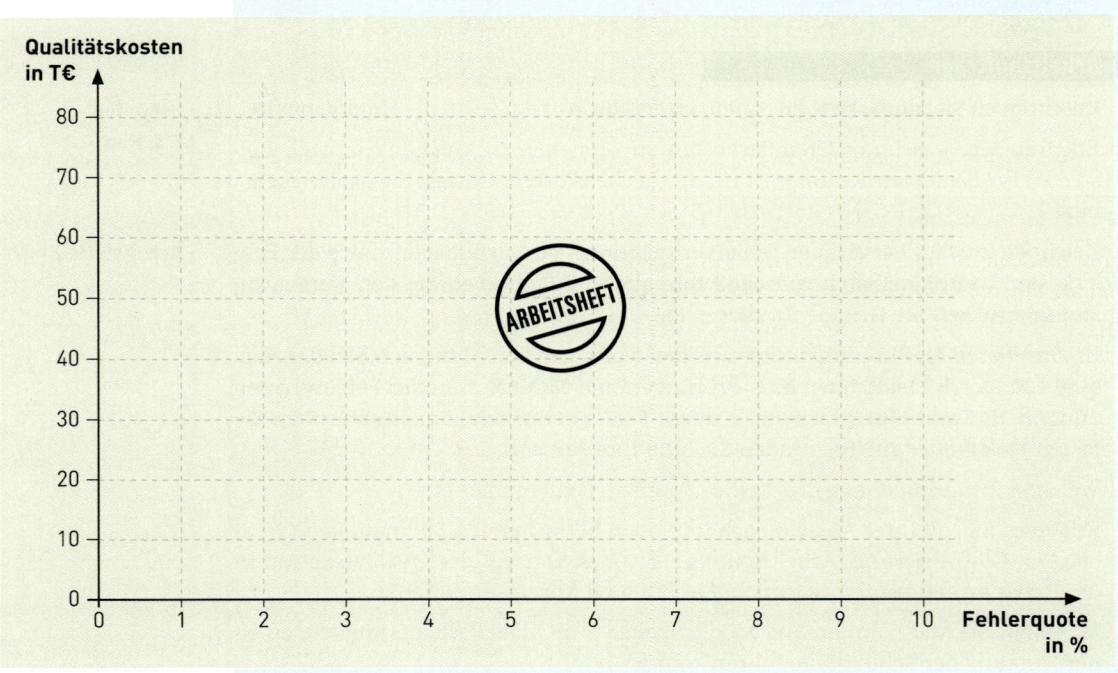

Vertiefende Übungen

1. In der Ausgangslage zu Kapitel 4 wird erwähnt, dass Qualität sei, wenn der Kunde zurückkommt und nicht das Produkt! Erläutern Sie, was damit gemeint ist.
2. Erläutern Sie unter Zuhilfenahme der nachfolgenden Zahlen, was unter der optimalen Fehlerquote verstanden wird.

Fehlerquote	0 %	1 %	2 %	3 %	4 %	5 %	6 %	7 %	8 %	9 %
Fehlervermeidungs- und Prüfkosten (in T€)	800	600	450	325	225	150	100	75	60	40
Fehlerkosten (in T€)	0	70	120	180	230	280	320	370	420	470

3. Im INFO-Teil zu Kapitel 4 werden zu Beginn Arten der Qualitätskontrolle anhand verschiedener Kriterien systematisiert. Ordnen Sie die dort genannten Kontrollarten dem nachfolgend abgebildeten Produktionsprozess für eine Waschmaschine zu.

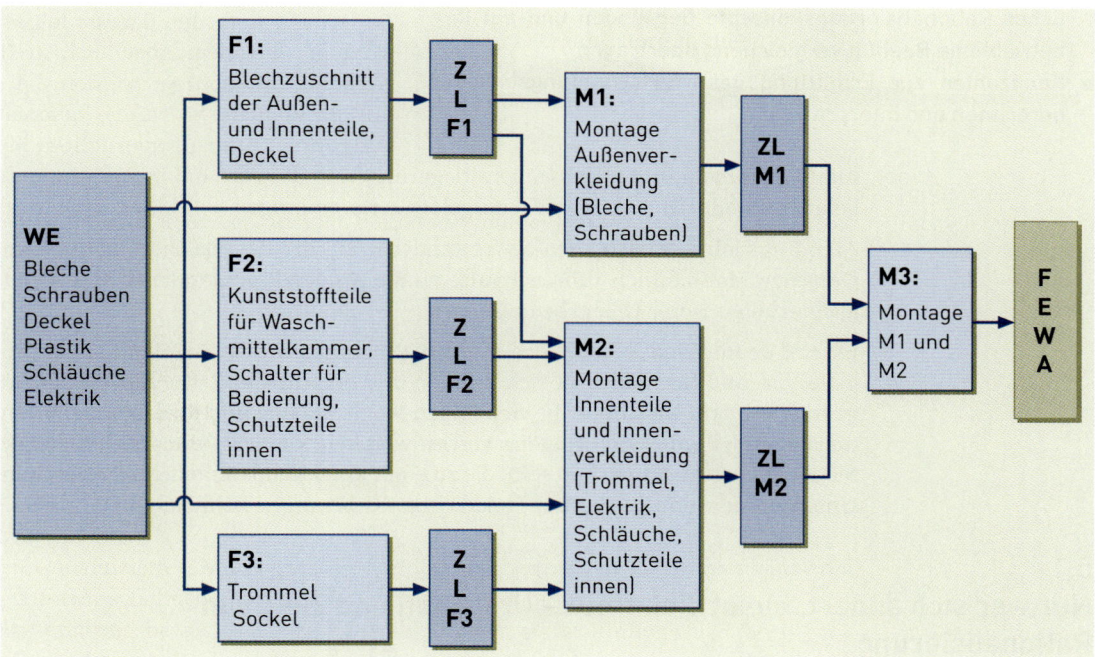

4. Nehmen Sie zu folgender Aussage Stellung:
   Qualität kann man nicht prüfen, Qualität muss man erzeugen!
5. Erläutern Sie, wie eine Unternehmung einen gewissen Qualitätsstandard nachweisen kann.
6. Erkundigen Sie sich in Ihrem Ausbildungsbetrieb über die Bedeutung der Zertifizierung und fassen Sie Ihre Ergebnisse in einem Kurzvortrag zusammen. Bringen Sie zu Ihrem Vortrag Anschauungsmaterial mit (z. B. Kopie des Zertifikats, Auszug aus dem QM-Handbuch, Verfahrensanweisungen, Audit-Prüfbögen usw.).
7. Erläutern Sie, welche Aspekte des Produktionsgeschehens neben der Qualitätssicherung Bestandteil der Fertigungskontrolle sein können. Führen Sie jeweils ein Beispiel an.
8. Begründen Sie an drei Beispielen, wie durch ein verbessertes Qualitätsmanagement die Kosten beeinflusst werden.
9. Nennen Sie zwei Gründe, von der kostenoptimalen Fehlerquote abzuweichen.
10. Ein Industrieunternehmen soll langfristig die Qualität der Produkte verbessern. Beschreiben Sie zwei Möglichkeiten zur Steigerung der Produktqualität.

5
Rationalisierung – Anforderungen des Käufermarktes zwingen zur stetigen Optimierung des Produktionsprozesses

Lernziele

Nachdem Sie dieses Kapitel durchgearbeitet haben, können Sie ...
- beschreiben, was unter Rationalisierung zu verstehen ist,
- Ursachen, Ziele und Ansatzpunkte von Rationalisierung erläutern,
- einzelne Rationalisierungsmaßnahmen entlang des Wertschöpfungsprozesses beschreiben und aus mehreren Perspektiven beurteilen,
- die Bedeutung und wesentliche Ansatzpunkte ganzheitlicher Rationalisierungskonzepte begründen und auf Ihre betriebliche Realität vergleichend übertragen,
- Kennzahlen zur Ermittlung des Wertschöpfungserfolges berechnen und interpretieren.

Ausgangslage

Rationalisierung – Was verbinden Sie mit diesem Begriff?

Blicken Sie aus der Sicht der Arbeitnehmer auf dieses Thema, werden Sie wahrscheinlich auf Mitarbeiterentlassungen verweisen. Nehmen Sie die Position der Arbeitgeber oder Unternehmer ein, werden Sie vermutlich auf den technischen Fortschritt und die daraus folgenden Vorzüge eingehen. Aber auch in Ihrer Rolle als Staatsbürger werden Sie sich äußern können: So wurde Rationalisierung in den vergangenen Jahren häufig mit Outsourcing und Produktionsverlagerungen in das Ausland in Zusammenhang gebracht, wodurch dem Staat Steuergelder verloren gingen.

Allerdings lohnt es sich auch als Verbraucher auf die Rationalisierung zu schauen. Derartige Maßnahmen führen häufig zu steigender Produktqualität und einer Erleichterung unserer Lebensbedingungen.

Es wird deutlich, dass Rationalisierungsmaßnahmen für die Beteiligten unterschiedliche Vor- und Nachteile mit sich bringen und entscheidend von den Zielsetzungen geprägt werden. Um Ihnen die vielfältigen Möglichkeiten und Konsequenzen von Rationalisierung näher zu bringen, werden weitere („kleinere" und/oder strategische) Möglichkeiten zu erforschen sein, die zu einer kurz- und langfristigen Steigerung des Unternehmenserfolges bei der Heidtkötter KG beitragen können.

5.1
Nur wer sich ändert, bleibt sich treu! – Ursachen und Ziele von Rationalisierung

Situation

Die Umwälzungen in der Produktion wollen bei der Heidtkötter KG kein Ende nehmen. Nachdem kürzlich ein umfassendes Qualitätsmanagement-System installiert wurde und die Bemühungen um Produktentwicklungen intensiviert wurden, ergeben sich nun aufgrund von Ergebnissen einer Marktstudie zur Produktgruppe Bürostühle neue Veränderungen. Besonders intensiv werden wichtige Kennzahlen der Branche aus dem vergangenen Geschäftsjahr 04 in einer Abteilungsleitersitzung kommentiert.

Kennzahlen 04	Heidtkötter KG	Branchendurchschnitt
Arbeitsproduktivität	27,30 Stück/Std.	33,00 Stück/Std.
Kapitalproduktivität	0,0076 Stück/€	0,0090 Stück/€
Wirtschaftlichkeit	0,82	1,04

Nach Analyse der Kennzahlen herrscht – frei nach dem Motto „Nur wer sich ändert, bleibt sich treu!" – Einigkeit darüber, dass umfassende Rationalisierungsmaßnahmen erforderlich sind. Erneut wird besonders die Produktion in die Pflicht genommen.

Arbeitsaufträge

1. Beschreiben Sie die Problemlage bei der Heidtkötter KG.
2. Erläutern Sie anhand der gegebenen Beispiele, was die Kennzahlen Arbeitsproduktivität, Kapitalproduktivität und Wirtschaftlichkeit aussagen.

> › INFO-Teil
> LF 5, Kap. 5.4

3. Erläutern Sie drei interne und drei externe Ursachen, die zu der gegebenen Situation geführt haben können.
4. Erläutern Sie mit eigenen Worten, was Ihrer Ansicht nach unter Rationalisierung zu verstehen ist, und führen Sie mögliche Beispiele aus Ihrem Ausbildungsbetrieb an.
5. Beschreiben Sie Ziele, die mit Rationalisierungen verfolgt werden.
6. Nennen und beschreiben Sie Rationalisierungsmaßnahmen entlang des Produktionsprozesses bei der Heidtkötter KG. Nutzen Sie für Ihre Überlegungen die Arbeitshilfe.

> › Arbeitshilfe

Arbeitshilfe

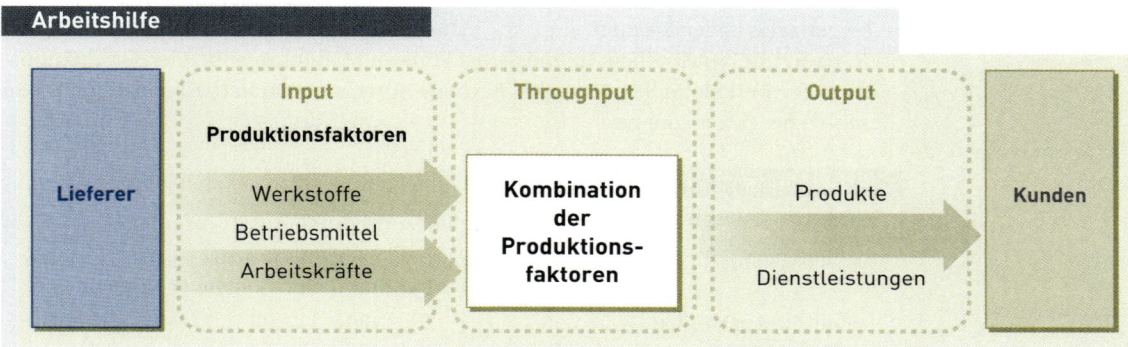

5.2
Maßnahmen zur Optimierung des Wertschöpfungserfolges – Einzelmaßnahmen der Rationalisierung

5.2.1
Rationalisierung fängt bei der Beschaffung an – Rationalisierung bei den Produktionsfaktoren

Situation

Um denkbare Rationalisierungsmaßnahmen in der Produktion zu erörtern, hat der technische Leiter, Herr Hartmann, die Gruppenleiter zu einem Meeting eingeladen. Am Beispiel des Einsatzes einer neuen Cutteranlage möchte Hartmann zeigen, welche Erfolge durch Rationalisierungsmaßnahmen erreicht werden können.

Die Erläuterung der erzielten Stoffverbrauchseinsparungen erfolgt anhand folgender Übersicht für den Bürostuhl *ongis:*

Art.-Nr.	Stoff-farbe	Verbrauch vorher in m² pro Stuhl	Verbrauch nachher in m² pro Stuhl	Einsparung in %
91551-55	Grau	0,770	0,700	
91551-61	Rot	0,680	0,602	
91551-62	Magenta	0,630	0,606	
91551-64	Blau	0,630	0,606	
91551-65	Grün	0,770	0,602	
91551-68	Schwarz	0,770	0,602	
91551-69	Granit	0,770	0,700	
Ø pro Stuhl	—			

› INFO-Teil
LF 5, Kap. 5.4

Arbeitsaufträge

1. Wie hoch sind die Einsparungen in Prozent durch den Einsatz der neuen Cutter-anlage je Stofffarbe sowie im Durchschnitt für alle Stofffarben?
2. Berechnen Sie die Veränderung der Materialproduktivität in Prozent für 1000 Stück des Bürosessels *ongis* (Farbe: Granit), die durch die neue Cutteranlage erzielt werden konnte. Interpretieren Sie Ihr Ergebnis und erläutern Sie, welche Variante des ökonomischen Prinzips Anwendung gefunden hat.
3. Erörtern Sie, ob der Einsatz der neuen Cutteranlage ein Rationalisierungserfolg war, wenn für das Produkt *ongis* sich die in der Arbeitshilfe abgebildeten Wertentwick-lungen ergeben haben. Berechnen Sie die Kennzahl der Wirtschaftlichkeit für das Produkt *ongis*. Interpretieren Sie Ihr Ergebnis.
4. Führen Sie für die Produktionsfaktoren Material, Personal und Betriebsmittel weitere Aspekte an, die zu der schlechten Wirtschaftlichkeit der Heidtkötter KG (W = 0,82) beigetragen haben können.
5. Nennen und beschreiben Sie möglichst konkret Maßnahmen bei den Produktions-faktoren Werkstoffe, Personal und Betriebsmittel, die eine Verbesserung der Kenn-zahlen bewirken können.

Arbeitshilfe

Daten aus der Abteilung Rechnungswesen/Controlling:

Angaben je Stück	Kostenstruktur bei alter Fertigungsanlage	Kostenstruktur seit der neuen Cutteranlage
Materialkosten für Stoff, Farbe: Granit je m²	33,00 €	33,00 €
Sonstige Herstellungs-kosten je Stück	200,00 €	207,00 €
Nettoverkaufspreis	256,25 €	256,25 €

5.2.2
Der Produktionsweg ist das Ziel – Optimierung des Fertigungsablaufs und die Auswirkungen auf die Arbeitsbedingungen

Situation

Dank der Zertifizierung des Qualitäts-management-Systems wurden in den vergangenen Wochen bereits einige Maßnah-men eingerichtet, die die Bedeutung der Mitarbeiter für den Wertschöpfungserfolg hervorheben. Ein Teil der Verantwortung für dieses Vorhaben ist der Personallei-terin übertragen worden. Eine Maßnahme ist ein Bericht über die guten Arbeitsbe-dingungen bei der Heidtkötter KG in der kommenden Mitarbeiterzeitung. Aufgrund der geplanten Rationalisierungsvorhaben in der Fertigung befürchtet Frau Peters um die Glaubwürdigkeit des Artikels, da u. a. folgende Maßnahmen in Bezug auf den Fertigungsablauf angestrebt werden:

- Intensivierung der Fließfertigung bei den Bürostühlen (u. a. auch *ongis*)
- Freisetzung von drei Mitarbeitern bei Anschaffung der neuen Cutteranlage
- Einführung von Gruppenarbeit in der Montage
- Outsourcing der Herstellung der Stahlrohr-Tischuntergestelle für den Konfe-renzbereich

Arbeitsaufträge

1. Sie werden mit dem Verfassen des Berichtes für die Mitarbeiterzeitung beauftragt.
   a) Erstellen Sie einen Berichtsentwurf unter Berücksichtigung der Arbeitshilfe 1 aus der Perspektive des Arbeitgebers.
   b) Erläutern Sie Ziele des Arbeitgebers, die der Bericht vermitteln soll.
   c) Beurteilen Sie aus der Sicht der Mitarbeiter die Arbeitsbedingungen bei der Heidtkötter KG und diskutieren Sie, ob die Befürchtungen der Abteilungsleiterin Personal aufgrund der Rationalisierungsvorhaben berechtigt sind.

2. Die Heidtkötter KG erwägt die in der Situationsbeschreibung angegebenen Rationalisierungsvorhaben in Bezug auf den Fertigungsablauf. Beschreiben Sie möglichst konkret, inwiefern durch die Maßnahmen jeweils ein Beitrag zu den Rationalisierungszielen „Steigerung der Produktivität" und „Steigerung der Wirtschaftlichkeit" erwirkt werden kann.

3. Die Fließfertigung steht in engem Zusammenhang mit der Arbeitsteilung und Arbeitszerlegung. Nutzen Sie für die Beantwortung auch die Arbeitshilfe 2.
   › INFO-Teil
   LF 5, Kap. 5.2.2
   (Aufgaben 3–5)
   a) Führen Sie Vor- und Nachteile aus der Sicht der Heidtkötter KG und der Arbeitnehmer an, die durch eine derartige Arbeitsorganisation auftreten können.
   b) Im Bereich der Montage wird die Gruppenfertigung angestrebt. Sie gilt als eine Form der Humanisierung der Arbeitsbedingungen. Vergleichen Sie beurteilend die Gruppenfertigung mit der Fließfertigung.
   c) Sammeln Sie Argumente, die zu einer Humanisierung der Arbeitsbedingungen geführt haben. Binden Sie in Ihre Überlegungen auch die geschilderte Situation bei der Heidtkötter KG ein.

4. Outsourcing ist in Industrieunternehmen seit längerer Zeit festzustellen. Erläutern Sie das Konzept und beurteilen Sie die Konsequenzen, die sich für die Heidtkötter KG einstellen könnten. Berücksichtigen Sie die Arbeitshilfe 3.

5. Erkundigen Sie sich in Ihrem Ausbildungsbetrieb über aktuelle Bemühungen zur Optimierung des Fertigungsablaufs. Berichten Sie in der Klasse konkret,
   a) welche Bedeutung die Arbeitsteilung für den Wertschöpfungsprozess hat,
   b) welche Maßnahmen zur Humanisierung der Arbeitsbedingungen ergriffen werden,
   c) inwiefern Outsourcing eine Rolle spielt oder gespielt hat.

Arbeitshilfe 1

Auszug aus der Unternehmensphilosophie: Mitarbeiterführung

„Keine Anweisung ohne Begründung" – Mit diesem Satz gab Klaus M. Heidtkötter schon früh den Umgangston vor. Entscheidungen werden bei Heidtkötter durch Argumente legitimiert und nicht durch Hierarchien. Eine solche Unternehmenskultur bringt starke, selbstbewusste Individuen hervor, die sich mit ihrer Arbeit identifizieren können und mit ganzem Herzen bei der Sache sind. Ein angenehmer Nebeneffekt: zahlreiche internationale Auszeichnungen für unser sozialökonomisches Engagement. Für uns steht ein menschlich verantwortungsvoller Umgang im Vordergrund.

Aktennotiz der Personalleiterin Nannette Peters:

In den vergangenen Jahren wurden die Arbeitsbedingungen in vielen Bereichen positiv verändert:
— Arbeitsorganisation zunehmend in Gruppen- und Projektarbeit
— flexible Arbeitszeiten sind in der Verwaltung durchgesetzt; im Rahmen des Möglichen auch in der Fertigung
— Entlohnung erfolgt durch Mitarbeiterbeteiligung: Prämienlohnsystem, betriebliche Altersvorsorge
— Gesundheitsförderung wird großgeschrieben; wir arbeiten mit Krankenkassen vor Ort zusammen und erwirken so Prävention.
— Verwendung unserer eigenen Produkte in der Verwaltung: ergonomische Gestaltung unserer Produkte ermöglicht angenehmes Arbeiten
— Fertigung: Fließfertigung wird entsprechend der Arbeitsschutzvorschriften umgesetzt; zahlreiche Vorrichtungen gegeben, die schweres Heben verhindern, Gefahren ausschließen usw.

Arbeitshilfe 2

Arbeitsteilung:
Arbeiten in einem Wertschöpfungsprozess werden auf verschiedene Träger verteilt. Es erfolgt eine Spezialisierung auf bestimmte Tätigkeiten.

Mengenteilung:
Mehrere Personen führen nebeneinander die gleiche Arbeit aus.

Artteilung/Arbeitszerlegung:
Einzelne Personen führen aufeinanderfolgende Arbeiten aus.

Arbeitsteilung ermöglicht eine hohe Anzahl an Wiederholungen derselben Tätigkeit. Dadurch ergibt sich in Abhängigkeit der Produktionsmenge folgender Verlauf der Stückkosten: Dieser Zusammenhang konnte empirisch im Jahre 1966 durch die Boston Consulting Group belegt werden und gilt bis heute als sehr realitätsnah. Die Studie besagt, dass bei einer Verdopplung des Outputs mit einem Rückgang der Stückkosten von 20 % – 30 % zu rechnen ist. Dieses Phänomen wird auch als Erfahrungskurve bezeichnet.

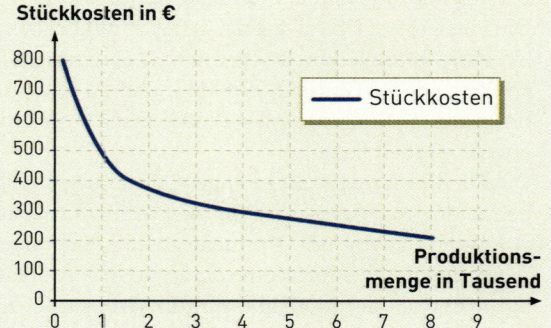

Arbeitshilfe 3

Ausgliederung kein Patentrezept
VON KATHRIN SCHULTE

Eine Untersuchung zeigt, dass jeder vierte Betrieb das Outsourcing wieder rückgängig macht.
Hamburg – VW lässt die Software für Elektronik im eigenen Haus entwickeln. Opel holt die Telefonzentrale zurück. Und GlaxoSmithKline Deutschland will Lagerung und Verteilung von Impfstoffen künftig im Pharma-Konzern organisieren. Wo noch vor wenigen Jahren nach dem Motto „je schlanker, desto besser" radikal ausgelagert wurde, was irgendwie entbehrlich schien, wird heute vielfach umgedacht: Viele Unternehmen besinnen sich wieder auf die eigenen Kräfte. Der ehemalige Trend „Outsourcing" wird korrigiert – in Krisenzeiten tendiert so mancher zum Selbermachen. Der Vorsitzende der IG Bergbau, Chemie und Energie (IG BCE), Hubertus Schmoldt, bestätigt die Tendenz zum „Insourcing". „Das gilt insbesondere für die sensiblen Bereiche, ich nenne die Stichworte Sicherheit und Qualität." Outsourcing gehe oft zulasten der Verlässlichkeit. Einer Analyse der Hamburger Unternehmensberatung Putz & Partner zufolge holt jeder vierte Betrieb mittlerweile Bereiche zurück, die er zuvor an eine Fremdfirma delegiert hatte. [...]
Viele Unternehmen hätten vorschnell Kernkompetenzen abgegeben und sich in Abhängigkeit begeben. [...] Verzögerungen in der Produktionskette

könnten verheerende Folgen haben – etwa in der Konsumgüterindustrie, wo Produkte leicht ersetzbar sind. „Wenn die eine Kaffee-Marke nicht im Regal steht, nimmt der Kunde eine andere – und bleibt vielleicht dabei."

Eine im Sommer 2003 veröffentlichte Studie des Fraunhofer Instituts ergab, dass Outsourcing oft teurer ist als intern erbrachte Leistungen. Firmen sparten zunächst Kosten. Am Ende sei der Aufwand aber oft höher als der Nutzen. Der Grund: Die Einsparungen würden durch unzureichende Qualität oder höheren Koordinierungsaufwand zunichtegemacht. Der Leiter der Studie, Steffen Kinkel, wirbt fürs Selbermachen. „Ein größerer Anteil an Eigenleistungen und höhere Fertigungstiefen verschaffen der Firma Vorteile in Innovationskraft, Flexibilität und Ertragskraft."
Selbst die Autohersteller – mit Fertigungstiefen von 30 % und weniger Vorreiter der Auslagerungs-Welle – haben mittlerweile den Rückwärtsgang

eingelegt. „Irgendwann kam die Erkenntnis, dass man Gewinn nur aus eigener Wertschöpfung erzielen und mit erkauften Leistungen keinen Ertrag machen kann", sagt der Koordinator des VW-Gesamtbetriebsrates, Werner Widuckel. Die Unternehmensführung habe eingesehen, dass Kernkompetenzen in strategisch wichtigen Bereichen in den eigenen Betrieb gehören. [...]

Neben Kompetenzerhaltung ist Beschäftigungssicherung ein Argument für Insourcing. Im deutschen Stammwerk von Opel gibt es seit Sommer 2003 eine „Insourcing-Betriebsvereinbarung". Ziel: Ausgelagerte Leistungen sollen zurückgeholt werden, um Teile der Stammbelegschaft zu „parken", sagt Gesamtbetriebsratsvorsitzender Klaus

Franz. Derzeit arbeiteten 170 Werksangehörige vorübergehend in der Telefonzentrale, im Lager, im Gestellbau oder als Gärtner. „Wenn die Konjunktur anzieht, brauchen wir die Leute unbedingt wieder, die sind hoch qualifiziert."

Outsourcing
Der Begriff „Outsourcing" (englisch für „Auslagerung") bezeichnet die Übertragung von bisher im eigenen Unternehmen erstellten Produkten und Dienstleistungen an Fremdfirmen oder an eigens dafür gegründete Tochterfirmen. Der Konzern wird damit meist auch gewisse unternehmerische Risiken los. Häufig wird das ausgelagerte Personal geringer bezahlt.

aus: Kölner Stadtanzeiger vom 16.02.2004 (gekürzt)

5.2.3
Variantenvielfalt muss im Produktionsbereich beherrschbar werden – Rationalisierung durch Standardisierung und Spezialisierung

Situation

Die wirtschaftliche Lage erfordert ein umfassendes Rationalisierungskonzept. Konkret bedeutet dies für die Heidtkötter KG, dass sich die Rationalisierungsmaßnahmen nicht nur auf die Produktgruppe Bürostühle (s. Kap. 5.1) beschränken können.

Die Unternehmensberatung Lange Consulting soll daher gemeinsam mit den einzelnen Unternehmensbereichen mögliche Rationalisierungsmaßnahmen in Bezug auf das Fertigungsprogramm in der Produktion erörtern.

Bei der Gestaltung der Sitzung orientiert sich der Berater an dem von der REFA[1] vorgeschlagenen Schema zur Lösung von Rationalisierungsvorhaben.

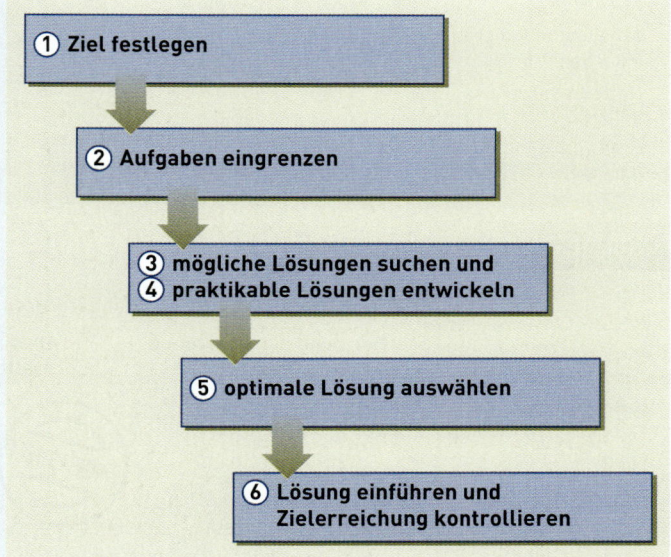

① Ziel festlegen

② Aufgaben eingrenzen

③ mögliche Lösungen suchen und
④ praktikable Lösungen entwickeln

⑤ optimale Lösung auswählen

⑥ Lösung einführen und Zielerreichung kontrollieren

Arbeitsaufträge

1. Konkretisieren Sie das vom Unternehmensberater vorgelegte REFA-Schema, indem Sie für die Punkte 1 bis 3 konkrete Aussagen vornehmen. Entwickeln Sie zudem Vorschläge für ein weiteres Vorgehen zur Lösung der Schritte 4 bis 6.
2. Beschreiben Sie stichpunktartig für folgende Einzelmaßnahmen zur Rationalisierung, was unter den jeweiligen Einzelmaßnahmen zu verstehen ist und wodurch die gewünschten Rationalisierungseffekte eintreten sollen. Führen Sie ein konkretes Umsetzungsbeispiel für die Heidtkötter KG an.

› INFO-Teil
LF 5, Kap. 5.2.3

→

---

1   REFA Bundesverband e. V., Verband für Arbeitsgestaltung, Betriebsorganisation und Unternehmensentwicklung

Arbeitsaufträge (Fortsetzung)

a) Normung   d) Teilefamilie

b) Typung   e) Spezialisierung

c) Baukastensysteme

> **Arbeitshilfen 1 und 2**

3. Berechnen Sie auf Basis der Prognosedaten der Controlling-Abteilung die Arbeitsproduktivität, Kapitalproduktivität und Wirtschaftlichkeit nach der Durchführung der jeweiligen Rationalisierungsmaßnahmen. Deuten Sie den Rationalisierungserfolg durch einen Pfeil an. Empfehlen Sie die zu wählende Maßnahme.

4. Erörtern Sie Ihre rechnerischen Ergebnisse aus Aufgabe 3 zur Standardisierung und Spezialisierung im Hinblick auf die positiven und negativen Auswirkungen aus folgenden Perspektiven: Geschäftsführung, Mitarbeiter, Kunden.

Arbeitshilfe 1

Informationen aus der Controlling-Abteilung

	Ist-Situation (Geschäftsjahr 04)	Prognose je nach Maßnahme (Geschäftsjahr 05)				
		Normung	Typung	Baukastensysteme	Teilefamilien	Spezialisierung
Absatzmenge (Stück)	56 400	62 000	66 000	56 400	59 000	45 600
Ø gebundenes Kapital (Produktion) (Mio. €):	12,00	11,20	12,40	9,60	12,00	10,00
Mitarbeiter in der Produktion:	80	76	72	56	72	48
Arbeitsstunden pro Mitarbeiter im Jahr (Std.):	1 600	1 600	1 600	1 600	1 600	1 600
Nettoumsatzerlöse (Mio. €):	25,00	26,50	26,00	25,00	26,20	14,20
Gesamtkosten (Mio. €):	26,88	27,00	25,80	24,25	27,90	13,36

Arbeitshilfe 2

	Standardisierung				Spezialisierung
	Normung	Typung	Baukastensystem	Teilefamilien	
Beschreibung: Mengen- bzw. Kosteneffekt durch			ARBEITSHEFT		
Beispiel:					
Unternehmensdaten vor der Rationalisierung:	**nach der Rationalisierung:**	**nach der Rationalisierung:**	**nach der Rationalisierung:**	**nach der Rationalisierung:**	**nach der Rationalisierung:**
■ Absatzmenge: 2,1 Mio.	■ Absatzmenge:	■ Absatzmenge:	■ Absatzmenge:	■ Absatzmenge:	■ Absatzmenge:
■ Mitarbeiter: 80	■ Mitarbeiter:	■ Mitarbeiter:	■ Mitarbeiter:	■ Mitarbeiter:	■ Mitarbeiter:
■ AP = 0,44 St./Std.	■ AP =	■ AP =	■ AP =	■ AP =	■ AP =
■ KP = 0,0047 €/St.	■ KP =	■ KP =	■ KP =	■ KP =	■ KP =
■ W = 0,93	■ W =	■ W =	■ W =	■ W =	■ W =

5.3
Maßnahmen zur Optimierung des Wertschöpfungserfolges – Ganzheitliche Konzepte zur Rationalisierung

Situation   Pause in einem Meeting: Ein Unternehmensberater der Lange Consulting berichtet von der Einführung ganzheitlicher Rationalisierungskonzepte bei anderen Unternehmen. Er betont, dass insbesondere von den Japanern in Sachen konsequentem Vorgehen viel zu lernen sei. Gerade deutsche Unternehmen könnten aufgrund ihres Einfallsreichtums und der Ordentlichkeit besonders von ganzheitlichen Konzepten zur Rationalisierung profitieren. „Dahinter steckt auch keine Mode-Erscheinung, sondern knallhartes, ökonomisches Denken!", so der Unternehmensberater. „Nehmen wir doch mal das Konzept ‚Lean Production'. Das sind keine Phrasen, sondern Fakten. Hier geht es darum, an allen Stellen Verschwendungen zu vermeiden. Und schon kommt der Erfolg zurück. Hier sehen Sie das mal in einer Übersicht.", so der Unternehmensberater weiter:

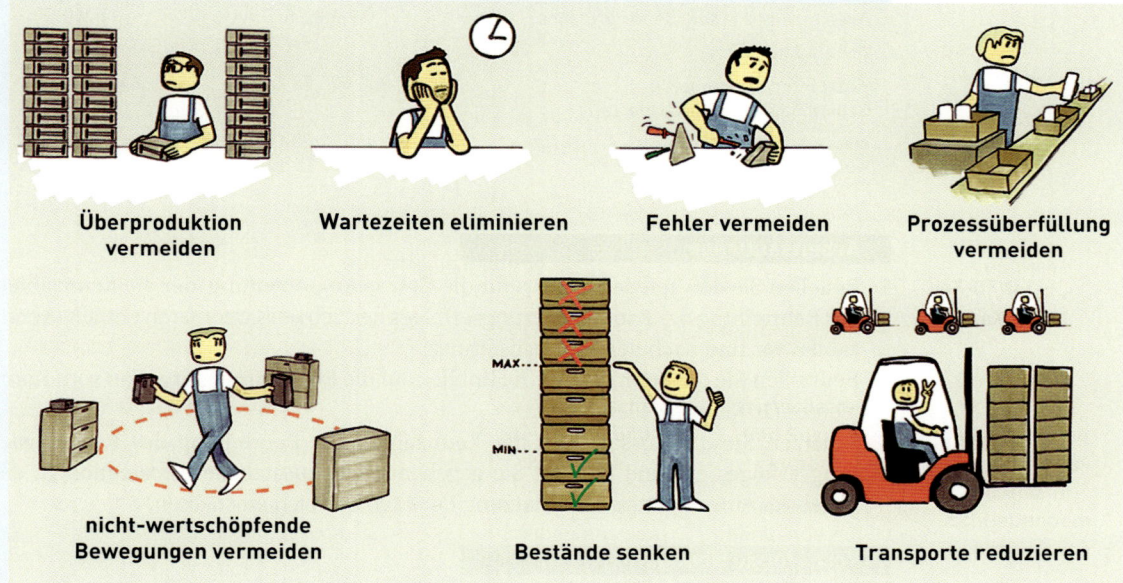

Überproduktion vermeiden | **Wartezeiten eliminieren** | **Fehler vermeiden** | **Prozessüberfüllung vermeiden**

nicht-wertschöpfende Bewegungen vermeiden | **Bestände senken** | **Transporte reduzieren**

Arbeitsaufträge

1. Informieren Sie sich im INFO-Teil über das Konzept „Lean Production/Lean Management" und erstellen Sie dazu eine Mindmap. Erklären Sie anschließend Ihrem Tischnachbarn Ihr Strukturbild.   › **INFO-Teil LF 5, Kap. 5.3**
2. Beschreiben Sie konkrete Maßnahmen, wie die in der Abbildung oben dargestellten Verschwendungen in der Heidtkötter KG vermieden werden könnten.   › **Mindmap**
3. Bereiten Sie (wahlweise) einen Kurzvortrag zu den folgenden weiteren ganzheitlichen Konzepten der Rationalisierung vor:
   a) Business Process Reengineering
   b) Benchmarking
   Ihr Kurzvortrag sollte folgende Aspekte enthalten: › **Referat/ Kurzvortrag**
   ▪ Entstehungsgeschichte, Beschreibung und Hauptaspekte
   ▪ Einordnung in die übrigen Rationalisierungsansätze
   ▪ Einsatzgebiete in der Realität

5.4
Waren die ergriffenen Maßnahmen erfolgreich? – Rationalisierungserfolg messen und beurteilen

Situation Als Komplementär hat Klaus M. Heidtkötter das Controlling beauftragt, ein quartalsbezogenes Reporting (= Berichtswesen) zu erstellen, aus dem die Erfolgsentwicklung hervorgeht. Derzeit ermittelt ein Mitarbeiter der Abteilung die Kennzahlen infolge der Anschaffung eines neuen Schweißpunktautomaten. Dieser wurde angeschafft, weil vom Outsourcing abgesehen wurde. Die Stahlrohrkonstruktionen für die Tischuntergestelle werden demnach weiter in Deutschland produziert.
Folgende Daten liegen dem Controlling für das vergangene Quartal vor:

Angaben je Stück	alter Schweißautomat	neuer Schweißautomat
Produktions-/Absatzmenge (pro Quartal)	2 500	3 000
Durchschnittlicher Kapitaleinsatz	50.000,00 €	55.000,00 €
Arbeitszeit pro Mitarbeiter pro Jahr	1 600 Std.	1 700 Std.
Anzahl Mitarbeiter	4	3
Kosten für Kostenstelle Schweißautomat (pro Quartal)	350.000,00 €	415.000,00 €
Nettoverkaufspreis, davon Anteil für Kostenstelle Schweißautomat:	950,00 € 15 %	950,00 € 15 %

Arbeitsaufträge

> INFO-Teil
LF 5, Kap. 5.4

1. Erstellen Sie den Teil des Reports für die Controlling-Abteilung, der die Kennzahlen zur Beurteilung des Rationalisierungserfolges des Schweißautomaten enthält (Kennzahlen vor und nach der Rationalisierung).
2. Beurteilen Sie die Kennzahlen im Hinblick auf die Einkommenssituation vom Komplementär Klaus M. Heidtkötter.
3. Schätzen Sie die Aussagekraft der Kennzahlen zur Beurteilung des Rationalisierungserfolges ein und nennen Sie gegebenenfalls zusätzliche Informationen, die Ihnen für eine objektive Einschätzung der Lage hilfreich erscheinen.

Vertiefende Übungen

1. Für die Herstellung von Konferenztischen erwägt die Heidtkötter KG den Kauf einer neuen Fertigungsanlage. Die Controlling-Abteilung hat aufgrund des Angebots des Maschinenbauers und eigener Erhebungen folgende Kostenstrukturen zusammengestellt.

	fixe Kosten	variable Kosten (je 2 500 Stück)
alte Fertigungsanlage	300.000,00 €	125.000,00 €
neue Fertigungsanlage	100.000,00 €	175.000,00 €

Zuletzt konnte die Heidtkötter KG 3 000 Konferenztische pro Quartal produzieren und absetzen. Ermitteln Sie, ab welcher Produktionsmenge ein Bezug der neuen Fertigungsanlage lohnt.
2. Erläutern Sie Prinzip und denkbare Einsatzbereiche für folgende Veränderungen der Arbeitsbedingungen: Job rotation, Job enlargement, Job enrichment, Gruppenarbeit.
3. Erläutern Sie Unterschiede und Gemeinsamkeiten zwischen Normung und Typung.

› **Erkundungsauftrag**

4. Unterscheiden Sie zwischen internationalen Normen, nationalen Normen, Verbandsnormen und Werksnormen.

5. Untersuchen Sie in Ihrem Ausbildungsbetrieb folgende Aspekte und berichten Sie in der Klasse:

   a) Inwiefern wurden in den vergangenen Jahren in Ihrem Ausbildungsbetrieb Standardisierungen oder Spezialisierungen durchgeführt? Bringen Sie Belege mit!

   b) Welche Maßnahmen werden eingesetzt, um unterschiedliche Interessen (z. B. Geschäftsführung, Kunden, Mitarbeiter) dabei in Einklang zu bringen?

6. Diskutieren Sie positive und negative Auswirkungen von Rationalisierungsmaßnahmen für folgende Aspekte: Produktionsprogramm, Produktionsergebnis, Produktionskosten, Arbeitnehmer, Verbraucher, Volkswirtschaft.

7. Benchmarking ist in verschiedenen Formen umsetzbar. Beim internen Benchmarking werden Prozesse, konkrete Arbeitsabläufe oder Funktionseinheiten innerhalb eines Unternehmens (z. B. auch in verschiedenen Niederlassungen) miteinander verglichen. Externes Benchmarking wird mit Partnern durchgeführt, die außerhalb des Unternehmens stehen. Dies können Wettbewerber, aber auch branchenfremde Unternehmen sein.

   Erläutern Sie jeweils zwei Vorteile und zwei Nachteile für die Durchführung eines Benchmarking mit

   a) anderen Funktionsbereichen (internes Benchmarking),

   b) direkten Konkurrenten/Wettbewerbern,

   c) branchenfremden Unternehmen.

8. Eine Maßnahme im Rahmen des Business Process Reengineering besteht in der Umschulung bisheriger Spezialisten in neue Generalisten. Erläutern Sie die Ursachen und Zielsetzungen dieser Personalmaßnahme.

9. Bereiten Sie einen Kurzvortrag zum Konzept des Supply Chain Management vor, aus dem folgende Aspekte hervorgehen: Entstehungsursachen, Prinzip und Konzept, Einsatzgebiete, Beurteilung.

10. Eine Blech-Schneidemaschine der Franz Kniep GmbH, die 330.000,00 € variable Kosten pro Jahr verursacht, stellt bei 2 400 Arbeitsstunden 60 000 Werkstücke her. Die Fixkosten belaufen sich auf 30.000,00 € pro Jahr. Die alte Schneidemaschine konnte lediglich 53 000 Werkstücke produzieren. Sie verursachte 300.000,00 € variable Kosten und 24.000,00 € Fixkosten. Die Werkstücke haben einen Wert von 6,50 € pro Stück.

    a) Berechnen Sie geeignete Kennzahlen zur Beurteilung des Rationalisierungserfolges und interpretieren Sie Ihr Ergebnis.

    b) Berechnen Sie die prozentuale Veränderung der Wirtschaftlichkeit und erläutern Sie mögliche Ursachen für die Veränderung.

11. Die Franz Kniep GmbH fertigte im Mai 01 mit 2 000 Mitarbeitern 12 000 Waschmaschinen vom Typ *Ultra* im Stammwerk Nachrodt-Wiblingwerde. Im Juni 01 wurden unter sonst gleichen Bedingungen 12 600 Maschinen produziert. Die geleisteten Arbeitsstunden beliefen sich auf 180 Arbeitsstunden pro Mitarbeiter im Mai bzw. 170 im Juni. Der Kapitaleinsatz für die Betriebsmittel belief sich in beiden Monaten auf 450.000,00 €.

    a) Ermitteln Sie die Arbeits- und Kapitalproduktivität für die Monate Mai und Juni 01.

    b) Berechnen Sie jeweils die prozentuale Veränderung der Produktivitäten und erläutern Sie mögliche Ursachen für die Veränderung.

12. Gleichförmige Arbeit wird häufig von den Mitarbeitern als monoton empfunden.

    a) Nennen Sie vier Folgen, die sich für die Arbeitskräfte ergeben können.

    b) Erläutern Sie drei wirksame Maßnahmen der Unternehmensleitung gegen Monotonie.

1

In Ausbildung und Beruf orientieren

1
Industriekaufleute und ihre Tätigkeitsfelder

1.1
Industriebetriebe als wichtigen Teil der Wirtschaft erfassen

Industriekaufleute werden in Industriebetrieben ausgebildet. Doch was versteht man unter einem Industriebetrieb und wie ordnet er sich in das volkswirtschaftliche Gesamtgeschehen ein?

Die Unternehmen in einer Volkswirtschaft können, abhängig von der Art ihrer Produktion, einem von drei Sektoren zugeordnet werden:

Primärbereich

Der **Primärbereich** (Urproduktion) umfasst alle Unternehmen, die an der Rohstoffgewinnung beteiligt sind. Sie stehen am Beginn der Produktionskette und damit am Anfang des Wertschöpfungsprozesses. Branchen, die dem Primärbereich zugeordnet werden, sind u. a. der Bergbau, Öl- und Gasförderung, land- und forstwirtschaftliche Betriebe und Fischereibetriebe.

Sekundärbereich

Im **Sekundärbereich**, dazu zählen alle Handwerks- und Industriebetriebe, werden die Güter der Urproduktion weiterbe- oder -verarbeitet. Diese Unternehmen werden in verarbeitende und veredelnde Unternehmen eingeteilt.

Verarbeitende Unternehmen bereiten ein Urprodukt lediglich so auf, dass es weiterverarbeitet werden kann. Man spricht deshalb auch von der **Grundstoff- und Produktionsgüterindustrie**. Ein Beispiel für einen verarbeitenden Betrieb ist ein Sägewerk. In ihm werden die aus dem Wald angelieferten Stämme zu Brettern oder Balken aufgeschnitten und zum Trocknen aufgeschichtet. Sie sind dann gegebenenfalls noch als bearbeitete Holzstämme zu erkennen.

In **Unternehmen der Veredelungsstufe** werden die von Verarbeitungsunternehmen produzierten Zwischenprodukte weiterverarbeitet und das Endprodukt hergestellt. Man unterscheidet hier zwischen Unternehmen, die Produkte für andere Unternehmen herstellen **(Investitionsgüterindustrie)**, und Unternehmen, die für den privaten Verbrauch produzieren **(Konsumgüterindustrie)**.

Als Beispiel für ein Unternehmen der Veredelungsstufe kann die Heidkötter KG gewählt werden. Dort werden angelieferte Zwischenprodukte (wie z. B. Spanplatten) zu Endprodukten (wie z. B. Tischen) weiterverarbeitet.

Eine eindeutige Zuordnung zur Investitions- oder Konsumgüterindustrie lässt sich für die Heidtkötter KG jedoch nicht vornehmen, da sie ihre Produkte sowohl an Geschäftskunden als auch an Endverbraucher verkauft.

Der **Tertiärbereich** (Handel und Dienstleistungen) umfasst alle Dienstleistungen, die von eigenständigen Unternehmen oder öffentlichen Institutionen erbracht werden. Dienstleistungsbetriebe begleiten den Wirtschaftsprozess (z. B. Speditionen), stellen die nötigen finanziellen Mittel zur Verfügung (z. B. Banken), übernehmen bestimmte Risiken (z. B. Versicherungen) oder haben die Aufgabe, die bereitgestellten Güter zu verkaufen (Handelsbetriebe).

Tertiärbereich

Das Zusammenspiel der einzelnen Wirtschaftsbereiche ist durch eine hohe gegenseitige Abhängigkeit gekennzeichnet. Was nicht aus den Rohstoffvorkommen der Natur, den Abbaubetrieben des Bergbaus oder aus den Anbaubetrieben der Landwirtschaft und der Forstwirtschaft gewonnen wird, kann auch nicht für die Weiterbe- und -verarbeitung genutzt werden. Umgekehrt ist die Nachfrage nach Fertigwaren oder Vorprodukten wiederum der Auslöser für die vorgelagerten Wirtschaftsstufen, ihre Güter und Dienstleistungen bereitzustellen.

Industriebetriebe sind Teil des sekundären Sektors und stehen damit in der Mitte der Wertschöpfungskette. Sie kaufen ein, produzieren und wollen verkaufen. Es ergibt sich bei allen Industrieunternehmen daher die Notwendigkeit, vielfältige Kontakte nach außen zu pflegen.

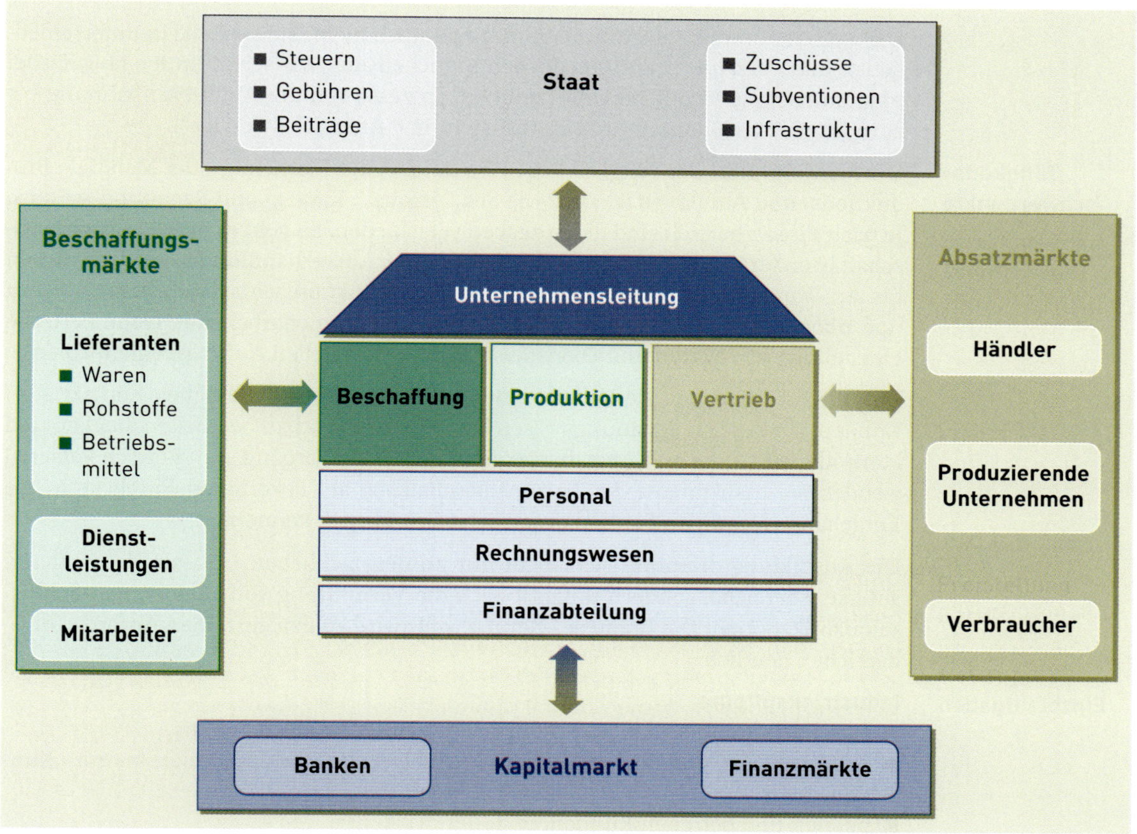

Beziehungen nach außen

Staat		
■ Steuern ■ Gebühren ■ Beiträge		■ Zuschüsse ■ Subventionen ■ Infrastruktur

Beschaffungsmärkte

Lieferanten
■ Waren
■ Rohstoffe
■ Betriebsmittel

Dienstleistungen

Mitarbeiter

Unternehmensleitung

Beschaffung | **Produktion** | **Vertrieb**

Personal

Rechnungswesen

Finanzabteilung

Absatzmärkte

Händler

Produzierende Unternehmen

Verbraucher

Kapitalmarkt

Banken   **Finanzmärkte**

Nicht nur Beschaffung und Vertrieb sind an jeweils entgegengesetzten Enden der Wertschöpfungskette Schnittstellen zum externen Beziehungsnetz des Unternehmens. An vielen anderen Stellen finden ebenfalls Außenkontakte statt: Im Personalwesen werden Bewerber geprüft, das Rechnungswesen ist im Kontakt mit Banken,

Wirtschaftsprüfern und dem Finanzamt. In der Fertigung ist es wichtig, neue Produktionsverfahren und die zugehörigen Anlagen kennenzulernen, also den Kontakt zu den Lieferanten der Produktionsanlagen zu halten. Die EDV-Abteilung muss sich ebenfalls regelmäßig über aktuelle Programmversionen kundig machen. Die Öffentlichkeitsarbeit muss dafür sorgen, dass das Unternehmen „im Gespräch" bleibt.

Innerbetriebliche Abläufe

Die Produktion ist bei einem Industrieunternehmen in der Regel komplexer als bei Unternehmen des primären Sektors. Zu den internen Einflussfaktoren auf die Produktion gehören neben den direkt an der Herstellung beteiligten Arbeitsvorbereitungs-, Fertigungs- und Montageprozessen auch die Prozesse an der Schnittstelle zu den externen Einflussfaktoren: die Beschaffung am Beginn der Wertschöpfungskette, die die Schnittstelle zu Lieferanten bildet, und der Vertrieb am Ende der Wertschöpfungskette, der die Schnittstelle zu den Abnehmern (Händlern und Verbrauchern) bildet.

Dieses Beziehungsnetzwerk innerhalb des Unternehmens und nach außen zu Lieferanten, Händlern und Verbrauchern ermöglicht die Leistungserbringung.

1.2
Das Berufsbild – Auskunft über die Anforderungen an Industriekaufleute

Die typischen Industriekaufleute gibt es eigentlich nicht. Sie sind alle in unterschiedlichen Betrieben und unterschiedlichen Branchen aller Wirtschaftsstufen tätig. Dabei unterstützen sie sämtliche Unternehmensprozesse von der Auftragsanbahnung bis zum Kundenservice nach Auftragsrealisierung („After-Sales-Service").

Tätigkeitsschwerpunkte

Die **Schwerpunkte der Tätigkeit** liegen im Bereich des Marketings, der Material-, Produktions- und Absatzwirtschaft sowie des Personal-, Finanz- und Rechnungswesens. Je nach Einsatzbereich sind die Aufgaben verschieden. So geht es in der Materialwirtschaft in erster Linie um Angebotsvergleiche, Einkaufsverhandlungen mit Lieferanten bis zur Warenannahme und -lagerung. In der Produktionswirtschaft planen, steuern und überwachen Industriekaufleute in enger Zusammenarbeit mit Technikern die Herstellung von Waren und Dienstleistungen und erstellen Auftragsbegleitpapiere.

Im Verkauf erarbeiten sie Kalkulationen sowie Preislisten und haben Kontakt zum Kunden. Im Bereich Rechnungswesen bzw. Finanzwirtschaft bearbeiten, buchen und kontrollieren sie die im Geschäftsverkehr anfallenden Vorgänge. Im Bereich Personal wenden sie Instrumente der Personalbeschaffung an, bekommen Einblicke in die Entgeltabrechnung und lernen gesetzliche Grundlagen kennen.

Die Ausbildung orientiert sich nicht nur an den fachlichen Inhalten des späteren Tätigkeitsbereichs, sondern umfasst auch die Vermittlung von allgemeinen Schlüsselqualifikationen. Die Breite des Berufsprofils wird an den einzelnen Anforderungsbereichen deutlich:

Einzelaufgaben

Industriekaufleute
- verkaufen die Produkte und Dienstleistungen des Unternehmens,
- betreiben Marketingaktivitäten von der Analyse der Marktpotenziale bis zum Kundenservice,
- beraten und betreuen Kunden,
- ermitteln den Bedarf an Produkten und Dienstleistungen,
- kaufen Materialien, Produktionsmittel und Dienstleistungen ein und disponieren sie für die Leistungserstellung oder den Vertrieb,
- unterstützen den Prozess der Auftragserledigung, z. B. in der Leistungserstellung und der Logistik,

- bearbeiten betriebswirtschaftliche Themen in allen Funktionen des Betriebes (Finanzierung, Investitionen, Rentabilität, Kostenplanung, -analyse und -verfolgung usw.),
- bearbeiten Geschäftsvorgänge des Rechnungswesens,
- werten Kennzahlen und Statistiken für die Erfolgskontrolle und zur Steuerung betrieblicher Prozesse aus,
- wenden Instrumente zur Personalbeschaffung und zur Personalauswahl an,
- planen den Personaleinsatz und bearbeiten Aufgaben der Personalverwaltung,
- planen und organisieren Arbeitsprozesse,
- nutzen fremdsprachliche Unterlagen, korrespondieren und kommunizieren mit Kunden in einer Fremdsprache,
- arbeiten team-, prozess- und projektorientiert unter Verwendung aktueller Informations-, Kommunikations- und Medientechniken,
- verfügen über Fähigkeiten zur Kommunikation, Kooperation, Moderation, Präsentation, Problemlösung und Entscheidung.

Berufliche Fähigkeiten von Industriekaufleuten nach: www.bibb.de/de/ausbildungsprofil_1867.htm

Fachkompetenz

Diese Fülle an Einzelaufgaben gibt Ihnen schon einen Ausblick auf die Kenntnisse und Fertigkeiten, die Sie während Ihrer Ausbildung erwerben. Aber Kenntnisse und Fertigkeiten allein genügen nicht. Sie brauchen daneben auch eine ganze Reihe persönlicher und sozialer Fähigkeiten (Kompetenzen), um nicht nur im Beruf erfolgreich zu sein, sondern auch Ihre Ausbildung bestmöglichst bestehen zu können. Außerdem wird in allen modernen Unternehmensphilosophien herausgestellt, wie wichtig es ist, dass alle Mitarbeiterinnen und Mitarbeiter gemeinsam am Erfolg des Unternehmens arbeiten und ein großes **Team** bilden, das ein gemeinsames Ziel verfolgt. Das traditionelle System einer klaren Rollenverteilung, die eher von einem Übereinander als von gleichberechtigtem Nebeneinander geprägt ist, gerät mehr und mehr ins Abseits.

Teamfähigkeit

nach: unternehmensgeist.de/category/weiterbildung, Zugriff am 17.08.2011

Mit der **Vermittlung von Schlüsselqualifikationen** ist der Versuch gemeint, Menschen etwas in die Hand zu geben, was ihnen nicht nur im Berufsleben, sondern auch bei der Bewältigung allgemeiner Herausforderungen auf dem Arbeitsmarkt oder im privaten Bereich möglichst viele Türen öffnet und sie befähigt, berufliche, gesellschaftliche und individuelle Probleme selbstständig zu lösen.

Dazu gehören beispielsweise Kommunikations- und Teamfähigkeit, Belastbarkeit und Leistungsbereitschaft, analytisches und strukturierendes Denken sowie konzeptionelle und organisatorische Fähigkeiten.

Schlüsselqualifikationen

- sind „erwerbbare allgemeine Fähigkeiten, Einstellungen, Strategien, Wissenselemente, die bei der Lösung von Problemen und beim Erwerb neuer Kompetenzen in möglichst vielen Inhaltsbereichen von Nutzen sind, sodass eine Handlungsfähigkeit entsteht, die es ermöglicht, sowohl individuellen Bedürfnissen als auch gesellschaftlichen Anforderungen gerecht zu werden". (Bildungskommission NRW, 1995, Seite 32)
- sollen und können das Fachwissen nicht ersetzen, sondern in Anbetracht der sich ständig wandelnden Anforderungen im Berufsleben erschließen helfen. Sie sind daher zunächst inhaltsneutral und finden Anwendung im tätigen Berufsleben und in zwischenmenschlichen Beziehungen.

Zu den Schlüsselqualifikationen gehören folgende **Kompetenzbereiche:**

Fachkompetenz

Fachkompetenz: Die Fähigkeit, berufstypische Aufgaben fachgerecht, selbstständig und eigenverantwortlich zu bewältigen

Methoden-kompetenz

+ **Methodenkompetenz:** Kenntnisse, Fertigkeiten und Fähigkeiten, die es ermöglichen, Aufgaben und Probleme zu bewältigen, indem sie die Auswahl, Planung und Umsetzung sinnvoller Lösungsstrategien ermöglichen

Sozialkompetenz

+ **Sozialkompetenz:** Kenntnisse, Fertigkeiten und Fähigkeiten, die dazu befähigen, in den Beziehungen zu Menschen situationsadäquat zu handeln

Humankompetenz

+ **Persönlichkeitskompetenz/Humankompetenz:** Fähigkeit und Bereitschaft des Menschen, seine Entwicklungschancen, Anforderungen und Einschränkungen in Beruf, Schule, Familie und öffentlichem Leben zu beurteilen und dabei insbesondere die eigenen Fähigkeiten und Stärken einzuschätzen

Handlungs-kompetenz

= **Handlungskompetenz:** In Ergänzung zu den fachlichen Fähigkeiten ist die Schnittmenge dieser drei Kompetenzbereiche die individuelle Handlungskompetenz einer Person. Kompetenz bedeutet in diesem Zusammenhang die Befähigung eines Menschen, sich situativ angemessen zu verhalten, selbstverantwortlich Probleme zu lösen, bestimmte Leistungen zu erbringen und mit anderen Menschen angemessen umzugehen.

Kompetenz ist immer individuell und wird durch den Erwerb und auf die eigenen Werte und Ziele bezogene Reflexion einzelner, sich gegenseitig beeinflussender Fähigkeiten aufgebaut.

1.3
Möglichkeiten der individuellen Weiterentwicklung und Profilbildung

Möglichkeiten zur Fort- und Weiterbildung

Nach Abschluss und auch schon während Ihrer Ausbildung stehen Ihnen viele **Möglichkeiten zur Fort- und Weiterbildung** offen. Sie können damit Ihre Qualifikationen entweder durch eine Verbreiterung Ihrer Kompetenzen oder durch die Vertiefung spezieller Kenntnisse erhöhen. Es ist nie zu früh, darüber nachzudenken, was man zusätzlich für den Beruf tun kann. Dabei geht es um verschiedene Ziele:

- Aufstieg im Betrieb
- Stellenwechsel innerhalb der Branche
- Wechsel in eine andere, eventuell ganz neue Branche

Die Fort- und Weiterbildungsmöglichkeiten sind entsprechend dem komplexen Berufsbild sehr vielfältig. Es kann sich um umfassende „Karriereplanungen" handeln, die bis hin zu einem Studium führen können. Erste Schritte können aber auch darin bestehen, dass man die Qualifikationen bausteinartig ausbaut:

Allgemeine Zusatz-qualifikationen

Aufbauqualifikation in allgemeiner Form, z. B. Kurse/Module in

- Rhetorik
- Verhandlungstechnik
- Zeitmanagement

oder

Erwerb spezieller Kenntnisse des Berufes durch z. B. Lehrgänge im Bereich

- Bilanzbuchhaltung
- Qualitätsmanagement
- Controlling
- Außenhandel

- Internationale Rechnungslegung (US-GAAP oder IFRS)
- Marketing
- Steuerrecht

Spezielle Fort- und Weiter- bildungen

Nach der Ausbildung in einem kaufmännischen oder verwaltenden Beruf und dreijähriger Berufspraxis ist die IHK-Weiterbildungsprüfung als **Fachkaufmann** in fast 20 Fachrichtungen möglich, zum Beispiel:

Weiterbildung zum Fachkaufmann/ Fachkauffrau

- Außenwirtschaft
- Bilanzbuchhalter
- Controller IHK
- Einkauf und Logistik
- Marketing
- Organisation
- Personal
- Büromanagement
- Werbung und Kommunikation

Eine Fachkauffrau/ein Fachkaufmann ist

- ein berufserfahrener Funktionsspezialist/-in mit vertieften betriebswirtschaftlichen Kenntnissen,
- eine qualifizierte Fachkraft mit umfassender Sachkompetenz in einem betrieblichen Funktionsbereich,
- ein Spezialist/-in mit organisatorisch-methodischem und dispositivem Wissen,
- ein aufstiegsbewusster Mitarbeiter/-in, der im Beruf vorankommen will.

Auch der Aufstieg zur/zum **Industriefachwirt/-in** ist eine Möglichkeit, die sich Ihnen bietet. Dabei handelt es sich um eine bundesweit einheitlich geregelte berufliche Fortbildung nach dem Berufsbildungsgesetz (BBiG). Die Dauer der Kurse ist unterschiedlich. Sie beträgt in Vollzeit bis zu einem Jahr, in Teilzeit etwa ein bis zweieinhalb Jahre. Zur Prüfung wird zugelassen, wer die Ausbildung im anerkannten Ausbildungsberuf Industriekaufmann erfolgreich abgeschlossen hat und danach eine mindestens zweijährige einschlägige Berufspraxis oder eine vergleichbare Qualifikation nachweist.

Industrie- fachwirte/-innen

Ein/e **Industriefachwirt/-in** ist

- ein/e berufserfahrene/r Branchenspezialist/-in mit erweiterten und vertieften betriebswirtschaftlichen Kenntnissen
- eine Allround-Qualifikation für Fach- und Führungskräfte in kleinen und mittleren Unternehmen
- ein/e qualifizierte/r Mitarbeiter/-in, die/der innerbetriebliche Zusammenhänge und gesamtwirtschaftliche Abhängigkeiten beurteilen kann
- ein/e aufstiegsbewusste/r Mitarbeiter/-in, die/der vorankommen will

Als Industriefachwirt/-in schafft man die fachliche Voraussetzung zum Aufstieg in die mittlere kaufmännische Führungsebene. Man erhält umfassende kaufmännisch-betriebswirtschaftliche Kenntnisse und vertiefendes, auf die Industrie bezogenes Wissen. Das befähigt eine/n Industriekauffrau/-mann, qualifizierte Sachaufgaben zu erfüllen.

Weitere Informationen finden Sie auf den Seiten der Arbeitsagentur: http://berufenet.arbeitsagentur.de/berufe/

Mit weitergehenden Fragen zur beruflichen Weiterbildung wenden Sie sich an Ihren regionalen Weiterbildungsberater der IHK, denn die Prüfungen und Lehrgänge orientieren sich oft am regionalen Weiterbildungsbedarf.

Bei Vorliegen der sonstigen Zugangsberechtigungen (nicht wenige Industriekaufleute haben die Fachhochschulreife oder die Allgemeine Fachhochschulreife) kann sich auch ein **Studium** anschließen, z. B. in den Bereichen

BWL-Studium

- Allgemeine Betriebswirtschaft oder
- Spezialisierung z. B. auf
  - betriebswirtschaftliches Finanzwesen,
  - betriebliche Personalwirtschaft,
  - betriebliches Beschaffungswesen, Material- und Fertigungswirtschaft, Logistik, Produktionswirtschaft.

2
Rechtsgrundlagen der dualen Ausbildung

2.1
Berufsbildungsgesetz: Rechte und Pflichten von Ausbildenden, Ausbildern und Auszubildenden

Ausbildung ist ein Stück Zukunftssicherung für die Unternehmen und die gesamte Volkswirtschaft. Daher werden an die Ausbildung im Betrieb auch besondere Anforderungen gestellt: Ausbilden darf nur, wer auch die Qualifikation dazu besitzt, d. h., die Ausbildereignungsprüfung oder die Meisterprüfung abgelegt hat.

Grundlage Berufsbildungsgesetz

Die gesetzliche Grundlage für diese Bestimmungen ist das **Berufsbildungsgesetz (BBiG)**. Hier sind alle für die Ausbildung relevanten Sachverhalte detailliert geregelt. Die verwendeten Begriffe rund um die Ausbildung werden in der nachfolgenden Abbildung kurz erklärt:

Ausbildende/-r
ist das Unternehmen, das jemanden zur Berufsausbildung einstellt und mit ihm einen Ausbildungsvertrag abschließt.

Ausbilder/-in
ist, wer im Betrieb für die Durchführung der Ausbildung verantwortlich ist.

Auszubildende/-r
ist, wer Partner eines Ausbildungsvertrages ist und ausgebildet wird.

Ausbildungsstätte
ist der Ort, an dem die Ausbildung durchgeführt wird.

Ausbildungsordnung
ist die Grundlage, die die Bezeichnung des Ausbildungsberufes, die Ausbildungsdauer, die Inhalte der Berufsausbildung sowie die Prüfungsanforderungen enthält. Der Ausbildungsplan mit den Inhalten der Ausbildung ist Anlage der Ausbildungsordnung.

Ausbildungsberater/-in
ist die Person, die von der zuständigen Stelle (bei Industriekaufleuten die IHK) benannt wird, um die Auszubildenden und Ausbildenden bei anstehenden Fragen und Problemen zu beraten und zu unterstützen.

2.1.1
Voraussetzungen zur Ausbildungstätigkeit

Eignung der Ausbildungsstätte
§ 27 BBiG

Auszubildende dürfen nur eingestellt werden, wenn
- die Ausbildungsstätte nach Art und Einrichtung für die Berufsausbildung geeignet ist,
- die Zahl der Auszubildenden in einem angemessenen Verhältnis zur Zahl der beschäftigten Fachkräfte steht, es sei denn, dass andernfalls die Berufsausbildung nicht gefährdet wird,
- bei mangelnden eigenen Möglichkeiten (erforderliche Kenntnisse und Fertigkeiten können nicht in vollem Umfang vermittelt werden) dieser Mangel durch Ausbildungsmaßnahmen außerhalb der Ausbildungsstätte behoben wird (überbetriebliche Ausbildung).

Im Folgenden sind die wichtigsten Inhalte und Etappen des Ausbildungsverlaufes zusammenfassend dargestellt. Die gesetzlichen Grundlagen sind in erster Linie im BBiG, aber teilweise auch im Jugendarbeitsschutzgesetz (JArbSchG, siehe auch Kapitel 3.1) verankert.

Vor Beginn der Ausbildung hat eine Untersuchung durch das Gesundheitsamt zu erfolgen, wenn der Auszubildende noch nicht 18 Jahre alt ist. Diese Untersuchung darf nicht älter als 14 Monate sein. Sie soll gewährleisten, dass der Jugendliche nicht mit Arbeiten beschäftigt wird, denen er aufgrund seines Gesundheitszustandes nicht gewachsen ist. Die ärztliche Bescheinigung ist dem Ausbildenden, also dem Betrieb vorzulegen.

Ein Jahr nach Aufnahme der Beschäftigung muss eine Nachuntersuchung durch einen Arzt vorgenommen werden, um festzustellen, ob die Beschäftigung Auswirkungen auf den Gesundheitszustand des Jugendlichen hatte.

Nach Ablauf eines weiteren Jahres kann sich der Jugendliche erneut untersuchen lassen. Die Kosten für die Untersuchungen werden vom jeweiligen Bundesland übernommen. Der Untersuchungsberechtigungsschein ist erhältlich bei den Einwohnermeldeämtern.

Gesundheits-untersuchungen nach §§ 32 ff. JArbSchG

Die **Ausbilder** haben die Aufgabe, den Auszubildenden mit Rat und Tat zur Seite zu stehen. Dabei handelt es sich um eine Tätigkeit, an die hohe Qualitätsansprüche zu stellen sind. Deshalb müssen Ausbilder auch vor der jeweiligen Kammer eine Prüfung ablegen, in der sie diese Befähigung nachweisen. In diesen **Ausbildereignungsprüfungen** werden die Kenntnisse der ausbildungsrelevanten Rechtsgrundlagen sowie die pädagogisch-didaktischen Fähigkeiten des Ausbilders festgestellt. Die Ausbildereignungsprüfung ist überfachlich; deshalb werden keine fachlichen Fähigkeiten geprüft.

Kosten-übernahme § 44 JArbSchG

Ausbildereignung §§ 27–33 BBiG

Persönliche Eignung:

- Auszubildende darf nur einstellen, wer persönlich geeignet ist. Auszubildende darf nur ausbilden, wer persönlich und fachlich geeignet ist.
- Persönlich nicht geeignet ist insbesondere, wer Kinder und Jugendliche nicht beschäftigen darf oder wer wiederholt oder schwer gegen dieses Gesetz oder die aufgrund dieses Gesetzes erlassenen Vorschriften und Bestimmungen verstoßen hat.
- Fachlich nicht geeignet ist, wer die erforderlichen beruflichen Fertigkeiten und Kenntnisse oder die erforderlichen berufs- und arbeitspädagogischen Kenntnisse nicht besitzt.
- Wer fachlich nicht geeignet ist oder wer nicht selbst ausbildet, darf Auszubildende nur dann einstellen, wenn er einen Ausbilder bestellt, der persönlich und fachlich für die Berufsausbildung geeignet ist.

2.1.2
Pflichten des Ausbildenden (= Rechte des Auszubildenden)

Der Ausbildende hat

- die Pflicht, während der Probezeit die **Eignung des Auszubildenden** für den Ausbildungsberuf zu überprüfen.
- dafür zu sorgen, dass dem Auszubildenden die **Fertigkeiten und Kenntnisse vermittelt** werden, die zum Erreichen des Ausbildungszieles erforderlich sind, und die Berufsausbildung in einer durch ihren Zweck gebotenen Form planmäßig, zeitlich und sachlich gegliedert so durchzuführen, dass das Ausbildungsziel in der vorgesehenen Ausbildungszeit erreicht werden kann.

  Dafür ist ein Ausbildungsplan zu erstellen, der speziell für den jeweiligen Auszubildenden gilt. Der betriebliche Ausbildungsplan ist auf der Grundlage des für die Ausbildung generell geltenden Ausbildungsrahmenplans (siehe Kapitel 2.2.1) zu entwickeln.
- selbst auszubilden oder einen Ausbilder ausdrücklich damit zu beauftragen, dem Auszubildenden kostenlos die **Ausbildungsmittel, insbesondere Werkzeuge und Werkstoffe** zur Verfügung zu stellen, die zur Berufsausbildung und zum Ablegen von Zwischen- und Abschlussprüfungen erforderlich sind.

Pflichten des Ausbildenden §§ 14 ff. BBiG **Kenntnisvermittlung/ Ausbildungsplan**

Ausbildungsmittel

Berufsschul-besuch

- den Auszubildenden zum **Besuch der Berufsschule** sowie zum Führen von Berichtsheften anzuhalten und diese durchzusehen, soweit sie im Rahmen der Berufsausbildung verlangt werden,

Förderung

- dafür zu sorgen, dass der Auszubildende **charakterlich gefördert** sowie sittlich und körperlich nicht gefährdet wird,

Belastungsgrenze

- dem Auszubildenden nur solche Verrichtungen zu übertragen, die dem **Ausbildungszweck** dienen und seinen körperlichen Kräften angemessen sind.

Berufsschule/ Prüfungen
§ 15 BBiG

- den Auszubildenden für die Teilnahme am Berufsschulunterricht und an Prüfungen freizustellen. Das Gleiche gilt, wenn Ausbildungsmaßnahmen außerhalb der Ausbildungsstätte durchzuführen sind;

Vergütung bei nicht vorhandener Tarifbindung
– siehe auch
§ 17 BBiG

- eine **angemessene Vergütung** zu zahlen. Sie richtet sich nach dem Alter des Auszubildenden und der Dauer der Ausbildung. Die Vergütung ist so zu bemessen, dass sie jährlich ansteigt. Sie muss spätestens am letzten Arbeitstag des Monats und im Krankheitsfall bis zu sechs Wochen weiter gezahlt werden. Wenn der Ausbildungsbetrieb keiner Tarifbindung unterliegt, darf die Vergütung trotzdem höchstens 20 % unter dem sonst geltenden Tarif liegen;

Arbeitszeugnis
§ 16 BBiG

- dem Auszubildenden bei Beendigung des Berufsausbildungsverhältnisses ein **Zeugnis** auszustellen. Hat der Ausbildende die Berufsausbildung nicht selbst durchgeführt, so soll auch der Ausbilder das Zeugnis unterschreiben. Das Zeugnis muss Angaben enthalten über Art, Dauer und Ziel der Berufsausbildung sowie über die erworbenen Fertigkeiten und Kenntnisse des Auszubildenden. Auf Verlangen des Auszubildenden sind auch Angaben über Führung, Leistung und besondere fachliche Fähigkeiten aufzunehmen.

2.1.3
Pflichten des Auszubildenden (= Rechte des Ausbildenden)

§ 13 BBiG

Der Auszubildende hat sich zu bemühen, die Fertigkeiten und Kenntnisse zu erwerben, die erforderlich sind, um das Ausbildungsziel zu erreichen. Im Einzelnen hat er folgende Pflichten:

- **Lernpflicht**, d. h., die ihm im Rahmen der Berufsausbildung übertragenen Verrichtungen und Aufgaben sorgfältig auszuführen,

Berufsschul-besuch

- **Berufsschulunterricht, Prüfungen und sonstige Maßnahmen**, d. h., er muss am Berufsschulunterricht und an Prüfungen sowie an Ausbildungsmaßnahmen außerhalb der Ausbildungsstätte (= überbetriebliche Ausbildung) teilnehmen und wird dafür vom Ausbildungsbetrieb freigestellt,

Weisungs-gebundenheit

- **Weisungsgebundenheit**, d. h. den Weisungen zu folgen, die ihm im Rahmen der Berufsausbildung vom Ausbilder oder anderen weisungsberechtigten Personen erteilt werden, soweit ihm diese als weisungsberechtigt bekannt gemacht worden sind,

Ordnungs- und Sorgfaltspflicht

- **Einhaltung der betrieblichen Ordnung**, d. h., die für die Ausbildungsstätte geltende Ordnung ist zu beachten,

- **Sorgfaltspflicht**, d. h., Werkzeuge, Maschinen und sonstige Einrichtungen sind pfleglich zu behandeln und dürfen nur zu den übertragenen Arbeiten verwendet werden,

› INFO-Teil LF 1, Kap. 3.4

- **Betriebs- und Geschäftsgeheimnisse wahren**, d. h., Informationen über das Unternehmen, die nicht für Außenstehende bestimmt sind, auch nicht nach außen zu tragen,

- **Benachrichtigung des Betriebs bei Fehlzeiten/Arbeitsunfähigkeitsbescheinigung**, d. h., bei Fernbleiben von der betrieblichen Ausbildung, der Berufsschule oder von sonstigen Ausbildungsveranstaltungen ist der Ausbildungsbetrieb unter Angabe von

Gründen unverzüglich zu benachrichtigen und bei Krankheit oder Unfall ist spätestens am dritten Tag eine ärztliche Arbeitsunfähigkeitsbescheinigung zuzuleiten,
- **Ausbildungsnachweise anfertigen,** d. h., es ist ein vorgeschriebenes Berichtsheft zu führen und dem Ausbildungsbetrieb regelmäßig vorzulegen,
- **ärztliche Untersuchungen durchführen lassen** (siehe dazu Info oben „Gesundheitsuntersuchungen").

Berichtsheft

nach:
www.hwk-koeln.de/Aus_und_Weiterbildung/02_Berufsausbildung/11_Ratgeber_Ausbildungsrecht,
Zugriff am 17.08.2011

2.1.4
Beenden des Ausbildungsverhältnisses

Die **Probezeit,** die am Beginn des Ausbildungsverhältnisses steht, muss mindestens einen, darf aber höchstens vier Monate betragen.

Probezeit
§ 20 BBiG

Während der Probezeit kann das Berufsausbildungsverhältnis jederzeit von beiden Seiten ohne Nennung eines Grundes und ohne Einhalten einer **Kündigungsfrist** gekündigt werden.

Kündigung/ Auflösung
§§ 21, 22 BBiG

Nach der Probezeit ist eine **Kündigung** nur möglich
1. aus einem wichtigen Grund von beiden Seiten ohne Einhalten einer Frist. Eine Kündigung aus wichtigem Grund ist unwirksam, wenn die ihr zugrunde liegenden Tatsachen dem zur Kündigung Berechtigten länger als zwei Wochen bekannt sind.
2. vom Auszubildenden mit einer Frist von vier Wochen, wenn die Ausbildung beendet werden soll oder wenn er den Ausbildungsberuf (nicht nur den Ausbildungsplatz!) wechseln will. Die Kündigung muss in beiden Fällen schriftlich erfolgen. Wenn die Gründe bei einer Kündigung nach der Probezeit nicht nachvollziehbar sind, kann dies im Zweifelsfall von beiden Seiten zu Schadensersatzansprüchen führen.

Wenn sich beide Vertragspartner einig sind, dass sie das Vertragsverhältnis beenden wollen, dann spricht man nicht von einer Kündigung, sondern von einer Vertragsauflösung in beiderseitigem Einvernehmen oder einem **Aufhebungsvertrag.** Solange keine Volljährigkeit vorliegt, ist der Auszubildende an das Einverständnis der Erziehungsberechtigten gebunden.

Aufhebungsvertrag

Dies steht zwar im Gegensatz zu dem Prinzip, dass nach § 113 BGB ein Jugendlicher, der von seinen Erziehungsberechtigten zur Aufnahme eines Arbeitsverhältnisses ermächtigt wurde, für alle Rechtsgeschäfte unbeschränkt geschäftsfähig ist, die die Eingehung, aber auch die Aufhebung des „Dienst- und Arbeitsverhältnisses" betreffen. Ein **Ausbildungsverhältnis ist** aber **kein Arbeitsverhältnis,** denn bei einem Ausbildungsvertrag steht nicht die Arbeit, sondern der Ausbildungszweck im Vordergrund. Ein jugendlicher Auszubildender soll nicht leichtfertig das Ausbildungsverhältnis beenden dürfen.

Arbeitsmündigkeit § 113 BGB nicht für Ausbildungsverhältnisse

Wenn das Berufsausbildungsverhältnis vorzeitig gelöst wird, kann von dem Vertragspartner, der dies „zu vertreten hat", innerhalb von drei Monaten nach Beendigung des Ausbildungsverhältnisses ein **Schadensersatzanspruch** gefordert werden. Dies setzt aber voraus, dass die Kündigung nach der Probezeit erfolgte und es für sie keine ausreichenden Gründe gab.

Schadensersatz
§ 23 BBiG

Das Berufsausbildungsverhältnis endet
- mit dem Ablauf der Ausbildungszeit oder
- bei Bestehen der Abschlussprüfung vor Ablauf der Ausbildungszeit mit dem Tag des Ablegens der Prüfung.

Ende des Ausbildungsverhältnisses
§ 21 BBiG

Wenn im Falle des Nichtbestehens nur noch der schriftliche Teil der Prüfung wiederholt werden muss, dann endet das Ausbildungsverhältnis mit dem Tag der Beschlussfassung des Prüfungsausschusses. Dies ist in der Regel der Tag, an dem die übrigen Prüflinge ihre praktische Prüfung ablegen.

Rücktritt

Tritt ein Prüfling nach bereits erfolgter Anmeldung rechtzeitig vor Beginn der schriftlichen Prüfung von der Teilnahme zurück, so gilt die Prüfung als nicht abgelegt. Erfolgt der Rücktritt nach Beginn der Prüfung, so gilt sie als nicht bestanden.

Wiederholungs-prüfung

Wird die Abschlussprüfung nicht bestanden, verlängert sich das Ausbildungsverhältnis auf Verlangen des Auszubildenden bis zur nächstmöglichen Wiederholungprüfung, höchstens aber um ein Jahr. Die Abschlussprüfung kann aber nur zweimal wiederholt werden (siehe dazu auch nächsten Abschnitt).

2.2
Einzelvorschriften für den Ausbildungsverlauf in Betrieb und Berufsschule

2.2.1
Alles geregelt – Ausbildungsordnung und schulische Rahmenpläne

Ausbildungs-rahmenplan

Rahmenlehrplan

Die berufliche Erstausbildung der staatlich anerkannten Ausbildungsberufe findet in Form des **dualen Ausbildungssystems** statt. Die Ausbildung erfolgt dabei an zwei Lernorten: die betriebliche Ausbildung wird durch den Unterricht in der Schule ergänzt. Die Inhalte der Ausbildung im Betrieb werden vom sogenannten **Ausbildungsrahmenplan** vorgeschrieben, die Inhalte des schulischen Unterrichts durch einen **Rahmenlehrplan**.

Duales Ausbildungs-system

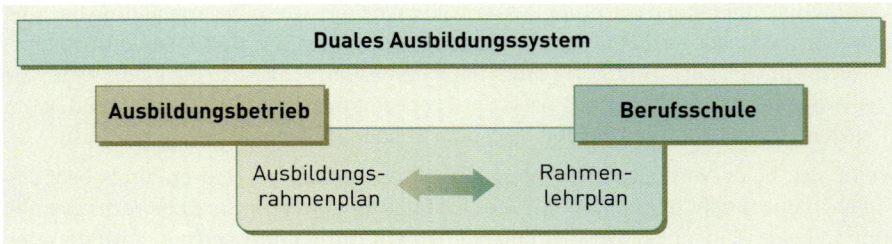

Berufsbildungs-gesetz

Ausbildungs-ordnung

Im **Berufsbildungsgesetz** (BBiG) werden die allgemeinen und für alle Ausbildungsberufe geltenden Bedingungen und Rechtsvorschriften formuliert. Das BBiG schreibt für jeden Beruf die Erstellung einer **Ausbildungsordnung** vor. Diese berufsspezifische Ausbildungsordnung ist wiederum Grundlage für die oben angesprochenen betrieblichen Ausbildungsrahmen- und schulischen Rahmenlehrpläne und beschreibt die für einen Beruf zu erlangenden Kenntnisse.

Wegen der besonderen Bedeutung für Ihre Ausbildung stellen wir Ihnen die Inhalte der **Ausbildungsordnung für Industriekaufleute** und die zeitliche Zuordnung zu den einzelnen Ausbildungsabschnitten kurz vor. Nähere Infomationen erhalten Sie bei der örtlichen IHK oder im Internet, z. B. unter www.frankfurt-main.ihk.de und beim Bundesinstitut für Berufsbildung unter www.bibb.de.

Zeitraum	Ausbildung im Betrieb und nach Bedarf in überbetrieblichen Lehrgängen	Ausbildung in der Berufsschule
Während der gesamten Aus-bildungszeit	■ Stellung, Rechtsform und Struktur des Ausbildungsbetriebes ■ Berufsbildung ■ Sicherheit und Gesundheitsschutz bei der Arbeit ■ Umweltschutz ■ Geschäftsprozesse und Märkte ■ Information, Kommunikation, Arbeits-organisation ■ Integrative Unternehmensprozesse	**Industriefachklasse 1–3** Unterricht ausbildungsbegleitend (Teilzeit oder Blockunterricht), berufsbezogen in Lernfeldern und allgemeinbildend

Im 1. und 2. Ausbildungsjahr (Stunden)	■ Beschaffung und Bevorratung ■ Kosten- und Leistungsrechnung ■ Personal ■ Buchhaltungsvorgänge ■ Leistungserstellung ■ Erfolgsrechnung und Abschluss ■ Marketing und Absatz	**Industriefachklasse 1** ■ In Ausbildung und Beruf orientieren (40)* ■ Marktorientierte Geschäftsprozesse eines Industriebetriebes erfassen (60) ■ Werteströme erfassen und dokumentieren (80) ■ Wertschöpfungsprozesse analysieren und beurteilen (80) ■ Leistungserstellungsprozesse planen, steuern und kontrollieren (80) **Industriefachklasse 2** ■ Beschaffungsprozesse planen, steuern und kontrollieren (80) ■ Personalwirtschaftliche Aufgaben wahrnehmen (80) ■ Jahresabschluss analysieren und bewerten (80) ■ Das Unternehmen im gesamt- und weltwirtschaftlichen Zusammenhang einordnen (40)
Zwischenprüfung Mitte des 2. Ausbildungsjahres		
Im 3. Ausbildungsjahr (Stunden)	Über die oben genannten Lernfelder hinaus: ■ Marketing und Absatz ■ Fachaufgaben im Einsatzgebiet	**Industriefachklasse 3** ■ Absatzprozesse planen, steuern und kontrollieren (160) ■ Investitions- und Finanzierungsprozesse planen (40) ■ Unternehmensstrategien, -projekte umsetzen (80)
Abschlussprüfung nach 3 Ausbildungsjahren		

* Die Zahlen in Klammern geben die angesetzten Stunden an.

Das Einsatzgebiet für die Abschlussprüfung wird vom Ausbildungsbetrieb festgelegt. Als geeignete Einsatzgebiete kommen insbesondere Tätigkeiten in folgenden Bereichen in Betracht:

Marketing und Absatz:	■ Vertrieb, ■ Außendienst, ■ Export, ■ Werbung, Verkaufsförderung
Beschaffung und Bevorratung:	■ Elektronische Beschaffung (E-Procurement), ■ Ausschreibungsverfahren, ■ Lagerlogistik
Personalwirtschaft:	■ Mitarbeiterförderung, ■ Personalmarketing, ■ Entgeltsysteme, ■ Arbeitsstudien
Leistungserstellung:	■ Arbeitsvorbereitung, ■ Investitionsplanung, ■ Technik, Technologie, ■ Produktentwicklung, ■ Bauprojekte
Leistungsabrechnung:	■ Kostenrechnungssysteme, ■ Projektabrechnung, ■ Beteiligungsverwaltung

2.2.2
Ausbildungsziele und Prüfungsanforderungen

Die Prüfungen werden von der IHK abgenommen. Schulische Leistungen sind zwar ein wesentlicher Bestandteil des Erfolges, aber die Noten gehen dennoch nicht direkt in die Prüfungsergebnisse ein.

2.2.2.1
Umfang und Inhalt der Zwischenprüfung

Die Zwischenprüfung soll Hinweise auf den Leistungsstand in der Mitte der Ausbildung geben. Sie bezieht sich nicht nur auf den schulischen Teil der Ausbildung, sondern auch auf das, was bis zu diesem Zeitpunkt in den Ausbildungsbetrieben zu vermitteln war. Deshalb sind die Inhalte des betrieblichen Ausbildungsplanes und der in der Schule zu bearbeitenden Lernfelder auch aufeinander abgestimmt.

Prüfungsdauer und Prüfungsbereiche

Die Ergebnisse der Zwischenprüfung gehen nicht in die Abschlussprüfung ein. Für die Zwischenprüfung gibt es von der „Aufgabenstelle für kaufmännische Abschluss- und Zwischenprüfungen" (AKA) konkrete Vorgaben. Die Prüfung dauert 90 Minuten und umfasst ca. 40 standardisierte Aufgaben aus folgenden Prüfungsbereichen:

	Prüfungsbereiche bzw. Funktionen der Ausbildungsordnung	Aufgabe-anteil ca.	Σ
01	**Beschaffung und Bevorratung** – Bedarfsermittlung und Disposition – Bestelldurchführung – Vorratshaltung und Beständeverwaltung	50 %	
02	**Produkte und Dienstleistungen**	30 %	100 %
03	**Kosten- und Leistungsrechnung** (in Verbindung mit dem Prüfungsbereich 02)	20 %	

Weitere Fertigkeiten und Kenntnisse, die im ersten Ausbildungsjahr vermittelt werden sollen und die im Zusammenhang mit den drei genannten Prüfungsbereichen geprüft werden können, sind:

04	**Der Ausbildungsbetrieb** – Stellung, Rechtsform, Struktur – Berufsbildung – Sicherheit und Gesundheitsschutz bei der Arbeit – Umweltschutz
05	**Geschäftsprozesse und Märkte** – Märkte, Kunden, Produkte und Dienstleistungen – Geschäftsprozesse und organisatorische Strukturen
06	**Information, Kommunikation, Arbeitsorganisation** – Informationsbeschaffung und -verarbeitung – Informations- und Kommunikationssysteme – Planung und Organisation – Teamarbeit, Kommunikation und Präsentation
07	**Integrative Unternehmensprozesse** – Logistik – Qualität und Innovation – Controlling
08	**Personal** (in Verbindung mit der Stellung, Rechtsform und Struktur des Ausbildungsbetriebes und der Berufsbildung)

aus: Industriekaufmann/-frau, AKA-Information Nr. 21, 1. Auflage 2003, Seite 9

› Internetrecherche

Es ist nicht ausgeschlossen, dass in den einzelnen IHK-Bezirken die Prüfungen unterschiedliche Schwerpunkte haben. Weiterführende Informationen erhalten Sie bei der für Sie zuständigen IHK.

2.2.2.2
Endspurt zur Abschlussprüfung

Die **Abschlussprüfung** ist umfangreicher und besteht aus verschiedenen Prüfungsteilen, die teilweise im Ankreuzverfahren (Multiple Choice), aber auch in Form frei formulierter Antworten zu lösen sind.

- Der überwiegende Teil der Aufgabensätze ist auf ein Musterunternehmen bezogen. Dabei muss der Prüfling zum Teil auf die Daten des Musterunternehmens zurückgreifen, um die Aufgaben lösen zu können.
- Alle Aufgabensätze enthalten Abbildungen und/oder Belege aus der betrieblichen Praxis, die zu einzelnen Aufgaben oder zu einer Gruppe von Aufgaben gehören.
- Die Aufgaben sind grundsätzlich adressatenorientiert formuliert, d. h., der Prüfling wird in den einzelnen Aufgaben direkt angesprochen und zu einer Handlung aufgefordert.
- Die Aufgaben werden situationsbezogen gestellt, d. h., es werden keine theoretisch-abstrakten Fragen gestellt. Stattdessen wird der Prüfling mit einem konkreten Sachverhalt – in der Regel einer betrieblichen Situation – konfrontiert.
- Die Aufgabensätze enthalten überwiegend Verständnisaufgaben. Bei diesem Aufgabentyp ist die Anwendung von Wissen auf eine Situation erforderlich.
- Die Aufgabensätze enthalten neben „Einzelfrageaufgaben" auch prozessorientierte „Mehrfachfrageaufgaben". Dabei beziehen sich mehrere Aufgaben auf eine gemeinsame Situationsvorgabe.

Aufgabentypen

nach: www.ihk-aka.de, Zugriff am 17.08.2011

Die vier Prüfungsbereiche in Ihrer Abschlussprüfung sind:

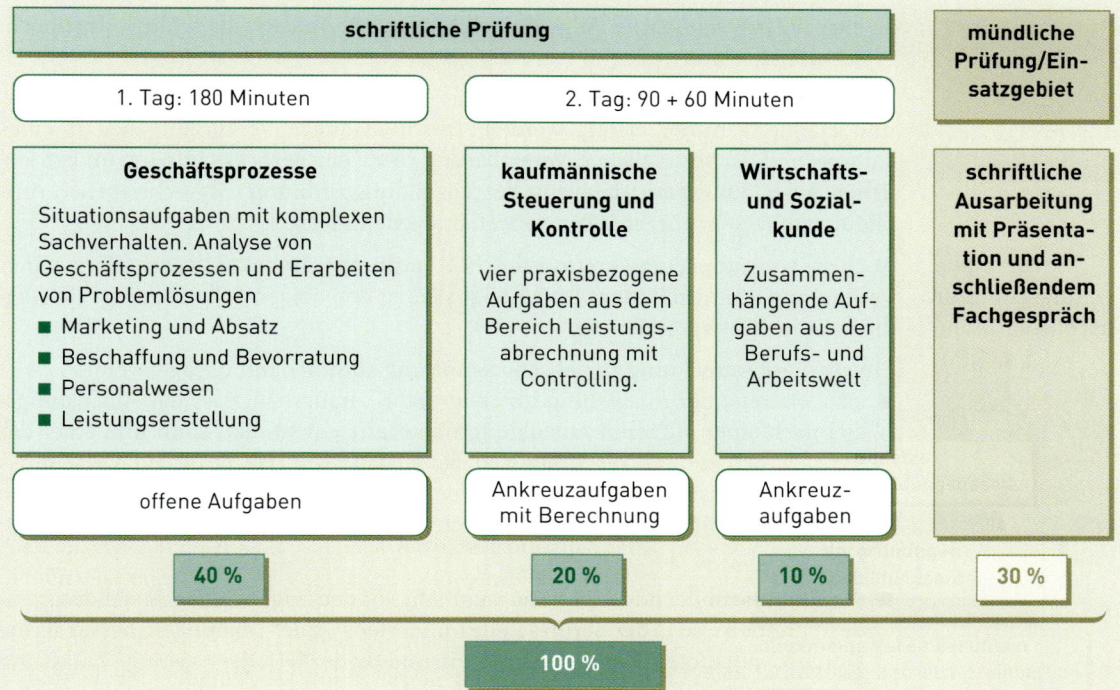

Die **Abschlussprüfung ist bestanden,** wenn im Gesamtergebnis, im Prüfungsbereich Geschäftsprozesse und in mindestens einem der beiden Prüfungsbereiche „Kaufmännische Steuerung und Kontrolle" und „Wirtschafts- und Sozialkunde" jeweils mindestens ausreichende Leistungen erbracht wurden.

Bestehen der Prüfung

Ist dies nicht der Fall, kann die Prüfung aber trotzdem bestanden werden, wenn

- am Ende der schriftlichen Prüfungen die Leistungen in einem Prüfungsbereich mit mindestens ausreichend und in den beiden anderen mit mangelhaft bewertet wurden und

MEP = mündliche Ergänzungsprüfung

- in einem der mit mangelhaft bewerteten Bereiche eine mündliche Ergänzungsprüfung stattfindet und das Ergebnis zum Ausgleich der mangelhaften Vorleistung reicht (genauere Informationen bei der IHK).

Verkürzung

Die Abschlussprüfung kann auch vorzeitig abgelegt werden. Bei dreijährigen Ausbildungsberufen (und damit auch bei Industriekaufleuten) ist dies i. d. R. frühestens nach zwei Jahren, im Einzelfall aber auch schon nach 18 Monaten möglich.

Wiederholungsprüfung

Eine nicht bestandene Prüfung kann im Rahmen des bestehenden Ausbildungsverhältnisses einmal wiederholt werden. Eine zweite Wiederholung ist zwar möglich, aber das Ausbildungsverhältnis bzw. der Ausbildungsvertrag muss dann nicht mehr bestehen.

2.2.3
Verkürzung oder Verlängerung der Ausbildungszeit

Verkürzung der Ausbildungszeit
§ 8 BBiG

Die Ausbildungszeit kann unter bestimmten Voraussetzungen verkürzt werden. Dafür kommen insbesondere in Betracht:

1. der vorherige Besuch eines schulischen Berufsgrundbildungsjahrs oder einer Berufsfachschule – hier gibt es unterschiedliche Regelungen in den einzelnen Bundesländern,
2. eine vorangegangene Berufsausbildung in demselben oder einem verwandten Ausbildungsberuf,
3. eine höhere schulische Allgemeinbildung (z. B. Realschulabschluss, Fachhochschulreife, Abitur).

Die Einzelheiten sollten wegen zahlreicher Sonderfälle bei der jeweiligen Industrie- und Handelskammer erfragt werden. Die individuelle Verkürzung bedarf eines Antrags und der vertraglichen Vereinbarung sowie der Berücksichtigung im betrieblichen Ausbildungsplan, da alle in der Ausbildungsordnung vorgeschriebenen Ausbildungsinhalte in kürzerer Zeit vermittelt werden müssen.

Vorzeitige Zulassung zur Abschlussprüfung
§ 45 BBiG

Auch die vorzeitige Zulassung zur Abschlussprüfung führt faktisch ebenfalls zu einer Verkürzung der Ausbildung. Im Unterschied zu den obigen Fällen bedingt sie allerdings keine Vertragsänderung.

Eine frühere Anmeldung zur Abschlussprüfung kommt dann infrage, wenn

- sich während der Ausbildung im ersten Jahr herausstellt, dass das Ausbildungsziel nach einer kürzeren Ausbildungsdauer erreicht werden kann und einer der Vertragspartner diese Verkürzung bei der zuständigen IHK beantragt. Diese muss dem Antrag zustimmen. Vorher wird der andere Vertragspartner gefragt, sofern die Beantragung nicht von vornherein durch beide Parteien einvernehmlich erfolgt ist.

oder

- die/der Auszubildende mindestens ein Jahr vor dem eigentlichen Ausbildungsende im Betrieb und in der Berufsschule mindestens „gute" Leistungen (besser als die Durchschnittsnote 2,5) nachweisen kann und bei der IHK die vorzeitige Zulassung beantragt hat.

Verlängerung der Ausbildung
§ 8 BBiG

Wenn es Gründe gibt, aus denen eine Ausbildung unverschuldet voraussichtlich nicht innerhalb der regulären Ausbildungsdauer erfolgreich beendet werden kann (z. B. längere Krankheit oder ein Unfall), kann die Ausbildung durch die IHK verlängert werden.

3 Schutzbestimmungen für Arbeitnehmer und Auszubildende

3.1 Das Jugendarbeitsschutzgesetz – Arbeitsbedingungen für alle minderjährigen Auszubildenden und Arbeitnehmer

Durch das **Jugendarbeitsschutzgesetz** soll verhindert werden, dass Kinder und Jugendliche durch eine übermäßige körperliche Anstrengung gesundheitlich gefährdet und ausgebeutet werden. Das wird durch eine Reihe von Einzelvorschriften erreicht:

Beschäftigungsverbote

Nicht beschäftigt werden dürfen **Kinder.** Im Sinne des **Jugendarbeitsschutzes** fallen darunter alle Personen, die noch keine 15 Jahre alt sind.

Es gibt aber auch hier **Ausnahmen.** Sie gelten insbesondere für Kinder, die mindestens 13 Jahre alt sind. Sie dürfen zur Aufbesserung des Taschengeldes z. B.

- Zeitungen, Zeitschriften, Anzeigeblätter und Werbeprospekte austragen,
- in privaten und landwirtschaftlichen Haushalten u. a. mit Botengängen, der Betreuung von Haustieren, dem Babysitten, der Erledigung von Einkäufen für die Familie und die Nachbarschaft eingesetzt werden,
- bei der Selbstvermarktung landwirtschaftlicher Erzeugnisse helfen,
- bei Vereinsfesten mitwirken und
- Handreichungen beim Sport übernehmen.

Treten Kinder im Fernsehen auf, nehmen Filmrollen an oder wirken in Konzerten mit, müssen diese Tätigkeiten allerdings in besonderen Fällen und ganz besonders dann, wenn sie jünger als 13 Jahre alt sind, vorher vom Gewerbeaufsichtsamt genehmigt werden.

Wer das 15. Lebensjahr erreicht, aber das 18. Lebensjahr noch nicht vollendet hat, ist **Jugendlicher.** Solange Jugendliche noch der Vollzeitschulpflicht unterliegen, ist eine gewerbsmäßige Beschäftigung ebenfalls verboten. Dieses Verbot gilt aber nicht für Betriebspraktika. Außerdem können die Jugendlichen, die noch der Vollzeitschulpflicht unterliegen, für maximal vier Wochen pro Kalenderjahr einen Ferienjob annehmen.

Verbot gefährlicher Arbeiten

Jugendliche dürfen u. a. **nicht** beschäftigt werden mit Arbeiten,
- die ihre körperliche und geistige Leistungsfähigkeit übersteigen,
- bei denen sie sittlichen Gefahren ausgesetzt sind,
- die mit Unfallgefahren verbunden sind, die die Jugendlichen aufgrund der mangelnden Erfahrung nicht erkennen,
- die die Gesundheit des Jugendlichen gefährden, z. B. durch Lärm, Gefahrstoffe, Biostoffe, Strahlen, Hitze usw.

Aber die beiden letzten Verbote gelten nicht für eine Beschäftigung, soweit:
- diese zur Erreichung des Ausbildungszieles erforderlich ist,
- der Schutz des Jugendlichen durch die Aufsicht eines Fachkundigen gewährleistet ist und
- der Luftgrenzwert bei gefährlichen Stoffen unterschritten wird.

Sonstige Pflichten des Arbeitgebers

Der Arbeitgeber hat bei der Beschäftigung Jugendlicher die Pflicht,
- die mit der Beschäftigung verbundenen Gefährdungen zu beurteilen,

Kinderarbeit verboten
§§ 2, 5 JArbSchG

Ausnahmen

Vollzeitschulpflichtige/ Ferienjobs
§§ 5, 7 JArbSchG

Rücksicht auf körperliche Unversehrtheit
§ 22 JArbSchG

Unterweisung §§ 28, 29 JArbSchG	■ eine Unterweisung des Jugendlichen über die Unfall- und Gesundheitsgefahren, die bei der Beschäftigung bestehen, und die Maßnahmen zur Abwendung der Gefahren durchzuführen sowie ■ für eine menschengerechte Gestaltung der Arbeit und des Arbeitsplatzes zu sorgen.

Arbeits- und Beschäftigungszeit
§§ 4, 8, 15, 16
JArbSchG

Arbeitszeit

Jugendliche dürfen in der Regel täglich nicht länger als acht Stunden und wöchentlich nicht mehr als 40 Stunden arbeiten. Für Jugendliche gilt generell die Fünftagewoche. Als tägliche Arbeitszeit wird die Zeit vom Beginn bis Ende der täglichen Beschäftigung ohne die Ruhepausen gerechnet. In der Landwirtschaft gibt es Ausnahmen von der Arbeitszeitbegrenzung. Jugendliche, die über 16 Jahre alt sind, dürfen während der Erntezeit bis zu neun Stunden täglich und bis zu 85 Stunden in der Doppelwoche beschäftigt werden.

Bestimmungen für Volljährige
§ 3 Arbeitszeitgesetz

Erwachsene Auszubildende dürfen an sechs Tagen pro Woche bis zu acht Stunden täglich beschäftigt werden. Bis zu zehn Arbeitsstunden sind zulässig, wenn die über acht Stunden hinausgehende Arbeitszeit extra vergütet oder durch einen Freizeitausgleich binnen höchstens sechs Kalendermonaten wieder ausgeglichen wird.

Schichtarbeitszeiten

Bei Industriekaufleuten gibt es normalerweise **keine Schichtarbeit**. Sie ist hingegen z. B. möglich bei einer Ausbildung oder Beschäftigung Jugendlicher in der Gastronomie, auf Bau- und Montagestellen sowie in der Landwirtschaft. Im Rahmen von Schichtarbeit dürfen grundsätzlich zehn Stunden Arbeitszeit zuzüglich der Ruhepausen nicht überschritten werden. Im Bereich der Landwirtschaft liegt die Höchstgrenze bei elf Stunden.

Nachtruhe
§ 14 JArbSchG

Jugendliche dürfen nur in der Zeit von 06:00 bis 20:00 Uhr beschäftigt werden. Allerdings ist das **Nachtarbeitsverbot** für Jugendliche, die mindestens das 16. Lebensjahr erreicht haben, in bestimmten Branchen etwas gelockert. Eine Beschäftigung ist bei ihnen möglich:

Sonderregelungen in bestimmten Branchen
§§ 8, 9, 14
JArbSchG

■ bis 22:00 Uhr in Gaststätten und im Schaustellergewerbe
■ ab 05:00 Uhr in Bäckereien und Konditoreien (mit dem 17. Lebensjahr sogar ab 04:00 Uhr) sowie in sogenannten Hitzebetrieben (z. B. Gießereien oder bei einem Arbeitsplatz in der Nähe von Hochöfen)
■ ab 05:00 Uhr oder bis 21:00 Uhr in der Landwirtschaft
■ bis 23:00 Uhr bei der Mitwirkung bei Veranstaltungen und Darbietungen und in mehrschichtigen Betrieben

Folgt dem Arbeitstag aber ein Berufsschultag mit einem Unterrichtsbeginn vor 9 Uhr, so ist eine Beschäftigung nach 20 Uhr nicht erlaubt. Weitere Ausnahmen können z. B. aufgrund eines Antrags des Arbeitgebers genehmigt werden. Detaillierte Auskünfte dazu erteilen die Gewerbeaufsichtsämter oder die zuständigen Kammern.

Urlaub

Urlaubsanspruch
§ 19 JArbSchG

Jeder Jugendliche hat Anspruch auf einen **jährlichen bezahlten Erholungsurlaub**. Je nach Alter des Jugendlichen ist der Urlaub unterschiedlich lang: 30 Werktage für 15-Jährige, 27 Werktage für 16-Jährige und 25 Werktage für 17-Jährige. Maßgebend ist das Alter zu Beginn des Kalenderjahres.

Die Dauer des Urlaubs kann in Werktagen oder in Arbeitstagen ausgedrückt werden. Werktage sind alle Tage außer Sonn- und Feiertagen (Sechstagewoche). Wenn der Urlaub in Werktagen angegeben ist, so wird die Urlaubswoche mit sechs Tagen angerechnet, auch wenn nur an fünf Tagen pro Woche gearbeitet wird (= Arbeitstage).

Werktage und Arbeitstage

Daher ergibt sich folgende Umrechnung:

30 Werktage =	27 Werktage =	25 Werktage =
25 Arbeitstage	23 Arbeitstage	21 Arbeitstage

Das **Bundesurlaubsgesetz** gilt für alle Arbeitnehmer sowie die zur Berufsausbildung Beschäftigten als Mindestregelung, die zu Beginn des Kalenderjahres bereits volljährig sind. Der Jahresurlaub beträgt für Volljährige mindestens 24 Werktage (= 20 Arbeitstage).

Bundesurlaubs-gesetz

Jugendliche jeder Altersgruppe, die im Bergbau unter Tage beschäftigt werden, erhalten einen zusätzlichen Urlaub von jährlich drei Werktagen. Grundsätzlich soll Berufsschülern der Urlaub in der Zeit der Berufsschulferien gegeben werden.

Sofern es für den Betrieb tarifvertragliche Regelungen oder Betriebsvereinbarungen gibt, sind diese anzuwenden. Falls bei jugendlichen Auszubildenden der **Urlaubsanspruch** nach dem JArbSchG höher ist, gelten diese Regelungen („Günstigkeitsprinzip"). Beginnt die Ausbildung am 1. August oder später, ist der Jahresurlaub zu zwölfteln. Falls das Ausbildungsverhältnis zum 1. Juli oder früher beginnt, ist der volle Jahresurlaub zu gewähren.

Teilanspruch auf Urlaub

Endet das Ausbildungsverhältnis spätestens am 30. Juni, wird der anteilige Jahresurlaub ebenfalls gezwölftelt. Endet es dagegen erst am 1. Juli oder später, so steht dem Auszubildenden der gesamte Jahresurlaub zu.

Pausen- und Ruhezeiten

Jugendliche dürfen nicht länger als viereinhalb Stunden hintereinander ohne Ruhepausen beschäftigt werden, wobei die einzelne Ruhepause mindestens 15 Minuten dauern muss. Bei einer Arbeitszeit von mehr als sechs Stunden stehen den Jugendlichen insgesamt mindestens 60 Minuten Ruhepause zu. Bei einer Arbeitszeit von mehr als viereinhalb bis zu sechs Stunden müssen die Pausen mindestens 30 Minuten betragen. Nach der Arbeitszeit ist eine ununterbrochene Ruhezeit von zwölf Stunden zu gewähren.

Mindestdauer Pausen und Ruhezeiten
§§ 11, 13 JArbSchG

Ruhe an Samstagen, Sonn- und Feiertagen

An Samstagen, Sonn- und Feiertagen dürfen Jugendliche nicht beschäftigt werden. Für bestimmte Branchen und Einrichtungen gibt es jedoch Sonderbestimmungen. So ist die Beschäftigung z. B. in Krankenhäusern, Altenheimen, Kinderheimen, in der Landwirtschaft und Tierpflege, bei Aufführungen und Veranstaltungen, im Gaststättengewerbe, beim Sport und im ärztlichen Notdienst zulässig. Samstags (nicht sonntags) gilt dies auch für offene Verkaufsstellen.

Samstags- und Sonntagsruhe
§§ 16, 17 JArbSchG

Es muss jedoch sichergestellt sein, dass mindestens zwei Samstage und zwei Sonntage im Monat beschäftigungsfrei bleiben und die Fünftagewoche durch eine Freistellung an einem anderen Tag erhalten bleibt.

Fünf-Tage-Woche
§ 15 JArbSchG

Berufsschulbesuch

Der Ausbilder ist verpflichtet, den Jugendlichen für die **Teilnahme am Berufsschulunterricht freizustellen.** Außerdem dürfen Jugendliche ebenso wenig wie volljährige Auszubildende vor einem vor 09:00 Uhr beginnenden Unterricht im Betrieb beschäftigt werden. Jugendliche brauchen nach einem Berufsschultag mit mehr als fünf Unterrichtsstunden von mindestens je 45 Minuten (einmal pro Woche) nicht mehr in den Betrieb zurückzukehren.

Freistellung Berufsschule
§ 9 JArbSchG,
§ 15 BBiG

Wird an der Berufsschule ein planmäßiger Blockunterricht von mindestens 25 Stunden an mindestens fünf Tagen durchgeführt, darf der Jugendliche in dieser Woche ebenfalls nicht beschäftigt werden.

Für Jugendliche gilt, dass ein Berufsschultag mit mehr als fünf Unterrichtsstunden voll, d. h. mit acht Stunden auf die Arbeitszeit angerechnet wird. Der Jugendliche hat deshalb auch für diese Zeit Anspruch auf ein volles Arbeitsentgelt. Dies gilt aber nicht für die Fahrt von der Wohnung zur Berufsschule bzw. von dort zum Betrieb.

Anrechnung Berufsschulunterricht auf die Arbeitszeit

Die Anrechnungsregel bei mehr als fünf vollen Unterrichtsstunden gilt nicht für volljährige Auszubildende. Hier kann aber mit dem Betrieb vereinbart werden, dass die im Betrieb zu leistende Ausbildungszeit nach dem Ende des Unterrichts auf andere Tage verteilt werden kann. Dabei darf eine Ausbildungszeit von zehn Stunden pro Tag und 48 Stunden pro Woche (einschließlich der Berufsschulzeit) nicht überschritten werden.

Prüfungen

Freistellung für Prüfungen
§ 10 JArbSchG

Ein Jugendlicher, der an Prüfungen und bestimmten außerbetrieblichen Ausbildungsmaßnahmen teilnimmt, muss dafür freigestellt werden. Das Gleiche gilt auch für den Arbeitstag vor der schriftlichen Abschlussprüfung. In allen Fällen läuft die Bezahlung weiter. Eine Freistellung vor anderen Prüfungsteilen erfolgt nicht. Die Freistellung gilt nur für Auszubildende, die noch keine 18 Jahre alt sind, und hier auch nur dann, wenn ein Arbeitstag der schriftlichen Prüfung vorangeht.

3.2
Rücksicht auf besondere persönliche Situationen: sozialer Arbeitsschutz

3.2.1
Mutterschutz

› Band 2, LF 7

Das Mutterschutzgesetz gilt für alle schwangere Arbeitnehmerinnen und junge Mütter. Es umfasst unabhängig von der konkreten zeitlich eingegrenzten Mutterschutzfristen die gesamte Zeit der Schwangerschaft. Der Schutz des ungeborenen Lebens steht im Vordergrund: Nicht erlaubt sind alle Arbeiten mit erhöhter Gesundheitsgefahr oder hohen Belastungen.

Verbotene Tätigkeiten
§ 4 MuSchG

- in Form schwerer **körperlicher Beanspruchungen** oder Arbeiten mit erhöhter **Unfallgefahr**
- durch Tätigkeiten im **Akkord** oder Arbeiten, bei denen regelmäßig **Lasten von 5 kg** oder gelegentlich mehr als 10 kg gehoben werden müssen
- wegen des Umgangs mit **gesundheitsgefährdenden Stoffen** oder Maschinen und insbesondere durch **Strahlenbelastungen**
- ab des 5. Schwangerschaftsmonats durch **stehende Tätigkeit** im Umfang von mehr als vier Stunden pro Arbeitstag
- ab des 3. Schwangerschaftsmonats bei Tätigkeiten mit **fahrenden Arbeitsmitteln** (z.B. Gabelstaplern)
- durch **Nacht- und Sonntagsarbeit**, aber auch durch **Überstunden**

Mutterschutzfrist
§§ 3, 6 MuSchG

In den sechs Wochen vor dem Entbindungstermin kann die werdende Mutter freiwillig arbeiten, wenn sie es will. In den acht Wochen danach (bei Mehrlings- oder Frühgeburten zwölf Wochen) ist eine solche Tätigkeit auch auf eigenen Wunsch untersagt. In besonderen Situationen (z.B. Risikoschwangerschaften) können die Arbeitsverbote verlängert werden. Im Einzelfall kann dies bedeuten, dass von Beginn der Schwangerschaft die Arbeit ausgesetzt wird. In solchen Fällen zahlt der Arbeitgeber die ganze Zeit einen Mutterschutzlohn in Höhe des vorherigen Durchschnittsverdienstes.

3.2.2
Schwerbehindertenschutz

› Band 2, LF 7

Schwerbehindertenquote

Schwerbehindert sind Personen mit einem Behinderungsgrad von mindestens 50 %. Der Grad der Behinderung wird vom Versorgungsamt festgestellt. Die besonderen Belange für die Beschäftigung von Schwerbehinderten sind bei der Arbeitsplatzgestaltung und Ausgestaltung der sozialen und sanitären Einrichtungen zu berücksichtigen. Jeder Arbeitgeber mit mindestens 20 Beschäftigten (ohne Auszubildende) muss wenigstens 6 % der Arbeitsplätze mit Schwerbehinderten besetzen.

3.2.3
Arbeitszeitregelungen

Die normale Arbeitszeit ist auf täglich acht Stunden beschränkt. Sie kann nur auf zehn Stunden verlängert werden, wenn innerhalb von sechs Kalendermonaten oder 24 Wochen die durchschnittliche Zeit von acht Stunden pro Tag nicht überschritten wird. Dies gilt auch für die Arbeit an Sonn- und Feiertagen. Pro Jahr müssen für jeden Arbeitnehmer insgesamt mindestens 15 Sonntage arbeitsfrei bleiben. Die genauen Regelungen können Sie dem Arbeitszeitgesetz entnehmen.

§ 3 ArbZG

3.2.4
Kündigungsfristen

Jeder Arbeitsvertrag kommt aufgrund von zwei übereinstimmenden Willenserklärungen zustande. In der Regel sind die Arbeitsverträge auf unbestimmte Zeit abgeschlossen. Sie können aber auch gekündigt werden.

› Band 2, LF 7

Kündigungsfristen bei ordentlichen Kündigungen

Wenn der **Arbeitnehmer kündigt**, muss er nur die Grundkündigungsfrist von vier Wochen (= 28 Tage) einhalten (siehe unten).

Ordentliche Kündigung
§ 622 BGB

Wenn der **Arbeitgeber kündigt**, muss er zusätzlich zur Fristeinhaltung auch einen Kündigungsgrund angeben, wenn das Kündigungsschutzgesetz zur Anwendung kommt. Dies ist dann der Fall, wenn der Arbeitnehmer länger als sechs Monate im Betrieb gearbeitet hat und dort mehr als zehn Arbeitnehmer ständig beschäftigt sind.

Fristlose Kündigung aus wichtigem Grund

Das Dienstverhältnis kann von jedem Vertragsteil aus wichtigem Grund **ohne Einhaltung einer Kündigungsfrist** gekündigt werden, wenn Tatsachen vorliegen, aufgrund derer dem Kündigenden unter Berücksichtigung aller Umstände des Einzelfalles und unter Abwägung der Interessen beider Vertragsteile die Fortsetzung des Dienstverhältnisses bis zum Ablauf der Kündigungsfrist oder bis zu der vereinbarten Beendigung des Dienstverhältnisses nicht zugemutet werden kann.

Fristlose Kündigung
§ 626 BGB

3.3
Rücksicht auf Leben und Gesundheit: technischer Arbeitsschutz

Die Verordnung über die Arbeitsstätten ist die wichtigste Grundlage für den Arbeitsschutz. Dabei geht es darum, dass die Beschäftigten sicher und vor gesundheitlichen Gefahren geschützt sind.

Begriff Arbeitsstätte

Arbeitsstätten sind danach:

- Orte in Gebäuden oder im Freien, die sich auf dem Gelände eines Betriebes oder einer Baustelle befinden und zur Nutzung für Arbeitsplätze vorgesehen sind
- Verkehrswege, Fluchtwege, Notausgänge
- Lager-, Maschinen- und Nebenräume
- Sanitärräume
- Erste-Hilfe-Räume

Der **Arbeitgeber hat dafür zu sorgen,** dass Arbeitsstätten

- so eingerichtet sind, dass von ihnen keine Gefährdungen für die Sicherheit und Gesundheit der Beschäftigten ausgehen,
- auch behindertengerecht eingerichtet sind. Dies gilt insbesondere für die barrierefreie Gestaltung von Arbeitsplätzen, Fluchtwegen, Notausgängen usw.,
- dem Nichtraucherschutz gerecht werden,
- instand gehalten und festgestellte Mängel unverzüglich beseitigt werden.

Rechtsgrundlagen Arbeitsschutz

Im Kern bestimmen folgende **Rechtsgrundlagen** den technischen Arbeitsschutz:

Arbeitsschutzgesetz	Geräte- und Produktsicherheitsgesetz	Arbeitssicherheitsgesetz	Chemikaliengesetz
Verordnungen ■ Betriebssicherheit ■ Bildschirmarbeit ■ Lastenhandhabung ■ Biostoffverarbeitung ■ Technische Regeln	z. B. ■ Maschinenverordnung ■ Spielzeugverordnung	Regeln der Unfallversicherungen	■ Gefahrstoffverordnung ■ Technische Regeln

Überwacht und unterstützt wird der Arbeitsschutz durch folgende Organe:

Am Arbeitsort	Gewerbeaufsicht	Forschung und Ausbildung
■ Betriebsärzte ■ Sicherheitsfachkräfte ■ Sicherheitsbeauftragte ■ Arbeitsmedizinische Zentren	■ Aufsichtsbeamte ■ Berufsgenossenschaften	■ Bundesanstalt für Arbeitsschutz und Unfallforschung ■ Lehrstühle für Arbeitsmedizin

---

Beispiele

Gesundheitsvorsorge bei Schreibtisch- und Bildschirmarbeitsplätzen

Für Mitarbeiter/-innen im kaufmännischen Bereich besteht die Herausforderung darin, dass die Arbeitsplätze den ergonomischen Anforderungen entsprechen, um gesundheitlichen Schäden vorzubeugen. Dabei geht es in erster Linie um die Frage, wie ein Computerarbeitsplatz aussehen sollte. Hier gibt es einige Regeln:
- Der Monitor sollte so platziert werden, dass die Blickrichtung auf den Monitor parallel zur Fensterfront verläuft. Der Monitor sollte in keinem Fall vor einem Fenster (identische Blickrichtung auf den Monitor und aus dem Fenster) positioniert werden, da Blendungen auftreten können und zu hohe Anforderungen an die Hell-Dunkel-Adaptation des Auges gestellt werden. Ebenso ist die Aufstellung gegenüber einem Fenster zu vermeiden, da Reflexionen und Spiegelungen auf dem Monitor nur durch eine (unerwünschte) Verdunklung des Fensters zu reduzieren wären.

– Kunstlicht darf nicht zu Blendungen, Spiegelungen oder Reflexionen auf dem Monitor führen. Die Deckenbeleuchtung sollte daher parallel zur Blickrichtung auf den Monitor verlaufen und Rasterabdeckungen aufweisen.

– Die Höhe des Monitors sollte so eingestellt werden, dass die oberste Bildschirmzeile leicht unterhalb der horizontalen Blickrichtung liegt, sodass die Tätigkeit am Monitor mit entspannter Schulter- und Nackenmuskulatur ausgeübt werden kann.

– Der Arbeitsstuhl sollte so eingestellt werden, dass Ober- und Unterschenkel der oder des Sitzenden einen rechten oder leicht stumpfen Winkel (etwas größer als 90 Grad) bilden.

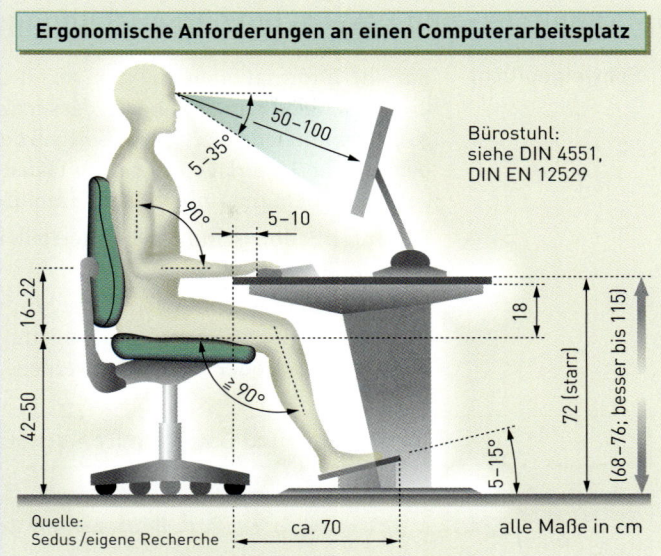

Ergonomische Anforderungen an einen Computerarbeitsplatz

Bürostuhl: siehe DIN 4551, DIN EN 12529

Quelle: Sedus /eigene Recherche

ca. 70   alle Maße in cm

Kennzeichnungspflicht für besondere Situationen

In Ihrem Betrieb finden Sie unterschiedliche Hinweisschilder, die alle etwas mit Verboten, Geboten, Warnungen oder der Rettung aus gefährlichen Situationen zu tun haben. Diese Zeichen sind sehr umfangreich. Einen kleinen Ausschnitt stellen wir Ihnen vor, damit Sie wissen, worum es geht, wenn Sie solche oder ähnliche Zeichen in Ihrem Ausbildungsbetrieb sehen:

Verbotszeichen
- Form: rund,
- schwarzes Piktogramm auf weißem Grund

Mobilfunk verboten

Rauchen verboten

Feuer, offenes Licht und Rauchen verboten

Warnzeichen
- Form: dreieckig,
- schwarzes Piktogramm auf gelbem Grund

Warnung vor Rutschgefahr

Warnung vor giftigen Stoffen

Warnung vor Flurförderzeugen

Gebotszeichen
- Form: rund,
- weißes Piktogramm auf blauem Grund

Handschuhe benutzen

Augenschutz tragen

für Fußgänger

Rettungszeichen
- Form: rechteckig oder quadratisch,
- weißes Piktogramm auf grünem Grund

Rettungsweg – Notausgang

Notruftelefon

Erste Hilfe

3.4
Informations- und Datenschutz im Ausbildungs- und Arbeitsverhältnis

Schweigepflicht Für alle Informationen, die man aus den betrieblichen Abläufen erhält, gilt generell die **Schweigepflicht.** Das heißt, dass man über Dinge, die ausschließlich betriebliche Angelegenheiten betreffen, außerhalb des Unternehmens nichts erzählen darf. Wenn betriebliche Unterlagen mit nach Hause genommen werden, ist dafür Sorge zu tragen, dass niemand unberechtigt Einblick in diese nehmen kann.

Der Informationsschutz soll sicherstellen, dass Informationen nicht

- verloren gehen,
- verfälscht oder zerstört werden,
- Unbefugten zur Kenntnis gelangen,
- ausspioniert oder entwendet werden.

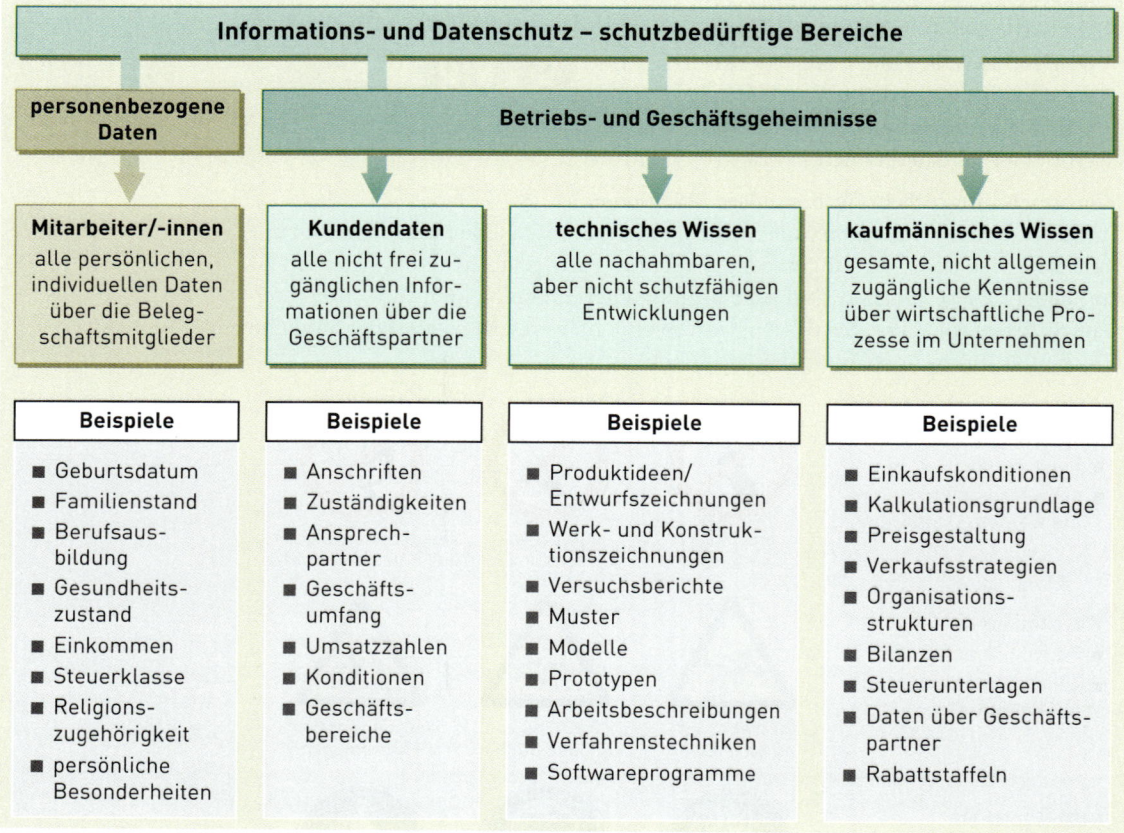

Weil die Grenze zwischen allgemeinen Informationen und dem, was nicht einmal im Betrieb jedem zugänglich ist und damit schon gar nicht nach außen getragen werden darf, nicht ganz einfach zu ziehen ist, gibt es für besonders schützenswerte Informationen sogenannte Schutzklassen. In der Regel erfolgt eine Abstufung in drei Kategorien.

Die Abstufung kann jedoch von Betrieb zu Betrieb unterschiedlich sein. Es kommt auch gar nicht darauf an, ob und in welcher Form etwas festgelegt ist. Der **Datenschutz und die Nichtweitergabe von betrieblichen Informationen sind eine Grundlage jedes Arbeitsverhältnisses.** Kein Arbeitnehmer und kein Auszubildender wird sich darauf berufen können, dass er etwas „nicht gewusst" habe.

Grundsätzlich gilt die Regel, dass der Schutzbedarf umso höher ist,

Schutzbedarf

- je größer der potenzielle Schaden sein kann,
- je höher die Kosten der Wiederbeschaffung (verloren gegangenes Material, Wiederherstellung des Wettbewerbsvorsprungs) sind,
- je später der Schaden überhaupt bemerkt wird.

Schutzklassen

Schutz-klasse	Kenn-zeichnung	Beispiele	Eingrenzung	mögliche Schadens-folge bei Miss-achtungen
1	intern	Richtlinien, Anweisungen, Organisationsmitteilungen, Informationen vom „Schwarzen Brett"	nicht für externen Gebrauch bestimmt	geringe Nachteile für einzelne Bereiche oder bestimmte Personen.
2	vertraulich	Entwicklungsdaten, Wirtschaftspläne, Preiskalkulationen, Angebote, Vertragsabschlüsse, personenbezogene Daten	nur bestimmten Personen, Abteilungen oder Stellen zugänglich	lokale Störung im Betriebsablauf Nachteile für einzelne Abteilungen, Beeinträchtigung des Vertrauens und des Ansehens der Person, die Informationen weitergegeben hat
3	streng vertraulich	strategische Unternehmensplanung, Geschäftsfeldanalysen, Produktplanungen, Forschungsergebnisse, Produktionsverfahren, die Wettbewerbsvorteile sichern	nur vom Urheber oder Inhaber der Urheberrechte festgelegten Personen oder Stellen zugänglich Weitergabe nur mit Zustimmung des Urhebers	erheblicher materieller oder immaterieller Schaden

Der Schutz betrieblicher Geheimnisse gilt keineswegs nur nach außen. Auch gegenüber Mitarbeitern, die nicht unmittelbar mit dem gleichen Sachgebiet befasst sind, dürfen keine Informationen weitergegeben werden, die für deren Tätigkeit keine Bedeutung haben.

Schutz persönlicher Daten von Mitarbeitern

Bei personenbezogenen Daten handelt es sich um Einzelangaben über persönliche und sachliche Verhältnisse einer bestimmten Person. Datenschutz ist das Recht des Einzelnen, selbst über die Preisgabe und Verwendung seiner Daten zu bestimmen.

Personendaten

Die Herausgabe von Telefonnummern ist nur dann erlaubt, wenn höherrangige Interessen oder Notwendigkeiten dies erfordern. Wenn z. B. im Rahmen von polizeilichen Ermittlungen zur Aufklärung einer Straftat eine Anfrage erfolgt, ob und wann ein Arbeitnehmer am Arbeitsplatz war oder nicht erschienen ist, wird die Personalabteilung Auskunft geben müssen. Dagegen ist die Herausgabe einer nicht im Telefonbuch veröffentlichten Telefonnummer eines Arbeitnehmers aus bloßem Kolleginteresse nicht mit datenschutzrechtlichen Vorschriften vereinbar. Ähnliches gilt übrigens auch, wenn ein Schüler im Sekretariat der Schule nach der Privatadresse eines Lehrers fragt.

Telefonnummern

3.5
Mitwirkung und Mitbestimmung – Arbeitnehmerschutz umsetzen

**Interessen-
ausgleich**

Die Mitbestimmung der Arbeitnehmer findet auf verschiedenen Ebenen statt und wird in unterschiedlichen Gremien vollzogen. Dabei geht es in erster Linie um einen Ausgleich der letztlich unterschiedlichen Interessen von Arbeitgebern und Arbeitnehmern.

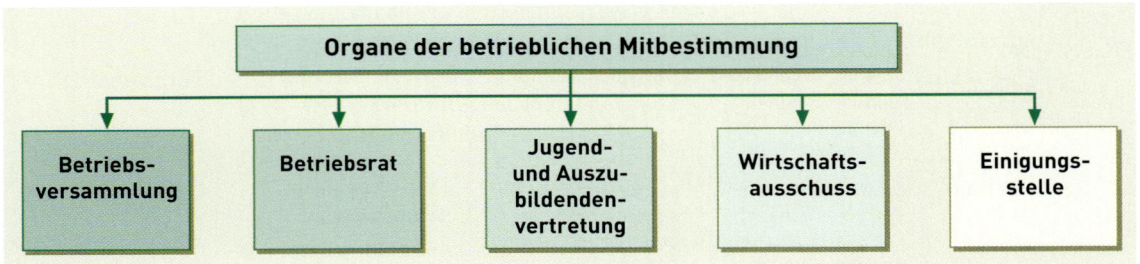

Ursprung der betrieblichen Mitbestimmung ist das **Betriebsverfassungsgesetz**, das in seiner ersten Fassung schon im Jahr 1952 in Kraft trat und mit einigen Veränderungen in dieser Form auch heute noch gilt. Wichtigster Bestandteil war die Einrichtung von Betriebsräten als Träger der Mitwirkungerechte der Arbeitnehmerschaft. Andere wichtige Organe der betrieblichen Mitbestimmung sind die Betriebsversammlung sowie die Jugend- und Auszubildendenvertretung. Sie sollen aufgrund ihrer Relevanz für die Zwischenprüfung in diesem Kapitel kurz vorgestellt werden, eine ausführliche Erläuterung aller Organe der betrieblichen Mitbestimmung erfolgt in Lernfeld 7 (Band 2).

Ein Betriebsrat kann in jedem Unternehmen gewählt werden, das mehr als fünf ständige Arbeitnehmer hat. Die unten stehende Grafik zeigt deutlich, worum es den Arbeitnehmern geht und wo ihnen „der Schuh drückt".

Um diese und weitere Probleme lösen zu können, stehen dem Betriebsrat Mitwirkungs- und Mitbestimmungsrechte zu. In Kurzform lassen sich die **Einflussbereiche der Betriebsräte** wie folgt kennzeichnen:

Bei allen **wirtschaftliche Angelegenheiten von besonderer Bedeutung** ist der Betriebsrat rechtzeitig zu **unterrichten**. Hierzu gehören z. B. geplante Änderungen in der Betriebsorganisation oder bezüglich des Betriebszweckes, aber auch die Einführung völlig neuer Arbeitsmethoden und insbesondere die Stilllegung oder Verlegung wesentlicher Betriebsteile oder des gesamten Betriebes. Kommt es zu keiner Einigung, wie die damit verbundenen Nachteile für die Arbeitnehmer ausgeglichen werden können, kann der Betriebsrat u. a. die Aufstellung eines Sozialplanes erzwingen.

In allen **sozialen Angelegenheiten** hat der Betriebsrat das volle **Mitbestimmungsrecht**. Dazu zählen z. B. Fragen der Betriebsordnung, der Beginn und das Ende der täglichen Arbeitszeit, die Pausenregelungen, die Aufstellung allgemeiner Urlaubsgrundsätze, die Ausgestaltung von Sozialeinrichtungen, die Zuweisung oder die Kündigung von Werkswohnungen oder auch Fragen der betrieblichen Lohngestaltung. Kann man sich nicht einigen, so entscheidet eine Einigungsstelle.

Im **personellen Bereich** ist dem Betriebsrat in Betrieben mit mehr als 20 Beschäftigten vor allen Einstellungen, Eingruppierungen und Versetzungen Auskunft zu erteilen. Er muss den Maßnahmen zustimmen. Bei allen Kündigungen durch den Arbeitgeber hat der Betriebsrat das Recht auf **Anhörung**. Wird diese versäumt, ist die Auflösung des Arbeitsverhältnisses nicht rechtmäßig, also unwirksam.

Nach dem Grad der Beteiligungsstärke des Betriebsrates lassen sich diese Rechte wie folgt einordnen:

Einflussbereich der Betriebsräte

Einordnung der Rechte von Betriebsräten

Mitwirkungs- und Mitbestimmungsrechte des Betriebsrates

Beteiligungsstärke

hoch

Mitbestimmungsrechte
Arbeitgeber und Betriebsrat haben ein gleichberechtigtes Initiativrecht. Sie können Entscheidungen nur gemeinsam treffen. Bei unüberbrückbaren Meinungsverschiedenheiten entscheidet die Einigungsstelle.
Beispiele: Arbeitszeit, Sozialplan oder Lohngestaltung

Zustimmungsverweigerungs- oder Widerspruchsrechte
Der Arbeitgeber darf eine Maßnahme nur mit Einverständnis des Betriebsrates durchführen. Der Betriebsrat hat aber kein Recht zur Durchsetzung eines Alternativvorschlages.
Beispiele: Einstellungen, Versetzungen, Ein- und Umgruppierungen

Mitbestimmung im engeren Sinne

Beratungsrechte
Arbeitgeber und Betriebsrat erörtern eine Angelegenheit in einem gemeinsamen Gespräch.
Beispiele: Gestaltung von Arbeitsplatz, Arbeitsablauf und Arbeitsumfang

Anhörungsrechte
Der Arbeitgeber teilt dem Betriebsrat seine Absicht mit und fordert den Betriebsrat unter Fristsetzung zur Stellungnahme auf.
Beispiel: Entlassungen

Mitwirkung

Informationsrechte
Der Arbeitgeber teilt dem Betriebsrat anhand von Unterlagen seine Pläne mit.
Beispiel: Personalplanung

niedrig

Betriebs-ausschuss

Ab einer Anzahl von neun oder mehr Betriebsratmitgliedern muss in geheimer Wahl ein sogenannter **Betriebsausschuss** gewählt werden. Der Betriebsausschuss übernimmt die Geschäftsführung des Betriebsrates. Seine Aufgaben sind v. a. die Organisation und Vorbereitung der Arbeit des Betriebsrates. Sinn und Zweck der Einrichtung eines Betriebsausschusses ist es, Entscheidungsprozesse zu verkürzen und die Arbeit im Betriebsrat effizienter und einfacher zu machen.

Betriebs-versammlung

Vor der versammelten Arbeitnehmerschaft stellt der Betriebsrat auf der **Betriebsversammlung** seinen Tätigkeitsbericht vor. Die Versammlung ist einmal im Vierteljahr einzuberufen. Auch der Arbeitgeber ist einzuladen, denn er muss ebenfalls vierteljährlich über die wirtschaftliche Lage sowie das Personal- und Sozialwesen berichten.

Jugend- und Auszubildenden-vertretung

Die **Jugend- und Auszubildendenvertretung** wird alle zwei Jahre in Betrieben, die mehr als 15 Arbeitnehmer im Alter unter 25 Jahren beschäftigen, gewählt. Zu ihren Aufgaben gehören z. B.

- die Vertretung der Jugendinteressen im Betriebsrat,
- das Überwachen der Einhaltung von Vorschriften und Vereinbarungen zugunsten der jugendlichen Arbeitnehmer sowie
- die Weitergabe von Anregungen und Beschwerden an den Betriebsrat.

Wirtschafts-ausschuss

Da ab einer gewissen Betriebsgröße wirtschaftliche Zusammenhänge so komplex werden können, dass der Betriebsrat Hilfestellung durch ein zusätzliches Gremium benötigt, schreibt das BetrVG die Einrichtung eines **Wirtschaftsausschusses** vor, wenn die Unternehmensgröße 100 Mitarbeiter erreicht. Der Wirtschaftsausschuss muss regelmäßig über wirtschaftliche Angelegenheiten des Unternehmens informiert werden. Er unterrichtet dann seinerseits den Betriebsrat.

Einigungsstelle

Können sich Betriebsrat und Arbeitgeber bei mitbestimmungspflichtigen Entscheidungen nicht einigen, so sieht das BetrVG die Einrichtung einer **Einigungsstelle** vor. Diese Instanz ist also eine Art betriebliches Schiedsgericht. Die Einigungsstelle besteht aus einer gleichen Anzahl von Beisitzern, die vom Arbeitgeber und vom Betriebsrat bestellt werden, und einem unparteiischen Vorsitzenden, auf dessen Person sich beide Seiten einigen müssen. Die Kosten der Einigungsstelle (u. a. Kosten für Räume, Büromaterial, Vergütung des Vorsitzenden und betriebsfremder Beisitzer) sind ebenso wie die von Betriebsrat, Jugend- und Auszubildendenvertretung und Wirtschaftsausschuss vom Arbeitgeber zu übernehmen.

4
Alles, was Recht ist – Rechtliche Rahmenbedingungen unseres Handelns

4.1
Grundbegriffe des Rechts

4.1.1
Rechtsquellen und Rechtsgebiete

Die wichtigste Rechtsquelle ist das Gesetz. Selten geworden ist das Gewohnheitsrecht, das als ungeschriebene Rechtsquelle evtl. vorhandene Lücken in den gesetzlichen Regelungen füllt.

Rechtsquellen

In der Bundesrepublik ist das die Verfassung (Grundgesetz [GG]) mit seinen darin enthaltenen Grundrechten die Leitlinie für das gesamte Rechtssystem. Artikel 1 GG, der die Unantastbarkeit der Menschenwürde als einen von aller staatlichen Gewalt zu achtenden Grundsatz festschreibt, ist ein Beispiel für ein Prinzip des Naturrechts, das Eingang in die Verfassung fand.

Die Rechtsordnung mit allen Regelungen, die vom Staat und den gesetzgebenden Institutionen geschaffen wurden, bezeichnet man auch als **objektives Recht**. Es umfasst alle Rechtsnormen. Sie müssen sich nicht nur an den Maßstäben des Grundgesetzes orientieren, sondern sich auch internationalen Maßstäben anpassen. Dies gilt z. B. für die Einhaltung von Verordnungen, die von der EU erlassen werden und in nationales Recht umgewandelt werden müssen (z. B. Rauchverbot). An oberster Stelle steht das international zu beachtende Völkerrecht.

Objektives Recht

Innerhalb des deutschen Rechtssystems unterscheidet man mit dem Öffentlichen und dem Privaten Recht zwei große Rechtsgebiete:

a) **Öffentliches Recht** gründet sich auf dem **Prinzip der Unter- und Überordnung.** Der Staat ist dem Bürger hier übergeordnet. Grundsätzlich ist das öffentliche Recht zwingend, d. h., dass über die Vorgaben und Regelungen nicht verhandelt werden kann. Wenn es sich um öffentliche Abgaben oder Steuern handelt, sind überhaupt keine Verträge nötig bzw. möglich, sondern die fälligen Beiträge werden ohne die Möglichkeit irgendeines Verhandlungsspielraumes erhoben oder eingezogen.

Öffentliches Recht

Über- und Unterordnung

Das öffentliche Recht beinhaltet sowohl Verbote als auch Gebote bestimmter Handlungen. Jeder Bürger muss sich dem öffentlichen Recht unterordnen. Es herrscht Steuerpflicht, Sozialversicherungspflicht, Schulpflicht, Wehrpflicht usw. Der Staat ist Inhaber des Gewaltmonopols, seine Organe führen das Polizeirecht und Strafrecht aus. Allerdings werden durch öffentliches Recht auch Leistungen gewährt: Kindergeld, Arbeitslosengeld, Sozialhilfe, Wohngeld, Rente u. v. m.

b) **Privates Recht** regelt die Beziehungen zwischen gleichgestellten Parteien. Grundsätzlich herrscht im Privatrecht **Vertragsfreiheit**, und zwar sowohl Abschluss- als auch Inhaltsfreiheit, d. h., dass man sich frei entscheiden kann, ob und mit wem man Verträge abschließt, welchen Inhalt diese Verträge haben. Die Form (mündlich, schriftlich, notariell beurkundet), in der Verträge abgeschlossen werden können, ist aber teilweise gesetzlich vorgeschrieben.

Vertragsfreiheit im privaten Recht

Das Privatrecht gilt z. B. beim Abschluss eines Ausbildungsvertrages ebenso wie beim Kauf eines Autos oder bei Anmietung einer Wohnung. Ebenso beruhen Verträge, die ein Unternehmen z. B. mit seinen Zulieferern, den Energieversorgern, den Speditionen oder den Kunden schließt, auf dem privaten Recht. Dabei spielt es keine Rolle, ob es sich um natürliche oder um juristische Personen als Vertragspartner handelt.

Das gilt auch für Verträge mit staatlichen Einrichtungen. So unterliegt z. B. der Verkauf von Bürostühlen der Heidtkötter KG an einen Büromöbelgroßhändler dem gleichen Recht wie der Verkauf an eine Gemeinde, die einen neuen Sitzungsraum mit Heidtkötter-Möbeln ausstattet. Hier handeln staatliche Institutionen als Parteien auf dem Gebiet des Privatrechts.

Für berufliche Tätigkeiten sind drei Bereiche aus dem Privatrecht besonders wichtig:

Bürgerliches Gesetzbuch

- Das **Bürgerliche Recht** ist im Bürgerlichen Gesetzbuch (BGB) zusammengefasst und regelt in den Paragrafen 1 bis 2 385 die allgemeinen Rechtsbeziehungen von Privatpersonen. Zu ihm gehören insbesondere das Vertrags-, Familien-, Sachen- und Eherecht.

Handelsgesetzbuch

- Das Handelsgesetzbuch (HGB) als Grundlage des **Handelsrechts** enthält in 905 Paragrafen u. a. die Vorschriften zum Unternehmens- und **Gesellschaftsrecht**, aber auch die Vorschriften zum Wettbewerbsrecht sowie zum Wechsel-, Scheck- und Wertpapierverkehr.

Arbeitsrecht

› **LF 1, Kap. 3**
› **Band 2, LF 7**

- Die Regelungen rund um die Inhalte und Erfüllung von Arbeitsverträgen gehören zum Bereich des **Arbeitsrechts.** Das Arbeitsrecht ist nicht in einem einheitlichen Gesetz festgeschrieben und auch nicht auf das Privatrecht beschränkt. Arbeitsrechtliche Regelungen finden sich im BGB sowie einer Vielzahl von Einzelgesetzen (z. B. zum Mutterschutz, zur Elternzeit, zur Mitbestimmung, zum Urlaub).

4.1.2
Gegenstände des Rechtsverkehrs, Besitz und Eigentum

Rechtssubjekte und -objekte

Die Personen, die einen Vertrag abschließen, nennt man **Rechtssubjekte**. Die Sache, um die es bei den Verträgen geht, wird **Rechtsobjekt** genannt.

Sachen
§ 90 BGB

Bei den Gegenständen des Rechtsverkehrs unterscheidet man zwischen Sachen und Rechten. **Sachen** sind körperlich abgrenzbare Gegenstände. Sie werden eingeteilt in solche, die mehr oder weniger völlig gleich und daher austauschbar, d. h. vertretbar sind, und solche, die nicht ohne Weiteres durch andere ersetzt werden können.

Vertretbarkeit von Sachen
§ 91 BGB

Dieses Lehrbuch ist ein sogenanntes vertretbares Gut. Man bezeichnet solche Gegenstände auch als fungibel. Wenn das Buch verloren geht, kann es durch ein neues Buch ersetzt werden. Eine handgedruckte mehrere hundert Jahre alte Bibel oder ein Ölgemälde sind Einzelstücke, die bei Diebstahl oder Zerstörung nicht ersetzt werden können. Sie sind nicht fungibel oder vertretbar.

Besitz und Eigentum
§§ 854 ff., 903 ff. BGB

Besitzer ist derjenige, der die sogenannte tatsächliche Herrschaft über eine Sache hat – unabhängig davon, ob er ein Recht zum Besitz hat. Auch ein Dieb ist Besitzer einer gestohlenen Sache, er hat sie in seinem Besitz. Der Eigentümer einer Sache hat das Recht, darüber nach Belieben zu verfügen und insbesondere andere von der Nutzung auszuschließen, sofern dies nicht das Gesetz oder die Rechte Dritter dem entgegen stehen. Wenn Ihnen z. B. dieses Lehrbuch von Ihrer Schule zur Verfügung gestellt wurde, sind Sie die Besitzerin oder der Besitzer, die Schule ist aber nach wie vor Eigentümerin des Buches. Das Eigentum an einer Sache geht auf einen anderen über, wenn sich beide darüber einig sind und der „alte" Eigentümer sein Eigentum an der Sache aufgibt.

Rechte

Auch Dritte, d. h. andere als der Besitzer oder der Eigentümer können Rechte an einer Sache haben. So kann z. B. eine Bank aufgrund einer Grundschuld ein Sicherungs- und Verwertungsrecht an einem Grundstück oder an einem verpfändeten Gegenstand haben. Wird eine Maschine mit Eigentumsvorbehalt bis zur Kaufpreiszahlung geliefert, ist dies ebenfalls ein Sicherungs- und Verwertungsrecht. Weitere Rechte sind z. B. Nutzungsrecht an einer Sache aufgrund von vertraglichen Vereinbarungen. Neben den Rechten von Dritten an einer Sache gibt es auch unkörperliche Gegenstände, die Rechtsobjekte darstellen. Zu diesen Immaterialgütern gehören Patente, Lizenzen oder andere gewerbliche Schutzrechte, aber auch Daten, Know-how usw.

An einer gestohlenen oder verlorenen Sache kann grundsätzlich kein Eigentum erworben werden. Wenn Sie z. B. im Internet eine Digitalkamera kaufen und diese gestohlen war, dann müssen Sie sie dem rechtmäßigen Eigentümer herausgeben und sich Ihr Geld beim Verkäufer zurückholen.

Kein Eigentumserwerb an gestohlener Ware § 935 BGB

4.1.3
Rechtssicherheit und Rechtsgleichheit

Ein Prinzip des Rechtssystems ist die Verlässlichkeit, die von rechtlichen Regelungen ausgeht. Wesentliche Säulen unseres Rechtssystems sind die Rechtsgrundsätze

- **Rechtssicherheit**, d. h., dass die Folgen eines bestimmten Handelns (oder auch des Unterlassens einer bestimmten Handlung) vorher feststehen, und die
- **Rechtsgleichheit**, d. h., dass jede Person unabhängig von Einkommen, Geschlecht, Hautfarbe oder sonstigen persönlichen Merkmalen den gleichen Rechtsgrundsätzen unterworfen ist.

Rechtssicherheit

Rechtsgleichheit

Das bedeutet z. B. für den privaten Bereich, dass das Überfahren einer roten Ampel für jeden Autofahrer mit einem festgelegten Bußgeld oder eine Autofahrt unter Alkoholeinfluss mit einem Fahrverbot bestraft wird. Der Fahrer kennt mögliche Konsequenzen und weiß, auf was er sich einlässt, wenn er sich trotzdem falsch verhält.

Verlässlichkeit von rechtlichen Regeln

In einem Unternehmen führen z. B. Verstöße gegen Umweltauflagen zu einer Bestrafung. Wenn etwa ein Ölabscheider nicht entsprechend der Vorschriften gewartet oder entleert wird oder die Emissionswerte der Abgasanlagen zu hoch sind, wird der Unternehmer unabhängig davon bestraft, um welches Unternehmen es sich handelt.

Für das Ausbildungsverhältnis bedeuten diese Grundsätze z. B. den Anspruch jedes Auszubildenden, dass der Ausbilder die mit der Ausbildung verbundenen gesetzlichen und vertraglichen Bestimmungen einhält. Für die Auszubildenden heißt dies aber auch, dass sie die Folgen eines Fehlverhaltens kennen.

4.1.4
Rangfolge- und Günstigkeitsprinzipien

Dem EU-Recht und dem Grundgesetz müssen sich alle rangniedrigeren Rechtsvorschriften anpassen. Es darf keine Gesetze geben, die sich nicht mit den aus dem EU-Recht oder aus dem Grundgesetz ableitbaren Regelungen vereinbaren lassen.

Dieses sogenannte **Rangfolgeprinzip** gilt auch für alle folgenden Stufen. Das bedeutet, dass auf den einzelnen in nebenstehender Abbildung dargestellten Rechtsstufen nie etwas festgelegt werden darf, was gegen höherrangiges Recht verstößt. Dabei gilt, dass Bundesrecht immer über Landesrecht geht, auch wenn es sich dabei um eine Rechtsverordnung im Verhältnis zu einer Landesverfassung handelt.

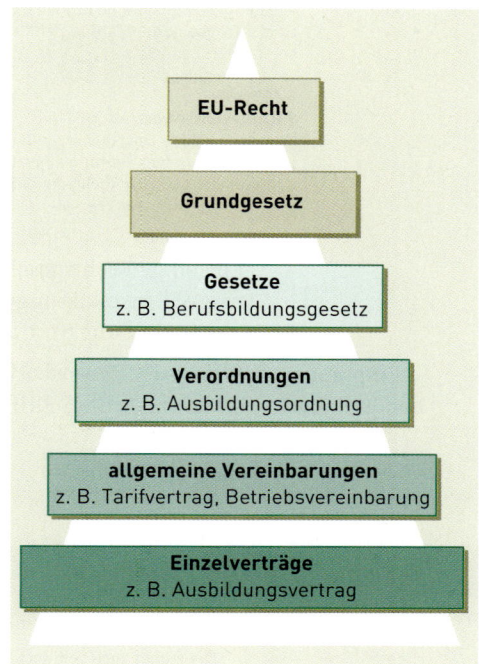

Andererseits gilt im Arbeitsrecht das **Günstigkeitsprinzip**, das hier eine besondere Bedeutung hat. Eine für den Betroffenen günstigere rangniedrigere Regelung verdrängt eine zwar höher stehende, aber für den Betroffenen ungünstigere Regelung.

So kann z. B. in einem Ausbildungsvertrag mehr Urlaub vereinbart werden, als im Jugendarbeitsschutzgesetz vorgesehen ist. Keinesfalls darf der Urlaubsanspruch geringer sein. Wenn es zu rechtlichen Auseinandersetzungen kommt, entscheiden im Zweifelsfall gerichtliche Instanzen über die verschiedenen Rechtsauffassungen der einzelnen Parteien.

4.2
Willenserklärungen als Voraussetzung für das ordnungsgemäße Zustandekommen von Rechtsgeschäften

Willens-
erklärungen

Mehrseitige, in der Regel zweiseitige Rechtsgeschäfte, kommen durch die Willenserklärungen mehrerer Personen zustande. Verträge zwischen zwei Personen oder Parteien sind Rechtsgeschäfte, die auf zwei übereinstimmenden Willenserklärungen beruhen. Dabei müssen die Willenserklärungen nicht immer explizit ausgesprochen werden. Es genügt schon konkludentes Handeln. Ein Beispiel: Sie legen beim Bäcker 2,00 € auf die Theke und sagen „Ein Brot, bitte." Die Verkäuferin reicht Ihnen ohne weiteren Kommentar das Brot.

Arten von Verträgen			
Veräußerung	**Gebrauchsüberlassung**	**Tätigkeit**	**Sonstige**
§§ 433 ff., 453 BGB **Kaufvertrag** Vertrag über die Veräußerung von Sachen oder Rechten gegen Entgelt	§ 535 ff. BGB **Mietvertrag** Überlassung von Räumen, Gebäuden und/ oder Sachen zum Gebrauch gegen Zahlung eines Entgelts (Miete)	§ 631 ff. BGB **Werkvertrag**[1] Vertrag über die Herstellung eines Werkes oder die Veränderung einer Sache. Gegenstand kann sowohl die Herstellung oder Reparatur einer Sache als auch ein anderer durch die Arbeit oder Dienstleistung herbeizuführender Erfolg sein (Beispiel: Umbau eines Hauses).	§ 765 ff. BGB **Bürgschaft** Der Bürge verpflichtet sich gegenüber dem Gläubiger eines Dritten, für die Erfüllung der Verbindlichkeiten des Dritten einzustehen
§ 480 BGB **Tauschvertrag** Gegenseitige Überlassung von Sachen und Rechten ohne Zahlung eines Entgelts	§ 581 ff. BGB **Pachtvertrag** Überlassung von Sachen zum Gebrauch und „Fruchtgenuss" (z. B. der Ernteertrag oder der Umsatz aus dem Betrieb einer Gaststätte) gegen Zahlung eines Entgelts (Pacht)	§ 611 ff. BGB **Dienstvertrag und Arbeitsvertrag** Zurverfügungstellen und Inanspruchnahme von Leistungen gegen Zahlung einer vereinbarten Vergütung	§ 705 ff. BGB **Gesellschaftsvertrag** Gegenseitige Verpflichtung von Vertragspartnern zur Erreichung eines gemeinsamen Zweckes durch vereinbarte Beiträge zu fördern
§ 516 ff. BGB **Schenkung** Unentgeltliche Zuwendung aus dem Vermögen des Schenkenden zur Bereicherung des Beschenkten	§ 598 ff. BGB **Leihvertrag** Vertrag über eine unentgeltliche Überlassung von Sachen zum Gebrauch – geliehene Sache wird später an den Verleiher zurückgegeben (Beispiel: Auto)	§ 662 ff. BGB **Auftrag** Verpflichtung, ein vom Auftraggeber übertragenes Geschäft unentgeltlich zu erledigen/zu besorgen. Gegebenenfalls können aber damit zusammenhängende Aufwendungen in Rechnung gestellt werden.	
	§ 488 ff. BGB **(Geld-) Darlehensvertrag** Vorübergehendes Zurverfügungstellen eines Geldbetrages gegen Zahlung eines dafür geschuldeten Zinses	§ 675 ff. BGB **Geschäftsbesorgungsvertrag** Dienstverträge oder Werkverträge, die Geschäftsbesorgung zum Gegenstand haben	
	§ 607 BGB **Sachdarlehensvertrag** Vorübergehende Überlassung einer vertretbaren Sache gegen Zahlung eines Darlehensentgelts und spätere Rückgabe einer Sache gleicher Art, Güte und Menge		

Einseitige Rechtsgeschäfte beruhen auf Willenserklärungen nur einer Person. Einseitige Willenserklärungen können empfangsbedürftig sein. Zwei Beispiele: Kündigung des Ausbildungsvertrages während der Probezeit; ein Testament (§ 2247 BGB).

Empfangs-
bedürftigkeit

Wegen der Beweisbarkeit wird bei solchen einseitigen **empfangsbedürftigen Willenserklärungen** die Schriftform gewählt. Häufig erfolgt dies auch mit einem Einschreiben.

---

1 Der früher auch gebräuchliche Werklieferungsvertrag ist mit der Schuldrechtsreform des Jahres 2002 entfallen.

Nicht empfangsbedürftig sind Willenserklärungen, die von einer Person abgegeben und wirksam werden, ohne dass eine andere Person davon zum Zeitpunkt der Abgabe etwas erfahren muss. Ein Beispiel ist ein Testament. Unabhängig davon, dass es zu irgendeinem Zeitpunkt eröffnet wird und der Erbe das Testament auch ablehnen kann, handelt es sich zum Zeitpunkt des Verfassens um eine rechtsgültige Willenserklärung des Erblassers.

Nicht empfangsbedürftige Willenserklärungen

Grundsätzlich geht man vom Prinzip der **Vertragsfreiheit** aus. Das bedeutet:

Vertragsfreiheit

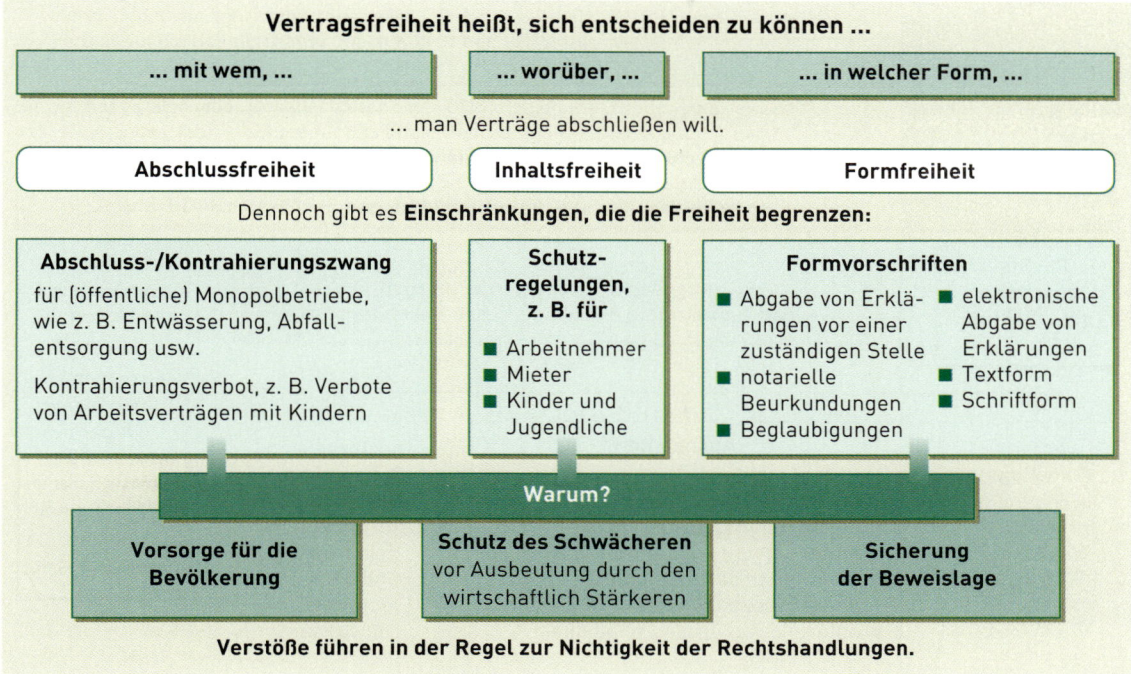

Vertragsfreiheit heißt, sich entscheiden zu können ...

| ... mit wem, ... | ... worüber, ... | ... in welcher Form, ... |

... man Verträge abschließen will.

| Abschlussfreiheit | Inhaltsfreiheit | Formfreiheit |

Dennoch gibt es **Einschränkungen, die die Freiheit begrenzen:**

Abschluss-/Kontrahierungszwang
für (öffentliche) Monopolbetriebe, wie z. B. Entwässerung, Abfallentsorgung usw.

Kontrahierungsverbot, z. B. Verbote von Arbeitsverträgen mit Kindern

Schutzregelungen, z. B. für
■ Arbeitnehmer
■ Mieter
■ Kinder und Jugendliche

Formvorschriften
■ Abgabe von Erklärungen vor einer zuständigen Stelle
■ notarielle Beurkundungen
■ Beglaubigungen
■ elektronische Abgabe von Erklärungen
■ Textform
■ Schriftform

Warum?

| Vorsorge für die Bevölkerung | Schutz des Schwächeren vor Ausbeutung durch den wirtschaftlich Stärkeren | Sicherung der Beweislage |

Verstöße führen in der Regel zur Nichtigkeit der Rechtshandlungen.

4.2.1
Rechts- und Geschäftsfähigkeit

Rechtsfähig sind alle Menschen von Geburt an. Das bedeutet, dass sie Träger von Rechten und Pflichten sind. So gilt z. B. das Recht auf Leben und körperliche Unversehrtheit für alle Menschen gleichermaßen und ist keinerlei Einschränkungen unterworfen.

Rechtsfähigkeit
§ 1 BGB

Dagegen richtet sich die **Geschäftsfähigkeit** nach dem Alter, aber in gewissem Umfang auch nach geistigen Voraussetzungen. Geschäftsfähig zu sein bedeutet, dass man eigenständig handeln und eigene rechtskräftige Willenserklärungen abgeben kann.

Altersabhängige Geschäftsfähigkeit
§§ 104, 106 BGB

Wenn nicht gegen geltendes Recht verstoßen wird, kann jeder, der geschäftsfähig ist, **gültige Verträge** schließen, mit wem er will. Es gibt aber auch Situationen, in denen eine Willenserklärung nicht rechtskräftig ist und so behandelt wird, als wäre sie nie abgegeben worden. Solche Willensäußerungen bezeichnet man als nichtig. Auch wenn sie zunächst scheinbar zu einem Vertrag führen sollten, ist dieser nicht gültig und es können keinerlei Rechtsansprüche daraus abgeleitet werden.

Nichtig sind z. B. alle Verträge, die von und mit **geschäftsunfähigen Vertragspartnern** geschlossen werden. Dies sind
■ Kinder bis zur Vollendung des 7. Lebensjahres und
■ Menschen, bei denen die freie Willensbildung durch eine dauernde Geistesstörung unterbunden ist.

Nichtige Willenserklärungen
§§ 104, 105 BGB
› **LF 1, Kap. 4.2.3**

Beschränkung der Geschäftsfähigkeit
§ 106 BGB

Schwebende Unwirksamkeit
§ 108 BGB

Möglich sind Rechtsgeschäfte mit **beschränkt geschäftsfähigen Personen** (siehe Schaubild). Sie bedürfen grundsätzlich der vorherigen Einwilligung oder der nachträglichen Genehmigung des gesetzlichen Vertreters. Bei Kindern sind dies meist die Eltern. Bei Volljährigen, die nicht im Vollbesitz ihrer geistigen Kräfte sind, ist der vom Vormundschaftsgericht bestellte rechtliche Betreuer zuständig. Ohne dessen Zustimmung sind die Rechtsgeschäfte nichtig. Wurden von dem genannten Personenkreis trotzdem Willenserklärungen abgegeben, ohne dass eine Einwilligung vorlag, so sind diese Erklärungen so lange „schwebend unwirksam", bis der gesetzliche Vertreter sie genehmigt.

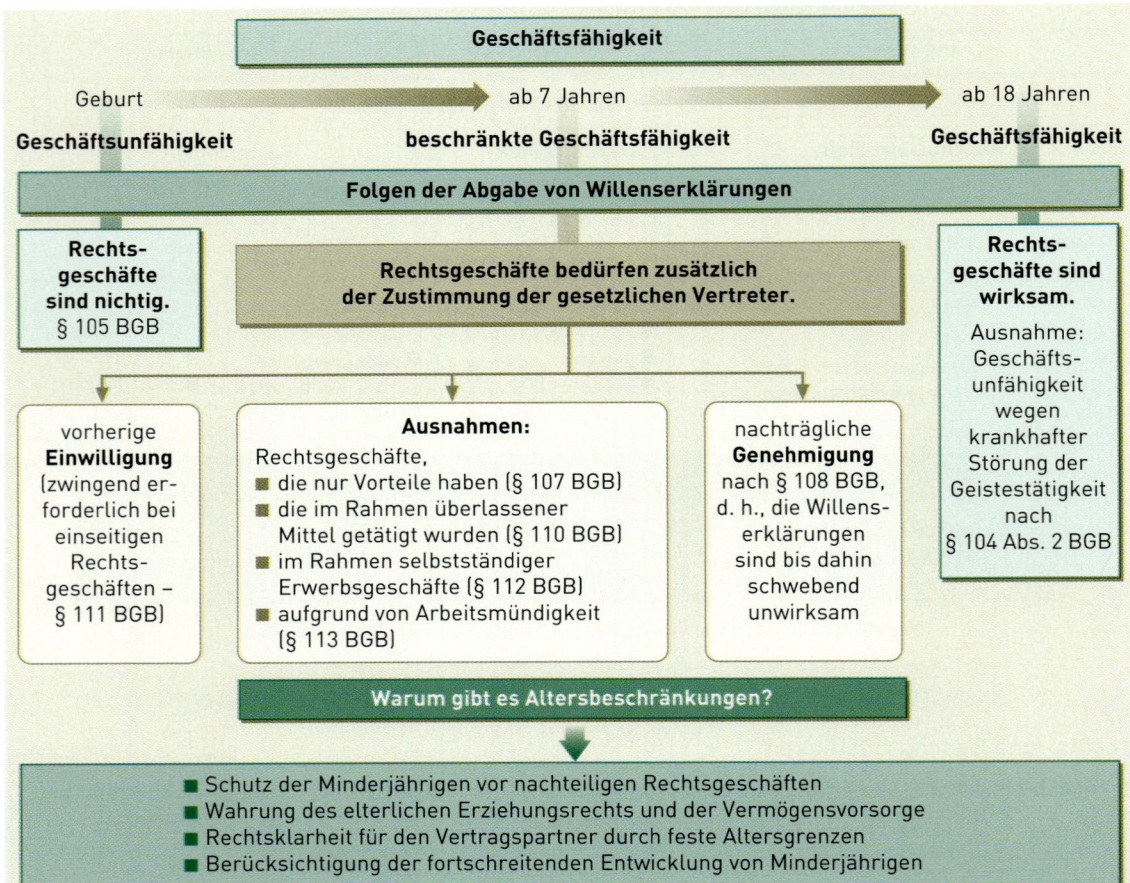

Mit beschränkt geschäftsfähigen Personen abgeschlossene Verträge bleiben gültig, wenn sie

Eigene Mittel
§ 110 BGB

- mit **„eigenen Mitteln"** bezahlt werden (früher: „Taschengeldparagraf"); hierunter fallen allerdings keine Verträge, die mit Mitteln bezahlt werden, die zum Zeitpunkt des Vertragsabschlusses noch nicht zur Verfügung stehen (z. B. Kredit-, Raten- oder Abonnementverträge);
- **keine Verpflichtungen**, sondern nur rechtliche Vorteile beinhalten (wie z. B. die Annahme von Geldgeschenken);
- im Rahmen und/oder in der unmittelbaren **Folge eines** mit Zustimmung der Erziehungsberechtigten abgeschlossenen **Arbeits- oder Ausbildungsverhältnisses** getätigt werden.

Ausbildungsbezogene Rechtsgeschäfte
§ 106 BGB

Der Minderjährige kann die im Rahmen der Arbeitstätigkeit gewöhnlich anfallenden Geschäfte tätigen, also ein Girokonto einrichten, in die Gewerkschaft eintreten oder die Kran-kenkasse wechseln. Er kann sogar seinen Arbeitsvertrag kündigen und einen gleichartigen Vertrag bei einem anderen Unternehmen abschließen. Die Arbeitsmündigkeit gilt aber nicht für Ausbildungsverträge. Der Auszubildende benötigt grundsätzlich für den Abschluss sämtlicher Rechtsgeschäfte im Zusammenhang mit dem Ausbildungsvertrag die Zustimmung der gesetzlichen Vertreter.

Keine Arbeitsmündigkeit bei Ausbildungsverträgen

Besondere altersunabhängige Umstände

Es kann aus besonderen Gründen in jeder Altersstufe durchaus Situationen geben, in denen jemand bei der Vornahme von Rechtshandlungen der Unterstützung und Hilfe bedarf oder der geistige Zustand eigene Willenserklärungen nicht mehr vertretbar erscheinen lässt. Gegebenenfalls muss hier ein Vormundschaftsgericht entscheiden, wer für die betroffene Person Rechtsgeschäfte abschließen darf, z. B. bei demenzkranken Menschen.

Dauerhafte Geistesstörung
§ 104 Abs. 2 BGB

Vormundschaftsgericht

Einschränkungen können auch nur vorübergehend auftreten. Das ist z. B. bei übermäßigem Alkohol- oder Drogenkonsum der Fall. Verlassen sollte man sich aber nicht darauf, dass man in einer solchen Situation frei von jeglicher rechtlichen Verantwortung ist. Verträge kann man zwar nicht wirksam abschließen, für einen verursachten Schaden muss man aber auch in einem solchen Fall haften.

Vorübergehende Einschränkungen

4.2.2
Formvorschriften für bestimmte Vertragsarten

Grundsätzlich können Verträge mündlich, schriftlich oder auch durch übereinstimmendes (konkludentes) Handeln zustande kommen. Die generelle Formfreiheit, d. h., dass die Verträge sowohl inhaltlich als auch in ihrer äußeren Form frei gestaltet werden können, erfährt vor dem Hintergrund des Schutzes der Verbraucher und der Arbeitnehmer eine Reihe von Einschränkungen.

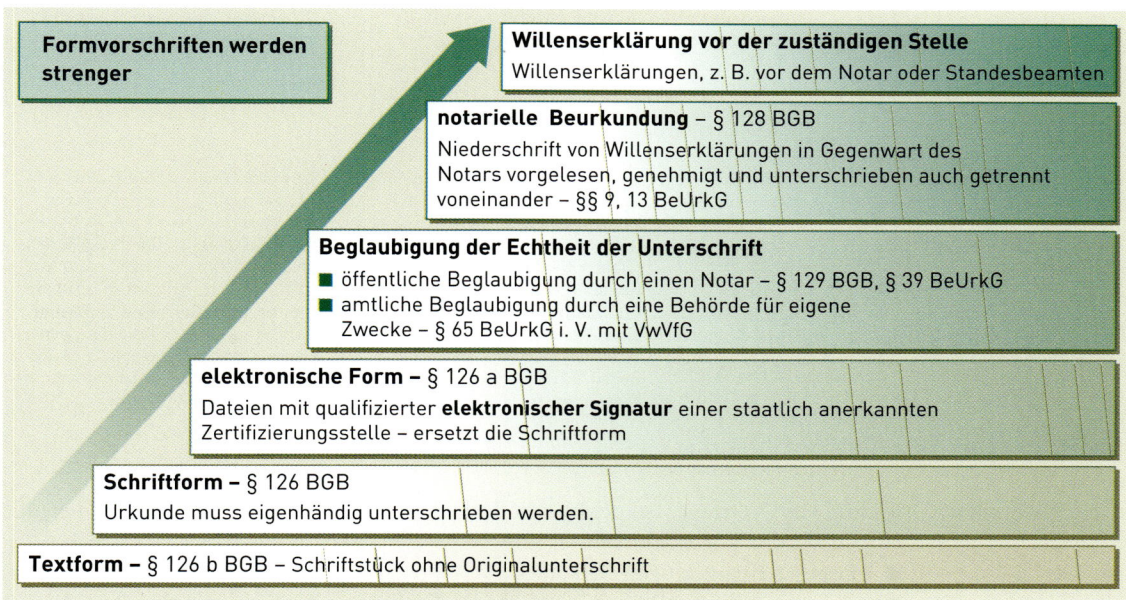

Dabei geht es darum,

- die rechtsunkundigen Vertragspartner vor übereilten Vertragsabschlüssen zu warnen (**Warnfunktion** der Form),
- Nachweise für den Abschluss und den Inhalt wichtiger Rechtsgeschäfte zu schaffen (**Beweisfunktion**) und
- bei Rechtsgeschäften von besonderer Bedeutung von rechtskundigen Personen unterstützt zu werden (**Beratungsfunktion**).

Nichtigkeit wegen Formmangel
§ 125 BGB

Die Folge von Formverstößen ist grundsätzlich die Nichtigkeit – also die Unwirksamkeit – des Vertrags, nur in Ausnahmefällen ist eine sogenannte „Heilung" des Formverstoßes möglich.

4.2.3
Nichtigkeit und Anfechtbarkeit von Willenserklärungen und Verträgen

Wenn nicht gegen geltendes Recht verstoßen wird, können die Vertragsinhalte frei ausgehandelt werden. Werden rechtliche Grundlagen verletzt, sind Verträge entweder nichtig, d. h., sie gelten als gar nicht zustande gekommen, oder sie sind anfechtbar, d. h., sie gelten zunächst, können aber nachträglich rückgängig gemacht werden.

§§ 117, 118 BGB

Gründe für die Nichtigkeit von Rechtsgeschäften						
Fehlende Geschäftsfähigkeit		Inhaltliche Mängel des Rechtsgeschäfts		Verstoß gegen Formvorschriften	Bewusstes Auseinanderfallen von subjektivem (Rechtsbindungs-)Willen und objektiver Erklärung	
Geschäftsunfähigkeit oder vorübergehende Geistesstörung	Beschränkte Geschäftsfähigkeit	Verstoß gegen gesetzliche Verbote	Verstoß gegen die guten Sitten, Wucher	Nichtigkeit bei Verstoß gegen gesetzliche oder vereinbarte Form	Scheingeschäft	Scherzgeschäft
§ 104 – 105 a BGB	§ 106 – 112 BGB	§ 134 BGB	§ 138 BGB	§ 125 BGB	§ 117 BGB	§ 118 BGB
siehe Kapitel 4.2.1	siehe Kapitel 4.2.1	Obwohl diese Rechtsgeschäfte verboten sind, kommen sie doch immer wieder zustande, weil beide Vertragspartner es wollen.	Die Notlage wird ausgenutzt, wenn ein Vertragspartner gar nicht anders kann, als zuzustimmen und Bedingungen zu akzeptieren, die er im Normalfall nie annehmen würde.	siehe Kapitel 4.2.2	Ein Scheingeschäft liegt dann vor, wenn der Inhalt der Abmachung einem ganz anderen Zweck dient. Scheingeschäfte entstehen oft im Zusammenhang mit betrügerischen Absichten.	Von einem Scherzgeschäft spricht man, wenn für „jedermann" klar sein müsste, dass eine Willenserklärung nicht ernst gemeint sein kann.

Beispiel

Ein Volltrunkener verleiht seinen nagelneuen Porsche an eine wildfremde Person.	Ein Jugendlicher kauft sich einen Fernseher auf Ratenzahlung.	Handel mit verbotenen Drogen	Einem nachts auf einer einsamen Landstraße liegen gebliebenen Autofahrer werden für die Nutzung des Handys oder einen Reservekanister mit 5 Litern Benzin 50,00 € abgenommen.	Ein Vater bürgt mündlich für einen Autokredit seiner Tochter.	Bei einem Großhändler werden diverse geringwertige Wirtschaftsgüter bestellt, man lässt sich aber über den Gesamtbetrag einen Gegenstand des Anlagevermögens liefern, der eigentlich aktivierungspflichtig ist.	Ein Kunde, der sich für den Kauf eines Flachbildfernsehers interessiert, handelt so lange mit dem Verkäufer, bis der sagt, dass er das Gerät umsonst mitnehmen könne.

Nichtigkeit

Nichtig sind Verträge, bei denen mindestens einer der folgenden Tatbestände erfüllt ist: Sie wurden abgeschlossen
- mit geschäftsunfähigen Personen,
- mit beschränkt Geschäftsfähigen ohne erforderliche Zustimmung der gesetzlichen Vertreter,
- im Zustand der vorübergehenden Störung der Geistestätigkeit,
- nur aus Scherz,
- zum Schein,
- obwohl sie gegen ein Gesetz bzw. die guten Sitten verstoßen,
- unter Ausnutzung einer Notlage eines Vertragspartners,
- unter Missachtung von geltenden und zwingenden Formvorschriften.

Wichtig ist, dass der gesamte Vertrag auch bei einzelnen gegen rechtliche Bedingungen verstoßenden Abmachungen oder bei sich plötzlich ergebenden Änderungen seine Gültigkeit behält. Dazu formuliert man am Ende eines Vertrages eine sogenannte „salvatorische Klausel"[1]. Sie soll einen teilweise unwirksam gewordenen oder undurchführbaren Vertrag so weit wie möglich aufrechterhalten.

Salvatorische Klausel
§ 139 BGB

Anfechtbar sind Verträge, die aufgrund eines offensichtlichen Irrtums, einer arglistigen Täuschung oder einer widerrechtlichen Drohung zustande gekommen sind.

Anfechtbarkeit

Anfechtbarkeit von Rechtsgeschäften					
Irrtum = unbewusstes Auseinanderfallen von dem, was man erklären wollte, und dem, was man erklärt hat				Rechtswidrig herbeigeführte Willenserklärungen	
Inhaltsirrtum	Eigenschafts-irrtum	Erklärungsirrtum	Übermitt-lungsirrtum	arglistige Täuschung	widerrechtliche Drohung
Man weiß, was man sagt, weiß aber nicht, was es wirklich bedeutet.	Man hat falsche Vorstellungen über verkehrs-wesentliche Eigenschaften der Person oder Sache.	Man wollte eine Er-klärung dieses Inhalts nicht abgeben. Man hat sich versprochen, verschrieben, vergriffen oder verhört.	Eine Person (Bote) oder eine Einrich-tung übermit-telt die Wil-lenserklärung falsch.	Man wurde durch Vorspiegelung oder Entstellung von Tat-sachen zum Abschluss des Rechtsgeschäfts gebracht.	Man wird durch wider-rechtliches Inaussicht-stellen eines künftigen Übels in eine Zwangsla-ge versetzt.
§ 119 Abs. 1 BGB	§ 119 Abs. 2 BGB	§ 119 Abs. 1 BGB	§ 120 BGB	§ 123 BGB	§ 123 BGB
In einer Kölner Kneipe wird ein „halver hahn" be-stellt. Statt des er-warteten Hähnchens erhält der Gast ein Käsebrötchen.	Eine Repro-duktion eines Bildes wird als echt angesehen und gekauft.	Aufgrund eines nach-weisbaren Tippfehlers wird die Ausbildungs-vergütung mit 6.850,00 € statt mit 685,00 € eingetragen.	Eine E-Mail kommt unvoll-ständig beim Empfänger an.	Bei der Einstellung wird eine chronische Erkran-kung verheimlicht, die für die Ausübung der Tä-tigkeit aber von großer Bedeutung ist.	Ein Autohändler setzt einen Vater damit unter Druck, dass er seine Tochter in der Probezeit entlassen werde, wenn er keinen neuen Wagen bei ihm kaufe.

Die **Folgen von Anfechtbarkeit und Nichtigkeit** lassen sich einfach darstellen:

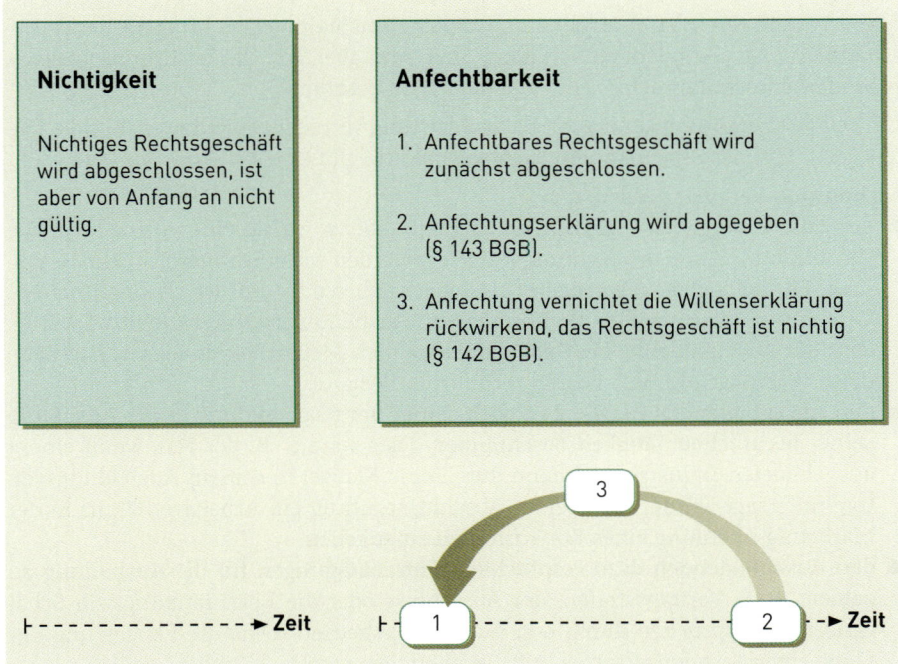

Nichtigkeit

Nichtiges Rechtsgeschäft wird abgeschlossen, ist aber von Anfang an nicht gültig.

Anfechtbarkeit

1. Anfechtbares Rechtsgeschäft wird zunächst abgeschlossen.

2. Anfechtungserklärung wird abgegeben (§ 143 BGB).

3. Anfechtung vernichtet die Willenserklärung rückwirkend, das Rechtsgeschäft ist nichtig (§ 142 BGB).

---

1   Abgeleitet von lat. salvatorius = bewahrend, erhaltend

4.3
Auf den Punkt gebracht: Die Bedeutung dieser Vorschriften bezogen auf den Ausbildungsvertrag

Da dieser Vertrag von besonderer Bedeutung ist, fassen wir diejenigen rechtlichen Rahmenbedingungen für Verträge, die gerade beim Ausbildungsvertrag wichtig sind, noch einmal kurz zusammen.[1]

Ausbildungs-vertrag
§§ 10, 11 BBiG

Der **Ausbildungsvertrag** ist in ein Verzeichnis der zuständigen Kammer einzutragen, wird in der Regel bereits schriftlich und mithilfe von Vordrucken (Papier oder elektronisch) geschlossen und ist bei Minderjährigen von den Erziehungsberechtigten zu unterzeichnen. Sollte der Vertrag nur mündlich geschlossen werden, muss nachträglich eine Vertragsniederschrift mit festgelegten Mindestinhalten angefertigt werden.

Mindestinhalte
§ 11 BBiG

Die **Mindestinhalte** sind:

- Art, Gliederung und Ziel sowie Beginn und Dauer der Ausbildung
- Pflichten des Auszubildenden sowie des Ausbildenden
- Ausbildungsmaßnahmen außerhalb der Ausbildungsstätte
- Dauer der regelmäßigen täglichen Ausbildungszeit
- Dauer der Probezeit

- Zahlung und Höhe der Vergütung
- Dauer des Urlaubs
- Voraussetzungen, unter denen der Vertrag gekündigt werden kann
- ein in allgemeiner Form gehaltener Hinweis auf die Tarifverträge, Betriebs- oder Dienstvereinbarungen, die auf das Ausbildungsverhältnis anzuwenden sind

Vergütung und Mehrarbeit
§ 17 BBiG

Der Ausbildende hat dem Auszubildenden eine **angemessene Vergütung** zu bezahlen. Sie richtet sich nach dem Lebensalter des Auszubildenden und steigt mit fortschreitender Berufsausbildung mindestens jährlich an. Meistens ist die Ausbildungsvergütung tariflich festgelegt. Bei nicht tarifgebundenen Betrieben darf sie nicht unter 80 % des tariflich festgelegten Satzes liegen. Die Vergütung für den laufenden Kalendermonat ist spätestens am letzten Arbeitstag des Monats zu zahlen.

Eine über die vereinbarte regelmäßige tägliche Ausbildungszeit hinausgehende Beschäftigung ist besonders zu vergüten. Hier sind aber ggf. die Bestimmungen des Jugendarbeitsschutzgesetzes (siehe Kapitel 3) zu beachten.

siehe auch § 40 Abs. 2 Satz 1 EStG

Ein Teil der Vergütung kann auch als **Sachleistung** verrechnet werden (z. B. freie Unterkunft). Für diese sogenannten Sachbezugswerte gibt es feste Sätze.

Nichtigkeit
§ 12 BBiG

Nichtig sind Vereinbarungen, die

- **gesetzliche Vorgaben verletzen.** So darf z. B. ebenso wenig eine unterschiedliche geschlechtsabhängige Vergütung festgelegt werden wie eine untertarifliche Bezahlung. Es darf auch kein geringerer als der gesetzlich oder tariflich festgeschriebene Urlaub vereinbart werden. Wenn in einem Ausbildungsvertrag vereinbart würde, dass der Auszubildende bei Bedarf unentgeltlich Mehrarbeit zu leisten hat, hätte diese Vereinbarung auch keinen rechtlichen Bestand.
- **den Auszubildenden für die Zeit nach seiner Berufsausbildung in der Ausübung seiner beruflichen Tätigkeit beschränken.** Dies wäre z. B. der Fall, wenn einem ausgebildeten Industriekaufmann durch eine Klausel in seinem Ausbildungsvertrag untersagt würde, nach seiner Abschlussprüfung ein Arbeitsverhältnis in der Marketing-Abteilung eines Konkurrenten einzugehen.
- **den Auszubildenden dazu verpflichten, Entschädigungen für die Ausbildung zu zahlen.** Auch Vertragsstrafen, der Ausschluss oder die Beschränkung von Schadensersatzansprüchen durch den Ausbildungsbetrieb sowie die Festsetzung der Höhe eines Schadensersatzes in Pauschbeträgen sind nicht gültig.

---

1   Bei Einzelfragen empfiehlt es sich, nicht nur in den vorausgehenden Kapiteln nachzuschauen, sondern darüber hinaus ggf. direkt in den jeweiligen Gesetzen nachzulesen oder im Internet zu recherchieren.

5
Das Handelsrecht als Wegweiser für die Unternehmertätigkeit und die Wahl der Rechtsform

Während das Bürgerliche Gesetzbuch (BGB) in erster Linie rechtliche Fragen zwischen Privatpersonen zum Gegenstand hat, ist das Handelsrecht ein „Recht der Kaufleute". Die hier enthaltenen Regelungen gelten für jeden, der Kaufmann im Sinne des HGB ist.

5.1
Handelsgewerbe und Kaufmannseigenschaften

Ausgangspunkt für die Beurteilung, ob jemand die Kaufmannseigenschaft hat, ist zunächst, ob er auch als **Gewerbetreibender** bezeichnet werden kann. Gewerbetreibender ist mit einigen Ausnahmen jedoch fast jeder, der einer selbstständigen Tätigkeit nachgeht, die nachhaltig, also dauerhaft auf das Erzielen eines Gewinnes ausgerichtet ist. Nicht unter den Begriff fallen alle freien Berufe, die komplexe Dienstleistungen anbieten. Dazu gehören z. B. Ärzte, Zahnärzte, Rechtsanwälte, Dolmetscher oder auch Künstler. **Gewerbetreibende**

Bei Gewerbetreibenden ist als Nächstes zu entscheiden, ob die Ausübung der Tätigkeit einen **in kaufmännischer Weise organisierten Geschäftsbetrieb** erfordert. Ist dies der Fall, dann liegt ein Handelsgewerbe und damit auch eine Kaufmannseigenschaft vor: **Handelsgewerbe**

Kaufmann im Sinne des HGB

§§
§ 1 HGB   (1) Kaufmann im Sinne dieses Gesetzes ist, wer ein Handelsgewerbe betreibt.   (2) Handelsgewerbe ist jeder Gewerbebetrieb, es sei denn, dass das Unternehmen nach Art und Umfang einen in kaufmännischer Weise eingerichteten Geschäftsbetrieb nicht erfordert.

Die Formulierung „nach Art und Umfang" zeigt, dass es ein qualitatives („nach Art") und ein quantitatives Kriterium („nach Umfang") zur rechtlichen Einstufung und Beurteilung führt. Maßgebend sind Gegenstand und Größe des Unternehmens.

Wer ein Gewerbe betreibt, aber nicht im Handelsregister eingetragen ist und sich auch nicht eintragen lassen will, muss beweisen, dass die Eintragung nach Art oder Umfang auch nicht erforderlich ist (Beweislastumkehr). Im Mittelpunkt steht dabei die Frage, ob eine kaufmännische Organisation vorliegt oder für den Geschäftsbetrieb notwendig ist. Dabei können folgende Kriterien eine Rolle spielen: **Beweislastumkehr/ Nachweis der Nichtkaufmanns- eigenschaft**

- Höhe des Umsatzes und/oder des Gewinnes
- Geschäftsvermögen
- Anzahl der Mitarbeiter/-innen
- Beschäftigung von Mitarbeitern mit besonderer Vollmacht (z. B. Prokuristen)
- Umfang der Geschäftsbeziehungen
- Anzahl der Lieferanten und Kunden
- Größe der Betriebsstätte

Jeder Gewerbetreibende erzielt Einkünfte aus selbstständiger Tätigkeit und muss daher am Geschäftsjahresende für sein Unternehmen einen **Jahresabschluss** erstellen. Dies kann auf zwei Wegen geschehen: **Jahresabschluss**
› LF 3; Band 2, LF 8

Bei der **Einnahmenüberschussrechnung** wird eine Gegenüberstellung der Einnahmen und Ausgaben vorgenommen. Das Ergebnis wird wie folgt ermittelt:

Betriebseinnahmen – Betriebsausgaben = Gewinn oder Verlust

Diese einfache Form des Jahresabschlusses ist für Gewerbetreibende mit einem Umsatz von maximal 500.000,00 € oder einem Gewinn von maximal 50.000,00 € pro Jahr möglich.

Bei Kaufleuten im Sinne des HGB reicht dies allerdings nicht aus. Sie unterliegen gemäß § 238 und §§ 242 ff. HGB der **Bilanzierungs- und Buchführungspflicht.** Diese Methode zur Ermittlung des betrieblichen Erfolges ist aufwendiger als die Einnahmeüberschussrechnung, denn es müssen hier nicht nur die Forderungen an Käufer und die Verbindlichkeiten gegenüber Lieferanten in die Ermittlung des Gewinns einbezogen werden, sondern darüber hinaus ist am Jahresende auch eine Bilanz als Gegenüberstellung von Vermögensgegenständen und Schulden sowie eine Gewinn- und Verlustrechnung aufzustellen.

Dies kann aus der Sicht des Gewerbetreibenden ein äußerst wichtiges Kriterium sein, wenn es darum geht, nach Möglichkeit nicht als Kaufmann i. S. des HGB eingestuft zu werden, um z. B. dieser Buchführungspflicht zu entgehen. Werden die Geschäftsaufzeichnungen aber in dieser Weise vorgenommen, so ist dies ein klarer Beweis für das Vorliegen eines kaufmännisch organisierten und kaufmännisch gesteuerten Geschäftsbetriebes.

Kaufmannsarten laut HGB

Ist-Kaufleute

Ist-Kaufleute sind alle Gewerbetreibenden, für die die genannten Bedingungen (§ 1 HGB) zutreffen. Ist-Kaufleute sind bereits mit der Aufnahme ihrer Geschäfte Kaufmann, der Zeitpunkt der Eintragung ins Handelsregister ist für die Kaufmannseigenschaft unerheblich.

Kann-Kaufleute

Kann-Kaufleute sind alle selbstständig Tätigen, die ein Gewerbe betreiben, das zwar kein Handelsgewerbe im Sinne von § 1 des HGB ist bzw. nicht den Umfang hat, der eine kaufmännische Organisation bedingt, sich aber dennoch in das Handelsregister als Kaufmann eintragen lassen. Für sie gelten mit der Eintragung alle Rechte und Pflichten der Kaufleute. Dies gilt z. B. für land- und forstwirtschaftliche Betriebe, aber auch Kleingewerbetreibende. Kann-Kaufleute werden erst mit der Eintragung ins Handelsregister Kaufmann.

Formkaufleute

Formkaufleute sind Unternehmen, die die Kaufmannseigenschaft aufgrund ihrer Rechtsform automatisch erwerben: Kapitalgesellschaften (GmbH, AG) und die Genossenschaften. Sie sind Kaufmann kraft Rechtsform ohne Rücksicht darauf, ob sie tatsächlich ein Handelsgewerbe betreiben oder nicht. Formkaufleute erwerben als sogenannte juristische Personen die Kaufmannseigenschaft erst durch die Eintragung in das Handelsregister.

Nichtkaufleute

Nichtkaufleute im Sinne des Handelsgesetzbuches sind diejenigen, deren „Unternehmen nach Art und Umfang einen in kaufmännischer Weise eingerichteten Geschäftsbetrieb nicht erfordert". Hierbei handelt es sich um „Kleingewerbetreibende", die nicht verpflichtet sind, sich in das Handelsregister eintragen zu lassen. Sie haben aber als Kann-Kaufleute (siehe oben) das Recht dazu.

Freiwillige Eintragung ins Handelsregister

Nichtkaufleute
- werden nicht in das Handelsregister eingetragen,
- führen keine Firma,
- können keine Prokuristen[1] ernennen,
- unterliegen nicht den umfassenden Vorschriften der kaufmännischen Buchführung[2], sondern stellen lediglich Einnahme- und Ausgaberechnungen auf,

---

1   Nähere Ausführungen zum Thema Prokura siehe Band 2, LF 7
2   Nähere Erläuterungen dazu siehe LF 3

- können keine mündlichen Bürgschaftserklärungen abgeben,
- haben (außer bei einer selbstschuldnerischen Bürgschaft) das Recht der „Einrede der Vorausklage" nach § 771 BGB.[1]

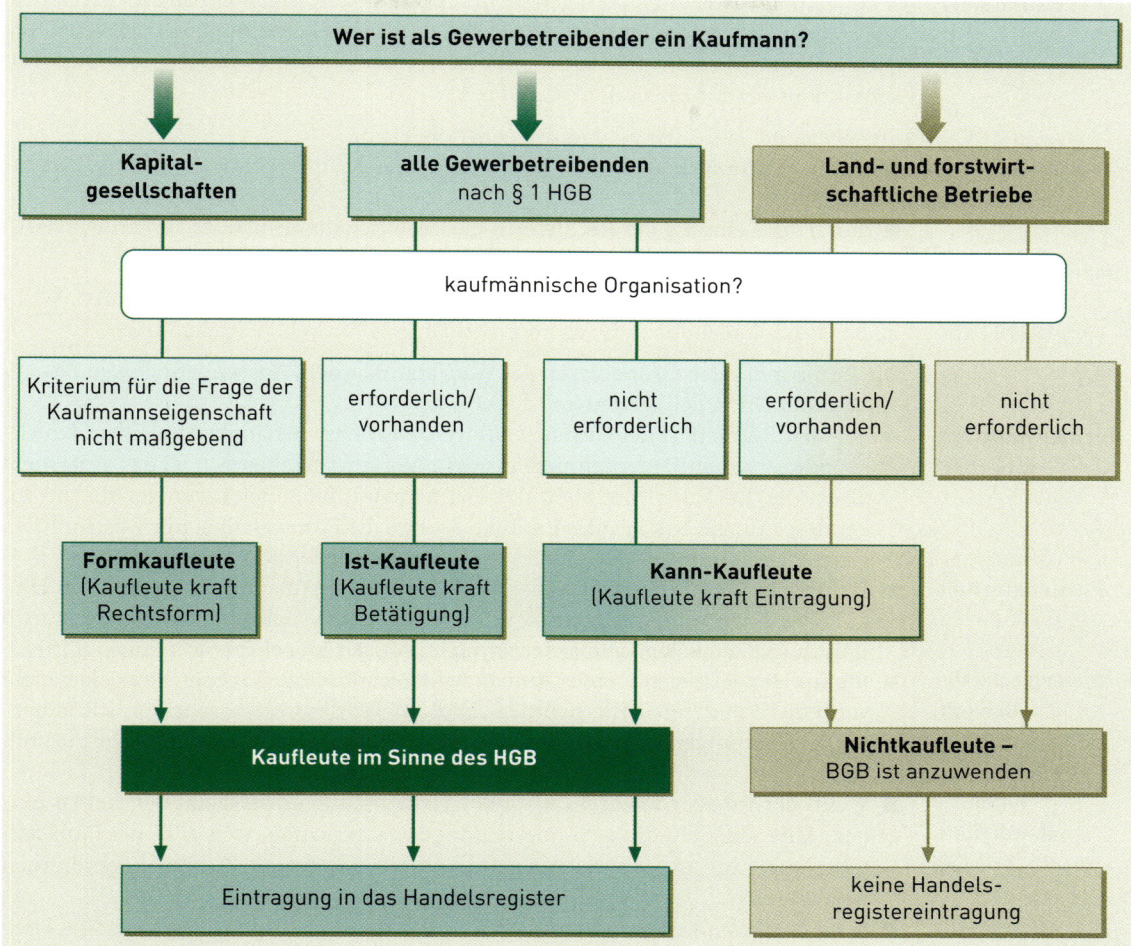

Es ist durchaus möglich, dass jemand durch sein Auftreten im Geschäftsverkehr glaubhaft den Eindruck erweckt, er sei ein Kaufmann (z. B. durch Verwendung von Firmenstempeln oder Briefvordrucken), es aber in Wirklichkeit nicht ist. Man spricht dann von einem **Scheinkaufmann**. Hier lässt sich die Rechtssprechung von dem Grundsatz leiten, dass der Betroffene die ihn eventuell belastenden Folgen der fiktiven Kaufmannseigenschaft gegen sich gelten lassen muss. Das bedeutet, dass er evtl. auch gegen seinen eigenen Willen die Kaufmannseigenschaft hat und als solcher behandelt wird.

Scheinkaufleute

Die Kaufmannseigenschaft erlischt bei Ist-Kaufleuten unmittelbar mit Aufgabe des Gewerbebetriebes und nicht erst durch die Löschung im Handelsregister. Anders ist es bei Kann-Kaufleuten und bei Form-Kaufleuten. Sie verlieren die Kaufmannseigenschaft erst mit der Löschung aus dem Handelsregister. Im Unterschied zu einem Ist-Kaufmann kann ein Kann-Kaufmann, der sich freiwillig hat eintragen lassen, diese Eintragung jederzeit rückgängig machen und eine Löschung vornehmen lassen.

Beendigung der Kaufmanns-eigenschaft

1   siehe dazu Band 3, LF 11

5.1.1
Grundsätze der Firmenbezeichnung

Firma des Kaufmanns § 17 HGB

Unter dem Begriff „**Firma**" versteht man den Namen eines Kaufmannes, unter dem er im Handelsregister eingetragen ist und unter dem er seine Geschäfte betreibt sowie klagen oder verklagt werden kann. Die Firma darf keine Angaben enthalten, die geeignet sind, über die geschäftlichen Verhältnisse, die für die angesprochenen Verkehrskreise wesentlich sind, irrezuführen.

Entscheidend ist bei der Firmierung, dass die Firma
- **Unterscheidungskraft** besitzt und somit eine Kennzeichnungswirkung von ihr ausgeht,
- durch die **Nennung der Rechtsform** die Gesellschaftsverhältnisse erkennen lässt,
- die **Haftungsverhältnisse** offenlegt.

Bezeichnung der Rechtsform §§ 18, 19 HGB

Man unterscheidet verschiedene Arten der Namensgebung für Unternehmen. Wichtig ist, dass sie nicht über die wahren Verhältnisse hinwegtäuschen dürfen.

Die Firma muss den Grundsätzen der Wahrheit, Klarheit, Ausschließlichkeit, Beständigkeit und Öffentlichkeit entsprechen.

Firmenwahrheit § 18 HGB

- Aus dem Namen ist der Gegenstand der Unternehmenstätigkeit ableitbar. Bei vielen gewachsenen Unternehmen aus dem Markenartikelbereich ist das zwar nicht direkt der Fall, aber hier steht der Firmenname mehr oder weniger für alle erkenntlich für ein bestimmtes Produkt. So wird die Firma Henkel mit Waschmitteln gleichgesetzt und bei McDonald's weiß ebenfalls jeder, was gemeint ist.

Firmenklarheit

- Darüber hinaus dürfen keine falschen Vorstellungen über die Größe und den Umfang des Unternehmens geweckt werden. Eine kleine Schreinerei kann zwar auch Büromöbel herstellen, wird sich aber nicht „Muster-Möbel-Fabrik" nennen dürfen.

Firmenausschließlichkeit § 30 HGB

- Ein im Handelsregister eines Amtsgerichtsbezirks eingetragener Name darf nicht von einem anderen Unternehmer „kopiert" werden. Auch sehr ähnlich lautende Bezeichnungen sind ausgeschlossen, weil die Verwechslungsgefahr zu groß wäre.

Firmenbeständigkeit §§ 21, 22 HGB

- Wenn der Inhaber wechselt, kann der Firmenname grundsätzlich bestehen bleiben. Hier sind allerdings Sonderregelungen zu beachten, weil z. B. bei Einzelunternehmen ggf. ein das Nachfolgeverhältnis andeutender Zusatz aufgenommen werden muss.

Anmeldung § 12 HGB

- Jeder Kaufmann ist verpflichtet, sich in das für den Firmensitz zuständige Handelsregister eintragen zu lassen. Hier kann jedermann Einblick nehmen. Dies muss elektronisch erfolgen.

Firmenbezeichnungen

Unter Beachtung dieser Bestimmungen kann frei gewählt werden zwischen
- *Personenfirma*, die mindestens den Namen eines Teilhabers enthält (Heidtkötter KG),
- *Sachfirma*, die auf das hinweist, was ein Unternehmen produziert (z. B. Biefelder Büromöbel GmbH),
- *gemischter Firma*, die beide Bestandteile miteinander verbindet (z. B. Büromöbel Heidtkötter KG),
- *Fantasiefirma*, in der die Kreativität der Namensfindung zum Ausdruck kommt und mit der man nicht nur das, was man produziert, vermitteln will (z. B. Live & Style – Büromöbel GmbH & Co. KG).

5.1.2
So kommt der Kaufmann ins Handelsregister

Das **Handelsregister** ist ein beim örtlich zuständigen Amtsgericht eingerichtetes Verzeichnis aller Vollkaufleute. Das Handelsregister wird von den Gerichten elektronisch geführt. Es hat die Aufgabe, die Öffentlichkeit über die rechtlichen Tatbestände der eingetragenen Firmen zu unterrichten.

§§ 8–16 HBG

§§ 8 b, 9 a HBG

Neugründungen und Veränderungen von Firmen sind auf der Seite „www.unternehmensregister.de" im Internet zu publizieren. Die Eintragungen im sogenannten gemeinsamen „Registerportal" der Bundesländer können von jedermann gegen eine Gebühr online abgerufen werden. Recherchieren kann man dagegen im Datenbestand des Unternehmensregisters unentgeltlich.

Zugriffsmöglichkeiten
§ 9 HBG

Über das **Unternehmensregister** hat man auch Zugriff auf Veröffentlichungen und Bekanntmachungen im elektronischen Bundesanzeiger.

Anmeldungen zur Eintragung in das Handelsregister sind elektronisch in öffentlich beglaubigter Form einzureichen. Das heißt, die Anmeldung erfolgt beim Notar, der die Echtheit der Unterlagen öffentlich beglaubigt, also die Echtheit der Unterschriften bestätigt. Dieser reicht das Dokument mit einer qualifizierten elektronischen Signatur an das Unternehmensregister weiter. Der elektronischen Signatur kommt auch bei der digitalen Abwicklung im Rahmen der handelsregisterrechtlichen Korrespondenzen eine besondere Bedeutung zu, denn mit der digitalen Unterschrift muss auch die Integrität und Nichtabstreitbarkeit der Willenserklärung sichergestellt werden.

Elektronische Signatur

Bei der Eintragung in das Handelsregister werden zwei Abteilungen unterschieden. Rechtliche Belange von Einzelkaufleuten und Personengesellschaften werden in **Abteilung A**, die von Kapitalgesellschaften in **Abteilung B** eingetragen. Die Anmeldung zum Handelsregister kann durch eine Ordnungsstrafe erzwungen werden.

Eintragungspflichtig sind u. a.: Name, Vorname, Geburtsdatum, Wohnort des Geschäftsinhabers bzw. der Gesellschafter, Niederlassungsort, Art des Geschäftes, Bestellung oder Widerruf der Prokura, Geschäftsführer einer GmbH, Vorstandsmitglieder einer AG, Eröffnung und Beendigung eines Insolvenzverfahrens. Einzelheiten zu den Eintragungen der verschiedenen Rechtsformen finden Sie im HGB (§ 106: OHG/ § 161: KG/§ 33: AG, GmbH).

Bestandteile der Eintragung
§§ 33, 106, 161 HGB

Auf allen **Geschäftsbriefen** des Kaufmanns müssen seine Firma, die Bezeichnung der Rechtsform, der Ort seiner Handelsniederlassung, das Registergericht sowie die Nummer, unter der die Firma in das Handelsregister eingetragen ist, und die USt-ID-Nummer angegeben werden. Bei Kapitalgesellschaften sind noch weitere Angaben erforderlich, wie z. B. die Nennung der Vorstandsmitglieder und des Aufsichtsratsvorsitzenden.

Geschäftsbriefe
§ 37 a, 125 a HGB,
§ 35 a GmbHG,
§ 80 AktG

Solange eine in das Handelsregister einzutragende Tatsache nicht eingetragen und bekannt gemacht ist, kann sich ein „gutgläubiger Dritter" darauf berufen, dass er keine Kenntnis von einem evtl. geänderten Rechtstatbestand hatte. Dies gilt aber nur so lange, wie ihm unabhängig von der noch nicht erfolgten Eintragung der Tatbestand nicht auf anderem Wege bekannt war. Ist die Tatsache hingegen eingetragen und bekannt gemacht worden, so muss ein Dritter sie gegen sich gelten lassen.

Wirkung gegen Dritte
§ 15 HGB

Man unterscheidet folgende **Rechtsfolgen der Eintragung oder Löschung** von Daten im Handelsregister:

Wirkung von Eintragungen und Löschungen

■ **rechtsbegründende** (konstitutive) Wirkung: das bedeutet, dass ein bestimmter Sachverhalt erst mit der Eintragung oder der erfolgten Löschung wirksam wird.

■ **rechtsbekundende** (deklaratorische) Wirkung: das heißt, dass ein rechtlicher Tatbestand schon vor der Eintragung oder der Löschung bestanden hat und die Eintragung oder Löschung dieses lediglich dokumentiert.

5.2
Unternehmungsformen

Eine der ersten wichtigen unternehmerischen Entscheidungen ist die Wahl der richtigen **Rechtsform.** Die Rechtsform beeinflusst die zukünftigen Haftungsverhältnisse des Unternehmens, die Geschäftsführung und -vertretung sowie die Verhältnisse der Gesellschafter untereinander. Damit stellt die Wahl der Rechtsform eine bedeutsame juristische und betriebswirtschaftliche Entscheidungsvariable dar, die in vielerlei Hinsicht die Gründung des Unternehmens sowie spätere Entscheidungen beeinflussen kann. In der Regel wird die Rechtsform durch einen Vertrag schriftlich fixiert. Vereinbarungen können aber auch mündlich abgesprochen werden.

Bei der Wahl der Rechtsformen für ihr Unternehmen haben Eigentümer in Deutschland die Qual der Wahl:
- Personengesellschaft oder Kapitalgesellschaft?
- Einzelunternehmen, OHG, KG, GmbH & Co KG, AG oder KGaA?

Die folgenden Seiten sollen helfen, wichtige Kriterien bei der Entscheidung für die Rechtsform eines Unternehmens kennenzulernen und anzuwenden.

5.2.1
Einzelunternehmung – allein die Unternehmensgeschicke leiten

Unter einer Einzelunternehmung versteht man einen Gewerbebetrieb, dessen Eigenkapital von *einer* Person aufgebracht wird. Diese ist für das Unternehmen auch allein verantwortlich, leitet es und trägt auch das Risiko allein. Bei der rechtlichen Betrachtung geht es im Folgenden nur um die Gewerbebetriebe, die auch eine kaufmännische Organisation haben.

Keine Publizitätspflicht

Die Einzelunternehmung hat keine Publizitäts- oder Prüfungspflichten zu erfüllen. Außer der allgemeinen Pflicht für jeden Kaufmann, gem. § 242 ff. HGB eine Handelsbilanz zu erstellen, die wiederum maßgeblich für die Steuerbilanz ist (§ 5 EStG), bestehen keine Vorschriften zur Rechnungslegung.[1]

Das Wichtigste zur Einzelunternehmung im Überblick:

Firma

Firma = Name des Kaufmanns
§ 18 HGB

Der Einzelunternehmer, dessen Betrieb nach Art und Umfang eine kaufmännische Organisation erfordert, betreibt seine Geschäfte unter seinem Familiennamen und mindestens einem ausgeschriebenen Vornamen. Bei Einzelkaufleuten muss die Firma auch die Bezeichnung „eingetragene Kauffrau", „eingetragener Kaufmann" oder eine allgemein verständliche Abkürzung dieser Bezeichnung, insbesondere „e. K.", „e. Kfm." oder „e. Kffr." enthalten. Der Einzelkaufmann wird in das Handelsregister eingetragen.

eingetragener Kaufmann
§ 19 HGB

---

1   siehe dazu Lernfeld 3

Haftung

Der Einzelunternehmer haftet gegenüber Gläubigern für seine Verbindlichkeiten mit seinem gesamten Vermögen. Eine Begrenzung des Risikos auf das Geschäftsvermögen ist bei Einzelunternehmungen nicht möglich.

Persönliche unbeschränkte Haftung

Persönliche Situation

Eine Einzelunternehmung ist in hohem Maße von der Person des Unternehmers abhängig. Veränderungen der Familienverhältnisse (z. B. Tod, Scheidung) betreffen eine Einzelunternehmung umso stärker, wenn die Nachfolge nicht rechtzeitig geregelt wurde.

Mitarbeit

Die gesamte Unternehmensführung hängt oft allein von der Person des Inhabers ab. Das persönliche Engagement steigt gerade bei langjährigen Mitarbeitern, wenn sie eine Beteiligungschance erhalten. Dies ist bei einer Einzelunternehmung nicht gegeben.

Wettbewerb

Der Expansion von Einzelunternehmungen sind meist enge Grenzen gesetzt. Dies gilt besonders im internationalen Bereich oder auch bei notwendigen Rationalisierungsmaßnahmen, die Wettbewerbsvorteile schaffen, aufbauen oder erhalten können.

Nachfolgeregelung

Bei Einzelunternehmen ergibt sich ggf. die Situation des Eigentümerwechsels im Rahmen einer Nachfolgeregelung (Geschäftsübernahme). Im Fall der Beibehaltung der Firma haftet der neue Eigentümer für alle zum Zeitpunkt der Übernahme bestehenden Verbindlichkeiten. Aber auch die bestehenden Forderungen gehen auf ihn über. Die Ansprüche der Gläubiger gegenüber dem früheren Inhaber verjähren nach fünf Jahren.

5.2.2
Mit Partnern zusammenarbeiten – Gesellschaftsunternehmen

Sobald mehrere Personen eine Firma gründen wollen oder ein Einzelunternehmer beschließt, weitere Teilhaber aufzunehmen, muss eine geeignete Rechtsform für das Unternehmen gefunden werden. Bei der Wahl der Rechtsform muss grundsätzlich zwischen zwei **Gesellschaftsformen** unterschieden werden:
- Personengesellschaft und
- Kapitalgesellschaft

Gesellschaftsformen

Bei der **Auswahl** sind eine Reihe von Kriterien zu beachten:
- Wie viel Kapital muss in das Unternehmen eingebracht werden?
- Wer bekommt welchen Anteil vom Gewinn?
- Wer haftet mit wie viel Geld, wenn das Unternehmen insolvent wird?
- Wer hat welche Befugnisse bzw. darf welche Entscheidungen treffen?
- Wer darf das Unternehmen nach außen vertreten?
usw.

Kriterien zur Gesellschaftsformwahl

Unter all diesen Kriterien ist die **Haftungsfrage** von entscheidender Bedeutung:
- Wenn die Eigentümer bereit sind, auch mit ihrem Privatvermögen für das Wohlergehen des Unternehmens zu haften, dann kommt die Gründung einer Personengesellschaft infrage.
- Soll die Haftung ausschließlich auf das ins Unternehmen eingebrachte Kapital beschränkt werden, muss eine Kapitalgesellschaft gegründet werden.

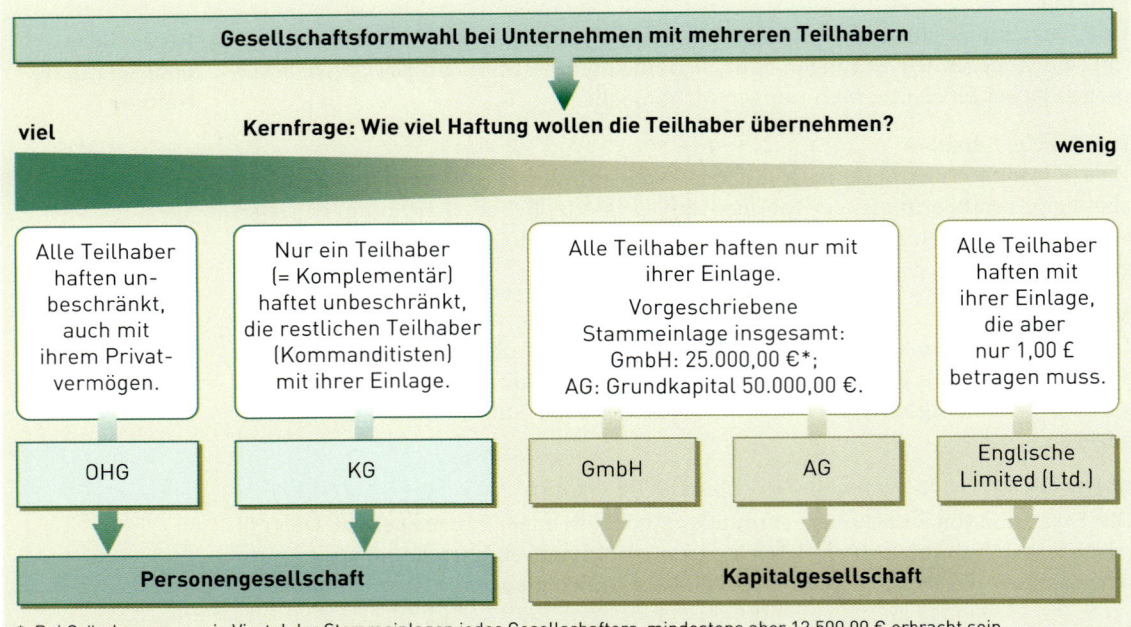

5.2.2.1
Personengesellschaften – Die Kommanditgesellschaft und die Offene Handelsgesellschaft im Vergleich

Beschließt ein Einzelunternehmer die Aufnahme weiterer Teilhaber, ohne die Haftung begrenzen zu wollen, dann stehen für die Firma aus dem Bereich der Personengesellschaften im Wesentlichen zwei Rechtsformen zur Verfügung:

- die Kommanditgesellschaft (KG)
- die Offene Handelsgesellschaft (OHG)

Zwischen den beiden Rechtsformen gibt es viele Ähnlichkeiten, aber auch einige wichtige Unterschiede, die nachfolgend gegenübergestellt werden sollen.

Wesen der Rechtsform

Offene Handelsgesellschaft (OHG)	Kommanditgesellschaft (KG)
Eine Gesellschaft, deren Zweck auf den Betrieb eines Handelsgewerbes unter gemeinschaftlicher Firma gerichtet ist, ist eine **Offene Handelsgesellschaft,** wenn bei keinem der Gesellschafter die Haftung gegenüber den Gesellschaftsgläubigern beschränkt ist. (§ 105 HGB)	Eine Gesellschaft, deren Zweck auf den Betrieb eines Handelsgewerbes unter gemeinschaftlicher Firma gerichtet ist, ist eine **Kommanditgesellschaft,** wenn mindestens ein Gesellschafter voll und mindestens ein weiterer Gesellschafter nur mit seiner Kapitaleinlage – und damit beschränkt – haftet. (§ 161 HGB)
Bei einer OHG handelt es sich um eine Personengesellschaft mit mindestens zwei gleichberechtigten Gesellschaftern, die Kapitalanteile besitzen. Außerdem sind beide zur Führung der Geschäfte, d. h. zur Mitarbeit verpflichtet sind. Es ist auch möglich, dass in einer OHG keine natürlichen, sondern nur juristische Personen[1] als Teilhaber auftreten.	Der Vollhafter ist der **Komplementär,** den Teilhafter bezeichnet man als **Kommanditist.** Soweit nichts anderes vorgeschrieben ist, finden auf die Kommanditgesellschaft die für die Offene Handelsgesellschaft geltenden Vorschriften Anwendung.

---

1   Natürliche Personen sind Menschen, die von Geburt an rechtsfähig sind. Juristische Personen werden durch Eintragung ins Vereins- oder Handelsregister rechtsfähig und müssen die dafür geltenden Regelungen erfüllen. Eingetragene Vereine, eine GmbH, eine AG usw. sind Beispiele für juristische Personen.

Offene Handelsgesellschaft (OHG)	Kommanditgesellschaft (KG)	
Personengesellschaften haben keine fest vorgeschriebene Höhe der Einlagen. d. h., die Beteiligung kann mehr oder weniger frei vertraglich festgelegt werden.		**Kapitaleinlagen/ Beteiligung**
Die Einlagen selbst können als Bareinlage, in Form von Sachwerten (z. B. Maschinen, Gebäude) oder durch Rechtswerte (z. B. Erfindungen, Patente, Lizenzen) eingebracht werden.		
Die Eintragung ins Handelsregister ist vorgeschrieben und wird in Abteilung A vorgenommen. Die Anmeldung hat durch alle Vollhafter zu erfolgen.		**Handelsregister**
	Bei der KG ist bei der Anmeldung die Höhe der Einlagen (Haftungssumme) der Kommanditisten anzugeben. (§§ 162, 176 HGB)	
Die Gesellschaft entsteht im Innenverhältnis mit Abschluss des Gesellschaftsvertrages. Er kann formfrei abgeschlossen werden, wird aber meist schriftlich fixiert.		**Unternehmensbeginn**
Im Außenverhältnis – also im Verhältnis zu Dritten, z. B. Geschäftspartnern – tritt die Wirksamkeit der OHG oder KG frühestens mit der Aufnahme der Geschäfte oder spätestens mit dem Zeitpunkt ein, in dem die Gesellschaft in das Handelsregister eingetragen wird. Vor der Eintragung ins Handelsregister haften auch die Kommanditisten persönlich.		
Zwingend erforderlich ist die Bezeichnung der jeweiligen Rechtsform. Dabei können auch sinnvolle Abkürzungen gebraucht werden (also z. B. KG, OHG). Sofern in den beiden Rechtsformen keine natürliche Person haftet, muss die Firma eine Bezeichnung enthalten, die die Haftungsbeschränkung kennzeichnet. (§§ 19, 125 a HGB)		**Firma**
Grundsätzlich ist zwischen dem Verhältnis der Gesellschafter untereinander (= Innenverhältnis) und der Vertretung des Unternehmens durch die Gesellschafter gegenüber außenstehenden Dritten (= Außenverhältnis) zu unterscheiden.		**Geschäftsführung und Vertretung**

Unternehmen

Innenverhältnis = Geschäftsführung
alle unternehmerischen Aktivitäten und internen Unternehmensabläufe

Behörden   Kunden   Lieferer   ???

Außenverhältnis = Vertretung
alle geschäftlichen und vertragsrechtlichen Beziehungen zu „außenstehenden Dritten"

Zur Geschäftsführung und Vertretung ist jeder Gesellschafter ermächtigt, wenn es im Gesellschaftsvertrag dazu keine Beschränkungen gibt, die ein mehrheitliches oder gemeinsames Handeln vorschreiben.	In einer KG sind nur die Komplementäre zur Teilhabe an der Geschäftsführung und Vertretung berechtigt. Dabei können sie über alle gewöhnlichen Geschäfte bzw. Rechtshandlungen jeweils allein entscheiden.
Solche Abweichungen von der gesetzlichen Regelung sind aber gegenüber Dritten, die von diesen internen Vereinbarungen keine Kenntnis haben, unwirksam.	Eine Ausnahme besteht, wenn eine Handlung über das hinausgeht, was die Geschäftstätigkeit in dem Betrieb gewöhnlich umfasst. Bei solchen außergewöhnlichen Entscheidungen müssen sich die Vollhafter abstimmen und es ist darüber hinaus der Widerspruch der Teilhafter (Kommanditisten) möglich.

Offene Handelsgesellschaft (OHG)	Kommanditgesellschaft (KG)
Auch wenn von einem einzelnen Gesellschafter eine Rechtshandlung vorgenommen wird, zu der er allein nicht berechtigt war, ist diese nach außen hin gültig. Die anderen Gesellschafter können dann aber z. B. Regressansprüche geltend machen, wenn durch die Handlung Schaden entstanden ist.	**Beispiel** Komplementär Klaus M. Heidtkötter möchte eine neue Fertigungsstraße für Büromöbel bauen oder er beabsichtigt, den eigenen Fuhrpark durch eine externe Spedition zu ersetzen. In diesen Fällen müssen Anke und Karsten Heidtkötter als Kommanditisten zustimmen.
Beispiel Ein Gesellschafter kauft einen Ferrari als Firmenfahrzeug; das außergewöhnliche Geschäft hätte vorher intern abgestimmt werden müssen.	Kommanditisten sind sonst nicht an der Geschäftsführung und Vertretung beteiligt, haben aber am Geschäftsjahresende das Recht auf Einsicht in die Bücher und Geschäftsunterlagen.

Wettbewerbsverbot

Ein OHG-Gesellschafter oder ein Komplementär einer KG dürfen ohne Einwilligung der anderen Gesellschafter weder in dem Handelszweig des Unternehmens Geschäfte auf eigene Rechnung machen, noch dürfen sie an einer anderen gleichartigen Handelsgesellschaft als persönlich haftende Gesellschafter beteiligt sein.
Das Wettbewerbsverbot gilt nicht für Kommanditisten.

Haftung

Jeder Vollhafter einer OHG und einer KG haftet
- **voll** und **unbeschränkt,** also mit seiner Einlage und seinem Privatvermögen,
- **unmittelbar** und **direkt,** d. h., jeder Gläubiger kann von jedem Vollhafter seine vollständige Forderung einfordern, zur Zahlung auffordern, ohne dass dieser die Sache abweisen oder zunächst auf das Gesellschaftsvermögen verweisen kann,
- **gesamtschuldnerisch** und **solidarisch,** d. h., jeder Vollhafter haftet allein für die ganze Schuld und nicht etwas nur anteilsmäßig; im Innenverhältnis sind die Gesellschafter untereinander jedoch ausgleichspflichtig.

Eventuell neu eintretende Gesellschafter haften für alle bereits bestehenden Verbindlichkeiten. Ausscheidende Gesellschafter haften noch fünf Jahre für die bei ihrem Ausscheiden bestehenden Schulden.
Die Haftung der Kommanditisten ist auf deren im Gesellschaftsvertrag festgesetzte Höhe der Einlage begrenzt. Bis zu dieser Höhe haften sie genauso wie die Komplementäre bzw. die Gesellschafter einer OHG.

Gewinnverteilung

Es gilt die im Gesellschaftsvertrag festgelegte Regelung. Ist nichts vereinbart, so gilt das Gesetz (HGB). Es besagt, dass im Falle eines Gewinns jeder Gesellschafter davon zunächst einen Anteil in Höhe von 4 % seiner Kapitaleinlage erhält. Reicht der Gewinn hierfür nicht aus, so wird ein entsprechend niedrigerer Zinssatz gewählt.
Übersteigt der Gewinn die 4 %, dann wird der darüber hinaus gehende Betrag bei der KG im „angemessenen Verhältnis", bei der OHG „nach Köpfen" verteilt.
Was ein angemessenes Verhältnis ist, sollte am besten im Gesellschaftsvertrag festgelegt sein. Dabei kann z. B. für den Komplementär ein Grundbetrag bzw. ein Sonderanteil als „Erfolgsbonus" vorgesehen werden.
Bei der Berechnung der gewinnberechtigten Kapitaleinlage werden alle Veränderungen auf dem Kapitalkonto, die durch Einzahlungen oder Kapitalentnahmen verursacht wurden, entsprechend berücksichtigt.

Beispiel

Gewinn 120.000,00 €

	Komplementär A	Kommanditist B	Summe
Einlage	500.000,00 €	100.000,00 €	600.000,00 €
4 % der Kapitaleinlage	20.000,00 €	4.000,00 €	24.000,00 €
25 % des Restgewinns als Sonderanteil für den Komplementär[1]	24.000,00 €	---------------	24.000,00 €
Rest nach Köpfen	36.000,00 €	36.000,00 €	72.000,00 €
Summe Gewinnanteil	80.000,00 €	40.000,00 €	120.000,00 €

---

1   Der in diesem Beispiel aufgenommene Sonderanteil für den Komplementär fällt nur an, wenn eine entsprechende Regelung in den Gesellschaftsvertrag aufgenommen wurde. In der Praxis ist dies üblich, da der Komplementär durch seine unbeschränkte Haftung ein bedeutend höheres Risiko trägt.

Offene Handelsgesellschaft (OHG)	Kommanditgesellschaft (KG)	
Der Gewinnanteil wird dem Kapitalkonto zugeschrieben. Jeder Gesellschafter hat aber auch das Recht, den Gewinnanteil ausgezahlt zu bekommen. Dies gilt auch für die Komplementäre einer KG.	Der einem Komplementär zustehende Gewinn wird seinem Kapitalanteil gutgeschrieben. Bei den Kommanditisten erfolgt dies nur so lange, wie die Kapitaleinlage, zu der sich ein Kommanditist verpflichtet hat, noch nicht erreicht ist. Danach wird der Gewinnanteil dem Kommanditisten ausgezahlt.	Gewinn- verwendung
Bei einem negativen Jahresabschluss wird der Verlust auf die Gesellschafter „nach Köpfen" verteilt.	Ein eventueller Verlust wird „im angemessenen Verhältnis" verteilt.	Verlust- beteiligung
Die Vollhafter, also jeder Gesellschafter einer OHG und jeder Komplementär einer KG, haben das Recht, jedes Jahr 4 % ihres für das letzte Geschäftsjahr festgestellten Kapitalanteils zu entnehmen. Dies gilt sogar für den Fall, dass die Unternehmung Verluste erwirtschaftet hat. Kommanditisten steht dieses Recht nicht zu. Sie haben nur Anspruch auf die Auszahlung eines auf sie entfallenden Gewinnes, aber nicht das Recht zur Kapitalentnahme.		Kapital- entnahmen
Ein Ausscheiden aus der Gesellschaft ist gesetzlich mit einer Kündigungsfrist von sechs Monaten zum Geschäftsjahresende geregelt. Ausscheidende Gesellschafter haften noch fünf Jahre für die zum Zeitpunkt ihres Ausscheidens bestehenden Schulden.		Kündigung
KG und OHG lösen sich auf durch ■ den Ablauf des Zeitraums, für den sie eingetragen wurden, ■ einen Beschluss der Gesellschafter (Selbstauflösung), ■ die Eröffnung des Insolvenzverfahrens über das Vermögen der Gesellschaft, ■ den Tod eines Gesellschafters, wenn insgesamt nur zwei Gesellschafter vorhanden waren und kein Teilhaber in die Gesellschaft eintritt.		Auflösung

5.2.2.2
Sonderformen bei Personengesellschaften

Die **GmbH & Co. KG** ist eine besondere Erscheinungsform der KG, weil der unbeschränkt haftende Gesellschafter (Komplementär) keine natürliche Person, sondern eine GmbH (juristische Person) ist. Infolgedessen besteht faktisch eine Haftungsbeschränkung des Komplementärs.

Eine Personengesellschaft, die nicht im HGB geregelt ist, ist die **Gesellschaft Bürgerlichen Rechts** oder kurz BGB-Gesellschaft. Sie wird häufig für Anwaltssozietäten oder Gemeinschaftspraxen von Ärzten gewählt, da für freiberufliche Tätigkeiten das HGB keine Anwendung findet. Für das Vorliegen einer BGB-Gesellschaft ist der Zusammenschluss mehrerer Personen zu einem gemeinsamen Zweck ausreichend. So ist z. B. auch eine Lotto-Tippgemeinschaft eine BGB-Gesellschaft, selbst wenn die Teilnehmer sich dieser Tatsache eventuell gar nicht bewusst sind. Von Unternehmen werden

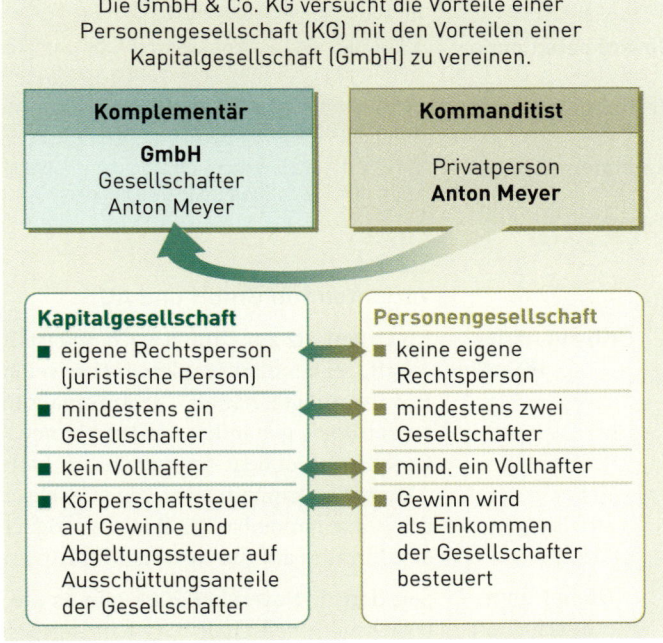

BGB-Gesellschaften häufig zur gemeinsamen Abwicklung von Projekten gegründet (z. B. Zusammenschluss von Bauunternehmen für große Bauvorhaben).

5.2.2.3
GmbH und AG als typische Vertreter der Kapitalgesellschaften

> **› INFO-Teil**
> **LF 11**

Bei den Kapitalgesellschaften handelt es sich um Unternehmensformen, bei denen, neben der Begrenzung der Haftung die Kapitalzuführung – und damit die Finanzierung – eine besonders wichtige Rolle spielt. Unter diesem besonderen Aspekt erfolgt eine ausführliche Darstellung in Lernfeld 11. Die nachfolgende Tabelle stellt nichtsdestotrotz die wichtigsten Merkmale in komprimierter Form gegenüber:

	Gesellschaft mit beschränkter Haftung (GmbH)	Aktiengesellschaft (AG)
Wesen	Kapitalgesellschaft als eigene Rechtsperson (juristische Person)	
Teilhaberzahl	mindestens ein Teilhaber, der eine natürliche oder eine juristische Person sein kann	
Mindestkapital	Stammkapital mindestens 25.000,00 €	Grundkapital mindestens 50.000,00 €
Beteiligung	Beteiligung mit Stammeinlagen in Höhe von mindestens 100,00 €; die Summe aller Stammeinlagen bestimmt die Höhe des Geschäftsanteils	Übernahme **Nennbetragsaktien** mit einem festen Nennwert von mindestens 1,00 € pro Aktie oder **Stückaktien,** bei denen das Grundkapital auf eine bestimmte Zahl von Aktien aufgeteilt ist
Handelsregister/ Unternehmensbeginn	Die Eintragung ins Handelsregister ist vorgeschrieben und wird in Abteilung B vorgenommen. Die gewählte Rechtsform wird erst mit der Eintragung gültig, d. h., die Eintragung hat rechtsbekundende (konstitutive) Wirkung.	
Firma	Zwingend erforderlich ist die Bezeichnung der jeweiligen Rechtsform.	
Geschäftsführung und Vertretung	Geschäftsführer leiten die Unternehmung und vertreten sie nach außen. Die Gesellschafterversammlung ist das beschließende Organ. Gegebenenfalls wird auch ein Aufsichtsrat tätig.	Die Leitung übernimmt ein vom Aufsichtsrat bestellter Vorstand. Die Aktionäre treffen in einer jährlichen Hauptversammlung wichtige Beschlüsse und entscheiden über die Entlastung des Vorstandes und des Aufsichtsrates.
Haftung	Die Haftung ist auf die Einlage, d. h. die Beteiligung beschränkt. Das Privatvermögen bleibt im Haftungsfall unberührt.	
Gewinnbeteiligung	Es erfolgt eine Gewinnausschüttung entsprechend der Beteiligung, d. h. anteilig der übernommenen Geschäftsanteile bzw. der Summe des Nennwertes der gehaltenen Aktien.	
Verlustbeteiligung	Eine unmittelbare Beteiligung an einem evtl. Verlust erfolgt nicht. In diesen Fällen entfällt lediglich die Gewinnausschüttung.	
Kapitalentnahmen	Direkte Kapitalentnahmen sind nicht möglich. Bei der GmbH kann dies nur durch Veräußerung der Geschäftsanteile und bei der AG durch einen Verkauf der Aktien erfolgen.	

5.2.2.4
Varianten von GmbH und AG

KG auf Aktien (KGaA)

Im Gegensatz zur GmbH & Co. KG ist die **KG auf Aktien** eine Form der Kapitalgesellschaft, bei der die Komplementäre weiterhin natürliche Personen sind, die mit ihrem Privatvermögen haften. Die Kommanditisten sind allerdings in Form von Aktien, die an der Börse gehandelt werden können, an der Gesellschaft beteiligt. Die Leitung der Gesellschaft obliegt den persönlich haftenden Gesellschaftern. Damit ist die KG auf Aktien eine kapitalmarktfähige Gesellschaft (weil die Anteile der Kommanditisten an der Börse handelbar sind), sie ermöglicht es aber den Komplementären, weitgehenden Einfluss auf die Geschäftsführung zu behalten.

UG haftungsbeschränkt

Seit dem 1. November 2008 gibt es die Möglichkeit, eine **haftungsbeschränkte Unternehmergesellschaft** (UG haftungsbeschränkt) zu gründen. Dabei handelt es sich nicht um eine neue Rechtsform, sondern um eine Variante der GmbH, die bereits mit 1,00 € Mindeststammkapital gegründet werden kann und daher für Existenzgründer interessant ist.

Die UG haftungsbeschränkt darf ihre Gewinne aber nicht voll ausschütten. Sie soll auf diese Weise das Mindeststammkapital der normalen GmbH nach und nach ansparen. Jeder Geschäftsanteil muss nun nur noch auf einen Betrag von mindestens einem Euro lauten. Musterprotokolle für ein zusammengefasstes Dokument von Gesellschaftsvertrag, Geschäftsführerbestellung und Gesellschafterliste bewirken eine schnellere und günstigere Eintragung ins Handelsregister.

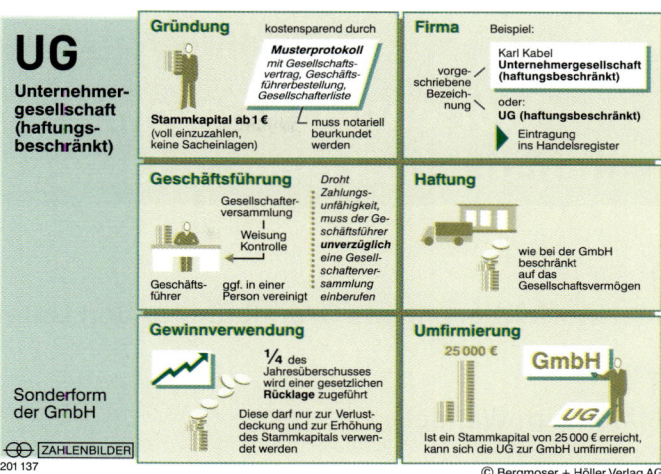

Bereits vor Einführung der Unternehmergesellschaft gab es als Alternative zur GmbH die Möglichkeit der Gründung einer Kapitalgesellschaft nach englischem

Limited (Ltd.)

Recht: einer sogenannten **Limited (Ltd.)**, die ebenfalls lediglich 1,00 £ Haftungskapital erforderte. Seit der Einführung der UG haftungsbeschränkt dürfte die Ltd. für deutsche Unternehmensgründer uninteressant geworden sein, da die Nachteile die Vorteile deutlich überwiegen. Als Beispiel sei hier genannt, dass für die deutsche Steuererklärung die doppelte Buchführung nach HGB erforderlich ist, für die britischen Finanzbehörden und das britische Handelsregister sind jedoch die britischen Rechnungslegungsvorschriften (UK-GAAP) einschlägig.

Societas Europaea (SE)

Eine Spielart der AG, die hier auch nur ganz kurz erwähnt werden soll, ist die **Societas Europaea (SE)**, auch Europa-AG genannt. Sie kann von einer nationalen AG gegründet werden, um die Gründung jeweils nationaler Tochtergesellschaften nach nationalem Recht zu vermeiden. Alle Unternehmensteile unterliegen den gesetzlichen Regelungen des Landes, in dem die SE ihren Hauptsitz hat.

5.2.2.5
Weitere Unternehmensformen

Genossenschaft

Eine Gesellschaftsform, deren Geschäftszweck in der „Förderung des Erwerbs oder der Wirtschaft ihrer Mitglieder" durch einen gemeinsamen Geschäftsbetrieb besteht, ist die **Genossenschaft (eG).** Sie muss mindestens drei Mitglieder haben, wird vom Vorstand geleitet und vom Aufsichtsrat kontrolliert. Beschlussorgan (z. B. über Gewinnverwendung) ist die Generalversammlung aller Mitglieder. Diese haften jeweils nur mit ihrer Einlage. Genossenschaften unterscheiden sich von Kapitalgesellschaften u. a. in ihrem Bestimmungszweck (Selbsthilfe der Mitglieder vs. Gewinnstreben) und ihrer Entscheidungsfindung („Ein Kopf, eine Stimme" vs. Stimmenanzahl gemäß Anteilsbesitz). Beispiele für Genossenschaften sind die Raiffeisenbanken, aber auch Einkaufsgenossenschaften wie z. B. die „Zweirad Einkaufs-Genossenschaft eG ZEG in Köln".

Stille Gesellschaft

Keine Gesellschaft im herkömmlichen Sinne des Unternehmensrechts ist die **Stille Gesellschaft.** Hier gibt es neben dem Hauptgesellschafter weitere Anteilseigner, die aber nach außen nicht in Erscheinung treten. Sie werden weder im Handelsregister eingetragen, noch sind sie in irgendeiner Form direkt an der Geschäftsführung beteiligt. Sie haften nur bis zur Höhe der stillen Einlage und sind auch an eventuellen Verlusten nur bis zu dieser Höhe beteiligt. Im Gegenzug erhalten sie einen laut Vertrag festgelegten Anteil am Jahresgewinn und sie haben auch das Recht, den Jahresabschluss zu prüfen.

Marktorientierte Geschäftsprozesse eines Industriebetriebes erfassen

1
Marktorientierung als Grundlage für den Unternehmenserfolg erkennen

1.1
Märkte im Wandel

Die Grundlagen für unternehmerischen Erfolg ändern sich. Der Wettbewerb verschärft sich rasant, die Märkte verändern sich grundlegend. Dabei gibt es eine ganze Bandbreite an Faktoren, die eine Neuorientierung der Unternehmen erforderlich machen.

■ **Märkte wandeln sich**

Verkäufermarkt

Nach der Währungsreform 1948 verkauften sich die Produkte praktisch wie von selbst. Der Bedarf der Menschen in der Nachkriegszeit sorgte dafür, dass den Verkäufern die Waren aus der Hand gerissen wurden. Der Verkäufer brauchte sich also nicht um die Kunden zu bemühen, konnte Qualität, Ausstattung, Service und Preise nach seinen Vorstellungen gestalten. Die Nachfrage auf diesem **Verkäufermarkt** war größer als das Angebot.

Käufermarkt

In der Folgezeit jedoch zeigten sich angesichts eines zunehmenden Überangebotes erste Sättigungserscheinungen. Der Wettbewerb wurde schärfer, sodass die Kunden in den Mittelpunkt rückten. Das Angebot auf diesem **Käufermarkt** wurde größer als die Nachfrage.

■ **Wettbewerb verschärft sich**

Globalisierung

Immer mehr Produkte drängen auf den Markt, insbesondere im Zuge der **Globalisierung** nimmt die Konkurrenz aus dem Ausland zu. Vor allem durch die Liberalisierung der Weltmärkte, die Industrialisierungserfolge in den Entwicklungsländern, gesunkene Transportkosten und -zeiten und den Kapitalüberschuss durch die Ölpreissteigerung dehnt sich der Welthandel immer weiter aus, nicht konkurrenzfähige Güter werden vom Markt gedrängt.

■ **Produkte werden austauschbar**

Markterfolge können aufgrund des heutigen Technologiestandes immer schneller und häufig kostengünstiger kopiert werden. So verlieren die Kunden das Vertrauen in die **Einzigartigkeit von Produkten.**

■ **Kunden werden kritischer**

Markttransparenz

> **Band 2, LF 9**

Durch die ständige Verfügbarkeit der Medien – vor allem durch das Internet – sind Informationen über Produkte, Hersteller und Preise jederzeit und für jedermann abrufbar. So können sich die Kunden, z. B. durch Produkttests und Preisvergleiche, ein Urteil über die Qualität von Produkten bilden und das günstigste Angebot ermitteln.

Auch in Zukunft werden unsere Märkte durch diese Einflüsse geprägt werden, die Position der Konsumenten wird immer stärker werden. Vor diesem Hintergrund wird deutlich, dass eine **markt-** bzw. **kundenorientierte Unternehmensführung** einen der wichtigsten Erfolgsfaktoren eines Unternehmens darstellt. Anbieter müssen versu-

chen, Nachfrager an ihr Produkt zu binden oder vom Konkurrenten wegzulocken, **Kundenbindung**
während die Nachfrager bequem verschiedenste Angebote vergleichen und das bevorzugte auswählen können.

1.2
Unternehmensleitbild – Die Verfassung des Unternehmens

Nicht zuletzt die Zielkonflikte zwischen privatwirtschaftlichen und gesamtgesellschaftlichen Zielen sensibilisieren zunehmend Anleger, Geschäftspartner und vor allem Mitarbeiter. Es entwickelt sich eine immer größere Aufmerksamkeit für ungelöste Probleme wie Arbeitslosigkeit, Umweltverschmutzung und Wachstumsgrenzen. Deshalb nehmen die Forderungen zu, nicht nur nach Gewinn und Rentabilität zu streben, sondern daneben auch gesellschaftliche Verantwortung (z. B. die Erhaltung von Arbeitsplätzen) zu übernehmen.

Vor allem in mittleren und größeren Unternehmen fällt es der Unternehmensleitung schwer, allen Beteiligten ihre Wertvorstellungen zu erklären. Hier kann ein Unternehmensleitbild helfen, in übersichtlicher und verbindlicher Weise das unternehmerische Wertesystem – und damit die **Philosophie des Unternehmens** – darzulegen.

Das folgende Schaubild verdeutlicht, dass das Leitbild Grundlage für alle Maßnahmen der Unternehmensführung ist.

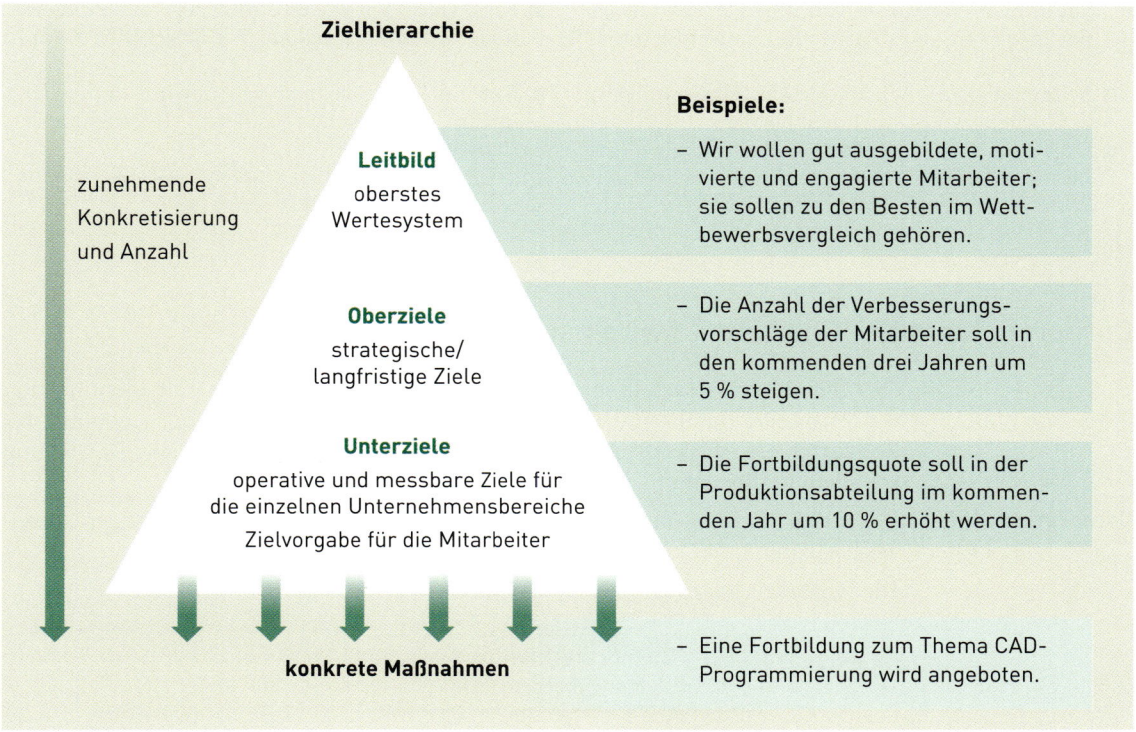

Das **Unternehmensleitbild** beschreibt, wie das Unternehmen über Gesellschaft, Wirtschaft und Individuum „denkt". Damit stellt es eine Art Verfassung des Unternehmens dar, in der folgende Punkte formuliert sind:
- allgemeine Wertvorstellungen und Verhaltensnormen,
- generelle Willens- und Absichtserklärungen,
- in allgemeinster Form der Unternehmenszweck und die Tätigkeitsfelder.

Unternehmensleitbild

So dient das Unternehmensleitbild insbesondere

- als Grundlage für alle anderen Instrumente der Unternehmensführung,
- als Entscheidungshilfe bei der täglichen Arbeit,

> INFO-Teil
Band 3, LF 10

- als Motivator für die Mitarbeiter (sie sollen von dem Sinn ihrer Arbeit überzeugt sein),
- als PR[1]-Mittel gegenüber Geschäftspartnern.

Beispiel

Unternehmensleitbild der Fissler GmbH (Marktführer im deutschen Kochgeschirrmarkt)

- **Die Marke** – Kochgeschirr von Fissler ist sein Geld wert. Denn bei Fissler hat Qualität seit über 165 Jahren Tradition. Alles von Fissler ist durchdacht und gut gemacht. Form und Funktion unserer Produkte sind perfekt aufeinander abgestimmt und sorgen für Freude beim Kochen – das ist unser Markenversprechen.
- **Kunden** – Im Mittelpunkt unserer Arbeit steht das Streben, dem Endverbraucher Produkte und Dienstleistungen mit einzigartigen Vorteilen anzubieten: Besteck, Woks, Pfannen oder Schnellkochtöpfe.
- **Strategie** – Wir arbeiten konstruktiv und partnerschaftlich mit unseren Lieferanten und Kunden zusammen. Wir wollen von Ihnen lernen und in der Bewertung zu den Besten im Wettbewerbsvergleich gehören.
- **Selbständigkeit** – Wir wollen ein selbstständiges, unabhängiges Unternehmen bleiben.
- **Organisation** – Wir wollen soviel dezentrale Organisation wie möglich, sehen aber die Notwendig-

keit bestimmter zentraler Funktionen.
- **Führung** – Wir betonen die Eigenverantwortlichkeit des Mitarbeiters. Wir führen mittels Gespräch, Zielvereinbarung und Erfolgskontrolle.
- **Qualität** – Wir streben stets nach vorbildlicher Qualität bei unseren Produkten und Dienstleistungen.
- **Mitarbeiter** – Wir wollen gut ausgebildete, motivierte und engagierte Mitarbeiter; Sie sollen zu den Besten im Wettbewerbsvergleich gehören.
- **Kommunikation** – Wir sprechen offen und ehrlich miteinander. Wir gehen mit Informationen innerhalb unseres Unternehmens freizügig und verantwortungsbewusst um.
- **Kreativität** – Wir wollen ein Umfeld, in dem Ideen und Fortschritt gedeihen. Wir fördern die Kreativität unserer Mitarbeiter.
- **Gewinn** – Wir bejahen den Gewinn und sehen in ihm die treibende Kraft zur Unternehmenssicherung.

vgl.: www.fissler.de, Zugriff am 12.03.2014

1.3
Corporate Identity – Das Leitbild wird nach außen dargestellt

Das Leitbild muss nach innen und außen vermittelt werden, um eine Identifikation der Mitarbeiter mit ihrem Unternehmen, eine eindeutige Profilierung gegenüber der Konkurrenz, eine Akzeptanz in der Öffentlichkeit und eine einheitliche Darstellung vor allem großer, komplexer Unternehmen zu ermöglichen.

Corporate Identity

Dabei hilft das Konzept der **Corporate Identity** als Ausdruck der einzigartigen, unverwechselbaren und Orientierung gebenden **Identität des Unternehmens.**

Die folgenden Instrumente stehen dafür zur Verfügung:

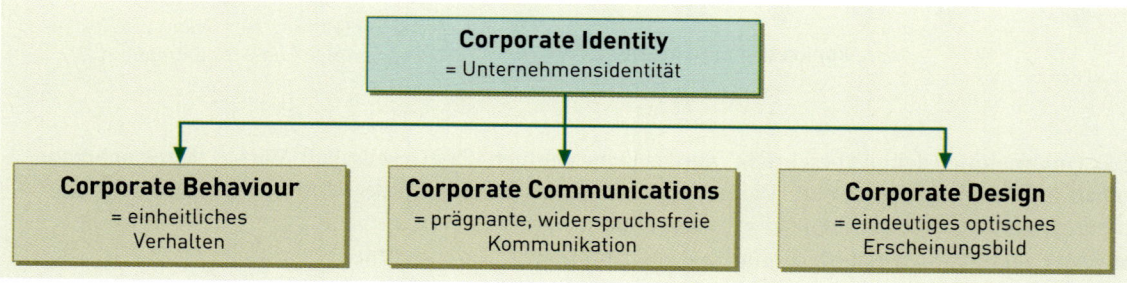

---

1   PR = Public Relations, Öffentlichkeitsarbeit; das Bild des Unternehmens in der Öffentlichkeit wird verbessert.

■ Das **Corporate Design** zielt auf ein klares und eindeutiges visuelles Bild des Unternehmens ab. Konstante Gestaltungselemente (z. B. Logo, Farben, Schrift, Verpackung, Architektur, Kleidung der Mitarbeiter) erhöhen den Wiedererkennungswert und drücken das Selbstverständnis des Unternehmens aus. So setzen innovative Unternehmen fortschrittliche Gestaltungskomponenten ein, während konservative Unternehmen auch auf konservative Stilmittel zurückgreifen.

Corporate Design

> **Beispiele**
>
> Die Farbe Magenta für die Deutsche Telekom, das Krokodil für Lacoste, die Kleidung der Mitarbeiter von McDonald's, das Produktdesign von Apple.

■ Die **Corporate Communications** haben die Aufgabe, die Identität des Unternehmens kommunikativ zu übersetzen und zu vermitteln. Die unterschiedlichen Botschaften (nach außen vor allem Werbung, Public Relations, Sponsoring und Verkaufsförderung sowie nach innen die interne Kommunikation) sollen einheitlich, knapp und prägnant formuliert sein. Produktwerbung z. B. sollte so konzipiert sein, dass eine Verbindung zum Hersteller leicht möglich ist.

Corporate Communications

> **Beispiele**
>
> Philips mit „Let's make things better", „Nichts ist unmöglich" von Toyota, das Duzen der Kunden in der schriftlichen Ansprache bei Ikea.

■ Das **Corporate Behaviour** stellt einen Kodex für alle unternehmensinternen und -externen Verhaltensweisen auf. Damit soll ein in sich schlüssiges Verhalten in allen Bereichen (also u. a. Angebots-, Preis-, Vertriebs-, Finanzierungs-, Kommunikations-, Sozial- und Führungsverhalten) erreicht werden.

Corporate Behaviour

Das Corporate Behaviour ist das am schwierigsten umzusetzende Element der Corporate Identity, da alle Mitarbeiter ihr Verhalten anpassen müssen. Deshalb kann sich seine Wirkung auch nur langfristig entfalten.

> **Beispiele**
>
> Konfliktlösungsverhalten innerhalb des Unternehmens, Kriterien bei der Besetzung von Führungspositionen (Daimler besetzt Führungspositionen zu 90 % mit internen Bewerbern), Regulierung von Reklamationen (Apple garantiert bei Reklamationen innerhalb von vier Wochen nach Kauf einen Sofortumtausch), Umgang mit den Kunden (die Warteschlange in einem Supermarkt darf aus maximal drei Kunden bestehen), Informationspolitik gegenüber den Aktionären, Orientierung der verschiedenen Unternehmensbereiche an den gleichen Zielen und Interessen.

1.4
Unternehmensziele – Nur wer ein Ziel hat, kann es auch erreichen

Aus dem Unternehmensleitbild lassen sich grundsätzliche **Unternehmensziele** ableiten. Erst auf der Grundlage von Zielen kann eine Unternehmensplanung durchgeführt und können unternehmerische Entscheidungen getroffen werden.

→

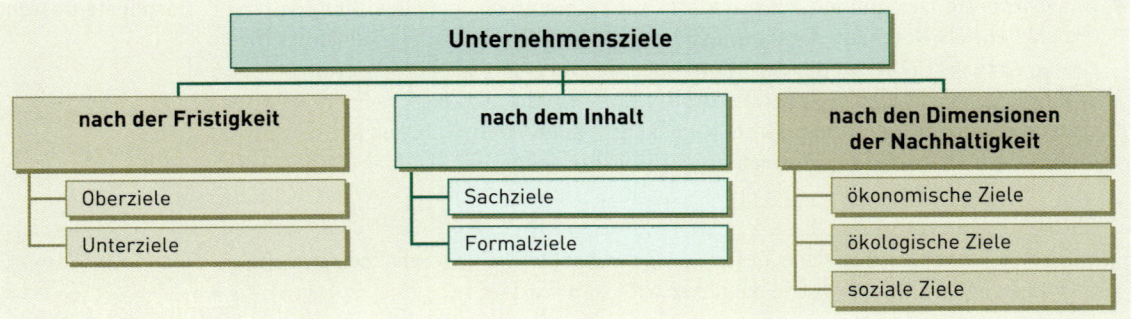

1.4.1
Ober- und Unterziele

Basierend auf dem Unternehmensleitbild werden für die Gesamtunternehmung durch die Geschäftsführung strategische **Oberziele** festgelegt, die die langfristige Existenzsicherung anstreben. Anschließend werden diese in operative **Teil- oder Unterziele** detailliert für die einzelnen Unternehmensbereiche heruntergebrochen. Alle Unterziele wiederum tragen zum Erreichen der Oberziele bei und präzisieren sie.

1.4.2
Sach- und Formalziele

Bezüglich des Inhaltes der Ziele unterscheiden wir zwischen **Sach- und Formalzielen.**

Sachziele	Formalziele
beschreiben konkretes Handeln bei der Leistungserstellung zur Erreichung der Formalziele	beschreiben den Erfolg des unternehmerischen Handelns
Beispiele	**Beispiele**
Deckung des Bedarfs der Bevölkerung mit der zu erstellenden Leistung — Oberziel	Gewinnsteigerung — Oberziel
■ Verbesserung der Qualität ■ Veränderung des Designs ■ Veränderung der Verpackung — Unterziele	■ Kostenreduzierung ■ Umsatzsteigerung ■ Erhöhung der Produktivität ■ Imagesteigerung ■ Kundenzufriedenheit ■ Schutz der Umwelt ■ Marktmacht — Unterziele

1.4.3
Ökonomische, ökologische und soziale Ziele

Nachhaltigkeit

Nachhaltigkeit[1] beschreibt ein Handeln, dessen Konsequenzen unsere eigenen Lebensgrundlagen und die unserer Nachkommen nicht dauerhaft negativ beeinflussen dürfen. Somit nimmt ein nachhaltiges Wirtschaften nicht nur auf die heutige Generation – also das *bestehende* Unternehmen, die Mitarbeiter, Anteilseigner, Geschäftspartner und die Umwelt –, sondern auch auf die nachfolgenden Generationen und damit die *Zukunft* des Unternehmens und aller anderen Beteiligten Rücksicht.

---

1 Der Begriff der Nachhaltigkeit stammt ursprünglich aus der Forstwirtschaft und bedeutet dort, dass nicht mehr Holz geschlagen werden soll als nachwächst.

Das folgende Nachhaltigkeitsleitbild der Postbank verdeutlicht die drei **Dimensionen der Nachhaltigkeitsziele.**

Beispiele

Nachhaltigkeitsleitbild der Postbank

Unser Nachhaltigkeitsleitbild fasst die Grundsätze der Nachhaltigkeit zusammen. Die Zukunftsfähigkeit zu sichern ist unser Ziel. Im Vordergrund stehen hierbei die Förderung von sozialen Aspekten, der Schutz der Umwelt sowie der Beitrag zu einem stabilen wirtschaftlichen Umfeld.

Es ist unser Selbstverständnis, einen aktiven Beitrag für den Klimaschutz sowie zu unserem gesellschaftlichen Umfeld zu leisten, [...]. Nach unserem Selbstverständnis soll Nachhaltigkeit tatsächlich gelebt und nicht nur gedacht werden.

Wir verpflichten uns, unseren Mitarbeitern attraktive und sichere Arbeitsbedingungen zu schaffen und natürliche Ressourcen zu schonen. Wir sind als Unternehmen ein integraler Bestandteil der Gesellschaft, in der wir agieren. So haben wir das Ziel, einen Mehrwert für unsere Stakeholder zu schaffen.

vgl.: www.postbank.de, Zugriff am 12.03.2014

Somit ergeben sich z. B. die folgenden Ausprägungen der Nachhaltigkeitsziele:

ökonomische Ziele	ökologische Ziele	soziale Ziele
■ Erzielung eines angemessenen Gewinns ■ Stärkung der Eigenkapitalbasis ■ Erhöhung des Marktanteils ■ Schaffung neuer Gewinnpotenziale	■ Verpflichtung zum umweltschonenden Handeln des Unternehmens ■ Verbesserung von Produktionsverfahren ■ Reduzierung der Emissionen ■ Ressourcen schonende Verfahren	■ Mitarbeiterzufriedenheit ■ Schaffung neuer Arbeitsplätze ■ Schaffung einer angenehmen Arbeitsatmosphäre ■ angemessene Entlohnung der Mitarbeiter

1.5
Zielbeziehungen – Nicht alle Ziele passen zueinander

Alle Ziele eines Unternehmens bilden das **Zielsystem.** Aus jedem Oberziel werden verschiedene Unterziele abgeleitet, die die Oberziele konkretisieren und damit ihr Erreichen unterstützen. Allerdings besteht vor allem auf der Ebene der Unterziele vielfach eine Zielkonkurrenz. So ist z. B. das ökonomische Ziel, die Produktionskosten zu senken, unvereinbar mit dem sozialen Ziel, zusätzliche Mitarbeiter einzustellen.

Es werden vor allem die folgenden Zielbeziehungen unterschieden:

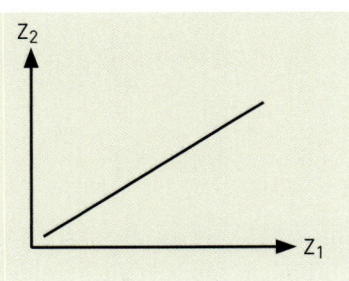

Komplementäre Ziele (Zielharmonie)

Die beiden Ziele Z_1 und Z_2 ergänzen sich gegenseitig. Steigt also die Zielerreichung des Ziels Z_1, so steigt auch die Zielerreichung des Ziels Z_2.

Zielharmonie

Beispiel

Wird der Marktanteil erhöht (Z_1), so erhöht sich i. d. R. auch der Umsatz (Z_2).

→

Zielkonflikt

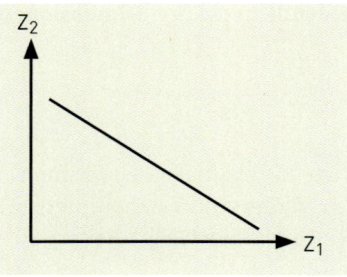

Konkurrierende Ziele (Zielkonflikt)

Die beiden Ziele Z_1 und Z_2 widersprechen sich. Steigt also die Zielerreichung von Z_1, so sinkt die Zielerreichung von Z_2.

> **Beispiel**
>
> Es sollen qualitativ bessere Rohstoffe eingesetzt werden (Z_1) und die Rohstoffkosten sollen gesenkt werden (Z_2).

Zielneutralität

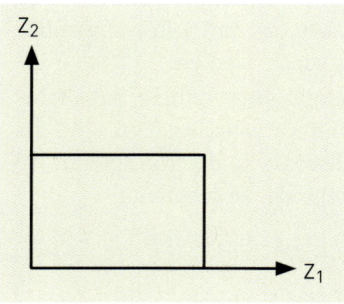

Indifferente Ziele (Zielneutralität)

Die Realisierung des Ziels Z_1 hat keinen Einfluss auf die Realisierung des Ziels Z_2. Steigt also die Zielerreichung des Ziels Z_1, so bleibt die Zielerreichung des Ziels Z_2 unverändert.

> **Beispiel**
>
> Wird das Kantinenessen verbessert (Z_1), so hat dies keinen Einfluss auf die Senkung des Rohstoffeinsatzes in der Produktion (Z_2).

Quelle der Bilder: Wöhe, Einführung in die allgemeine Betriebswirtschaftslehre, Vahlen, 17. Auflage

1.6
Unternehmensstrategien – Die Ziele werden umgesetzt

Zur Realisierung der gesetzten strategischen und damit langfristigen Oberziele müssen **Strategien** formuliert und festgelegt werden.

| gegenwärtige Situation | —— Strategie = Weg —— | Ziel(e) |

Strategie

Eine Strategie gibt somit einen bestimmten Handlungsspielraum oder Kanal vor, in dem sich die konkreten Maßnahmen bewegen sollen. Aufgrund ihres langfristigen Charakters kann eine einmal gewählte Strategie kurzfristig nur schwer korrigiert werden.

Die folgende Tabelle gibt einen Überblick über verschiedene Strategien.

Unternehmensstrategien	■ Produkt-Markt-Strategien (Produktentwicklung, Marktentwicklung usw.) ■ Autonomie- und Kooperationsstrategien ■ Wachstums-, Stabilisierungs-, Schrumpfungsstrategien ■ Angriffs-, Verteidigungsstrategien
Geschäftsbereichs- oder Wettbewerbsstrategien	■ Kostenführerstrategie ■ Differenzierungsstrategie ■ Fokussierungsstrategie (Nischenstrategie)
Funktionsbereichs-strategien	■ Beschaffungsstrategien ■ Produktionsstrategien ■ Marketingstrategien ■ Finanzierungsstrategien ■ Personalstrategien ■ Technologiestrategien

> **INFO-Teil**
> **LF 2, Kap. 1.1**

Insbesondere aufgrund des sich verschärfenden Wettbewerbs und der damit zusammenhängenden Notwendigkeit, sich nicht nur am Kunden, sondern auch an der

Konkurrenz zu orientieren, nehmen vor allem die folgenden **Geschäftsbereichs- oder Wettbewerbsstrategien** eine wichtige Rolle ein.

- Ziel der Strategie der **Kostenführerschaft** ist es, das Unternehmen mit der günstigsten Kostenposition in der Branche zu werden. Dadurch wird es möglich, das eigene Produkt günstiger anzubieten, als es die Konkurrenz kann.

  Die Kostenführerschaft wird vorrangig für Produkte angestrebt, die aus Kundensicht gleichartig sind (z. B. 60-Watt-Glühbirnen, Benzin). Hier dominiert zwischen den Konkurrenten der Preiswettbewerb.

Kostenführerschaft

- Die **Differenzierungsstrategie** zielt darauf ab, dem Kunden etwas Einzigartiges zu bieten. Möglichkeiten des Absetzens von der Konkurrenz bestehen dabei nicht nur in objektiv messbaren Leistungsmerkmalen (z. B. Produkttechnologie, Produktqualität, Produktdesign oder kundenorientiertes Vertriebs- und Servicenetz), sondern es können auch subjektiv wahrnehmbare Kundenpräferenzen durch spezielle Maßnahmen des Marketings erzeugt werden (z. B. durch Markennamen, Image des Unternehmens oder das Erscheinungsbild der Mitarbeiter).

  Die Differenzierung eröffnet die Möglichkeit zur Erhöhung der Absatzpreise.

Differenzierung

- Bei der **Strategie der Fokussierung** (Nischenstrategie) bildet das Unternehmen Schwerpunkte, konzentriert sich also auf Nischen. Dabei gibt es Nischen, die ein geringes Marktpotenzial bieten (z. B. Menthol-Zigaretten, Zigarren, alkoholfreie Biere) und damit nur wenigen Anbietern Platz gewähren, aber auch Nischen, die sich zu Massenmärkten entwickeln und damit ihren Nischencharakter verlieren (z. B. ökologische Lebensmittel, Mobiltelefone, Digitalkameras).

  Innerhalb der Nischenstrategie kann sowohl die Kostenführerschaft als auch die Differenzierung strategisches Ziel sein.

Fokussierung

| **Beispiel** |

Unternehmensstrategie der BMW Group

Wir stehen vor enormen Herausforderungen: Die Welt verändert sich mit hoher Geschwindigkeit. In vielen Ländern bleibt individuelle Mobilität im Fokus politischer Regulierung und nationaler Industriepolitik. Der Wertewandel in der Gesellschaft erfordert neue Mobilitätslösungen. [...]

Mit der Strategie Number ONE richten wir die BMW Group in einem veränderten Umfeld auf Profitabilität und langfristige Wertsteigerung aus – technologisch, strukturell und kulturell. Im Jahr 2007 haben wir damit die Weichen für eine erfolgreiche Zukunft gestellt und setzen Maßnahmen in vier Säulen der Strategie um: Wachstum, Zukunft gestalten, Profitabilität und Zugang zu Technologien und Kunden.

[...] Die strategische Zielsetzung reicht bis in das Jahr 2020 und ist klar definiert: Die BMW Group ist der weltweit führende Anbieter von Premium-Produkten und Premium-Dienstleistungen für individuelle Mobilität.

vgl.: bmwgroup.com, Zugriff am 12.03.2014

---

1   POS = Point of Sale; der Ort, an dem die Produkte verkauft werden.

2
Den Industriebetrieb definieren

Was verbirgt sich hinter dem Begriff des Industriebetriebes und was grenzt ihn von anderen, zum Teil ähnlich klingenden Bezeichnungen ab?

Diese Frage scheint im allgemeinen Sprachgebrauch unserer Zeit nicht mehr allzu bedeutend zu sein, wenn man sich vergegenwärtigt, dass selbst Fachzeitschriften Begriffe wie „Firma" und „Unternehmen" in Texten beliebig austauschen. Dennoch gibt es Unterschiede, die, wie im Folgenden dargestellt, nicht unerheblich sind.

Der Kaufmann

Kaufmann

Im Sinne des § 1 Absatz 1 HGB ist derjenige **Kaufmann**, der ein Handelsgewerbe betreibt, das nach Art und Umfang, wie ein Gewerbebetrieb, einen in kaufmännischer Weise eingerichteten Geschäftsbetrieb erfordert.

Der Gewerbebetrieb/das Handelsgewerbe

Gewerbebetrieb

Ein **Gewerbebetrieb** wird als solcher definiert, wenn der Inhaber seine Geschäfte über eine längere Dauer betreibt oder betreiben möchte. Zudem muss es sich bei der Betätigung um eine selbstständig ausführbare Tätigkeit handeln. Die eindeutige Absicht, wirtschaftlichen Erfolg mit der Betätigung zu erzielen, also einen Gewinn zu erwirtschaften, ist das dritte Kriterium.

Handelsgewerbe

Sollte dieser Gewerbebetrieb zusätzlich über einen in kaufmännischer Weise eingerichteten Geschäftsbetrieb, wie in § 1 Absatz 2 HGB vorgesehen, verfügen, wird er als **Handelsgewerbe**, analog zum Kaufmannsbegriff, bezeichnet.

Die Kriterien hierfür sind im HGB nicht weiter konkretisiert. Jedoch richtet sich die Entscheidung in der Praxis nach Art[1] und Umfang[2] des Geschäftsbetriebes. Hingegen ist nicht relevant, ob er in kaufmännischer Weise bzw. betriebswirtschaftlich geführt wird.

Das Unternehmen und der Betrieb

Üblich ist in der heutigen Betrachtung die Unterscheidung, wonach der Betrieb im Sinne der Produktionswirtschaft als der Ort gesehen wird, in dem sich die wirtschaftliche Leistungserstellung, z. B. die Herstellung von Möbeln, vollzieht; also eine planmäßige und organisierte betriebliche Gesellschaft, in und von der Güter oder Dienstleistungen beschafft, verarbeitet und abgesetzt werden.

Unternehmen

Der **Unternehmensbegriff** hingegen beinhaltet weitere betriebswirtschaftliche Bestandteile. So ist hierin die juristische und finanzielle Seite der Betriebswirtschaft[3] ergänzend enthalten, die beispielsweise Fragen bezüglich der abgeschlossenen Gesellschaftsverträge oder der Haftung für Leistungen sowie die Beschaffung finanzieller Mittel enthält.

Begriffsdefinitionen:

Gewerbebetrieb:
Als Gewerbebetrieb wird eine Tätigkeit dann eingestuft, wenn sie
- nachhaltig betrieben wird, d. h., wenn sie auf Dauer betrieben werden soll,
- wenn sie selbstständig betrieben wird
- und wenn sie mit der nachweisbaren Absicht betrieben wird, einen Gewinn mit ihr zu erwirtschaften.

Unternehmen:
Das Unternehmen besteht aus einem oder mehreren Betrieben sowie gegebenenfalls aus ergänzenden, betriebswirtschaftlichen Organisationseinheiten (z. B. Rechts- oder Finanzabteilungen), die gemeinsam planmäßig und organisiert wirtschaften.

---

1   Komplexitätsumfang der jeweiligen Geschäftsvorgänge
2   Das HGB definiert die Größenklassen in § 267, entscheidend sind hier: 1. die Bilanzsumme, 2. die Höhe der Umsatzerlöse und 3. die Anzahl der Arbeitnehmer.
3   Im weiteren Verlauf soll aus Vereinfachungsgründen der Begriff Betrieb stellvertretend für alle Wirtschaftsbetriebe und -unternehmen gleichermaßen verwendet werden.

Handelsgewerbe:
Gewerbebetrieb(e) mit in kaufmännischer Weise eingerichtetem Geschäftsbetrieb

Kleingewerbe:
Gewerbebetrieb, der über keinen in kaufmännischer Weise eingerichteten Geschäftsbetrieb verfügt, z. B. ein Kiosk

Firma:
Name, unter dem der Kaufmann sein Gewerbe betreibt; es werden die folgenden Möglichkeiten der Firmierung unterschieden:
- Sachfirma
- Personenfirma
- Fantasiefirma
- zusammengesetzte Firma aus mindestens zwei der anderen Möglichkeiten

Betriebe lassen sich nach unterschiedlichen Kriterien klassifizieren. Eine gängige Form ist die Unterteilung nach den unterschiedlichen **Wirtschaftszweigen**, wie im Folgenden geschehen:

Wirtschaftszweige

- Industriebetrieb, z. B. Automobilhersteller
- Handelsbetrieb, z. B. Einzel- bzw. Großhandel
- Bankbetrieb, z. B. Großbanken
- Verkehrsbetrieb, z. B. Fluggesellschaften
- Versicherungsbetrieb, z. B. Lebensversicherer
- Sonstige Dienstleistungsbetriebe; hierunter lassen sich andere Bereiche wie z. B. Callcenter zusammenfassen

Eine weitere Möglichkeit besteht darin, Industriebetriebe einem bestimmten wirtschaftlichen **Sektor** zuzuordnen. Unterschieden werden hierzu, je nach Lesart des Autors, drei bis fünf Wirtschaftssektoren. Die Theorie der drei Sektoren wurde in den Dreißigerjahren des 20. Jahrhunderts von Jean Fourastié entworfen. Fourastié beschrieb die drei Tätigkeitsbereiche, die auch als grundlegend für den später erläuterten Wertschöpfungsprozess gelten können:

Wirtschaftssektoren

1. **Gewinnung** der für die Produktion erforderlichen Rohstoffe (primärer Sektor),
2. deren **Weiterverarbeitung** in der Produktion (sekundärer Sektor) und
3. der Bereich der **Dienstleistungen**, der unter anderem auch den Handel und die Logistik umfasst (tertiärer Sektor).

Der **vierte** Sektor ist optional auszulagern und umfasst den Themenkomplex der **Information**, deren Gewinnung, Verarbeitung und Verbreitung.

Der **fünfte** Sektor ist ebenfalls nicht verpflichtend auszulagern. Es können hier jedoch Tätigkeitsbereiche der **Entsorgung** zusammengefasst werden.

Als **Industriebetrieb** wird ein Betrieb bezeichnet, der durch die Produktion von Gütern in Anlagen mit einem hohen Grad an Mechanisierung und Automation im Vergleich zu handwerklich organisierten Betrieben gekennzeichnet ist. Die Bezeichnung entstand im Zeitalter der Industrialisierung, in der sich die ersten der heutigen industriellen Produktionsformen durchsetzten.

Industriebetrieb

In den vergangenen Jahren sind die Grenzen zwischen Industriebetrieben und anderen Betriebsformen jedoch zunehmend verwischt, denn in jüngerer Vergangenheit bieten Industriebetriebe neben der Produktion in zunehmendem Maße auch Dienstleistungen für ihre Kunden an. Dennoch sind für einen Industriebetrieb Merkmale wie **Massenproduktion**, hoher Grad an **Automation, Technologieeinsatz** als Ergänzung der Automation und Formen der **Arbeitsteilung** nach wie vor kennzeichnend.

3
Industriebetriebe organisieren interne Prozesse

Für jeden Industriebetrieb ist das Errichten einer Organisationsstruktur sinnvoll, die die Beziehungen zwischen Mitarbeitern, ihren jeweiligen Arbeitsgruppen und Abteilungen auf unterschiedlichen hierarchischen Ebenen des Betriebes veranschaulicht.

Diese Vorgehensweise ergibt sich daraus, dass Betriebe **Systeme** sind, die Informationen gewinnen und weiterverarbeiten. Ein solches System umfasst eine kaum überschaubare Anzahl von Informationen, die zudem in vielen Fällen in einem engen Zusammenhang zueinander stehen.

Menschen wirken in Industriebetrieben sowohl arbeitsteilig, als auch im Team in der jeweiligen Organisations- bzw. Informationsstruktur zusammen, denn ihre Fähigkeit zur Problemlösung, speziell bei sehr umfangreichen Systemen, verbessert sich durch die Bündelung der Arbeitsleistung. Dies hat ebenso Auswirkungen auf die Verarbeitung der Informationen.

Ein weiterer Aspekt soll bei dieser Betrachtung nicht unberücksichtigt bleiben: Die Leistungserstellung eines Industriebetriebes vollzieht sich in den meisten Fällen nach dem Prinzip der **Wirtschaftlichkeit**. Diese wird aus dem Verhältnis der Leistung zu den Kosten für diese Leistung ermittelt: Wirtschaftlichkeit = Leistung/Kosten.

› **LF 5, Kap. 5.4**

Das heißt, je besser das Verhältnis von Input zu Output des Betriebes ist, desto höher ist auch die **Produktivität**, die das Verhältnis von Leistung zu Kosten wiedergibt[1]. Seine Effizienz steigt und damit auch die Leistungsfähigkeit.

3.1
Aufbauorganisation – so funktionieren Beziehungen in Betrieben

Aufbau-organisation

Die **Aufbauorganisation** ist die auf Dauer ausgerichtete Gestaltung der Beziehungszusammenhänge in einem Betrieb. Zu diesem Zweck werden die betrieblichen Arbeiten in Teil- bzw. Einzelarbeiten zerlegt (Analyse), um sie im Anschluss daran, in sinnvoller Zusammensetzung, in sogenannten Stellen wieder zusammenzuführen (Synthese).

Die Stellen wiederum agieren untereinander in Gruppen oder Abteilungen, wobei sich, abhängig vom jeweiligen Arbeitsauftrag, mehrere Stellen an der jeweiligen Tätigkeit im Betrieb beteiligen müssen.

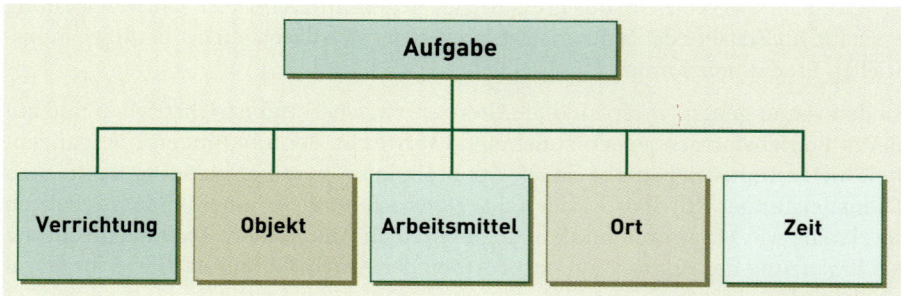

---

1   Leistung = bewerteter Output, Kosten = bewerteter Input

3.1.1
Grundlagen der Aufbauorganisation

Die **Stelle** ist das Grundelement jeder betrieblichen Aufbauorganisation. Sie bildet durch ihre Verflechtungen mit anderen Unternehmenseinheiten das Grundgerüst eines jeden Betriebes. In ihr werden bestimmte Grundtätigkeiten so miteinander kombiniert, dass sie den jeweiligen Arbeits- und Aufgabenbereich eines Mitarbeiters darstellen. Dieser kann aus sachlichen oder formalen Gründen als solcher zusammengefasst werden. Beispiel ist die in nahezu jedem Unternehmen vorkommende Poststelle.

Stelle

Die der Stelle übergeordnete Organisationseinheit ist üblicherweise die **Gruppe.** In ihr werden mehrere Stellen nach unterschiedlichen Kriterien zusammengefasst. Eine Möglichkeit hierfür ist die **sachliche Kombination**. Hierbei werden Stellen z. B. nach dem Objekt- oder Verrichtungsprinzip miteinander kombiniert.

Gruppe

Das **Objektprinzip** fasst Tätigkeiten an einem Objekt zu einer Gruppe zusammen. Beispielsweise könnte dies die Vorbehandlung und Lackierung von Tischplatten sein.

Das **Verrichtungsprinzip** hingegen bildet die Gruppe nach den jeweiligen Tätigkeitsbereichen. So werden z. B. alle Leimarbeiten zur Fertigstellung der Produkte der Heidtkötter KG in einer Gruppe gebündelt.

Es können aber auch Gruppen nach **formalen Gesichtspunkten** gebildet werden. Bei dieser Form der Gruppenzusammenstellung wird nach hierarchischen Kriterien entschieden, welche Stelle innerhalb der Gruppe Leitungsaufgaben mit Weisungsbefugnissen übertragen bekommt. Diese Stelle einer Gruppe wird dann auch als **Instanz** bezeichnet.

Abteilungen

Die gebildeten Gruppen, speziell die sachlich kombinierten, können im Weiteren auch als **Abteilungen** zusammengefasst werden. So können beispielsweise die Stellen und Gruppen, die an der Tischherstellung beteiligt sind, in eine Abteilung Tische eingegliedert sein. Andere Abteilungen befassen sich parallel dazu möglicherweise mit der Planung, Herstellung oder dem Vertrieb anderer Möbel.

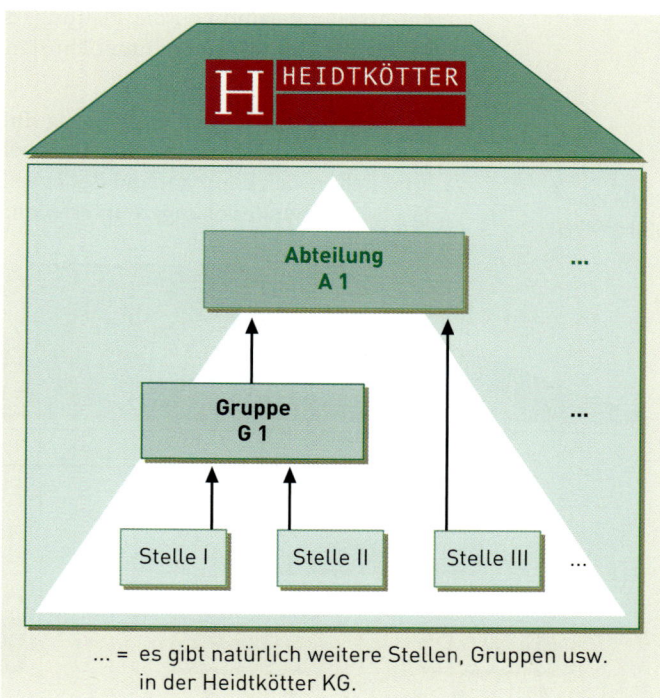

... = es gibt natürlich weitere Stellen, Gruppen usw. in der Heidtkötter KG.

Beispiel

Innerhalb der Abteilung für Forschung und Entwicklung der Heidtkötter KG existiert eine Gruppe zur Erprobung von neuen Verbindungstechnologien für Tische, bestehend aus drei Mitarbeitern, Herrn Löcker, Herrn Meiering und Herrn Schulz. Würden Herrn Löcker in diesem Team Leitungsaufgaben übertragen, würde man bei der Stelle, die von Herrn Löcker bekleidet wird, von einer **Instanz** innerhalb dieser Gruppe sprechen.

3.1.2
Organisationsformen

Aus dem zuvor erläuterten Zusammenwirken von Stellen und Gruppen lassen sich unterschiedliche Organisationsformen, in denen wiederum Entscheidungsträger und Kompetenzen definiert sein müssen, für Betriebe entwickeln. Die wichtigsten werden im Folgenden dargestellt.

3.1.2.1
Linienorganisation

Einliniensystem

Im **Einliniensystem** kann von einer einzelnen Leitung ausgegangen werden. Das bedeutet: auf jeder Hierarchieebene der Organisation gibt es für jede untergeordnete Stelle stets nur einen Vorgesetzten. Der Weg von der obersten bis zu den ausführenden Stellen wird auch als „Dienstweg" für Anordnungen, Anrufung, Beschwerde und Information bezeichnet.

Das Einliniensystem kann über mehrere Ebenen verfügen, was zur Folge haben kann, dass der soziale und hierarchische Abstand zwischen den einzelnen Betriebsebenen vergrößert wird. Diese hierarchische Form der Organisation fördert häufig eine autoritäre Form der Führung durch die Vorgesetzten.

Jede Abteilung hat ein Spektrum von Aufgaben. Bei deren Umsetzung übernehmen die Abteilungsleitungen die Planung, das Koordinieren und das Überwachen aller Tätigkeiten. Sie delegieren unter Umständen Aufgaben an diverse Gruppen innerhalb der Abteilung.

Beispielsweise könnte die Abteilung Einkauf sich mit der Beschaffung unterschiedlichen Materials für die jeweiligen Möbel befassen. Die einzelnen Gruppen der Abteilung ließen sich dann anhand der jeweiligen Möbelarten in Gruppen für Sitzmöbel, Tische und Sonderlösungen unterteilen.

Einlinien-
organisation

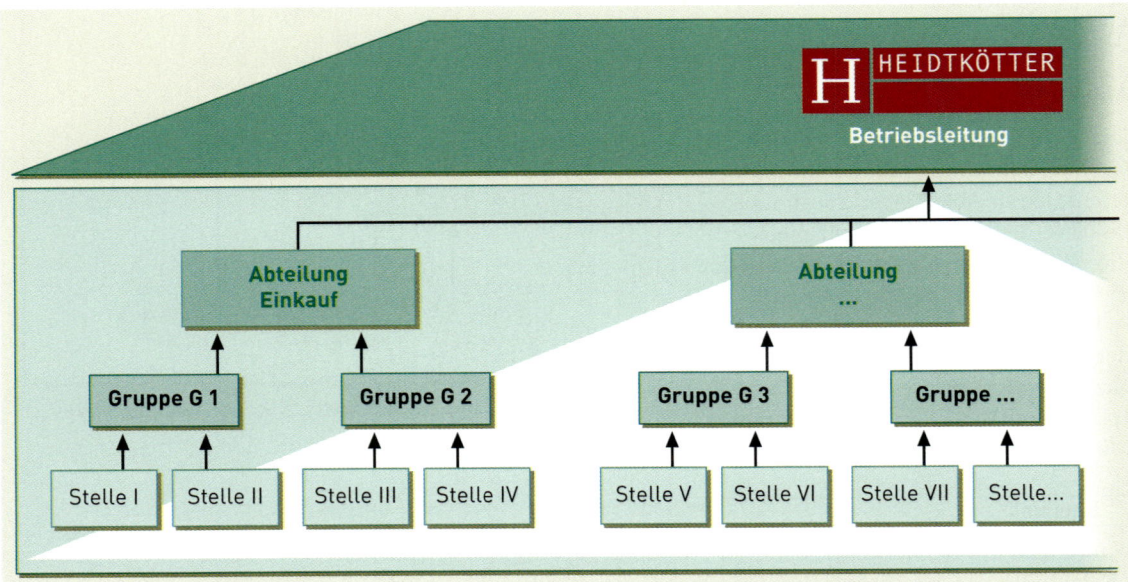

Die Leitungsspanne bezeichnet die Anzahl der Mitarbeiter, die ein Vorgesetzter (Weisungsberechtigter) direkt zu führen hat. Im Beispiel (s. o.) führt der Abteilungsleiter zwei Gruppenleiter (Leitungsspanne 2). Die Leitungstiefe gibt die Anzahl der

Hierarchieebenen an; hier sind dies also drei Ebenen. Je flacher die Hierarchie ausfällt, desto kürzer werden die Informationswege und desto schneller können Entscheidungen getroffen werden. Lean Management als Organisationsprinzip der „Verschlankung" wird in Lernfeld 5 erklärt.

› INFO-Teil
LF 5, Kap. 5.3

Vor- und Nachteile des Einliniensystems

	Vorteile	Nachteile
Aufgaben- umfang	■ reduzierte Kommunikations- und Entscheidungsprozesse	■ Überlastung der Unternehmens- leitung ■ zu geringe Kommunikation ■ lange Kommunikationswege ■ Belastung von Zwischeninstanzen
Koordi- nation	■ klare Kompetenzregelung ■ klare Kommunikationswege ■ Eindeutigkeit der Arbeitsaufträge ■ einfache Kontrollierbarkeit	■ keine direkte Absprache zwischen Instanzen gleicher Ordnungs- ebenen ■ Gefahr der Überorganisation (Bürokratisierung)
Qualität	■ Alleinverantwortlichkeit führt zu Anerkennung ■ Einheitlichkeit der Entscheidungen ■ große Entfaltungsmöglichkeiten für leitende Mitarbeiter	■ fehlende Kontrolle über Ent- scheidungen auf höherer Ebene ■ Informationsfilterung in den Zwischeninstanzen ■ Horizontale Verbindungen werden nicht berücksichtigt.

in Anlehnung an: Heinen, Edmund, Industriebetriebslehre, 9. Auflage, Seite 106 ff.

Bei der Organisationsform **Mehrliniensystem** wird die Entscheidungsbefugnis auf mehrere beteiligte Personen bzw. Stellen der Leitungsebene verteilt. Die Stelle auf ausführender Ebene kann in diesem Modell von mehreren Vorgesetzten Weisungen erhalten. Diese werden auf direktem Weg zwischen den zwei Ebenen übermittelt, sodass die Information möglichst schnell und ohne Kommunikationsverluste übermittelt werden kann.

Mehrlinien- system

Diese Struktur eignet sich besonders für kleinere Unternehmen, in deren Organisation die kaufmännische von der technischen Leitung getrennt werden soll.

Mehrlinien- organisation

Vor- und Nachteile des Mehrliniensystems

	Vorteile	Nachteile
Aufgaben-umfang	■ Entlastung der Unternehmensleitung ■ kurze Kommunikationswege ■ schnellere Reaktion auf veränderte Anforderungen	■ hoher Aufgabenanteil bei Führungskräften ■ hoher Kommunikationsaufwand
Koordi-nation	■ direkte und schnelle Kommunikationswege ■ Koordination ist schnell möglich	■ Kompetenzprobleme können auftreten ■ je größer das Unternehmen, desto problema-tischer die Koordination
Qualität	■ Vorgesetzte sind auf ihren Bereich speziali-siert. ■ Fachkompetenz ist wichtiger als Hierarchie. ■ geringere Willkürgefahr als in anderen Organisationsformen ■ psychologischer Vorteil durch Weisungsvertei-lung	■ keine einheitliche Leitung ■ weniger Gesamtüberblick der Vorgesetzten ■ Gefahr der Konkurrenz zwischen einzelnen Vorgesetzen ■ Kompromissgefahr in Situationen, in denen ein Kompromiss nicht sinnvoll wäre ■ Zeitverlust bei Entscheidungsproblemen ■ mögliche Unsicherheit bei Entscheidungs-erteilung und -umsetzung

in Anlehnung an: Heinen, Edmund, Industriebetriebslehre, 9. Auflage, Seite 106 ff.

Stablinien-organisation

Informationen werden bei einer **Stablinienorganisation** auf dem Dienstweg weiter-gegeben. Dies führt bei Linienorganisationen häufig zu längeren Durchlaufzeiten und überlastet nach und nach die beteiligten Instanzen.

Auf diese Weise bildet sich zusehends ein Informations- und Tätigkeitsstau auf einer oder mehreren Leitungsebenen. Um dies zu verhindern, werden Stabsstellen in das Liniensystem integriert. Sie sind den Instanzen zugeordnet. Grundidee hierbei ist die Unterstützung in Leitungshilfefunktionen ohne Kompetenzen gegenüber dem Linienablauf, um einen beschleunigten Informationsfluss zu erreichen und die Effi-zienz der Instanz zu verbessern.

Stablinien-organisation

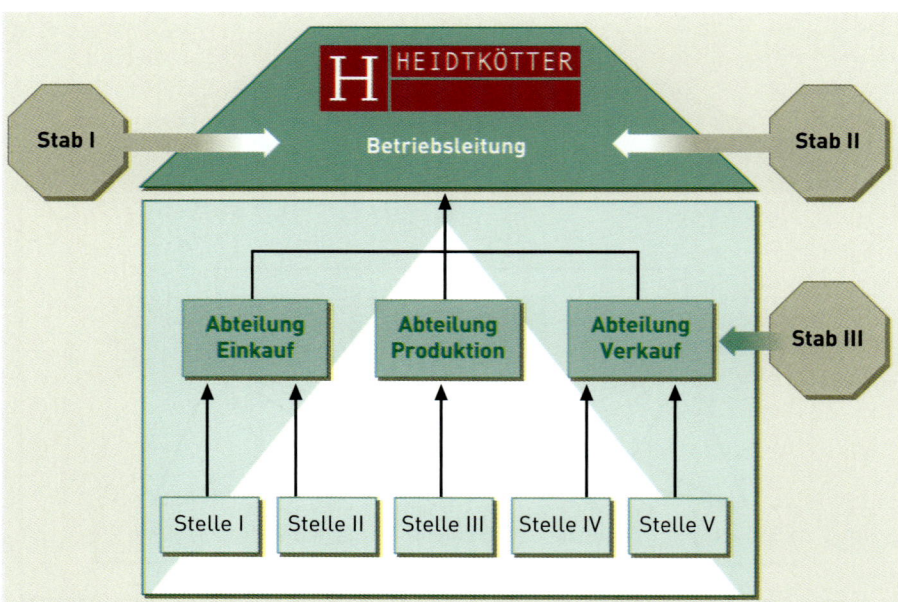

Vor- und Nachteile der Stablinienorganisation

	Vorteile	Nachteile
Aufgaben-umfang	■ Entlastung der Linieninstanzen ■ bessere Entscheidungsvorberei-tung auf Instanzenebenen	■ Gefahr der Bildung von zu vielen Stabsstellen ■ Vernachlässigung von Leitungs-aufgaben durch die Instanzen
Koordi-nation	■ Erhöhung der Koordinations-fähigkeit gegenüber der Linien-organisation	■ mögliches Konfliktpotenzial zwischen Linie und Stab ■ Transparenz und Übersichtlich-keit gehen verloren
Qualität	■ Teamarbeit zwischen Stab und Linie ■ fachkundige Unterstützung der Linie ■ bessere Auswahl der geeigneten Mitarbeiter	■ psychologischer Nachteil der Stabsstelle durch fehlende Befugnisse ■ Fehlende Kommunikation führt zu Missverständnissen zwischen Stellen. ■ Betonung vertikaler Verbindun-gen im Betrieb

in Anlehnung an: Heinen, Edmund, Industriebetriebslehre, 9. Auflage, Seite 106 ff.

3.1.2.2
Spartenorganisation

Die zuvor dargestellten Linienmodelle sind am Kriterium der Verrichtung ausgerichtet. Hieraus ergibt sich häufig eine Tendenz zur Festlegung auf ganz spezielle Produkt- und Tätigkeitsbereiche, in denen sich die Mitarbeiter jeweils besondere Kenntnisse und Fertigkeiten angeeignet haben.

Sparten-organisation

Möchte ein Betrieb auch ergänzende Produkte aus ganz unterschiedlichen Bereichen herstellen, d. h. ein breiteres Produktprogramm produzieren und vertreiben, benötigt man für diese neuen Produkte möglicherweise neue Fertigkeiten, sprich neue Mitarbeiter. Diese sind jedoch nicht immer verfügbar bzw. gewollt.

› Band 2, LF 6

Das Einrichten der neuen Produktart in allen bereits vorhandenen Abteilungen eines Betriebes kann eine Lösung sein. Zum Beispiel wird die Produktart *Sitzmöbel* als Arbeitsbereich in den Abteilungen Einkauf, Produktion und Verkauf eingeführt. Dies bedeutet einen **Wechsel von der Verrichtungs- zu einer objektbezogenen Betrachtung** als oberstem Entscheidungskriterium für die Spartenbildung. Abteilungen werden aufgelöst oder verlieren Kompetenzen.

In einigen der verbliebenen Abteilungen aus der alten Betriebsstruktur werden nach einer solchen Umstrukturierung lediglich Aufgaben verbleiben, die nicht produktspezifisch sind. Beispielhaft können hier Personalentwicklung oder Buchhaltung genannt werden.

Die Bildung von Sparten ist kennzeichnend für diversifizierte Großunternehmen, zu denen üblicherweise auch eine Vielzahl von Industrieunternehmen zählt.

Spartenorganisation

Vor- und Nachteile der Spartenorganisation

	Vorteile	Nachteile
Aufgaben-umfang	■ bessere Anpassung der Betriebsmittel an den Aufgabenumfang möglich ■ höhere Arbeitsleistung der besser geschulten Mitarbeiter ■ höhere Produktivität in der Sparte	■ höherer Mitarbeiterbedarf ■ langer Anweisungsweg ■ finanziell aufwendig durch Mehrfachstellenbildung
Koordi-nation	■ bessere Anpassung an Marktvorgaben ■ teilweise Selbstständigkeit der einzelnen Sparten	■ übergroßes und ggf. unübersichtliches Gesamtsystem ■ Gefahr der Verselbstständigung ■ langsamer bei spartenübergreifenden Entscheidungen (Bürokratisierung)
Qualität	■ geringeres Risiko für das Gesamtunternehmen	■ Kooperation der Sparten lässt nach ■ unterschiedliche Qualität der Sparten führt zu Absatzproblemen

3.1.2.3
Matrixorganisation

Matrix-organisation

Innerhalb der **Matrixorganisation** gibt es für jede ausführende Stelle je zwei Vorgesetzte. Hiervon ist einer verrichtungsorientiert, was bedeutet, dass dieser Vorgesetzte z. B. mit dem Einkauf von Vorprodukten oder der Produktion befasst ist. Der andere Vorgesetzte ist objektorientiert, was bedeutet, dass er sich z. B. um einzelne Produktbereiche wie die Stuhlproduktion kümmert. In dieser Form der Matrixorganisation wird also versucht, sinnvolle Bestandteile des Mehrliniensystems in große Unternehmen zu integrieren.

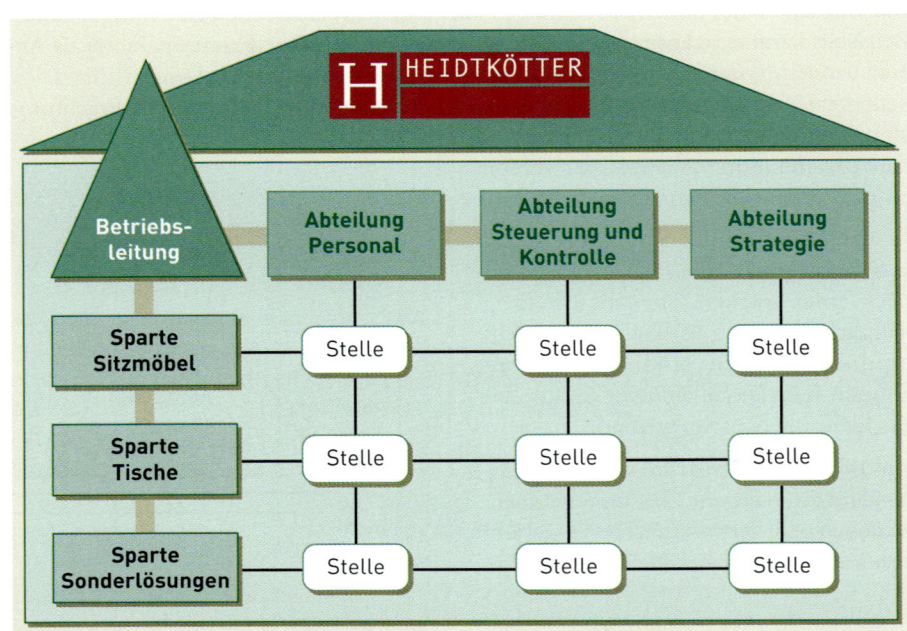

Matrix-organisation

Vor- und Nachteile der Matrixorganisation

	Vorteile	Nachteile
Aufgaben-umfang	■ Entlastung der Leitung des Betriebes ■ direkte Verbindungen ■ keine Zwischeninstanzen	■ Vielzahl von leitenden Mit-arbeitern ■ hoher Kommunikationsbedarf
Koordi-nation	■ mehrere Abläufe lassen sich parallel koordinieren ■ übersichtliche Leitungsorgani-sation ■ Projekte können als eigene Dimension integriert werden	■ sämtliche Kompetenzen müssen geregelt werden ■ Mitsprache mehrerer Mitarbeiter kann die Entscheidungsfindung erschweren ■ Konflikte aufgrund unterschied-licher Ansichten der leitenden Mitarbeiter
Qualität	■ spezialisierte Vorgesetzte ■ permanente Teamarbeit ■ keine Hierarchie	■ Gefahr zu vieler Kompromisse ■ Zeitverlustgefahr ■ zu wenig Alleinverantwortung

in Anlehnung an: Heinen, E., Industriebetriebslehre, 9. Auflage, Seite 106 ff.

Das Organisationsmodell **Teamvermaschung** grenzt sich grundsätzlich von den meis-ten anderen Modellen ab. Die Abteilungsorganisation wird vollständig aufgegeben.

Team-vermaschung

Stattdessen werden in diesem Modell unterschiedliche Teams gebildet, die jeweils eine oder mehrere Aufgaben im Betrieb übernehmen. Die innerbetriebliche Stel-lung eines Mitarbeiters ist dabei abhängig von seiner Leistung, die sich an der Zahl der Teammitgliedschaften ablesen lässt, denn je höher diese ist, umso mehr Sach-kompetenz wird angenommen.

Tatsächlich gibt es in diesem Modell keine Leitungsebene wie in allen zuvor gezeigten. Einige Aspekte bleiben je-doch bei der Teamvermaschung unklar. So sind beispielsweise Verantwortung für betriebliche Entscheidungen oder Leitungsaufgaben im Betrieb in die-sem Modell nicht geregelt. Auch andere Problemsituationen, wie der Umgang mit Mitarbeitern, die sich nicht optimal in das System einfügen lassen, werden nicht geklärt.

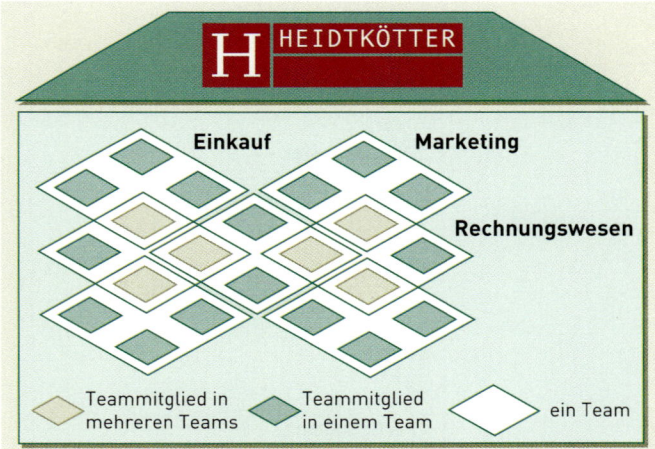

Vor- und Nachteile der Teamvermaschung

	Vorteile	Nachteile
Aufgaben-umfang	■ motivierte Mitarbeiter durch fehlende Kontrolle ■ durch Motivation höhere Leistung	■ Abwesenheit von Hierarchie bedeutet auch Abwesenheit von Kontrolle ■ geringere Produktivität wird nicht sanktioniert
Koordi-nation	■ keine Verantwortung für Mitarbeiter	■ Selbstkoordination der Gruppen kann zu Fehl-entwicklungen führen ■ für Produktionsprozesse ungeeignet
Qualität	■ freies Arbeiten in gelöster Atmosphäre ■ Arbeit als Selbstverwirklichung	■ Zeitverlustgefahr wegen fehlender Autorität

Vgl.: www.zingel.de/pdf/10orga.pdf, Zugriff am 14.10.2007

3.1.2.4
Mischformen

Selbstverständlich besteht für fast alle Organisationsformen die Möglichkeit der Kombination. Zum Beipiel kann die Stablinienorganisation mit der Spartenorganisation kombiniert werden. Sinn dieser Formenmischung ist, die jeweils besten bzw. brauchbaren Bestandteile für die eigene Betriebsform zu kombinieren. So könnten etwa die Bereiche Buchhaltung und Personal in der bekannten hierarchischen Organisation bestehen bleiben, um hier den Einfluss der Unternehmensleitung schnell umsetzen zu können. Die Produktion und der Absatz hingegen könnten als einzelne Sparten nebeneinander angelegt werden, um hier die höhere Qualifikation der Mitarbeiter zu nutzen.

Die auszuwählende Organisationsform eines Betriebes wird häufig anhand von mehreren **internen und externen Faktoren** bestimmt. Hierzu zählen unter anderem:

› INFO-Teil
LF 2, Kap. 2
Gewerbebetrieb

› INFO-Teil
LF 1, Kap. 5.2

› Band 2, LF 6

Interne Faktoren	Beispiele
Betriebsgröße	Kennzeichnend hierfür sind z. B. die Kriterien des Gewerbebetriebes.
Unternehmensform[1]	Industrieunternehmen mit mehreren Betrieben benötigen häufig eine andere Organisationsform als beispielsweise kleinere Einzelhandelsbetriebe.
Marktsegment	In bestimmten Marktsegmenten können spezielle Voraussetzungen zu einer dazu passenden Organisationsform führen. Zum Beispiel kann im Segment *Softwarevertrieb* eine umfangreiche Unterstützung durch die jeweiligen Programmierer vor Ort erforderlich sein.
Datentransfer	Abhängig von der technologischen Ausstattung des Unternehmens können verschiedene Organisationsformen gewählt werden. Ist beispielsweise ein Industrieunternehmen in mehrere Betriebe untergliedert, hat der Datentransfer für den Bereich Steuerung und Kontrolle organisatorische Auswirkungen auf die Anzahl und Aufgaben der Mitarbeiter.
Fertigungsart	Bestimmte Fertigungsvarianten erfordern bestimmte Organisationsformen. Eine Organisation, in der viele Mitarbeiter eine Vielzahl von Aufgaben gleichermaßen übernehmen müssen, unterscheidet sich von einer Art, bei der jeder Mitarbeiter lediglich eine Tätigkeit ausübt.

---

1   Hier nicht ausschließlich als Betriebsform definiert, da Industriekonzerne häufig über mehrere Betriebe verfügen und dies für die Entscheidung der Organisationsformwahl von Bedeutung ist.

Externe Faktoren[1]	Beispiele (konkretere aus der Industrie)
Vorgaben von externen Geldgebern	Es ist denkbar, dass Betriebe zu einem großen Anteil aus externen Quellen finanzielle Mittel benötigen. Hieraus resultiert häufig der Versuch der Beeinflussung durch eben diese Geldgeber. Ein Beispiel könnte die Umwandlung der Heidtkötter KG in eine KGaA (Kommanditgesellschaft auf Aktien) am Vorbild der Henkel KG aus Düsseldorf sein.
Kundenwünsche	Möglicherweise haben Großkunden spezielle Wünsche bezüglich der Betreuung durch einen Lieferanten. Hieraus könnte sich beispielsweise die Einrichtung einer Stabstelle bei der Heidtkötter KG ergeben, die personell vom Kunden besetzt werden könnte.
Marktvorgaben	Der Markt für Büromöbel mit technischem Zubehör ist so schnelllebig, dass die Matrixorganisation aus Zeiteinsparungsgründen zugunsten eines Liniensystems aufgegeben wird.

Hat der Industriebetrieb sich über die jeweiligen Faktoren Klarheit verschafft, kann die Gesellschaftsform und hiermit einhergehend auch die Organisationsform gewählt werden.

› INFO-Teil
LF 1, Kap. 5.2

3.1.3
Informationsmanagement zur Steuerung und Abwicklung des betrieblichen Leistungsprozesses

Ergänzend zur Frage der reinen Betriebsorganisation im engeren Sinne stellt sich noch eine zweite, nicht unwichtigere Frage: Auf welche Weise funktioniert die Kommunikation innerhalb dieser zuvor beschriebenen Betriebs- oder Unternehmensorganisation?

Diese Frage ist problematischer, als es zunächst scheint, denn hierzu muss zunächst definiert werden, was sich hinter dem Begriff der Kommunikation eigentlich genau verbirgt.

Kommunikation umfasst den Austausch von Informationen, aus einer Betrachtungsperspektive, innerhalb des Unternehmens. Dieser kann zwischen Mitarbeitern oder möglicherweise auch zwischen Mitarbeiter und Maschine stattfinden.[2]

Kommunikation

Für die Gestaltung der betrieblichen Leistungsprozesse ist die Kommunikation zwischen einzelnen Stellen und Abteilungen von grundlegender Wichtigkeit. Beispielsweise müssen zur Entwicklung eines neuen Multifunktionstisches zunächst die technischen Voraussetzungen und die technische Machbarkeit geprüft werden, bevor die Marketingabteilung die einzelnen Werbemittel für den neuen Tisch bestellt.

› INFO-Teil
LF 2, Kap. 3.2.2

Die Verbindungspunkte zwischen den beteiligten Stellen und Abteilungen, wie hier zwischen der Produktentwicklung und dem Marketing, werden als **Schnittstellen** bezeichnet. An diesen Schnittstellen entscheidet die Qualität der Kommunikation

Schnittstellen

---

1   Die Anzahl der externen Einflussfaktoren, die sich auf die Wahl der Organisationsform auswirken, ist so umfangreich, dass an dieser Stelle lediglich einige dieser Faktoren exemplarisch aufgeführt werden sollen.
2   Vgl. Olfert, K., Rahn, H.J., Lexikon der Betriebswirtschaftslehre, 4. Auflage, 2001

› INFO-Teil
LF 2, Kap. 3.3

über die Vollständigkeit und Richtigkeit der Weitergabe von Information und somit letztlich auch über die Qualität der Produkte, die hergestellt und vertrieben werden sollen. Schnittstellen können zwischen Beteiligten auf gleicher Betriebsebene, aber auch zwischen Personen entstehen, die auf unterschiedlichen Ebenen agieren – was den sinnvollen und richtigen Transfer von Information weiter erschwert.

3.1.4
Grenzen der funktionsorientierten Aufbauorganisation

Die im Industriebetrieb verwendeten Produktionsfaktoren sind nicht von sich aus aufeinander abgestimmt. Ebenso können die verfolgten Ziele z. T. erheblich voneinander und vom gesteckten Ziel abweichen. Der Mitarbeiter verhält sich im Industriebetrieb, zum Leidwesen seiner Vorgesetzten, nicht immer wie geplant. Damit die Zusammenarbeit verbessert werden kann, ist demnach eine Form der Lenkung oder Koordination erforderlich. Die hiervon betroffenen Bereiche umfassen beispielsweise Fragen der Arbeitsteilung, zeitliche Aspekte, sachliche und inhaltliche Abstimmung sowie die Berücksichtigung persönlicher Wünsche der einzelnen Stelleninhaber.

Eine solch umfangreiche Abstimmung ist in großen Unternehmen nicht immer unproblematisch, da neben der zuvor bereits geschilderten Aufbauorganisation eines Betriebes eine weitere Kommunikationsebene eine Rolle spielt. Gemeint ist hier die **informelle Kommunikation** zwischen Mitarbeitern. Sie führt dazu, dass Informationen nicht den für sie vorgesehenen Weg durch die Organisation nehmen und möglicherweise die Richtigkeit und Eindeutigkeit der Information und Kommunikation hierdurch verloren geht.

Informelle Kommunikation

Noch schwerwiegender ist die Situation, wenn einzelne Mitarbeiter den Informationsfluss wissentlich zu behindern versuchen. In diesem Fall werden möglicherweise dringend benötigte Informationen verspätet, verändert oder überhaupt nicht weitergeleitet. Der Produktionsprozess stockt, der Betrieb erleidet möglicherweise einen finanziellen Schaden.

Aus dieser Problematik entstanden unterschiedliche Lösungsansätze. Zunächst entwickelten Unternehmen ein detailliertes System unter der Bezeichnung **Informationsmanagement**, das zur Aufgabe hat, Informationen zielgerichtet und wirtschaftlich sinnvoll an den jeweiligen Empfänger weiterzuleiten. Dieser Schritt ging jedoch noch nicht weit genug. Im Zeitalter des Computers entstand die Idee, die Information mit dem Produktionsprozess zu verbinden. Die Lösung war die Verknüpfung als sogenannter Geschäftsprozess.

3.2
Orientierung der Ablauforganisation am Wertschöpfungs- oder Geschäftsprozess

Eine weitere Betrachtungsperspektive des betrieblichen Geschehens, ist die Orientierung am Wertschöpfungsprozess. Anders als bei der herkömmlichen Betrachtung des hierarchischen Aufbaus eines Betriebes in Form der zuvor dargestellten Linien- und Systemorganisation wird nun der Ablauf des gesamten Prozesses in einem Betrieb, von der Beschaffung benötigter Materialien bis zum Verkauf des fertigen Produktes, analysiert. Zu diesem Zweck werden die betrieblichen Produktionsfaktoren untersucht und die verschiedenen Bewegungen von Material, Informationen, Geld und anderen Werten durch den Betrieb nachvollzogen.

3.2.1
Betriebliche Produktionsfaktoren

Der betriebliche Leistungsprozess entsteht durch den Einsatz der dazu erforderlichen Bestandteile. Üblicherweise werden in diesem Zusammenhang die menschliche Arbeitskraft, Maschineneinsatz, Werkzeuge und Werkstoffe aufgezählt.

Nach Gutenberg lassen sich die betrieblichen Produktionsfaktoren in **zwei** Bereiche unterteilen: die **elementaren Produktionsfaktoren**, die den Prozess der Leistungserstellung erst ermöglichen, und die **dispositiven Produktionsfaktoren**, die im Weiteren ebenfalls näher erläutert werden.

Die elementaren Produktionsfaktoren werden wie folgt unterteilt:

Ausführende (objektbezogene) Arbeit	ist die handwerkliche Tätigkeit, z. B. bei nicht maschineller Bearbeitung eines Werkstückes nach gestellten Vorgaben.	**Elementare Produktionsfaktoren**
Betriebsmittel	sind beispielsweise alle Grundstücke, Gebäude, Anlagen, Maschinen, Werkzeuge, Fahrzeuge, Lagereinrichtungen und sonstige Mittel, die dem Produktionsprozess dienen, jedoch nicht im Produkt verarbeitet werden.	
Werkstoffe	ist der Sammelbegriff für alle verwendeten Roh-, Hilfs- und Betriebsstoffe. Als Rohstoffe werden alle Grundbestandteile des fertigen Produktes bezeichnet; z. B. bestehen die verwendeten Tischplatten hauptsächlich aus Holz. Hilfsstoffe sind „Nebenbestandteile", die dem Produkt beigefügt werden müssen, z. B. Schrauben oder Holzdübel für den Verbund der Einzelbestandteile. Betriebsstoffe werden letztlich keine Bestandteile des Produktes, sind jedoch zu dessen Herstellung unbedingt erforderlich und werden während des Produktionsprozesses verbraucht. Dies können z. B. Strom oder Benzin für die Produktionsanlagen sein.	

Den zweiten Bereich bilden die **dispositiven Produktionsfaktoren** (Betriebsführung), die eine Ergänzung der elementaren Produktionsfaktoren, speziell des Faktors Arbeit, darstellen. Hierzu zählen:

Dispositive Produktionsfaktoren

Leitung	Im Gegensatz zur ausführenden Arbeit des Elementarfaktors wird hierunter lediglich die leitende Arbeit verstanden, üblicherweise die Führung des ganzen oder einzelner Teile des Betriebes.	
Planung	Beim Faktor Planung handelt es sich um die rationelle und zielgerichtete Gestaltung zukünftiger betrieblicher Betätigungen.	
Organisation	Die Organisation des Unternehmens umfasst die Bereiche Aufbau- und Ablauforganisation.	› INFO-Teil LF 2, Kap. 3.1
Kontrolle	Diese dient der Überwachung der Ergebnisse des Produktionsprozesses. Sollten die Ergebnisse nicht den Erwartungen entsprechen, wird der Planungsprozess von Neuem eingeleitet.	› LF 5 PPS-System

3.2.2
Material-, Informations-, Geld- und Wertefluss

Grundlegend neu ist die Betrachtung von abteilungsübergreifenden Zusammenhängen bei der Erstellung von Produkten oder Dienstleistungen, den Wertschöpfungs- oder Geschäftsprozessen. Diese werden aufgrund der ständigen Veränderung von Materialien, Informationen und Werten beim Lauf durch den Betrieb auch als „Fluss" bezeichnet und lassen sich nach dem jeweiligen Betrachtungsgegenstand, wie in der folgenden Grafik dargestellt, unterscheiden.

› INFO-Teil LF 2, Kap. 3.2

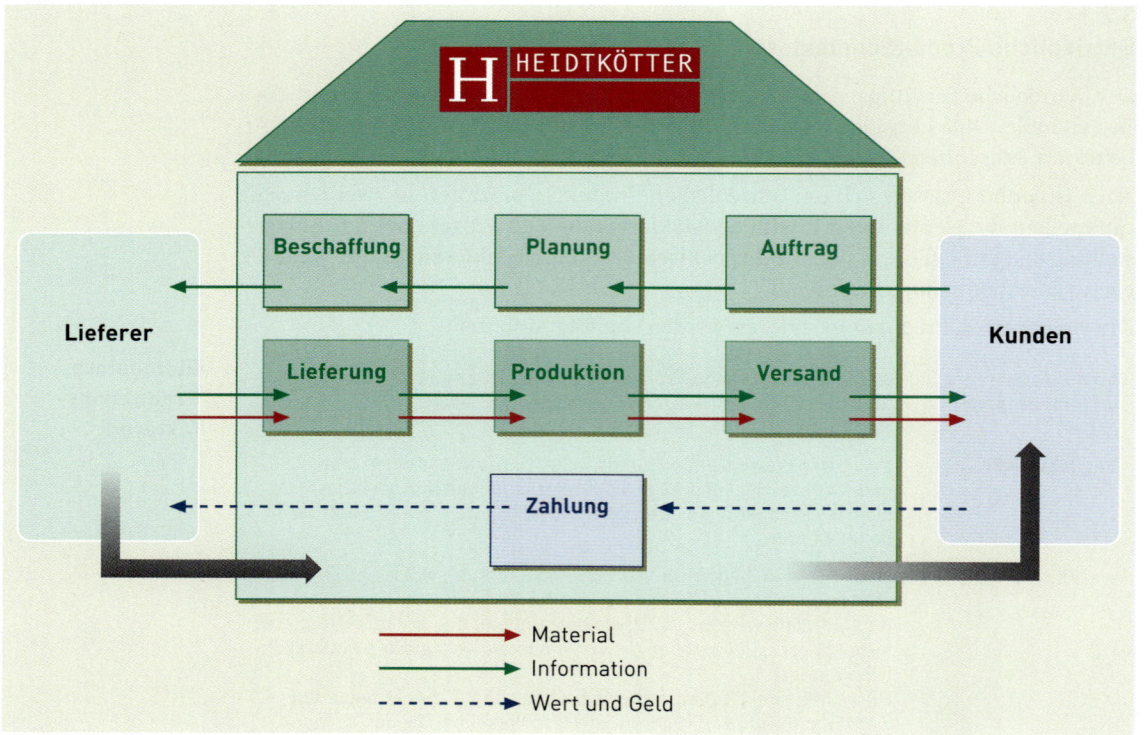

Materialfluss

Materialfluss entsteht durch den vom Kunden erteilten Auftrag und bildet die Grundlage für die übrigen Vorgänge im und um das Unternehmen. Es werden die benötigten Materialien beschafft. Diese werden in die Produktion integriert und das fertige Produkt wird nach der Endmontage durch den Vertrieb an den Kunden weitergeleitet (vgl. Abbildung).

Bei dem Begriff *Materialien* handelt es sich um eine Sammelbezeichnung. Hierunter werden unterschiedliche Werkstoffe, Vorprodukte und Handelswaren zusammengefasst.

Informationsfluss

Eine **Information**[1] ist potenziell oder tatsächlich vorhandenes nutzbares oder genutztes Wissen, das für den möglichen Nutzer in einem bestimmten, in unserem Fall im betriebswirtschaftlichen Zusammenhang, von Bedeutung ist. Wesentlich für die Information ist ihre Wiedererkennbarkeit sowie der Neuigkeitsgehalt. Informationen werden an mehreren Stellen in den Wertschöpfungsprozess eingebracht. Ausgehend von der Information im Kundenauftrag über produktionsprozessrelevante Informationen bis zum Verkauf und Versand existiert eine Vielzahl von Anknüpfungspunkten zum Materialfluss (vgl. Abbildung).

> **Beispiel**
>
> Im Produktionsprozess sind Informationen über die Nutzungsmöglichkeiten einer Maschine von entscheidender Bedeutung für deren Einsetzbarkeit.

Geldfluss und Werteflus

Auch der **Geldfluss** sowie der **Werteflus**, durch den der Warenmehrwert geschöpft wird (z. B. werden zur Veredelung von Produkten Materialien wie Gold und Platin eingesetzt, hierfür müssen Gelder für die Beschaffung „bewegt" werden), stehen in Zusammenhang zu den anderen Bereichen.

---

1   lat.: *informare* für: bilden, Form geben

Werte werden wie im Betrieb für die Materialbeschaffung, aber auch für die Gewinnung und den Transport von Informationen, parallel zum Produktionsprozess eingesetzt. In diesem Zusammenhang muss vor allem die Kommunikationstechnik berücksichtigt werden, die im Industriebetrieb eine ständig wachsende Bedeutung gewinnt. Ein anderes Beispiel ist die Informationsbeschaffung aus externen Quellen, z. B. durch Marktforschungsinstitute, die üblicherweise bezahlt werden muss.

› Band 3, LF 10

3.2.3
Arten und Dimension von Geschäftsprozessen

Das neue Verständnis der Unternehmenszusammenhänge – nicht mehr aus der Perspektive einzelner Bestandteile, z. B. des Einkaufs, der Produktion und des Absatzes, sondern als ein Ablauf von ineinandergreifenden Prozessen – entspricht dem Prozessgedanken.

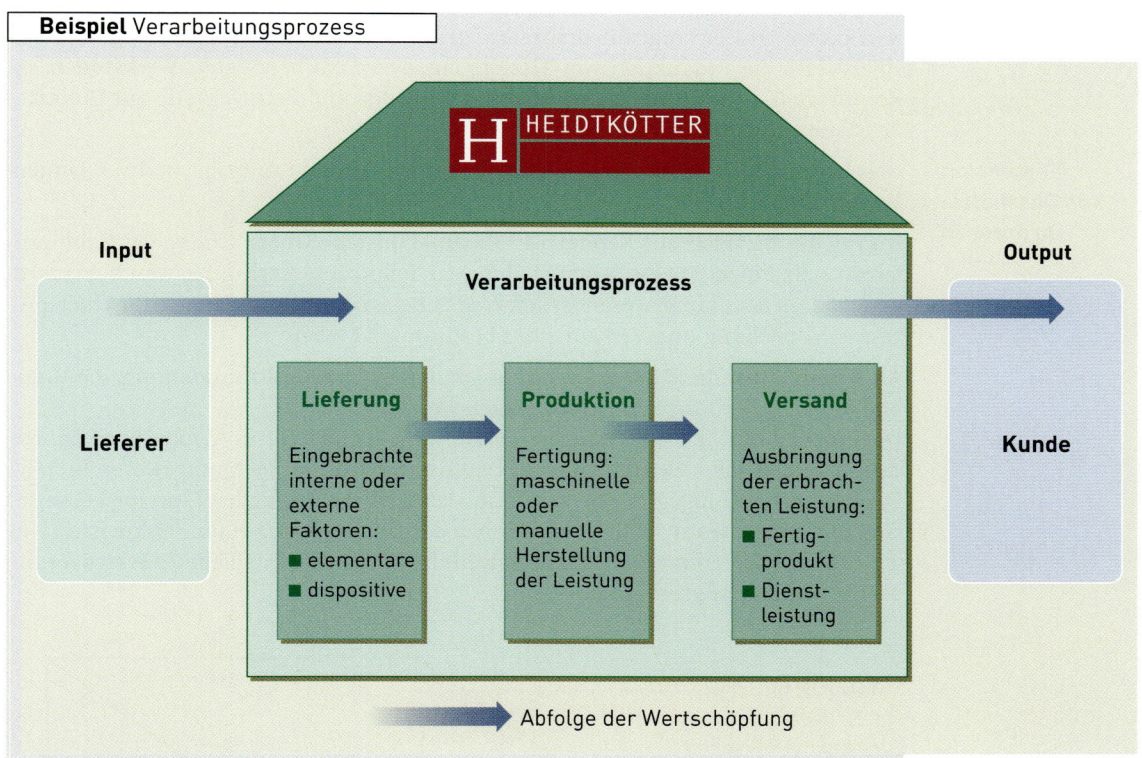

Beispiel Verarbeitungsprozess

Entstanden ist diese neue Betrachtungsperspektive aus der Erkenntnis, dass eine nichtoptimale Abwicklung und daraus resultierende Fehler zu höheren Kosten der Produktion und daher zu geringeren Gewinnen führt. Um ein besseres Verständnis für diese Perspektive zu erlangen, wird zunächst der Begriff Prozess definiert:

Ein **Prozess** ist eine Abfolge von Handlungen mit einer messbaren Eingabe (Input), einer messbaren Be- oder Verarbeitung (durch Mensch und/oder Maschine) und einer messbaren Ausgabe (Output) in einer sich zum Teil oder als Ganzes wiederholenden Abfolge.

Prozess

Die einzelnen Bestandteile eines Prozesses lassen sich in Unterprozesse, sogenannte Teilprozesse, zerlegen. Dies wird in der folgenden Grafik am Teilprozess der Verarbeitung verdeutlicht.

Kernprozesse

Die **Art der Geschäftsprozesse** kann anhand der Bedeutung eines jeden Prozesses für den betrieblichen Gesamtprozess unterschieden werden. Zwei Bereiche lassen sich hier differenzieren. Der Bereich der **Kernprozesse** umfasst alle durchgängigen betrieblichen Prozesse, die unmittelbar der Wertschöpfung dienen.

Ihre Bedeutung für den Betrieb ergibt sich aus den folgenden drei Eigenschaften:

■ strategische Wichtigkeit, z. B. für die Produktion und deren Durchführung

› **INFO-Teil**
LF 2, Kap. 3.1

■ Ausrichtung (horizontal) im Vergleich zur traditionellen Unternehmensorganisation (vertikal)

■ die Reichweite der im Kernprozess getroffenen Entscheidung für die weitere Betriebsentwicklung

Die Bearbeitung von Kernprozessen erfolgt häufig in Teams, die über alle relevanten Informationen, Ressourcen und Kompetenzen verfügen, um diesen Prozess erfolgreich zu betreiben.

Unterstützungs-
prozesse

Ein **Unterstützungsprozess** ist im Gegensatz dazu eine Ergänzung und Hilfe zu den Kernprozessen. Er sorgt für den reibungslosen Ablauf des Kernprozesses. Ist beispielsweise die Produktion von Tischen aus den dazu benötigten Werkstoffen ein Kernprozess, so wäre der Transport der Roh-, Hilfs- und Betriebsstoffe zur Produktionsstätte ein Unterstützungsprozess.

Dimension
von Geschäfts-
prozessen

Geschäftsprozesse lassen sich, je nach Unternehmen und Aufgabe, in ihren **Dimensionen** unterscheiden.

Im Fall des Beispiels aus Kapitel 3.4.1 (Seite 435) ist die Überwachung des Zahlungstermins als Einzelprozess gestaltet, der dem Teilprozess Rechnungswesen zuzuordnen ist. Das Rechnungswesen ist seinerseits Bestandteil des gesamten Geschäftsprozesses Herstellung und Verkauf eines bestimmten Möbels.

Als Kriterien für die Dimensionierung können die zeitliche Ausdehnung, die Breite und die Tiefe der Prozesse herangezogen werden.
Die **Prozessbreite** gibt dabei an, wie viele Prozessbestandteile in Abfolge benötigt werden, z. B. aus wie vielen Einzelprozessen der Teilprozess Rechnungswesen besteht.
Die **Prozesstiefe** hingegen gibt die Anzahl der parallel ablaufenden Einzelprozesse des Geschäftsprozesses an, z. B. verläuft neben der Überwachung eines Zahlungstermins gleichzeitig die Vorbereitung des Mahnverfahrens für eine mögliche Zeitverzögerung bei diesem Zahlungseingang.

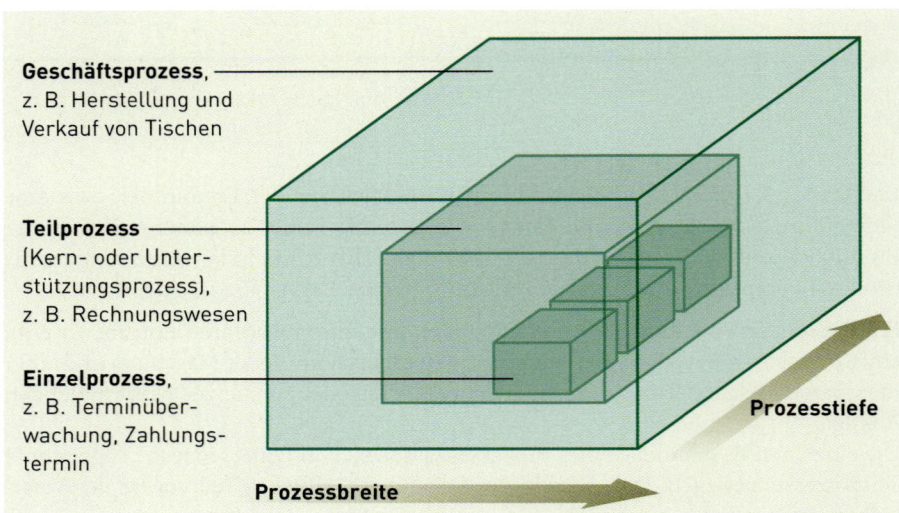

Geschäftsprozess, z. B. Herstellung und Verkauf von Tischen

Teilprozess (Kern- oder Unterstützungsprozess), z. B. Rechnungswesen

Einzelprozess, z. B. Terminüberwachung, Zahlungstermin

Prozesstiefe

Prozessbreite

3.3
Geschäftsprozesse und Organisationsformen – beide müssen miteinander verschränkt werden

Um eine optimale Betriebsfunktionalität in der Praxis erreichen zu können, haben sich Unternehmen in der Vergangenheit lediglich um ihre Organisationsstruktur und die Abläufe innerhalb dieser Struktur gekümmert. Seit jedoch der Geschäftsprozessgedanke Eingang in moderne Industriebetriebe gefunden hat, zeichnen sich Probleme bei der sinnvollen Vereinbarkeit des neuen Ansatzes mit den bereits bestehenden Formen der Aufbauorganisation ab.

Dies hängt hauptsächlich damit zusammen, dass ein Geschäftsprozess üblicherweise zahlreiche der in früheren Zeiten gebildeten Abteilungen eines Betriebes durchläuft. Bei jeder Weitergabe des Geschäftsprozesses an die nächste Stelle können so zeitliche oder andere Engpässe entstehen.

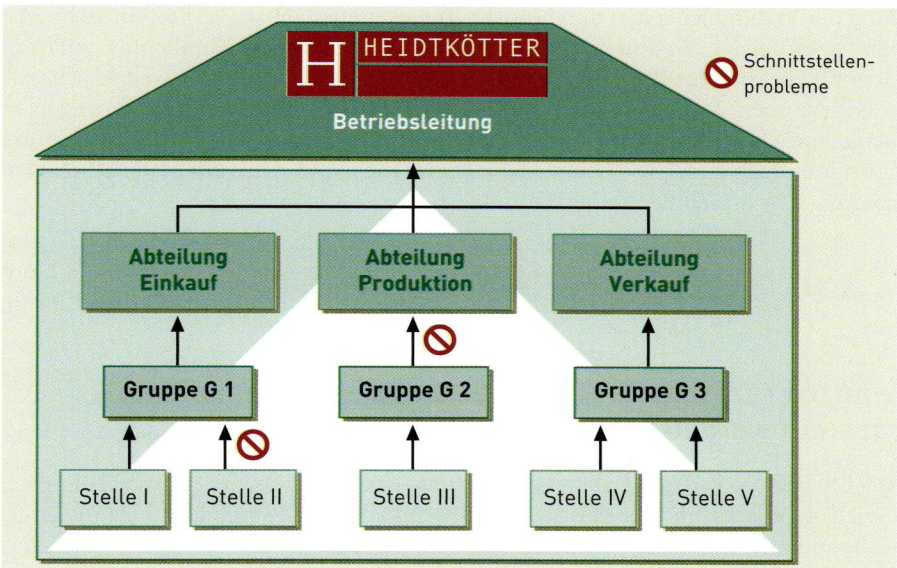

Von einer **Schnittstelle** im Geschäftsprozess wird immer dann gesprochen, wenn ein Vorgang zwischen mindestens zwei Stellen weitergegeben wird. Dies kann sowohl zwischen Stellen einer Abteilung als auch abteilungsübergreifend stattfinden. Hierfür lassen sich zahlreiche Beispiele anführen. So kann abteilungsintern der zuständige Einkaufsmitarbeiter vor der Ausführung seiner Materialbestellung den Prozess zur Kontrolle an den zuständigen Mitarbeiter des Lagers weitergeben. Dieser gibt nach Abschluss der Kontrolle den Vorgang zurück zum Einkäufer. Wird im weiteren Verlauf dann eine Bestellung abgesetzt, folgen weitere Schnittstellen außerhalb der Abteilung, z. B. mit der Buchhaltung zur Überprüfung der Zahlungsabwicklung oder mit dem Wareneingang zur Überprüfung der Lieferfrist.

Schnittstellen

Schnittstellen sind häufig die Ursache für Probleme im Ablauf eines Geschäftsprozesses. Je mehr Schnittstellen ein Geschäftsprozess aufweist und je größer die dabei zu überwindenden Distanzen[1] sind, desto eher kann der Geschäftsprozess hierdurch verlangsamt oder gar gestört werden.

---

1 Die Distanz kann hierbei sowohl räumlicher als auch inhaltlicher Natur sein. Mitarbeiter einer Schnittstelle könnten in unterschiedlichen Niederlassungen oder gar Ländern arbeiten. Denkbar ist auch eine Trennung durch die Beteiligung unterschiedlicher Abteilungen. Es würde sich dabei dann um eine inhaltliche Distanz handeln.

Orientierung an Geschäftsprozessen

Eine Lösungsmöglichkeit besteht darin, die Organisation des Betriebes näher als bisher an den eigenen Geschäftsprozessen auszurichten. Dies kann jedoch, wie zuvor schon angedeutet, zu einer Verstärkung des Abstimmungsproblems führen. So sind z. B. bei der Bearbeitung eines Kundenauftrags zahlreiche Stellen und Abteilungen des Betriebes eingebunden.

An dieser Stelle soll auf den in Kapitel 3.4 (Buchung einer Rechnung) dargestellten Geschäftsprozess verwiesen werden. Der eigentliche Wareneingang mit Warenprüfung und Aufnahme in die Bestandsdatei kann nicht ohne die Verbuchung und Kontrolle durch das Rechnungswesen auskommen.

› **INFO-Teil**
LF 2, Kap. 3.4
› **INFO-Teil**
LF 2, Kap. 3.3

In der Abbildung zur termingerechten Bearbeitung der Rechnung (siehe Seite 436) ist zu erkennen, dass an bestimmten Stellen innerhalb einer Organisation Verzögerungen entstehen können. Die Gründe hierfür können zahlreich sein. Genau an diesen Stellen kommt es jedoch auch zur Verzögerung des Geschäftsprozesses.

So ist etwa die weitere Zusammenarbeit mit Lieferanten von der rechtzeitigen Zahlung der Verbindlichkeiten durch unser Unternehmen abhängig. Kommt es hier zu Verzögerungen, z. B. durch nicht ausreichende Deckung des Girokontos, oder mit dem Fachbegriff: zur Illiquidität des Unternehmens, hat dies i. d. R. weiterreichende Auswirkungen. Denkbar ist, dass der Lieferant noch ausstehende Lieferungen so lange zurückhält, bis die fällige Zahlung bei ihm eingegangen ist. Dies wiederum führt innerhalb unseres Produktionsprozesses möglicherweise zur Materialunterversorgung. Die Maschinen stehen still, ebenso der Geschäftsprozess.

3.4
Die Ereignisgesteuerte Prozesskette – Geschäftsprozesse können übersichtlich dargestellt werden

Modelle

Die Darstellung von Geschäftsprozessen umfasst die Abbildung der real ablaufenden Geschäftsprozesse in Modellform. So können komplette betriebliche Abläufe dargestellt und zeitliche Abhängigkeiten verdeutlicht werden.

› **INFO-Teil**
LF 2, Kap. 3.2

Die Arbeit mit Geschäftsprozessmodellen erfüllt mehrere Zwecke:

■ Dokumentation der Prozesse im Unternehmen (Abbilden der Organisationsstruktur, der Abläufe und Daten des Unternehmens integriert in einem gemeinsamen Modell)

■ Simulation von Prozessen

■ Analyse und Optimierung von Geschäftsprozessen

■ Unterstützung der Prozesskostenrechnung

› **INFO-Teil**
LF 5, Kap. 4.2.3

■ Prozessdokumentation nach ISO 9000 ff.[1]

■ Systematisierung und Parallelisierung betrieblicher Vorgänge, um Zeit und Geld einsparen zu können

Ereignisgesteuerte Prozesskette (EPK)

Die **Ereignisgesteuerte Prozesskette (EPK)** ist eine Modellierungsmethode, die verschiedene Sichtweisen (Daten-, Funktions-, Organisations- und Prozesssicht) in einem Modell kombiniert.

---

1   Internationale Norm, die Leitfäden, Normen und Begriffe zum Qualitätsmanagement beinhaltet

3.4.1
Elemente der Ereignisgesteuerten Prozesskette

Die EPK setzt sich aus den beiden folgenden wesentlichen Elementen zusammen:

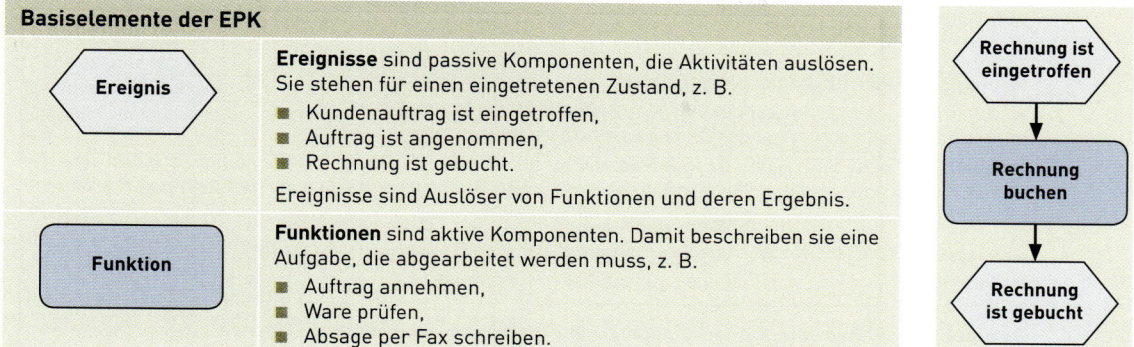

Zusätzlich zu diesen Basiselementen können Organisationseinheiten und Informationsobjekte in die Prozesskette miteinbezogen werden.

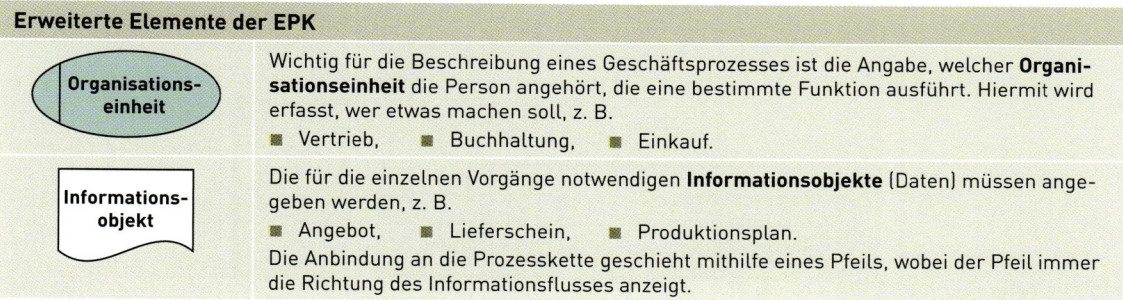

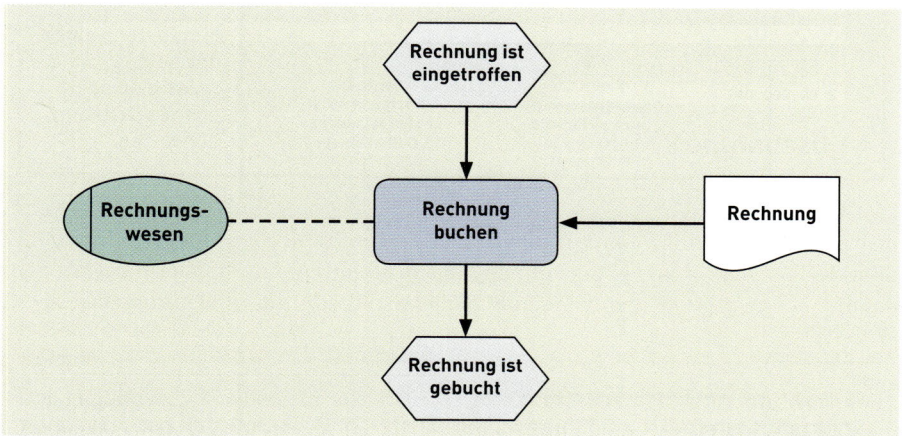

Tätigkeiten müssen jedoch nicht linear und eindimensional ablaufen. Vielfach

- müssen mehrere Tätigkeiten (Funktionen) parallel ablaufen,
- gibt es eine Wahlmöglichkeit aus mehreren Alternativen oder
- müssen mehrere Ereignisse eintreten, bevor eine Aufgabe (Funktion) durchgeführt werden kann.

Um solche Zusammenhänge in der EPK darstellen zu können, greift man auf Verknüpfungen oder Operatoren zurück.

Verknüpfungen in der EPK

 Das **logische Und (AND)** verknüpft
- Funktionen, falls sie gemeinsam ausgeführt werden, und
- Ereignisse, falls sie gemeinsam eintreten müssen.

Beispiel: Eine Eingangsrechnung wird bezahlt, wenn der Zahlungstermin erreicht ist **und** genügend liquide Mittel vorhanden sind.

 Das **logische Oder (OR)** (und/oder) verknüpft
- Funktionen, von denen mindestens eine ausgeführt werden muss,
- Ereignisse, von denen mindestens eines eintreten muss.

Beispiel: Wenn auf dem Konto der Sparkasse **oder** auf dem der Postbank genügend liquide Mittel vorhanden sind, wird der Rechnungsbetrag beglichen. Natürlich können auch **beide Konten** die notwendigen Mittel aufweisen.

 Das **logische XOR** (entweder ... oder) verknüpft
- Funktionen, von denen genau eine ausgeführt werden muss,
- Ereignisse, von denen genau eines eintreten muss.

Beispiel: Wenn auf beiden Konten genügend Mittel vorhanden sind, muss die Überweisung von dem einen **oder** von dem anderen Konto vorgenommen werden. Es wird natürlich nicht von beiden Konten überwiesen.

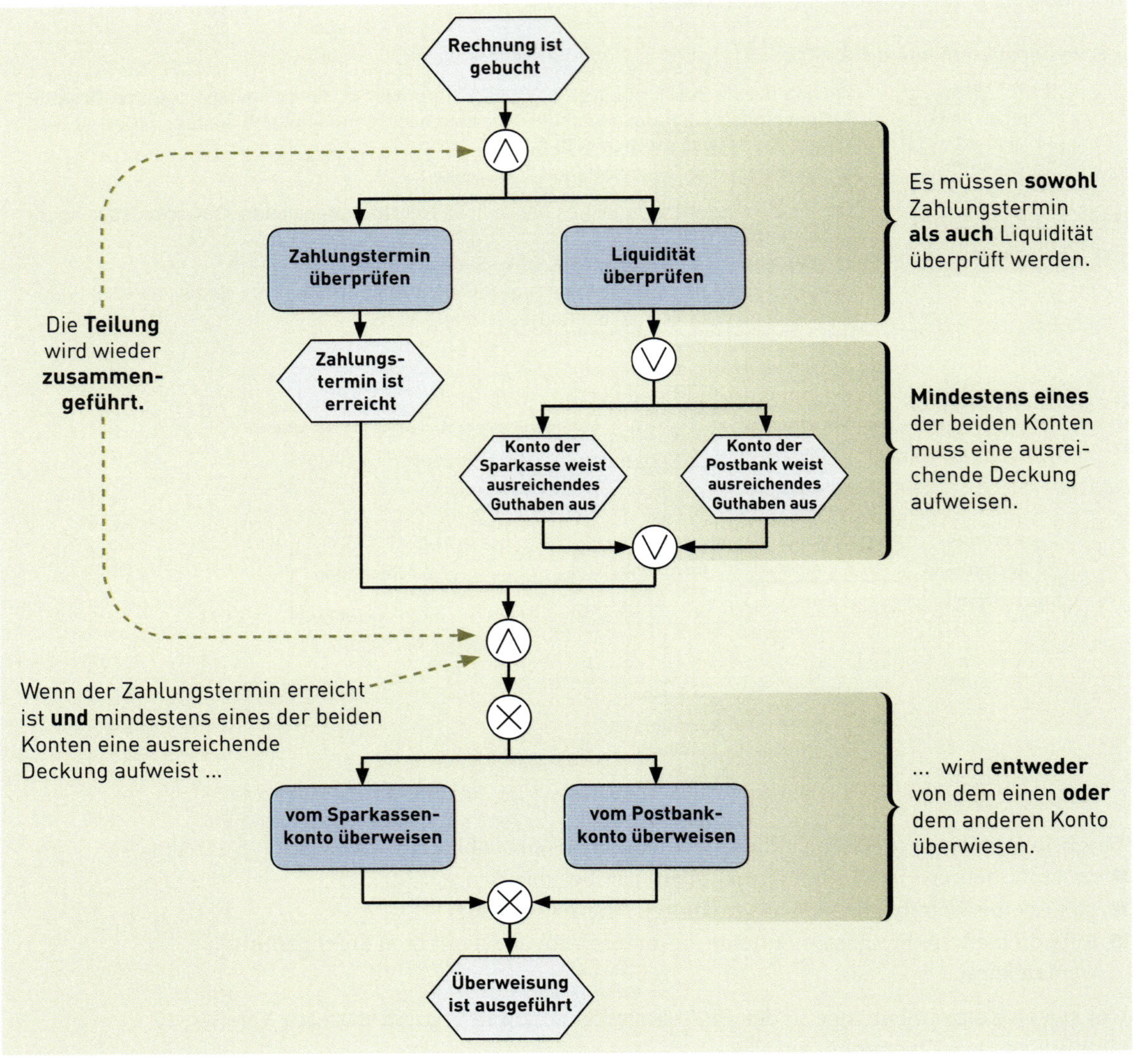

```
                        Rechnung ist
                          gebucht
                             │
                            (∧)

              Zahlungstermin          Liquidität
               überprüfen             überprüfen

              Zahlungs-
              termin ist                 (∨)
              erreicht
                              Konto der        Konto der
                              Sparkasse weist  Postbank weist
                              ausreichendes    ausreichendes
                              Guthaben aus     Guthaben aus

                                      (∨)

                            (∧)

                            (⊗)

              vom Sparkassen-          vom Postbank-
              konto überweisen         konto überweisen

                            (⊗)

                        Überweisung
                        ist ausgeführt
```

Es müssen sowohl Zahlungstermin **als auch** Liquidität überprüft werden.

Die **Teilung** wird wieder **zusammengeführt.**

Mindestens eines der beiden Konten muss eine ausreichende Deckung aufweisen.

Wenn der Zahlungstermin erreicht ist **und** mindestens eines der beiden Konten eine ausreichende Deckung aufweist ...

... wird **entweder** von dem einen **oder** dem anderen Konto überwiesen.

Oft sind Gesamtprozesse so komplex, dass sie in Teilprozesse aufgespalten und auch zerlegt dargestellt werden. Dadurch sichert man die Übersichtlichkeit und vermeidet daraus resultierende Fehler. Eine Prozess-Schnittstelle bildet so die Anknüpfung an den folgenden oder den vorausgegangenen Prozess.

› INFO-Teil
Kap. 3.2.3

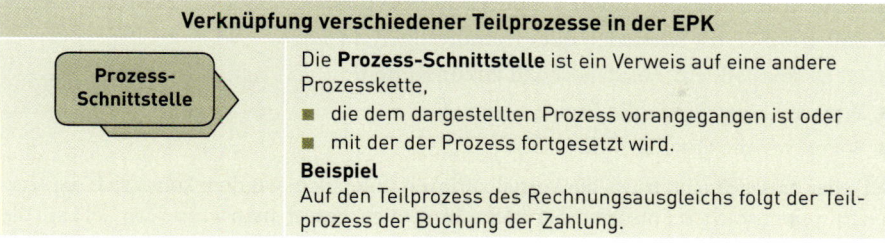

Verknüpfung verschiedener Teilprozesse in der EPK

Prozess-Schnittstelle

Die **Prozess-Schnittstelle** ist ein Verweis auf eine andere Prozesskette,

■ die dem dargestellten Prozess vorangegangen ist oder

■ mit der der Prozess fortgesetzt wird.

Beispiel

Auf den Teilprozess des Rechnungsausgleichs folgt der Teilprozess der Buchung der Zahlung.

3.4.2
Regeln in der Ereignisgesteuerten Prozesskette

Bei der Darstellung einer EPK sind einige Regeln einzuhalten, um eine klare und unmissverständliche Geschäftsprozessmodellierung sicherzustellen.

Regeln für die Erzeugung einer EPK

■ **Allgemeine Regeln**

1. Jede EPK beginnt und endet mit mindestens einem Ereignis oder einer Prozess-Schnittstelle.

2. EPK werden vertikal, d. h. ausschließlich von oben nach unten dargestellt.

■ **Verknüpfungsregeln**

3. Ereignisse und Funktionen müssen abwechselnd eingesetzt werden, d. h., auf ein Ereignis kann nie ein weiteres Ereignis und auf eine Funktion nie eine weitere Funktion folgen.

4. Jedes Objekt darf nur über eine eingehende bzw. ausgehende Kante (Pfeil, Linie) verfügen.

5. Die Eingänge einer Verknüpfung sind entweder alle vom Typ Ereignis oder alle vom Typ Funktion. Ebenso sind seine Ausgänge entweder alle vom Typ Ereignis oder alle vom Typ Funktion.

6. Wenn eine Funktion oder ein Ereignis durch eine Verknüpfung geteilt wurde, so darf die Zusammenführung nur durch die gleiche Verknüpfung erfolgen.

■ **Prozess-Schnittstellenregeln**

7. Ein Teilprozess startet immer mit einer Prozess-Schnittstelle, in der der Name des übergeordneten Prozesses steht.

8. Eine Prozess-Schnittstelle kann nur auf ein Ereignis folgen.

9. Im Teilprozess wird immer das letzte Ereignis des vorangegangenen Teilprozesses angegeben.

4
Das Controlling unterstützt bei allen unternehmerischen Entscheidungen

Im Unternehmen sind die unterschiedlichsten Entscheidungen zu treffen, z. B.:

- Rentiert sich die Investition in eine neue Maschine?
- Sollen wir selbst herstellen oder fremdfertigen lassen?
- Ist es sinnvoll, ein Zusatzgeschäft anzunehmen?
- Wie weit können wir die Preise senken?
- Sollen wir die Qualität verbessern?

Bei jeder dieser Fragen muss die Vorteilhaftigkeit untersucht werden. Lohnt sich die Umsetzung einer solchen Entscheidung oder wäre es nicht besser, man würde das Geld auf die Bank tragen, um es dort vielleicht höher und mit geringerem Risiko zu verzinsen?

Controlling

Das **Controlling** unterstützt die Geschäftsführung bei der Beantwortung dieser Fragen. Es beschafft die notwendigen Daten, bereitet sie auf, analysiert sie und hilft damit bei der Planung, Steuerung und Kontrolle des Unternehmens.

Controlling mit Kontrolle zu übersetzen, wäre also offensichtlich nicht ausreichend, da nicht nur Daten aus der Vergangenheit kontrolliert, sondern auch die zukunftsbezogene Planung und Steuerung unterstützt wird. Stattdessen ist das Wort „Controlling" von dem englischen Verb „to control" abgeleitet, das mit „steuern" oder „regeln" übersetzt werden kann.

Dabei hat der Controller den Vorteil, dass er mehr weiß und Veränderungen und Zusammenhänge früher erkennt als die Entscheidungsträger – denn bei ihm laufen alle Informationen zusammen. Während dem Unternehmensführer nämlich zumeist Detailwissen fehlt, verfügen die Bereichsleiter nur über unzureichende Informationen zu bereichsübergreifenden Zusammenhängen. Beiden kann der Controller helfen, indem er wesentliche Informationen aufbereitet bereitstellt und so Entscheidungen auf ein breiteres Fundament stellt. Somit ermöglicht der Controller dem Management, unter Zeitdruck und trotz eigener unvollkommener Information, richtige Entscheidungen zu treffen.

Das Controlling unterstützt die Geschäftsführung bei der Lenkung und Steuerung des Unternehmens mittels zielgerichtet aufbereiteter Daten.

4.1
Das Rechnungswesen als Informationsquelle des Controllings

› **INFO-Teil**
LF 3

Das Controlling bezieht seine Daten aus dem Rechnungswesen. In der Finanz- und Betriebsbuchhaltung werden hierzu zunächst alle Zahlen über die abgelaufenen wirtschaftlichen Vorgänge (Istwerte) bereitgestellt. Das Controlling greift auf diese Datenbasis zurück, bereitet sie auf, stellt die erreichten Istwerte den vorgegebenen Sollwerten aus der Planung gegenüber und ermittelt Ursachen von eventuellen Abweichungen. Deren Auswirkungen auf den Geschäftsverlauf müssen analysiert und Handlungsmöglichkeiten entwickelt werden.

4.2
Aufgaben des Controllings

› **INFO-Teil**
LF 5, Kap. 1.4, 1.5

- Controller sorgen für Kosten- und Ergebnistransparenz in allen Bereichen. (Welche Kosten sind in welcher Höhe wo und warum angefallen?)
- Controller koordinieren Unterziele aus allen Bereichen (auch konkurrierende).

- Controller sind Dienstleister für andere Führungskräfte. Sie versorgen das Management mit allen notwendigen betriebswirtschaftlichen Daten und Informationen.
- Controller unterstützen bei dem Prozess der Zielfindung, Planung und Steuerung.
- Controller unterstützen bei der Entscheidungsaufbereitung. Sie strukturieren Probleme, machen Problemlösungsvorschläge und bewerten Alternativen.
- Controller führen Soll-Ist-Vergleiche durch, d. h., sie vergleichen die Kennzahlen der gesetzten Ziele mit den tatsächlich erreichten Kennzahlen.
- Bei Abweichungen erörtern Controller, ob Ziele zu hoch gesteckt wurden oder ob die Umsetzung fehlschlug.

4.3
Arten des Controllings

Die Festlegung eines Unternehmensleitbildes und von Oberzielen sowie die Entscheidung über **Strategien** sind langfristige Entscheidungen und ihre Auswirkungen damit sehr weitreichend. Das **strategische Controlling** unterstützt die Führungskräfte bei diesen Aufgaben und leistet damit einen Beitrag zur nachhaltigen Existenzsicherung des Unternehmens.

Strategien
Strategisches Controlling
> INFO-Teil
LF 2, Kap. 1.6

Dabei kommt dem **strategischen Management** die besondere Aufgabe zu, Probleme und Zielabweichungen schon zu erkennen, bevor sie sich in operativen Zahlen niederschlagen.

Somit ergeben sich für das strategische Controlling zwei Hauptaufgaben. Zum einen muss das Management in der **strategischen Planung** durch die Bereitstellung aller relevanten Daten (Wettbewerbs-, Branchen- und Unternehmensanalysen) unterstützt werden. In der **strategischen Kontrolle** hingegen muss die Umsetzung der Entscheidungen überwacht werden und müssen Abweichungen von Zielvorgaben aufgedeckt werden, damit Gegenmaßnahmen ergriffen werden können.

Das **Operative Controlling** dagegen zielt auf kurzfristige Ergebnisverbesserungen (vor allem Gewinn, Liquidität, Wirtschaftlichkeit) im Rahmen der strategischen Vorgaben ab. Es geht also insbesondere um die Umsetzung der strategischen Ziele und Strategien im Tagesgeschäft. Dazu bedient es sich z. B. der folgenden Instrumente, die hier nur genannt werden sollen, im weiteren Verlauf Ihrer Ausbildung jedoch noch intensiv behandelt werden:

Operatives Controlling

- Deckungsbeitragsrechnung
- Kennzahlen (Bilanz-, Liquiditäts-, Lagerkennzahlen etc.)
- ABC-Analyse
- Operative Planung (Gewinn und Verlust, Bilanz, Liquidität)
- Break-even-Analyse
- Investitionsrechnungen
- Prozesskostenrechnung

Es fällt schwer, eine exakte Trennung zwischen operativem und strategischem Controlling vorzunehmen. Während das operative Vorgehen sehr stark von der strategischen Planung abhängt, sind Rückkopplungen aus dem operativen Controlling zur strategischen Planung notwendig, um, wenn erforderlich, Korrekturen an der strategischen Ausrichtung des Unternehmens vornehmen zu können.

1
Mithilfe eines Modells verstehen, dass die Leistungserstellung im Unternehmen durch Werte- und Geldströme dokumentiert wird

Erfolgreich lässt sich ein Unternehmen führen, wenn Vermögen und Schulden sowie deren Veränderungen sorgfältig aufgeschrieben und gedeutet werden.

In jedem Unternehmen läuft eine Vielzahl komplexer Prozesse ab. Um Einblick in die Unübersichtlichkeit und Verwobenheit solcher Prozesse zu erhalten, werden Unternehmensmodelle eingesetzt. Sie vereinfachen die Realität so stark, dass nur die wesentlichen Elemente hervortreten. So ist es möglich, Zusammenhänge leichter zu verstehen. Im folgenden Modell geht es darum, die für die Buchführung grundlegenden **Werte- und Geldflüsse** sichtbar zu machen, um so aus betriebswirtschaftlicher Perspektive das System der Buchführung zu entwickeln.

Das Werte- und Geldflussmodell in der Buchführung

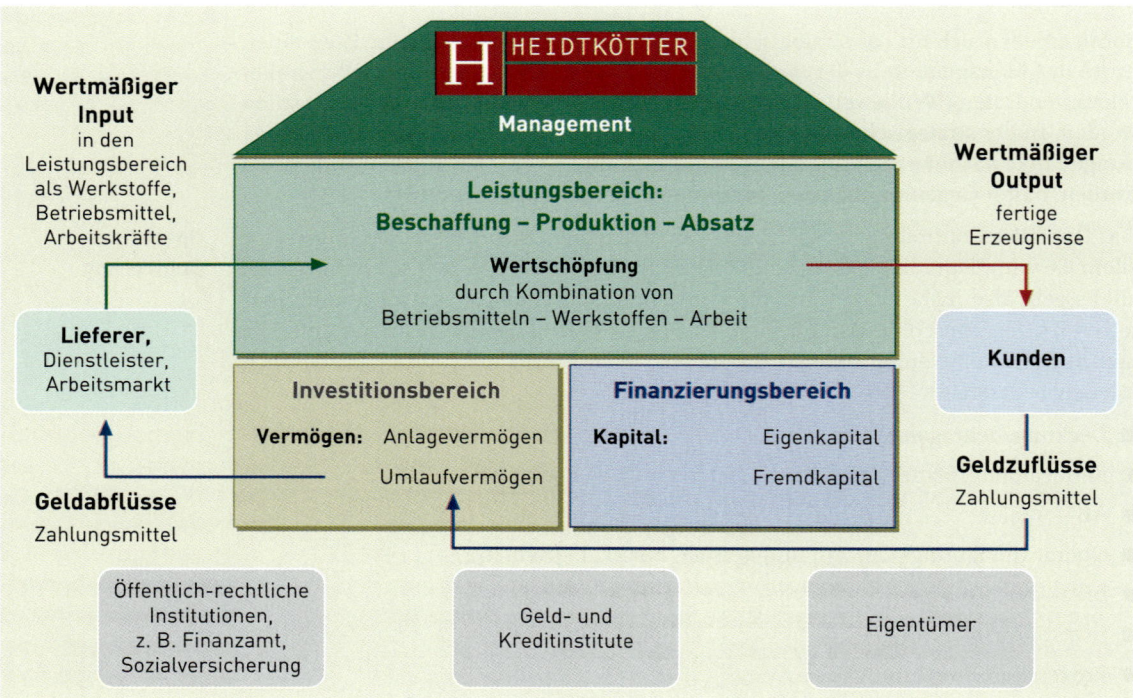

Die verschiedenen Bereiche im obigen Modell sollen so verstanden werden, dass sie bedeutsame Funktionen repräsentieren und untereinander ständig Prozesse austauschen, die den gemeinsamen Unternehmenszielen dienen. Sie sind nicht als „Stockwerke" eines aufeinander aufbauenden Systems zu verstehen.

- Im **Management** – in unserem Beispielunternehmen repräsentiert durch die Person des Geschäftsführers Klaus M. Heidtkötter – werden alle Prozesse organisiert, gesteuert und kontrolliert. Beim Management liegt die Verantwortung für das „Gesamtsystem Unternehmen". Dem Management angegliedert sind sogenannte „Stabsabteilungen", in denen Rechtsfälle bearbeitet, Verträge vorbereitet und geprüft sowie das Personal „verwaltet" werden.

- Im Zentrum aller betrieblichen Bemühungen stehen die Mitarbeiterinnen und Mitarbeiter des **Leistungsbereichs**, der die Teilbereiche Beschaffung, Produktion und Absatz umfasst. Im Teilbereich **Produktion** „erschaffen" die Mitarbeiter und Mitarbeiterinnen denjenigen Teil der Wertschöpfung, der in den fertigen Erzeugnissen seinen sichtbaren Ausdruck findet. Hier werden Arbeitskraft, Werkstoffe und Betriebsmittel so kombiniert, dass eine rationelle, leistungsstarke Produktion entsteht, aus der qualitativ gute, von Kunden begehrte Erzeugnisse hervorgehen. Für diese Erzeugnisse sind die Kunden bereit, entsprechend hohe Preise zu zahlen. Die Mitarbeiterinnen und Mitarbeiter des Teilbereichs **Beschaffung** sind dafür zuständig, dass die richtigen Betriebsmittel und Werkstoffe zur rechten Zeit in der richtigen Menge am rechten Ort verfügbar sind. Die Mitarbeiterinnen und Mitarbeiter des Teilbereichs **Absatz** kümmern sich darum, dass fertige Erzeugnisse zu den Abnehmern gelangen: Sie pflegen Kundenkontakte, haben den Blick auf neue Märkte, nehmen Kundenwünsche und Kundenanregungen auf. › LF 5 › Band 2, LF 2 › Band 3, LF 10

- Mitarbeiter im **Investitionsbereich** managen das Betriebsvermögen, das erforderlich ist, um die Wertschöpfungsprozesse aufrecht zu erhalten. Sie stellen das sogenannte **Anlagevermögen** (= Betriebsmittel) zur Verfügung, „entlassen" Betriebsmittel aus dem Bestand, sofern sie veraltet sind, und sorgen für einen ordnungsgemäßen Zustand der Betriebsmittel. Im sogenannten **Umlaufvermögen** achten sie darauf, dass stets genügend Zahlungsmittel verfügbar sind, dass „Außenstände" von Kunden (= Forderungen a. LL) pünktlich beglichen werden und dass die Vorräte an Roh-, Hilfs- und Betriebsstoffen ordnungsgemäß verwaltet werden. › Band 3, LF 11

- Im **Finanzierungsbereich** sorgen die Mitarbeiterinnen und Mitarbeiter dafür, dass Investitionsvorhaben im Anlage- und Umlaufvermögen günstig über eigene oder fremde „Mittel" finanziert werden, um das Unternehmen vor Überschuldung zu bewahren. › Band 3, LF 11

Damit ein Unternehmen überhaupt „leben", sprich produzieren kann, ist es auf die Mithilfe und Mitwirkung anderer Unternehmen, Institutionen und Behörden angewiesen. Das Unternehmen verfügt also nicht nur über eine interne Wertschöpfungskette, die die internen Arbeitsabläufe und Prozesse möglichst optimal steuert, sondern auch über eine **äußere Wertschöpfungskette**, in die Lieferer, Kunden, Dienstleistungsunternehmen und öffentlich-rechtliche Institutionen eingebunden sind. Am Beispiel der Heidtkötter KG meinen wir damit Folgendes:

Die Heidtkötter KG hat es sich zum **Ziel** gesetzt, eine optimale Wertschöpfung im Unternehmen zu erreichen. Sie wendet dabei den Grundsatz an:

> **Wertschöpfung ist die Belohnung durch den Markt für gute Leistungen.**

Wertschöpfung bedeutet für Herrn Heidtkötter, dass er als Produzent am Markt die Aufgabe übernimmt, fertige Erzeugnisse und Serviceleistungen für seine Abnehmer (= andere Industriebetriebe, Großhändler, Einzelhändler) bereitzuhalten. Um diese Aufgabe erfüllen zu können, ist er darauf angewiesen, dass ihm seine Mitarbeiter und Mitarbeiterinnen ihre Arbeitsleistung zur Verfügung stellen, dass ihn seine Lieferanten mit Betriebsmitteln, Werkstoffen sowie Handelswaren versorgen und dass ihn Dienstleistungsunternehmen (z. B. Banken, Versicherungen, Transportunternehmen und Handwerksbetriebe) mit ihren Leistungen unterstützen.

Unter Wertschöpfung versteht man die Differenz zwischen den durch ein Unternehmen erbrachten Umsatzleistungen und den von diesem Unternehmen empfangenen Leistungen anderer Unternehmen (= Vorleistungen). In der Regel werden auch die Abschreibungen in Abzug gebracht:

> **Wertschöpfung = Umsatz aus Verkäufen – Wert der Einkäufe – Abschreibungen**

Aus der Wertschöpfung speisen sich im Wesentlichen die Löhne und Gehälter für die Arbeitnehmer und der Gewinn des Unternehmers.

Die Heidtkötter KG ist also in ein Geflecht miteinander handelnder Arbeitnehmer, Unternehmen, Institutionen und Behörden eingebunden.

1.1
Werte- und Geldflüsse auf der Beschaffungsseite

Ausgangspunkt für die Aufzeichnungen in der Buchführung sind die Güterströme. Sie durchziehen das Unternehmen vom Einkauf der Werkstoffe (z. B. Rohstoffe, Vorprodukte/Fremdbauteile, Hilfsstoffe, Betriebsstoffe) und der Betriebsmittel (z. B. Grundstücke, Gebäude, maschinelle Anlagen, Büro- und Geschäftsausstattung, Fahrzeuge) über die Be- und Verarbeitung der Werkstoffe im Produktionsprozess bis zum Verkauf der fertigen Erzeugnisse.

Anlagevermögen

Im sogenannten **Anlagevermögen** stellt das Unternehmen die Vermögenswerte derjenigen Vermögensgegenstände zusammen, die dazu geeignet sind, mittel- oder langfristig dem Unternehmenszweck zu dienen. Gut strukturierte und aufeinander abgestimmte Anlagegegenstände bilden das Potenzial für eine rationelle und kostengünstige Produktion. Die Gesamtheit der im Anlagevermögen erfassten Anlagegegenstände wird auch als **Betriebsmittel** bezeichnet.

Umlaufvermögen

Im sogenannten **Umlaufvermögen** stellt das Unternehmen die Vermögenswerte derjenigen Vermögensgegenstände zusammen, die nur kurzfristig im Unternehmen verweilen und die dazu dienen, die Produktions- und Absatzprozesse zu gestalten. Unter diesen Vermögensgegenständen hat für den Produktionsprozess im Industriebetrieb das Vorratsvermögen, bestehend aus Rohstoffen, Vorprodukten/Fremdbauteilen, Hilfsstoffen und Betriebsstoffen besondere Bedeutung:

- **Rohstoffe** im Sinne der industriellen Produktion sind die Hauptbestandteile der Endprodukte. In der Heidtkötter KG zählen dazu z. B. Stahlrohre, Bezugsstoffe, Holzplatten.

- **Fremdbauteile** sind von Zulieferern vorgefertigte, wesentliche Bestandteile des Endproduktes. Sie liegen auf einer höheren Produktionsstufe als die Rohstoffe und bleiben als fremdbezogene Teile erkennbar. In der Heidtkötter KG zählen z. B. Flachbildschirme für den *communicTable* zu den Fremdbauteilen.

- **Vorprodukte** sind wie Rohstoffe wesentliche Bestandteile der Endprodukte, verfügen aber über eine höhere Produktionsstufe als Rohstoffe. Sie gehen in das Endprodukt ein, ohne dass ihr Fremdbezug erkennbar ist. In der Heidtkötter KG zählen z. B. fremdbezogene Sitz- und Rückenschalen für Bürostühle zu den Vorprodukten.

- **Hilfsstoffe** gehen in das Endprodukt ein; sie sind jedoch nur Nebenbestandteile des Endproduktes. In der Heidtkötter KG zählen zu den Hilfsstoffen u. a. Leim, Schrauben, Dübel, Gummifüße, Farben und Lacke.

- **Betriebsstoffe** sind kein Bestandteil der Endprodukte. Sie sind aber für den Produktionsprozess erforderlich. Zu ihnen zählen u. a. Strom, Gas, Heizöl, Schmierfette, Motorenöl.

Güterströme auf der Beschaffungsseite werden in der Buchführung durch ihre **Werte** abgebildet. Vereinfacht ausgedrückt dokumentieren sich diese Werte in den beim Einkauf ausgehandelten **Preisen:**

- Eingekaufte Werkstoffe gehen mit den beim Einkauf ausgehandelten Preisen in die Verarbeitung.
- Diese Werte werden dort durch weitere Werte „angereichert", z. B. Löhne und Gehälter der Arbeitnehmer, Mieten, Abschreibungen auf die in der Produktion eingesetzten Maschinen und Gebäude, Beiträge aus Versicherungen und Gebühren aus der Kontenführung u. a.

  Aufsummiert ergeben diese Werte – zusammen mit den eingerechneten Gewinnen – verhandelbare Verkaufspreise, zu denen fertige Erzeugnisse an die Kunden abgegeben werden können.

Wertezuflüsse in den Leistungsbereich

Der Wertezufluss in den Leistungsprozess heißt auch **Input.** Mit Input wird in der industriellen Produktion die Verwendung von Gütern und Diensten für die Wertschöpfung bezeichnet. Input kann auch übersetzt werden mit „Einsatz von Produktionsfaktoren im Leistungsprozess". In der Buchführung heißt der Wert dieses Inputs **Aufwand** bzw. in der Mehrzahl **Aufwendungen.**

Wertezuflüsse in das Vermögen

Von dem Wertezufluss in den Leistungsprozess ist der Wertezufluss in das Vermögen zu unterscheiden. Nicht immer finden eingekaufte Vermögensgegenstände unmittelbar mit der Anschaffung auch Verwendung im Leistungsprozess; also zwischen Anschaffung und Input in die Verarbeitung liegt ein zeitlicher Abstand. Dies kann bei **Werkstoffen** der Fall sein, wenn Werkstoffe zunächst „auf Lager" genommen werden und erst je nach Bedarf in den Produktionsprozess gelangen. In diesem Fall findet der Wertezufluss zunächst in das Vorratsvermögen statt (s. Umlaufvermögen im Investitionsbereich). Von dort erfolgt der Abruf nach Bedarf in den Leistungsbereich. Das bedeutet, dass im Vorratsvermögen eine Wertminderung eintritt (= Werteabfluss) und im Leistungsbereich ein wertmäßiger Input. Das folgende Schaubild verdeutlicht diesen Vorgang:

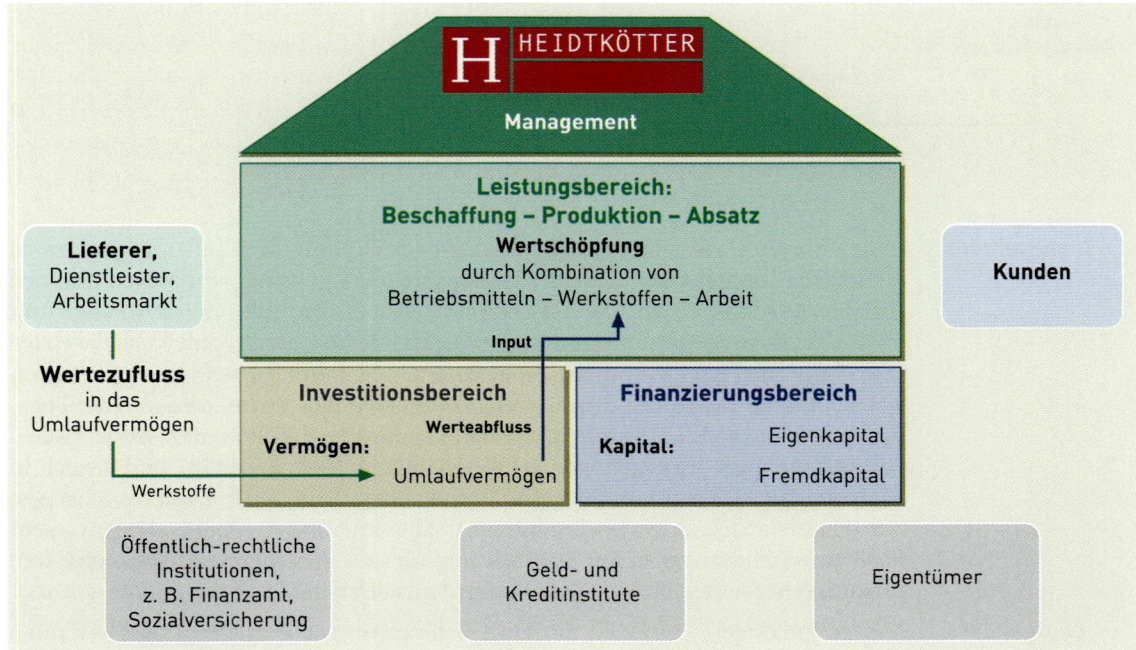

Der oben geschilderte Fall tritt bei der Anschaffung von **Anlagegegenständen** regelmäßig ein. (Beispiel siehe folgende Seite)

Beispiel

Ein Dienstfahrzeug mit einer mehrjährigen Nutzungsdauer wird nicht zum Zeitpunkt seiner Anschaffung mit den gesamten Anschaffungskosten als wertmäßiger Input in den Leistungsprozess übernommen, sondern nur mit dem Teilwert, der auf die jeweilige Abrechnungsperiode zuzurechnen ist. Hat das Fahrzeug bei der Anschaffung 30.000,00 € gekostet und wird es voraussichtlich sechs Jahre genutzt, kann auf ein Jahr nur der sechste Teil der Anschaffungskosten – also 5.000,00 € – als Wertezufluss in den Leistungsprozess eingerechnet werden. Für die Darstellung im Unternehmensmodell folgt daraus, dass die Anschaffungskosten zunächst als wertmäßiger Input im Anlagevermögen des Investitionsbereichs erfasst werden. Von dort findet entsprechend der Nutzung des Fahrzeugs für die Leistungserstellung ein Werteabfluss aus dem Anlagevermögen (Investitionsbereich) und ein wertmäßiger Input in den Leistungsbereich von jährlich 5.000,00 € statt.

Dieser Vorgang ist im nachfolgenden Schaubild verdeutlicht.

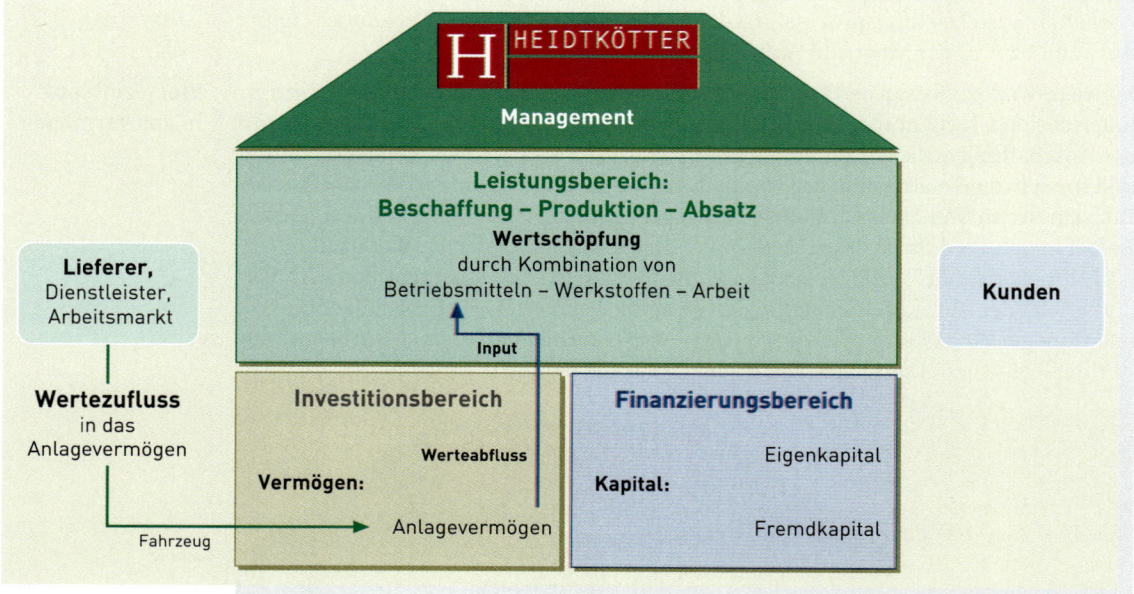

Werteverzehr   In den obigen Darstellungen zum wertmäßigen Input in dem Leistungsprozess ist unterstellt, dass der eigentliche Produktionsprozess mit seinen vielfältigen internen Abläufen nicht Gegenstand der Aufschreibungen in der Buchführung ist, sondern dass die buchmäßige Betrachtung gewissermaßen vor der Tür zur Produktionshalle endet. Die Werkstoffe verschwinden hinter dieser Tür, und zum Vorschein kommen am anderen Ende der Halle die fertigen Erzeugnisse, deren Werte dann wieder in der Buchführung erfasst werden. Würde man einen Blick in diese Halle werfen, käme man zu der Ansicht, dass die zugeflossenen Werkstoffe zunächst „zerstört" und danach in anderer Form wieder zusammengesetzt werden. Ihre Werte werden also zunächst „verzehrt", um danach zu einem Produkt mit höherem Wert zu werden. Unter diesem Blickwinkel findet sich in der Buchführung für den Vorgang, dass Werkstoffe dem Leistungserstellungsprozess zugeführt werden, auch der Begriff des „Werteverzehrs".

Geldabflüsse   Den wertmäßigen Zuflüssen in dem Leistungsprozess entgegengesetzt verlaufen **Geldabflüsse** nach dem wirtschaftlichen Prinzip von Leistung und Gegenleistung: Eingekaufte Betriebsmittel, Werkstoffe sowie die im Unternehmen eingesetzten Arbeitnehmer müssen bezahlt werden; es finden also Geldabflüsse statt.

Unter den Begriff „Geldabflüsse" fassen wir auch alle Vorgänge, bei denen zwischen der Rechnungslegung des Lieferers und der Bezahlung durch den Kunden (z. B. durch die Heidtkötter KG) eine Zeitspanne liegt (= Zahlungsziel). Die eingekauften Werkstoffe werden z. B. erst nach 30 Tagen bezahlt. Bis dahin liegt eine Zahlungs**verpflichtung** des Kunden vor. Vorübergehend hat das als Kunde auftretende Unternehmen mehr Schulden als vorher (= **Verbindlichkeiten** aus Lieferungen und Leistungen).

1.2
Werte- und Geldflüsse auf der Absatzseite

Ein jedes Industrieunternehmen ist darauf angelegt, dass es im Leistungsprozess marktfähige fertige Erzeugnisse zu optimierten Kosten herstellt und diese Erzeugnisse (= **Output**) zu so hohen Preisen absetzt, dass der Wert des Outputs innerhalb einer Abrechnungsperiode größer ist als der Wert des Inputs. Nur dann erzielt das Unternehmen einen Überschuss.

Marktfähige fertige Erzeugnisse sind auf der jeweiligen Wirtschaftsstufe die Endprodukte des produzierenden Unternehmens. Diese Produkte finden als Vorprodukte/ Fremdbauteile in Unternehmen auf nachfolgenden Wirtschaftsstufen Verwendung oder gehen als konsumfertige Güter an die Endverbraucher.

Der Wert der innerhalb einer Abrechnungsperiode verkauften fertigen Erzeugnisse und Handelswaren wird als wertmäßiger Output (Werteabfluss) aus dem Absatzbereich des Unternehmens bezeichnet. Dem Output liegen Preise zugrunde, die aus dem Input und den Gewinnzuschlägen berechnet und mit Kunden verhandelt bzw. den Markterfordernissen angepasst worden sind. Werteabflüsse aus dem Absatzbereich stellen **Absatzleistungen** des Unternehmens dar; sie werden in der Buchführung als **Umsatzerlöse** bezeichnet.

Output aus dem Absatzbereich

Nicht immer werden alle Erzeugnisse in der gleichen Periode, in der sie hergestellt wurden, auch abgesetzt. Es findet dann eine – vorübergehende – Einlagerung dieser fertigen Erzeugnisse im Absatzlager statt. Der Wert dieser eingelagerten Erzeugnisse stellt ebenfalls einen Output aus dem Leistungsbereich Produktion und damit eine Leistung des Unternehmens dar. Diese Leistung wird als „**Lagerleistung** der Periode" bezeichnet.

Output in die Lagerhaltung

Den Werteabflüssen aus dem Absatz entgegengesetzt verlaufen **Geldzuflüsse** nach dem wirtschaftlichen Prinzip von Leistung und Gegenleistung: Kunden bezahlen die von ihnen gekauften Erzeugnisse und Handelswaren (im Unternehmen Heidtkötter KG sind dies z. B. Leuchten). Es finden also Geldzuflüsse in das liefernde Unternehmen statt.

Geldzuflüsse

Unter den Begriff „Geldzuflüsse" fassen wir auch alle Vorgänge, bei denen zwischen der Rechnungslegung des Lieferers (z. B. der Heidtkötter KG) und der Bezahlung durch den Kunden eine Zeitspanne liegt (= Zahlungsziel). Die verkauften fertigen Erzeugnisse werden z. B. erst nach 30 Tagen bezahlt. Bis dahin liegt ein **Zahlungsanspruch** des Lieferers vor; anders ausgedrückt: Bis zur Zahlung hat das liefernde Unternehmen eine Forderungen aus Lieferungen und Leistungen (= Forderungen a. LL) gegenüber dem Kunden.

Beachten Sie, dass ein Output in die Lagerhaltung nicht zu Geldzuflüssen führen kann, da ja noch keine Vermarktung stattgefunden hat. Vorübergehend wird die „Gegenleistung" als Vermögenszugang „Fertige Erzeugnisse" erfasst.

Das Schaubild auf Seite 83 verdeutlicht den modellhaften Kreislauf von Werteabflüssen aus dem Absatzbereich und Geldzuflüssen.

1.3
Der Kreislauf aus Werte- und Geldflüssen

Ergänzend zur Ausgangslage im Erarbeitungteil zu Kapitel 1.3 werden hier nun die zuvor geschilderten Zusammenhänge grafisch verdeutlicht.

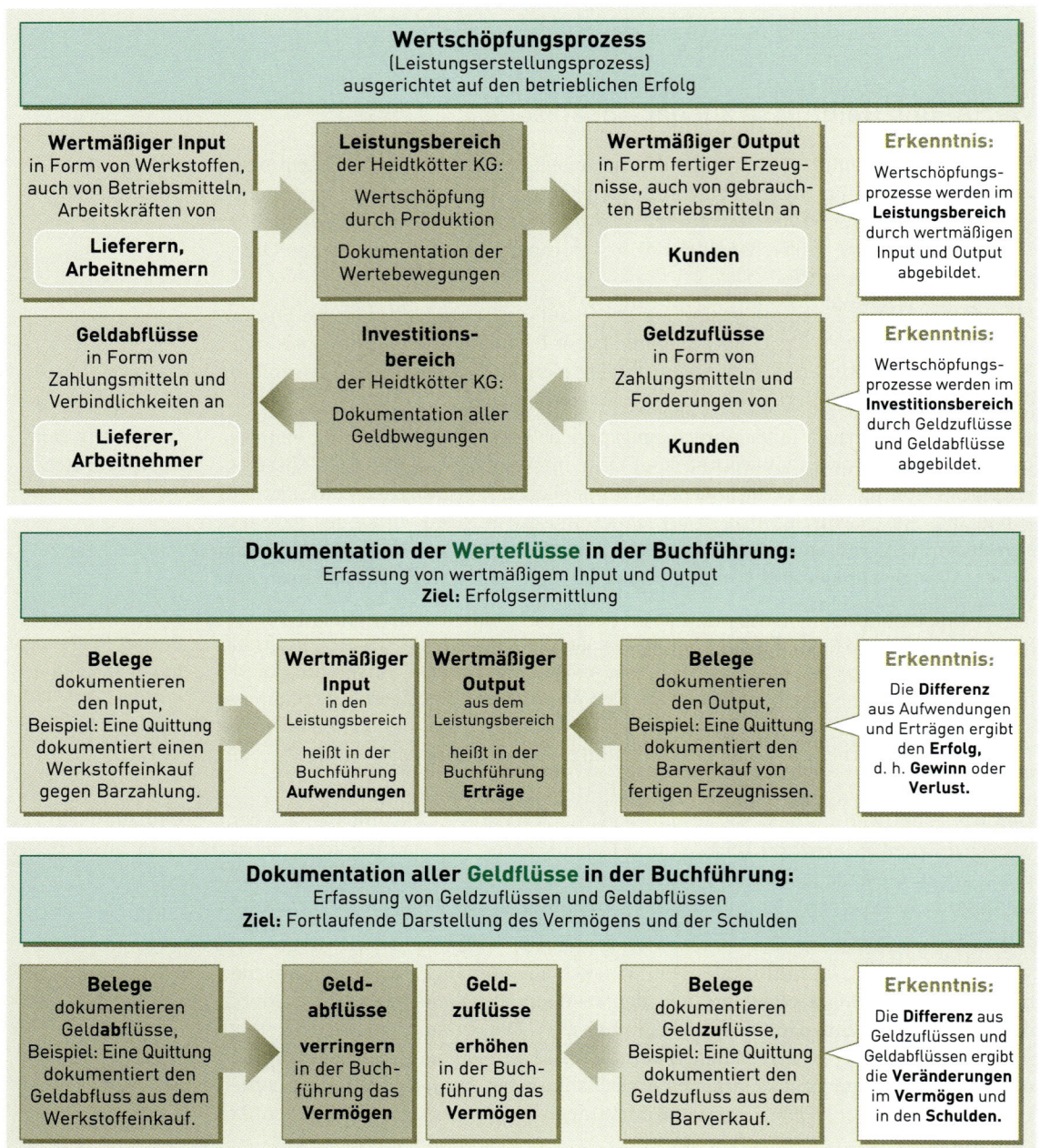

Wie in den obigen Schaubildern bereits angedeutet, werden die Werte- und Geldflüsse durch **Informationsflüsse** dokumentiert. Sie haben in der Buchführung z. B. in Form von **Belegen** (z. B. Eingangsrechnungen, Kontoauszüge, Ausgangsrechnungen) eine herausragende Bedeutung. So darf keine Eintragung ohne Beleg vorgenommen werden.

Grundsatz: Keine Buchung ohne Beleg!

2
Vermögen, Fremdkapital und Eigenkapital sind die materiellen Grundlagen des Leistungserstellungsprozesses im Unternehmen

2.1
Das Inventar informiert ausführlich über Vermögen und Schulden

Handelsgesetzbuch (§ 240 HGB) und **Abgabenordnung** (§ 140 und § 141 AO) verpflichten den Kaufmann, die Höhe seines Vermögens und seiner Schulden zu ermitteln.[1] Die hierzu erforderliche **Tätigkeit der Bestandsaufnahme** nennt man **Inventur** (lat. *invenire* = vorfinden).

› LF 3, Kap. 2.1

Die **Inventur**, also die **Bestandsaufnahme aller Vermögensteile und Schulden**, ist

Inventur

- bei **Gründung** oder **Übernahme** (Kauf) eines Unternehmens,
- regelmäßig zum **Schluss des Geschäftsjahres** (meist zum 31. Dezember) und
- letztlich bei **Auflösung** oder **Verkauf** des Unternehmens erforderlich.

Vermögen des Unternehmens

Zum **Anlagevermögen** der Heidtkötter KG rechnen alle Güter, die dem Unternehmen **dauernd oder für längere Zeit** zur Verfügung stehen und somit die **Grundlage der Geschäftstätigkeit** bilden. Grundstücke dienen dem Unternehmen ständig, sie nutzen sich nicht ab. Die Geschäftsgebäude unterliegen dagegen der Abnutzung und haben deshalb für das Unternehmen nur eine begrenzte Nutzungsdauer von 30 bis 40 Jahren. Gegenstände der Betriebs- und Geschäftsausstattung, wie z. B. Büro- und Lagereinrichtungen, dienen dem Unternehmen 4 bis 10 Jahre. Bei Geschäftsfahrzeugen geht man von einer Nutzungsdauer von 6 bis 9 Jahren aus.

Anlagevermögen

Allgemein ist somit zu sagen: Vermögensteile, die **langfristig** im Unternehmen „angelegt" sind, gehören stets zum **Anlagevermögen**.

Zum **Umlaufvermögen** zählen alle Vermögensteile der Heidtkötter KG, die sich in ihrer Höhe **kurzfristig** verändern, wie z. B. die Vorräte an Roh-, Hilfs- und Betriebsstoffen sowie an fertigen Erzeugnissen, die Kasse und das Bankguthaben. Auch die **Forderungen** gegenüber Kunden/Händlern, an die Erzeugnisse „auf Kredit" bzw. „auf Ziel", also mit einem Zahlungsziel von bspw. 30 Tagen, geliefert wurden, gehören zum Umlaufvermögen des Unternehmens. Vermögensposten des Umlaufvermögens unterliegen somit ständig Veränderungen. Sie befinden sich „im Umlauf".

Umlaufvermögen

Beispiel

Roh-, Hilfs- und Betriebsstoffe werden bei der Herstellung der Erzeugnisse verbraucht und müssen wieder neu beschafft werden. Die fertigen Erzeugnisse werden in der Regel auf Kredit (auf Ziel) an die Kunden/Händler verkauft. Dadurch erhöht sich der Vermögensposten „Forderungen aus Lieferungen und Leistungen" (= Forderungen a. LL). Wenn die Kunden zum Ende der Zahlungsfrist den Rechnungsbetrag auf das Bankkonto der Heidtkötter KG überweisen, vermindern sich die Forderungen und das Bankguthaben erhöht sich. Mit diesem Geld können dann wiederum Roh-, Hilfs- und Betriebsstoffe eingekauft und in die Produktion gegeben werden.

---

[1] Befreiung siehe auch Seite 455 in diesem Buch und/oder § 241 a HGB

Die Posten des Umlaufvermögens befinden sich „im Umlauf":

Schulden des Unternehmens

Die **Schulden des Unternehmens** umfassen im Wesentlichen die **Verbindlichkeiten** (= Schulden mit festen Beträgen und festen Rückzahlungsterminen, z. B. Verbindlichkeiten aus Lieferungen und Leistungen) und die **Rückstellungen** (= Schulden, die dem Grund nach bekannt sind, aber nicht in ihrer Höhe und in dem Zeitpunkt ihrer Fälligkeit). Verbindlichkeiten werden auch als **Fremdkapital** bezeichnet. Das Fremdkapital stellt eine Form der **Außenfinanzierung** dar. Es wird dem Unternehmen von Kreditgebern (Kreditinstituten, Lieferern) aufgrund von Verträgen mit klaren zeitlichen Rückzahlungsverpflichtungen gewährt.

Fremdkapital

Anhand der Kreditdauer unterscheidet man:

- **langfristiges Fremdkapital:** Es besteht meist gegenüber Kreditinstituten, also Banken bzw. Sparkassen und hat eine **Kreditdauer (= Restlaufzeit) von mindestens einem Jahr.** So kann es sein, dass die Heidtkötter KG beispielsweise zur Bezahlung (= Finanzierung) eines neuen Lagergebäudes bei den Banken einen **Darlehenskredit** aufnehmen muss, der erst im Laufe von 5, 10 oder 20 Jahren getilgt wird.
- **kurzfristiges Fremdkapital:** Es hat lediglich eine **Kreditdauer (= Restlaufzeit) von höchstens einem Jahr** und entsteht in der Regel gegenüber den Lieferanten der Heidtkötter KG, wenn die Heidtkötter KG bei ihnen Rohstoffe, Hilfsstoffe, Vorprodukte/Fremdbauteile, Handelswaren auf Ziel, also mit einem Zahlungsziel von 30, 60 oder gar 90 Tagen, einkauft. Durch diese Zieleinkäufe erhöhen sich bei der Heidtkötter KG die Vorräte an Rohstoffen, Hilfsstoffen, Vorprodukten/Fremdbauteilen, Handelswaren und zugleich auch ihre „Verbindlichkeiten aus Lieferungen und Leistungen" (= Verbindlichkeiten a. LL). So bezeichnet man diese Schulden, die die Heidtkötter KG bei ihren Lieferanten hat. Kurzfristig sind natürlich auch alle Kredite, die Kreditinstitute für wenige Monate – in der Regel bis zu einem Jahr – einräumen. Sie entstehen auch dann, wenn die Unternehmen kurzfristig ihre Geschäftskonten/Kontokorrentkonten im vorher vereinbarten Rahmen „überziehen" (= Kontokorrentkredit).

Vermögen und Schulden des Unternehmens sind regelmäßig zum Schluss eines Geschäftsjahres, in der Regel also zum 31. Dezember, nach Menge, Art und Wert zu ermitteln. Dies geschieht durch die **körperliche Inventur** oder die **Buchinventur** sowie die anschließende Bewertung.

Die „körperlichen" Vermögensgegenstände des Anlage- und Umlaufvermögens, wie z. B. Bargeld, Rohstoffe, fertige Erzeugnisse, Fahrzeuge, Maschinen, Betriebs- und Geschäftsausstattung, werden bei der Inventur unterschiedlich erfasst.

Bei einer ganzen Reihe dieser „körperlichen" Vermögensposten wird zunächst einmal die **Menge** festgestellt, bevor man den **Wert** des jeweiligen Postens errechnen kann. Diese „**körperliche Inventur**" geschieht je nach Art des Vermögensgegenstandes **durch Zählen, Messen oder Wiegen**.

So wird der Bestand an **Bargeld** – wie übrigens täglich – am Inventurstichtag gezählt, indem man die Anzahl der Scheine und Münzen ermittelt und mit dem jeweiligen Schein- oder Münzwert multipliziert. Die Noten und Münzen werden dabei in einer **Zählliste** festgehalten, die vom Inventurleiter zu unterschreiben ist.

Körperliche Inventur

Beispiel

Inventur 31.12.01: Zählliste für den Kassenbestand, Kasse 1

Geldscheine/-münzen in €	Anzahl	Wert in €	Geldscheine/-münzen in €	Anzahl	Wert in €
500-Euro-Schein	10	5.000,00	1-Euro-Münze	20	20,00
200-Euro-Schein	14	2.800,00	50-Cent-Münze	4	2,00
100-Euro-Schein	32	3.200,00	20-Cent-Münze	5	1,00
50-Euro-Schein	44	2.200,00	10-Cent-Münze	10	1,00
20-Euro-Schein	56	1.120,00	5-Cent-Münze	0	0,00
10-Euro-Schein	72	720,00	2-Cent-Münze	0	0,00
5-Euro-Schein	12	60,00	1-Cent-Münze	0	0,00
2-Euro-Münze	38	76,00	**Kassenbestand**		**15.200,00**

Für die Richtigkeit: 31.12.01

Der gezählte Bargeldbestand wird anschließend in die **Inventurliste** übernommen.

Die körperliche Bestandsaufnahme kann bei allen beweglichen Anlagegütern (z. B. Maschinen, Fahrzeugen, Schreibtischen u. a.) entfallen, wenn man für jeden Anlagegegenstand in einer **Anlagenkartei** eine besondere Anlagenkarte führt, die den Anschaffungswert, den Zeitpunkt der Anschaffung, die voraussichtliche Nutzungsdauer in Jahren sowie die jährliche Wertminderung, also die Abschreibung, und damit den „Buchwert" des Anlagegutes zum 31. Dezember des jeweiligen Geschäftsjahres ausweist. Der Wert des Anlagegutes wird somit buchmäßig korrekt nachgewiesen.

Beispiel

Anlagenkarte

Inventar-Nr. 0860/567		Bezeichnung der Anlage EDV-Anlage 486 S	Standort (Kostenstelle) Finanzbuchhaltung	
Anschaffungszeitpunkt 6. Januar 00		Anschaffungskosten 8.000,00 €	Instandhaltungen	–
Nutzungsdauer:	5 Jahre	Jährliche Abschreibung:	1.600,00 €	
Datum	Zugang	Abschreibung	Buchwert (Restwert)	
6. Januar 00	8.000,00 €	–	–	
31. Dezember 00	–	1.600,00 €	6.400,00 €	
31. Dezember 01	–	1.600,00 €	4.800,00 €	
usw.				

Im Rahmen der körperlichen Inventur wird der Bestand an Roh-, Hilfs- und Betriebsstoffen, Vorprodukten/Fremdbauteilen, Handelswaren sowie an unfertigen und fertigen Erzeugnissen zunächst **mengenmäßig** erfasst. Im Anschluss daran ist die jeweilige Menge zu **bewerten**, d. h., in Euro (€) auszudrücken. Dabei ist zu beachten,

Niederstwertprinzip

dass man **von zwei alternativ zulässigen Werten**, nämlich den ursprünglichen **Anschaffungs- bzw. Herstellungskosten** und dem **Tageswert** am 31. Dezember, **den niedrigeren Wert** einsetzt. Als Wertansatz können die durchschnittlichen Anschaffungs- oder Herstellungskosten zugrunde gelegt werden. Das Handelsgesetzbuch (§ 252 HGB) verlangt von allen Unternehmern eine niedrige und damit **vorsichtige Bewertung** der Vermögensteile (= **Niederstwertprinzip**).

Beispiel

Die Heidtkötter KG hat zum 31.12.01 noch 4 750 Rückenbezüge für Konferenzstühle auf Lager. Die Anschaffungskosten betrugen beim Einkauf während des Jahres je Einheit **durchschnittlich** 6,45 €. Am 31.12. ist der Anschaffungswert auf 6,63 € gestiegen. Nach dem **Niederstwertprinzip** ist eine Einheit mit 6,45 € zu bewerten. Der **Wertansatz** beträgt somit: **4 750 Einheiten zu je 6,45 € = 30.637,50 €.**

Buchinventur   Die Werte aller **nicht körperlichen** Vermögensposten (z. B. Bankguthaben, Forderungen aus Lieferungen und Leistungen) und der Schulden (langfristige Bankschulden, Verbindlichkeiten aus Lieferungen und Leistungen) ergeben sich zum 31. Dezember aus den entsprechenden **Belegen** oder **buchhalterischen Aufzeichnungen**:

- So ergibt sich der Wert des **Bankguthabens** zum 31. Dezember aus dem vorliegenden **Kontoauszug der Bank** sowie der Abstimmungsmitteilung.
- Die Höhe der **Forderungen** gegenüber den Kunden/Händlern sowie die Höhe der **Verbindlichkeiten** gegenüber den Lieferern wird anhand der **Kunden- bzw. Liefererkartei** ermittelt, in der für jeden einzelnen Kunden und Lieferanten die Geschäftsbeziehungen kartei- bzw. kontenmäßig festgehalten werden. In der EDV-gestützten Finanzbuchhaltung stehen hierfür die sog. **Offene-Posten-Listen** zur Verfügung. Die Abstimmung mit den Kunden und Lieferern ist erforderlich (Abstimmungsbeleg).

Beispiel

Inventur: 31.12.01		
Offene-Posten-Liste (Auszug): **Debitoren (Kunden)**		
Konto 10001	**Steil Büromöbel GmbH, Köln**	
07.12.01	Ausg.-Rechn. 34-678	89.450,00
18.12.01	Ausg.-Rechn. 34-711	110.350,00
		199.800,00
Konto 10002	**Reiser GmbH, Bürosysteme, Leipzig**	
12.12.01	Ausg.-Rechn. 36-542	116.300,00
19.12.01	Ausg.-Rechn. 36-788	138.900,00
		255.200,00
Konto 10003	**Leinel Bürobedarf KG, München**	
15.12.01	Ausg.-Rechn. 35-782	73.250,00
19.12.01	Ausg.-Rechn. 35-842	95.300,00
22.12.01	Ausg.-Rechn. 35-871	106.450,00
		275.000,00

Inventur: 31.12.01		
Offene-Posten-Liste (Auszug): **Kreditoren (Lieferer)**		
Konto 60001	**Weberei Dentzer GmbH, Gütersloh**	
11.12.01	Eing.-Rechn. 44-438	115.350,00
18.12.01	Eing.-Rechn. 44-522	214.150,00
		329.500,00
Konto 60002	**Rotha & Co., Kunststoffe, Dresden**	
14.12.01	Eing.-Rechn. 487	124.650,00
22.12.01	Eing.-Rechn. 612	112.100,00
		236.750,00
Konto 60003	**Stahlhandel Pirmasens GmbH, Pirmasens**	
09.12.01	Eing.-Rechn. AB-395	86.150,00
14.12.01	Eing.-Rechn. AB-493	92.400,00
19.12.01	Eing.-Rechn. AB-547	115.450,00
		294.000,00

Die Summen der jeweils noch nicht beglichenen Ausgangs- bzw. Eingangsrechnungen werden ebenfalls in die Inventurliste übernommen.

Alternativ kann der Bestand der **Debitoren** (und entsprechend der Kreditoren) aus den **Kundenkarten** (Liefererkarten) entnommen werden:

Beispiel

Kundenkarte

Kundenkonto Nr. 10002		Reiser GmbH, Bürosysteme, Leipzig			
Zahlungsbedingungen:		10 Tage: 2 % Skonto oder 30 Tage ohne Abzug			
Datum	Beleg	Buchungstext	Zugang (€)	Abgang (€)	Stand (Saldo)
...					203.760,00 €
02.12.01	Kontoauszug 63	Überweisung AR 36-456		98.720,00 €	105.040,00 €
12.12.01	Ausg.-Rechnung 36-542	Verkauf Stühle S5	116.300,00 €	–	221.340,00 €
14.12.01	Kontoauszug 68	Überweisung AR 36-484		105.040,00 €	116.300,00 €
19.12.01	Ausg.-Rechnung 36-788	Verkauf Tische T3	138.900,00 €		255.200,00 €
31.12.01	**Inventurbestand**		**–**	**–**	**255.200,00 €**

- Der Stand der langfristigen und kurzfristigen **Bankschulden** ergibt sich aus den entsprechenden **Kontoauszügen** (= Abstimmungsbeleg der Bank).

Beispiel

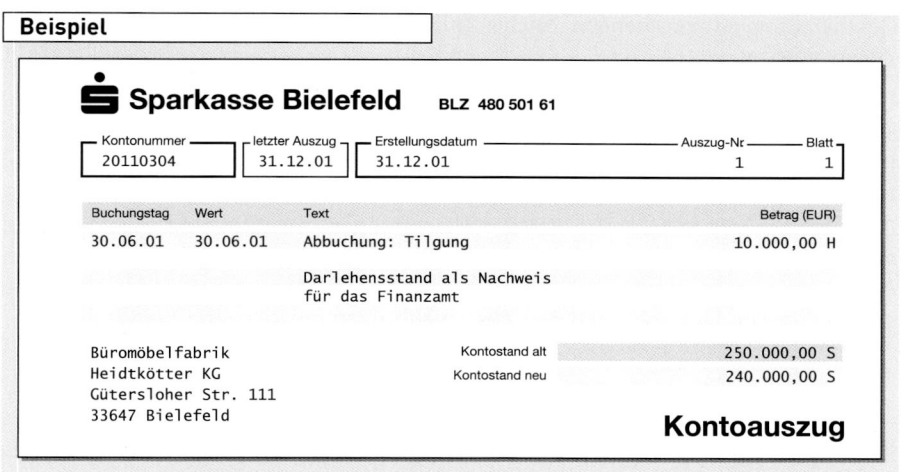

Eine Besonderheit bei der Bewertung stellen die auf fremde Währung lautenden Vermögensgegenständen und Verbindlichkeiten dar: Sie sind gemäß § 256 a HGB zum **Devisenkassamittelkurs** am Abschlussstichtag umzurechnen.

Währungs-umrechnung

Beispiel

Die Heidtkötter KG bezieht am 15.05.02 Rohstoffe aus den USA im Wert von 20.000,00 USD. Die für diesen Tag an der Börse ermittelten Devisenkurse (= Kassakurse) lauten:

für den Devisenverkauf an Kunden (= Briefkurs)	1,20 USD/EUR,
für den Devisenankauf von Kunden (= Geldkurs)	1,30 USD/EUR.
Der Mittelkurs beträgt dann	1,25 USD/EUR.

Die Währungsverbindlichkeit ist zum Kurs von 1,25 USD/EUR zu bewerten:

20.000,00 USD : 1,25 USD/EUR = 16.000,00 €.

Vereinfachung der Inventur

Organisation der Inventurarbeiten

Das Vorratsvermögen eines Industriebetriebes besteht i. d. R. aus Beständen an unterschiedlichen Roh-, Hilfs- und Betriebsstoffen, an Vorprodukten (= Montageteilen), Handelswaren sowie an unfertigen und fertigen Erzeugnissen. Die mengenmäßige (körperliche) **Bestandsaufnahme** ist dann meist mit einem erheblichen Arbeitsaufwand verbunden und bedarf deshalb auch einer **sorgfältigen Vorbereitung des organisatorischen Ablaufs**. In der Regel wird zunächst ein **Inventurleiter** ernannt, der für die praktische Durchführung der Inventurarbeiten einen genauen **Aufnahmeplan** erstellt. Dieser Plan legt zunächst die einzelnen **Inventurbereiche** z. B. nach Erzeugnis- und Werkstoffgruppen fest, benennt die **Personen** der Aufnahmegruppen und die zu verwendenden **Aufnahmeformulare** und **Hilfsmittel** (z. B. Diktiergeräte) sowie den jeweiligen **Zeitpunkt** für die Durchführung der Inventur. Wichtig ist, dass auch Aufsichtspersonen benannt werden, die durch Stichproben die **Bestandsaufnahmen** überprüfen.

Zur Vereinfachung der Inventur des Vorratsvermögens sind nach § 241 HGB und Abschnitt 30 ESTR (Einkommensteuerrichtlinien) folgende **Verfahren** erlaubt:

> **Stichtagsinventur = zeitnahe körperliche Bestandsaufnahme**

Die körperliche Bestandsaufnahme muss nun nicht gerade am Abschlussstichtag (31. Dezember) erfolgen, sondern kann **zeitnah** „innerhalb der einem ordnungsgemäßen Geschäftsgang entsprechenden Zeit" (§ 240, Abs. 2 HGB) durchgeführt werden. Eine Zeitspanne von

10 Tagen vor oder nach dem Abschlussstichtag

gilt als ordnungsgemäß.

Dieses Verfahren setzt aber voraus, dass **alle Zu- und Abgänge** zwischen dem Tag der Inventur, also z. B. 21. Dezember 01 oder 10. Januar 02, und dem 31. Dezember 01 als Abschlussstichtag anhand von Belegen (Rechnungen) **mengen- und wertmäßig** auf den 31. Dezember 01 **fortgeschrieben oder zurückgerechnet** werden. Auch wenn die Abschlussstichtagsinventur zeitnah in einer **10-Tage-Frist** vorgenommen werden darf, sind bei großen Unternehmen **Betriebsschließungen** möglich oder notwendig.

> **Verlegte Inventur = vor- oder nachverlegte körperliche Bestandsaufnahme**

In diesem Fall darf die Inventur in einem besonderen Verzeichnis an beliebigen Tagen innerhalb der letzten

drei Monate vor oder der ersten zwei Monate nach dem 31. Dezember

erfolgen. Ein großer Vorteil besteht nun darin, dass der am Inventurtag ermittelte Bestand nur noch **wertmäßig**, also nicht mengenmäßig, auf den 31. Dezember fortgeschrieben oder zurückgerechnet werden muss.

Beispiel

Vorverlegte Inventur am 15. November 01		Nachverlegte Inventur am 18. Januar 02	
	(€)		(€)
Wert der Rohstoffe am 15. November	75.000,00	Wert der Rohstoffe am 18. Januar	736.850,00
+ Wert der Zugänge (15.11.–31.12.)	121.500,00	– Wert der Zugänge (01.01.–18.01.)	117.250,00
– Wert der Abgänge (15.11.–31.12.)	134.500,00	+ Wert der Abgänge (01.01–18.01.)	125.400,00
Wert der Rohstoffe am 31.12. 01:	**745.000,00**	**Wert der Rohstoffe am 31.12. 01:**	**745.000,00**

Permanente Inventur = laufende Buchinventur anhand der Lagerkartei

Der mengenmäßige Bestand eines Postens des Vorratsvermögens kann jederzeit buchmäßig, also ohne körperliche Inventur, nachgewiesen werden, wenn man die Menge des jeweiligen Zugangs und Abgangs anhand der Lieferscheine oder Rechnungen auf einer Lagerkarte oder EDV-mäßig erfasst. So ist man in der Lage, aufgrund der Aufzeichnungen täglich den Mengenbestand „buchmäßig" zu erfahren. Allerdings muss der Buchbestand **wenigstens einmal im Geschäftsjahr** überprüft und gegebenenfalls korrigiert werden. Die hierzu erforderliche körperliche Bestandsaufnahme kann **an jedem beliebigen Tag des Jahres** durchgeführt werden. Über die Durchführung dieser Inventur ist ein **Protokoll** (als Beleg!) anzufertigen.

Beispiel

Lagerkarte der Heidtkötter KG, Bielefeld

Rohstoff: Stahlrohr, oval, 45 x 20 mm			**Lieferer:**	Stahlhandel Pirmasens	**Mindestbestand:** 4 000 m **Meldebestand:** 6 000 m **Höchstbestand:** 8 500 m	
Datum	**Beleg**		**Preis je m**	**Zugang**	**Abgang**	**Bestand**
...			1,35 €			4 200 m
14. Mai 01	Eing.-Rechn. 67		1,33 €	4 000 m	–	8 200 m
18. Mai 01	Mat.-Entn. 341		1,33 €	–	3 600 m	4 600 m
21. Mai 01	Eing.-Rechn. 88		1,35 €	3 500 m	–	8 100 m
29. Mai 01	Mat.-Entn. 372		1,35 €	–	2 400 m	5 700 m
30. Mai 01	**Inv.-Protokoll**		–	–	–	**5 660 m**
03. Juni 01	Mat.-Entn. 381		1,35 €	–	1 500 m	4 160 m
usw.						

In diesem Beispiel wird die Inventur am 30. Mai 01 durchgeführt. Die körperliche Bestandsaufnahme ergibt, dass tatsächlich 5 660 m Stahlrohr gegenüber dem auf der Karte verzeichneten Bestand von 5 700 m vorhanden sind. Der tatsächliche Bestand ist zu protokollieren und muss vom Inventurleiter durch Unterschrift bestätigt werden. Der so festgestellte tatsächliche Bestand wird auf der Lagerkarte eingetragen.

Inventurdifferenzen

In der Regel ist es so, dass während des Jahres die Zugänge und Abgänge insbesondere im Vorratsvermögen

- **mengenmäßig** auf den **Lagerkarten** in der Lagerbuchhaltung und
- **wertmäßig** auf den **Konten** der Buchführung in der Finanzbuchhaltung

festgehalten werden.

Am Ende des Jahres zeigt sich bei der Inventur häufig, dass die in den „Büchern" stehenden Zahlen (= Buchbestände) nicht mit den tatsächlich vorhandenen Beständen und Werten (= Istbestände) übereinstimmen.

Die Inventur eröffnet also die Möglichkeit, Fehlbestände (oder auch Mehrbestände) aufzudecken und zu korrigieren, wobei die Buchbestände immer auf die Istbestände hin korrigiert werden müssen (vgl. Erarbeitungsteil). Solche Inventurdifferenzen machen auch auf die Ursachen der Abweichungen aufmerksam, die zu beseitigen sind: schlechte Führung der Lagerkartei, Diebstahl, Schwund, Zerstörung, ...

› LF 3, Kap. 4.2 Buchung der Inventurdifferenzen ab Seite 138

Spätestens mit der Inventur werden auch die sog. **Lagerhüter** aufgespürt; dies sind Gegenstände des Vorratsvermögens, die über längere Zeit auf Lager liegen, ohne in die Weiterverarbeitung zu gelangen. Es kann sein, dass sie aus Fehleinkäufen herrühren oder aufgrund geänderter Konstruktionen und Materialien nicht mehr oder nur in geringem Umfang verwendet werden. Entweder müssen sie auf ihren Tageswert am 31. Dezember heruntergerechnet und gebucht (= abgeschrieben) werden oder ganz aus dem Lager entfernt und damit in voller Höhe abgeschrieben werden. In beiden Fällen sind die derzeitigen Buchwerte zu hoch und müssen auf die niedrigeren Tageswerte korrigiert werden.

Inventar

Das Inventar ist das ausführliche und gegliederte Verzeichnis aller Vermögens- und Schuldenposten eines Unternehmens nach Art, Menge und Wert. Vermögens- und Schuldenposten sind zum Ende des Geschäftsjahres durch Inventur nach Art und Menge zu erfassen. Die Mengen sind zu den nach HGB vorgeschriebenen Wertansätzen zu bewerten.

Gliederung

Die **Posten des Anlage- und Umlaufvermögens** werden nach ihrer **Geldnähe oder Flüssigkeit** geordnet, also nach dem Grad, wie schnell sie in Geld umgesetzt werden können. So sind die weniger „flüssigen" (nicht liquiden) Vermögensposten, wie z. B. Grundstücke und Gebäude, im Inventar zuerst und die bereits liquiden Mittel, wie Kassenbestand und Bankguthaben, zuletzt aufzuführen.

Die im Unternehmen verzeichneten **Schulden** (= Verbindlichkeiten und Rückstellungen) werden nach ihrer **Fälligkeit** in langfristige und kurzfristige Schulden gegliedert, wobei die langfristigen Schulden zuerst aufgeführt werden. Es ist also z. B. unter den Verbindlichkeiten das Darlehen mit einer Laufzeit von 5 Jahren vor den Verbindlichkeiten a. LL aufzuführen.

Das Inventar kann um die Position **„Reinvermögen"** erweitert werden. Das Reinvermögen ergibt sich, wenn man die Schulden vom Vermögen abzieht. Das Reinvermögen gibt also an, wie hoch der Wert ist, um den das Vermögen die Schulden übersteigt.

Prüfkriterien für ordnungsmäßige Inventare

§ 240 HGB gibt Hineise darauf, welche Kriterien erfüllt sein müssen, damit Inventare als ordnungsgemäß gelten. Nachfolgend sind wesentliche Kriterien aufgeführt:

Inventare sind hinreichend in Anlagevermögen, Umlaufvermögen, langfristiges Fremdkapital, kurzfristiges Fremdkapital zu gliedern.

Vermögen und Fremdkapital sind ausführlich und genau nach Art und Menge anzugeben.

Die Werte für Vermögen und Fremdkapital sind entsprechend der Bewertungsvorschriften zu ermitteln und einzeln anzugeben.

Die Dauer zwischen zwei Inventaren darf 12 Monate nicht überschreiten.

Gleichartige Vermögensgegenstände des Vorratsvermögens sowie annähernd gleichwertige Vermögensgegenstände und Schulden können je zu Gruppen zusammengefasst werden.

Gegenstände des Sachanlagevermögens sowie des Vorratsvermögen können mit gleichbleibenden Mengen und gleichbleibenden Werten angesetzt werden,
- wenn sie regelmäßig ersetzt werden,
- wenn ihr Gesamtwert von nachrangiger Bedeutung ist,
- wenn ihr Bestand geringen Veränderungen unterliegt.

Analyse der Inhalte

Wenn Sie sich die Inventare (vgl. Inventare im Erarbeitungsteil, Kapitel 2.1) anschauen, stellen Sie fest, dass das langfristige Fremdkapital vom 31.12.00 bis zum 31.12.01 um 205.000,00 € weniger geworden ist. Das ist offensichtlich auf Tilgungszahlungen zurückzuführen. Rechnet man nun auch noch die Zinszahlungen von schätzungsweise 400.000,00 € dazu, so hat die Heidtkötter KG im Jahr 01 für Tilgung und Verzinsung des aufgenommenen Fremdkapitals über 600.000,00 € aufzubringen, die zunächst einmal erwirtschaftet werden wollen. Diese Last würde bei einer höheren Fremdkapitalquote entsprechend höher ausfallen. Offensichtlich ist die Heidtkötter KG daran interessiert, ihre langfristige Schuldenlast abzubauen. Im Effekt führt diese Politik zu einer Erhöhung des Eigenkapitalanteils und damit zu einer Verbesserung der Eigenkapitalquote.

Gegenläufig zum langfristigen Fremdkapital sind die Verbindlichkeiten aus Lieferungen und Leistungen um 60.000,00 € gestiegen. Diese Veränderung deutet darauf hin, dass die Heidtkötter KG verstärkt Werkstoffe und Betriebsmittel auf Rechnung eingekauft hat; ein Signal dafür, dass die Wertschöpfungsprozesse gut laufen.

Insgesamt hat das Jahr 01 eine Verringerung des Fremdkapitals um 405.000,00 € erbracht, was ebenfalls für eine Verbesserung der Eigenkapitalquote spricht.

Im Anlagevermögen sind am 31.12.01 bei einigen Positionen höhere Wertansätze zu verzeichnen, insbesondere bei der Position „Technische Anlagen" fällt der höhere Wertansatz ins Auge. Bei anderen Positionen ergeben sich niedrigere Wertansätze. Diese Entwicklung besagt, dass insgesamt im Geschäftsjahr 01 die getätigten Investitionen höher waren als die planmäßigen Abschreibungen. Das deutet auf eine rege Geschäftstätigkeit hin. Für eine rege Geschäftstätigkeit spricht auch, dass alle Positionen im Umlaufvermögen – bis auf die Betriebsstoffe, die in beiden Inventaren einen gleich hohen Wertansatz haben, und die unfertigen Erzeugnisse – am 31.12.01 höhere Werte ausweisen als am 31.12.00. Die Vermutung der regen Geschäftstätigkeit wird bestätigt, wenn man sich die Umsatzzahlen beider Jahre ansieht (vgl. die Gewinn- und Verlustrechnung, Kapitel 2.2, Seite 98): Im Jahr 01 betrug der Umsatz 25.895.000,00 €, im Vorjahr lediglich 23.675.000,00 €, was einer Umsatzsteigerung um 9,4 % entspricht.

Inventare sind **10 Jahre** aufzubewahren. Die Aufbewahrung kann außer in Papierform auch auf einem **Bildträger** (Mikrofilm) oder auf einem anderen **Datenträger** (Festplattenspeicher, Diskette, Magnetband, USB-Speicher, CD-ROM) erfolgen. Die Daten müssen **jederzeit lesbar** gemacht werden können (§ 257 HGB).

In § 241 a HGB ist festgelegt, dass Einzelkaufleute unter bestimmten Bedingungen von der Pflicht zur Buchführung und zur Aufstellung von Inventaren befreit sind. Diese Regelung entlastet Einzelkaufleute von erheblichen Aufgaben. Sie haben anstelle eines Jahresabschlusses auf der Basis des Inventars und der Buchführung dem Finanzamt eine Einnahme-Überschuss-Rechnung **(EÜR)** vorzulegen.

> ### §§
> **HGB § 241 a Befreiung von der Pflicht zur Buchführung und zur Erstellung eines Inventars**
> Einzelkaufleute, die an den Abschlussstichtagen von zwei aufeinander folgenden Geschäftsjahren nicht mehr als 500.000 Euro Umsatzerlöse und 50.000 Euro Jahresüberschuss aufweisen, brauchen die §§ 238 bis 241 nicht anzuwenden. [...]

Falls ein Unternehmer von dieser Befreiung Gebrauch macht, sollte er bedenken, dass eine Einnahme-Überschuss-Rechnung wesentlich weniger Informationen liefert als ein aus Bilanz und Gewinn- und Verlustrechnung bestehender Jahresabschluss.

Analyse des Fremdkapitals

Vermögensanalyse

Aufbewahrung

Befreiung

2.2
Die Bilanz ist ein Spiegelbild der Lage, in der sich das Unternehmen befindet

Grundsätze ordnungsmäßiger Buchführung (GoB)

§§

HGB § 238 Buchführungspflicht
(1) Jeder Kaufmann ist verpflichtet, Bücher zu führen und in diesen seine Handelgeschäfte und die Lage seines Vermögens nach den **Grundsätzen ordnungsmäßiger Buchführung** ersichtlich zu machen. [...]
(2) [...]

HGB § 243 Aufstellungsgrundsatz
(1) Der Jahresabschluss ist nach den **Grundsätzen ordnungsmäßiger Buchführung** aufzustellen.
(2) Er muss klar und übersichtlich sein.
(3) Der Jahresabschluss ist innerhalb der einem ordnungsmäßigen Geschäftsgang entsprechenden Zeit aufzustellen.

In mehreren Vorschriften des Handelsgesetzbuches – zwei davon haben wir oben abgebildet – ist die Rede von den „Grundsätzen ordnungsmäßiger Buchführung". So haben z. B. die „Bücher" und der „Jahresabschluss" diesen Grundsätzen zu entsprechen. Worauf das HGB hinweisen will, ist, dass die Buchführung **allgemein anerkannten, sachgerechten Normen** entsprechen muss: Es kann nicht jeder seine Bücher führen, wie er will. Das würde den Vergleich und die Prüfung zu sehr erschweren. Also gibt es im Handelsgesetzbuch (HGB) und in der Abgabenordnung (AO) **allgemeine Grundsätze**, an die sich jeder Kaufmann halten muss. Tut er das nicht, macht er sich u. U. strafbar (z. B. im Insolvenzfall oder bei bewusster Verschleierung der Vermögens- und Schuldenlage) und die Finanzbehörde schätzt seine Besteuerungsgrundlagen. Zusätzlich gibt es freiwillige, von Verbänden empfohlene Richtlinien, z. B. den **Kontenrahmen**.

> **Anhang**

Ordnungsmäßigkeit der Buchführung

Ganz allgemein ausgedrückt gilt die Buchführung dann als **ordnungsgemäß**, wenn sie so beschaffen ist, „dass sie einem sachverständigen Dritten (*Steuerberater, Betriebsprüfer des Finanzamtes;* Anm. d. Verf.) innerhalb angemessener Zeit einen Überblick über die Geschäftsvorfälle und über die Lage des Unternehmens vermitteln kann" (§ 238 Abs. 1 HGB). Die Buchführung muss deshalb allgemein anerkannten und sachgerechten Normen entsprechen und dies sind die sog. **Grundsätze ordnungsmäßiger Buchführung** (kurz **GoB**).

GoB im Einzelnen

Was im Einzelnen darunter zu verstehen ist, haben wir in den folgenden Punkten aufgelistet:

- Die Buchführung muss sachgerecht und überschaubar organisiert sein.
- Der Jahresabschluss muss den rechtlichen Vorschriften entsprechend gegliedert sein.
- Vermögenswerte dürfen nicht mit Schulden, Aufwendungen nicht mit Erträgen verrechnet werden.
- Keine Buchung darf unleserlich gemacht werden.
- Die Geschäftsfälle sind fortlaufend und vollständig, richtig, zeitgerecht und sachlich geordnet zu buchen.
- Kasseneinnahmen und -ausgaben sind täglich aufzuschreiben.
- Für jede Buchung muss ein Beleg vorliegen.
- Alle Buchungsbelege, Buchungsprogramme, Konten, Bücher, Inventare, Jahresabschlüsse (Bilanzen, Gewinn- und Verlustrechnungen) müssen 10 Jahre lang geordnet aufbewahrt werden.
- Auf Bild- oder Datenträgern gespeicherte Buchführungsunterlagen müssen jederzeit über Bildschirm oder Drucker lesbar gemacht werden können.

Informationen zur Bilanz

§ 242 HGB verlangt außer der regelmäßigen Aufstellung des Inventars noch eine **kurz gefasste Übersicht**, die es ermöglicht, mit einem Blick das **Verhältnis zwischen Vermögen und Schulden** des Unternehmens zu überschauen. Eine solche Übersicht ist die **Bilanz. Sie ist im Wesentlichen eine Kurzfassung des Inventars in Kontoform** und enthält auf der linken Seite die Vermögensteile, unterteilt in Anlagevermögen und Umlaufvermögen, auf der rechten Seite das Fremdkapital (Verbindlichkeiten, Rückstellungen) und das Eigenkapital als Differenz zwischen Vermögen minus Schulden. Beide Seiten der Bilanz (*ital. bilancia* = Waage) weisen daher immer **die gleichen Summen** aus. **Aktiva** heißen die Vermögenswerte, **Passiva** die Kapitalwerte.

Aktiva	Bilanz	Passiva
Anlagevermögen Umlaufvermögen	Eigenkapital Fremdkapital	
Summe der Aktiva	= Summe der Passiva	

Die **Aktiva** werden in der Bilanz nach der „Flüssigkeit" geordnet, d. h., danach, wie kurzfristig oder weniger kurzfristig ein Vermögensgegenstand finanziell verwertet werden kann. Hierbei gilt generell: Je langfristiger ein Gegenstand in den Dienst des Unternehmens gestellt ist, umso schwieriger ist es, ihn zu verwerten. Grundstücke und Gebäude stehen deshalb in der Bilanz an erster Stelle, sofort verfügbare Finanzmittel (Kasse und Bankguthaben) an letzter Stelle. Eine solche Einteilung wirkt recht willkürlich. Das wird deutlich, wenn man sich vor Augen hält, dass ein zum Betriebsvermögen gehörendes Grundstück in lukrativer Lage u. U. eine höhere „Flüssigkeit" hat als das Vorratsvermögen oder die Forderungen aus Lieferungen und Leistungen.

Die **Passiva** werden danach geordnet, in welchen Zeiträumen sie fällig sind (= Fristigkeit). Das Eigenkapital steht zeitlich unbegrenzt zur Verfügung und wird daher an erster Stelle aufgeführt. Danach folgen die langfristigen Schulden mit Laufzeiten von mehr als einem Jahr (z. B. Darlehensschulden) und die kurzfristigen Schulden mit Laufzeiten unter einem Jahr (z. B. kurzfristige Bankkredite und Verbindlichkeiten aus Lieferungen und Leistungen). Die Bilanzen im Erarbeitungsteil, Kapitel 2.2, Seite 94 folgen in ihren Gliederungen diesen Prinzipien.

› LF 3, Kap. 2.2

Die Bilanz lässt auf einen Blick erkennen,

- über welche **Vermögensformen** das Unternehmen verfügt,
- wie hoch das **Haftungskapital** der Eigentümer für die Schulden des Unternehmens ist (= Eigenkapital),
- wie hoch die **Schulden** des Unternehmens gegenüber Außenstehenden sind.

Inhalt der Bilanz

Aktiva	Bilanz der Büromöbelfabrik Heidtkötter KG, Bielefeld (verkürzte Darstellung) zum 31.12.01		Passiva
Vermögens**formen**		Vermögens**quellen**	
Vermögens- oder **Aktivseite** zeigt die **Investierung**		**Kapital-** oder **Passivseite** zeigt die **Finanzierung**	
I. Anlagevermögen	9.560.000,00	I. Eigenkapital	11.775.000,00
II. Umlaufvermögen	11.165.000,00	II. Fremdkapital	8.950.000,00
Vermögen	**20.725.000,00** =	**Kapital**	**20.725.000,00**
Wo ist das Kapital angelegt?		Woher stammt das Kapital?	
Mittelverwendung (= Investierung)		Mittelherkunft (= Finanzierung)	

Die **Passivseite** der Bilanz verdeutlicht die im Unternehmen eingesetzten Finanzmittel. Diese stammen entweder von Inhabern selbst (= Eigenkapital) oder von fremden Kreditgebern (Kreditinstituten, Lieferanten). Sie zeigt also die **Finanzierung.**

Die **Aktivseite** weist dagegen aus, welche Vermögensgegenstände mit dem Kapital angeschafft wurden. Sie gibt also Auskunft über die **Investierung.**

Eines muss dabei deutlich werden: Aus dem Vorhandensein von 11.775.000,00 € Eigenkapital lässt sich kein Schluss darauf ziehen, in welchen Vermögensformen genau dieses Eigenkapital steckt. Schon eher lässt sich aus dem Vorhandensein von Hypothekenschulden schließen, dass sie zweckgebunden zur Anschaffung von Grundstücken und/oder Gebäuden verwendet wurden. Und das Vorhandensein von Verbindlichkeiten aus Lieferungen und Leistungen lässt darauf schließen, dass diese Lieferantenkredite in der Regel zur Anschaffung von Werkstoffen eingesetzt wurden.

Abgrenzung von Eigenkapital und Fremdkapital

- Eigenkapital und Fremdkapital sind Formen der **Außenfinanzierung** eines Unternehmens. Eigenkapital erlangt das Unternehmen durch Vermögenseinlagen der Eigentümer (Unternehmer, Gesellschafter), Fremdkapital durch Kreditgewährung seitens der Kreditgeber (Kreditinstitute, Lieferer). Beim Eigenkapital tritt zusätzlich zu den Einlagen der Eigentümer auch die Form der **Innenfinanzierung** dann auf, wenn erwirtschaftete Vermögenswerte durch den Verzicht auf Gewinnausschüttung im Unternehmen verbleiben.

- Eigenkapital wird dem Unternehmen von seinen Eigentümern in der Regel **unbefristet** zur Verfügung gestellt. Fremdkapital hat feste Rückzahlungs-/Tilgungszeiten.

- Eigenkapital beinhaltet **keine** festen **Zinsansprüche.** Die Vergütung, die die Eigentümer in Form von Gewinnanteilen oder Dividenden erhalten, ist erfolgsabhängig. Fehlt der Erfolg, so fehlt auch die Vergütung, bei Verlusten kann sogar eine Nachschusspflicht bestehen. Das Fremdkapital wird zu festen Zinskonditionen aufgenommen.

- Eigenkapital wird zur Deckung von Unternehmungsverlusten herangezogen; es hat also **Haftungsfunktion** gegenüber den Gläubigern (Kreditinstitute, Lieferer). Je nach Unternehmensform erstreckt sich die Haftung auf die Einlagen (Kapitalgesellschaften) bis hin zum Privatvermögen (Einzelkaufmann). Die Möglichkeit der Rückzahlung des Eigenkapitals an die Eigentümer ist daher entweder eingeschränkt (z. B. bei Personengesellschaften, Genossenschaften) oder verboten (z. B. bei Kapitalgesellschaften, § 57 AktG, § 30 GmbHG). Ein hohes Eigenkapital ist ein Maßstab für gute Bonität des Unternehmens.

- Eigenkapital gehört im Falle der Insolvenz oder der freiwilligen Auflösung des Unternehmens zu den **nachrangigen Schulden** des Unternehmens gegenüber seinen Eigentümern. Diese Schulden dürfen erst dann beglichen werden, wenn alle anderen Schuldner (= Fremdkapitalgeber) „bedient" worden sind. Reichen die Aktiva nur aus, um die Fremdkapitalgeber zu befriedigen, gehen die Eigentümer leer aus.

Bei bestimmten Kapitalposten ist die Zuordnung zum Eigenkapital oder zum Fremdkapital schwierig, so z. B. beim sog. Mezzaninekapital, das sowohl Merkmale des Eigenkapitals als auch Merkmale des Fremdkapitals vereinigt. Es kommt in unterschiedlichen Formen vor, z. B. als nachrangiges Darlehen oder als (atypische) stille Beteiligung.

Zuordnungsprobleme bereiten manchmal auch neue rechtliche Regelungen. So forderte z. B. die ursprüngliche Regelung in IAS 32 (= International Accounting Standard 32), dass kündbare Gesellschaftsanteile bei Personengesellschaften dem Fremdkapital zugeordnet werden müssen. Nach HGB sind Gesellschaftsanteile grundsätzlich kündbar, gehören aber zum Eigenkapital. Seit 2008 ist IAS 32 „entschärft" worden. Falls die Personengesellschaften des deutschen Mittelstandes ihre Jahresabschlüsse nach IAS/IFRS aufstellen, müssen sie nicht mehr fürchten, große Teile ihres Eigenkapitals in

Fremdkapital umzuwandeln. Das Finanzierungsinstrument „Gesellschafteranteil" gehört nach der neuen Fassung von IAS 32 dann zum Eigenkapital, wenn es zwar kündbar, aber allen anderen Finanzierungsinstrumenten nachrangig gestellt ist, d. h., der Gesellschafter erhält bei der Liquidation einen proportionalen Anteil am verbleibenden Restvermögen.

Aus dem zuvor Gesagten ergibt sich, dass das Eigenkapital eine **Restgröße** ist, die sich immer aus der Differenz der Summe der Vermögenswerte minus der Summe des Fremdkapitals bildet. Diese zwangsläufige Gleichheit beider Bilanzseiten kann demnach auch in folgenden Gleichungen ausgedrückt werden:

Bilanz-gleichungen

Summe der Aktiva = Summe der Passiva

oder

Betrag des Vermögens = Betrag des Kapitals

oder

Betrag des Vermögens = Betrag des Eigenkapitals + Betrag des Fremdkapitals

oder

Betrag des Eigenkapitals = Betrag des Vermögens – Betrag des Fremdkapitals

Die Höhe des Eigenkapitals wird davon beeinflusst, wie Vermögensgegenstände und Schulden im Rahmen rechtlicher Bewertungswahlrechte bewertet werden (siehe Lernfeld 8, Band 2).

Inventar und Bilanz unterscheiden sich **formal** und **inhaltlich** voneinander.

Unterschiede zwischen Inventar und Bilanz

Formale Unterschiede bestehen in den folgenden wesentlichen Punkten:

■ Das Inventar ist eine ausführliche Auflistung aller Vermögensgegenstände und Schulden. In der Bilanz werden gleiche oder ähnliche Inventarposten zu jeweils umfassenden Bilanzpositionen zusammengefasst. Das verkürzt die Darstellung erheblich, führt zu einer klaren Gliederung und zu einer guten Übersichtlichkeit der Bilanz gegenüber dem Inventar.

■ Das Inventar ist listenmäßig in **Staffelform** aufgebaut, die Bilanz in **Kontoform**.

■ Die Bilanz zeigt das vollständige Bild aller zum Abschlussstichtag bewerteten Vermögens- und Schuldenposten einschließlich der Rechnungsabgrenzungsposten und etwaiger Risiken, die erst nach dem Abschlussstichtag sichtbar werden, während sich das Inventar auf die zum Abschlussstichtag vorhandenen Vermögensgegenstände und Schulden begrenzt.

Der zuletzt genannte Unterschied macht deutlich, dass das Inventar notwendige Voraussetzung zur Aufstellung der Bilanz ist. Dennoch gibt es folgende **inhaltliche** Unterschiede zwischen Inventar und Bilanz:

■ Die Bilanz wird in der Regel zu einem späteren Zeitpunkt aufgestellt als das Inventar. Treten bis zum Zeitpunkt der Bilanzerstellung Risiken auf, die im Inventar nicht berücksichtigt werden konnten, muss der Kaufmann diese Risiken in seiner Bilanz berücksichtigen, weil er nach § 252 Abs. 4 HGB zur vorsichtigen Bewertung angehalten ist. Solche Risiken entstehen zum Beispiel als drohende Verluste aus schwebenden Geschäften, also solchen Verträgen, die bereits im abgelaufenen Geschäftsjahr abgeschlossen wurden, die aber bis zur Bilanzaufstellung noch nicht erfüllt worden sind und Risiken beinhalten. Das Risiko muss der Kaufmann „vorsichtig" bewerten und als kurzfristige Rückstellung (= Schuldenposten) in der Bilanz ausweisen.

■ Die Inventare enthalten weder die Abgrenzung der Aufwendungen und Erträge zum Jahresende noch die latenten Steuern. Diese Vorgänge verändern jedoch das

Vermögen und/oder die Schulden; sie sind deshalb in der Bilanz zu beachten (vgl. Bilanzgliederung im Anhang dieses Lehrbuches).

■ Aufwendungen und Erträge sind dann **abzugrenzen**, wenn sie im „alten" Jahr für einen Zeitpunkt entstanden sind, der ins „neue" Jahr hineinreicht, und wenn die Zahlung erst im neuen Jahr stattfindet.

Beispiel für einen abzugrenzenden Aufwand

Die Dezember-Miete für ein gemietetes Lagergebäude wird zusammen mit der Januar-Miete erst im Januar gezahlt. Die Dezember-Miete ist zum Jahresende als Aufwand zu buchen und als Schuldenposten (= passive Rechnungsabgrenzung) in die Bilanz zu setzen.

Beispiel für einen abzugrenzenden Ertrag

Der Vermieter erhält die Dezember-Miete für ein vermietetes Lagergebäude zusammen mit der Januar-Miete erst im Januar. Die Dezember-Miete ist zum Jahresende beim Vermieter als Ertrag zu buchen und als Vermögensposten (= aktive Rechnungsabgrenzung) in die Bilanz zu setzen.

■ **Latente Steuern** sind in der nach HGB aufzustellenden Handelsbilanz dann aufzuführen, wenn die Wertansätze von Vermögensgegenständen in der Handelsbilanz von denen in der nach EStG aufzustellenden Steuerbilanz abweichen. Das kann z. B. dann eintreten, wenn in der Steuerbilanz das Anlagevermögen aufgrund höherer Abschreibungen niedriger bewertet ist als in der Handelsbilanz. Die unterschiedlichen Wertansätze in beiden Bilanzen führen zu abweichenden Gewinnen. Im Beispiel würde der Überschuss in der Steuerbilanz niedriger ausfallen als der Gewinn in der Handelsbilanz. Die Steuer auf den Gewinnunterschied ist in diesem Fall als latente Steuer in der Handelsbilanz auf der Passivseite anzusetzen.

Grundsätze zur Bilanz

Wichtige Aussagen zur Bilanz enthalten die §§ 242 bis 247 HGB (vgl. Erarbeitungsteil Kapitel 2.2, Seite 95). Kurz zusammengefasst sind es die folgenden:

■ Die Bilanz muss klar und übersichtlich gegliedert sein (§ 243 [2] HGB).

■ Anlage- und Umlaufvermögen, Eigenkapital und Verbindlichkeiten sind gesondert auszuweisen und aufzugliedern (§§ 247, 266 HGB).

■ Der Jahresabschluss (Bilanz sowie Gewinn- und Verlustrechnung) ist vom Kaufmann unter Angabe des Datums persönlich zu unterzeichnen (§ 245 HGB). Unterzeichnungspflichtig ist/sind

■ in der Einzelunternehmung (e. Kffr./e. K.) die Inhaberin oder der Inhaber,

■ in Personengesellschaften (OHG, KG) alle persönlich haftenden Gesellschafter,

■ in Kapitalgesellschaften alle Geschäftsführer (GmbH) bzw. alle Vorstandsmitglieder (AG).

■ Grundlage für die Aufstellung der Bilanz ist das Inventar.

Aussagewert der Bilanz

Die oben dargestellte Kurzfassung der Bilanz (s. Seite 457) zeigt bereits deutlich die Zusammensetzung (Struktur) des Kapitals und des Vermögens in Euro-Beträgen. Man erkennt, dass das Unternehmen überwiegend mit eigenen Mitteln arbeitet. Der Unternehmer gerät damit nicht in eine Abhängigkeit gegenüber seinen Gläubigern, und die Zins- und Tilgungsbelastung durch fremde Mittel ist relativ gering. Die solide Ausstattung des Unternehmens mit Eigenkapital kommt auch darin zum Ausdruck, dass es zur Finanzierung des Anlagevermögens ausreicht.

Diese Bilanzstruktur wird noch aussagefähiger, wenn man sie zueinander in Beziehung setzt und sie in Gliederungszahlen darstellt. Dadurch werden folgende **Verhältnisse** überschaubarer:

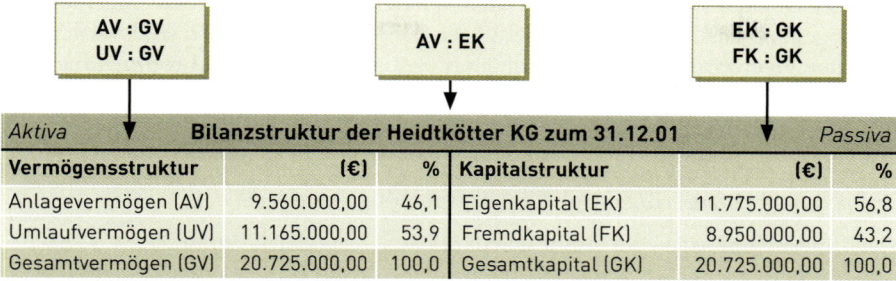

Aktiva	Bilanzstruktur der Heidtkötter KG zum 31.12.01				Passiva	
Vermögensstruktur	**(€)**	**%**	**Kapitalstruktur**	**(€)**	**%**
Anlagevermögen (AV)	9.560.000,00	46,1	Eigenkapital (EK)	11.775.000,00	56,8
Umlaufvermögen (UV)	11.165.000,00	53,9	Fremdkapital (FK)	8.950.000,00	43,2
Gesamtvermögen (GV)	20.725.000,00	100,0	Gesamtkapital (GK)	20.725.000,00	100,0

2.3
Zwei aufeinander folgende Bilanzen zeigen den Jahreserfolg

Auf der Grundlage von Bilanzen lässt sich auf einfache Weise der **Erfolg des Unternehmens**, also der **Gewinn oder Verlust** des Geschäftsjahres, ermitteln. Dies geschieht durch den sogenannten **Eigenkapitalvergleich**, der dem „Betriebsvermögensvergleich" nach § 4 [1] Einkommensteuergesetz entspricht.

Erfolgsermittlung durch Eigenkapitalvergleich

Man vergleicht zunächst das Eigenkapital vom Ende eines Geschäftsjahres mit dem vom Ende des vorangegangenen Geschäftsjahres. Hat sich das **Eigenkapital erhöht**, ist das positiv zu sehen und lässt grundsätzlich auf einen im Geschäftsjahr erzielten **Gewinn** schließen. Eine **Verminderung des Eigenkapitals** deutet dagegen grundsätzlich auf einen **Verlust** hin.

Beispiel

Die Heidtkötter KG weist in ihren Bilanzen auf Seite 94 zum Ende des Geschäftsjahres 01 ein Eigenkapital von 11.775.000,00 € aus. Zum Ende des vorangegangenen Geschäftsjahres 00 betrug das Eigenkapital 10.400.000,00 €.

	Eigenkapital zum 31. Dezember 01	11.775.000,00 €
−	Eigenkapital zum 31. Dezember 00	10.400.000,00 €
	Erhöhung des Eigenkapitals	**1.375.000,00 €**

Die Erhöhung des Eigenkapitals um 1.375.000,00 € kann nur dann zugleich als Gewinn des Geschäftsjahres gedeutet werden, wenn dem Betriebsvermögen während des Geschäftsjahres weder Vermögensposten für private Zwecke des Unternehmers entzogen noch private Kapitaleinlagen gemacht wurden. Hat der Unternehmer Klaus Heidtkötter im Vorgriff auf den erwarteten Gewinn 85.000,00 € (vgl. Seite 94) für private Zwecke der Kasse oder dem betrieblichen Bankkonto gegen Quittung (Beleg) entnommen, ist im Inventar die Summe des Vermögens und damit auch das Reinvermögen bzw. Eigenkapital um diesen Betrag geringer ausgewiesen. Zur genauen Ermittlung des Jahresgewinns müssen deshalb alle **Privatentnahmen** der Eigenkapitalerhöhung wieder **hinzugerechnet** werden:

Privatentnahmen

	Eigenkapital zum 31. Dezember 01	11.775.000,00 €
−	Eigenkapital zum 31. Dezember 00	10.400.000,00 €
	Erhöhung des Eigenkapitals	1.375.000,00 €
+	Privatentnahme	85.000,00 €
=	**Gewinn zum 31. Dezember 01**	**1.460.000,00 €**

Privateinlagen

Geld- und Sachwerte, die der Unternehmer während des Geschäftsjahres in das Betriebsvermögen eingebracht hat, sind **nicht vom Unternehmen erwirtschaftet** worden und stellen somit auch keinen Gewinn dar. Deshalb muss Herr Heidtkötter die während des Geschäftsjahres aus der privaten Sphäre in das Unternehmen eingebrachten Vermögensgegenstände, die ja im Vermögen des Inventars enthalten sind, wieder vom erhöhten Eigenkapital **abziehen.** Stellt Herr Heidtkötter also z. B. Mieteinnahmen aus einem vermieteten Privathaus dem Unternehmen zur Verfügung, so handelt es sich um eine gewinnmindernde Privateinlage.

In entsprechender Weise sind die als Verbindlichkeit gebuchten Gewinnanteile des Teilhafters hinzuzurechnen (vgl. Gewinnverteilung, Seite 98).

Unternehmens-gewinn

Der Unternehmensgewinn ergibt sich damit aus folgender Rechnung:

	Eigenkapital zum 31. Dezember 01	11.775.000,00 €
−	Eigenkapital zum 31. Dezember 00	10.400.000,00 €
	Erhöhung des Eigenkapitals	1.375.000,00 €
+	Privatentnahme	85.000,00 €
−	Privateinlage	0,00 €
+	Gewinnanteil Teilhafter Anke Heidtkötter	540.000,00 €
=	**Unternehmensgewinn** zum 31. Dezember 01	**2.000.000,00 €**

Der Jahresüberschuss eines Einzelunternehmens oder einer Personengesellschaft ist also der Unterschiedsbetrag zwischen dem Eigenkapital am Ende des laufenden Geschäftsjahres und dem Eigenkapital am Ende des vorangegangenen Geschäftsjahres, vermehrt um den Wert der Privatentnahmen und vermindert um den Wert der Privateinlagen (vgl. auch § 4 Abs. 1 EStG) und unter Berücksichtigung des an den Teilhaber einer KG (= Kommanditisten) auszuzahlenden Gewinnanteils.

Rentabilität

Setzt man den Gewinn ins Verhältnis zum Eigenkapital aus dem Vorjahr, erhält man die Verzinsung (= Rentabilität) des im Unternehmen arbeitenden Eigenkapitals. Ein Vergleich des Ergebnisses mit einer anderen langfristigen Kapitalanlage, z. B. in Form von festverzinslichen Wertpapieren (2,5 % bis 5 %), zeigt, ob sich der Einsatz des Eigenkapitals gelohnt hat.

Um störende Einflüsse durch einmalige und ungewöhnliche Aufwendungen und Erträge aus der Rentabilitätsberechnung auszuschalten, wird der Jahresüberschuss um außerordentliche Aufwendungen und Erträge bereinigt; es ergibt sich der bereinigte Jahresgewinn:

	Jahresüberschuss gemäß Gewinn- und Verlustrechnung
+	außerordentliche Aufwendungen
−	außerordentliche Erträge
=	Bereinigter Jahresgewinn

$$\textbf{Rentabilität des Eigenkapitals} = \frac{\textbf{Bereinigter Jahresgewinn} \cdot \textbf{100 \%}}{\textbf{Eigenkapital des Vorjahres}}$$

$$\frac{2.000.000,00 \text{ €} \cdot 100 \text{ \%}}{10.400.000,00 \text{ €}} = 19,23 \text{ \%}$$

Vielfach wird statt des vorjährigen Eigenkapitals der **Durchschnitt** aus dem vorjährigen und dem diesjährigen Eigenkapital als Bezugsgröße genommen:

$$\frac{2.000.000,00 \text{ €} \cdot 100 \text{ \%}}{11.087.500,00 \text{ €}} = 18,04 \text{ \%}$$

3
Werteflüsse und Geldflüsse – die zwei Seiten einer Medaille

Konto

Ein **Konto** ist eine in der Buchführung übliche Darstellungs- und Verrechnungsform für Werte und Geldbeträge. Aus didaktischen Gründen wird in der schulischen Bildung das zweispaltige Konto bevorzugt.

Der Kontenrahmen (vgl. im Anhang dieses Buches) unterscheidet grob fünf Kontenarten:

Konto

Kontenarten

Aktivkonten	Passivkonten	Ertragskonten	Aufwandskonten	Abschlusskonten
Bestandskonten		Erfolgskonten		
Konten des **Anlage-** und **Umlaufvermögens** in den Klassen 0 bis 2	**Eigenkapital-** und **Schuldenkonten** in den Klassen 3 und 4	nach **Ertragsarten** gegliederte Ertragskonten in der Klasse 5	nach **Aufwandsarten** gegliederte Aufwandskonten in den Klasse 6 und 7	**Schlussbilanzkonto** und **Gewinn- und Verlustkonto** in der Klasse 8
Aufzeichnung von Wertezuflüssen und Werteabflüssen bei Betriebsmitteln und Werkstoffen im Investitionsbereich der Unternehmung	Aufzeichnung der Entstehung und der Löschung von Zahlungsverpflichtungen aus Verträgen im Finanzbereich der Unternehmung	Aufzeichnung der Werteabflüsse aus dem Leistungsbereich	Aufzeichnung der Wertezuflüsse in den Leistungsbereich	Erfassung aller Vermögens- und Schuldenbestände im Schlussbilanzkonto
Aufzeichnung von Geldzuflüssen sowie der Löschung von Zahlungsansprüchen aus Verträgen im Investitionsbereich		Aufzeichnung der sonstigen nicht dem Leistungsbereich zugeordneten Werteabflüsse	Aufzeichnung der sonstigen nicht dem Leistungsbereich zugeordneten Wertezuflüsse	Erfassung der Salden aller Ertrags- und Aufwandskonten im Gewinn- und Verlustkonto und Ausweis des Erfolgs (Gewinn oder Verlust)
Aktiv- und Passivkonten werden auch **Bestandskonten** genannt.		Ertrags- und Aufwandskonten werden auch **Erfolgskonten** genannt.		

Beispiel: Aktives Bestandskonto

Soll		2800 Bank (Sparkasse Bielefeld)	Haben
Anfangsbestand	1.657.000,00	Geldabflüsse z. B. aus Zahlungen an Lieferer	2.925.000,00
Geldzuflüsse z. B. aus Kundenzahlungen	3.123.000,00	Schlussbestand lt. Inventur	1.855.000,00
	4.780.000,00		4.780.000,00

Beispiel: Passives Bestandskonto

Soll		4400 Verbindlichkeiten a. LL	Haben
Löschung der Zahlungsverpflichtungen durch Zahlung an Lieferer (= Geldzuflüsse)	3.120.000,00	Anfangsbestand lt. Inventar	1.750.000,00
Schlussbestand lt. Inventur	1.520.000,00	Zahlungsverpflichtungen aus Lieferungen auf Rechnung (= zukünftige Geldabflüsse)	2.890.000,00
	4.640.000,00		4.640.000,00

Jedes Konto hat eine **Überschrift**, aus der genau hervorgeht, welcher Vermögens-, Schulden- oder Eigenkapitalposten dargestellt werden soll. Im Beispiel ist das bei der Sparkasse Bielefeld geführte Kontokorrentkonto mit der Kontoziffer 2800 als aktives Bestandskonto abgebildet. Es ist im Kontenrahmen als ein Konto des Umlaufvermögens ausgewiesen.

Erläuterungen zu den Bestandskonten

Jedes Konto hat zwei Spalten; die linke Spalte heißt „**Soll**", die rechte „**Haben**".

Die Bestandskonten werden „geführt", indem man sie zu Beginn des Jahres mit dem Anfangsbestand (kurz: AB) aus dem Inventar oder der Bilanz eröffnet:

- Bei **Vermögenskonten** steht dieser Anfangsbestand immer als vorhandener (zugeflossener) Wert auf der **Sollseite**. Im obigen Bankkonto wird zum Jahresanfang ein Bankguthaben von 1.657.000,00 € auf der Sollseite verzeichnet.
- Bei **Schuldenkonten** steht der Anfangsbestand als noch ausstehender („geschuldeter") Geldabfluss auf der **Habenseite**.

  Danach wird jeder einzelne Geschäftsvorfall zeitnah entweder auf der Sollseite oder auf der Habenseite eingetragen.
- Im oben gezeigten Vermögenskonto, dem Bankkonto, sind Geldzuflüsse aus Kundenzahlungen von insgesamt 3.123.000,00 € im Soll sowie Geldabflüsse aus Zahlungen an Lieferer und andere Gläubiger von 2.925.000,00 € im Haben aufgeführt.
- Bei Schuldenkonten stehen die Schuldenzunahmen z. B. aus Werkstoffeinkäufen auf Rechnung als Zahlungsverpflichtung (= noch ausstehende Geldabflüsse) auf der Habenseite, die Schuldenabnahmen z. B. aus der Bezahlung einer Liefererrechnung als Befreiung von Zahlungsverpflichtungen auf der Sollseite.

Allgemein gelten für die Buchung auf den Bestandskonten folgende Regeln:

> **Werte- und Geldzuflüsse werden auf der Sollseite gebucht.**

> **Werte- und Geldabflüsse werden auf den Habenseite gebucht.**

Am Ende eines Abrechnungszeitraumes (spätestens nach einem Jahr) werden die Konten abgeschlossen. Im Beispiel (siehe Seite 463) soll sich auf dem Bankkonto ein Inventurbestand von 1.855.000,00 € ergeben, der zum Ausgleich des Kontos im Haben eingetragen wird. Bei Schuldenkonten würde der ausgleichende Saldo entsprechend im Soll stehen. Sollte der in das Konto eingetragene Schlussbestand nicht zum Kontenausgleich führen, liegt eine Inventurdifferenz vor, die vor dem Kontenabschluss ausgeglichen werden muss. Zum Kontenabschluss finden Sie ausführliche Erläuterungen im Kapitel „4.2 Bestands- und Erfolgskonten werden am Ende des Geschäftsjahres abgeschlossen", Seiten 484 f.

Beispiel: Ertragskonto

Soll	5000 Umsatzerlöse für eigene Erzeugnisse		Haben
Saldo an Gewinn- und Verlustkonto	6.340.000,00	**Output** aus dem Verkauf eigener Erzeugnisse	6.340.000,00
	6.340.000,00		6.340.000,00

Beispiel: Aufwandskonto

Soll	6200 Löhne		Haben
Input aus der Nutzung der Arbeitskraft	2.050.000,00	**Saldo** an Gewinn- und Verlustkonto	2.050.000,00
	2.050.000,00		2.050.000,00

Erläuterungen zu den Erfolgskonten

Alle Lieferungen fertiger Erzeugnisse an Kunden werden als Output wertmäßig auf der Habenseite des Ertragskontos „5000 Umsatzerlöse für eigene Erzeugnisse" erfasst. Der Saldo steht zum Kontoausgleich auf der Sollseite; er wird auf dem Konto „8020 Gewinn- und Verlustkonto" gegengebucht.

Aufgrund von Arbeitsverträgen wird die Arbeitskraft der Arbeitnehmer im Unternehmen zur Leistungserstellung genutzt. Der Wert dieser „eingekauften" Arbeit wird als Input auf der Sollseite des Kontos „6200 Löhne" gebucht. Der Saldo steht zum Kontoausgleich auf der Habenseite; er wird auf dem Konto „8020 Gewinn- und Verlustkonto" gegengebucht.

Auch für die Erfolgskonten gilt die allgemeine Regel:

Der wertmäßige Input wird immer auf der Sollseite eines Aufwandkontos gebucht.

Der wertmäßige Output wird immer auf der Habenseite eines Ertragskontos gebucht.

Bei der Kontoführung ist das Prinzip von Leistung und Gegenleistung zu beachten. Dieses Prinzip unterscheidet deutlich zwischen den Wertebewegungen im Leistungsbereich einerseits und den damit zwangsläufig verbundenen Werte-/Geldbewegungen im Investitionsbereich und/oder im Finanzierungsbereich.

Prinzip: Leistung und Gegenleistung

Beispiele

Leistung	Buchung auf Konto	Gegenleistung	Buchung auf Konto
Nutzung der Arbeitskraft von Arbeitnehmern im Unternehmen	**Input,** gebucht im **Soll** auf dem Konto „Löhne" oder dem Konto „Gehälter"*	Zahlung des vertraglich vereinbarten Entgelts	**Geldabfluss,** gebucht im **Haben** auf dem Konto „Bank"
Kauf von Werkstoffen gegen Rechnung	**Wertezufluss,** gebucht im **Soll** auf den Vermögenskonten der Kontenklasse 2	Zahlungsverpflichtung aufgrund vertraglicher Vereinbarung	(zukünftiger) **Geldabfluss,** gebucht im **Haben** auf dem Konto „4400 Verbindlichkeiten a. LL"
Löschung der Zahlungsverpflichtung durch Zahlung an den Lieferer	**Wertezufluss,** gebucht im **Soll** auf dem Konto „4400 Verbindlichkeiten a. LL" aufgrund der Löschung der Zahlungsverpflichtung	Zahlung des vertraglich vereinbarten Kaufpreises an den Lieferer durch Banküberweisung	**Geldabfluss,** gebucht im **Haben** auf dem Konto „Bank"
Zahlungsanspruch aufgrund des Verkaufs fertiger Erzeugnisse an Kunden	(zukünftiger) **Geldzufluss,** gebucht im **Soll** auf dem Konto „2400 Forderungen a. LL"	Abgabe fertiger Erzeugnisse an Kunden	**Output,** gebucht im **Haben** auf dem Konto „5000 Umsatzerlöse für eigene Erzeugnisse"
Kunde begleicht die noch offene Rechnung durch Banküberweisung	**Geldzufluss,** gebucht im **Soll** auf dem Bankkonto	Löschung des Zahlungsanspruchs gegen den Kunden	**Werteabfluss,** gebucht im **Haben** auf dem Konto „2400 Forderungen a. LL"

* Gehalt = Arbeitsentgelt für Angestellte,
  Lohn = Arbeitsentgelt für Arbeiter

Aus dem Prinzip von Leistung und Gegenleistung ergibt sich, dass jeder Geschäftsvorfall auf (mindestens) **zwei Konten** zu buchen ist, und immer folgt auf die Buchung eines Werte-/Geld-**Zuflusses** im **Soll** eines Kontos die Buchung eines Werte-/Geld-**Abflusses** im **Haben** eines anderen Kontos.

Buchungssatz

In der Buchführung hat es sich als zweckmäßig erwiesen, jeden Geschäftsvorfall unter Angabe der angesprochenen Konten, der Kontenseiten und der Beträge kurz und präzise als Buchungssatz aufzuschreiben. Dies geschieht bei Verwendung eines FiBu-

› Kap. 3.1.1.2, Seite 112 ff.

→

Programms in der Datenerfassungsmaske, in der manuell geführten Buchhaltung im **Journal** (Tagebuch). Das Journal der Heidtkötter KG könnte folgendes Aussehen haben:

Datum	Beleg	Buchungstext	Buchungssatz	Sollbuchung	Habenbuchung
12.01.	Q 008	Barkauf HSS-Bohrersatz, Werkzeugbedarf Held	6030 Aufwendungen für Verbrauchs- werkzeuge	120,00	
			2880 Kasse		120,00

Erläuterungen zum Journal

Im obigen Journal sind folgende Angaben enthalten:
- das **Datum** der Eintragung des Geschäftsvorfalls (12.01.);
- die Kennzeichnung und die **Nummer des Belegs**, aufgrund dessen die Eintragung erfolgt. Im Beispiel handelt es sich um eine Quittung (Q) mit der fortlaufenden internen Buchungsnummer 008;
- die kurze **Beschreibung des Geschäftsvorfalls**. Im Beispiel wurde ein Bohrersatz beim Unternehmen Werkzeugbedarf Held bar gekauft;
- der **Buchungssatz**, der das Konto der Sollbuchung, den Betag der Sollbuchung, das Konto der Habenbuchung und den Betrag der Habenbuchung angibt.

In der ursprünglichen Form des Buchungssatzes wurden die beiden Konten durch das Wort „**an**" verbunden, um auf die unterschiedlichen Seiten der Buchung aufmerksam zu machen:

Buchungssatz	Soll	Haben
6030 Aufwendungen für Verbrauchswerkzeuge	120,00 €	
an 2880 Kasse		120,00 €

Der Buchungssatz wird vor der Eintragung im Journal auch bei der Kontierung von Belegen verwendet.

Beispiel

Die oben gezeigte Eintragung im Journal beruht auf folgendem Beleg, auf dem der Buchungssatz vorkontiert ist.

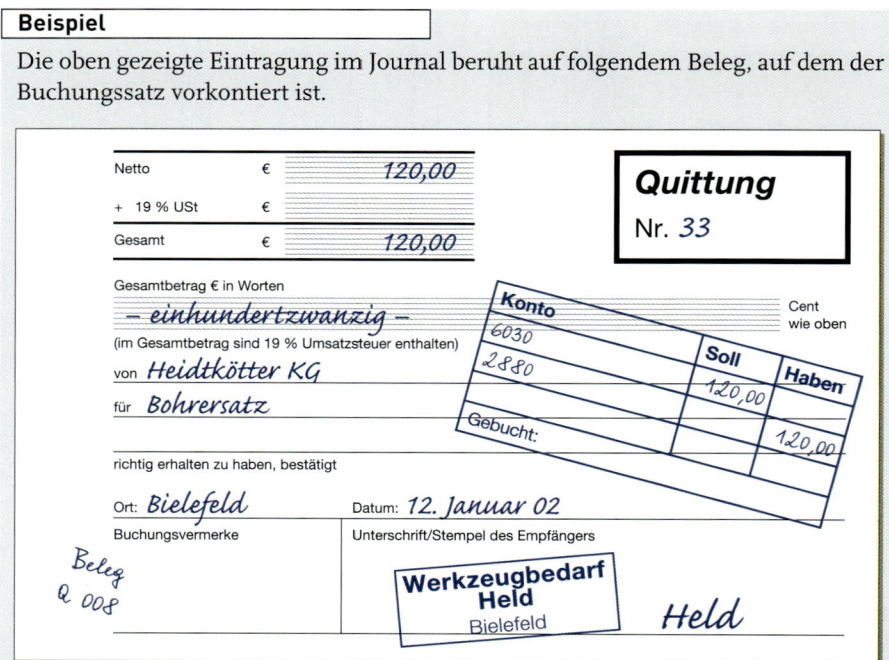

Manche Geschäftsvorfälle sind so komplex, dass sie für ihre kontenmäßige Darstellung mehr als zwei Konten benötigen.

Zusammengesetzter Buchungssatz

Beispiel

Autohaus **Dresen**

Autohaus Dresen, Niehler Str. 45–49, 50733 Köln

Karl Bauer e. K.
Kölnstraße 330
53117 Bonn

Autohaus Dresen
Niehler Straße 45–49
50733 Köln
Tel.   0221 8638-0
Fax   0221 863836
E-Mail verkauf@autodresen-wvd.de
Internet www.autodresen-wvd.de

Unser Angebot vom	Ihre Bestellung vom	Datum
—	4. Januar 02	20. Januar 02

Rechnung 0018/02

Wir lieferten heute – Abholung durch Sie:

1	Pkw Avensis, 5-türig, Kombi, 2,0 l – Diesel	23.145,00 €
	Zulassung	62,50 €
	Schilder	24,50 €
		23.232,00 €

Anzahlung bei Lieferung in bar 12.000,00 € erhalten.
Der Restbetrag ist durch Überweisung bis zum 10. Februar 02
zu leisten.

Köln, 22. Januar 02   Dresen

Bankverbindung:
Konto: Deutsche Bank Bonn, Konto-Nr.: 334 511 78, BLZ 380 700 59,
        IBAN DE63 3807 0059 0033 4511 78, BIC DEUTDEDK380

USt-IdNr. DE 221 586 374

In diesem Beleg ist nachgewiesen, dass Karl Bauer einen Pkw für sein Unternehmen gekauft hat. Dieser Kauf ist als Vermögenszugang im Konto 0840 Fuhrpark zu buchen. Herr Bauer hat 12.000,00 € bar angezahlt, den Restbetrag wird er bis zum 10. Februar 02 überweisen. Zum Zeitpunkt der Rechnungserstellung hat er die Barzahlung als Geldabfluss und die noch ausstehende Zahlung als Zahlungsverpflichtung zu buchen.

Buchungssatz aufgrund der Rechnung	*Soll*	*Haben*
0840 Fuhrpark	23.232,00 €	
an 2880 Kasse		12.000,00 €
an 4400 Verbindlichkeiten a. LL		11.232,00 €

3.1
Beschaffungs- und Produktionsprozesse werde in der Buchführung über den wertmäßigen Input abgebildet

3.1.1
Den Einkauf und den Verbrauch von Werkstoffen buchhalterisch darstellen

3.1.1.1
Den Werkstoffeinkauf direkt als Aufwand buchen
(Aufwandsorientierte Buchung)

› **Aufwandsarten siehe Seite 476**

› **INFO-Teil Seite 465 ff.**

In der Praxis wird versucht, die Lagerkosten, die durch eine umfangreiche und lange Lagerung der Werkstoffe entstehen können, so weit wie möglich zu senken. Das geschieht z. B. dadurch, dass die Werkstoffe jeweils nur zum Zeitpunkt ihrer Verarbeitung in der Fertigung angeliefert werden. Diese sogenannte **Just-in-time-Fertigung** erspart zwar im Unternehmen Kapital, Zinsen und Lagerverwaltungskosten, sie bedingt aber auch, dass sich das betreffende Unternehmen mit seinen Zulieferern und seinen Abnehmern in einer **Wertschöpfungskette** eng verzahnen muss. Zudem fallen aufgrund des verstärkten Lkw-Verkehrs hohe Sozialkosten an. Für die Heidtkötter KG bedeutet die Just-in-time-Fertigung, dass sie überhaupt kein Beschaffungslager mehr unterhalten muss oder nur noch Mindestbestände einlagert. Eine kurzfristige und geringfügige Zwischenlagerung erfolgt dann innerhalb des Produktionsbereichs.

Für die **Buchhaltung** ergibt sich daraus die Konsequenz, dass die Werte der angelieferten (und durch Rechnungen belegten) Werkstoffe nicht mehr auf die Roh-, Hilfs- und Betriebsstoffkonten (= Vermögenskonten) gebucht werden, sondern **direkt als Aufwand** auf die entsprechenden Werkstoffaufwandskonten:

- **6000 Aufwendungen für Rohstoffe**
- **6020 Aufwendungen für Hilfsstoffe**
- **6030 Aufwendungen für Betriebsstoffe**

u. a.

› **Kap. 3.1.1.2, Seite 112 ff.**

Beispiel

Im Beispiel des Stahlrohr-Einkaufs (Kauf von Stahlrohren für 13.000,00 €; vgl. Rechnung im Erarbeitungsteil auf Seite 106) würde die **Buchung** dann also lauten:

	Soll	Haben
6000 Aufwendungen für Rohstoffe	13.000,00 €	
an 4400 Verbindlichkeiten		13.000,00 €

Das Konto „2000 Rohstoffe" wird durch dieses Verfahren nicht überflüssig. Es sind nach wie vor Rohstoffbestände als **Inventurbestände** vorhanden, die als Vermögen auf dem Bestandskonto „2000 Rohstoffe" erfasst werden müssen, und zwar als **Anfangsbestand** zu Beginn des Geschäftsjahres (Sollseite) und als **Schlussbestand** (= Inventurbestand) zum Ende des Geschäftsjahres (Habenseite).

Das Konto „**6000 Aufwendungen für Rohstoffe**" erfasst alle während des Jahres getätigten Rohstoffeinkäufe. Über den **Inventurbestand** wird ermittelt, ob alle Zugänge (= Einkäufe) auch verbraucht wurden. Sind **nicht** alle Zugänge verbraucht worden, ergibt sich ein **Mehrbestand** an Rohstoffen, der zu einer **Verringerung** der Aufwendungen führt. Sind nicht nur die Zugänge verbraucht worden, sondern auch Teile des Lagerbestandes, ergibt sich ein **Minderbestand**, der zu einer **Erhöhung** der Aufwendungen führt. Die folgenden Kontenbilder verdeutlichen die Zusammenhänge:

Mehrbestand

Soll	2000 Rohstoffe	Haben		Soll	6000 Rohstoffaufwendungen	Haben
Anfangsbestand	Inventurbestand (Schlussbestand)			Zugänge (Rohstoffeinkäufe)	**Mehrbestand**	
Mehrbestand					Periodenaufwand	

Minderbestand

Soll	2000 Rohstoffe	Haben		Soll	6000 Rohstoffaufwendungen	Haben
Anfangsbestand	Inventurbestand			Zugänge (Rohstoffeinkäufe)	Periodenaufwand	
	Minderbestand			**Minderbestand**		

Mehrbestand

> **Beispiel**
>
> In diesem Beispiel wird die Situation eines Mehrbestandes anhand von Zahlen verdeutlicht. Nehmen wir das Folgende an: Zu Beginn des Jahres liegt ein Rohstoff-Anfangsbestand von 1.255.000,00 € vor. Während der Jahres werden auf dem Konto „6000 Rohstoffaufwendungen" insgesamt fünf Zugänge (= Rohstoffeinkäufe) gebucht. Am Ende des Jahres ergibt sich ein Rohstoff-Inventurbestand von 1.360.000,00 €.

Soll	2000 Rohstoffe		Haben
8000	1.255.000,00	8010	1.360.000,00
6000	**105.000,00**		
	1.360.000,00		1.360.000,00

Soll	6000 Rohstoffaufwendungen		Haben
4400	66.500,00	**2000**	**105.000,00**
4400	270.000,00	8020	594.000,00
4400	130.000,00		
2800	105.000,00		
4400	127.500,00		
	699.000,00		699.000,00

Soll	8010 Schlussbilanzkonto	Haben
2000	1.360.000,00	

Soll	8020 GuV-Konto	Haben
6000	594.000,00	

Die Inventurzahlen auf dem Konto „2000 Rohstoffe" verdeutlichen, dass die während des Geschäftsjahres gekauften und auf dem Konto "6000 Rohstoffaufwendungen" als Aufwand gebuchten Rohstoffe nicht alle im Leistungsprozess verbraucht worden sind. Anders ausgedrückt: Das Unternehmen hat im Geschäftsjahr **mehr Rohstoffe eingekauft** als **verbraucht**, und zwar für 105.000,00 €. Dieser durch die Inventur aufgedeckte **Mehrbestand** ist in den als Aufwand gebuchten Rohstoffzugängen auf dem Konto „6000 Rohstoffaufwendungen" enthalten, obwohl er noch nicht zu Aufwand (= Wertezufluss im Leistungsprozess) geworden ist. In Wirklichkeit hat das Unternehmen KG einen um 105.000,00 € niedrigeren Rohstoffaufwand gehabt, als es das Aufwandskonto auf der Sollseite anzeigt. Um also den tatsächlichen Rohstoffaufwand zu ermitteln, müssen die als Aufwand auf dem Konto „6000 Rohstoffaufwendungen" gebuchten Rohstoffzugänge um den **Mehrbestand** korrigiert, d. h. in diesem Fall **vermindert** werden. Das geschieht durch die **Buchung** (vgl. hierzu die Darstellungen im Erarbeitungsteil, Kapitel 3.1.1.2 Buchungssatz und auf den Seiten 465 ff. im INFO-Teil):

	Soll	Haben
2000 Rohstoffe	105.000,00 €	
an 6000 Rohstoffaufwendungen		105.000,00 €

Nach der Umbuchung des Mehrbestandes vom Konto „2000 Rohstoffe" auf das Konto „6000 Rohstoffaufwendungen" weist dieses Konto nunmehr im Saldo den tatsächlichen **Rohstoffverbrauch** von **594.000,00 €** aus. Beim Abschluss des Kontos „6000 Rohstoffaufwendungen" wird dieser Verbrauch als Aufwand auf das Sammelkonto „8020 Gewinn- und Verlustkonto" gebucht.

In entsprechender Weise werden die Mehrbestände aller anderen Konten des Vorratsvermögens gebucht.

Allgemein gilt:

Als Aufwand gebuchte **Rohstoffeinkäufe** im Geschäftsjahr	699.000,00 €
– **Mehrbestand** an Rohstoffen zum 31. Dezember	105.000,00 €
= **Rohstoffaufwendungen**	**594.000,00 €**

Minderbestand

Beispiel

Das obige Beispiel soll so abgeändert werden, dass von einem Inventurbestand an Rohstoffen von **1.188.350,00 €** auszugehen ist.

Soll	2000 Rohstoffe		Haben	Soll	6000 Rohstoffaufwendungen		Haben
8000	1.255.000,00	8010	1.188.350,00	4400	66.500,00	8020	**765.650,00**
		6000	**66.650,00**	4400	270.000,00		
	1.255.000,00		1.255.000,00	4400	130.000,00		
				2800	105.000,00		
				4400	127.500,00		
				2000	**66.650,00**		
					765.650,00		765.650,00

Soll	8010 Schlussbilanzkonto		Haben	Soll	8020 GuV-Konto		Haben
2000	1.188.350,00			**8020**	**765.650,00**		

Ein **Minderbestand** an Rohstoffen entsteht dann, wenn während des Geschäftsjahres nicht nur die eingekauften Rohstoffe, sondern auch ein Teil der Lagerbestände verbraucht wurden. Dies zeigt sich in unserem Beispiel daran, dass der Inventurbestand am Jahresende **niedriger** als der Anfangsbestand ist. In diesem Fall ergibt sich der tatsächliche Verbrauch, indem die bereits als Aufwand gebuchten Rohstoffeinkäufe um den **Minderbestand erhöht** werden. Dies geschieht durch die Buchung:

Umbuchung des Minderbestandes	Soll	Haben
6000 Rohstoffaufwendungen	66.650,00 €	
an 2000 Rohstoffe		66.650,00 €

Allgemein gilt:

Als Aufwand gebuchte **Rohstoffeinkäufe** im Geschäftsjahr	699.000,00 €
+ **Minderbestand** an Rohstoffen zum 31. Dezember	66.650,00 €
= **Rohstoffaufwendungen**	**765.650,00 €**

3.1.1.3
Den Werkstoffeinkauf und den Werkstoffverbrauch bestandsorientiert buchen

In der betrieblichen Praxis ist es häufig sinnvoll, ein hinreichend großes Vorratslager an Werkstoffen zu unterhalten, um Kundenaufträge schnell ausführen zu können. Je nach Werkstoffart kann eine ausreichend große Bevorratung sogar notwendig sein, z. B. bei Schüttgütern oder flüssigen Gütern.

Der **Güterfluss** im Unternehmen hat dann folgendes Aussehen:

Die **Erfassung der Werte** in der Buchführung wird diesem Güterfluss angepasst:

Beispiel

Auf der Grundlage einer **Eingangsrechnung** (vgl. Erarbeitungsteil, Seite 106) wird der Werkstoffeinkauf (Stahlrohre für 13.000,00 €) als Vermögenszugang und als Zahlungsverpflichtung gebucht:

	Soll	Haben
2000 Rohstoffe	13.000,00 €	
an 4400 Verbindlichkeiten a. LL		13.000,00 €

Auf der Grundlage von **Materialentnahmescheinen** werden die Werkstoffe (hier Einkauf + Lagerbestand) bei Bedarf dem Lager entnommen und der **Produktion** zugeführt:

	Soll	Haben
6000 Aufwendungen für Rohstoffe	22.900,00 €	
an 2000 Rohstoffe		22.900,00 €

Auf der Grundlage der **Ausgangsrechnungen** werden die an Kunden verkauften fertigen Erzeugnisse als Umsatzerlöse und als Zahlungsansprüche gebucht:

	Soll	Haben
2400 Forderungen a. LL	42.000,00 €	
an 5000 Umsatzerlöse für eigene Erzeugnisse		42.000,00 €

Die Werkstoffkonten nehmen also die Anfangsbestände, die Zugänge aus Lieferungen und die Abgänge an die Produktion auf. Am Jahresende gleichen die Inventurbestände die Konten aus. Zeigen sich **Inventurdifferenzen**, so korrigieren diese die Werkstoffaufwendungen mit der Buchung:

	Soll	Haben
6000 Rohstoffaufwendungen	600,00 €	
an 2000 Rohstoffe		600,00 €

→

Rohstoffkonto mit Inventurdifferenz (Buchbestand > Inventurbestand)

Soll	2000 Rohstoffe		Haben
8000 Eröffnungsbilanzkonto	234.500,00	6000 Rohstoffaufwendungen	22.900,00
4400 Verbindlichkeiten a. LL	13.000,00	6000 Rohstoffaufwendungen	46.000,00
4400 Verbindlichkeiten a. LL	24.000,00	6000 Rohstoffaufwendungen	57.000,00
4400 Verbindlichkeiten a. LL	31.000,00	6000 Rohstoffaufwendungen	38.000,00
4400 Verbindlichkeiten a. LL	16.500,00	6000 Rohstoffaufwendungen (Inventurdifferenz)	600,00
		8010 Schlussbilanzkonto (Inventurbestand)	154.500,00
	319.000,00		319.000,00

Zugehöriges Rohstoffaufwandskonto

Soll	6000 Rohstoffaufwendungen		Haben
2000 Rohstoffe	22.900,00	8020 Gewinn- und Verlust-	
2000 Rohstoffe	46.000,00	konto (Rohstoffaufwand)	164.500,00
2000 Rohstoffe	57.000,00		
2000 Rohstoffe	38.000,00		
2000 Rohstoffe (Inventurdifferenz)	600,00		
	164.500,00		164.500,00

3.1.2
Die Bezahlung einer Eingangsrechnung bei Bankguthaben buchhalterisch darstellen

In diesem Unterkapitel wird der mit der Beschaffung von Werkstoffen einhergehende Zahlungsvorgang dargestellt.

Das nachfolgende Schaubild zeigt neben der **bestandsorientierten** Buchung des Rohstoffeinkaufs auf Rechnung [1] auch die Rohstoffentnahme für den Produktionsprozess [2] und den Zahlungsvorgang mit der Löschung der Zahlungsverpflichtung im Soll des Kontos „4000 Verbindlichkeiten a. LL" und dem Geldabfluss im Konto „2800 Bank" [3]:

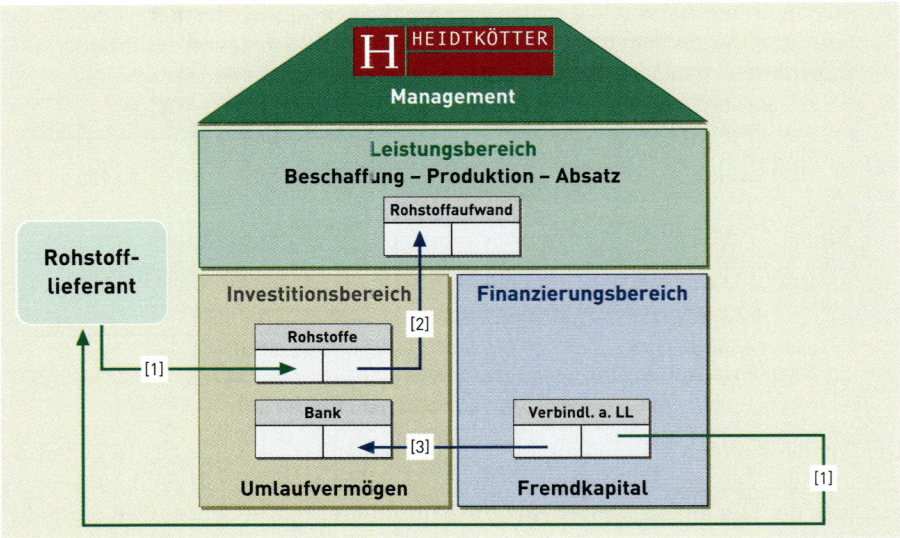

Buchung der Zahlung

	Soll	Haben
4400 Verbindlichkeiten a. LL	13.000,00 €	
an 2800 Bank		13.000,00 €

3.1.3
Den Kauf und die Nutzung von Betriebsmitteln buchhalterisch darstellen

Betriebsmittel sind die im Unternehmen zur Herstellung von fertigen Erzeugnissen erforderlichen Sachanlagen. Dazu gehören vor allem die abnutzbaren Gegenstände des Anlagevermögens, die über einen Zeitraum von mehreren Jahren im Unternehmen eingesetzt werden (z. B. Gebäude, Technische Anlagen, Maschinen, Fahrzeuge, Lager- und Transporteinrichtungen, Betriebs- und Geschäftsausstattung).

Nach § 253 [1] HGB sind Vermögensgegenstände „höchstens mit den Anschaffungs- oder Herstellungskosten, vermindert um die Abschreibungen" anzusetzen.

Anschaffungskosten

Die Anschaffungskosten enthalten alle „Aufwendungen, die geleistet werden, um einen Vermögensgegenstand zu erwerben und ihn in einen betriebsbereiten Zustand zu versetzen" (vgl. § 255 [1] HGB). Sie setzen sich wie folgt zusammen:

> Anschaffungspreis des Vermögensgegenstandes
> + Anschaffungsnebenkosten
>   (z. B. Transport, Zulassung, TÜV-Abnahme, Fundament)
> − Anschaffungspreisminderungen (z. B. Skonto)
> _____
> = Anschaffungskosten

§ 253 HGB schreibt vor, dass die Werte der Vermögensgegenstände um planmäßige oder außerplanmäßige Abschreibungen zu vermindern sind. Dadurch wird der Kaufmann gezwungen, sein Vermögen in der Bilanz zu realistischen Werten anzusetzen, d. h., er muss mithilfe von Rechenverfahren (s. unten) oder durch Orientierung am Börsen- bzw. Marktpreis feststellen, wie viel an Wert seine Vermögensgegenstände in einem Jahr durch betriebliche Nutzung, durch technischen Fortschritt, durch außergewöhnliche Ereignisse (Brand, Beschädigung usw.) und/oder durch Marktveränderungen verloren haben. Um diese Beträge hat er die Vermögenswerte niedriger anzusetzen. Neben dieser gesetzlichen Vorgabe hat er selbst ein Interesse daran, sein Vermögen abzuschreiben, weil er nur so über die Einrechnung der Abschreibungsbeträge in die Preise seiner Erzeugnisse neue Vermögensgegenstände aus eigenen Mitteln anschaffen kann. Für ihn stellen die Abschreibungen also ein hervorragendes Mittel zur Selbstfinanzierung dar.

Abschreibungen aus handelsrechtlicher und steuerrechtlicher Sicht

Auch aus steuerlicher Sicht sind Abschreibungen für den Kaufmann von Bedeutung. So hat er die langlebigen Wirtschaftsgüter, die er zur Erzielung von Einkünften in seinem Unternehmen einsetzt, nach den Vorschriften gemäß § 7 EStG abzuschreiben. Die Höhe der zulässigen Abschreibung beeinflusst die Höhe seiner steuerpflichtigen Einkünfte und damit seine Steuerlast. Im Bemühen, seine Steuerlast so gering wie möglich zu halten, wird er alle Möglichkeiten der steuerrechtlichen Abschreibung ausschöpfen. Über die Steuergesetzgebung nutzt die Bundesregierung dieses Verhalten, um durch Variation der Abschreibungsmöglichkeiten unternehmerische Gewinne zu beeinflussen und damit indirekt die Investitionstätigkeit der Unternehmen zu steuern. Steuerliche Abschreibungen sind so ein Mittel der wirtschaftspolitischen Investitionslenkung. Konkret regelt das Steuerrecht die steuerlichen Abschreibungen über die Abschreibungsverfahren und die Sonderabschreibungen.

Wie sich die handelsrechtlich geregelte Abschreibung nach § 253 HGB und die steuerrechtliche Regelung nach § 7 EStG zueinander verhalten, beschreibt § 5 [1] EStG:

§§

§ 5 Gewinn bei Kaufleuten und bei bestimmten anderen Gewebetreibenden
(1) Bei Gewerbetreibenden, die auf Grund gesetzlicher Vorschriften verpflichtet sind, Bücher zu führen und regelmäßig Abschlüsse zu machen, [...] ist für den Schluss des Wirtschafts-

→

jahres das Betriebsvermögen anzusetzen, das nach den handelsrechtlichen Grundsätzen ordnungsmäßiger Buchführung auszuweisen ist, es sei denn, im Rahmen der Ausübung eines steuerlichen Wahlrechts wird oder wurde ein anderer Ansatz gewählt. Voraussetzung für die Ausübung steuerlicher Wahlrechte ist, dass die Wirtschaftsgüter, die nicht mit dem handelsrechtlich maßgeblichen Wert in der steuerlichen Gewinnermittlung ausgewiesen werden, in besondere, laufend zu führende Verzeichnisse aufgenommen werden. [...]

Konkret besagt § 5 [1] EStG bezogen auf die Abschreibungen das Folgende:

- Grundsätzlich ist die handelsrechtlich gewählte Abschreibung auch für die steuerliche Gewinnermittlung maßgeblich. (Grundssatz der Maßgeblichkeit der Handelsbilanz für die Steuerbilanz!)
- Lässt das Steuerrecht eine vom Handelsrecht abweichende Abschreibung zu, so kann der Kaufmann die abweichende Regelung für seine steuerlichen Zwecke nutzen.
- Die nur aus steuerlichen Gründen gewählte Abschreibung darf nicht in die Handelsbilanz übernommen werden. (Keine Maßgeblichkeit der Steuerbilanz für die Handelsbilanz!)

Abschreibungsarten

In § 253 [3] **HGB** wird über die Art, wie abzuschreiben ist, gesagt,

- dass die Abschreibung **planmäßig** zu erfolgen hat und
- dass der Plan die Anschaffungskosten (bzw. Herstellungskosten) **auf die Geschäftsjahre verteilt,** „in denen der Vermögensgegenstand voraussichtlich genutzt werden kann".

Das bedeutet, dass **handelsrechtlich** grundsätzlich **linear** abzuschreiben ist, d. h., die Anschaffungskosten sind gleichmäßig auf die Jahre der Nutzung zu verteilen.

Über die im **Steuerrecht** anzuwendenden Abschreibungsarten gibt § 7 EStG Auskunft. Die dort genannten Arten sind grundsätzlich nicht auf die Handelsbilanz übertragbar. Als übliche Arten der planmäßigen Abschreibung gelten im Steuerrecht:

- die **lineare Abschreibung**, also die gleichmäßige Verteilung der Anschaffungskosten auf die Jahre der Nutzung (§ 7 [1] EStG),
- die **degressive Abschreibung**, also die Abschreibung in fallenden Jahresbeträgen (§ 7 [2] EStG). Für Wirtschaftsgüter, die nach dem 31. Dezember 2008 und vor dem 1. Januar 2011 angeschafft wurden, beträgt der degressive Abschreibungssatz das Zweieinhalbfache des linearen Abschreibungssatzes, höchstens 25 % (vgl. nachfolgendes Beispiel). Für die ab 1. Januar 2011 angeschafften Wirtschaftsgüter des Anlagevermögens ist die degressive Abschreibung im Steuerrecht abgeschafft (s. Übersicht auf der folgenden Seite).

Handels- und steuerrechtliche lineare Abschreibung

Die lineare Abschreibung erfolgt dann planmäßig, wenn die Anschaffungskosten (abgekürzt: AK) des Anlagegutes gleichmäßig auf die in den AfA-Tabellen genannten betriebsgewöhnlichen Nutzungsjahre verteilt werden.

Beispiel

In diesem Beispiel soll ein Pkw, der im Januar **2010** mit 30.000,00 € AK angeschafft wurde, gemäß AfA-Tabelle (**AfA** = Absetzung für Abnutzung) über 6 Jahre abgeschrieben werden:

$$\text{Jährlicher Abschreibungsbetrag} = \frac{AK}{\text{Nutzungsjahre}} = \frac{30.000,00 €}{6 \text{ Jahre}} = 5.000,00 €/\text{Jahr}$$

$$\text{Abschreibungssatz in \%} = \frac{100 \%}{\text{Nutzungsjahre}} = \frac{100 \%}{6 \text{ Jahre}} = 16 \frac{2}{3} \%/\text{Jahr}$$

Bei der degressiven Abschreibung wird im ersten Jahr mit einem festen Abschreibungsprozentsatz von den Anschaffungskosten abgeschrieben, in den Folgejahren mit dem gleichen Prozentsatz von den jeweiligen Buchwerten. Dadurch ergeben sich von Jahr zu Jahr fallende Abschreibungsbeträge. Um zu einigermaßen realistischen Abschreibungsplänen zu kommen, muss mit einem höheren Abschreibungsprozentsatz gerechnet werden als bei der linearen Abschreibung.

Steuerliche degressive Abschreibung

In den ersten Nutzungsjahren erbringt die degressive Abschreibung daher höhere Abschreibungsbeträge als die lineare Abschreibung. Sie wird daher vom Bundesfinanz- und Bundeswirtschaftsministerium gerne als wirtschaftspolitisches Steuerungsinstrument genutzt, um die Investitionstätigkeit der Unternehmen anzuregen oder einzudämmen. In den vergangenen Jahren wurde der degressive Abschreibungssatz in Abhängigkeit vom linearen Satz wie folgt festgesetzt:

Zeitraum der Anschaffung	degressiver AfA-Satz beträgt ...	Höchstsatz, der nicht überschritten werden darf
bis 31.12.2005	das **Doppelte** des linearen Abschreibungsprozentsatz	20 %
01.01.2006 – 31.12.2007	das **Dreifache** des linearen Abschreibungsprozentsatz	30 %
01.01.2008 – 31.12.2008	Für Anschaffungen in 2008 wurde der degressive Abschreibungssatz aufgehoben; es durfte nur noch linear abgeschrieben werden.	
01.01.2009 – 31.12.2010	das **Zweieinhalbfache** des linearen Abschreibungsprozentsatz	25 %
ab 01.01.2011	Für Anschaffungen ab dem 01.01.2011 ist die degressive Abschreibung wieder ausgesetzt (vgl. Bundestagsdrucksache 17/1859 vom 25.05.2010).	

Beispiel

In diesem Beispiel könte der Pkw für Steuerzwecke mit dem Zweieinhalbfachen des linearen Abschreibungssatzes – höchstens aber mit 25 % – abgeschrieben werden. Das Zweieinhalbfache von 16 ²/₃ % beträgt 41 ²/₃ %; liegt also deutlich über dem Höchstsatz; es muss also degressiv mit 25 % abgeschrieben werden.

Anschaffungskosten/Buchwerte	linearer Abschreibungsplan mit jährlich 5.000,00 €	degressiver Abschreibungsplan mit jährlich 25 %
Anschaffungskosten Januar 2010	30.000,00 €	30.000,00 €
– 1. Abschreibung zum 31.12.2010	5.000,0 €	7.500,00 €
Buchwert zum 31.12.2010	25.000,00 €	22.500,00 €
– 2. Abschreibung zum 31.12.2011	5.000,00 €	5.625,00 €
Buchwert zum 31.12.2011	20.000,00 €	16.875,00 €
– 3. Abschreibung zum 31.12.2012	5.000,00 €	4.219,00 €
Buchwert zum 31.12.2012	15.000,00 €	12.656,00 €
– 4. Abschreibung zum 31.12.2013	5.000,00 €	3.164,00 €
Buchwert zum 31.12.2013	10.000,00 €	9.492,00 €
– 5. Abschreibung zum 31.12.2014	5.000,00 €	2.373,00 €
Buchwert zum 31.12.2014	5.000,00 €	7.119,00 €
– 6. Abschreibung zum 31.12.2015	5.000,00 €	1.780,00 €
Buchwert zum 31.12.2015	0,00 €	5.339,00 €
	Soll der Anlagegegenstand auch im 7. Jahr genutzt werden, so sind zum 31.12.2015 nur 4.999,00 € abzuschreiben. 1,00 € bleibt als Erinnerungswert bestehen.	Soll der Anlagegegenstand auch im 7. Jahr genutzt werden, so wird er zum 31.12.2016 planmäßig weiter abgeschrieben.

Buchungen   Bei der Anschaffung des Fahrzeugs auf Rechnung ist im Januar 2010 zu buchen:

	Soll	Haben
0840 Fuhrpark	30.000,00 €	
an 4400 Verbindlichkeiten a. LL		30.000,00 €

Die lineare Abschreibung am Ende des ersten Nutzungsjahres ist zu buchen:

	Soll	Haben
6520 Abschreibungen auf Sachanlagen	5.000,00 €	
an 0840 Fuhrpark		5.000,00 €

3.1.4
Die Lohnzahlung buchhalterisch darstellen

In diesem Unterkapitel wird lediglich die Aufwandsart „Löhne" als eine für den Leistungsprozess bedeutsame Größe vorgestellt. Wir haben darauf aufmerksam gemacht, dass „Löhne" (wie auch „Gehälter" und „Sonstige Personalaufwendungen") die Nutzung der Arbeitskraft zur Leistungserstellung widerspiegeln (Input in den Leistungsprozess). Ihnen werden bei der Lohnzahlung Geldabflüsse zugeordnet. Die grundlegende Buchung der Löhne – ohne Berücksichtigung der Lohnabzüge (Steuern, Sozialversicherung) – lautet also:

	Soll	Haben
6200 Löhne	45.000,00 €	
an 2800 Bank		45.000,00 €

> **Band 2, LF 7**   Die ausführliche Darstellung der Lohnabrechnung mit den aktuellen Abzügen sowie die Buchungen im Personalbereich finden Sie im Lernfeld 7, Kapitel 6.

Zusammen-
fassung:
Aufwandsarten   Aus Gründen der Übersichtlichkeit und Klarheit bucht man in der Praxis die verschiedenen Arten von Aufwendungen jeweils auf eigene Konten, die nach der jeweiligen Aufwandsart bezeichnet werden. Für den Industriebetrieb sind folgende Aufwendungen typisch:

Werkstoffaufwendungen. Sie entstehen durch den Verbrauch von Roh-, Hilfs- und Betriebsstoffen, der auf folgenden Aufwandskonten erfasst wird:

- Aufwendungen für Rohstoffe. Rohstoffe sind Werkstoffe, die den wesentlichen Bestandteil des fertigen Erzeugnisses bilden, z. B. Stahlrohr, Stahlblech, Spanplatten, Glas, Wolle, Kunstfasern, Rohöl.
- Aufwendungen für Hilfsstoffe. Hilfsstoffe sind Werkstoffe, die als Nebenbestandteil in das Erzeugnis eingehen, z. B. Lack, Leim, Schrauben, Nägel, Schweißmaterial.
- Aufwendungen für Betriebsstoffe. Betriebsstoffe sind Werkstoffe, die nicht in das fertige Erzeugnis eingehen, aber für den reibungslosen Produktionsablauf wichtig sind, z. B. Brenn- und Treibstoffe, Schmiermittel, Schleif- und Reparaturmaterial.

Aufwendungen für Vorprodukte/Fremdbauteile. Sie entstehen durch Einbau der von Zulieferern bezogenen Fertigteile, z. B. Gestelle, Beschläge, Elektroartikel. Hierbei handelt es sich auch um Artikel, die als Zubehör zu den eigenen Fertigerzeugnissen angeschafft und verkauft werden, z. B. Gegenstände, um ein Bürosystem zu komplettieren: Hocker, Beistelltische, Garderobenschränke u. a.

Personalaufwendungen. Löhne für alle Arbeiter des Industriebetriebes, **Gehälter** für alle Angestellten, gesetzliche und freiwillige **Sozialaufwendungen.**

Wertminderungen des abnutzbaren Sachanlagevermögens werden durch jährliche **Abschreibungen** auf dem Aufwandskonto „Abschreibungen auf Anlagevermögen" erfasst.

Aufwendungen für Miete, Zinsen, Werbung, Büromaterial, Betriebsteuern u. a. Für diese Aufwendungen werden entsprechende Aufwandskonten eingerichtet.

Alle **Wertezuflüsse** in das Unternehmen,

- also diejenigen, die direkt in den Leistungsbereich fließen und als Aufwendungen gebucht werden,
- auch diejenigen, die zunächst in den Investitionsbereich eingehen und dort auf Bestandskonten gebucht werden,
- und diejenigen, die innerbetrieblich entstehen, wenn Werte aus dem Investitionsbereich in den Leistungsbereich fließen und dort als Aufwendungen gebucht werden,

sind auf den **Sollseiten** der betreffenden Aufwands- oder Bestandskonten zu buchen.

Alle **Geldabflüsse,**

- die immer im Zusammenhang mit Wertezuflüssen entstehen,
- die entweder direkt zu Zahlungsausgängen führen oder
- die erst zeitlich verzögert zu Zahlungsausgängen führen
  (z. B. Verbindlichkeiten a. LL)

werden auf der **Habenseite** gebucht.

3.2
Absatzprozesse werden in der Buchführung über den wertmäßigen Output abgebildet

für den unternehmerischen Erfolg

Umsatzerlöse für eigene Erzeugnisse und andere eigene Leistungen. Diese Umsatzerlöse stellen den Hauptertrag des Industriebetriebes dar. Sie sollen nicht nur die in den Erzeugnissen steckenden Aufwendungen decken, sondern darüber hinaus auch einen Gewinn erbringen.

Umsatzerlöse für Waren. Es handelt sich um Artikel, die meist als Zubehör zu den eigenen Fertigerzeugnissen angeschafft und verkauft werden.

Entnahme von Gegenständen und sonstigen Leistungen. Entnimmt der Unternehmer unentgeltlich Gegenstände aus dem Unternehmen oder nutzt er unentgeltlich Leistungen des Unternehmens für sich, so sind diese Vorgänge im Unternehmen als Erträge zu behandeln.

Aktivierte Eigenleistungen. Sie entstehen, wenn im Unternehmen eine Sachanlage für den eigenen Betrieb hergestellt wird.

Sonstige betriebliche Erträge, die mit der geplanten Wertschöpfung nur indirekt oder auch gar nichts zu tun haben (Mieterträge für die Vermietung eines zz. betrieblich nicht genutzten Gebäudes, Leasingerträge, Provisionserträge) sowie Zinserträge u. a. Für diese Erträge werden entsprechende Ertragskonten eingerichtet.

Ertragsarten   Für den Industriebetrieb sind folgende Erträge typisch:

Auf der Absatzseite verzeichnet ein Unternehmen den **wertmäßigen Output** als:

- Umsatzerlöse aus dem Verkauf fertiger Erzeugnisse,
- Umsatzerlöse aus dem Verkauf von Handelswaren,
- unentgeltliche Entnahme von Erzeugnissen und Leistungen durch den Inhaber,
- aktivierte Eigenleistungen.

Solange fertige Erzeugnisse nicht verkauft sind (= auf Lager genommen sind), stellen sie keinen Output dar. In Höhe ihrer **Herstellkosten** geben sie die sog. **Lagerleistung** an. Die Lagerleistung ist bei der Berechnung des Erfolgs zu berücksichtigen.

Erträge   In der Buchführung heißt der wertmäßige Output: **Erträge**.

Beispiel

Fertige Erzeugnisse im Wert von 100.000,00 € netto werden auf Rechnung verkauft. Der Output von 100.000,00 € wird in der Buchführung als **Umsatzerlös** (= Erträge) bezeichnet. Ihm steht ein Geldzufluss in gleicher Höhe gegenüber. Diesen Geldzufluss bucht der Verkäufer bei Rechnungsstellung als Zahlungsanspruch auf dem Konto „2400 Forderungen a. LL". Beim Zahlungseingang auf dem Bankkonto erlischt dieser Anspruch. Diese Vorgänge dokumentiert der Verkäufer durch folgende **Buchungen**:

Verkauf von fertigen Erzeugnissen auf Rechnung:	Soll	Haben
2400 Forderungen a. LL	100.000,00 €	
an 5000 Umsatzerlöse für eigene Erzeugnisse		100.000,00 €

Zahlungseingang auf Bankkonto:	Soll	Haben
2800 Bank	100.000,00 €	
an 2400 Forderungen a. LL		100.000,00 €

Das Zusammenwirken von Werte- und Geldflüssen kann wie folgt beschrieben werden:

- Jeder **Wertezufluss** in die Leistungsebenen (= wertmäßiger Input als Aufwand) ist im System der Buchführung immer mit einem gleich hohen Geldabfluss verbunden. Der Wertezufluss kann im Vermögen „zwischengelagert" sein (z. B. Rohstoffe) oder er gibt sein Potenzial in bestimmten Teilgrößen/Zeitintervallen in die Produktion ab (z. B. Betriebsmittel).
- Der **wertmäßige Input** wird immer im **Soll** des betreffenden Aufwandskontos gebucht, **Geldabflüsse** immer im **Haben** des jeweiligen Finanzkontos.
- Jeder **Werteabfluss** (= wertmäßiger Output als Ertrag) ist im System der Buchführung immer mit einem gleich hohen Geldzufluss verbunden. Ein Geldzufluss liegt nicht nur bei Banküberweisungen und Barzahlungen vor, sondern auch dann schon, wenn noch gar kein Geld in das Unternehmen geflossen ist, sondern zunächst nur der Anspruch gegen den Kunden auf Zahlung gegeben ist (= Forderungen aus Lieferungen und Leistungen).
- Der **wertmäßige Output** wird immer im **Haben** des betreffenden Ertragskontos gebucht, **Geldzuflüsse** immer im **Soll** des jeweiligen Finanzkontos.
- Alle Werteabflüsse einer Abrechnungsperiode (z. B. eines Monats) abzüglich aller Wertezuflüsse der gleichen Abrechnungsperiode ergeben den **Erfolg** dieser Periode.

Das folgende Schaubild verdeutlicht die Werteabflüsse und Geldzuflüsse auf der Absatzebene:

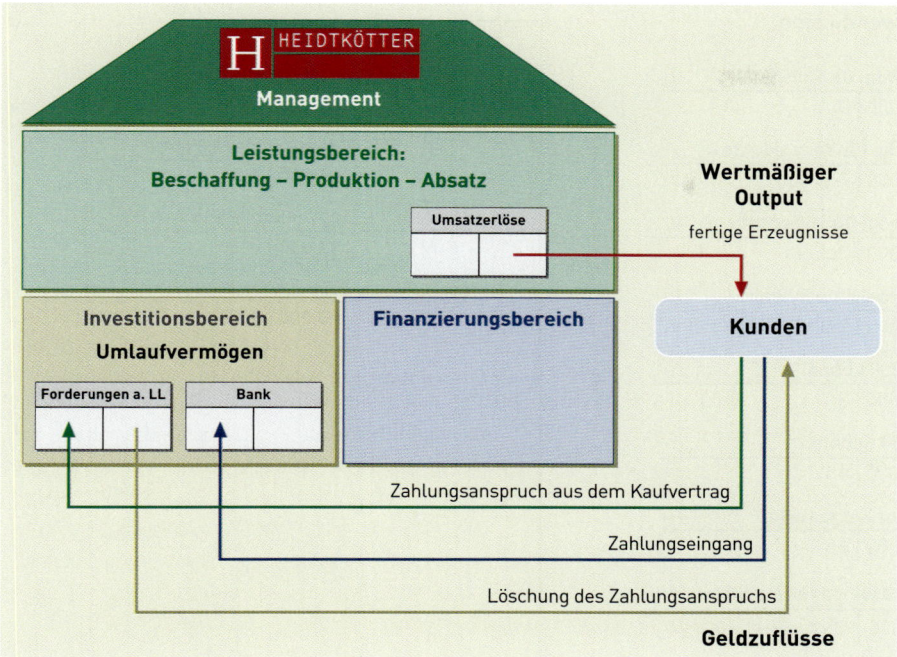

3.3
Im Gewinn- und Verlustkonto zeigt sich der Erfolg
– Abschluss der Erfolgskonten

Über die Aufwands- und Ertragskonten ist es dem Unternehmer möglich, die in einer Abrechnungsperiode anfallenden Aufwendungen und Erträge gegliedert darzustellen. Je feiner er die Untergliederung der Konten wählt, umso genauer wird sein Bild, welche Aufwands- und Ertragsposten den Erfolg bestimmt haben. Eine zu tief gehende Untergliederung kann aber auch den Blick auf das Wesentliche verstellen. So ist es für den Unternehmer z. B. wichtig, die Materialkostenquote und die Personalkostenquote zu kennen. Dazu bedarf es eher einer Zusammenfassung als einer Zergliederung bestimmter Größen.

Abschluss der Aufwands- und Ertragskonten

Einen guten Hintergrund für solche Betrachtungen liefert das Gewinn- und Verlustkonto, auf dem die Salden aller Aufwands- und Ertragskonten gesammelt werden.

Wir geben Ihnen im unten stehenden Bild beispielhaft einen Überblick über den buchungstechnischen Ablauf beim Abschluss der Erfolgskonten sowie über den Abschluss des Gewinn- und Verlustkontos.

Abschließend weisen wir auf die Material- und Personalkostenquote hin.

Beispiel

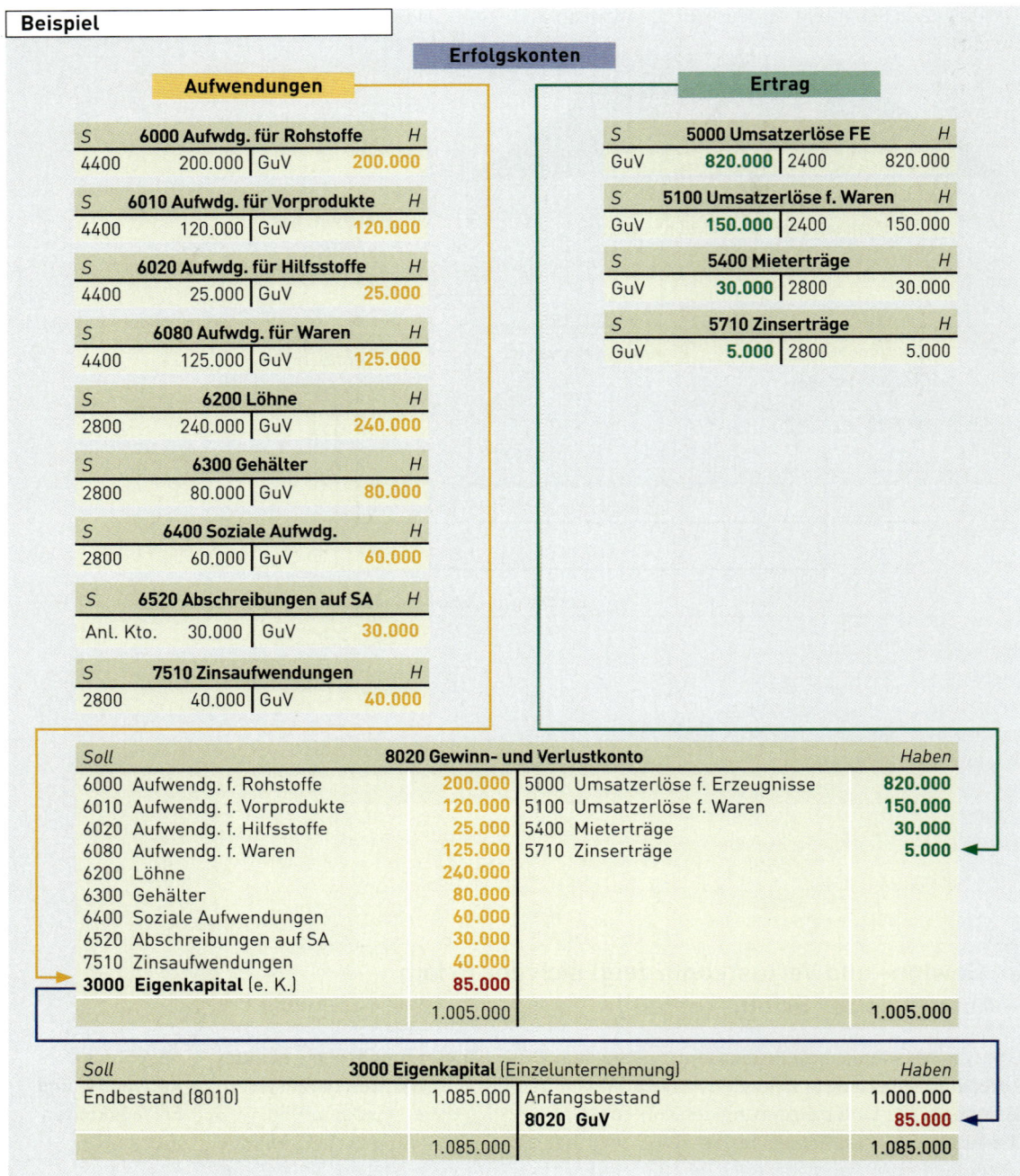

Das Gewinn- und Verlustkonto eröffnet die Möglichkeit, bestimmte Auswertungen vorzunehmen: Der Gewinn beträgt im Beispiel 85.000,00 €. Das sind 8,8 % der Umsätze und genau 8,5 % des Eigenkapitals (= Eigenkapitalverzinsung).

An Personalkosten wurden insgesamt 380.000,00 € aufgewendet. Das sind 39,2 % der Umsatzerlöse. Die Materialkosten betragen 345.000,00 € (ohne Warenaufwendungen); bezogen auf die Umsatzerlöse für eigene Erzeugnisse sind das 42,1 %. Diese Prozentzahlen sagen etwas aus über die Fertigungstiefe im Unternehmen. So ist eine niedrige Personalkostenquote in Verbindung mit einer hohen Materialkostenquote ein Kennzeichen für eine geringe Fertigungstiefe.

Die Frage, was mit dem im Gewinn- und Verlustkonto ermittelten Erfolg (= Gewinn oder Verlust) geschieht, hängt von der jeweiligen Rechtsform des Unternehmens ab. Beispielhaft machen wir das an den beiden Rechtsformen Einzelunternehmung (e. K.) und Aktiengesellschaft (AG) verkürzt deutlich. Zur Gewinnverwendung bei Kommanditgesellschaften finden Sie u. a. auf Seite 98 im Erarbeitungsteil Aussagen.

Verwendung des Gewinns

In der Einzelunternehmung steht der Gewinn dem alleinigen Inhaber in voller Höhe zu. Er verwendet ihn für betriebliche Investitionen und/oder für seine persönlichen Bedürfnisse. Buchungstechnisch drückt sich dieser Sachverhalt so aus, dass der Gewinn dem Eigenkapital des Einzelunternehmers zugeschrieben wird. Ein Verlust würde dann entsprechend das Eigenkapital verringern.

Gewinn der Einzelunternehmung

Beispiel

Nehmen Sie an, ein Einzelunternehmer verfügt über ein Eigenkapital von bislang 480.000,00 €.

Das Gewinn- und Verlustkonto weist nach dem Abschluss der Aufwands- und Ertragskonten folgende Zahlen aus:

Soll		**8020 Gewinn- und Verlustkonto**	Haben
6200 Löhne	30.000,00	5000 Umsatzerlöse	100.000,00
6000 Aufwdg. für Rohstoffe	40.650,00		
6520 Abschreibungen auf SA	3.800,00		
3000 Eigenkapital	**25.550,00**		
	100.000,00		100.000,00

Soll		**3000 Eigenkapital**	Haben
8010 Schlussbilanzkonto	505.550,00	Anfangsbestand	480.000,00
		8020 Gewinn- u. Verlustkonto	**25.550,00**
	505.550,00		505.550,00

Kapitalgesellschaften geben Anteilsscheine aus. Der Nennwert aller Anteilsscheine ergibt das sog. **Gezeichnete Kapital.** Dieses Kapital darf durch Gewinnzuschreibungen nicht verändert werden. Der Gewinn einer Aktiengesellschaft z. B. wird auf Vorschlag des Vorstands und durch Beschluss der Hauptversammlung für folgende Zwecke verwendet:

Gewinn der Kapitalgesellschaften

- Einstellungen in die gesetzliche Rücklage,
- Einstellung in die satzungsmäßige und die sonstigen Rücklagen,
- Ausschüttung an die Aktionäre.
- Ein verbleibender Gewinnrest wird als Gewinnvortrag in der Bilanz geführt.

Sofern die Gewinnverwendung erst im neuen Geschäftsjahr vorgenommen wird, ist der Gewinn am Jahresende als **„Jahresüberschuss"** unterhalb des Gezeichneten Kapitals in die Bilanz aufzunehmen.

3.4
Das Schlussbilanzkonto zeigt am Monats-/Jahresende den Vermögens- und Schuldenstand

3.4.1
Abschluss der Bestandskonten

Vermögenskonten und Schuldenkonten bilden zusammen die **Bestandskonten.**

Zum Ende einer Abrechnungsperiode (z. B. monatlich oder jährlich) geben die Bestandskonten ihre Salden an das **Schlussbilanzkonto** ab.

→

Der Abschlussbuchungssatz für den Abschluss der Vermögenskonten lautet:

Schlussbilanzkonto

an   **Vermögenskonto**

Der Abschlussbuchungssatz für den Abschluss der Schuldenkonten lautet:

Schuldenkonto

an   **Schlussbilanzkonto**

Vor dem Abschluss ist zu prüfen, ob die Salden der Vermögens- und Schuldenkonten (= Buchbestände) mit den Inventurwerten übereinstimmen. Bei Abweichungen sind die Buchbestände den Inventurbeständen anzugleichen. Hierzu finden Sie im folgenden Kapitel eine ausführliche Darstellung.

3.4.2
Aus den Veränderungen im Vermögen und in den Schulden ergibt sich der Erfolg

> **LF 3, Kap. 3.4.1**

Wir zeigen Ihnen am folgenden Beispiel nicht nur, wie Bestandskonten abzuschließen sind, sondern stellen gleichzeitig dar, wie aus den Veränderungen in den Vermögens- und Schuldenposten über das Eigenkapital der Erfolg errechnet werden kann. Dabei gehen wir so vor, dass wir zunächst die Anfangsbestände notieren und die Differenz bilden aus:

Vermögen – Schulden = Eigenkapital

Beispiel		
Anfangsbestände der Vermögenskonten:		
0840 Fuhrpark	720.000,00 €	
2000 Rohstoffe	1.225.000,00 €	
2400 Forderungen a. LL	2.920.000,00 €	
2800 Bank	1.554.000,00 €	6.419.000,00 €
Anfangsbestände der Schuldenkonten:		
4400 Verbindlichkeiten a. LL		1.690.000,00 €
Eigenkapital vor den Veränderungen		**4.729.000,00 €**

Abschluss der Bestandskonten

Vermögenskonten

Soll	0840 Fuhrpark		Haben
Anf.-Best.	720.000,00	6520 Abschr.	3.800,00
4400 Verbindl.	22.800,00	8010 SBK	**739.000,00**
	742.800,00		742.800,00

Soll	2000 Rohstoffe		Haben
Anf.-Best.	1.225.000,00	6000 R.Aufw.	6.650,00
4400 Verbindl.	66.500,00	8010 SBK	**1.284.850,00**
	1.291.500,00		1.291.500,00

Soll	2400 Forderungen a. LL		Haben
Anf.-Best.	2.920.000,00	2800 Bank	100.000,00
5000 Ums.erl.	100.000,00	8010 SBK	**2.920.000,00**
	3.020.000,00		3.020.000,00

Soll	2800 Bank		Haben
Anf.-Best.	1.554.000,00	Löhne	45.000,00
2400 Forderg.	100.000,00	4400 Verb.	66.500,00
		8010 SBK	**1.542.500,00**
	1.654.000,00		1.654.000,00

Schuldenkonten

Soll	4400 Verbindlichkeiten a. LL		Haben
2800 Bank	66.500,00	Anf.-Best.	1.690.000,00
8010 SBK	**1.712.800,00**	2000 Rohstoffe	66.500,00
		0840 Fuhrp.	22.800,00
	1.779.300,00		1.779.300,00

Soll	3000 Eigenkapital		Haben
SBK	4.773.550,00	Anf.-Best.	4.729.000,00
		Gewinn	44.550,00

Soll	8010 Schlussbilanzkonto		Haben
0840 Fuhrpark	739.000,00	3000 Eigenkapital	4.773.550,00
2000 Rohstoffe	1.284.850,00	4400 Verbindlichkeiten	1.712.800,00
2400 Forderungen a. LL	2.920.000,00		
2800 Bank	1.542.500,00		
	6.486.350,00		6.486.350,00

Im Schlussbilanzkonto werden alle Vermögensposten addiert. Als Summe ergibt sich im Beispiel der Betrag von 6.486.350,00 €. Von dieser Summe sind die Schulden von 1.712.800,00 € zu subtrahieren. Es verbleibt als Rest das Eigenkapital in Höhe von 4.773.550,00 €.

Im Vergleich der Eigenkapitalien vor und nach den gebuchten Veränderungen zeigt sich der Erfolg, hier ein Gewinn in Höhe von 44.500,00 €:

Eigenkapital nach den Veränderungen	4.773.550,00 €
− **Eigenkapital vor** den Veränderungen	4.729.000,00 €
= **Gewinn**	**44.550,00 €**

3.4.3
In der doppelten Buchführung wird der Erfolg auf zweifache Weise ermittelt

Der Erfolg wird also – wie zuvor gezeigt – in der doppelten Buchführung in jeweils getrennten Kontenkreisen auf zweifache Weise ermittelt:

■ einerseits über den **Eigenkapitalvergleich** im Bereich der Bestandskonten,

	Eigenkapital zum 31.12.02
−	Eigenkapital zum 31.12.01
=	Erfolg im Geschäftsjahr 02

■ andererseits über den Saldo aller Aufwendungen und Erträge im **Gewinn- und Verlustkonto**.

Bei richtiger Rechnung und Buchung stimmen beide Erfolgsgrößen überein.

Das nachfolgende Schaubild verdeutlicht die Zusammenhänge.

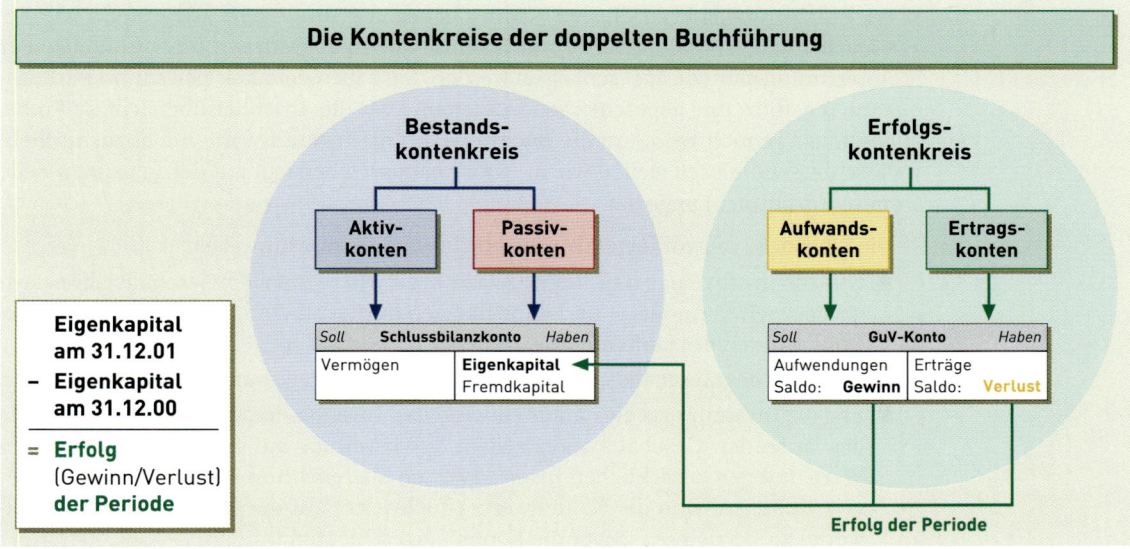

4 Im System der doppelten Buchführung werden Bestands- und Erfolgskonten geführt

4.1 Bestands- und Erfolgskonten werden zu Beginn des Geschäftsjahres eröffnet

Die Buchführung ist eine auf ein Jahr bezogene Vermögens-, Schulden und Erfolgsrechnung; d. h., am **Ende** eines jeden Geschäftsjahres muss die Bilanz aufgestellt und müssen die Konten der Buchführung abgeschlossen werden. Dieser Einschnitt stoppt den ständigen Wertefluss am 31.12. des Vorjahres und lässt ihn am 01.01. des nachfolgenden Jahres weiterfließen.

Zu **Beginn** eines jeden Geschäftsjahres sind also alle Konten neu einzurichten.

Sobald das Inventat und die Bilanz (zum 31.12.) aufgestellt sind, werden die darin verzeichneten Vermögens- und Schuldenwerte sowie das Eigenkapital auf die neuen Bestandskonten übertragen. Das geschieht mithilfe des Eröffnungsbilanzkontos.

Eröffnungsbuchung bei Vermögenskonten:	Eröffnungsbuchung bei Schuldenkonten:
Vermögenskonto an **Eröffnungsbilanzkonto**	**Eröffnungsbilanzkonto** an **Schuldenkonto**

Das Eröffnungsbilanzkonto stellt somit die Verbindung zwischen dem vorhergehenden und dem nachfolgenden Jahr her und kontrolliert, ob die Eröffnungsbuchungen vollständig sind.

Das Eröffnungsbilanzkonto ist das Spiegelbild zur Bilanz.

4.2 Bestands- und Erfolgskonten werden am Ende des Geschäftsjahres abgeschlossen

Im Erarbeitungsteil zu diesem Kapitel haben wir umfassend dargestellt, wie Bestandskonten eröffnet, geführt, mit Inventurwerten abgestimmt und am Ende einer Abrechnungsperiode abgeschlossen werden. Sie haben ebenfalls gelernt, wie Erfolgskonten geführt und abgeschlossen werden und wie die Abschlussübersicht als Probeabschluss genutzt wird, um die Buchwerte auf die Inventurwerte hin abzustimmen. Abschließend hierzu stellen wir in einer knappen Übersicht auf der folgenden Seite diese Zusammenhänge dar.

Die Übersicht soll auf folgende wesentliche Tatbestände hinweisen:

- Nur die im Inventar und in der Bilanz des vorhergehenden Geschäftsjahres ausgewiesenen Vermögens- und Kapitalposten dürfen als Anfangsbestände in die Bestandskonten des laufenden Geschäftsjahres einfließen.
- Während des Geschäftsjahres wird aufgrund der Belege auf den Konten gebucht.
- Erst die Inventur und die daraus entwickelten Inventar- und Bilanzwerte zum Ende des laufenden Geschäftsjahres zeigen, inwieweit die auf den Konten gebuchten Werte mit den tatsächlichen Inventurwerten übereinstimmen. Sofern Abweichungen vorliegen, sind die Kontenwerte (Buchwerte) auf die Inventurwerte (Bilanzwerte) zu korrigieren, bevor die Konten abgeschlossen werden.

Das Inventar gibt die Vermögens- und Schuldenwerte für die Bilanz vor.

Inventar 31.12.00

Vermögens- und Schuldenwerte können bis zur Bilanzaufstellung verändert werden.

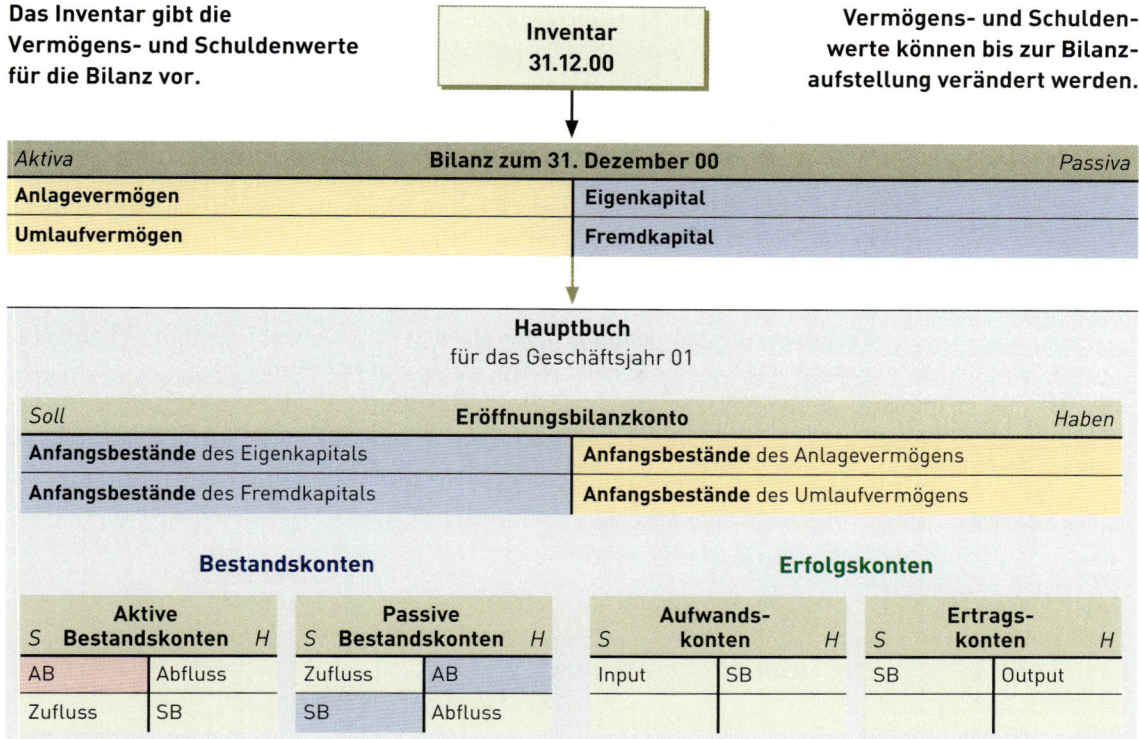

Aktiva	Bilanz zum 31. Dezember 00	Passiva
Anlagevermögen	**Eigenkapital**	
Umlaufvermögen	**Fremdkapital**	

Hauptbuch
für das Geschäftsjahr 01

Soll	Eröffnungsbilanzkonto	Haben
Anfangsbestände des Eigenkapitals	**Anfangsbestände** des Anlagevermögens	
Anfangsbestände des Fremdkapitals	**Anfangsbestände** des Umlaufvermögens	

Bestandskonten   **Erfolgskonten**

	Aktive Bestandskonten				Passive Bestandskonten				Aufwands- konten			Ertrags- konten	
S		H		S		H		S		H	S		H
AB	Abfluss			Zufluss	AB			Input	SB		SB	Output	
Zufluss	SB			SB	Abfluss								

	Probeabschluss mithilfe der Abschlussübersicht zum 31.12.01									
Konto-Nr.	Saldenbilanz 1		Umbuchungen		Saldenbilanz 2		Inventurbilanz		Gewinn und Verlust	
	Soll	Haben	Soll	Haben	Soll	Haben	Soll	Haben	Soll	Haben
	Salden aller Konten aus dem Hauptbuch		Vorbereitende Abschlussbuchungen, Abstimmung der Konten		Salden aller Konten nach der Abstimmung mit den Inventurwerten		Inventurwerte aller Vermögens- und Schuldenkonten		Salden aller Aufwands- und Ertragskonten	
							Erfolg		**Erfolg**	

Soll	Schlussbilanzkonto	Haben
Schlussbestände des Anlagevermögens	**Schlussbestand** des Eigenkapitals	
Schlussbestände des Umlaufvermögens	**Schlussbestände** des Fremdkapitals	

Soll	Gewinn- und Verlustkonto	Haben
Aufwendungen	**Erträge**	
Gewinn (auf EK)		

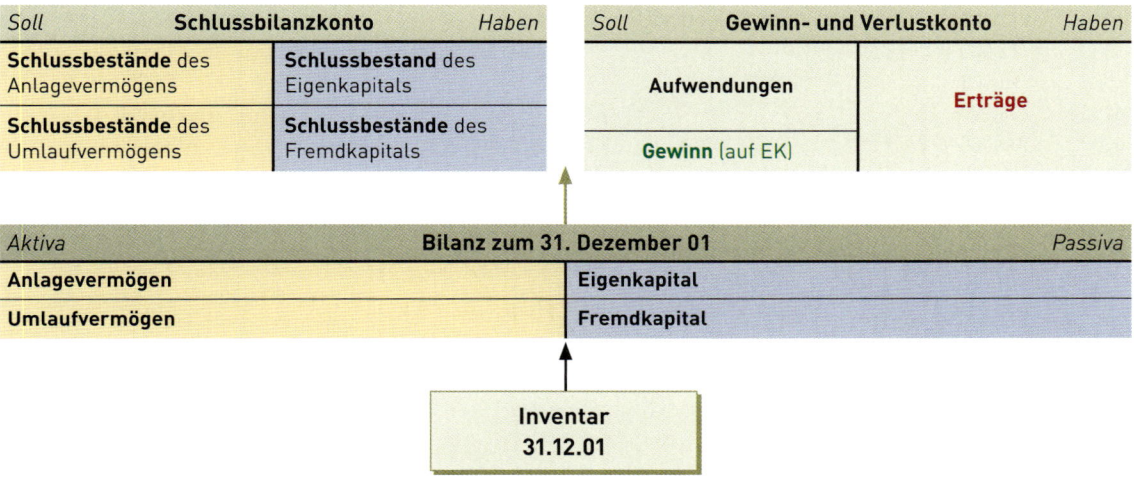

Aktiva	Bilanz zum 31. Dezember 01	Passiva
Anlagevermögen	**Eigenkapital**	
Umlaufvermögen	**Fremdkapital**	

Inventar 31.12.01

Abschluss-übersicht

Die fertiggestellte **Abschlussübersicht** zu den Arbeitsaufträgen von Seite 143 f. zeigt Ihnen in den letzten beiden Spalten „Inventurbilanz" und „Gewinn und Verlust" das **Jahresergebnis auf zweierlei Weise:**

- Zum einen wird das Jahresergebnis in der Inventurbilanz **als Unterschied zwischen Vermögen und Kapital** ausgewiesen: Am Ende des Jahres liegt eine **Mehrung des Vermögens** gegenüber dem Fremdkapital und dem Eigenkapital (vom Jahresanfang) um 21.900,00 € vor. Dieser Gewinn erhöht das Eigenkapital, das nunmehr mit 148.750,00 € in der Schlussbilanz steht.

- Zum anderen zeigt die Spalte „Gewinn und Verlust" das Jahresergebnis als **Unterschied** zwischen **Erträgen** und **Aufwendungen:** Am Ende des Jahres übersteigen **die Erträge die Aufwendungen** um 21.900,00 € (= Gewinn). Es lässt sich deutlich ablesen, aus welchen **Quellen dieser Erfolg** gespeist wurde.

Abschlussübersicht der Heidtkötter KG zum 31.12.01										
Konto-Nr.	Saldenbilanz 1		Umbuchungen		Saldenbilanz 2		Inventurbilanz		Gewinn und Verlust	
	Soll	Haben	Soll	Haben	Soll	Haben	Soll	Haben	Soll	Haben
0510	445.000			17.000	428.000		428.000			
0700	184.000			14.700	169.300		169.300			
0840	80.000			10.000	70.000		70.000			
0870	93.000			13.400	79.600		79.600			
2000	33.500		10.000		43.500		43.500			
2010	28.000		8.400		36.400		36.400			
2030	1.500				1.500		1.500			
2200	12.000				12.000		12.000			
2280	18.800			2.850	15.950		15.950			
2400	50.000				50.000		50.000			
2800	34.050				34.050		34.050			
2880	3.700				3.700		3.700			
3000		126.850				126.850		126.850		
4230		400.000				400.000		400.000		
4250		255.000				255.000		255.000		
4400		140.250				140.250		140.250		
5000		750.000				750.000				750.000
5100		155.700				155.700				155.700
5400		54.000				54.000				54.000
5710		22.000				22.000				22.000
6000	197.500			10.000	187.500				187.500	
6010	151.000			8.400	142.600				142.600	
6030	15.000				15.000				15.000	
6080	90.500		2.850		93.350				93.350	
6200	226.000				226.000				226.000	
6300	133.000				133.000				133.000	
6400	98.250				98.250				98.250	
6510			55.100		55.100				55.100	
6700	9.000				9.000				9.000	
	1.903.800	1.903.800	76.350	76.350	1.903.800	1.903.800	944.000	922.100	959.800	981.700
								21.900	21.900	
							944.000	944.000	981.700	981.700

5
Sachanlagen planmäßig abschreiben

Die Zusammenhänge von der Anschaffung eines Sachanlagegutes über seine Nutzung im Wertschöpfungsprozess bis zu seinem Ausscheiden aus dem Betriebsmittelbestand sind Ihnen aus dem Kapitel 3.1 bekannt.

› LF 3, Kap. 3.1

In diesem Kapitel werden außerdem wesentliche Grundlagen zur Abschreibung aus handels- und steuerrechtlicher Sicht dargestellt.

Die Abschreibungspraxis im Unternehmen

Das Anlagevermögen ist dazu bestimmt, dem Unternehmen **langfristig** zu dienen. Im Gegensatz zu den **nicht abnutzbaren Sachanlagen** (z. B. Grundstücke) verringern sich die Werte der **abnutzbaren Sachanlagen** (z. B. Gebäude, Maschinen, Fahrzeuge, Betriebs- und Geschäftsausstattung) ständig. Somit ist die Nutzungsdauer dieser Anlagen zeitlich begrenzt. Wie lange ein Sachanlagegut im Betrieb verweilt, hängt von seiner **betriebsgewöhnlichen Nutzungsdauer** ab. Man versteht darunter die Zeitspanne, in der es aufgrund von Erfahrungswerten **wirtschaftlich** sinnvoll ist, das Anlagegut im Betrieb zu nutzen. Die **tatsächliche** Lebensdauer des Anlagegutes kann davon abweichen. In steuerlichen Abschreibungstabellen **(AfA-Tabellen)** werden Sachanlagegüter nach ihrer Nutzungsdauer einzeln (auch für bestimmte Branchen) aufgelistet. Diese Tabellen bilden auch die Grundlage für die handelsrechtliche Abschreibung.

Auszug aus der AfA[1] -Tabelle für nicht branchengebundene Anlagegüter		
Anlagegegenstand	**Nutzungsdauer**	**Lineare AfA**
Betriebs- und Verwaltungsgebäude	25–40 Jahre	4–2,50 %
Großanlagen	15 Jahre	6,66 %
Pkw	6 Jahre	16,66 %
Lkw	9 Jahre	11,11 %
Be- und Verarbeitungsmaschinen	10–16 Jahre	10–6,25 %
Büromöbel	13 Jahre	7,69 %
Büromaschinen und Organisationsmittel	5–10 Jahre	20–10 %
Großrechner	7 Jahre	14,28 %
Personalcomputer	3 Jahre	33,33 %
Drucker, Scanner u. a.	6 Jahre	16,66 %

Der Wert der **abnutzbaren Sachanlagen** mindert sich durch

Ursachen

- **Nutzung** (Gebrauch),
- **technischen Fortschritt,**
- **natürlichen Verschleiß,**
- **außergewöhnliche Ereignisse.**

Die **planmäßigen** Wertminderungen werden zum Jahresschluss von den Anschaffungskosten berechnet und als **Aufwand** auf dem Konto **6520 Abschreibungen auf Sachanlagen (SA)** erfasst. Statt Abschreibung heißt es im Steuerrecht „Absetzung für Abnutzung" **(AfA).**

---

1   AfA (= Absetzung für Abnutzung) ist der steuerrechtliche Ausdruck für Abschreibung.

Beispiel

Die Anschaffungskosten einer Maschine, die im Januar 01 angeschafft wurde und die eine Nutzungsdauer von 10 Jahren hat, betragen 120.000,00 €. Die Maschine kann somit jährlich gleichbleibend (linear) mit 12.000,00 € abgeschrieben werden.

Dadurch vermindert sich der Gewinn des Unternehmens um 12.000,00 €.

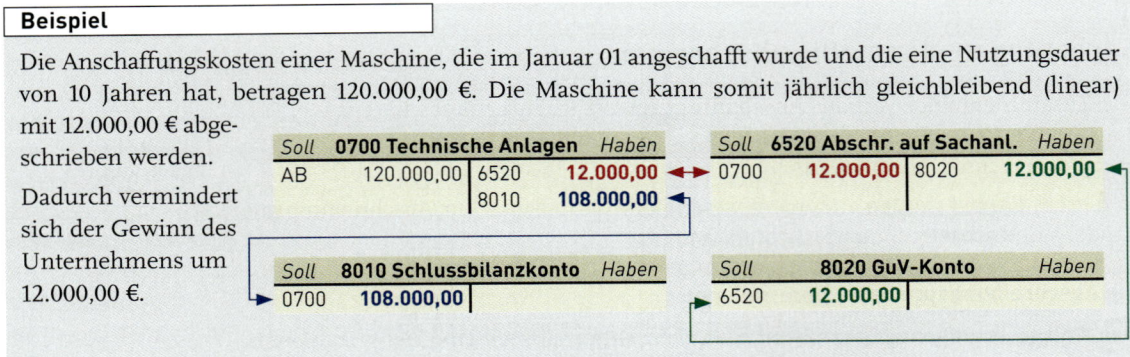

Buchungen		Soll	Haben
1.	6520 Abschreibungen auf Sachanlagen	12.000,00	
	an 0700 Technische Anlagen		12.000,00
2.	8020 Gewinn- und Verlustkonto	12.000,00	
	an 6520 Abschreibungen auf Sachanlagen		12.000,00
3.	8010 Schlussbilanzkonto	108.000,00	
	an 0700 Technische Anlagen		108.000,00

Anschaffungs-kosten

Zu den Anschaffungskosten eines Anlagegutes rechnen nach § 255 [1] HGB außer dem Kaufpreis auch alle Nebenkosten, die anfallen, um den Vermögensgegenstand zu erwerben und in Betrieb zu nehmen, wie z. B. Bezugs- und Montagekosten, Zulassungsgebühren, Notarkosten, Grunderwerbsteuer beim Grundstückskauf u. a. Die Umsatzsteuer zählt nicht zu den Anschaffungskosten, da sie als Vorsteuer abzugsfähig ist. Nachträgliche Preisnachlässe, z. B. aufgrund von Mängelrügen, und Skonti mindern die Anschaffungskosten.

> Anschaffungspreis (netto)
> + Anschaffungsnebenkosten (netto)
> – Anschaffungspreisminderungen (netto)
> = **Anschaffungskosten**

Herstellungs-kosten

Für den Fall, dass Anlagegüter nicht beschafft sondern im eigenen Betrieb zur eigenen Nutzung hergestellt werden, regelt § 255 [2] HGB,

- dass diese Güter mit ihren Herstellungskosten zu bewerten und
- dass Abschreibungen von diesen Herstellungskosten zu berechnen sind.

Den Herstellungskosten sind **pflichtgemäß** zuzurechnen:

- Materialeinzelkosten
- Fertigungseinzelkosten
- Sondereinzelkosten der Fertigung
- Verwaltungskosten des Fertigungsbereichs

- anteilige Materialgemeinkosten
- anteilige Fertigungsgemeinkosten
- Verwaltungskosten des Materialbereichs
- anteiliger Werteverzehr des Anlagevermögens

Wahlweise können zusätzlich eingerechnet werden:

- angemessene Kosten der allgemeinen Verwaltung
- angemessene Kosten für soziale Einrichtungen
- angemessene Kosten für betriebliche Altersversorgung

Untersagt ist die Einrechnung von Forschungs- und Vertriebskosten.

Die planmäßigen Abschreibungen haben den Zweck, das abnutzbare Anlagevermögen mit einem möglichst realistischen Wert in der Handelsbilanz anzusetzen. Damit wird verhindert, dass ein Unternehmen bei zu geringen Abschreibungen Scheingewinne ausweist und möglicherweise ausschüttet und so die Substanz des Unternehmens gefährdet.

Wirkung

Darüber hinaus finanziert ein Unternehmen über die Abschreibungen einen erheblichen Teil seiner Ersatzinvestitionen. In der Regel werden hierfür aber nicht die handelsrechtlichen Abschreibungen verwendet, sondern die sogenannten „kalkulatorischen Abschreibungen" (vgl. hierzu die Ausführungen im Lernfeld 4, Kapitel 1.3 „Die Betriebsergebnisrechnung um kalkulatorische Kostenansätze erweitern"). Diese Finanzierungswirkung entfalten die Abschreibungen wie folgt:

- Abschreibungen werden als Kosten in die Kalkulation der Verkaufspreise der Erzeugnisse einbezogen.
- Über die Umsatzerlöse fließen die einkalkulierten Abschreibungsbeträge in Form von liquiden Mitteln in das Unternehmen zurück.
- Diese Mittel stehen nun wiederum für Anschaffungen (Ersatz- oder Neuinvestitionen) im Sachanlagevermögen zur Verfügung.

Es entsteht ein sogenannter **Abschreibungskreislauf:**

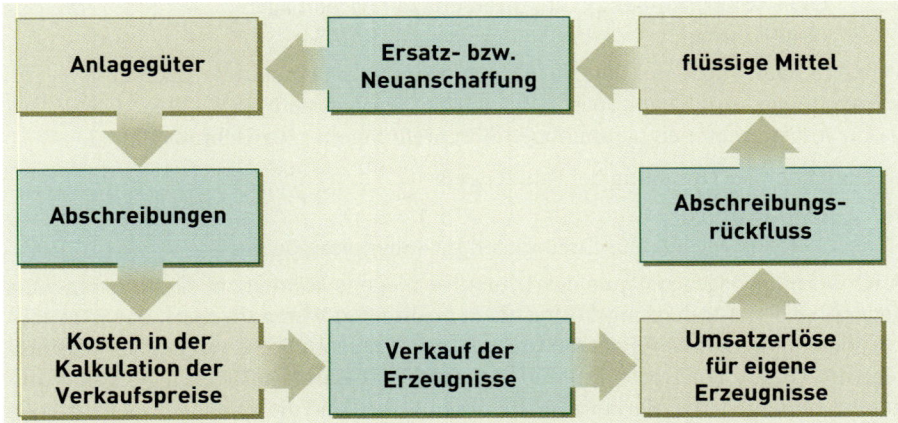

Nach den rechtlichen Vorschriften im HGB erfolgt die **planmäßige** Abschreibung abnutzbarer und einzeln bewertbarer Gegenstände des Anlagevermögens **linear.** Mit der linearen Abschreibung wird erreicht, dass die Anschaffungs- oder Herstellungskosten über die gesamte Nutzungsdauer des Anlagegutes hinweg vollständig und gleichmäßig abgeschrieben werden.

Planmäßige Abschreibungen
§ 253 [3] HGB

Das **degressive** Abschreibungsverfahren ist nur dann zulässig, wenn der Unternehmer nachweist, dass die tatsächliche Wertminderung höher ist als diejenige nach der linearen Berechnungsmethode.

Die **Abschreibung nach Leistungseinheiten** ist zulässig, sofern der jährliche „Verbrauch" von Leistungseinheiten (z. B. Kilometer, Maschinenlaufstunden) nachgewiesen wird.

Beispiel

Die Heidtkötter KG erwirbt im Januar 02 einen Lkw; Anschaffungskosten 238.000,00 €; 9 Jahre Nutzungsdauer. Der Lkw soll nach Leistungseinheiten (Fahrleistung in km) abgeschrieben werden. Die Fahrleistung während der gesamten Nutzungsdauer wird auf 340 000 km geschätzt. Am Ende des Jahres 02

→

hat der Lkw eine Strecke von 38 000 km zurückgelegt. Die Abschreibung für das Jahr 02 beträgt dann:

$$\frac{238.000,00 \text{ € } \cdot \text{ 38 000 km}}{340\ 000\ \text{km}} = \textbf{26.600,00 €} \text{ Abschreibungsbetrag}$$

Die Buchung lautet: 6520 Abschreibungen auf Sachanlagen
                    an 0840 Fuhrpark

Außerplanmäßige Abschreibungen § 253 [3] HGB

Unvorhergesehene Einflüsse können dazu führen, dass abnutzbare Gegenstände des Anlagevermögens in einem Jahr über das Maß der planmäßigen Abschreibung hinaus an Wert verlieren. Das kann z. B. bei technischen Anlagen dann geschehen, wenn sie aufgrund einer innovativen Entwicklung vorzeitig veralten. Bei nicht abnutzbaren Gegenständen des Anlagevermögens – die nicht planmäßig abgeschrieben werden dürfen – kann ebenfalls ein Wertverlust eintreten. So verliert z. B. ein Grundstück dadurch an Wert, dass sich seine Verkehrsanbindung verschlechtert. Sofern solche ungewöhnlichen Wertverluste von Dauer sind, muss der Kaufmann sie in Form außerplanmäßiger Abschreibungen berücksichtigen, d. h., er hat diese Vermögensgegenstände mit dem niedrigeren Wert anzusetzen.

Die **außerplanmäßige Abschreibung** auf ein Fahrzeug ist zu buchen:

    6550 Außerplanmäßige Abschreibung auf Sachanlagen
an 0840 Fuhrpark

Fallen in einem späteren Jahr die Gründe weg, die zu einer außerplanmäßigen Abschreibung geführt haben, so ist auf den früheren (höheren) Wert – abzüglich der bis dahin vorgenommenen planmäßigen Abschreibungen – zuzuschreiben.

Buchung der **Zuschreibung** bei Fahrzeugen:

    0840 Fuhrpark
an 5590 Erträge aus Zuschreibungen im Anlagevermögen

Abschreibungen im Umlaufvermögen § 253 [4] HGB

Auch Vermögensgegenstände des Umlaufvermögens können am Abschlussstichtag gegenüber den Anschaffungskosten einen niedrigeren Wert aufweisen. Das wäre z. B. bei börsennotierten Wertpapieren und bei Metallen deren Börsenpreise, bei Werkstoffen, also Gütern einer bestimmten Gattung, die an Handelsplätzen regelmäßig umgesetzt werden, deren Marktpreise. In diesen Fällen sind die Vermögensgegenstände auf den niedrigeren Börsen- bzw. Marktpreis abzuschreiben.

Die **Abschreibung auf einen Rohstoff** ist zu buchen:

    6000 Aufwendungen für Rohstoffe
an 2000 Rohstoffe

Auch für die Gegenstände des Umlaufvermögens gilt, dass der niedrigere Wert nicht beibehalten werden darf, wenn zum nächsten Abschlussstichtag die Börsen- und Marktpreise gestiegen sind.

Buchung der **Zuschreibung** bei Rohstoffen:

    2000 Rohstoffe
an 5960 Erträge aus Zuschreibungen im Umlaufvermögen

Steuerliche Abschreibungen § 7 EStG

Für die Zwecke der Steuerberechnung (Einkommensteuer bei Einzelkaufleuten und Personengesellschaften, Körperschaftssteuer bei Kapitalgesellschaften) sieht das Steuerrecht für bewegliche Wirtschaftsgüter des Anlagevermögens neben der linearen Abschreibung in § 7 [1] EStG auch die degressive Abschreibung vor (vgl. § 7 [2] EStG). Zu beachten ist, dass die Zulässigkeit der degressiven Abschreibung und deren Höhe vom Zeitpunkt der Anschaffung abhängen (vgl. hierzu die Ausführungen im Kapitel 3.1.3 des INFO-Teils).

Eine für den Kaufmann interessante Abschreibungsvariante stellt der in § 7 [3] EStG erläuterte „**Übergang** von der Absetzung für Abnutzung in fallenden Jahresbeträgen zur Absetzung für Abnutzung in gleichen Jahresbeträgen" dar. Mit dieser Variante kann der Kaufmann eine zunächst degressiv begonnene Abschreibung ab dem günstigen Zeitpunkt linear mit dem Restbuchwert fortsetzen und so das Anlagegut bis zum Ende der Nutzungsdauer auf 0,00 € abschreiben.

Beispiel

Im Januar 2010 wird ein Pkw erworben; Anschaffungskosten 30.000,00 €; Nutzungsdauer 6 Jahre. Der Pkw soll zunächst degressiv mit dem Übergang zur linearen Restabschreibung abgeschrieben werden.

	Degressive AfA (25 % vom Buchwert)	Übergang zur linearen Rest-AfA
Anschaffungskosten Januar 2010	30.000,00 €	
– 1. AfA	7.500,00 €	
Buchwert 31.12.2010	22.500,00 €	
– 2. AfA	5.625,00 €	
Buchwert 31.12.2011	16.875,00 €	
– 3. AfA	4.218,75 €	
Buchwert 31.12.2012	12.656,25 €	12.656,25 €
– 4. AfA		4.218,75 €
Buchwert 31.12.2013		8.437,50 €
– 5. AfA		4.218,75 €
Buchwert 31.12.2014		4.218,75 €
– 6. AfA		4.218,75 €
Buchwert 31.12.2015		0,00 €

Der Zeitpunkt des Übergangs lässt sich aus folgender Überlegung bestimmen: Der Übergang findet dann statt, wenn die lineare Rest-AfA vom Buchwert des Übergangszeitpunktes mindestens so hoch ist wie die degressive AfA für das betreffende Jahr. Bei 25 % degressivem Abschreibungssatz muss die lineare Rest-AfA also mindestens 25 % = $\frac{1}{4}$ (vom Buchwert) erreichen. Um auf den Restwert 0,00 € zu gelangen, müssen $4 \cdot \frac{1}{4}$ vom Buchwert des Übergangs gleichmäßig abgeschrieben werden. Das ist (im Beispiel) dann gegeben, wenn vier Jahre lang linear abgeschrieben wird bzw. wenn spätestens nach dem 3. Abschreibungsjahr zur linearen Rest-AfA übergewechselt wird.

Dieser Zeitpunkt lässt sich auch wie folgt berechnen:

$$i = (n - 100/p) + 1 \qquad \text{mit} \quad i = \text{Übergangszeitpunkt}$$
$$n = \text{Nutzungsjahre}$$
$$p = \text{Abschreibungssatz}$$

$i = (6 - 100/25) + 1 = 3$ (Übergang nach dem 3. Abschreibungsjahr)

Unter dem Begriff „geringwertige Wirtschaftsgüter" werden in § 6 [2] EStG solche Wirtschaftsgüter des Anlagevermögens zusammengefasst, die die folgenden Bedingungen erfüllen:

Geringwertige Wirtschaftsgüter – GWG

■ Sie müssen abnutzbar, beweglich und selbständig nutzbar sein.

■ Sie dürfen den Wert von 410,00 € netto (also ohne Umsatzsteuer) nicht übersteigen.

→

Wirtschaftsgüter, die diese Bedingungen erfüllen, können nach Handelsrecht und auch nach Steuerrecht im Jahr der Anschaffung in voller Höhe als Betriebsausgabe gebucht werden. Sofern sie den Wert von 150,00 € **netto** übersteigen, sind sie vorab auf dem Konto „0890 Geringwertige Wirtschaftsgüter" zu aktivieren oder in ein besonderes Verzeichnis außerhalb der Buchführung aufzunehmen.

Beispiel 1

Am 03.04.02 erwirbt die Heidtkötter KG einen Büroschrank im Wert von 325,00 € netto auf Rechnung. Der Büroschrank erfüllt die o. g. Bedingungen.

Buchung bei der Anschaffung:

	Soll	Haben
0890 GWG	325,00 €	
2600 Vorsteuer	61,75 €	
an 4400 Verbindlichkeiten a. LL		386,75 €

Buchung als Betriebsausgabe:

	Soll	Haben
6540 Abschreibungen auf GWG	325,00 €	
an 0890 GWG		325,00 €

Beispiel 2

Am 03.04.02 erwirbt die Heidtkötter KG ein Prospektregal gegen Barzahlung:

Nettopreis	130,00 €
+ 19 % Umsatzsteuer	24,70 €
Rechnungsbetrag	154,70 €

Das Prospektregal erfüllt die Bedingungen für ein GWG; es gehört mit dem Nettowert von 130,00 € zu den Wirtschaftsgütern, die sofort abgeschrieben werden können und deren Wert auch in kein Verzeichnis übernommen werden muss.

Buchung bei der Anschaffung:

	Soll	Haben
6540 Abschreibung auf GWG	130,00 €	
2600 Vorsteuer	24,70 €	
an 2880 Kasse		154,70 €

GWG-Sammelposten

Alternativ zu der oben dargelegten buchhalterischen Behandlung der geringwertigen Wirtschaftsgüter nach § 6 [2] EStG kann sich der Kaufmann auch entscheiden, die Regelung nach § 6 [2 a] EStG anzuwenden, d. h.,

- er kann alle abnutzbaren, beweglichen und selbstständig nutzbaren Wirtschaftsgüter im Nettowert (ohne USt) von über 150,00 € und nicht mehr als 1.000,00 €, die während eines Geschäftsjahres angeschafft werden, in einen GWG-Sammelposten für das betreffende Geschäftsjahr einbringen;

- er muss die während eines Geschäftsjahres angesammelten geringwertigen Wirtschaftsgüter zum Ende des Jahres und für weitere vier Jahre mit jeweils 20 % linear abschreiben;

- er darf den Sammelposten nicht verringern, wenn während des (eines) Geschäftsjahres ein Wirtschaftsgut aus dem Sammelposten z. B. durch Verkauf ausscheidet;

- er kann Wirtschaftsgüter mit einem Nettowert von nicht mehr als 150,00 € sofort als Betriebsausgabe abschreiben.

Beispiel 1

Am 03.04.02 erwirbt die Heidtkötter KG einen Büroschrank im Wert von 325,00 € netto auf Rechnung. Der Büroschrank erfüllt die o. g. Bedingungen.

Buchung bei der Anschaffung (BGA = Betriebs- und Geschäftsausstattung):

	Soll	Haben
0891 GWG-Sammelposten BGA	325,00 €	
2600 Vorsteuer	61,75 €	
an 4400 Verbindlichkeiten a. LL		386,75 €

Beispiel 2

Während des Jahres 02 scheidet ein Wirtschaftsgut durch Verkauf aus dem Sammelposten aus. Der Käufer zahlt bar 297,50 €.

Buchung des Verkaufs:

	Soll	Haben
2880 Kasse	297,50 €	
an 5410 Erlöse aus Anlagenabgängen		250,00 €
an 4800 Umsatzsteuer		47,50 €

Beispiel 3

Am Ende des Jahres 02 sind dem Sammelposten geringwertige Wirtschaftsgüter im Wert von insgesamt 5.500,00 € zugeführt worden. Dieser Wert ist gewinnmindernd mit 20 % abzuschreiben, das entspricht einem Abschreibungsbetrag von 1.100,00 €.

Buchung der Abschreibung:

	Soll	Haben
6540 Abschreibungen auf GWG	1.100,00 €	
an 0891 GWG-Sammelposten BGA		1.100,00 €

Auswirkungen auf betriebliche Entscheidungen

■ Mit der Aufhebung des steuerlichen Wahlrechts zwischen der linearen und der degressiven Abschreibung in 2011 wird der Gestaltungsspielraum für die Höhe der jährlichen Abschreibungsbeträge steuerrechtlich eingeschränkt: Die degressive Abschreibung ermöglichte in den ersten Nutzungsjahren hohe Abschreibungsbeträge, die in den betreffenden Jahren gewinnmindernd wirkten und damit zu Steuerersparnissen führten. Höhere Steuerzahlungen in den Folgejahren konnten dadurch vermieden werden, dass die Anlagegüter vor Ablauf der betriebsgewöhnlichen Nutzungsdauer ersetzt wurden (= Investitionsanreiz). Die mit den hohen Abschreibungsbeträgen einhergehenden Steuerersparnisse stehen zur Finanzierung von Ersatzinvestitionen nicht mehr zur Verfügung.

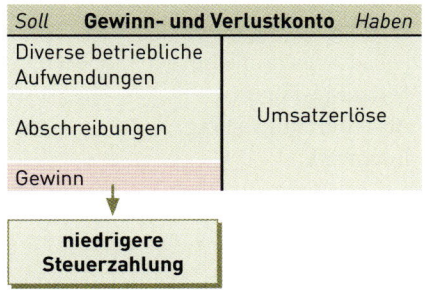

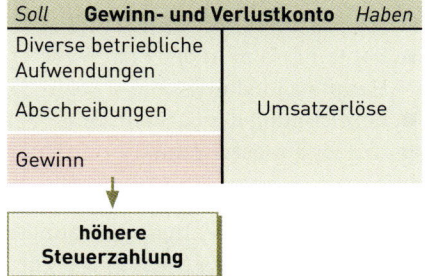

■ Mit der Herabsetzung der Abschreibungsgrenze für geringwertige Wirtschaftsgüter wird in den Unternehmen die Möglichkeit der Vollabschreibung im Jahr der
Anschaffung oder Herstellung eingeschränkt. Das führt in den Anschaffungs-
jahren zu geringeren Abschreibungsaufwendungen und in der Folge zu höheren
Gewinnen und damit höheren Steuerbelastungen. In Zukunft werden bei Wahl der
Poolabschreibung deutlich mehr Anlagegüter zeitlich gestreckt über fünf Jahre
abgeschrieben werden müssen, sofern die Anschaffungs- oder Herstellungskosten
für das einzelne Gut 1.000,00 € netto nicht überschreiten. Die Poolabschreibung
durchbricht das Prinzip der Einzelbewertung bei abnutzbaren Anlagegütern. Sie
führt dazu, dass der Erlös bei vorzeitigem Verkauf eines Anlagegutes in voller
Höhe in den Gewinn einfließt und somit zu versteuern ist, während die Abschreibung erst in späteren Jahren erfolgsmindernd geltend gemacht werden kann.

Beispiel

Im Geschäftsjahr 01 schafft ein Unternehmen Büromöbel, Kleingeräte und elektronische Messwerkzeuge im Gesamtwert von 50.000,00 € an. Kein Gerät/kein Werkzeug übersteigt den Anschaffungswert von 1.000,00 € netto, sodass der Gesamtwert
aller Geräte und Werkzeuge einem jahresbezogenen Abschreibungspool zugeführt
werden muss. Dieser Wert ist 5 Jahre lang gleichmäßig abzuschreiben. Daraus
ergibt sich ein jährlicher Abschreibungsbetrag von 10.000,00 €.

Zu Beginn des Jahres 02 werden aus dem Pool drei elektronische Messschieber für
insgesamt 1.800,00 € verkauft. Die Anschaffungskosten zu Beginn des Geschäftsjahres 01 betrugen 800,00 € je Messschieber.

Buchung der Abschreibung zum Ende des Geschäftsjahres 01:	Soll	Haben
Kto. Abschreibung	10.000,00 €	
an Kto. Anlagegüter Sammelbewertung		10.000,00 €

Buchung beim Verkauf der vorzeitig ausgeschiedenen Messschieber:	Soll	Haben
Kto. Bank	2.142,00 €	
an Kto. Sammelbewertung		1.800,00 €
an Kto. Umsatzsteuer		342,00 €

Buchung der Abschreibung zum Ende des Geschäftsjahres 02:	Soll	Haben
Kto. Abschreibung	10.000,00 €	
an Kto. Anlagegüter Sammelbewertung		10.000,00 €

Anlagenkartei Für die buchhalterische Verwaltung des vielfältigen Sachanlagevermögens muss eine
Anlagenbuchhaltung als Nebenbuchhaltung eingerichtet werden (vgl. hierzu auch
Kapitel 9). Das geschieht in Form einer **Anlagenkartei**, in der für jeden Sachanlage-
gegenstand eine besondere **Anlagenkarte** mit folgenden Angaben zu führen ist:

■ Inventarnummer,
■ Kontonummer in der
   Hauptbuchhaltung
■ Bezeichnung der Sachanlage,
■ Anschaffungszeitpunkt,

■ Anschaffungskosten,
■ betriebsgewöhnliche
   Nutzungsdauer,
■ Abschreibungsbetrag,
■ Buchwert.

Zusätzlich werden vermerkt:

■ Lieferer, Garantie, Instandsetzungen, Versicherungswert u. a. m.

Die Anlagenkarten werden in der Anlagenkartei nach Sachanlagekonten geordnet.

Zum Jahresschluss wird die Summe der Abschreibungen jeder **Anlagengruppe** – z. B. Gebäude, Technische Anlagen (TA), Betriebs- und Geschäftsausstattung (BGA), Fuhrpark, Anlagegüter Sammelbewertung u. a. – aus den entsprechenden Anlagekarten sowie die **Gesamtabschreibung** aller Sachanlagen ermittelt. Die **Buchung** kann dann in einem zusammengesetzten Buchungssatz erfolgen:

> **Abschreibungen auf Sachanlagen**
> an **Gebäude**,
> an **TA**,
> an **BGA**,
> an **Fuhrpark** u. a.

Anlagenkarte				
Konto-Nr. 0840	**Inventar-Nr.** 41	**Bezeichnung der Anlage** Drehmaschine HS 404		**Standort (Kostenstelle)** Dreherei
Anschaffungszeitpunkt 5. Januar 01		**Anschaffungskosten** 120.000,00 €		**Instandhaltungen** –
Nutzungsdauer:	10 Jahre	**Jährliche Abschreibung:**		12.000,00 €
Datum	**Zugang**		**Abschreibung**	**Buchwert (Restwert)**
05.01.01	120.000,00 €		–	–
31.12.01	–		12.000,00 €	108.000,00 €
usw.				

Eine ordnungsgemäße Anlagenkartei ersetzt die körperliche Inventur der Sachanlagen. Die Buchwerte der Sachanlagengruppen können direkt in das Inventar übernommen werden.

Verkauf von Gegenständen des Anlagevermögens

Scheidet ein abnutzbarer Gegenstand des Anlagevermögens vor Ablauf der betriebsgewöhnlichen Nutzungsdauer z. B. durch Veräußerung aus dem Vermögensbestand des Unternehmens aus, so ruft dieser Vorgang folgende Berechnungen und Buchungen hervor:

- Berechnung und Buchung der zeitanteiligen Abschreibung bis zum Datum des Ausscheidens,
- Buchung des Verkaufserlöses,
- Ausbuchung des Anlagegegenstandes aus dem Vermögensbestand.

Beispiel

Im Vermögensbestand der Heidtkötter KG befindet sich ein Pkw, der zu Beginn des Geschäftsjahres 01 einen Buchwert von 18.000,00 € ausweist. Das Fahrzeug wird jährlich mit 6.000,00 € abgeschrieben. Es soll am 10. September 01 für netto 15.000,00 € auf Rechnung verkauft werden.

Berechnung und Buchung der zeitanteiligen Abschreibung:

Das Fahrzeug wird im Geschäftsjahr 01 einschließlich des Verkaufsmonats September 9 Monate genutzt. Es kann also mit 9/12 der Jahresabschreibung zeitanteilig abgeschrieben werden:

$$9/12 \text{ von } 6.000,00 \text{ € } = 4.500,00 \text{ € zeitanteilige Abschreibung}$$

→

Buchung der zeitanteiligen Abschreibung:

	Soll	Haben
6520 Abschreibung auf Sachanlagen	4.500,00 €	
an 0840 Fuhrpark		4.500,00 €

Buchung des Umsatzerlöses:

	Soll	Haben
2400 Forderungen a. LL	17.850,00 €	
an 5410 Erlöse aus Anlagenabgängen		15.000,00 €
an 4800 Umsatzsteuer		2.850,00 €

Ausbuchung des Anlagegutes:

	Soll	Haben
6979 Anlagenabgänge	13.500,00 €	
an 0840 Fuhrpark		13.500,00 €

Soll	0840 Fuhrpark		Haben		Soll	5410 Erlöse aus Anlagenabgängen		Haben
8000	18.000,00	6520	4.500,00		8020	15.000,00	2400	15.000,00
		6979	13.500,00					
	18.000,00		18.000,00					

Soll	2400 Forderungen		Haben		Soll	6520 Abschreibungen auf Sachanlagen		Haben
5410/4800	17.850,00				0840	4.500,00		

Soll	4800 Umsatzsteuer		Haben		Soll	6979 Anlagenabgänge		Haben
		2400	2.850,00		0840	13.500,00	8020	13.500,00

Soll	8020 Gewinn- und Verlustkonto		Haben
6979	13.500,00	5410	15.000,00

Aus der Gegenüberstellung der Erlöse aus Anlagenabgängen und der Aufwendungen „Anlagenabgänge" ergibt sich der Erfolg. Im Beispiel zeigt sich ein Gewinn aus dem Fahrzeugverkauf von 1.500,00 €.

6
Inventurbestände bei fertigen und unfertigen Erzeugnissen beeinflussen den Erfolg – Bestandsveränderungen

In der Regel werden in Industriebetrieben Produktions- und Absatzmengen eines Geschäftsjahres nicht übereinstimmen. Diese Unternehmen haben dann in dem betreffenden Jahr entweder

- **mehr Erzeugnisse hergestellt als verkauft** oder
- **mehr Erzeugnisse verkauft als hergestellt,** was ja nur bei einem schon existierenden Lagerbestand möglich ist.

Im ersten Fall führt die höhere Produktion beim Jahresschluss zu einem **Mehrbestand** im Lager, im zweiten Fall führt der höhere Absatz zu einem **Minderbestand** an Erzeugnissen. Diese sog. **Bestandsveränderungen** müssen bei der Erfolgsberechnung nach dem **Gesamtkostenverfahren** berücksichtigt werden.

Gesamtkosten-verfahren

Gesamtkostenverfahren meint, dass in der Jahreserfolgsrechnung alle tatsächlich angefallenen Aufwendungen und alle tatsächlich erbrachten Leistungen berücksichtigt werden müssen. In der entsprechenden Vorschrift des HGB (§ 275 HGB) heißt es:

---

§§

§ 275 HGB Gliederung der Gewinn- und Verlust-rechnung

(1) Die Gewinn- und Verlustrechnung ist in Staffelform nach dem Gesamtkostenverfahren oder dem Umsatzkostenverfahren aufzustellen.

(2) Bei Anwendung des Gesamtkostenverfahrens sind auszuweisen:
a. Umsatzerlöse
b. Erhöhung oder Verminderung des Bestands an fertigen und unfertigen Erzeugnissen
c. [...]

Beispiel 1: Mehrbestand

Im Geschäftsjahr 02 stellt die Heidtkötter KG erstmalig 120 *communicTable* her und setzt im selben Jahr 75 dieser Tische ab. In der Herstellung kostet jeder Tisch 2.400,00 €. Die Tische werden zum Stückpreis von 2.880,00 € verkauft.

Es liegt ein **Mehrbestand** von 45 Tischen vor.

In der Gewinn- und Verlustrechnung müssen dann die Aufwendungen für 120 Tische aufgeführt werden (= 288.000,00 €). Ihnen stehen als Ertrag sowohl die Umsatzerlöse für 75 verkaufte Tische (= 216.000,00 €) als auch der Wert der auf Lager genommenen 45 Tische (= Lagerleistung) von 45 · 2.400,00 € = 108.000,00 € gegenüber.

Soll	8020 Gewinn- und Verlustkonto		Haben
Herstellungsaufwand für **120** *communicTable*	288.000,00 €	Umsatzerlöse für **75** *communicTable*	216.000,00 €
Jahresgewinn aus der Herstellung und dem Verkauf der Tische	36.000,00 €	Bestandsveränderungen für **45** Tische (Mehrbestand)	108.000,00 €
	324.000,00 €		324.000,00 €

Der **Mehrbestand** an fertigen Erzeugnissen wird als **Ertrag** (= Leistung des Unternehmens) in die Gewinn- und Verlustrechnung eingesetzt. Er „neutralisiert" gewissermaßen die auf der Aufwandsseite sonst zu hoch angesetzten Aufwendungen. Formal liefert die Gewinn- und Verlustrechnung jetzt ein ausgewogenes Bild: Den Aufwendungen für 120 Tische stehen Erträge für 120 Tische gegenüber, die Differenz gibt den Gewinn an.

Beispiel 2: Minderbestand

Im Geschäftsjahr 03 stellt die Heidtkötter KG 200 *communicTable* her. Der Jahresschlussbestand beträgt 30 Tische. Gegenüber dem Anfangsbestand von 45 Tischen hat sich der Bestand damit um 15 Tische vermindert (= **Minderbestand**). Also hat die Heidtkötter KG in dem Jahr nicht nur die gesamte Produktion (= 200 Tische), sondern zusätzlich vom Lager 15 Tische verkauft, insgesamt also 215 Tische abgesetzt.

Es liegt ein **Minderbestand** von 15 Tischen vor. In der Gewinn- und Verlustrechnung des Jahres 02 müssen dann die gesamten Umsatzerlöse für 215 Tische als Ertrag aufgeführt werden. Ihnen stehen als Aufwand die Herstellungskosten für 200 Tische und zusätzlich die Herstellungskosten für den Minderbestand von 15 Tischen gegenüber.

Buchung des Minderbestandes

Das Konto „2200 Fertige Erzeugnisse – *communicTable*" hat zum Jahresanfang 03 den Anfangsbestand 108.000,00 €.

Buchung zur Eröffnung des Kontos „2200 Fertige Erzeugnisse"	Soll	Haben
2200 Fertige Erzeugnisse	108.000,00	
an 8000 Eröffnungsbilanzkonto		108.000,00

Am Jahresende 03 wird ein Bestand von **30 Tischen** festgestellt, der mit den Herstellungskosten von 2.400,00 € je Tisch zu bewerten ist; das ergibt einen Inventurbestand zum 31.12.03 von 72.000,00 €.

Buchung des Inventurbestandes zum 31.12.03	Soll	Haben
8010 Schlussbilanzkonto	72.000,00	
an 2200 Fertige Erzeugnisse		72.000,00

Während des Jahres wurden **200 Tische** hergestellt; **45 Tische** waren anfangs des Jahres noch auf Lager; der Endbestand betrug **30 Tische**. Also wurde im Jahr 03 nicht nur die gesamte Produktion, sondern auch noch ein Teil der aus dem Vorjahr eingelagerten Tische verkauft:

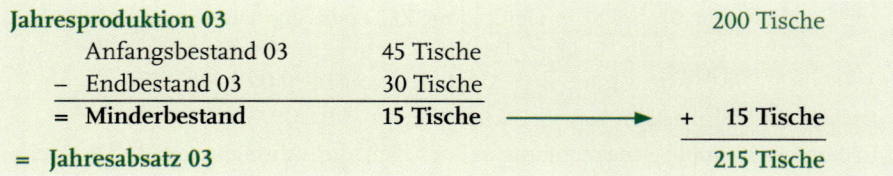

Jahresproduktion 03		200 Tische
Anfangsbestand 03	45 Tische	
− Endbestand 03	30 Tische	
= **Minderbestand**	**15 Tische**	+ **15 Tische**
= **Jahresabsatz 03**		**215 Tische**

Im Vergleich zum Jahresanfang ergibt sich auf dem Konto „2200 Fertige Erzeugnisse" ein **Minderbestand** von 15 Tischen. Der **Jahreserfolg** wird nach dem **Gesamtkostenverfahren** so errechnet, dass allen Leistungen auch die entsprechenden Aufwendungen gegenübergestellt werden. Also sind der Umsatzleistung von insgesamt 215 Tischen auch die Aufwendungen für 215 Tischen zuzuordnen.

Dies geschieht, indem die **Aufwendungen für die Jahresproduktion** (200 Tische) um die **Aufwendungen für den Minderbestand** (15 Tische) **erhöht** werden. Der Minderbestand wird wiederum zu Herstellungskosten (2.400,00 € je Tisch) bewertet und wie folgt gebucht:

Buchung des Minderbestandes	Soll	Haben
8020 Gewinn- und Verlustkonto	36.000,00	
an 2200 Fertige Erzeugnisse *communicTable*		36.000,00

Buchung des Schlussbestandes zum 31.12.03	Soll	Haben
8010 Schlussbilanzkonto	72.000,00	
an 2200 Fertige Erzeugnisse		72.000,00

Das Gewinn- und Verlustkonto weist nun im Saldo den korrekten Jahresgewinn mit 103.200,00 € aus; dieser Gewinn wird auf das Konto „3000 Eigenkapital" umgebucht:

Buchung des Gewinns	Soll	Haben
8020 Gewinn- und Verlustkonto	103.200,00	
an 3000 Eigenkapital		103.200,00

Soll	2200 Fert. Erzeugnisse *communicTable*		Haben
8000	108.000,00	8010	72.000,00
		8020	36.000,00
	108.000,00		108.000,00

Soll	8010 Schlussbilanzkonto	Haben
2200	72.000,00	

Soll	8020 Gewinn- und Verlustkonto		Haben
Materialaufwand (200 Tische)	383.000,00 €	Umsatzerlöse für **215** Tische	619.200,00 €
Personalaufwand (200 Tische)	85.000,00		
Sonstiger Aufwand (200 Tische)	12.000,00		
Minderbestand 15 Tische	**36.000,00 €**		
zu je 2.400,00 €			
3000 Eigenkapital (Gewinn)	**103.200,00 €**		
	619.200,00 €		619.200,00 €

Zum Jahresschluss verfügen Industriebetriebe in der Regel sowohl über **Bestände** an fertigen als auch unfertigen Erzeugnissen. Zur buchungsmäßigen Erfassung dieser Bestände werden **gesonderte Bestandskonten** eingerichtet, die nur die Anfangs- und Schlussbestände aufnehmen und während des Jahres unberührt bleiben:

- **2100 Unfertige Erzeugnisse (UE)**   ■ **2200 Fertige Erzeugnisse (FE)**

Die auf diesen Konten ausgewiesenen **Mehr-** oder **Minderbestände** werden aus Gründen der Übersichtlichkeit nicht unmittelbar auf dem Gewinn- und Verlustkonto gebucht, sondern zunächst auf besonderen **Erfolgskonten** gesammelt. Deren Salden gehen erfolgswirksam in die Gewinn- und Verlustrechnung ein:

- **5201 Bestandsveränderungen an unfertigen Erzeugnissen**
- **5202 Bestandsveränderungen an fertigen Erzeugnissen**

Der Buchungsablauf bei **Mehrbeständen** an unfertigen und fertigen Erzeugnissen sieht schematisch folgendermaßen aus:

Zusammenfassung:
Buchung der Mehrbestände

1. Eröffnungsbuchungen der Konten „Unfertige Erzeugnisse"/„Fertige Erzeugnisse":

2100 Unfertige Erzeugnisse
an 8000 Eröffnungsbilanzkonto

2200 Fertige Erzeugnisse
an 8000 Eröffnungsbilanzkonto

2. Buchungen der Schlussbestände an unfertigen und fertigen Erzeugnissen:

8010 Schlussbilanzkonto
an 2100 Unfertige Erzeugnisse

8010 Schlussbilanzkonto
an 2200 Fertige Erzeugnisse

3. Buchungen der Mehrbestände an unfertigen und fertigen Erzeugnissen:

2100 Unfertige Erzeugnisse
an 5201 Bestandsveränderungen an unfertigen Erzeugnissen

2200 Fertige Erzeugnisse
an 5202 Bestandsveränderungen an fertigen Erzeugnissen

4. Abschlussbuchungen der Mehrbestände:

5201 Bestandsveränderungen an unfertigen Erzeugnissen
an 8020 Gewinn- und Verlustkonto

5202 Bestandsveränderungen an fertigen Erzeugnissen
an 8020 Gewinn- und Verlustkonto

Zusammenfassung:
Buchungen der Minderbestände

Die Buchungen bei **Minderbeständen** an unfertigen und fertigen Erzeugnissen lauten wie folgt (Anfangs- und Schlussbestände werden wie oben gezeigt gebucht, s. 1. und 2. Buchung):

---

3. Buchungen der Minderbestände an unfertigen und fertigen Erzeugnissen:

    5201 Bestandsveränderungen an unfertigen Erzeugnissen
an 2100 Unfertige Erzeugnisse

    5202 Bestandsveränderungen an fertigen Erzeugnissen
an 2200 Fertige Erzeugnisse

---

4. Abschlussbuchungen der Mehrbestände:

    8020 Gewinn- und Verlustkonto
an 5201 Bestandsveränderungen an unfertigen Erzeugnissen

    8020 Gewinn- und Verlustkonto
an 5202 Bestandsveränderungen an fertigen Erzeugnissen

7
Die Umsatzsteuer beim Ein- und Verkauf buchen

Um seine Aufgaben finanzieren zu können, benötigt der Staat Geld. Er erhebt hierzu Steuern auf Einkommen, auf Mineralöl, auf Rauchwaren und auf vieles mehr. Dabei hat er häufig die Leistungsfähigkeit des Steuerzahlers im Blick. Bei der Umsatzsteuer greift der Staat auf den Konsum der Bürger zu. Er verlangt von ihnen bei jedem Kauf 19 % des Kaufpreises. Wenn wir also Autos, Fahrräder, Computer, Fernsehgeräte, Digitalkameras usw. einkaufen, bekommt der Staat 19 % des Warenpreises. Je höher also der Preis ist, desto höher fällt die an das Finanzamt abzuführende Umsatzsteuer aus. Im Alltag fällt das kaum auf, weil wir es gewohnt sind, an der Ware den Preis inklusive Umsatzsteuer vorzufinden. Mit dieser Steuer bindet der Staat auch eine soziale Komponente ein. Wer sich als Verbraucher mehr leistet, der zahlt auch mehr Steuern. Dies kann der Staat noch zusätzlich aktiv variieren. So hat er für einige Produktgruppen wie Lebensmittel, Bücher, Blumen usw. einen ermäßigten Steuersatz von 7 % festgesetzt.

In der Praxis wird nicht selten der Begriff „Mehrwertsteuer" statt Umsatzsteuer verwendet. Während der Begriff „Umsatzsteuer" die Aufmerksamkeit auf den Kauf und damit auf den Umsatz lenkt, verweist der Begriff „Mehrwertsteuer" ausdrücklicher auf die Steuererhebungspraxis. Dies soll am Beispiel der Stuhlproduktion verdeutlicht werden. Bis ein Konferenzstuhl hergestellt ist, müssen viele Vorprodukte unterschiedlicher Herkunft gekauft, erzeugt, bearbeitet und zusammengefügt werden. Die beteiligten Unternehmen kaufen also Vorprodukte ein, um daraus höherwertigere Produkte zu erstellen.

Wenn ein Unternehmen Stahlrohre, Leder, Kunststoffe, Holzschalen usw. einkauft, um daraus das höherwertigere Produkt Konferenzstuhl zu fertigen, dann hat es beim Einkauf an die Lieferanten zusätzlich zum Warenpreis Umsatzsteuer zu entrichten.

Werden die gefertigten Stühle verkauft, berechnet das Unternehmen seinen Kunden zusätzlich zum Warenpreis die Umsatzsteuer, die die Kunden an ihn zu bezahlen haben.

Der Stuhlhersteller hat nun einerseits Umsatzsteuer an seine Vorlieferanten gezahlt und andererseits Umsatzsteuer von seinen Kunden eingenommen. Nehmen wir an, er habe beim Kauf der Vorprodukte 304,00 € Umsatzsteuer an die Lieferanten bezahlt und beim Verkauf 627,00 € Umsatzsteuer von den Kunden erhalten, dann gleicht sich das bis auf den Restbetrag von 323,00 € aus. Das sind exakt 19 % der Wertsteigerung, die die Vorprodukte durch die Umformung in Konferenzstühle bei ihm erfahren haben. Diese Wertsteigerung wird als Mehrwert bezeichnet. Es ist dann klarer, dass die darauf erhobene Steuer auch Mehrwertsteuer genannt wird. Der Stuhlhersteller darf nun die an die Vorlieferanten gezahlte Umsatzsteuer gegen die von den Kunden erhaltene aufrechnen und überweist an das Finanzamt die Differenz. Insofern überweist er nur den Betrag an Steuern, der durch seine wertsteigernde Tätigkeit auf seiner Stufe der Produktion angefallen ist. Er wird also letztlich durch die Mehrwertsteuer (Umsatzsteuer) nicht belastet und hat auch keinen Vorteil, weil er die ermittelte Differenz (=Zahllast) aus gezahlter und erhaltener Steuer an das Finanzamt weiterleitet.

weitere Inhalte
› **LF 3, Kap. 7.2
und 7.3**

7.4
Die Umsatzsteuer während des Warenweges verfolgen

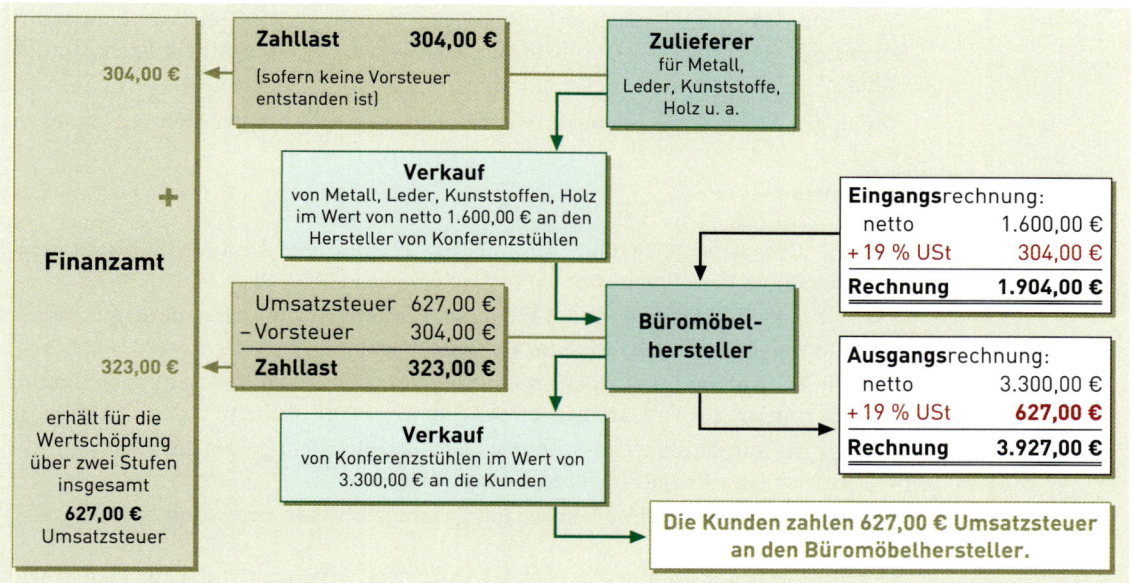

Wert der Vorprodukte	1.600,00 €		
Verkaufswert	3.300,00 €		
Im Unternehmen geschaffener **Mehrwert**	**1.700,00 €**	darauf werden 19 % Steuer (= Mehrwertsteuer) erhoben	**323,00 €**

Im Schaubild ergibt sich die Berechnung der **Zahllast**. Die Zahllast lässt sich also auf zwei Wegen ermitteln: zum einen durch die 19-prozentige Belastung des Mehrwerts und zum anderen durch die Ermittlung der Differenz zwischen gezahlter Umsatzsteuer an **Vor**lieferanten (= **Vor**steuer) und erhaltener Umsatzsteuer von Kunden. Der zweite Weg ist wegen seiner Praktikabilität üblich.

Zahllast

Festzuhalten ist also:

- Auf jeder Stufe des Warenweges entsteht ein Mehrwert.
- Nettoverkaufspreis > Nettoeinkaufspreis = Mehrwert
- Jeder Unternehmer hat zwar die Umsatzsteuer von seiner Mehrwertschöpfung als Zahllast an das Finanzamt abzuführen, sie belastet ihn jedoch nicht.
- Die Umsatzsteuer wird ausschließlich vom Endverbraucher (Privatkunde) getragen.

7.5
Die Umsatzsteuer als durchlaufenden Posten buchen

Die Ausgangsrechnung eines Unternehmens stellt gleichzeitig die Eingangsrechnung eines anderen Unternehmens dar. Die in der Eingangsrechnung ausgewiesene Umsatzsteuer darf der Unternehmer als Vorsteuer von der in der Ausgangsrechnung benannten Umsatzsteuer abziehen. Die Vorsteuer ist die Umsatzsteuer auf der Eingangsrechnung und stellt daher eine Forderung gegen das Finanzamt dar. Aus der Differenz zwischen den Umsatzsteuerschulden, die der Ausgangsrechnung entnommen werden, und den Vorsteuern, die den Eingangsrechnungen entnommen werden, errechnet sich die abzuführende Umsatzsteuer-Zahllast. Vorausgesetzt ist hierbei, dass die Umsatzsteuer die Vorsteuer betragsmäßig übersteigt. Die Umsatzsteuer-Zahllast muss dem Finanzamt elektronisch (z. B. per ELSTER) **vierteljährlich** gemeldet werden. Bei einer Umsatzsteuer-Zahllast von mehr als 7.500,00 € ist sie **monatlich** zu melden. Die Meldung ist am 10. Tag nach Ablauf des Voranmeldungszeitraums fällig.

Durch den Abzug der Vorsteuer erreicht man, dass jeweils nur der Mehrwert besteuert wird.

Festzuhalten ist also:

- Die Umsatzsteuerbeträge auf Ausgangsrechnungen sind Verbindlichkeiten gegenüber dem Finanzamt.
- Die Umsatzsteuerbeträge auf Eingangsrechnungen sind Vorsteuern, die Forderungen gegenüber dem Finanzamt darstellen.
- Die Zahllast wird monatlich oder vierteljährlich ermittelt und ist unaufgefordert bis zum 10. des Folgemonats an das Finanzamt abzuführen.
- Für das abgelaufene Geschäftsjahr hat der Unternehmer (bis zum 31. Mai) zusätzlich eine Umsatzsteuererklärung abzugeben.
- Nur Unternehmen und Selbstständige sind zum Vorsteuerabzug berechtigt.

Der Umsatzsteuer unterliegen nach § 1 Umsatzsteuergesetz (UStG) alle Lieferungen und Leistungen, die im Inland gegen Entgelt von einem Unternehmen erbracht werden. Auch unentgeltliche Entnahmen von Sachgütern und sonstigen Leistungen des Unternehmens durch den Unternehmer sind umsatzsteuerpflichtig. Der gewerbliche Erwerb von Gütern aus EU-Mitgliedstaaten gegen Entgelt, der sog. **Innergemeinschaftliche Erwerb,** unterliegt ebenfalls der deutschen Umsatzsteuer. Während der **Export** in Nicht-EU-Staaten, in sog. Drittländer (z. B. Schweiz), von der Umsatzsteuer befreit ist, ist für den Import aus diesen Staaten Einfuhrumsatzsteuer zu zahlen.

Die Umsatzsteuer belastet den Verbrauch der privaten Haushalte. Von daher sollte die Umsatzsteuer eine Verbrauchsteuer sein. Sie wird jedoch entsprechend ihrer verwaltungsrechtlichen Einteilung als Verkehrsteuer bezeichnet.

Für alle Unternehmen und Selbstständigen (Handwerker, Notare, Anwälte, Handelsvertreter u. a.) ist die Umsatzsteuer lediglich ein durchlaufender Posten. Dies ist darauf zurückzuführen, dass die den Kunden in Rechnung gestellte Umsatzsteuer im Auftrag des Finanzamtes einbehalten wird, die Vorsteuer an den Vorlieferanten gezahlt und die entstehende Zahllast an das Finanzamt abgeführt wird.

Passivierung der Umsatzsteuer-Zahllast

Da die Umsatzsteuer-Zahllast des laufenden Monats erst zu Beginn des Folgemonats an das Finanzamt überwiesen werden kann, ist die Dezember-Zahllast zum 31.12. –

also zur Bilanzerstellung – als kurzfristige Verbindlichkeit auf der Passivseite der Bilanz auszuweisen. Im Hauptbuch geschieht dies mithilfe der Buchung:

Bilanzierung der Dezember-Zahllast zum 31.12.:
   4800 Umsatzsteuer
an 8010 Schlussbilanzkonto

Zu Beginn des folgenden Geschäftsjahres wird das Umsatzsteuerkonto neu eröffnet und die Dezember-Zahllast bis zum 10. des Monats überwiesen.

Eröffnung des Umsatzsteuer-Kontos im neuen Jahr:
   8000 Eröffnungsbilanzkonto
an 4800 Umsatzsteuer

Überweisung der Dezember-Zahllast:
   4800 Umsatzsteuer
an 2800 Bank

Aktivierung des Vorsteuerüberhangs

Für den Fall, dass im Dezember die Vorsteuer höher ausfällt als die Umsatzsteuer, entsteht ein sog. **Vorsteuerüberhang** als Forderung gegenüber dem Finanzamt. Diese Forderung kann erst im Januar des folgenden Jahres geltend gemacht werden. Sie ist daher bei der Bilanzerstellung zu aktivieren.

Bilanzierung des Vorsteuerüberhangs zum 31.12.:
   8010 Schlussbilanzkonto
an 2600 Vorsteuer

Eröffnung des Vorsteuerkontos im neuen Jahr:
   8010 Schlussbilanzkonto
an 2600 Vorsteuer

Überweisung des Vorsteuerüberhangs durch das Finanzamt:
   2800 Bank
an 2600 Vorsteuer

Erstellen von Rechnungen

Die zur Umsatzsteuererhebung verpflichteten Unternehmer haben ihre Lieferungen und Leistungen durch ordnungsgemäße Rechnungen zu belegen. Gemäß § 14 UStG muss eine Rechnung folgende Angaben enthalten:

- den vollständigen Namen und die vollständige Anschrift des leistenden Unternehmers und des Leistungsempfängers
- die vom Finanzamt erteilte Steuernummer oder die dem Unternehmer vom Bundesamt für Finanzen erteilte Umsatzsteuer-Identifikationsnummer
- das Ausstellungsdatum
- eine fortlaufende Nummer zur eindeutigen Identifizierung der Rechnung
- die Menge und die Art der gelieferten Gegenstände oder Art und Umfang der Leistung
- den Zeitpunkt der Lieferung oder Leistung
- den nach Steuersätzen (7 % oder 19 %) aufgeschlüsselten Warenwert sowie jede im Voraus vereinbarte Minderung des Entgelts (z. B. Skontoabzüge)
- den anzuwendenden Steuersatz (7 % oder 19 %) sowie den auf den Warenwert entfallenden Steuerbetrag.

8
Privatentnahmen und Privateinlagen dürfen nicht mit betrieblichen Vorgängen vermischt werden

An anderer Stelle wurde bereits geklärt, dass das Unternehmen und der persönlich haftende Unternehmer steuerrechtlich getrennt voneinander zu betrachten sind. Im alltäglichen Leben verschmelzen die Grenzen allerdings vielfach. Für die private Lebensführung entnimmt der Einzelunternehmer oder der Vollhafter einer KG seinem Unternehmen regelmäßig Geld, Sachwerte und evtl. auch Leistungen. So werden die Zahlungen für beispielsweise Krankenversicherungen, Einkommens- und Kirchensteuer usw. häufig über die betrieblichen Bankkonten abgewickelt. Sachgegenstände (z. B. Möbel) entnimmt der Unternehmer ganz selbstverständlich, ohne sie an der Kasse zu bezahlen. Unentgeltlich könnten auch Mitarbeiter des Unternehmens für private Zwecke eingesetzt werden.

■ Derartige **Privatentnahmen** stellen „Leistungen" dar, die das Unternehmen erbringt. Das Unternehmen stellt diese Leistungen dem Inhaber dadurch „in Rechnung", dass das dem Inhaber geschuldete Eigenkapital durch diese Leistungen vermindert wird; kurz: Privatentnahmen mindern das Eigenkapital.

Natürlich kann der Unternehmer auch Geld oder Sachgegenstände aus privaten Quellen (z. B. Erbschaft) in das Unternehmen einbringen.

■ Solche Privateinlagen vergrößern das Vermögen im Unternehmen und erhöhen damit zugleich das Eigenkapital.

8.1
Das Problem privater Einlagen und privater Entnahmen

Zu diesem Abschnitt werden keine weiteren Erläuterungen gemacht.

8.2
Die privaten Entnahmen und die privaten Einlagen in der Finanzbuchhaltung dokumentieren

Private Vorgänge sind streng von betrieblichen Vorgängen zu trennen. Damit wird verhindert, dass private Vorgänge gewinnmindernd als betriebliche Aufwendungen ins Gewinn- und Verlustkonto einfließen. Der Finanzbuchhaltung fällt damit die Aufgabe zu, die aus den angeführten Vorgängen resultierende Vermengung von privater und betrieblicher Sphäre bereinigt zu dokumentieren. Nur so können die gesetzlichen Bestimmungen der Einkommen- und Umsatzsteuer gewahrt werden. Mit der entsprechenden Dokumentation auf den Konten wird dann beispielsweise verhindert, dass private Geschäfte gewinnmindernd als betriebliche Aufwendungen ins Gewinn- und Verlustkonto einfließen.

Wenn die Vorgänge im beschriebenen Sinne gebucht werden sollen, dann müssen wir uns ins Gedächtnis rufen, dass sowohl Privateinlagen als auch Privatentnahmen das Eigenkapital verändern. Insofern wäre es sinnvoll, direkt das Eigenkapitalkonto beim Buchen einzubeziehen. Aus Gründen der Klarheit und der Übersichtlichkeit wird jedoch zunächst auf einem Unterkonto des Eigenkapitalkontos gebucht. Dies ist das **Privatkonto** (3001). Es erfasst im Soll die Entnahmen und im Haben die Einlagen.

Soll	3001 Privatkonto	Haben
Privat**entnahmen**		Privat**einlagen**

Beispiel 1

Überweist der Unternehmer beispielsweise vom betrieblichen Bankkonto 24.000,00 € für seine private Handwerkerrechnung, dann ist zu buchen:

	Soll	Haben
3001 Privatkonto	24.000,00 €	
an 2800 Bank		24.000,00 €

Beispiel 2

Lässt der Unternehmer z. B. Mieteinnahmen in Höhe von jährlich 57.600,00 € (= 12 · 4.800,00 €) auf das betriebliche Bankkonto überweisen, dann ist zu buchen:

	Soll	Haben
2800 Bank	57.600,00 €	
an 3001 Privatkonto		57.600,00 €

Diese Buchungssätze führen beim Privatkonto zu folgendem Bild

Soll	3001 Privatkonto		Haben
Bank	24.000,00 €	Bank	57.600,00 €

Am 31.12. wird das Privatkonto im Rahmen des Jahresabschlusses über das Konto Eigenkapital abgeschlossen. Je nachdem, ob die Einlagen oder die Entnahmen überwiegen, ist beim Abschluss des Privatkontos (3001) zu buchen:

Entnahmen > Einlagen

	3000 Eigenkapital
an	3001 Privatkonto

Einlagen > Entnahmen

	3001 Privatkonto
an	3000 Eigenkapital

In unserem Beispiel sähe dies so aus:

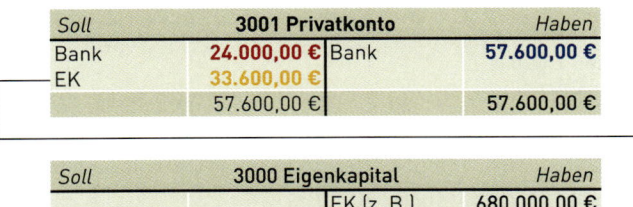

8.3
Die unentgeltliche Entnahme von Gegenständen und sonstigen Leistungen durch den Betriebsinhaber in der Finanzbuchhaltung dokumentieren

Entnahme

Entnimmt der Unternehmer seinem Unternehmen unentgeltlich Sachgüter oder sonstige Leistungen zur unternehmensfremden (privaten) Verwendung, dann wird er im Umfang der Entnahme umsatzsteuerpflichtig (§ 3 Abs. 1 b und 9 a UStG). Er muss sich also wie ein Endverbraucher im Sinne des Umsatzsteuergesetzes behandeln lassen. Dazu hat er einen **Eigenbeleg** für die Entnahme zu erstellen, der den Nettoentnahmewert und die darauf entfallende Umsatzsteuer ausweist. Der Nettoentnahmewert wird im Haben des Ertragskontos **„5420 Entnahme von Gegenständen und sonstigen Leistungen"** (Entnahme v. G. u. s. L.) erfasst. Dies ermöglicht eine schnelle Umsatzsteuerverprobung (§ 22 EstG).

Beispiel

Klaus M. Heidtkötter, Gesellschafter der Heidkötter KG, entnimmt dem Warenlager seines Unternehmens einen Büroschreibtisch und einen Bürosessel für private Zwecke.

Folgende Eigenbelege fertigt er an:

Eigenbeleg Nr. 4

H HEIDTKÖTTER

Privatentnahme

Heidtkötter KG, Bielefeld

1 Büroschreibtisch, netto	620,00 €
1 Bürosessel, netto	380,00 €
Gesamtwert	1.000,00 €
+ 19 % Umsatzsteuer	190,00 €
Entnahme, brutto	**1.190,00 €**

Ort, Datum: *Bielefeld, 02.05.01*   Unterschrift: *Klaus M. Heidtkötter*

Der entsprechende Buchungssatz lautet:

	Soll	Haben
3001 Privat	1.190,00 €	
an 5420 Entnahme v. G. u. s. L.		1.000,00 €
an 4800 Umsatzsteuer		190,00 €

Das Konto „5420 Entnahme v. G. u. s. L." wird über das Gewinn- und Verlustkonto mit folgendem Buchungssatz abgeschlossen:

	Soll	Haben
5420 Entnahme v. G. u. s. L.	1.000,00 €	
an 8020 GuV-Konto		1.000,00 €

Private Pkw-Nutzung

Es ist im Alltag nicht ungewöhnlich, wenn ein Unternehmer den für das Unternehmen angeschafften Pkw auch privat nutzt. In diesem Fall werden die bei der Anschaffung eines Kraftfahrzeugs gezahlten Vorsteuerbeträge in voller Höhe geltend gemacht. Das gilt auch für Vorsteuerbeträge auf laufende Kraftfahrzeugkosten. Dementsprechend ist der Wert der privaten Nutzung der Umsatzsteuer zu unterwerfen.

Der private Nutzungsanteil kann entweder durch ein **Fahrtenbuch** belegt oder durch Pauschalierung des Fahrzeuglistenpreises, der sog. **1-%-Methode**, berechnet werden. Dabei muss die betriebliche Nutzung mehr als 50 % betragen.

Beispiel

Berechnung der jährlichen privaten Nutzung nach der 1-%-Methode mit einem pauschalen Abschlag von 20 %: Anschaffungskosten, netto 40.000,00 € (+ USt 6.400,00 €).

1 % des Listenpreises (einschl. USt)	464,00 €,	
multipliziert mit 12 (12 Monate!)	5.568,00 €,	5.568,00 €
minus 20 % Abschlag	1.113,60 €	
Bemessungsgrundlage für die Umsatzsteuer	4.454,40 €,	
darauf 19 % Umsatzsteuer	846,34 €	846,34 €
Private Nutzung einschließlich Umsatzsteuer		6.414,34 €

	Soll	Haben
3001 Privat	6.414,34 €	
an **5420 Entnahme v. G. u. s. L. mit 19 % USt**		4.454,40 €
an **5421 Entnahme v. G. u. s. L. ohne USt**		1.113,60 €
an **4800 Umsatzsteuer**		846,34 €

9
Die Buchführung organisieren

Die auf den Konten der Buchführung gebuchten Zahlen bilden die Grundlage für die Planungen und Entscheidungen der Unternehmensleitung. Zur Vorbereitung unternehmerischer Entscheidungen sind wichtige Bilanz-, Aufwands- und Ertragsposten durch Vergleich mit den Zahlen früherer Geschäftsjahre (Zeitvergleich) sowie mit branchengleichen Betrieben (Betriebsvergleich) betriebswirtschaftlich auszuwerten.

Die Buchführung mit ihren zahlreichen Konten bedarf daher einer bestimmten Ordnung, die die Konten des Unternehmens und der branchengleichen Betriebe nicht nur systematisch und detailliert sowie EDV-gerecht gliedert, sondern vor allem auch einheitlich benennt.

Der Kontenrahmen ist ein solches **Kontenordnungssystem.** Es gibt Kontenrahmen für den Groß- und Außenhandel, den Einzelhandel und für die Industrie, für das Handwerk, für Banken und Versicherungen. Außerdem gibt es für Ausbildungszwecke einen „**Schulkontenrahmen**", der in seinem Aufbau grundlegend dem „**Industriekontenrahmen**" (IKR) entspricht. Die Anwendung des Kontenrahmens ist für die Unternehmen nicht verbindlich, sondern lediglich eine **Empfehlung** der Wirtschaftsverbände.

Kontenrahmen

Der Industriekontenrahmen ist wie alle Kontenrahmen nach dem **dekadischen System** (Zehnersystem) aufgebaut. Die Konten werden zunächst eingeteilt in

**Industrie-
kontenrahmen**

10 Klassen von 0 bis 9,

wobei die **Klassen 0 bis 8** der **Finanz- bzw. Geschäftsbuchhaltung (= Rechnungskreis I)** vorbehalten sind. Die **Klasse 9** kann für eine kontenmäßige Darstellung der

Kosten- und Leistungsrechnung (= Rechnungskreis II) genutzt werden, sofern die **KLR** nicht – wie in der Praxis üblich – **tabellarisch** durchgeführt wird. Die beiden Hauptbereiche des Rechnungswesens bilden jeweils einen **eigenen Kontenkreis**. Der Industriekontenrahmen ist deshalb kontenmäßig ein echtes **Zweikreissystem**.

Bereiche des Rechnungswesens	Kontenklassen		Inhalte der Kontenklassen	Abschluss
Finanzbuchhaltung	Bestandskonten	0	Immaterielle Vermögensgegenstände und Sachanlagen	Abschluss über SBK
		1	Finanzanlagen	
		2	Umlaufvermögen und aktive Rechnungsabgrenzung	
		3	Eigenkapital, Wertberichtigungen, Rückstellungen	
		4	Verbindlichkeiten und passive Rechnungsabgrenzung	
	Erfolgskonten	5	Erträge	Abschluss über GuV-Konto
		6	Betriebliche Aufwendungen	
		7	Weitere Aufwendungen	
	Eröffnungs- und Abschlusskonten	8	Eröffnungsbilanzkonto, Schlussbilanzkonto (SBK) Gewinn- und Verlustkonto (GuV-Konto)	
Kosten- und Leistungsrechnung (KLR)	Konten der KLR	9	Buchhalterische Abwicklung der Kosten- und Leistungsrechnung	

Erläuterung der Kontenklassen

Klasse 0   Immaterielle Vermögensgegenstände und Sachanlagen

Die Kontenklasse 0 bildet die Grundlage der Betriebsbereitschaft. Sie enthält vor allem die notwendigen **Sachanlagen** (Kontengruppen 05 bis 09) eines Unternehmens, wie Grundstücke, Gebäude, technische Anlagen und Maschinen, Betriebs- und Geschäftsausstattung u. a. Die Kontengruppen 02 und 03 erfassen **immaterielle Anlagewerte** (Lizenzen, Konzessionen, Geschäfts- oder Firmenwert). Die Kontengruppe „**00 Ausstehende Einlagen auf das Gezeichnete Kapital**" ist zu führen, sofern das Stammkapital der GmbH oder das Grundkapital der AG noch nicht voll eingezahlt worden ist.

Klasse 1   Finanzanlagen

Hier werden die **langfristigen Finanzanlagen** eines Unternehmens erfasst, wie z. B. **Kapitalbeteiligungen** an anderen Unternehmen, **langfristige Ausleihungen** sowie **Wertpapiere**, die als **langfristige Kapitalanlage** angeschafft wurden.

Klasse 2   Umlaufvermögen und aktive Rechnungsabgrenzung

Bestandskonten **für Roh-, Hilfs- und Betriebsstoffe, unfertige und fertige Erzeugnisse** sowie **Handelswaren, Forderungen a. LL, Vorsteuer**, als **kurzfristige Anlage** erworbene **Wertpapiere** sowie **flüssige Mittel** (Kasse u. a.). Die **aktive Rechnungsabgrenzung** dient der **periodengerechten** Abgrenzung des Jahreserfolges.

Klasse 3   Eigenkapital und Rückstellungen

Die Klasse 3 enthält die **Eigenkapitalkonten** der Einzelunternehmen/Personengesellschaften (OHG, KG) sowie der Kapitalgesellschaften (GmbH, AG, KGaA). Das **Privatkonto** wird als Unterkonto den Eigenkapitalkonten der Personenunternehmen zugeordnet. **Rücklagen** werden in Form der **Kapital- und Gewinnrücklagen** erfasst und **offen** in der Bilanz der Kapitalgesellschaft – getrennt vom „Gezeichneten Kapital" – ausgewiesen. Gewinnrücklagen entstehen durch Einbehaltung von Teilen des Gewinns, Kapitalrücklagen durch Zuzahlung der Gesellschafter der Kapitalgesellschaft.

Verbindlichkeiten, deren Höhe oder Fälligkeit zum Bilanzstichtag noch nicht feststehen, werden in der Klasse 3 als **Rückstellungen** geführt: Pensions-, Steuer- und sonstige Rückstellungen.

Klasse 4 Verbindlichkeiten und passive Rechnungsabgrenzung

Die Kontenklasse 4 erfasst **alle kurz- und langfristigen Verbindlichkeiten** gegenüber Banken, Lieferern, Finanzamt u. a. sowie die **passive Rechnungsabgrenzung**.

Klasse 5 Erträge

Die **Kontengruppen 50 und 54** enthalten die **eigentlichen betrieblichen Erträge** der Unternehmen: Die **Umsatzerlöse für eigene Erzeugnisse und Handelswaren** werden einschließlich der **Unterkonten** in der Klasse 5 erfasst. Die Kontengruppe 54 enthält die Konten der „sonstigen" betrieblichen Erträge, wie Mieterträge, Provisionserträge, unentgeltliche Entnahmen durch den Unternehmer u. a. In den übrigen Kontengruppen werden sowohl Erträge aus Beteiligungen als auch **Zinserträge** und **außerordentliche** (ungewöhnliche) Erträge u. a. berücksichtigt.

Klasse 6 Betriebliche Aufwendungen

Aufwendungen für Roh-, Hilfs- und Betriebsstoffe und **Handelswaren, Personalaufwand, Abschreibungen** und diverse „Sonstige betriebliche Aufwendungen".

Klasse 7 Weitere Aufwendungen

Die Klasse 7 enthält insbesondere **alle Steuern, Zinsen** und ähnliche Aufwendungen sowie die **außerordentlichen** (ungewöhnlichen) **Aufwendungen**.

Klasse 8 Eröffnung/Abschluss

Die Klasse 8 dient vor allem der Eröffnung und dem Abschluss der Konten:

- 8000 Eröffnungsbilanzkonto
- 8010 Schlussbilanzkonto
- 8020 GuV-Konto

Im **Kontenrahmen** lässt sich jede der 10 Kontenklassen (**ein**stellige Ziffer) in **10 Kontengruppen** (**zwei**stellige Ziffer), jede Kontengruppe in 10 **Kontenarten** (**drei**stellige Ziffer) und jede Kontenart in **10 Kontenunterarten** (**vier**stellige Ziffer) untergliedern.

Kontenrahmen und Kontenplan

Beispiel

Aus der Kontennummer 2801 erkennt man die

Kontenklasse	2	Umlaufvermögen und ARA	Kontenrahmen
Kontengruppe	28	Flüssige Mittel	
Kontenart	280	Guthaben bei Kreditinstituten	
Kontenunterart	2800	z. B. Sparkasse KölnBonn	Kontenplan
	2801	z. B. Deutsche Bank AG Köln	

Der **Kontenrahmen** bildet die **einheitliche Grundordnung** für die Aufstellung **betriebsindividueller Kontenpläne** der Unternehmen eines Wirtschaftszweiges. **Aus dem Kontenrahmen** entwickelt jedes Unternehmen seinen **eigenen Kontenplan**, der auf seine besonderen Belange (Branche, Struktur, Größe, Rechtsform) ausgerichtet ist. So lässt sich im Kontenplan eine weitere Untergliederung der Kontenarten in Kontenunterarten entsprechend den Bedürfnissen des Unternehmens vornehmen. Der Kontenplan enthält somit nur die im Unternehmen geführten Konten.

Kontenplan

Vereinfachung der Buchungsarbeit. Der Kontenplan vereinfacht die Buchungen in den Konten, da die Kontenbezeichnungen durch Kontennummern ersetzt werden.

Beispiel

Herr Heidtkötter entnimmt der Geschäftskasse für Privatzwecke **1.800,00 €**.

Buchungssatz:	statt:	Privat	1.800,00 €	
	an	Kasse		1.800,00 €
	nunmehr kurz:	**3001**	1.800,00 €	
	an	**2880**		1.800,00 €

Soll	**3001 Privat**	Haben		Soll	**2880 Kasse**		Haben
2880	1.800,00			AB	47.500,00	**3001**	1.800,00

EDV-Kontenrahmen

Soll der Industriekontenrahmen – wie in diesem Buch beabsichtigt – zugleich auch in der EDV-Buchführung verwendet werden, ist jedes **Sachkonto** (= Hauptbuchkonto) in der Regel mit einer **vierstelligen Kontenziffer** zu versehen. **Personenkonten** (Kunden- und Liefererkonten) haben stets **fünfstellige Kontenziffern**.

Gliederung der Konten

Bilanz und Gewinn- und Verlustrechnung bilden den Jahresabschluss der Finanzbuchhaltung. Um die **Abschlussarbeiten** zu **vereinfachen**, wurden die Konten im Kontenrahmen auf den Jahresabschluss ausgerichtet. In **Reihenfolge** und **Bezeichnung** der Posten entsprechen die Konten der

- **Gliederung der Bilanz** im § 266 HGB und der
- **Gliederung der Gewinn- und Verlustrechnung** im § 275 HGB.

Bilanz und **Gewinn- und Verlustrechnung** lassen sich somit **direkt aus** den Salden der **Bestands- und Erfolgskonten** der Finanzbuchhaltung erstellen:

Soll	**8010 Schlussbilanzkonto**		Haben
Kontenklasse	**Aktiva**	**Passiva**	**Kontenklasse**
0	Immaterielle Vermögens-gegenstände und Sach-anlagen	Eigenkapital, Wertberichtigungen und Rückstellungen	3
1	Finanzanlagen	Verbindlichkeiten und Passive Rechnungs-abgrenzung	4
2	Umlaufvermögen und aktive Rechnungs-abgrenzung		

Soll	**8020 Gewinn- und Verlustkonto**		Haben
Kontenklasse	**Aufwendungen**	**Erträge**	**Kontenklasse**
6	Betriebliche Aufwendungen	Erträge	5
7	Weitere Aufwendungen		

Die Abschlussbuchungssätze lauten somit für die

Bestandskonten	**8010 Schlussbilanzkonto**
	an alle **Aktivkonten** der Klassen **0, 1** und **2**
	Alle **Passivkonten** der Klassen **3** und **4**
	an **8010 Schlussbilanzkonto**
Erfolgskonten	Alle **Ertragskonten** der Klasse **5**
	an **8020 Gewinn- und Verlustkonto**
	8020 Gewinn- und Verlustkonto
	an alle **Aufwandskonten** der Klassen **6** und **7**

Beleg-organisation

Die Richtigkeit der Buchungen kann nur anhand der Belege überprüft werden. Deshalb muss jeder Buchung ein entsprechender Beleg zugrunde liegen. Der wichtigste **Grundsatz ordnungsmäßiger Buchführung** (§ 238 Abs. 2 HGB) lautet deshalb:

Keine Buchung ohne Beleg!

Nach **der Herkunft der Belege** unterscheidet man zwischen **externen** Belegen (= Fremdbelege) und **internen** Belegen (= Eigenbelege).

Belegarten

Externe Belege fallen im Geschäftsverkehr mit Außenstehenden an.	**Interne Belege** entstehen aus innerbetrieblichen Geschäftsvorfällen.
Beispiele:	**Beispiele:**
■ Eingangsrechnungen ■ Quittungen ■ Gutschriftsanzeige des Lieferers für Werkstoffrücksendung und nachträglichen Preisnachlass ■ Begleitbriefe zu erhaltenen Schecks und Wechseln ■ Erhaltene sonstige Geschäftsbriefe über z. B. nachträgliche Belastungen ■ Bankbelege (z. B. Kontoauszüge) ■ Postbelege (z. B. Quittungen über Einzahlungen, Versand, Kontoauszüge der Postbank)	■ Kopien von Ausgangsrechnungen ■ Quittungsdurchschriften ■ Durchschrift der Gutschriftsanzeige an Kunden für Rücksendung von Erzeugnissen und nachträglichen Preisnachlass ■ Lohn- und Gehaltslisten ■ Durchschriften von Begleitbriefen zu weitergegebenen Schecks und Wechseln ■ Durchschriften von abgesandten sonstigen Geschäftsbriefen ■ Belege über Privatentnahmen (Entnahme von Gegenständen und sonstigen Leistungen) ■ Belege über Stornobuchungen und Umbuchungen sowie über Abschlussbuchungen

Ersatzbelege sind auszustellen, wenn ein **Originalbeleg** abhandengekommen ist oder ein **Fremdbeleg** nicht zu erhalten war. Bei verlorengegangenen Fremdbelegen wird man in der Regel eine Abschrift erbitten. Fehlen z. B. über eine Taxifahrt oder von auswärts geführte Ferngespräche die erforderlichen Belege, so ist ein Ersatzbeleg zu erstellen, der **Zeitpunkt, Grund und Höhe der Ausgabe** enthält.

Ersatzbelege

Folgende Arbeitsstufen umfasst die Bearbeitung der Belege in der Buchhaltung:

- **Vorbereitung** der Belege zur Buchung
- **Buchung** der Belege im Grund- und Hauptbuch
- **Ablage** und Aufbewahrung der Belege

Beleg-bearbeitung

Die sorgfältige Vorbereitung der Belege ist unerlässliche Voraussetzung ordnungsmäßiger Buchführung. Dazu gehören:

- **Überprüfung der Belege** auf ihre **sachliche und rechnerische Richtigkeit**
- **Bestimmung des Buchungsbeleges.** Gehören zu einem Geschäftsvorfall mehrere Belege (z. B. bei Banküberweisungen: Überweisungsvordruck und Kontoauszug), muss vorab bestimmt werden, welcher Beleg als Buchungsunterlage verwendet werden soll, um mehrfache Buchungen zu vermeiden.
- **Ordnen der Belege nach Belegarten (Belegsortierung)** als **Voraussetzung für Sammelbuchungen** und eine ordnungsmäßige Ablage und **Aufbewahrung** der Belege:
  - Ausgangsrechnungen
  - Gutschriften an Kunden
  - Eingangsrechnungen
  - Gutschriften von Lieferern
  - Lohn- u. Gehaltslisten
  - Postbankbelege
  - Bankbelege
  - Kassenbelege
  - Privatentnahmen
  - sonstige Belege
- **Fortlaufende Nummerierung** der Belege innerhalb jeder Belegart
- **Vorkontierung der Belege**, indem man mithilfe eines Kontierungsstempels die Buchungssätze bereits auf den Belegen angibt

Jede Buchung im Grund- und Hauptbuch enthält den Hinweis auf die **Belegart** und die **Belegnummer.** Dieser **Belegvermerk** (z. B. AR 15) stellt sicher, dass zu jeder Buchung der zugehörige Beleg sofort auffindbar ist. Umgekehrt muss nach jeder Buchung der **Buchungsvermerk auf dem Beleg** eingetragen werden, der die Journalseite, das Bu-

Belegvermerk

chungsdatum sowie das Zeichen des Buchhalters angibt. Durch diese **wechselseitigen Hinweise** wird der **Beleg zum Bindeglied** zwischen Geschäftsvorfall und Buchung.

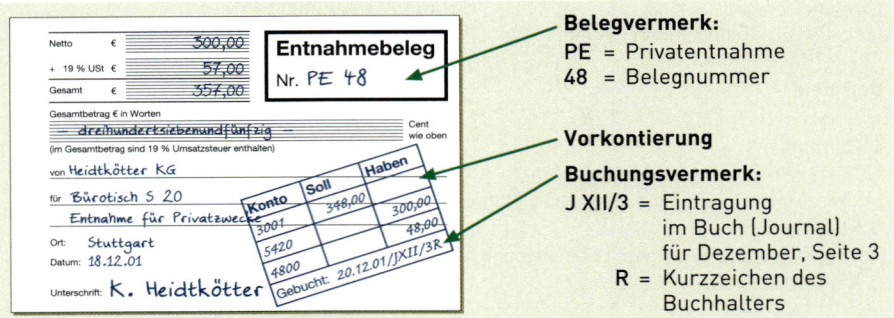

Aufbewahrung der Belege

Nach der Buchung müssen die Belege sorgfältig abgelegt und **10 Jahre** aufbewahrt werden, gerechnet vom Schluss des Kalenderjahres, in dem der Beleg entstanden ist (§ 257 Abs. 4 HGB). Für jede **Belegart** wird in der Regel ein **Ordner** angelegt, in dem die Belege nach fortlaufender Nummer abgeheftet sind. Bei einer Mikrofilmablage oder bei Aufbewahrung in elektronischen Medien muss die jederzeitige Wiedergabe der Belege sichergestellt sein.

Bücher der Buchführung

Die Buchungen müssen **jederzeit nachprüfbar** sein. Sie sind deshalb jeweils

- in **zeitlicher Reihenfolge** zu erfassen,
- nach **sachlichen Gesichtspunkten** zu ordnen und
- gegebenenfalls **durch Nebenaufzeichnungen** zu erläutern.

Diese Ordnung der Buchungen erfolgt in bestimmten „**Büchern**" der Buchführung.

Grundbuch

Im **Grundbuch (Journal)** werden die Buchungen in **zeitlicher (chronologischer) Reihenfolge** erfasst. Im Einzelnen nimmt das Grundbuch folgende Buchungen auf:

1. **Eröffnungsbuchungen über EBK**
2. **Laufende Buchungen** aufgrund der vorkontierten Belege
3. **Vorbereitende Abschlussbuchungen**, die auch **Umbuchungen** genannt werden:
   - Buchung der Abschreibungen
   - Abschluss der Unterkonten (z. B. Privat)
   - Verrechnung der Vor- und Umsatzsteuer usw.
4. **Abschlussbuchungen**
   - Abschluss der **Erfolgskonten** über das GuV-Konto
   - Abschluss des **GuV-Kontos** über das Eigenkapitalkonto oder das Schlussbilanzkonto
   - Abschluss der **Bestandskonten** über das Schlussbilanzkonto

Wichtige Daten sind im Grundbuch bzw. Journal auszuweisen: Belegdatum, Belegvermerk, Buchungstext, Kontierung und der Buchungsbetrag:

Journal		Monat November 01				Seite 6
Datum	**Beleg**	**Buchungstext**	**Kontierung**		**Betrag in €**	
			Soll	Haben	Soll	Haben
12.11.01		Übertrag von Seite 5			232.800,00	232.800,00
12.11.01	BA 158	Überweisung an Vits KG	4400	2800	64.640,00	64.640,00
13.11.01	AR 896	Verkauf an Holzen OHG	2400	5000	54.740,00	46.000,00
				4800		8.740,00
14.11.01	BA 159	Überweisung von Decker	2800	2400	72.784,00	72.784,00
...						

Die chronologischen Aufzeichnungen im Journal ermöglichen es, jeden einzelnen Geschäftsfall während der Aufbewahrungsfristen schnell bis zum Beleg zurückzuverfolgen und damit nachzuweisen.

Jede Grundbuchung muss auf dem entsprechenden Sachkonto des Hauptbuches und gegebenenfalls auf dem Konto bzw. der Karteikarte eines Nebenbuches (Lagerkartei, Kunden- und Liefererkonto u. a.) erfasst werden. Ob die Grundbuchungen vor der Übertragung auf die Konten (= **Übertragungsbuchführung**) oder **im Durchschreibeverfahren (= Durchschreibebuchführung)** oder **automatisch** mit der Buchung auf den Konten **(EDV-Buchführung)** erfolgen, ist eine Frage des jeweils angewandten **Buchungsverfahrens**.

Buchungs-verfahren

Aus dem Grundbuch lässt sich der Stand der einzelnen Vermögensteile und Schulden nicht erkennen. Deshalb müssen die Geschäftsfälle noch in **sachlicher** Ordnung auf entsprechenden **Sachkonten** gebucht werden, z. B. alle Gehaltszahlungen auf einem Konto „6300 Gehälter", alle Bargeschäfte auf einem Konto „2880 Kasse" u. a. Die Sachkonten stellen wegen ihrer Bedeutung für die Buchführung das **Hauptbuch** dar. Sie werden in der Regel auf losen Formblättern oder EDV-mäßig geführt.

Hauptbuch

Die Sachkonten sind die **im Kontenplan** des Betriebes verzeichneten **Bestands- und Erfolgskonten**. Ihr Abschluss führt nach Abstimmung mit den Inventarwerten zum GuV-Konto und zum Schlussbilanzkonto. Bei jeder Buchung auf einem Sachkonto müssen ähnlich wie im Grundbuch vermerkt werden: Datum, Belegvermerk, Buchungstext, Gegenkonto, Betrag im Soll und im Haben:

Beispiel

Konto: 2800 Bank					
Beleg-datum	Beleg-vermerk	Buchungstext	Gegen-konto	Betrag in €	
				Soll	Haben
12.11.01	BA 158	Überweisung an Dentzer	4400		64.640,00
14.11.01	BA 159	Überweisung von Leinel	2400	72.784,00	
...					

Zusammenhang zwischen Belegen, Grundbuch und Hauptbuch

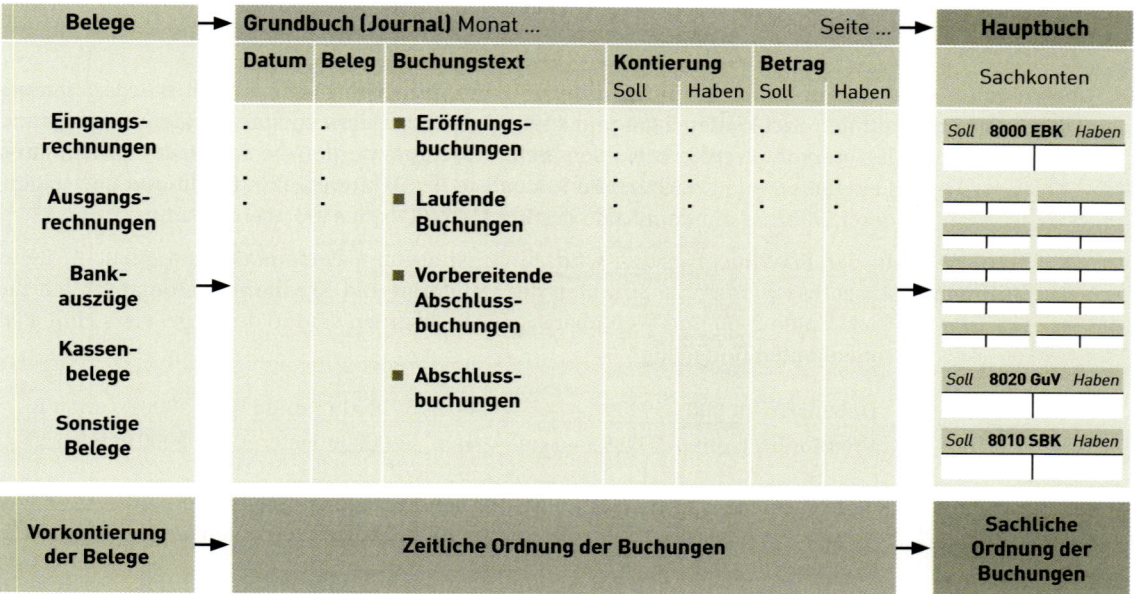

Nebenbücher

Bestimmte Sachkonten des Hauptbuches müssen **näher erläutert** werden, um **wichtige Einzelheiten** zu erfahren. Das geschieht in entsprechenden **Nebenbüchern.**

Sachkonten		Nebenbücher
Forderungen aus Lieferungen u. Leistungen, **Verbindlichkeiten** aus Lieferungen u. Leistungen	◄─►	**Kontokorrentbuch** erfasst den unbaren Geschäftsverkehr mit jedem einzelnen Kunden und Lieferer.
Bestandskonten für Roh-, Hilfs- und Betriebsstoffe, unfertige und fertige Erzeugnisse sowie Handelswaren	◄─►	**Lagerkartei** erfasst für jede einzelne Werkstoff- und Warenart Zugänge und Abgänge und ermittelt jederzeit (permanent) den Buchbestand.
Löhne und Gehälter	◄─►	**Lohn- und Gehaltsbuchhaltung** Für jeden Arbeitnehmer wird ein Lohn- bzw. Gehaltskonto geführt.
Anlagenkonten	◄─►	**Anlagenkartei** Für jeden Anlagegegenstand gibt es eine Anlagenkarte, die Auskunft über Anschaffungskosten, Nutzungsdauer, Abschreibung und Buchwert jeweils zum 31. Dezember gibt.

Debitoren Kreditoren

Die Kontokorrentbuchhaltung erfasst den Geschäftsverkehr mit Kunden und Lieferern. Die Einrichtung von **Personenkonten für Kunden und Lieferer** ist erforderlich, weil aus den Sachkonten „2400 Forderungen a. LL" und „4400 Verbindlichkeiten a. LL" nicht zu ersehen ist, wie hoch die Forderungen gegenüber den einzelnen Kunden (Debitoren) und die Schulden gegenüber den einzelnen Lieferern (Kreditoren) sind. Die Kunden- und Liefererkonten dienen vor allem der **Überwachung der Zahlungstermine.** Sie bilden das **Kontokorrentbuch.**

Beispiel: Kundenkonto

Kundenkonto: Steil Büromöbel GmbH, Köln						Kontonummer: 10001
Datum	**Beleg**	**Buchungstext**	**Journalseite**	**Soll**	**Haben**	**Saldo**
02.01. ..	–	Saldovortrag	J1	199.800,00		199.800,00
04.01. ..	BA 1	Banküberweisung	J1	–	83.480,00	116.320,00
07.01. ..	AR 38	Verkauf Art.-Nr. 567	J2	35.700,00		152.020,00
...						

Übertragungsbuchführung

Bei konventioneller Buchhaltung (Übertragungsbuchführung) muss jede Buchung auf den **Sachkonten 2400** und **4400 zugleich** auf dem entsprechenden Kunden- und Liefererkonto vermerkt werden. Beim Abschluss werden die Salden der Kunden- und Liefererkonten jeweils in eine **Saldenliste** für **Debitoren** bzw. **Kreditoren** übertragen, deren Summe mit dem Saldo des Kontos 2400 bzw. 4400 übereinstimmen muss.

EDV-Buchführung

In der EDV-Buchführung wird zunächst auf den **Personenkonten** gebucht. Beim Abschluss werden die **Summen der Debitoren** und **Kreditoren automatisch** auf die Sachkonten 2400 und 4400 **übertragen. Sachkonten** sind in der Regel **vierstellig, Personenkonten fünfstellig:**

Debitoren: 10000 – 59999 ─────► z. B. 10000 Kunde A,   10001 Kunde B

Kreditoren: 60000 – 99999 ─────► z. B. 60000 Lieferer A,   60001 Lieferer B

Kundenkonten erhalten z. B. an der **fünften** Stelle (die EDV-Anlage liest die Kennziffern von rechts nach links) die **Kennziffern 1 bis 5, Liefererkonten** die Ziffern **6 bis 9.**

Beispiel

In der Heidtkötter KG wird folgender Auszug aus der Saldenliste der Kunden- und Liefererkonten sowie die Sachkonten 2400 und 4400 zum 31. Dezember 01 erstellt:

Konto-Nr.	Kunden	Salden
10001	Steil GmbH	199.800,00
10002	Reiser GmbH	255.200,00
10003	Leinel KG	275.000,00
...	...	...
	Saldensumme	**730.000,00**

Konto-Nr.	Lieferer	Salden
60001	Dentzer GmbH	329.500,00
60002	Rotha & Co.	236.750,00
60003	Stahlhandel GmbH	294.000,00
...	...	...
	Saldensumme	**860.250,00**

2400 Forderungen a. LL				
Datum	Beleg	Text	Soll	Haben
31.12.	–	Übertrag	1.238.750,00	508.750,00
01.01.		**Saldo**	**–**	**730.000,00**
			1.238.750,00	1.238.750,00

4400 Verbindlichkeiten a. LL				
Datum	Beleg	Text	Soll	Haben
31.12.	–	Übertrag	589.000,00	1.449.250,00
01.01.		**Saldo**	**860.250,00**	**–**
			1.449.250,00	1.449.250,00

4

Wertschöpfungsprozesse analysieren und beurteilen

Mithilfe der Kosten- und Leistungsrechnung den Erfolg dokumentieren, kontrollieren und steuern

Mithilfe des nachstehenden Schaubildes lässt sich die Kosten- und Leistungsrechnung (KLR) im Unternehmen verorten. Für das Management werden die Informationen erfasst und aufbereitet, die es erlauben, den Erfolg zu dokumentieren, zu kontrollieren und auf der Basis des erzeugten Zahlenmaterials zu steuern. Dazu ist es erforderlich, die im Rahmen des Wertschöpfungsprozesses anfallenden Kosten und Leistungen möglichst vollständig und periodengerecht zu erfassen. Unter dem Begriff

Wertschöpfung **Wertschöpfung** versteht man die durch den betrieblichen Leistungsprozess erzeugte Wertsteigerung der eingesetzten Werkstoffe und der übrigen Produktionsfaktoren bis hin zu den fertigen Erzeugnissen. Ein derartiger Wertschöpfungsprozess wird zahlenmäßig durch **Kosten** und **Leistungen** erfasst.

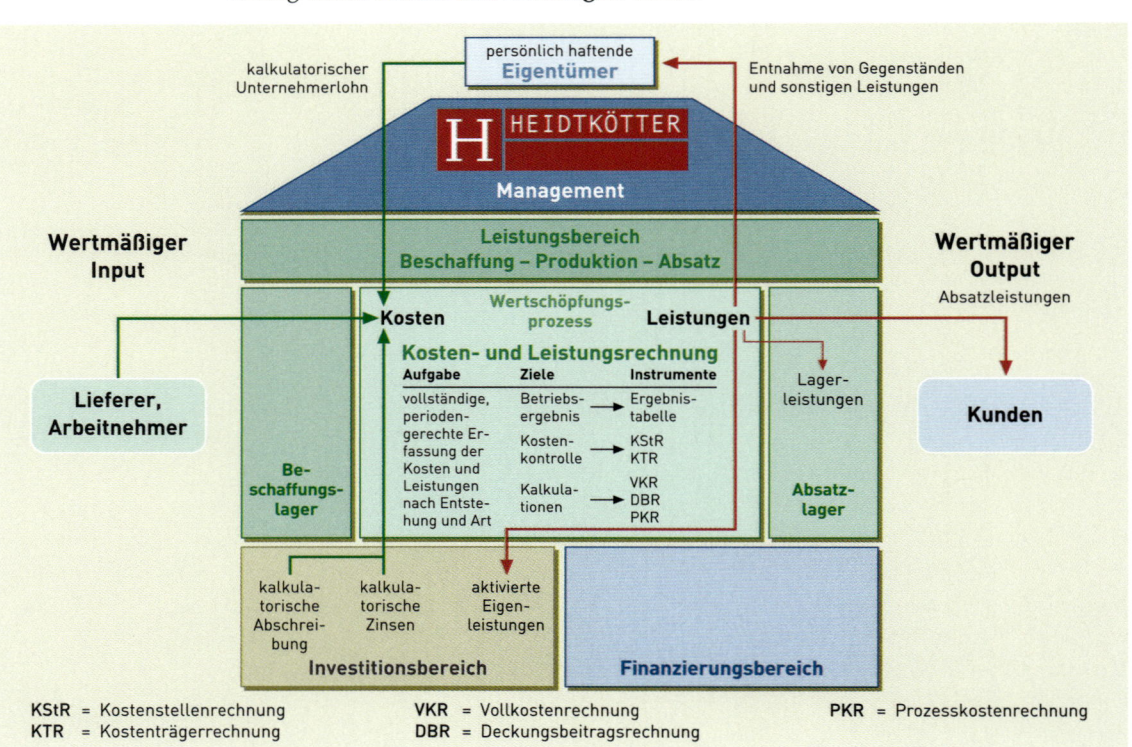

Mit den **Instrumenten** der Kosten- und Leistungsrechnung

- Kostenstellenrechnung (KStR)
- Kostenträgerrechnung (KTR)
- Vollkostenrechnung (VKR)
- Deckungsbeitragsrechnung (DBR)
- Prozesskostenrechnung (PKR)

wird hierzu unverzichtbares Zahlenmaterial für die Führungsebene des Industriebetriebes erzeugt. Dabei geht es stets darum – wie eingangs bereits angedeutet –, den Wertschöpfungsprozess im Hinblick auf das Formalziel der Gewinnerzielung zu kontrollieren und zu steuern. Das durch die Finanzbuchhaltung erzeugte unternehmensbezogene Gesamtergebnis wird zu diesem Zweck so gefiltert, dass ausschließlich das Ergebnis des betrieblichen Wertschöpfungsprozesses deutlich wird. Die Größenordnung zeigt sich an dem mithilfe der **Ergebnistabelle** ermittelten **Betriebsergebnis** (s. Erarbeitungsteil Seite 205 und INFO-Teil ab Seite 521).

› LF 4, Kap. 1.2
› LF 4, Kap. 1.2

Mithilfe der **Kostenstellenrechnung** und der **Kostenträgerrechnung** wird die Kontrolle des Wertschöpfungsprozesses angestrebt. **Vollkostenrechnung**, **Deckungsbeitragsrechnung** und **Prozesskostenrechnung** liefern mit ihren jeweils unterschiedlichen Ansätzen das Zahlenmaterial für die Kalkulation und Kontrolle der Marktpreise.

1
Eine in der Buchführung dokumentierte Erfolgssituation analysieren und steuern

Das Zahlenmaterial, auf das die Kosten- und Leistungsrechnung (KLR) zunächst zurückgreifen kann, findet sich in den Erfolgskonten der Buchführung und im Gewinn- und Verlustkonto. Herauszuheben ist allerdings an dieser Stelle, dass dieses Zahlenmaterial seinen Ursprung in den Leistungsbereichen des Unternehmens hat und dass auch dort zusätzliche – nicht im Gewinn- und Verlustkonto enthaltene – Kosten entstehen. Allerdings enthält das Gewinn- und Verlustkonto auch Positionen, die nicht aus dem betrieblichen Leistungsprozess herrühren und somit auch nicht in die KLR übernommen werden dürfen.

1.1
Das Gewinn- und Verlustkonto im Hinblick auf den Unternehmenserfolg analysieren

Die Finanzbuchführung erfasst alle Aufwendungen (wertmäßiger Input in den Leistungsbereich) und Erträge (wertmäßiger Output aus dem Leistungsbereich) einer Abrechnungsperiode in den Kontenklassen 5, 6 sowie 7 und bündelt sie im Konto 8020 Gewinn- und Verlustkonto. Da sämtliche Aufwendungen und Erträge unterschiedslos erfasst werden, bietet das Gewinn- und Verlustkonto das **Gesamtergebnis** der Unternehmung an. Entsprechend unternehmensbezogen bleiben dann auch die analytischen Zugriffe. Allerdings lassen sich aus den jeweiligen Positionen des Gewinn- und Verlustkontos Einzelaussagen ableiten.

Möchte die Unternehmungsleitung das Gesamtergebnis daraufhin untersuchen, welche Anteile nichts mit der eigentlichen Betriebstätigkeit zu tun haben, bietet die Finanzbuchhaltung im GuV-Konto keine zufriedenstellende Hilfestellung an. Hierzu wäre es erforderlich, ein sogenanntes „neutrales Ergebnis" neben dem Betriebsergebnis zu ermitteln. Das sieht die Finanzbuchhaltung aber nicht vor und trennt daher nicht eindeutig die Kosten von den neutralen Aufwendungen. Dies übernimmt wesentlich sorgfältiger innerhalb der Kosten- und Leistungsrechnung die **Ergebnisrechnung** (s. Seiten 521 f.).

› LF 4, Kap. 1.2

Hinsichtlich des gelieferten Gesamtergebnisses lassen sich mit der Finanzbuchhaltung jedoch weitere durchaus aussagekräftige Berechnungen bezüglich der Rentabilität anstellen. Die **Rentabilität** bezeichnet die Ertragskraft des Unternehmens. Insofern bildet sie einen Maßstab für den Erfolg des Unternehmens. Man ermittelt sie,

Rentabilität

indem man den Jahresgewinn zum **Eigenkapital**, **Gesamtkapital** oder **Umsatz** in Beziehung setzt (= Eigenkapitalrentabilität, Gesamtkapitalrentabilität, Umsatzrentabilität). An dieser Stelle befassen wir uns nur oberflächlich mit der Rentabilität. Verfeinerte Zugriffe finden Sie im Kapitel 1.3 des INFO-Teils in diesem Lernfeld.

› LF 4, Kap. 1.3

Bei Einzelunternehmen und Personengesellschaften muss der Jahresgewinn vorab noch um den **Unternehmerlohn** für den mitarbeitenden Inhaber (Gesellschafter) gekürzt werden. Nur so lässt sich ein **Vergleich** mit einer Kapitalgesellschaft der gleichen Branche (z. B. GmbH) durchführen, in der die Gehälter der geschäftsführenden Gesellschafter Aufwand (Betriebsausgaben) darstellen und somit den Gewinn schmälern. Darüber hinaus werden Posten neutralisiert, die als ungewöhnlich, einmalig oder unregelmäßig einzustufen sind. Das sind vor allem die sogenannten außerordentlichen Aufwendungen und Erträge.

Ferner sollten Aufwendungen und Erträge herausgenommen werden, die mit der eigentlichen betrieblichen Leistungserstellung nichts zu tun haben. Das Merkmal der nicht betrieblichen Verursachung in diesem Sinne trifft bspw. zu auf Miet- und Zinserträge, auf Erlöse bzw. auf Verluste aus Anlagenabgängen.

Eigenkapital-rentabilität

Zur Errechnung der **Eigenkapitalrentabilität** (Unternehmerrentabilität) ermittelt man also den entsprechend bereinigten Jahresgewinn (Unternehmergewinn) und setzt ihn zum Eigenkapital in Beziehung. Da das Eigenkapital zum Ende des Geschäftsjahres zeitpunktbezogen bestimmt ist, nähert man sich seinem realen Aufbau im Verlauf des Geschäftsjahres an, indem man den Wert als Durchschnitt aus Anfangs- und Schlussbestand der Bilanzen bestimmt.

$$\text{Eigenkapitalrentabilität} = \frac{\text{bereinigter Jahresgewinn} \cdot 100\ \%}{\text{durchschnittliches Eigenkapital}}$$

Beispiel

	Berichtsjahr	Vorjahr
Eigenkapital am 01.01.	5.130.000,00 €	4.800.000,00 €
Eigenkapital am 31.12.	+ 6.830.000,00 €	+ 5.130.000,00 €
	11.960.000,00 € : 2 =	9.930.000,00 € : 2
durchschnittliches Eigenkapital	**5.980.000,00 €**	**4.965.000,00 €**

	Berichtsjahr	Vorjahr
Jahresgewinn	2.098.000,00 €	1.570.000,00 €
– Unternehmerlohn usw.	240.000,00 €	240.000,00 €
+ außerordentlicher Aufwand	160.000,00 €	70.000,00 €
– außerordentlicher Ertrag	460.000,00 €	330.000,00 €
Unternehmensgewinn (bereinigter Jahresgewinn)	**1.558.000,00 €**	**1.070.000,00 €**

	Berichtsjahr	Vorjahr
Eigenkapitalrentabilität = $\dfrac{\text{Unternehmensgewinn} \cdot 100\ \%}{\text{durchschnittl. Eigenkapital}}$	$\dfrac{1.558.000 \cdot 100\ \%}{5.980.000} = \mathbf{26{,}05\ \%}$	$\dfrac{1.070.000 \cdot 100\ \%}{4.965.000} = \mathbf{21{,}55\ \%}$

Der Jahresgewinn im obigen Beispiel hat sich im Vergleich der Jahre von absolut 1.570.000,00 € im Vorjahr auf 2.098.000,00 € im Berichtsjahr, also um 528.000,00 € erhöht. Diese nicht unerhebliche Gewinnsteigerung hat sich bezüglich der Eigenkapitalrentabilität nicht entsprechend auswirken können, da im Berichtsjahr auch das Eigenkapital erheblich zugenommen hat. Dennoch zeigt die Rentabilität des Eigenkapitals eine Steigerung von 21,55 % auf 26,05 %. Insofern wurde im Berichtsjahr außer der landesüblichen Verzinsung eine Risikoprämie von 4,5 Prozentpunkten erwirtschaftet.

	Berichtsjahr	Vorjahr
Eigenkapitalrentabilität	26,05 %	21,55 %
– landesüblicher Zinssatz für langfristiges Kapital	5,00 %	5,00 %
Risikoprämie für Unternehmerwagnis	**21,05 %**	**16,55 %**

Zusammenfassend lässt sich sagen, dass der **Jahresgewinn** eines Personenunternehmens

1. einen angemessenen **Unternehmerlohn**,
2. eine landesübliche **Verzinsung** des Eigenkapitals und zusätzlich
3. eine branchenübliche **Prämie** für das **Unternehmerrisiko**

abwirft.

Dabei ist zu bedenken, dass der Gewinn nicht allein mit dem Eigenkapital erzielt wird. Einzubeziehen in das Kalkül ist das langfristige Fremdkapital. Will man die **Rentabilität** aus Eigen- und Fremdkapital, also des verzinslichen **Gesamtkapitals** ermitteln, muss man die für das Fremdkapital gezahlten Zinsen dem Unternehmergewinn wieder hinzurechnen, da diese als Aufwand den Gewinn gemindert haben.

Gesamtkapitalrentabilität

$$\text{Gesamtkapitalrentabilität} = \frac{(\text{ber. Jahresgewinn} + \text{Zinsaufwendungen}) \cdot 100\ \%}{\text{durchschnittliches Gesamtkapital}}$$

Das errechnete Ergebnis gibt Aufschluss darüber, ob sich die Aufnahme von Fremdkapital gelohnt hat. Dies ist stets der Fall, wenn der Fremdkapitalzins **niedriger** ist als die Gesamtkapitalrentabilität – oder anders formuliert: wenn die Rentabilität des Eigenkapitals **größer** ist als die des Gesamtkapitals.

Beispiel

	Berichtsjahr	Vorjahr
Gesamtkapital am 01.01.	10.130.000,00 €	9.800.000,00 €
Gesamtkapital am 31.12.	11.830.000,00 €	10.130.000,00 €
durchschn. Gesamtkapital (**GK**)	10.980.000,00 €	9.765.000,00 €
Unternehmensgewinn (**UG**)	1.558.000,00 €	1.030.000,00 €
Zinsen lt. GuV-Konto (**Z**)	159.000.00 €	127.000,00 €
Gesamtkapitalrentabilität = $\dfrac{(\textbf{UG} + \textbf{Z}) \cdot 100\ \%}{\textbf{GK}}$	$\dfrac{(1.558.000 + 159.000) \cdot 100\ \%}{10.980.000}$ = **15,64 %**	$\dfrac{(1.070.000 + 127.000) \cdot 100\ \%}{9.765.000}$ = **12,26 %**
Eigenkapitalrentabilität	**= 26,05 %**	**= 21,55 %**

In beiden Geschäftsjahren übersteigt die Eigenkapitalrentabilität die Gesamtrentabilität, wobei sich das Ergebnis im Berichtsjahr deutlich verbessert hat.

Umsatzrentabilität

Setzt man den Unternehmensgewinn zu den **Umsatzerlösen** in Beziehung, erfährt man, wie viel Prozent der Umsatzerlöse als Gewinn dem Unternehmen zugeflossen sind, also die **Umsatzrentabilität**: Wie viel Euro je 100,00 € Umsatz wurden verdient?

Beispiel

	Berichtsjahr	Vorjahr
Umsatzrentabilität = $\dfrac{\text{Unternehmensgewinn} \cdot 100\ \%}{\text{Umsatzerlöse}}$	$\dfrac{1.558.000,00 \cdot 100\ \%}{35.300.000,00}$ = **4,4 %**	$\dfrac{1.070.000,00 \cdot 100\ \%}{32.250.000,00}$ = **3,32 %**

Die in der Tabelle dargestellte Entwicklung lässt sich positiv beurteilen, weil sich die Umsatzrentabilität im Vergleichszeitraum von **3,32 %** auf **4,4 %** – also um über einen Prozentpunkt – erhöht hat. Im Berichtsjahr wurden somit **4,40 €** je **100,00 €** Umsatz gegenüber **3,32 €** im Vorjahr verdient. Das bedeutet eine nicht unerhebliche Steigerung der Ertragskraft der Unternehmung.

Kostenintensität

Kennzahlen zur **Kostenintensität** untersuchen, welchen Anteil typische „Kostenblöcke" an den Gesamtkosten haben. Aus dieser Beziehung lassen sich im Zeit- oder Branchenvergleich Rückschlüsse auf „Schieflagen" im Unternehmen ziehen.

Materialkostenintensität

So kann eine über dem Durchschnitt liegende **Materialkostenintensität** aussagen, dass Werkstoffe nicht optimal eingesetzt bzw. verschwendet werden oder dass das Unternehmen eine geringe Fertigungstiefe aufweist.

Personalkostenintensität

Besondere Bedeutung unter diesen Kennzahlen hat die **Personalkostenintensität**, in der die Beziehung zwischen Personalkosten und Gesamtkosten (= Personalkostenquote) untersucht wird. Hohe Personalkosten und hohe Personalkostenquoten führen nicht selten zu Konfrontationen zwischen Mitarbeitern und Geschäftsleitung. Die Arbeitgeber beklagen, dass die hohen Personalkosten – insbesondere die hohen Personalnebenkosten – die Konkurrenzfähigkeit beeinträchtigen; vonseiten der Arbeitnehmer wird der ständige Druck auf die Personalkosten und die zu geringen Lohn- und Gehaltssteigerungen – trotz hoher Unternehmensgewinne – beklagt. Sinnvoll ist es, die Personalkostenquote in ihrer Entwicklung zu betrachten, also sie immer im Vergleich mit vorhergehenden Abrechnungsperioden oder mit dem Branchendurchschnitt zu sehen.

Personalkostenquote und Materialkostenquote sind eng miteinander verzahnt und sollten immer in ihrer Beziehung zueinander gedeutet werden:

- Eine niedrige Materialkostenquote (30 % bis 40 %) in Verbindung mit einer hohen Personalkostenquote (deutlich über dem Durchschnitt, also etwa bei 55 %) deuten auf eine **große Fertigungstiefe** hin.
- Eine hohe Materialkostenquote (ca. 70 %) in Verbindung mit einer niedrigen Personalkostenquote sind Anzeichen für eine **geringe Fertigungstiefe.**

$$\text{Personalkostenquote} = \frac{\text{Personalaufwendungen der Abrechnungsperiode} \cdot 100\,\%}{\text{Gesamtleistung der Abrechnungsperiode}}$$

$$\text{Materialkostenquote} = \frac{\text{Materialaufwendungen der Abrechnungsperiode} \cdot 100\,\%}{\text{Gesamtleistung der Abrechnungsperiode}}$$

1.2
Das Gewinn- und Verlustkonto im Hinblick auf Kosten und Leistungen analysieren

Die Kosten- und Leistungsrechnung konzentriert sich auf die eigentlichen Tätigkeiten des Betriebes: auf die Wertschöpfung aus Beschaffung, Produktion, Absatz und aus Serviceleistungen. Die Wertschöpfung ist damit die Grundlage des betrieblichen Erfolgs.

Dabei werden die der Wertschöpfung dienenden **Wertezuflüsse** in den Leistungsprozess (betriebliche Aufwendungen = Kosten) und die daraus entstehenden **Werteabflüsse** aus dem Leistungsprozess (betriebliche Erträge = Leistungen) sorgfältig von den **nicht** dem Betriebszweck dienenden Aufwendungen und Erträgen unterschieden. Diese nicht dem Betriebszweck dienenden Aufwendungen und Erträge bezeichnet man mit den Begriffen „**Neutrale Aufwendungen**" bzw. „**Neutrale Erträge**".

Neutrale Erträge sind z. B.:

■ Mieterträge, Zinserträge, Erträge aus Wertpapierverkäufen

■ Erträge aus dem Verkauf von Gegenständen des Anlagevermögens

■ Steuererstattung für zurückliegende Geschäftsjahre

■ Steuererlass, Erträge aus Gläubigerverzicht

Neutrale Aufwendungen sind z. B.:

■ betriebsfremde Aufwendungen

■ betriebliche periodenfremde Aufwendungen

■ außerordentliche Aufwendungen

■ Verluste aus Vermögensabgängen

■ Verluste aus Schadensfällen

Betriebliche Aufwendungen und Erträge weisen dagegen einen direkten Bezug zur betrieblichen Beschaffungs-, Leistungs- und Absatzebene auf. Sie gehen unmittelbar auf den Betriebszweck zurück und erfassen insofern alle Vorgänge der Wertschöpfung, die aus Beschaffung, Produktion und Absatz sowie aus Serviceleistungen entstehen. Die Kosten- und Leistungsrechnung greift diese betrieblichen Aufwendungen und Erträge aus der Finanzbuchhaltung auf und übernimmt sie i. d. R. unverändert als Kosten bzw. Leistungen.

In der **Kosten- und Leistungsrechnung** werden die

betriebsbedingten Aufwendungen, z. B.

■ Aufwendungen für Roh-, Hilfs- und Betriebsstoffe,

■ Aufwendungen für bezogene Leistungen,

■ Personalkosten,

■ Abschreibungen,

■ Miete,

■ Steuern,

■ Zinsen,

■ Betriebskosten,

■ vgl. weitere Kontenklassen: 6 und 7,

als **Kosten** und die

betriebsbedingten Erträge, z. B.

■ Umsatzerlöse,

■ Bestandsveränderungen,

■ aktivierte Eigenleistungen,

■ auf Lager genommene Erzeugnisse (= Lagerleistung),

als **Leistungen** bezeichnet.

Um die neutralen Aufwendungen und Erträge, die dem Betriebszweck nicht unmittelbar dienen, aus dem Zahlenwerk der Finanzbuchhaltung herausfiltern zu können, bedient man sich einer **Ergebnistabelle**. Mit ihrer Hilfe lassen sich die Ergebnisse der Finanzbuchhaltung für die Kosten- und Leistungsrechnung (KLR) nutzbar machen.

Ergebnistabelle						
Finanzbuchhaltung			Kosten- und Leistungsrechnung			
Ermittlung des Unternehmungsergebnisses			Abgrenzungs-rechnung		Betriebsergebnis-rechnung	
Konten	Aufwen-dungen	Erträge	neutrale Auf-wendungen	neutrale Erträge	Kosten	Leistungen
Abstimmung d. Ergebnisse	Unternehmungs-ergebnis		neutrales Ergebnis		Betriebs-ergebnis	

Neutrale Erträge

Neutrale Aufwendungen

Kosten

Leistungen

Ergebnistabelle

Die Ergebnistabelle wird folgendermaßen geführt:

Zunächst übernimmt der Controller alle Aufwands- und Ertragskonten der Kontenklassen 5, 6 und 7 mit ihren Salden aus der Finanzbuchhaltung in die linken Spalten der Ergebnistabelle (s. Überschrift „Finanzbuchhaltung"). Nachdem die Salden aller Erfolgskonten aus dem Gewinn- und Verlustkonto auf diese Weise in die Ergebnistabelle übernommen und zum **Gesamtergebnis** zusammengefasst worden sind, erfolgt die Übertragung dieser Salden in die **Betriebsergebnisrechnung** oder in die **Abgrenzungsrechnung**.

Dabei sind folgende Leitideen zu berücksichtigen:

Betriebsergebnis-rechnung

In die **Betriebsergebnisrechnung** werden die Salden aus den linken Spalten der Ergebnistabelle dann übertragen, wenn es sich um **Erträge** handelt, die in voller Höhe **Leistungen** darstellen, und wenn es sich um **Aufwendungen** handelt, die in voller Höhe **Kosten** darstellen. In der **Betriebsergebnisrechnung** fließen also alle betrieblichen Aufwendungen (= Kosten) und alle betrieblichen Erträge (= Leistungen) aus der Finanzbuchhaltung zusammen.

So lassen sich z. B. die Umsatzerlöse aus der Ertragsspalte der Finanzbuchhaltung in die Spalte „Leistungen" der Betriebsergebnisrechnung überführen. Die Salden der Werkstoffkonten bspw. werden aus der Aufwandsspalte der Finanzbuchhaltung als „Kosten" in die Spalte Kosten der Betriebsergebnisrechnung eingetragen.

Abgrenzungs-rechnung

Der Betriebsergebnisrechnung ist die sogenannte **Abgrenzungsrechnung** vorgeschaltet. Ihre Aufgabe ist es, diejenigen Aufwendungen und Erträge von der Betriebsergebnisrechnung fernzuhalten, die nicht dem Wertschöpfungsprozess zugeordnet sind: dies sind die sogenannten neutralen Aufwendungen und Erträge. Bildhaft gesprochen werden in der Abgrenzungsrechnung aus allen Aufwendungen und Erträgen der Finanzbuchhaltung die neutralen herausgefiltert, und nur die betrieblichen dürfen passieren und in die Betriebsergebnisrechnung einfließen. In die Abgrenzungsrechnung werden also die Salden aus der Finanzbuchhaltung dann übertragen, wenn es sich in voller Höhe um **Neutrale Erträge** oder **Aufwendungen** handelt.

Mieterträge (5400) und Zinserträge (5710) z. B. werden daher der Spalte „Neutrale Erträge" zugeführt und auf diese Weise von der Betriebsergebnisrechnung ferngehalten. Analog hierzu werden z. B. Verluste aus dem Abgang von Vermögensgegenständen (6960) als nicht dem Betriebszweck zuzuordnende Vorgänge erachtet und demgemäß in der Spalte „Neutrale Aufwendungen" festgehalten.

Gewisse Aufwendungen lassen sich nicht in voller Höhe der Betriebsergebnisrechnung oder der Abgrenzungsrechnung zuweisen. Dies kann z. B. für Abschreibungen auf Sachanlagen gelten: Bei diesen ist zu prüfen, ob es Sachanlagen gibt, die nicht betrieblich genutzt werden. Dies ist dann der Fall, wenn ein zum Betriebsvermögen gehörendes Gebäude vermietet ist. Der Anteil in den Abschreibungen, der dann auf betrieblich nicht genutzte Sachanlagen entfällt, ist als neutraler Aufwand zu betrachten und in die Spalte „Neutraler Aufwand" einzustellen. In gleicher Weise wäre bei der Kontengruppe „70 Betriebliche Steuern" zu verfahren. So ist bspw. die Grundsteuer für vermietete Gebäude von der Betriebsergebnisrechnung abzugrenzen und als neutraler Aufwand zu behandeln.

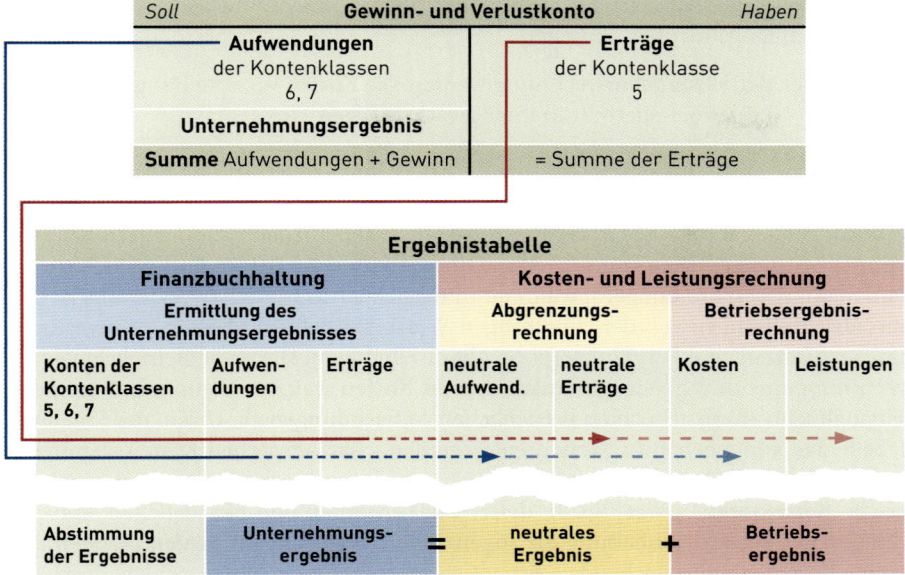

Wenn mithilfe der Ergebnistabelle das Betriebsergebnis einer Rechnungsperiode (z. B. Monat) aus den Umsatzerlösen und den Kosten ermittelt worden ist, lässt sich die **Wirtschaftlichkeit** als wichtige Kennzahl berechnen. Ein Ergebnis von z. B. **1,15** besagt dann, dass je eingesetztem Euro **Kosten 1,15 € Umsatzerlöse** in die Unternehmung zurückfließen.

Wirtschaftlichkeit

$$\text{Wirtschaftlichkeit} = \frac{\text{Leistungen}}{\text{Kosten}}$$

1.3
Die Betriebsergebnisrechnung um kalkulatorische Kostenansätze erweitern

In der bisherigen Ausgestaltung der Ergebnistabelle werden die Zahlen der Finanzbuchhaltung als Ausgangsmaterial genutzt. Dies birgt sowohl Chancen als auch Begrenzungen. Die Chancen sind oben beschrieben. Die Begrenzungen ergeben sich daraus, dass nicht alle anfallenden Kosten erfasst oder nicht in einem angemessenen Umfang dargestellt werden.

› LF 4, Kap. 1.2

Zusätzlich zu den aus der Finanzbuchhaltung bekannten Aufwendungen sollte der Unternehmer all die Kosten erfassen, die aus Gründen der Zweckmäßigkeit oder Vollständigkeit anders gewichtet werden. Demzufolge ist klar, dass die Inhalte der Kosten- und Leistungsrechnung nicht ausschließlich aus der Finanzbuchhaltung abzuleiten sind. Vielmehr gestaltet die Kosten- und Leistungsrechnung ihr Zahlenwerk – losgelöst von steuer- und handelsrechtlichen Vorschriften – nach betriebsinternen, markt- und kundenorientierten Zweckmäßigkeiten und Notwendigkeiten. Damit ist auch gesagt, dass die Ausgestaltung der Kostenrechnung nicht durch rechtliche Vorgaben eingeengt wird, sondern ihre Grenze letztlich in den Marktgegebenheiten (Konkurrenzsituation, Verhalten der Nachfrager) findet.

Ein wesentlicher Grundsatz der Kosten- und Leistungsrechnung lässt sich in diesem Zusammenhang aufrufen. Er lautet:

> **In der Betriebsergebnisrechnung werden alle Kosten verursachungs- und periodengerecht in ihrer zweckmäßigen Höhe erfasst.**

Kalkulatorische Kosten

Einige betriebliche Aufwendungen werden in der Finanzbuchhaltung mit einem Wert angesetzt, der sich für die Kostenrechnung nicht eignet. So werden z. B. die Abschreibungen auf das abnutzbare Anlagevermögen in der Finanzbuchhaltung nach handelsrechtlichen Vorschriften von den Anschaffungskosten berechnet und gebucht (= bilanzmäßige Abschreibungen), während in der Kostenrechnung zweckmäßigerweise die Abschreibungen von den zukünftigen Wiederbeschaffungskosten zu berechnen und anzusetzen sind (= kalkulatorische Abschreibungen). Die in die Betriebsergebnisrechnung einzubringenden **kalkulatorischen Kosten** weichen dann von den in der Finanzbuchhaltung gebuchten **betrieblichen Aufwendungen** ab. Um in der Ergebnistabelle die betrieblichen Aufwendungen von den kalkulatorischen Kosten abgrenzen zu können, wird in den Bereich „Abgrenzungsrechnung" eine Spalte „**Kostenrechnerische Korrekturen**" eingefügt. In dieser Spalte werden den betrieblichen Aufwendungen der Finanzbuchhaltung die sogenannten **Verrechneten Kosten** (= kalkulatorische Kosten) als ausgleichender „Ertrag" gegenübergestellt. Dies geschieht durch die Buchung:

> **Kosten** der Betriebsergebnisrechnung
> an **Verrechnete Kosten** der Abgrenzungsrechnung

Auf diese Weise lässt sich erreichen, dass das Gesamtergebnis aus Betriebs- und Abgrenzungsergebnis dem Unternehmungsergebnis der Finanzbuchhaltung entspricht.

Beispiel

Die Umsatzerlöse sollen 2.450.000,00 € betragen; die betrieblichen Aufwendungen – ohne Abschreibungen – belaufen sich auf 1.820.000,00 €. An bilanzmäßigen Abschreibungen werden 80.000,00 € angesetzt, an kalkulatorischen Abschreibungen 100.000,00 €.

Ergebnistabelle								
Finanzbuchhaltung			**Kosten- und Leistungsrechnung**					
Ermittlung des Unternehmungsergebnisses			Abgrenzungsrechnung				Betriebsergebnisrechnung	
			neutrales Ergebnis		kostenrechnerische Korrekturen			
Konten	Aufwendungen	Erträge	neutrale Aufwend.	neutrale Erträge	betriebl. Aufwend.	verrechn. Kosten	Kosten	Leistungen
Umsatzerlöse		2.450.000						2.450.000
betriebl. Aufwendg.	1.820.000						1.820.000	
Abschreibungen	80.000				80.000			
kalk. Abschreibungen						100.000	100.000	
	1.900.000	2.450.000			80.000	100.000	1.920.000	2.450.000
	550.000				20.000		530.000	
	2.450.000	2.450.000			100.000	100.000	2.450.000	2.450.000

Unternehmungsergebnis	=	neutrales Ergebnis	+	Ergebnis aus kostenrechnerischen Korrekturen	+	Betriebsergebnis

In der Finanzbuchhaltung werden nach handelsrechtlichen Vorschriften die **Abschreibungen** auf das Anlagevermögen ermittelt und ausgewiesen. Diese Vorschriften sind eng ausgelegt und entsprechen häufig nicht den tatsächlichen Wertminderungen. Auch ist es unternehmerisch klug, den Preis der Wiederbeschaffung eines Anlagegutes als Basis für die Abschreibung zu wählen. Nur auf diese Weise kann es gelingen, die erforderlichen Beträge (Abschreibungsgegenwerte) für die Neuinvestition über die Umsatzerlöse ins Unternehmen zurückfließen zu lassen. Insofern ist die kalkulatorische Abschreibung aus betriebswirtschaftlicher Sicht sinnvoller als die handelsrechtliche Abschreibung, da sie darauf abzielt, die Substanz des Unternehmens zu erhalten.

Kalkulatorische Abschreibungen

In Finanzbuchhaltung sowie Kosten- und Leistungsrechnung werden also jeweils unterschiedliche Ziele mit dem jeweiligen **Ansatz der Abschreibung** verfolgt:

■ In der **Finanzbuchhaltung** werden Abschreibungen als **Aufwand** erfasst, um zu verhindern, dass in der Gewinn- und Verlustrechnung ein zu hoher Gewinn ausgewiesen und möglicherweise ausgeschüttet wird (Gefahr der Substanzausschüttung).

■ In der **Kosten- und Leistungsrechnung** werden Abschreibungen als **Kosten** begriffen, um den Werteverlust der Anlagen zu erfassen und in die Preisberechnung einzubeziehen. Soweit am Markt durchsetzbar, versuchen die Unternehmen, alle Kosten im Preis für die Erzeugnisse zurückerstattet zu erhalten. Mit den Umsatzerlösen fließen also auch die Abschreibungsbeträge (Abschreibungsgegenwerte) zurück und stehen in Form flüssiger Mittel für die Erneuerung von Anlagen zur Verfügung (Abschreibungskreislauf).

Abschreibungs- kreislauf

Wertmäßiger Input	Leistungsbereich	Wertmäßiger Output
Roh-, Hilfs- und Betriebsstoffe, Vorprodukte, Fremdbauteile		Kunden
Lieferer	Verschleißanteil geht werterhöhend als **Abschreibung** in den Wert des Stuhls ein.	Geldzuflüsse enthalten die Entgelte für Roh-, Hilfs-, Betriebsstoffe, Vorprodukte/Fremdbauteile und Gewinn, aber auch **Abschreibungen**
Maschinen, Fahrzeuge	Investitionsbereich	
Geldabflüsse bei Neuanschaffung aus **Abschreibungen**	Anlagevermögen / Umlaufvermögen	

Abschreibungen sind also ein bedeutendes Mittel der **Finanzierung** (Innenfinanzierung). Bilanzmäßige und kalkulatorische Abschreibungen lassen sich in ihrer Finanzierungswirkung auf drei Fälle konzentrieren:

Finanzierung aus Abschreibungen

■ **bilanzmäßige Abschreibungen = kalkulatorische Abschreibungen**
In diesen Fall findet eine Vermögensumschichtung vom Anlagevermögen zum Umlaufvermögen statt. Auf Dauer wird die Substanz nur **nominell** erhalten.

■ **bilanzmäßige Abschreibungen > kalkulatorische Abschreibungen**
Der gebuchte Mehraufwand führt zu einer **verdeckten** Finanzierung aus Gewinnen. Dadurch wird auf Dauer die Substanz aufgezehrt.

■ **bilanzmäßige Abschreibungen < kalkulatorische Abschreibungen**
Der erzielte Mehrerlös führt zu einer **offenen** Finanzierung aus Gewinnen. Dem Unternehmen stehen zusätzliche Mittel zur Finanzierung zur Verfügung.

Das Handelsrecht orientiert die Abschreibung aus guten Gründen stets an den Anschaffungskosten bzw. Herstellungskosten. Der betriebswirtschaftlich sinnvolleren Variante kann der Unternehmer mithilfe der Betriebsergebnisrechnung folgen, indem er anstelle der bilanzmäßigen Abschreibung die kalkulatorische Abschreibung auf der Basis von Wiederbeschaffungskosten ansetzt.

Kalkulatorische Zinsen

Die der Finanzbuchhaltung zu entnehmenden Zinsaufwendungen betreffen ausschließlich die **Verzinsung** des tatsächlich in Anspruch genommenen Fremdkapitals (Hypotheken- und Darlehensschulden). Da neben dem Fremdkapital auch Eigenkapital zur Finanzierung des Betriebsvermögens eingesetzt wird, liegt der Schluss nahe, dass auch hierfür eine angemessene Verzinsung berücksichtigt werden sollte. Denn das Eigenkapital könnte alternativ als Geldanlage verzinslich eingesetzt werden. Statt sich auf die tatsächlich gezahlten Zinsen für das Fremdkapital zu begrenzen, wird der Unternehmer eine Verzinsung für das gesamte **eingesetzte Vermögen** (im Vermögen gebundenes betriebsnotwendiges Kapital) als **kalkulatorische Zinsen** ansetzen und in die Betriebsergebnisrechnung aufnehmen.

Kalkulatorischer Unternehmerlohn

Anders als bei Kapitalgesellschaften kann sich der Unternehmer bei Personengesellschaften oder Einzelunternehmen keine Entlohnung im Sinne eines Gehaltes zahlen. Er entnimmt der Unternehmung, was er zum Leben benötigt, d. h., er entzieht der Unternehmung vorzeitig Gewinn. Die vom Unternehmer eingesetzte Arbeitskraft hat gleichwohl einen Wert, der beziffert werden kann. Er findet aus rechtlichen Gründen zwar keinen Niederschlag in der Finanzbuchhaltung, kann aber als kalkulatorischer „Unternehmerlohn" in die Betriebsergebnisrechnung einfließen. Damit wird der Unternehmerlohn in angemessener Form in die Preiskalkulation einbezogen.

Aus den vorausgegangen Ausführungen lässt sich zu Recht folgern, dass der Unternehmerlohn zwar ein echter Kostenbestandteil ist, ihm aber kein Aufwand und keine Ausgabe in der Finanzbuchhaltung gegenüberstehen. Soweit diese Kosten vollständig über die Umsatzerlöse ins Unternehmen zurückfließen, haben sie keinen Einfluss auf die Höhe des Betriebsergebnisses. Das Neutrale Ergebnis (= Verrechnete Kosten) und das Gesamtergebnis (= Umsatzerlöse) werden durch ihn jedoch gewinnerhöhend beeinflusst.

Kalkulatorische Kosten im Überblick

Aufgabe der kalkulatorischen Kosten

Kalkulatorische Kosten sorgen dafür, dass nur der Werteverlust in die Kosten- und Leistungsrechnung eingebracht wird, der durch den Wertschöpfungsprozess tatsächlich entstanden ist, auch wenn er in der Erfolgrechnung der Finanzbuchhaltung nicht oder in anderer Höhe angefallen ist. Dadurch wird die Kosten- und Leistungsrechnung genauer, von Schwankungen einzelner Aufwendungen befreit und ein Kostenvergleich mit einzelnen Perioden oder branchengleichen Betrieben möglich.

Arten der kalkulatorischen Kosten

Die meisten Aufwendungen der Finanzbuchhaltung sind in gleicher Höhe als Kosten im Wertschöpfungsprozess entstanden. In diesen Fällen spricht man von **aufwandsgleichen** Kosten oder **Grundkosten.**

Anderskosten

Einige Aufwendungen der Finanzbuchhaltung stellen zwar betrieblichen Aufwand dar, eignen sich aber in ihrer Höhe nicht für die Kostenrechnung. Sie werden deshalb mit einem anderen Wert in der Kosten- und Leistungsrechnung angesetzt, als sie in der Finanzbuchhaltung gebucht wurden. Kosten dieser Art heißen **Anderskosten**; sie sind **aufwandsungleiche** Kosten. Dazu rechnen z. B. kalkulatorische Abschreibungen, kalkulatorische Zinsen auf das Fremdkapital und kalkulatorische Wagnisse.

Zusatzkosten

Einigen Kosten der Kosten- und Leistungsrechnung liegt gar kein Aufwand in der Finanzbuchhaltung zugrunde. Es handelt sich um **aufwandslose** Kosten (= **Zusatzkosten**). Sie dürfen in der Finanzbuchhaltung nicht erfasst werden, da mit ihnen keine Geldausgaben verbunden sind. Zusatzkosten stellen jedoch betriebsbedingten Wertezufluss dar und müssen deshalb in der Kosten- und Leistungsrechnung zusätzlich berücksichtigt werden. Zu ihnen zählen der kalkulatorische Unternehmerlohn bei Einzelunternehmungen und den Personengesellschaften und die kalkulatorischen Zinsen auf das betriebsnotwendige Eigenkapital.

Betriebsergebnis

Durch das Einbringen der kalkulatorischen Kosten in die Betriebsergebnisrechnung bezweckt der Unternehmer die **vollständige** Erfassung der Kosten, um das Betriebsergebnis berechnen zu können, das ihm den „wahren" Erfolg seiner betrieblichen Tätigkeit mitteilt.

Finanzierungswirkung

Die mit den Umatzerlösen in das Unternehmen zurückfließenden kalkulatorischen Kosten stehen als flüssige Finanzierungsmittel zur Verfügung. Sie werden durch die in der Finanzbuchhaltung gebuchten Aufwendungen vor der Ausschüttung bewahrt.

Die folgende Grafik verdeutlicht die Zusammenhänge zwischen den **Aufwendungen** der Finanzbuchhaltung und den **Kosten** der Betriebsbuchhaltung (= Kosten- und Leistungsrechnung):

Aufwendungen der Finanzbuchhaltung			
neutral	**betrieblich**		
Merkmale: ■ betriebsfremd ■ periodenfremd ■ außerordentlich	Merkmal: ■ zweckgebunden		
keine Kosten in der KLR	**Grundkosten**	**Anderskosten**	**Zusatzkosten**
	Die Aufwendungen der FB sind zugleich Kosten in der KLR: Beispiele: ■ Rohstoffaufwand ■ Löhne ■ ...	Die Aufwendungen der FB werden in der KLR mit einem anderen – zumeist höheren – Wert angesetzt: ■ kalkulatorische Abschreibungen ■ kalkulatorische Zinsen	Für diese Kosten der KLR gibt es in der FB keine Aufwendungen: ■ kalkulatorischer Unternehmerlohn ■ kalkulatorische Miete
Kosten der Kosten- und Leistungsrechnung			
Merkmal: ■ betriebsbezogen			

2
Erfolgssituationen mit der Vollkostenrechnung planen und kontrollieren

2.1
Die Gemeinkosten in den Kostenstellen erfassen und kontrollieren sowie eine Kostenträgerrechnung aufstellen

Kostenarten   Um bestimmte Ziele der KLR erreichen zu können, ist es erforderlich, die Kosten nach zielorientierten Gesichtspunkten aufzuschlüsseln und umzugruppieren. In der folgenden Übersicht finden Sie eine Zusammenstellung bedeutender Ziele und der dazu passenden Kostengliederung:

Ziele der KLR	Merkmale für die Kostengliederung	Zuordnung der Kostenarten	Beispiele
Verbrauch an Produktionsfaktoren planen und kontrollieren	Zusammenfassung der Kosten nach **Verbrauchsarten**	Werkstoffkosten	Aufwendungen an ■ Roh-, Hilfs-, Betriebsstoffen ■ Vorprodukten/Fremd- bauteilen ■ Handelswaren
		Kosten bezogener Leistungen/ Inanspruchnahme von Diensten	Aufwendungen an ■ Fremdleistungen ■ Frachten ■ Fremdinstandhaltungen ■ Mieten, Pachten ■ Beratungskosten
		Personalkosten	Aufwendungen an ■ Löhnen ■ Gehältern ■ sozialen Abgaben ■ Kosten der Alters- versorgung
		Abschreibungen	Aufwendungen an ■ Abschreibungen auf Sachanlagen ■ außerplanmäßigen Abschreibungen ■ Abschreibungen auf Gegenstände des Umlaufvermögens
		Kosten der Kommunikation	Aufwendungen an ■ Büromaterial ■ Porto/Telekommunikation ■ Werbung/Reise
		Steuern und Abgaben	Aufwendungen an ■ betrieblichen Steuern ■ Zöllen ■ Beiträgen
		Zinsen	
Preise auf Vollkostenbasis berechnen (s. Vollkostenrechnung, Kostenträgerrechnung)	Zurechnung der Kosten zu den **Kostenträgern** (Auftrag, Serie, Leistungseinheit)	**Einzelkosten** Einzelkosten zeichnen sich dadurch aus, dass sie unmittel- bar einem bestimmten Kosten- träger zurechenbar sind, weil sie von diesem Kostenträger verursacht wurden.	■ Rohstoffaufwendungen ■ Hilfsstoffaufwendungen ■ Aufwendungen an Vorprodukten/Fremdbauteilen ■ Fertigungsbezogene Löhne ■ Frachten, Verpackungen

Ziele der KLR (Fortsetzung)	Merkmale für die Kostengliederung	Zuordnung der Kostenarten	Beispiele
		Sondereinzelkosten der Fertigung	■ Modellkosten ■ Spezialwerkzeuge ■ Lizenzgebühren
		Sondereinzelkosten des Vertriebs	■ Spezialverpackung ■ Vertriebsprovisionen
		Gemeinkosten Gemeinkosten lassen sich nicht unmittelbar einem bestimmten Kostenträger zurechnen, weil sie für alle Kostenträger **gemeinsam** anfallen. Sie können nur indirekt über Kostenstellen den Kostenträgern zugerechnet werden.	■ Gehälter ■ Zeitlöhne ■ soziale Abgaben ■ Abschreibungen ■ Mieten, Pachten ■ Versicherungen ■ betriebliche Steuern ■ Beiträge ■ Werbe- und Reisekosten
Marktorientierte Entscheidungen treffen (s. Deckungsbeitragsrechnung)	Zusammenfassung der Kosten nach ihrem **Verhalten bei Beschäftigungsänderungen**	**Variable Kosten** (= Kosten passen sich den Beschäftigungsveränderungen an)	■ Rohstoffaufwendungen ■ Hilfsstoffaufwendungen ■ Aufwendungen an Vorprodukten/Fremdbauteilen ■ Akkordlöhne
		Fixe Kosten (= Kosten reagieren nicht oder nur sehr schwerfällig auf Beschäftigungsveränderungen)	■ Gehälter ■ zeitabhängige Löhne ■ Abschreibungen ■ Mieten ■ Versicherungsprämien
		Mischkosten (= Kosten enthalten zugleich variable und fixe Kostenanteile)	■ Kosten der Telekommunikation ■ Kosten der Maschinenwartung
Kundenorientiert kalkulieren (s. Prozesskostenrechnung)	Umgliederung der Gemeinkosten nach **Geschäftsprozessen** Grundlage der Kostenzuweisung sind **Teilprozesse** (= Tätigkeiten mit gemeinsamen Arbeitsergebnissen)	Bestimmte Gemeinkosten lassen sich unmittelbar den Personen zuordnen, die in bestimmten Abteilungen bestimmte Tätigkeiten ausüben. Andere Gemeinkosten werden mithilfe von Schlüsseln den Teilprozessen zugewiesen.	■ Löhne ■ Gehälter ■ soziale Abgaben ■ Mieten ■ Büromaterial usw.

Um nun die Selbstkosten ermitteln und kontrollieren zu können, die ein bestimmter Kostenträger verursacht hat (z. B. die in der Abrechnungsperiode 01 produzierten Konferenzstühle in der Ausführung *feli*), muss ein Weg gefunden werden, wie sich die Kosten **verursachungsgerecht** auf die Kostenträger verteilen lassen. Würde das Unternehmen nur ein Produkt herstellen, hätte es ein Controller einfach: Er könnte die Kosten der Betriebsergebnisrechnung entnehmen, würde feststellen, wie viele Produkte in der Abrechnungsperiode hergestellt wurden, und so die Selbstkosten je Stück erhalten können, indem er die Gesamtkosten durch die Gesamtmenge dividiert (Divisionskalkulation).

Vollkostenrechnung über BAB

Allerdings setzt sich die Produktpalette eines Mehrproduktunternehmens aus verschiedenen Erzeugnissen zusammen, die unterschiedlich hohe Kosten für Lagerung, Produktion, Verwaltung und Vertrieb hervorrufen. Diese Kostenunterschiede müssen aufgedeckt werden, damit jeder **Kostenträger (= Erzeugnisgruppe)** in etwa mit den Kosten belastet wird, die er verursacht hat. Um den Unterschieden auf die Spur zu kommen, nutzt der Controller die sogenannte **Kostenstellenrechnung (mithilfe des Betriebsabrechnungsbogens).**

LF 4, Kap. 2.3

Kostenstellenrechnung

› LF 4, Kap. 2.1

Kostenstellen-rechnung

Sie basiert auf folgenden Überlegungen:

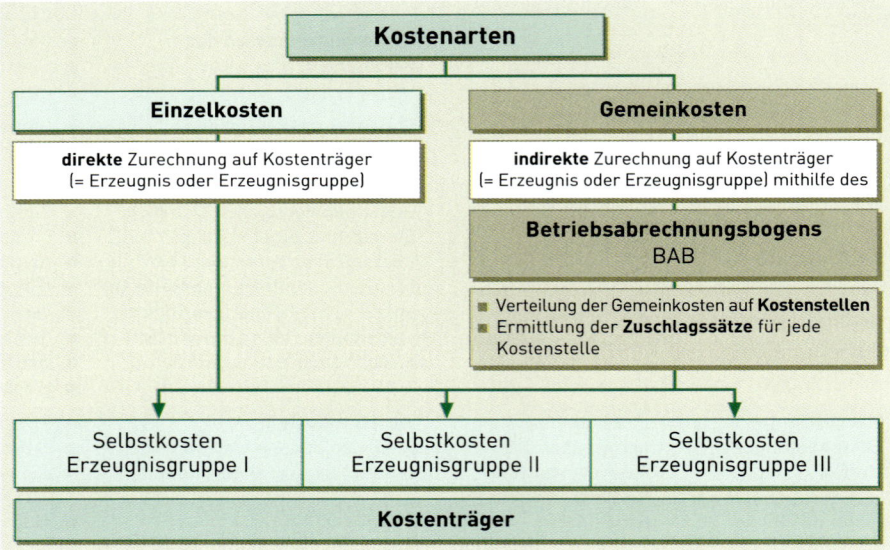

Aufgaben der Kostenstellen-rechnung

Die Kostenstellenrechnung verwendet als Instrument den **Betriebsabrechnungsbogen (BAB)**. Sie erfüllt mittels dieses Instrumentes folgende **Aufgaben**:

1. **Verteilung** der Gemeinkosten auf die **Kostenstellen** des Betriebes

Gemeinkosten und deren Verteilung

Als (Haupt-)**Kostenstellen** eignen sich alle Tätigkeits- und Verantwortungsbereiche im Industrieunternehmen, die als organisatorische Einheit eine gemeinsame Funktion erfüllen. Üblicherweise sind das die folgenden vier Stellen, die jeweils mehrere Tätigkeiten vereinigen:

Hauptkostenstellen nach Funktionen	Tätigkeiten
I. Materialstelle	Werkstoffeingang, -prüfung, -verwaltung
II. Fertigungsstelle	Technische Leitung, Entwicklung/Forschung, Fertigungs-, Prüf-, Kontrollabteilungen
III. Verwaltungsstelle	Kaufmännische Leitung, Einkauf, Buchhaltung; Korrespondenz
IV. Vertriebsstelle	Verkauf, Versand, Versandlager, Werbung

Betriebsabrech-nungsbogen

Auf der Grundlage dieser Kostenstellen baut sich der BAB wie folgt auf: spaltenweise ist er nach Kostenstellen, zeilenweise nach Gemeinkostenarten gegliedert.

Einfacher Betriebsabrechnungsbogen						
Gemeinkostenarten	Zahlen der Betriebsergebnis-rechnung	Verteilungs-grundlagen	Hauptkostenstellen			
			I. Material	II. Fertigung	III. Verwaltung	IV. Vertrieb
…						
…						
Summe der Gemeinkosten			Material-gemein-kosten (MGK)	Fertigungs-gemein-kosten (FGK)	Verwaltungs-gemein-kosten (VerwGK)	Vertriebs-gemein-kosten (VertrGK)

› LF 4, Kap. 3

Falls es für eine genauere Kostenstellenrechnung erforderlich ist, können zusätzliche Kostenstellen eingerichtet werden.

Die Gemeinkosten verteilt der Controller entweder **direkt** auf die Kostenstellen; er benötigt dazu Belege, aus denen er entnehmen kann, welche Kostenstelle die Gemeinkosten „angefordert" hat. Er kann die Gemeinkosten aber auch **indirekt** aufgrund zweckmäßiger **Verteilungsschlüssel** verteilen, was immer dann erforderlich wird, wenn keine Belege vorliegen.

Gemeinkostenarten	Verteilungsgrundlagen
Hilfs- und Betriebsstoffe	direkte Verteilung aufgrund von Belegen (z. B. Materialentnahmescheine)
Frachten, Fremdinstandhaltungen	direkte Verteilung aufgrund von Belegen (z. B. Frachtrechnung, Rechnung über Instandsetzungen)
Gehälter, Hilfslöhne, Soziale Abgaben	direkte Verteilung aufgrund von Belegen (z. B. Lohn- und Gehaltslisten)
Mieten, Pachten	indirekte Verteilung (z. B. aufgrund der Gebäude- oder Raumflächen, die von Kostenstellen genutzt werden)
Büromaterial	direkte Verteilung (z. B. aufgrund von Rechnungen)
Kosten der Telekommunikation	direkte oder indirekte Verteilung (z. B. aufgrund von Rechnungen oder aufgrund der internen Aufzeichnungen über die Verwendung der Dienste)
Reisekosten	direkte oder indirekte Verteilung je nach Anlass der Reise
Werbung	indirekte Verteilung nach Verteilungsschlüsseln
Beiträge	indirekte Verteilung nach Verteilungsschlüsseln
Betriebliche Steuern	indirekte Verteilung nach Verteilungsschlüsseln (z. B. Beschäftigtenzahl, Investitionsvolumen, Beitrag zur Wertschöpfung)
Kalkulatorische Kosten	indirekte Verteilung nach Verteilungsschlüsseln (z. B. Beschäftigtenzahl, Investitionsvolumen, Beitrag zur Wertschöpfung)

Beispiel

Indirekte Verteilung der kalkulatorischen Abschreibungen:

Im BAB auf Seite 222 des Erarbeitungsteils sind die kalkulatorischen Abschreibungen mit 1.200.000,00 € angegeben. Dieser Betrag soll nach dem investierten Anlagevermögen auf die Hauptkostenstellen verteilt werden:

Insgesamt wurden 8.560.000,00 € in den vier Hauptkostenstellen investiert. Auf die Hauptkostenstelle „Material" entfallen davon:

$$\text{Abschreibungen der Materialstelle} = \frac{1.200.000,00\,€ \cdot 810.000,00\,€}{8.560.000,00\,€} = 113.551,00\,€$$

Gerundet auf ganze hundert Euro ergeben sich in der Materialstelle 113.600,00 € Abschreibungen (siehe Arbeitsauftrag 1 auf Seite 222).

Entsprechend sind die Anteile der übrigen Hauptkostenstellen zu berechnen.

2. Errechnung von **Zuschlagssätzen** für die Kostenträgerrechnung   **Zuschlagssätze**

Aus den in den Hauptkostenstellen ermittelten Gemeinkosten und aus geeigneten Zuschlagsgrundlagen berechnet der Controller für jede Hauptkostenstelle Zuschlagsprozentsätze. Diese Zuschlagssätze werden für die anteilige Zurechnung der Kostenstellengemeinkosten auf die Kostenträger benötigt (s. Selbstkostenkalkulation).

Kostenstellen-Gemeinkosten	Zuschlagsgrundlagen	Berechnung der Zuschlagssätze für die Kostenträgerrechnung (Kalkulation)
Materialgemein-kosten (MGK)	Fertigungsmaterial (FM), z. B. Rohstoffe, Montageteile, Vorprodukte	$\text{MGK-Zuschlagssatz} = \dfrac{\text{MGK} \cdot 100\,\%}{\text{FM}}$

Kostenstellen-Gemeinkosten	Zuschlagsgrundlagen	Berechnung der Zuschlagssätze für die Kostenträgerrechnung (Kalkulation)
Fertigungsgemein-kosten (FGK)	Fertigungslöhne (FL) als Einzelkosten	$\text{FGK-Zuschlagssatz} = \dfrac{\text{FGK} \cdot 100\ \%}{\text{FL}}$
Verwaltungsgemein-kosten (VerwGK)	Herstellkosten des Umsatzes (HKdU)	$\text{VerwGK-Zuschlagssatz} = \dfrac{\text{VerwGK} \cdot 100\ \%}{\text{HKdU}}$
Vertriebsgemein-kosten (VertrGK)	Herstellkosten des Umsatzes (HKdU)	$\text{VertrGK-Zuschlagssatz} = \dfrac{\text{VertrGK} \cdot 100\ \%}{\text{HKdU}}$

› LF 4, Kap. 2.1

Aus bestimmten Zuschlagsgrundlagen und den Kostenstellen-Gemeinkosten werden die Zuschlagssätze nach den obigen Rechenvorschriften errechnet. Ein Material-gemeinkostenzuschlagssatz von z. B. 14,91 % sagt aus, dass auf je 100,00 € eingesetztes Fertigungsmaterial 14,91 € Gemeinkosten einzurechnen sind.

Als Zuschlagsgrundlage für die **Materialgemeinkosten** (MGK) dienen die Einzelkosten „Fertigungsmaterial" (= Rohstoffe + Vorprodukte/Fremdbauteile). Damit wird zwischen dem Einsatz an Fertigungsmaterial (FM) und den errechneten Materialgemeinkosten im BAB eine prozentuale Beziehung hergestellt. Sie wirkt sich bei der Preisberechnung (= Stückkalkulation) so aus, dass ein höherer Materialeinsatz auch mit einem höheren Anteil an Materialgemeinkosten einhergeht.

Als Zuschlagsgrundlage für die **Fertigungsgemeinkosten** (FGK) dienen die Einzelkosten „Fertigungslöhne". Auch hier wird zwischen dem Lohneinsatz bei der Produktion und den im BAB errechneten Fertigungsgemeinkosten (FGK) eine prozentuale Beziehung hergestellt. Dies geschieht unabhängig davon, ob in der betrieblichen Realität die Fertigungsgemeinkosten tatsächlich in einer prozentualen Abhängigkeit von den Fertigungslöhnen stehen.

Die **Verwaltungs- und Vertriebsgemeinkosten** werden aus Gründen einer einheitlichen Kalkulation in eine Prozentbeziehung zu den Herstellkosten des Umsatzes gesetzt.

Das Berechnungsschema für die Herstellkosten des Umsatzes folgt dem Aufbau der Kostenstellen im Betriebsabrechnungsbogen: Fasst man die **Materialkosten** und die **Fertigungskosten** zusammen, so erhält man die **Herstellkosten der Erzeugung**. Diese Herstellkosten sind um die Kosten der **unfertigen Erzeugnisse** zu berichtigen. Das geschieht, indem man die Anfangs- und Endbestände der unfertigen Erzeugnisse in die Berechnung einbezieht und so die **Herstellkosten der fertigen Erzeugnisse** erhält. Korrigiert man diese Herstellkosten um die Kosten der zwar fertigen, aber noch nicht verkauften Ereugnisse, erhält man die **Herstellkosten des Umsatzes**:

Fertigungsmaterial		
+ Materialgemeinkosten		
= Materialkosten		
Fertigungslöhne		
+ Fertigungsgemeinkosten		
= Fertigungskosten		
= Herstellkosten der Erzeugung		
+ Anfangsbestand unfertige Erzeugnisse		
- Endbestand unfertige Erzeugnisse		
= Herstellkosten der fertigen Erzeugnisse		
+ Anfangsbestand fertige Erzeugnisse		
- Endbestand fertige Erzeugnisse		
= Herstellkosten des Umsatzes		

Ist der Endbestand an unfertigen/fertigen Erzeugnissen **größer** als der Anfangsbestand, liegt ein **Mehrbestand** vor, der die Herstellkosten **verringert**.

Bestands-veränderungen

Ist der Endbestand an unfertigen/fertigen Erzeugnissen **kleiner** als der Anfangsbestand, liegt ein **Minderbestand** vor, der die Herstellkosten **vergrößert**.

Vereinfacht lassen sich die Herstellkosten des Umsatzes auf der Basis der Bestandsveränderungen (Mehr-/Minderbestände) auch wie folgt berechnen:

= **Herstellkosten der Erzeugung**
+ **Minderbestand** unfertige/fertige Erzeugnisse
- **Mehrbestand** unfertige/fertige Erzeugnisse
= **Herstellkosten des Umsatzes**

Das vollständige, allgemein gehaltene Kalkulationsschema – das **Kostenträgerblatt** –, das verwendet wird, um die Selbstkosten, die Umsatzerlöse und die Betriebserfolge insgesamt sowie für jede Erzeugnisgruppe zu berechnen, finden Sie im Erarbeitungsteil auf Seite 227.

Selbstkosten
› **LF 4, Kap. 2.4**

Die Einzelkosten „Fertigungsmaterial" und „Fertigungslöhne" werden für jede Erzeugnisgruppe den Aufschreibungen der Buchführung entnommen oder aufgrund der Auftrags- und Lohnzettel ermittelt.

3. **Kontrolle der Gemeinkosten** in den Kostenstellen

Die Kostenstellenrechnung im BAB ermöglicht es dem Controller, Kostenkontrollen durchzuführen:

- Zum einen kann er den Kostenverbrauch für jede Gemeinkostenart in jeder Kostenstelle im Vergleich aufeinanderfolgender Monate oder im Vergleich mit vorgegebenen Kosten kontrollieren. Dabei muss er natürlich sicherstellen, dass **Beschäftigungs-** und **Preisänderungen** ausgeschaltet werden.

- Des Weiteren kann er die Gesamtsummen der in den Kostenstellen verursachten Kosten – wiederum im Zeitvergleich oder im Vergleich mit vorgegebenen Plankosten – kontrollieren. Bei **Verbrauchsabweichungen** muss der Betriebsleiter einen Mehrverbrauch rechtfertigen.

Beispiel

Die Istkosten in der Kostenstelle „Fertigung" betragen im Monat Juli 1.339.350,00 €. Die Beschäftigung betrug insgesamt 5 200 Fertigungsstunden (Ist).

Entsprechend der Fertigungsplanung sind für diese Kostenstelle 5 000 Fertigungsstunden/Monat angesetzt, die mit 140,00 € variable Kosten je Stunde kalkuliert wurden. Außerdem hat die Kostenstelle 600.000,00 € fixe Kosten zu tragen.

Die **Plankosten** bei einer Planbeschäftigung von 5 000 Stunden/Monat betragen:
Plankosten (5 000) = 140,00 € · 5 000 Std. + 600.000,00 € = **1.300.000,00 €**

Bei einer Beschäftigung von 5 200 Stunden ergeben sich Plankosten von:
Plankosten (5 200) = 140,00 € · 5 200 Std. + 600.000,00 € = **1.328.000,00 €**

In diesem Fall hätte der Betriebsleiter nur den **Mehrverbrauch** von 11.350,00 € zu verantworten, ohne die Mehrkosten für die Beschäftigungsänderung.

- Und schließlich lassen die zu jeder Hauptkostenstelle monatlich berechneten **Zuschlagssätze** schnell erkennen, ob und in welchem Ausmaß Veränderungen eingetreten sind. Auf solche Veränderungen (z. B. Anstieg der Zuschlagssätze) kann der Controller kurzfristig reagieren, indem er nach den Ursachen forscht.

4. **Kontrolle der Selbstkosten, der Betriebserfolge und der Gewinnzuschläge** in der Kostenträgerrechnung

Das auf Seite 227 im Erarbeitungsteil dargestellte Kostenträgerblatt ist ein hervorragendes Instrument, um im Zeitvergleich betriebsintern kontrollieren zu können, ob und in welchem Ausmaß sich die Selbstkosten, die Betriebserfolge und die Gewinnzuschlagssätze verändert haben. Da das Kostenträgerblatt monatlich aufgestellt wird, werden Veränderungen kurzfristig sichtbar, und es kann entsprechend schnell reagiert werden.

Von besonderem Vorteil ist, dass auch festgestellt werden kann, welche Veränderungen bei den einzelnen Erzeugnisgruppen eingetreten sind.

2.2
Die Istkostenrechnung mit der Normalkostenrechnung vergleichen

Wir haben im Erarbeitungsteil (vgl. Seiten 234 f.) bereits kurz begründet, warum ein Unternehmer darauf angewiesen ist, mit sogenannten **Normalkosten** zu kalkulieren.

Im Folgenden gehen wir ausführlicher auf dieses „Problem" ein:

Während des Geschäftsjahres gibt der Unternehmer laufend Angebote ab, in denen er u. a. verbindlich erklärt, zu welchen Preisen er bereit ist zu liefern. Diese Preise kann er nicht auf der Grundlage des Betriebsabrechnungsbogens berechnen (= kalkulieren), da der Betriebsabrechnungsbogen (BAB) immer erst zum Ende einer Abrechnungsperiode (= Monat, Jahr) aufgestellt wird und folglich auch erst dann die Zahlen (z. B. Zuschlagssätze für die Gemeinkosten) vorliegen. Der BAB ist also vorrangig eine Kontrollrechnung, keine Planungsrechnung.

Um dennoch verlässliche Kosten und Zuschlagssätze für die im Vorgriff auf die nachfolgende Produktion zu kalkulierenden Preise zu erhalten,

■ gibt der Unternehmer die **Einzelkosten** „Fertigungsmaterial" aufgrund von Stücklisten und Durchschnittspreisen, die Einzelkosten „Fertigungslöhne" aufgrund von Arbeitszeitvorgaben für die einzelnen Fertigungsschritte und von festen Lohnsätzen vor;

■ setzt der Unternehmer zur Berechnung der anteiligen **Gemeinkosten** sogenannte **Normalzuschlagssätze** fest. Diese gewinnt er aus den Ist-Zuschlagssätzen der zurückliegenden Monate und wendet sie für die Zukunft (wenigstens für sechs Monate) als Kalkulationsgrundlage an. Bei diesem Verfahren ist zu beachten, dass z. B. der MGK-Zuschlagssatz aus den Größen Fertigungsmaterial und Materialgemeinkosten errechnet wird, für die eine **gegenseitige Abhängigkeit** unterstellt wird.

Beispiel

Die Zuschlagssätze für Materialgemeinkosten betrugen in den zurückliegenden fünf Monaten:

März	15,24 %	Juni	14,96 %
April	15,12 %	Juli	14,73 %
Mai	14,75 %		

Als Durchschnittssatz ergibt sich daraus:

$$\frac{15,24\,\% + 15,12\,\% + 14,75\,\% + 14,96\,\% + 14,73\,\%}{5} = \frac{74,8\,\%}{5} = 14,96\,\%$$

Wenn der Unternehmer darauf achtet, wie sich die Zahlen im Zeitablauf entwickelt haben, dann wird er den **Normalzuschlagssatz** auf **15,0 %** festsetzen.

Die Verwendung von Normalzuschlagssätzen beruht darauf, dass die Ist-Zuschlagssätze von Monat zu Monat Schwankungen unterliegen. Beschaffungsmengen und -preise ändern sich, die Beschäftigung ist unterschiedlich hoch und auch die Stückkosten variieren. Schwankende Zuschlagssätze bilden aber keine geeignete Grundlage für eine planvolle, vorausschauende Kalkulation.

Die für jede Hauptkostenstelle festgelegten Normalzuschlagssätze und die aus dem aufgezeichneten „Verbrauch" von Zeiten und Mengen ermittelten Einzel- und Gemeinkosten bilden nicht nur die Grundlage für eine vorausschauende Preisberechnung. Diese Daten nutzt der Unternehmer auch, um im Voraus die **Selbstkosten** und den

Selbstkosten auf Normalbasis

Betriebsgewinn abschätzen zu können – also noch bevor die Kostenstellen- und die Kostenträgerrechnung aus den Istzahlen aufgestellt wird. Sie finden das Beispiel eines solchen auf Normalzuschlagssätzen aufgebauten Betriebsabrechnungsbogens auf Seite 236 im Erarbeitungsteil. Von diesem BAB zeigen wir hier nur den unteren Teil, um daran einige Erläuterungen nachvollziehbar zu machen.

Summe der Gemein-kosten je Kostenstelle	MGK 1.212.000,00	FGK 4.653.850,00	VerwGK 2.929.500,00	VertrGK 1.786.000,00
Zuschlagsgrundlagen	FM 8.130.000,00	FL 3.790.000,00	HK d. U.	17.747.550,00
Zuschlagssätze (Ist)	Zuschlagssatz für MGK 14,91 %	Zuschlagssatz für FGK 122,79 %	Zuschlagssatz für VerwGK 16,51 %	Zuschlagssatz für VertrGK 10,06 %
Zuschlagssätze (Normal)	15 %	121,5 %	16 %	10 %
			Normal-HK d. Umsatzes: 17.706.050,00	
Normalgemeinkosten	1.219.500,00	4.604.850,00	2.832.968,00	1.770.605,00
Kostenüberdeckung	7.500,00			
Kostenunterdeckung		49.000,00	96.532,00	15.395,00

FM = Fertigungsmaterial
FL = Fertigungslöhne

Als „Zuschlagsgrundlagen" für das Fertigungsmaterial und die Fertigungslöhne weist dieser BAB die aus den Belegen der Finanz- und Betriebsbuchhaltung entnommenen Einzelkosten aus. Auf diese Einzelkosten schlägt der Controller mithilfe der Normalzuschlagssätze für FM und FL die anteiligen „genormten" Materialgemeinkosten und Fertigungsgemeinkosten auf.

Um die Zuschlagsgrundlage für die Verwaltungs- und Vertriebsgemeinkosten zu erhalten, muss der Controller eine Kostenträgerzeitrechnung mit Normalzuschlagssätzen aufstellen:

Kostenträgerblatt zur Berechnung der Normalselbstkosten insgesamt und je Erzeugnisgruppe					
Kalkulationsschema	Kosten lt. BER und BAB	Kostenträger (= Erzeugnisgruppen)			
		Bürostühle BS	Konf.-Syst. KS	Bürotische BT	Sonderlösg. SL
Fertigungsmaterial					
+ 15,0 % MGK					
= Materialkosten					
Fertigungslöhne					
+ 121,5 % FGK					
= Fertigungskosten					
= Herstellkosten der Erzeug.					
– Mehrbestand an FE	38.300,00	0,00	26.850,00	0,00	11.450,00
= Herstellkosten des Umsatzes					
+ 16,0 % VerwGK					
+ 10,0 % VertrGK					
= Selbstkosten des Umsatzes für die Gesamtmenge zu Normalkosten					
Umsatzerlöse (inkl. Entnahmen u. Eigenleistung, ohne Warenerlöse)	23.252.700,00	6.270.500,00	6.094.900,00	6.176.900,00	4.710.400,00
Betriebsergebnis zu Normalkosten					
Gewinnzuschlag in Prozent					
+ Kostenüberdeckung					
– Kostenunterdeckung					
= Betriebserfolg der Fibu					

Die in dieser Kostenträgerzeitrechnung ermittelten Normalgemeinkosten weichen i. d. R. von den Istgemeinkosten ab. Für den Controller ist es wichtig festzustellen, um wie viel Euro die durch die Produktion tatsächlich entstandenen Kosten von den in die Preise eingerechneten (und über die Umsatzerlöse „verdienten") Normalkosten abweichen. Insgesamt dürfen die für die einzelnen Kostenstellen im BAB errechneten Istgemeinkosten nicht höher ausfallen als die für die Kostenstellen ermittelten Normalgemeinkosten. Wenn das der Fall wäre, müsste das Unternehmen eine Gewinneinbuße hinnehmen; denn: Die über die Umsatzerlöse erstatteten Normalgemeinkosten decken dann nicht mehr die durch die Produktion tatsächlich entstandenen Kosten.

Für **jede Kostenstelle** vergleicht der Controller daher die Istgemeinkosten mit den Normalgemeinkosten. Bei diesem Vergleich können drei Fälle auftreten:

- Die Normalgemeinkosten entsprechen genau den Istgemeinkosten. Es liegt keine Abweichung vor.

Kostenüberdeckung
- Die Normalgemeinkosten sind **höher** als die Istgemeinkosten. Es liegt eine sogenannte **Kostenüberdeckung** vor. Im BAB auf Seite 236 im Erarbeitungsteil ist das bei der Kostenstelle „Material" der Fall. Die Kostenüberdeckung beträgt 7.500,00 €.

  Eine Kostenüberdeckung besagt, dass die auf Normalkostenzuschlägen berechneten und in die Umsatzerlöse eingeflossenen Gemeinkosten **höher** sind als die bei der Produktion tatsächlich angefallenen Gemeinkosten. In der obigen Kostenträgerzeitrechnung auf Normalkostenbasis sind daher die Kostenüberdeckungen dem Betriebsergebnis auf Normalkostenbasis zuzurechnen.

> **Kostenüberdeckung =**
> Normalgemeinkosten der Kostenstelle > Istgemeinkosten der Kostenstelle

Kostenunterdeckung
- Die Normalgemeinkosten sind **niedriger** als die Istgemeinkosten. Es liegt eine sogenannte **Kostenunterdeckung** vor. Im BAB auf Seite 236 im Erarbeitungsteil ist das bei den Kostenstellen „Fertigung", „Verwaltung" und „Vertrieb" der Fall. Die Kostenunterdeckung beträgt insgesamt 160.927,00 €.

  Eine Kostenunterdeckung besagt, dass die auf Normalkostenzuschlägen berechneten und in die Umsatzerlöse eingeflossenen Gemeinkosten **niedriger** sind als die bei der Produktion tatsächlich angefallenen Gemeinkosten. In der obigen Kostenträgerzeitrechnung auf Normalkostenbasis sind daher die Kostenunterdeckungen vom Betriebsergebnis auf Normalkostenbasis abzuziehen.

> **Kostenunterdeckung =**
> Normalgemeinkosten der Kostenstelle < Istgemeinkosten der Kostenstelle

>   Betriebsergebnis auf Normalkostenbasis
> + Kostenüberdeckung lt. BAB
> − Kostenunterdeckung lt. BAB
> = Betriebsergebnis der Ergebnistabelle

Sowohl ständige Kostenüberdeckungen innerhalb bestimmter Kostenstellen als auch ständige Kostenunterdeckungen sind „Warnsignale", die den Controller veranlassen, die Normalzuschlagssätze zu korrigieren oder Kosten zu beeinflussen:

- Beständige Kostenüberdeckungen besagen, dass der betreffende Normalzuschlagssatz zu hoch angesetzt ist und gegebenenfalls – auf Anweisung der Geschäftsleitung – herabgesetzt werden muss.
- Beständige Kostenunterdeckungen führen zu (monatlichen) „Kosteneinbußen" in bestimmten Kostenstellen; sie schmälern den Erfolg. Hier hat der Controller nach-

zuforschen, ob Kosteneinsparungen bei bestimmten Gemeinkostenarten möglich sind. Wenn das nicht der Fall ist, muss der Normalzuschlagssatz angehoben werden, was zu Preiserhöhungen bei allen Erzeugnisgruppen führt. Ob eine solche Maßnahme tatsächlich durchgeführt wird, hängt von der Marktsituation ab.

Das obige Kostenträgerblatt verwendet der Controller auch, um den geplanten Erfolg der einzelnen Erzeugnisgruppen kurzfristig berechnen zu können (= **kurzfristige Erfolgsrechnung**). Dazu füllt er auf der Grundlage der Einzelkosten und der Normalzuschlagssätze die Spalten für die Erzeugnisgruppen aus und erhält als Ergebnis die Selbstkosten für jede Erzeugnisgruppe. Subtrahiert er diese Selbstkosten von den Umsatzerlösen, die die Erzeugnisgruppen erwirtschaftet haben, so geben ihm die Differenzen an, wie viel Euro Betriebsgewinn (auf Normalkostenbasis) die einzelnen Erzeugnisgruppen erbracht haben.

Kurzfristige Erfolgsrechnung

Die Normalkostenrechnung erfüllt ihren Zweck dort, wo es darum geht, monatlich schwankende Ist-Zuschlagssätze für eine zukunftsorientierte Kalkulation auf eine feste Basis zu stellen. Sofern der Unternehmer das Ziel verfolgt, den Kostenverbrauch zu kontrollieren, sollte er sich vor Augen führen, dass die Normalkostenrechnung hierfür keine geeignete Grundlage darstellt:

Kritik an der Normalkostenrechnung

- Die Normalkostenrechnung verwendet für ihre „genormten" Zuschlagssätze die Istkosten der Vergangenheit, ohne zu prüfen, inwieweit diese Vergangenheitswerte „Spiegelbilder" von Unwirtschaftlichkeiten sind. Was in der Vergangenheit an Materialvergeudung und an ungenauen Kostenaufteilungen auf die Kostenstellen passiert ist, wird nicht dadurch „geheilt", dass man Durchschnittswerte bildet. Für eine Kostenkontrolle benötigt der Controller eine verlässliche Vergleichsbasis, die so nur die **Plankostenrechnung** liefern kann.

- Wegen der fehlenden Vergleichsbasis (= Plankosten) kann auf der Grundlage der Normalkostenrechnung auch nicht nachgeforscht werden, welche Ursachen die Abweichungen zwischen Ist- und Normalkosten haben. Wer dennoch nach Ursachen forscht, wird mit großer Wahrscheinlichkeit Fehldeutungen vornehmen, die im ungünstigsten Fall die bestehenden Ungenauigkeiten vergrößern. Fraglich bleibt dann auch, ob eine Anpassung der Normalzuschlagssätze bei Kostenabweichungen die wirtschaftlich sinnvolle Maßnahme ist.

- Die Berechnung von Kostenstellen-Zuschlagssätzen – unabhängig, ob sie auf Istkosten, Normalkosten oder Plankosten basiert – unterstellt immer eine Abhängigkeit der Stellengemeinkosten von den gewählten Zuschlagsgrundlagen. Diese Unterstellung ist mehr als fraglich.

Eine markt- oder kundenorientierte Kalkulation in Form der Deckungsbeitragsrechnung oder der Prozesskostenkalkulation löst die Kostenzurechnung der Gemeinkosten verursachungsgerechter.

2.3
Vor- und Nachkalkulationen aufstellen

Aufgaben der Kalkulation

Die Kalkulation, die der Preisberechnung dient, heißt auch **Kostenträgerstückrechnung**. Der Controller benutzt dieses Rechenschema, um

- verbindliche Angebotspreise auf der Grundlage der Einzelkosten und der Normalzuschlagssätze zu berechnen (= **Vorkalkulation** auf Vollkostenbasis),
- zu kontrollieren, ob die in der Vorkalkulation vorgegebenen Kosten durch die Istkosten aus der Produktion eingehalten wurden (= **Nachkalkulation** auf Vollkostenbasis),
- marktorientierte Preise auf der Grundlage der variablen Kosten bzw. der ausgabewirksamen Kosten zu bestimmen; sie geben ihm den Preisspielraum bei Verhandlungen mit Kunden an (= **Teilkostenkalkulation**) und sichern die Liquidität,
- kundenorientierte Preise auf der Grundlage von Prozesskosten zu bestimmen (= **Prozesskostenkalkulation**). Grundgedanke ist, den Kunden nur mit den Kosten zu belasten, die sein Auftrag im Unternehmen verursacht.

Arten der Vollkostenkalkulation

Sofern im Unternehmen die Vollkostenkalkulation – zumindest zur betriebsinternen Kostenkontrolle – angewandt wird, richtet sich die Ausgestaltung des Kalkulationsschemas nach dem Produktionsprogramm und dem Fertigungsverfahren:

- Bei der **Einzelfertigung** werden alle Kosten dem jeweiligen Projekt (Großanlagen, Brücken, Gebäude, Schiffe) zugerechnet. Die Zurechnung der Kosten auf den Kostenträger stellt hier kein Problem dar.
- Bei der **Serienfertigung** werden auf den gleichen Produktionsanlagen unterschiedliche Produkte hergestellt, die unterschiedliche Kosten verursachen und die Produktionsanlagen in unterschiedlichem Umfang beanspruchen. Hier ist die Einteilung in Einzelkosten- und Gemeinkosten sinnvoll: Die Einzelkosten werden den Kostenträgern (Serie, Auftrag) direkt zugerechnet, während die Gemeinkosten indirekt über die Kostenstellen und Kostenstellen-Zuschlagssätze den verschiedenen Produkten zugeordnet werden können. Dieser Fertigungsart ist die **Zuschlagskalkulation** angepasst.
- Bei der **Sortenfertigung** werden mehrere Produktarten aus dem gleichen Ausgangsmaterial, aber in unterschiedlicher Form und Größe hergestellt (z. B. Bleche, Ziegel, Bier, Bekleidung). Dieser Fertigungsart ist die **Äquivalenzziffernkalkulation** angepasst.

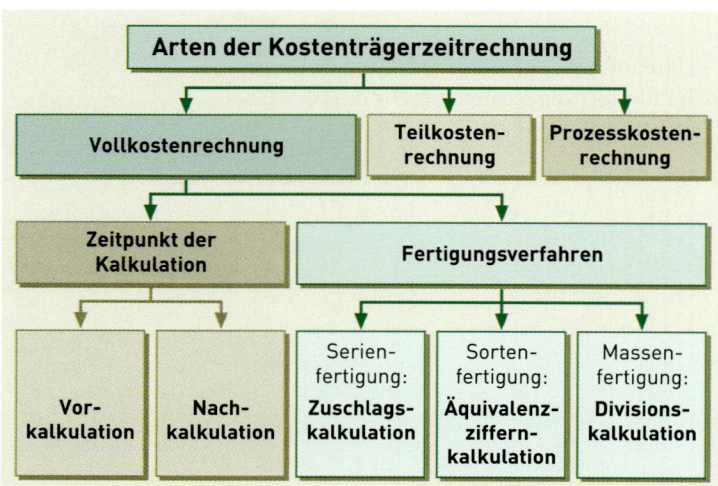

- Bei der **Massenfertigung** wird auf bestimmten Fertigungsanlagen während einer bestimmten Zeit nur ein Produkt in großen Stückzahlen hergestellt. Die Selbstkosten für eine Produkteinheit lassen sich ermitteln, indem alle Kosten, die während der Fertigung eines bestimmten Produktes angefallen sind, durch die Stückzahl dividiert werden. Das hierfür geeignete Kalkulationsverfahren ist die **Divisionskalkulation**.

Die **Zuschlagskalkulation** entspricht in ihrem Aufbau der Kostenträgerzeitrechnung. Sie kann sowohl zur Berechnung der Selbstkosten als auch zur Berechnung des Barverkaufspreises oder des Angebotspreises eingesetzt werden.

In ihrer Funktion als **Vorkalkulation** dient die Zuschlagskalkulation dazu, den Barverkaufspreis oder den Angebotspreis zu einem Zeitpunkt zu bestimmen, zu dem die Preislisten gedruckt werden bzw. die Kundenanfrage eingeht, aber die Produktion i. d. R. noch nicht durchgeführt worden ist. Die Vorkalkulation basiert also auf Normalzuschlagssätzen. Sie setzt verbindliche Verkaufspreise fest, aus denen bei Auftragserteilung realisierte Umsatzerlöse entstehen.

In ihrer Funktion als **Nachkalkulation** dient die Zuschlagskalkulation der Kontrolle, ob der zu Normalkosten angenommene Auftrag im Rahmen dieser Kosten abgewickelt werden konnte. Die Nachkalkulation wird nach Abschluss des Auftrags oder des Projektes auf der Basis der tatsächlich entstandenen Einzelkosten und der im BAB ausgewiesenen Ist-Zuschlagssätze durchgeführt. Sie zeigt gegenüber der Vorkalkulation Abweichungen auf.

In der Praxis ist es üblich, beide Kalkulationsformen in einer Tabelle zu vereinen:

Beispiel

In der Vorkalkulation für einen Bürostuhl sind die Normalzuschlagssätze zugrunde gelegt worden. Der erwartete Gewinn ist mit 5,96 % angesetzt.

Die Nachkalkulation basiert auf den durch Belege nachgewiesenen Einzelkosten. Die Ist-Zuschlagssätze sind dem BAB entnommen.

› LF 4, Kap. 2.3

Stückkalkulation für einen Bürostuhl der Serie *ongis*				
Kalkulationsschema	**Vorkalkulation**		**Nachkalkulation**	
Fertigungsmaterial		65,00 €		65,00 €
+ Materialgemeinkosten	15 %	9,75 €	14,91 %	9,69 €
= Materialkosten		74,75 €		74,69 €
Fertigungslöhne		30,50 €		30,50 €
+ Fertigungsgemeinkosten	121,5 %	37,06 €	122,79 %	37,45 €
= Fertigungskosten		67,56 €		67,95 €
= Herstellkosten der Erzeugung		142,31 €		142,64 €
+ Verwaltungsgemeinkosten	16 %	22,77 €	16,51 %	23,55 €
+ Vertriebsgemeinkosten	10 %	14,23 €	10,06 %	14,35 €
= Selbstkosten		179,31 €		180,54 €
+ Gewinn	5,96 %	10,69 €	5,24 %	9,46 €
= Barverkaufspreis		190,00 €		190,00 €

Die Gegenüberstellung der beiden Kalkulationen zeigt die Abweichungen. Die Istgemeinkostenzuschlagssätze weichen deutlich von den Normalzuschlagssätzen ab. Insgesamt ergibt sich ein um 1,23 € niedrigerer Gewinn als geplant.

Die **Äquivalenzziffernkalkulation** kommt bei der Sortenfertigung zur Anwendung. Die Sortenfertigung ist dadurch gekennzeichnet,

- dass die Erzeugnisse (= Sorten) **artgleich** sind. Das ist z. B. bei Dachpfannen, Ziegeln, Biersorten u. a. der Fall.
- dass die Erzeugnisse in ein **festes Kostenverhältnis** zueinander gebracht werden können.
- dass es ein Erzeugnis (eine Sorte) gibt, das aufgrund seiner Menge oder seiner Kostenverursachung als **Haupterzeugnis** mit der Äquivalenzziffer 1 belegt werden kann.

Äquivalenzziffernkalkulation

Bei den relativ artgleichen Produkten kann es nur dann zu unterschiedlichen Selbstkosten kommen,

- wenn von den einzelnen Sorten unterschiedliche Mengen hergestellt werden,
- wenn die einzelnen Sorten die Produktionsstätten unterschiedlich stark beanspruchen,
- wenn die einzelnen Sorten unterschiedlich hohe Einzelkosten (Fertigungsmaterial, Fertigungslöhne) verursachen.

Die unterschiedlich starke Beanspruchung der Produktionsstätten und/oder die unterschiedlich hohen Materialeinsätze werden als Merkmal herangezogen, um das **Kostenverhältnis** zwischen den einzelnen Sorten festzulegen. Hierbei hat die Hauptsorte die Äquivalenzziffer 1. Die anderen Sorten werden durch einen Zuschlag oder Abschlag so in Beziehung zu Sorte 1 gesetzt, dass sich ein „Abbild" der Kostenverursachung ergibt.

Beispiel

Die Heidtkötter KG fertigt Bürostühle in drei „Linien": als Drehstuhl, als Besucherstuhl und als Designerstuhl. Da die Fertigung der Gestelle nur geringe Unterschiede aufweist, wird das Kostenverhältnis aufgrund des Materialeinsatzes festgelegt:

Bürostühle	Produktionsmenge in Stück	Materialverbrauch in Meter je Stuhl	Materialverbrauch insgesamt	Äquivalenzziffern
Drehstuhl	20 000	5,0 m	100 000 m	1,0
Besucherstuhl	10 000	4,5 m	45 000 m	0,8
Designerstuhl	3 000	6,0 m	18 000 m	1,5

Die Festlegung der Hauptsorte mit der Äquivalenzziffer 1 geschieht nach der hergestellten Menge. Die Äquivalenzziffern der übrigen Sorten werden nach Herstellmenge und Arbeitsaufwand im Vergleich zur Hauptsorte festgelegt.

Aus den obigen Angaben lassen sich die Selbstkosten für jeden Stuhltyp wie folgt berechnen. Die Selbstkosten der Abrechnungsperiode werden mit 5.900.000,00 € angesetzt:

Typ	Produktions-menge in Stück	Äquivalenz-ziffern		Umrechnungs-zahlen		Selbstkosten je Stuhl	Selbstkosten je Stuhltyp
Drehstuhl	20 000 ·	1,0	=	20 000		181,54 €	**3.630.769,00 €**
Besucherstuhl	10 000 ·	0,8	=	8 000		145,23 €	**1.452.308,00 €**
Designerstuhl	3 000 ·	1,5	=	4 500		272,31 €	**816.923,00 €**
				32 500			5.900.000,00 €
Berechnung:							
Stückselbstkosten der Hauptsorte	5.900.000,00 :			32 500	=	**181,538 €**	
Stückselbstkosten der Nebensorten		0,8 ·		181,538	=	**145,231 €**	
		1,5 ·		181,538	=	**272,308 €**	
Selbstkosten:							
Drehstuhl	20 000				·	181,538 €	= 3.630.769,00 €
Besucherstuhl	10 000				·	145,231 €	= 1.452.308,00 €
Designerstuhl	3 000				·	272,308 €	= 816.923,00 €

Divisions-kalkulation

Zur Berechnung der Selbstkosten und der Preise eignet sich die Divisionskalkulation dann, wenn ein Unternehmen nur ein Produkt oder mehrere Produkte mit nur geringfügigen Konstruktions- und damit Kostenunterschieden herstellt (= Massenfertigung).

Unter solchen Produktionsbedingungen

- gibt es kein verzweigtes Produktionsprogramm, dessen Produkte die Kostenstellen unterschiedlich belasten würden,
- kann deshalb im Material-, Fertigungs- und Verwaltungsbereich auf Kostenstellen und die damit verbundene aufwendige Kostenumschlüsselung verzichtet werden,
- ist eine Aufteilung der Kosten in Einzelkosten und Gemeinkosten überflüssig,
- bedarf es keiner Unterteilung der Kosten in variable Kosten und fixe Kosten,
- genügt es, wenn die Kosten nach Kostenarten getrennt aufgezeichnet werden.

Es handelt sich also um ein sehr einfach zu handhabendes Kostenrechnungssystem, mit dem hinreichend genau

- die Selbstkosten einer Produktionseinheit,
- der Barverkaufspreis einer Produktionseinheit,
- die Selbstkosten einer Abrechnungsperiode insgesamt und
- der Betriebserfolg einer Abrechnungsperiode

berechnet werden können.

Beispiel

Die Berger KG unterhält eine Kiesgrube, von der aus ein nahe gelegenes Beton-werk beliefert wird. Aus den folgenden Angaben ist die Kostenrechnung für den Monat Mai 01 zu erstellen:

Produktionsmenge		10 000 t	
Absatzmenge		8 500 t	
Mehrbestand (Einlagerung als Vorrat)		1 500 t	
Kosten:	Hilfs- und Betriebsstoffe		8.000,00 €
	Energiekosten		8.600,00 €
	Personalkosten		25.400,00 €
	Abschreibungen auf Anlagen und Fuhrpark		7.000,00 €
	Verwaltungskosten		3.500,00 €
	Vertriebskosten		7.650,00 €
Umsatzerlöse			**68.640,00 €**

Die Selbstkosten insgesamt ergeben sich aus der Addition aller Kosten:

$$\textbf{Selbstkosten insgesamt} = \textbf{60.150,00 €}$$

Einfache Divisions-kalkulation

Die Selbstkosten für die Produktionseinheit 1 t lassen sich berechnen, wenn man die Gesamtkosten durch die Produktionsmenge dividiert (**einfache Divisionskalkulation**):

$$\textbf{Selbstkosten für 1 t} = \frac{60.150,00 \text{ €}}{10\,000 \text{ t}} = \textbf{6,02 €/t}$$

Mehrfache Divisions-kalkulation

Zu einer genaueren Berechnung der Selbstkosten für 1 t gelangt man, wenn man davon ausgeht, dass die **Vertriebskosten** durch die tatsächlich **abgesetzte** Menge verursacht werden und nicht durch die gesamte Produktionsmenge. Bei dieser Rechnung werden die Herstellkosten einschließlich der Verwaltungskosten durch die Produktionsmenge dividiert; anschließend sind die Vertriebskosten durch die Absatzmenge zu dividieren; beide Teilergebnisse werden zu den Selbstkosten addiert.

Es ist auch denkbar, die Verwaltungskosten teilweise den Produktionskosten und teilweise den Vertriebskosten zuzurechnen.

Bei dieser verfeinerten Divisionskalkulation hängt die Höhe der Selbstkosten je Produktionseinheit entscheidend von der Absatzmenge ab: Eine hohe Absatzmenge wirkt senkend auf die Selbstkosten, eine niedrige Absatzmenge wirkt erhöhend auf die Selbstkosten, wobei wir davon ausgehen, dass die Vertriebskosten weitgehend fixe Kosten sind. Damit wird die Berechnung der Selbstkosten recht willkürlich.

Hilfs- und Betriebsstoffe	8.000,00 €	
Energie, Treibstoffe	8.600,00 €	
Personalkosten	25.400,00 €	
Abschreibungen	7.000,00 €	
Verwaltungskosten	3.500,00 €	
Produktionskosten (Herstellkosten + Verwaltungskosten)	52.500,00 €	
Produktionsmenge	10 000 t	
Produktionskosten je t	52.500,00 € : 10 000 t =	**5,25 €**
Vertriebskosten	7.650,00 €	
Absatzmenge	8 500 t	
Vertriebskosten je t	7.650,00 € : 8 500 t =	0,90 €
Selbstkosten je t		**6,15 €**

Zur Berechnung des **Gewinns** ist es erforderlich, zunächst die **Selbstkosten des Umsatzes** zu bestimmen:

Hilfs- und Betriebsstoffe	8.000,00 €
Energie, Treibstoffe	8.600,00 €
Personalkosten	25.400,00 €
Abschreibungen auf Anlagen und Fuhrpark	7.000,00 €
Herstellkosten der erzeugten Menge	49.000,00 €
− Mehrbestand 1 500 t · (49.000,00 : 10 000) =	7.350,00 €
Herstellkosten des Umsatzes	41.650,00 €
+ Verwaltungskosten	3.500,00 €
+ Vertriebskosten	7.650,00 €
Selbstkosten des Umsatzes	52.800,00 €
Umsatzerlöse	68.640,00 €
− Selbstkosten des Umsatzes	52.800,00 €
Betriebsgewinn (Monat Mai)	**15.840,00 €**

Der Gewinnzuschlag in Prozent beträgt dann:

$$\text{Gewinnzuschlagssatz} = \frac{15.840,00 \, € \cdot 100 \, \%}{52.800,00 \, €} = 30 \, \%$$

Dieser Gewinnzuschlagssatz lässt sich verwenden, um den **Barverkaufspreis** für 1 t zu bestimmen. Beachten Sie zu diesen unterschiedlichen Ergebnissen die kritische Anmerkung auf der vorhergehenden Seite:

Verkaufskalkulation	nach einfacher Divisionskalkulation	nach mehrfacher Divisionskalkulation
Selbstkosten je t	6,02 €	6,15 €
30 % Gewinn	1,81 €	1,85 €
Barverkaufspreis je t	**7,83 €**	**8,00 €**

2.4
Angebotspreise mit der Zuschlagskalkulation kalkulieren

Beispiel Heidtkötter

In der Heidtkötter KG wird ein Bürostuhl durchschnittlich mit 65,50 € Fertigungsmaterial und 30,75 € Fertigungslöhnen für die kommende Verkaufssaison kalkuliert. Als Gemeinkostenzuschläge werden die Normalzuschlagssätze aus dem Kostenträgerblatt verwendet (vgl. Seite 242). Der Gewinn wird mit 12,0 % veranschlagt, der Kundenskonto mit 2 % und der Kundenrabatt mit 5 %. Zu berechnen ist der Angebotspreis.

Stückkalkulation für einen Bürostuhl				
Fertigungsmaterial lt. Stückliste	65,50 €			
+ 15 % Materialgemeinkosten	9,83 €			
= **Materialkosten**	75,33 €			
Fertigungslöhne lt. Zeitstudien/Arbeitsplänen	30,75 €			
+ 121,5 % Fertigungsgemeinkosten	37,36 €			
= **Fertigungskosten**	68,11 €			
= **Herstellkosten der Erzeugung**	143,44 €			
+ 16 % Normal-Verwaltungsgemeinkosten	22,95 €			
+ 10 % Normal-Vertriebsgemeinkosten	14,34 €			
= **Selbstkosten** (SK) für einen Bürostuhl	180,73 €			
+ 12,0 % Gewinn	21,69 €			
= **Barverkaufspreis**	202,42 €	98 %		
+ 2,0 % Kundenskonto (i. H.)	4,13 €	2 %		
+ 0,0 % Vertriebsprovision (i. H.)	—			
= **Zielverkaufspreis**	206,55 €	▼ 100 %		95 %
+ 5 % Kundenrabatt (i. H.)	10,87 €			5 %
= **Angebotspreis**	217,42 €			▼ 100 %

Den Angebotspreis wird der Unternehmer auf **217,50 €** festsetzen.
Kundenskonto und Kundenrabatt werden in den Angebotspreis eingerechnet.

Kundenskonto soll der Kunde erhalten, wenn er innerhalb der Skontofrist bezahlt. Er zahlt dann den ordnungsgemäßen Barverkaufspreis. Nimmt der Kunde das Zahlungsziel außerhalb der Skontofrist in Anspruch, hat er den um das Skonto höheren Preis zu zahlen. Der Kunde entscheidet also, ob er das Skonto ausnutzt oder nicht. Er rechnet den Skontobetrag **vom** Zielverkaufspreis aus, sodass der Zielverkaufspreis für ihn 100 % entspricht. Für den kalkulierenden Unternehmer ist in der vorwärtsschreitenden Kalkulation der Barverkaufspreis Ausgangswert für die Skontoberechnung. Der Barverkaufspreis ist der um das Skonto verminderte Betrag; er entspricht also 98 % des Zielverkaufspreises.

Kundenskonto

$$\text{Kundenskonto} = \frac{202{,}42\ € \cdot 2\ \%}{98\ \%} = 4{,}13\ €$$

Es ist zu rechnen:

Für den Fall, dass auch eine Vertriebsprovision anfällt, vermindert sich der Barverkaufspreis um den Skontoabzug plus die Vertriebsprovision. Angenommen, die Vertriebsprovision beträgt 3 %, dann entspricht der um Skonto und Vertriebsprovision verminderte Barverkaufspreis noch 95 % des Zielverkaufspreises.

Kundenrabatt erhält der Kunde, wenn er z. B. eine bestimme Menge bestellt. Der kalkulierende Unternehmer nennt dem Kunden den Angebotspreis mit der Maßgabe, dass er bei Bestellung einer bestimmten Menge einen Abzug von 5 % von diesem Angebotspreis beanspruchen kann. Den Abzug nimmt der Verkäufer (= kalkulierender Unternehmer) vor. In der Vorwärtskalkulation geht der Verkäufer also vom Zielverkaufspreis aus, wenn er den Rabatt berechnen will, also den um den Rabatt verminderten Preis. Dieser entspricht im Beispiel 95 % des Angebotspreises.

Kundenrabatt

$$\text{Kundenrabatt} = \frac{206{,}55\ € \cdot 5\ \%}{95\ \%} = 10{,}87\ €$$

3
Den Betriebsabrechnungsbogen auf die Besonderheiten des Betriebes einrichten

3.1
Die Kostenstellen der Struktur des Betriebes anpassen

Erweiterter BAB

In Kapitel 2.1 haben wir bereits darauf hingewiesen, dass sich der Betriebsabrechnungsbogen den jeweiligen betrieblichen Erfordernissen anpassen lässt, indem zusätzliche Kostenstellen eingerichtet werden. Zusätzliche Kostenstellen erhöhen die Genauigkeit, mit der die Gemeinkosten verteilt und kontrolliert werden können. Erforderlich ist eine Erweiterung insbesondere in Betrieben mit mehreren, relativ selbstständigen Fertigungsabteilungen. Diese werden dann als eigene Hauptkostenstellen (= **Fertigungshauptstellen**) mit eigenen Zuschlagssätzen im BAB geführt. Es kann auch sinnvoll sein, für Betriebsabteilungen, die sich keiner Hauptkostenstelle eindeutig zuordnen lassen, eigene Kostenstellen einzurichten. Das wird besonders dann der Fall sein, wenn Betriebsabteilungen ihre Leistungen betriebsintern für alle oder viele andere Betriebsabteilungen erbringen (z. B. Arbeitsvorbereitung, Entwicklung/Forschung, Konstruktion, Reparaturabteilung, Fuhrpark, Energieversorgung, Werkschutz, Werkfeuerwehr, Sozialeinrichtungen). Diese Kostenstellen werden entweder als **Hilfskostenstellen** im Bereich der Fertigung geführt (z. B. Arbeitsvorbereitung, Entwicklung/Forschung, Konstruktion, Reparaturabteilung) oder als **Allgemeine Kostenstellen** den übrigen Kostenstellen im BAB vorangestellt. Allgemeine Kostenstellen geben zunächst die auf ihnen gesammelten Kosten je nach Beanspruchung an die übrigen Kostenstellen ab, Hilfskostenstellen danach nur an die Fertigungshauptstellen.

Beispiel

Gemein-kosten-arten	Zahlen der BER	Allgem. Kosten-stelle: Fuhrpark	Material-stelle	Fertig.-Hilfs-stelle: Arbeits-vorber.	Fertigungshauptstellen				Verwal-tungs-stelle	Ver-triebs-stelle
					Drehen	Stanzen	Fräsen	Montieren		
Summen	x 1									
1. Umlage: Fuhrpark			Umlage von x 1 auf alle nachgeordneten Kostenstellen							
Zwischensummen			x 2							
2. Umlage: Arbeitsvorbereitung				Umlage von x 2 auf Fertigungshauptstellen						
Gemeinkosten der Hauptkostenstellen										
Zuschlags-grundlagen		FM		FL Drehen	FL Stanzen	FL Fräsen	FL Montieren	Hk d. U.		
Zuschlagssätze		%		%	%	%	%	%		

Die **Kostenträgerrechnung** wird dem erweiterten BAB angepasst:

Kostenträger-
blatt

Kostenträgerblatt zur Berechnung der Selbstkosten und des Erfolgs insgesamt und je Erzeugnisgruppe auf der Grundlage des erweiterten Betriebsabrechnungsbogens					
Kalkulationsschema	**Kosten lt. BER und BAB**	**Kostenträger (= Erzeugnisgruppen)**			
		Erzeugnis-gruppe I	Erzeugnis-gruppe II	Erzeugnis-gruppe III	Erzeugnis-gruppe IV
Fertigungsmaterial					
+ **% MGK**					
= **Materialkosten**					
Fertigungslöhne Drehen					
+ **% FGK Drehen**					
= **Fertigungskosten Drehen**					
Fertigungslöhne Stanzen					
+ **% FGK Stanzen**					
= **Fertigungskosten Stanzen**					
Fertigungslöhne Fräsen					
+ **% FGK Fräsen**					
= **Fertigungskosten Fräsen**					
Fertigungslöhne Montieren					
+ **% FGK Montieren**					
= **Fertigungskosten Montieren**					
= **Herstellkosten der Erzeugung**					
− **Mehrbestand an UE/FE**					
+ **Minderbestand an UE/FE**					
= **Herstellkosten des Umsatzes**					
+ **% VerwGK**					
+ **% VertrGK**					
= **Selbstkosten des Umsatzes** für die Gesamtmenge					
Umsatzerlöse (inkl. Privatentnahmen)					
Betriebsergebnis (Gewinn/Verlust)					
Gewinnzuschlag in Prozent					

Das Kostenträgerblatt ist das Instrument, mit dem der Controller die Selbstkosten und den Betriebserfolg – insgesamt und für jede Erzeugnisgruppe – bezogen auf eine bestimmte **Zeitspanne** (z. B. Monat oder Geschäftsjahr) berechnet. Die Rechnung wird **Kostenträger-Zeitrechnung** genannt. Sie grenzt sich begrifflich damit von der **Kostenträger-Stückrechnung** ab, für die der Ausdruck **Kalkulation** gebräuchlich ist.

Wer das Kostenträgerblatt ausfüllen will, benötigt folgende Daten:

■ Die **Einzelkosten** „Fertigungsmaterial" und „Fertigungslöhne" insgesamt und für jede Erzeugnisgruppe müssen bekannt sein. Diese Zahlen lassen sich aus den Aufzeichnungen im Unternehmen genau erheben: So wird der Verbrauch an Rohstoffen, Vorprodukten/Fremdbauteilen anhand von Materialentnahmescheinen für jede Erzeugnisgruppe nachgewiesen. Die Fertigungslöhne lassen sich aufgrund von Auftrags- und Laufzetteln für jede Erzeugnisgruppe und für jede Fertigungshauptstelle genau berechnen.

■ Die **Zuschlagssätze** für jede Hauptkostenstelle müssen vorliegen. Sie können dem Betriebsabrechnungsbogen entnommen werden.

■ Schließlich sind Angaben zu den **Mehr-** und/oder **Minderbeständen** an unfertigen und fertigen Erzeugnissen erforderlich. Sie gehen aus den sorgfältig aufgeschriebenen Lagerzu- und -abgängen (Lagerkarteien) hervor. Fertige Erzeugnisse werden zu ihren Herstellungskosten bewertet, unfertige Erzeugnisse zu den bis zu ihrem derzeitigen Fertigstellungsgrad aufgelaufenen Kosten.

Zu rechnen ist dann wie folgt: (Man „geht" schrittweise das Rechenschema durch.)

- In die erste Spalte „Zahlen der BER und des BAB" werden die Einzelkosten aus der Betriebsergebnisrechnung (BER) sowie die Kostenstellen-Gemeinkosten und die Kostenstellen-Zuschlagssätze aus dem BAB eingesetzt und es werden die Gesamtergebnisse „Selbstkosten der Periode" und „Betriebserfolg der Periode" berechnet.
- Danach werden die entsprechenden Rechnungen für jede Erzeugnisgruppe vorgenommen, und zwar ausgehend von den Einzelkosten. Den jeweiligen Einzelkosten rechnet der Controller über die zugehörigen Zuschlagssätze die **anteiligen** Gemeinkosten zu.

Beispiel

Im BAB der Heidtkötter KG (vgl. Seite 236) ist der Zuschlagsatz für die Materialgemeinkosten mit 14,91 % berechnet worden. Die Einzelkosten „Fertigungsmaterial" sind für die vier Erzeugnisgruppen im Erarbeitungsteil auf Seite 239 angeben. Danach hat die Erzeugnisgruppe „Bürostühle" Fertigungsmaterial in Höhe von 2.145.000,00 € verbraucht. Mithilfe des MGK-Zuschlagssatzes lassen sich nun die auf die Erzeugnisgruppe „Bürostühle" entfallenden Materialgemeinkosten berechnen:

Fertigungsmaterial für Erzeugnisgruppe „Bürostühle"	2.145.000,00 €
+ 14,91 % Zuschlag für Materialgemeinkosten[1] (gerundet)	319.819,50 €
= Materialkosten „Bürostühle"	**2.464.819,50 €**

Wirtschaftlichkeit

Für den Unternehmer ist das Kostenträgerblatt nicht nur deshalb von großem Nutzen, weil er daraus die Selbstkosten für jede Erzeugnisgruppe ablesen und kontrollieren kann, sondern weil es ihm auch die Zahlen liefert, um die **Wirtschaftlichkeit** jeder Erzeugnisgruppe zu bestimmen. In den bisherigen Ausführungen war die Wirtschaftlichkeit immer auf die Gesamtkosten und die gesamten Umsatzerlöse bezogen worden.

	Erzeugnisgruppen			
	EG I	EG II	EG III	EG IV
Wirtschaftlichkeit der EG = **Umsatzerlöse der EG** / **Selbstkosten der EG**				

3.2
Die Gemeinkosten einem Maschinenplatz zuordnen und den Maschinenstundensatz berechnen

Die fortschreitende Mechanisierung und Automatisierung hat es mit sich gebracht, dass im Fertigungsbereich eines Industriebetriebes

- die Fertigungsgemeinkosten im Verhältnis zu den Fertigungslöhnen überproportional steigen, während die Fertigungslöhne eher sinken,
- die Fertigungsgemeinkosten in ihrer Höhe nur gering oder gar nicht von den Fertigungslöhnen abhängen, sondern vielmehr durch den Maschineneinsatz verursacht werden.

In der Kostenrechnung hat man auf diese Entwicklung dadurch reagiert, dass kostenintensive Maschinenanlagen organisatorisch zu selbstständigen Kostenstellen gemacht werden. Diese Kostenstellen sammeln alle Einzel- und Gemeinkosten, die von der jeweiligen Maschinenanlage verursacht werden.

---

[1] Die Abweichung gegenüber der im Kostenträgerblatt (Seite 227) ausgewiesenen Gemeinkosten ist auf den gerundeten Zuschlagssatz zurückzuführen.

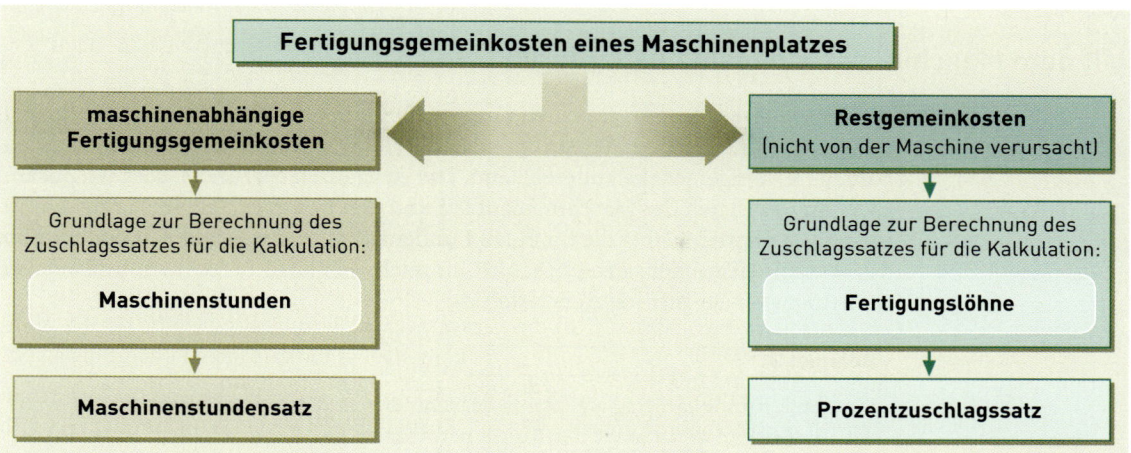

Im Wesentlichen fallen in diesen Kostenstellen die sogenannten **maschinenabhängigen Fertigungsgemeinkosten** an, z. B. kalkulatorische Abschreibungen und Zinsen, Hilfsstoffe, Hilfslöhne, Betriebsstoffe, Platzkosten, Reparatur- und Wartungskosten, Werkzeugkosten. Erfasst man diese Kosten für eine bestimmte Zeitspanne, z. B. für einen Monat, und berechnet für die gleiche Zeit die Maschinenlaufstunden, ergibt sich eine verursachungsgerechte Zuweisung der Gemeinkosten auf die Laufzeit. Anders ausgedrückt: Die Gemeinkosten dieser Kostenstellen werden in Abhängigkeit zu den Maschinenlaufstunden gebracht und über den Maschinenstundensatz bestimmten Kundenaufträgen genau nach der Zeit zugerechnet, die diese Kundenaufträge verursacht haben.

Beispiel 1

In der Kostenstelle „Schweißanlage" fallen monatlich maschinenabhängige Gemeinkosten von 320.000,00 € an. Der Schweißautomat wird monatlich 160 Stunden genutzt.

$$\textbf{Maschinenstundensatz} \ = \ \frac{320.000,00 \, €}{160 \ \text{Stunden}} \ = \ \textbf{2.000,00 €/Maschinenstunde}$$

Nicht immer lassen sich alle am Maschinenplatz anfallenden Gemeinkosten eindeutig der Maschine zurechnen, z. B. tarifliche und vertragliche soziale Aufwendungen, Aufwendungen für Werkarzt, Kantine, Veranstaltungen, teilweise die Meistergehälter, Aufwendungen für Kommunikation. Diese Gemeinkosten werden gesondert als sogenannte **Restgemeinkosten** erfasst und in Abhängigkeit zu den **Fertigungslöhnen** (= Einzelkosten) dieser Kostenstelle gesetzt[1].

Beispiel 2

In der Kostenstelle „Schweißautomat" fallen zusätzlich zu den maschinenabhängigen Fertigungsgemeinkosten auch Restgemeinkosten in Höhe von monatlich 35.000,00 € an. Die Kostenstelle wird mit Fertigungslöhnen von 87.500,00 € monatlich belastet.

$$\textbf{Zuschlagssatz für Restgemeinkosten} \ = \ \frac{35.000,00 \, € \cdot 100 \, \%}{87.500,00 \, €} \ = \ \textbf{40 \%}$$

---

1 Die Situation im Erarbeitungsteil enthält keine Restgemeinkosten.

3.3
Mit dem Maschinenstundensatz kalkulieren

Wir haben bereits betont, dass dem Kostenrechner mit der Einrichtung einer Kostenstelle „Maschinenplatz" ein Instrument an die Hand gegeben ist, mit dem er Kundenaufträge kostengerecht kalkulieren kann. Das ist dadurch begründet, dass ein Zusammenhang zwischen der Maschinenlaufzeit und den in dieser Zeit entstandenen Gemeinkosten besteht. Über die für einen Kundenauftrag verbrauchte Zeit und mithilfe
des Maschinenstundensatzes lässt sich hinreichend genau berechnen, mit welchen
Gemeinkosten der Auftrag zu belasten ist.

Beispiel 3

Für einen Kundenauftrag werden 44 Maschinenstunden zu je 2.000,00 € aufgewendet. Außerdem verursacht der Kundenauftrag in der Kostenstelle „Schweißautomat" Fertigungslöhne von 18.500,00 €. Die Restgemeinkosten werden mit 40 %
angesetzt.

Kalkulation der Fertigungskosten in der Kostenstelle „Schweißautomat"	
maschinenabhängige Fertigungsgemeinkosten 2.000,00 €/Std. · 44 Maschinenstunden =	88.000,00 €
Fertigungslöhne	18.500,00 €
+ 40 % Restgemeinkosten des Maschinenplatzes	7.400,00 €
= **Fertigungskosten** des Maschinenplatzes	113.900,00 €

In die Gesamtkalkulation der Herstell- oder Selbstkosten (= Kostenträgerblatt)
werden die Fertigungskosten eines Maschinenplatzes wie folgt eingebaut:

Kostenträgerblatt mit Maschinenplatz	
Kalkulationsschema	**Kosten lt. BER und BAB**
Fertigungsmaterial	150.000,00
+ **10 % MGK**	15.000,00
= **Materialkosten**	165.000,00
Fertigungslöhne FHSt I	63.000,00
+ **100 % FGK FHSt I**	63.000,00
= **Fertigungskosten FHSt I**	126.000,00
Fertigungslöhne FHSt II	85.000,00
+ **80 % FGK FHSt II**	68.000,00
= **Fertigungskosten FHSt II**	153.000,00
maschinenabhängige Fertigungsgemeinkosten	88.000,00
+ **Fertigungslöhne Maschinenplatz**	18.500,00
+ **… % Restgemeinkosten**	7.400,00
= **Fertigungskosten Maschinenplatz**	113.900,00
= **Herstellkosten der Erzeugnisse**	557.900,00
– **Mehrbestand an UE**	21.400,00
+ **Minderbestand an FE**	18.500,00
= **Herstellkosten des Umsatzes**	555.000,00
+ **14 % VerwGK**	77.700,00
+ **6 % VertrGK**	33.300,00
= **Selbstkosten des Umsatzes** für die Gesamtmenge	666.000,00

4
Mit Prozesskosten kundenorientiert kalkulieren

Zu diesem Kapitel finden Sie im Erarbeitungsteil eine knappe Einführung in ein im Unterricht noch selten genutztes Kostenrechnungssystem. Die gegebenen Aussagen sind hinreichend, um eine Auseinandersetzung mit grundlegenden Fragestellungen anzustoßen und ein Gespür dafür zu wecken, welche Ziele dieses Rechnungssystem verfolgt und welche Vorteile es gegenüber der traditionellen Vollkostenrechnung gewährt.

5
Mit der Deckungsbeitragsrechnung die Kosten analysieren, Preise kalkulieren und Marktpositionen überwachen

Erfolgreiche Unternehmer führen ein Unternehmen vom Markt her. Das bedeutet, dass sie das Marktgeschehen genau beobachten, um schnell darauf reagieren zu können. Das Verhalten der Kunden ist somit ausschlaggebend für die Gestaltung der **Erzeugnispalette** bzw. des **Sortiments**, der **Preise** und der Planung der **Produktions-** bzw. **Absatzmengen**. Im Unternehmen führt eine derartige Unternehmensphilosophie auch hinsichtlich der Kostenrechnung zu einer eigenen Ausrichtung: Der mögliche **Marktpreis** für die Ware wird zur Grundlage der Kalkulation gemacht und nicht die dem Unternehmen entstehenden Kosten für die Ware.

Die **Grundfrage** für die Preiskalkulation lautet daher:

■ Was ist der Kunde bereit für dieses Produkt zu zahlen und kann ich als Unternehmer mit diesem erzielbaren Preis die entstehenden Kosten decken und darüber hinaus Gewinn erzielen?

Die **Grundfrage** lautet **nicht**:

■ Was kosten mich als Unternehmer Beschaffung, Produktion und Absatz sowie Serviceleistungen und welchen Betrag muss ich daher dem Kunden unter Berücksichtigung des Gewinns in Rechnung stellen?

5.1
Entscheidung für einen Zusatzauftrag treffen

Unter Zusatzaufträgen versteht man alle Aufträge, die bei schwacher Auslastung zusätzlich zu den laufenden Aufträgen zu Sonderkonditionen (z. B. niedrigere Preise, längere Zahlungsfristen, günstigere Lieferbedingungen) angenommen werden. Der Unternehmer ist zur Annahme solcher Aufträge bereit, um die vorhandene Kapazität an Arbeitskräften, Produktionsmaschinen und Fahrzeugen besser nutzen zu können und um das Betriebsergebnis zu verbessern.

Gerade der letztgenannte Aspekt ist für den Unternehmer besonders wichtig. Um aber entscheiden zu können, ob ein Zusatzauftrag das Betriebsergebnis verbessert, muss der Unternehmer die **variablen Kosten** des Zusatzauftrages kennen. Sie bilden die Grundlage der Entscheidung für oder gegen die Annahme eines Zusatzauftrages. Solange die Preisvorstellung des Nachfragers noch über den variablen Kosten liegt, lohnt sich die Annahme des zusätzlichen Auftrages. Grundsätzlich ist es ja so, dass jeder Betrag, der über die variablen Kosten hinaus eingenommen wird, einen Beitrag zur Deckung der fixen Kosten erbringt. Bei Zusatzaufträgen liegt es in der Natur der Sache, dass sie zusätzlich zu den laufenden Aufträgen zu besonderen Konditionen abgewickelt werden. Wenn mit den Umsatzerlösen aller laufenden Aufträge die **fixen Kosten** bereits abgedeckt sind, dann verbessert jeder Betrag aus Zusatzaufträgen, der über die variablen Kosten hinaus eingenommen wird, das Betriebsergebnis.

5.2
Die Deckungsbeitragsrechnung auf der Grundlage der variablen und fixen Kosten erstellen

Der Unternehmer steht hier vor der Aufgabe zu klären, wie sich die Kosten bei Änderung der Produktion oder des Absatzes ändern. Macht man der eingangs beschriebenen Unternehmensphilosophie folgend die absetzbaren Mengen zum Ausgangspunkt der Analyse, ist es nicht weiter schwierig zu erkennen, dass es Kosten gibt, die beständig mit zunehmender Menge der abgesetzten Erzeugnisse steigen, und solche, die von der Menge weitgehend unabhängig, also relativ konstant bleiben. Es erscheint dann in der Sache logisch, die konstanten bzw. **fixen Kosten** als Kosten der Betriebsbereitschaft zu kennzeichnen. Dagegen lassen sich die veränderlichen bzw. **variablen Kosten** durch einen engen Bezug zur Menge der Erzeugnisse (Produktion, Absatz) oder anders ausgedrückt zur Beschäftigung charakterisieren. Im Industriebetrieb zählen zu den **variablen Kosten** vor allem die Materialkosten (Roh-, Hilfs- und Betriebsstoffe), aber auch bestimmte Löhne (Akkordlöhne). Zu den **fixen Kosten** gehören z. B. zeitabhängige Personalkosten, Mieten, Steuern, Beiträge und kalkulatorische Abschreibungen.

Fixe und variable Kosten

Kostenauflösung

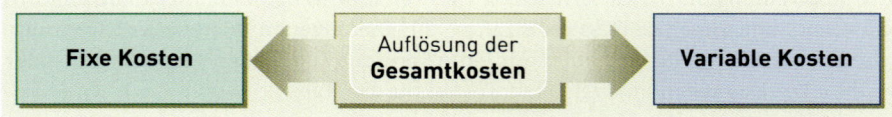

Wie bisher erläutert, setzen sich die Gesamtkosten aus fixen und variablen Kosten zusammen. Verändert sich die Beschäftigung (Produktion, Absatz), hat dies Einfluss auf die Kosten. In welchem Umfang sich die Kosten ändern, hängt in vielfältiger Weise von der Zielstellung der Unternehmungsführung ab und insofern von der sich daraus ergebenden Einteilung in fixe und variable Kosten.

Bei der Auflösung der Kosten in einen variablen und einen fixen Bestandteil wird so vorgegangen, dass jede **Kostenart** auf ihren variablen und ihren fixen Kostenanteil untersucht wird. Das geschieht in der Regel **direkt** aufgrund von Einzeluntersuchungen innerhalb jeder Kostenstelle. Anschließend werden die variablen Kostenanteile aller Kostenarten addiert und ebenso die fixen Kostenanteile aller Kostenarten. Als Ergebnis erhält man die Aufteilung der **Gesamtkosten** einer Abrechnungsperiode in einen variablen und einen fixen Anteil. Auf dieser Grundlage lässt sich mathematisch prognostizieren, wie stark sich bei Beschäftigungsschwankungen die variablen Kosten verändern werden. Die fixen Kosten bleiben als Kosten der Betriebsbereitschaft unverändert (vgl. hierzu das Beispiel auf der folgenden Seite).

Beispiel

In der Kostenstelle Montage führt die Einzeluntersuchung der Gemeinkostenarten zu folgender Kostenauflösung (Auszug aus der Kostenartenliste):

Kostenart	Gesamtkosten	variable Kosten	fixe Kosten
Gemeinkostenmaterial	24.000,00 €	16.000,00 €	8.000,00 €
Hilfslöhne	52.000,00 €	12.000,00 €	40.000,00 €
Abschreibungen	34.000,00 €	0,00 €	34.000,00 €
Gemeinkosten (gesamt)	225.000,00 €	90.000,00 €	135.000,00 €

Die unterstellte Abhängigkeit der Kosten von der Beschäftigung lässt sich mathematisch mithilfe einer linearen Kostenfunktion ausdrücken:

Kostenfunktion

$$K(x) = K_v(x) + K_f$$

Mit **K(x)** werden die Gesamtkosten bei einer Menge **(x)** benannt, mit **K_v(x)** der Anteil der variablen Kosten an den Gesamtkosten (in Abhängigkeit von der Menge x) und mit **K_f** der Umfang der fixen Kosten. Wenn es gelungen ist, alle variablen und fixen Kostenanteile zu erfassen, dann lassen sich die Kosten für unterschiedliche Absatzmengen mit der obigen Funktionsgleichung leicht ermitteln.

Beispiel

Aus den Kostenuntersuchungen für das Geschäftsjahr 01 geht hervor:

variable Kosten insgesamt	9.000.000,00 €
fixe Kosten insgesamt	3.000.000,00 €
Produktionsmenge	30 000 Stück

Die variablen Kosten verhalten sich proportional zur Produktionsmenge.

$$K_v(x) = \frac{K_v(x)}{x} = \frac{9.000.000,00\ €}{30\ 000\ \text{Stück}} = 300,00\ €/\text{Stück}$$

Die Rechnung ergibt variable Stückkosten von 300,00 €, d. h., jedes produzierte Stück verursacht Kosten von 300,00 €. Bei 30 000 Stück sind das dann variable Kosten von 300,00 €/Stück · 30 000 Stück, bei x Stück sind es variable Kosten von 300,00 €/Stück · x Stück

also
$$K_v(x) = 300 \cdot x$$

Die **Kostenfunktion** lautet dann: $K(x) = 300,00\ €/\text{Stück} \cdot x\ \text{Stück} + 3.000.000,00\ €$

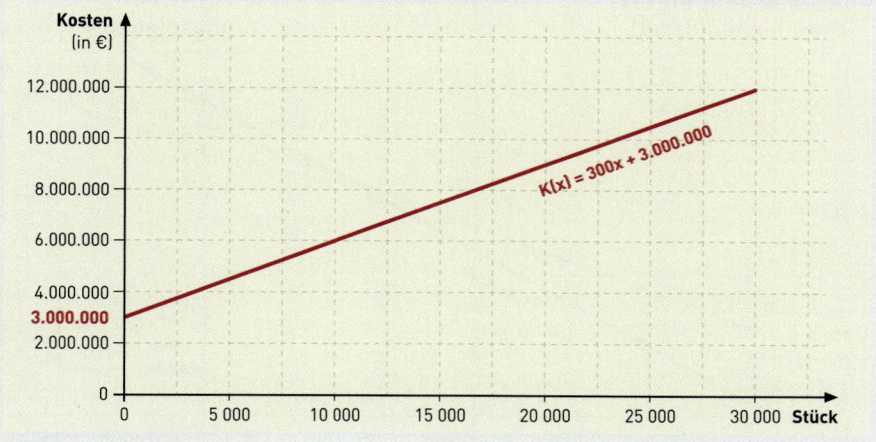

Verbindet man die Kostenfunktion mit der **Erlösfunktion** (= Umsatzfunktion), lässt sich eine Aussage über den **Gewinn** und die Produktionsmenge (= Absatzmenge) machen, ab der sich Gewinn einstellt bzw. die Umsatzerlöse größer werden als die Kosten (= Break-even-Point). Die dem **Break-even-Point** zugrunde liegende Idee ist eigentlich sehr einfach: Jeder Organisator einer (Abschluss-)Feier wird sich überlegen, wie viel Getränke er bspw. verkaufen muss, um seine Kosten (Saalmiete als fixe Kosten und Getränkekosten als variable Kosten) zu decken. Sobald er über diesen Punkt hinauskommt, macht er Gewinn.

Break-even-Point

Beispiel

Angenommen, der Preis für ein Stück beläuft sich auf 450,00 €, dann lautet die Erlösfunktion E in Abhängigkeit von der Menge (x):

$$E(x) = 450 \cdot x$$

Die Absatzmenge, ab der sich Gewinn einstellt, ist dadurch gekennzeichnet, dass bei dieser Menge die Kosten K(x) genau gleich den Umsatzerlösen E(x) sind; also ist der Break-even-Point bei der Menge erreicht, bei der mathematisch gilt:

$$E(x) = K(x)$$

Mit anderen Worten: Gesucht ist diejenige Menge, bei der der **Gewinn gleich null** ist.

Beispiel

$$
\begin{aligned}
\text{Aus} \quad\quad E(x) &= 450 \cdot x \\
\text{und} \quad\quad K(x) &= 300 \cdot x + 3.000.000,00 \\
\text{folgt} \quad 450 \cdot x &= 300 \cdot x + 3.000.000,00 \\
\Leftrightarrow \quad 150 \cdot x &= 3.000.000,00 \\
\Leftrightarrow \quad\quad\quad x &= 20\,000
\end{aligned}
$$

Der Break-even-Point ist bei einer Absatzmenge von 20 000 Stück erreicht. Bei dieser Menge betragen Kosten und Umsatz jeweils 9.000.000,00 €. Jedes zusätzlich verkaufte Stück erhöht den Gewinn.

Die grafische Darstellung sieht folgendermaßen aus:

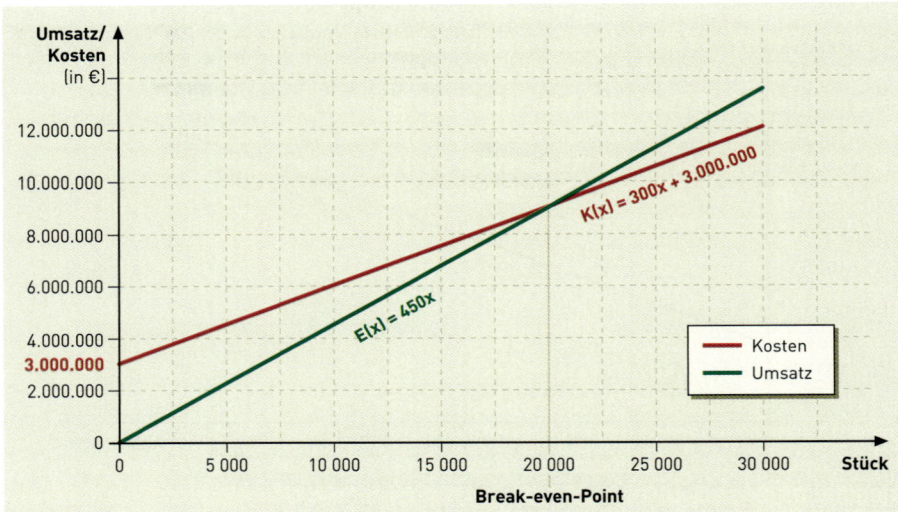

Aus den vorhergehenden Erläuterungen lassen sich für die **variablen Kosten** nun die folgenden beiden **Grundaussagen** ableiten und an den Materialkosten darstellen (siehe auch noch folgende Abbildungen):

[1] Die variablen Kosten steigen mit zunehmender Menge (Absatz) insgesamt proportional. Sie verringern sich im gleichen Verhältnis, wie die Absatzmenge zurückgeht.

[2] Die variablen Kosten bleiben bei schwankender Menge (Absatz) bezogen auf eine Einheit (Stück) konstant.

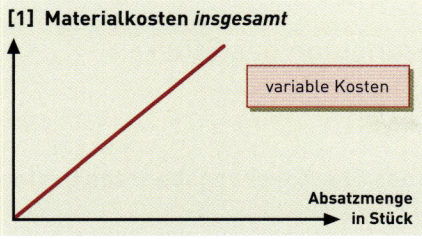

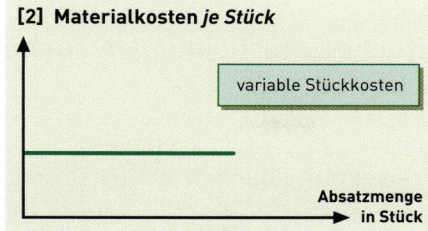

Für die **fixen Kosten** lassen sich in ähnlicher Weise zwei **Grundaussagen** ableiten und am Beispiel von Abschreibungen (siehe unten) darstellen:

[1] Die Gesamtsumme der fixen Kosten ändert sich trotz steigendem oder sinkendem Absatz nicht.

[2] Werden die fixen Kosten auf ein Stück berechnet, verringern sie sich hingegen mit steigendem Absatz und erhöhen sich bei rückläufigem Absatz.

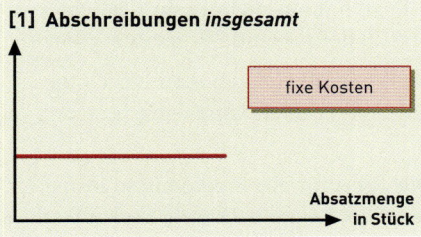

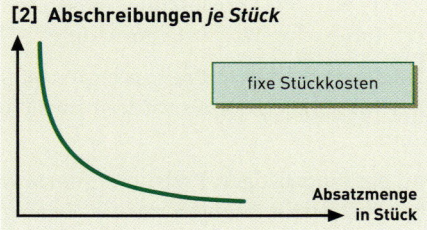

Im Unternehmen kann jetzt nach der Bestimmung der variablen und fixen Kosten geprüft werden, ob die jeweiligen Erzeugnisgruppen genügend Überschuss erbringen, um die fixen Kosten zu decken. Nur dann kann das Unternehmen Gewinn erzielen. Der Überschuss wird errechnet, indem man von den Umsatzerlösen die variablen Kosten abzieht. Diese Differenz wird **Deckungsbeitrag** genannt.

Deckungsbeitrag

Aus den vorhergehenden Darlegungen lässt sich das nachstehende **Kalkulationsschema** entwickeln:

Kalkulation	Erzeugnisse (insgesamt)
Umsatzerlöse (für eigene Erzeugnisse, evtl. Handelswaren, Entnahmen, Mehrbestand)	. . . .
– variable Kosten	. . . .
= Deckungsbeitrag	. . . .
– fixe Kosten insgesamt	
= Betriebserfolg (insgesamt)	. . . .

Die Nettoumsatzerlöse sind unter den Kontennummern 50.., 51.. usw. in der Betriebsergebnisrechnung verzeichnet und können dort entnommen werden.

Die variablen Kosten (z. B. Materialaufwendungen) können unter der Kontenbezeichnung 60.. usw. ebenfalls der Betriebsergebnisrechnung oder der betriebsinternen Kostenauflösung (vgl. Erarbeitungsteil, Seite 261) entnommen werden. Vermindert man die Umsatzerlöse um die variablen Kosten, erhält man den Deckungsbetrag.

Der Deckungsbeitrag gibt an, mit wie viel Euro die Ware bzw. das Produkt zur Deckung der fixen Kosten und zur Erzielung von Gewinn beiträgt. Der Unternehmer erzielt einen Betriebsgewinn, wenn die Summe aller Deckungsbeiträge größer ist als die insgesamt anfallenden fixen Kosten.

Deckungsbeiträge > fixe Kosten ⇒ Betriebsgewinn

Reichen die Deckungsbeiträge nicht aus, um die fixen Kosten zu decken, so ergibt sich ein Betriebsverlust.

Deckungsbeiträge < fixe Kosten ⇒ Betriebsverlust

5.3
Betriebswirtschaftliche Entscheidungen auf der Grundlage des Stückdeckungsbeitrags treffen

5.3.1
Preisentscheidungen auf der Grundlage des Stückdeckungsbeitrags treffen

Bei schwierigen Marktlagen, die häufig von Konkurrenzsituationen oder von Absatzeinbußen gekennzeichnet sind, sucht der Unternehmer nach Strategien, die Umsatzeinbußen zu vermeiden. Ein häufig eingesetztes Mittel ist es, Verkaufspreise zu senken. Dabei interessiert den Unternehmer, wo die Grenze liegt, bis zu der er die Preise reduzieren kann. Diese wird unterschritten, wenn er beginnt, sein Unternehmen zu gefährden, weil er mit dem Verkauf der Erzeugnisse Verluste einfährt. Mit dem gewählten Verkaufspreis lassen sich die Kosten dann nicht mehr decken. Insofern unterschreitet der Unternehmer u. U. eine zu definierende Preisuntergrenze.

Preisuntergrenze   Die derart definierte **Preisuntergrenze** gibt den Verkaufspreis an, den ein Unternehmer für sein Erzeugnis fordern muss, um kurz-, aber auch langfristig bestehen zu können.

Mit der **langfristigen Preisuntergrenze** wird der Preis für ein Erzeugnis so festgelegt, dass insgesamt, bezogen auf alle Erzeugnisgruppen, **kostendeckende Verkaufserlöse** erzielt werden. Eine Unternehmung kann über längere Zeit mit der langfristigen Preisuntergrenze kalkulieren, weil alle Kosten gedeckt werden und insofern auch Ersatzinvestitionen getätigt werden können. In kritischen Situationen wird die Unternehmensleitung zur Erhaltung der Arbeitsplätze und zur Stabilisierung des Absatzes diese Preisuntergrenze anstreben.

Mit der **kurzfristige Preisuntergrenze** (= absolute Preisuntergrenze) entscheidet sich der Unternehmer für den Preis, der genau die Höhe der variablen Kosten der jeweiligen Erzeugnisse erreicht. Der Verkaufspreis entspricht bei dieser Entscheidung exakt den variablen Stückkosten. Der Unternehmer nimmt einen Betriebsverlust in Höhe der gesamten fixen Kosten (= Kosten der Betriebsbereitschaft) in Kauf. Da er aber nur kurzfristig auf den Ersatz der fixen Kosten verzichten kann, wird er nur in unausweichlichen Zwangslagen diese Preisuntergrenze akzeptieren können.

Liquiditäts-orientierte Preisuntergrenze   Um die Problematik der kurzfristigen Preisuntergrenze weiter zu veranschaulichen, ließe sich die **Liquiditätslage** des Unternehmens einbeziehen. Mit der Akzeptanz der kurzfristigen Preisuntergrenze werden lediglich die variablen Kosten im Preis erfasst. Fixe Kosten, die kurzfristig zu Ausgaben führen, bleiben folglich unbeachtet. Dazu zählen hauptsächlich Mietaufwendungen, betriebliche Steuern, Gehälter, Löhne, soziale Aufwendungen, Versicherungsbeiträge. Wenn diese Ausgaben nicht mehr gezahlt werden können, steht die Unternehmung vor der Insolvenz.

Um die liquiditätsorientierte Preisuntergrenze zu berechnen, ist wie folgt vorzugehen:

$$\text{Liquiditätsorientierte Preisuntergrenze} = \frac{\text{variable Kosten} + \text{ausgabewirksame fixe Kosten}}{\text{Absatzmenge}}$$

5.3.2
Das Produktionsprogramm mithilfe der Deckungsbeitragsrechnung optimieren

In der Regel strebt ein Unternehmer danach, sein Produktionsprogramm möglichst erfolgreich auszugestalten. Dazu benötigt er Anhaltspunkte, die ihm helfen sich zu orientieren, um daraufhin sein Produktionsprogramm zu optimieren. Solche Anhaltspunkte können der Gewinn bzw. der Deckungsbeitrag sein. Werden in einem Unternehmen mehrere Erzeugnisse nebeneinander gefertigt, stellt sich ganz natürlich die Frage nach dem rentabelsten Produkt. Geht der Unternehmer dieser Frage mit dem Anhaltspunkt des jeweils erwirtschafteten Deckungsbeitrags nach, wird sich eine Rangfolge einzelner Erzeugnisse einstellen. Das Erzeugnis mit dem höchsten Deckungsbeitrag wird ihm das wichtigste werden und er wird sich bemühen, dieses Erzeugnis vor allen anderen zu fertigen. Wenn sich der Unternehmer allerdings ausschließlich auf diese **absoluten Deckungsbeiträge** stützt, um Entscheidungen zu treffen, wird er vermutlich schnell mit dem praktischen Problem von Maschinenkapazitäten, d. h. Produktionsengpässen, konfrontiert.

Produktionsengpässe schränken die Produktionsmenge ein, die erforderlich ist, höhere Absatzzahlen zu realisieren. Sie korrigieren bzw. relativieren mitunter sogar die gefundene Rangfolge der rentabelsten Erzeugnisse, weil die Produktionsbedingungen leitend werden für die Produktionsrangsfolge. Liegt ein Engpass vor, dann darf davon ausgegangen werden, dass sich die Produktion des jeweiligen Erzeugnisses nach der zeitlichen Gesamtkapazität bemisst. Insofern lohnt es sich, die absoluten Deckungsbeiträge pro Stück um den Zeitfaktor (Fertigungszeit) zu ergänzen. Es bietet sich hier an, den **Stückdeckungsbeitrag pro Produktionsminute** zu ermitteln, den absoluten Stückdeckungsbeitrag mithilfe der Produktionszeit also zu relativieren (= relativer Deckungsbeitrag).

Der Unternehmer entscheidet nun unter Berücksichtigung der drei Aspekte

- **Höhe des relativen Deckungsbeitrags**,
- **Kapazität des Engpasses** und
- **absetzbarer Menge am Markt**,

wie viel Stück von jeder Erzeugnisgruppe jeweils produziert werden.

Unterstellt man im Unternehmen Heidtkötter KG eine **maximale Fertigungszeit** im Unternehmen von **46 200 Stunden**, dann ergibt sich folgendes Bild (vgl. Erarbeitungsteil, Seite 271):

Optimales Produktionsprogramm

Erzeugnisgruppe	Absatz (geplant)	Fertigungs- und Montagezeit je Stück	Fertigungs- und Montagezeit insgesamt in Minuten	Fertigungs- und Montagezeit in Stunden
ongis	9 000	42	378 000	6 300
signum	8 500	90	765 000	12 750
siri	27 000	30	810 000	13 500
elegance	11 000	48	528 000	8 800
				41 350

Fazit und Konsequenz: Die Produktion kann im geplanten Umfang ihrer absetzbaren Mengen durchgeführt werden. Der Auslastungsgrad beträgt 89,5 %. Erst bei Überschreiten der freien Kapazität stellt sich die Frage nach der Ausrichtung auf rangstarke bzw. rangschwache Produkte.

5.3.3
Was ist für die Heidtkötter KG lohnender: Eigenfertigung oder Fremdbezug?

Ein Unternehmen, das regelmäßig Produkte von Zulieferern bezieht, wird sich die Frage stellen, ob es nicht besser ist, das Produkt selbst herzustellen, wenn die Voraussetzungen dafür gegeben oder leicht zu schaffen sind. Insbesondere wenn sich Lieferprobleme oder eigene Überkapazitäten einstellen, werden solche Überlegungen angestellt. Auch der umgekehrte Fall ist denkbar, wenn es bspw. kostengünstiger erscheint, sich die Ware liefern zu lassen anstatt sie selbst herzustellen.

Ob die Entscheidung für oder gegen die **Eigenfertigung** bzw. den **Fremdbezug** ausfällt, hängt im Einzelfall von sehr unterschiedlichen Beweggründen ab und will gut überlegt sein.

Typische Gründe können z. B. sein:
- **Kostendifferenzen zwischen Fremdbezug und Eigenfertigung**
- **Qualität der eigenen bzw. fremden Waren**
- **Abhängigkeit von Zulieferern**
- **technisches Know-how beim Zulieferer**
- **Auslastung der eigenen technischen Anlagen (Beschäftigungsgrad)**

Eine derartige Entscheidung wird regelmäßig nach sehr gründlichen Vorarbeiten getroffen, die durchaus mehrere Monate in Anspruch nehmen können.

Beispiel

Unterstellt man, dass in einem Unternehmen freie Kapazitäten gegeben sind, weil die technischen Anlagen nicht mehr ausgelastet werden können, dann könnte der bis dahin gegebene Fremdbezug infrage gestellt werden. Das Rechnungswesen kann bei der Entscheidungsfindung einen eigenen Beitrag leisten, indem es die Kosten des Fremdbezugs denen der Eigenfertigung gegenüberstellt.

Die **Kosten des Fremdbezugs** lassen sich mithilfe des nachstehenden Schemas kalkulieren:

Kalkulationsschema für den Fremdbezug
Listeneinkaufspreis
− ... % Rabatt
Rechnungspreis
− ... % Skonto
Bareinkaufspreis
+ ... % Bezugskosten
= **Bezugspreis je Stück**

Dieser Kalkulation ist die der Eigenfertigung gegenüberzustellen. Zu beachten ist hierbei, dass vor dem Hintergrund freier Kapazitäten die fixen Kosten außer Ansatz bleiben, weil sie bereits im Rahmen der laufenden Produktion „bezahlt" sind. Gleiches gilt für Fertigungslöhne – zumindest für die Zeitlöhne –, die im Rahmen freier Kapazitäten auch ohne das neue Produkt anfallen würden. Dabei ist davon auszugehen, dass Arbeitnehmer zwar den vollen Lohn erhalten, aber nicht voll (z. B. 40 Stunden/Woche) beschäftigt werden können.

Kalkulation der Eigenfertigung auf der Grundlage variabler Kosten
Rohstoffaufwand
+ variable Materialgemeinkosten
+ variable Fertigungsgemeinkosten
= **variable Herstellkosten**

Wir sind bisher davon ausgegangen, dass die Entscheidung für die Eigenfertigung eines bestimmten, bisher von Zulieferern bezogenen Fremdbauteils von den beiden Merkmalen vorhandene freie Kapazität im eigenen Unternehmen mit entsprechendem technischen Know-how und Kostenvorteil der Eigenfertigung gegenüber dem Fremdbezug bestimmt ist.

Eine anders gelagerte Situation ergibt sich dann, wenn ein bisher im Unternehmen hergestelltes Bauteil in Konkurrenz zu einem ähnlichen, z. B. neu entwickelten Bauteil tritt. Beide Bauteile lassen sich im Rahmen der vorhandenen Kapazität nicht im eigenen Unternehmen herstellen, sodass zu entscheiden ist, welches Bauteil zukünftig von Zulieferern bezogen werden soll und welches in Eigenfertigung produziert wird.

Beispiel

In der Heidtkötter KG werden Stuhllehnen aus Kunststoff für den Bürostuhl *ongis* selbst hergestellt. Für die Zukunft ist geplant, die weniger aufwendigen Stuhllehnen für den Bürostuhl *siri* ebenfalls selbst herzustellen. Dazu müsste eines der beiden Produkte fremdbezogen werden. Die Entscheidung ist auf der Grundlage folgender Daten zu treffen:

	Stuhllehne *ongis*	Stuhllehne *siri*
Bezugspreis bei Fremdbezug je Stück	8,75 €	6,20 €
Rohstoffverbrauch (Granulat) je Stück	2,0 kg	1,5 kg
Einfüllen, Schmelzen und Pressen je Stück	4,0 Min.	3,0 Min.
Entgraten und Kantenschleifen je Stück	1,5 Min.	1,0 Min.
Bohren der Montagelöcher je Stück	1,5 Min.	1,0 Min.

Das Kunststoffgranulat wird zum Preis von 120,00 € je 100 kg bezogen, die Lohnstunde einheitlich mit 36,00 € kalkuliert. An variablen Fertigungsgemeinkosten sind 30 %, an variablen Materialgemeinkosten 5 % zu berücksichtigen.

	Stuhllehne *ongis*	Stuhllehne *siri*
1. Kalkulation der variablen Herstellkosten		
Rohstoffaufwand je Stück	2,40 €	1,80 €
+ 5 % Materialgemeinkosten	0,12 €	0,09 €
Fertigungslöhne je Stück	4,20 €	3,00 €
+ 30 % Fertigungsgemeinkosten	1,26 €	0,90 €
= variable Herstellkosten je Stück	7,98 €	5,79 €
2. Opportunitätskosten[1], die das kostengünstigere Bauteil zu tragen hat:		
Bezugspreis	8,75 €	
− variable Herstellkosten	7,98 €	
= entgangener Deckungsbeitrag je Stück	0,77 €	
entgangener Deckungsbeitrag je Minute	0,11 €	
Opportunitätskosten (0,11 € · 5 Min. =)		0,55 €
3. Gesamtkosten des kostengünstigeren Bauteils		6,34 €
4. Vorteil/Nachteil der Eigenfertigung des kostengünstigeren Bauteils:		
Bezugspreis bei Fremdbezug je Stück		6,20 €
− Kosten der Eigenfertigung		6,34 €
= **Nachteil** der Eigenfertigung		0,14 €

In diesem Fall würde die Heidtkötter KG die Stuhllehnen für den Bürostuhl *ongis* selbst herstellen und die Stuhllehnen für den Bürostuhl *siri* fremdbeziehen.

---

1 Opportunitätskosten = Entgangene Deckungsbeiträge einer nicht gewählten Produktion.

1
Warum die Heidtkötter KG die angebotenen Erzeugnisse produziert

1.1
Stellung der Leistungserstellung im Wertschöpfungsprozess – Wodurch die Heidtkötter KG etwas produziert

> LF 2, Kap. 1

> Band 3, LF 10

Die Leistungserstellung bildet ein wichtiges Glied in der Wertschöpfungskette. Leistungserstellungsprozesse kombinieren die durch die Beschaffung bereitgestellten Produktionsfaktoren (Wertezufluss) zu Erzeugnissen und Dienstleistungen, die dann über Absatzprozesse dem Absatzmarkt verfügbar gemacht werden (Werteabfluss). Die Entwicklung zu Käufermärkten führte zu einer Ausweitung der Leistungserstellung von Industriebetrieben innerhalb des Wertschöpfungsprozesses: Die Leistungen bestehen heute aus materiellen Erzeugnissen und immateriellen Dienstleistungen. Dienstleistungen (z. B. im Bereich Absatz) komplettieren das Erzeugnis und sollen einen Wettbewerbsvorsprung gegenüber der Konkurrenz bewirken. Kernprozess eines Industriebetriebes ist aber nach wie vor die Produktion materieller Erzeugnisse.

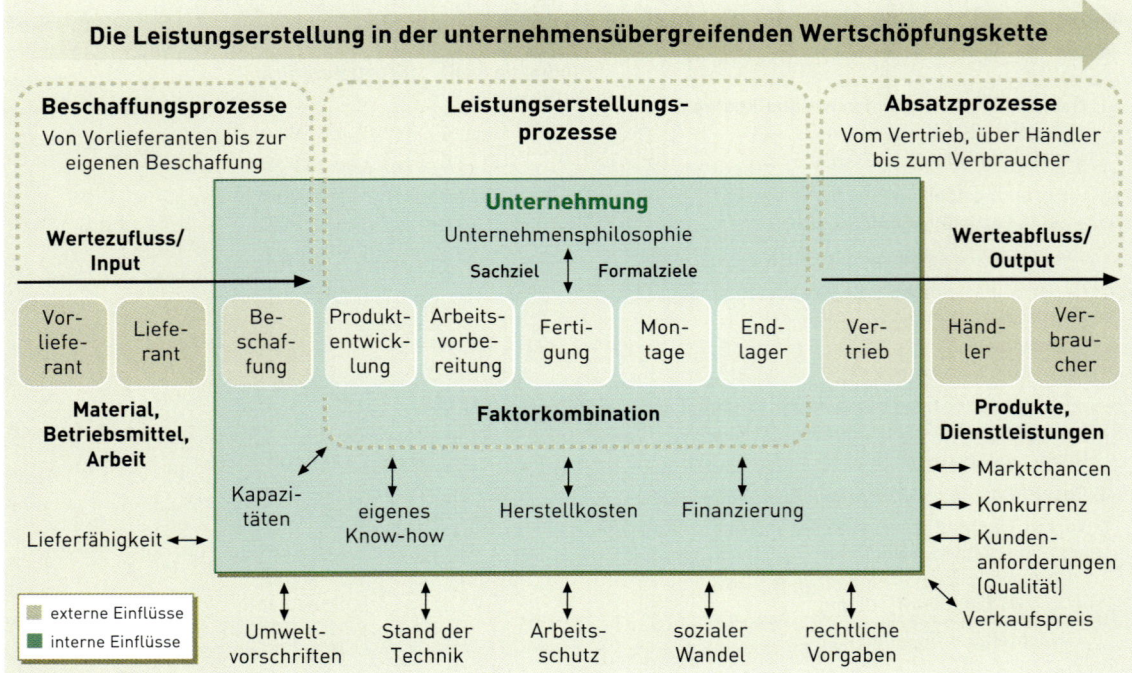

> LF 5, Kap. 1.4

Aufgrund dessen erfolgt an dieser Stelle eine Beschränkung der Leistungserstellungsprozesse auf das Erzeugnisprogramm. Wenn im Folgenden also von Leistungserstellungsprozesse planen, steuern und kontrollieren gesprochen wird, werden die Pro-

duktionsprozesse der Güterproduktion umschrieben. Die Darstellung von Leistungs-
erstellungsprozessen muss in die unternehmensübergreifende Wertschöpfungskette
eingebunden werden. In Abhängigkeit von internen und externen Einflussgrößen
entlang des Wertschöpfungsprozesses werden die Leistungserstellungsprozesse fest- **> LF 2**
gelegt. Diese Einflussgrößen sind wechselseitig voneinander abhängig und können
nur schwer in eine Rangfolge gebracht werden. Entsprechend kann der Produktionsprozess nicht losgelöst von den weiteren Entscheidungsebenen des Wertschöpfungsprozesses bearbeitet werden (siehe Abbildung zuvor).

Beispiel

Beabsichtigt ein Unternehmen, das sich auf die Herstellung von Plastikbesteck
aus Mais spezialisiert hat, nun auch Einweggeschirr aus Mais herzustellen, muss
geprüft werden, ob folgende Fragen angemessen beantwortet werden können:

Interne Einflüsse	Externe Einflüsse
■ Ist das beabsichtigte Erzeugnis mit unserer Unternehmensphilosophie vereinbar (Sach-/Formalziele, ethisch-soziale Ziele, Werte des Geschäftsinhabers)? ■ Sind erforderliche Kapazitäten (Personal, Betriebsmittel, Lager usw.) vorhanden? ■ Verfügen wir über genügend Know-how? ■ Können erforderliche Investitionen für das Erzeugnis finanziert werden? ■ Unterschreiten die Herstellkosten den Verkaufspreis?	■ Bestehen für das Erzeugnis Marktchancen? ■ Können wir die Kunden-/Marktanforderungen erfüllen (Verkaufspreis, Qualität)? ■ Sind die erforderlichen Materialien lieferbar? ■ Werden rechtliche Vorgaben eingehalten (Gesundheitsschutz, Verbraucherschutz, Umweltschutz, Arbeitsschutz usw.)? ■ Ist die Produktion des Erzeugnisses unter gesellschaftlichen Gesichtspunkten vertretbar?

Unter Beachtung der Vielzahl der Einflussgrößen werden Ziele und Aufgaben der Leistungserstellung formuliert und ein Produktions- und Absatzprogramm festgelegt. Besondere Bedeutung gewinnt der Einfluss der veränderten Marktsituation. Vorwiegend **> INFO-Teil**
gegebene Käufermärkte zwingen Unternehmen zu einer konsequenten Ausrichtung **LF 5, Kap. 1.4**
auf die Kundenwünsche, die i. d. R. die Auslöser für die langfristige Gestaltung der
Leistungserstellungsprozesse (**strategische Produktionsprogrammplanung**) und für die
kurzfristige Leistungserstellung (**operative Produktionsprogrammplanung**) sind. Viele
Industriebetriebe wenden inzwischen das Prinzip des **Mass Customization** an: Individuelle Kundenanfragen werden erfüllt und trotzdem wird eine Massenfertigung realisiert. Hierdurch werden besondere Anforderungen an die Planung und Steuerung der
Leistungserstellungsprozesse gestellt (siehe Kap. 2.2 Fertigungsorganisation).

Darüber hinaus wird das Produktions- und Absatzprogramm natürlich im Wesentlichen durch den Unternehmer als Ideengeber mitbestimmt. Ohne seine Risikobereitschaft und sein finanzielles Engagement können Geschäftsideen und Kundenwünsche nicht zu einem marktfähigen Produkt realisiert werden.

Sind Produktions- und Absatzprogramm sowie Fertigungsverfahren festgelegt, werden
die Leistungserstellungsprozesse je nach Art des Erzeugnisses und der Situation auf
den Beschaffungs- und Absatzmärkten durch Fertigungsaufträge ausgelöst.

Kundenaufträge	Lageraufträge
Auftragsbezogene Fertigung Auslöser: Kundenbestellungen	Produktion für den anonymen Markt Auslöser: Absatzprognosen
Gründe: ■ individuelle Kundenwünsche ■ kurze Produktlebenszyklen ■ hoher Lagerwert der Erzeugnisse ■ mangelnde Lagerkapazitäten	Gründe: ■ Großserien-/Massenfertigung ■ saisonale Nachfrageschwankungen ■ saisonale Verfügbarkeit von Rohstoffen
Fertigungsaufträge	
Leistungserstellung	

1.2
Aufgaben und Ziele der Produktion – Mithilfe der Leistungserstellung Unternehmensziele erreichen

Aufgrund der Stellung der Leistungserstellungsprozesse innerhalb der Wertschöpfungskette erwachsen Aufgaben, die zielentsprechend erfüllt werden müssen, damit die Leistungserstellung die Funktion als Kettenglied innerhalb der Wertschöpfung wahrnehmen kann.

Hauptaufgabe der Produktion (Leistungserstellung materieller Güter) ist daher die Herstellung bedarfsgerechter Produkte. Als bedarfsgerecht können Produkte bezeichnet werden, die die Einflussgrößen angemessen berücksichtigen; insbesondere die Erfüllung

■ von Kundenanforderungen (richtige Art und richtige Qualität, richtige Menge, richtiger Zeitpunkt, richtiger Preis),

■ der in der Unternehmensphilosophie festgelegten Unternehmensziele und

■ der sonstigen Einflüsse (z. B. staatliche Auflagen).

> LF 2
Sachziele

> LF 5, Kap. 1.2
Arbeitshilfe 1

Es ist zu erkennen, dass die Hauptaufgabe der Produktion dem Sachziel einer Unternehmung entspricht und dann erfüllt wird, wenn wesentliche Teilaufgaben gemäß dem Management-Regelkreises zur Produktionsplanung, -steuerung und -kontrolle zielentsprechend konkretisiert werden:

Allgemeine Teilaufgabe	Produktionsplanung	Produktionsdurchführung	Produktionskontrolle
Beschreibung	Festlegung der Produktionsziele und -aufgaben sowie der Aufgabendurchführung: ■ Programmplanung: Festlegung des Produktions- und Absatzprogramms nach Art, Menge, Qualität ■ Kapazitätsplanung: Bereitstellung der notwendigen Mittel wie Arbeitskräfte, Betriebsmittel und Material ■ Festlegung des Fertigungsverfahrens (Ablauf/Vollzug der Fertigung)	Aufgabendurchführung durch Fertigungsplanung und -steuerung konkret vorliegender Fertigungsaufträge zur Sicherung einer störungsfreien, in geplanter Weise stattfindenden Fertigung: ■ Sicherung der Fertigungsbereitschaft ■ Veranlassung der Fertigung ■ Überwachung der Fertigung ■ Beseitigung von auftretenden Störungen	Technische und ökonomische Aufgabenkontrolle im Hinblick auf die gesetzten Produktionsziele mittels Soll-Ist-Vergleich: Kontrolle von ■ Kosten ■ Terminen ■ Qualität ■ Mengen ■ Auslastung ■ Verbrauch
konkrete Aufgaben	■ Festlegung der Erzeugnisse nach Art, Menge, Qualität und Kosten ■ Produktentwicklung und -entstehung mittels Forschung und Entwicklung ■ Produktdokumentation (Konstruktionszeichnungen, Stücklisten usw.) ■ Kapazitätsplanung mit anderen Unternehmensbereichen (Personal, Beschaffung, Finanzen, Controlling) ■ Entwicklung des Fertigungsverfahrens und -layouts für das Erzeugnisprogramm und erforderliche Kapazitäten	■ Planung der Fertigungsabläufe nach sachlogischen, zeitlichen und kapazitätsbezogenen Gesichtspunkten: Ablaufplanung, Arbeitsplanung, Zeitplanung und Bedarfsplanung ■ Fertigungssteuerung durch Auftragsfortschrittskontrolle	■ technisch: Qualitätssicherungsmaßnahmen ■ ökonomisch: Kennziffern und Rationalisierung

Management-regelkreis

Mithilfe des Managementregelkreises werden also unternehmensindividuelle Aufgaben als erforderliche Maßnahmen zur Erreichung der Hauptaufgabe und somit des Sachziels formuliert. Aufgaben können ohne Ziele nicht sinnvoll ergriffen werden. Bevor eine Aufgabe wahrgenommen werden kann, müssen daher Ziele festgelegt werden. Während Aufgaben Maßnahmen zur Erreichung von Zielen sind, definieren

Ziele angestrebte Zustände, die durch die Aufgabenwahrnehmung erreicht werden sollen. Das allgemein beschriebene Sachziel muss daher für eine angemessene Aufgabenwahrnehmung in der Produktion konkretisiert werden, damit die Zielerreichung auch gemessen werden kann (Was heißt nämlich z. B. „richtige" Menge?). Daher werden Formalziele definiert, die sich nach mehreren Dimensionen ordnen lassen:

**› LF 2
Formalziele**

Bedeutende Ziele der Produktion

Technische Ziele	Ökonomische Ziele	Soziale Ziele	Ökologische Ziele
■ Null-Fehler-Produktion ■ Verbesserung der Qualitätsstandards ■ Optimierung des Produktionsablaufs ■ Innovationen durch Verbesserung bestehender und Entwicklung neuer Produkte	■ Minimierung der Produktionskosten und damit Verbesserung der Wirtschaftlichkeit ■ optimale Kapazitätsauslastung ■ kurze Durchlaufzeiten, Termintreue	■ ergonomisch gestaltete Arbeitsplätze ■ Humanisierung der Arbeitsbedingungen ■ menschengerechte Arbeit ■ angenehmes Betriebsklima	■ umweltverträgliche Produktionsverfahren ■ Verringerung von Abfällen ■ geringe Schadstoffbelastung ■ Verwendung umweltverträglicher Werkstoffe

Im Zuge der Zielformulierung müssen die bestehenden Zielbeziehungen berücksichtigt werden. Insbesondere **Zielkonflikte** erschweren eine angemessene Festlegung der Ziele. Die herrschende Marktsituation hebt die Zielkonflikte zwischen Qualität, Kosten und Zeit besonders hervor. Diese werden in einem Zieldreieck veranschaulicht:

Zielkonflikte

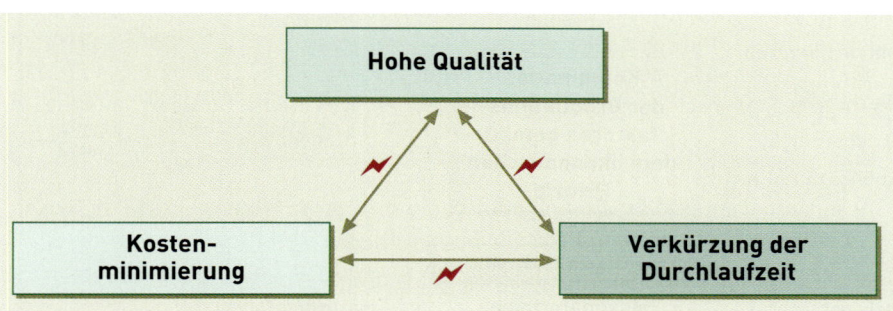

Zieldreieck der Produktion

Natürlich sind noch weitere Merkmale für den Markterfolg entscheidend. An dieser Stelle sollen aber zunächst nur die insbesondere auf die Produktion einwirkenden Merkmale hervorgehoben werden. Der Markterfolg erfordert die gleichzeitige Erfüllung des Zieldreiecks in der Produktion. Diese gleichzeitige Erfüllung ist praktisch nicht möglich, da folgende Zielkonflikte bestehen:

Ziel	Zielkonflikt
Hohe Qualität	Die Erzeugung einer hohen Produktqualität erfordert i. d. R. den Einsatz hochwertiger Produktionsanlagen, qualifizierter Mitarbeiter, hochwertiger Materialien sowie umfassender Qualitätssicherungsmaßnahmen. Hierdurch steigen die Produktionskosten und die Durchlaufzeit.
Kostenminimierung	Um die Produktionskosten zu minimieren, müssen Einsparungen bei den Produktionsfaktoren Arbeit, Betriebsmittel und Material vorgenommen werden. Hierdurch sinkt i. d. R. die Qualität und es steigt infolge erhöhter Störanfälligkeit der Produktionsanlagen sowie erhöhte Fehlerhäufigkeit des schlechter geschulten Personals die Durchlaufzeit.
Verkürzung der Durchlaufzeit	Die Verkürzung der Durchlaufzeit erfordert i. d. R. den Einsatz hochwertiger Produktionsanlagen und qualifizierter Mitarbeiter in ausreichender Kapazität. Dies führt zu steigenden Produktionskosten. Darüber hinaus müssen die Produktionsprozesse „unter Zeitdruck" geleistet werden. Dies führt zu Einsparungen u. a. bei Qualitätssicherungsmaßnahmen (z. B. Stichprobenkontrolle statt Vollkontrolle). Dies kann zu einer Verschlechterung der Qualität (evtl. erhöhter Ausschuss) sowie zu höheren Kosten (Reparaturen, Wartung) führen.

Beispiel

Der Automobilmarkt ist weltweit hart umkämpft. Inzwischen liegt ein Käufermarkt vor, die Unternehmen sind gezwungen, in immer kürzerer Zeit neue Modelle auf den Markt zu bringen. Dabei müssen sich die neuen Modelle dadurch auszeichnen, dass sie

■ in kürzester Zeit nach Bestellung lieferbar sind (Minimierung der Durchlaufzeit),

■ eine höhere Qualität im Vergleich zur Konkurrenz aufweisen (hohe Qualität),

■ zu immer günstigeren Verkaufspreisen bzw. bei gleichen Verkaufspreisen mit einer höherwertigeren Ausstattung am Markt angeboten werden (Kostenminimierung durch Preisdruck; Reduzierung der Gewinnspanne).

Ökonomisches Prinzip

Unternehmen müssen Lösungsansätze finden, die zumindest einen möglichst hohen Zielerreichungsgrad ermöglichen. In der Realität werden Zielentscheidungen daher nach dem ökonomischen Prinzip getroffen: Es wird der Produktionsprozess, d. h. die Kombination der Produktionsfaktoren so gestaltet, dass zur Zielerreichung entweder der Einsatz der Produktionsfaktoren festgesetzt und die Erzeugnismenge maximiert wird (Maximalprinzip) oder der Einsatz der Produktionsfaktoren für eine festgesetzte Erzeugnismenge minimiert wird (Minimalprinzip).

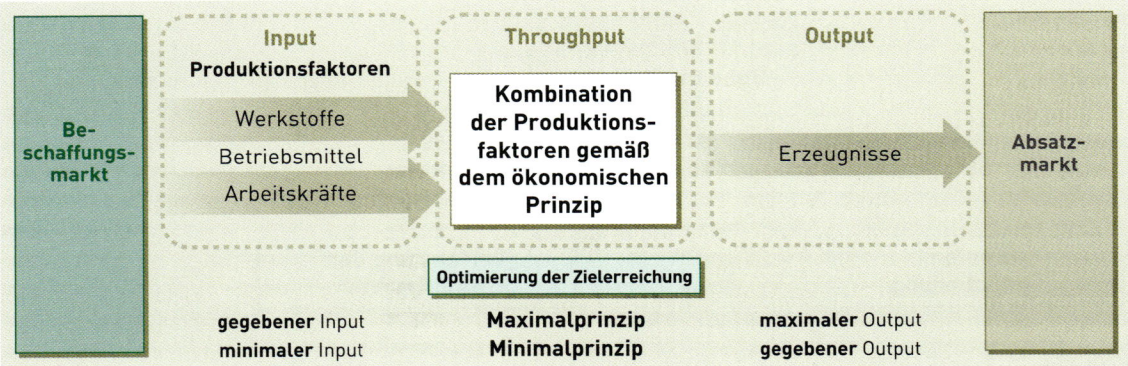

Einem Unternehmen gelingt die Erfüllung der Zielsetzungen der Produktion in dem vom Kunden gewünschten Umfang, wenn die Kunden bereit sind, den durch die Produktion erzielten Mehrwert zu bezahlen.

1.3
Produktentwicklung im Spannungsfeld der Umwelt – Durch Innovationen dem Markttrend begegnen

1.3.1
Forschung und Entwicklung – Der Markt zwingt uns zu neuen Produkten

Alle Produkte verfügen über eine begrenzte Lebensdauer am Markt. Der Lebensdauer am Markt (= Produktlebenszyklus) geht noch eine Phase der Forschung und Entwicklung voraus (= Entwicklungsphase). Der Produktlebenszyklus wird in Abhängigkeit von der Zeit anhand des erzielten Umsatzes und des erzielten Gewinns grafisch dargestellt. Idealtypisch[1] durchlebt ein Produkt aufgrund unterschiedlicher Einflussfaktoren verschiedene Phasen (siehe folgende Abbildung).

---

1   Das heißt, modelltheoretisch; in der Realität ergeben sich häufig andere Verläufe (siehe Band 3, LF 10).

Phasen		Beschreibung	Kosten, Umsatz, Gewinn
Produktlebenszyklus	**0 Entwicklung**	Ausgehend von der Produktidee (= Invention) wird eine marktfähige Innovation geschaffen.	Es entstehen nur Kosten und keine Umsätze, sodass insgesamt ein Verlust erzielt wird.
	I Einführung	Das neue Produkt wird am Markt eingeführt. Der Markterfolg ist aufgrund der geringen Bekanntheit kaum ausgeprägt. Werbemaßnahmen sollen die Bekanntheit erhöhen.	Die Kosten, insbesondere für Herstellung und Werbemaßnahmen übersteigen zunächst die nur langsam wachsenden Umsätze (Verlust). Die Phase endet, wenn die Gewinnschwelle[1] erreicht ist.
	II Wachstum	Die Bekanntheit des Produktes steigt: Immer mehr Abnehmer entschließen sich zu einem Kauf. Zudem kaufen einige Abnehmer aufgrund ihrer Zufriedenheit das neue Produkt zum wiederholten Male.	Aufgrund des starken Wachstums wirkt sich die Fixkostendegression[2] positiv auf die Gewinnentwicklung aus. Die Phase endet, wenn die Wachstumsraten des Umsatzes zu sinken beginnen.
	III Reife	Das Produkt hat sich am Markt etabliert. Zwar steigt die Absatzmenge noch weiter, die Wachstumsrate aber nimmt deutlich ab.	Steigende Absatzzahlen bewirken weitere Stückkostensenkungen. Das Gewinnmaximum wird erreicht. Durch die zunehmende Kapazitätsauslastung steigen die variablen Kosten überproportional, sodass die Gewinne nach einer Zeit wieder fallen. Die Phase endet im Umsatzmaximum.
	IV Sättigung	Die Absatzausdehnung kommt zum Stillstand. Das Marktvolumen ist nun komplett abgeschöpft. Keine weiteren Expansionen sind möglich.	Die Umsätze und Gewinne sinken, da ein Preisverfall einsetzt. Zudem steigen die Kosten, da in Produktveränderungen (Variation, Differenzierung)[3] investiert wird.
	V Degeneration	Die Abnehmer wenden sich von dem Produkt trotz zusätzlicher Marketingmaßnahmen ab, weil sie von den Produkteigenschaften nicht mehr überzeugt sind; z. B. weil das Produkt technisch überholt ist. Der sich beschleunigende Absatzrückgang kann nicht aufgehalten werden.	Die Umsätze und die Gewinne fallen sehr stark. Ab einem gewissen Zeitpunkt werden nur noch Verluste erwirtschaftet. Spätestens zu diesem Zeitpunkt sollte das Produkt vom Markt genommen werden (Produktelimination).

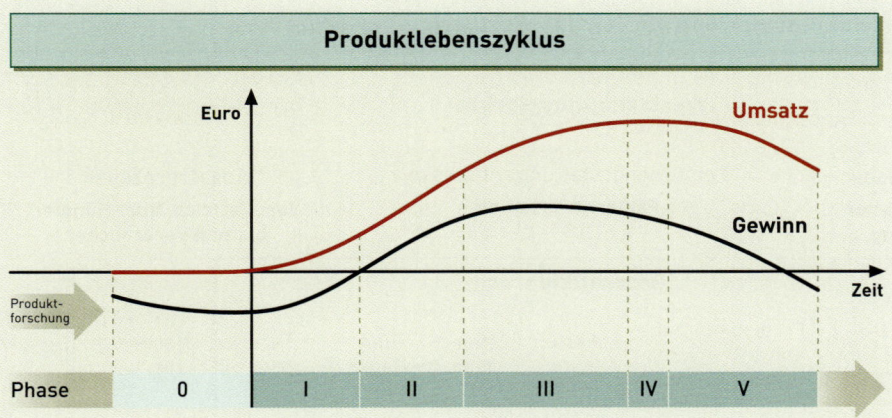

in Anlehnung an: Kistner/Steven, Betriebswirtschaftslehre im Grundstudium 1, Heidelberg 1999

Verlauf und Länge des Produktlebenszyklus wird durch zahlreiche Einflussfaktoren bestimmt. Außer technischen Entwicklungen, rechtlichen Vorschriften (z. B. Arbeitsschutz, Produktsicherheit, Umweltschutz) sowie Bedürfnisstrukturen der Kunden ist vor allem die Wettbewerbssituation (**Verkäufer- oder Käufermarkt**) von großer Bedeutung. In derzeit vorzufindenden Käufermärkten konkurrieren die Hersteller in einem laufenden **Preis-, Qualitäts- und Innovationswettbewerb.**

---

1   Zur Ermittlung der Gewinnschwelle siehe LF 5, Kap. 2.1.
2   Zur Bedeutung der Fixkostendegression siehe LF 5, Kap. 2.3.1.
3   Vgl. Band 3, LF 10.

Wettbewerbs-situation auf einem Käufermarkt

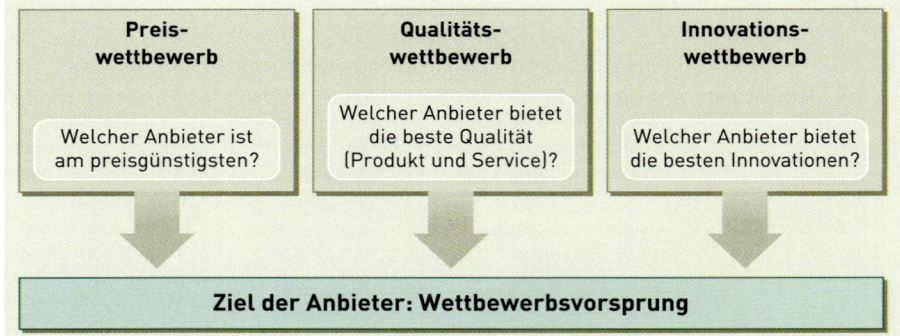

Um die langfristige Wettbewerbsfähigkeit zu sichern, werden Unternehmen daher u. a. aufgrund der Produktlebenszyklen gezwungen, Innovationen zu entwickeln. Nicht zuletzt deshalb unterhalten immer mehr Unternehmen eine eigene Forschungs- und Entwicklungsabteilung (FuE-Abteilung). Zentrale Aufgaben der FuE-Abteilung sind die Produktentwicklung und die Weiterentwicklung der bestehenden Produktpalette.

Verfahrens-innovation

Die Produktentwicklung nimmt in vielerlei Hinsicht Einfluss auf den Wertschöpfungsprozess (s. u.). Es können aufgrund von Analysen der Produktionsprozesse neue Verfahren entwickelt werden (**Verfahrensinnovation**), die zu einem besseren Einsatzverhältnis der Produktionsfaktoren Betriebsmittel, Materialien und Arbeit oder zu einem höheren Output bei gegebenem Einsatzverhältnis führen und somit die Produktivität erhöhen. Ferner können auch bestehende Wertschöpfungsprozesse für Produkte verschwinden und durch völlig neu gestaltete Wertschöpfungsketten ersetzt werden (**Produktinnovation**), weil das Produkt z. B. aufgrund technischen Fortschritts überholt ist und folglich nicht mehr absatzfähig und wirtschaftlich hergestellt werden

Produkt-innovation

kann (Degeneration). Im Zuge der Veränderungen von Wertschöpfungsprozessen übernimmt die Produktentwicklung die erforderliche Funktion des Bindegliedes zwischen den Wertketten innerhalb des Unternehmens (Leistungserstellung) und den vor- und nachgelagerten Wertketten außerhalb des Unternehmens (Beschaffung und Absatz). Nur wenn es mithilfe der FuE-Abteilung gelingt, Produkte zu entwickeln, bei denen aufgespürte Marktanforderungen technisch umgesetzt werden, wird sich für das Unternehmen ein Wertschöpfungserfolg einstellen. Hierbei ist das Zusammenspiel der FuE-Abteilung mit den weiteren Prozessbeteiligten der Leistungserstellung unerlässlich. So erfährt aufgrund der geringeren Fertigungstiefe der Hersteller die Zusammenarbeit mit Lieferanten und dem Vertriebsnetz eine immer größere Bedeutung. Hier sind der Aufbau und die Nutzung von B2B[1]-Marktplätzen wichtig für die Ausgestaltung der Koordinationsmechanismen.

Fertigungstiefe

> **Band 3, LF 10**

1.3.2
Produktentwicklung – Sind die Kundenanforderungen technisch umsetzbar?

Vorläufer des Produktlebenszyklus ist die Produktforschung. In dieser bedeutenden Phase wird Grundlagenforschung und/oder angewandte Forschung betrieben, um Erfindungen (Neu- und Weiterentwicklungen) zu generieren bzw. den Stand des technischen Wissens mit den über Marktanalysen zu erhebenden Kundenbedürfnissen in Verbindung zu bringen.

Grundlagenforschung	Angewandte Forschung
Hervorbringung neuer wissenschaftlicher Erkenntnisse zur theoretischen Nutzung durch Universitäten und Forschungsinstitutionen (z. B. Fraunhofer-Gesellschaft)	Anwendung vorhandener wissenschaftlicher Erkenntnisse zur Lösung praktischer Probleme durch unternehmenseigene oder überbetriebliche FuE-Abteilungen

Erfinden ist die geistige Fähigkeit, Probleme zu erkennen und eine Lösungsidee dafür anzubieten. So gesehen steckt in jedem Menschen ein Erfinder. Weltbekannte Erfindungen, wie etwa das Gummibärchen, die Jeans oder die Zahnpasta, unterscheiden sich von „privaten" Erfindungen (z. B. Schwenkergrill aus alter Wäschetrommel), dadurch, dass sie bis zur Herstellung eines marktfähigen Produktes verfolgt werden. Werden hingegen Lösungsideen unternehmerisch verfolgt und in ein verkaufsfähiges Produkt am Markt umgesetzt, so wird in der Betriebswirtschaft von einer **Invention** gesprochen, die in eine **Innovation** am Markt (= Erfindung) überführt wird. Eine Invention wird also durch Produktforschung „entdeckt" und innerhalb der Produktentwicklung in ein marktfähiges Erzeugnis verwandelt, das am Markt als Innovation verkauft werden kann. Erst das fertig entwickelte Erzeugnis stellt demnach betriebswirtschaftlich eine Erfindung dar. Innovationen lassen sich nach einer Vielzahl von Kriterien abgrenzen. Hier sei nur auf die bedeutende Unterscheidung von Produkt- und Verfahrensinnovationen hingewiesen:

Invention

Innovation

Produktinnovation	Verfahrensinnovation
Vermarktungsfähiges Produkt, das am Markt absolut oder relativ neu ist	Nicht marktfähiges, absolut oder relativ neues Verfahren zur Erstellung eines marktfähigen Erzeugnisses

Hauptaufgabe der Produktentwicklung ist die Überführung einer Invention in eine Innovation. Wesentliche Phasen der Produktentwicklung sind die Produktplanung, Produktkonstruktion und die Produkterprobung.

In der **Produktplanung** werden die Weichen für den Erfolg der zu entwickelnden Innovation gelegt. Das Ziel ist eine möglichst umfassende und vollständige Aufgaben-

Produktplanung

---

1   B2B = Business-to-Business

Lastenheft

klärung, um spätere Ergänzungen und Änderungen auf ein Minimum zu reduzieren (Vermeidung unnötiger Entwicklungskosten). Dreh- und Angelpunkt sind die erhobenen Marktanforderungen, die mit der technischen Machbarkeit nach dem Stand des technischen Wissens durch die FuE-Abteilung überprüft werden. Ein wichtiges Bindeglied zwischen Ideenumsetzung, Kundenwünschen und technischer Machbarkeit bildet das **Lastenheft**. Es definiert das Anforderungsprofil an das Produkt durch Auflistungen von Kunden- und Produktionsanforderungen. Diese sind z. T. widersprüchlich, da u. U. gewünschte Eigenschaften technisch nicht umsetzbar sind.

Produktentwicklung: Lastenheft	
Anforderungen der Kunden	**Anforderungen der Produktion**
■ Quarzuhr aus Kunststoff, flach, wasserdicht ■ Anzeige h, min, s mittels Zeiger (analog), Tag und Datum im Fenster des Ziffernblatts ■ Schnellkorrektur der Datumanzeige ■ Wasserdichtigkeit, sehr leichte Auswechselbarkeit der Batterie ■ Lebensdauer der Batterie: über drei Jahre ■ hohe Zuverlässigkeit, leicht, angenehm im Tragen ■ große Robustheit, viele Designervarianten ■ niedriger Verkaufspreis ■ „Swiss Made"	■ geringe Herstellungs-/Montagekosten ■ kleine Ausschussrate ■ Vereinfachung der Automatisierung ■ Angleichung der Montagezeiten ■ senkrechte Montagerichtung ■ kein relatives Nachpositionieren

Beispiel eines Lastenhefts für die Uhr „Swatch"   Quelle: ECOVIN-Leipzig, Katja Butzmann

Pflichtenheft

Das Lastenheft wird anschließend unter Beteiligung der betroffenen Abteilungen in das Pflichtenheft überführt. Die technisch und wirtschaftlich nicht machbaren Anforderungen werden gestrichen. Das **Pflichtenheft** ist dann das widerspruchsfreie, quantitativ formulierte Zielsystem. Es enthält die Produkteigenschaften und Zielvorgaben für den Entwicklungsprozess. Das Pflichtenheft bildet die wesentliche Grundlage für die Produktions-, Zeitraum- und Kostenplanung. Es stellt das tatsächliche Leistungsprofil des zu entwickelnden Produktes dar.

Planungsebene	Fragen, die durch das Pflichtenheft beantwortet werden sollen
Produktionsplanung	■ Welche Werkstoffe werden benötigt bzw. können eingesetzt werden? ■ Welche Fertigungsverfahren werden benötigt bzw. müssen entwickelt werden (Arbeitsablauf- und Prozessgestaltung)?
Zeitraumplanung	■ Welche Entwicklungszeiten werden erwartet? ■ Wann müssen die Werkstoffe bereitgestellt werden? ■ Wann müssen die Fertigungsverfahren entwickelt sein? ■ Wann muss die Produktdokumentation erfolgen?
Kostenplanung	■ Welche Entwicklungskosten fallen an? ■ Welche Investitionen in Betriebsmittel und Personal sind erforderlich? ■ Welche Werkstoffpreise müssen kalkuliert werden?

Produkt-konstruktion

Das Ergebnis der Produktplanung ist ein Produktkonzept, das grobe Vorstellungen über Art und Funktionen des Produktes formuliert.

Prototyp

Produkt-erprobung

Die Phase der Produktkonstruktion steht für die Überführung des Pflichtenheftes in Zeichnungen und Stücklisten in der Konstruktionsabteilung durch technische Zeichner. Durch Versuche und den Bau eines Prototyps wird das dokumentierte Produktkonzept auf seine Funktionsfähigkeit getestet. Aufgrund einer Ergebnisanalyse werden die erforderlichen Korrekturen vorgenommen und die Produkterprobung eingeleitet. Hier werden die benötigten Produktionsfaktoren im Wertschöpfungsprozess (Betriebsmittel, Werkstoffe, Arbeitskräfte) in Menge und Zeit geplant und aufeinander abgestimmt (Fertigungsvorbereitung). Darüber hinaus werden die Herstellungskosten als Grundlage des Angebotspreises kalkuliert. Je nach Produkt können bis zu diesem Zeitpunkt eineinhalb Jahre seit der Invention vergangen sein. Nach Abwicklung der Beschaffung der geplanten Produktionsfaktoren wird das entwickelte

Fertigungsverfahren auf seine Tauglichkeit getestet, indem eine Nullserie produziert wird: Bis zu einhundert Nullserien-Produkte, die nicht für den Absatzmarkt bestimmt sind, werden hergestellt, um mögliche Verfahrensmängel zu beseitigen. Erst nach Sicherstellung der Herstellungsqualität wird die Produktherstellung begonnen. Das entwickelte Erzeugnis ist nun marktfähig und kann als Innovation produziert werden. Ab dem Zeitpunkt der Phase der **Produktherstellung** ist die eigentliche Produktentwicklung beendet, wobei prozessbezogen Weiterentwicklungen am Verfahren und am Produkt durchaus erwünscht sind. Im Zuge der Produktherstellung wird die Marktphase eingeläutet, indem das Marketing die Markteinführung plant und letztlich im Rahmen der Produktdistribution durchführt.

Nullserie

**Produkt-
herstellung**

› Band 3, LF 10

Die Bedeutung der Produktentwicklung innerhalb des Produktlebenszyklus fasst die nachfolgende Abbildung zusammen. Es sei darauf hingewiesen, dass die beschriebenen Phasen in der betrieblichen Praxis nicht trennscharf zu beobachten sind!

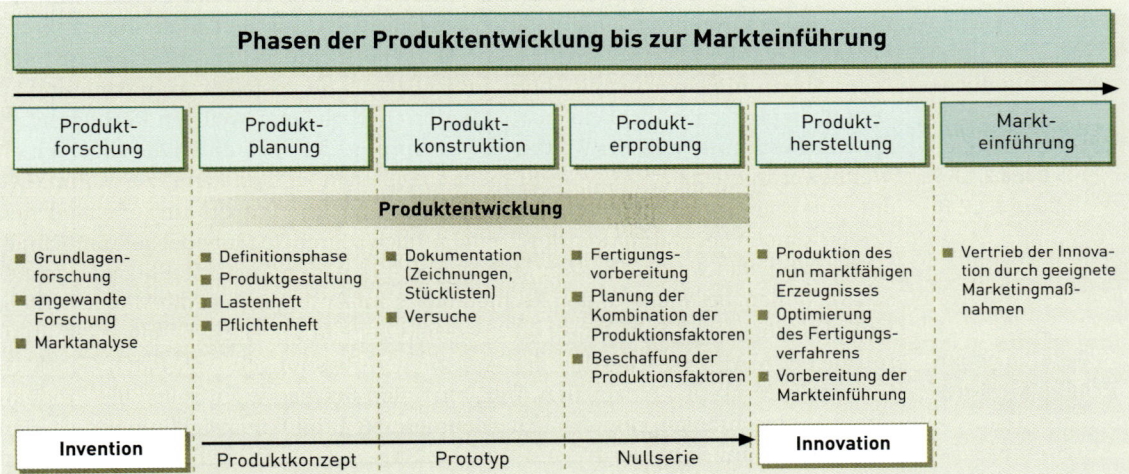

in Anlehnung an: Spur/Krause, Das virtuelle Produkt, Hanser Verlag 1997

1.3.3
Rechtliche Anforderungen im Zuge der Produktentwicklung

Unternehmensentscheidungen werden von der betrieblichen Umwelt beeinflusst. Dabei spielen nicht nur Kundenanforderungen eine große Rolle, sondern rechtliche Rahmenbedingungen wirken in die Unternehmung hinein und gestalten so den Produktentwicklungsprozess mit.

› LF 2

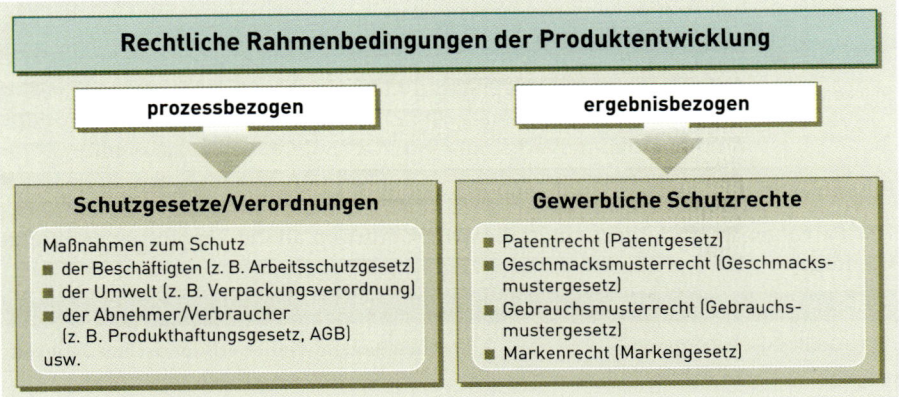

Schutzgesetze/Verordnungen

Während des Produktentwicklungsprozesses muss die FuE-Abteilung vor allem Schutzgesetze und Verordnungen beachten, um hohe Folgekosten, die durch nachträgliche Berücksichtigung der gesetzlichen Vorgaben, durch Fehlerkosten oder durch Geldstrafen entstehen können, zu vermeiden. Dabei müssen die Bedürfnisse und Rechte aller Interessengruppen erfüllt werden. So hat die Konstruktion der Güter u. a. derart zu erfolgen, dass das angewandte Fertigungsverfahren die Bestimmungen des Arbeitsschutzes ebenso wie auch die Umweltbestimmungen bei Materialeinsatz und -verarbeitung usw. erfüllt.

› INFO-Teil LF 1

Gewerbliche Schutzrechte

Der hohe Investitionsaufwand in die Forschung und Entwicklung berechtigt zum Schutz der Ergebnisse vor der Nutzung durch die Konkurrenz. Der Gesetzgeber folgt diesen Forderungen dahingehend, dass er umfassende gewerbliche Schutzrechte definiert, die es innovativen Unternehmen ermöglicht, technische Verfahren, technische Erzeugnisse, Muster bzw. Modelle sowie Marken für eine festgelegte Schutzfrist und unter Ableistung einer Jahresgebühr ausschließlich herzustellen, zu nutzen und zu vertreiben (Ausschließlichkeitsrecht). Hierdurch wird dem jeweiligen Rechteinhaber für eine bestimmte Zeit ein Wettbewerbsvorsprung, der auch durch die allgemeinen Wettbewerbsgesetze (UWG, GWB) nicht aufgehoben werden kann, zuerkannt. Die dem innovativen Unternehmen durch die Forschung und Entwicklung entstandenen Kosten können bei Markterfolg durch eine zeitlich begrenzte Monopolstellung schneller erwirtschaftet werden. Sollten Mitbewerber gegen den Ausschließlichkeitsgrundsatz verstoßen, bestehen für den Rechteinhaber auf Antrag zudem die Möglichkeiten, Unterlassungs- und Schadensersatzanspruch geltend zu machen, sowie ein strafrechtliches Vorgehen aufgrund der gesetzlichen Regelungen (vgl. PatG, GebrMG, GeschmG, MarkenG) einzuleiten. Die genannten Rechtsquellen sollen die Produktpiraterie einschränken und die Unternehmen zur Produktentwicklung im eigenen Wirtschaftsraum ermuntern.

Ausschließlichkeitsgebot

› Band 2, LF 9
› Band 3, LF 10

Gesetze gegen Produktpiraterie

Gegenstände des gewerblichen Rechtsschutzes sind keine Gegenstände im eigentlichen Sinne (materielle Güter), sondern Rechte an einer geistigen Leistung (immaterielle Güter). Die Rechte entstehen i. d. R. durch Eintragung in ein öffentliches Register beim Deutschen Patent- und Markenamt und durch Bekanntmachung über das Deutsche Patent- und Markenamt.

Rechte	Rechtsquelle	Eintragung	Bekanntmachung	Beispiele
Patente	§ 58 PatG	Patentrolle	Patentblatt	Airbag (Mercedes Benz z. B. 1990)
Gebrauchsmuster	§ 8 GebrMG	Gebrauchsmusterrolle	Patentblatt	Wäscheklammer (Reinhold Moser 2007)
Geschmacksmuster	§§ 7, 8 GeschMG	Darstellung/ Hinterlegung beim Musterregister	Geschmacksmusterblatt	Steiff-Tiere
Marken	§§ 4, 41 MarkenG	Markenregister	Deutsches Patent- und Markenamt	Haribo

Patentrecht

Das Patentgesetz (PatG) formuliert die Anforderungen an die Vergabe eines Patents wie folgt:

Patentgesetz

§§

§ 1 Deutsches Patentgesetz
Patente werden für **Erfindungen** erteilt, die **neu** sind, auf einer **erfinderischen Tätigkeit** beruhen und **gewerblich anwendbar** sind.

Erfindungen sind **technische Leistungen** (z. B. Schaltungen, Maschinen, Verfahren, Anwendungen, Vorrichtungen und Apparate). Neu im Sinne des Gesetzes ist eine Erfindung, die über den bisherigen Stand der Technik (vor dem Tag der Patentanmeldung) hinausgeht. Ferner muss das Patent **gewerblich anwendbar** sein, d. h., der Gegenstand der Erfindung muss auf einem gewerblichen Gebiet (einschließlich Landwirtschaft) hergestellt oder benutzt werden können. Als **erfinderische Tätigkeit** gilt nur, was über das Durchschnittskönnen der Fachleute hinausgeht.

Erfindung

Bevor ein Patent tatsächlich rechtswirksam wird, durchläuft es das formale Anmeldeverfahren (inklusive Offenlegung) und ein umfangreiches Prüfungs- und Erteilungsverfahren beim Patentamt, gegen das gegebenenfalls Einspruch und Beschwerde eines Wettbewerbers erhoben werden kann. Folglich kann ein Patentverfahren je nach Komplexität des Falls unterschiedlich lang dauern. Ein erteiltes Patent gilt für maximal 20 Jahre. Die Jahresgebühr staffelt sich nach den Jahren der Patentverlängerung. So sind im dritten Jahr 70,00 € und im 20. Jahr 1.940,00 € fällig (Stand: 01.01.2006).

Der Patentinhaber kann durch einen Lizenzvertrag mit einem Dritten das Ausschließlichkeitsrecht (s. o.) auflösen und so dem Dritten die alleinige (ausschließliche Lizenz) oder die beschränkte Nutzung (Herstellungslizenz, Vertriebslizenz, Gebrauchslizenz) des Patents gestatten.

Gebrauchsmusterrecht

Das Gebrauchsmustergesetz (GebrMG) definiert ein technisches Schutzrecht. Man bezeichnet es auch als das „Kleine Patent", weil die Anforderungen und Schutzwirkungen im Wesentlichen mit dem des Patentrechts übereinstimmen. Unterschiede bestehen jedoch hinsichtlich Schutzgegenstand, Schutzhöchstdauer sowie Anmelde- und Prüfverfahren.

Gebrauchsmuster

Bezüglich des Schutzgegenstands ist festzuhalten, dass zwar die Anforderungen (Neuartigkeit der Erfindung, erfinderische Tätigkeit, gewerbliche Anwendbarkeit) mit dem Patentrecht identisch sind, jedoch lediglich Neuerungen an Gegenständen, **nicht** aber Neuerungen an Verfahren durch den Gebrauchsmusterschutz erfasst werden. Darüber hinaus beträgt die Schutzfrist für Gebrauchsmuster lediglich drei Jahre, die einmal um drei und zweimal um zwei auf maximal zehn Jahre ausgedehnt werden kann.

Neuerungen an Gegenständen

Zwar hat ebenso wie für Patente eine Anmeldung zu erfolgen, jedoch wird das Prüfverfahren für Gebrauchsmuster wesentlich vereinfacht und verkürzt: So werden die Anforderungen „Neuartigkeit" und „erfinderische Tätigkeit" nicht überprüft sowie ein Einspruchsverfahren nicht eingeräumt. Sollten jedoch Wettbewerber an der Rechtmäßigkeit des Gebrauchsmusters zweifeln, so kann der Wettbewerber beim Patentamt eine Löschung beantragen, wodurch ein nachträgliches Prüfverfahren gemäß dem der Patenterteilung eingeleitet wird.

Geschmacksmusterrecht

Das Geschmacksmusterrecht regelt ein gewerbliches Schutzrecht für Muster:

Geschmacksmuster

> **§§**
>
> **§ 1 Abs. 1 GeschMG**
>
> [...] ein Muster [ist] die zweidimensionale oder dreidimensionale Erscheinungsform eines ganzen Erzeugnisses oder eines Teils davon, die sich insbesondere aus den Merkmalen der Linien, Konturen, Farben, der Gestalt, Oberflächenstruktur oder der Werkstoffe des Erzeugnisses selbst oder seiner Verzierung ergibt; [...]

Muster sind demnach bestimmte Ausprägungen hinsichtlich der Produktgestaltung oder der Werbung sowie das Design von Einrichtungs- und Gebrauchsgegenständen (z. B. Gehäuse von technischen Geräten, Lampenschirme, Tapeten- und Stoffmuster). Ein Muster im Sinne des obigen Paragrafen fällt dann unter den Geschmacksmusterschutz, wenn es neu ist, d. h., es gibt noch kein identisches Muster, und es eine Eigenart hat, d. h., es erzeugt beim informierten Benutzer einen individuellen Eindruck, der sich eindeutig von anderen, bereits bekannten Mustern unterscheidet. Schriftzeichen können ebenfalls durch das GeschMG geschützt werden. (zehn bis max. 25 Jahre).

› INFO-Teil LF 2, Kap. 1.3

Schriftzeichen erlangen insbesondere im Zuge der Vermarktung und der Corporate Identity Bedeutung.

Wird der Geschmacksmusterschutz nach einem erfolgreichen Anmeldeverfahren erteilt, so erhält der Rechtsinhaber das Ausschließlichkeitsrecht (s. o.). Jede nicht genehmigte Verbreitung einer Nachbildung eines Musters ist verboten. Der Schutz dauert fünf Jahre und kann jeweils um fünf Jahre bis auf maximal 20 Jahre verlängert werden. Der Rechteinhaber kann jedoch durch die Vergabe von beschränkten oder unbeschränkten Lizenzen die Nutzung des geschützten Geschmacksmusters einem Dritten überlassen.

Markenrecht

Marke
› Band 3, LF 10

Das Markenrecht ist insbesondere bei den Absatzbemühungen der Unternehmung von Bedeutung. Mittels Kennzeichnungs- und Unterscheidungsfunktionen über die Herkunft der Güter und Dienstleistungen wird der Charakter eines Markenartikels erhoben, der einen entscheidenden Wettbewerbsvorteil im Zuge der Produktgestaltung darstellen kann. Innerhalb eines Produktentwicklungsprozesses ist es wichtig, dass das über die Marke aufgebaute positive Image durch das neu entwickelte Produkt bestätigt bzw. im positiven Sinne verstärkt werden kann. Die Anforderungen an eine Marke und den Markenschutz regelt das Markengesetz:

---

§§

§ 3 MarkenG

(1) Als Marke können alle Zeichen, insbesondere Wörter einschließlich Personennamen, Abbildungen, Buchstaben, Zahlen, Hörzeichen, dreidimensionale Gestaltungen einschließlich der Form einer Ware oder ihrer Verpackung sowie sonstige Aufmachungen einschließlich Farben und Farbzusammenstellungen geschützt werden, die geeignet sind, Waren oder Dienstleistungen eines Unternehmens von denjenigen anderer Unternehmen zu unterscheiden.

(2) Dem Schutz als Marke nicht zugänglich sind Zeichen, die ausschließlich aus einer Form bestehen,
– die durch die Art der Ware selbst bedingt ist,
– die zur Erreichung einer technischen Wirkung erforderlich ist oder
– die der Ware einen wesentlichen Wert verleiht.

Am Beispiel des Telefons sollen die Unterschiede zwischen verschiedenen Schutzrechten nochmals verdeutlicht werden:

1. Patent
Ein Unternehmen entwickelt zum Beispiel ein neuartiges Telefon, das die Möglichkeit bietet, akustische Signale als Befehle zu identifizieren und auszuführen, z. B. auf Zuruf bestimmte gespeicherte Nummern auszuwählen, Wahlwiederholungen vorzunehmen usw. Die Hardware-Elemente des Speicher- und Identifikationsmoduls des Akustik-Empfängers sind patentiert, da es sich dabei um eine neue technische Lösung von hoher erfinderischer Qualität handelt.

2. Gebrauchsmuster
Der Telefonhörer kann auseinandergezogen werden und verwandelt sich so zu einem Kopfhörer. Das ist äußerst hilfreich: Über den Akustik-Empfänger lässt sich

frei sprechen und zugleich können, da beide Hände frei sind, Notizen angefertigt werden. Der erfinderische Schritt bei dieser Problemlösung würde eine Anmeldung zum Gebrauchsmuster nahelegen.

3. Geschmacksmuster

Die äußere Gestaltung des Telefons hebt sich deutlich von der anderer Geräte ab, ist eigentümlich und damit zur Anmeldung zum Geschmacksmuster beim Deutschen Patent- und Markenamt geeignet. Das Design ist so gegen Nachahmungen geschützt. Allerdings: Neuheit und Eigentümlichkeit des Designs, die tragenden Säulen des Schutzrechtes, werden erst im Fall eines Plagiatsprozesses geprüft.

4. Marke

Das Gerät wird unter dem Produktnamen „pronton" verkauft. Der Produktname ist markenrechtlich durch Eintragung in das Markenregister beim Deutschen Patent- und Markenamt geschützt, sofern niemand ältere Ansprüche auf diese Bezeichnung geltend machen kann. Bei Nichteintragung entsteht der Schutz dann, wenn das Zeichen „Verkehrsgeltung"[1] erlangt hat.

aus: Patentblock/Genossenschaftsverband der Volks- und Raiffeisenbanken, 1993
[gefunden unter www.wtsh.de/wtsh/de/downloads/servicecenter_schutzrechte/beispiel_schutzrechte.pdf]
letztmalig aufgerufen am 27.07.2007

1.3.4
Umweltorientierung im Zuge der Produktentwicklung

Staatliche Vorgaben, verändertes Verbraucherverhalten und zunehmende Umweltprobleme führen zu einer neuen Sicht auf den Produktlebenszyklus. Produkte werden nicht mehr nur unter der Perspektive von Umsatz und Gewinn, sondern auch unter der Perspektive der Umweltwirkungen von der Rohstoffgewinnung und Herstellung der Materialien über die Produktions-, Nutzungs- sowie Entsorgungsphase des Produktes betrachtet (ökologischer Produktlebenszyklus). Diese Umweltorientierung der Unternehmen wird durch umweltrechtliche (Minimal-)Vorgaben des Staates forciert. Mittelbar wirken eine Vielzahl von umweltbezogenen Gesetzen, Verordnungen und Richtlinien auf die Produktentwicklung ein. Insbesondere ist das **Kreislaufwirtschaftsgesetz** (KrWG) von Interesse, da hier den Industrieunternehmen (und dem Handel) eindeutig die Produktverantwortung für die entstehenden Umweltbelastungen entlang des ökologischen Produktlebenszyklus zugeschrieben wird. Folglich hat bereits im Rahmen des Produktentwicklungsprozesses eine Berücksichtigung der Umweltanforderungen zu erfolgen.

Kreislaufwirtschaftsgesetz

Zweck des Gesetzes ist die Förderung der Kreislaufwirtschaft zur Schonung der natürlichen Ressourcen und die Sicherung der umweltverträglichen Beseitigung von Abfällen durch das Prinzip „Vermeidung geht vor Verwertung und Verwertung geht vor Beseitigung von Abfällen" (§ 1 KrWG). Dabei werden alle beweglichen Gegenstände als Abfall angesehen, die bei der Verfolgung des Sachziels (z. B. Herstellung von Möbeln) oder nach Aufgabe des Sachziels ohne Festlegung eines neuen Sachziels entstehen. Beim Umgang mit Abfällen schreibt der Gesetzgeber eine eindeutige Rangfolge vor.

1　Verkehrsgeltung ist ein juristischer Begriff aus dem Markenrecht. Sie ist der Zuordnungsgrad eines bestimmten Markenzeichens für bestimmte Waren und Dienstleistungen zu einem Unternehmen. Die Verkehrsgeltung führt zur Eintragung der Marke.

Abfallhierarchie Durch das KrWG wird eine **Abfallhierarchie** bei Maßnahmen zur Vermeidung und der Abfallbewirtschaftung entlang eines ökologischen Produktlebenszyklus festgelegt. Sollten sich Abfälle nicht vermeiden lassen, so haben Unternehmen zunächst dem Recycling durch Wiederverwendung (siehe unten) Vorrang vor weiteren Formen des Recyclings einzuräumen. Entsprechend der im Gesetz definierten Abfallhierarchie sind v. a. die energetische Verwertung und Verfüllung sowie abschließend die Beseitigung nachrangig zu wählen. Ausgehend von dieser Rangfolge soll immer diejenige Maßnahme gewählt werden, die den Schutz von Mensch und Umwelt unter Berücksichtigung des Vorsorge- und Nachhaltigkeitsprinzips am besten sichert.

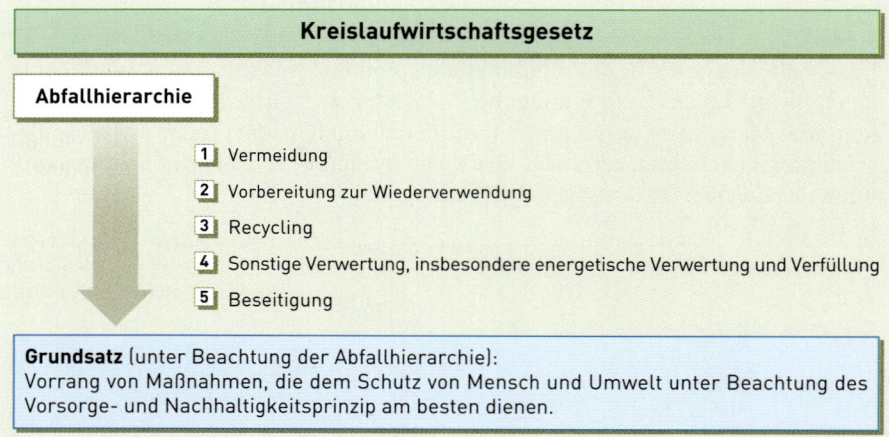

Kreislaufwirtschaftsgesetz

Abfallhierarchie

1 Vermeidung
2 Vorbereitung zur Wiederverwendung
3 Recycling
4 Sonstige Verwertung, insbesondere energetische Verwertung und Verfüllung
5 Beseitigung

Grundsatz (unter Beachtung der Abfallhierarchie):
Vorrang von Maßnahmen, die dem Schutz von Mensch und Umwelt unter Beachtung des Vorsorge- und Nachhaltigkeitsprinzip am besten dienen.

Aufgrund der im Gesetz definierten Prioritäten ergibt sich eine **Kreislaufwirtschaft**: Nicht verwendbare Abfälle eines ökologischen Produktlebenszyklus, die stofflich verwertet werden, d. h. in den Produktions- und Verbrauchsprozess zurückgeführt werden (Recycling), können in vier Formen für einen nachfolgenden ökologischen Produktlebenszyklus zur Verfügung stehen.

Formen des Recyclings am Beispiel „gebrauchte Autoreifen"		
Verwendung oder **Verwertung?**	**Wieder...** Erneut bearbeitetes Material wird für den gleichen Zweck bzw. Produkt genutzt.	**Weiter...** Erneut bearbeitetes Material wird für anderen Zweck bzw. anderes Produkt genutzt.
Verwendung Gestaltung des Materials bleibt nach erneuter Bearbeitung weitgehend erhalten.	**Wiederverwendung** Beispiel: Runderneuerung	**Weiterverwendung** Beispiel: Schaukel
Verwertung Ursprüngliche Gestalt des Materials wird durch erneute Bearbeitung aufgelöst.	**Wiederverwertung** Beispiel: neuer Reifen	**Weiterverwertung** Beispiel: Schuhsohlen

Darüber hinaus wirken aber auch noch weitere Umweltvorschriften auf den Produktentwicklungsprozess ein, die das Gebot der Nachhaltigkeit der Ressourcennutzung **Nachhaltigkeit** einfordern. Der Begriff der **Nachhaltigkeit** entstammt ursprünglich der Forstwirtschaft, in der gemäß dem Gebot der Nachhaltigkeit nur so viele Bäume abgeholzt werden, wie auch nachwachsen können. Übertragen auf die Betriebswirtschaftslehre bedeutet dies, dass die Rohstoffe nach Möglichkeit nur in dem Umfang der Natur entnommen werden, wie diese in angemessener Zeit auch nachwachsen können. Als angemessen wird dabei eine Zeit angesehen, bei der derzeitige Bedürfnisse befriedigt werden, ohne zukünftigen Generationen die Lebensgrundlagen zu entziehen.

Entlang des ökologischen Produktlebenszyklus erwachsen für die FuE-Abteilung daher folgende Umweltanforderungen.

Umweltanforderungen und konkrete Maßnahmen für die Produktentwicklung entlang eines ökologischen Produktlebenszyklus					
Gewinnung	Beschaffungs-phase	Produktions-phase	Distribution	Nutzungs-phase	Entsorgungs-phase
Berücksichtigung umweltgerecht gewonnener Ressourcen	Berücksichtigung einer umweltge-rechten Material-bereitstellung	Realisierung einer umweltgerechten Produktion	Berücksichtigung umweltgerechter Produktverteilung	Ermöglichen einer umweltgerechten Produktnutzung	Berücksichtigung umweltgerechter Entsorgung
▪ minimaler Einsatz von erneuer-baren Primärrohstoffen[1] ▪ Materialien sorgen bei der Gewinnung, Verarbeitung, Lagerung und Transport für möglichst wenig Rückstände und Emissionen. ▪ möglichst geringer, umwelt-schonender Verpackungseinsatz ▪ Lieferanten achten selbst auf umweltschonende Herstellung. ▪ Materialfluss mittels umwelt-schonenden Transportmitteln ▪ umweltfreundliche Verpackung		▪ minimale Emissionen und Verbräuche von (Primär-) Rohstoffen bei Betriebsmittel-einsatz ▪ möglichst geringe Aus-schussquote ▪ Beschaffung von Sekundär-rohstoffen[2] ▪ minimale Produktions-rückstände und Emissionen ▪ keine Umwelt-gefährdung bei Zwischenlage-rung und Transport	▪ Materialfluss mittels umwelt-schonenden Transportmit-teln ▪ keine Umwelt-gefährdung bei Zwischenlage-rung und Trans-port ▪ umwelt-freundliche Verpackung	▪ Langlebigkeit und geringe Störanfälligkeit ▪ Sicherheits-vorkehrungen gegen drohende Umweltbelas-tungen bei Defekten ▪ Gesundheits-schutz/Natur-schutz ▪ geringer Ener-gieverbrauch ▪ Bedienungs-anleitungen zur umwelt-freundlichen Anwendung ▪ nach Möglich-keit wirtschaft-licher Einsatz erneuerbarer Energien ▪ optimale, um-weltschonende Energienutzung ▪ lange Vor-haltung von Ersatzteilen	▪ Recycling-fähigkeit ▪ demontage-fähige Zusam-mensetzung des Produktes ▪ Entsorgungs-möglichkeiten ▪ geringe Anteile von Abfall-stoffen sowie Verbund-materialien

1.4
Produktions- und Absatzprogramm – In Einklang mit den Marktanforderungen und den Unternehmenszielen wird das Produktions-/Absatzprogramm festgelegt

Das Produktions- und Absatzprogramm zur zielentsprechenden Erfüllung der Haupt-aufgabe der Leistungserstellung wird durch zahlreiche Einflussgrößen bestimmt und durch mehrere Entscheidungen von unterschiedlicher Hierarchieebene bzw. Zeithorizont im Zuge der Produktionsprogrammplanung geprägt. Die Hierarchie, d. h. Rangordnung zwischen den Entscheidungen meint, dass erst infolge einer

---

1 Primärrohstoff = gewonnener, noch nicht veränderter Rohstoff
2 Sekundärrohstoff = durch Recycling wiedergewonnene Rohstoffe

strategischen Entscheidung taktisch/strukturelle Entscheidungen und infolgedessen operative Entscheidungen getroffen werden können.

Entscheidungen im
Zuge der Produktions-
programmplanung
nach Hierarchie und
Zeithorizont

Primärbedarf

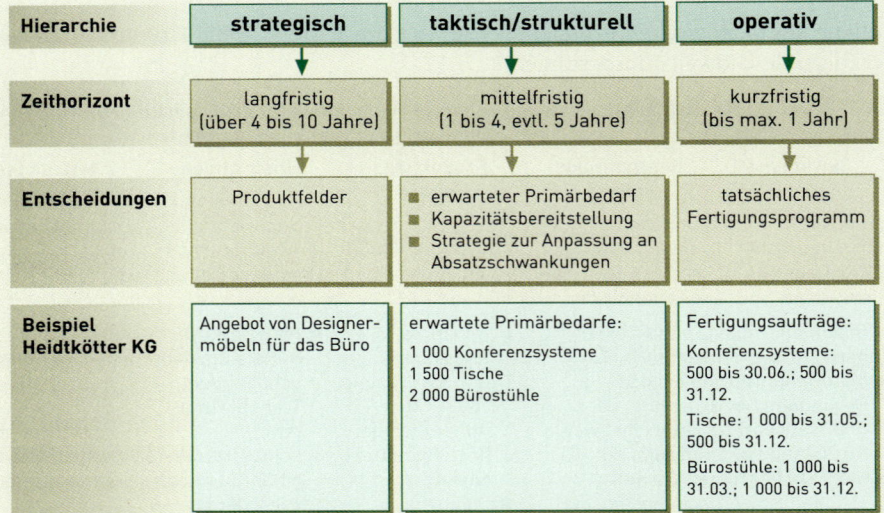

Hierarchie	strategisch	taktisch/strukturell	operativ
Zeithorizont	langfristig (über 4 bis 10 Jahre)	mittelfristig (1 bis 4, evtl. 5 Jahre)	kurzfristig (bis max. 1 Jahr)
Entscheidungen	Produktfelder	■ erwarteter Primärbedarf ■ Kapazitätsbereitstellung ■ Strategie zur Anpassung an Absatzschwankungen	tatsächliches Fertigungsprogramm
Beispiel Heidtkötter KG	Angebot von Designer-möbeln für das Büro	erwartete Primärbedarfe: 1 000 Konferenzsysteme 1 500 Tische 2 000 Bürostühle	Fertigungsaufträge: Konferenzsysteme: 500 bis 30.06.; 500 bis 31.12. Tische: 1 000 bis 31.05.; 500 bis 31.12. Bürostühle: 1 000 bis 31.03.; 1 000 bis 31.12.

Strategische Produktionsprogrammplanung

› **LF 5, Kap. 1.1**

Die strategische Produktionsprogrammplanung legt aufgrund der Markterfordernisse, der Unternehmensziele und weiterer Einflüsse (z. B. Stand der Technik) die Produktfelder fest. Das Produktions- und Absatzprogramm wird in seiner Grundausführung und seinen Varianten bestimmt, ohne Mengen, Zeiten und Kapazitäten (Betriebsmittel, Personal, Material) zu berücksichtigen.

Werk-zeuge	Büro-tische	Büro-stühle	Konferenz-systeme	Sonder-lösungen			**Produktions-programm**
	Tische	Stühle	Systeme	Sonder-lösungen	Leuchten	Boden-beläge	**Absatz-programm**

Die Entscheidungen über die Produktfelder können dabei je nach Programmbreite und Programmtiefe in zwei Extremstrategien münden: die Universalistenstrategie oder die Spezialistenstrategie.

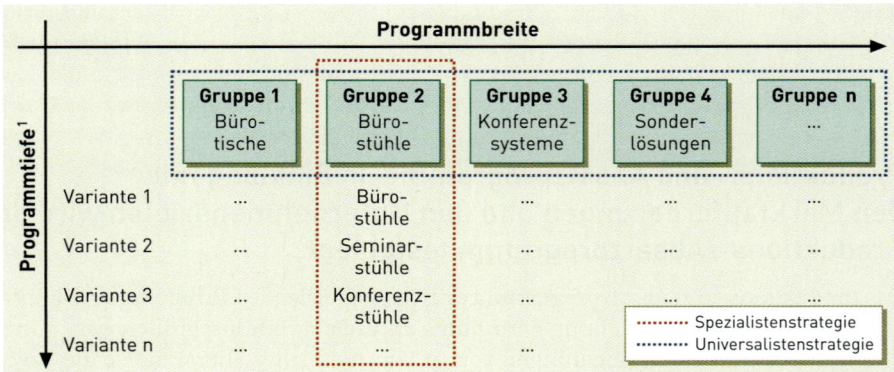

Programmtiefe

---

1 Programmtiefe ist strikt von Fertigungstiefe zu unterscheiden. Die Fertigungstiefe bezieht sich auf den eigenen Herstellungsanteil des Betriebes (Fertigungsstufen) an der gesamten Wertschöpfung. Siehe hierzu Band 2, LF 6 (Make-or-buy).

Bei einer Universalistenstrategie liegt ein sehr breites und flaches Programm vor. Das heißt, dass eine Vielzahl unterschiedlicher Produktgruppen, jedoch nur eine oder wenige Varianten innerhalb einer Produktgruppe angeboten werden. Bei der Spezialistenstrategie hingegen liegt ein schmales und tiefes Programm vor. Das heißt, dass nur eine oder wenige Produktgruppen, jedoch viele Varianten innerhalb der Produktgruppe angeboten werden.

Universalisten-strategie

Spezialisten-strategie

Argumente	
für ein **breites** Programm	**gegen** ein **breites** Programm
■ Risikostreuung bei Nachfrageausfall ■ Einzelne Produktgruppen ergänzen sich (Komplementärgüter). ■ Größerer Kundenkreis wird angesprochen (Umsatzerhöhung). ■ Abschöpfen des Markenimages ■ höhere Flexibilität bei Nachfrageausfall von Produktgruppen (Kapazitätsanpassungen) ■ ggf. Fixkostendegression ■ Technische Gegebenheiten erzeugen automatisch mehrere Produktgruppen.	■ erhöhte Lagerbestände ■ Konkurrenz im eigenen Unternehmen bei Substitutionsgütern ■ erhöhte Rüstkosten und verlängerte Durchlaufzeiten ■ komplexere Fertigungsplanung und -steuerung ■ komplexere Kostenrechnung ■ höherer Preis als ein Spezialist, da geringere Bestellmengen und aufwendigere Fertigung

› **Band 2, LF 9 Komplementär- und Substitutionsgüter**

Argumente	
für ein **tiefes** Programm	**gegen** ein **tiefes** Programm
■ Fixkostendegression ■ weniger Umrüstungen an Maschinen ■ Technisches Know-how wird ständig weiterentwickelt. ■ Mengenrabatt durch große Bestellmengen ■ höhere Wettbewerbsfähigkeit, da Kostenvorteile zu geringen Verkaufspreisen führen	■ Konkurrenz der Produkte zueinander (Substitutionsgüter) ■ hohe Abhängigkeit von einer Produktgruppe/Branche ■ Variantenvielfalt zwingt zu erhöhter Lagerhaltung (z. B. für Ersatzteile).

Die strategischen Entscheidungen der Unternehmen in Richtung Spezialistenstrategie oder Universalistenstrategie werden von zahlreichen Argumenten gelenkt:

Durch die strategische Entscheidung für bestimmte Produktfelder wird der taktischen/ strukturellen und operativen Produktionsprogrammplanung eine hierarchische Vorgabe gemacht, die anschließend durch weitere Entscheidungen zu konkretisieren ist.

Taktische/strukturelle Produktionsprogrammplanung

Die taktisch/strukturelle Produktionsprogrammplanung ermittelt aufgrund von Absatzprognosen und erwarteten Kundenaufträgen den voraussichtlichen Primärbedarf[1]. Somit wird das konkrete Produktions- und Absatzprogramm bestimmt. Darauf aufbauend werden die Fertigungsverfahren und Fertigungsmengen ermittelt sowie erforderliche Kapazitäten (Betriebsmittel, Personal, Material) bereitgestellt. Im Zuge dessen muss entschieden werden, ob die Produkte für den Absatzmarkt bestimmt sind und durch den eigenen Betrieb hergestellt oder durch einen externen Produzenten bereitgestellt werden sollen. Entsprechend wird zwischen Produktions- und Absatzprogramm unterschieden.

› **Band 2, LF 6**

Make-or-buy

Das **Produktionsprogramm** umfasst alle Erzeugnisse, die vom Unternehmen selbst erstellt werden. Das **Absatzprogramm** hingegen setzt sich aus den absatzfähigen Erzeugnissen und den Handelswaren zusammen. Handelswaren sind fremdbezogene Erzeugnisse zur Komplettierung des eigenen Sortiments.

Produktions-programm

Absatzprogramm

---

1   Primärbedarf = Menge an Erzeugnissen für einen bestimmten Auftrag

Demnach ergibt sich je nach Branche und Ausrichtung der Unternehmung:

Produktionsprogramm = Absatzprogramm	Produktionsprogramm ≠ Absatzprogramm	
i. d. R. bei Einproduktunternehmen, deren **Produkte nicht lagerfähig** sind Bsp.: Energieunternehmen (Strom, Frischbeton)	Nicht alle hergestellten Erzeugnisse sind für den Absatz, sondern auch für den **Eigenbedarf** (z. B. Werkzeuge, Spezialmaschinen, Betriebsstoffe) bestimmt. Mögliche Gründe: ■ Anbieter für bestimmte Erzeugnisse fehlen ■ eigenes Know-how und Qualität ■ mangelnde Absatzfähigkeit	Das Absatzprogramm enthält selbst hergestellte Erzeugnisse und **fremdbezogene Handelswaren.** Mögliche Gründe: ■ Mangel an Patenten oder Lizenzen zur Herstellung der Handelsware ■ fehlendes Know-how ■ mangelnde Kapazitäten ■ geringere Bezugskosten gegenüber eigenen Produktionskosten ■ Komplettierung des Sortiments

Operative Produktionsprogrammplanung

Optimales Produktionsprogramm
› INFO-Teil LF 5, Kap. 3.3

Die operative Produktionsprogrammplanung definiert innerhalb der vorhandenen Kapazitäten (Betriebsmittel, Personal, Material) das tatsächlich zu fertigende Fertigungsprogramm auf Basis von Fertigungsaufträgen nach Art, Qualität, Menge und Zeit. Bei ausreichender Kapazität werden alle Fertigungsaufträge ausgeführt, die zu einer Verbesserung des Betriebsergebnisses beitragen. Sollten Kapazitätsengpässe auftreten, muss das (optimale) Produktionsprogramm ermittelt werden, bei dem der Gewinn maximiert werden kann.

1.5
Produktionsplanung, -steuerung und -kontrolle – notwendige Entscheidungen zur Umsetzung der Produktionsprozesse

Leitende Fragestellung der Leistungserstellung

Die leitende Fragestellung der Leistungserstellung könnte wie folgt formuliert werden:

Welche Erzeugnisse sollen mit welchen Produktionsfaktoren[1], mit welchen Fertigungsverfahren, in welchen Mengen, in welcher Reihenfolge zu welchen Terminen gefertigt werden?

Produktionsplanung und -steuerung (PPS)

Diese Fragestellung erfordert eine an wirtschaftlichen Kriterien orientierte Planung, Steuerung und Kontrolle der anfallenden Prozesse im Rahmen der Leistungserstellung. Hier setzt die **Produktionsplanung und -steuerung (PPS)** an, die aufgrund der hohen Komplexität und des großen Datenanfalls mithilfe der elektronischen Datenverarbeitung durchgeführt wird. Die PPS beinhaltet die rechnergestützte Planung, Steuerung und Überwachung der einzelnen Produktionsabläufe und greift dabei in die Funktionsbereiche Forschung und Entwicklung, Konstruktion, Arbeitsvorbereitung, Beschaffung, Teilefertigung, Montage, Qualitätskontrolle und Vertrieb der Leistungen ein.

Der Begriff PPS deutet bereits an, dass zwischen der Produktionsplanung und der Produktionssteuerung unterschieden werden muss.

---

1 Werkstoffe, Betriebsmittel, ausführende und dispositive Arbeit

1.5.1
Die Produktionsplanung – langfristig angelegte, produktbezogene Entscheidungen

Die **Produktionsplanung** umfasst alle **einmalig** auftretenden Planungsaktivitäten, die eine fertigungstechnische **Herstellung** eines Endproduktes sichern. Sie erfolgt unabhängig von bestimmten Kundenaufträgen sowie Terminen und liefert **produktbezogene** Basisinformationen. Die Aufgaben der Produktionsplanung finden primär auf einer strategischen[1] und damit langfristigen (Management-)Ebene statt. Die Ergebnisse der Produktionsplanung bleiben so lange unverändert, wie sich nichts am Endprodukt oder am Fertigungsprozess ändert.

Produktionsplanung

In der Produktionsplanung sind folgende kundenauftragsunabhängige Überlegungen anzustellen:

- Was soll hergestellt/geleistet werden? → Festlegung des Produktionsprogramms
- Wie soll gearbeitet werden? → Festlegung der Arbeitsabläufe, der Fertigungsorganisation sowie der technischen Verfahren zur Herstellung eines Erzeugnisses
- Womit soll gearbeitet werden? → Bestimmung von Art und Menge der Werkstoffe sowie der benötigten Kapazitäten (Betriebsmittel und Arbeitskräfte)

1.5.2
Die Produktionssteuerung – kurzfristig angelegte, kundenauftragsbezogene Entscheidungen

Die **Produktionssteuerung** umfasst alle planenden, koordinierenden und kontrollierenden Aktivitäten, die für die einer grundlegenden Produktionsplanung entsprechenden **Abwicklung eines bestimmten Kunden-/Fertigungsauftrags** erforderlich sind. Die kurzfristigen planerischen Überlegungen innerhalb der Produktionssteuerung[2] bezüglich Material-, Mengen-, Termin- und Kapazitätsplanung erfolgen im Rahmen der sogenannten Fertigungsplanung. Die Fertigungssteuerung steuert den Herstellungsprozess entsprechend den Vorgaben der Fertigungsplanung. Dabei reagiert sie bei Störungen bzw. kurzfristig erforderlichen Änderungen, z. B. aufgrund der Bearbeitung zusätzlich eingeplanter, eiliger Aufträge.

Produktionssteuerung

Fertigungsplanung

Fertigungssteuerung

Die Produktionssteuerung geschieht also immer in Abhängigkeit eines konkreten Kunden-/Fertigungsauftrags.

Sie beantwortet folgende kundenauftragsabhängige Fragestellungen:
- Welche Erzeugnisteile/Fertigerzeugnisse sollen in welchen Mengen und in welchen Zeitabständen hergestellt/montiert werden?
- Wann muss die Produktion veranlasst werden?
- Wann müssen die erforderlichen Werkstoffe, Betriebsmittel, Werkzeuge und Arbeitskräfte bereitgestellt werden?
- Wie sollen die anstehenden Arbeitsvorgänge termingerecht auf die einzelnen Mitarbeiter und Betriebsmittel verteilt werden, um zugesagte Liefertermine einhalten zu können?

---

1 Zeitraum von mehr als vier bis fünf Jahren
2 siehe Kapitel 3 in diesem Lernfeld

Die Aufgaben der Produktionssteuerung fallen auf einer operativen[1] Ebene an. Der Funktionsbereich, der diese Aufgaben im Unternehmen übernimmt, ist die **Arbeitsvorbereitung.** Die Ergebnisse und somit der Erfolg der Produktionsplanung und -steuerung sind abhängig vom Vorhandensein geeigneter und aktueller Planungsunterlagen. Erforderlich sind insbesondere Informationen, die das Fertigerzeugnis und dessen Komponenten (z. B. Materialarten und -mengen, Qualitätsanforderungen) sowie den Produktionsprozess (Arbeitsabläufe nach Art und Zeitbedarf, erforderliche Kapazitäten, technische Verfahren) möglichst genau beschreiben.

Folgende Abbildung stellt die einzelnen Aufgaben der Produktionsplanung und -steuerung übersichtlich zusammen.

Aufgaben im Rahmen der Produktionsplanung und -steuerung	
Teilgebiete der Produktionsplanung und -steuerung	**Funktionen**

Produktions-planung	**Produktionsprogrammplanung**
	■ strategische Planung und Festlegung des Produktionsprogramms in Abhängigkeit vom Absatzprogramm sowie von der Wettbewerbs-/Nachfragesituation am Markt; „Was soll hergestellt werden?"
	
	Mengenplanung
	■ Fertigungsmengen sind auch abhängig vom Produktionsprogramm und haben unmittelbaren Einfluss auf die erforderlichen Kapazitäten und deren Auslastung.
	■ Materialbedarfsermittlung mithilfe von Stücklisten
	
	Arbeitsablauf-/Prozessgestaltung
	■ Ermittlung und Darstellung der erforderlichen Daten in Form von:
	  – Produktzeichnungen
	  – Stücklisten
	  – Arbeitsplänen
	  – Beschreibungen technischer Verfahren
	■ Arbeitsablaufstudien; Reihenfolgeplanung
	
	Zeit-/Kapazitätsplanung
	■ Ermittlung der Vorgabe- und Durchlaufzeit
	■ Kapazitätsbedarfsplanung bezogen auf Mitarbeiter und Betriebsmittel
	■ Planung der Fertigungsorganisation

Produktions-steuerung	**Auftragsveranlassung** ■ kurzfristige, auftragsbezogene Fertigungsplanung, Fertigungsprogramm-, Mengen-, Termin- und Kapazitätsplanung ■ Erstellung auftragsbezogener Fertigungsdokumente ■ Durchlaufterminierung ■ Kapazitätsabgleich **Auftragsüberwachung** ■ Kontrolle des Fertigungsfortschritts ■ Festlegung und Umsetzung von Prioritätsregeln (insbesondere bei Kapazitätsengpässen) ■ Mengen-, Termin-, Qualitätsüberwachung

---

1   kurzfristiger Zeitraum ca. bis zu einem Jahr

2
Bedürfnisse des anonymen Marktes haben Einfluss auf Teilbereiche der Produktionsplanung

Die langfristig angelegte und auf das einzelne Produkt ausgerichtete Produktionsplanung sollte stets unter Berücksichtigung der Anforderungen des Marktes und insbesondere der (potenziellen) Kunden festgelegt werden. So macht es wenig Sinn, mit der Herstellung von Produkten für einen Markt einzusteigen, der längst übersättigt ist, wo sich schon viele Unternehmen um die rückgängige Nachfrage der Kunden streiten und keine Möglichkeiten zur (technischen) Innovation gegeben sind. Insbesondere seit Bestehen des Käufermarktes werden viele interne Entscheidungen im Unternehmen durch die externen (Markt-)Gegebenheiten bestimmt. Daher sind qualitativ gute und eventuell Erfolg versprechende Entscheidungen im Rahmen der Produktionsplanung abhängig von den ihr zugrunde liegenden Informationen über die aktuelle Marktsituation und zukünftige Marktentwicklungen.

2.1
Break-even-Point – Zumindest die Gewinnschwelle muss erreicht werden

Bei der Innovation neuer Produkte im Rahmen einer Produktionsprogrammerweiterung sollte vor der kostenintensiven Entwicklung dieser neuen Produkte unter wirtschaftlichen Aspekten geprüft werden, ob der Markt in der Lage ist, eine hinreichend große Ausbringungsmenge abzunehmen, damit langfristig zumindest die gesamten Kosten durch die Umsatzerlöse gedeckt werden.

> **Band 3, LF 10 Maßnahmen der Sortiments-/ Produktpolitik**

Die **Gewinnschwelle (Break-even-Point)** gibt die Absatzmenge an, bei der die gesamten Kosten (K) durch die Umsatzerlöse gedeckt sind. Jede Einheit, die über diese Gewinnschwellen-/Break-even-Menge hinaus abgesetzt wird, erwirtschaftet einen Gewinn. Der erzielbare Gewinn pro Einheit errechnet sich aus der Differenz zwischen dem Erlös pro Stück (Verkaufspreis = p) und den Kosten pro Stück (Stückkosten = k). Die gesamten Stückkosten (k) setzen sich aus den fixen Kosten pro Stück (k_f) und den variablen Kosten pro Stück (k_v) zusammen.

Break-even-Point

$$\rightarrow k = k_f + k_v$$

> **LF 4, Kap. 2.1 u. 5.2 Variable und fixe Kosten**

Aufgrund zunehmender Automatisierung sowie vergleichsweise geringer Material- und Lohnkosten ist der Anteil der fixen Stückkosten an den gesamten Stückkosten relativ hoch. So muss häufig eine große Ausbringungsmenge abgesetzt werden, um die Gewinnschwelle zu erreichen. Es ist daher stets zu überprüfen, ob die ermittelte Break-even-Menge zum kalkulierten Verkaufspreis abgesetzt und mit den gegebenen Kapazitäten in einer geforderten Qualität gefertigt werden kann.

Die Break-even-Menge X wird ermittelt, indem man die in einem bestimmten Zeitraum (z. B. in einem Monat) erhaltenen Gesamterlöse (E) mit den entstandenen Gesamtkosten (K) gleichsetzt:

Berechnung

$$
\begin{aligned}
\text{Erlöse (E)} &= \text{Kosten (K)} \\
E = p \cdot X &= K = K_f + k_v{}^1 \cdot X \quad (k_v \cdot X = K_v) \\
p \cdot X &= K_f + k_v \cdot X \\
(p - k_v) \cdot X &= K_f \\
X &= \frac{K_f}{(p - k_v)}
\end{aligned}
$$

Legende:

E = gesamte Umsatzerlöse im Zeitraum
p = Erlös pro Stück (Verkaufspreis)
K = Gesamtkosten
K_f = gesamte anteilige Fixkosten
K_v = gesamte variable Kosten
k_v = variable Kosten pro Stück
X = Absatzmenge, hier = Gewinnschwellenmenge

---

[1] Es wird davon ausgegangen, dass die variablen Stückkosten (k_v) konstant sind, sodass sich ein linearer Kostenverlauf ergibt.

Beispiel

Die Heidtkötter KG hat im Rahmen ihrer Produktpolitik Veränderungen eines bestehenden Produktes in Farbe, Technik und Qualität durchgeführt. Dieses veränderte Produkt ersetzt das bisherige Produkt und verursacht Fixkosten (K_f) in Höhe von 15.000,00 €. Die variablen Stückkosten (für Material- und Lohnkosten) betragen 120,00 €. Die pro Monat maximal herzustellende Ausbringungsmenge liegt bei 600 Stück. Der Markteinstieg soll mit einem Verkaufspreis von 150,00 € erfolgen.

Welche Stückzahl muss die Heidtkötter KG nach der Produktvariation verkaufen, um die gesamten Kosten zu decken?

Berechnung

$$\text{Erlöse (E)} = \text{Kosten (K)}$$
$$E = 150,00 \text{ €} \cdot X = 15.000,00 \text{ €} + 120,00 \text{ €} \cdot X$$
$$150,00 \text{ €} \cdot X = 15.000,00 \text{ €} + 120,00 \text{ €} \cdot X$$
$$(150,00 \text{ €} - 120,00 \text{ €}) \cdot X = 15.000,00 \text{ €}$$
$$X = \frac{15.000,00 \text{ €}}{30,00 \text{ €}} \longrightarrow X = 500 \text{ Stück}$$

Bei einer Verkaufsmenge von 500 Stück ist die Gewinnschwelle erreicht. Die gesamten Kosten (fixe und variable Kosten) werden durch die Verkaufserlöse gedeckt.

Der pro Monat maximal zu erwirtschaftende Gewinn liegt an der Kapazitätsgrenze und beträgt 3.000,00 € ($150,00 \text{ €} \cdot 600 - 120,00 \text{ €} \cdot 600 - 15.000,00 \text{ €} = 3.000,00 \text{ €}$).

Folgende Grafik zeigt die Verläufe der variablen, fixen sowie gesamten Stückkosten. Ebenso sind die Entwicklungen der Stückerlöse sowie der Gewinn pro Stück zu erkennen. Bei einer Ausbringungsmenge von 500 Stück schneidet sich die Funktion der Stückerlöse mit der Funktion der gesamten Stückkosten. Dort liegt der Break-even-Point (die Gewinnschwelle), der Punkt, an dem die Gewinnfunktion gleich null wird, d. h. die x-Achse schneidet.

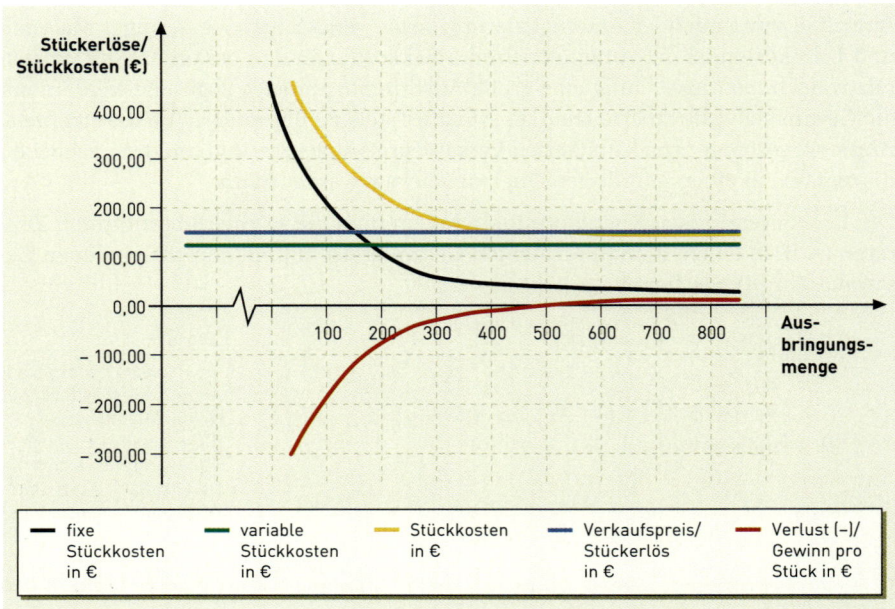

2.2
Langfristig angelegte Planung bezüglich der erforderlichen Produktionsfaktoren

Die betrieblichen Leistungen entstehen durch die Kombination der erforderlichen betriebswirtschaftlichen Produktionsfaktoren. In einer funktionsübergreifenden Abstimmung wird festgelegt, welche Materialien, Betriebsmittel und Mitarbeiter jeweils in welcher Qualität zur Herstellung eines Fertigerzeugnisses benötigt und auf dem Beschaffungsmarkt eingekauft werden (= Wertezufluss). Ein Ergebnis der anstehenden Fertigungsprozessanalyse besteht in der Ermittlung des qualitativen sowie quantitativen Kapazitätsbedarfs. Die Aufgabe der entsprechenden Funktionsbereiche besteht nun darin, diese Faktoren langfristig in der erforderlichen Menge und Qualität zu möglichst günstigen Preisen bereitzustellen. Für **jedes Fertigerzeugnis** des Produktionsprogramms müssen folgende Aspekte konkret ermittelt, festgelegt und bereitgestellt werden:

Kombination von Produktionsfaktoren

- Welche Roh-, Hilfs- und Betriebsstoffe werden in welcher Menge und Qualität benötigt?
- Welche Einzel- bzw. Montageteile müssen in welcher Anzahl über Lieferanten bezogen werden?
- Welche Maschinen, Werkzeuge, Förderanlagen und technische Anlagen werden zur Herstellung benötigt?
- Welche Arbeitsabläufe und technischen Verfahren fallen im Rahmen der Fertigung an?
- Wie viele Mitarbeiter werden für die Fertigung benötigt?
- Welche Fähigkeiten und Fertigkeiten müssen diese Mitarbeiter aufweisen?

Welche Materialien werden zur Fertigung eines bestimmten Erzeugnisses benötigt?

Die langfristig angelegte **Materialbedarfsplanung** zur Herstellung eines verkaufsfähigen Erzeugnisses orientiert sich an den Vorgaben der Konstruktionsabteilung. Die dort angefertigten Zeichnungen bilden die Grundlage zur Erstellung von Stücklisten, die je nach Verwendungszweck alle zu einem Endprodukt zugehörigen Einzelteile und Baugruppen unter Angabe der entsprechenden Menge enthalten. Durch die Auflösung dieser Stücklisten erfolgt in der Materialbedarfsplanung die Ermittlung des Bedarfs an Werkstoffen sowie eventuell fremdbezogenen Montageteilen/Komponenten **für jeweils eine Fertigungseinheit** eines Endproduktes.

> **Band 2, LF 6 Materialbedarfsplanung**

Welche Betriebsmittel und Mitarbeiter werden zur Fertigung eines bestimmten Erzeugnisses benötigt?

Im Rahmen der **Kapazitätsplanung** geht es um die Ermittlung und Bereitstellung der erforderlichen quantitativen sowie qualitativen Kapazitäten. Die Kapazität ist das Vermögen eines Betriebes (eines Funktionsbereiches, einer Maschine, eines Mitarbeiters), innerhalb einer festgelegten Zeiteinheit eine bestimmte Qualität oder eine bestimmte Menge an Leistungen (Output) zu erbringen. Gemessen wird diese Kapazität in Stückzahlen, in Gewichtsgrößen (kg, t), in Raummaßen (cm³, l) oder in Fertigungs- oder Maschinenstunden. Je nach Intensität des Einsatzes können verschiedene **quantitative** Kapazitätsbegriffe unterschieden werden, die in folgender Übersicht anschaulich zusammengefasst sind.

Kapazitätsplanung

Kapazität

Quantitative Kapazität

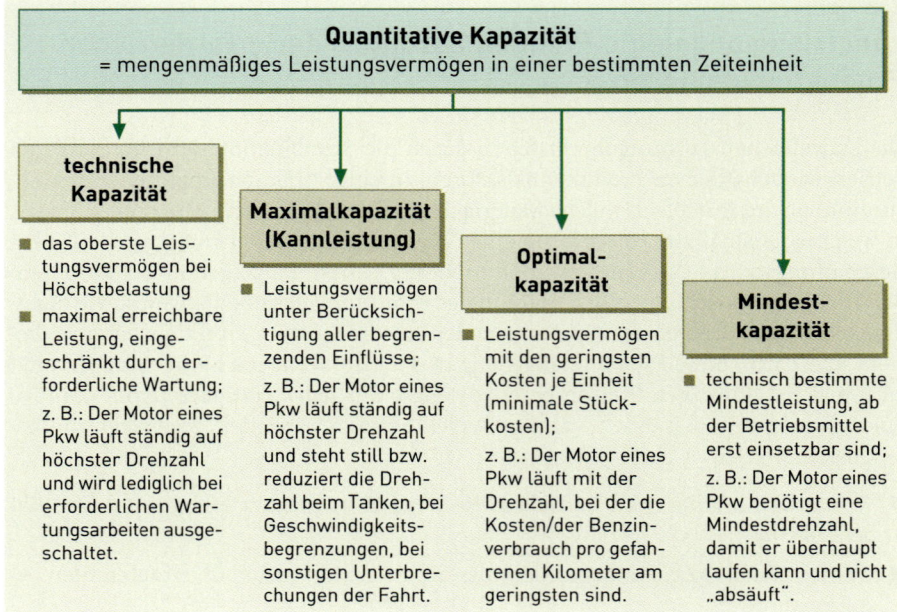

Quantitative Kapazität
= mengenmäßiges Leistungsvermögen in einer bestimmten Zeiteinheit

technische Kapazität
- das oberste Leistungsvermögen bei Höchstbelastung
- maximal erreichbare Leistung, eingeschränkt durch erforderliche Wartung; z. B.: Der Motor eines Pkw läuft ständig auf höchster Drehzahl und wird lediglich bei erforderlichen Wartungsarbeiten ausgeschaltet.

Maximalkapazität (Kannleistung)
- Leistungsvermögen unter Berücksichtigung aller begrenzenden Einflüsse; z. B.: Der Motor eines Pkw läuft ständig auf höchster Drehzahl und steht still bzw. reduziert die Drehzahl beim Tanken, bei Geschwindigkeitsbegrenzungen, bei sonstigen Unterbrechungen der Fahrt.

Optimalkapazität
- Leistungsvermögen mit den geringsten Kosten je Einheit (minimale Stückkosten); z. B.: Der Motor eines Pkw läuft mit der Drehzahl, bei der die Kosten/der Benzinverbrauch pro gefahrenen Kilometer am geringsten sind.

Mindestkapazität
- technisch bestimmte Mindestleistung, ab der Betriebsmittel erst einsetzbar sind; z. B.: Der Motor eines Pkw benötigt eine Mindestdrehzahl, damit er überhaupt laufen kann und nicht „absäuft".

Zielsetzung der Kapazitätsplanung

Eine Zielsetzung der Kapazitätsplanung besteht darin, eine möglichst hohe und kontinuierliche Auslastung der betrieblichen Kapazitäten zu erreichen und zu gewährleisten. Die Investition in betriebswirtschaftliche Produktionsfaktoren sollte immer vor dem Hintergrund erfolgen, dass die beschafften Kapazitäten ausgelastet sind und keine unnötigen Leerkosten durch „Herumstehen" verursachen. Es sollte möglichst kontinuierlich ein Beschäftigungsgrad um die 90 % erreicht werden.

› LF 5, Kap. 3.2.2
Beschäftigungsgrad

$$\text{Beschäftigungsgrad (\%)} \atop \text{(Kapazitätsausnutzungsgrad)} = \frac{\text{Ausbringungsmenge (= Istleistung)} \cdot 100}{\text{Maximalkapazität}}$$

Qualitative Kapazität

Die **qualitative** Kapazität ist dann gegeben, wenn ein Mitarbeiter aufgrund seiner Fähigkeiten, Fertigkeiten und Kenntnisse oder eine Maschine aufgrund ihrer technischen Möglichkeiten in der Lage ist, Leistungen einer bestimmten Art zu erbringen.

Die langfristige Kapazitätsplanung umfasst daher Überlegungen und Entscheidungen zur Betriebsmittel- und Personalplanung, die bereits vor Beginn der Leistungserstellung angestellt werden.

› Band 3, LF 11
Betriebsmittelplanung

Im Rahmen der langfristigen **Betriebsmittelplanung** wird festgelegt, welche (Automatisierungsgrad) und wie viele Maschinen, Vorrichtungen, Werkzeuge, Transportmittel usw. benötigt werden, um die Herstellung eines Enderzeugnisses über die verschiedenen Fertigungsstufen zu ermöglichen und langfristig zu gewährleisten. Häufig werden in der betriebseigenen Werkzeugmacherei spezielle Maschinenteile und Vorrichtungen selbst angefertigt.[1] Bei fehlenden qualitativen Kapazitäten oder sehr kostenintensiven Lösungen kann die Fertigung einzelner Einzel- oder Montageteile als Fremdauftrag vergeben werden

› Band 2, LF 7
Personalplanung

Die Überlegungen zur **Personalplanung** erfolgen ebenso langfristig und beinhalten auch die Sicherstellung aller zur Leistungserstellung erforderlichen Tätigkeiten in personeller Hinsicht.

---

1   Ein Beispiel für Leistungen im Rahmen des Produktionsprogramms, die nicht Bestandteile des Absatzprogramms sind.

Dabei geht es um
- quantitative Aspekte (Anzahl der benötigten Mitarbeiter),
- qualitative Aspekte (Qualifikationsprofil/Leistungsfähigkeit der Mitarbeiter),
- räumliche/fertigungstechnische Aspekte (Arbeitsplätze der Mitarbeiter).

Insbesondere die Fragen nach dem Qualifikationsprofil sowie nach der konkreten, fertigungstechnischen Anordnung und Besetzung der Arbeitsplätze durch die Mitarbeiter verdeutlichen die Abhängigkeiten der zu treffenden Entscheidungen im Rahmen der Personalplanung und der Betriebsmittelplanung.

2.3
Entscheidungen im Rahmen der langfristig angelegten Planung des Fertigungsverfahrens

In Abhängigkeit von den Entscheidungen bezüglich des Produktionsprogramms (Was soll hergestellt werden?) muss nun darüber entschieden werden, mit welchen Betriebsmitteln das Unternehmen in welcher räumlichen Anordnung fertigen will. Diese Entscheidungen bilden wiederum die Grundlage für die sich anschließenden Investitionen in die erforderlichen Betriebsmittel, Werkzeuge, Mitarbeiter, Fertigungs- und Lagerhallen.

Fertigungsverfahren

Unter Fertigungsverfahren versteht man alle Prozesse zur Herstellung neuer Güter aus anderen Materialien. Es geht um die Kombination betriebswirtschaftlicher Produktionsfaktoren (Input) mit der Zielsetzung, die gewünschten Leistungen (Output) unter Beachtung der Wirtschaftlichkeit zu erstellen.

Die in einem Industriebetrieb umgesetzten Verfahren der Fertigung können unter anderem nach folgenden Kriterien eingeteilt werden:
- nach der Anzahl der Wiederholungen des Fertigungsprozesses (Fertigungstypen)
- nach der Anordnung der Betriebsmittel im Fertigungsprozess (Fertigungsorganisation)

2.3.1
Fertigungstypen der Leistungserstellung – Auf wie viele Erzeugnisse einer Art soll unser Fertigungsprozess ausgerichtet werden?

Fertigungstypen

Einzelfertigung

Nach Anzahl der Wiederholungen des gleichen Fertigungsprozesses (Fertigung eines Erzeugnisses der gleichen Art) werden verschiedene **Fertigungstypen** unterschieden, die häufig als Folge der Entscheidungen bezüglich des Produktionsprogramms entstehen. Bei der **Einzelfertigung** wird i. d. R. nach individuellen Kundenwünschen innerhalb einer bestimmten Zeit nur ein einzelnes Erzeugnis hergestellt (z. B. ein individueller Schreibtisch über Eck mit bestimmten Zusatzeinrichtungen). Die Kosten je Erzeugnis sind hoch und entstehen insbesondere aufgrund einer intensiven Arbeitsplanung (Entwicklung, Konstruktion, Kapazitätsplanung, Terminplanung, ...) und Kontrolle. Weiterhin ist eine aufwendige Kooperation mit dem Auftraggeber erforderlich, um die Kundenwünsche zu erfüllen und die für einen längeren Zeitraum angefallenen (Investitions-)Kosten kurzfristig zu finanzieren.

**Mehrfach-
fertigung**

Bei der **Mehrfachfertigung** werden viele Erzeugnisse der gleichen Art unmittelbar hintereinander hergestellt. Dieser Fertigungstyp steht häufig in Verbindung mit einer kundenanonymen Fertigung auf Lager (Lagerfertigung), kann aber auch bei geringerer Stückzahl aufgrund bestimmter Kundenaufträge umgesetzt werden. Die Kosten pro Stück sind geringer als bei der Einzelfertigung, da sich die gesamten Produktionskosten, insbesondere die Kosten der Arbeitsplanung und Kontrolle, auf eine größere Stückzahl verteilen. Vor allem die fixen Kosten je Stück verringern sich mit der zunehmenden Anzahl gefertigter Stücke, da sich der gesamte angefallene Fixkostenblock auf eine sehr hohe Stückzahl verteilt (Fixkostendegression).

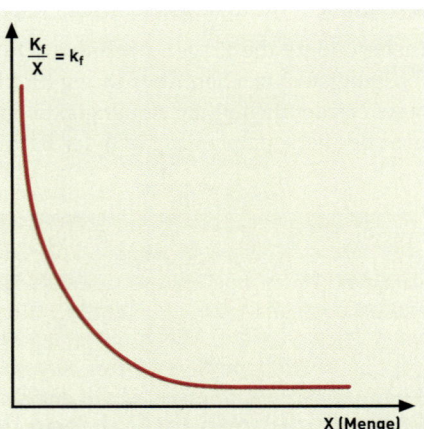

**Fixkosten-
degression/
Gesetz der
Massen-
produktion**

Der Fixkostendegression entsprechend lautet das **Gesetz der Massenproduktion**: Die (fixen) Stückkosten nehmen mit zunehmender Fertigungsmenge ab.

In der Praxis kommt in einem Industrieunternehmen ein einzelner Fertigungstyp höchst selten vor. Im Normalfall stehen den eingehenden Kundenaufträgen entsprechend die Einzel- und Mehrfachfertigung nebeneinander.

Fixkostendegression

Stück- kosten	=	$\dfrac{\text{Fixkosten}}{\text{Menge}}$	+	variable Stückkosten
k	=	$\dfrac{K_f}{x}$	+	k_v

**Kuppel-
produktion**

Häufig entsteht im Rahmen einer Mehrfachfertigung eine sogenannte **Kuppelproduktion**. Die Kuppelproduktion beschreibt den gewollten oder ungewollten Anfall von Nebenprodukten/Kuppelprodukten während der Fertigung. Haupt- und Nebenprodukte entstehen aus dem gleichen Materialeinsatz im gleichen Fertigungsprozess.

> **Beispiele**
>
> Beispiele für eine Kuppelproduktion:
> - zwangsweiser Anfall von Benzin und Schweröl bei der Verarbeitung von Rohöl
> - die Entstehung von Kleie und Grieß bei der Herstellung von Mehl aus Getreide

Die Grenze zwischen Abfallprodukten und Kuppelprodukten ist fließend. So kann beispielsweise die Abwärme eines E-Werks Flüsse umweltschädlich aufheizen oder die Umwelt schützend in Betriebe geleitet werden. Insbesondere aus Kosten- sowie Umweltgründen streben seit einigen Jahren viele Unternehmen an, wirtschaftlich ungenutzte Kuppelprodukte (z. B. Holz-/Metallspäne, Abraum, Abgase, Abwärme, Abluft, Abwasser) weiter zu verwerten. Durch die Herstellung wirtschaftlich verwertbarer Nebenprodukte können die Kosten der Hauptprodukte um die Erlöse der Nebenprodukte entlastet werden. Ein Problem der Kuppelproduktion besteht darin, dass die Produktionskosten den entstehenden Produkten nicht verursachungsgerecht zugerechnet werden können. Häufig werden die Stückkosten des Hauptprodukts in einer Kuppelkalkulation ermittelt.

$$\text{Stückkosten des Hauptproduktes} \quad = \quad \frac{\text{Produktionskosten} \; - \; \text{Erlöse der Kuppelprodukte}}{\text{Ausbringungsmenge des Hauptproduktes}}$$

Folgende Abbildung stellt die verschiedenen Fertigungstypen übersichtlich zusammen:

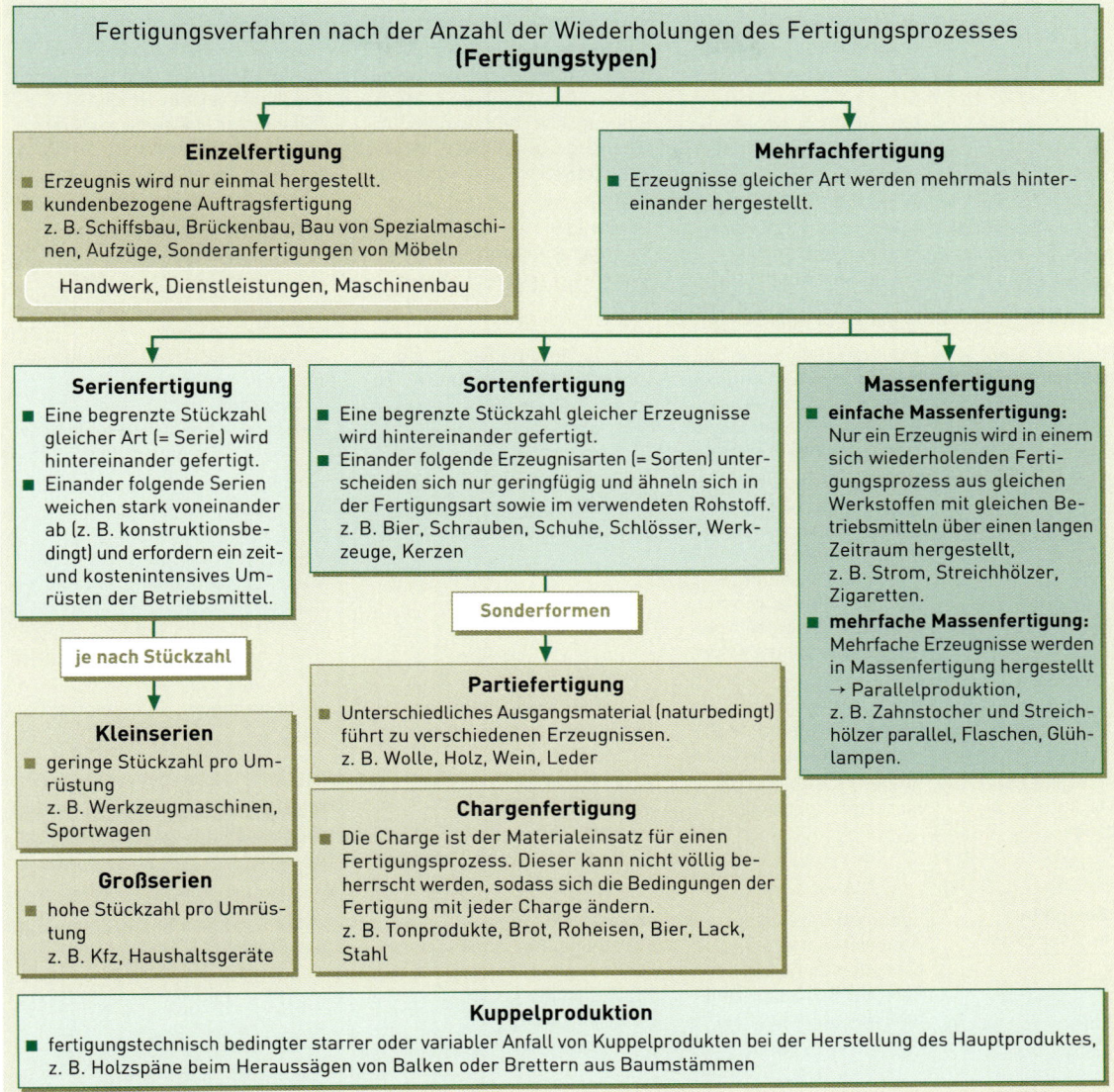

In der folgenden Tabelle werden einige Fertigungstypen nochmals anhand verschiedener Aspekte kurz verglichen und übersichtlich dargestellt:

Fertigungsverfahren nach der Anzahl der Wiederholungen des Fertigungsprozesses (Fertigungstypen)			
Vergleichsaspekte	**Einzelfertigung**	**Serien-/Sortenfertigung**	**Massenfertigung**
Beschreibung	einmalige Herstellung eines Erzeugnisses	→ Serienfertigung: zeitlich und mengenmäßig begrenzte Herstellung stark unterschiedlicher Serien/Varianten → Sortenfertigung: zeitlich und mengenmäßig begrenzte Herstellung verschiedener Spielarten aus demselben Grundstoff	zeitlich und mengenmäßig unbegrenzte Herstellung eines Erzeugnisses

→

Vergleichsaspekte	Einzelfertigung	Serien-/Sortenfertigung	Massenfertigung
Auslöser der Fertigung	Kunden → kundenspezifische Auftragsproduktion	Kleinserien: Kundenaufträge Großserien: anonymer Markt → Lagerfertigung	anonymer Markt → Lagerfertigung mit fixem Produktionsprogramm
Kosten	hohe (fixe) Stückkosten aufgrund intensiver Beratung und Arbeitsplanung (Entwicklung, Konstruktion, Kapazitäts-/Terminplanung)	fallende (fixe) Stückkosten, da insbesondere die Fixkosten auf eine große Anzahl pro Serie/Fertigungslos verteilt werden. (Auflagendegression) Bei Serienfertigung teilweise hohe Rüstkosten.	niedrige (fixe) Stückkosten, da die Fixkosten auf eine sehr hohe Stückzahl verteilt werden. (Gesetz der Massenproduktion → Fixkostendegression) Es fallen keine Rüstkosten an.
Anforderungen an die Mitarbeiter in der Fertigung	Fachkräfte mit sehr guter Qualifikation; teilweise sind handwerkliche, manuelle Fähigkeiten erforderlich → hohe Personalkosten	Facharbeiter und angelernte Hilfskräfte → insgesamt geringere Lohnkosten	überwiegender Einsatz von angelernten Hilfsarbeitern → geringe Lohnkosten
Grad der Automatisierung	Möglichkeiten der Arbeitsteilung und Automatisierung sind stark reduziert. Einsatz von Universalmaschinen und Werkzeugen	höherer Automatisierungsgrad; Einsatz von Spezialmaschinen	z. T. optimale Arbeitsteilung und sehr hoher Automatisierungsgrad; Einsatz von Spezialmaschinen
Kapitalbedarf	Der Kapitalbedarf ist i. d. R. geringer, da aufgrund langer Produktionszeiten eine Vorfinanzierung durch den Kunden erfolgt. Es sind keine teuren maschinellen Anlagen bzw. Spezialmaschinen erforderlich.	höherer Kapitalbedarf aufgrund teurer Fertigungsanlagen bzw. Spezialmaschinen	sehr kapitalintensiv aufgrund der Automation und des Einsatzes von Spezialmaschinen. Weiterhin entstehen hohe Lagerkosten, insbesondere Kapitalbindungskosten.
Fertigungsorganisation[1]	Werkstattfertigung, Gruppenfertigung, teilweise Baustellenfertigung	Reihenfertigung, Gruppenfertigung, teilweise Werkstattfertigung	Reihenfertigung, Fließbandfertigung
Flexibilität bei Marktveränderungen	größere Flexibilität bei Marktveränderungen	bereits anfällig bei Marktschwankungen → evtl. Stilllegung von Fertigungsstraßen, Kurzarbeit, Personalentlassungen	sehr störanfällig bei Rezession[2]; Risikoverteilung auf andere Erzeugnisse ist nicht möglich
Beispiele aus der Praxis	häufig im Bereich des Handwerks und der Dienstleistungen; Schiffs-, Brücken-, Hausbau; Spezialmaschinen; Rechtsberatung	Kleinserien: Flugzeuge; Reihenhäuser Großserien: Kfz, Haushaltsgeräte Sortenfertigung: Bier, Bleche, Schrauben	Zement, Streichhölzer, Zigaretten, Strom

Mass Customization

Jüngere Überlegungen gehen in die Richtung **Mass Customization** (Massenhafte Kundenindividualität) und beinhalten einen Zusammenbau von in Massenfertigung erstellten Modulen zu einem kundenindividuellen Gesamt-/Endprodukt. Das Bemühen besteht darin, den Widerspruch zwischen kundenindividueller Einzelfertigung und standardisierter Massenfertigung aufzuheben und deren Vorteile zu verbinden.

Die Fertigungsprozesse werden modularisiert (Lego-Prinzip) und ermöglichen weitgehend die Herstellung nach dem Baukastensystem[3], sodass sich der Kunde selbst,

---

1　Zur Fertigungsorganisation siehe das folgende Kapitel 2.3.2.
2　Die Rezession/der Abschwung (Phase des Konjunkturzyklus) ist insbesondere durch eine nachlassende Nachfrage am Markt gekennzeichnet.
3　Bei der Fertigung nach dem Baukastensystem bestehen die Enderzeugnisse aus einzelnen Bausteinen/Bauelementen, die zu unterschiedlichen Arten eines Grundproduktes kombiniert werden können. Aufgrund der Verwendung der einzelnen Bausteine in verschiedenen Endprodukten können diese in großen Mengen gefertigt und die Vorteile großer Fertigungsmengen umgesetzt werden.

mithilfe angebotener Module, das Enderzeugnis zusammenstellt (Customer Co-Construction). Die Kundenbeziehungen müssen neu definiert werden, sodass die Kunden von hochwertigen, auf sie zugeschnittenen Leistungen profitieren können. Für den Hersteller entstehen neue Möglichkeiten (neue Märkte) im Rahmen der standardisierten Massenfertigung sowie eine engere Bindung der Kunden an das Unternehmen und seine Leistungen.

Die Umsetzung von Mass Customization ist an folgende Voraussetzungen geknüpft[1]:

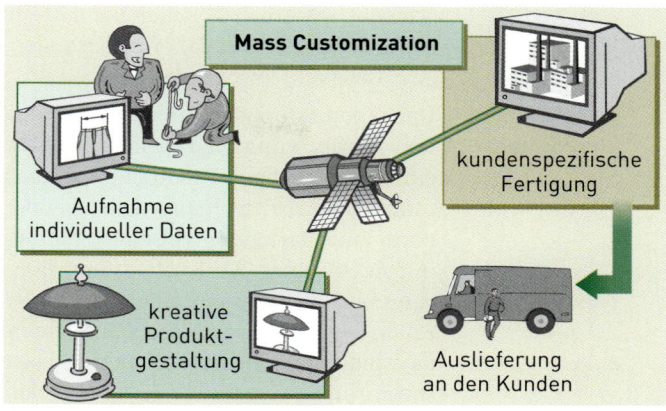

aus: www.4managers.de/themen/mass-customization/ (Zugriff am 14.11.2008)

- Schaffung von Arbeitsgruppen, die eigenständig und flexibel, aber miteinander vernetzt, agieren.
- Eine informationstechnische Unterstützung in folgenden Bereichen ist unerlässlich:
  - kundenindividuelle Konstruktion und (visuelle) Produktkonfiguration
  - Ableitung von Stücklisten und flexiblen Arbeitsplänen aus Produktentwicklungsunterlagen
  - Flexibilisierung der Produktionssteuerung
  - Kooperation der Arbeitsgruppen in der Herstellung
  - Koordination der externen Beziehungen
- Umsetzung gestiegener Ansprüche an die Kommunikationsbeziehungen (intern und extern)
- einfach zu bedienende, kundengerechte Hilfen zur Produktzusammenstellung
- konsequente Modularisierung der Produkte (Baukastensystem)

2.3.2
Fertigungsorganisation – Wie sollen wir die Betriebsmittel bezogen auf den Fertigungsprozess optimal anordnen?

Die räumliche Anordnung/Organisation der Betriebsmittel im Fertigungsprozess kann nach dem **Verrichtungsprinzip** oder nach dem **Fließprinzip** erfolgen.

Bei der **Werkstattfertigung** erfolgt die räumliche Anordnung der Betriebsmittel nach dem **Verrichtungs- bzw. Funktionsprinzip**. Maschinen und Arbeitsplätze mit gleichartigen Funktionen werden in einer fertigungstechnischen Einheit, der Werkstatt, räumlich zusammengefasst. Bei dieser Organisationsform befinden sich z. B. alle Drehmaschinen in einer Werkstatt, alle Bohrmaschinen in einer anderen Werkstatt. Alle Erzeugnisteile, an denen eine Bohrung oder ein Drehvorgang vorgenommen werden soll, müssen zu diesen Werkstätten transportiert werden. Der Produktionsablauf zur Herstellung eines Erzeugnisses wird somit durch die erforderlichen Verrichtungen/Tätigkeiten sowie den betrieblichen Standort der daran beteiligten Maschinen/Werkstätten bestimmt.

Werkstattfertigung
Verrichtungs-prinzip

Häufig findet die Werkstattfertigung dann Anwendung, wenn der gesamte betriebliche Produktionsprozess aufgrund eines häufigen Erzeugniswechsels mit unter-

---

1 siehe www.4managers.de/themen/mass-customization/; weitere Links zu Mass Customization: www.mass-customization.de, nikeid.nike.com

schiedlichen Arbeitsabläufen nicht in einem standardisierten Arbeitsvorgang erfolgen kann. Sie eignet sich daher insbesondere für eine auftragsorientierte Einzelfertigung bzw. für die Kleinserienfertigung.

Nachteile/ Probleme

Das organisatorische Problem der Werkstattfertigung liegt in einer Koordinations- und Abstimmungsvielfalt, insbesondere dann, wenn zahlreiche Kundenaufträge in einer mehrstufigen Produktion bearbeitet werden müssen. Eine optimale Abstimmung der Arbeitsvorgänge kann bei der Auftragsvielfalt, die für eine auftragsorientierte Einzelfertigung typisch ist, häufig nicht erreicht werden. Als Folge bilden sich in den einzelnen Werkstätten Engpässe und Warteschlangen, die mit Zwischenlagerung und langen Liegezeiten verbunden sind und systembedingt lange Durchlaufzeiten bewirken. Hohe Liege- und Durchlaufzeiten führen zu hohen Lagerbeständen, die wiederum hohe Kapitalbindungskosten zur Folge haben. Zeitliche Planungspuffer sowie Anpassungen der Fertigungspläne an die tatsächlichen Gegebenheiten sind typisch für die kaum überschaubaren Koordinationszusammenhänge und verursachen eine fehlende Fertigungstransparenz.

Fertigung in Fertigungslosen

Die Werkstattfertigung ist eine Fertigung in Fertigungslosen[1]. Die Lose durchlaufen auf langen Transportwegen geschlossen die einzelnen Werkstätten, sodass die einzelnen Teile eines Loses vor oder nach ihrer Bearbeitung in den Werkstätten auf den Transport oder die Weiterverarbeitung warten müssen. Daher gelingt es nur bedingt, die Durchlaufzeiten zu minimieren und gleichzeitig eine kostenoptimale Auslastung aller Kapazitäten zu erreichen. Diese Problematik wird im Rahmen der Werkstattfertigung als „**Dilemma der Ablaufplanung**" bezeichnet.

Dilemma der Ablaufplanung

Vorteile/Vorzüge

Den Schwierigkeiten einer optimalen Koordination und Abstimmung stehen jedoch einige Vorteile gegenüber. So zeichnet sich die Werkstattfertigung durch eine sehr hohe Flexibilität und Anpassungsfähigkeit aus. Änderungen im Produktionsprogramm, Störungen im Produktionsablauf, Auftragsspitzen sowie Nachfrageschwankungen oder Engpässe im Bereich des Personal- oder des Materialeinsatzes können gut bewältigt werden, da die einzelnen Werkstätten unabhängig voneinander arbeiten können.
Ebenso besteht eine sehr gute Anpassungsfähigkeit an neue Fertigungsverfahren und ge-änderte Produktionsabläufe.

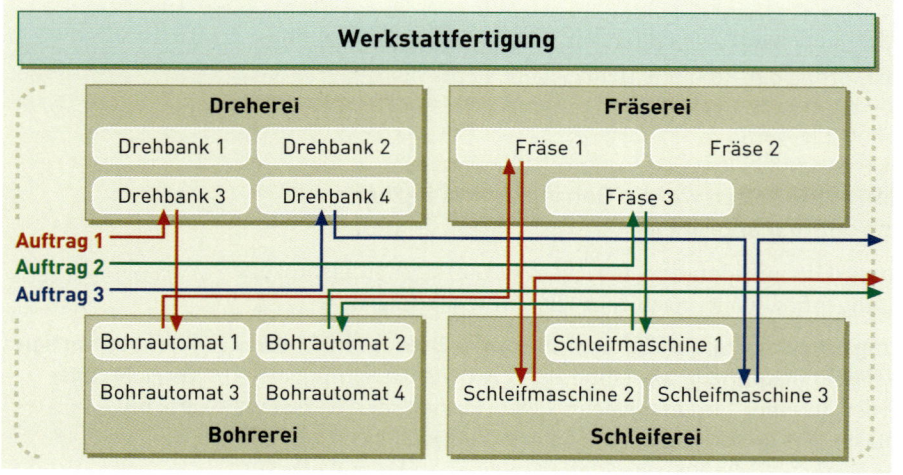

Da i. d. R. Universalmaschinen[2] eingesetzt werden, entstehen geringe Investitionskosten verbunden mit relativ geringen Fixkosten.

Weiterhin erfordert der Einsatz der Werkstattfertigung in der Regel vielseitig qualifizierte Mitarbeiter, die Handlungs- und Entscheidungsspielräume effektiv nutzen können, was eine hohe Qualität sowie einen geringen Ausschuss zur Folge hat.

---

1   Ein (Fertigungs-)Los ist die Fertigungsmenge, die ohne Umrüsten des Betriebsmittels hintereinander hergestellt werden kann.
2   Universalmaschinen sind in der Lage, mehrere unterschiedliche Verrichtungen auszuführen.

Die **Fließfertigung** orientiert sich an den Erfordernissen einer rationellen Fertigung großer Mengen eines einzelnen Erzeugnisses oder einer kleineren Anzahl sehr ähnlicher Erzeugnisse. Die Betriebsmittel und Arbeitsplätze werden nach dem Produktionsablauf des Erzeugnisses in einer Reihe angeordnet (Objektprinzip) und verbunden. Diese Anordnung orientiert sich also am Entstehungsprozess des Enderzeugnisses. Das zu bearbeitende Werkstück beginnt den Produktionsprozess als Rohstoff und beendet ihn als Fertigerzeugnis oder verwertbares Montageteil. Die Fließfertigung eignet sich insbesondere für die Großserien- und Massenfertigung.

Fließfertigung

Objektprinzip

Die zeitliche Abstimmung der einzelnen Arbeitsgänge für alle Produktionseinheiten erfolgt über ein Förder-/Transportsystem, das einen kontinuierlichen, gleichmäßigen Produktionsfluss ermöglicht. Sie erfolgt dabei entweder durch die jeweilige zeitliche Dauer der technischen Umsetzung (Zwangsablauffertigung) oder durch eine Zerlegung des gesamten Fertigungsprozesses in zeitlich gleiche Arbeitstakte (Taktzeit). Die Dauer eines Arbeitsganges an einem Betriebsmittel oder einem Arbeitsplatz muss dann gleich der festgelegten Taktzeit sein oder ein ganzes Vielfaches dieser Taktzeit betragen. Die Länge der Taktzeit hängt von der herzustellenden Sollmenge/Ausbringungsmenge ab.

Zeitliche Abstimmung

Taktzeit

Die **Fließbandfertigung** bildet die erste[1] und häufigste Ausprägung der Fließfertigung. Hier erfolgen die zeitliche Steuerung sowie die Einhaltung der vorgegebenen Taktzeit über die kontinuierliche oder schrittweise Fortbewegung eines Förder-/Transportbandes.

Fließband-fertigung

Eine weitere Ausprägung der Fließfertigung ist die **Reihenfertigung.** Die Betriebsmittel und Arbeitsplätze sind ebenfalls nach dem Objektprinzip angeordnet, jedoch fehlt der/die Zeitzwang/-vorgabe für die einzelnen Arbeitsvorgänge, da feste Taktzeiten nicht bestehen. Daher benötigt die Reihenfertigung kleine Pufferlager für die Werkstücke und Zwischenerzeugnisse.

Reihen-fertigung

Der allen Varianten der Fließfertigung zugrunde liegende festgelegte Produktionsablauf schafft gute Voraussetzungen für Planung, Steuerung und Kontrolle des Material- und Herstellungsflusses. Daher eignet sich die Fließfertigung vor allem für die Bearbeitung großer, gleichartiger Produktionsmengen. Im Vergleich zur Werkstattfertigung sind insbesondere die Durchlaufzeiten kürzer, die Lager- und Kapitalbindungskosten geringer, Einarbeitungs- und Lernerfolge schlechter qualifizierter (Hilfs-)Arbeiter größer[2] und die Arbeitsgeschwindigkeit infolge starker Spezialisierung höher. Der Produktionsprozess ist sehr übersichtlich, sodass Fehlerquellen leicht festzustellen sind. Aufgrund (sehr) hoher Ausbringungsmengen werden die anfallenden Fixkosten[3] auf eine große Stückzahl verteilt (Fixkostendegression/Gesetz der Massenproduktion).

Vorteile/ Vorzüge

Die Nachteile der Fließfertigung liegen in der Störanfälligkeit und der geringen Flexibilität, insbesondere bei Änderungen der Marktgegebenheiten. Die immer häufiger vom Kunden gestellte Anforderung nach Varianten/Veränderungen von Produkten erschwert die Auslastung der Anlagen, denn die Umrüstmöglichkeiten sind technisch begrenzt und führen zu einem längeren Stillstand sowie zu hohen Umrüstkosten. Aufgrund technologisch bedingter Abhängigkeiten vor- und nachgelagerter Arbeitsschritte verursachen Störungen in der Materialversorgung oder im Fertigungssystem eine Unterbrechung des gesamten Produktionsprozesses mit teilweise katastrophalen

Nachteile/ Probleme

---

1 Die Fließbandfertigung wurde erstmals 1913 in der Automobilproduktion von Henry Ford in Detroit eingesetzt.
2 aufgrund ständiger Wiederholung der selben Arbeitsverrichtungen
3 z. B. für Abschreibungen der Betriebsmittel, Miete von Produktions- oder Lagerflächen, Zinsen für Fremdkapital
4 Im Juni 1998 büßten die Ford-Werke in Köln aufgrund von Lieferschwierigkeiten des Türschlosszulieferers mehr als umgerechnet 50 Mio. € ein. Die Montagebänder standen mehrere Tage still.

Folgen.[4] Hohe Investitionskosten und damit verbunden hohe Fixkosten führen bei einem Rückgang der Kapazitätsauslastung bzw. des Beschäftigungsgrades zu einem Anstieg der Stückkosten.[1]

Die Gegenläufigkeit von Produktivität bei Fließfertigung und Flexibilität bei Werkstattfertigung geht durch den Einsatz moderner Computertechnologien (Produktionsautomatisierung) sowie mit der Einführung moderner Informations- und Kommunikationstechniken weiter zurück. Die Werkstattfertigung wird produktiver, die Fließfertigung wird flexibler.

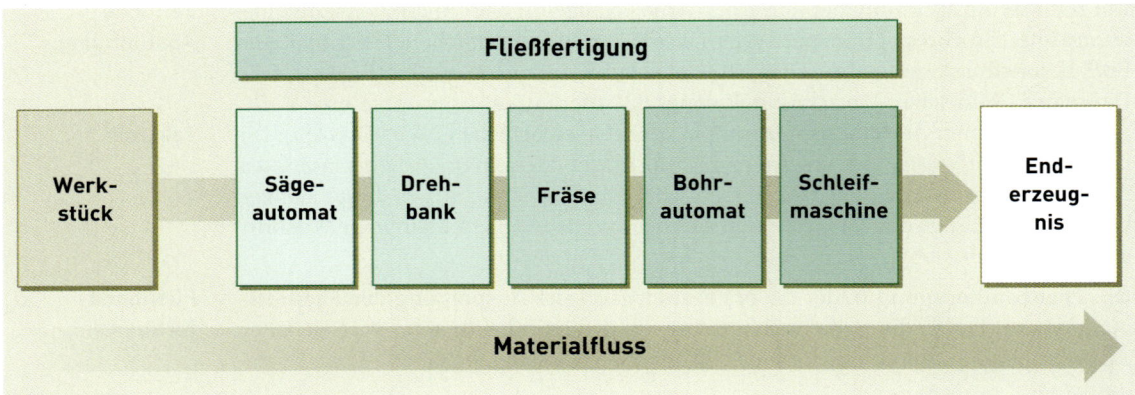

Gruppenfertigung

Fertigungsinseln

Die **Gruppenfertigung** stellt eine Kombination von Fließ- und Werkstattfertigung dar. Innerhalb dieser Fertigungsorganisation werden Fertigerzeugnisse oder artgleiche Montageteile in teilautonomen Arbeitsgruppen (Fertigungsinseln) getrennt hergestellt. Die erforderlichen Betriebsmittel und Arbeitsplätze sind zu einer Gruppe zusammengefasst und innerhalb dieser Gruppe nach dem Fließprinzip angeordnet. Die innerhalb der Arbeitsgruppen tätigen, hoch qualifizierten Mitarbeiter können verschiedene Tätigkeiten selbstständig ausführen und sich daher gegenseitig abwechseln und unterstützen. Aufgabe ist die eigenständige und komplette Herstellung von Montage-

komplett

teilen oder Fertigerzeugnissen. Komplett heißt, dass alle erforderlichen Arbeitsvorgänge, einschließlich der Programmierung von CNC-Maschinen[2] und der Qualitätssicherung, innerhalb der Arbeitsgruppe erledigt werden.

eigenständig

Eigenständig bedeutet, dass alle Aufgaben der Planung und Steuerung sowie die Aufgabenverteilung auf die Gruppenmitglieder von den Mitarbeitern der Fertigungsinseln selbst ausgeführt werden. In die Gruppen werden lediglich die zu bearbeitenden Kundenaufträge sowie die ungefähren Fertigstellungstermine zur Orientierung hineingegeben. Aufgrund der höheren Anforderungen an die Mitarbeiter sowie der Möglichkeit, alle Arbeitsschritte bis zur Fertigstellung des Endproduktes oder des Montageteiles zu erleben, besteht für den einzelnen Mitarbeiter eine erhöhte Motivation, eine stärkere Identifikation mit dem Arbeitsergebnis und ein anhaltendes Interesse an den abwechslungsreichen Arbeitsvorgängen.

Baustellen-fertigung

Bei der **Baustellenfertigung** erfordert die Größe des unbeweglichen Erzeugnisses die Herstellung an einem festen Ort. Die Produktionsfaktoren werden zur Baustelle transportiert. Vorgänge zur Planung, Steuerung und Kontrolle des Fertigungsprozesses erfolgen teilweise ebenso vor Ort.

---

1   Umkehrung der Fixkostendegression
2   CNC = computerized numerical control; CNC-Maschinen verfügen über einen eigenen, internen Computer zur Steuerung und Speicherung der auszuführenden Werkstoff-/Teilebearbeitung. Diese Computer werden vom Mitarbeiter selbst programmiert.

Die Fertigungsverfahren nach der Anordnung/Organisation der Betriebsmittel im Fertigungsprozess werden abschließend in der folgenden Abbildung anschaulich zusammengefasst:

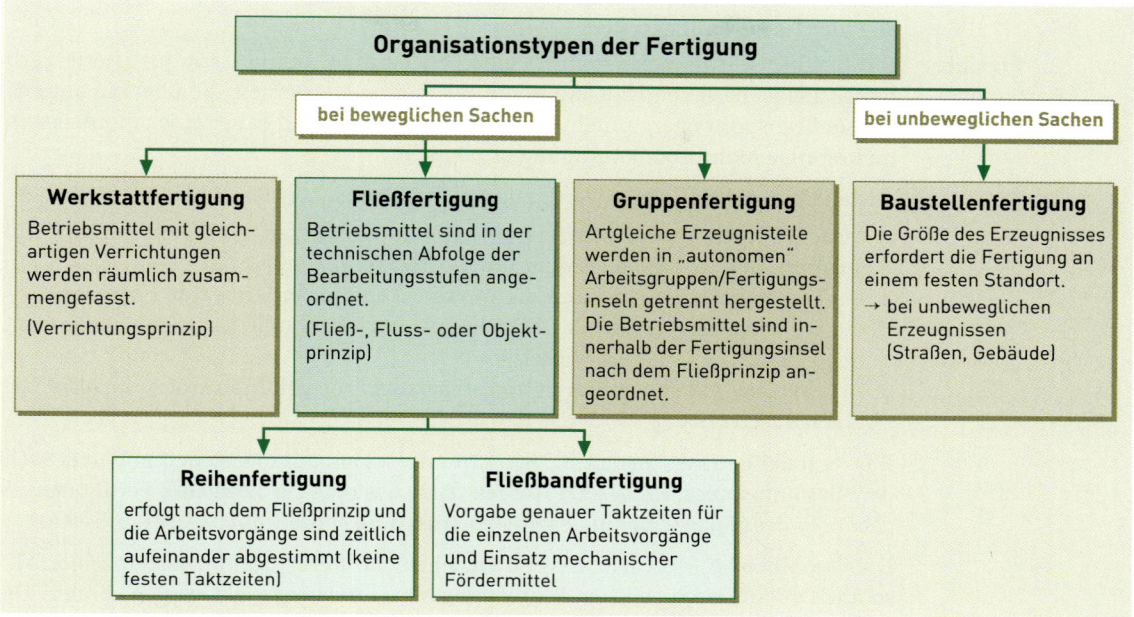

2.3.3
Komplexe Fertigungskonzepte als Antwort auf sich ständig verändernde Anforderungen an die Fertigung

Die sich ständig verändernden und anspruchsvoller werdenden Marktanforderungen z. B. hinsichtlich der Qualität, kurzer Lieferzeiten oder des Einhaltens angebotener Liefertermine sowie die intensive Wettbewerbssituation führen dazu, dass neue technische Entwicklungen und der Einsatz von EDV-Systemen immer stärker in die betrieblichen Prozesse integriert werden und der Grad der Automatisierung ständig zunimmt. Zunächst wurden in vielen Unternehmen für einzelne Funktionsbereiche mithilfe der Automatisierung von (Teil-)Prozessen eigenständige technische und organisatorische Problemlösungen entwickelt. Um die Produktivität und Flexibilität der Leistungserstellung zu erhöhen, ermöglichten Fortschritte in der Steuerungstechnik, dass immer häufiger CNC-Maschinen, Industrieroboter[1], Bearbeitungszentren und automatisierte Transportsysteme sowie flexible Fertigungssysteme eingesetzt wurden.

Folgende flexible, **automatisierte Fertigungssysteme** werden unterschieden:

Schritte der Automatisierung

■ Bearbeitungszentren

Bearbeitungszentren sind Maschinen, die aufgrund automatisierter Wechseleinrichtungen an einem Werkstück ähnliche Verrichtungen ausüben können. Es können z. B. Bohren, Gewinde schneiden und Dreharbeiten hintereinander ausgeführt werden.

Bearbeitungszentren

■ Flexible Fertigungszellen

Flexible Fertigungszellen sind einstufige Produktionsanlagen, die aus den Teilkomponenten Bearbeitungssystem, Materialflusssystem (für Werkstücke und Werkzeuge)

Flexible Fertigungszellen

---

1 Industrieroboter sind Automaten, die bestimmte Fertigkeiten des Menschen (z. B. greifen, drehen, stoßen, reichen) vollziehen können und über einen Prozessor gesteuert werden.

und Informationssystem bestehen. Aufgrund der Integration dieser Teilsysteme ist eine automatisierte Durchführung mindestens einer Verrichtung an mehreren unterschiedlichen Werkstücken möglich.

■ Flexibles Fertigungssystem

Flexible Fertigungssysteme

Ein flexibles Fertigungssystem ist eine mehrstufige, flexible, automatisierte Fertigungsanlage, bestehend aus mehreren Bearbeitungssystemen, die über ein automatisches Transportsystem miteinander verbunden sind und daher eine automatisierte mehrstufige Mehrproduktfertigung ermöglicht.

Bestandteile eines flexiblen Fertigungssystems sind in der Regel:

- Maschinen mit numerischer Steuerung, einem Werkzeugmagazin und mit Aufspanntischen für eine automatisierte Bestückung,
- ein Transportsystem, mit dem die Werkstücke transportiert werden können,
- ein Informationssystem, das Maschinen und Materialflusssysteme steuert und überwacht,
- Arbeitsplätze, an denen Verrichtungen personell ausgeführt werden, die nicht vollautomatisch erledigt werden.

Ein zentraler Rechner, an den alle Systeme angeschlossen sind, steuert und überwacht den Gesamtprozess. Eingesetzt werden diese Systeme für komplexe Fertigungsaufgaben, in der gleichzeitig ungleiche Arbeitsabläufe abgestimmt werden müssen.

Die Flexibilität besteht darin, dass unterschiedliche Werkstücke an den einzelnen Maschinen mit unterschiedlichen Bearbeitungsverfahren hergestellt werden können. Die Reihenfolge der Bearbeitung sowie der Materialfluss lassen sich flexibel gestalten. Ebenso möglich sind eine flexible Ergänzung von weiteren Bearbeitungsmaschinen sowie die Nachrüstung mit „intelligenten" Steuerkomponenten.

■ Flexible Fertigungsstraßen bzw. Transferstraßen

Flexible Fertigungsstraßen

Flexible Fertigungsstraßen beinhalten mehrstufige, flexible und automatisierte Fertigungssysteme innerhalb derer mehrere Bearbeitungszentren oder flexible Fertigungszellen über ein automatisiertes Transportsystem im Liniensystem miteinander verbunden sind. Dies ermöglicht eine automatische Bearbeitung mehrerer unterschiedlicher Werkstücke, die die Transferstraße auf gleichem Weg durchfließen. Zum Ausgleich von unterschiedlichen Taktzeiten, Rüstzeiten oder kurzfristigen Störungen an einzelnen Systemkomponenten können Pufferstrecken aufgenommen werden.

Eine zunehmende Variantenvielfalt der Produkte aufgrund von Marktbedürfnissen sowie kürzere Durchlaufzeiten mit häufigeren Modellwechseln erfordern einen hohen Grad an Flexibilität und Automatisierung der Fertigungsprozesse. Diesen Anforderungen werden moderne Industrieroboter aufgrund ihrer vielfältigen Einsatzmöglichkeiten immer mehr gerecht.

In der europäischen Norm EN775 wird der Industrieroboter wie folgt definiert:

Industrieroboter

„Ein Roboter ist ein automatisch gesteuertes, wiederprogrammierbares, vielfach einsetzbares Handhabungsgerät mit mehreren Freiheitsgraden/Bewegungsachsen, das entweder ortsfest oder beweglich in automatisierten Fertigungssystemen eingesetzt wird."

Industrieroboter sind universell einsetzbare Automaten (insbesondere bei der Fertigung großer Stückzahlen), die sich wiederholende Bewegungen in kurzer Zeit ausführen können. Diese Bewegungen sind bezüglich ihrer Reihenfolge, Wege, Winkel und Geschwindigkeit frei programmierbar. Die Programmierung erfolgt dadurch, dass der Roboter von Hand geführt wird und die vollzogene Bewegung aufzeichnet. Die Steuerung geschieht elektronisch durch Mikroprozessoren. Moderne Roboter können mittels Sensoren (Kamera, Ultraschall, Flächensensor) sehen, hören und fühlen.

Gründe für den Einsatz flexibler, automatisierter Industrieroboter sind

- geringer werdende Stückzahlen mit hohen Umrüstzeiten und geringer Auslastung konventioneller Betriebsmittel (Leerkosten),
- erhöhte Ansprüche an die Qualität und Funktionalität der Produkte,
- zu hohe Durchlaufzeiten mit zu großen Lagerbeständen und zu hoher Kapitalbindungskosten,
- den Körper belastende, monotone und gesundheitsschädliche Tätigkeiten für die Mitarbeiter,
- Kostendruck auf die Produkte aufgrund der Wettbewerbssituation und der aktuellen Käufermärkte,
- zunehmende Produktdifferenzierung aufgrund geringer Produktlebenszeiten,
- unregelmäßige Auftragseingänge.

Industrieroboter (Beispiel)

Industrieroboter werden in vielen Bereichen der Fertigung eingesetzt:

- als Handhabungseinrichtung zum Palettieren, Stapeln, Verpacken, Montieren, Maschinen bestücken sowie Werkstücke entnehmen,
- als Schweißroboter zum Bahnschweißen, Punktschweißen, Laserstrahlschweißen,
- als Schneidroboter zum Fräsen, Sägen, Wasserstrahl-/Laserstrahlschneiden,
- als Fügeroboter zum Kleben, Abdichten, Druckfügen,
- als Messroboter zum Messen, Prüfen, Testen,
- als Lackierroboter zum Grundieren, Lackieren oder Polieren.

Immer mehr Verrichtungen wie z. B. das Bearbeiten des Werkstückes, das Wechseln von Werkstücken und Werkzeugen, das Transportieren und Lagern der Werkstücke, das Messen und Kontrollieren sowie die Überwachung der einzelnen Fertigungsschritte werden von einer computergestützten Steuerung übernommen. Ebenso werden die Arbeitsschritte in den Bereichen der Forschung und Entwicklung und der Konstruktion mit neuen Technologien und Rechnereinsatz unterstützt. Diese funktionsbereichsspezifischen Einzellösungen[1] werden dadurch optimiert, dass möglichst alle betrieblichen Vorgänge vom Eingang der Kundenaufträge bis zum Vertrieb der Produkte in einem rechnergestützten Gesamtsystem zusammengefügt werden. Dieses Gesamtsystem (**CIM = computer integrated manufacturing**) beinhaltet eine rechnergestützte Zusammenfassung aller Prozesse in den Bereichen der Konstruktion und Technik, der Forschung und Entwicklung, der Planung, Steuerung und Kontrolle der Fertigung, der Beschaffung der Werkstoffe, des Vertriebs der Fertigerzeugnisse sowie der erforderlichen Verwaltungsprozesse.

CIM

Viele Softwarehersteller bieten PPS-/ERP-Software in integrierbaren Einzelmodulen an:

- ein Basismodul (Benutzerverwaltung mit Zugriffsteuerung, Lagerverwaltung/Bestandsführung)
- ein Vertriebsmodul (Angebote, Rahmen-/Auftragsverwaltung, Terminüberwachung, Lieferscheine, Rechnungen)
- ein Beschaffungsmodul (Anfragen, Disposition, Rahmen-/Bestellungen, Terminüberwachung, Wareneingang)
- ein Produktionsmodul (Arbeitspläne, Kapazitäten, Mitarbeiter, Disposition, Fertigungsplanung, Kapazitätsbelastung, Auftragszeiterfassung)
- ein BDE-Modul (für die Online-Betriebsdatenerfassung/Auftragszeiterfassung)
- Dokumentenausdrucke mit Barcode (z. B. Lieferscheine, Warenanhänger, Fertigungsaufträge)

---

1   auch als „Insellösungen" bezeichnet

Voraussetzungen einer erfolgreichen Einführung

Die Voraussetzungen zur erfolgreichen Einführung von CIM sind umfangreich:

- Der Wunsch zur Einführung sollte aus dem Unternehmen selbst kommen.
- Das Konzept muss von der Unternehmensleitung sowie von allen Mitarbeitern getragen werden.
- Es sollte von (externen) Experten als ein integriertes Gesamtkonzept für ein bestimmtes Unternehmen als Individuallösung geplant werden.
- Es sollte stufenweise mit überschaubaren Kosten und nicht unter Zeitdruck eingeführt werden.
- Ein verantwortliches Team von Mitarbeitern sollte ständig und ausschließlich mit der Einführung und Betreuung des Konzepts beauftragt werden.
- Die Mitarbeiter müssen ständig auf die Anforderungen des Konzepts hin ausgebildet und vorbereitet werden.

> **LF 2, Kap. 3.2.2 Geschäftsprozesse**

- Die zu Grunde liegenden Geschäftsprozesse[1] müssen angepasst bzw. neu strukturiert werden.
- Ein lokales Netzwerk (LAN)[2] wird benötigt.

CIM beinhaltet den integrierten EDV-Einsatz in allen Funktionsbereichen, die mit der Fertigung zusammenhängen. Ziel ist die Zusammenführung aller technischen und betriebswirtschaftlichen Funktionen der Produktherstellung. Dabei wird der betriebswirtschaftliche Teil durch das PPS-System repräsentiert (linker Teil des Y-Modells) und die technische Komponente mithilfe der CA_x – Techniken umgesetzt (rechter Teil des Y-Modells).

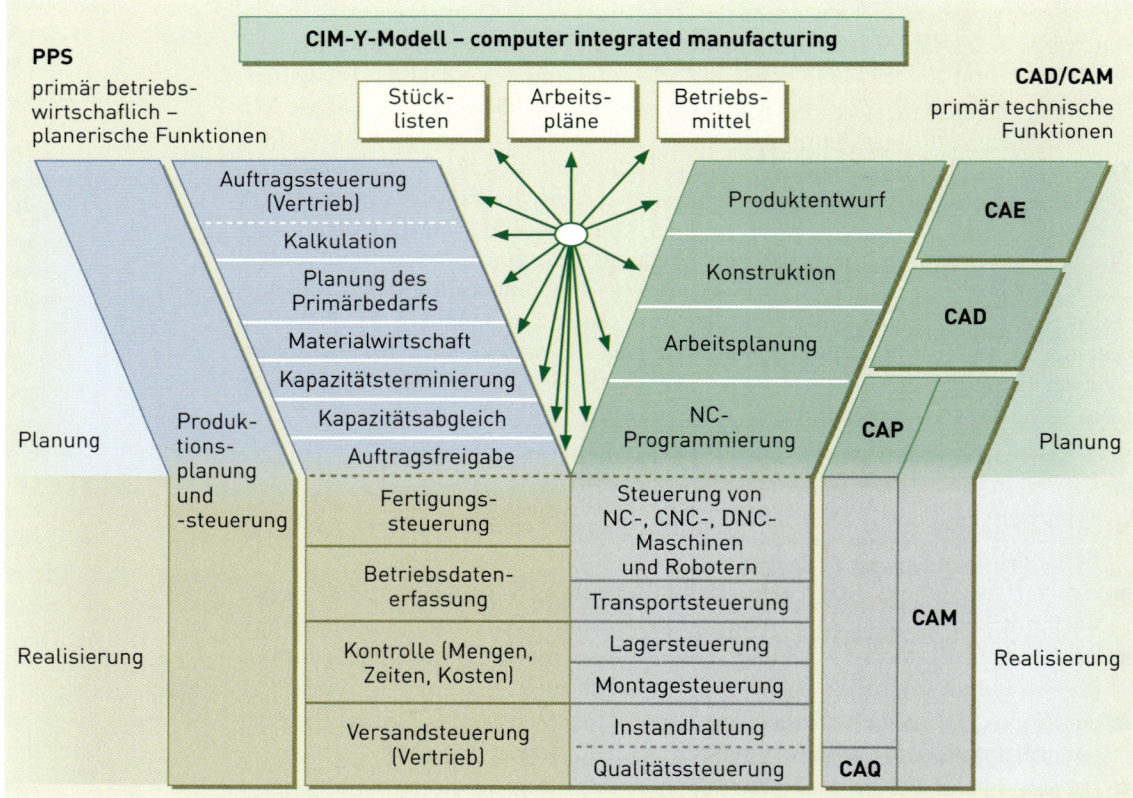

nach: www.fh-luh.de/fb7/labore/labor789/content/produktionsinformatik/downl_vorlesung.html (20.01.2007)

---

1   Ein Geschäftsprozess ist die Aneinanderknüpfung erforderlicher, zusammengehörender und sich wiederholender Aufgaben und Tätigkeiten, um festgelegte Unternehmensziele zu erreichen.
2   LAN = local area network

CIM entsteht durch die computergestützte Zusammenlegung der drei Komponenten Grunddatenverwaltung, Produktionsplanung und -steuerung (PPS) sowie den einzelnen computerunterstützten Teilfunktionen (CAX)[1].

Im Rahmen der Grunddatenverwaltung geht es um die Erfassung, Verwaltung, Pflege, Speicherung und das Zurverfügungstellen fertigungsrelevanter Informationen zur Durchführung des Produktionsprozesses. Die Produktionsplanung und -steuerung übernimmt die organisatorische, die CAX-Techniken die technische Optimierung der zur Leistungserstellung erforderlichen Prozesse. Die folgenden, isoliert funktionsfähigen CAX-Techniken werden miteinander verknüpft:

Grunddaten-verwaltung

CAX-Techniken

CAD → rechnergestütztes Zeichnen; Konstruktion
(**c**omputer **a**ided **d**esign)

CAP → rechnergestützte Planung von Arbeitsabläufen
(**c**omputer **a**ided **p**lanning)

CAE → rechnergestützte Simulation einzelner Fertigungsabläufe
(**c**omputer **a**ided **e**ngineering)

CAM → rechnergestützte Steuerung und Überwachung der im Fertigungsablauf
eingesetzten, computergesteuerten Betriebsmittel (CNC-Maschinen)
(**c**omputer **a**ided **m**anufacturing)

CAQ → rechnergestützte Qualitätssicherung und -kontrolle
(**c**omputer **a**ided **q**uality assurance)

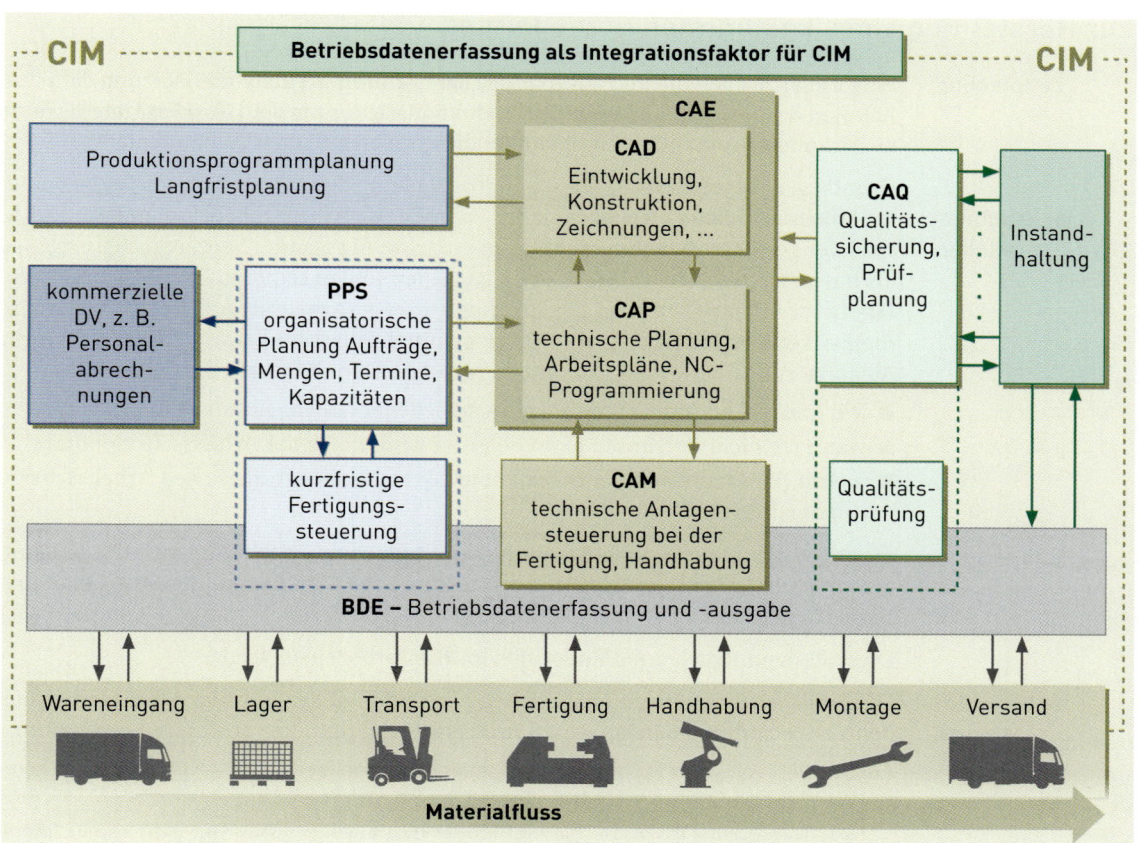

nach: www.fh-luh.de/fb7/labore/labor789/content/produktionsinformatik/downl_vorlesung/grafiken/02.htm (20.01.2007)

---

1 CAX: computer aided ... = computerunterstützte ...; x steht als Platzhalter für die Teilprozesse.

Vorteile/ Vorzüge

Die Umsetzung von CIM führt zu einer hohen Transparenz der Geschäftsprozesse und ermöglicht das schnelle Erkennen kostenintensiver Schwachstellen im Produktionsablauf. Weiterhin entsteht ein hilfreicher und entlastender, für jeden Funktionsbereich zugänglicher Informations-/Datenpool. Der Informationsfluss vom Kundenauftrag bis zum Vertrieb des Produktes wird beschleunigt und gewährleistet eine höhere Sicherheit bezüglich anstehender Entscheidungen. Die Durchlaufzeiten werden verringert, die Lieferzeiten verkürzen sich, Lagerbestände werden abgebaut und eine höhere Kapazitätsauslastung entsteht. Es besteht eine größere Flexibilität bei Marktveränderungen sowie aus Kundensicht eine höhere Zuverlässigkeit bezüglich des Einhaltens vereinbarter Liefertermine.

Nachteile/ Probleme

Problematisch erscheinen die hohen Investitions- und Betriebskosten, eine schnelle Alterung der Hard- und Software (EDV) und eine hohe Störanfälligkeit des Fertigungsprozesses sowie des gesamten Systems (→ Abhängigkeit). Weiterhin können Schnittstellenprobleme im Rahmen der Datenübertragung auftreten. Ebenso erschweren ein unübersichtliches Softwareangebot und ein hoher Anpassungsaufwand der Software an bestehende Betriebsstrukturen (oder umgekehrt) die Einführung dieser komplexen Fertigungskonzeption.

2.4
Langfristig angelegte, grundlegende Zeitplanung ermittelt den Zeitbedarf zur Herstellung eines bestimmten Erzeugnisses

Zeitplanung

Eine möglichst genaue und zuverlässige Zeitplanung[1] ist die Voraussetzung dafür, im Rahmen der Terminplanung in der Produktionssteuerung dem Kunden Liefertermine zu garantieren, ohne Gefahr zu laufen, diese nicht einhalten zu können.

Arbeitsablaufstudien

Grundlagen dieser Zeitplanung sind Arbeitsablaufpläne, die als Ergebnisse sogenannter **Arbeitsablaufstudien** entstehen. Im Rahmen von Arbeitsablaufstudien nach REFA[2] wird der gesamte Fertigungsprozess in einzelne Abschnitte, Vorgänge, Teilvorgänge bis hin zu kleinsten Arbeitselementen gegliedert und in seiner Reihenfolge bestimmt. Hierbei werden neben dem eigentlichen Prozess (Arbeitsablauf) auch das Zusammenwirken der Mitarbeiter und Betriebsmittel untersucht sowie die Ursachen für Ablaufstörungen ermittelt. Im Mittelpunkt dieser Studien steht die Frage:

■ **Wo** (räumliche Aufeinanderfolge verschiedener Arbeitsplätze) werden

■ **wann** (zeitliche/technisch logische Aufeinanderfolge der Arbeitsschritte) und

■ **womit** (Einsatz benötigter Produktionsfaktoren) die erforderlichen Arbeitsschritte durchgeführt?

Es entsteht eine Reihenfolgeplanung, die für einzelne Arbeitsvorgänge des Gesamtprozesses erstellt wird und hilfreiche Informationen zum Einsatz der Mitarbeiter und Betriebsmittel enthält.

Diese Reihenfolgeplanung findet sich im Basisarbeitsplan wieder.

Arbeitszeitstudien

Die Aufgaben der Zeitplanung bestehen nun darin, im Rahmen von **Arbeitszeitstudien** den Zeitbedarf für jeden einzelnen Arbeitsvorgang mithilfe von Stoppuhren, automa-

---

1 Die **Zeit**planung hat die Aufgabe, eine einmalige zeitliche Planung zur Herstellung eines Erzeugnisses im Rahmen der **Produktionsplanung** durchzuführen. In Abgrenzung dazu beinhaltet die **Termin**planung der **Produktionssteuerung** die zeitliche Planung konkreter Kundenaufträge, insbesondere die Festlegung auf bzw. die Akzeptanz gewünschter Lieferzeitpunkte.

2 Der REFA Bundesverband e. V. hat seinen Sitz in Darmstadt und dient zur Förderung von Bildung und Wissenschaft der methodischen und arbeitswissenschaftlichen Forschung im Bereich der Arbeitsgestaltung und Betriebsorganisation. Gegründet 1924 in Berlin als „Reichsausschuss für Arbeitszeitermittlung" wurde der Name „REFA" aufgrund seines Bekanntheitsgrades beibehalten.

tischen Messgeräten, automatischen Impulsgebern, Zeitaufnahmebögen, Befragungen, Beobachtungen oder Erfahrungswerten zu bestimmen. Die Ergebnisse dieser Tätigkeiten ergeben die Einteilung des Arbeitsprozesses in zeitlicher Hinsicht.

Alle zur Ausführung eines Arbeitsvorgangs erforderlichen Grundbewegungen (Hinlangen, Bringen, Greifen, Fügen, Trennen, Drehen, Bewegen, Loslassen) werden bestimmt und deren Zeitbedarf erfasst.

Ziele dieser Arbeitszeitstudien sind die **Ermittlung der Durchlaufzeit** sowie die **Festlegung von Vorgabezeiten** für den gesamten Fertigungsprozess eines Erzeugnisses. Die Durchlaufzeit ist der Zeitbedarf im Rahmen der Leistungserstellung vom Beginn des ersten bis zum Abschluss des letzten Bearbeitungsvorgangs. Diese Durchlaufzeit setzt sich aus folgenden Komponenten zusammen:

Ziele der Arbeitszeitstudien

Durchlaufzeit

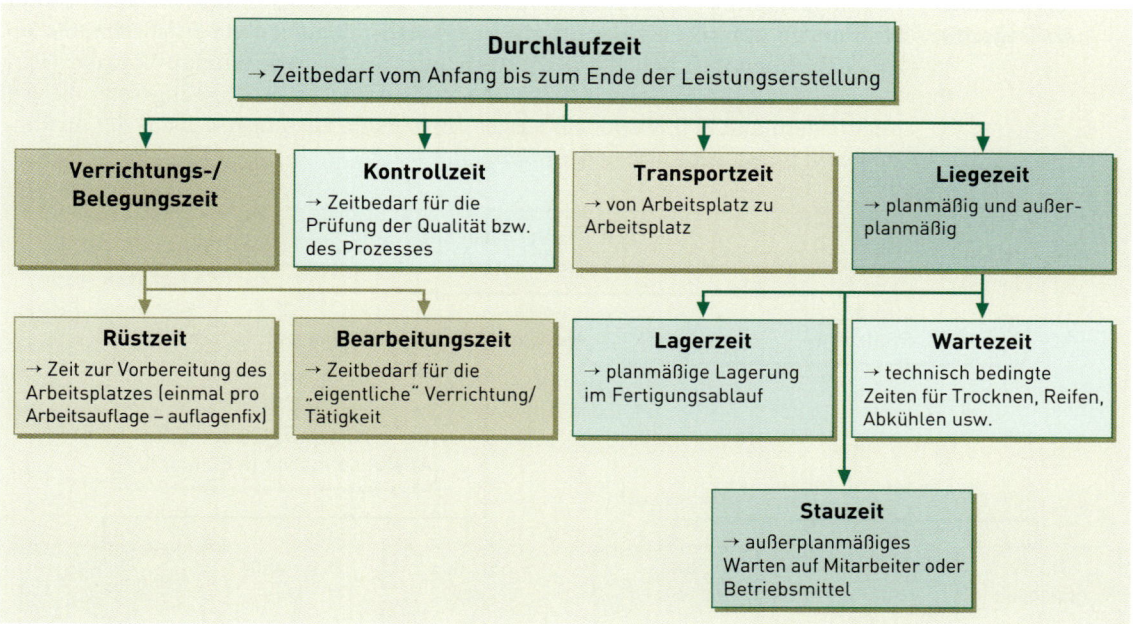

Die Durchlaufzeiten können je Einzelteil, je Baugruppe, je Enderzeugnis, je Arbeitsgang oder auch je Fertigungsauftrag ermittelt werden. Die Durchlaufzeit der Produktionsplanung entspricht der Vorgabezeit, die ohne Einschränkung durch Kapazitätsengpässe für die Fertigung eines Produktes benötigt wird.

Der Zeitbedarf an einem Arbeitsplatz könnte wie folgt in einzelne Zeitkomponenten gegliedert werden:

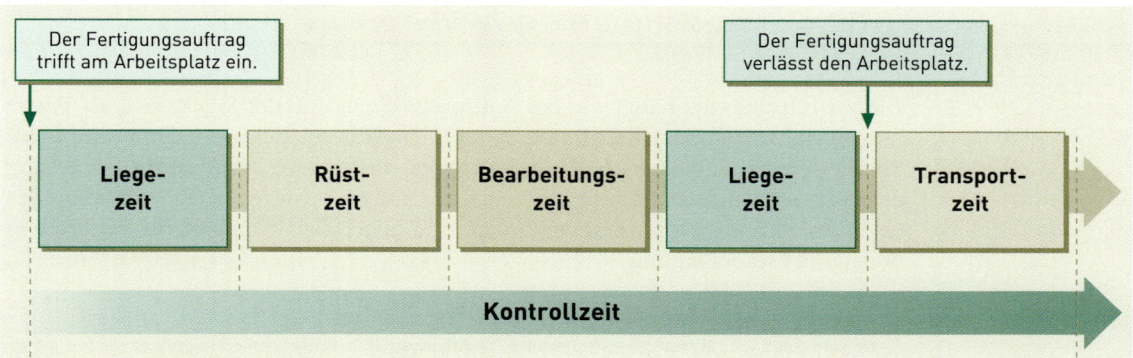

Rüstzeit

Die **Rüstzeit** ist die Zeit zur Vor- und Nachbereitung eines Betriebsmittels oder eines Arbeitsplatzes (Einschalten; evtl. Warmlaufen der Maschine; Herbeiholen, Montage und Demontage von Vorrichtungen/Werkzeugen; Überprüfung der Funktionsbereitschaft) und fällt nur einmal pro Arbeitsauflage[1] an.

Warte-, Liege-, Transportzeiten
> Band 2, LF 7 Entlohnung
> LF 4, Kap. 2 Kostenrechnung

Die **Warte-, Liege- und Transportzeiten** sind je nach Fertigungsverfahren, Fertigungsorganisation, Automatisierungsgrad und Art der Prozesssteuerung unterschiedlich lang. Im Rahmen der Zeitplanung entsteht eine Übersicht von Zeitvorgaben für jeden einzelnen Arbeitsvorgang, die in das computergesteuerte PPS-System eingegeben wird und als Grundlage für die auftragsorientierte Terminplanung im Rahmen der Produktionssteuerung dient. Weiterhin beruhen die Entlohnung der Mitarbeiter sowie die Kalkulation in der Kostenrechnung auf diesen Zeitdaten.

Vorgabezeit/ Auftragszeit

Die **Vorgabezeit** ist die Zeit, die ein Arbeiter für die ordnungsgemäße Erledigung einer bestimmten Aufgabe bei „normaler" Leistung/Anstrengung unter durchschnittlichen Arbeitsbedingungen benötigt (= Zeitverbrauch bei Normalleistung). Vorgabezeiten werden nach REFA als Sollzeiten für Arbeitsabläufe/Arbeitsaufträge angesetzt, die von Mitarbeitern und Betriebsmitteln ausgeführt werden. Sie setzen sich aus der Ausführungszeit t_a und der Rüstzeit t_r zusammen.

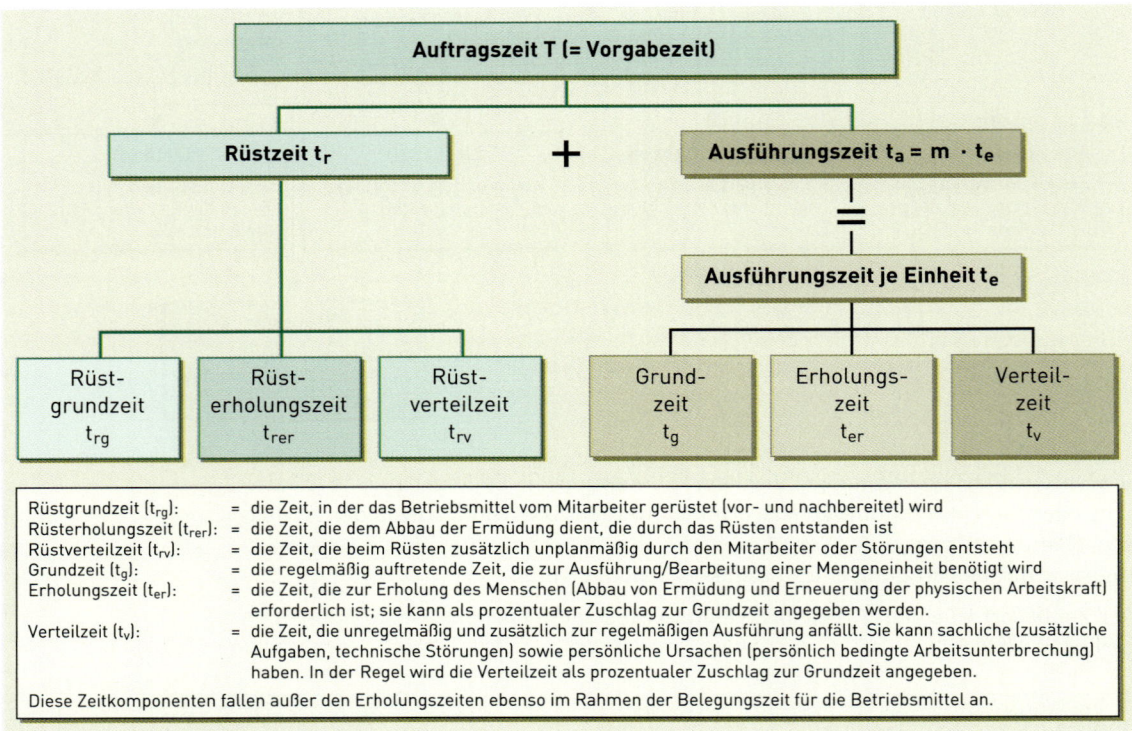

Die Ausführungszeit hängt von der Auftragsgröße m und der Stückzeit t_e ab. Sie ist mengenabhängig und daher auftragsvariabel. Die Rüstzeit fällt einmal pro Auftrag an. Sie ist mengenunabhängig und somit auftrags-/auflagenfix. Somit ist die Ermittlung der Rüstzeiten und der Ausführungszeiten pro Einheit bezogen auf die Fertigung eines bestimmten Enderzeugnisses wesentlich und bildet die Grundlage für die Produktions- und Kostenplanung.

---

1   Sie wird daher auch als auflagenfix bezeichnet. Die Arbeitsauflage/Auflagengröße/Losgröße ist die Fertigungsmenge eines Erzeugnisses, die ohne Veränderung an einem Betriebsmittel hergestellt wird.

Beispiel

Zur Herstellung der Schraubverbindungen der Rollen bei Schreibtischstühlen benötigt die Heidtkötter KG Stahlstifte, die an beiden Enden ein rechtsdrehendes Gewinde aufweisen. Die Stifte werden auf einer Drehbank aus vorgefertigten 55 mm langen Stahlstiften mit einem Durchmesser von 17 mm gefertigt.

Nebenstehende Arbeitsschritte und Zeiten fallen an. Die Sollzeiten wurden aus einem geschätzten Leistungsgrad und gemessenen Istzeiten ermittelt.

Da diese Stahlstifte früher fremdbezogen wurden, soll nun im Rahmen der Zeitplanung die Vorgabezeit für die Fertigung eines Stahlstiftes ermittelt werden.

Folgende Zuschlagssätze sind zu berücksichtigen:

Verteilzeit: 10 %
Erholungszeit: 5 %
Rüstverteilzeit: 8 %

Arbeitsschritte	Sollzeiten (in Minuten)
1. Drehstahl zum Gewinde schneiden aus dem Handlager nehmen und bereitlegen	1,5
2. Stahlstifte in einer Box bereitstellen	1,0
3. eine weitere Box für Fertigerzeugnisse bereitstellen	1,0
4. Drehstahl in die Maschine einspannen	0,5
5. Stahlstift in das Futter einspannen	0,5
6. Drehbank einschalten	0,3
7. Drehstahl anstellen und Vorschub einstellen	0,5
8. erstes Gewinde schneiden	1,2
9. Drehbank ausschalten und Futter drehen	0,5
10. Drehstahl anstellen und Vorschub einstellen	0,5
11. zweites Gewinde schneiden	1,2
12. Drehbank ausschalten, Stahlstift ausspannen und in die zweite Box ablegen	1,3
13. Drehstahl ausspannen und ins Handlager ablegen	1,5

> Rüstzeit = Rüstgrundzeit + Rüstverteilzeit = 5,5 Min. + 0,44 Min.   = **5,94 Min.**
> (Vorgänge 1, 2, 3, 4, 13)

> Ausführungszeit/Stück = Grundzeit + Verteilzeit + Erholungszeit
> = 6,0 Min. + 0,6 Min. + 0,3 Min.   = **6,9 Min.**

> Vorgabezeit/Stück = Rüstzeit + Ausführungszeit/Stück
> = 5,94 Min. + 6,9 Min.   = **12,84 Min.**

Auftragszeit

Die Auftragszeit umfasst den Zeitbedarf, der für die Fertigung einer bestimmten Menge (Kundenauftrag) erforderlich ist. Diese Ermittlung für einzelne Kundenaufträge sowie deren Koordination liegen im Aufgabenbereich der Produktionssteuerung. Dem obigen Schema folgend ist die Höhe der **Vorgabezeit pro Stück** eines Auftrages insbesondere abhängig von der Auflagengröße/Fertigungsmenge. Sie fällt umso geringer aus, je größer die Auflagengröße ist, da sich die auflagenfixen Rüstzeiten auf eine größere Fertigungsmenge verteilen.

Vorgabezeit pro Stück

Die **Zeitplanung** der Produktionsplanung ist eng verbunden mit der Arbeitsablaufplanung (Reihenfolgeplanung) und strebt insbesondere die Minimierung der Durchlaufzeiten an.

Die ermittelte, tatsächlich benötigte Zeit zur Ausführung einer Tätigkeit (Istzeit) sowie die ermittelte, tatsächlich gefertigte Menge pro Zeiteinheit (Istleistung) ist abhängig vom Können und vom Arbeitseinsatz des Mitarbeiters und kann z. B. durch Beobachtung festgestellt werden. Das beobachtete Können und der beobachtete Arbeitseinsatz müssen als Leistungsgrad geschätzt und bei der Festlegung der Vorgabezeiten (Sollzeiten) berücksichtigt werden. Der **Leistungsgrad** als Faktor zur Umwandlung

Leistungsgrad

$$\boxed{\textbf{Vorgabezeit} = \text{Leistungsgrad (\%)} \cdot \text{tatsächliche Istzeit}}$$

$$\boxed{\textbf{Leistungsgrad } \text{in \%} = \frac{\text{tatsächliche Istleistung} \cdot 100}{\text{Normalleistung}}}$$

von Istzeiten in Sollzeiten kann weder gemessen noch errechnet, sondern nur mithilfe von Zeitstudien geschätzt werden.[1] Durch die Berücksichtigung des geschätzten Leistungsgrades beim tatsächlich ermittelten Zeitbedarf (Istzeit) ergibt sich die Vorgabezeit (Sollzeit).

Der Leistungsgrad drückt die tatsächlich erbrachte Leistung (Istleistung) in Prozent zur Normalleistung aus und kann wie oben berechnet werden.

Beispiel

Während der Beobachtung über vier Stunden im Rahmen einer Zeiterhebung montiert Tom Bartels, Mitarbeiter der Balkhausen Möbel KG, die Stuhlbeinkonstruktion an 40 Schreibtischstühlen. Bei normaler Anstrengung und durchschnittlichen Arbeitsbedingungen montiert ein Mitarbeiter in der Montage 16 Stuhlbeinkonstruktionen in zwei Stunden.

$$\text{LG in \%} = \frac{\text{Istleistung} \cdot 100}{\text{Normalleistung}} = \frac{10 \text{ St./h} \cdot 100}{8 \text{ St./h}} = \textbf{125 \%}$$

Der Leistungsgrad (LG), als prozentuale Größe der tatsächlich gemessenen Istleistung bezogen auf die Normalleistung, beträgt 125 %.

Wird dieser Leistungsgrad bei einer Neufestlegung der Vorgabezeit berücksichtigt, ergibt sich für diese Tätigkeit eine Vorgabezeit von 7,5 Minuten pro Stuhlbeinkonstruktion.

Vorgabezeit =
Leistungsgrad in % · Istzeit = 125 % · 6 Min./St. = **7,5 Min./St.**

Wird der Leistungsgrad des Mitarbeiters bei seiner gemessenen, tatsächlich benötigten Zeit pro Einheit (Istzeit) mit 100 % eingeschätzt, so entspricht die festzulegende Vorgabezeit (Sollzeit) der gemessenen Istzeit.

2.5
Dokumente der langfristig angelegten Produktionsplanung – Grundlagen für die auftragsbezogene Produktionssteuerung

Im Rahmen der je Erzeugnis einmal anfallenden Produktionsplanung werden grundlegende Dokumente erstellt, die die für die Herstellung der einzelnen Enderzeugnisse und Bauteile erforderlichen Daten enthalten. Somit bilden diese Dokumente die Grundlage für eine wirtschaftliche und optimale Steuerung der kundenauftragsbezogenen Fertigungsprozesse. Sie umfassen produktbezogene Daten (Materialart, Mengen, Qualität, Aufbau des Produktes usw.) sowie Daten bezüglich des Fertigungsprozesses (Ort und Zeitdauer der Teilprozesse sowie des Gesamtprozesses der Herstellung, erforderliche Mitarbeiter und Hilfsmittel, Maschinen und Werkzeuge usw.) Diese Dokumente sind insbesondere die Produktzeichnungen, die Stücklisten sowie die Arbeitspläne.[2]

---

1   Zeigte der Mitarbeiter bei Erreichen einer gemessenen Istleistung gerade eine hohe Motivation – oder hatte er eher wenig Lust, ja sogar Probleme mit den Anforderungen?
2   Weitere hilfreiche Dokumente sind z. B. Betriebsmittelverzeichnisse, Mitarbeiterverzeichnisse, Raum- und Prozesspläne, Werkzeuglisten, Qualitätsprotokolle, Messprotokolle oder Montagevorschriften.

Produktzeichnungen

Die Erstellung von **Produktzeichnungen** sowie Stücklisten ist die Grundlage für die Teilefertigung sowie die Montage des Enderzeugnisses. Die in der Konstruktionsabteilung durch Technische Zeichner angefertigten Zeichnungen sind ihrerseits die Grundlage zur Erstellung der Stücklisten. In der Regel werden Experten aus den Bereichen Produktion und Arbeitsvorbereitung hinzugezogen, um die spezielle Ausfertigung und Konstruktion des Erzeugnisses auf die Anforderungen in der Teilefertigung und Montage abzustimmen. Die angefertigten Zeichnungen dienen der Teilefertigung als Herstellungsunterlagen und der Montage als Montageanleitungen.

In der Regel bestehen die Enderzeugnisse aus zahlreichen Montageteilen (Komponenten) und Einzelteilen, die auf unterschiedlichen, aufeinanderfolgenden Fertigungsstufen erstellt und/oder zusammengesetzt werden. Mithilfe von Konstruktionszeichnungen wird eine Erzeugnisstruktur des verkaufsfähigen Endproduktes beschrieben, aus der je nach Bedarf für das Fertigerzeugnis oder auch für jede Baugruppe entsprechende Stücklisten erstellt werden. Aus ihnen geht hervor, welche Einzelteile in einer Baugruppe oder welche Baugruppen und Einzelteile im Fertigerzeugnis vorkommen.

Zeichnungen

Konstruktions-zeichnungen

Stücklisten

Die **Stückliste** ist ein für den jeweiligen Verwendungszweck erstelltes, vollständiges Verzeichnis eines Fertigungsgegenstandes, das alle zugehörigen Einzelteile und Komponenten unter Angabe der Bezeichnung und Menge enthält. Anhand der Produktstruktur entsteht die Stückliste, indem man diese „von oben nach unten", also vom Endprodukt bis zu den Baugruppen und Einzelteilen abwärts, durchläuft.

Aus der Antwort auf die (umgekehrte) Frage, in welchem Erzeugnis bzw. in welcher Baugruppe ein bestimmtes Einzelteil vorhanden ist, erhält man den **Teileverwendungsnachweis.**
Abgeleitet aus den Strukturstücklisten werden dort alle Baugruppen und Fertigerzeugnisse aufgeführt, in denen das jeweilige Einzelteil enthalten ist.

Je nach Verwendung/Zweck der Stücklisten unterscheidet man zwischen

Stücklisten

Teile-verwendungs-nachweis

› Band 2, LF 6

- **Mengenübersichtsstückliste/Mengenstückliste**
  In ihr sind alle Einzelteile und Baugruppen nur einmal unter Angabe der Gesamtmenge, bezogen auf das Fertigerzeugnis, enthalten.

- **Baukastenstückliste**
  Sie enthält alle Einzelteile einer Baugruppe immer nur bis zur nächstniedrigeren Fertigungsstufe. Der Aufbau des Enderzeugnisses ist nur durch Zusammenfügen aller Baukastenstücklisten zu erkennen. Diese Art von Stückliste findet Verwendung bei sehr komplexen Fertigerzeugnissen bzw. dann, wenn diese Baugruppe identisch in mehreren verschiedenen Fertigerzeugnissen benötigt wird.

- **Strukturstückliste als Konstruktionsstückliste oder Fertigungsstückliste**
  Sie zeigt die Gliederung/Struktur von Fertigerzeugnissen aufgeteilt in die unterschiedlichen Fertigungsstufen. Dabei können die einzelnen Baugruppen und Einzelteile mehrfach und auf verschiedenen Fertigungsstufen vorkommen. So erscheinen in der unten abgebildeten Erzeugnisstruktur z. B. die Baugruppe C auf den Stufen 2 und 3 oder das Einzelteil T4 auf den Stufen 3 und 4. Die Strukturstückliste gibt folglich einen Überblick darüber, welche Einzelteile oder Baugruppen auf welcher Fertigungsstufe/Ebene benötigt werden.
  Aus der im Rahmen der Produktionsplanung erstellten Konstruktionsstückliste leitet die Arbeitsvorbereitung innerhalb der Produktionssteuerung die auftragsbezogene Fertigungsstückliste ab. Diese dient als Hilfsmittel zur Vorbereitung und Ausführung der Fertigungsaufträge auf allen Produktionsstufen.

Sogenannte **Variantenstücklisten** werden als variantenbezogene Ergänzungen einge-setzt, wenn verschiedene Varianten eines Grundmodells gefertigt werden. Damit kann die Anzahl der Stücklisten reduziert werden.

Beispiel

Erzeugnisstruktur für das Fertigerzeugnis Bürostuhl *praktika*

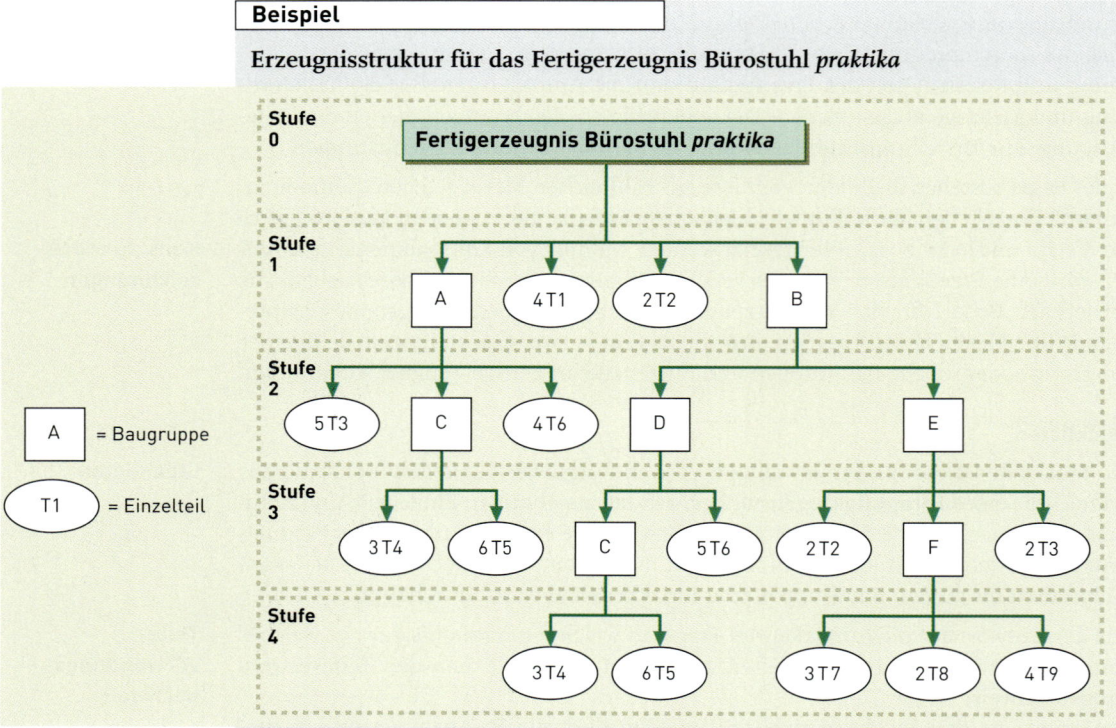

Aus der oben abgebildeten Erzeugnisstruktur können folgende Mengenübersichts-stückliste, Baugruppenstücklisten und Strukturstückliste abgeleitet werden:

Mengenübersichtsstückliste

Fertigerzeugnis Bürostuhl *praktika*

Einzelteile/Baugruppen	Menge
A	1
B	1
C	2
D	1
E	1
F	1
T1	4
T2	4
T3	7
T4	6
T5	12
T6	9
T7	3
T8	2
T9	4

Fertigerzeugnis Bürostuhl *praktika*

Einzelteil/Baugruppe	Menge
A	1
1	4
B	1
2	2

Strukturstückliste

Fertigerzeugnis Bürostuhl *praktika*

Menge	Einzelteile/Baugruppen Fertigungsstufe 1	2	3	4
1	A			
1		C		
3			T4	
6			T5	
5		T3		
4		T6		
4	T1			
1	B			
1		D		
5			T6	
1			C	
3				T4
6				T5
1		E		
2			T2	
1			F	
2			T3	
4				T9
2				T8
3				T7
2	T2			

Baugruppe A

Einzelteil/Baugruppe	Menge
C	1
3	5
6	4

Baugruppe B

Einzelteil/Baugruppe	Menge
D	1
E	1

Baugruppe C

Einzelteil/Baugruppe	Menge
4	3
5	6

Baugruppe D

Einzelteil/Baugruppe	Menge
6	5
C	1

Baugruppe E

Einzelteil/Baugruppe	Menge
2	2
F	1
3	2

Baugruppe F

Einzelteil/Baugruppe	Menge
7	3
8	2
9	4

Arbeitspläne

Der **Basisarbeitsplan** ist eine von der Arbeitsvorbereitung erstellte, auftragsunabhängige Dokumentation des Arbeitsablaufs für die Herstellung eines bestimmten Fertigerzeugnisses sowie aller seiner Einzelteile und Baugruppen/Komponenten. Er wird für alle selbst hergestellten Bestandteile der Stücklisten angefertigt und bezieht sich jeweils auf eine Produktionsstufe. Der **Arbeitsplan** enthält eine Auflistung aller Arbeitsvorgänge in der technisch erforderlichen und/oder wirtschaftlich zweckmäßigen Reihenfolge mit deren jeweiligen Vorgabezeiten für die Bearbeitung sowie den Rüstzeiten, die zur Durchführung notwendig sind. Ebenso werden die notwendigen Betriebsmittel, Werkzeuge und Arbeitsplätze mit ihren Mitarbeitern aufgelistet.

Der Arbeitsplan ist das zentrale Dokument der Fertigung und beinhaltet detaillierte Anweisungen, nach denen der Fertigungsprozess in fertigungstechnischer Hinsicht vollzogen werden soll. Grundlagen zur Erstellung des Arbeitsplans sind Konstruktionszeichnungen, Stücklisten, Maschinen-/Werkzeugverzeichnisse, Mitarbeiterlisten sowie Vorgabezeiten.

Basisarbeitsplan

Basisarbeitsplan					
Arbeitsplan Nr.:	**BAP 6379**		**Werkstück:**	**Baugruppe Gestell Konferenzstuhl** *feli*	
Stückzahl: 1	**Skizze: FT/CK/AR 12/12a**			**Werkstoff: Stahl, Chrom**	
Kosten-stelle	**Reihen-folge**	**Arbeitsvorgang**	**Betriebsmittel**	t_r	t_a
1110	1	Stahlrohr Ø 20 mm auf 184 cm abschneiden und entgraten	Metallsäge 1	1	2
1110	2	Stahlrohr Ø 18 mm für Querverbindung auf 54 cm abschneiden und entgraten	Metallsäge 1	—	2
1410	3	6 Durchgangsbohrungen Ø 8 mm für Armlehnen in Stahlrohr Ø 20 mm bohren und entgraten	Bohrautomat 1	1	3
1410	4	4 Durchgangsbohrungen Ø 8 mm in Querverbindung (Ø 18 mm) für Sitz bohren und entgraten	Bohrautomat 1	1	2
1420	5	2 Gewinde zur Montage der Baugruppe Wiege in Stahlrohr Ø 20 mm schneiden	Bohrautomat 2	2	3
1420	6	2 Gewinde für Stopper in Stahlrohr Ø 20 mm schneiden	Bohrautomat 2	—	2
1300	7	Stahlrohr Ø 20 mm insgesamt 6 x biegen (80°, 83°, 90°, 90°, 97°, 80°)	Biegemaschine 1	1,5	4,5
1710	8	Querverbindung (Ø 18 mm) einschweißen	manuell (Schweißkabine 1)	1	3
1620	9	4 Gewindestopfen einsetzen	manuell	—	0,5
1510	10	Gestell verchromen und trocknen	Tauchbad 1	3	5
1620	11	4 Gewindestopfen entfernen	manuell	—	0,5

Legende: t_r = Rüstzeit in Min.; t_a = Bearbeitungszeit in Min.

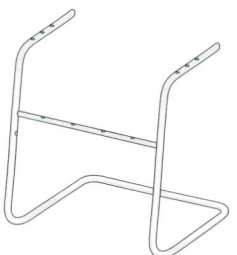

Baugruppe Gestell
FT/CK/AR 12

Baugruppe Wiege
FT/CK/AR 12 a

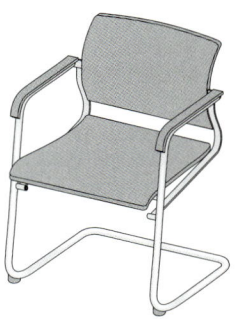

Konferenzstuhl
feli

Der Arbeitsplan der Produktionsplanung **(Basisarbeitsplan)** ist immer **auftragsunabhängig** und immer bezogen auf **eine** Fertigungseinheit. Unter Berücksichtigung der speziellen Kundenauftragsdaten werden im Rahmen der **Produktionssteuerung** die **auftragsabhängigen,** auf die entsprechenden Fertigungsmengen bezogenen Arbeitspläne **(Auftragsarbeitsplan)** erstellt.

Der Arbeitsplan ist somit ein wichtiges Hilfsmittel für den Fertigungsprozess sowie für die Kalkulation der Fertigungskosten. Die mit den proportionalen Kosten bewerteten Arbeitsplanpositionen führen zu den proportionalen Fertigungskosten.

3
Fertigungsaufträge als Auslöser der kurzfristigen, auftragsbezogenen Produktionssteuerung

Lagerfertigung/ Kundenaufträge

Bei den im Rahmen der auftragsbezogenen Fertigungssteuerung zu treffenden Entscheidungen geht es insbesondere um die Planung und Steuerung von Mengen, Kapazitäten und Terminen des kurzfristig anfallenden, auftragsbezogenen Fertigungsprogramms. Die **Lagerfertigung** sowie das Eintreffen der **Kundenaufträge** veranlassen die Erstellung von Fertigungsaufträgen, die insbesondere die unterschiedlichen Anforderungen der Kunden (z. B. Bestellmengen, Lieferzeiten, Varianten) berücksichtigen sollen. Es müssen die auftragsbezogenen Fertigungsdokumente sowie eine Durchlaufterminierung unter Berücksichtigung aller internen und externen Fertigungsaufträge erstellt werden. Die Auftragsfreigabe erfolgt nach erfolgreicher Prüfung der Material- und Kapazitätsverfügbarkeit.

Grundlage dieser Entscheidungen sind die in der Produktionsplanung erstellten Daten der Leistungserstellung, die nun unter Berücksichtigung der vorhandenen Kapazitäten auf die konkret bestehenden internen (Lagerfertigung) und externen (Kundenaufträge) Fertigungsaufträge übertragen und optimiert werden müssen.

Die leitende Fragestellung der Produktionssteuerung könnte wie folgt lauten:

> **Können wir die eingehenden Fertigungsaufträge termingerecht erfüllen?**

3.1
Terminplanung – Wann müssen anstehende Fertigungsaufträge spätestens beginnen bzw. beendet sein?

Terminplanung

Die Aufgaben der kundenauftragsabhängigen **Terminplanung** im Rahmen der Produktionssteuerung bestehen insbesondere darin,

1. zuverlässige, einhaltbare Liefertermine für die Abgabe von Angeboten bzw. Auftragsbestätigungen zu ermitteln oder aber
2. in Abhängigkeit gewünschter/vorgegebener Lieferzeitpunkte den rechtzeitigen Beginn des Fertigungsprozesses festzulegen.

progressiv/ fortschreitend

Ausgehend vom geplanten Beginn des Fertigungsprozesses wird bei der **progressiven (fortschreitenden) Terminplanung** (Vorwärtsterminierung) unter Berücksichtigung der einzelnen Bearbeitungszeiten, Wartezeiten und evtl. eingeplanter Pufferzeiten in einer Vorwärtsrechnung der früheste Zeitpunkt der Fertigstellung und damit der frühestmögliche Lieferzeitpunkt festgelegt.

retrograd/ rückschreitend

Bei der **retrograden (rückschreitenden) Terminplanung** (Rückwärtsterminierung) wird von einem angestrebten oder vertraglich festgelegten Lieferzeitpunkt ausgegangen. Von diesem Zeitpunkt aus wird unter Berücksichtigung der einzelnen Bearbeitungszeiten, Wartezeiten und evtl. eingeplanter Pufferzeiten in einer Rückwärtsrechnung der späteste Beginn des Fertigungsprozesses ermittelt.

Vor-/Nachteile

Die Vorteile der progressiven Terminierung liegen darin, dass ein geringerer Zeitdruck und damit eine größere Sicherheit bezüglich des selbst festzulegenden Lieferzeitpunkts bestehen. Nachteilig könnte sich diese Vorgehensweise auf die Erhöhung der Liegezeiten und damit der Durchlaufzeiten (Kapitalbindung) auswirken. Bei der Rückwärtsterminierung werden größere Liegezeiten und damit eine erhöhte Kapitalbindung vermieden. Aufgrund des zugesicherten Lieferzeitpunkts entsteht aber ein sehr starker Termindruck sowie die Gefahr, bei Überschreiten des Lieferzeitpunkts Konventionalstrafen zahlen zu müssen und positives Image sowie Kunden zu verlieren.

Hilfsmittel zur effektiven Durchführung und anschaulichen Darstellung der Terminplanung sind das Balkendiagramm sowie die Netzplantechnik.

3.1.1
Balkendiagramm – ein Hilfsmittel der Terminplanung

Das **Balkendiagramm**[1] ist ein Planungs- und Kontrollinstrument der zeitlichen Ablaufplanung und veranschaulicht die Struktur sowie den zeitlichen Ablauf der einzelnen Arbeitsvorgänge. Zunächst erfolgt eine Gliederung des Produktionsprozesses oder des Projekts in einzelne Arbeitsschritte/-vorgänge (Strukturanalyse). Im Rahmen der Arbeitsablaufstudien werden die fertigungstechnischen Abhängigkeiten und somit die Reihenfolge/Parallelität dieser einzelnen Arbeitsvorgänge festgelegt. Mithilfe von Arbeitszeitstudien, Erfahrungswerten, Expertenbefragungen oder Schätzwerten wird die zeitliche Dauer der einzelnen Vorgänge ermittelt. Diese ermittelten Daten werden in einer **Vorgangsliste** zusammengeführt. Entsprechend der fertigungstechnischen Abhängigkeiten werden die einzelnen Vorgänge nun als Balken, die die jeweilige Zeitdauer angeben, in ein Koordinatensystem eingezeichnet. Dieses Koordinatensystem besteht aus einer horizontalen[2] Zeitachse sowie einer vertikalen[3] Achse, auf der die jeweiligen Vorgänge entsprechend ihrer Reihenfolge verzeichnet sind. Die Darstellung des Balkendiagramms ist nicht explizit nach bestimmten DIN-Vorschriften genormt.

Folgende Informationen können dem Balkendiagramm nach der Erstellung entnommen werden:

- die Reihenfolge des Arbeitsablaufs
- die geplante Dauer des gesamten Projekts/des gesamten Fertigungsprozesses (Gesamtdauer; Durchlaufzeit)
- die geplanten Anfangs- und Endtermine sowie die Dauer der einzelnen Vorgänge
- aktueller Stand zur Kontrolle des Arbeitsablaufs (Soll-Ist-Vergleich)

Die Vorteile des Balkendiagramms liegen in einer sehr guten Anschaulichkeit und Übersichtlichkeit. Die Anwendung ist leicht verständlich und einfach zu erlernen. Es besteht jederzeit eine gute Kontrollmöglichkeit des Arbeitsablaufs. Nachteilig ist der große Änderungsaufwand bei Verschiebungen innerhalb der ablaufbezogenen oder zeitlichen Planung des Prozesses. Bei jeder Veränderung muss ein neues Balkendiagramm erstellt werden. Ebenso sind die Abhängigkeiten der einzelnen Vorgänge untereinander nicht eindeutig zu erkennen.

Die Anwendungsgebiete von Balkendiagrammen erstrecken sich auf die Planung großer, komplexer Projekte und Produktionsprozesse, die Erstellung von Maschinenbelegungsplänen, die Planung und Darstellung von Urlaubszeiten und Personaleinsätzen, die Planung von Fahrzeugeinsätzen sowie Werbemaßnahmen.

Balkendiagramm

Vorgangsliste

Informationen aus dem Balkendiagramm

Vorteile/Vorzüge

Nachteile/ Probleme

Anwendung

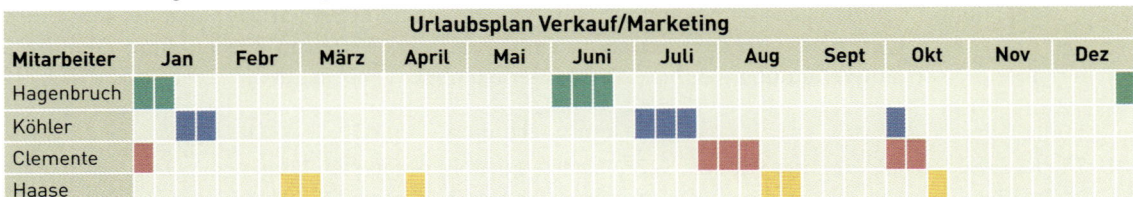

Urlaubsplan der Verkaufsabteilung der Heidtkötter KG als Beispiel für ein Balkendiagramm

1 Nach ihrem Entwickler Henry Lawrence Gantt werden Balkendiagramme auch Gantt-Diagramme genannt.
2 horizontal = waagerecht
3 vertikal = senkrecht

3.1.2
Netzplan – ein Hilfsmittel der Terminplanung

Netzplan

Der **Netzplan** ist ebenso ein Hilfsmittel zur Planung und Kontrolle von Terminen und Abläufen, insbesondere im Rahmen komplexer Fertigungsabläufe und Projekte. Die Darstellung von Netzplänen kann auf verschiedene Arten geschehen. Wir orientieren uns am Vorgangsknoten-Netzplan, der derzeit am weitesten verbreiteten Darstellungsform in der Netzplantechnik. Gemäß DIN 69900-1 ist der Vorgangsknoten-Netzplan ein Netzplan, bei dem Vorgänge beschrieben und durch Vorgangsknoten dargestellt werden. Jeder einzelne Arbeitsvorgang wird durch einen Vorgangsknoten dargestellt, in den die Informationen der Vorgangsliste sowie die Ergebnisse der Zeitberechnungen eingetragen werden. Mithilfe von Pfeilen werden die Vorgänge/Vorgangsknoten, die im Arbeitsablauf unmittelbar aufeinander folgen, verbunden, sodass schrittweise ein kompletter Netzplan entsteht.

Vorgangsknoten-Netzplan

Strukturnetzplan

Bei der Erstellung eines Netzplans wird zunächst ein **Strukturnetzplan** angefertigt, in dem die einzelnen Vorgangsknoten in eine logische zeitliche Reihenfolge gebracht und mit Pfeilen verknüpft werden (Strukturanalyse). Dabei werden die Vorgangsnummern, die jeweilige Vorgangsbezeichnung sowie die Bearbeitungszeiten (Dauer) der zuvor erstellten Vorgangsliste entnommen. Wenn anschließend der Strukturplan um dieZeitberechnungen ergänzt wird, ist der Netzplan komplett.

Vorgangsknoten

FAZ	Vorgangsknoten		FEZ
Vorgangsnummer (siehe Vorgangsliste)	**Vorgangsbezeichnung** (evtl. Abkürzung)		
Dauer (D)	Gesamtpuffer (GP)	Freier Puffer (FP)	
SAZ			SEZ

Die einzelnen Vorgangsknoten haben nebenstehendes Aussehen[1].

Im Anschluss an die Strukturanalyse erfolgt die Übernahme der Vorgangsdauer aus der Vorgangsliste. Die Zeitberechnung beginnt zunächst mit der **Vorwärtsrechnung.** Ziel ist es, ausgehend vom Projektbeginn die frühesten Zeiten je Vorgang sowie die Gesamtdauer des Projekts (= früheste Endzeit des letzten Vorgangs) zu ermitteln. Die frühesten Zeitpunkte geben an, wann ein Vorgang frühestens beginnen oder beendet sein **kann.**

Vorwärtsrechnung

1. Vorwärtsrechnung

1. Festlegung des Projektbeginns (**FAZ** – früheste **A**nfangszeit – des 1. Vorgangs)
2. Ermittlung der frühesten **E**ndzeit (**FEZ**) des ersten Vorgangs: FAZ + Dauer = FEZ
3. Die berechnete FEZ wird auf alle unmittelbar folgenden Vorgangsknoten als FAZ übertragen. Besitzt ein Nachfolgevorgang mehrere Vorgänger mit abweichenden FEZ, so wird der späteste Endzeitpunkt als FAZ übernommen.
4. Die FEZ des letzten Vorgangs ist identisch mit der Endzeit des gesamten Projekts.
5. Die frühesten Zeitpunkte der Vorwärtsrechnung werden oben auf dem Vorgangsknoten notiert (siehe Abbildung zum Vorgangsknoten).

Rückwärtsrechnung

Anschließend erfolgt ausgehend vom frühesten Endzeitpunkt des letzten Vorgangs die **Rückwärtsrechnung** zur Ermittlung der spätesten Zeitpunkte. Die spätesten Zeitpunkte geben an, wann ein Vorgang spätestens beginnen oder beendet sein **muss**, ohne dass sich das gesamte Projekt verschiebt. Weiterhin werden diese Zeitpunkte zur Ermittlung möglicher Zeitpuffer benötigt.

2. Rückwärtsrechnung

1. Die FEZ des letzten Vorgangs wird als **SEZ** (**s**päteste **E**ndzeit) des letzten Vorgangsknotens übernommen. Dies bedeutet, dass das gesamte Projekt nicht nur zu diesem Zeitpunkt beendet sein kann, sondern auch zu diesem Zeitpunkt beendet sein soll/muss.

---

1 Die verwendeten Abkürzungen und Fachbegriffe werden im Folgenden erklärt.

2. Ermittlung der jeweils spätesten Anfangszeit (SAZ) des letzten Vorgangs: SEZ – Dauer = SAZ
3. Die berechnete SAZ wird auf alle unmittelbar vorangehenden Vorgangsknoten als SEZ übertragen. Besitzt ein Vorgänger mehrere Nachfolger mit abweichenden SAZ, so wird die früheste SAZ der Nachfolger als SEZ übernommen.
4. Die SAZ des ersten Vorgangsknotens muss mit der FAZ desselben Vorgangs übereinstimmen.
5. Die spätesten Zeitpunkte der Rückwärtsrechnung werden unter dem Vorgangsknoten notiert (siehe Abbildung zum Vorgangsknoten).

Im Anschluss an die Rückwärtsrechnung erfolgt die **Berechnung der Pufferzeiten** und damit die Ermittlung der „kritischen Vorgänge" sowie des „kritischen Weges". Bezüglich der Zeitreserven wird zwischen Gesamtpuffer und Freiem Puffer unterschieden. Der **Gesamtpuffer** gibt die Zeitreserve an, um die sich ein Vorgang verzögern kann, ohne dass sich die Gesamtdauer des Projekts verschiebt.

Pufferzeiten

Gesamtpuffer

3. Gesamtpuffer (GP)

1. Besteht zwischen der frühesten Anfangszeit (FAZ = der Zeitpunkt, wann ein Vorgang frühestens beginnen **kann**) und der spätesten Anfangszeit (SAZ = der Zeitpunkt, wann ein Vorgang frühestens beginnen **muss**, damit die Gesamtdauer nicht verschoben wird) eine zeitliche Differenz, so besitzt dieser Vorgang eine Zeitreserve. Diese Zeitreserve bezieht sich auf die Gesamtdauer des Projekts und wird Gesamtpuffer (GP) genannt.
2. Ermittlung des Gesamtpuffers eines Vorgangs: $GP = SAZ - FAZ$ oder $GP = SEZ - FEZ$
3. Der Gesamtpuffer (GP) wird im mittleren, unteren Kästchen im Vorgangsknoten notiert (siehe Abbildung zum Vorgangsknoten).

Der **Freie Puffer** bezieht sich auf den nachfolgenden Vorgang und gibt die Zeitreserve an, um die sich ein Vorgang verzögern kann, ohne dass sich die zeitliche Lage seines Nachfolgers verändert.

Freier Puffer

4. Freier Puffer (FP)

1. Besteht zwischen der frühesten Endzeit (FEZ) eines Vorgangs und der frühesten Anfangszeit (FAZ) des Nachfolgers eine zeitliche Differenz, so besitzt dieser Vorgang eine Zeitreserve. Diese Zeitreserve bezieht sich auf die zeitliche Lage des nachfolgenden Knotens und wird Freier Puffer (FP) genannt.
2. Ermittlung des Freien Puffers eines Vorgangs: $FP = FAZ_{Nachfolger} - FEZ$
3. Der Freie Puffer (FP) wird im rechten, unteren Kästchen im Vorgangsknoten notiert (siehe Abbildung zum Vorgangsknoten).

Alle Vorgänge, die keine Zeitreserven (Puffer) aufweisen, nennt man ,kritisch'. Die Aneinanderreihung aller kritischen Vorgänge ergibt den kritischen Weg, den zeitlich längsten Weg durch das Projekt. Der **kritische Weg** bestimmt somit die Gesamtdauer des Projekts und jede Verzögerung bedeutet eine Verschiebung des geplanten Endtermins.

Kritischer Vorgang/ Kritischer Weg

Die Erstellung eines realitätsnahen Netzplans erfordert eine zuverlässige und genaue Bestimmung der einzelnen Vorgangsdauern (Zeitaufnahme). Heutzutage werden Netzpläne überall dort eingesetzt, wo komplexe Projekte oder Fertigungsabläufe geplant und deren Ausführungen zeitnah gesteuert und überwacht werden müssen.

Der gesamte Planungsablauf gewinnt an Transparenz. Wichtige Entscheidungssituationen sowie Engpässe im Planungsablauf werden sichtbar und können gegebenenfalls durch eine zeitliche Optimierung einzelner Arbeitsschritte oder durch eine Erhöhung des Faktoreinsatzes (z. B. Mitarbeiter oder Betriebsmittel) überbrückt werden.

Netzplan als Planungs- und Kontroll- instrument

Der Netzplan eignet sich nicht nur für die Konzeption einer effektiven Vorgehens- weise im Rahmen der Projektplanung, sondern kann ebenso als Kontrollinstrument bei der Abwicklung des Projekts eingesetzt werden, um die Effizienz der gesamten Vorgehensweise zu erhöhen und zu überprüfen. Die Vorteile des Netzplanes sind:

Vorteile

- Die einzelnen Teilaufgaben/Vorgänge müssen vollständig und sorgfältig ermittelt werden. Dies führt dazu, dass das gesamte Projekt systematisch durchdacht und analysiert wird.
- Das Projekt wird in seinem sachlogischen Ablauf (Struktur/Reihenfolge) sowie in seinen Anforderungen bezüglich der erforderlichen Kapazitäten (Arbeitskräfte, Betriebsmittel) transparent.
- Die Arbeit am Projekt erfordert und fördert eine intensive Kommunikation und Kooperation der Planungs- und Durchführungsstellen.
- Zeitliche, sachliche und personelle Engpässe werden sichtbar und können unmit- telbar gelöst werden.
- Der aktuelle Stand der Projektumsetzung ist unmittelbar ablesbar und kontrollier- bar.
- Ähnliche Projekte können mithilfe einer zuvor erstellten Lösung innerhalb kurzer Zeit neu geplant und umgesetzt werden.

3.2
Kurzfristig angelegte Kapazitätsplanung – Wie sind anstehende Fertigungsaufträge optimal zu erstellen?

Fertigungs- aufträge

Für die im eigenen Betrieb selbst herzustellenden Einzelteile und Montageteile werden von der Arbeitsvorbereitung **Fertigungsaufträge** erstellt. Dabei ist zu berücksichtigen, dass unter Umständen weitere Aufträge anderer Kunden für das gleiche Erzeugnis vorliegen oder dass bestimmte Einzel-/Montageteile auch in anderen Erzeugnissen/ Endprodukten benötigt werden, für die ebenso bereits Kundenaufträge vorliegen oder eingehen. In diesem Zusammenhang entsteht die Frage nach der Verteilung oder Zu- sammenfassung der einzelnen Fertigungsaufträge auf eine bestimmte Fertigungs- menge.

Die Arbeitsvorbereitung erstellt Fertigungsaufträge unter Berücksichtigung dabei ent- stehender, unterschiedlicher Kostenarten wie z. B. Rüstkosten oder Lagerhaltungsko- sten. Da diese verschiedenen Kostenarten sich fertigungsmengenabhängig gegenläu- fig entwickeln, wird eine kostenoptimale Fertigungslosgröße bestimmt.

3.2.1
Optimale Losgröße – Die Ermittlung einer kostenoptimalen Fertigungsmenge

Im Sinne einer maximalen Kapazitätsauslastung sowie der Reduzierung anfallender Rüstkosten pro Fertigungsauftrag scheint es sinnvoll, mehrere Aufträge, die sich auf ein bestimmtes Einzel- oder Montageteil beziehen, zusammenzufassen und die zu fertigende **Losgröße** zu erhöhen. Die Losgröße ist die in einem Fertigungsgang ohne weiteres Umrüsten hergestellte Menge eines bestimmten Einzel- oder Montageteils. Ein Nachteil dieser Zusammenfassung von Fertigungsaufträgen besteht in einer er- höhten Lagerhaltung für die Teile, die erst später benötigt werden oder für die ein späterer Liefertermin mit dem Kunden vereinbart wurde.

Losgröße

Entscheidungs- problem

So entsteht das Entscheidungsproblem, dass mit der Zusammenfassung von Ferti- gungsaufträgen (Erhöhung der Losgröße) zwar die Rüstkosten reduziert, die Lager- kosten für erst später benötigte Teile jedoch erhöht werden. Der Verlauf der losfixen

Rüstkosten[1] und der losvariablen Lagerhaltungskosten[2] ist mit zunehmender Losgröße gegenläufig. Die Problemlösung liegt in der Ermittlung der optimalen Losgröße, bei der die Summe aus Rüst- und Lagerhaltungskosten ein Minimum erreicht[3].

Das Problem der optimalen Losgröße tritt insbesondere im Rahmen der Serien- und Sortenfertigung auf.

Optimale Losgröße

Beispiel

Die Schraubenfabrik Richter beliefert schon seit vielen Jahren die Heidtkötter KG mit Schrauben und Muttern unterschiedlicher Größe zur Montage ihrer Stühle und Tische. Der Jahresabsatz von M10-Schrauben beträgt insgesamt 80 000 Stück. Arndt Richter überlegt, ob er die Schrauben in einem Fertigungsgang herstellen oder ob er die Gesamtmenge in einzelnen Teilmengen fertigen soll. Im zweiten Fall muss die Maschine pro Teilmenge umgerüstet werden und erhält eine neue Vorrichtung. Die so entstehenden Kosten betragen pro Umrüstung 150,00 €. Aufgrund der Lagerung der produzierten Schrauben (Herstellkosten pro Stück = 4,00 €) entstehen Kosten in Höhe von 400,00 € pro 1 000 Stück und Jahr. Der Lagerhaltungskostensatz beträgt 10 %.

In welcher Fertigungsmenge (Losgröße) sollte die Schraubenfabrik Richter nun diese Schrauben herstellen?

Unter wirtschaftlichen Aspekten wäre eine Losgröße anzustreben, bei der die Summe aus Rüstkosten + Lagerhaltungskosten am geringsten ist.

Folgende Tabelle zeigt die Kostenentwicklung bei unterschiedlichen Losgrößen.

Anzahl der Lose	Losgröße (Stück; gerundet)	Rüstkosten (€)	Lagermenge (Stück; gerundet)	Lagerkosten (€)	Gesamtkosten (€)
	$\dfrac{\text{Jahresabsatz}}{\text{Anzahl der Lose}}$	Anzahl der Lose · 150,00 €	$\dfrac{\text{Losgröße}}{2}$	Lagermenge · 0,40 €	Rüstkosten + Lagerkosten
1	80 000	150,00	40 000	16.000,00	16.150,00
8	10 000	1.200,00	5 000	2.000,00	3.200,00
10	8 000	1.500,00	4 000	1.600,00	3.100,00
12	6 667	1.800,00	3 334	1.333,60	3.133,60
14	5 714	2.100,00	2 857	1.142,80	3.242,80

Die tabellarisch ermittelte optimale Losgröße liegt bei 8 000 Stück. Die Fertigung erfolgt in 10 Losen. Sowohl in der Tabelle als auch in der folgenden Grafik können Sie die gegenläufige Entwicklung der Rüst- und Lagerkosten bei sich verändernder Losgröße sowie das Minimum der Gesamtkosten erkennen.

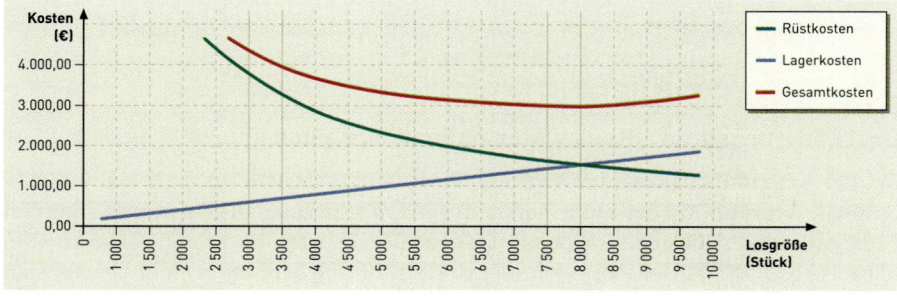

---

1   Die Rüstkosten fallen je Umrüstvorgang unabhängig von der Losgröße in gleicher Höhe an. Daher sind sie losfixe/auflagenfixe Kosten.
2   Die Lagerhaltungskosten verändern sich in Abhängigkeit von der Auflagen-/Losgröße (Menge). Daher sind sie losvariable/auflagenvariable Kosten.
3   Dieses Modell der optimalen Losgröße ist vergleichbar mit dem Modell der „optimalen Bestellmenge". Siehe dazu Band 2, LF 6.

Genauer als in der tabellarischen oder grafischen Ermittlung kann die optimale Losgröße auch mithilfe der Andler'schen Formel berechnet werden:

$$\text{optimale Losgröße} = \sqrt{\frac{2 \cdot \text{Jahresbedarf} \cdot \text{Rüstkosten pro Umrüstung}}{\text{Herstellkosten pro Stück} \cdot \text{Lagerhaltungskostensatz}}}$$

$$= \sqrt{\frac{2 \cdot 80.000 \cdot 150}{4,00 \cdot 10\,\%}} = 7.745,97 \text{ pro Stück}$$

Das Modell[1] der optimalen Losgröße trifft in der Praxis auf Schwierigkeiten, da es von einer Vielzahl von Voraussetzungen ausgeht, die in der Realität nicht gegeben sind.

Modellannahmen der optimalen Losgröße

Modellannahmen:	Situation in der Praxis:
gleichmäßiger, kontinuierlicher Lagerabgang (durchschnittlicher Lagerbestand = 50 % der Losgröße)	Lagerabgang abhängig von der Nachfrage
Schätzung des Jahresbedarfs bzw. Verwendung von tatsächlichen Vergangenheitswerten	unsichere Prognosen, die nicht dem Jahresbedarf entsprechen
nur variable Lagerhaltungskosten werden erfasst	auch fixe Lagerhaltungskosten werden erfasst (Versicherung, Strom, Miete)
linearer Verlauf der Lagerhaltungskosten	Preisschwankungen bewirken unterschiedliche Lagerhaltungskosten und führen zu einem nicht linearen Kostenverlauf
Lagerfähigkeit der Produkte und ausreichend vorhandene Lagerkapazität	muss beides in der Realität so nicht gegeben sein
gleichbleibende Löhne, Preise, Zinsen	unterliegen im zeitlichen Jahresablauf teilweise starken Schwankungen
gleichbleibende Losgrößen	starke Schwankungen je nach Auftragslage (Neuberechnung)

Diese Modellannahmen führen in der Realität häufig dazu, dass bewusst auf die Fertigung der optimalen Losgröße verzichtet wird, insbesondere dann, wenn die Absatzmenge im Jahresverlauf starke Schwankungen aufweist (z. B. bei Saisonartikeln). Häufig bezieht sich die Fertigungssteuerung auf einen kürzeren, besser überschaubaren Zeitraum von ein bis zwei Monaten.

Ausschlaggebend für die (zeitliche) Abwicklung der Fertigungsaufträge sind häufig die kürzeste Fertigungszeit, das Eingangsdatum des Kundenauftrags, eine begründete Kundenpriorität (Kunde = Stammkunde) oder auch der früheste Liefertermin.

3.2.2
Beschäftigungsgrad – Kapazitäten optimal auslasten

Kapazitätsplanung

Bei der **Kapazitätsplanung** im Rahmen der Produktionssteuerung geht es um eine optimale Verzahnung der einzelnen, aufgrund von Kundenaufträgen und internen Lageraufträgen anfallenden Arbeitsvorgänge. Diese einzelnen Arbeitsgänge können teilweise parallel, teilweise müssen sie jedoch technisch bedingt in einer bestimmten Reihenfolge ablaufen. Bei der Umsetzung dieser komplexen Herstellungs- und Montageprozesse werden unterschiedliche Betriebsmittel und Mitarbeiter eingesetzt. Ziel

---

1 Ein Modell beinhaltet immer eine Reduzierung von Komplexität der Realität. Um Erklärungszusammenhänge überhaupt zu ermöglichen, werden Modellannahmen getroffen, die (bewusst) von der Realität abweichen.

der Produktionssteuerung ist es, unter den Vorgaben der Auftragslage die Umsetzung einer konstant hohen (maximalen) Auslastung der vorhandenen Kapazitäten zu erreichen, um entstehende Leerkosten[1] zu verringern und den Anteil der Nutzkosten an den fixen Fertigungskosten zu erhöhen. Der Grad des Erreichens dieser Zielsetzung kann mithilfe des Beschäftigungsgrades/Kapazitätsausnutzungsgrades dokumentiert und überprüft werden. Diese Kennzahl gibt an, wie viel Prozent der zur Verfügung stehenden Maximalkapazität/Kannleistung[2] tatsächlich ausgenutzt werden. Er dient als Gradmesser für die Kapazitätsausnutzung und wird wie folgt berechnet:

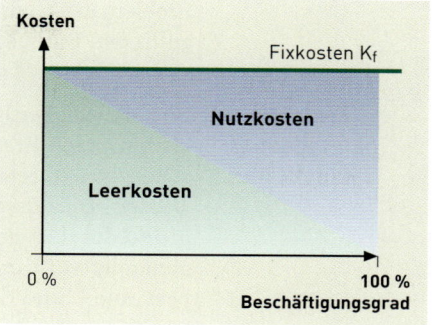

$$\text{Beschäftigungsgrad (\%)} \ (\text{Kapazitätsausnutzungsgrad}) = \frac{\text{Ausbringungsmenge (= Istleistung)} \cdot 100}{\text{Maximalkapazität}}$$

Beschäftigungsgrad/Kapazitätsausnutzungsgrad

Die tatsächlich erbrachte Leistung (Istleistung) kann von vielen Faktoren abhängen:

- Absatzmarkt/Auftragslage
- Ablauf des Produktionsprozesses
- Krankenstand der Mitarbeiter
- Beschaffungsmarkt
- Maschinenpflege, -schäden
- Energieversorgung
- Leistungsfähigkeit und Motivation der Mitarbeiter
- Art der Maschinen (Universal-/Spezialmaschinen)
- Automatisierungsgrad der Fertigung

Beispiel

Die Heidtkötter KG lackiert die Stuhlbeine für die unterschiedlichen Bürostuhlsysteme u. a. durch den Einsatz eines Lackierautomaten. Dieser Lackierautomat ist bei einer täglichen Leistung von 80 Stuhlbeinen maximal ausgelastet. Im März dieses Jahres (23 Arbeitstage) wurden 1 564 Stuhlbeine lackiert.

Der Beschäftigungsgrad des Lackierautomaten, d. h. die tatsächliche Istleistung im Verhältnis zur theoretisch möglichen Auslastung, lag im März bei 85 %.

$$\frac{1\,564 \cdot 100}{1\,840} = 85\,\% \qquad \text{oder} \qquad \frac{68 \cdot 100}{80} = 85\,\%$$

Möglichkeiten zur Beeinflussung dieser Kennzahl bestehen insbesondere darin, die erforderlichen Arbeitsvorgänge und Fertigungsabläufe unter Berücksichtigung aller Kundenaufträge zeitlich sowie in der Reihenfolge so zu steuern, dass eine maximale Auslastung erreicht werden kann. Dies erfordert einen regelmäßigen Abgleich des Planungs-, Steuerungs- und Fertigungsprozesses sowie den Einsatz eines leistungsfähigen, vernetzten Datenverarbeitungssystems. Je nach Kundenauftragslage sowie vorhandener Lagerkapazitäten könnten zusätzliche Eigenaufträge (Lagerfertigung) oder auch Überstunden/Wochenendarbeit eingeplant werden.

---

1   Leerkosten sind Fixkostenbestandteile, die durch Leerlaufzeiten/Nichtbeschäftigung stillstehender Maschinen und Anlagen entstehen.
2   zur Maximalkapazität siehe Kap. 2.2

Problematisch wird es immer, wenn an einzelnen Betriebsmitteln Kapazitätsengpässe auftreten. Dann sollten bestimmte Verrichtungen kurzfristig fremdgeleistet („outgesourct") oder auf geeigneten anderen Betriebsmitteln bearbeitet werden.

Auslastung vorhandener Kapazitäten

Das aktuelle Fertigungsprogramm bestimmt die Auslastung der vorhandenen Kapazitäten. Nach Festlegen der erwarteten Primärbedarfe müssen innerhalb der taktischen/strukturellen Produktionsprogrammplanung die Kapazitäten bereitgestellt werden. Dies geschieht in enger Abstimmung mit der Produktionssteuerung. Aufgrund der dort gebildeten Fertigungsaufträge und dem u. a. von Absatzprognosen abhängigen Primärbedarf können durch Absatzschwankungen unerwartete Lagerbestände – und damit hohe Kapitalbindungskosten – auftreten, da die Fertigungsmenge von der Absatzmenge abweicht. Unternehmen stehen in solch einer Situation vor dem Problem, Lagerbestände in Kauf zu nehmen oder die Kapazitäten/die Fertigungsmenge laufend anzupassen.

Folgende Strategien können bei der Festlegung der Fertigungsmenge verfolgt werden:

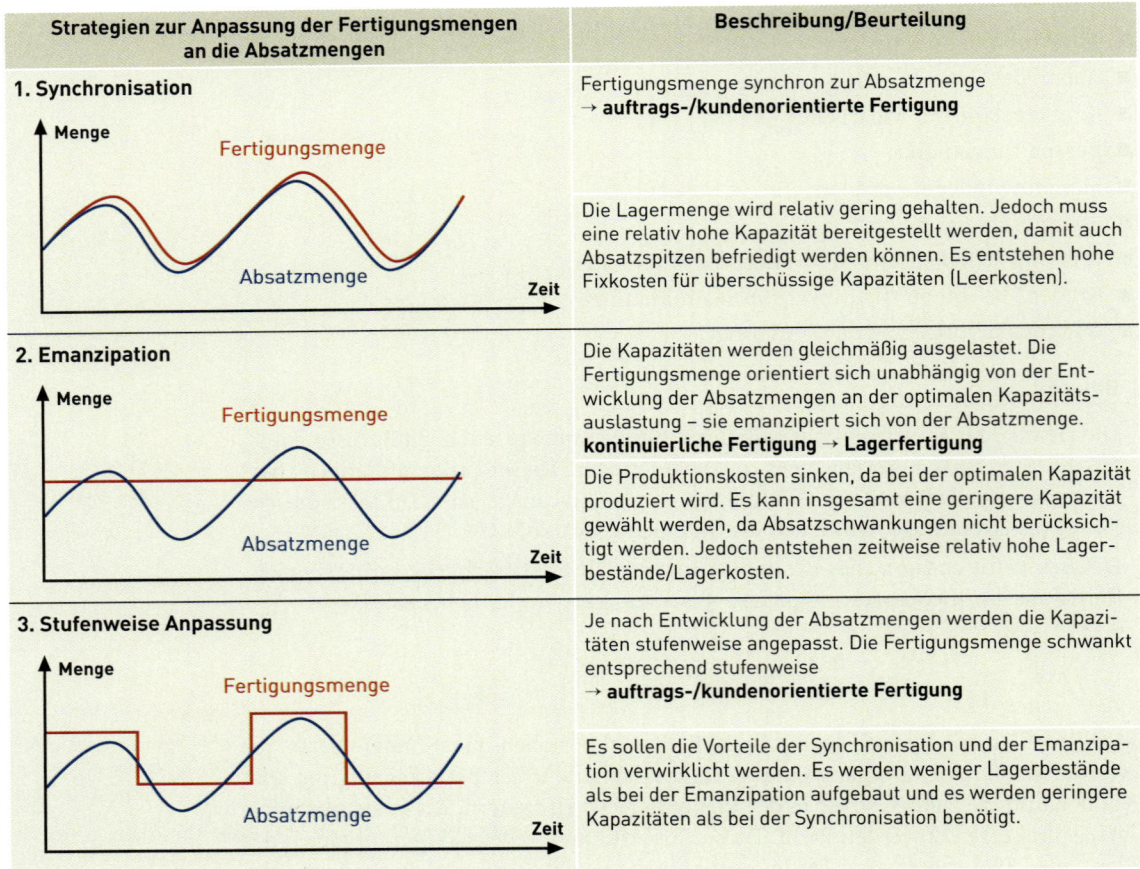

Strategien zur Anpassung der Fertigungsmengen an die Absatzmengen	Beschreibung/Beurteilung
1. Synchronisation	Fertigungsmenge synchron zur Absatzmenge → **auftrags-/kundenorientierte Fertigung**
	Die Lagermenge wird relativ gering gehalten. Jedoch muss eine relativ hohe Kapazität bereitgestellt werden, damit auch Absatzspitzen befriedigt werden können. Es entstehen hohe Fixkosten für überschüssige Kapazitäten (Leerkosten).
2. Emanzipation	Die Kapazitäten werden gleichmäßig ausgelastet. Die Fertigungsmenge orientiert sich unabhängig von der Entwicklung der Absatzmengen an der optimalen Kapazitätsauslastung – sie emanzipiert sich von der Absatzmenge. **kontinuierliche Fertigung → Lagerfertigung**
	Die Produktionskosten sinken, da bei der optimalen Kapazität produziert wird. Es kann insgesamt eine geringere Kapazität gewählt werden, da Absatzschwankungen nicht berücksichtigt werden. Jedoch entstehen zeitweise relativ hohe Lagerbestände/Lagerkosten.
3. Stufenweise Anpassung	Je nach Entwicklung der Absatzmengen werden die Kapazitäten stufenweise angepasst. Die Fertigungsmenge schwankt entsprechend stufenweise → **auftrags-/kundenorientierte Fertigung**
	Es sollen die Vorteile der Synchronisation und der Emanzipation verwirklicht werden. Es werden weniger Lagerbestände als bei der Emanzipation aufgebaut und es werden geringere Kapazitäten als bei der Synchronisation benötigt.

Operative Produktionsprogrammplanung

Die **operative Produktionsprogrammplanung** definiert innerhalb der vorhandenen Kapazitäten (Betriebsmittel, Personal, Material) das tatsächlich zu fertigende Fertigungsprogramm auf Basis von Fertigungsaufträgen nach Art, Qualität, Menge und Zeit. Bei ausreichender Kapazität werden alle Fertigungsaufträge ausgeführt, die zu einer Verbesserung des Betriebsergebnisses führen. Sollten Kapazitätsengpässe auftreten, muss das optimale Produktionsprogramm ermittelt werden, bei dem der Gewinn maximiert werden kann.

Optimales Produktionsprogramm

3.2.3
Maschinenbelegungsplan – Die zeitliche Steuerung des Einsatzes unterschiedlicher Betriebsmittel

Die zeitliche Steuerung und Optimierung des Einsatzes der unterschiedlichen Betriebsmittel erfolgt über die Erstellung von **Maschinenbelegungsplänen**.

Hilfsmittel zur Erstellung und Veranschaulichung einer optimalen Maschinenbelegung sind **Balkendiagramme**, in denen den einzelnen benötigten Maschinen die verschiedenen Aufträge in Form von Balken zeitlich zugeordnet werden. Die Länge der Balken entspricht der Dauer des jeweiligen Arbeitsgangs. Start- und Endtermine der einzelnen Vorgänge und Kundenaufträge, Terminüberschreitungen sowie Leer- und Belegungszeiten der einzelnen Maschinen sind sehr schnell zu erkennen. Dies ist die Voraussetzung für eine schnelle und effektive Reaktion der Produktionssteuerung auf kurzfristige Verschiebungen und Planänderungen im Fertigungsablauf der einzelnen Kundenaufträge, insbesondere dann, wenn das Produktionsprogramm aus einer Vielzahl von fertigungstechnisch ähnlichen Enderzeugnissen besteht.

Das Ziel der Maschinenbelegungsplanung ist die optimale Ausnutzung der Betriebsmittel in den einzelnen Produktionsstufen. Die Durchlaufzeiten und Rüstkosten sollen minimiert werden. Belegungsüberschneidungen und Stillstandszeiten der Maschinen sollen aufgezeigt und zugesicherte Liefertermine eingehalten werden, um die Zahlung von Konventionalstrafen für deren Überschreiten und einen möglichen Imageverlust möglichst zu vermeiden.

Terminplanung mithilfe von Maschinenbelegungsplänen

› LF 5, Kap. 3.1.1 Balkendiagramm

Beispiel

Auf drei Maschinen werden für den betrachteten Zeitraum drei Kundenaufträge bearbeitet, die in der Reihenfolge Auftrag 1 – Auftrag 2 – Auftrag 3 eingegangen sind. Die Produktionsreihenfolge und die benötigte Zeitdauer für die einzelnen Aufträge in den einzelnen Produktionsstufen sind in folgender Tabelle zusammengestellt:

	Produktionsstufe 1	Produktionsstufe 2	Produktionsstufe 3
Auftrag 1	10 Stunden; Maschine 1	4 Stunden; Maschine 3	8 Stunden; Maschine 2
Auftrag 2	6 Stunden; Maschine 3	8 Stunden; Maschine 2	4 Stunden; Maschine 1
Auftrag 3	8 Stunden; Maschine 2	4 Stunden; Maschine 1	2 Stunden; Maschine 3

Der Maschinenbelegungsplan unter Berücksichtigung der Reihenfolge des Auftragseingangs gestaltet sich wie folgt:

Maschinenbelegungsplan nach Eingang der Kundenaufträge:

Dauer in Stunden	2	4	6	8	10	12	14	16	18	20	22	24	26	28	30	32	34	36	38
Maschine 1																			
Maschine 2																			
Maschine 3																			

Bei der Umsetzung dieser Maschinenbelegung mit der Auftragsreihenfolge 1 – 2 – 3 entstehen Stillstandszeiten/Leerzeiten von insgesamt 46 Stunden. Die Kapazitätsauslastung ist äußerst mangelhaft geplant und führt zu hohen Stillstandskosten. Unter primärer Berücksichtigung einer möglichst maximalen Kapazitätsauslastung könnte die Maschinenbelegung wie folgt aussehen:

Maschinenbelegungsplan bei maximaler Kapazitätsauslastung:

Dauer in Stunden	2	4	6	8	10	12	14	16	18	20	22	24	26	28	30	32	34	36	38
Maschine 1																			
Maschine 2																			
Maschine 3																			

→

Die Maschinenbelegung mit der Auftragsreihenfolge 1 – 3 – 2 führt zu Stillstandszeiten von nur sechs Stunden und würde die Leerkosten auf ein Minimum reduzieren. Dennoch könnte es Gründe geben (Terminzusagen für Auftrag 1 oder 2,
Folgeaufträge des Kunden 1 bei pünktlicher Lieferung usw.), die auch diese Maschinenbelegung verhindern.

Dieses Beispiel deutet an, dass eine Vielzahl von Kriterien bei der Maschinenbelegungsplanung eine Rolle spielen können und die Koordination mehrerer Kundenaufträge erschweren. Folgende Kriterien sind zu beachten:

Mögliche Kriterien einer Maschinenbelegung

- die Größe des Auftragsvolumens
- die Bedeutung des Kunden für das Unternehmen (Stammkunde/Neukunde)
- die aktuelle Kapazitätsauslastung/Engpasssituation
- die Zeitpunkte der Auftragseingänge
- zugesagte Liefertermine (Liefertreue/Termintreue)
- anfallende Stillstandskosten/Leerkosten
- die Dringlichkeit/Wichtigkeit der Aufträge → evtl. Folgeaufträge

Eine völlig neue Situation ergibt sich für den Fall, dass ein bis zwei neue, ökonomisch
interessante Kundenaufträge kurzfristig eingeplant werden müssen. Diese Anforderungen sind nur mit der Hilfe einer leistungsstarken, funktionsübergreifenden Soft-
wareunterstützung zu leisten bzw. zu optimieren.

3.2.4
Die Auftragsfreigabe – Der Abschluss der Planungsüberlegungen im Rahmen der Produktionssteuerung

Das Ergebnis der Kapazitäts- und Terminplanung ist, dass für alle Fertigungsaufträge
zeitlich und kapazitätsmäßig realisierbare frühestmögliche und/oder spätestzulässige
Start- und Endtermine festgelegt sind, die anschließend als Ausgangsgrößen an die
Auftragsfreigabe weitergeleitet werden.

Um diese Aufgaben zu erfüllen, werden folgende drei aufeinanderfolgende Schritte
durchgeführt:

- Kapazitätsterminierung erstellen
- Belastungsübersichten erstellen
- Kapazitätsabgleich vornehmen

1. Schritt: Kapazitätsterminierung

Im ersten Schritt, der **Kapazitätsterminierung (Durchlaufterminierung)**, werden mithilfe der Vorwärts- oder Rückwärtsterminierung realisierbare Start- und Endtermine
für die Fertigungsaufträge ermittelt. Dazu werden die Fertigungsaufträge auf den
Betriebsmitteln, auf denen sie später bearbeitet werden sollen, eingelastet.

2. Schritt: Belastungsübersicht

Um eine übersichtliche Darstellung der Auslastung der Betriebsmittel zu erhalten,
wird im zweiten Schritt eine zeitbezogene **Belastungsübersicht der Kapazitäten** erstellt. Da in der Durchlaufterminierung lediglich die terminliche/zeitliche Umsetzung der Fertigungsaufträge betrachtet wird, können Kapazitätsüber- bzw. -unterlas-
ten entstehen. Durch eine Gegenüberstellung der zur Verfügung stehenden
Kapazitäten werden diese Engpässe oder Unterlasten sichtbar. Es müssen entsprechend optimierende Maßnahmen erfolgen.

3. Schritt: Kapazitätsabgleich

Im dritten Schritt, dem **Kapazitätsabgleich**, wird versucht, die Kapazitätsbelastung
nach bestimmten Kriterien abzugleichen und zu optimieren. Insbesondere sollten
Engpasssituationen (Überschreiten der maximalen Kapazität) vermieden werden.

Folgende Maßnahmen könnten umgesetzt werden:

- Einplanen von Überstunden oder zusätzlichen Schichten
- bestimmte Arbeitsvorgänge aus dem Engpassbereich von anderen Maschinen mit freien Kapazitäten übernehmen
- Intensität der Maschinenleistung im Engpasssektor steigern
- zeitliche Verlagerung bestimmter Fertigungsmengen auf einen späteren Zeitpunkt

Die abschließende **Auftragsfreigabe** stellt die Verbindung zwischen Planung und Fertigung dar. Sie wählt aus dem gesamten Auftragsbestand die Fertigungsaufträge aus, die in nächster Zeit umzusetzen sind, und bindet die erforderlichen Produktionsfaktoren an diese anstehenden Fertigungsaufträge.

Grundsätzlich besteht jedoch die Gefahr, dass vereinbarte oder zugesagte Termine nicht zu halten sind. In diesen Fällen muss die zugrunde liegende Durchlaufzeit (ermittelt im Rahmen der Produktionsplanung) so gekürzt werden, dass der Kundenauftrag doch noch rechtzeitig fertiggestellt werden kann.

Folgende Maßnahmen können zur Verringerung der Durchlaufzeit eingesetzt werden:

- In der Regel werden bei der Ermittlung der Durchlaufzeiten „großzügige" Liegezeiten (Warte-, Lager- und Stauzeiten) eingeplant, die bei Auftreten von Engpässen als Zeitpuffer genutzt werden können. Das Ausnutzen dieser Zeitreserven hat natürlich ihre Grenzen, da zu lange (eingeplante) Pufferzeiten die Durchlaufzeiten erhöhen.
- Die Bearbeitungszeit für einen großen Kundenauftrag kann dadurch verkürzt werden, dass die Fertigungsmenge/Losgröße auf mehrere gleiche Betriebsmittel verteilt und parallel bearbeitet wird (Lossplitting). Durch diese parallele Fertigung von Teillosen reduziert sich jedoch lediglich die Bearbeitungszeit. Die Rüstzeit, die bei einem Los einmal anfällt, vermehrt sich mit der Anzahl der Teillose. Daher ist Lossplitting nur bei größeren Losen wirtschaftlich sinnvoll.
- Bei der Überlappung von Arbeitsgängen werden die gebildeten Teillose unmittelbar nach der Bearbeitung an die nächste Maschine weitergegeben, ohne auf die Fertigstellung des gesamten Auftrags zu warten. Damit kann die folgende Fertigungsstufe früher mit ihrer Bearbeitung beginnen. Bei unterschiedlicher Tätigkeitsdauer auf den beiden Fertigungsstufen können zusätzliche Liegezeiten entstehen.

> INFO-Teil
LF 5, Kap. 3.4

Auftragsfreigabe

Auflösung von Pufferzellen

Lossplitting

Überlappung von Arbeitsgängen

3.3
Optimales Fertigungsprogramm – In welcher Reihenfolge sind die anstehenden Fertigungsaufträge zu erstellen?

Eine erfolgreiche Unternehmensführung berücksichtigt spätestens seit Bestehen eines wettbewerbsintensiven Käufermarktes das aktuelle Marktgeschehen und diesbezügliche Prognosen. Das Verhalten der Käufer beeinflusst wesentlich die im Betrieb anfallenden betriebswirtschaftlichen Entscheidungen bis hin zur konkreten Produktionssteuerung in Form der Festlegung von Fertigungsmengen oder Fertigungsreihenfolgen bei der Bearbeitung mehrerer Kundenaufträge.

Mithilfe der Ermittlung absoluter Deckungsbeiträge kann der Entscheidungsträger eine Rangfolge der zu fertigenden Aufträge erstellen. Problematisch wird diese Vorgehensweise dann, wenn Kapazitätsengpässe auftreten, d. h., wenn die maximal vorhandenen Kapazitäten nicht ausreichen, die Fertigungsaufträge termingerecht herzustellen. Die aufgrund der Marktnachfrage erforderlichen Stückzahlen werden nicht erbracht, die maximale Fertigungsmenge wird durch die zur Verfügung stehende Fertigungszeit des

Absoluter Deckungsbeitrag

Kapazitäts-/ Produktionsengpässe

Engpassfaktors bestimmt. In diesem Fall sollte der absolute Deckungsbeitrag pro Stück um die benötigte Fertigungszeit pro Stück am Engpassfaktor relativiert und der Stückdeckungsbeitrag pro Fertigungszeiteinheit (Minute, Stunde) wie folgt ermittelt werden:

Relativer Deckungsbeitrag

Relativer Deckungsbeitrag (Stückdeckungsbeitrag pro Fertigungszeit) =	$\dfrac{\text{absoluter Deckungsbeitrag pro Stück}}{\text{Fertigungszeit}}$

3.4 Möglichkeiten der Kapazitätsabstimmung – Das Überwinden kurzfristiger Kapazitätsengpässe

Kapazitäts-abgleich

Der im Rahmen der langfristigen Produktionsplanung festgelegte Kapazitätsbedarf an Mitarbeitern und Betriebsmitteln entspricht nicht immer den vom Absatzmarkt geforderten Ansprüchen. Bei steigenden Absatzzahlen wird unter Umständen die Kapazitätsgrenze relativ schnell erreicht und gewinnbringende Kundenaufträge können nicht realisiert werden. Daher muss ständig ein **Kapazitätsabgleich** zwischen dem Kapazitätsangebot unter Berücksichtigung der Kapazitätsgrenzen und der vom Markt bestimmten Kapazitätsnachfrage (Fertigungsaufträge) erfolgen.

In der Praxis treten immer wieder Situationen auf, in denen kurzfristig darüber entschieden werden muss, ob ein eventuell lukrativer Kundenauftrag trotz Überschreitens der Kapazitätsgrenze angenommen werden kann. Will man diesen Zusatzauftrag nicht fremd vergeben, sondern im Rahmen der eigenen Leistungserstellung selbst fertigen, wird nach Möglichkeiten gesucht, kurzfristig die Kapazitätsgrenze zu erweitern und den Kundenauftrag anzunehmen und termingerecht zu erfüllen.

Möglichkeiten der Kapazitäts-anpassung an Beschäftigungs-schwankungen

- ■ Die Nutzungsintensität (Arbeitsgeschwindigkeit) der eingesetzten Betriebsmittel und Arbeitskräfte wird bei gleichbleibender Arbeitszeit erhöht.
  → intensitätsmäßige Anpassung
  – selten eingesetzt, da die optimale Kapazität (Nutzungsintensität) am kostengünstigsten ist (hoher Ausschuss, geringere Qualität)

- ■ Die Arbeitszeit wird bei gleichbleibender Arbeitsintensität der eingesetzten Produktionsfaktoren für eine bestimmte Periode erhöht. → zeitliche Anpassung
  – Beschränkung durch gesetzliche (tarifliche) Vorschriften

- ■ Die Anzahl der eingesetzten Betriebsmittel und Mitarbeiter wird bei gleichbleibenden Arbeitszeiten und Intensität erhöht. → quantitative Anpassung
  – (Sprung-)fixe Kosten können bei sinkender Beschäftigung nicht abgebaut werden. (Kostenremanenz[1])

Zur kurzfristigen Erweiterung bei Kapazitätsgrenzen besteht ferner die Möglichkeit, vielseitig qualifizierte Mitarbeiter gerade dort einzusetzen, wo der Bedarf vorliegt oder bestimmte Verrichtungen (Engpass) durch funktional ähnliche Arbeiten zu ersetzen. Ebenso ist es möglich, bestimmte Verrichtungen von anderen Herstellern fertigen zu lassen (Fremdvergabe).

Fremdvergabe

Kapazitäts-anpassung

Fallen zunächst kurzfristige Kapazitätsengpässe über einen längeren Zeitraum auf, muss über eine Kapazitätsanpassung in Form einer Investition nachgedacht werden.

---

1 Kostenremanenz bezeichnet den verzögerten Kostenrückgang bei rückläufiger Beschäftigung. Die Kostenanpassung zuvor gestiegener Kosten an eine rückläufige Beschäftigung erfolgt entweder zeitverzögert oder grundsätzlich anders als bei Beschäftigungszunahme (z. B. Betriebsgebäude oder Maschinen können kurzfristig weder verkleinert noch verkauft werden; neu eingestellte Mitarbeiter können nicht kurzfristig wieder entlassen werden).

3.5
Das Kanban-Verfahren – eine Möglichkeit der flexiblen Fertigungssteuerung

Das in Japan entwickelte **Kanban-Verfahren** (Kanban = Karte, Beleg, Zettel) der Fertigungssteuerung funktioniert nach dem Pullprinzip (Holprinzip oder Zurufprinzip) und orientiert sich ausschließlich am Bedarf der verbrauchenden Stelle im Fertigungsablauf. Der Produktionsprozess ist in einzelne Fertigungsstufen/Bereiche zerlegt, die über Zwischenlager miteinander verbunden sind. Die im Produktionsprozess nachgelagerte, verbrauchende Fertigungsstufe fordert den Bedarf von der vorgelagerten Stufe an. Die Zwischenlager sind mit in der Inhaltsmenge[1] festgelegten Transportbehältern gefüllt, die bei Bedarf von der verbrauchenden Stelle angefordert werden. Bei Anforderung wird die am Behälter befindliche **Karte (Kanban)** an die vorgelagerte Stelle zurückgeleitet und löst dort einen Fertigungsauftrag aus. Der Informationsfluss und damit die Fertigungssteuerung erfolgt entgegen dem Materialfluss ausgehend von der letzten Fertigungsstufe rückwärts bis zur Beschaffung der Rohstoffe beim Lieferanten. Die an die vorgelagerte Stufe zurückgegebenen leeren Kanbanbehälter werden wieder aufgefüllt und mit einer neuen Kanban versehen im Zwischenlager bereitgestellt.

Pull-/Holprinzip

Kanban = Karte

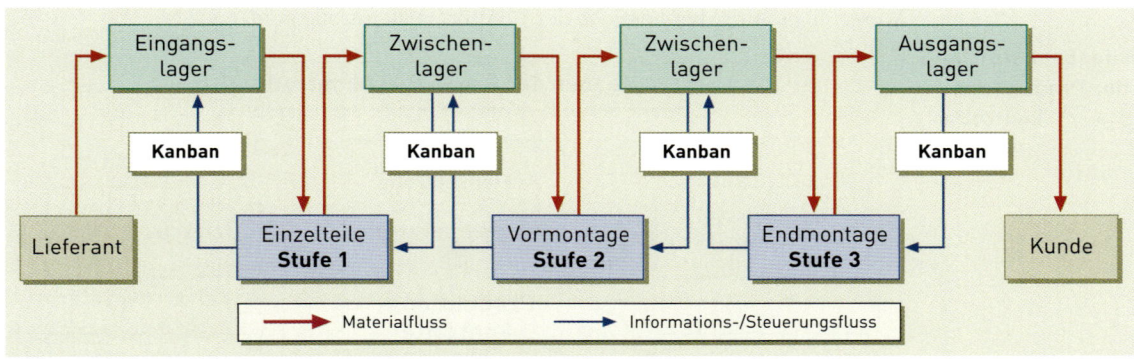

Flexible Fertigungssteuerung nach dem Kanban-Verfahren

Das Erreichen folgender Ziele wird durch die Fertigungssteuerung nach dem Kanban-Verfahren angestrebt:

Zielsetzungen

■ nachhaltige Reduzierung der Bestände bestimmter Fertig- und Halbfertigerzeugnisse durch Materialflussoptimierung
■ Reduzierung kostenintensiver Lagerbestände an Rohmaterial und Halbfertigmaterialien
■ Fertigung in kleinen (optimalen) Losgrößen mit minimaler Durchlaufzeit
■ Erhöhung der Flexibilität bezogen auf sich ändernde Bedarfsmengen ohne Verlust der Lieferbereitschaft, ohne Verschlechterung von Ausschussquoten ohne Zunahme von Nacharbeit und zusätzlichen Transportvorgängen

Diese Zielsetzungen sind jedoch nur unter folgenden Voraussetzungen zu erreichen:

Voraussetzungen

■ hoher Wiederholungsfaktor in der Fertigung (Mehrfachfertigung)
■ Einsatz geschulter Mitarbeiter
■ zuverlässige Erstellung hoher Qualität seitens der vorgelagerten Fertigungsstufe
■ räumliche Anordnung der Fertigungsbereiche, die nur wenige Transportvorgänge erfordert
■ ein effektives innerbetriebliches Transportsystem
■ möglichst geringe Bedarfsschwankungen
■ möglichst geringe Rüstkosten sowie freie Kapazitäten

---

1 Die Inhaltsmenge entspricht häufig einer (optimalen) Losgröße oder einem Vielfachen davon.

4
Leistungserstellungsprozesse auf die Erreichung der Markterfordernisse kontrollieren und erforderliche Verbesserungsmaßnahmen einleiten

4.1
Was der Markt fordert, muss in der Produktionskontrolle messbar werden – Aufgaben und Probleme der Produktionskontrolle

Unternehmen müssen ein Preis-Leistungs-Verhältnis anbieten, das ihnen Wettbewerbsfähigkeit sichert. Deshalb müssen die vom Markt formulierten Anforderungen möglichst präzise erforscht und erfüllt werden. In der Produktion werden die Marktanforderungen konkret umgesetzt. Ziele müssen marktgerecht definiert, die Produktionsprozesse entsprechend eingeleitet werden. Die **Produktionskontrolle** übernimmt dabei die Funktion der Überwachung, Überprüfung und Analyse der jeweiligen Zielerreichung, bevor die erstellte Leistung mit dem Kunden in Kontakt kommt.

Wesentliche Aufgabenbereiche der Produktionskontrolle sind:

Aufgabenbereiche der Produktions- kontrolle

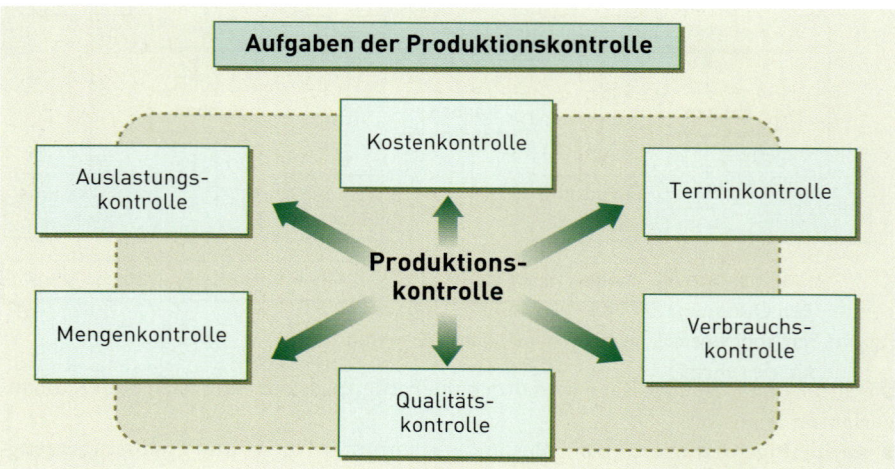

> INFO-Teil
LF 5, Kap. 2

Unterbleibt eine Produktionskontrolle bei heutigen Marktbedingungen, ist die Wettbewerbsfähigkeit auf Dauer in Gefahr, wie die nachfolgende Übersicht verdeutlichen soll:

Produktionsziele	Zielverfehlung	Risiko
Produktionskostenziel	tatsächliche Produktionskosten > geplante Produktionskosten	↑ Verkaufspreise ↓ Absatz
Termineinhaltung	Terminüberschreitungen	Vertragsstrafen, Kundenverlust
Qualitätssicherung	Kunde entdeckt Fehler am ausgelieferten Produkt.	Zusatzkosten (Nacharbeit), Imageverlust
Minimierung des Material- verbrauchs	tatsächlicher Verbrauch > geplanter Verbrauch	↑ Verkaufspreise ↓ Absatz
optimale Kapazitäts- auslastung	Abweichung von Optimalkapazität	↑ Produktionskosten ↑ Leerkosten
permanente Lieferfähigkeit	Lieferschwierigkeiten	Imageverlust, Kundenverlust

Die Überwachung der Produktionsprozesse wird dadurch erschwert, dass Marktanforderungen z. T. in nicht eindeutig messbaren Größen ausgedrückt werden.

Beispiel

Die Heidtkötter KG soll auftragsbezogen 1 000 Seminartische produzieren, die u. a. folgende Anforderungen erfüllen:

	nicht eindeutig	eindeutig
Marktanforderung	schmale Tischbeine	insgesamt vier Tischbeine
Erklärung	Das Adjektiv „schmal" ist subjektiv interpretierbar. Alles kann schmal sein. (Im Vergleich zum Mount Everest ist ein Elefant ein schmales Tier.)	Die Aussage „vier Tischbeine" ist durch Nachzählen eindeutig überprüfbar.

Die Eigenschaft „schmal" muss also konkretisiert werden, indem z. B. der Durchmesser eines Tischbeines in Millimeter festgelegt wird, damit das Ergebnis vergleichbar überprüft werden kann.

Die Produktionskontrolle wird in Zusammenarbeit mit der Produktionsplanung immer wieder vor die Aufgabe gestellt, Messgrößen festzulegen, die eine Überwachung des Produktionsprozesses im Sinne des Erreichens der Marktanforderungen ermöglichen.

In Bezug auf die oben genannten Aufgaben der Produktionskontrolle können bis auf die Qualitätskontrolle relativ einfach eindeutige Messgrößen benannt werden:

Aufgabe	Messgröße
Kostenkontrolle	Kostenbestandteile in €
Terminkontrolle	konkrete Zeitangaben (Datum)
Verbrauchskontrolle	Verschnitt/Verbrauch ist z. B. in m² oder m³ messbar.
Auslastungskontrolle	Der Beschäftigungsgrad einer Maschine ist etwa über U/min messbar.
Mengenkontrolle	Vergleich von Produktions- und Absatzmengen

In der **Qualitätskontrolle** bestehen Schwierigkeiten der Festlegung eindeutiger Messgrößen, weil Qualität subjektiv empfunden wird und somit keine allgemeingültige Vorstellung darüber besteht, was Qualität überhaupt ist. Um einen einheitlichen Sprachgebrauch in der wirtschaftlichen Realität zu fördern, definiert das Deutsche Institut für Normung e. V. daher eine Norm:

Qualitäts-kontrolle

aus: www.orgenda.de/service / grussrubrik.asp?id=2
(29.05.2007)

DIN EN ISO 8402
Qualität ist die Gesamtheit von Merkmalen einer Einheit bezüglich ihrer Eignung, festgelegte und vorausgesetzte Erfordernisse zu erfüllen.

Qualität

> **LF 5, Kap. 5 Bedeutung von Normen**

Diese sehr allgemein gehaltene Formulierung kann wie folgt auf ein Industrieunternehmen übertragen werden:

Qualität ist die Beschaffenheit einer Leistung hinsichtlich ihrer Übereinstimmung mit den gestellten Anforderungen von Kunden, vom Markt, vom Gesetzgeber und vom Unternehmer.

Die gestellten Anforderungen drücken sich letztlich in Qualitätsmerkmalen aus, die zwischen Abnehmer und Unternehmen als Kompromisse verstanden wer-

› INFO-Teil
LF 5, Kap. 1.3

den können. Denn die von Abnehmern formulierten Anforderungen müssen im Unternehmen auf die technische und die wirtschaftliche Machbarkeit überprüft werden. Dieser Prozess wird im Wesentlichen durch die Produktentwicklung geleistet, sodass die später wahrgenommenen Qualitätsmerkmale angemessen antizipiert werden müssen.

Beispiel

Die deutsche Automobilindustrie hielt die Entwicklung der Rußpartikelfilter für Dieselfahrzeuge nicht für notwendig. Als die neue Generation von Dieselfahrzeugen marktfähig war, trat eine europäische Richtlinie durch Bundesratsbeschluss in Kraft, die den Einsatz von Rußpartikelfiltern in Dieselfahrzeugen vorschreibt. Dieselfahrzeuge ohne Rußpartikelfilter müssen seither höhere Kfz-Steuern zahlen. Der Absatz deutscher Dieselfahrzeuge brach ein. Die Verbraucher kauften vermehrt französische Fahrzeuge, die serienmäßig über Rußpartikelfilter verfügten. Fabrikate aus Deutschland mussten hingegen gegen Aufpreis nachgerüstet werden, wenn die Halter eine höhere Kfz-Steuer vermeiden wollten. Aufgrund gesetzlicher Vorgaben entsprach das Preis-Leistungs-Verhältnis der deutschen Hersteller also nicht mehr den Marktanforderungen.

**Qualitäts-
merkmale**
› INFO-Teil
LF 5, Kap. 4.2.1

Aufgrund der Subjektivität von Qualität kann keine allgemeingültige Liste von **Qualitätsmerkmalen** vorgestellt werden. Vielmehr werden an dieser Stelle mögliche Dimensionen von Qualitätsmerkmalen in Abhängigkeit von der Produktentwicklung, -nutzung und -entsorgung aufgezeigt:

Produktentwicklung	Produktnutzung	Produktentsorgung
■ Fehlerfreiheit	■ Funktionalität	■ Umweltverträglichkeit
■ Präzision	■ Stil/Mode	■ Wirtschaftlichkeit
■ Zuverlässigkeit	■ Haltbarkeit	■ Vorschriftsmäßigkeit
■ Sicherheit	■ Servicegrad	
■ Montierbarkeit	■ Umweltverträglichkeit	
■ Lagerfähigkeit	■ Zukunftsoffenheit	
■ Transportfähigkeit	■ Wertbeständigkeit	
■ Wartungsfähigkeit	■ Vorschriftsmäßigkeit	
■ Normgerechtigkeit		
■ Vorschriftsmäßigkeit		

Die Dimensionen von Qualitätsmerkmalen sind dann je nach Leistung durch Messgrößen zu konkretisieren, damit eine Qualitätskontrolle zur Sicherung der Zielerreichung ermöglicht werden kann (z. B.: Wie kann gemessen werden, dass die Anforderung Sicherheit erfüllt wird?). Im Zuge des Wandels von Verkäufer- zu Käufermärkten veränderte sich auch das Qualitätsverständnis in den Unternehmen. Die frühere Qualitätssicherung war produktbezogen. Es wurde lediglich am Ende des Produktionsprozesses das Produkt auf seine Erfüllung der Qualitätsmerkmale hin überprüft. Aufgrund der Marktdynamik entwickelt sich die Qualität heute prozessorientiert. Es werden nicht nur die Produkte, sondern die Gesamtheit der Prozessabläufe in die Qualitätsbeurteilung einbezogen. Dadurch erfährt das Qualitätsbewusstsein aller am Prozess beteiligten Mitarbeiter eine überragende Bedeutung. Qualität kann entsprechend nicht geprüft, sondern muss durch Prozessbeherrschung erzeugt werden.

4.2
Marktgerecht in der Fertigung und im Unternehmen Qualitätssicherung betreiben

4.2.1
Systematisches Qualitätsmanagement zur Messung von Qualität

Die Aufgabenwahrnehmung im Zuge der Produktionskontrolle erfolgt gemäß dem Management-Regelkreis in einem umfassenden Qualitätsmanagement, das aus den Teilfunktionen Qualitätsplanung, Qualitätssteuerung, Qualitätskontrolle sowie dem Bindeglied des Feedbacks (Rückkopplung) im Sinne einer Qualitätsverbesserung und der Dokumentation besteht (siehe Abb.).

Das **Feedback** bzw. die Rückkopplung hat für das Qualitätsmanagement überragende Bedeutung. Denn nur, wenn die Ergebnisse des Soll-Ist-Vergleichs die regulierenden Instanzen (Qualitätsplanung und -steuerung) erreichen, kann eine Prozessverbesserung durch Gegenmaßnahmen eingeleitet werden. **Feedback**

Der Soll-Ist-Vergleich ist folglich der Ausgangspunkt einer eventuellen **Abweichungsanalyse,** die immer dann erforderlich ist, wenn Soll und Ist nicht übereinstimmen. Derartige Abweichungen führen zur Nichterfüllung von Anforderungen und werden gemäß dem Deutschen Institut für Normung e. V. als **Fehler** bezeichnet (DIN 8402). In der Abweichungsanalyse geht es darum, die Ursachen für die aufgetretenen Fehler aufzudecken und entsprechende Gegenmaßnahmen zur Fehlerreduzierung bzw. Qualitätssicherung einzuleiten. Es sind Ursachen für die Fehler so präzise wie möglich zu ergründen. Hierzu bedient man sich verschiedener Qualitätssicherungsinstrumente, die die Art, die Häufigkeit des Auftretens im Zeitablauf und den Ort des Fehlers dokumentieren. Fehler schränken die Funktionsfähigkeit des Erzeugnisses unterschiedlich stark ein. **Abweichungsanalyse**

Fehler

Fehlerarten
(nach dem Grad der Funktionsfähigkeit des Produktes)

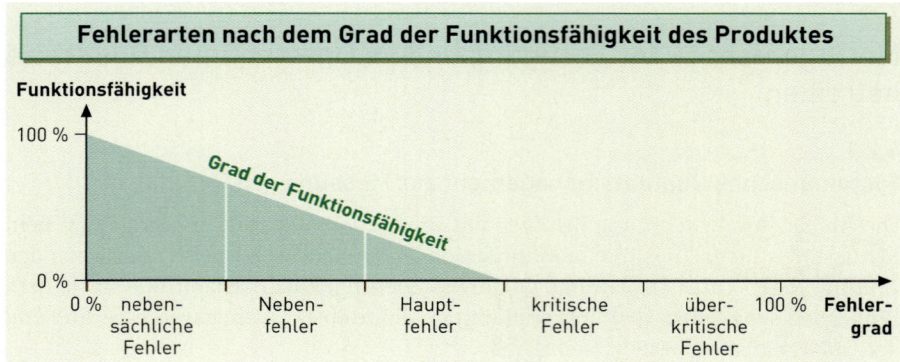

Fehlerarten nach dem Grad der Funktionsfähigkeit des Produktes

Nebensächliche Fehler (z. B. Kratzer im Lack eines Fahrrades) schränken die Funktionsfähigkeit des Produktes kaum ein. Bei Nebenfehlern hingegen sinkt bereits der Grad der Funktionsfähigkeit (Bsp.: Der kleinste Gang am Fahrrad lässt sich nicht einlegen.). Hauptfehler sind gravierend und führen u. U. dazu, dass das Erzeugnis funktionsuntauglich wird (Bsp.: Die Lichtanlage des Fahrrades funktioniert nicht.). Außerhalb der Funktionsfähigkeit sind kritische und überkritische Fehler anzusiedeln. Sie führen zur Unbrauchbarkeit des Erzeugnisses. Während ein kritischer Fehler von vornherein keinen Gebrauch zulässt (Bsp.: Pedalbruch beim Fahrrad), wäre ein Gebrauch bei einem überkritischen Fehler lebensgefährlich (Bsp.: defekte Bremsen).

› **Band 2, LF 6**
Mängelarten

› **Band 3, LF 10**
Produkthaftung

Jeder Fehler sollte im Sinne einer Qualitätssicherung durch den Einsatz geeigneter Maßnahmen behoben werden, bevor das Produkt mit dem Kunden in Kontakt kommt. In der Realität werden Fehler jedoch öfter erst im Nachhinein beim Kunden entdeckt. Juristisch gesehen werden Fehler dann als Mängel bezeichnet, die nach geltendem Kaufvertragsrecht vom Verkäufer zu beheben sind. Darüber hinaus können auch aufgrund des Produkthaftungsgesetzes Ansprüche des Abnehmers gegenüber dem Verkäufer entstehen.

Die Anwendung der Teilfunktionen im Zuge des Qualitätsmanagements orientiert sich am bereits bekannten Management-Regelkreislauf. Entsprechend kann dieses Modell auch auf die weiteren Kontrollaufgaben der Fertigungskontrolle übertragen werden.

Beispiel

Zum Juli eines Geschäftsjahres befindet sich die Heidtkötter KG im sogenannten „Sommerloch". Die Absatzzahlen sind saisonbedingt gering. Gleichzeitig sorgen Naturkatastrophen für erhebliche Anstiege an Rohstoffkosten und Lieferengpässen. Dieses Szenario könnte wie folgt durch die Produktionskontrolle erfasst werden:

Aufgabe	Gegenstand	Soll (Plan)	Ist	Abweichungsanalyse
Qualitäts-kontrolle	Qualitätsvorgaben	Zuschnitt der Tischplatten: Abweichung max. +/– 0,2 mm	Überschreitung des Toleranzwertes: Abweichung max. +/–1,2 mm	Werkzeugbruch an Säge Z2
Kosten-kontrolle	Entwicklung der Produktionskosten	Produktionskosten liegen konstant bei 45,00 € pro Stück.	Produktionskosten liegen konstant bei 45,00 € pro Stück.	keine Abweichung
Termin-kontrolle	Liefertermine	A1: KW 28, A2: KW 29, A3: KW 29	A1: KW 28, A2: KW 30 A3: KW 31	A2, A3 durch Lieferengpässe
Verbrauchs-kontrolle	Materialverbrauch, Verschnitt/Abfälle	Verschnitt max. 0,1 %	Verschnitt 5,0 %	Werkzeugbruch an Säge Z2
Aus-lastungs-kontrolle	Beschäftigungs-grad der Kapazitäten	optimale Kapazitäts-auslastung, Beschäftigungs-grad 80 %	Beschäftigungsgrad 60 %	Lieferengpässe verhindern optimale Auslastung
Mengen-kontrolle	Vergleich von Produktions- und Absatzmengen	Synchronisation (Produktion orientiert sich am Absatz)	Emanzipation (Produktion auf Vorrat)	Fehlplanungen der Absatzmenge durch falsche Prognosen

Es ist zu erkennen, dass wesentliche Produktionsziele aufgrund externer Einflüsse nicht erreicht werden konnten. Die Produktionskontrolle muss diese Ergebnisse nun an die Produktionsplanung melden, damit Maßnahmen ergriffen werden können, die eine Zielerreichung im nächsten Beobachtungszeitraum ermöglichen.

4.2.2
Montageprobleme beim Bürosessel *ongis* lösen – Instrumente zur Qualitätssicherung und -steigerung

Zur Qualitätssicherung werden in Abhängigkeit vom Produkt und den Umweltanforderungen eine Vielzahl unterschiedlicher Verfahren/Instrumente der Qualitätsprüfung eingesetzt, von denen hier nur einige bedeutende Verfahren vorgestellt werden können. Sie lassen sich anhand folgender Kriterien systematisieren.

Umfang		Wertschöpfungsstufe			Person	
Wie viele Produkte werden geprüft?		Zu welcher Phase der Leistungserstellung wird geprüft?			Wer unternimmt die Prüfung?	
Vollkontrolle	Stichproben-kontrolle	Vorkontrolle	Zwischen-kontrolle	Endkontrolle	Selbst-kontrolle	Fremd-kontrolle

■ Statistische Qualitätssicherung

Anhand des weitverbreiteten Verfahrens der statistischen Qualitätssicherung kann der Unterschied zwischen einer Voll- und Stichprobenkontrolle veranschaulicht werden. Es werden unter Einsatz von **Qualitätsregelkarten** Messwerte erhoben. Die Qualitätsregelkarten enthalten den Korridor des Toleranzbereichs um den Sollwert (siehe Abbildung unten). Das heißt, dass Abweichungen um den Sollwert in gewissem Rahmen zulässig sind. Zur Verbesserung der Prozessfähigkeit werden zudem Warngrenzen definiert, um frühzeitig Störungen durch geeignete Gegenmaßnahmen zu begegnen.

Qualitäts-regelkarte

Bei der Anwendung einer Vollkontrolle wird für jedes gefertigte Erzeugnis ein Messwert erhoben. Bei der Stichprobenkontrolle wird hingegen nach einem Zufallsverfahren stichprobenartig kontrolliert. Aus den Abweichungswerten der Stichproben wird dann auf die Grundgesamtheit geschlossen.

Beispiel für eine Stichprobenkontrolle

Die Heidtkötter KG produziert 100 Hydrauliksysteme für Drehstühle pro Tag. Bei jedem 10. Hydrauliksystem wird ein Messwert erhoben. Die Messergebnisse zeigen, dass von den zehn überprüften Baugruppen zwei fehlerhaft sind. Auf die Tagesproduktion hochgerechnet wird gefolgert, dass insgesamt 20 Hydrauliksysteme Fehler aufweisen.

Das angeführte Beispiel deutet an, dass nicht bei allen Produkten „nur" eine Stichprobenkontrolle möglich ist. Vielmehr entscheiden das Produkt und die Marktanforderungen, welches Verfahren zum Einsatz kommt.

Vollkontrolle	Stichprobenkontrolle
■ Fahrzeugbau (z. B. Airbag, Bremsen)	■ Chemische Industrie
■ Flugzeugbau	■ Chargenfertigung
■ optische Geräte	■ Massengüter
■ Militär	
■ medizinische Geräte (z. B. Herzschrittmacher)	

Einsatzgebiete (Beispiele)

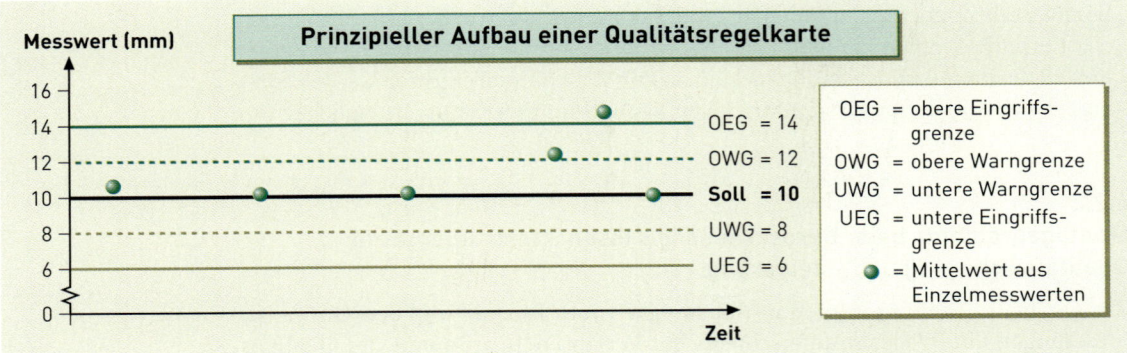

Quality Function Deployment (QFD)

QFD ist eine zu Beginn der Siebzigerjahre in Japan entwickelte Qualitätsmethode zur Ermittlung der Kundenanforderungen und deren direkten Umsetzung in die notwendigen technischen Lösungen. QFD wird als ein vorbeugendes Werkzeug zur Produktdefinition eingesetzt. Der strategische Ansatz ist die Trennung der Kundenanforderungen (WAS) von den technischen Lösungsmerkmalen (WIE). So werden die Produktmerkmale durch die Entwicklung und die anschließende Auswahl der Betriebsmittel, Methoden und Kontrollmechanismen ausschließlich von den Anforderungen der zukünftigen Kunden bestimmt. Als „Kunde" wird aber nicht nur der Käufer eines Produktes gesehen („externer Kunde, Käufer"), sondern auch alle Beteiligten des Umsetzungsprozesses („interner Kunde").

Die Qualitätsmerkmale werden dann durch Einsatz des sogenannten „House of Quality" messbar. Hierzu werden alle möglichen, verschiedenen technischen Lösungsmöglichkeiten (Produktcharakteristika) mit den Kundenanforderungen intelligent verknüpft und die Beziehung bewertet. Das Ergebnis ist eine nach Kundenprioritäten ermittelte Produktplanung.

House of Quality

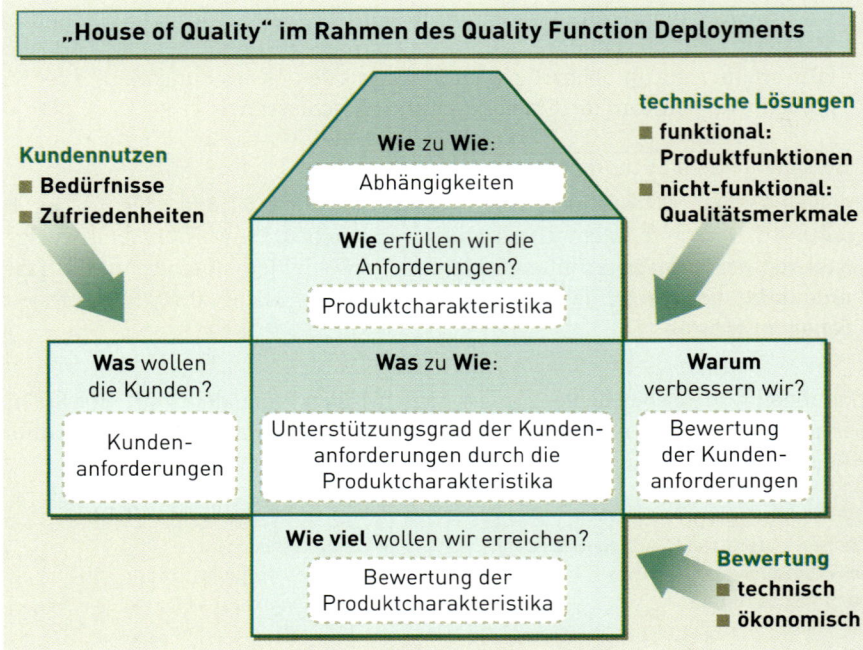

Quelle: www.qfd-ID.de

Die Anwendung von QFD erfordert eine stark teamorientierte Arbeitsweise im Unternehmen, da viele Abteilungen von Beginn an beteiligt werden (FuE, Marketing, QS usw.). Kundenanforderungen werden für alle Beteiligten von der Entwicklung bis zum Vertrieb durch eine einheitliche Dokumentation transparent. Sie finden eine hohe Berücksichtigung, wodurch Qualitäts- und folglich Wettbewerbsvorteile entstehen können. QFD transportiert das Qualitätsverständnis besonders eindrucksvoll: Qualität bedeutet Erfüllung von Kundenanforderungen.

■ Fehlermöglichkeits- und Einflussanalyse (FMEA)

Im Rahmen der Qualitätssicherung folgt die FMEA dem Grundgedanken einer vorsorgenden Fehlerverhütung anstelle einer nachsorgenden Fehlererkennung und -korrektur. In der Entwicklungsphase werden potenzielle Fehlerursachen identifiziert, es werden ansonsten anfallende Kontroll- und Fehlerfolgekosten in der Produktionsphase oder gar beim Kunden vermieden und die Kosten insgesamt gesenkt. Denn je später ein Fehler entdeckt wird, desto schwieriger und kostenintensiver ist seine Korrektur.

> **LF 5, Kap. 4.3 Fehlerfolgekosten**

Zur Ermittlung denkbarer Fehlerursachen wird häufig ein sogenanntes Ursache-Wirkungs-Diagramm erstellt. Es ist möglich, dass schon aufgrund einer erkannten Fehlerursache unmittelbar Hinweise auf mögliche Maßnahmen zur Fehlervermeidung abgeleitet werden können. Da nicht alle Fehler umgehend gelöst werden können, ist der Kern der FMEA die Risiko-Prioritätszahl (RPZ). Sie ergibt sich aufgrund der Risikobeurteilung folgender Kriterien:

Ursache-Wirkungs-Diagramm

Risiko-Prioritätszahl (RPZ)

1. **B**edeutung der Fehlerfolge für den Kunden
2. **A**uftretenswahrscheinlichkeit der Fehlerursache
3. **E**ntdeckungswahrscheinlichkeit (des Fehlers/der Ursache/der Folge)

Die Kriterien werden von einem interdisziplinären Team jeweils mit den Zahlenwerten zwischen 1 und 10 unter Berücksichtigung von Bewertungskatalogen eingeschätzt. Die RPZ wird dann wie folgt berechnet:

$$\text{RPZ} = B \cdot A \cdot E$$

Die RPZ liegt immer zwischen 1 und 1 000. Durch Vergleich der Fehler mit der RPZ können so Prioritäten für die zu ergreifenden Maßnahmen abgeleitet werden.

Die Maßnahmen sind darauf gerichtet,

- die Wahrscheinlichkeit des Auftretens einer Fehlerursache zu reduzieren (z. B. durch den Einbau verbesserter Bauteile) und

- die Entdeckungswahrscheinlichkeit einer potenziellen Fehlerursache zu erhöhen (etwa durch zusätzliche Prüfungen).

Es werden so lange Maßnahmen eingesetzt, bis die gewünschten Qualitätsmerkmale des Kunden erfüllt werden.

■ Ursache-Wirkungs-Diagramm

Das Ursache-Wirkungs-Diagramm (Ishikawa-Diagramm) ist ein Hilfsmittel zur Erfassung von Qualitätsproblemen und deren Ursachen. Grundüberlegung ist, dass sich Fehlerursachen im Wesentlichen auf die sechs Faktoren: Mensch, Maschine, Methode, Material, Management, Mitwelt zurückführen lassen. Die Faktoren werden auch als Hauptgräten bezeichnet, die wie bei einem Fisch in weitere Einzelgräten aufgespalten werden können. Es ergibt sich ein typisches Fischgrätenmuster.

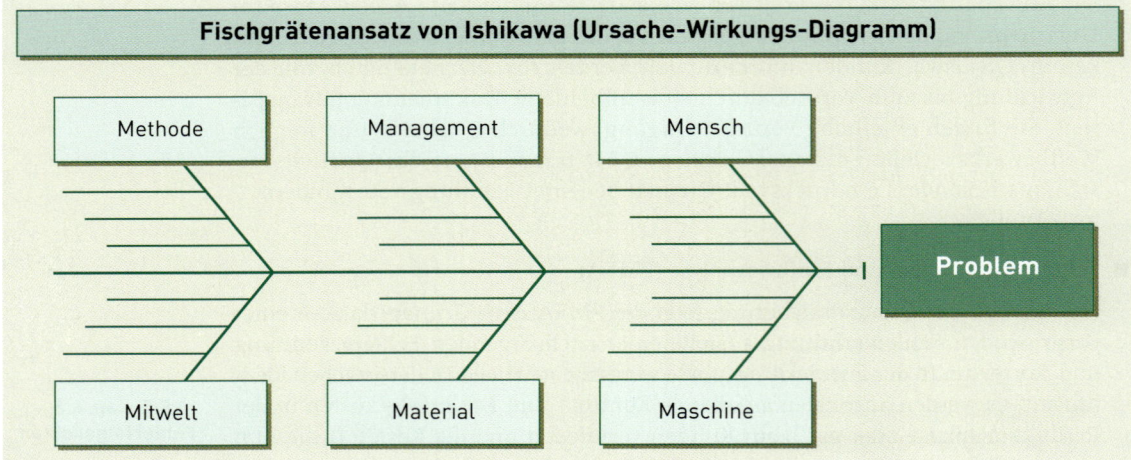

Das Verfahren eignet sich besonders gut für Problemlösungsprozesse, weil durch gemeinsamen Austausch eine Vielzahl von Ursachen und Abhängigkeiten benannt und anschaulich visualisiert werden können. Es folgt einem typischen Problemlösungsprozess:

1. Problemdefinition
2. Hauptursachen des Problems benennen
3. Einzelursachen aus den Hauptursachen ableiten
4. Auswahl und Priorisierung der wahrscheinlichsten Einzelursachen
5. Überprüfung der Qualitätswirkung der wahrscheinlichsten Einzelursachen

Häufig wird das Ursache-Wirkungs-Diagramm in Kombination weiterer Verfahren zur Qualitätssicherung eingesetzt (etwa FMEA, Qualitätszirkel).

■ Beispiele für weitere Instrumente zur Qualitätssicherung

Aufgrund der hohen Bedeutung von Qualität und der individuellen Anforderungen an Qualitätssicherung hat sich in den vergangenen Jahrzehnten eine Fülle an Instrumenten und Verfahren etabliert. An dieser Stelle nennen wir Beispiele, bei denen der Mitarbeiter in besonderer Weise für die Qualitätssicherung und -verbesserung gewonnen werden soll.

Qualitätszirkel	Betriebliches Vorschlagswesen (BVW)	Qualitätsprämie
Eine kleine Gruppe von Mitarbeitern (etwa 5 bis 10) findet sich freiwillig und abteilungsübergreifend in regelmäßigen Abständen zusammen. Geleitet durch einen Moderator analysiert sie selbstgewählte Probleme und Schwachstellen aus ihrem Arbeitsbereich, um Problemlösungen zu erarbeiten und zu verwirklichen.

Ein Qualitätszirkel dauert bis 2 Stunden und findet während der Arbeitszeit statt. Von der Gruppe ausgearbeitete Problemlösungsvorschläge werden bei Effektivität häufig honoriert (Prämie). | Diese Mitarbeiter einbeziehende Einrichtung hat das Ziel, das Ideenpotenzial aller Mitarbeiter (nicht nur das der Manager und Experten) in einer Organisation zu nutzen. Die besten Verbesserungsvorschläge (Kriterium: Kostensenkung) werden mit einer Prämie bedacht. Das Ziel ist also eine Win-win-Situation: Arbeitgeber erzielen eine höhere Qualität zu geringeren Kosten; Arbeitnehmer steigern ihr Einkommen durch Prämien. | Die Qualitätsprämie ist eine Art des Prämienlohns, die zu einer Verbesserung des qualitativen Outputs durch höhere Aufmerksamkeit und Sorgfalt beitragen soll. Voraussetzung ist eine eindeutige Messgröße für Qualität.

Ein Beispiel ist die Orientierung der Qualitätsprämie an der Veränderung der Ausschussquote. |

4.2.3
Zertifizierung soll das QM nach außen sichtbar machen – ganzheitliche QM-Konzepte

Qualität ist auf den dynamisierten Märkten zu einem Wettbewerbsfaktor geworden. Informierte Kunden verfügen über ein ausgeprägtes Qualitätsbewusstsein. Wettbewerbsfähigkeit bedeutet daher auch Qualitätsfähigkeit, die durch das Produkt und durch transparente Prozesse nachgewiesen werden kann.

Unternehmen müssen deshalb systematische Qualitätssicherung betreiben, an der alle Mitarbeiter beteiligt werden. Deshalb etablieren sich in immer mehr Unternehmen Qualitätsmanagementsysteme. Sie binden alle organisatorischen Einheiten des Unternehmens in ein ganzheitliches Konzept ein und dienen der Qualitätssicherung. Der Aufbau von Qualitätsmanagementsystemen ist unternehmensindividuell, allerdings zunehmend branchenabhängig: Abnehmer verlangen u. U. entlang der Wertschöpfungskette den Nachweis eines einheitlichen Qualitätsmanagementsystems wie etwa die Zertifizierung nach DIN EN ISO 9000 ff., weil die Abnehmer selbst einem harten Qualitätswettbewerb unterworfen sind.

QM-Systeme

Die Normen der **ISO-9000-Familie** wurden entwickelt, um Unternehmen bei der Entwicklung und Durchführung von Qualitätsmanagementsystemen zu helfen und einen international anerkannten Standard für Qualitätsmanagementkonzepte zu legen. Die DIN-ISO-9000-Familie besteht aus folgenden Kernbereichen:

Zertifizierung nach DIN EN ISO 9000 ff.
> **LF 5, Kap. 5 Normen**

DIN EN ISO 9000	DIN EN ISO 9001	DIN EN ISO 9004	DIN EN ISO 19011
Grundlagen für Qualitätsmanagementsysteme und Festlegung der Terminologie	Qualitätssicherungskonzept zur Darlegung einer fehlerfreien Produktion	Leitfaden zur Verbesserung der Leistung und des Qualitätsmanagementsystems	Anleitung für das Auditieren[1] von Qualitäts- und Managementsystemen

Gemäß DIN EN ISO 9000 zeichnet sich ein QM-System durch vier Hauptbestandteile aus:

- Verantwortung der Leitung
- Ressourcenmanagement
- Prozessmanagement
- Messung, Analyse und Verbesserung

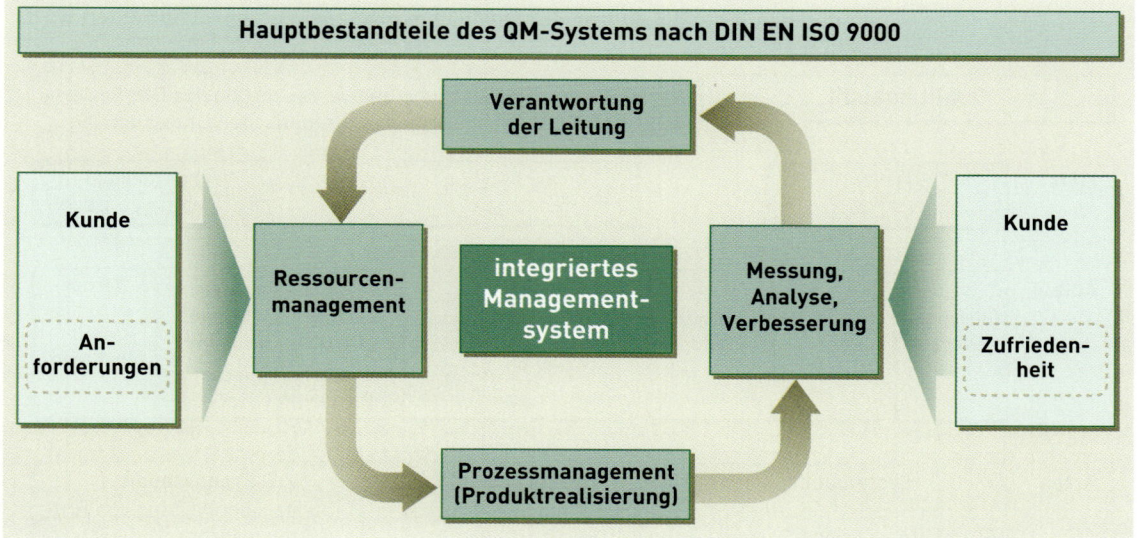

in Anlehnung an: www.symposion.de/qt/images/qt_04ab04.gif vom 26.06.2007

---

1   Zur Bedeutung des Audits siehe Abbildung auf der nächsten Seite.

Die generell geforderte Ausgestaltung eines QM-Systems wird durch die DIN EN ISO 9001 zur Darlegung einer fehlerfreien Produktion konkretisiert. Wie die nachfolgende Abbildung veranschaulicht, sind für die in DIN EN ISO 9000 genannten Hauptbestandteile umfassende Dokumentationen anzufertigen.

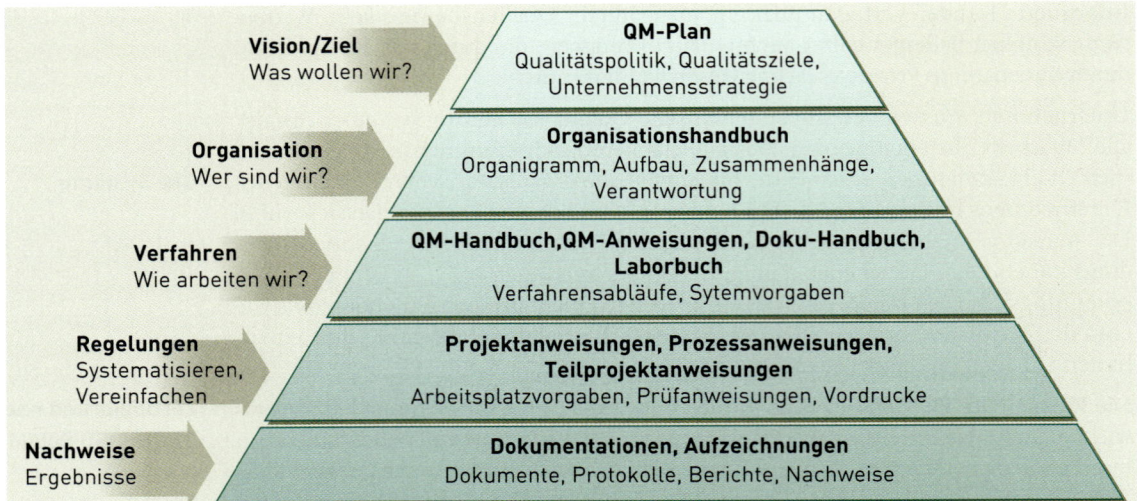

Dokumentationen nach DIN EN ISO 9001   nach: www.gsf.de/asse/pics/Homepage_QM_neu.gif, vom 26.06.2007

Qualitätsaudit   Unternehmen, die ihr Qualitätsmanagement gemäß den Normen der ISO-9000-Familie organisieren und darüber auch zertifiziert werden wollen, müssen sich von einer zugelassenen Zertifizierungsstelle (etwa TÜV e. V.) in einem **Qualitätsaudit** überprüfen lassen. Die Zertifizierungsstelle überprüft, ob die Strukturen gemäß der Normenreihe erfüllt werden. Bei positiver Einschätzung wird ein Zertifikat mit einer Gültigkeit von drei Jahren ausgestellt, das dem betreffenden Unternehmen bescheinigt, mit dem eingeführten Qualitätsmanagementsystem die Normen der ISO-9000-Familie zu erfüllen. Dabei ist unbedingt zu beachten, dass das Zertifikat nicht unbedingt den Schluss zulässt, dass das Produkt qualitativ hochwertig ist, da lediglich die Umsetzung der Normen und damit der Strukturen des Qualitätsmanagementsystems kontrolliert wird.

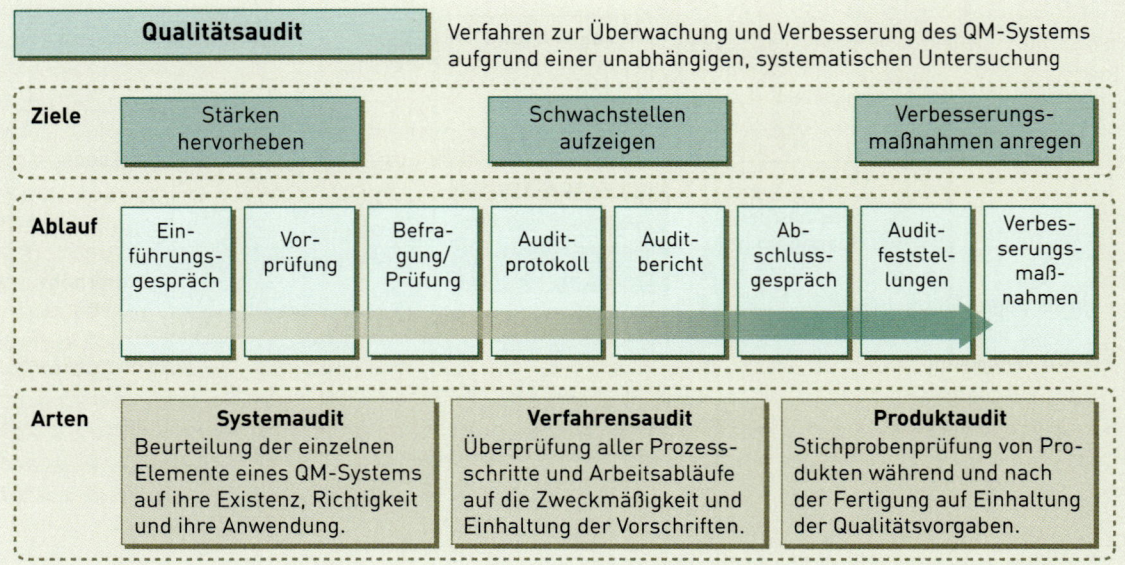

Je nach Wettbewerbssituation müssen Unternehmen abwägen, ob die Zertifizierung erforderlich ist:

Argumente **für** eine Zertifizierung	Argumente **gegen** eine Zertifizierung
■ Prozesse werden einheitlich dokumentiert und damit transparenter. ■ Abnehmer verlangen das Zertifikat. ■ Abnehmer können auf QM-System vertrauen und sparen sich Produktüberprüfungen. ■ Es wird Produkthaftungsklagen vorgebeugt, da eine genaue Dokumentation der Produktkonstruktion und -erstellung vorliegt. ■ Abnehmern wird Prozessbeherrschung bewiesen (Wettbewerbsvorteil durch Imageverbesserung).	■ Auf unser Unternehmen kommt ein erheblicher Aufwand aufgrund der Schulungen, Dokumentationen, Audits usw. zu. Zertifizierung bewirkt also Kostenanstiege. ■ Mitarbeiter werden von ihren eigentlichen Arbeitsaufgaben abgelenkt, weil sie eine Vielzahl an Bürokratie bewältigen müssen.

(eigene Darstellung, kein Original)

Total Quality Management (TQM)

TQM ist ein umfassendes, fortwährendes und durchgängiges Qualitätsmanagement, das nicht nur die Produktion, sondern alle Bereiche eines Unternehmens umfasst und durch eine vorausschauende, dokumentierende und organisierende Tätigkeit dauerhafte Qualität sichert und verbessert.

Total Quality Management (TQM)

Zu den wesentlichen Prinzipien der TQM-Philosophie zählen:

- Qualität orientiert sich am Kunden.
- Qualität wird mit Mitarbeitern aller Bereiche und Ebenen erzielt.
- Qualität umfasst mehrere Dimensionen, die durch Kriterien operationalisiert werden müssen.
- Qualität ist kein Ziel, sondern ein Prozess, der nie zu Ende ist.
- Qualität bezieht sich nicht nur auf Produkte, sondern auch auf Dienstleitungen.
- Qualität setzt aktives Handeln voraus und muss erarbeitet werden.

In den verschiedenen Modellen geht es immer darum, das Qualitätsmanagement von den technischen Funktionen für die Gewährleistung der Produktqualität auf alle Bereiche der Unternehmensverbesserung auszuweiten.

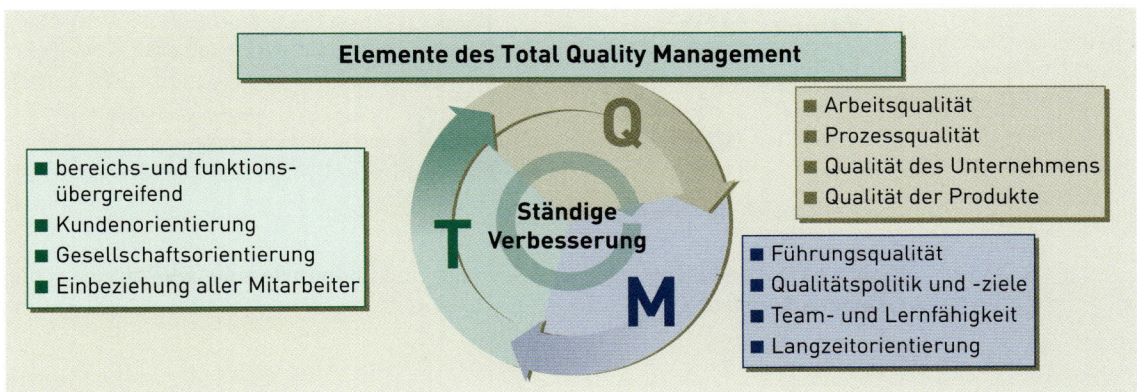

in Anlehnung an: www.gpe-kunststofftechnik.de/service.0.html

Durch TQM wird eine ständige Verbesserung angestrebt. Die Qualitätsverbesserungen sollen sich dabei in allen Instanzen einstellen: sämtliche Abläufe, Arbeitsplätze, Produkte, Kundenbeziehungen usw. unterliegen einem kontinuierlichen Verbesserungsprozess. Verbesserungen werden dabei mithilfe des PDCA-Zyklus (siehe unten) eingeleitet und umgesetzt.

Total Quality Management hat somit zwei große Zielsetzungen, die sich gegenseitig bedingen:

1. die Steigerung der Kundenzufriedenheit und
2. die kontinuierliche Verbesserung aller Leistungen und Tätigkeiten im Unternehmen.

Kontinuierlicher Verbesserungsprozess (KVP)

KVP[1] umfasst alle Tätigkeiten zur Weiterentwicklung von Produkten und Prozessen. Es wird unterstellt, dass Unternehmen „lebende" Systeme sind, deren Leistungen und Prozesse permanenten Veränderungen ausgesetzt sind. Sämtliche Abläufe und Aktivitäten sind deshalb immer wieder neu infrage zu stellen. Dynamische Märkte und kürzere Produktlebenszyklen erfordern die kurzfristige Anpassung der Unternehmensleistungen.

KVP bindet jeden Mitarbeiter ein. Es wird unterstellt, dass auch kleinste Veränderungen zum Unternehmenserfolg beitragen. Veränderungen zielen dabei immer auf die kostengünstigste Lösung. Mitarbeiter sollen bei ihrer Teilnahme von folgenden Annahmen ausgehen:

- KVP geht alle an! – Alle Mitarbeiter sind einzubeziehen.
- KVP ist mein tägliches Brot! – Jeden Tag ist KVP denkbar.
- Fehler sind Chancen! – Fehler bergen Verbesserungspotenziale.
- Weniger ist mehr! – Verbesserungen setzen sich in kleinen Schritten durch.
- Qualität hat Vorfahrt!
- Jeder Mitarbeiter ist Kunde und der Kunde ist König!

PDCA-Zyklus

Unabhängig von der Organisationsform der Unternehmen und der eingesetzten KVP-Gremien folgt ein KVP-Prozess prinzipiell dem PDCA-Zyklus:

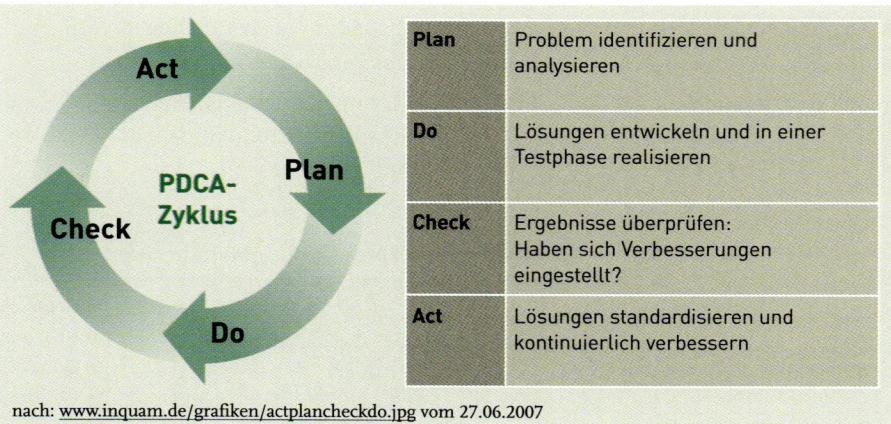

nach: www.inquam.de/grafiken/actplancheckdo.jpg vom 27.06.2007

Probleme und deren Lösungen sind Anfangs- und Endpunkte eines KVP in einem nie endenden Kreislauf.

---

1   KVP wurde in Japan entwickelt und wird dort als Kaizen bezeichnet.

4.3
Mit dem Problem der steigenden Kosten durch Qualitätssicherungsmaßnahmen umgehen – Qualitätskosten

Um eigene, zugesagte Qualitätsanforderungen dauerhaft zu gewährleisten, müssen Kosten verursachende Kontrollen der Leistungserstellung durchgeführt werden. Da die Betriebsmittel durch hohe Belastungen dem Verschleiß ausgesetzt sind und den stark belasteten Mitarbeitern immer wieder mal Fehler unterlaufen, ist es utopisch davon auszugehen, dass bei der Herstellung hochwertiger Gebrauchs- oder Verbrauchsgüter keine Fehler auftreten werden. Dennoch ist jedes Unternehmen bestrebt, das Auftreten von Fehlern und die damit verbundenen Kosten (Fehlerkosten) zu minimieren. Prüfungen und Maßnahmen zur Fehlervermeidung verursachen ebenso zusätzliche Kosten, sodass über die Methoden und die Intensität der durchzuführenden Qualitätssicherung unter Kostengesichtspunkten beraten und entschieden werden muss. Geringe Anstrengungen der Qualitätssicherung führen u. U. zu hohen Folgekosten, zu viel Kontrolle ist jedoch ebenso mit hohen Kosten verbunden.

Qualitätskosten werden definiert als die Summe aller Fehlervermeidungskosten, Prüfkosten und Fehlerkosten.

Qualitätskosten

■ Fehlervermeidungskosten entstehen für alle Maßnahmen zur Vermeidung von Mängeln und Schäden an den Erzeugnissen.

■ Prüfkosten entstehen für den eigentlichen Prüfvorgang sowie die dafür erforderlichen Prüfgeräte, Materialien und Mitarbeiter.

■ Fehlerkosten sind Kosten, die dadurch entstehen, dass Erzeugnisse nicht den in Zeichnungen und Spezifikationen festgelegten Qualitätsanforderungen entsprechen. Sie entstehen also infolge einer mangelhaften Produktqualität.

Die Kosten der Fehlervermeidung und Prüfung steigen mit zunehmendem Anspruch an die Qualität. Die Fehlerkosten fallen jedoch mit Erreichen eines sehr hohen Qualitätslevels. Die Entwicklung dieser Kostenarten verläuft entgegengesetzt, sodass das Optimum der anfallenden Qualitätskosten im Minimum der Summe aus Fehlervermeidungs- sowie Prüfkosten und Fehlerkosten liegt. Daher wird an diesem Punkt auch von der optimalen Fehlerquote gesprochen.

Optimale Fehlerquote

Beispiel

Aufgeschlüsselt nach Fehlerkosten sowie Fehlervermeidungs- und Prüfkosten schätzte die Heidtkötter KG die angefallenen Qualitätskosten in Abhängigkeit von der Fehlerquote für die Bürotische im Jahr 01 wie folgt ein:

Fehlerquote:	0 %	1 %	2 %	3 %	4 %	5 %	6 %	7 %	8 %	9 %
Fehlervermeidungs- und Prüfkosten (in T€)	800	600	450	325	225	150	100	75	60	40
Fehlerkosten (in T€)	0	70	120	180	230	280	320	370	420	470
Qualitätskosten (in T€)	800	670	570	505	455	430	420	445	480	510

In diesem Beispiel wäre die Umsetzung einer Fehlerquote von 6 % wirtschaftlich optimal.

Bei der Herstellung von Sicherheitsprodukten muss jedoch auf jeden Fall eine Null-Fehler-Produktion umgesetzt werden. In der Praxis wird jedes Unternehmen

→

eine Null-Fehler-Produktion anstreben, um die Kundenanforderungen zu erfüllen und im harten Wettbewerb auf dem Markt zu bestehen.

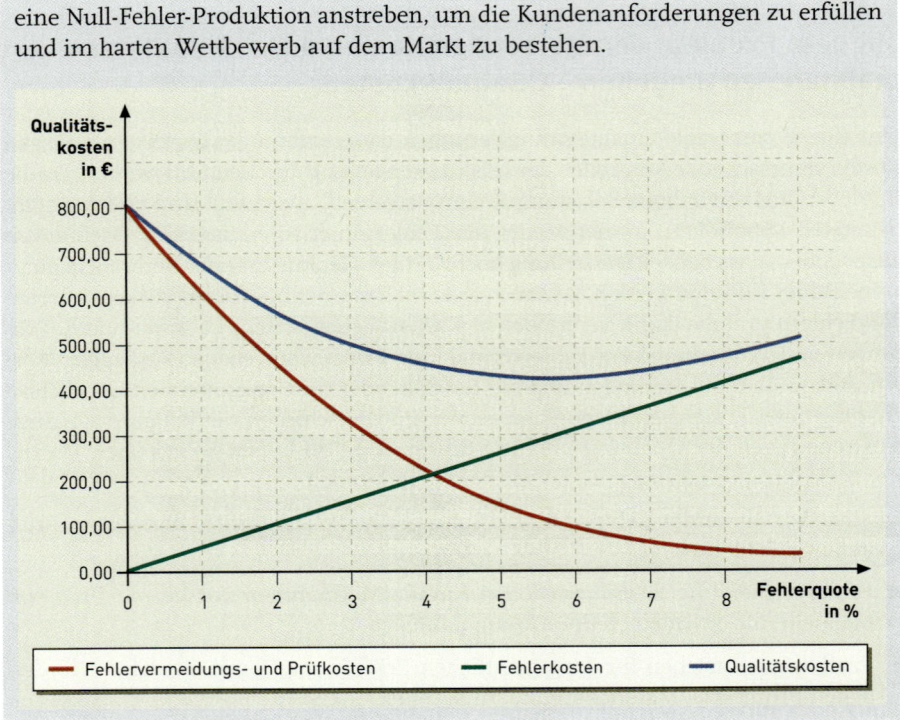

› Band 2, LF 9
› Band 3, LF 10

Generell muss bei der Bestimmung der optimalen Fehlerquote und damit der minimalen Qualitätskosten die Marktsituation berücksichtigt werden. Ein Unternehmen, das sich in einem Wettbewerb befindet, der durch Null-Fehler-Qualität gekennzeichnet ist, kann sich z. B. eine Fehlerquote beim Kunden von 6 % nicht erlauben. Vielmehr muss ein solches Unternehmen die Qualitätsanstrengungen maximieren und gegebenenfalls die gestiegenen Qualitätskosten in den Angebotspreis einkalkulieren. So kann eine eventuelle Konsumentenrente abgeschöpft werden, wenn am Markt ein Image als Premiumanbieter durchgesetzt werden kann. Andernfalls müsste ein entsprechendes Unternehmen auf einen Teil der eigenen Produzentenrente verzichten.

**Konsumenten-
rente**

**Produzenten-
rente**

5
Rationalisierung – Anforderungen des Käufermarktes zwingen zur stetigen Optimierung des Produktionsprozesses

5.1
Nur wer sich ändert, bleibt sich treu! – Ursachen und Ziele von Rationalisierung

Unternehmerisches Handeln muss sich aufgrund unternehmensinterner und -externer Anlässe an den permanenten Veränderungen der Umwelt orientieren:

› LF 5, Kap. 1.1
Einflüsse auf den Wertschöpfungs-prozess

Externe Anlässe	Interne Anlässe
■ technischer Fortschritt	■ Optimierung der Fertigungsabläufe
■ verschärfter Wettbewerb (Globalisierung)	■ Materialprobleme (Ausschuss, Fehlteile)
■ wachsende Kundenanforderungen (qualitätsbewusster, preisbewusster)	■ unzureichende Mitarbeiterqualifikation
■ verschärfte gesetzliche Auflagen (z. B. Umweltschutz)	■ zu lange Durchlaufzeiten
	■ geringe Betriebsmittelproduktivität

Das Verhalten wird durch rationale[1] Handlungen bestimmt, d. h. ein an Zielen orientiertes, vernunftgeleitetes, methodisches Handeln, das eine maximale Zielerreichung trotz der Veränderungen ermöglicht. Möchte ein Unternehmen z. B. die gesetzten Unternehmensziele (z. B. Gewinnmaximierung) erreichen oder gar übertreffen, müssen die eigenen Gegebenheiten (Fertigungsverfahren, Kapazitäten usw.) den veränderten Rahmenbedingungen zielentsprechend angepasst werden. Genau dieses für den Unternehmer so alltägliche Verhalten wird als Rationalisierung bezeichnet:

Rationalisierung ist die zweckmäßige Gestaltung von Arbeitsvorgängen mit dem Ziel eines verbesserten Verhältnisses zwischen Input und Output gemäß dem ökonomischen Prinzip. Rationale Maßnahmen berücksichtigen ökonomische, technische, soziale sowie ökologische Erkenntnisse und bewirken so eine Verbesserung der betrieblichen Verhältnisse.

Rationalisierung

› Band 2, LF 9
Ökonomisches Prinzip

Das Verhältnis zwischen Input und Output kann betriebswirtschaftlich entweder mengen- oder wertmäßig durch Kennzahlen ausgedrückt werden. Eine Rationalisierung liegt dann vor, wenn eine ergriffene Maßnahme zu einer Verbesserung des Mengen- und/oder Kostenverhältnisses geführt hat.

› LF 5, Kap. 5.4
Kennzahlen

Rationalisierungsziele		Mögliche Ansatzpunkte (ceteris paribus)[2]		
		Input		Output
Mengen-mäßig	**Produktivität steigern**	Einsparung von Produktionsfaktoren	oder	Erhöhung der Ausbringungsmenge
Wert-mäßig	**Wirtschaftlichkeit steigern**	Kostensenkung	oder	Ertragssteigerung
	Rentabilität steigern	Kostensenkung, Verringerung des Kapitaleinsatzes	oder	Ertragssteigerung

Um die Ziele der Rationalisierung zu erreichen, ergreifen Unternehmen bezogen auf den Wertschöpfungsprozess Maßnahmen von unterschiedlichem Umfang.

---

1 rational = vernünftig, von der Vernunft bestimmt
2 ceteris paribus = unter sonst gleichen Bedingungen

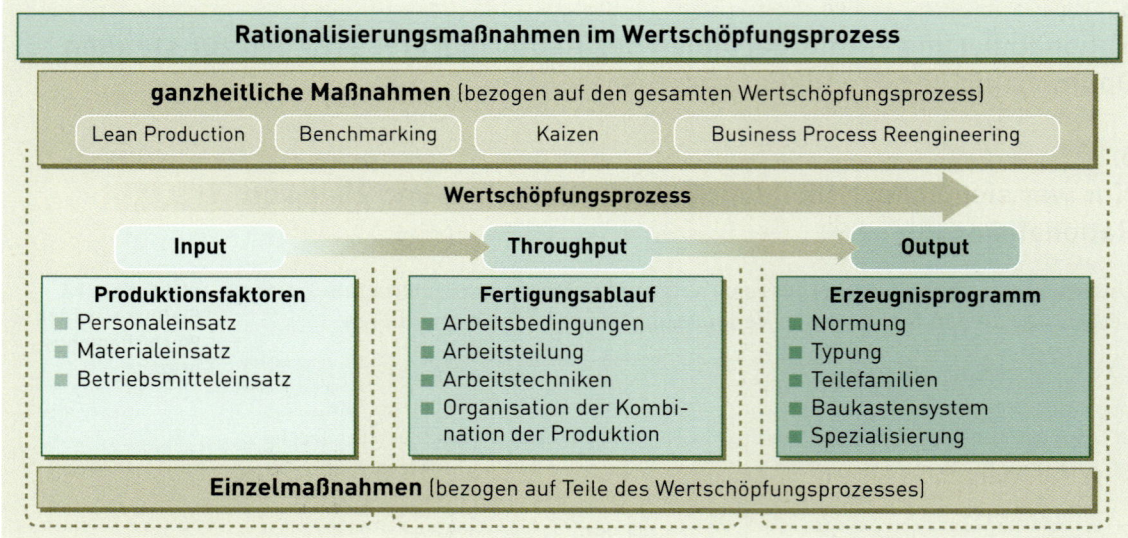

5.2
Maßnahmen zur Optimierung des Wertschöpfungserfolges – Einzelmaßnahmen der Rationalisierung

Eine Trennung der Maßnahmen in einzelne Bereiche des Wertschöpfungsprozesses ist nur theoretisch möglich. In der Realität strahlen die Rationalisierungsmaßnahmen auch in andere Bereiche des Wertschöpfungsprozesses hinein. Dies wird besonders bei den Maßnahmen in Bezug auf das Erzeugnisprogramm ersichtlich. Ein verändertes Produkt zieht in der Regel auch veränderte Produktions- und Beschaffungsprozesse nach sich.

5.2.1
Rationalisierung fängt bei der Beschaffung an – Rationalisierung bei den Produktionsfaktoren

Ausgangspunkt von Rationalisierungsmaßnahmen bei Produktionsfaktoren ist ihr unwirtschaftlicher Einsatz für die Leistungserstellung. Folgende Beispiele bieten einen Einblick:

Material	Betriebsmittel	Personal
■ hoher Materialverbrauch durch mindere Qualität (Ausschuss) ■ Bezug von Fertigteilen, die wir aufgrund freier Kapazitäten ebenfalls herstellen könnten	■ Einsatz technisch veralteter Anlagen ■ hohe Störanfälligkeit der Anlagen ■ geringe Flexibilität bei wachsender Variantenvielfalt	■ unqualifiziertes Personal bei veränderten Anforderungen ■ Überbesetzung ■ unmotiviertes Personal ■ zu hohe Personalkosten im Vergleich zur Konkurrenz

Unternehmen streben danach, derartige unwirtschaftliche Situationen möglichst schnell durch Gegenmaßnahmen zu beheben. Ziel ist die Konzentration auf die Kernprozesse, d. h. jene Prozessbereiche, die das Unternehmen besonders gut beherrscht und dadurch am Markt auch Wettbewerbsvorteile gegenüber der Konkurrenz erzielen kann. Andere unwirtschaftliche Prozesse könnten zum Beispiel durch Outsourcing[1] gelöst werden.

---

1   Zum Outsourcing siehe LF 5, Kap. 5.2.2.

Rationalisierungsmaßnahmen in Bezug auf die Produktionsfaktoren sind in der Realität sehr vielfältig und von internen und externen Einflussgrößen auf den Wertschöpfungsprozess abhängig. Sehen wir uns die oben genannten Beispiele erneut an:

- Im Bereich Material könnte zu einer Verbesserung der Wirtschaftlichkeit beigetragen werden, wenn outgesourcte Fertigteile wieder in Eigenfertigung hergestellt werden. Voraussetzung ist aber eine kostengünstigere Produktion bei vorhandenen Kapazitäten. Auch ist denkbar, dass neue Bezugsquellen für die Materialien ausfindig gemacht oder die Qualitätsanforderungen direkt beim Lieferanten vereinbart und überprüft werden. › **Band 2, LF 6**

- Im Bereich Personal verbessert sich die Wirtschaftlichkeit bei gegebenem Output, wenn bestimmte Unternehmensbereiche outgesourct werden (z. B. Facility Management). Das senkt die Personalkosten. Unqualifiziertes Personal kann durch Schulungen auf neue Anforderungen vorbereitet werden, um so zu einer erhöhten Produktivität beizutragen. Zudem wäre es möglich, das Personal bei Überbesetzung aus betrieblichen Gründen zu entlassen oder aufgrund neuer Arbeitswertstudien die Aufgabengebiete neu zuzuordnen. › **Band 2, LF 7**

- Beim Produktionsfaktor Betriebsmittel ist die Leistungsfähigkeit entscheidend: Neue Betriebsmittel sind alten Anlagen durch eine höhere Leistungsfähigkeit, geringere Störanfälligkeit und höhere Flexibilität und Präzision überlegen. Allerdings scheuen Unternehmen die u. U. auftretenden höheren Kosten aufgrund des höheren Investitionsaufwands, der über Abschreibungen in die Preiskalkulation Einzug findet. Grundlage jeder Rationalisierungsmaßnahme bei Betriebsmitteln ist daher der Kostenvergleich zwischen der bestehenden und der potenziell neuen Fertigungsanlage.

Beispiel

Für die Herstellung von Konferenztischen erwägt die Heidtkötter KG den Kauf einer neuen Fertigungsanlage. Die Controlling-Abteilung hat aufgrund des Angebots des Maschinenbauers und eigener Erhebungen folgende Kostenstrukturen zusammengestellt.

	Fixe Kosten	Variable Kosten (je 2 500 Stück)
Neue Fertigungsanlage	300.000,00 €	125.000,00 €
Alte Fertigungsanlage	100.000,00 €	175.000,00 €

Zuletzt konnte die Heidtkötter KG 12 000 Konferenztische produzieren und absetzen.

Zur Ermittlung der kostengünstigeren Fertigungsanlage sind die jeweils anfallenden Kosten gegenüberzustellen:

Alte Fertigungsanlage $\quad=$ **Neue** Fertigungsanlage

$$100.000,00\,€ + \frac{175.000,00\,€}{2\,500\ \text{St.}} \cdot x = 300.000,00\,€ + \frac{125.000,00\,€}{2\,500\ \text{St.}} \cdot x \quad\bigg|\ - 100.000,00\,€$$

$$20\ \frac{€}{\text{St.}}\ \cdot x = 200.000,00\,€ \qquad\qquad\bigg|\ : 20,00\ €/\text{St.}$$

$$x = 10\,000\ \text{St.}$$

Ab einer Produktions- und Absatzmenge von 10 001 Stück lohnt die Beschaffung der neuen Fertigungsanlage. Da die Heidtkötter KG zuletzt pro Quartal 12 000 Konferenztische absetzen konnte, lohnt unter Kostenkriterien der Bezug der neuen Fertigungsanlage. Ob jedoch auch ein Rationalisierungserfolg erfüllt wird, ist anhand weiterer Kennzahlen zu ermitteln. › **INFO-Teil**
LF 5, Kap. 5.4

5.2.2
Der Produktionsweg ist das Ziel – Optimierung des Fertigungsablaufs und die Auswirkungen auf die Arbeitsbedingungen

› Band 2, LF 9
Substitution von Produktionsfaktoren

Die Rationalisierungsmaßnahmen im Bereich des Fertigungsablaufs sind vielfältig. Generell wird die gesamte Kombination der Produktionsfaktoren überdacht. Sowohl die Arbeitsleistung, die eingesetzten Fertigungsverfahren und die Materialflüsse werden immer wieder optimiert.

Bei der Rationalisierung von Fertigungsverfahren wird durch leistungsfähigere Fertigungsanlagen ein Produktivitätsanstieg angestrebt.

Der technische Fortschritt bewirkte in den vergangenen Jahrzehnten eine zunehmende Automatisierung: Neue Fertigungsanlagen übernahmen Tätigkeiten, die sonst von Menschen erledigt wurden. Hierdurch kam es zu einem erheblichen Personalabbau industrieller Arbeitskräfte. Die Anforderungen für die verbliebenen Arbeitskräfte waren einem erheblichen Wandel unterlegen. Standen früher eher sich wiederholende Ausführungen im Vordergrund, übernehmen die Arbeitskräfte in der Produktion immer häufiger auch planerische und kontrollierende Tätigkeiten.

› Band 2, LF 9
Arbeitsteilung

Der Automatisierungsprozess wird von einer fortschreitenden Arbeitsteilung begleitet. Das heißt, dass eine zu erledigende Arbeit nicht von einer Person allein bewältigt wird, sondern anfallende Tätigkeiten auf mehrere Arbeitsschritte und Personen aufgeteilt werden. Die Summe der aufgeteilten Tätigkeiten ergibt schließlich die Gesamtleistung, die für den einzelnen Arbeiter i. d. R. nicht ersichtlich ist. Hierdurch werden Produktivitätssteigerungen und Kostenvorteile angestrebt, weil die Arbeitskräfte die gleiche Aufgabe häufig wiederholen.[1] Die Aufteilung der anfallenden Aufgaben kann entweder als Mengen- oder als Artteilung vorgenommen werden.

Mengenteilung	Artteilung
Gesamtaufgabe wird in gleiche Teilaufgaben auf mehrere Personen aufgeteilt.	Gesamtaufgabe wird in verschiedene Teilaufgaben zerlegt, die zeitlich hintereinander anfallen (Spezialisierung der Mitarbeiter).
Beispiel: Die Herstellung von 500 Konferenztischen erfolgt durch 20 Mitarbeiter gleichzeitig.	**Beispiel:** Die Herstellung der 500 Konferenztische erledigen 5 Mitarbeiter, die die Tischfläche schneiden. 5 Mitarbeiter produzieren die Beine, 5 Mitarbeiter montieren und 5 Mitarbeiter verpacken.

Die artmäßige Arbeitsteilung wird auch als Arbeitszerlegung bezeichnet und führt noch zu weiteren positiven Rationalisierungseffekten:

- Reduzierung von Umrüstungen an Maschinen und Reduzierung von Transportwegen zwischen den Arbeitsplätzen
- Automatisierte Verfahren können eingesetzt werden (Produktivitätssteigerung).
- Arbeitskräfte können entsprechend ihren Fähigkeiten anforderungsgerecht eingesetzt werden.

Es gibt jedoch auch erhebliche Nachteile: Arbeitszerlegung führt zu monotonen Tätigkeiten und einseitigen körperlichen Belastungen. Beides trägt zur Demotivation bei, die sich in geringerer Arbeitsleistung, erhöhten Fehlzeiten und einem höheren Krankenstand ausdrückt.

Die wachsende Kritik an der „mechanistischen" Betrachtung des Produktionsfaktors Arbeit im Taylorismus[2], wie die oben beschriebene Arbeitsteilung auch bezeichnet

---

1   Dieser Zusammenhang, der auch als Erfahrungskurve bezeichnet wird, konnte empirisch im Jahre 1966 durch die Boston Consulting Group belegt werden und gilt bis heute als sehr realitätsnah. Die Studie besagt, dass bei einer Verdopplung des Outputs mit einem Rückgang der Stückkosten von 20 %–30 % zu rechnen ist.
2   Taylorismus: Geht zurück auf den Ökonomen Frederick Taylor, der wissenschaftlich begründet die Effizienz der Betriebsführung durch die Zerlegung der Arbeit in immer kleinere Schritte einführte (Fließfertigung in Taktzeit). Aufgrund der großen Erfolge wurde zu Beginn der 1920er-Jahre auch von der 1. Automobilrevolution gesprochen.

wird, führte zu einer Humanisierung der Arbeitsbedingungen. Es wurde erkannt, dass der Produktionsfaktor Arbeit einen völlig anderen Stellenwert für den Wertschöpfungserfolg hat als die Produktionsfaktoren Material und Betriebsmittel. Das Arbeitsschutzrecht und weitere soziale Maßnahmen, die innerbetrieblich geregelt sind, führten zu deutlich verbesserten Arbeitsbedingungen. Darüber hinaus wurden in vielen Unternehmen (insbesondere in der Automobilindustrie) neue Arbeitsorganisationen installiert, die zur Leistungssteigerung motivieren sollen (Produktivitätsanstieg). Die bedeutendsten Prinzipien neuer Arbeitsorganisationen stellt folgende Übersicht zusammen:

**› LF 1
Arbeitsschutz**

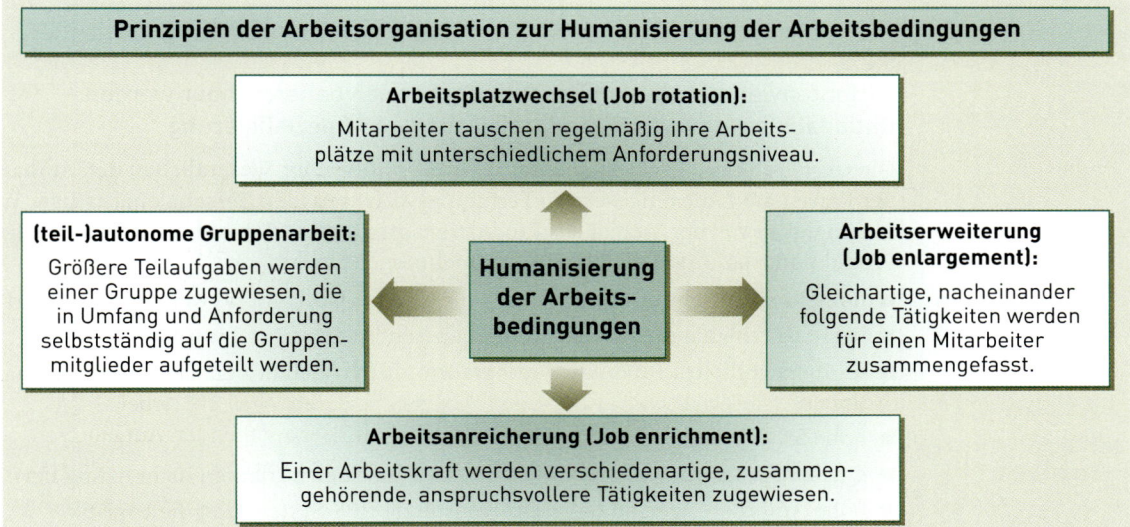

Prinzipien der Arbeitsorganisation zur Humanisierung der Arbeitsbedingungen

Arbeitsplatzwechsel (Job rotation):
Mitarbeiter tauschen regelmäßig ihre Arbeitsplätze mit unterschiedlichem Anforderungsniveau.

(teil-)autonome Gruppenarbeit:
Größere Teilaufgaben werden einer Gruppe zugewiesen, die in Umfang und Anforderung selbstständig auf die Gruppenmitglieder aufgeteilt werden.

Humanisierung der Arbeitsbedingungen

Arbeitserweiterung (Job enlargement):
Gleichartige, nacheinander folgende Tätigkeiten werden für einen Mitarbeiter zusammengefasst.

Arbeitsanreicherung (Job enrichment):
Einer Arbeitskraft werden verschiedenartige, zusammengehörende, anspruchsvollere Tätigkeiten zugewiesen.

Als weitere Möglichkeiten zur Optimierung der Fertigungsabläufe sei an dieser Stelle das bereits in LF 5, Kap. 4.2.2 angesprochene Qualitätsmanagement erwähnt. Durch das Streben nach einem kontinuierlichen Verbesserungsprozess stehen die Fertigungsabläufe immer wieder neu auf dem Prüfstand. Ziel ist es, durch Einsparung von Ressourcen und Zeiten die Wirtschaftlichkeit und die Produktivität zu erhöhen.

Seit der Öffnung der Märkte nach Osteuropa mit Beginn der 1990er-Jahre setzen Unternehmen auf das **Outsourcing** von Unternehmensbereichen an andere Unternehmen zu günstigeren Bedingungen. Dabei konzentrieren sich die Unternehmen lediglich auf ihre Kernprozesse, mit denen sie den Wertschöpfungserfolg erzielen.

Outsourcing

Beispiel

Die Heidtkötter KG ist für ein außergewöhnliches Design im Segment Konferenz bekannt. Sie sollte deshalb bei Rationalisierungsmaßnahmen niemals die Entwicklung des Designs an andere Unternehmen outsourcen. Dagegen ist denkbar, dass die Heidtkötter KG das Facility Management[1] an einen Dienstleister vergibt. Hierdurch könnten Personalkosten gespart werden, die nur indirekt mit der Leistungserstellung zu tun haben und daher nicht direkt zur Wertschöpfung beitragen.

Die ausgelagerten Wertschöpfungsstufen kaufen Unternehmen also fremd, zu geringeren Kosten wieder ein. Hierdurch sollen die Produktivität, Wirtschaftlichkeit und Rentabilität des Unternehmens wachsen. Die Vor- und Nachteile des Outsourcings sind:

---

1   Facility Management umfasst die Verwaltung und Bewirtschaftung von Gebäuden, Anlagen und Einrichtungen.

Outsourcing	
Abgabe von Unternehmensaufgaben und -strukturen an Drittunternehmen auf Grundlage von Verträgen, in denen die zu erbringende Leistung und die Leistungsdauer festgelegt werden	
Vorteile	**Nachteile**
■ Kostenvorteile ■ Leistungsverbesserung ■ Flexibilität, da Beschäftigungsrisiko beim Lieferanten ■ neuester technischer Stand wird eingesetzt (externer Spezialist)	■ Abhängigkeit vom Lieferanten (Planungs- und Qualitätsrisiken, Know-how-Verlust) ■ Schnittstellen-Verluste durch zusätzliches Informationssystem

5.2.3
Variantenvielfalt muss im Produktionsbereich beherrschbar werden – Rationalisierung durch Standardisierung und Spezialisierung

Die Gestaltung des Produktionsprogramms bestimmt im Wesentlichen den Aufbau der Kapazitäten, die eingesetzten Fertigungsverfahren, den Personaleinsatz usw. In Abhängigkeit von der Vielfalt des Produktionsprogramms (Variantenvielfalt) wird die Produktionsplanung und -steuerung zunehmend schwieriger:

Folgen von Variantenvielfalt

■ hohe Kapitalbindungskosten (viele Teile sind im Umlauf und werden vorgelagert)
■ lange Durchlaufzeiten (Anlagen müssen häufig umgerüstet werden)
■ unübersichtliches Produktionsprogramm durch Vielfalt der Variantenkombinationen
■ hohe Stückkosten (es wird in kleinen Losen produziert)
■ Qualitätsprobleme (Mitarbeiter stellen die einzelnen Varianten nicht häufig her)
■ hohe Anforderungen an das rechnergestützte PPS-System und die Logistik

> **INFO-Teil**
> **LF 5, Kap. 2.2**

Um die Probleme zu lösen, werden einerseits flexible Fertigungssysteme und CIM eingesetzt, andererseits Standardisierung und Spezialisierung des Produktionsprogramms angestrebt. Diese sorgen für eine Vereinheitlichung der Teile, Baugruppen und Erzeugnisse sowie eine Beschränkung auf weniger Varianten der Endprodukte. Dadurch wird die Variantenvielfalt reduziert und die Fertigungsabläufe vereinfacht. Die Möglichkeiten der Standardisierung und Spezialisierung werden nun dargestellt und abschließend einer Beurteilung unterzogen.

Normung

Unter Normung wird die planmäßige, durch eine Interessengemeinschaft gemeinschaftlich durchgeführte (technische) Vereinheitlichung von materiellen Gegenständen (Einzelteilen, Werkstoffen) und immateriellen Gegenständen (Verfahren) zum Nutzen der Allgemeinheit verstanden. Es geht um die Vereinheitlichung von Formen, Abmessungen, Größen, Farben, Qualitäten, Bestandteilen, Bezeichnungen sowie um die Festlegung von Verhaltensweisen oder Verfahrensgrundsätzen.

Beispiele

DIN-A4-Papier, DIN 5008 zur Gestaltung von Geschäftsbriefen, Norm für die Größen von Kaffeefiltern, Konfektionsgrößen von Kleidung, Steckdosen und Stecker, Batteriegrößen, CD, DVD.

Die Festlegung der Normen erfordert eine demokratische Legitimation und die Mitarbeit sowie das Engagement aller interessierten Kreise (Industrie, Handwerk, Forschung, Handel, Verbraucher, Prüfinstitute, öffentliche Hand). Vielfach bewirkt die Normung bestimmter Erzeugnisse die Normung weiterer Erzeugnisse (etwa Stecker und Steckdose).

Je nach Geltungsbereich werden folgende Normen unterschieden:

Normenarten

Geltungsbereich	Erläuterungen
Internationale Normen (ISO, EN)	■ Empfehlungen mit weltweiter Gültigkeit zur Förderung des internationalen Austausches von Gütern und Dienstleistungen ■ Zuständigkeit: ISO-Normen: International Organization for Standardization EN-Normen: Comité Européen de Normalisation (CEN)
Nationale Normen (DIN)	■ für den heimischen Wirtschaftsraum geltende Empfehlungen, die von ca. 1 670 Mitgliedsunternehmen getragen werden und durch Gesetze und Verordnungen für alle verbindlich werden können ■ Zuständigkeit: Deutscher Normenausschuss (DNA)
Verbandsnormen (z. B. VDA[1])	■ Richtlinien und Empfehlungen einzelner Fachverbände, die für alle Verbandsmitglieder verbindlich gelten
Werksnormen	■ geringster Geltungsbereich, da nur für bestimmte Unternehmen ■ häufig enger Bezug zu DIN-Normen (gegenseitige Ableitung)

Normung soll helfen, Handelshemmnisse abzubauen, den Austausch von Waren, technischen Lösungen sowie Dienstleistungen zu fördern und eine allgemeine, grundlegende Verständigung zu gewährleisten. Weiterhin sollen Grundsätze der Sicherheit und des Umweltschutzes sowie eine stetige Qualitätsverbesserung gewährleistet werden. Für die Industrie besitzen folgende Festlegungen eine besondere Relevanz:

- Abmessungsnormen (Gewinde, Papierformate, Spurweiten)
- Stoffnormen (Beschaffenheit, Eigenschaften, Qualitäten bei Werk-/Baustoffen)
- Planungsnormen (Vereinheitlichung von Grundsätzen für die Planung von Gebäuden, Straßen usw.)
- Verfahrensnormen (Festlegung der Arbeitsverfahren zur Erzeugnisfertigung)
- Sicherheitsnormen (Festlegung von Verfahren, Regeln, Einrichtungen, die auf die Sicherheit sowie den Schutz von Gesundheit, Leben und Sachwerten ausgerichtet sind)
- Prüfnormen (einheitliche Maßstäbe bei Prüfungen und Messungen)

Typung

Bei der Typung geht es um die Vereinheitlichung von zusammengesetzten Erzeugnissen/Endprodukten (Halbfertig- und Fertigerzeugnisse) hinsichtlich ihrer Art, Form, Größe, Ausstattung, Funktionsumfang oder Ausführung. Typen sind gleichartige Erzeugnisse, die sich in Einzelteilen unterscheiden können. Es handelt sich also um eine gezielte Variation verschiedener Merkmale des gleichen Basisproduktes. Die Zielsetzung der Typung besteht insbesondere darin, durch eine vom Absatzmarkt gewünschte Variation bestimmter Basisprodukte die Kosten in den Bereichen der Logistik, der Fertigung (Übergang zu Großserienfertigung) und des Absatzes zu senken (Fixkostendegression) und gleichzeitig möglichst viele Kundenwünsche zu befriedigen. Daher stehen insbesondere wirtschaftliche Interessen im Vordergrund.

Die Typung kann sowohl innerbetrieblich als auch überbetrieblich erfolgen. Im Rahmen der innerbetrieblichen Typung geht es häufig um die Umsetzung eines

> **Beispiele**
>
> Elektrogeräte wie Staubsauger, Bügeleisen, Trockenrasierer, Fernseher, Autos

Baukastensystems, bei dem unterschiedliche Fertigerzeugnisse (Typen) aus gleichen Bauelementen hergestellt werden. Die Bausteine sind mehrseitig verwendbar, sodass

---

1   VDA = Verband der Automobilindustrie

jede Kombination eine bestimmte Variation des Basisproduktes ergibt. Bei der überbetrieblichen Typung entstehen eine intensive Kooperation branchengleicher Unternehmen[1] sowie Arbeitsgemeinschaften, die von Fachverbänden gefordert und gefördert werden. Ebenso fordern Großkunden zur überbetrieblichen Typung auf.

**Baukasten-
systeme**

Beim Baukastensystem wird eine Vereinheitlichung der Endprodukte in Bezug auf
die Verwendung von Teilen und Baugruppen angestrebt. Für verschiedene Erzeugnisse werden die gleichen Baugruppen verwendet. Durch die unterschiedliche Kombination der Baugruppen entsteht jeweils eine spezielle Art des Grunderzeugnisses.
Baukastensysteme gelten als konsequente Anwendung der Normung und der Typung
innerhalb der Produktion. Es werden genormte Einzelteile zu Baugruppen zusammengefasst, die wiederum in unterschiedlicher Kombination zu Enderzeugnissen
zusammengesetzt werden.

Beispiele

Möbelindustrie:	Küchenmöbel
Automobilindustrie:	Ein Motor wird in unterschiedlichen Autotypen eingesetzt.
Elektroindustrie:	Trockenrasierer

Die Anwendung von Baukastensystemen verfolgt die Zielsetzung, möglichst viele
Kundenwünsche befriedigen zu können, ohne die Fertigungsverfahren umstellen zu

**› LF 5, Kap. 2.3.1
Mass Customization**

müssen. Als Managementstrategie wird dieses Vorgehen auch als Mass Customization bezeichnet.

Teilefamilien

Unter Teilefamilien werden Bauteile zusammengefasst, die üblicherweise ähnliche
geometrische Formen aufweisen, sich aber in einer bestimmten Anzahl von Parame-
tern voneinander unterscheiden (z. B. Abmessungen). Eine Teilefamilie kann deshalb
das gleiche Fertigungsverfahren durchlaufen. Es müssen lediglich kleinere Umrüstungen an den Maschinen vorgenommen werden.

Beispiel

Die Heidtkötter KG produziert Konferenztische in gleicher Dicke der Tischplatte
und in unterschiedlicher Länge und Breite (100 x 100, 100 x 140, 100 x 180, 80 x 100,
80 x 140, 80 x 180). Das Fertigungslayout kann immer gleich bleiben. Lediglich die
Säge muss auf die unterschiedlichen Längen überprüft werden.

Durch den Einsatz von Teilefamilien soll vor allem die Durchlaufzeit verkürzt und
damit die Produktivität erhöht werden.

Spezialisierung

Bei der Spezialisierung handelt es sich um eine Beschränkung des Fertigungsprogramms
auf wenige Arten von Erzeugnissen. Diese Maßnahme kann durch Absprachen zwischen Unternehmen desselben Wirtschaftszweiges erfolgen und führt zu einer zwi-
schenbetrieblichen Arbeitsteilung. Ziel ist es, durch die Beschränkung der Erzeugnisse
und Varianten die anfallenden Kosten stark zu reduzieren, da die wenigen Erzeugnisse
in sehr hohen Stückzahlen produziert werden (Fixkostendegression).

---

1   z. B. sehr enge Zusammenarbeit von VW und dem Hersteller von Autoradios Blaupunkt

Beurteilung der Standardisierung und Spezialisierung:	
Vorteile	**Nachteile**
■ Senkung der Beschaffungskosten (größere Bestellmengen, geringerer Aufwand durch weniger unterschiedliche Teile) ■ Senkung der Lagerhaltungskosten (weniger Verwaltungsaufwand, da weniger unterschiedliche Teile) ■ Verkürzung der Durchlaufzeiten → höhere Produktivität (weniger Umrüstungen, kürzere Lagerdauer) ■ Vereinfachung der Kalkulation ■ Vereinfachung der Konstruktion, da Erfahrungswerte vorliegen und Normteile in viele Produkte eingehen können. ■ Fixkostendegression ■ höhere Produktqualität (Erfahrungskurve) ■ höhere Servicequalität (Versorgungssicherheit bei Ersatzteilen, Kundendienst hat bessere Kenntnisse, da weniger Teile) ■ höhere Sicherheit durch genormte Teile und Verfahren ■ Flexibilität durch vielseitige Einsetzbarkeit der Normteile ■ Baukastensystem: Befriedigung individueller Kundenwünsche ■ geringerer Bedarf an Werkzeugen, Vorrichtungen, Maschinen sowie qualifizierten Mitarbeitern	■ Beschränkung der Auswahlmöglichkeiten des Käufers ■ Anfälligkeit bei Veränderungen der Kundenwünsche ■ Typung/Spezialisierung: Fehlentscheidungen bei der Festlegung des Produktionsprogramms ■ Spezialisierung: hohes Absatzrisiko durch Konjunkturschwankungen, Veränderungen von Moden, Trends und technischem Fortschritt, da geringe Flexibilität

5.3
Maßnahmen zur Optimierung des Wertschöpfungserfolges – Ganzheitliche Konzepte der Rationalisierung

Aufgrund der Wettbewerbssituation müssen Industriebetriebe ihre Rationalisierungsbemühungen verschärfen. Einzelmaßnahmen zur Rationalisierung greifen nicht mehr weit genug. Vielmehr muss der gesamte Wertschöpfungsprozess und das gesamte Unternehmen in einem ganzheitlichen Rationalisierungskonzept betrachtet werden. Wesentliche Ziele sind:

Qualitäts-verbesserung	Kosten-minimierung	Kunden-orientierung	Förderung der Mitarbeiter-potenziale	Laufende Prozess-verbesserung

Ziele ganzheitlicher Rationalisierungskonzepte

In den vergangenen Jahren wurde eine Vielzahl unterschiedlicher Konzepte in Industriebetrieben entwickelt, um die genannten Ziele zu verwirklichen. Triebfeder waren dabei häufig japanische Unternehmen (z. B. Toyota). Nachfolgend werden beispielhaft Konzepte vorgestellt, die gegenwärtig große Verbreitung bei Rationalisierungsvorhaben gefunden haben.

Das Konzept der Lean Production bzw. des Lean Management wurde in Japan in der Automobilindustrie (vor allem bei Toyota[1]) entwickelt, um den wachsenden Kundenanforderungen gerecht zu werden. Auf Grundlage der Erkenntnis, dass alle Unternehmensprozesse „aufgebläht" sind und daher nur „träge" auf Veränderungen reagiert werden kann, wurde ein Konzept entwickelt, bei dem alle Produktionsprozesse (Lean Production) und später auch alle Unternehmensprozesse (Lean Management) verschlankt (engl. lean) werden. Im Kern geht es um die Vermeidung jeglicher Verschwendung der Ressourcen durch eine konsequente Ausrichtung am Kunden. Die gesamte

Lean Production/ Lean Management

---

1 Lean Production wird auch deshalb als Toyotismus und 2. Automobilrevolution angesehen. Diese Bezeichnung spielt auf die 1. Automobilrevolution mit der Bezeichnung Taylorismus an.

Wertschöpfungskette mit allen Beteiligten (Kunden, Lieferanten, Gewerkschaften, Kapitalgeber, Gesetzgeber, Führungskräfte und Mitarbeiter) wird in ein neues Selbstverständnis überführt. Folgende Übersicht zeigt wesentliche Ansatzpunkte:

Lean Production bzw. Lean Management

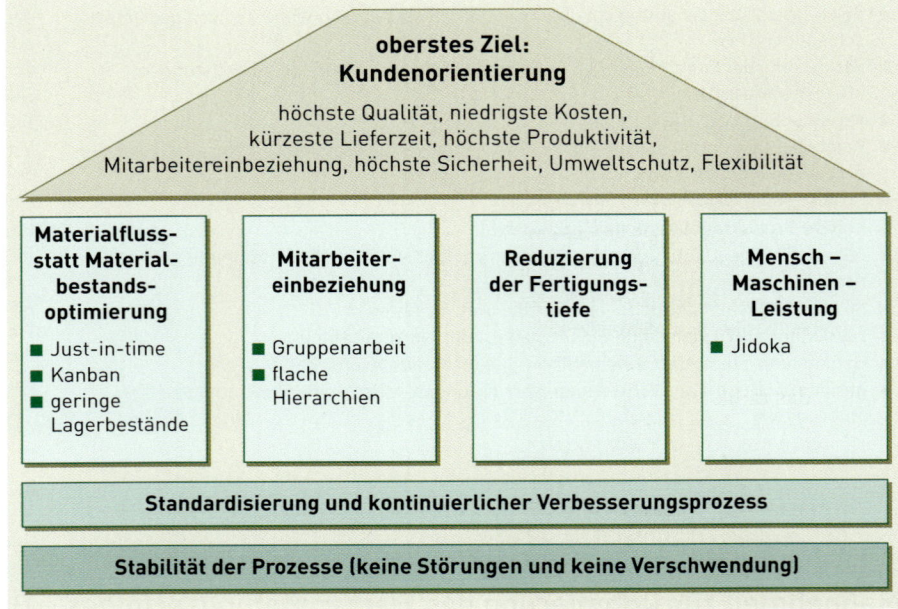

Grundlage der Organisationsstruktur ist die Stabilität der Prozesse, die ohne Störungen und ohne Verschwendungen laufen. Grundlagen für das Vermeiden von Verschwendungen sind der KVP sowie Standardisierungen des Produktionsprogramms. Um Verbesserungsprozesse zu ermöglichen, werden in Qualitätszirkeln nicht Schuldige für Fehler, sondern Lösungen gesucht. Die Prozesse werden immer wieder überdacht und ein Simultaneous engineering[1] angestrebt.

› LF 5, Kap. 4.2.3
Kaizen
› LF 5, Kap. 5.2.3
Standardisierung

Auf der Grundlage der Stabilität werden die Säulen im Lean-Gebäude gestellt. Im Zentrum steht dabei die Mitarbeiter-Einbeziehung u. a. durch flache Hierarchien und Gruppenarbeit. Mitarbeiter bilden das Humankapital des Unternehmens und sind entsprechend an Entscheidungen eigenverantwortlich zu beteiligen. Die Gruppenleistungen werden überdurchschnittlich entlohnt. Hierdurch wird die Verantwortung und Motivation für die Prozesse und damit die Leistungsbereitschaft der Mitarbeiter gesteigert.

› Band 2, LF 6
Just-in-time-
Prinzip, Kanban

Darüber hinaus werden die Produktionsprozesse neu gestaltet. Statt einer Bestandsorientierung erfolgt eine Prozessorientierung, die nach dem Hol-Prinzip organisiert wird. Es werden Kunden-Lieferanten-Beziehungen aufgebaut, bei denen nur dann ein Materialfluss erfolgt, wenn ein Bedarf beim Kunden vorhanden ist. Hierdurch können Lagerbestände reduziert und Überproduktionen vermieden werden. Es werden das Just-in-time-Prinzip und auch Kanban verwirklicht.

Die Maschinen laufen ohne Stopps und Störung. Automation ist intelligent nach dem Prinzip des Jidoka[2] realisiert. Die Fertigungstiefe wird auf das ökonomisch sinnvolle Maß reduziert, d. h., es wird nur das selbst produziert, was das Unternehmen am besten kann.

---

1   Simultaneous engineering (dt.: gleichzeitige Entwicklung); Grundgedanke des Verfahrens ist die zeitliche Überlappung von eigentlich nacheinander folgenden Arbeitsabläufen. Dadurch können die Durchlaufzeiten in erheblichem Umfang reduziert werden.

2   Jidoka (dt.: autonome Automation) meint, dass Automaten in der Lage sind, sich selbst auf Fehler zu überprüfen und zu korrigieren, ohne dass menschlicher Einsatz erforderlich ist.

Alle Maßnahmen und alle Beteiligten bekennen sich zum obersten Ziel der Kundenorientierung (Dach des Lean-Gebäudes). Kundenorientierung ist dadurch gekennzeichnet, dass höchste Qualität, niedrigste Kosten, kürzeste Zeit, höchste Produktivität, Mitarbeiter-Einbeziehung, Sicherheit, Umwelt und Flexibilität bei allen Entscheidungen mitbedacht werden.

Beurteilend können folgende Aspekte in Folge der Einführung von Lean Production/
Lean Management angeführt werden:

Pro	Kontra
▪ kürzere Durchlaufzeiten ▪ höhere Produktivität ▪ höhere Wirtschaftlichkeit ▪ höhere Qualität ▪ Qualifizierung der Mitarbeiter ▪ Arbeitsbereicherung ▪ Arbeitszufriedenheit	▪ Mitarbeiterentlassungen ▪ Stress durch Prozessdruck ▪ geringere Flexibilität (durch Just-in-time) ▪ Mobbing gegen schwache Gruppenmit- glieder ▪ höhere Fluktuation

Business Process Reengineering (BPR)/ Geschäftsprozess-optimierung

› LF 2, Kap. 3.1 Organisations-modelle

BPR ist das radikale Neugestalten wesentlicher Geschäftsprozesse (Kernprozesse) im
Sinne des Kunden. Ziel ist eine erhebliche Verbesserung in den Bereichen Zeit,
Kosten, Qualität und Service durch Veränderung der Aufbau- und Ablauforganisa-
tion zu erreichen.

Das Vorgehen ist bewusst radikal. Im extremsten Fall werden die Prozesse und das
gesamte Unternehmen auf dem „weißen Papier" neu gedacht (Leitende Frage: Wie
müsste das Unternehmen ausgehend von den Marktanforderungen und dem tech-

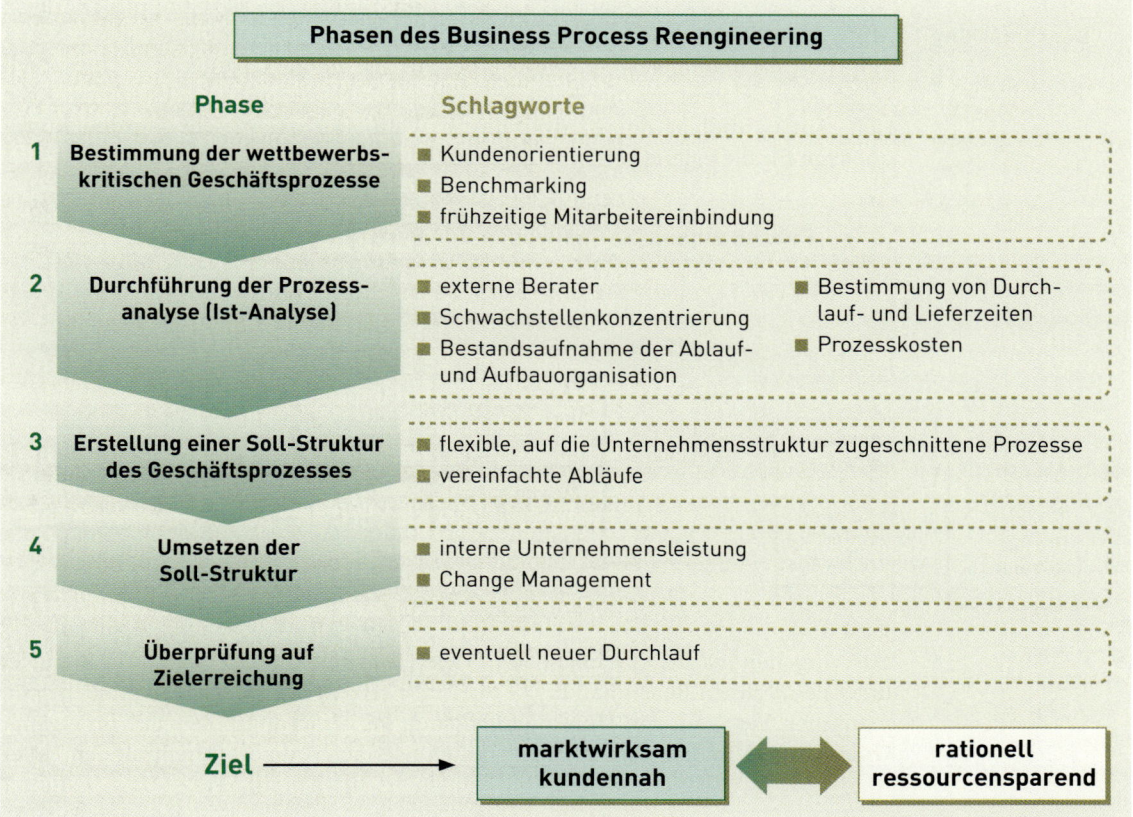

nach: www.economics.phil.uni-erlangen.de/.../abb3.gif vom 10.07.2007

nischen Fortschritt organisiert werden?). Diese Sichtweise unterscheidet sich grundsätzlich von einer reinen Optimierung der Ablauforganisation eines Unternehmens, die zumeist innerhalb von Abteilungs- und Bereichsgrenzen stattfinden kann und die bestehende Aufbauorganisation weitgehend unverändert lässt. Die Priorität der Lösungsentwicklung liegt zunächst darauf, festzustellen, was ein Unternehmen für Prozesse erbringen muss. Erst danach wird gefragt, wie das Unternehmen die Prozesse zu lösen hat. Die Ideenentwicklung orientiert sich immer an der Praxis und nicht aufgrund theoretischer Überlegungen. Es geht um die beste Prozessgestaltung für das individuelle Unternehmen und seine Stellung am Markt. Der Mitarbeiter wird in die Prozessstruktur als Prozessverantwortlicher eingebunden. Statt Abteilungsleiter werden so Prozessverantwortliche definiert, sodass eine vertikale in eine horizontale Organisation umgewandelt wird. Denn als Hauptursache für mangelnde Wettbewerbsfähigkeit von Unternehmen wird die Arbeitsteilung angesehen, da durch Schnittstellen Wartezeiten, Abstimmungsprobleme und Missverständnisse entstehen. Die Abbildung unten zeigt die typischen Phasen von BPR.

Aufgrund der Radikalität wird das BPR als Rationalisierungsansatz durchaus kritisch gesehen:

Pro	Kontra
■ Kundenorientierung ■ Einsatz neuer Informations- und Kommunikationstechniken ■ Prozessorientierung ■ verbesserte Zielerreichung (kürzere Durchlaufzeiten, sinkende Kosten, höhere Qualität) ■ ganzheitliches Konzept	■ Funktionierende Strukturen werden eventuell zerstört. ■ Widerstände bei den Mitarbeitern ■ hohes Erfolgsrisiko, da kaum Erfahrungswerte über neue Prozess vorliegen ■ lange Dauer der Umsetzung

Benchmarking   Mitte der 1970er-Jahre analysierte das amerikanische Unternehmen Rank Xerox[1] aufgrund nachhaltiger Wettbewerbsprobleme die eigene japanische Tochtergesellschaft sowie weitere japanische Konkurrenzunternehmen anhand bestimmter Kriterien. Auf Grundlage der Analyse dieses Wettbewerbsvergleichs wurden Konsequenzen für die eigene betriebliche Strategie gezogen.

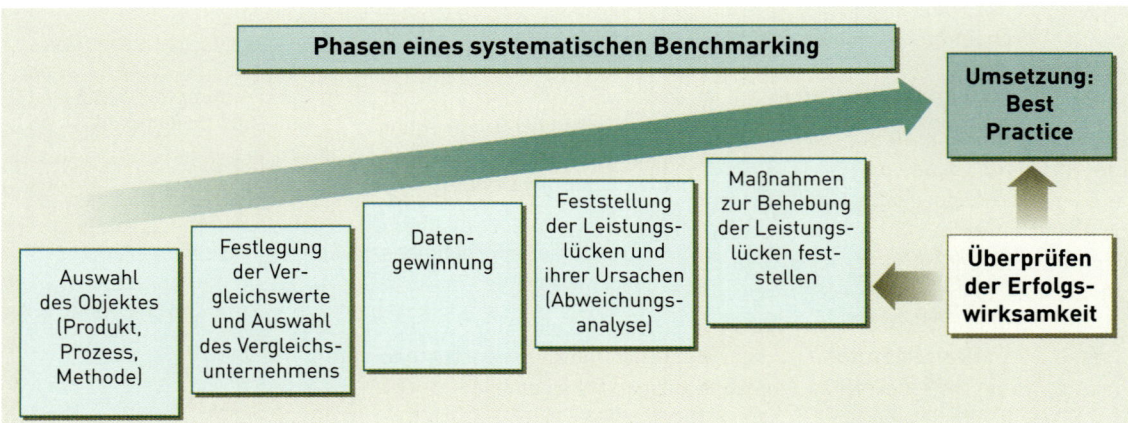

Das Vorgehen machte anschließend in vielen weiteren Unternehmen und Branchen unter dem Namen Benchmarking (= Maßstäbe setzen) Schule. Ziele durch den systematischen Vergleich von Unternehmen sind: Verbesserungspotenziale im eigenen Unternehmen finden, vom Branchenbesten oder auch von branchenfremden Unter-

---

1   Innerhalb von nur vier Jahren reduzierte sich der Marktanteil von Rank Xerox damals auf dem Kopierermarkt von 80 % auf rund 30 %. Ursache war, dass die Konkurrenz aus Japan völlig ignoriert wurde.

nehmen lernen und Maßnahmen ableiten, um zum besten Unternehmen aufschließen und Marktanteile gewinnen zu können. Es geht dabei um die kontinuierliche Vergleichsanalyse von Produkten, Dienstleistungen, Prozessen und Methoden des eigenen Unternehmens mit den besten Konkurrenten.

Eine besondere Herausforderung beim Einsatz des Benchmarking ist die Datengewinnung (siehe auch die Abbildung auf Seite 644 zu den Phasen des Benchmarking). Je nach Untersuchungsobjekt können sensible Daten zum Gegenstand werden, die für Benchmarkingprozesse nicht verwendet bzw. erhoben werden dürfen (z. B. die Höhe der Materialkosten: Ein Zulieferer kann aufgrund der Wettbewerbssituation über die Verkaufspreise Stillschweigen vereinbart haben, weil er mehrere Konkurrenten, u. a. den Benchmarking-Partner, zu unterschiedlichen Preisen beliefert.).

Internes Benchmarking bietet sich für den innerbetrieblichen Vergleich von Niederlassungen oder Filialen sowie Produktionsstandorten an. Externes Benchmarking kann durch den Vergleich mit direkten Wettbewerbern innerhalb der Branche oder mit dem Branchenprimus einer strukturähnlichen, fremden Branche erfolgen. Dabei ist allerdings immer darauf zu achten, dass auch realistische Vergleiche möglich sind und „nicht Äpfel mit Birnen" verglichen werden.

Erfolgreiches Benchmarking verlangt in der Regel die Kooperation mit dem Vergleichsunternehmen und bietet folgende Vor- und Nachteile:

	Vorteile	Nachteile
Internes Benchmarking	■ guter Datenzugang ■ gute Vergleichbarkeit bei ähnlichen Strukturen	■ nur interne Sicht (Schmoren im eigenen Saft) ■ Wenn alle einen Prozess schlecht machen, bleibt der schlechte Prozess unentdeckt.
Externes Benchmarking (branchengleich)	■ Wettbewerbsposition bestimmbar ■ gute Vergleichbarkeit durch gleiche Marktanforderungen ■ hohe Erfolgsaussichten	■ erweiterte Informationen für Wettbewerber durch Datenaustausch ■ Einholen- statt Überholmentalität
Externes Benchmarking (branchenfremd)	■ Neue Ideen kommen hinzu. ■ Andere Sichtweisen werden vorgelebt.	■ Übertragbarkeit der Ergebnisse teilweise schwierig ■ aufwendige Suche nach Partnern

Sonstige Konzepte entlang des Wertschöpfungsprozesses

Innerbetriebliches Total Quality Management bietet aufgrund des KVP-Ansatzes gute Möglichkeiten für Rationalisierungsvorhaben. Überbetriebliche Rationalisierungsansätze werden zunehmend durch die intensiveren Vernetzungen zwischen Unternehmen (z. B. aufgrund von Just-in-time) möglich. In Industriebetrieben wird daher in Supply Chains[1] gedacht, die unternehmensübergreifend u. a. computergesteuert geplant, gesteuert und kontrolliert werden. Deshalb wird auch vom sogenannten Supply Chain Management gesprochen, bei dem sich alle beteiligten Unternehmen dem Wertschöpfungsprozess sowohl vorgelagerter wie auch nachgelagerter Wertschöpfungsstufen verpflichtet fühlen. Es werden durchweg Kunden-Lieferanten-Beziehungen definiert, die sich allesamt den Prinzipien einer Lean Production unterordnen. Die innerhalb der Unternehmung angestrebte Integration aller Unternehmensbereiche in einer zentralen Datenbank (CIM) wird im Supply Chain Management also noch um weitere Unternehmen erweitert und entsprechend komplexer. Durch die computergesteuerte Vernetzung des gesamten Wertschöpfungsprozesses werden unnötige Verschwendungen, Zeitverluste, Qualitätsprobleme und Kostenprobleme vermieden.

› LF 5, Kap. 2.3.3
CIM

› Band 2
LF 6, Kap. 1
Supply Chain
Management

---

1   Supply chain (dt.: Versorgungskette) = Wertschöpfungskette

5.4
Waren die ergriffenen Maßnahmen erfolgreich? – Rationalisierungserfolg messen und beurteilen

Kennzahlen

Der Erfolg der Rationalisierungsmaßnahmen muss anhand von Kennzahlen ermittelt werden. Diese Kennzahlen sind systematisch aufbereitete Informationen in quantitativen Größen, die durch die Kombination sinnvoller Größen entstehen und häufig zueinander in Abhängigkeit stehen. Sie geben in kurzer Form Auskunft über komplexe Sachverhalte.

Im Zusammenhang mit Rationalisierungsmaßnahmen sind die Produktivität, die Wirtschaftlichkeit und die Rentabilität wichtige Kennzahlen. Deren Steigerung gemäß dem ökonomischen Prinzip zählt zu den originären Zielen der Rationalisierung. Eine Kennzahl für sich betrachtet hat jedoch keinerlei Aussagekraft. Kennzahlen müssen im Zeitablauf (etwa vor und nach der Rationalisierung) mit Vorhersagewerten (Planwerten), mit Werten von Konkurrenten oder der Branche verglichen werden, damit Entwicklungen sichtbar werden.

Produktivität

Die **Produktivität** bezeichnet das Verhältnis vom mengenmäßigen Ertrag (Output gemessen in Stück, kg usw.) und mengenmäßigem Einsatz von Produktionsfaktoren (Input gemessen in Arbeitsstunden, Betriebsmittel- und Werkstoffeinheiten). Sie ist eine technische Größe und gibt Auskunft über die technische, mengenmäßige Ergiebigkeit des Produktionsfaktoreinsatzes:

$$\text{Produktivität der Mitarbeiter} = \frac{\text{Ausbringungsmenge}}{\text{Anzahl der Mitarbeiter}}$$

$$\text{Produktivität pro Maschinenstunde} = \frac{\text{Ausbringungsmenge}}{\text{Anzahl der Maschinenstunden}}$$

$$\text{Produktivität pro Arbeitsstunde} = \frac{\text{Ausbringungsmenge}}{\text{Anzahl der Arbeitsstunden}}$$

$$\text{Produktivität pro Betriebsmittel in € (Kapitalprod.)} = \frac{\text{Ausbringungsmenge}}{\text{Kapitaleinsatz}}$$

Wirtschaftlichkeit
> INFO-Teil
LF 3, LF 4

Die Produktivität gibt jedoch keine Auskunft über die Wirtschaftlichkeit eines bestimmten Produktionsfaktoreinsatzes. Die **Wirtschaftlichkeit** ist das Verhältnis zwischen wertmäßig erbrachter Leistung (Werteabgang) zum Wert der eingesetzten Produktionsfaktoren (Kosten/Wertezugang).

Rentabilität
> INFO-Teil
LF 3, LF 4

Wird der erwirtschaftete Gewinn prozentual ins Verhältnis zum eingesetzten Kapital gesetzt, so erhält man die **Rentabilität** des eingesetzten Kapitals. Diese Kennzahl ermöglicht einen Vergleich mit alternativen Finanzinvestitionen. Schließlich könnte das eingesetzte Kapital auch bei einem Kreditinstitut angelegt und zu Habenzinsen verzinst werden. Den Eigentümer des Unternehmens interessiert im Besonderen, ob sich der Einsatz des Kapitals (Eigenkapital) gelohnt hat. Darüber gibt die Eigenkapitalrentabilität Auskunft, die den Gewinn prozentual ins Verhältnis zum eingesetzten Eigenkapital setzt und somit die Verzinsung des investierten Eigenkapitals angibt. Dabei wird der Anfangsbestand des Eigenkapitals zum Jahresbeginn berücksichtigt, da nicht damit zu rechnen ist, dass sich das Eigenkapital während des Geschäftsjahres verändert.

Da das Fremdkapital als Bestandteil des Gesamtkapitals nicht nur einen Teil des Gewinns, sondern auch die für die Inanspruchnahme zu zahlenden Zinsaufwendungen erwirtschaftet, müssen diese Zinsaufwendungen zusätzlich zum Gewinn bei der Ermittlung der Gesamtkapitalrentabilität berücksichtigt werden. Da während des Geschäftsjahres Tilgungsleistungen erfolgen und sich das Fremdkapital in seinem Wert häufig verändert, wird hier ein Durchschnittswert angesetzt. Die Veränderungen des

Fremdkapitals bewirken Veränderungen des Gesamtkapitals, sodass auch hier mit einem Durchschnittswert gerechnet wird. Wird der Gewinn prozentual bezogen auf die getätigten Umsatzerlöse, gibt die Umsatzrentabilität den Anteil des Gewinns an den Umsatzerlösen an (= Gewinnquote). Die Rentabilitäten können vereinfacht wie folgt dargestellt werden:

$$\text{Eigenkapitalrentabilität (in \%)} = \frac{\text{Gewinn} \cdot 100}{\text{Eigenkapital}}$$

$$\text{Gesamtkapitalrentabilität (in \%)} = \frac{(\text{Gewinn} + \text{Zinsaufwendungen}) \cdot 100}{\text{Gesamtkapital}}$$

$$\frac{(\text{Gewinn} + \text{Zinsaufwendungen}) \cdot 100}{\text{Eigenkapital} + \text{Fremdkapital}}$$

$$\text{Umsatzrentabilität (in \%)} = \frac{\text{Gewinn} \cdot 100}{\text{Umsatzerlöse}}$$

Die beschriebenen Kennzahlen sind je nach gewählter Rationalisierungsmaßnahme noch zu allgemein und müssen entsprechend für die Produktion konkretisiert werden. Dabei sind Kennzahlen der Produktionsplanung, -steuerung und -kontrolle anwendbar. Hierzu zählen etwa die Durchlaufzeit, die Kapazitätsauslastung, die Ausschussquote, die Fehlerquote usw.

Die Berücksichtigung weiterer Kennzahlen ist auch deshalb geboten, weil Zielkonflikte zwischen Rationalisierungszielen auftreten können. So ist denkbar, dass Rationalisierungsmaßnahmen zu einer „unwirtschaftlichen" Produktivitätssteigerung führen.

Beispiel

Um wandelnden Marktanforderungen gerecht zu werden, beschließt die Heidtkötter KG eine Rationalisierung im Wareneingang für die Fertigung von Büroschränken. Um die Produktivität zu erhöhen, wird in der Wareneingangskontrolle ein neues Prüfgerät eingesetzt, das in einer Vollkontrolle sämtliche eingehenden Materialien untersucht. Das Investitionsvolumen beträgt 100.000,00 € und führt zu Abschreibungen in Höhe von 6.000,00 €. Es müssen durch die neue Qualitätssicherung insgesamt 200 m² Holz (Wert: 3.000,00 €) weniger beschafft werden. Der Output bleibt unverändert.

Im Übrigen gelten folgende Bedingungen:

	Produktivität	Wirtschaftlichkeit
Vor der Rationalisierung: Output: 1 200 Schränke, VP (pro Stück): 899,00 € Input: 1 000 m² Holz, HK (pro Stück): 850,00 €	$P = \dfrac{1\,200 \text{ St.}}{1\,000 \text{ m}^2} = 1,20\ \dfrac{\text{St.}}{\text{m}^2}$	$W = \dfrac{1\,200 \text{ St.} \cdot 899,00\ \frac{\text{€}}{\text{St.}}}{1\,200 \text{ St.} \cdot 850,00\ \frac{\text{€}}{\text{St.}}} = 1,06$
Nach der Rationalisierung: Output: 1 200 Schränke, VP (pro Stück): 899,00 € Input: 800 m² Holz, HK (pro Stück): 860,00 €	$P = \dfrac{1\,200 \text{ St.}}{800 \text{ m}^2} = 1,50\ \dfrac{\text{St.}}{\text{m}^2}$	$W = \dfrac{1\,200 \text{ St.} \cdot 899,00\ \frac{\text{€}}{\text{St.}}}{1\,200 \text{ St.} \cdot 860,00\ \frac{\text{€}}{\text{St.}}} = 1,05$

Obwohl die Rationalisierung zu einer Produktivitätssteigerung von 25 % geführt hat, ist die Wirtschaftlichkeit gesunken. Dies ist darauf zurückzuführen, dass die durch die zusätzliche Qualitätssicherung entstandenen Kosten für Abschreibungen nicht durch die Materialkosteneinsparung kompensiert werden konnten.

Sachwortverzeichnis

Bildquellenverzeichnis

adpic Bildagentur, Bonn: 163.1 (S. Redel), 163.3 (B. Leitner), 164.2 (B. Leitner)

Bergmoser + Höller Verlag AG, Aachen: 15.1, 31.1, 361.2, 377.1, 384.1, 407.1,

Carl Cloos Schweißtechnik GmbH, Haiger: 593.1

fotolia.com, New York: 68.1 (industrieblick), 298.1 (Otto Durst);

mauritius images GmbH, Mittenwald: 572.1 (Phototake);

Möbelhaus Zeppenfeld, Olpe: 163.2

picture-alliance/dpa, Frankfurt: 8.1 (Jan-Peter Kasper), 10.6 (Jens Wolf), 285.1, 352.2 (Arne Dedert), 382.1, 400.1;

Shutterstock.com, New York: 57.1;

VISUM, Hamburg: 54.1 (Panos Pictures)

Wilkhahn Wilkening+Hahne GmbH & Co. KG, Bad Münder: 9.1, 10 (alle), 154.1, 317.1, 339.1, 341.1, 358.3, 525.1.

Grafiken: Claudia Hild Grafikdesign, Angelburg; Daniela Ringhut Mediengestaltung, Dreieich

Layout und Umschlag: GUD – Agentur für Kommunikation und Design GmbH, Braunschweig

Trotz intensiver Nachforschungen ist es uns in manchen Fällen nicht gelungen, die Rechteinhaber zu ermitteln. Wir bitten diese, sich mit dem Verlag in Verbindung zu setzen.

Dieses Buch entstand mit freundlicher Unterstützung von

Wilkhahn   Telefon +49 5042 999-0
Wilkening+Hahne GmbH+Co.KG   Telefax +49 5042 999-226
Fritz-Hahne-Straße 8   www.wilkhahn.com
31848 Bad Münder   info@wilkhahn.de

Unser besonderer Dank gilt den Auszubildenden und der Unternehmensentwicklung, Presse + PR.

Gliederung der Bilanz nach § 266 HGB

Kapitalgesellschaften haben die Jahresbilanz, die veröffentlicht wird, nach **§ 266 HGB** zu gliedern. Zum Schutz kleiner und mittelgroßer Unternehmen richtet sich jedoch der **Umfang der Gliederung nach der Größe** der Kapitalgesellschaft.

▶ **Große Kapitalgesellschaften** müssen ihre Bilanzen unter Berücksichtigung des in **§ 266 Abs. 2 und 3 HGB** ausgewiesenen **vollständigen Gliederungsschemas** aufstellen und veröffentlichen (siehe nebenstehende Seite). Die Bilanz wird hierbei in ihren Einzelpositionen sehr detailliert dargestellt und ermöglicht somit einen **tiefen Einblick in die Vermögens- und Finanzlage** eines Unternehmens.

▶ **Kleine Kapitalgesellschaften** brauchen nur eine **verkürzte Bilanz** (siehe unten) zu veröffentlichen, in der die mit **Buchstaben und römischen Zahlen** bezeichneten Posten des vollständigen Gliederungsschemas aufgeführt sind (**§ 266 [1] HGB**). Durch die starke Straffung der Bilanzpositionen sind diese Bilanzen natürlich für Außenstehende nur **von geringem Aussagewert**.

▶ **Mittelgroße Kapitalgesellschaften** müssen ihre Bilanzen zwar **nach dem vollständigen Gliederungsschema erstellen**, brauchen sie aber nur in der für kleine Kapitalgesellschaften vorgeschriebenen **Kurzform zu veröffentlichen**. Sie müssen dann allerdings wahlweise **in der Bilanz oder im Anhang** bestimmte **Posten zusätzlich gesondert angeben**, wie z. B. Grundstücke und Gebäude, Technische Anlagen und Maschinen, Beteiligungen, Anleihen, Verbindlichkeiten gegenüber Kreditinstituten u. a. m. (**§ 327 HGB**).

▶ **Kleinstkapitalgesellschaften** sind ebenfalls nur zur Aufstellung und Veröffentlichung einer verkürzten Bilanz verpflichtet, die aus den mit Buchstaben bezeichneten Posten des Gliederungsschemas besteht. Statt einer Veröffentlichung ist auch die dauerhafte Hinterlegung der Bilanz bei dem Betreiber des elektronischen Bundesanzeigers möglich.

Aktiva **Bilanzschema kleiner Kapitalgesellschaften**	Passiva

A. Anlagevermögen
   I.   Immaterielle Vermögens-
       gegenstände
   II. Sachanlagen
   III. Finanzanlagen
B. Umlaufvermögen
   I.   Vorräte
   II. Forderungen und sonstige
       Vermögensgegenstände
   III. Wertpapiere
   IV. Flüssige Mittel
C. Rechnungsabgrenzungsposten
D. Aktive latente Steuern
E. Aktiver Unterschiedsbetrag aus der
     Vermögensverrechnung
	A. Eigenkapital
	   I. Gezeichnetes Kapital
	   II. Kapitalrücklage
	   III. Gewinnrücklagen
	   IV. Gewinn-/Verlustvortrag
	   V. Jahresüberschuss/Jahresfehlbetrag
	B. **Rückstellungen**
	C. **Verbindlichkeiten**
	D. **Rechnungsabgrenzungsposten**
	E. **Passive latente Steuern**

Zur Erhöhung der Bilanzklarheit ist bei Bilanzen, die veröffentlicht werden, zusätzlich noch Folgendes zu beachten:

▶ Zu jedem Bilanzposten ist der entsprechende **Vorjahresbetrag** anzugeben.

▶ In der Bilanz oder im Anhang ist die Entwicklung des Anlagevermögens durch einen **Anlagenspiegel** darzustellen (siehe nebenstehende Seite).

▶ In der Bilanz muss der Betrag der **Forderungen mit einer Restlaufzeit von über einem Jahr** sowie der **Verbindlichkeiten mit einer Restlaufzeit von unter einem Jahr** angegeben werden. Das verschafft Außenstehenden mehr **Einblick in die Liquiditätslage** des Unternehmens.

▶ Unter der Bilanz oder im Anhang sind **Eventualverbindlichkeiten** aus **weitergegebenen Wechseln** sowie aus **Bürgschaftsverpflichtungen** und aus **Gewährleistungsverträgen** anzugeben. Sie dürfen **in einem Betrag** angegeben werden (**§ 251 HGB**)[1].

Art und Umfang der Veröffentlichung, Prüfungspflicht sowie Gliederung der Bilanz richten sich nach der Größe der Kapitalgesellschaft.

---

1 Auch Bilanzen nicht offenlegungspflichtiger Unternehmen müssen diesen Vermerk nach **§ 251 HGB** enthalten.

Steuerbuchungen (Überblick)

Die buchhalterische Behandlung der Steuern richtet sich zum einen danach, ob das **Unternehmen oder** der **Unternehmer** persönlich durch die betreffende Steuerart belastet wird, und zum anderen danach, ob die Steuer **abzugsfähig** oder **nicht abzugsfähig** ist. Man unterscheidet deshalb:

	Konten

▶ **Abzugsfähige Steuern**, die den **Gewinn** des Unternehmens **mindern**, da sie in der Buchhaltung als Aufwand erfasst werden und steuerlich als **Betriebsausgabe** absetzbar sind. Dazu zählen:

- die **Grundsteuer** für bebaute sowie unbebaute betrieblich genutzte Grundstücke,

7020 Grundsteuer

- die **Kraftfahrzeugsteuer** für alle Kraftfahrzeuge, die zum Betriebsvermögen gehören, und

7030 Kfz-Steuer

- die **Verbrauchsteuern** auf bestimmte verbrauchsteuerpflichtige Güter.

7080 Verbrauchssteuern

▶ **Nichtabzugsfähige Steuern**, die **keine Betriebsausgabe** darstellen und somit den **steuerpflichtigen Gewinn nicht mindern** dürfen. Sie werden vom Gewinn vor Steuern und vom Vermögen berechnet und sind vom Unternehmer persönlich zu tragen, und zwar

- **Steuern vom Einkommen und Ertrag**, die zunächst auf Aufwandskonten erfasst werden. Dazu gehören
  - die **Gewerbesteuer** auf den Gewerbeertrag von Gewerbebetrieben, wie gewerblich tätigen Einzelunternehmen, Personengesellschaften, Kapitalgesellschaften, Genossenschaften,

7700 Gewerbesteuer

  - die **Körperschaftsteuer** mit Solidaritätszuschlag auf den zu versteuernden Gewinn von juristischen Personen wie Kapitalgesellschaften, Genossenschaften, Vereine,

7710 Körperschaftsteuer

  - die **Kapitalertragsteuer** (25 %) mit Solidaritätszuschlag auf Erträge aus betrieblichen Kapitalanlagen,

7720 Kapitalertragsteuer

- **Privatsteuern** bei Einzelunternehmern und Gesellschaftern von Personengesellschaften (OHG, KG), die als Privatentnahme über das Privatkonto gebucht werden. Darunter fallen

3001 Privatkonto

  - die **Einkommensteuer** mit Solidaritätszuschlag und die Kirchensteuer auf das Einkommen natürlicher Personen,
  - die **Kapitalertragsteuer** (25 %) mit Solidaritätszuschlag auf Erträge aus privaten Kapitalanlagen und
  - die **Erbschaft- und Schenkungsteuer** auf Vermögensübergänge von Todes wegen oder unter Lebenden.

▶ **Aktivierungspflichtige Steuern und Abgaben**, die als **Anschaffungsnebenkosten** dem Anschaffungspreis hinzuzurechnen und deshalb auf dem entsprechenden Aktivkonto zu buchen (aktivieren) sind. Dazu zählen

- die **Grunderwerbsteuer**, die beim Erwerb von inländischen Grundstücken und Gebäuden zu entrichten ist, und
- **Zölle** bei der Einfuhr von Gütern aus Nicht-EU-Staaten.

0500-0590 Grundstücke, Gebäude

Diverse Aktivkonten

▶ **Durchlaufende Steuern**, die das Unternehmen aufgrund gesetzlicher Vorschriften einziehen bzw. einbehalten und an das Finanzamt abführen muss: **Umsatzsteuer, Lohn- und Kirchensteuer sowie Solidaritätszuschlag** der Arbeitnehmer.

2600 Vorsteuer
4800 Umsatzsteuer
4830 Sonstige FB-Verbindlichkeiten

klassen

ERTRÄGE	AUFWENDUNGEN		ERGEBNISRECHNUNGEN
5 Erträge (einschließlich Berichtigungen)	**6** Betriebliche Aufwendungen (einschließlich Berichtigungen)	**7** Weitere Aufwendungen	**8** Ergebnisrechnungen

5 — ERTRÄGE (einschließlich Berichtigungen)

50 Umsatzerlöse für eigene Erzeugnisse u. andere eigene Leistungen
5000 Umsatzerlöse f. eigene Erzeugn.
  5001 Erlösberichtigungen
5050 Umsatzerlöse für andere eigene Leistungen
  5051 Erlösberichtigungen
5060 Erlöse aus innergemeinschaftlicher Lieferung (i. L.)
  5061 Erlösberichtigungen
5070 Erlöse aus Güterausfuhr
  5071 Erlösberichtigungen

51 Umsatzerlöse für Waren und sonstige Umsatzerlöse
5100 Umsatzerlöse für Waren
  5101 Erlösberichtigungen
5190 Sonstige Umsatzerlöse
  5191 Erlösberichtigungen

52 Erhöhung oder Verminderung des Bestandes an unfertigen und fertigen Erzeugnissen
5200 Bestandsveränderungen
  5201 Bestandsveränderungen an unfertigen Erzeugnissen und nicht abgerechneten Leistungen
  5202 Bestandsveränderungen an fertigen Erzeugnissen

53 Andere aktivierte Eigenleistungen
5300 Aktivierte Eigenleistungen

54 Sonstige betriebliche Erträge
5400 Mieterträge
5401 Leasingerträge
5410 Sonstige Erlöse (z. B. aus Provisionen oder Anlagenabgängen)
5420 Entnahme von Gegenständen und sonstigen Leistungen
5430 Andere sonstige betriebl. Erträge
5440 Erträge aus Werterhöhungen von Gegenständen des Anlagevermögens (Zuschreibungen)
5441 Erträge aus Zuschreibungen zum Umlaufvermögen
5450 Erträge aus der Auflösung oder Herabsetzung von Wertberichtigungen auf Forderungen
5455 Erträge aus abgeschriebenen Forderungen
5460 Erträge aus dem Abgang von Vermögensgegenständen
5480 Erträge aus der Auflösung von Rückstellungen
5490 Periodenfremde Erträge

55 Erträge aus Beteiligungen
5500 Erträge aus Beteiligungen

56 Erträge aus anderen Wertpapieren und Ausleihungen des Finanzanlagevermögens
5600 Erträge aus anderen Finanzanlagen

57 Sonstige Zinsen und ähnliche Erträge
5710 Zinserträge
5780 Erträge aus Wertpapieren des Umlaufvermögens
5790 Sonstige zinsähnliche Erträge

58 Außerordentliche Erträge
5800 Außerordentliche Erträge

59 Frei

---

6 — Betriebliche Aufwendungen (einschließlich Berichtigungen)

Materialaufwand
60 Aufwendungen für Roh-, Hilfs- und Betriebsstoffe und für bezogene Waren ⑤
6000 Aufwendungen für Rohstoffe/Fertigungsmaterial
  6001 Bezugskosten
  6002 Nachlässe
6010 Aufwendungen für Vorprodukte/Fremdbauteile ⑤
6020 Aufwendungen für Hilfsstoffe ⑤
6030 Aufwendungen für Betriebsstoffe/Verbrauchswerkzeuge ⑤
6040 Aufw. für Verpackungsmaterial
6050 Aufw. für Energie u. Treibstoffe
6060 Aufw. für Reparaturmaterial
6070 Aufwendungen für sonstiges Material
6080 Aufwendungen für Waren ⑤

61 Aufwendungen für bezogene Leistungen
6100 Fremdleistungen für Erzeugnisse und andere Umsatzleistungen
6140 Frachten und Fremdlager
6150 Vertriebsprovisionen
6160 Fremdinstandhaltung
6170 Sonstige Aufwendungen für bezogene Leistungen

Personalaufwand
62 Löhne
6200 Löhne einschl. tariflicher, vertraglicher oder arbeitsbedingter Zulagen
6210 Urlaubs- und Weihnachtsgeld
6220 Sonstige tarifliche oder vertragliche Aufwendungen für Lohnempfänger
6230 Freiwillige Zuwendungen
6250 Sachbezüge
6260 Vergütungen an gewerbliche Auszubildende

63 Gehälter
6300 Gehälter und Zulagen
6310 Urlaubs- und Weihnachtsgeld
6320 Sonstige tarifliche oder vertragliche Aufwendungen
6330 Freiwillige Zuwendungen
6350 Sachbezüge
6360 Vergütungen an Auszubildende

64 Soziale Abgaben und Aufwendungen für Altersversorgung und für Unterstützung
6400 Arbeitgeberanteil zur Sozialversicherung (Lohnbereich) ④
6410 Arbeitgeberanteil zur Sozialversicherung (Gehaltsbereich) ④
6420 Beiträge zur Berufsgenossenschaft
6440 Aufwendungen für Altersversorgung
6490 Aufwendungen für Unterstützung
6495 Sonstige soziale Aufwendungen

65 Abschreibungen
Abschreibungen auf Anlagevermögen
6510 Abschreibungen auf immaterielle Vermögensgegenstände des Anlagevermögens
6520 Abschreibungen auf Sachanlagen
6540 Abschreibungen auf geringwertige Wirtschaftsgüter
6541 Abschreibungen auf GWG-Sammelposten Jahr 1
  ...
6545 Abschreibungen auf GWG-Sammelposten Jahr 5
6550 Außerplanmäßige Abschreibungen auf Sachanlagen
6570 Unüblich hohe Abschreibungen auf Umlaufvermögen

Sonstige betriebliche Aufwendungen (66–70)
66 Sonstige Personalaufwendungen
6600 Aufwendungen für Personaleinstellung
6610 Aufwendungen für übernommene Fahrtkosten
6620 Aufwendungen für Werksarzt und Arbeitssicherheit
6630 Personenbezogene Versicherungen
6640 Aufwendungen für Fort- und Weiterbildung
6650 Aufwendungen für Dienstjubiläen
6660 Aufwendungen für Belegschaftsveranstaltungen
6670 Aufwendungen für Werksküche und Sozialeinrichtungen
6680 Ausgleichsabgabe nach dem Schwerbehindertengesetz
6690 Übrige sonstige Personalaufwendungen

67 Aufwendungen für die Inanspruchnahme von Rechten und Diensten
6700 Mietaufwendungen, Pachten
6710 Leasingaufwendungen
6720 Lizenzen und Konzessionen
6730 Gebühren
6750 Kosten des Geldverkehrs
6760 Provisionsaufwendungen (außer Vertriebsprovisionen)
6770 Rechts- und Beratungskosten

68 Aufwendungen für Kommunikation (Dokumentation, Information, Reisen, Werbung)
6800 Büromaterial
6810 Zeitungen und Fachliteratur
6820 Portokosten
6830 Kosten der Telekommunikation
6850 Reisekosten
6860 Bewirtung und Präsentation
6870 Werbung
6880 Spenden

69 Aufwendungen für Beiträge und Sonstiges sowie Wertkorrekturen und periodenfremde Aufwendungen

Fortsetzung Kontenklasse 6
6900 Versicherungsbeiträge
6920 Beiträge zu Wirtschaftsverbänden und Berufsvertretungen
6930 Verluste aus Schadensfällen
6940 Sonstige Aufwendungen
6950 Abschreibungen auf Forderungen
  6951 Abschreibungen auf Forderungen wegen Uneinbringlichkeit
  6952 Einstellung in Einzelwertberichtigung (EWB)
  6953 Einstellung in Pauschalwertberichtigung (PWB)
6960 Verluste aus dem Abgang von Vermögensgegenständen
6979 Anlagenabgänge
6980 Zuführungen zu Rückstellungen für Gewährleistung
6990 Periodenfremde Aufwendungen

---

7 — Weitere Aufwendungen

70 Betriebliche Steuern
7020 Grundsteuer
7021 Grundsteuer – Vorjahr
7030 Kraftfahrzeugsteuer
7031 Kraftfahrzeugsteuer – Vorjahr
7032 Steuererstattungen für Kfz-Steuer – Vorjahre
7070 Ausfuhrzölle
7080 Verbrauchsteuern
7090 Sonstige betriebliche Steuern

71 bis 73 Frei

74 Abschreibungen auf Finanzanlagen und auf Wertpapiere des Umlaufvermögens und Verluste aus entsprechenden Abgängen
7400 Abschreibungen auf Finanzanlagen
7420 Abschreibungen auf Wertpapiere des Umlaufvermögens
7450 Verluste aus dem Abgang von Finanzanlagen
7460 Verluste aus dem Abgang von Wertpapieren des Umlaufvermögens

75 Zinsen und ähnliche Aufwendungen
7510 Zinsaufwendungen
7590 Sonstige zinsähnliche Aufwendungen

76 Außerordentliche Aufwendungen
7600 Außerordentliche Aufwendungen

77 Steuern vom Einkommen und Ertrag
7700 Gewerbesteuer
7701 Gewerbesteuer – Vorjahre
7702 Steuererstattungen für Gewerbesteuer – Vorjahre
7710 Körperschaftsteuer einschl. Solidaritätszuschlag
7711 Körperschaftsteuer – Vorjahre
7712 Steuererstattungen für Körperschaftsteuer – Vorjahre
7720 Kapitalertragsteuer

78 Diverse Aufwendungen
7800 Diverse Aufwendungen

79 Frei

---

8 — Ergebnisrechnungen

80 Eröffnung/Abschluss
8000 Eröffnungsbilanzkonto
8010 Schlussbilanzkonto
8020 GuV-Konto Gesamtkostenverfahren
8030 GuV-Konto Umsatzkostenverfahren
8050 Saldenvorträge (Sammelkonto)

Konten der Kostenbereiche für die GuV im Umsatzkostenverfahren
81 Herstellungskosten
82 Vertriebskosten
83 Allgemeine Verwaltungskosten
84 Sonstige betriebliche Aufwendungen

Konten der kurzfristigen Erfolgsrechnung (KER) für innerjährige Rechnungsperioden (Monat, Quartal oder Halbjahr)
85 Korrekturkonten zu den Erträgen der Kontenklasse 5
86 Korrekturkonten zu den Aufwendungen der Kontenklasse 6
87 Korrekturkonten zu den Aufwendungen der Kontenklasse 7
88 Kurzfristige Erfolgsrechnung (KER)
8800 Gesamtkostenverfahren
8810 Umsatzkostenverfahren
89 Innerjährige Rechnungsabgrenzung
8900 Aktive Rechnungsabgrenzung

KOSTEN- UND LEISTUNGSRECHNUNG

9 Kosten- und Leistungsrechnung (KLR)

90 Unternehmensbezogene Abgrenzungen (neutrale Aufwendungen u. Erträge)
91 Kostenrechnerische Korrekturen
92 Kostenarten und Leistungsarten
93 Kostenstellen
94 Kostenträger
95 Fertige Erzeugnisse
96 Interne Lieferungen und Leistungen sowie deren Kosten
97 Umsatzkosten
98 Umsatzleistungen
99 Ergebnisausweise

In der Praxis wird die KLR gewöhnlich tabellarisch durchgeführt.

---

1 Aus EDV-Gründen sind die **Kontenziffern vierstellig.**   6060/6061/6062/6458/6921/6852

Gliederung der Jahresbilanz
mittelgroßer und großer Kapitalgesellschaften[1]
nach § 266 Abs. 2 und 3 Handelsgesetzbuch

Aktiva	Passiva

A. Anlagevermögen:

I. Immaterielle Vermögensgegenstände:
1. Selbst geschaffene gewerbliche Schutzrechte und ähnliche Rechte und Werte
2. entgeltlich erworbene Konzessionen, gewerbliche Schutzrechte und ähnliche Rechte und Werte sowie Lizenzen an solchen Rechten und Werten;
3. Geschäfts- oder Firmenwert;
4. geleistete Anzahlungen;

II. Sachanlagen:
1. Grundstücke, grundstücksgleiche Rechte und Bauten einschließlich der Bauten auf fremden Grundstücken;
2. technische Anlagen und Maschinen;
3. andere Anlagen, Betriebs- und Geschäftsausstattung;
4. geleistete Anzahlungen und Anlagen im Bau;

III. Finanzanlagen:
1. Anteile an verbundenen Unternehmen;
2. Ausleihungen an verbundene Unternehmen;
3. Beteiligungen;
4. Ausleihungen an Unternehmen, mit denen ein Beteiligungsverhältnis besteht;
5. Wertpapiere des Anlagevermögens;
6. sonstige Ausleihungen.

B. Umlaufvermögen:

I. Vorräte:
1. Roh-, Hilfs- und Betriebsstoffe;
2. unfertige Erzeugnisse, unfertige Leistungen;
3. fertige Erzeugnisse und Waren;
4. geleistete Anzahlungen;

II. Forderungen und sonstige Vermögensgegenstände:
1. Forderungen aus Lieferungen und Leistungen;
2. Forderungen gegen verbundene Unternehmen;
3. Forderungen gegen Unternehmen, mit denen ein Beteiligungsverhältnis besteht;
4. sonstige Vermögensgegenstände;

III. Wertpapiere:
1. Anteile an verbundenen Unternehmen;
2. sonstige Wertpapiere;

IV. Kassenbestand, Bundesbankguthaben, Guthaben bei Kreditinstituten und Schecks.

C. Rechnungsabgrenzungsposten

D. Aktive Latente Steuern

E. Aktiver Unterschiedsbetrag aus der Vermögensberechnung

A. Eigenkapital:

I. Gezeichnetes Kapital;
II. Kapitalrücklage;
III. Gewinnrücklagen:
1. gesetzliche Rücklage;
2. Rücklage für Anteile an einem herrschenden oder mehrheitlich beteiligten Unternehmen;
3. satzungsmäßige Rücklagen;
4. andere Gewinnrücklagen.
IV. Gewinnvortrag/Verlustvortrag;[2]
V. Jahresüberschuss/Jahresfehlbetrag.[2]

B. Rückstellungen:
1. Rückstellungen für Pensionen und ähnliche Verpflichtungen;
2. Steuerrückstellungen;
3. sonstige Rückstellungen.

C. Verbindlichkeiten:
1. Anleihen, davon konvertibel;
2. Verbindlichkeiten gegenüber Kreditinstituten;
3. erhaltene Anzahlungen auf Bestellungen;
4. Verbindlichkeiten aus Lieferungen und Leistungen;
5. Verbindlichkeiten aus der Annahme gezogener Wechsel und der Ausstellung eigener Wechsel;
6. Verbindlichkeiten gegenüber verbundenen Unternehmen;
7. Verbindlichkeiten gegenüber Unternehmen, mit denen ein Beteiligungsverhältnis besteht;
8. sonstige Verbindlichkeiten, davon aus Steuern, davon im Rahmen der sozialen Sicherheit.

D. Rechnungsabgrenzungsposten

E. Passive Latente Steuern

---

1 **§ 266 [1] HGB:** Kleine Kapitalgesellschaften (§ 267 [1] HGB) brauchen nur eine verkürzte Bilanz aus den mit Buchstaben und römischen Zahlen bestehenden Posten aufzustellen. Kleinstkapitalgesellschaften (§ 267a HGB) dürfen ebenfalls eine verkürzte Bilanz aufstellen, die nur die mit Buchstaben bezeichneten Posten enthalten muss.

2 **§ 268 [1] HGB:** Die Bilanz darf auch nach vollständiger oder teilweiser Verwendung des Jahresergebnisses aufgestellt werden. Wird die Bilanz unter Berücksichtigung der teilweisen Verwendung des Jahresergebnisses (z. B. Zuführung von 50 % des Jahresgewinns in eine Gewinnrücklage) aufgestellt, so tritt an die Stelle des Postens „Jahresüberschuss/Jahresfehlbetrag" und „Gewinnvortrag/Verlustvortrag" der Posten „Bilanzgewinn/Bilanzverlust"; ein vorhandener Gewinn- oder Verlustvortrag ist in den Posten **„Bilanzgewinn/Bilanzverlust"** einzubeziehen und in der Bilanz oder im Anhang gesondert anzugeben.

⌐liederung der Gewinn- un[
nach § 275

(1) Die Gewinn- und Verlustrechnung ist Staffelform nach dem Gesamtkostenverfah oder dem Umsatzkostenverfahren aufzustell Dabei sind die in Absatz 2 oder 3 bezeichne Posten in der angegebenen Reihenfolge ges dert auszuweisen.

(2) Bei Anwendung des **Gesamtkostenverfahr** sind auszuweisen:

1. Umsatzerlöse
2. Erhöhung oder Verminderung des stands an fertigen und unfertigen Erze nissen
3. andere aktivierte Eigenleistungen
4. sonstige betriebliche Erträge
5. Materialaufwand:
   a) Aufwendungen für Roh-, Hilfs- u Betriebsstoffe und für bezogene Waren
   b) Aufwendungen für bezogene Leistunge
6. Personalaufwand:
   a) Löhne und Gehälter
   b) soziale Abgaben und Aufwendungen Altersversorgung und für Unterstützu davon für Altersversorgung
7. Abschreibungen:
   a) auf immaterielle Vermögensgegenstä des Anlagevermögens und Sachanlagen
   b) auf Vermögensgegenstände des Uml vermögens, soweit diese die in der Ka talgesellschaft üblichen Abschreibung überschreiten
8. sonstige betriebliche Aufwendungen
9. Erträge aus Beteiligungen, davon aus verb denen Unternehmen
10. Erträge aus anderen Wertpapieren und A leihungen des Finanzanlagevermöge davon aus verbundenen Unternehmen
11. sonstige Zinsen und ähnliche Erträge, dav aus verbundenen Unternehmen
12. Abschreibungen auf Finanzanlagen und Wertpapiere des Umlaufvermögens
13. Zinsen und ähnliche Aufwendungen, dav an verbundene Unternehmen
14. **Ergebnis der gewöhnlichen Geschäftstätig keit**

(5) Kleinstkapitalgesellschaften (§ 267a) könn die Gewinn- und Verlustrechnung wie folgt da

1. Umsatzerlöse	4. Personal
2. Sonstige Erträge	5. Abschrei
3. Materialaufwand	6. sonstige

---

1 **§ 276 HGB:** Kleine und mittelgroße Kapitalgesells oder Abs. 3 Nr. 1 bis 3 und 6 zu einem Posten „Ro[

AKTIVA

Anlagevermögen

0 Immaterielle Vermögens- gegenstände und Sachanlagen

00 Ausstehende Einlagen
0000 Ausstehende Einlagen

01 Frei

Immaterielle Vermögensgegenstände

02 Konzessionen, gewerbliche Schutzrechte und ähnliche Rechte und Werte sowie Lizenzen an solchen Rechten und Werten
0200 Konzessionen

03 Geschäfts- oder Firmenwert
0300 Geschäfts- oder Firmenwert

04 Frei

Sachanlagen

05 Grundstücke, grundstücksgleiche Rechte und Bauten einschließlich der Bauten auf fremden Grundstücken
0500 Unbebaute Grundstücke
0510 Bebaute Grundstücke
0520 Gebäude (Sammelkonto)
0530 Betriebsgebäude
0540 Verwaltungsgebäude
0550 Andere Bauten
0560 Grundstückseinrichtungen
0570 Gebäudeeinrichtungen
0590 Wohngebäude

06 Frei

07 Technische Anlagen und Maschinen ①
0700 Anlagen und Maschinen der Energieversorgung
0710 Anlagen der Materiallagerung und -bereitstellung
0720 Anlagen und Maschinen der mechanischen Materialbearbeitung, -verarbeitung und -umwandlung
0730 Anlagen für Wärme-, Kälte- und chemische Prozesse sowie ähnliche Anlagen
0740 Anlagen für Arbeitssicherheit und Umweltschutz
0750 Transportanlagen und ähnliche Betriebsvorrichtungen
0760 Verpackungsanlagen und -maschinen
0770 Sonstige Anlagen und Maschinen
0780 Reservemaschinen und -anlagenteile

Anmerkungen zu den Lehrbüchern von Schmolke/Deitermann und Deitermann/Rückwart:

① In den Aufgaben werden die Kontengruppen 07 und 08 i. d. R. als *Sammelkonten* geführt:
0700 Technische Anlagen und Maschinen; 0800 Andere Anlagen/ Betriebs- und Geschäftsausstattung
② Die Verwendung des Jahresergebnisses vor und nach Erstellung der Schlussbilanz erfolgt im Lehrbuch über das *Verrechnungskonto:*
3300 Ergebnisverwendung
③ Im Lehrbuch i. d. R. als *Sammelkonto:*
3900 Sonstige Rückstellungen
④ Im Lehrbuch i. d. R. als *Sammelkonto:*
6400 Arbeitgeberanteil zur Sozialversicherung
⑤ Werden **Material- oder Wareneinkäufe direkt** in der **Kontengruppe 60** gebucht, sind die Unterkonten „Bezugskosten" und „Nachlässe" bei den betreffenden Konten der **Gruppe 60** statt in der Gruppe 20 zu führen.

---

1 Finanzanlagen

10 bis 12 Frei

13 Beteiligungen
1300 Beteiligungen

14 Frei

15 Wertpapiere d. Anlagevermögens
1500 Wertpapiere d. Anlagevermögens

16 Sonstige Finanzanlagen
1600 Sonstige Finanzanlagen

17 bis 19 Frei

Fortsetzung Kontenklasse 0

0790 Geringwertige Anlagen und Maschinen
0791 GWG Sammelposten Anlagen und Maschinen Jahr 1
...
0795 GWG Sammelposten Anlagen und Maschinen Jahr 5

08 Andere Anlagen, Betriebs- und Geschäftsausstattung ①
0800 Andere Anlagen
0810 Werkstätteneinrichtung
0820 Werkzeuge, Werksgeräte und Modelle, Prüf- und Messmittel
0830 Lager- u. Transporteinrichtungen
0840 Fuhrpark
0850 Sonstige Betriebsausstattung
0860 Büromaschinen, Organisationsmittel und Kommunikationsanlagen
0870 Büromöbel und sonstige Geschäftsausstattung
0880 Reserveteile für Betriebs- und Geschäftsausstattung
0890 Geringwertige Vermögensgegenstände der Betriebs- und Geschäftsausstattung
0891 GWG-Sammelposten BGA Jahr 1
...
0895 GWG-Sammelposten BGA Jahr 5

09 Geleistete Anzahlungen und Anlagen im Bau
0900 Geleistete Anzahlungen auf Sachanlagen
0950 Anlagen im Bau

Umlaufvermögen

2 Umlaufvermögen und aktive Rechnungsabgrenzung

Vorräte

20 Roh-, Hilfs- und Betriebsstoffe ⑤
2000 Rohstoffe/Fertigungsmaterial
  2001 Bezugskosten
  2002 Nachlässe
2010 Vorprodukte/Fremdbauteile
  2011 Bezugskosten
  2012 Nachlässe
2020 Hilfsstoffe
  2021 Bezugskosten
  2022 Nachlässe
2030 Betriebsstoffe
  2031 Bezugskosten
  2032 Nachlässe
2070 Sonstiges Material
  2071 Bezugskosten
  2072 Nachlässe

21 Unfertige Erzeugnisse, unfertige Leistungen
2100 Unfertige Erzeugnisse
2190 Unfertige Leistungen

22 Fertige Erzeugnisse und Waren
2200 Fertige Erzeugnisse
2280 Waren (Handelsware) ⑤
  2281 Bezugskosten
  2282 Nachlässe

23 Geleistete Anzahlungen a. Vorräte
2300 Geleistete Anzahlungen auf Vorräte

Forderungen und sonstige Vermögensgegenstände (24–26)

24 Ford. a. Lieferungen u. Leistungen
2400 Forderungen aus Lieferungen und Leistungen
2420 Kaufpreisforderungen
2421 Umsatzsteuerforderungen
2450 Wechselford. aus Lieferungen und Leistungen (Besitzwechsel)
2470 Zweifelhafte Forderungen

25 Innergemeinschaftlicher Erwerb/ Einfuhr
2500 Innergemeinschaftl. Erwerb
  2501 Bezugskosten
  2502 Nachlässe
2510 Gütereinfuhr
  2511 Bezugskosten
  2512 Nachlässe

26 Sonstige Vermögensgegenstände
2600 Vorsteuer
  2602 Vorsteuer (19 %) für i. E.
  2604 Einfuhrumsatzsteuer
2630 Sonst. Ford. an Finanzbehörden
2640 SV-Vorauszahlung
2650 Forderungen an Mitarbeiter
2690 Übrige sonstige Forderungen

27 Wertpapiere des Umlaufvermögens
2700 Wertpapiere des Umlaufvermögens

28 Flüssige Mittel
2800–2842 Guthaben bei Kreditinstituten (Bank)
2850 Postbank
2860 Schecks
2870 Bundesbank
2880 Kasse
2890 Nebenkassen

29 Aktive Rechnungsabgrenzung

PASSIVA

3 Eigenkapital und Rückstellungen

Eigenkapital

30 Eigenkapital/ Gezeichnetes Kapital

Bei Einzelkaufleuten:
3000 Eigenkapital
  3001 Privatkonto

Bei Personengesellschaften:
3000 Kapital Gesellschafter A
  3001 Privatkonto A
3010 Kapital Gesellschafter B
  3011 Privatkonto B
3070 Kommanditkapital Gesellschafter C
3080 Kommanditkapital Gesellschafter D

Bei Kapitalgesellschaften:
3000 Gezeichnetes Kapital (Grundkapital/Stammkapital)

31 Kapitalrücklage
3100 Kapitalrücklage

32 Gewinnrücklagen
3210 Gesetzliche Rücklagen
3230 Satzungsmäßige Rücklagen
3240 Andere Gewinnrücklagen

33 Ergebnisverwendung ②
3310 Jahresergebnis des Vorjahres
3320 Ergebnisvortrag aus früheren Perioden
3340 Veränderung der Rücklagen
3350 Bilanzgewinn/Bilanzverlust
3360 Ergebnisausschüttung
3390 Ergebnisvortrag auf neue Rechnung

34 Jahresüberschuss/ Jahresfehlbetrag
3400 Jahresüberschuss/ Jahresfehlbetrag

35 Sonderposten mit Rücklageanteil
3500 Sonderposten mit Rücklageanteil

36 Wertberichtigungen (Bei Kapitalgesellschaften als Passivposten der Bilanz nicht mehr zulässig)
3610 – zu Sachanlagen
3650 – zu Finanzanlagen
3670 Einzelwertberichtigung zu Forderungen (EWB)
3680 Pauschalwertberichtigung zu Forderungen (PWB)

Fortsetzung Kontenklasse 2

(und Bilanzfehlbetrag)
2900 Aktive Jahresabgrenzung
2920 Umsatzsteuer auf erhaltene Anzahlungen
2930 Disagio
2990 (nicht durch Eigenkapital gedeckter Fehlbetrag)

---

4 Verbindlichkeiten und passive Rechnungsabgrenzung

40 Frei

41 Anleihen
4100 Anleihen

42 Verbindlichkeiten gegenüber Kreditinstituten
4210 Kurzfristige Bankverbindlichkeiten
4230 Mittelfristige Bankverbindlichkeiten
4250 Langfristige Bankverbindlichkeiten (Darlehensschulden)

43 Erhaltene Anzahlungen auf Bestellungen
4300 Erhaltene Anzahlungen

44 Verbindlichkeiten aus Lieferungen und Leistungen
4400 Verbindlichkeiten aus Lieferungen und Leistungen
4420 Kaufpreisverbindlichkeiten

45 bis 47 Frei

48 Sonstige Verbindlichkeiten
4800 Umsatzsteuer
  4802 Umsatzsteuer (19 %) für i. E.
4820 Zollverbindlichkeiten
4830 Sonstige Verbindlichkeiten gegenüber Finanzbehörden (FB-Verbindlichkeiten)
4850 Verbindlichkeiten gegenüber Mitarbeitern
4860 Verbindlichkeiten aus vermögenswirksamen Leistungen (VL)
4870 Verbindlichkeiten gegenüber Gesellschaftern (Dividende)
4890 Übrige sonstige Verbindlichkeiten

49 Passive Rechnungsabgrenzung
4900 Passive Jahresabgrenzung

Fortsetzung Kontenklasse 3

Rückstellungen

37 Rückstellungen für Pensionen und ähnliche Verpflichtungen
3700 Rückstellungen für Pensionen und ähnliche Verpflichtungen

38 Steuerrückstellungen
3800 Steuerrückstellungen

39 Sonstige Rückstellungen ③
3910 – für Gewährleistung
3930 – für andere ungewisse Verbindlichkeiten
3970 – für drohende Verluste aus schwebenden Geschäften
3990 – für Aufwendungen

15. außerordentliche Erträge
16. außerordentliche Aufwendungen
17. **außerordentliches Ergebnis**
18. Steuern vom Einkommen und vom Ertrag
19. sonstige Steuern
20. **Jahresüberschuss/Jahresfehlbetrag**

(3) Bei Anwendung des <u>Umsatzkostenverfahrens</u> sind auszuweisen:

1. Umsatzerlöse
2. Herstellungskosten der zur Erzielung der Umsatzerlöse erbrachten Leistungen
3. Bruttoergebnis vom Umsatz
4. Vertriebskosten
5. allgemeine Verwaltungskosten
6. sonstige betriebliche Erträge
7. sonstige betriebliche Aufwendungen
8. Erträge aus Beteiligungen, davon aus verbundenen Unternehmen
9. Erträge aus anderen Wertpapieren und Ausleihungen des Finanzanlagevermögens, davon aus verbundenen Unternehmen
10. sonstige Zinsen und ähnliche Erträge, davon aus verbundenen Unternehmen
11. Abschreibungen auf Finanzanlagen und auf Wertpapiere des Umlaufvermögens
12. Zinsen und ähnliche Aufwendungen, davon an verbundene Unternehmen
13. **Ergebnis der gewöhnlichen Geschäftstätigkeit**
14. außerordentliche Erträge
15. außerordentliche Aufwendungen
16. **außerordentliches Ergebnis**
17. Steuern vom Einkommen und vom Ertrag
18. sonstige Steuern
19. **Jahresüberschuss/Jahresfehlbetrag**

(4) Veränderungen der Kapital- und Gewinnrücklagen dürfen in der Gewinn- und Verlustrechnung erst nach dem Posten „Jahresüberschuss/Jahresfehlbetrag" ausgewiesen werden.

_____ anstelle der Staffelungen nach den Absätzen 2 und 3 ____stellen:

____aufwand   7. Steuern

____bungen   8. Jahresüberschuss / Jahresfehlbetrag

____Aufwendungen

____chaften (§ 267 HGB) dürfen die Posten § 275 Abs. 2 Nr. 1 bis 5 ____ergebnis" zusammenfassen.

Anmerkungen zum Jahresabschluss von Kapitalgesellschaften

1. Der **Jahresabschluss einer Kapitalgesellschaft** besteht nach § 264 [1] HGB aus der **Bilanz** (§ 266 HGB), der **Gewinn- und Verlustrechnung** (§ 275 HGB) und dem **Anhang** als Erläuterungsbericht (§ 284f. HGB). Ergänzend zum Jahresabschluss ist ein **Lagebericht** (§ 289 HGB) aufzustellen, der Auskunft über Lage, Entwicklung und Risiken des Unternehmens geben soll.

2. Kapitalgesellschaften unterliegen der **Prüfungs- und Offenlegungspflicht.** Jahresabschluss und Lagebericht sowie die Buchführung sind von unabhängigen **Abschlussprüfern** zu prüfen (§ 316 HGB) und im elektronischen Bundesanzeiger zu veröffentlichen (§ 325 HGB).

3. Die **Größe der Kapitalgesellschaft** bestimmt den Umfang der Aufstellung, Prüfung und **Offenlegung** des Jahresabschlusses und des Lageberichtes. Nach § 267 und 267a HGB unterscheidet man **Kleinst-, kleine, mittelgroße** und **große** Kapitalgesellschaften. Für die Zuordnung müssen jeweils zwei der drei **Schwellenwerte** (Bilanzsumme, Umsatz, Beschäftigtenzahl) vorliegen. Die folgende Übersicht ermöglicht die entsprechende Zuordnung und macht den Umfang der Offenlegung und Prüfung deutlich:

Kapitalgesellschaften	Schwellenwerte			Offenlegung				Prüfung
Größe	Bilanzsumme in Mio. €	Umsatz in Mio. €	Beschäftigte	Bilanz	GuV	Anhang	Lagebericht	Buchführung Jahresabschluss Lagebericht
Kleinst	bis 0,350	bis 0,700	bis 10	X	–	–	–	–
kleine	bis 4,840	bis 9,680	bis 50	X	–	X	–	–
mittelgroße	bis 19,25	bis 38,50	bis 250	X	X	X	X	X
große	über 19,25	über 38,50	über 250	X	X	X	X	X

Beachten Sie: Unabhängig von den Schwellenwerten gilt eine Aktiengesellschaft stets als große Kapitalgesellschaft, wenn ihre Aktien an einer Börse der EU zugelassen sind (§ 267 [3] HGB).

4. **Besondere Vorschriften:**
   - Beachten Sie die **Fußnoten** zur nebenstehenden Bilanz (§ 266 HGB) und der Gewinn- und Verlustrechnung (§ 275 HGB), die in Staffelform zu veröffentlichen ist.
   - Zu jedem Posten der zu veröffentlichenden Bilanz und GuV-Rechnung ist auch der **Vorjahresbetrag** anzugeben (§ 265 [2] HGB).
   - **Forderungen** mit einer **Restlaufzeit** von über einem Jahr und **Verbindlichkeiten** bis zu einem Jahr sind betragsmäßig gesondert zu vermerken (§ 268 [4, 5] HGB).
   - **Besondere Haftungsverhältnisse** nach § 251 HGB (z. B. aus weitergegebenen Wechseln, Bürgschaften) sind wie auch bei allen Personenunternehmen unter der Bilanz gesondert anzugeben. Kapitalgesellschaften dürfen sie allerdings auch im Anhang ausweisen (§ 268 [7] HGB).
   - In der Bilanz oder im Anhang von mittelgroßen und großen Kapitalgesellschaften ist die **Entwicklung** der Posten des Anlagevermögens durch einen **Anlagenspiegel** darzustellen. Dabei ist von den ursprünglichen Anschaffungs- und Herstellungskosten auszugehen (§ 268 [2] HGB):

Posten des Anlagevermögens	Anschaffungs-, Herstellungskosten der Vorjahre 1. Jan.	Zugänge	Abgänge	Umbuchungen	Zuschreibungen	Abschreibungen Vorjahre	Buchwert 31. Dez.	Buchwert 31. Dez. Vorjahr	Abschreibungen Abschlussjahr